Berechtigte Lizenzausgabe
für ARBUS-Verlag im Unternehmen der K-tel
International GmbH, Frankfurt

Verlegerische Gesamtleitung: Kurt G. Blüchel
Projektleitung: Joachim F. Hamacher
Bildredaktion: Klaus Griehl
Grafische Gestaltung: Rudi Gill
Herstellung: Bütler & Partner AG, Zürich
Satz: Compusatz GmbH, München
Reproduktionen: Bommes AG, Bern
Druck und Einband: Mohndruck GmbH, Gütersloh
ISBN 3 88902 000 3

EDITION
HEINZ SIELMANN

WELTREICH DER TIERE

VON HANS-WILHELM SMOLIK

ARBUS

EDITION
HEINZ SIELMANN

W

ELTREICH DER TIERE

Von Hans-Wilhelm Smolik
Bearbeitet von Sabine Smolik-Pfeifer

Inhaltsverzeichnis

VORWORT

HEINZ SIELMANN,
Tierfilmer, zahlreiche Fernsehsendungen, Herausgeber einer Tierzeitschrift und einer Tierbuchreihe. Geehrt wurde er 1973 vom Deutschen Fernsehen mit dem BAMBI, 1976 mit dem GOLDENEN BILDSCHIRM, der Christopher Award (USA) und 1978 mit der Franz-von-Assisi-Medaille".

KURT G. BLÜCHEL,
Verleger, Autor zahlreicher populärnaturwissenschaftlicher Sachbücher darunter „Der deutsche Wald", „Heilkräfte der Natur", „Der Untergang der Tiere", „Schützt unsere schöne Natur", Herausgeber des Bildbandes „Expeditionen ins Tierreich". Engagiert im Natur- und Umweltbereich.

Die Bilanz in Sachen Natur weist seit Jahren rote Zahlen auf: Tag für Tag stirbt eine Tier- oder Pflanzenart aus, die Hälfte aller Arten ist in ihrem Bestand aufs höchste gefährdet. Selbst der Maikäfer, einst liebstes Spielzeug der Kinder, hat heute bereits Seltenheitswert.

Die neugeschaffene EDITION HEINZ SIELMANN im Naturalis Verlag will mit ihren Publikationen bewußt machen, was für uns alle auf dem Spiel steht. Sie möchte beim Leser Einsichten wachsen lassen, die vielleicht zu einem besseren Verständnis der ökologischen Zusammenhänge im Haushalt der Natur beitragen kann. Denn die Erforschung unserer natürlichen Umwelt, das gründliche Kennenlernen von Tieren, Pflanzen und ihrer Lebensräume scheint heute wichtig, wenn nicht gar notwendig für unser Überleben. Die EDITION HEINZ SIELMANN versteht sich daher auch als ein internationales Forum renommierter Fachautoren und Publizisten, die bereit und in der Lage sind, die dürre Sprache der Naturwissenschaft in lesbare und spannende Lektüre umzusetzen.

In einer Zeit, in der die Furcht vor der restlosen Plünderung aller Ressourcen unseres Planeten eine Rückbesinnung auf die Natur so notwendig macht, scheint es uns von besonderer Bedeutung, die Menschen mit ihrer unmittelbaren Umwelt so vertraut wie möglich zu machen. Denn um Natur zu erhalten, muß man wissen, worauf es ankommt, muß man kennen, was man schützen und bewahren will. Die Qualität unseres Lebens hängt in Zukunft vor allem von der Qualität unserer Umwelt ab.
Glücklicherweise ist es noch nicht so weit, daß man die Hände resignierend in den Schoß legen müßte. Denn noch gibt es Mittel und Wege, im Riesenprogramm des vielzitierten Umweltschutzes auch für die Tier- und Pflanzenwelt entscheidende Lebens- und Überlebenshilfe zu leisten. Zuversichtlich stimmt außerdem die Tatsache, daß sich die geistige Einstellung zur Natur in den letzten Jahren stark verändert und auf die Seite größerer Sachlichkeit verlagert hat. Immer häufiger wird heute – bei aller gefühlsmäßigen Naturverbundenheit der Bevölkerung – nach Ursache und Wirkung, nach Zweck und Aufgabe der kompliziert vernetzten Lebenssysteme im Bereich der Natur gefragt. Weniger romantische Naturschwärmerei, sondern vielmehr waches Interesse an der Erforschung der Rätsel und der Entschleierung der Geheimnisse in der Natur kennzeichnet den umweltbewußten Menschen unserer Tage.

Daß dieser grundlegende Sinneswandel immer stärker auch in weiten Kreisen öffentlichen Lebens spürbar wird, ist ein besonderes Anliegen der EDITION HEINZ SIELMANN. Die jahrzehntelangen Erfolge der beliebten Fernsehsendung „Expeditionen ins Tierreich" sind für Herausgeber und Verleger Ansporn und Verpflichtung zugleich.
Das vorliegende Nachschlagewerk von Hans-Wilhelm Smolik, einem der erfolgreichsten Bestseller-Autoren im Bereich Natur, erschien uns als Auftakt die beste Wahl: Das farbenprächtige Buch vermittelt durch seine zum Teil einmaligen Fotodokumente vor allem die befriedigende Gewißheit, daß das Weltreich der Tiere noch immer ein lebendiger Teil unserer Erde ist.

Heinz Sielmann
Herausgeber

Kurt G. Blüchel
Verleger

DIE SÄUGETIERE

(Mammalia)

Die Säugetiere sind eine der 7 Klassen der Wirbeltiere. Sie unterscheiden sich vor allem von den anderen Tierarten dadurch, daß sie – von den Ursäugern abgesehen – lebende Junge zur Welt bringen. Diese werden mit Milch, die bei den Höheren Säugern aus Milchdrüsen gesogen wird, aufgezogen. Die meisten Säugetierjungen sind Nesthocker. Die Säugetiere besitzen ein Haarkleid, das bei manchen Arten als Schuppen- oder Stachelkleid ausgebildet ist.

Jung ist die Klasse der Säugetiere, die nach der letzten, sehr gründlichen Unterteilung rund 6000 Arten und Unterarten umfaßt. Obwohl ihre urtümlichen und wahrscheinlich nur maus- bis rattengroßen Vorfahren sicherlich schon im Mittelalter unserer Erde auftauchten, entfalteten sie sich erst nach dem Aussterben der gewaltigen Saurierwelt. Das war also kurz vor dem Ausgang der Kreidezeit, vor etwa 70–80 Millionen Jahren. So jedenfalls erzählen es uns die aufgefundenen Säugerzähne, die zu unserem Glück aus einem so festen Stoff bestehen, daß sie sich seit jenen Urtagen bis heute zu erhalten vermochten. Und so berichten es uns die fossilen Funde in den verschiedensten Erdschichten, die uns übrigens auch verraten haben, daß rund 10000 Säugetierarten bereits wieder ausgestorben sind.

Mindestens 300 Millionen Jahre vor den Säugern gingen die ersten Gliederfüßer: Spinnen und Insekten, an Land. Zugleich verließen die Schnecken und die Lungenfische das mütterliche Meer. 50 Millionen Jahre später gesellten sich zu ihnen dann auch schon Salamander und Echsen, die ersten höheren Insekten und bald darauf Froschlurche und Schlangen.

Spät haben sich also die Säuger entwickelt. Gering im Verhältnis zu anderen Tierklassen blieb immer ihre Artenzahl. Dennoch eroberten sie sich die ganze Erde in einem wohl einzigartigen Siegeslauf und haben sich in erstaunlich kurzer Zeit allen Lebensräumen anzupassen vermocht.

Säugetiere leben im ewigen Schnee der höchsten Gebirge wie im sonnendurchglühten Sand der ödesten Steppen. Wir begegnen ihnen in den heißen und dampfenden Tropenländern wie auf der Eiskappe der Pole. Sie bestehen das Leben in den wasserlosen Wüsten wie in allen Wäldern und Dschungeln. Und sie fehlen weder in den stehenden und den strömenden Binnengewässern noch in den weiten Weltmeeren. Sie graben sich als vielseitige Baukünstler durch die Erde. Mühelos erklettern sie hohe Bäume und steile Felsen. Sie schwimmen und tauchen wie die Fische, gleiten, flattern und fliegen wie die Vögel. Die besten und schnellsten Springer und Läufer kommen aus ihren Reihen.

Als friedliche Pflanzenfresser ernähren sie sich von Gras und Kräutern, Blüten und Blättern, Knospen und Trieben, Wurzeln und Knollen, Samen und Früchten, Rinden und Borken. Bewaffnet mit reißenden und beißenden Zähnen, dolchenden Krallen erheben sie ihren Zoll von allen anderen Tieren und fressen sich gegenseitig auf.

Dieser erstaunlichen Anpassungsfähigkeit der Säuger entspricht ihr Formenreichtum. Die Vielfalt ihrer körperlichen Baupläne hebt sie von anderen Tierklassen ab. Welten scheinen zwischen Faultier und Fledermaus, Ameisenbär und Nashorn, Robbe und Stachelschwein, Rind und Affe, Känguruh und Elefant, Maulwurf und Raubkatze, Wal und Antilope zu klaffen. Selbst noch innerhalb der einzelnen Gruppen begegnen wir dieser ungewöhnlichen Mannigfaltigkeit der Gestalten.

Die Kennzeichen der Säugetiere

Aber alle Säuger – mit Ausnahme der urtümlichen Schnabel- und Beuteltiere, die wir gleichsam als Modelle des hochentwickelten Säugetiers ansprechen können – sind *lebendgebärend*. Das heißt, sie bringen vollentwickelte und lebensfähige Junge zur Welt und ernähren sie bis zu ihrer Reife im Mutterleib. Sie entwickeln außerdem ausgeprägte *Zitzen* als die wichtigen Organe für den Milchquell, der die erste Nahrung für die Jungen spendet. Und sie tragen – mit den wenigen Ausnahmen einiger dem Wasserleben besonders angepaßter und mit Fettschichten geschützter Arten – alle ein wärmendes *Haarkleid*.

Zu diesen drei wesentlichsten Kennzeichen treten nun noch folgende körperliche Eigenheiten:

a) die *Warmblütigkeit*, die einerseits das schützende Haarkleid oder die wärmende Fettschicht, andererseits die Entwicklung von Schweißdrüsen und als eine Art von Notlösung das Phänomen des Winterschlafes mit sich brachte;
b) das *vierkammerige Herz*, diese hochentwickelte Blutpumpe, die mit den Lungen in einem gesonderten Brustraum ruht und durch das muskulöse Zwerchfell wesentlich unterstützt wird;
c) das dem Landleben besonders angepaßte *Knochengerüst* mit vier wohlausgebildeten Gliedmaßen und regelmäßig sieben Halswirbeln;
d) das *kauende Gebiß*, das zahlreiche und wunderbare Anpassungsformen aufweist; *Wangen* schließen den Mundraum nach den Seiten ab;
e) das entwickelte *Großhirn*, bei dem die beiden Hälften immer durch eine vordere Brükke und einen Balken verbunden sind und das dem Säuger die Vorrangstellung über alle anderen Tiere sichert.

In den oberen Etagen der Urwälder leben die kleinen, geschwätzigen Affen. Sie sind tollkühne und sprunggewaltige Kletterer. Ihren langen Schwanz benutzen sie bei ihren Riesensätzen von Baum zu Baum als „Steuerruder“. Andere Arten benutzen sie als „fünfte Hand“, mit der sie sich an Ästen und Zweigen festklammern können.

Die Affen *(Simiae)*

Wenn sich der Kapuziner, dieser lebhafte kleine Neuweltaffe, so recht von Herzen über etwas freut, dann zeigt sich das in seinem Gesicht durch eine Art von Lächeln. Hat er dagegen eine mächtige Wut im Bauch, so fletscht er die Zähne und verzieht seine Züge zu einer Grimasse. Kränkt er sich aber oder wird ihm ein Leid zugefügt, dann füllen sich seine großen dunklen Augen mit dicken Tränen. Sein Gesicht ist der lebendige Spiegel seiner Seele. Und verblüffenderweise gleichen die mimischen Bewegungen dieses Tiergesichts fast aufs Haar denen des menschlichen Antlitzes. Sie sind nur beträchtlich lebhafter, krasser, ungezügelter und wirken dadurch oft wie die Mimik eines ausgelassenen Spaßmachers. Der Mensch zeigt weder Freude noch Schmerz, weder Wut noch Enttäuschung so unverhüllt wie der kleine Kapuziner; er hat es gelernt, sein Gesicht zu beherrschen. Aber auch dieser kleine Affe bringt das manchmal schon fertig. Hat er nämlich etwas angestellt, und weiß er, daß er das eigentlich nicht anstellen durfte, dann glättet der Wicht seine Züge heuchlerisch und schaut betont harmlos und unschuldig drein.

Fast alle Affen haben diese gute mimische Ausdrucksfähigkeit, die oft noch von sehr lebhaften und plastischen Gesten begleitet wird. Nur deshalb bereitet es den Besuchern der Tiergärten immer wieder soviel Spaß gerade die Affen zu beobachten, und nur darum werden besonders die kleinen Affen so ausdauernd gereizt, geneckt, gefoppt und geärgert. Die Menschen wissen, daß vor allem diese zierlichen, großäugigen und langschwänzigen Affen sich immer wieder erregen, leidenschaftlich auf jedes gute wie böse Spiel eingehen und oft schier jedes Maß dabei verlieren. Zuletzt sind sie nicht selten gänzlich außer sich, beben an allen Gliedern und sind dann durchaus ungewollte Spaßmacher. Es fehlt ihnen die gelassene, überlegene, abwägende Art und wahrscheinlich auch die Intelligenz, die schon den Mantelpavian, den Mandrill, den Gibbon, vor allem aber die großen Menschenaffen auszeichnen. So durchschauen die kleinen Affen auch nicht das Spiel der Menschen, vermögen sich den Anreizen nicht zu entziehen, sondern sind ihnen wehrlos ausgesetzt. Die größeren Affen dagegen spielen nur mit, wenn sie Lust dazu verspüren, und verlangen vom Mitspieler zweifellos schon Ideen und Einfälle. Vermag der Zoobesucher in dieser Hinsicht etwas zu bieten, dann gehen auch die würdevollsten Menschenaffen begeistert auf die Unterhaltung ein.

Denn außerordentlich gesellige und spielfreudige Geschöpfe sind alle Affen. Sie erkranken tatsächlich körperlich und verkümmern seelisch, wenn sie allein sind und sich nicht tummeln können. Trauriger und verlassener kann kein Wesen auf der Erde sein als ein einsamer und beschäftigungsloser Affe. Dabei ist er nicht nur gesellig im oberflächlichen oder herdentierhaften Sinne, sondern wahrhaft anlehnungs- und mitteilungsbedürftig. Der lebhafte Spieltrieb entspringt auch nicht etwa einer motorischen Unrast, sondern entspricht seinen regen, wachen und scharfen Sinnen, die schnell angeregt, leicht gereizt und sehr ansprechbar sind.

Die entwickelte Greifhand mit den fühlsamen Fingerkuppen sowie das denkfähige Gehirn wollen ganz einfach beschäftigt sein, wollen sich betätigen. Beiden verdankt der Affe seine Vorrangstellung innerhalb der Tierwelt. Seitdem er die Greifhand besitzt, ist sein Kopf frei für andere Aufgaben, dürfen seine Augen schweifen, überschaut er im gewissen Sinne seine Welt und vermag sich bereits ein wenig von ihr zu lösen. Freilich spielt er gleichsam nur mit allen Möglichkeiten, die ihm gegeben sind. Der Geist vermag die Triebe noch nicht zu bändigen, die Seele sich nicht aus der leiblichen Haft zu befreien und aufzuschwingen. Noch hat ihn der Urwald, noch ist er ein Tier, aber bestimmt das am höchsten entwickelte und dem Menschen ähnlichste.

Was so oft – und zwar selbst von Tierkennern und Tierfreunden – über die Affen ausgesagt wird, beruht auf einer groben Verkennung ihrer Eigenart. Der Affe ist weder boshaft noch tückisch, weder unanständig noch lasterhaft, weder diebisch noch zänkisch, sondern eher sehr temperamentvoll, sehr leicht erregbar, sehr seinen jeweiligen Antriebskräften, Instinkten und Trieben unterworfen.

Eine große und artenreiche Ordnung

Wir unterteilen, um uns einen Überblick verschaffen zu können, die Altwelt- und die Neuweltaffen in folgende Gruppen:

a) Die *Altweltaffen* oder *Schmalnasen (Catarrhina)*
1) Die großen Menschenaffen (Gorilla, Schimpanse, Orang-Utan)
2) Die kleinen Menschenaffen (Gibbons)
3) Die Hundskopfaffen (Makaken, Paviane, Dscheladas, Drills)
4) Die Meerkatzen (Husarenaffen, Meerkatzen, Mangaben)
5) Die Verwandten der Meerkatzen (Stummel- oder Seidenaffen, Schlankaffen, Nasenaffen)

b) Die *Neuweltaffen* oder *Breitnasen (Platyrrhina)*
6) Die Kapuziner und ihre Verwandten (Kapuziner, Toten-

Die Languren sind hauptsächlich Baumbewohner und springen geschickt von Baumwipfel zu Baumwipfel. Sie werden maximal 80 cm lang, den Schwanz nicht mitgerechnet, und bis zu 15 kg schwer. Sie sind grauschwarz oder rotbraun gefärbt und haben lange Gliedmaßen. Die Languren haben ein dichtes und weiches Fell. Sie ernähren sich von Blättern.

kopfäffchen, Brüllaffen, Spinnen- oder Klammeraffen, Wollaffen)
7) Die Nacht- und Schweifaffen (Kurzschwanzaffen, Bart- und Schweifaffe, Nachtaffen)
8) Die Krallenäffchen (Witwenaffen, Lisztäffchen, Schnurrbartäffchen, Silberäffchen, Pinseläffchen, Löwenäffchen, Zwergseidenäffchen)

Allgemeingültige Charakteristika

Der Lebensraum der heutigen Altwelt- und Neuweltaffen sind fast ausschließlich und mit nur wenigen Abweichungen die warmen Länder zwischen dem 30. Grad nördlicher und südlicher Breite, also die Tropen und Subtropen der Erde. Der einzige sehr kleine europäische Trupp sind die Felsenaffen von Gibraltar. Früher waren die Affen auch in ganz Südeuropa sowie in Frankreich und in England zu Hause. In Australien dagegen hat es Affen genauso wenig wie andere Säugetiere gegeben. Am weitesten in kältere Zonen wagen sich die Felsenaffen.

Der Aufenthaltsort sind vorwiegend die Wipfelregionen der Wälder. Hier tummeln sich die geborenen Kletterakrobaten, Trapezkünstler, Seiltänzer und Rekordspringer und sind fast ununterbrochen auf der Wanderschaft. Außenseiter sind nur die Felsenaffen, die sich als ziemlich schlechte Kletterer im Gezweige erweisen.

Die Nahrung liefert den Affen die üppige tropische Pflanzenwelt. Es schmecken ihnen Früchte wie Beeren, Nüsse wie Samen, Knospen wie Blätter, Wurzeln wie Knollen. Die meisten verschmähen aber auch leckere Insekten und deren Larven nicht, sehen Vogeleier und Vogelküken als Leckerbissen an, verzehren Schnecken und Muscheln, kleinere Lurche und Kriechtiere. So ganz rein ist also ihr Vegetariertum nur selten.

Die Lebensart ist durchaus gesellig. Die Affen bilden entweder *Familienverbände*, die auf der Einehe wie auf der Vielehe basieren können, oder kleinere Banden und größere Horden, denen immer männliche Leittiere vorstehen. Das Geschlechtsleben ist rege und an keine begrenzten Brunftzeiten gebunden. Innerhalb der Horde wie des größeren Familienverbandes herrscht eine strenge *Rangordnung*, die auf dem Recht des Stärkeren beruht. Das Zusammengehörigkeitsgefühl ist stark ausgeprägt. Es führt zu solidarischem Hordengeist, nicht selten sogar zu echtem sozialem Verhalten wie zu gegenseitiger Hilfe in Not und Gefahr. Feinde werden gemeinsam abgewehrt und auch angegriffen, die Schwachen beschützt, die Verwundeten geborgen und gepflegt. Oft werden sogar die Toten mitgeschleppt und regelrecht begraben. Während des Kampfes stehen die Leitttiere wie alle anderen erwachsenen Männchen wie selbstverständlich in vorderster Front und decken auch den Rückzug. Das Benutzen von Wurfgeschossen zum Zwecke der Verteidigung wurde immer wieder berichtet, immer wieder angezweifelt, ist bei einzelnen Arten aber wohl doch wahrscheinlich. Denn auch in der Gefangenschaft werfen gereizte Affen mit Sand und Kot.

Die zumeist einzelnen Jungtiere finden zärtlichste Pflege, genießen die Obhut und Fürsorge der ganzen Horde, werden allseitig begönnert. Die Affenweibchen tragen sie die erste Zeit am Bauche, später auf dem Rükken.

Die körperliche Struktur stimmt in bezug auf den inneren Leibesbau und das Knochenskelett trotz der Mannigfaltigkeit der Arten fast immer überein. Bei allen Affen ist das Schlüsselbein stark vorgewölbt, sind die Unterarmknochen getrennt und sehr beweglich, sind die Handwurzelknochen gestreckt, ist die große Zehe den anderen Zehen gegenübergestellt.

Die Jochbeine sind auffällig schwach. Das Gebiß enthält Schneidezähne, Eckzähne, Lückzähne und Mahlzähne. Der Gehirn- und der Gesichtsschädel sind dagegen sehr verschieden entwickelt. Aber alle Affen sind ausgesprochene Augentiere und haben zu Greiforganen entwikkelte Hände. Dadurch haben sie sich zu Säugern entwickelt, die anderen Tieren überlegen sind.

Die Altweltaffen oder Schmalnasen

Alle Altweltaffen, also die Affen Afrikas und Asiens sowie ihr einziger europäischer Vertreter, sind menschenähnlich in bezug auf die dünne Nasenscheidewand und die Zusammensetzung ihres Gebisses. Ihre Nasenlöcher öffnen sich dementsprechend ebenfalls nach vorn. Es fehlt ihnen lediglich die gerundete Nasenspitze. Im Gebiß aber haben sie eine kleine Lücke im Oberkiefer, die zur Aufnahme des unteren Eckzahnes bestimmt ist. Kein Altweltaffe hat einen Greif- oder Wickelschwanz wie die meisten Neuweltaffen. Es treten vielmehr sehr oft, wie z. B. bei den Menschenaffen, den Makaken und Pavianen, zurückgebildete oder stummelhafte Schwänze auf. Dafür kennzeichnen sich alle Altweltaffen – mit Ausnahme der Menschenaffen – durch mehr oder weniger entwickelte und auffällig gefärbte Gesäßschwielen sowie durch das Vorhandensein von Backentaschen.

Innerhalb der Gruppe der Altweltaffen unterscheiden wir die Menschenaffen, zu denen der Gorilla, der Schimpanse, der Orang-Utan und der Gibbon zählen, von den Tieraffen, die sich aus den Familien der Hundskopfaffen, der Meerkatzen und der Meerkatzenverwandten zusammensetzen. Alle amerikanischen Affen heißen Neuweltaffen.

Die großen Menschenaffen

Gorilla (Gorilla gorilla): Bewohnt die Urwälder Äquatorialafrikas, vor allem den Raum zwischen Kamerun, Gabun, Kongo, Uganda und Katanga, tritt allerdings auch hier oft nur noch inselweise und weit verstreut auf; Länge und Höhe 110–120 cm, aufgerichtet 170–200 cm, Gewicht 250–300 kg; alle Maße für das Männchen zutreffend, das Weibchen ist beträchtlich kleiner; Pelz fast einheitlich und

In der üppigen Vegetation des immergrünen Dschungels ist der Tisch für die Berggorillas stets reich gedeckt. Die reinen Pflanzenfresser bevorzugen saftige Schößlinge. Aber der Bergwald bedeutet für die schwarzen Riesen nicht nur ein reiches Nahrungsangebot. Er ist auch Wohnung und Sichtschutz vor ungebetenen Gästen. Und aus den großen Blättern der Urwaldstauden läßt sich ein vortreffliches Ruhelager bauen.

Während das Berggorilla-Junge (links oben) die heimliche Pirsch des Fotografen noch nicht bemerkt hat und weiter an einer Staude herumknabbert, blickt der ältere Gorilla gelassen, aber doch neugierig direkt in die Kamera (links unten). Näher darf der Fotograf nicht an die großen Menschenaffen heran, sonst verschwinden die scheuen Tiere im undurchdringlichen Grün des Bergdschungels. Doch neugierig und wachsam würden sie die Menschen aus sicherem Versteck weiter beobachten (unten).

In den nahezu undurchdringlichen Dschungeln von Ruanda leben die Berggorillas. Der schwarze Menschenaffe ist friedlich und frißt nur Früchte, Rinde und Schößlinge. Die Gorillas sind Nomaden und ziehen in den bergigen Hochwäldern von Futterplatz zu Futterplatz. Sie leben in familienähnlichen Hor-

den, die von einem älteren Männchen angeführt werden. Das Leben der Sippe findet am Boden statt, denn zum Klettern sind die schwarzen Kolosse zu schwer.

Der Gorilla bewohnt die Urwälder Äquatorialafrikas. Aufgerichtet ist das Männchen bis zu zwei Meter groß, das Weibchen ist kleiner. Mit seinem meist schwarzen Pelz und seiner muskulösen Gestalt gleicht der Gorilla dem Urbild des Waldschrats. Gorillas leben in Horden zusammen und weichen dem Menschen möglichst aus. Obwohl sie sehr friedfertig und ruheliebende Tiere sind, kann der Gorilla ein gefährlicher Gegner sein, wenn er sich und die Seinen unmittelbar bedroht fühlt. Meist treiben dann schon seine Drohgesten den Gegner in die Flucht.

durchweg schwarz, oft auch rötlich getönt, bei dem bärtigen Berggorilla und dem Küstengorilla mit weißem oder rotem Rükkenband; Gestalt massig-wuchtig, muskulös und breitschultrig; das Männchen trägt auf dem Schädel oft einen Knochenkamm oder eine helmartige Fettablagerung; die kleinen braunen Augen liegen tief unter starken Unterstirnwülsten; die Nase ist sehr flachgedrückt und hat ungewöhnlich breite Flügel; das Maul ist breit, hat dicke Lippen; die Ohren erscheinen klein, sind aber sehr menschenähnlich und verhältnismäßig wohlgebildet; alle nackten Hautteile sind grauschieferschwarz, die behaarten dagegen dunkellederbraun.

Der Gorilla ist das Urbild des heimlichen Waldschrats, stark genug, um allen Feinden trotzen zu können, und doch kein reißendes Raubtier, sondern ein durchaus friedfertiges und die Ruhe liebendes Geschöpf. Fast behäbig, auf alle Fälle schwerfällig, watschelt und wackelt er aufrecht gehend durch das dichte Unterholz, wobei er sich auf die umgeknickten Knöchel der Finger stützt. Vorwiegend aber trottet er auf allen vieren gleich einem Bären dahin. Die Füße setzt er mit der ganzen Sohle auf, ist also mehr ein Läufer als ein Kletterer, mehr ein Boden- als ein Baumtier. Dennoch klettert er mit seinen gut drei Meter klafternden Armen ausgezeichnet, vorausgesetzt freilich, daß die Äste ihn zu tragen vermögen. Das zu ihm gehörende Weibchen nimmt ihm die Kletterei gern ab und versorgt ihn mit den begehrten frischen und fleischigen Schößen, saftigen Früchten und Beeren, wasserhaltigen Knollen. Es liegen keine Beobachtungen dafür vor, daß er als erwachsener Gorillamann auch Fleischkost genießt. Die Jungen dagegen verzehren gern Vogeleier, Vogelküken und Insekten.

Störungen durch andere Tiere erlebt die Horde nur selten. Gefährlich wird den Jungen vor allem der Leopard. Dem Menschen weicht der Gorilla aus, solange ihm das möglich ist. Nur dann, wenn er sich in die Enge getrieben, sich und die Seinen unmittelbar bedroht fühlt oder angeschossen wird, geht er zum Angriff über. Dann freilich ist der riesige und muskelstarke Gorillamann mit seinen Ringerschultern und Klammerarmen, seinem Raubtiergebiß und seinen Pranken ein fürchterlicher Gegner. Schon der Anblick des wutschnaubenden Ungetüms kann auch dem mutigsten Mann das Herz in die Hosen fallen lassen. Denn der Waldschrat versteht sich glänzend auf furcht- und schreckenerregende Drohgesten. Er fletscht die Zähne, schäumt, schreit gellend, brüllt gewaltig, trommelt sich mit den Fäusten auf die dröhnende Brust, sträubt das Fell, zieht den Kopf tief in die Schultern, springt auf und ab und rüttelt wie verrückt an Bäumen. Und meist genügt dieses schauerliche Schauspiel auch vollkommen, um die Störenfriede zu verscheuchen, sofern sie nicht vor schlotternder Angst die Büchse hochreißen und schießen. Die Flucht allerdings muß auch behutsam vor sich gehen, denn sonst bekommt der Gorilla das Übergewicht und versetzt dem Fliehenden tatsächlich einige Denkzettel, an denen er bestimmt lange zu kauen hat. Die hornigen Pranken vermögen Knochen zu zertrümmern und das Fleisch in großen Fetzen herunterzureißen. Nicht minder schwer sind die Bißwunden. Dennoch hat wohl noch kein Mensch die Begegnung mit einem wütenden Gorilla mit dem Leben bezahlt. Ebenso erfunden sind die Schauergeschichten vom Frauen- und Kinderraub durch diesen Menschenaffen.

Natürlich vermöchte der Gorilla einen Menschen in seinen Armen zu zerdrücken und ihm tödliche Schläge und Bisse zu versetzen, aber er ist es ganz einfach nicht gewohnt zu töten. Er hat weder ein Heim noch ein Revier zu verteidigen, sondern will sich lediglich die Störenfriede vom Halse halten. Die Eingeborenen kennzeichnen sein Wesen treffend, wenn sie sagen: „Laßt ihn allein, und auch er läßt euch allein!" Alle gegenteiligen Behauptungen gebar entweder die blasse Angst oder die Bereitschaft, der Sensationslust zu genügen. Wäre dieses ebenso starke wie scheue Tier im Grunde seines Wesens nicht harmlos und friedliebend, es könnte in der Gefangenschaft nie in ein so inniges und gutes Verhältnis zu seinen Wärtern und Pflegern treten.

Vor allem vermöchte es nicht, diese freiwillige und ohne Dressur erzwungene Bindung, dieses echte seelische Verhältnis durch viele Jahre hindurch ungetrübt zu erhalten. Geradezu gutwillig läßt er sich vom Menschen zur Sauberkeit erziehen, vollführt er die Kunststücke, die von ihm erwartet werden, und beherrscht sogar seinen Mutwillen, um keine Schelte zu bekommen. Bewußter als jedes andere Tier vermag er Liebe und Güte zu würdigen, zu empfinden und – zu vergelten.

Schimpanse (Pan troglodytes): Bewohnt die Urwälder ganz Äquatorialafrikas; Länge und Höhe 60–80 cm, aufgerichtet 120–130 cm, Gewicht 75 kg; alle Maße nur für das Männchen zutreffend, das Weibchen ist kleiner, zierlicher und leichter, wiegt höchstens 50 kg; Pelz durchweg dunkel, bräunlich schimmernd, kurzhaarig, sehr verschieden dicht; Gesicht immer nackt, von schwarzer oder grau-fleischgetönter oder fast weißer Farbe, dabei von sehr unterschiedlichem Schnitt in allen Einzelheiten, so daß von echten Schimpansenrassen gesprochen werden kann.

Weitere Arten und Rassen sind: der *Guinea-Schimpanse (P. t. leucoprymnus)* aus den Urwäldern von Guinea, Sierra Leone und Liberia, mit hellem Gesicht, dünnem gescheiteltem Kopfhaar und weißem Backenbart;

Der *Tschego (Pan satyrus)* aus den Urwäldern von Unterguinea und Gabun, der sich durch dunkles Gesicht mit flachem Oberkopf, kahler Stirn, starken Augenbrauenwülsten, schmaler und vorspringender Schnauze sowie durch Gesäßschwielen kennzeichnet;

und der *Bonobo* oder *Zwergschimpanse (P. s. paniscus)* aus dem Ituri-Urwald, mit schwarzem Gesicht, schwarzen Ohren, hell fleischfarbenem Kinn und Augenlid, von kleiner und zierlicher Gestalt.

Im Unterschied zum Gorilla ist der Schimpanse ein echtes Baumtier, ein Kletterer, Schwinger und Springer, der in den Bäumen schneller als auf der Erde vorankommt. Er tummelt sich aber nicht weniger gewandt auch auf dem Waldboden, wobei er vorwiegend auf allen vieren läuft, sich auf die Fingerknöchel stützt, die Beine durch die Arme schwingt und einen erstaunlich fördernden Galopp anschlagen kann. Aufgerichtet geht er nur kurze Strecken und vor allem dann, wenn er etwas zu tragen hat. Sonst verschränkt er in dieser Haltung die Arme gern hinter dem Kopf oder kreuzt sie in der Lendengegend.

Die Horden bestehen oft aus einem erwachsenen Männchen, drei bis vier geschlechtsreifen Weibchen und vielen Jungtieren. Aber das Familienleben ist dennoch harmonisch. Das Oberhaupt spielt sich wohl auch etwas

Zärtlich verhält sich die Schimpansenmutter ihrem Kind gegenüber. Geduldig zeigt sie ihm Handgriffe, die es in seinem Leben brauchen wird. Und todesmutig verteidigt sie ihren Nachwuchs.

auf, läßt sich gern bedienen und umschmeicheln, mimt den Starken gegenüber der heranwachsenden Jugend, zeigt öfter einmal die oberen Zähne und kneift die Augen zu, läßt sich aber im Grunde doch viel gefallen und ist den Jüngsten gegenüber von großer Nachsicht.

Die Schlafnester der Schimpansen sind nicht so flüchtig gebaut wie die der Gorillas, haben vielmehr eine feste Knüppelunterlage, ein Blattpolster und ein Regendach. Bestimmt sind die Schimpansen überhaupt handfertiger, geschickter und intelligenter als die anderen Menschenaffen. Das erwies sich auch bei den vielen Intelligenz- und Denkprüfungen, die mit gefangenen Schimpansen in besonderen Versuchsstationen angestellt wurden. Es gibt heute keinen Zweifel mehr darüber, daß diese Affen nicht nur sehr schnell

Zu den intelligentesten Affen gehört der Schimpanse. Forscher, die jahrelang mit ihm lebten, haben beobachtet, daß er sich auch den Gebrauch von primitiven Werkzeugen aneignen. Der Schimpanse lebt in geselligen Horden. Viele Fertigkeiten, die ein junger Schimpanse im Urwald braucht, bringt ihm das Muttertier oder die Sippe bei.

einen großen Erfahrungsschatz sammeln, nicht nur ausgezeichnete Beobachter und hochtalentierte Nachahmer sind, nicht nur selbstgefertigte Handwerkszeuge zweckdienlich verwenden, sondern folgerichtig zu denken vermögen. Sie sind sogar bereit, für Geld zu arbeiten, um sich mit Hilfe des Zahlungsmittels begehrte Leckerbissen zu erwerben.

Doch nicht nur geistig sind die Schimpansen verblüffend wendig. Auch seelisch sind sie hoch entwickelt. Man kann und darf sie nicht wie andere Tiere einsperren und dann sich selbst überlassen. Es muß ihnen vielmehr möglich sein, zu ihrem Pfleger in ein enges und inniges Verhältnis treten zu können, sonst verkümmern sie tatsächlich, siechen dahin und gehen in kurzer Zeit zugrunde. Seitdem die Schimpansen in den Tiergärten ihre besonderen Wärter haben, liebevoll behandelt werden, genügend Anregung und Beschäftigung finden, halten sie gut aus und pflanzen sich sogar in der Gefangenschaft fort. Das trifft im gleichen Maße auch für die Gorillas und Orang-Utans zu.

Orang-Utan (Pongo pygmaeus): Bewohnt in zwei Rassen die undurchdringlichen Sumpfwälder auf Sumatra und Borneo, steht unter Naturschutz; Länge und Höhe 110–130 cm, aufgerichtet 170–190 cm, Gewicht 90–100 kg; alle Maße für das Männchen zutreffend, jedoch auch bei ihnen sehr schwankend, das Weibchen ist kleiner und leichter; Pelz rotbraun, langhaarig, grob, zottelig, bald heller oder dunkler, an den Armen gleich Vorhängen herunterhängend; Gesicht nackt mit bläulich schimmernden, eigenartigen Backenwülsten, sonst bläulichgrau; von der gleichen Farbe ist der riesige, rund sechs Liter fassende Kehlsack sowie die nackten Handflächen und die nur dünn behaarte Brust; Gestalt massig, tief eingehockt, nach vorn übergebogen; hat die längsten Arme und die kürzesten Beine der drei großen Menschenaffen, kann mit den Fingern die Knöchel berühren.

Der rotbraune Orang Utang wird von den Eingeborenen auch „Waldmensch“ genannt. Sein Lebensraum ist die obere Wipfelregion des tropischen Sumpfwaldes. Nur selten bekommen Menschen diesen scheuen Gesellen zu Gesicht. Deshalb waren lange Zeit die Lebensgewohnheiten der großen Menschenaffen unbekannt.

Die Wege und Pfade des Orang-Utan führen quer durch die obere Wipfelregion des tropischen Sumpfwaldes. Seiner Größe und Schwere gemäß wandelt er bedächtig auf ihnen dahin, hangelt sich mit den weit klafternden Armen von Ast zu Ast, stemmt die kurzen Kletterbeine schief gegen die Stämme. Als ein mächtiger vierfacher Klammerhaken faßt die Hand, die doppelt so lang wie die eines erwachsenen Menschen ist, immer mit allen vier Fingern zu. Die kleinen, sehr eng beieinander stehenden Augen mit den oft schwer herabhängenden Lidern prüfen das Gelände gleichsam vor jedem Schritt. Ganz selten nur riskiert er einen kurzen sicheren Sprung von einer Baumkrone zur anderen. Gemessen und sicher sind alle seine Bewegungen. Es ist nichts von der unaufhörlich sichernden Spannung und Wachsamkeit anderer Tiere an ihm, dem unbeschränkten Herrn seines Lebensraumes. Der fransige, zottige Pelz, der ihn so dicht umhüllt, daß er einem großen Moos- oder Laubballen gleicht, bewahrt ihn vor Schlangenbiß und Raubkatzenpranke. Unbeweglich hockt er oft stundenlang und tief in sich gekauert gleich einem sinnenden Waldgeist in einer bequemen Astgabel. Trotz seines eigenartigen Aussehens ein würdevolles Geschöpf. Unergründlich ist der Blick der glühenden Augen. An einen alten Asiaten erinnert der hängende Schnurrbart, der die selbst für einen Affen ganz ungewöhnlich hohe und ausgewölbte Oberlippe umrahmt und als ein etwas schütterer Vollbart über den nackten Kehlsack fließt. Auf die struwelige Perükke, die über die Stirn fällt, legt er sich kühlende und vor Insekten bewahrende Blätter. Die langen Arme schlingt er um die Brust oder die hochgezogenen Knie.

Aber auch er ist nicht einsam, sondern fast immer begleitet von Frau und Kindern, diesen so menschenähnlichen Kindern mit den hohen gewölbten Stirnen, den hübschen kleinen Ohren, dem dünnen Pelz und den melancholisch-treuherzigen Blicken. Sie werden wie der Mensch in neun Monaten ausgetragen. Für die Nacht richtet sich der Orang-Utan ebenfalls ein Schlafnest her, schafft sich ein kleines Plateau aus belaubten Zweigen und einer frischen grünen Blattschütte. Wenn er sich zur Ruhe begibt, hält er sich mit Hand und Fuß an benachbarten Zweigen fest. Spät erst steht er wieder auf. Er liebt es nicht, durch tau- und tropfnasse Wipfel zu klettern. Sein Trinkwasser findet er in Astlöchern, hohlen Stämmen und saftigen Schößen. Er schlürft es mit weit vorgestülpter Lippe auf oder leckt es von der eingetauchten Hand. In der Gefangenschaft findet er sich schwerer als Gorilla und Schimpanse zum Gebrauch von Trinkgefäßen.

Gleich dem Schimpansen ist der Orang-Utan sehr musikalisch. Er singt mit großer Hingabe, vor allem in den Morgen- und Abendstunden, dabei gar nicht unmelodisch, obwohl er eigentlich nur tief brummt. Die Töne schwellen auf und ab. Der große Kehlsack dient ihm dabei als Windsack, so daß er minutenlang keine Luft zu holen braucht. Wahrscheinlich soll der Gesang das weite, von ihm bewohnte Revier abstecken, denn noch nie hat man zwei erwachsene Männchen zusammen erblickt, sondern immer nur in der Gemeinschaft von Frau und Kind. Das Weibchen lauscht dem Gesang seines Partners andächtig.

Die kleinen Menschenaffen

Die *Gibbons*, diese schmalhüftigen Langarmaffen, sind eines der Musterbeispiele für die Schwierigkeiten, mit denen der Zoologe zu kämpfen hat, wenn er die Vielfalt der Tiere ordnungsgemäß in Familien aufgliedern will. Daß die Gibbons sehr menschenähnlich sind, stand zwar von Anfang an außer Zweifel. Jedoch haben sie noch Gesäßschwielen wie die tierischen Affen und auch keine s-förmig gekrümmte Wirbelsäule wie der Mensch und die Menschenaffen. Andererseits sind sie wieder die einzigen regelmäßig aufrecht gehenden Affen, die kaum einmal auf vier Beinen laufen. Und sie haben keine so stark vorgezogene tierische Schnauze, sondern einen kleinen rundlichen Kopf, ein fast harmonisch aufgebautes Gesicht und besitzen als Neugeborene noch nicht die überlangen Arme. So geschah es denn, daß sie von den älteren Zoologen zuerst einmal den Menschenaffen zugeordnet wurden, später eine Sonderstellung einnehmen mußten, vorübergehend als das vielgesuchte Bindeglied zwischen Mensch und Menschenaffe glänzten und heute als kleine Menschenaffen oder menschenähnliche Affen angesprochen werden. Ob sie damit ihren endgültigen Platz, ihr artgemäßes und entwicklungsgeschichtliches Schubfach gefunden haben, ist jedoch noch sehr ungewiß. Denn ihr Gehirn ist doch sehr klein, und ihre geistigen Fähigkeiten bleiben weit hinter denen der drei großen Menschenaffen zurück.

Wer einen Gibbon laufen sieht, glaubt einen Seiltänzer vor sich zu haben, der balancierend auf schwankendem Seil dahinwackelt. Der Eindruck wird noch verstärkt, da dieser knapp einen Meter große Affe die bis zu zwei Meter klafternden Arme angewinkelt erhebt, um sich im Gleichgewicht zu halten. Ist er dann in Schwung gekommen, läßt er die Arme wieder sinken. Und er kommt ganz schön in Fahrt, obwohl er tatsächlich wie ein Betrunkener dahintorkelt. Aber er ist ja auch kein Läufer,

Wie ein Helgoländer Fischer sieht der Weißhandgibbon mit seinem Schifferbart aus, der das ganze Gesicht umrahmt. Der kleine Affe ist ein ausgezeichneter Kletterer, der sich blitzschnell von Ast zu Ast hangeln kann. Der Gibbon ist ein geborener Trapezkünstler. Nicht der Boden ist seine Welt, sondern die immergrünen Wipfel des Urwaldes.

sondern ein geborener Trapezkünstler. Nicht die Erde, sondern die grüne Wipfelwelt ist sein Lebensbereich. Und hier schwingt er sich hangelnd von Ast zu Ast, fliegt er leicht wie ein Vogel von Baum zu Baum, schnellt er sich bis zu zwölf Meter weit durch die Luft. Mitten im Schwung und Sprung vermag er die Richtung zu ändern, Winkel zu schlagen, mit den Beinen Früchte zu pflücken und sogar abfliegende Vögel noch zu erhaschen. Denn die Beine benutzt er im Gegensatz zu den menschlichen Luftakrobaten so gut wie gar nicht, hält sie leicht angezogen und gebraucht sie weder zum Abstoß noch zum Aufsprung, weder zum Aufhängen noch zum Anklammern. Er zieht sie praktisch nur nach, wenn er springend und schwingend sein Ziel erreicht hat, um dann gesichert sitzen zu können. So sehr er laufend balancieren muß, so erstaunlich sicher landet er beim Aufsprung. Nicht das geringste Schwanken läßt auf die Weite und Kühnheit des vorausgegangenen Schwunges schließen. Er ist ganz einfach da, erscheint urplötzlich und wie auf den Ast geweht. Die sehr langen schmalen Hände sind ausgesprochene Klammerhaken und kaum noch Greiforgane. Es fällt den Gibbons darum auch sehr schwer, einen Löffel zu halten oder aus einem Gefäß zu trinken, wenn sie in der Gefangenschaft dazu angehalten werden. Lieber tauchen sie die Hand ins Wasser oder in den Brei, halten sie sich übers Maul und lassen Speise wie Trank heruntertropfen.

Alle diese fliegenden Langarmaffen sind keine schweren und plumpen Gesellen, sind vielmehr sehr schlank, schmal und leicht. Sie haben stark eingezogene Weichen und ungewöhnlich schmale Hüften. Der größte Gibbon wiegt knapp 15 kg, die kleineren Arten oft nur 6–10 kg. Alle aber tragen ein schönes, langes, seidenweiches, in der Grundfarbe sehr unterschiedlich getöntes Fell und einen Schifferbart, der hell die Wangen umrahmt.

Die Gibbons bewohnen ausschließlich die Urwälder Hinterindiens und der indischen Inselwelt. Die kleineren Arten werden von den Eingeborenen geliebt, gern in die Hausgemeinschaft aufgenommen und nicht selten besser als die eigenen Kinder gehalten.

Siamang (Hylobates = Symphalangus syndactylus): Bewohnt die Wälder von Sumatra und der Malaiischen Halbinsel; Höhe 1 m, klaftert mit seinen Armen 2 m, Gewicht 12 kg; Pelz tiefschwarz, weich und glänzend,

nur an den Augen rotbraun; hin und wieder kommen auch Weißlinge vor; hat niedrige Stirn, tief in den Höhlen liegende Augen, breite und platte Nase mit großen seitlichen Nasenlöchern, eingesenkte Wangen, verkümmertes Kinn, sich sehr weit öffnendes Maul, großen, nackten, etwas schmierigen Kehlsack; kennzeichnet sich durch stark verwachsene Zeige- und Mittelzehe, läuft langsam, klettert bedächtig, springt vorzüglich; lebt in kopfreichen Horden; streckt beim Singen die Lippen trichterartig vor, bläst Luft in den Kehlsack, poltert ähnlich wie ein Truthahn, singt die Tonleiter sauber durch, schließt mit einem gellenden Schrei; ist sehr leicht zu erzürnen, überhaupt sehr empfindlich.

Lar oder Weißhandgibbon (Hylobates lar): Bewohnt die Wälder von Malakka und Siam; Höhe 70–80 cm, Gewicht 6–8 kg; Pelz schwarzgrau, in manchen Gebieten aber auch durchweg hellfarbig, trägt weißen Schifferbart, der das ganze Gesicht und die Stirn umrahmt; Hände und Füße sind oberseits weißgrau, unterseits schwarz; das lohfarbene Gesäß ist von weißen Haaren umgeben; ist besonders zierlich und gewandt, fliegt bis zu 14 m weit durch die Luft.

Ungka (Hylobates agilis): Bewohnt die Wälder von Sumatra; Höhe 80–90 cm, Gewicht 8–10 kg; Pelz schwarz, an den Weichen und auf dem Rücken rötlichbraun; beim Männchen sind Augenbrauen, Backen und Kinnbacken weiß; bei dem bedeutend kleineren und leichteren Weibchen aber schwarzgrau; ist einer der seltensten Gibbons.

Wauwau oder Silbergibbon (Hylobates cinereus = moloch): Bewohnt die Urwälder auf Java; Höhe 90 cm, Gewicht 9–10 kg; Pelz durchweg silbergrau, sehr reich, trägt hellen Haarkranz um das nackte, blauschwarze Gesicht und schwarzen Scheitelfleck, ist in der Jugend einfarbig gelblich-weiß; hat sehr große, ausdrucksvolle braune Augen mit schwarzen Brauen; fliegt wie ein Pfeil, wie ein Vogel durch die Luft, schießt 12–13 m weit von Wipfel zu Wipfel und nutzt dabei die Schnellkraft der zurückgebogenen Zweige; seinen Singsang beginnt er mit vereinzelt ausgestoßenen Lauten, bellt „Ua-ua-ua", beschleunigt dann die Aufeinanderfolge, ruft immer kläglicher, verschluckt dabei die dunklen Töne, dehnt die hellen und endet mit gellenden Trillern.

Die Hundskopfaffen

Groß ist die Familie der ebenso kräftigen wie temperamentvollen Hundskopfaffen, die nun gar nicht mehr an den Menschen erinnern, regelmäßig auf allen vieren laufen, fast durchweg mit der ganzen Sohle auftreten und sich durch Gesäßschwielen auszeichnen. Unter ihnen befinden sich viele Affen, die eine gewisse Popularität erlangten und auch dem Laien gut bekannt sind. In der Gruppe der Makaken ist das besonders der Gibraltar-Magot als der einzige europäische Affe. Dann der zierliche Rhesusaffe, der früher auf allen Jahrmärkten zu sehen war, von den Indern als heiliges Tier verehrt wurde und heute in der Medizin wie in der Weltraumforschung eine bedeutende Rolle spielt. In der Gruppe der Paviane ist es vor allem der Mantelpavian, der in jedem Tiergarten zu finden ist und sich in starken Horden auf den künstlichen Freilandfelsen tummelt. Aus der Gruppe der Drills kennt fast jedermann den bunten Mandrill mit der tollen blauroten Gesichtsmaske. Diese westafrikanischen Waldpaviane bezeichnet man auch als Backenfurchenpaviane aufgrund ihres Gesichts.

In Hinterindien kommt der Javaneraffe vor. Er ist mit nur gut einem halben Meter Länge die kleinste der vorgestellten Makakenarten. Wie alle Makaken suchen sie die Nähe des Wassers, baden gern und schwimmen ausgezeichnet. In Gefahr halten sie zusammen wie Pech und Schwefel; sonst wirken die Rudel eher streitlustig.

Die Makaken

Die Makaken – das Wort bedeutet auf portugiesisch nichts anderes als schlechtweg Affe – waren früher einmal über große Teile Europas verbreitet, sogar in Süddeutschland zu Hause, und wagen sich noch heute am weitesten nach Norden sowie am höchsten in die Gebirge. Sie bewohnen Nordafrika und das südöstliche Asien, leben in lichten Wäldern wie auf Felsen und alle in starken Horden.

Von Gestalt sind die Makaken fast untersetzt, haben mäßig lange Gliedmaßen, eine weit hervortretende Schnauze, starke Raubtiergebisse, kräftige Kinnladen, vorstehende Nasen mit kurzen und engständigen Nasenlöchern. Die Gesäßschwielen sind stark und deutlich entwikkelt. Charakterlich kennzeichnen sie sich durch geringe Scheu, treten oft geradezu dreist auf, zeigen Schneid und Angriffslust, sind ausgesprochen wehrhaft, beweisen starken Korpsgeist, halten in der Gefahr zusammen wie Pech und Schwefel, obwohl sie untereinander bestimmt nicht verträglich, sanftmütig und harmonisch sind. Im Gegenteil, es gibt bei ihnen viel Zank und Streit, Futterneid und Mißgunst. Fast unaufhörlich prasseln die Temperamente aufeinander. Alle Makaken lieben das Wasser, baden gern und schwimmen ausgezeichnet. Etliche wagen sich sogar ins Meer, um an den Küsten nach Muscheln und Krabben zu tauchen.

Magot oder Berberaffe (Macaca = Simia sylvana): Bewohnt Nordwestafrika, vor allem Marokko, Algier, Tunis und in einer mäßig großen Horde Gibraltar; Länge 70–75 cm, ist schwanzlos, Höhe 45–50 cm; Pelz rötlich-olivenfarbig, unterseits graugelblich bis weißlich und dünner; das Gesicht, die Ohren, Hände und Füße sind fleischfarben, die Gesäßschwielen blaßrot; ist verhältnismäßig schmächtig und langgliedrig.

Für die Engländer ist der Magot das Maskottchen von Gibraltar. Es geht die Mär um, daß ihre Herrschaft auf dieser Inselpforte des Mittelmeeres so lange währt, solange dieser Affe die Insel bewohnt. Darum wird schleunigst Nachschub aus Afrika besorgt, wenn die kleine Horde zu sehr zusammenschmilzt, sowie dafür gesorgt, daß sie ungestört ihr Treiben führen kann.

Javaner Affe (Cynomolgus = Macaca irus): Bewohnt Hinterindien und die umliegenden Inseln; Länge 55 cm, Schwanz 60 cm, Höhe 45 cm; Pelz oberseits olivgrünlich, unterseits grauweißlich; es kommen auch Weißlinge vor; das Gesicht ist bleigrün, zwischen den Augen gelbweißlich; die Hände und Füße sind schwärzlich; hat braune Augen, nackte und wohlgebildete Ohren; trägt kurzen Backenbart; das Kopfhaar ist beim Männchen flach niedergedrückt, beim Weibchen in der Mitte kammartig aufgekrempelt.

Schopfmakak (Cynopithecus niger): Bewohnt die Gebirgswälder und Küsten von Südcelebes; hat knappe Magotgröße; Pelz von Jugend an schwarz; kennzeichnet sich durch seinen hohen borstigen Haarschopf, ungewöhnlich starke Unterstirnwülste, langes schwarzsamtenes Gesicht mit langer schmaler Nase, deutliche rote Gesäßschwielen, fast gänzlich verkümmerten Knopfschwanz; ist ein Allesfresser, der im Mangrovengebiet Jagd auf allerlei Kleingetier betreibt, auch Schnecken, Muscheln und Krabben aufsammelt; lebt in großen Banden, ist sehr angriffslustig, bellt hundeähnlich; ist in der Gefangenschaft sehr gelehrig.

Hutaffe, Bandar oder Makadu (Macaca sinica): Bewohnt die Urwälder Süd-Vorderindiens, kommt in einer kleineren Unterart auch auf Sri Lanka vor; Länge 50–75 cm, Schwanz 55–60 cm, Höhe 45 cm; Pelz oberseits fahl grünlichgrau, unterseits weißlich; das Gesicht, die Ohren, die Hände und Füße sind hell fleischfarben; hat eine fast nackte Stirn und strahlig ausgebreitetes Kopfhaar; die kleineren Hutaffen auf Sri Lanka sind rotbraun und haben einen wirren Haarschopf; klettert, schwimmt und taucht genauso gut wie der Javaner Affe.

Der Hutaffe wurde nebst dem Rhesus und dem Hulman von den Eingeborenen als ein heiliges Wesen verehrt. Sie errichteten ihm Tempel, legten ihm Fruchtgärten an und erduldeten gelassen alle Übergriffe des bald übermütig gewordenen Gesellen. Als Haus- und Schoßtier durfte er sich herausnehmen, wozu ihn gerade die Laune verführte, durfte er stehlen und brandschatzen, soviel er Lust hatte. In der letzten Zeit freilich ist er auf die Stufe eines brauchbaren Halbgottes herabgesunken, wird zu Taucherkunststückchen erzogen, tanzt für die Schlangenbeschwörer, sammelt Almosen für die Märchenerzähler, präsentiert in bunter Galauniform. So ernährt das ehemals heilige Tier heute so manchen Mann recht gut. Als besondere Belohnung bekommt er Tabakrauch ins Gesicht geblasen, den er – wie viele andere Affen noch – entzückt einatmet.

Rhesusaffe oder Bunder (Macaca rhesus = Rhesus mulatta): Bewohnt ganz Vorderindien, vor allem die Waldungen am Ganges, steigt im Himalajagebiet bis zu 2000 m empor; Länge 50–65 cm, Schwanz 20–30 cm, Höhe 45 cm; Pelz oberseits graugrünlich, unterseits weiß, an den Schenkeln und am Gesäß hellgelblich bis rötlich; das Gesicht, die Ohren und Hände sind lichtkupferfarben; die Gesäßschwielen sind lebhaft rot.

Der Rhesusaffe, ehemals ein als heilig verehrtes Tier der Inder, ist zweifellos einer der in Europa bekanntesten und beliebtesten Makaken. Der Orgeldreher vergangener Zeiten wie der kleine Tierschausteller waren ohne ihn nicht zu denken. In allen Affentheatern spielte er die Hauptrollen. Denn er ist rein körperlich einer der zähesten Affen, ist kältefest, sehr bedürfnislos, hält sich sauber, lernt ausgezeichnet und ist trotz seiner Reizbarkeit und Beißlust ein durchaus erträglicher Hausgenosse. Wilhelm

Ein Sonderling unter den lauten Makaken ist der ruhige, fast so etwas wie Würde ausstrahlende Bartaffe oder Wanderu. Er trägt einen grauen Bartkragen auf seinem schwarzen Pelz und wird wegen seines quastigen Schwanzendes auch der „löwenschwänzige Affe" genannt. Die Bewohner Hinterindiens halten den Pflanzenfresser gern als Haustier.

Busch hat ihm in seinen Bildergeschichten ein unvergängliches Denkmal gesetzt. Ein Denkmal, das seinen Charakter trefflich kennzeichnet, das aber gering ist im Vergleich zu dem, das er wirklich verdient. Der Rhesusaffe leistete der ganzen Menschheit in den letzten hundert Jahren unvergleichliche Dienste. Als geduldig leidendes Versuchstier förderte er wesentlich unsere Erkenntnisse im Kampfe gegen die spinale Kinderlähmung, die Säuglingssterblichkeit, die geheimnisvollen Blutkrankheiten, die Syphilis und andere furchtbare Menschheitsgeißeln. Niemals wohl können die schauerlichen Summen von Qualen und Leiden, Schmerzen und Wunden aufgewogen werden, die diesen Opfergang des Rhesusaffen kennzeichnen. Noch in letzter Zeit war und ist es wieder der Rhesusaffe, der an Stelle des Menschen in Frei-und Registrierballons, unbemannten Rekordflugmaschinen und Weltraumraketen erprobte, was den Mondfahrer der Zukunft in unbekannten Höhen der Stratosphäre erwartet. Viele von ihnen mußten diese Höhenflüge mit schweren körperlichen Schäden und nicht selten mit dem Leben bezahlen.

Bartaffe oder Wanderu (Vetulus = Silenus silenus): Bewohnt Vorderindien, und zwar fast ausschließlich die Höhenwälder der Malabarküste; Länge 60–80 cm, Schwanz 25–38 cm, Höhe 50–60 cm; Pelz sehr lang und üppig, glänzend schwarz, unterseits lichtbräunlichgrau; das Gesicht, die Hände und Füße sind mattschwarz; hat große braune Augen, trägt einen mächtigen grauen Bartkragen, der das ganze Gesicht wie eine große und schüsselförmige Krause umschließt, da sich alle seine Haare nach vorn krümmen, auf dem Kopf aber einen hohen herzförmigen Scheitel bilden; der Schwanz ist gequastet, weshalb der Wanderu auch der „löwenschwänzige" Affe genannt wird.

Der Bartaffe ist nicht nur die auffälligste und extremste Gestalt unter den Makaken, sondern unterscheidet sich auch charakterlich sehr von ihnen. Sein ganzes Wesen atmet Würde und Besinnlichkeit. Er bewegt sich durchaus gemessen, sitzt oft stundenlang wie nachsinnend in sich gehockt, zeigt aber keine melancholischen Züge, sondern erscheint eher harmonisch in einer heiter-bedächtigen Art. Als reiner Pflanzenfresser begnügt er sich mit Knospen und Blättern, wenn keine Früchte zu haben sind. Von den naturverbundenen Malabaren wird er hoch geschätzt, gern gehalten und den Stammesfürsten als wertvolles Geschenk verehrt. Jung gefangen und liebevoll aufgezogen, entwickelt er sich zu einem der liebenswürdigsten Affen und ist sehr gelehrig.

Schweinsaffe oder Lapunder (Macaca nemestrina): Bewohnt die Dschungel und Berge von Hinterindien, Sumatra, Borneo und der Malaiischen Halbinsel; Länge 60 cm, Schwanz 15–20 cm, Höhe 50 cm; Gestalt in der Jugend sehr schlank mit tief eingezogenen Weichen, im Alter aber trotz der langen Beine ziemlich massig und wuchtig; Pelz oberseits lang, reich, olivbräunlich, unterseits spärlich und gelbbräunlich, oft schauen nackte fleischfarbene Stellen durch die dünnen Haare; das Gesicht, die Ohren, die Hände und die Gesäßschwielen sind schmutzig fleischfarben, die oberen Augenlider weißlich, die Augen braun; der kurze dünne Schwanz wird etwas aufwärts gekrümmt getragen, erinnert entfernt an den Schwanzkringel eines Hausschweines.

Auch der Schweinsaffe ist ein verträglicher Gesell. In seiner Heimat wird er zum Pflücken der Kokosnüsse abgerichtet und an einer Leine geführt. Er weiß sehr sachverständig die reifen Früchte herauszufinden. Er schimpft wenig, ist meistens still, stößt im Zorn ein etwas gepreßtes Meckern aus. Angenehm berührt, schiebt er die geschlossenen Lippen weit vor, schürzt sie zärtlich, verbeugt sich höflich und gibt vertrauensselig die Hand. In der Gefangenschaft hält er gut aus und paart sich auch mit verwandten Makaken. Die Tragzeit beträgt 7 Monate und 20 Tage. Im Alter wird er oft etwas grämlich und mißlaunig.

Die Paviane

Groß und kräftig wie die Makaken und mindestens ebenso schneidig, angriffslustig und temperamentvoll sind die Paviane. Im Tiergarten tummeln sie sich in großen Freigehegen auf künstlichen Felsengebirgen und sind meist dicht von Schaulustigen umlagert. Denn bei den Pavianen geht es nie langweilig zu. Wie aus der Pistole geschossen stürzen sie aus den zahlreichen Höhlen, galoppieren etliche Runden, versetzen dem nächsten Hordenmitglied einen blitzschnellen Hieb, hetzen hintereinander her, erklettern die nackten Bäume, die Felsenpartien, fauchen sich zähnefletschend an, überkugeln sich, fahren sich in die Pelze, erstarren plötzlich, hocken sich nieder und schauen mit wahren Unschuldsmienen um sich. Im nächsten Augenblick stelzen sie hochbeinig und mit herausfordernd wackelndem Hinterteil

Mohrenmaki aus Nordwestmadagaskar, etwa so groß wie der Vari, Baumwipfelbewohner in dichten Urwaldgebieten, äußerst gewandter Kletterer. Die in Rudeln lebenden Mohrenmakis ernähren sich durchwegs von Früchten. (Bild oben)

Wie um jedes ungewöhnliche Tier ranken sich auch um den Mandrill zahlreiche Fabeln und Legenden. Es gibt Abenteurergeschichten, in denen er mehr als Löwe und Leopard gefürchtet wird, Menschen angreift, Frauen überfällt, in die Dörfer eindringt und dort nach Herzenslust plündert. Belegt sind alle diese Behauptungen nicht, wie wir überhaupt nur wenig vom Leben dieses Affen in freier Wildbahn wissen. (Bild rechts)

Die Heimat der Meerkatzen sind die lichten Wälder Afrikas. Überall turnen auch sie durchs Gezweig, sie bevorzugen aber offensichtlich die Nähe der Gewässer.

Das Schnurrbartäffchen bewohnt den Osthang der Kordilleren an der Grenze zwischen Peru und Ekuador (Bild mitte).

Der Kleideraffe trägt einen grauen Backenbart, der das gelbliche und schlitzäugige Gesicht wirkungsvoll umrahmt. Er ist wohl der farbenprächtigste Affe überhaupt.

Die Languren sind die bekanntesten und zugleich vielseitigsten Schlankaffen Asiens. Sie können bis zu 18 kg schwer werden. Auffällig ist ihr sehr schlanker Körperbau, ihr großer Kehlkopf mit Kehlsackbildung zur Verstärkung der Stimme und ihr sehr langer Schwanz. Es gibt vier Untergattungen, die sich durch Frisurmerkmale und durch die Zeichnung der Neugeborenen voneinander unterscheiden.

Der führende Leitaffe der Hulmans pflegt die herangewachsenen Männchen wegzubeißen und aus der Gemeinschaft zu treiben. Er lebt außerdem auch im Krieg mit den Führern anderer Horden.

Bei den alten Ägyptern noch dem Mondgott geweiht und als heiliges Tier verehrt, wird der Mantelpavian heute mehr gefürchtet und gehaßt als geachtet. In Ägypten ist er fast ausgerottet, und das gleiche Schicksal erleidet er überall dort, wo die Wildnis heute bebaut und vom Menschen in Anspruch genommen wird.

umeinander, rücken friedlich zusammen, schmiegen sich aneinander, lausen sich gegenseitig und benehmen sich so brav, wie die Kinder unter der Aufsicht des Lehrers. Gleich darauf aber erhebt sich urplötzlich ein höllisches Gekreisch, ein Keifen, Zetern, Meckern und Bellen, jagen alle auseinander, klagen die jählings Überfallenen und Mißhandelten. Die Weibchen, die schwärzlichen Kinder am Bauche oder auf dem Rücken, flüchten in die Höhlen oder hinter die breiten Schultern der würdevollen Paschas. Und gemessen hoppeln die Silbermähnigen zu den halbwüchsigen Raufbolden, die nun ihrerseits die Flucht ergreifen.

Mantelpavian oder Hamadryas (Comopithecus hamadryas): Bewohnt heute vor allem die bergigen Küstenstreifen Abessiniens und Arabiens, kommt auch bis zur Küste selbst herab; Länge 70 cm, Schwanz 30 cm, Höhe 50 cm; die alten Männchen sind oft noch beträchtlich größer und wirken in ihrem langen silbergrauen Schultermantel recht majestätisch, die Weibchen sind zierlicher und kleiner, beide Geschlechter haben ein stark brennendrotes Gesäß; Pelz spielt ins Olivgrüne, die Haare sind grünlichgrau und gelblich geringelt, erinnern an die Farbe dürren Grases; das Gesicht ist nackt und schmutzig-fleischfarben.

Bei den alten Ägyptern noch dem Mondgotte geweiht und als heiliges Tier verehrt, wird der Mantelpavian heute mehr gefürchtet und gehaßt als geachtet. In Ägypten ist er fast ausgerottet, und das gleiche Schicksal erleidet er überall dort, wo die Wildnis heute bebaut und vom Menschen in Anspruch genommen wird. Denn obwohl sich der Mantelpavian ziemlich genügsam von Gräsern, Kraut, Wurzeln, Knollengewächsen, Beeren, Früchten, Eiern und kleinem Getier zu ernähren weiß, verlocken ihn die Anpflanzungen und Plantagen immer wieder zu verheerenden Raubzügen. Vorgeschickte Beobachter erkunden das Gelände sorgsam, sind vertraut mit allen Gewohnheiten der Menschen, wissen den Schwarzen vom Weißen, den Unbewaffneten vom Bewaffneten wohl zu unterscheiden. Auf ihre Zeichen hin brechen dann die 150–250 Köpfe starken Horden lautlos in die Pflanzung, die Baumschule oder den Weinberg ein, fressen die Herztriebe, die jungen Schöße, die reifen Früchte und Beeren. Sie verwüsten, nachdem der Hunger gestillt ist, das ganze Feld, beginnen wie hohnlachend zu lärmen und ziehen sich in ihre bergigen Schlupfwinkel zurück. Umstellt und bedrängt, setzen sie sich mutig zur Wehr. Die alten Männchen rücken in die vorderste Front, entblößen die unheimlich starken Raubtiergebisse, die mit denen der großen Raubkatzen wetteifern können, mahlen drohend mit den Kiefern, erheben ein furchterregendes Gebell und Gebrüll und schlagen wütend die Erde mit den Händen. Kein Jagdhund wagt es, mit diesen Pavianmännchen anzubinden. Und auch die Eingeborenen hüten sich wohl, es auf einen Zweikampf mit ihnen ankommen zu lassen.

In Westafrika wird der Mantelpavian durch den rötlichbraunen und langschwänzigen *Sphinxpavian (Papio papio)*, in Ostafrika durch den grünlichbraunen, schwarzgesichtigen *Anubispavian (P. doguera)* und im Somaliland vom erst im letzten Jahrhundert entdeckten *Webbipavian (Papio ruhëi)* vertreten.

Die Dscheladas

In der Familie der Hundskopfaffen stehen die abenteuerlich gestalteten Dscheladas zwischen den Mantelpavianen und den bunten Drills. Über ihre Schultern fällt ein starker dichter Mantel, der sich auf der Stirn zu einer aufsteigenden Löwenmähne, an den Backen zu einem stattlichen Seemannsbart verdichtet, auf dem Knochenkamm des Scheitels aber schopfartig aufrichtet. Die Gesäßschwielen sind sehr klein und schwarz. Sie werden durch hellrote nackte Hautstellen an der Kehle und auf der Brust ersetzt. Deshalb werden die Dscheladas auch Blutbrustpaviane genannt. Rot sind auch die Lider und die faltige Haut über den Augen. Das Gesicht ist schwarz. Der lange Schwanz aber hat eine große dicke Quaste.

Als echte Gebirgsaffen bevorzugen die in sehr kopfreichen Horden lebenden Dscheladas große Höhen zwischen 3000 bis 4000 m. Sie steigen nur zu Raubzügen und dann regelmäßig in kleineren Banden in die tiefergelegenen Gebirgszüge. Dabei gelangen sie häufig in die Lebensräume der Mantelpaviane. Meist benehmen sich die beiden Affenarten als feindliche Brüder. Bei gelegentlichen Streitereien erschöpft man sich in fürchterliche Drohgesten denen nur selten ernstliche Kämpfe folgen. An Kraft und Stärke sind sich beide durchaus ebenbürtig.

Brauner Dschelada (Theropithecus gelada): Bewohnt das abessinische Hochgebirge, und zwar vorwiegend im Norden des Landes; Länge 70–90 cm, Schwanz 60–70 cm, Höhe 50–60 cm; Pelzmantel braun bis schwarzbraun, Pelz am Hinterkörper grau; das Gesicht ist schwarz und hat eine lebhafte Mimik; die beiden nackten Stellen auf der Brust sind dreieckig, stehen mit den Spitzen zueinander, erinnern an eine Sanduhr, leuchten in der Erregung blutrot auf, genauso wie das halbmondförmige nackte Feld an der Kehle; die Nägel der Hände sind ungewöhnlich lang und stark gekrümmt, also brauchbare Grabschaufeln; flüchtet bei Gefahr und auf die Warnrufe der ausgestellten Wachen sofort, meidet sichtlich die Berührung mit dem Menschen, während die Paviane gar keine Scheu zeigen; ist auch in der Gefangenschaft ruhiger und zurückhaltender als sein farbenfroher Verwandter.

Die Drills

Die ungewöhnliche und absonderliche Gestalt der Dscheladas steigert sich bei den Drills ins Bi-

Die Meerkatzen sind immer guter Dinge, unternehmungslustig und unverzagt, selbstsicher und furchtlos. Sie klettern so gut und gewandt wie die Gibbons und „fliegen" gleichsam von Wipfel zu Wipfel.

zarre und Groteske. Die Löwenmähne und der Quastenschwanz sowie die nackten Hautstellen fehlen zwar. Dafür aber schwillt der Gesichtsschädel buchstäblich auf, blähen sich die langen Wangen zu einer bunten Farbplatte, spitzt sich der Scheitel zu einem hohen Knochenkamm. Hellblau, blaurot und violett schimmern die über das ganze Gesäß verbreiteten Schwielen. Der Schwanz ist nur noch ein kleiner kümmerlicher Stummel. Die Gestalt ist plump und gedrungen.

Mandrill (Mandrillus sphinx): Bewohnt die Urwälder Westafrikas, vor allem die von Südkamerun, Guinea, der Goldküste und dem Kongogebiet; Länge 90–100 cm, Schwanz 3–4 cm, Höhe 60 cm; die Weibchen sind bedeutend kleiner, zierlicher und schmächtiger; Pelz oberseits dunkelbraun, olivgrün überflogen, an der Brust gelblich, am Bauche sehr lang und weißlich, an den Seiten hellbräunlich, durchweg etwas rauh und struppig; der Kopf des Männchens ist ungewöhnlich groß, erinnert fast an den eines Wildschweines; hinter den Ohren fällt ein weißer Fleck auf; die Nase brennt zinnoberrot, die geblähten Wangenwülste leuchten kornblumenblau, die Furchen zwischen ihnen schimmern schwarz; die kleinen, halb im Pelz versteckten Ohren sind hell, gelb-weißlich; die braunen Augen liegen in einer schwarzen Maskenbinde; der Kinnbart ist lebhaft zitronengelb; der Hodensack und der After leuchten hochrot, die Gesäßschwielen rot und blau; die Hände sind schwarz.

Der männliche Hordenführer soll seine Weibchen und Kinder tollkühn verteidigen und im Zorn ein fürchterlicher Gegner sein. Dennoch fangen die Eingeborenen auffällig viele Mandrille. Wahrscheinlich verbreiten sie die alten Greuelfabeln nur deshalb immer wieder, um den Wert ihrer Beute in den Augen des Käufers zu erhöhen.

Drill (Mandrillus leucophaeus): Bewohnt den gleichen Lebensraum wie der Mandrill, ist etwas kleiner als dieser und längst nicht so bunt; Länge 85–90 cm, Schwanz 8–9 cm, Höhe 55–60 cm; die Weibchen sind ebenfalls beträchtlich kleiner und schwächer, geben sich sehr scheu; Pelz oberseits olivbraun, unterseits weißlich; das Gesicht und die Backenwülste sind glänzendschwarz, der Kinn- und Bakkenbart fahlweißlich, die Hände und Füße kupferbräunlich, die Gesäßschwielen und der Hodensack lebhaft rot; lebt und benimmt sich wie sein bunter Vetter, ist aber zweifellos etwas zurückhaltender und scheuer.

Die Meerkatzen

Die Meerkatzen sind die Urbilder der Regsamkeit, des spielerischen Mutwillens, der kindlich unbeschwerten äffischen Wesensart. Zierlich von Gestalt, seidig bepelzt, mit allerlei bunten Abzeichen geschmückt, geschmeidig und gefällig in ihren Bewegungen, behend und listenreich in allen Lebenslagen, gehören sie zu den Lieblingen der Natur. Immer sind sie guter Dinge, unternehmungslustig und unverzagt, selbstsicher und furchtlos. Sie klettern und springen so gut und gewandt wie die Gibbons, fliegen gleichsam von Wipfel zu Wipfel, sind also auch körperlich wahrhaft schwerelos.

Ihren vielen Feinden widerstehen sie in treuer Brüderlichkeit. Keiner läßt den anderen im Stich. Das Wehgeschrei des einen ruft alle auf den Plan. Nur vor den Schlangen fürchten sie sich über alle Maßen. An ihren Kindern hängen sie mit so zärtlicher Liebe, daß die Mütter den Tod ihrer Jungen oft nicht überleben und vor Herzeleid zugrunde gehen. Das gleiche innige Verhältnis gewinnen sie in der Gefangenschaft zu ihren Pflegern, denen sie mit ganzer Seele anhängen und jedes Ungemach nachsehen.

Die Heimat der Meerkatzen sind die lichten wie die undurchdringlichen Wälder Afrikas. Überall dort, wo sich die bunten Papageien in den Wipfeln wiegen, turnen auch sie durchs Gezweig, bevorzugen aber sichtlich die Nähe der Gewässer. Vereinigt zu starken Horden, kommen sie in so zahlreichen Arten und so vielen Unterarten vor, daß selbst

der zoologische Fachmann seine Bestimmungsbücher aufschlagen muß, wenn er sie einwandfrei identifizieren will.

Wanderlustig wie alle Affen sind sie viel unterwegs, wagen kühne und dreiste Raubzüge in die Obstgärten und Felder und richten hier oft große Verwüstungen an.

Die wichtigsten körperlichen Merkmale aller Meerkatzen sind: schlanker Körper, rundlicher Kopf, fast nacktes, sehr ausdrucksvolles Gesicht mit lebhafter Mimik, weite Backentaschen, betonter Backenbart, den beide Geschlechter tragen, fast unauffällige Gesäßschwielen, langer quastenloser Schwanz, zierliche Hände und Füße mit langem Daumen und richtigen platten Nägeln. Die Körperlänge beträgt durchschnittlich 50–60 cm, die des Schwanzes 65–75 cm.

Gelbgrüne Zwerg-Meerkatze (Cercopithecus talapoin): Bewohnt Gabun und Südkamerun; Länge 45–50 cm, Schwanz 30–35 cm; Pelz gelbgrünlich; hat auffallend großen Gehirn- und kleinen Gesichtsschädel, sehr große freie Ohren, kurze Hände mit Spannhäuten zwischen den Fingern; ruft eigenartig zischend, der Laut erinnert an das Aufplatschen eines Stockes im Wasser; bevorzugt die dichten Urwälder an Flußläufen.

Schwarzbäckige Weißnasen-Meerkatze (C. ascanius): Bewohnt Mittel- und Ostafrika in mehreren Unterarten; Pelz oberseits dunkel, ockerfarben gesprenkelt, unterseits grauweiß, an den Gliedern schwärzlich; hat blaues Obergesicht mit schwarzer Stirnbinde und schwarzem Backenbart; trägt eine herzförmige kreidige Blässe auf der Nasenspitze; vor den Ohren fällt ein großer gelblichweißer Haarwirbel auf; die Lippen sind fleischfarben; bevorzugt den dichten Urwald.

Weißkehl-Meerkatze (C. mitis albogularis): Bewohnt Sansibar und in Unterarten ganz Ostafrika, ist eine der größten Meerkatzen; Gesamtlänge bis zu 150 cm; Pelz graugrün gesprenkelt, am Unterrücken rötlich; das Gesicht ist schwarz, die mimische Partie und die Kehle sind weiß, die Glieder und der lange Schwanz schwärzlich; bevorzugt den dichten Urwald.

Die Mangaben

Affen, die sich buchstäblich mit den Augenlidern winken, sind die Mangaben. Wie bei den Spaßmachern im Zirkus, sind ihre Oberlider kreideweiß geschminkt. In der ewigen grünen Dämmerung der dichten Tropenwälder wirken diese Lider wie kleine Signallampen, erleichtern den Zusammenhalt der Horde und spielen im Grunde dieselbe

Charakterlich gehören die Hulmans zweifellos zu den verträglichsten Affen. Sie sind von einem erstaunlichen Korpsgeist beseelt, sind zärtliche Eltern für ihren Nachwuchs und fast immer eine Frohnatur. Im Urwald tummeln sie sich in großen Horden in den Wipfeln, sind Kletterkünstler, phantastische Schwinger und Springer.

Rolle wie die weißen Blumen und Wedel der Hasen, Rehe und Hirsche.

Körperbaulich kennzeichnen sie sich durch den langschnauzigen Schädel, die leistenartig erhöhten Augenbrauenwülste und die Spannhäute zwischen den Zehen und Fingern. Sie haben ein kräftiges Gebiß mit großen Eckzähnen, fünf Höcker auf dem letzten unteren Backenzahn und sehr geräumige Backentaschen.

In der Gefangenschaft erweisen sie sich als erstaunlich intelligent, ungewöhnlich anpassungsfähig, sind im großen ganzen recht gutartig und haben viel Freude an harmlosen Späßen. Wenn sie es ganz ehrlich meinen, drehen sie den Menschen das Hinterteil zu und reichen ihm den Fuß rückwärts. Sie wollen damit ausdrücken, daß ihr Vertrauen über alle Maßen groß ist und sie sich ihm mit dieser Geste gleichsam ausliefern.

Grauwangen- oder Mantelmangabe (Cercocebus albigena): Bewohnt West- wie Mittel- und Ostafrika; Länge 55–65 cm, Schwanz 60 cm, Höhe 40–45 cm; Pelz reich, langhaarig, schwarz, auf dem Kopfe schopfig, in der Scheitelmitte schwarz, an den Seiten grau, am Hals, den Wangen und den Schultern ebenfalls grau, fällt von den Schultern als grauer Mantel über den schwarzen Leib; trägt grauen Backenbart, hat breite weiße Augenlider; richtet den Schopf im Zorn hoch auf, bleckt die starken Zähne und stößt schallende und dröhnende Rufe aus; wird im Kongogebiet von der schwarzbepelzten, gleichgroßen *Schwarzen Schopfmangabe (C. aterrimus)* vertreten.

Die Stummel- und Schlankaffen

Zu den Verwandten der Meerkatzen zählen die schönen afrikanischen Stummel- oder Seidenaffen, die asiatischen Schlankaffen oder Hulmans, die nur wenig bekannten Stumpfnasenaffen und der wunderliche Nasenaffe. Zusammenfassend läßt sich von ihnen sagen, daß sie alle ausgesprochene Baum- und Klettertiere, also dem Urwald fest verschworen sind und sich durchweg vegetarisch ernähren. Viele von ihnen sind echte Blattfresser und haben, da sie als solche notwendigerweise große Mengen verzehren müssen, um sich sättigen zu können, einen ungewöhnlich großen Magen mit vielen blinddarmähnlichen Ausstülpungen und ausgeprägte Mahlzähne. Da das Blätterfressen weder besondere geistige Fähigkeiten noch irgendwelche Handfertigkeiten erfordert, sind diese Affen von ruhiger und gelassener Art, etwas stumpfsinniger als die anderen Affen und haben einen mehr oder weniger verkümmerten Daumen, aber sie sind nicht ungeschickt.

Die Stummel- oder Seidenaffen

Einer kleinen Seidenaffenbande zu begegnen – vielleicht in den Bergwäldern am Kilimandscharo oder im Hochland von Abessinien, in einer Höhe von 2000–3000 m – ist ein einzigartiges und unvergeßliches Erlebnis. Schon von weitem vernimmt das Ohr ein seltsames eintöniges Summen, das auf- und abschwillt, einen wohlklingenden Singsang, der die Bande zusammenhält und kundgibt, daß keiner etwas Verdächtiges bemerkt hat. Nähergekommen, verstummen die schönen Tiere, die in ihren üppigen und weißseidenen Schultermänteln einen prachtvollen Anblick bieten. Sie drükken sich dicht an die mit langen Flechtenfahnen behangenen Äste und Stämme der riesigen Wacholderbäume, deren Beeren und Jungtriebe ihnen vorzüglich schmecken. Die nächststehenden Zweige unter sich drücken sie zu einem kleinen Schutzschirm zusammen, hinter dem sie neugierig hervorlugen. An Flucht denken sie nicht. Es ist, als ob sie es wüßten, daß ihr langer weißer Pelzbehang wie auch der weißbeschweifte Schwanz recht gut als eine der langen Baumflechten angesehen werden kann und sie also trefflich getarnt sind. Der eine und der andere im Hintergrund stößt Warnrufe aus, die an die kollernden Laute eines Puters erinnern. Noch mehr bedrängt, schwingen sie sich endlich flüchtend von Wipfel zu Wipfel und springen mit weit ausgebreiteten und flatternden Mänteln in weiten und wunderbaren Sätzen von Baum zu Baum.

Dem Menschen weichen die Seidenaffen gewöhnlich aus, plündern auch keine Felder. Leider waren die prächtigen Guarezapelze einmal ein begehrter Modeartikel, so daß die Eingeborenen eine rücksichtslose Jagd auf diese Affen betrieben. Heute stehen sie unter Naturschutz.

Körperbaulich kennzeichnen sie sich vor allem durch einen verhältnismäßig kräftigen und stämmigen Körper mit längeren Hintergliedern und einen glatten rundlichen Schädel ohne hervorragende Knochenwülste. Die Schnauze ist kaum vorgezogen, so daß ihnen ein fast menschenähnliches Gesicht eigen ist. An den Händen ist der Daumen bis auf einen kleinen, mit einer Hornspitze versehenen Stummel verkümmert (Stummelaffen!). Die Körperlänge beträgt durchschnittlich 70–75 cm, die Schwanzlänge 90–100 cm. Nicht alle Arten tragen den weißen Schultermantel, sind aber durchweg schwarz und sehr reich behaart. Die frischgeborenen Guarezas tragen ein schneeweißes und wolliges Vlies.

Alle Seidenaffen lassen sich als reine Blätterfresser nur schwer in der Gefangenschaft halten, kümmern schnell und siechen bald dahin.

Weißschwanz-Guareza oder Mbega (Colobus abyssinicus caudatus): Bewohnt Ostafrika, vor allem das Kilimandscharogebiet; Pelz schwarz, wird weitgehend bedeckt von einem üppigen weißen Seidenmantel, der auf den Schultern entspringt, gleich einem Burnus über den Rücken wallt und in Hüfthöhe zusammenfließt; der lange Schwanz gleicht einem herrlichen Roßschweif und ist ebenfalls weiß; das Gesicht umrahmt ein breiter weißer Kinn-und Bakkenbart; die Stirn schmückt eine schmale weiße Binde; das schwarze Kopfhaar wirkt wie eine kurzgeschorene, in der Mitte gescheitelte Igelfrisur; alle Haare sind außerordentlich fein und weich, haben einen seidigen Schimmer; lebt in kleinen Banden von 4–8 Köpfen.

Die Schlankaffen oder Hulmans

Das Paradies auf Erden war ganz Indien für die schlanken Hulmans. Erst seit wenigen Jahren hat die Aufklärung die alten Vorrechte dieser von den Hindus vergötterten Affen für null und nichtig erklärt. Die schönen Zeiten sind wohl endgültig vorbei, und es wird nicht mehr lange dauern und er wird wieder in den Urwald zurückkehren. Das indische Landvolk freilich, das im Grunde am meisten unter diesen maßlos frech gewordenen, Felder und Gärten plündernden Affen zu leiden hatte, zögert noch sehr, es mit diesen lebendigen Gottheiten zu verderben. War es doch den alten Sagen nach der Hulman, der einstmals die begehrte Mangofrucht aus dem Garten der Riesen stahl, der dafür auf den Scheiterhaufen kam, sich Gesicht und Hände verbrannte und das Feuer erst in letzter Minute zu löschen vermochte. Glauben sie doch noch insgeheim, daß ihre Seele einmal in diesen Affen wohnen wird. Charakterlich gehören die Hulmans zweifellos zu den verträglichsten Affen, sind von einem erstaunlichen Korpsgeist beseelt, sind die zärtlichsten Eltern ihrer Kinder und fast immer sanguinisch beschwingt. Im Urwald tummeln sie sich in großen Horden in den Wipfeln, sind Kletterkünstler, phantastische Schwinger und Springer, behend und gewandt, zierlich und geschmeidig in allen ihren Bewegungen. Die durchschnittliche Länge beträgt 60–75 cm, der lange Schwanz mißt 90–100 cm.

Hulman oder Hanuman (Presbytis entellus): Bewohnt ganz Vorderindien; Pelz gelblichweiß, fein und weich; ein lustiger Haarkamm über den Augen ist tiefschwarz; die behaarten Teile des Gesichts, der Hände und der Füße sind ebenfalls schwarz, die unbehaarten Teile dagegen schwarzviolett; trägt kurzen gelblichen Bart; lebt in großen Horden, die weit durch die Wälder wandern; der führende Leitaffe pflegt die heranwachsenden Männchen wegzubeißen und aus der Gemeinschaft zu treiben, er lebt auch im Krieg mit den Führern anderer Horden.

Kleideraffe (Pygathrix nemaeus): Bewohnt Indochina; Länge 60 cm, Schwanz 50–55 chm; hat gedrungenen Körper und kurze Hände und Beine; Pelz ungewöhnlich bunt: auf dem Kopf braun, am Hals satt kastanienbraun, auf der Brust und Oberrücken graubraun, am Unterrücken weiß, an den Oberarmen, Oberschenkeln und Füßen schwarz, an den Unterarmen weiß, an den Waden rotbraun; trägt einen grauen Backenbart, der das gelbliche und schlitzäugige Gesicht wirkungsvoll umrahmt; ist wohl der bunteste Affe überhaupt.

Der Nasenaffe

Als einziger Vertreter seiner Art lebt in den tropischen Regen- und Sumpfwäldern auf Borneo der stattliche Nasenaffe. Auf die Welt kommt er mit einem niedlichen spitzen Stupsnäschen, das denen der Stumpfnasenaffen gleicht. Mannbar geworden, schwillt sein Gesichtserker jedoch zu einem mächtigen Zinken und schließlich zu einer riesigen schwappelnden Gurke an, die ihm weit über das Maul hängt. Bis zu acht Zentimeter kann dieses breit aufgeschwollene, längsgefurchte und gekrümmte Riechorgan werden. Es baumelt bei jeder Kopfbewegung hin und her und muß beim Fressen tatsächlich zur Seite geschoben werden. Die Eingeborenen behaupten sogar, daß der Affe seinen Nasenkolben mit den Händen schützt, wenn er durch die Wipfel turnt.

Lange Zeit fragte man sich vergebens, welchen Zwecken wohl diese Riesennase dienen möge. Heute wird angenommen, daß sie ein Resonanzkörper ist und dem eigenartigen Geheul die tiefe nasale und baßähnliche Tonfärbung verleiht. Die Weibchen behalten zeitlebens ihr Stumpfnäschen. Vielleicht also stellt diese Nase auch ein Geschlechtsmerkmal dar.

Als echter Kletter- und Baumaffe hält sich der Nasenaffe gern in den höchsten Wipfeln der Urwaldriesen auf und ernährt sich vorwiegend von Blättern. Er lebt in kleinen Horden, ist gemessen in seiner Art, gleichsam besinnlich und nachdenklich. Zu klettern und zu springen vermag er dennoch ausgezeichnet. Beobachtet wurde seine Vorliebe für Sonnen- und Schwimmbäder. Er schwimmt und taucht vorzüglich und vergnügt sich gern und viel im Wasser.

In der Gefangenschaft ist er als reiner Blätter- und Knospenfresser nur schwer zu halten. Seit einiger Zeit werden diese Tiere aber auch in Tiergärten erfolgreich aufgezogen, z. B. in der Wilhelma in Stuttgart.

Nasenaffe (Nasalis larvatus): Bewohnt Borneo; Länge 70 cm, Schwanz 80 cm; Pelz reich und weich, auf dem Oberkopf und in der Schultergegend lebhaft braunrot, auf dem Rücken und an den Seiten fahlgelb, an der Brust und am Bauche licht rötlichgelb; hat in der Kreuzgegend einen scharf abgegrenzten gräulichweißen Fleck; die Glieder sind in der oberen Hälfte gelblichrot, in der unteren Hälfte aschgrau; auch der lange Schwanz ist aschgrau und quastenlos; das Kopfhaar ist am Scheitel kurz und dicht; trägt einen starken fahlgelben Backenbart, der um den Hals herum eine kragenartige Krause bildet; die nackten Innenflächen der Hände sowie die Gesäßschwielen sind grauschwarz; bevorzugt die aus Nipaspalmen bestehenden Gehölze.

Die Neuweltaffen oder Breitnasen

Die Neuweltaffen sind durchweg Südamerikaner und bewohnen ausschließlich die Urwälder zwischen dem 25. südlichen und dem 29. nördlichen Breitengrad.

Sie unterscheiden sich von den Altweltaffen durch:

sehr zarten Rumpf und schmächtige Glieder, rundlichen Kopf ohne stark vorspringenden Schnauzenteil, ein nicht aus 32, sondern aus 36 Zähnen gebildetes Gebiß, die dicke Nasenscheidewand und die weit auseinanderstehenden Nasenlöcher, den immer stark entwickelten, kräftigen, *langen Schwanz*, der bei vielen die Rolle eines vielbenutzten *Greiforgans* spielt, also eine Art fünfter Hand darstellt, sowie durch das Fehlen der Gesäßschwielen und der Backentaschen und den meist verkümmerten Daumen, der den Fingern nicht gegenüber gestellt werden kann.

Berauben wir einen Neuweltaffen seines Schwanzes, so ist es meistens mit seiner Kletterkunst

Rollschwanzaffen nennt der Wissenschaftler die Kapuziner-Affen, weil ihr Schwanz nicht das hochentwickelte Greiforgan der Brüll-, Woll- und Klammeraffen ist. Er besitzt keine nackte Haftsohle und wird regelmäßig nach unten eingerollt getragen. Immerhin können diese Affen sich an ihren Schwänzen aufhängen.

aus und vorbei, ist er sogar so gut wie verloren. Denn sie alle sind ausgesprochene Baumtiere, fest an den Urwald gebunden, und zwar fast ausschließlich an die Wipfelregionen. Kaum, daß sie sich vorübergehend einmal auf dem Boden tummeln. In der Regel trinken sie sogar von den Bäumen und Büschen aus, indem sie sich an ihren Roll- oder Wikkelschwänzen aufhängen und das Wasser mit den Händen schöpfen. Viele von ihnen sind richtig wasserscheu, obwohl sie die Nähe der Gewässer bevorzugen. Sie sind wohl auch schuld daran, daß die heute noch weit verbreitete Fabel entstehen konnte: Affen vermöchten von Natur aus nicht zu schwimmen. Der wahre Grund ist in der Anwesenheit gefährlicher Feinde, nämlich der Kaimans und Piranhas, zu suchen. Gleich vielen Altweltaffen sind alle Breitnasen überzeugte Vegetarier, leidenschaftliche Blatt-, Knospen-, Beeren- und Früchteesser, und deshalb in der Gefangenschaft nicht leicht zu halten. Etliche unter ihnen verzehren hin und wieder aber auch Insekten sowie Spinnen und plündern Vogelnester.

In ihrem Wesen kennzeichnen sie sich durch ein gemäßigtes Temperament. Sie sind beträchtlich verträglicher, sanfter, gutmütiger, empfindsamer im guten Sinne, dafür aber auch weniger intelligent und weniger anpassungsfähig als die Altweltaffen. Dementsprechend sind ihre Bewegungen auch langsamer und gemessener, geben sie sich träger und besinnlicher, zumindestens ruhiger. In der Gefangenschaft wirken sie oft bedrückt, erscheinen sie schwermütig, zeigen sie sich ängstlich und furchtsam, kümmern schnell und frieren viel. Eng aneinandergeschmiegt, die Glieder verschlungen, den Schwanz um den Leib oder den Hals gewickelt, hocken sie stundenlang in den Winkeln der Käfige als wahrhaft verratene, verlorene und trübsinnige Geschöpfe.

Innerhalb der Gruppe der Neuweltaffen unterscheiden wir die sehr artenreichen Familien der *Kapuziner* und ihrer Verwandten, der *Nacht und Schweifaffen* sowie der *Krallenäffchen.*

Die Kapuziner oder Rollschwanzaffen

Die empfindlichsten und geistig regsamsten Neuweltaffen sind die kleinen lebhaften Kapuziner mit der immer gerunzelten nackten Stirn und der eigenartigen dunklen Kopfbedeckung. Rollschwanzaffen nennt sie der Wissenschaftler, weil ihr Schwanz nicht das hochentwikkelte Greiforgan der Brüll-, Woll- und Klammeraffen ist, keine nackte Haftsohle besitzt und regelmäßig nach unten eingerollt getragen wird. Immerhin können auch sie sich an ihren Schwänzen aufhängen, an ihnen wie an einem Zweig emporturnen, sich mit seiner Hilfe im Gezweig sichern. Winselaffen nennt sie der erfahrene Tierkenner, weil ihre Stimme, solange sie sich wohl fühlen, und bei guter Laune sind, an weiche und sanfte, fast zwitschernde Flötentöne erinnert, die immer einen irgendwie weinerlichen Klang haben. Im Zorn und Schreck allerdings kreischen sie heftig.

Gewöhnlicher Kapuziner (Cebus capucinus): Bewohnt Guayana; Länge 40 cm, Pelz oberseits rostbräunlich, unterseits graubräunlich, an den Backen, der Kehle, der Brust, den Schultern und Oberarmen weißlich bis graugelblich; hat einen schwärzlichen Scheitelfleck, der sich schnippenförmig zur Stirn hinzieht; die Stirn ist nackt und quergerunzelt, das Gesicht nackt und hell fleischfarben; die Hände sind wohlausgebildet; der Schwanz ist rundum voll behaart.

Die Totenkopfäffchen oder Saimiris

Gelehrte Leute wissen den Tieren selten so treffsichere Namen zu geben wie der Volksmund. So manches Mal fragt man sich verwundert, wie sie nur so gänzlich danebengreifen konnten. Aber auch in der Zoologie gibt es so etwas wie eine geheiligte Tradition – und so hüpft und springt denn auch das hübscheste, niedlichste und zierlichste Neuweltäffchen weiterhin als Totenkopfäffchen durch die Tierbücher, obwohl es mit einem Totenkopf bestimmt keine Ähnlichkeit, lediglich ein blauschwarzes Schnäuzchen hat. Das sieht aus, als habe unser Äffchen gerade ein Tintenfaß ausgetrunken oder Heidelbeeren geschluckt. Sonst aber ist das Köpfchen und das Gesicht wirklich apart, ist fein weiß behaart, klein und rundlich, hat eine hohe Stirn, in die ein neckischer Haarzipfel wächst, hat große schöne Augen und weißberandete Ohren. Dazu ist es in seiner ganzen Gestalt ausnehmend feingliedrig, geschmeidig und anmutig, ist lebhaft gefärbt und von harmloser und fröhlicher Wesensart.

Totenköpfchen oder Saimiri (Saimiri sciureus): Bewohnt Südamerika, vor allem Guayana; Länge 30 cm, Schwanz 50 cm; Pelz oberseits gelblich-olivgrün, unterseits weiß, an den Gliedern rostgelb; das Gesicht ist weiß behaart, ein nackter Kreis um den Mund ist schwarzblau; hat weder einen Wickel- noch einen Rollschwanz, steht in der Mitte zwischen den mit greifenden und den mit hängenden Schwänzen versehenen Neuweltaffen, vermag sich aber mit seinem Schwanz doch zu stützen und im Gezweig zu sichern; springt und klettert ausgezeichnet, fliegt über weite Zwischenräume, wobei ihm der Schwanz als Steuer dient; bei den vielen Unterarten kommen auch rötlichschwarze, pomeranzengelbe, gesprenkelte und graue Exemplare mit kohlschwarzen Köpfen, zeisiggelben Leibern und goldgelben Gliedern vor; der Pelz verfärbt sich bei den verschiedenen Arten auch oft noch im Laufe des Lebens.

Die Brüllaffen

In einer riesigen Wildfeige, deren schirmartiger Wipfel sie vor der Mittagssonne beschützt, hat sich eine kleine Bande der roten Brüllaffen niedergelassen. Der Länge nach ausgestreckt liegen die Tiere auf den Ästen, lassen die Arme und die Beine wohlig und gelöst hängen und haben sich nur mit dem langen Wickelschwanz verankert. Würdevoll schreitet der wachhabende Leitaffe auf einem gewaltigen Ast auf

Das Gesicht der Totenkopfäffchen ist weiß behaart, wobei um den Mund eine kreisförmige Zone nackt bleibt und dort schwarzblau gefärbt ist. Sie haben weder einen Wickel- noch einen Rollschwanz, stehen systematisch zwischen den mit greifenden und den mit hängenden Schwänzen versehenen Neuweltaffen. Jedoch vermögen sie sich mit ihrem Schwanz zu stützen und im Gezweig zu sichern. Totenkopfäffchen klettern ausgezeichnet und springen über weite Zwischenräume, wobei ihnen der Schwanz zur Steuerung dient.

und ab. Hin und wieder stößt er einen kleinen gedämpften Brüller aus. Immer rascher wandert er hin und her, und immer schneller folgen sich die lauter werdenden Brülltöne, fließen endlich zu einem langen Geheul zusammen. Schaurig und unwahrscheinlich laut schallt das Lied durch den stillen Wald. Die Mitglieder seiner Bande haben sich inzwischen aufgerichtet und starren den Sänger todernst an. Mit einem Male aber fallen sie in das Geheul ein, stellen einen Chor, der sich hören lassen kann, während die Stimme des Vorsängers heller und heller wird und nun hoch über ihrem Gesang schwebt. Nach wenigen Minuten verschweigen sie jäh und pflegen wieder der Ruhe. Das ganze Konzert war gleichsam nur eine kurze Probe. In der Nacht aber währt das grunzende und brüllende Geheul oft stundenlang und schwillt zu trommelfellschmerzender Stärke an. Es klingt, als ob eine Rotte Wildschweine im Kampf auf Tod und Leben mit einem Rudel Pumas begriffen wäre.

Auch den Sonnenaufgang pflegen die Brüllaffen in der gleichen Weise zu begrüßen. Dennoch wissen wir bis heute noch nicht, warum sie eigentlich singen. Da sich alle, Männchen wie Weibchen und Kinder, an dem Gesang beteiligen, kann es kein Brunftgesang sein. Da sie den Chorgesang tagsüber wie auch morgens üben, ist er auch keine Angeberei aus Angst vor nächtlichen Überfällen. Vielleicht wollen sie mit ihm gleich den Vögeln ihr Revier abstecken. Wahrscheinlich aber macht ihnen das Grunzen und Heulen ganz einfach Spaß, ist es nichts anderes, als der Ausdruck ihres Wohlbehagens, ihrer Freude am Leben und kennzeichnet den Überfluß ungenützter Kräfte. Denn die Brüllaffen leben in ihrer Heimat wie im Paradies, brauchen das ganze Jahr über nur zuzulangen, um sich sättigen zu können. Als bedürfnislose Blätterfresser brauchen sie weder nach Nahrung zu suchen noch zu jagen, können darum auch recht behäbig, faul und bequem sein. Das Singen fördert zweifellos auch die Verdauung und macht warm! Denn wie alle Blätterfresser haben die Brüllaffen immer einen vollen Magen, und die Nächte und die winterlichen Fröste sind auch in Südamerika recht kalt. Ganz abgesehen davon, daß die Natur die Brüllaffen nun noch mit körpereigenen Instrumentalkörpern ganz besonderer Art ausstattete. Ihr Zungenbein ist nämlich zu einer regelrechten Knochentrommel aufgetrieben und stellt einen großartigen Resonanzboden dar. Der obere Kehlkopf aber ist ungewöhnlich entwickelt und verfügt über nicht weniger als sechs Resonanztaschen. Damit der Stimmapparat auch Platz findet, hebt sich der hintere Unterkiefer zu beträchtlicher Höhe.

Die Indianer essen das Fleisch der Brüllaffen sehr gern. Sie erlegen die Tiere mit Pfeil und Bogen oder mit den Blasrohr, aus dem sie vergiftete Pfeile schießen. Der Schuß muß jedoch sehr gut sitzen, sonst hat der getroffene Affe noch Zeit, seinen Wickelschwanz um einen Zweig zu schlingen und bleibt dann selbst noch als Toter in unerreichbarer Höhe hängen.

Die Haftsohle am unteren Ende des Schwanzes ist nämlich so griffig, daß man einen toten Affen gut an seinem Schwanz über einen Stock hängen kann.

Außer den Menschen fürchtet der an und für sich wenig scheue, vielmehr sehr neugierige Brüllaffe vor allem noch den Puma, den Ozelot, die großen südamerikanischen Marder und die Harpyie. Zu verteidigen versucht er sich selten, ist vielmehr meist so kopflos, daß er die Hände entsetzt über den Kopf zusammenschlägt und vor schlotternder Angst seinen Harn und Kot fahren läßt. Auf der Flucht wird er ziemlich flott, rollt sich nur so durch die Wipfel und wagt dann auch kleinere Sprünge, die er gewöhnlich unterläßt.

Die Brüllaffen leben in kleineren Familienbanden von meist nur 10–18, manchmal auch 20–30 Köpfen und bleiben ihrer Wipfelwelt durchaus treu. Die Weibchen gehören allen Männchen der Bande und haben fast immer nur ein Junges. In den ersten Wochen tragen sie es am Bauche, später klettert ihnen der Sprößling auf den Rücken. Bei den Babys fällt der große Kehlkopf häßlich auf. Alle Brüllaffen haben einen seltsamen starken Geruch an sich, der selbst noch im Urwald leicht zu ihrer Entdeckung führt, in der Gefangenschaft aber sehr lästig wird.

Roter Brüllaffe oder Aluate (Alouatta seniculus): Bewohnt Kolumbien und das mittlere Amazonasgebiet; Länge 60–65 cm, Schwanz 65–70 cm; das Weibchen ist kleiner; Pelz rötlich- bis kupferbraun, auf der Rückenmitte goldgelb schimmernd; trägt einen starken dunklen Vollbart; alle Haare sind kurz und etwas steif, die Färbung der Tiere sehr unterschiedlich, so sind die Weibchen und die Jungen meist dunkelrot bis schwarzbraun bepelzt, zeigen oft auch ei-

Klammeraffen sind auf der Erde ziemlich unbeholfen, da ihre Beine kürzer als die Arme sind. Oft gehen sie aufrecht wie die Gibbons. Dabei strecken sie den gewölbten Bauch heraus.

nen gelblichen Schimmer; der Kopf ist pyramidenförmig hochgebaut, die Stirn ist fliehend, die Schnauze etwas vorgestreckt, das Gebiß sehr kräftig; der Schwanz ist ein echtes und selbständig arbeitendes Greiforgan, das sich durch eine lange nackte Haftsohle am hinteren Ende kennzeichnet; an der Hand fällt der sehr dünne Daumen auf.

Die Spinnen- oder Klammeraffen

Kleiner Kopf, schmächtiger Rumpf, lange dürre Spinnenglieder, dicker Säuglingsbauch, körperlanger, unten nackter Wickelschwanz, verkümmerter oder gänzlich fehlender Daumen – das sind die körperlichen Merkmale der Spinnen- oder Klammeraffen. Sie bewohnen alle größeren Waldungen zwischen Mexiko und Uruguay, also praktisch ganz Mittel- und Südamerika. Es sind echte Baumtiere, zumeist bedürfnislose Blätterfresser – daher auch der aufgeschwollene Bauch! – und werden von den Indianern ebenso gern gehalten wie gegessen. Sie leben in kleinen Banden von oft nur sechs Köpfen sowie in größeren Horden, klettern mehr mit dem Wickelschwanz als mit den Händen. Jedenfalls schicken sie den Schwanz immer greifend und haltsuchend voraus, schleudern sich mit seiner Hilfe von Ast zu Ast, hängen sich auch gern an ihm auf, wenn sie fressen oder trinken, sich schaukeln oder sonnen. Sonnenbäder lieben sie überhaupt sehr. Sie legen sich dazu der Länge nach auf die Zweige und Äste, biegen den Kopf weit hintenüber, verschränken die Arme auf dem Rücken und blinzeln wohlig ins Licht. Auf der Erde sind sie ziemlich unbeholfen, da ihre Beine kürzer als die Arme sind. Oft gehen sie darum auch aufrecht gleich den Gibbons. Dabei strecken sie den gewölbten Bauch noch mehr heraus, tragen den Schwanz schwungvoll erhoben, kreuzen die Arme über dem Kopf oder heben sie balancierend rechtwinklig und waagerecht vom Körper ab. Von Wesensart sehr sanftmütig, schauen sie aus großen schwarzen Augen vertrauensvoll in die Welt. Ihre runzligen, etwas greisenhaften, meist nackten und oft fleischfarbenen Gesichter erinnern an die alter abgearbeiteter Indianerfrauen.

In der Gefangenschaft sind die Klammeraffen leicht hinfällig, leiden sichtlich unter dem Klimawechsel und bedürfen einer sorgsamen und auch seelischen Betreuung. Wird für Wärme, Spiel und Unterhaltung gesorgt und finden die sehr anlehnungsbedürftigen Geschöpfe nette und freundliche Käfiggenossen, kommen sie jedoch ganz gut fort. Die Zucht freilich gelang bisher noch keinem Tiergärtner. Mit den Gibbons vertragen sie sich besonders gut.

Schwarzer Klammeraffe oder Koata (Ateles paniscus): Bewohnt das Amazonasgebiet, ist einer der größten Klammeraffen; kommt auch in Guayana und in Peru vor; Länge 65–70 cm, Schwanz 65–75 cm; Pelz grob, an den Schultern sehr lang, auf dem Rücken dichter als am Bauche, auf der Stirn kammartig erhöht, durchweg tiefschwarz; das Gesicht ist nackt und fleischfarben; die Augen sind braun und sehr lebhaft im Ausdruck; der Daumen fehlt meist an beiden Händen, die vier Finger werden als Kletterhaken benutzt und nur über die Zweige gehängt, ohne daß die Hand sich dabei schließt; wird in Panama, Peru und Guayana vom *Schwarzgesicht-Klammeraffen oder Tschamek (A. ater)* vertreten, der an der Hand noch einen Daumenstummel hat.

Die Wollaffen

Nett und freundlich sehen sie bestimmt nicht aus, die Wollaffen, wenn sie mit dunkelglühenden Kulleraugen durch die Blätter lugen. Der kurzgeschorene Kopf, die sehr tiefliegenden Augen unter der stark fliehenden Stirn, das kohlrabenschwarze Gesicht und die vorspringende Tierschnauze lassen unwillkürlich an eine Verbrecherphysiognomie denken. Dazu kommt, daß die Kerle, wenn sie gereizt werden, einen unbeschreiblich gellenden Wutschrei ausstoßen, der wahrhaftig durch Mark und Bein fährt und den Erfolg zeitigt, daß man sich urplötzlich von einem Dutzend dieser Affengesichter umstellt sieht. Wahrscheinlich vertrauen und bauen sie auch auf die Wirkung dieses gellenden Rufes, denn sie denken gewöhnlich nicht an Flucht, sondern nehmen nur Rückendeckung und empfangen den Gegner mit Händen und Füßen. In Wirklichkeit jedoch sind sie alles andere als gefährlich und bösartig. Wir brauchen ihnen nur in die großen Augen zu schauen und das im Grunde melancholische Gesicht näher zu betrachten. Da blickt uns auf einmal ein durchaus sanftmütiges Geschöpf an, das ein gutes und ruhiges Wesen hat. Und noch besser werden wir die Wollaffen verstehen, wenn wir sie als ganz junge Geschöpfe kennenlernen. Denn da haben sie noch rundliche und freundliche Gesichter, treuherzige Kinderaugen und erscheinen verblüffend menschenähnlich.

Von den Spinnen- und Klammeraffen unterscheiden sich die Wollaffen durch die mehr untersetzte und stämmige Gestalt. Ihre Daumen sind auch nicht so sehr verkümmert, haben vielmehr fast noch platte Fingernägel. Die Arme sind kürzer, der Greifschwanz ist nicht so vollkommen entwickelt. Vor allem aber fallen sie durch ihren dichten, kurzen und wolligen, fast plüschartigen Pelz auf, der sie noch rundlicher erscheinen läßt. Die Wollaffen leben in kleinen Banden, die weit durch die tropischen Wälder schweifen, unterdrückt vor sich hin heulen und in großer Gelassenheit durch die Wipfel turnen. Es heißt bei ihnen: nur immer schön langsam und gemütlich! Dabei sind sie jedoch nicht etwa plump und ungeschickt, sondern eher anmutig und gewandt. Sie leben vorwiegend von Blättern und werden von den Indianern ob ihres sehr wohlschmeckenden Fleisches so fleißig gejagt, daß sie heute im weiten Umkreis der Ansiedlungen schon nicht mehr anzutreffen sind. In der Gefangenschaft siechen sie schnell dahin, sind schwermütig und sehr anlehnungsbedürftig.

Grauer Wollaffe oder Schieferaffe (Lagothrix lagotricha): Bewohnt ganz Südamerika, vor allem aber die Wälder am Amazonas und Orinoko; Länge 65–70 cm, Schwanz 65–70 cm; Pelz weich und wollig, auf dem Rücken dunkelgrau, sonst durchweg mattschwarz bis braunschwarz; trägt auf der Brust eine kleine Mähne; das Kopfhaar wirkt wie kurzgeschoren; das Gesicht und alle anderen Stellen des Körpers an den Händen und Fü-

Der Graue Wollaffe, auch Schieferaffe genannt, bewohnt ganz Südamerika. Vor allem aber findet man den fast 70 cm langen Affen in den Wäldern am Amazonas und Orinoko. Sein weicher und wolliger Pelz ist auf dem Rücken dunkelgrau, ansonsten matt- bis braunschwarz.

ßen wie am Schwanz sind bräunlichschwarz; die Stirn flieht stark. die Augen liegen tief in den Höhlen, die Ohren sind sehr klein und wie abgestutzt, die Schnauze ist vorgebaut, das Gebiß kräftig; der Schwanz ist an der Spitzenhälfte bräunlich-fahlschwarz und hat eine nackte Haftsohle. Zahlreiche geographische Rassen, die

teilweise als eigene Arten beschrieben wurden, unterscheiden sich durch Färbung und Schimmer des Pelzes. Es wird auch von jahreszeitlich oder durch das Alter der Tiere bedingten Umfärbungen berichtet.

Die Nacht- und Schweifaffen

Auch die Nacht- und Schweifaffen sind durchweg Südamerikaner und ausgesprochene Baumtiere. In ihren Reihen begegnen wir etlichen mit stark verkürzten, den meisten aber mit besonders buschigen und schweifartigen Schwänzen. Keiner benutzt seinen Schwanz als Greiforgan, weshalb sie alle zusammen auch als Schlaffschwänze bezeichnet werden. Gemeinsam ist ihnen ferner: der kleine runde Schädel, das kleine schmale Gesicht, die großen Augen, die feinen und schlanken, sehr menschenähnlichen Finger, der gegenständige, gut entwickelte Daumen, die verdickten oder noch krallenähnlichen Nägel.

Von den vielen Arten sind uns nur einige wenige gut bekannt. Denn diese Affen sind scheue Waldtiere, geben sich sehr heimlich, bewohnen ausschließlich die hohen Wipfelregionen der unzugänglichen tropischen Urwälder, zumeist noch in versumpften Überschwemmungsgebieten.

Selbst die besten indianischen Jäger haben Mühe, ihrer habhaft zu werden. Angeschossene Tiere flüchten noch weit, ehe sie abstürzen, und sind dann oft unauffindbar. Auch in der Gefangenschaft halten sie sich nicht gut, überstehen in der Mehrzahl kaum den Transport bis zur Küste, geschweige denn die lange Überfahrt.

Die Gruppe der Nacht- und Schweifaffen gliedert sich in die Unterfamilien der Kurzschwanzaffen, der Bart- und Schweifaffen und die der Nachtaffen.

Die Kurzschwanzaffen

Die südamerikanischen Kurzschwanzaffen treten gleichsam den Beweis dafür an, daß durchaus nicht alle kurzschwänzigen Affen nun Boden- oder Felsentiere sein müssen. Sie sind wie alle anderen Neuweltaffen dem Urwald und der Wipfelwelt verschworen, sind gewandte Kletterer und sehr flotte Gezweigturner. Körperbaulich kennzeichnen sie sich vor allem durch einen gedrungenen Leib, kräftige Glieder, länglich-eiförmigen Kopf, längliche, seitlich liegende Nasenlöcher, dünnen und zottigen, auf dem Kopf geschorenen Pelz, lange und schmale Nägel auf den Fingern und Zehen.

Scharlachgesicht oder Uakari (Cacajao calvus): Bewohnt das Amazonasgebiet Brasiliens; Länge 30–32 cm, Schwanz 9–10 cm, also sehr stummelhaft; Pelz fahl- oder rotgelb, auf dem Rücken fahlweiß und sehr lang, unterseits goldgelb, auf dem Kopfe heller und sehr kurz; alte Tiere hellen stark auf, sind oft fast weiß; das Gesicht ist scharlachrot und sehr schmal, die Brauen sind gelb und buschig, die Augen rotgelb; die Stirn ist hoch und bis zum Oberkopf nur wenig behaart, die Ohren sind groß und nackt; trägt schütteren dünnen Backenbart, die Füße sind ungewöhnlich lang und groß, nackt und fleischfarben.

Die Bart- und Schweifaffen

Wunderschöne und frappierend menschenähnliche Vollbärte sowie höchst moderne Perükkenfrisuren mit in die Stirn hängenden Fransen werden in den Familien der Bart- und Schweifaffen getragen. Überhaupt sind diese Affen sehr haarige Burschen mit ziemlich dicken und groben Pelzen. Großartig passen dazu ihre dicken, langen und ungewöhnlich buschigen Schwänze, die glattweg mit den Standarten der Füchse wetteifern können. Die meisten haben ein recht gemütliches Mopsgesicht mit einer dicken Kartoffelnase. Mund und Kinn sind nackt. Es sind Gesichter, die an die Ureinwohner Australiens erinnern und die gleichen sehr eng beieinander stehenden Augen und Wangenkrausen aufweisen. Unwahrscheinlich menschenähnlich sind die Hände und sehr groß die Füße.

In ihrem Wesen sind diese Affen gemessen und gelassen, fast würdevoll, gesellig und freundlich, dazu recht stimmfreudig. Sie leben in kleinen Horden, turnen oft hoch aufgerichtet über die Äste, springen meterweit und lassen sich nur selten auf dem Waldboden sehen. Früchte sind ihre Lieblingsnahrung.

Satansaffe (Chiropotes satanas): Bewohnt das mittlere Amazonas- und Orinokogebiet; Länge 55–60 cm, Schwanz 50 cm; Pelz schwarz, am Rücken rußigfahlgelb, bei jungen Tieren bräunlichgrau; trägt auf dem Kopf eine dicke runde Perücke, die nach allen Seiten, über die Ohren und tief in die Stirn fällt, dazu einen schönen und immer wie gepflegt erscheinenden Kotelettenbart, der unterm Kinn zu einem großen und starken Vollbart zusammenfließt; schaut durchaus nicht wie ein Sohn der Hölle, noch wild und bös aus, erinnert vielmehr an einen ge-

Maskenhaft wirkt das kleine runde Köpfchen der Nachtaffen mit den breiten, schwarzen Streifen, die über den hellen Scheitel laufen. Mit ihrer nächtlichen Lebensweise stehen die Nachtaffen alleine unter den echten Affen, von denen auch keiner in Baumhöhlen übernachtet, geschweige denn einen festen Standort hat.

pflegten alten Herrn; lebt in kleinen Familienverbänden von 4–6 Köpfen.

Die Nachtaffen

Klein nur ist das ausgefaulte Astloch des von Lianen halb erwürgten, von Orchideen überwucherten Korallenbaums, aber groß und geräumig die dahinterliegende Höhle. Ein wundervoller Schlupfwinkel für die kleinen und schmächtigen Nachtaffen. Eng zusammengedrängt verschläft die kleine, aus nur zwei Familien bestehende Schar hier den Tag. Erst nach Einbruch der Dunkelheit kommt Leben in die verschlungenen Glieder. Das älteste Nachtäffchen klettert zum Astloch empor und lauscht in die Nacht. Seine Augensterne dehnen sich von Sekunde zu Sekunde, werden kreisrund, verdrängen die Regenbogenhaut fast gänzlich und leuchten wie die Seher einer großen Eule. Maskenhaft wirkt das kleine runde Köpfchen mit den drei breiten schwarzen Streifen, die über den hellen Scheitel laufen. Ein rollendes Knurren weckt die anderen Schläfer. Gleich großen Eichhörnchen kommen die Weibchen und die Kinder herausgeklettert. Wie illuminiert ist der Ast von den intensiv leuchtenden Augen der Schar. Und gleich darauf geht es hurtig von Ast zu Ast und weit springend von Wipfel zu Wipfel. Der Tag der Nachtaffen ist angebrochen, die Jagd beginnt.

Wehe dem Kleinvogel, der sich aufscheuchen oder entdekken läßt! Im Aufflattern und Abfliegen noch wird er gehascht und gepackt. Ein zielsicherer Biß läßt seinen dünnen Schädel knacken und begierig wird das noch warme Gehirn geschlürft. Dann wird die Beute mit flinken Fingern gerupft und fein zierlich nach Eichhörnchenart verzehrt. Ein Festessen ist auch ein frisches Eigelege. Das Hauptaugenmerk aber gilt den Früchten der Bäume und den Beeren der Büsche. Ist der Hunger gestillt, so vergnügt sich die Schar bei Sternenlicht und Mondenschein mit ausgelassenen Spielen. Die behenden und geschmeidigen Tiere fliegen nur so durch die Wipfel. Und erst gegen Morgen kehren sie in den vertrauten Schlupfwinkel zurück.

Mit ihrer nächtlichen Lebensweise stehen die Nachtaffen ganz

vereinzelt unter den echten Affen, von denen auch keiner in Baumhöhlen übernachtet, geschweige denn einen festen Standort hat.

Gewöhnlicher Nachtaffe oder Mirikina (Aotes trivirgatus): Bewohnt Südamerika von Guayana über Amazonien bis Peru; Länge 35 cm, Schwanz 50 cm; Pelz oberseits graubraun, unterseits schmutzigweiß bis rostfarben; über den Scheitel ziehen sich, nach den Schläfen und der Nasenwurzel zu, drei breite schwarze Streifen, die durch die beiden großen weißen Flecke über den Augen besonders effektvoll hervortreten; vom Nakken bis zur Schwanzwurzel läuft ein breiter, hellgelblich-brauner Streifen über den Rücken; die Schwanzspitze ist schwarz; die sehr großen und eng beieinanderstehenden Augen sind goldfarben bis goldbraun; das Gesicht ist schwarz, so daß die Augen besonders leuchten.

Die Krallenäffchen

Ein Eichhörnchen mit fleischfarbenem Gesicht, hoher Stirn und ebenso ausdrucksvollen wie sanften Augen, mit einem Stimmchen, das täuschend an Vogelgezwitscher erinnert, das ist das Urbild des Krallenäffchens. In zahlreichen Arten und Unterarten, von denen uns nur wenige gut bekannt sind, beleben diese kleinen zierlichen Affen die südamerikanischen Tropenwälder in verhältnismäßig nur kleinen Verbreitungsinseln. Keines dieser Äffchen ist viel größer als ein Eichhörnchen, die meisten sind vielmehr noch kleiner und zierlicher, vor allem aber auch anmutiger und bunter.

Mit unserem heimatlichen roten Nager haben sie gemeinsam: rein körperlich die spitzen Krallen an allen Zehen – nur die Großzehe hat einen Nagel! – und die bebüschelten Ohren, in ihrer Lebensweise aber die Vorliebe für das Plündern von Vogelnestern und die Kinderstuben in den Baumhöhlen. Sie sind auch genauso an das durch die Baumkronen gefilterte und zerstreute Licht gewöhnt und darum empfindlich gegen die direkte Sonnenbestrahlung und große Hitze. Ihren langen buschigen Schweif aber tragen sie nicht hochgeschlagen, sondern vorwiegend hängend. Das Gebiß erinnert an die scharfe und nadelspitze Zahnsäge der Insektenfresser. Und sie brauchen auch unbedingt die knusprige Kerbtierkost, fangen Fliegen und Mücken, Käfer und Schmetterlinge, verzehren auch Spinnen und Kleinvögel, und natürlich Früchte, Beeren, Blüten, Blätter und Sämereien.

Im Freileben bilden die Krallenäffchen kleine Familienverbände und kleine Horden. Die Pärchen halten fest zusammen und leben wahrscheinlich in langer Einehe. Zwei Würfe im Jahr sind die Regel. Die winzigen Jungen, zwei bis drei an der Zahl, kommen behaart und sehend in den Baumhöhlen zur Welt, in denen die Alten gewöhnlich auch die Nacht verbringen. Wie bei den echten Affen werden die Kinder am Bauch oder auf dem Rücken getragen. Wird dem Weibchen diese Last zu beschwerlich, so springt das Männchen ein, das sich immer als treusorgender Vater erweist. Es kümmert sich sogar darum, daß die Jungen regelmäßig angelegt werden. Beim Zwergseidenäffchen trägt ausschließlich das Männchen die Jungen, und zwar in den Leistenbeugen.

Die zarten, feinen, und hohen Stimmlaute der Krallenäffchen sind wohltönend und können als ein vogelähnliches Zwitschern, Wispern, Pfeifen und Scheckern bezeichnet werden.

Das Lisztäffchen trägt eine mächtige weiße Künstlermähne (darum der Name), die bis tief in die Stirnmitte hineinwächst; die Stirnseiten und das Gesicht sind schwarz gefärbt.

Lisztäffchen oder Pinche (Oedipomidas): Bewohnt Kolumbien, Panama und Kostarika; Länge 30 cm, Schwanz 40 cm; Pelz oberseits erdbraun – die Haare sind grau, aber dreimal hellbraun geringelt –, unterseits sowie an den Armen und Unterschenkeln weiß, an der Schwanzwurzel kastanienbraun, gegen die Spitze hin schwarzbraun; trägt eine mächtige weiße Künstlermähne – darum Lisztäffchen! –, die bis tief in die Stirnmitte hineinwächst; die Stirnseiten und das Gesicht sind schwarz; hat zusammengewachsene gelblich-grauweiße Brauen, einen ebenso gefärbten, feingeschorenen Backenbart, große häutige und nackte Ohren; trillert und zwitschert reine und langgezogene Flötentöne; ist gefangen sehr hinfällig.

Weißpinseläffchen (Callithrix jacchus): Wird auch Saguin, Marmoset und Uistiti genannt; bewohnt die Ostküste Brasiliens; Länge 25–30 cm, Schwanz 30–35 cm; Pelz schwarz, weiß und rostgelb – die Haare sind an der Wurzel schwärzlich, dann rostgelb, hierauf wieder schwarz und an der Spitze weiß –, auf dem Oberrücken tritt die rostgelbe Färbung in den Vordergrund, der Unterrücken trägt schmale, wellige, schwarze und weiße Querbinden, am Unterleib erscheint der Pelz weißgrau, auch an den Gliedmaßen meistens, der Schwanz ist schwarz und hat an die zwanzig schmale weißliche Ringe sowie eine weiße Spitze; das Gesicht ist dunkel fleischfarben und fein weiß beflaumt; die Stirn ziert ein weißlicher dreieckiger Fleck, die Ohren werden von starken und breiten, aufrechtstehenden und blendendweißen Haarpinseln – darum Pinseläffchen! – verdeckt; zwitschert nicht nur, sondern pfeift auch so durchdringend, daß es in der Stube lästig wird, riecht stark nach Harn und Moschus, ist verhältnismäßig behäbig, hält in der Gefangenschaft gut aus.

Löwenäffchen (Leontocebus leoninus): Bewohnt das Amazonasgebiet Brasiliens; Länge 20–25 cm, Schwanz 20–25 cm; Pelz olivbräunlich, auf dem Rücken weißlichgelb gefleckt und gestrichelt, am Schwanz oberseits schwarz, unterseits leberbraun; trägt eine mächtige löwenähnliche ockergelbe Mähne; das Gesicht, die Hände und Füße sind schwarz, die Mundränder weißlich; hat sehr lange und schlanke Hände; ist in der Gefangenschaft recht jähzornig, wild und bissig, wird nur selten zahm, ist auch sehr hinfällig und schwer zu erhalten.

Zwergseidenäffchen (Cebuella pygmaea): Bewohnt ein kleines Amazonasgebiet an der Grenze zwischen Peru und Ekuador sowie wahrscheinlich auch das südliche Brasilien; Länge 16–18 cm, Schwanz 14–16 cm; Pelz sehr fein und weich, lehmgelb bis grünlichgelb, mit Schwarz gemischt, unterseits mitunter auch heller, auf den Pfoten rotgelb; trägt eine üppige und dichte, auf die Schultern und in den Nacken fallende Mähne; dunkle Querbänder laufen vom Rücken über die Seiten und die Schenkel; der Schwanz ist undeutlich geringelt; hat runden Kopf, kleines Gesicht, große Augen, die auffallend weit auseinanderstehen, und winzige, sehr menschenähnliche, in der Mähne versteckte Ohren.

Die frischgeborenen Jungen sind nicht größer als eine Feuerbohne, aber schon behaart, sehend und wohlausgebildet. Sie werden vom Vater getragen und der Mutter gebracht, wenn es Zeit ist, sie anzulegen und zu stillen.

Das Zwergseidenäffchen trägt eine üppige und dichte, auf die Schultern und in den Nacken fallende Mähne; dunkle Querbänder laufen vom Rükken über die Seiten und die Schenkel.

Die Halbaffen *(Prosimiae)*

Es war vor rund sechzig Millionen Jahren, als die Landbrücke, die Madagaskar mit Afrika verband, in den Fluten des Indischen Ozeans versank. Damals gab es in Afrika noch keine echten Affen, weder Gorillas noch Schimpansen, weder Paviane noch Meerkatzen. Kein Huf berührte den Boden des Schwarzen Erdteils. Viel später erst entwikkelten sich seine heutigen Charaktertiere, die Gazellen und Antilopen, die Wildesel und Zebras, die Springböcke und Wildrinder, die Kamele und Giraffen. Es war um die große Blütezeit der sogenannten Halbaffen. In unzähligen Arten bevölkerten sie nicht nur die grüne Waldwelt Afrikas, sondern waren auch in allen anderen Kontinenten – außer Australien – zu Hause. In Europa und in Amerika sind sie inzwischen längst ausgestorben. In Afrika und Indien vermochten sich bis heute nur einige wenige Arten zu erhalten. Auf der über 1600 km langen und gut 55 km breiten Insel Madagaskar aber fanden sie ihr Paradies. Das Versinken der Landbrücke war ihr Glück und zugleich wohl auch unser, oder wenigstens der Zoologen Glück. Denn ohne dieses Ereignis wüßten wir wahrscheinlich nicht mehr viel von diesen seltsamen Völkchen der Indris, der Sifakas, der Makis und der Fingertiere, von diesen hochinteressanten Vertretern eines uralten Tierstammes. Auf der isolierten Insel blieb ihnen der harte Konkurrenzkampf mit den nachdrängenden, den neuen und lebenskräftigeren Säugern erspart. Ungestört konnten sie sich vielmehr noch entfalten, spezialisieren und alle die auf der Insel gebotenen Lebensräume erobern.

Fast die Hälfte aller madagassischen Säugetiere sind Halbaffen. Als gesellige Hordentiere wie als scheue Einzelgänger, als lebendige und flotte Tagtiere wie als sehr heimliche nächtliche Schleicher beleben sie die Wälder und Steppen, die Niederungen wie die Gebirge. In allen Erscheinungsformen und Größen können wir ihnen begegnen. Viele erinnern uns an kleine und kaum rattengroße Nager, andere an Eich- und Spitzhörnchen, etliche an Wiesel und Bilche, die größten aber an Katzen und Füchse. Und während die einen sich gleich den Nagern und Affen hauptsächlich von Pflanzenstoffen ernähren, sind die anderen eifrige Kerbtierjäger und die dritten echte kleine Raubtiere geworden.

Die drei Gruppen der Halbaffen

Von den drei großen Gruppen, in die wir heute die Halbaffen aufgliedern, kommen die Vertreter der ersten beiden lediglich auf

Das Gesicht der Halbaffen ist oft so klein und das Schnäuzchen so zierlich, daß die Gesichtszüge kaum noch Bedeutung haben und praktisch eben nur die sehr großen, dunkelschimmernden und „glühenden" Augen sprechen. Die lebhafte Mimik der echten Affen fehlt ihnen also fast gänzlich. Sie wirken dadurch bedeutend urtümlicher und auch tierischer. Ganz bestimmt sind sie auch längst nicht in dem Maße seelisch-geistig entwickelt und aufgeschlossen wie die Affen, sind nicht so rege und einfallsreich, so ansprechbar und reizbar.

Madagaskar vor. Die dritte Gruppe umfaßt die asiatischen und die afrikanischen Halbaffen.

Auf Madagaskar lebende Halbaffen:

a) Die Indri-Verwandtschaft (Indris, Sifakas und Wollmakis) *Indriidae*

b) Die Lemuren-Verwandtschaft *(Lemuridae)* (Maus-, Wiesel-, Katzen- und Halbmakis sowie die echten Makis, vor allem also Katta, Vari, Mohren-, Rotbauch-, Rotstirn-, Weißkopf-, Schwarzstirn- und Kronenmakis)

In Indien und Afrika lebende Halbaffen:

c) Die Lori-Verwandtschaft *(Lorisiformes)* (Plumplori, Schlanklori, Pottos und Bärenmakis sowie die Galagos, vor allem also Riesen-, Zwerg-, Senegal- und Allensegalago)

Außerhalb dieser Gruppen stehen als seltsame und absonderliche Außenseiter *das Fingertier (Daubentoniidae, Fingerlemuren) und das Gespensttier (Tarsidae)* mit nur je einem einzigen Vertreter ihrer Familien. Sie weisen noch weiter zurück in die geheimnisvoll verschleierte und weitgehend unbekannte Entwicklungsgeschichte der sogenannten Halbaffen, die ja noch längst keine echten Affen sind, ihnen weder in Körperbau noch Lebensweise nur ähneln, ihren Namen also ganz zu Unrecht tragen.

Wesen und Eigenart der Halbaffen

Betrachten wir uns den Schädel eines Halbaffen, so fallen uns sofort die ganz ungewöhnlich großen und kreisrunden, scheinwerferartig erweiterten und hoch umrandeten, sich in der Mitte des Gesichts tatsächlich fast berührenden und mit den Schläfengruben offen verbundenen Augenhöhlen auf. Sie beherrschen den ganzen Gesichtsschädel und verraten den Halbaffen selbst dem Laien als ein echtes Nachttier. Die Augen des Menschen müßten, wenn sie im gleichen Größenverhältnis zu seinem Schädel stünden, mindestens einen Durchmesser von 5–6 cm haben.

Und so richtig munter werden die meisten Halbaffen denn auch wirklich erst gegen Abend. Den Tag verschlafen sie in ihren Baumhöhlen, ihren Blätternestern und Wipfelverstecken oder verbringen ihn wenigstens ruhend, dösend und vor allem sonnenbadend. In der Gestalt und der Physiognomie erinnern viele an die nächtlichen Bilche wie an die Eulen oder die Nachtaffen. Das Gesicht ist oft so klein und das Schnäuzchen so zierlich, daß die mimischen Züge kaum noch Bedeutung haben und praktisch eben nur die sehr großen, schimmernden und glühenden Augen sprechen. Die lebhafte Mimik der echten Affen fehlt ihnen also fast gänzlich. Sie wirken dadurch bedeutend urtümlicher und auch tierischer. Ganz bestimmt sind sie auch längst nicht in dem Maße seelisch-geistig entwickelt und aufgeschlossen wie die Affen, sind nicht so rege und einfallsreich, so ansprechbar und reizbar. Allerdings wissen wir nur wenig vom Freileben und den Verhaltensweisen der Halbaffen, kennen viele von ihnen kaum der Gestalt nach. Allzu scheu, zu heimlich sind diese dem Waldesdunkel und der Wipfelwelt verschworenen Nachtgeister.

Die verschiedenen Halbaffenarten unterscheiden sich erheblich in ihrer Größe, Gliederung, ihrem Skeletbau, Gebiß und Kletterfuß. Noch mehr aber unterscheiden sie sich in ihrer Lebensweise, ihrem Verhalten und Temperament.

Das Gespensttier

Das Gespensttier wurde auch noch Gespenstaffe und Koboldmaki und Tarsius genannt. Die

Zoologen setzte es seit seiner Entdeckung in die größte Verlegenheit. Man teilte es zuerst den Springmäusen, dann den Insektenfressern, dann den Spitzhörnchen, dann den Halbaffen zu, erkannte es schließlich und endlich aber als den letzten Überlebenden einer alten Sondergruppe der Säugetiere. Heute wird angenommen, daß es der Nachfahre einer Säugergruppe ist, die sich sehr wahrscheinlich unmittelbar vom Insektenfresserstamm abzweigte und geradlinig auf die hochentwickelten und echten Affen zustrebte. Darüber hinaus weisen die in den letzten Jahren angestellten Untersuchungen seines Blutserums, seines Gehirns, vor allem seines Sehzentrums, seines Gebisses und Körperbaus sogar auf eine nahe Verwandtschaft mit den Menschenaffen.

Gespensttier oder Koboldmaki (Tarsius tarsius): Bewohnt die Urwälder von Borneo, Celebes, Sumatra, Java, den Philippinen und anderen kleineren malaiischen Inseln, ist aber nirgends mehr häufig; Länge 16–18 cm, Schwanz 22–24 cm; hat großen kugeligen Kopf, kurzen Hals, kurze Arme, lange Sprungbeine mit sehr dünnen Unterschenkeln, einen drehrunden, fast nackten, sich gleichmäßig verjüngenden, am Ende schwach bebüschelten Schwanz; Pelz gelbbraungrau, kurz, dicht und weichwollig, leicht rotbraun überflogen, auf Stirn, Scheitel, Nacken und Rücken etwas dunkler, auf der Brust weißlich, an der Schwanzspitze gelblich; kennzeichnet sich besonders durch seine großen, kreisrunden, glühenden Nachtaugen, das bis zu diesen aufgeschlitzte breite Maul, die großen breiten Ohren und die kegelförmige Schnauze; seine Hände und Füße sind ganz ungewöhnlich lang, die Finger und Zehen sehr dünn, bis auf die dick aufgeschwollenen Haftkuppen, alle Finger und Zehen tragen dreiseitige flache Nägel, nur die zweite und dritte Zehe haben aufrechtstehende und spitze Krallen, gleichsam Klettereisen für die glatten Bambusrohre und vielbenutzte Greif- und Fangwerkzeuge; lebt einzeln oder paarweise, verschläft den Tag im Gewurzel der Bäume, springt wie ein Frosch mit angezogenen Armen und Beinen, klettert gut und schnell, ernährt sich von Insekten und Kriechtieren, vor allem von Eidechsen; das einzige Junge kommt behaart und sehend zur Welt, klammert sich sofort ans Gesäuge der Mutter, wird später auch im Maule herumgetragen, wächst sehr schnell heran.

Das Fingertier

Als ein großer roter Lampion steht der Mond über dem undurchdringlichen madagassischen Dschungel. In seinem Blätternest erwacht das Fingertier. Fest zusammengerollt, den großen Fahnenschwanz über den breiten Kopf mit den abstehenden Ohren gedeckt, hat es den Tag verschlafen. Nur langsam kommt Licht und Leben in die verhältnismäßig kleinen Augen, die eine richtige Nickhaut heftig blinzeln läßt. Es dehnt und streckt sich gleich einer Katze, hängt sich an den Hinterbeinen auf und strählt sich den düsteren und langsträhnigen Pelz. Seine unmäßig langen, dünnen und gekrümmten, mit dicken Krallen bewehrten Spinnenfinger sind vorzügliche Kammzinken. Der Mittelfinger ist überhaupt nur ein langes und dürres Knochengerippe, ein wunderbarer körpereigener Ohrlöffel. Nasenbohrer und Zahnstocher. Seltsamerweise tragen der Daumen wie die Großzehe einen platten Nagel, der sehr an den Fingernagel des Menschen erinnert. Festgesaugte Milben und Flöhe packen und knacken die großen meißelförmigen, wie bei einem Nagetier abgeschrägten Schneidezähne. Die starken schwarzen Schnurrhaare über den Augen und an den Mundwinkeln werden zuletzt fein säuberlich ausgestrichen. Fast einen Meter lang, also reichlich katzengroß, ist das Fingertier mit seinem gut körperlangen Schwanz, dieser starken Fuchsfahne, die fast immer schlaff herabhängt. Die jetzt breit abgestellten, großen und nackten Ohrmuscheln, die nun hellwachen kleinen Augen mit den fahlgrauen Brauenkegeln darüber, der zugespitzte Gesichtsschädel mit dem zierlichen Schnäuzchen lassen an einen jungen Wüstenfuchs denken. An einen Fuchs mit Spinnenfingern, mit Nagezähnen, mit starren und glühenden Nachtaugen.

Fingertier oder Aye-Aye (Daubentonia madagascariensis): Bewohnt nur noch zwei Waldgebiete im Nordwesten und im Inneren Madagaskars; Länge 40–45 cm, Schwanz 45 bis 50 cm; hat großen breiten Kopf, keilförmig zugespitztes Gesicht mit kleinem Schnäuzchen, große, breite, nackte, schwarzglänzende Ohren, kurzen Hals und etwa gleichlange Glieder; Pelz dicht, wollig, blaßgrau, überdeckt von weißbespitzten schwarzen Grannen, im Gesicht rötlich fahlgrau, um die Augen ringförmig dunkel, unterseits rötlich überflogen, am langsträhnigen Schwanz bräunlichschwarz mit grauen Haarwurzeln; die Augen sind verhältnismäßig klein und stehen weit auseinander, wirken starr und glühen stark; kennzeichnet sich in seiner Eigenart vor allem durch sehr lange, stark bekrallte und gekrümmte Finger, skelettierten dürren Mittelfinger, Nägel auf Daumen und Großzehe, nagerähnliche große Schneidezähne, die wurzellos sind und ständig nachwachsen. Heute sind sie selten geworden.

Die Indri-Verwandtschaft

Die Indris, die wir nun als die erste kleine Gruppe der madagassischen Halbaffen besprechen wollen, sind mit Ausnahme des Wollmakis recht gesellige, aber sehr scheue Tagtiere. Ihr Lebensraum sind die Urwälder der großen Insel, wo sie sich in kleinen Banden von 4–8 Köpfen im Unterholz wie auf den höchsten Wipfeln tummeln. Auf der Erde bewegen sie sich entweder hüpfend gleich den Känguruhs oder laufen aufrecht dahin. Ihre Hinterbeine sind ungewöhnlich lang, die Hände und Füße aber geradezu riesig groß und breit im Verhältnis zum sehr schlanken Körper. Es sieht wahrhaftig aus, als würden sie die Handschuhe eines beträchtlich größeren Tieres tragen. Die große Zehe vor allem ist glattweg überdimensional und kann bis zu 90 Grad abgespreizt werden. Die übrigen Zehen dagegen sind alle vier bis ans letzte Glied zusammengewachsen und bilden also einen großen Angelhaken. Mit der Großzehe zusammen erinnern die Füße sehr an die Klammerfüße der Chamäleons. Und die Indris klettern auch ziemlich gemächlich, hangeln sich rückwärts an den Stämmen hinab und bewegen sich bedächtig. In der Gestalt und im Gesicht erinnern sie etwas an die Affen, haben einen auffallend kleinen Kopf, verhältnismäßig kleine Augen, eine kurze Schnauze und im Pelz versteckte Ohren. Im Wesen aber sind sie bedeutend ruhiger, gelassener, sanftmütiger und verträglicher als die meisten Affen. Alle haben einen seidenweichen Pelz, der auch die Hände und die Füße bis zu den Nägeln hinunter bedeckt. Als Nahrung ziehen sie durchweg Pflanzenkost vor.

Indri oder Babakoto (Indri indri): Bewohnt die Hochgebirge Ostmadagaskars; Länge 60 bis 80 cm, aufgerichtet 90–100 cm, Schwanz 2–3 cm, ist also so gut wie schwanzlos; Pelz dicht und wollig, vorwiegend schwarz, weiß und grau gemischt, oft aber auch braun und cremegelb, wan-

Auf dem Boden bewegen sich die Sifakas meist in aufrechter Haltung oder springen wie die Känguruhs. Sie werfen dabei ihre kurzen Arme wie aufjauchzend in die Luft. Und als ob sie von Natur aus schon auf lichteren Baumbestand eingestellt wären, schnellen sie sich in unwahrscheinlich weiten Sätzen von über zehn Metern durch das Reich der Wipfel. Vielleicht waren sie sogar einmal richtige Flugaffen, denn noch heute spannt sich bei ihnen zwischen Oberarm und Körper eine hautfläche aus. Die Sifakas sind Tagtiere.

delt sich in der Färbung bei fast jedem Tier ab; die Stirn, die Schläfe, die Kehle, die Brust, die Halsgegend, der Schwanz und die Unterseite der Schenkel sowie die Seiten sind meist weiß oder hellgrau; das Gesicht ist bräunlichschwarz und nur wenig behaart; die kleinen, im Pelz versteckten Ohren sind innen nackt, außen dicht behaart; hat einen fuchsähnlich zugespitzten Gesichtsschädel.

Über das Freileben des Indris ist uns nicht viel bekannt. Wir wissen nur, daß er in kleinen Banden ziemlich gewandt und flott durch die Wipfel turnt, gern laut schreit, sich bei Gefahr ins Dickicht flüchtet und vorwiegend von Früchten lebt. Die Nahrung führt er mit den Händen zum Mund und setzt sich während des Fressens gern nach Eichhörnchenart aufrecht auf die Hinterbeine. Kann er einen Vogel erwischen, so wird er als besonderer Leckerbissen mit Begierde verzehrt. Der Indri ist einer der größten Halbaffen Madagskars.

Die Sifakas

Kleiner und beweglicher als der Indri und der Wollmaki sind die schlanken und langschwänzigen Sifakas. Sie bevölkern in zwei Arten den Osten und den Westen Madagaskars, und zwar nicht nur die dichten Wälder, sondern auch die baumbestandenen Steppen. Auf dem Boden bewegen sie sich meist aufrechtgehend oder springen gleich den Känguruhs und werfen dabei ihre kurzen Arme wie aufjauchzend in die Luft. Und als ob sie von Natur aus schon auf den lichteren Baumbestand eingestellt wären, fliegen sie in unwahrscheinlich weiten Sätzen von über zehn Metern durch das Wipfelreich. Vielleicht waren sie sogar einmal richtige Flugaffen, denn noch heute spannt sich bei ihnen zwischen Oberarm und Körper eine Hautfläche aus.

Die Sifakas sind Tagtiere, lieben aber auch die hellen Nächte. Ihr Wärmebedürfnis ist stark. Mit weit ausgebreiteten Knien und Armen setzen sie sich gern in die Sonne und lassen sich stundenlang den Bauch bescheinen. Es sieht aus, als wollten sie das Licht und die Wärme mit offenen Armen empfangen. Da sie noch ausschließlicher als der Indri und der Wollmaki reine Blätter-, Frucht- und Blütenfresser sind, lassen sie sich in der Gefangenschaft schwerer als die anderen Halbaffen halten und sind selten in den Tiergärten zu sehen.

Verreaux-Sifaka (Propithecus verreauxi): Bewohnt die westliche Küste Madagaskars; Länge 40 bis 45 cm, Schwanz 50–60 cm; Pelz vorwiegend durchweg weiß und ohne die bunten Zeichnungen seines östlichen Vetters; das Gesicht und die Ohren sind schwarz, nur deutlich weiß umrandet; der Oberkopf ist ebenfalls schwarz bis schwarzbraun. In der Gefangenschaft wurde beobachtet, daß er sein Futter origineller weise stets erst mit dem Mund aufnahm, ehe auch die Hände zugriffen und dann die Früchte und Nüsse gleich einem Eichhörnchen hielten. Oft ging er frei und leicht aufrecht, balancierte dabei nur wenig mit den Händen, wurde von den Besuchern des Tiergartens immer für einen kleinen Gibbon angesehen, was oft zu Nachfragen führte.

Die Lemuren-Verwandtschaft

Zu den Lemuren, die ihren Namen den unheimlichen Nachtgeistern der abergläubischen alten Römer verdanken, zählen die schlafmausähnlichen Zwergmakis, die marderschlanken Wieselmakis, die recht unterschiedlichen Katzenmakis, die außenseiterischen Halbmakis und die zahlreichen, durchweg fast hundegroßen echten Makis. Sie alle sind ebenfalls Madagassen und führen ein vorwiegend nächtliches Leben. In Gestalt und Lebensart, Verhalten und Ernährung unterscheidet sich jedoch jede einzelne Art so sehr und so wesentlich von der anderen, daß wir es gar nicht erst versuchen wollen, sie unter einen Hut oder auf einen Nenner zu bringen.

Die Zwergmakis

Gleich unseren heimlichen Schlafmäusen oder Bilchen tummeln sich die kleinsten der madagassischen Halbaffen im üppig wuchernden Unterholz der Wälder bis hoch ins Gebirge hinauf. Dicht ist ihr Pelz, groß sind die Nachtaugen, besonders fein die Schnurr- und Tasthaare, breit die Ohren, lang die starken Schwänze. Wie die Bilche lieben sie süßes Obst, allerlei Pflanzensäfte, Honig und knusprige Insekten, verschlafen den Tag wie jene in selbstgebauten rundlichen Nestern, die sie geschickt aus Zweigen und Blättern bauen. Und sie halten ebenfalls einen Winterschlaf, der bei ihnen freilich ein Trockenzeitschlaf ist. Die Fettvorräte für diese Zeit sparen und speichern sie an den Hinterbeinen oder unter der Schwanzwurzel oder im dicken Fettschwanz selbst.

Mausmaki (Microcebus murinus): Bewohnt die Südost- und Südwestküste Madagaskars; Länge 15 cm, Schwanz 15 cm, Pelz rötlichbraun oder grau; hat einen hohen und breitgewölbten

Das Mausmaki hat einen hohen und breitgewölbten Kopf, sehr große und kugelige, dicht beieinanderstehende Nachtaugen, ein kurzes Schnäuzchen und nackte große Ohrmuscheln. Bemerkenswert sind die dicken Haftbeeren an den Fingern und Zehen. Es lebt einzeln und nächtlich im feuchten Regenwald, aber auch im offenen Buschland und im Röhricht der Überschwemmungsgebiete. Das Mausmaki klettert und springt sehr gut. Wie unsere einheimische Haselmaus ist es ein begabter Baumeister, der sich sein Nest aus dürren Blättern baut.

Kopf, sehr große und kugelige, dicht beieinanderstehende Nachtaugen, kurzes Schnäuzchen, nackte große Ohrmuscheln, dicke Haftbeeren an den Fingern und Zehen; lebt einzeln und nächtlich im feuchten Regenwald wie im offenen Buschland und springt im Röhricht der Überschwemmungsgebiete, klettert und springt sehr gut, ist wie unsere einheimische Haselmaus ein begabter Baumeister, der sich sein Nest aus dürren Blättern baut und mit Haaren polstert, verschläft in ihm den Tag und bringt hier auch seine Jungen zur Welt; ist ein sehr tüchtiger Insektenjäger, hält in der Dürrezeit einen Trockenschlaf in den Baumkronen.

Die echten Katzenmakis

Die ebenfalls nächtlichen Katzenmakis werden immer wieder mit dem Katta aus der Gattung der echten Makis verwechselt. Noch oft kann man selbst in Schul- und Lehrbüchern lesen: „Katta oder Katzenmaki". Die Katzenmakis sind aber durchaus eine Sondergruppe der Lemuren, in der es nicht nur katzengroße, sondern auch rattenkleine Tiere gibt. Von den echten Makis unterscheiden sie sich durch ihren sehr dichten, wolligen, vlies- und plüschartigen Pelz und die regelrecht zusammengeknickten Hockbeine. Etliche von ihnen hüpfen denn auch mehr, als daß sie laufen. Alle erinnern in ihren Bewegungen und ihrer Gestalt stark an die Eichhörnchen und an die afrikanischen Galagos. Kennzeichnend ist der rundliche Kopf mit den sehr großen Nachtaugen, die leicht zugespitzte Schnauze und der mehr als leibeslange Schwanz. Wie die Zwergmakis bauen sie sich hübsche Blattnester, die hin und wieder auch in Baumhöhlen stehen. Außer Insekten haschen und verzehren sie Vögel und sind schlimme Nestplünderer.

Kleiner Katzenmaki oder Waluwy (Phaner furcifer): Bewohnt ganz Madagaskar, vor allem die Westseite; Länge 32–35 cm, Schwanz 33–40 cm; Pelz oberseits hellbräunlich-fahlgrau, unterseits lichtfahlgrau, an den Kopf- und Halsseiten rötlich überhaucht; kennzeichnet sich besonders durch einen auffälligen schwarzen Streifen, der von der Schwanzwurzel über das Rückgrat bis zum Kopf läuft, sich hier gabelt und über die Augen bis zur Wange hinzieht; zwischen dieser dunklen Kopf- und Gesichtsgabel hebt sich auf der Stirnmitte sehr effektvoll eine Blässe ab; der Schwanz ist grau, an der Spitze schwarz; das Gesicht und die Hände sind nur spärlich behaart, die Ohren bleiben nackt, die sehr großen Nachtaugen sind schwarz.

Der Waluwy ist im Freileben sehr behend, wagt weite Sätze von Baum zu Baum, bewegt sich überhaupt vorwiegend und besonders auf dem Boden hüpfend. Gerade deshalb wird er von den zoologischen Systematikern von den anderen Katzenmakis abgesondert. Sein Blätternest baut er seltsamerweise am liebsten in Baumhöhlen, die von Wildbienen bewohnt sind. Die Eingeborenen meinen, er sei ein großer Honigfreund. Vielleicht aber besteht auch eine Art von Lebensgemeinschaft zwischen ihm und den Bienen. In der Nacht schreit er fast ununterbrochen und sehr laut und scharf.

Die Wieselmakis

Die Wieselmakis sind marderschlanke und eichkatzenflinke Geschöpfe, die sich gewandt wie die Meerkatzen durch die Wipfel schwingen, auf den Lianen wie auf Seilen balancieren und jeden Luftakrobaten vor Neid erblassen lassen könnten. In kopfreichen Banden und Horden bewohnen sie in zwei Arten alle westlichen, südlichen und östlichen Wälder Madagaskars. Den Tag verschlafen sie in selbstgebauten großen, gemeinsam benutzten Baumnestern, werden in der Dämmerung munter und tummeln sich die ganze Nacht. Ihr Name bezieht sich lediglich auf ihre Gestalt, denn sie sind keine Räuber, sondern harmlose Blattfresser.

Wieselmaki oder Wiesellemur (Lepilemur mustelinus): Bewohnt fast ganz Madagaskar; Länge 30–35 cm, Schwanz 25–30 cm, Pelz oberseits grau, fein gelblich überhaucht, unterseits silbergrau; bei der zweiten Art ist der Pelz oberseits mehr rötlich und unterseits mehr gelblich; hat sehr große Eulenaugen, nackte Ohren, ein zugespitztes Schnäuzchen und dicke Haftbeeren an den Fingern und Zehen; bevorzugt das dichte Unterholz.

Die Halbmakis

Ganz an die dichten und fast undurchdringlichen Bambuswälder gebunden sind die ziemlich großen Halbmakis. Ihr Gesicht ist katzenähnlich verkürzt, ihre Ohren sind tief im Pelz versteckt und die Augen verhältnismäßig klein. Die Arme und Beine sind beträchtlich kürzer als die der bisher besprochenen Lemuren und auch der Schwanz erreicht nur knapp Leibeslänge. Der Pelz hat einen seltsamen metallischen und schwefelgelben Schimmer. Als reine Vegetarier leben sie fast ausschließlich von den scharfschneidigen Blättern und jungen Schößlingen des Bambus.

Der Katta lebt in kleinen Banden von 6–16 Köpfen. Den dichten Urwald scheint er zu meiden, und er bevorzugt die lichten Galeriewälder und die felsigen Hänge. Er ist mehr ein Boden- als ein Baumtier, obwohl auch er vorzüglich klettert und springt. Wie die echten Felsenaffen ist er ein Allesfresser, verzehrt Früchte und Blätter, Beeren und Pilze, Eidechsen und Vögel.

Ein hohes Bambusrohr ist auch ihr Schlafplatz. Hier hocken sie tagsüber angeklammert und mit krummem Rücken, stecken den Kopf zwischen die Schenkel und decken sich mit ihrem Schwanze zu.

Grauer Halbmaki oder Bokombul (Hapalemur griseus): Bewohnt vor allem den Nordwesten Madagaskars; Länge 60–70 cm, Schwanz 30–35 cm; Pelz wollig, grau bis oliv-bräunlich, gelb schimmernd, oft auch rötlich, unterseits grau, am Bauche rostfahl, am Schwanz fahlgrau; hat runden Kopf, spitzschnäuziges Gesicht mit mittelgroßen braunen Augen, ganz versteckte und behaarte, aber in der Form recht menschenähnliche Ohren; die Hand- und Fußrücken sind bis zu den herzförmigen Nägeln fein behaart; der Mittelkiel des Nagels endet in einer krallenähnlichen und scharfen Spitze; ist ein sehr behender und reger Nachtgeist, grunzt wie ein Schwein, aber beträchtlich gedämpfter.

An der Innenseite seines Handgelenks fällt ein eigenartiges, nacktes und schwieliges Drüsenkissen auf. Wahrscheinlich dient es dem Zweck, werbende und anregende Duftstoffe abzusondern, mit denen sich das Männchen in der Paarungszeit einreibt.

Die echten Makis

Den großen Heerhaufen der madagassischen Halbaffen stellen die echten Makis. Es sind stattliche, katzen- bis hundegroße Tiere mit fuchsähnlichen Schnauzen, stark behaarten oder bebüschelten Ohren, gleichmäßig entwickelten Gliedmaßen und langen starken Schwänzen. In Banden und Horden bewohnen sie die Regenwälder, die Bambusdschungel, die Grassteppen und Gebirge der großen Insel und ihrer benachbarten Eilande. Die meisten von ihnen sind am Tage wie in der Nacht auf den Beinen. Fast alle aber werden erst nach Einbruch der Dunkelheit so richtig munter und lassen dann ihr sehr lebhaftes, vorwiegend kollerndes und lachendes oder miauendes Geschrei hören, das trotz seiner Lautstärke immer irgendwie kläglich klingt.

Katta (Lemur catta): Bewohnt den Südwesten und Süden Madagaskars; Länge 35–40 cm, Schwanz 45–50 cm; Pelz weich und wollig, oberseits grau bis aschfarben, oft rostrot überhaucht, unterseits weiß; auch das Gesicht und die Ohren sind weiß bepelzt; die Augen umrahmt ein schwarzer Fleck, die Schnauzenspitze ist gleichfalls schwarz; der lange Schwanz fällt durch seine schönen schwarzweißen Ringel auf.

Der Katta lebt in kleinen Banden von 6–16 Köpfen. Den dichten Urwald scheint er zu meiden, die lichten Galeriewälder und die felsigen Hänge aber zu bevorzugen. Er ist durchaus mehr ein Boden- als ein Baumtier, obwohl auch er vorzüglich klettert und springt. Wie die echten Felsenaffen ist er ein Allesfresser, verzehrt Früchte und Blätter, Beeren und Pilze, Eidechsen und Vögel, hascht Insekten und plündert Vogelnester. Beim Fressen setzt er sich gleich einem Eichhörnchen nieder und hält die Nahrung zierlich mit den Händen. In allen seinen Bewegungen liegt eine katzenähnliche Geschmeidigkeit und Anmut. Er miaut und schreit auch wie eine Katze.

An seiner Handwurzel hat er wie der Graue Halbmaki eine Drüse, mit deren Sekret er sich öfter den Schwanz einreibt. Die Weibchen sollen sich kurz vor der Niederkunft absondern und das zuerst völlig nackte, aber schon sehende Junge erst später der Bande zuführen. Die Tragzeit währt durchschnittlich vier Monate. Das Junge versteckt sich im Fell der Mutter, wird lange am Bauch getragen und etwa sechs Monate lang gesäugt.

Vari (Lemur variegatus): Bewohnt den Osten Madagskars; Länge 52–56 cm, Schwanz 58–62 cm; Pelz dicht und üppig, am Kopf zu einem Backenbart und an den Halsseiten zu einer Krause verlängert, vorwiegend weiß, an den Seiten und Schultern ungleich groß schwarz gefleckt; es kommen auch fast gänzlich weiße und durchweg schwarze Exemplare vor; das Gesicht, die Hände und Füße sowie der Schwanz sind meistens schwarz.

Die Varis jammern, schreien und kreischen unheimlich. Selbst Naturforscher, die darauf eingestellt waren, fanden das Geschrei zum Fürchten schauerlich. Wenn in den Tiergärten die Varis zu singen beginnen, glauben die Besucher regelmäßig, daß sich sämtliche Raubkatzen in den Haaren liegen, und eilen zu den Tiger- und Löwenkäfigen. An den seelenruhig auf ihren Stangen hockenden Varis laufen sie ahnungslos vorbei. In ihrer Heimat leben die Varis in den dichten Urwäldern und bauen sich als einzige echte Makis große Nester. So richtig rege werden sie erst nachts. Es sind außerordentlich lebhafte, fast wilde und sehr scheue Tiere, obwohl sie vorwiegend nur von Blättern leben und diese Blätterfresser zumeist doch recht phlegmatische Gesellen sind. In der Bedrängnis wehren sie sich ernsthaft, beißen und kratzen, springen den sie jagenden Hunden auf den Rücken, krallen ihnen in die Augen und zerfetzen ihnen die Ohren. In der Gefangenschaft jedoch werden sie bald zahm und sehr anhänglich, halten sich sauber und dauern gut aus; nicht selten erreichen sie ein Alter von 15 bis 20 Jahren. Heute werden sie immer seltener.

Die Lori-Verwandtschaft

Die asiatischen und die afrikanischen Halbaffen, die in dieser kleinen Gruppe der Lori-Verwandtschaft zusammengefaßt sind, stellen einen durchaus selb-

Der Schlanklori oder Dünnleib ist in Südindien und Ceylon beheimatet. Er erreicht eine Körperlänge bis zu 25 cm und hat einen Stummelschwanz. Der ausgemergelt wirkende Greifkletterer verwandelt sich aus einem zaghaften Zauderer in einen geschmeidigen Jäger, wenn die Raubgier ihn sogar recht große Vögel anfallen läßt.

ständigen Zweig sehr urtümlicher Halbaffen dar. Schon in früher Vorzeit müssen sie sich vom Urstamm der Halbaffen abgezweigt haben und ihren eigenen Entwicklungsweg gegangen sein. Mit den Halbaffen von Madagaskar, den Indris und den Lemuren, haben sie nur wenig gemeinsam. Untereinander aber sind sie genauso wie jene und trotz ihrer geringen Artenzahl sehr unterschiedlich in Gestalt und Eigenart, Wesen und Lebensweise. Es fällt wirklich schwer und bedürfte schwierigster Untersuchungen, um sie als zusammengehörig zu erkennen. Vor allem aber ist es fast unmöglich, sie zusammenfassend zu beschreiben. Zu Recht kann eigentlich nur hervorgehoben werden, daß sie durchweg sogenannte Greifkletterer sind. Denn sie alle haben Hände und Füße, die zu mehr oder weniger vollkommenen Klammerzangen umgebildet wurden. Außerdem sind sie vorwiegend nächtliche Geschöpfe, die sich außerordentlich heimlich, still und scheu geben. Selbst in ihrer Heimat bekommt sie der Mensch kaum einmal zu Gesicht. Kein Wunder also, daß wir von ihrem Freileben noch immer sehr wenig wissen.

Die Loris

Schon die beiden wunderlichen Loris, also der Plumplori und der Schlanklori, unterscheiden sich rein äußerlich so stark, wie der plumpe und behäbige Bär von der schlanken und geschmeidigen Raubkatze. Dennoch sind sie beide ausgesprochene Phlegmatiker, behutsame Kletterer und heimliche Schleicher, die man gut als die Faultiere unter den Halbaffen bezeichnen kann. Wer sie beobachtet, kommt ohne weiteres zu der Meinung, daß jeder Handgriff, jeder Schritt wohlüberlegt und vorbedacht ist. Und immer wieder ist man dann überrascht, wie blitzschnell aus dieser Ruhe vorgebrochen wird, wenn es darauf ankommt, ein Insekt oder einen Vogel zu ergreifen. Von Springen, Schwingen und Fliegen kann bei ihnen und ihrem Temperament natürlich keine Rede sein. Im Klettern aber sind sie Meister und laufen nicht nur mit der gleichen Fertigkeit oberhalb wie unterhalb der Zweige und Äste, hangeln sich nicht nur bald kopfoben und bald kopfunten über die Lianenbrücken, sondern bringen es sogar fertig, einen Baum rückwärts zu erklettern. Es ist das übrigens ein Bild für Götter, wie solch ein langsam vor einer Gefahr zurückweichender Lori den Blick starr auf den Gegner richtet, sich dabei sachte und wie ein Krebs zurückschiebt, bis er einen Stamm im Kreuz verspürt, und wie er sich nun, ohne sich zu wenden, rückwärts den Baum hinaufstemmt. Es ist als wollte er allen Ernstes den Gegner mit seinen riesigen Glühaugen bannen, als wüßte er, wie gefährlich es ist, einem Angreifer den Rücken zuzukehren. Dieses Kunststück ist ihm freilich nur möglich, weil sein Daumen und seine Großzehe ungewöhnlich lang sind und spielend über 90 Grad abgespreizt werden können. Das ergibt einen Klammergriff, der jeder Kletteraufgabe gewachsen ist. Zu allem Überfluß sind die Finger und Zehen auch noch mit dicken Haftbeeren, also mit breiten und weichen Kuppen versehen, die sich der Unterlage fest anschmiegen. Für ganz glatte Zweige aber verfügt er in der scharfen und großen Kralle der zweiten Zehe sogar über ein Steigeisen. Die anderen Finger und Zehen – und zwar ist das bei allen Lori-Verwandten so – tragen platte Nägel.

Plumplori oder Kukang (Nycticebus coucang): Bewohnt fast alle Waldungen Indiens, kommt auch auf Sumatra, Java, Borneo und den Philippinen vor; Länge 35–40 cm, Schwanz 1–2 cm, ist also ganz stummelhaft, so daß der untersetzte und stämmige Körper sehr bärenhaft wirkt; Pelz oberseits asch- bis silbergrau, bald heller, bald dunkler, oft auch mit rötlichem Anflug, unterseits immer beträchtlich lichter; über das Rückgrat läuft ein kastanienbrauner Streifen, der auf dem Scheitel einen Fleck bildet, sich von hier aus oft noch gabelt und zwei oder vier breite Bänder bis zu den Augen und Ohren ausschickt; diese Bandzeichnung wechselt stark bei den einzelnen Tieren, immer aber sind die Augen außerdem noch von braunen Ringen umgeben; die kurze Schnauze ist fleischfarben; die kleinen Ohren heben sich kaum vom runden Kopf ab.

Auf Java fürchten die Eingeborenen den Plumplori als einen Unheilbringer. Sie glauben, daß die Begegnung mit ihm Gefahr, Krankheit und Tod anzeigt. Bezeichnenderweise nennen sie ihn Muka, was soviel wie „das Gesicht“ heißt. Damit treffen sie genau, was ein fühlsamer Mensch bei der Betrachtung dieser ungewöhnlichen Tierphysiognomie empfindet. Man vermag sich tatsächlich kaum zu lösen von diesen übergroßen runden Glühaugen, die uns ebenso besinnlich wie hintersinnig, starrend wie saugend anschauen. Der Eindruck ist um so stärker, weil dieses Tier noch einen stark widerlichen Geruch ausströmt und auf dem Boden gleich einer Kröte dahinkriecht.

Den Tag verschläft der Plumplori. Er rollt sich in einer Baumhöhle zusammen wie ein Igel oder klammert sich einfach an einen Ast, zieht sich kugelähnlich zusammen und ruht in dieser hängenden Haltung. Wird er gestört, so beißt er sofort und sehr scharf zu, obwohl er sich tagsüber nur schwer ermuntert. Gute zwölf Stunden ratzt er so im Tagschlaf herunter. Mit Einbruch der Dunkelheit erwacht er, reibt sich die Augen gleich einem Menschen und zieht los. Er klettert quer durch die höchsten Wipfel der dichten Wälder, pflückt sich Früchte, rupft Blät-

Der Plumplori oder Kukang lebt in Indien und dem Malaiischen Archipel. Er wird etwa katzengroß und hat einen Stummelschwanz. Seinen Namen trägt er wegen seiner krötenartigen Kriechbewegungen am Boden, während er in den Baumwipfeln geschickt klettert.

ter, hascht Insekten und überrumpelt schlafende Vögel. Die Nahrung führt er mit den Händen zum Mund und ißt in kleinen Bissen. Die Vögel werden nicht erst gerupft, die Federn vielmehr mit den Lippen abgestreift. Nur selten sieht man ihn allein. Er liebt die Gesellschaft etlicher Artgenossen, mit denen er die Tuchfühlung durch sanft pfeifende Töne aufrechterhält. In der Gefangenschaft sind die Pärchen ein Herz und eine Seele. Die Weibchen werfen immer nur ein Junges.

Schlankklori oder Dünnleib (Loris tardigradus): Bewohnt Südindien und Sri Lanka; Länge 20–25 cm, Schwanz 1 cm; er ist also so gut wie schwanzlos, die Körperglieder sind ungemein schlank und schmächtig, dünn und zierlich; Pelz plüschähnlich dicht, oberseits rötlich fahlgrau und gelblichbraun, unterseits gräulich oder blaßgelblich; hat unwahrscheinlich große, nahe beieinander stehende, brillenähnliche, nußbraune Eulenaugen mit großen dunklen Ringen, die unheimlich aus der hellen und lichten Oberschnauze hervorstechen.

Der Schlanklori ist das Urbild des hageren und tiefgebeugten Melancholikers, der immer wieder fragt, ob es überhaupt noch einen Zweck hat, etwas zu unternehmen. Jede Bewegung des an sich doch so zierlichen und feingliedrigen Geschöpfes geschieht wie gegen einen inneren Widerstand, der erst überwunden sein will. Wahrhaft ängstlich und zitternd greifen die Hände und Füße nach einem sicheren Halt. Mit fast zuckenden Bewegungen fliegt der Kopf ununterbrochen witternd und lauschend nach allen Seiten. Wo sich zwei dieser komischen Gesellen begegnen, richten sie sich auf und umarmen sich lange. Die Paare sollen lange zusammenhalten, sehr zärtlich und aufmerksam zueinander sein.

Das alles ist aber nur die eine Seite seines Wesens. Denn dieses kleine Jammerbild ist dennoch ein echtes Raubtier und ein sehr leckerer Schlecker, giert nach Vogelhirn und warmem Blut, liebt reife Früchte und süßen Honig. Kommt die Jagdlust über ihn, so werden seine Bewegungen sehr gewandt und geschmeidig, turnt er flott durch die Zweige, packt blitzschnell und zielsicher zu, springt jäh vor und tötet mit kräftigen Bissen. Sogar recht große Vögel versteht er geschickt abzuwürgen. Sein Gehör ist so scharf, daß er jedes Insekt krabbeln und knabbern hört. Seine großen Nachtaugen aber vermögen noch den schwächsten Lichtschimmer aufzufangen.

Die Pottos

Die Pottos vertreten die Loris in Afrika, und zwar gleichen sie auf den ersten Blick vor allem dem Plumplori. Erst bei genauerem Zuschauen entdeckt man, daß sie nackte, häutige Ohren haben, keinen derartig verkümmerten Knopfschwanz tragen, sondern immerhin ein sichtbares Schwänzlein aufweisen können. Die Hände und Füße aber sind noch stärker dem so praktischen Klammergriff angepaßt. Der Zeigefinger und die zweite Zehe sind bei ihnen zu kleinen Stummeln verkümmert. Und noch eine Besonderheit ist zu entdekken. Die Dornfortsätze der Nakkenwirbel sind stark verlängert und treten als deutlich sichtbare Höcker hervor. Sie haben wahrscheinlich die Aufgabe, dem Potto während des Schlafes als Anker zu dienen. Denn dieser Halbaffe ruht, indem er sich mit Händen und Füßen an senkrechte Äste klammert und den Kopf so tief beugt, daß der Körper fast eine Kugel bildet. Die Dornfortsätze werden sich dann in die Rinde drücken und dem schlafenden Tier einen erhöhten Halt verleihen.

Sonst aber sind die Pottos genauso wie die Loris sehr langsame und nächtliche Schleicher, sind ebenso großäugig und haben die gleiche Vorliebe für knusprige Insekten und leckere Vögel.

Potto (Perodicticus potto): Bewohnt Westafrika, vor allem die Goldküste bis Sierra Leone und Kamerun, kommt in Unterarten auch im Kongo und in Ostafrika vor; Länge 28–30 cm, Schwanz 6–7 cm; Rumpf stämmig, Glieder kurz und stark; Pelz kurzwollig, oberseits rötlichgraufahl, schwarz gemischt, auf dem Kopf sowie auf den Armen und Beinen intensiver rötlich, auf den Schultern fahlmäusegrau, unterseits hellfahlgrau, am Schwanz gräulichrostrot; hat rundlichen Kopf mit vorspringender Schnauze, mittelgroße Glühaugen und kleine, helle, häutige Ohren, sehr große Hände und Füße; ist in der Gefangenschaft recht gutmütig, aber oft sehr bedrückt und dann auffällig teilnahmslos.

Die Galagos oder Ohrenmakis

Fuchsähnlich zugespitzt ist die zierliche Schnauze, fledermaushaft groß und nackt sind die sehr dünnhäutigen Ohren, eulenartig leuchten die starren Nachtaugen, eichhörnchengewandt turnt und springt er durch die nächtliche Wipfelwelt und ist blutgierig wie unser Baummarder.

Während des Tages schlafen die Galagos tief und fast bewußtlos. Sie rollen sich in Eichhörnchennestern oder in Baumhöhlen zusammen, schmiegen sich aneinander, schlagen den langen buschigen Schwanz über Bauch, Kopf und Rücken oder wickeln ihn um den Kopf. Viele unter ihnen falten auch noch ihre Ohren, krempeln sie regelrecht um, etwa so, wie man eine spitze Papiertüte verschließt. Nach dem Erwachen streichen sie sich die geknitterten Ohren wieder schön glatt, stellen sie weit ab und gehen nach einer ausgiebigen Putzstunde ihrem räuberischen Handwerk nach. Wahrhaftig lautlos schleichen sie sich auf ihren mit dicken Haftbeeren versehenen Fingern und Zehen wie auf Gummisohlen durch das eng verfilzte Gewirr der Äste und Zweige, der Schling- und Überpflanzen, schwingen sich federnd in weiten Sätzen von Wipfel zu Wipfel. Sie nehmen springend eine verblüffend aufrechte Haltung ein, stel-

Während des Tages schlafen die Galagos tief und „fast bewußtlos". Sie rollen sich in Eichhörnchennestern oder in Baumhöhlen zusammen, schmiegen sich aneinander, schlagen den langen buschigen Schwanz über den Bauch, Kopf und Rücken oder wikkeln ihn gar um den Kopf. Viele unter ihnen falten auch noch ihre Ohren.

Bild nächste Seite: Auch heute noch leben die Wildpferde ohne Schutz vor den Witterungseinflüssen.

len die Ohren ganz hoch und steuern mit dem langen buschigen Schwanz. Auf der Erde hüpfen sie in großen Känguruhsprüngen.

Ihre großen Augen glühen und brennen, schimmern und funkeln goldgelb und himbeerrot, bei besonderem Lichteinfall aber prachtvoll grünblau. Als gesellige Hordentiere sind sie sehr stimmfreudig, singen oft stundenlang im Chor, daß es klingt, als ob ein ganzer Kindergarten von Babys nach Wartung schreit. Die Tuchfühlungsrufe dagegen erinnern an das dunkle Rucksen eines Taubers. Ob sie in Einoder Vielehe leben, wissen wir nicht. Man trifft sie aber sehr oft paarweise an. Die Weibchen werfen immer nur ein Junges, das frischgeboren so groß wie ein Maikäfer ist und sich sofort und ganz selbständig in das Brustvlies der Mutter krallt.

Zwerggalago (Galago demidovii): Bewohnt die ostafrikanische Küste; Länge 14–16 cm, Schwanz 17–19 cm; ist also nicht größer als eine ausgewachsene Maus; Pelz oberseits zimtfarben, an den Händen und Füßen grau-

weiß, am Schwanz braun; wird in der Gefangenschaft zahm und anhänglich, unterscheidet seinen Pfleger gut von anderen Menschen, hält sich sauber, macht sich sogar als eifriger Insektenvertilger nützlich, ist ein leidenschaftlicher Schnapstrinker.

Die Huftiere *(Ungulata)*

Übersicht und Gliederung der Huftiere

Der Huf, dieser natürliche Hornschuh der Laufzehen, wurde von den Huftieren mit dem grundsätzlichen Verzicht auf die wehrhaften und bisher ängstlich geschützten Krallen erkauft. Um schneller laufen, um weite Räume leichtfüßig durchmessen, große Entfernungen in kurzer Zeit überwinden zu können, erhoben sich diese Tiere auf ihre letzten Zehenglieder, wurden also praktisch zu *Spitzenläufern*. Die Krallen gingen darüber verloren, die Zehenspitzen aber erhielten einen Hornschutz.

Zuerst war dieser Hornbelag nicht mehr als ein kleiner hörnerner Fingerhut für jede einzelne Zehe, lief das Huftier noch auf zwanzig Zehenspitzen. Allmählich aber und sehr wahrscheinlich, lediglich infolge einfacher mechanischer Druckgesetze, verstärkten sich die Hufe an den Zehen, die durch ihre Länge wie durch ihre Mittellage den Boden im Vorwärtsstürmen am stärksten schlugen und das Hauptgewicht des Körpers zu tragen hatten. Das waren entweder die Mittelzehe mit ihren beiden Nachbarn, der zweiten und der vierten Zehe oder aber die Mittelzehe und die zu ihrer Verstärkung herangezogene vierte Zehe allein. Die Hufe der anderen Zehen berührten bald nicht mehr den Boden, verkümmerten, bildeten sich zurück, und die Zehen selbst verloren an Bedeutung. Die Großzehe schrumpfte vollends zusammen, die anderen aber rutschten am Fuß hoch und bildeten die sogenannten Afterklauen. Bei den Pferdeartigen schließlich erreichte der Zehenspitzenlauf und damit der Huf seine Idealform, wurde die ganze Last zuletzt nur noch von der Mittelzehe allein getragen.

Die Pferde laufen also auf nur einer Zehenspitze, die Nashörner auf den drei mittelsten Zehenspitzen, die Tapire vorn auf vier und hinten auf drei Zehenspitzen, alle anderen Huftiere aber auf der dritten und der nunmehr gleichstarken vierten Zehe. Wir unterscheiden danach:

1. Die Unpaarzeher *(Mesaxonia)*

a) die Einhufer: Pferde, Halbesel, Esel und Zebras, die also auf der Mittelzehe allein laufen
b) die Dreihufer: Nashörner, die auf den drei mittelsten Zehen laufen;
c) die vorn Vier-, hinten Dreihufer: Tapire, die vorn auf der 2.–5. Zehe, hinten auf der 2.–4. Zehe laufen;
d) die gesondert behandelten Schliefer, Elefanten und Seekühe.

2. Die Paarzeher *(Artiodactyla)*

das sind alle Zweihufer, die auf der 3. und der 4. Zehe laufen und die nun nochmals unterteilt werden in

a) die Wiederkäuer: Rinder, Büffel, Antilopen, Gazellen, Gemsen, Moschusochsen, Schafe, Ziegen, Steinböcke, Zwergböckchen, Hirsche, Giraffen und Gabelhorntiere;
b) die Schwielensohler: Kamele und Lamas;
c) die Nichtwiederkäuer: Schweine, Nabelschweine und Flußpferde.

Die Unpaarzeher, die Pferde, Esel, Nashörner und Tapire, haben ungeachtet der starken und vernichtenden Eingriffe des Menschen ihre Blütezeit bereits hinter sich. Dagegen haben sich die Paarzeher, die Zweihufer – wie es allein schon ihre große Artenzahl andeutet – offensichtlich als lebenskräftiger erwiesen. Unter ihnen haben wir dann später noch die Hornträger von den Geweihträgern sowie die Wiederkäuer von den Nichtwiederkäuern zu unterscheiden. Wir kommen ausführlich auf diese Eigenheiten zurück, wenn wir die einzelnen Gruppen besprechen.

Die Unpaarzeher *(Perissodactyla)*

Zu dieser Gruppe der Huftiere, die wir nun zuerst besprechen wollen, zählen auch noch die Elefanten, die Klippschliefer und die Seekühe. Ihrer ungewöhnlichen Eigenarten wegen behandeln wir diese Tierfamilien jedoch gesondert und lassen hier nur die Pferde, Halbesel, Esel, Zebras, Nashörner und Tapire aufmarschieren. Es wird uns schon bei dieser Gruppierung schwerfallen, die Verwandtschaft von Pferd und Nashorn, Esel und Tapir anzuerkennen. Entwicklungsgeschichtlich gehören sie aber tatsächlich zusammen und sind die letzten drei Familien einer ehemals viel stärker verbreiteten und bedeutend typenreicheren Tiergruppe. Von den Wildpferden, Halbeseln, Wildeseln, Zebras, Nashörnern und Tapiren bevölkerten einmal rund 130 Gattungen mit über 500 Arten die Erde. Unter den Nashörnern gab es Giganten von über fünf Meter Schulterhöhe. Die wenigen Unpaarzeher, die heute noch frei und ungezähmt leben, sind also letzte schwache Häuflein ehemals reich blühender Tierfamilien.

Die Pferde

Mongolisches Wildpferd oder Przewalskipferd (Equus przewalskii): Die letzten

Das Mongolische Wildpferd, nach seinem russischen Entdecker auch Przewalskipferd genannt, ist heute in freier Wildbahn wahrscheinlich schon ausgerottet. Es war das Steppenpferd des Ostens und noch bis in die Neuzeit von der Mongolei bis zur Wolga verbreitet. Die letzten Rudel führten in den unwirtlichen Steppen Innerasiens ein hartes Nomadendasein.

Das Europäische Wildpferd wird auch Tarpan genannt und wurde von der Wissenschaft lange für ein verwildertes Hauspferd gehalten. Deshalb wurde es schonungslos ausgerottet.

Rudel bewohnten die Einöden der Dsungarei in Hoch-und Innerasien; Widerristhöhe 133–135 cm; hat einen niederen, etwas plumpen, starkknochigen Körper, einen großen dicken Schädel mit schwerem Gesichtsteil und gerader Profillinie, einen kurzen starken Hals; Fell oberseits gelblichgrau oder sandfarben oder gelbbraun mit rötlichem Anflug, unterseits weißlich, im Winter betont zottig und etwas zottelig an den Fesseln; kennzeichnet sich durch schwarzen Aalstrich, schwarze steife Mähne, schwarzen Schwanz; die kurzen stämmigen Beine sind immer etwas dunkler und zeigen an ihrer Rückseite noch einige Zebrastreifen; die Ohren und die Augen sind verhältnismäßig klein, die Schnauzenspitze ist hell.

Das Mongolische Wildpferd war das Steppenpferd des Ostens und noch bis in die Neuzeit von der Mongolei bis zur Wolga verbreitet. Es wurde erst im Jahre 1881 von dem russischen Asienforscher Przewalski entdeckt, ist in freier Wildbahn wahrscheinlich schon ausgerottet. Die letzten Rudel führten in den öden, unwirtlichen und wasserarmen Steppen Innerasiens ein hartes Nomadendasein. Deutlich unterschieden sich bei ihnen drei streng voneinander getrennte Farbschläge, nämlich ein sandgelber, ein gelbbrauner und ein braunrötlicher Typ. In einigen Tiergärten, so auch im Tierpark Hellabrunn in München, sind heute noch Zuchtgruppen, die vom ursprünglichen Przewalskipferd abstammen, zu sehen. 1980 betrug der Gesamtbestand in allen Tiergärten der Welt 388 Tiere.

Europäisches Wildpferd oder Tarpan (Equus silvestris): Bewohnte nach der Eiszeit die Steppen und lichten Wälder von der Wolga bis zu den Vogesen, hielt sich in Restbeständen bis zum Anfang des 19. Jahrhunderts in Pommern, West- und Ostpreußen, in den baltischen Staaten, in Polen und in der Ukraine; Widerristhöhe 135 cm; erinnert in Gestalt und Größe an ein leichtes Panjepferd; hat einen leichten, kurzen, breitstirnigen, ramsnasigen Kopf, kurzen kräftigen Hals, kleine, spitze, etwas vorgeneigte Ohren und kleine feurige Augen; Fell mausgrau oder graufalb, im Sommer dicht, kurz und leicht gewellt, im Winter stark und lang; die Stehmähne, der Aalstrich und der Schwanz sind dunkel; kennzeichnet sich durch deutliche Querstreifen über den Hand- und Sprunggelenken.

Die Wissenschaftler des vergangenen Jahrhunderts hielten – wie auch heute wiederum der Pferdeforscher G. Nobis – den Tarpan für ein verwildertes Hauspferd. Keiner bemühte sich also darum, ihn vor der Ausrottung zu bewahren und uns zu erhalten. Die geringen Überbleibsel der Tarpans in Ostpreußen wurden im Jahre 1828 eingefangen, eingegattert und schließlich an die Bauern verteilt. Die letzten Herden tummelten sich nördlich des Schwarzen Meeres noch bis zum Ausgang des vorigen Jahrhunderts. Da die wilden Hengste jedoch immer wieder die rossigen Stuten der pferdezüchtenden Bauern zur Flucht in die Freiheit verlockten und ihnen auf diese Weise gerade die wertvollsten Zuchttiere entführten, eröffneten die Bauern einen erbitterten Vernichtungsfeldzug gegen den Tarpan. Sie ruhten nicht eher, als bis auch der letzte Hengst zur Strecke gebracht worden war. So kam es, daß wir dieses nunmehr gänzlich ausgerottete Wildpferd mühsam wieder zurückzüchten mußten und ihm gleichsam auf künstlichem Wege wieder zum Leben verhalfen. Die kleinen Herden z. B. im Tierpark Hellabrunn bei München und in anderen Tierparks sind heute die einzigen ihrer Art. Rund sechzigtausend Jahre lang aber war dieses Wildpferd das Hauptbeutetier der Eiszeitjäger und bevölkerte den europäischen Raum in Herden, die zu Hunderten und Tausenden von Tieren zählten. Mit sicherer Hand haben es die alten Höhlenzeichner an die Wände geworfen.

Exmoorpony (Equus britannicus): Lebt noch heute in freier Wildbahn auf dem Grundbesitz der Familie Acland in Cornwall; Widerristhöhe 117 bis 128 cm; hat großen Kopf mit breiter Stirn, einen ramsnasigen Gesichtsschädel, große lebhafte Augen, entspricht im großen und ganzen wohl dem Typ des ausgestorbenen nordeuropäischen Bergpferdes.

Die Exmoorponys sind wohl die letzten und zugleich die einzigen wahrhaft glücklichen Wildpferde der Welt. Schon vor der Eiszeit bewohnten sie die britische Insel. Als während der verschiedenen Verkühlungsperioden die Gletscher unaufhaltsam vorrückten, zogen sie sich in die eisfrei bleibende Exmoorheide auf der bergigen Halbinsel Cornwall zurück. Gänzlich rasserein leben sie als echte urtümliche Wildpferdchen noch heute dort in ihren Schutzgebieten sowie in einer kleineren abgezweigten Herde in Schottland. Von ihnen stammen wahrscheinlich die Shetland-, Gotland-, Madagaskar- und Maduraponys ab.

Die Halbesel oder Pferdeesel

Weit über Asiens endlose Steppen und Wüsten verbreitet, im gewaltigen Raum zwischen dem nordwestlichen China und dem südlichen Rußland, schweiften noch bis in die Neuzeit die großen Herden der mongolischen, tibetanischen, indischen, persischen, syrischen und anatolischen Halbesel. Als harte und bedürfnislose Charaktertiere der baumlosen Steppen und verkarsteten Gebirge vertraten sie hier die Stelle, die in Afrika die ech-

Der Mongolische Halbesel oder Kulan bewohnt die mongolischen Steppen und Gebirge. Das Fell ist weiß-gelblich bis gelbbraun, an Mähne und Schweif schwärzlich. Gleich den Wildpferden lebt der Kulan in kleinen Rudeln, die ein Hengst führt und die aus mindestens drei bis fünf Stuten mit ihren Fohlen bestehen.

ten Wildesel und die Zebras einnehmen. Ihre Rudel lebten in friedlicher Gemeinschaft mit den asiatischen Wildrindern, Wildschafen und Antilopen.

Heute sind ihre Bestände beängstigend zusammengeschmolzen. Die zierlichen anatolischen Halbesel wurden ganz ausgerottet. Der indische Halbesel steht bereits auf der Aussterbeliste. Der mongolische und der persische Halbesel haben sich in ihren Resten sehr weit in die unwirtlichsten und unzugänglichsten Gebiete zurückgezogen. Auch ihre Tage sind zweifellos gezählt. Nur der tibetanische Halbesel konnte sich bis heute noch in größeren Herden gut erhalten.

Körperbaulich stehen die Halbesel fast genau in der Mitte zwischen dem Wildpferd und dem Wildesel. An den Esel erinnern vor allem die feingliedrige Gestalt, die dünnen Beine, der ausgesprochene Quastenschwanz und ein wenig auch die Ohren. Wie dieser haben auch sie die Hornwarzen, die sogenannten Kastanien, nur an den Vorderbeinen. Doch fehlt ihnen allen das dunkle Schulterkreuz der echtenWildesel. Die Stimme aber hält wieder die Mitte zwischen dem hellen Wiehern der Pferde und dem Geröhr des Esel.

Persischer Halbesel oder Onager (Equus hemionus onager): Bewohnt die Steppen von Russisch-Turkestan bis Nordostpersien und Nordwest-Afghanistan, vielleicht auch noch Arabien und Mesopotamien, war früher auch in Syrien zu Hause; Widerristhöhe 110 cm; Fell gelbweißlich, und zwar zieht sich das silbrigglänzende Weiß von den Beinen und der Unterseite an den Weichen und hinter den Schultern weit bis zum gelblichen Rückenmantel hinauf; trägt im Winter einen wolligen Pelz.

Von alters her wird der Onager, der in von Hengsten geführten kleinen Rudeln lebt, eifrig gejagt. Sein Fleisch, vor allem das seiner Füllen, galt schon bei den Schlemmern des alten Roms als ein ganz besonderer Leckerbissen und wird noch heute gern von den Arabern wie den Persern gegessen. Viel werden auch die Füllen weggefangen und später mit Hauseseln gekreuzt. Auf diese Weise gewinnt man ganz vorzügliche und ungewöhnlich schöne Reitesel. Heute ist das ebenso schöne wie bedürfnislose, schnelle wie scharfsinnige Geschöpf in seinem Bestand ernstlich gefährdet und wird wohl bald das Schicksal seines ehemaligen Nachbarn, des *Indischen Halbesels oder Gorkhar,* teilen, der so gut wie ausgerottet wurde.

Die Wildesel

Noch schlechter als um die Halbesel ist es heute um die echten Wildesel bestellt. Einstmals waren sie in den Bergländern und

Halbwüsten Nordafrikas überall dort zu Hause, wo das Zebra fehlte, bewohnten den Sudan bis zum Roten Meer, das Somaliland und Abessinien. Heute sind sie alle, ganz gleich, ob es sich um den nordafrikanischen Atlas-Wildesel, den Nubischen Wildesel oder den Somali-Wildesel handelt, so gut wie ganz ausgerottet. Die letzten kleinen Rudel wurden kurz vor dem 2. Weltkrieg noch in der Nubischen Wüste und im Somaliland festgestellt. Ob sie noch bestehen, ist ungewiß. Der Atlas-Wildesel ist mit Sicherheit schon seit längerer Zeit ausgestorben, wie es überhaupt westlich des Nils kaum mehr Wildesel gibt. Unaufhaltsam vollzieht sich auch an ihnen das Schicksal der wilden Einhufer, die überall dort untergehen, wo der Mensch erscheint.

Wie der uns vertraute Hausesel kennzeichnet sich der Wildesel vor allem durch seine langen Ohren, die kurze, dünne, stehende Mähne, die erst hinter diesen großen Lauschern beginnt, den kräftigen Körper mit der eckigen Kruppe, das typische Schulterkreuz, den dünnen Quastenschwanz, die zierlichen Beine mit den dunklen Querstreifen und den feinen Fesseln, die schmalen Hufe. Das Fell ist einfarbig, der Aalstrich dunkel, und nur die Vorderbeine tragen die hornigen Kastanien. Am eindeutigsten jedoch verrät er sich durch sein wahrhaftig markerschütterndes Röhren, sein urweltliches Geschrei.

Im Gegensatz zu den Wildpferden und Halbeseln sind die Wildesel keine schnellen und ausdauernden Langstreckenläufer, sondern flinke Trippler und geschickte Kletterer. So richtig galoppieren können sie kaum, sondern springen dann fast wie die Ziegenböcke.

Somali-Wildesel (Equus asinus somaliensis): Bewohnt das Somaliland und Abessinien mit nur noch einigen hundert Tieren; Schulterhöhe 130–140 cm; Fell oberseits rötlich-aschgrau, unterseits, an den Beinen und an der Schnauze weiß; hat großen schweren Kopf, starken Rumpf, leichte feine Beine mit deutlichen schwarzen Querstreifen, die an die Zebras erinnern, nur gering angedeutetes, kurzes oder gar kein Schulterkreuz.

Die Genügsamkeit selbst, lebt der Somali-Wildesel auf den von der unbarmherzigen Sonne verbrannten Hochebenen und birgt sich vor den Menschen in den düsteren Schluchten zwischen trümmerübersäten Gebirgsresten. Ein Wunder fast, daß er sich hier noch zu ernähren weiß, daß er sich von den harten und holzigen Gräsern und dornigen Büschen bei so gutem Feist erhalten kann. Seine Neugierde, mit der er sich früher den Lagerfeuern näherte, hat er sich ganz abgewöhnt, ist sehr scheu und vorsichtig geworden. Ein Glück, daß sich heute im Tiergarten Hellabrunn sowie in anderen zoologischen Gärten etliche gesunde Eselrudel befinden, sich gut halten und auch fortpflanzen! So wird es möglich sein, sie vor dem gänzlichen Aussterben zu bewahren.

Die Zebras oder Tigerpferde

Die Zebras sind keine Langstreckenläufer wie die Pferde und die Halbesel, sind eher mutwillig als ausdauernd, haben keine besondere Kraft in ihren röhrigen Beinknochen, ihren dünnen und weichen Fesseln. Jedes halbwegs gute Reitpferd holt sie bald ein, und es ist verhältnismäßig leicht, sie mit Stockschlingen vom Pferderücken aus zu fangen. Aber sie haben ihre Freude an

Die Zebras sind keine ausdauernden Läufer wie die Pferde und die Halbesel. Sie sind eher verspielt und unbändig. Das können sie sich jedoch in ihrem Lebensraum wirklich leisten, da ihnen nur der Löwe gefährlich werden kann. Und der verfolgt seine Beute sowieso nur höchst selten, wenn er sie im ersten Ansprung verfehlte. Man unterscheidet die Steppen- und Bergzebras durch ihre unterschiedliche Fellzeichnung und die unterschiedliche Lebensweise.

Das Grantzebra aus dem Kenialand gehört zu den pferdeähnlichen Steppenzebras. Sie alle kennzeichnen sich durch kleine Ohren, eine schwarze Quaste am meist weißen Schweif, schmale Hufe, mittelgroße „Kastanien“ an den Vorderbeinen und ein schrilles Wiehern. Das Grantzebra erkennt man an den sehr dichtstehenden Querstreifen.

der leichten und flüchtigen Bewegung, am Bocken und Steigen, Aufbäumen und Ausschlagen, am Wälzen im Sand wie am stürmischen Dahinpreschen, sind ebenso unbändig wie verspielt. Da ihnen in der Natur eigentlich nur der Löwe gefährlich werden kann, genügt der rasche kurze Lauf auch vollkommen, um sie zu bergen. Denn der Löwe verfolgt seine Beute nicht oder nur höchst selten, wenn er sie im ersten Ansprung aus dem Hinterhalt verfehlte. Ganz abgesehen davon, daß er die eisenharten und hohen Hufe des auf Abwehr eingestellten Zebras fürchtet. An Schneid fehlt es den getigerten Pferden nicht. Hyänen wie Hyänenhunde weichen ihnen darum auch recht achtungsvoll aus. In der Steppe leben die Zebras in großen lockeren Rudeln und Herden, in denen weder die Stuten noch die Hengste eine ausgesprochene Führerrolle spielen. Wahrscheinlich sind es einfach zu viele Tiere, die sich hier gesellig vereinen, als daß ein einzelnes Leittier die Verantwortung für alle tragen könnte. Hinzu kommt noch der Drang, die unmittelbare Nähe der anderen Grasfresser aufzusuchen, sich mit Gnus, Spring- und Buntböcken, Giraffen, Büffeln und Antilopen sowie mit Straußen zu vergesellschaften. Da sichert und wacht das eine Tier für das andere, dienen sich die jeweils am schärfsten entwickelten Sinne gegenseitig, finden sie besonders auch in der Nacht den besten Schutz in der Gemeinschaft.

In den Bergen jedoch bilden die Zebras nur kleine Rudel mit einem festen Standort, streifen also nicht weit umher wie ihre Steppenbrüder und halten sich mehr für sich.

In ihrem Äußeren erinnern diese Bergzebras mit ihren schweren langen Köpfen, den langen Ohren und der rauhen Stimme stark an die Esel. Besonders verwischt die kleine wammenartige Hautfalte am Hals das uns vertraute Pferdebild. Die Steppenzebras dagegen, von denen uns sieben Unterarten bekannt sind, wirken in Gestalt, Kopf, Ohrform und Huf recht pferdeähnlich und neigen dazu, streifenlos und einfarbig zu werden.

Interessant ist die Erscheinung, daß die Steppenzebras um so größer und massiger sind, je weiter südlich sie ihren Lebensraum haben. Im gleichen Maße verflüchtigen sich vom Norden nach dem Süden die schwarzen Streifenmuster, wird die weiße Grundfarbe dunkler und bräunlicher, verliert sich auch das einheitliche Muster der Streifen. Da geschieht es dann immer häufiger, daß wir in der gleichen Herde nicht nur sehr verschiedenartig gestreifte und getönte Tiere beobachten können, sondern daß das Streifenmuster der linken Körperhälfte nicht einmal mehr dem der rechten Körperhälfte entspricht.

Oft wird die Frage aufgeworfen, ob diese schwarzen Streifen der Tigerpferde ein wirksamer Tarnanstrich seien. Die Meinungen darüber schwanken hin und her.

Die Steppenzebras

Sie bewohnten noch bis in die Neuzeit alle Steppen Ost- und Südafrikas in großen Rudeln und Herden. In sieben Unterarten waren sie vom Kenialand bis zum Kapland verbreitet. Heute sind die ehemals großen Herden sehr zusammengeschmolzen, stehen etliche Rassen bereits auf der Aussterbeliste und sind andere schon ganz ausgerottet. Wir wollen hier die noch lebenden Arten aufführen und beschreiben.

Wie schon erwähnt, sind die Steppenzebras die pferdeförmigen ihrer Art und kennzeichnen sich durch kleine Ohren, schwarz bequasteten bis weiß beschweiften Schwanz, schmale Hufe, mittelgroße Kastanien an den Vorderbeinen und ein schrilles Wiehern.

Die einzelnen Unterarten vom Norden nach dem Süden sind:

das Grantzebra (Equus quagga granti): aus dem Kenialand, mit reinweißer Grundfarbe und tiefschwarzem Streifenmuster, das von den Keulen weit in die Flanken übergreift, sehr dichten Querstreifen an den Beinen und braunem Nasenfleck;

das Böhm-Zebra (E.q. boehmi): aus dem Tanganjika-Territorium, mit weißlicher bis hellgelbbräunlicher Grundfarbe, kräftigen tiefschwarzen Hauptstreifen, zwischen die sich auf dem Kreuz deutlich sichtbare bräunliche Zwischenstreifen schieben, ebenfalls dichten Beinstreifen und betont rundlichem Bauch;

das Foa-Zebra (E.q. foai): vom Unterlauf des Sambesi, das sehr dem Böhm-Zebra gleicht, aber besonders dichtstehende und auffällig schmale Hals- und Bruststreifen hat;

das Chapman-Zebra (E.q. chapmani): aus Sambesi, Ostbetschuanaland und Transvaal, mit gelblicher Grundfarbe und betonten bräunlichen Zwischenstreifen, die bereits die schwarzen Hauptstreifen zu verdrängen beginnen;

das Damara- oder Wahlberg-Zebra (E.q. antiquorum/ wahlbergi): aus Südangola, Damaraland und Westbetschuanaland, mit gelblicher bis bräunlicher Grundfarbe, starken bräunlichen Zwischenstreifen am ganzen Körper und schwachen Beinstreifen.

Die Dezimierung der großen Herden der Steppenzebras, die noch um das Jahr 1910 herum jeweils bis zu 500 und 1000 Köpfe zählten und friedlich neben den Geleisen der Ugandabahn in Britisch-Ostafrika grasten, haben vorwiegend europäische Jäger auf dem Gewissen, die da glaubten, daß dieser Wildreichtum unerschöpflich sei. Außerdem war es üblich, die Trägerkarawanen mit Zebrafleisch zu beköstigen.

Die Bergzebras

Auch die Tage dieser Zebras, von denen wir nur zwei Rassen kennen, sind gezählt. Wie die Wildesel stärker dem gebirgigen Gelände angepaßt, gleichen sie diesen gestaltlich, haben einen schweren Kopf, längere Ohren, größere Kastanien und höhere schmälere Hufe als ihre Steppenbrüder. Ihr besonderes Kennzeichen ist die kleine Wamme am Hals, die sich anfangs gleich einem Adamsapfel vorwölbt und erst im Alter schlaff herabhängt.

Südwestafrikanisches Bergzebra (E. zebra hartmanni): Bewohnt in kleinen Resten

Das Grevy-Zebra bewohnt Nordafrika und wurde erst 1882 in Europa bekannt. Das große, starke Tier lebt in kleinen Rudeln im buschigen Hochmoor und in den versumpften Gebieten des Berglands. Wegen seiner Ausdauer und Widerstandsfähigkeit wäre es ein geeignetes Haustier für das Ziehen und Tragen von Lasten.

die Küstengebiete des nördlichen Südwestafrikas und des südlichen Angola, steht auf der Aussterbeliste; Schulterhöhe 130 cm; Fell hell ockerfarben; die Streifen sind schmäler und stehen weiter auseinander als beim Kapland-Bergzebra, so daß die Gesamtwirkung beträchtlich heller ist; kennzeichnet sich ebenfalls durch eine Gitterzeichnung auf der Kruppe, hat einen kleinen Stirnschopf.

Ungeklärt ist es noch, ob in den kleinen Rudeln der Bergzebras die Hengste oder die Stuten führen. Wir wissen nur, daß sie ungemein scheue, vorsichtige und scharfsinnige Tiere sind, fast so bedürfnislos und genügsam wie die Wildesel. Wahrscheinlich führen die Stuten, denn wir können immer wieder beobachten, daß von weiblichen Tieren geführte Tierrudel den Verfolgungen seitens des Menschen erfolgreicher auszuweichen verstehen. Erstaunlich ist jedenfalls die Tatsache, daß sich die Bergzebras vor den sehr schießlustigen Buren bis in unsere Zeit hinüberzuretten vermochten. Ihre kleinen Bestände stehen heute unter strengem Naturschutz und werden nach und nach in geschützte Territorien übergeführt.

Das Grevy-Zebra

Die dritte Zebraart verkörpert das große und starke Grevy-Zebra, das heimlich und in nur kleinen Rudeln das buschige Hochmoor und die versumpften Gebiete im Bergland bewohnt. In diesem abseitigen und unwegsamen Gelände konnte es sich als einziges Zebra gut erhalten, ist also noch nicht in seinem Bestand gefährdet und wurde überhaupt erst im Jahre 1882 entdeckt. Das heißt, der damalige Negus von Abessinien schenkte es dem französischen Staatspräsidenten und machte es damit in Europa bekannt. Körperbaulich gehört es zu den eselförmigen Zebras, ist aber hoch und schlank, wirkt in der Gesamterscheinung recht elegant.

Grevy-Zebra (Equus grevy): Bewohnt Nordafrika von Kenia bis in das Innere des Somalilandes und bis nach Zentralabessinien hinein; Schulterhöhe 150–156 cm; Fell weiß, Streifenmuster schwarz, schmal und sehr eng, verläuft genau in der Richtung der Rippen, ist an den Beinen ungewöhnlich eng und dicht, auf der Kruppe halbkreisförmig um einen großen weißen Fleck geordnet; das Fohlen trägt eine deutliche rotbraune Mähne, die sich von den Ohren bis zum Schwanz hinzieht; hat langen Kopf, große, breite, innen dicht behaarte Ohren, sehr kleine Kastanien und breite Hufe; schreit rauh eselartig.

Mehr als alle anderen Zebras erweist sich dieses schöne große Tier als geeignet, ein brauchbares Haustier zu werden. Die dementsprechenden Versuche führten nämlich sonst zu keinen befriedigenden Ergebnissen, da die Berg- und Steppenzebras doch zu wenig ausdauernd sind. Das Grevy-Zebra erwies sich als recht leistungsfähig im Ziehen und Tragen. Vor allem ist es besonders seuchenfest und wird in bedeutend geringerem Umfang als die Pferde und Rinder von der Tsetse-Krankheit befallen. Und diese Widerstandsfähigkeit allein ist von so großem Wert, daß sich die Zähmung und Züchtung reich verlohnen würde. Die Kreuzungen von Zebras mit Pferden, Eseln und Halbeseln, die ebenfalls schon oft durchgeführt wurden und das *Pferde- oder Eselzebroid* erzeugten, erbrachten ebenfalls nur mehr oder weniger interessante Studienergebnisse, blieben für die Nutzung aber ganz bedeutungslos.

Die Tapire

Inmitten des indischen wie des südamerikanischen Tropenwaldes lebt scheu und heimlich, zumeist weit ab von den menschlichen Ansiedlungen, der starke Tapir. Schon in grauen Vorzeiten trollte dieser urweltliche Rüsselträger, ein Mittelding zwischen einem großen Schwein und einem Flußpferd, auf festen Wechseln durch die dampfende, tropfende und wuchernde Wildnis.

Der amerikanische Flachlandtapir, der sich am liebsten im tropischen Regenwald verbirgt, steigt auch gelegentlich in die Gebirgswälder hinauf.

Rund fünfzig Millionen Jahre alt ist dieser keilförmige Kopf mit den kleinen und tiefliegenden Augen, mit den unaufhörlich wirbelnden Ohren, mit dem windenden und schnüffelnden, leicht schwabbelnden Rüssel. Gleich einem Räumpflug schiebt er sich durch das dichte Unterholz, das Gefilz der Büsche und Schlingpflanzen, das Gemoder gestürzter und faulender Stämme. Lautlos und behutsam setzen die schweren Beine auf, patschen durch Sumpf und Morast, durch Lachen und Tümpel. Das starke glatte Fell trägt eine dicke Schlammkruste. Denn wie unser Wildschwein suhlt sich auch der Tapir tagsüber in jeder Pfütze, um seine Schwarte vor den blutsaugenden Zecken, Milben und Mücken zu bewahren. Wie das Flußpferd tummelt er sich gern in den Flüssen und Teichen, schwimmt und taucht mit seinem

Der südamerikanische Flachlandtapir bewohnt ganz Südamerika von Venezuela und Guayana bis nach Paraguay und Nordargentinien. Wie alle Tapire hält sich auch der Flachlandtapir tagsüber verborgen und geht erst in der Dämmerung und in der Nacht auf Nahrungssuche. Dabei dient ihm der Rüssel als ein recht brauchbares Greiforgan.

Der Tapir lebt seit rund fünfzig Millionen Jahren im indischen und südamerikanischen Tropenwald – meist weit entfernt von menschlichen Ansiedlungen.

Fettwanst ganz vorzüglich, läuft auf dem Grund der Gewässer dahin und nährt sich von den fleischigen Wurzelstöcken der Wasserpflanzen. In den Wäldern frißt er gern die jungen Palmblätter und die Maniokwurzeln sowie die heruntergefallenen Früchte. Der Rüssel dient ihm dabei zugleich als ein recht brauchbares Greiforgan. Gewaltige Mengen schlingt er in sich hinein. Während seiner nächtlichen Streifzüge kostet er in den Anpflanzungen reichlich vom Zuckerrohr und Mango, von den Melonen und Kakaopflanzen. Da er fast immer allein kommt, ist der Schaden jedoch nur gering, und zumeist ist die Scheu vor dem Menschen doch zu groß. Wie er überhaupt die Vorsicht als den besseren Teil der Tapferkeit und die schleunigste Flucht als die sicherste Verteidigung ansieht. Bedrängt und angefallen, verwundet und gereizt allerdings steht er seinen Mann so nachdrücklich wie jeder Eber, schießt auf den Gegner zu, wirft ihn um und traktiert ihn mit Bissen. Die durchweg stärkeren und größeren Weibchen sind besonders entschlossen, wenn sie ihr gestreiftes, in der Angst schrill pfeifendes Junges bei sich haben und es bedroht glauben. Selbst den Tiger und den Jaguar gehen sie dann laut schnaubend an, und so manche tiefe Schramme und Narbe ihrer dicken Schwarte zeugt davon, daß sie durchaus nicht immer unterliegen.

Schabrackentapir (Tapirus indicus): Bewohnt die malaiische Halbinsel, vor allem Burma, Thailand (ehemals Siam) sowie Sumatra; Länge 200–240 cm, Schwanz 6–8 cm, Schulterhöhe 90–100 cm; Fell am Vorderkörper und an den Beinen glänzendschwarz, am Rumpf von der Schulter bis zur Keule grauweiß, so daß es aussieht, als trage er eine helle Schabracke; ist als Jungtier wie unser Wildschweinfrischling fahlgelb gestreift und gefleckt; hat einen bis zu 16 cm langen Rüssel, der sich zusammenschieben läßt; die breiten Ohren sind weißlich gerandet, der Schwanz ist schwarz; die Klauen – vier an den Vorderfüßen und drei an den Hinterfüßen – sind dunkel hornfarben; die Iris ist dunkel violett, der runde Augenstern schwarz.

Wie alle Tapire ist der Schabrackentapir ein Dämmerungs- und Nachttier, das sich am Tage verborgen hält. Die helle Schabracke ist ein sehr wirksamer Tarnanstrich, der den Körperumriß weitgehend auflöst. Hin und wieder halten etliche weibliche Tiere mit ihren Jungen zusammen. Die Männchen gesellen sich vorwiegend nur während der Paarungszeit zu den Weibchen. Sie haben dann die Gepflogenheit, ihr bewohntes Revier gleich den Flußpferden durch abgesetzte Kothaufen zu markieren, und leben kurze Zeit im Familienverband, spielen wohl auch den Wächter. Die Tragzeit währt rund dreizehn Monate. Alte Bullen sondern sich immer ab. In den Wäldern bewegen sich die Tapire gern auf vertrauten und ausgetretenen Wechseln, preschen flüchtend aber durch das dichteste Unterholz, wobei es ihnen nicht selten gelingt, die Verfolger abzuschütteln und den im Genick hockenden Todfeind abzustreifen.

Südamerikanischer Flachlandtapir (Tapirus terrestris): Bewohnt ganz Südamerika von Venezuela und Guayana bis nach Paraguay und Nordargentinien; Länge 190–200 cm, Schwanz 8–10 cm, Schulterhöhe 85–95 cm; Fell kurz, harsch, spärlich, gleichförmig schwärzlich graubraun oder je nach Unterart rehbraun oder fahlgelblich; der Rüssel ist schwächer und kleiner als beim Schabrackentapir; hat hell gerandete Ohren, trägt eine kleine aufrecht stehende Mähne vom Nacken bis zu den Schultern; das Jungtier ist oberseits dicht weiß gefleckt, an den Seiten hell gestreift.

Auch der amerikanische Flachlandtapir ist ein nächtlicher Urwäldler, der sich am liebsten im tropischen Regenwald und in der Nähe der Gewässer birgt. Im Gegensatz zu seinem Namen steigt er jedoch auch in die Gebirgswälder hinauf und tritt sich außerordentlich geschickt angelegte Serpentinwechsel zu den Suhlen und Gewässern. Diese Wechsel sind dem Gelände so großartig angepaßt, daß die Eingeborenen und selbst die späteren Straßenbauingenieure gern auf den Spuren des Tapirs wandeln.

Berg- oder Weißbackentapir (Tapirus pinchaque): Bewohnt die Anden von Mittelkolumbien bis Nordwestperu und Ekuador; Länge 170–180 cm, Schwanz 12–14 cm, Schulterhöhe 70–80 cm; Fell schwärzlich, sehr dicht und weich, Haare etwas gedreht; ist schlanker und hochbeiniger von Gestalt, hat keine Nackenmähne, aber eine besonders lange Rüsselschnauze, kennzeichnet sich vor allem durch seine hellgrauen bis grauweißen Wangen und seine weißen Lippen; auch bei ihm sind die Ohrränder weiß; er steigt in den Anden bis zur Schneegrenze hinauf, wurde schon in Höhen zwischen 4000–4500 m angetroffen.

Mittelamerikanischer Tapir (Tapirus bairdi): Bewohnt die Gebirgswälder von Panama bis Mexiko, dringt bis nach Nordkolumbien vor; Länge 240–250 cm, Schwanz 10–12 cm, Schulterhöhe 110–120 cm; ist der größte Tapir der Welt, kann bis zu 350 kg wiegen; Fell dunkelbraun, kurz und harsch, an den Lippen, der Kehle und der Brust weiß gezeichnet; bei der in Guatemala und Nikaragua beheimateten Unterart kommen die Jungen ungefleckt zur Welt.

Alle vier Tapirarten konnten

Die Nashörner haben alle Stufen der Säugetierentwicklung durchlaufen. Vor rund sechzig Millionen Jahren waren sie so groß wie Dachse, später erreichten sie eine Schulterhöhe von vier bis fünf Metern und waren in 34 Gattungen über Amerika, Europa, Asien und Afrika verbreitet. Heute ist der Bestand vor allem der in Asien lebenden Arten gefährdet, da der Hornsubstanz Heilkräfte zugesprochen werden. Die bis zu 2000 kg schweren Nashörner ernähren sich von Zweigen, Blättern, Schilfhalmen, Gräsern und Wurzeln.

sich bis heute in ihren Beständen überraschend gut erhalten, sind also die einzigen Einhufer, die trotz ihres hohen Alters noch keine wesentlichen Verfallserscheinungen zeigen. Zwar sind im Laufe der Jahrmillionen schon fünf der ehemals sechs Gattungen ausgestorben, doch haben wir dafür im Tapir eines der ältesten Säugetiere aus der Klasse der Huftiere vor uns. In der Gefangenschaft zeigen sich die Tapire durchaus gutmütig und friedliebend.

Die Nashörner und Rhinozerosse

Das stürmische, aus tiefstem Mißtrauen aufwallende, jähzornig erscheinende Verhalten des Nashorns hat es in den Geruch eines bösartigen und gefährlichen Riesen gebracht. In Wirklichkeit jedoch ist es ein harmloser und gemütlicher, fast phlegmatischer Pflanzenfresser, der wie ein Rind weidet, sich von Zweigen, Blättern, Schilfhalmen und Gräsern nährt, der geduldig nach Wurzeln gräbt und sich bei Gefahr am liebsten drückt und lautlos in die Büsche schlägt. Aufgeschreckt und bedrängt aber gebärdet sich das Nashorn gleich einem gereizten Stier, greift blitzschnell an, rennt alles über den Haufen oder schleudert in die Luft, was seinen Frieden stört. Als ein lebendiger Tank von rund 2000 kg Gewicht ist es so gut wie unwiderstehlich und selbst durch tödliche Schüsse kaum aufzuhalten. Mitten im Schwung vermag es sich herumzureißen und selbst einen sehr geistesgegenwärtigen und behenden Gegner zu treffen.

Diese Unduldsamkeit des Nashorns ist um so stärker ausgeprägt, je älter und einsamer der Riese ist. Er liebt das Familienleben und betreut seine Jungen, die frischgeboren die Größe eines halbwüchsigen Schweines haben, mit rührender Sorgfalt. Siebzehn bis achtzehn Monate währt die Tragezeit und rund vierundzwanzig Monate lang wird das einzige, rosige, fast sofort laufende Junge gesäugt. Nach dem ersten Lebensjahr ist es bereits zwei Meter lang und fast einen Meter hoch, wächst also sehr schnell.

Alle Stufen der Säugetierentwicklung haben diese großen plumpen und dickhäutigen Unpaarhufer durchlaufen. Vor rund sechzig Millionen Jahren waren sie noch so groß wie die Dachse. Später nahmen sie Riesenformen an, wie sie kein zweites Landsäugetier jemals vor oder nach ihnen erreichte. Sie hatten damals eine Schulterhöhe von vier bis fünf Metern. In nicht weniger als 34 Gattungen waren sie über Amerika, Europa, Afrika und Asien verbreitet. Reich bepelzt, überstanden sie als Wollhaarnashörner die Eiszeiten. Heute aber ist ihre Blütezeit vorüber, sind sie alle auf dem Wege, die Bühne dieser Erde für immer zu verlassen.

Breitmaulnashorn (Ceratotherium simum): Bewohnt Zentralsudan, das östliche Ubangi- und Scharigebiet, den nördlichen Kongostaat und den Nationalpark des Zululandes; der ganze Bestand umfaßt heute einige tausend Tiere, steht aber unter strengem Naturschutz, so daß er uns wahrscheinlich noch für lange erhalten bleibt; Länge 400–450 cm, Schwanz 50–60 cm, Schulterhöhe 190–200 cm; Fell so gut wie unbehaart, Haut hell- bis schiefergrau, ohne Faltenwurf, der Kopf ist so groß und lang, daß er fast ein Drittel der Gesamtkörperlänge ausmacht; das Maul ist ungewöhnlich breit, ein echtes rupfendes Grasfressermaul, das so vorzüglich arbeitet, daß sogar die Schneidezähne in ihm fehlen; trägt zwei Hörner, von denen das kleinere kurz vor den Augen, das große und oft über einen Meter lange vorn auf dem Nasenbein sitzt; die Hörner sind bei den weiblichen Tieren schlanker als bei den männlichen; der Widerrist erhebt sich zu einem starken Buckel.

Spitzmaulnashorn (Diceros bicornis): Bewohnt Zentral- und Ostafrika vom Niger bis nach Abessinien und zum Somaliland sowie Südafrika; vermochte sich bis heute in seinem Bestand gut zu erhalten, ist das Nashorn, das wir am häufigsten in den Tiergärten sehen; Länge 300–340 cm, Schwanz 50–60 cm, Schulterhöhe 150–160 cm; Fell so gut wie unbehaart, Haut dunkel- bis schiefergrau, manchmal auch rotbräunlich, ohne Faltenwurf; Der Kopf ist nicht so lang und mächtig wie beim Breitmaulnashorn; das Maul hat eine spitz vorgezogene Greifoberlippe, die sich besser zum Blätterrupfen als zum Grasabweiden eignet; trägt zwei Hörner, von denen das vordere, leicht zurückgebogene 60–130 cm lang werden kann; der Nakken ist breiter als der Kopf, der Widerrist nicht höckerartig.

Die beiden afrikanischen Nashörner bewohnen die Steppengebiete Afrikas, meiden den dichten Wald und Busch möglichst, suchen aber die Nähe von Gewässern, da ihnen die Schlammbäder ein Bedürfnis sind. Nur in der Trockenzeit verziehen sie sich in die Randgebiete der Wälder. Sie sind verhältnismäßig standorttreu und kennzeichnen ihre Reviere durch Kot- und Urin-Duftmarken. Der Kot wird aber nicht zu Bergen gehäuft wie

Der afrikanische Elefant (hier am Chobe-Fluß in Botswana) unterscheidet sich von seinem indischen Verwandten vor allem durch seine riesigen, dreieckigen Ohren. Sie dienen ihm als Fliegenwedel und Windfächer und regulieren den Wärmehaushalt seines Körpers. Ohne diese riesigen Ohren könnte der Steppenelefant in den heißen Savannen wahrscheinlich gar nicht leben und würde an der Binnenwärme seines bis zu 120 Zentner schweren Körpers ersticken. Der Elefant ernährt sich von Blättern, grünen Zweigen, aber auch vom harten Holz starker und trockener Äste. Beim Zerschroten dieser harten Nahrung helfen ihm vier Zähne, von denen die zwei Backenzähne jeweils ungefähr 30 cm lang und fast 20 cm dick sind und insgesamt fünfmal nachwachsen. Die gewaltigen Stoßzähne aber, die sich aus den Schneidezähnen entwickelt haben und die dem Elefanten bei der Nahrungsbeschaffung überaus hilfreich sind, wurden ihm fast zum Verhängnis. Denn vom Ende des letzten Jahrhunderts an rotteten Elfenbeinjäger die riesigen Elefantenherden bis auf wenige aus. Diese konnten sich aber in letzter Zeit dank der Einführung von Naturschutzparks (hier zum Beispiel der Meon National Park in Kenia) wieder in Ruhe vermehren, so daß der Bestand heute 300 000 Elefanten umfaßt.

Das Breitmaulnashorn steht heute unter strengen Naturschutz. Der Bestand in Zentralsudan, östlichem Ubangi- und Scharigebiet, nördlichem Kongostaat und im Nationalpark des Zululandes umfaßt höchstens noch 4000 Tiere. Die bis zu 450 cm langen, nahezu unbehaarten Breitmaulnashörner mit einer Schulterhöhe von bis zu 2 Metern haben ihren Namen durch ihr ungewöhnlich breites Maul. Dieses echte, rupfende Grasfressermaul arbeitet so vorzüglich, daß es keine Schneidezähne benötigt.

bei den Flußpferden, sondern als Geruchsmarke in den Boden gestampft und der Urin verspritzt. An und für sich sind sie Einzelgänger, halten aber im Familienverband treu zusammen. Die Marschordnung ist: Vater, Mutter, Kind.

Der Tag wird zum größten Teil in einem schattigen Schlupfwinkel, halb in den Sand gewühlt, verdöst und verschlafen. Erst bei sinkender Sonne werden die Riesen munter, erfrischen sich durch ein ausgiebiges Bad und gehen danach auf die Weide. Dabei erweisen sie sich als verblüffend geländegängig, unternehmen oft weite Wanderungen, erklettern steile Abhänge, treten sich geschickt die günstigsten Abstiegsserpentinen, schieben sich durchs Röhricht der Sümpfe wie durch dichtestes Gestrüpp. Flußläufe werden watend oder schwimmend überwunden. Mit den anderen Tieren leben sie durchaus in Frieden. Die Kämpfe zwischen Nashörnern und Elefanten oder Löwen haben sich die Schreiber der Abenteuerbücher samt und sonders aus den Fingern gesogen. Wenn das Nashorn kämpft, dann um sein Weibchen. Die Bullen gehen sich in der Brunftzeit mit Donnergetöse an, grunzen erschreckend, wirbeln viel Staub auf, verwunden sich aber nur selten ernstlich, obwohl die Hörner als Stoßwaffen eingesetzt werden. Ritterliche Zweikampfregeln scheinen auch bei ihnen zu herrschen und nicht den Tod, sondern lediglich die Flucht des Nebenbuhlers zu wollen.

Die Hörner sind übrigens nicht mit denen der Paarhufer zu vergleichen. Es sind verhornte Oberhautgebilde ohne jegliche Knochenstütze. Das vorderste Horn ist oft scharf wie ein Dolch und wiegt mehrere Kilo. In größeren Zeitabständen werden die Hörner abgeworfen und wachsen wieder nach. Den Nashörnern – vor allen ihren asiatischen Vettern – wurde diese Waffe zum Verhängnis. Noch heute glauben nämlich viele asiatische Völkerschaften daran, daß diese Hörner wunderbare Heil- und vor allem sexuelle Stärkungskräfte enthalten, und wiegen sie deshalb tatsächlich mit Gold auf. Und nachdem die indischen Nashörner um dieses Glaubens willen fast ausgerottet wurden, mußten die afrikanischen herhalten, bis die Naturschutzbewegung im letzten Augenblick Einhalt gebot. Aber auch das wohlschmeckende Fleisch und die vielfach verwendbare Haut reizten immer wieder zur Nashornjagd.

Indisches Panzernashorn (Rhinozeros unicornis): Bewohnt nur noch Assam, Bhutan und Nepal; der ganze Bestand umfaßt wenige hundert Tiere, die Schätzungen liegen zwischen 300–600 Tieren; Länge 300–340 cm, Schwanz 60 cm, Schulterhöhe 150–170 cm; Fell so gut wie unbehaart, Haut dunkelgraubraun, oft rötlich oder bläulich überflogen, mit kleinen rundlichen Warzenschildern bedeckt, die den Eindruck hervorrufen, als sei der ganze Koloß zusammengenietet; diese Haut sitzt so locker auf dem Körper, daß sie starke, an Panzerplatten erinnernde Falten wirft, sie ist tatsächlich auch bis zu 2 cm dick und am Kopf und Hals sehr stark gewulstet; trägt nur ein wuchtiges stumpfes Horn ganz vorn auf dem Nasenbein, das bis zu 50 cm messen kann; die Oberlippe hat einen kurzen rüsselförmigen Fortsatz; der Schwanz ist an der Spitze behaart.

Java-Nashorn (Rhinoceros sondaicus): Bewohnt Hinterindien von Burma bis Malaya sowie Sumatra und Java; der Bestand ist in diesen Ländern sowie auf den Inseln fast vernichtet, wird heute auf nur noch rund fünfzig Tiere geschätzt; Länge 280–300 cm, Schwanz 50–60 cm, Schulterhöhe 140 cm; vereinzelt wurden aber auch schon noch größere Exemplare abgeschossen, die nicht hinter dem Format des Indischen Panzernashorns zurückblieben; Fell stellenweise schwarz beborstet, Haut schmutzig-graubraun und mosaikartig gefeldert, fällt ebenfalls in großen Plattenwürfen; trägt gleichfalls nur ein kurzes stumpfes Horn, das selten länger als 25 cm wird und beim Weibchen oft ganz fehlen soll; die Oberlippe hat einen bedeutend längeren rüsselförmigen Fortsatz als beim Panzernashorn, ist schon eine Art Greiforgan.

Sumatra-Nashorn (Dicerorhinus sumatrensis): Bewohnte die Gebirgswaldungen von Sumatra und Borneo, war bis nach Südburma über Thailand und Malaya verbreitet, ist heute überall so gut wie ausgerottet, vielleicht leben im ganzen nicht einmal mehr hundert Tiere; Länge 200–210 cm, Schwanz 60 cm, Schulterhöhe 110–120 cm; Fell vereinzelt, besonders aber am Nacken, an den Ohren und den Bauchseiten mit schweinsborstenartigen, schwarzbraunen Haaren bewachsen, Haut graubraun, am Stirnhügel, in der Augengegend und auf der Nasenkappe dunkelbraun, der Faltenwurf der Haut ist weniger stark ausgeprägt; trägt zwei Hörner, von denen das hintere oft nur angedeutet ist und mehr einem Nasenbuckel gleicht; kennzeichnet sich besonders noch durch die löffelartig vorgestreckte Unterlippe und die halbkugelige hornige Panzerplatte, welche die Nasenlöcher halb bedeckt und nur den untersten Lippenrand frei läßt; ist in seiner Gesamterscheinung schlanker und hochbeiniger

Das Spitzmaulnashorn stammt aus Zentral-, Ost- und Südafrika, wo das bis zu 340 cm lange, so gut wie unbehaarte Tier in den Steppengebieten immer die Nähe von Gewässern sucht.

Die Elefanten sind die am höchsten entwickelten Rüsseltiere. Dazu hat ihr Rüssel entscheidend beigetragen, mit dem der Elefant nicht nur seine Nahrung ergreift, sondern den er auch als Schlagkeule, als Wassersauger, als Wasser- und Sandspritze (für die Hautpflege), als Luftprüfer und als „Trompete" benutzt.

als die bisher beschriebenen Nashörner.

Rauhohr-Nashorn (Dicerorhinus sumatrensis lasiotis): Bewohnte Hinterindien, vor allem wohl Ostbengalen, Assam, Nordburma, Tenasserim und Arakan, ist wahrscheinlich schon ganz ausgerottet; Länge 210–230 cm, Schwanz 60 cm, Schulterhöhe 110–130 cm; Fell noch etwas dichter behaart als das des Sumatranashorns, so daß das Tier sehr

dunkel erschien; Haut noch dünner und glatter, mit nur wenig betonten Faltenwürfen außer den starken Wülsten am Nacken, den Schulterblättern und den Keulen; trug ebenfalls zwei Hörner, von denen das vordere wuchtig und stumpf, das hintere nur noch höckerig war, kennzeichnete sich besonders durch die pinselartig langen Haarfransen am hinteren Rand der Ohren; war als Jungtier mit langen, feinen, rötlichen Haaren bedeckt.

Die indischen Nashörner sind im Gegensatz zu ihren afrikanischen Vettern ausgesprochene Waldtiere, die sich gern in den dichten Sumpfwäldern und den unzugänglichen Bergwäldern, zumindest im hohen Gras- und Bambusdschungel bergen. Hier bewohnen sie feste Reviere, die sie ebenfalls mit Kot und Urin markieren, und bewegen sich auf vertrauten, tief ausgetretenen, festen Wechseln. Es ist deshalb verhältnismäßig leicht, sie aufzuspüren und ihnen aufzulauern. Selbst langwährende Verfolgungen können diese geistig doch wenig beweglichen Riesen nicht dazu bewegen, von ihren Gewohnheiten abzulassen. So brauchen die Eingeborenen nur nachzuprüfen, ob der entdeckte Wechsel noch begangen wird, was durch die Kotablagerungen sehr leicht festzustellen ist, und dann geschickt getarnte Fallgruben auszuheben. Die Dickhäuter rennen unweigerlich in ihr Verderben.

Die Rüsseltiere *(Proboscidea)*

Die heutigen Elefanten

Zur gleichen Familie wie das Mammut gehören der heutige indische Elefant (Elephas) und sein afrikanischer Vetter (Loxodonta). Beide sind die letzten Vertreter dieser ehemals so großen Tierfamilie, die im Laufe ihrer Stammesgeschichte 21 Gattungen mit 113 Arten hervorbrachte. Sie sind Nachkommen der Vorhuftiere des Eozän.

Anatomisch und geistig stellen der Inder und der Afrikaner die höchste Entwicklungsform der Rüsseltiere dar und sind in ihrer Art selten vollkommene Säugetiere. Vor allem wurde bei ihnen der Rüssel zu einem universell brauchbaren Greiforgan, zu einer regelrechten Hand mit Fingern und förderte wesentlich ihre geistige Entwicklung. Denn mit dem Rüssel ergreift der Elefant nicht nur seine Nahrungsstoffe, bricht er nicht nur Äste und Zweige, pflückt er nicht nur Blätter und Früchte, sondern benutzt ihn gleichzeitig auch als Schlagkeule, die einem riesigen Gummiknüppel gleichkommt, als Wassersauger, mit dem er leicht sechs Liter aufzunehmen vermag, als Wasser- und Sandspritze

für die Hautpflege, als Luftprüfer, der sich hoch über Gras und Buschwerk erhebt, und als Trompete. Kein anderes Tier verfügt über ein ebenso vielseitiges Organ. Der fingerartige Haken der Rüsselspitze ertastet die feinsten Unterschiede der Gegenstände, faßt sehr zart zu, vermag zu streicheln und zu liebkosen. Eine wundervolle Erfindung der Natur sind auch die riesigen dreieckigen Ohren des afrikanischen Elefanten. Sie dienen ihm nämlich nicht nur als große Fliegenwedel und Windfächer, sondern regulieren vor allem den Wärmehaushalt seines Körpers. Indem er die Ohren abstellt, vergrößert er die ausstrahlende Oberfläche seines Leibes um 4–5 qm, also rund um ein Sechstel der Gesamtoberfläche. Da er sie aber bei zunehmender Wärme oder Erhitzung noch schlagend bewegt, steigert und beschleunigt er mit ihnen die Wärmeabgabe ganz wesentlich. Mit anderen Worten: Ohne diese riesigen Ohren könnte der Steppenelefant in den heißen Savannen wahrscheinlich gar nicht leben, würde er an der Innenwärme seines gewaltigen Leibes glattweg sich zu Tode erhitzen.

Einzig in seiner Art ist auch der Zahnbau des grauen Riesen, der ja durchaus nicht nur Blätter und frische grüne Zweige, sondern auch das harte Holz der starken und trockenen Äste verzehrt. Dennoch stehen ihm zum Zerschroten dieses schweren Stoffes nur je ein Backenzahn in den Hälften des Ober- und Unterkiefers – also vier Zähne insgesamt – zur Verfügung. Aber was für Zähne! Sie haben eine Länge von 25–35 cm, sind fast so dick wie ein Brotlaib und werden von zahlreichen Schmelzbändern zu fast unverwüstlichen Holzraspeln gehärtet. Ist solch ein Backenzahn dann doch abgenutzt, so schiebt sich der nächste von hinten her aus dem Kieferknochen und drückt den alten nach vorn hinaus. Fünfmal wiederholt sich dieses Spiel in Jahresabständen, bis die letzten, die sechsten Backenzahnpaare ihre Stellung eingenommen haben. Sie wachsen etwa im 30. Lebensjahr und müssen nun für den Rest seines Lebens ausreichen, ihren Dienst also rund 20–30 Jahre lang verrichten.

Wahre Wundergebilde aber sind vor allem die gewaltigen Stoßzähne, die sich aus den Schneidezähnen – nicht aus den Eckzähnen! – entwickelten. In ihnen erhielt der Elefant weniger eine Waffe, sondern vor allem prächtige natürliche Werkzeuge. Als wuchtige Hebelstangen und Stemmeisen helfen sie ihm, die stärksten Äste abzubrechen und

Die Stoßzähne eines solchen afrikanischen Elefantenbullen können mehr als 70 kg schwer werden. Heute erreicht der afrikanische Elefant aber nur noch selten seine Höchstmaße. Denn für diese Riesen der Tierwelt wird der Lebensraum in Afrika immer knapper, die Urwälder schrumpfen und der Elefant findet nicht mehr den notwendigen Baumbestand.

junge Bäume zu entwurzeln. Als Schaufeln dienen sie ihm, wenn es gilt, Wurzeln und Knollen auszugraben. Diese Stoßzähne wachsen ständig nach und können bei starken Bullen die Länge von 300–400 cm und ein Gewicht von 3–4 Zentnern erreichen. Besonders der afrikanische Elefant entwickelt unwahrscheinlich mächtige, lange und starke Stoßzähne. Die der Inder sind meist wesentlich kleiner und leichter und fehlen bei den Kühen oft gänzlich.

Letzten Endes jedoch wurden dem Elefanten gerade diese wunderbaren Stoßzähne zum Verhängnis. Denn an ihnen entzündete sich Ausgang des vorigen Jahrhunderts, als das Elfenbein große Mode wurde, die Gewinnsucht und Mordlust zahlreicher Abenteurer. Und diese Elfenbeinjäger vollbrachten, was die urtümlichen Jagdvölker nicht in Jahrzehntausenden geschafft hatten: Sie knallten die afrikanischen Elefanten in knapp 50 Jahren bis auf geringe Reste zusammen!

Von 1880–1910 erlegten diese skrupellosen Mordschützen jährlich rund 70000 Elefanten. Von 1889 bis 1909 wurden allein aus Belgisch-Kongo über 7 Millionen Kilogramm Elfenbein auf die Märkte von London und Liverpool geworfen. Noch in den Jahren von 1918–1928 lieferte diese Kolonie alljährlich 50000 kg Elfenbein.

Dabei wurden nun auch bereits die Elefanten abgeschossen, deren Stoßzähne nicht mehr durchschnittlich 60–70 kg, sondern nur noch 6–8 kg wogen. Denn die alten Bullen waren den Kugeln schon längst zum Opfer gefallen.

Und erst in letzter Minute besannen sich die großen Kolonialmächte, regelten endlich den Abschuß und schufen eine große Anzahl von Naturschutzparks, in denen auch die grauen Riesen ein geschütztes Dasein führen.

Die afrikanischen Elefanten

Diese Schutzmaßnahmen haben die afrikanischen Elefanten vor dem sicheren Untergang bewahrt. In den rund vierzig afrikanischen Naturschutzparks wuchsen die zusammengeschmolzenen Herden innerhalb der letzten zwanzig Jahre wieder so stattlich heran, daß der Bestand heute rund 300000 Tiere umfaßt. Diese Zahl aber stellt zugleich wohl die oberste Grenze für die Ausbreitungsmöglichkeiten dar, die der Schwarze Erdteil den Elefanten bietet. Auch in Afrika wird der Raum, den die Riesen der Tierwelt benötigen, immer knapper, schrumpfen die Urwälder, die und im Somaliland muß er sich mit fast reinen Wüstengebieten abfinden, in denen der für sein Gedeihen notwendige Baumbestand sehr gering ist. Hier lebt er bereits in kümmerlichen Hungerformen, die kaum noch die Höhe von zweiundeinhalb Meter erreichen können.

unbebauten Steppen und Savannen unaufhaltsam. Unheimlich nahe ist darum der Tag, da vor allem der große afrikanische Steppenelefant seine letzten freien Wildbahnen verliert. Im Norden und im Süden Afrikas ist er schon lange gänzlich verdrängt und ausgerottet. In Mauretanien

Afrikanischer Steppen- oder Großohr-Elefant (Loxodonta africana oxyotis): Bewohnt die baumbestandenen Savannen und lichten Galeriewälder vom Sudan bis in die südafrikanischen Schutzgebiete; Länge 400–450 cm, Schwanz 120–130 cm, Schulterhöhe 340–400 cm, Rüssellänge 180–200 cm, Gewicht 100 bis 120 Zentner; die Maße gelten für alte starke Bullen, die Kühe werden kaum höher als etwa 280–300 cm und wiegen selten mehr als 60–70 Zentner; die Haut ist nackt, netzartig grobrissig, fahlgrau bis schieferblaugrau, an der Brust zu wammenartigen Wülsten verdickt; Gestalt kurz und hoch, Brust schmal, Bauch voll und rund, Rücken hinter dem Widerrist sattelartig eingesenkt, in der Mitte hoch gewölbt, am Kreuz steil abfallend; Stirn ausgesprochen flach und fliehend, in der Mitte spitzhöckrig überwölbt; Rüssel verhältnismäßig dünn, sich schnell verjüngend, an der Mündung schwach umwulstet, aber ohne deutlichen Finger, vielmehr mit vorgezogenem Vorder- und Hinterrand; Augen klein und geschlitzt; Ohren riesig groß und sehr flach, sitzen hoch am Schädel, bilden ein mächtiges Dreieck, das den ganzen Hinterkopf und noch die Schulterblätter bedeckt; die Füße haben vorn vier, hinten drei Zehen; der dünne, glatte und hängende Schwanz reicht bis zu den Kniekehlen.

Afrikanischer Wald- oder Rundohr-Elefant (Loxodonta africana cyclotis): Bewohnt die west- und zentralafrikanischen Urwälder als ein echtes Waldtier, wird nur 2–3 m hoch, hat keine dreieckigen, sondern ausgesprochen runde Ohren, wurde in vier Unterarten bekannt, unterscheidet sich vom Steppenelefant besonders dadurch, daß er an den Vorderfüßen fünf, an den Hinterfüßen vier Zehen hat.

Der große Steppenelefant hat in den letzten Jahrzehnten gleichsam seinen Familiensinn entdeckt. Früher, als die Herden noch groß und die Reviere unbegrenzt waren, hielten sich die älteren Bullen getrennt von den Kühen und ihrer Nachkommenschaft. Heute gründen sie immer seltener einen solchen Altmännerbund und teilen sich mit den erfahrenen Leitkühen in die Führung der Herde. Das heißt, sie marschieren dem Trupp voran, wenn die Kuh das Zeichen zum Aufbruch und die Richtung angegeben hat, übernehmen die Nachhut und postieren sich als Wächter während der Ruhepausen. Nachsichtig und gelassen erdulden sie die übermütigen Übergriffe, die sich die

Auch dem indischen Elefanten drohte die Ausrottung durch die Elfenbeinjäger. Aber schon lange vorher starben seine in Kleinasien und China verbreiteten Unterarten aus.

Der indische Elefant ist ein echtes Waldtier und lebt in kleinen Herden, die einen festen Familienverband bilden und keinen Fremden bei sich duldet. Wer den Anschluß an seine Herde verliert, muß als Einzelgänger zurechtkommen. Diese sind oft sehr angriffslustig und zerstörungswütig, während die Herden sich ruhig halten.

sehr spiellustige Elefantenjugend erlaubt, lassen sich an den Schwänzen ziehen, beim Rüssel packen, zwischen die Beine quirlen und mit Sand bewerfen. Fast freundlich schauen sie zu, wie sich das behende Völklein jagt, balgt, überkugelt, im Sande wälzt und mit allen vieren strampelt.

Zehn bis zwölf Jahre lang bleibt der nur langsam wachsende Jungelefant unter der Obhut der Mutter, bedarf er des Herdenschutzes. Reichlich zwei Jahre lang wird er gesäugt. Die Zitzen der Kuh sitzen ziemlich weit vorn, sind ausgesprochen brustständig und werden vom Elefantenkind mit den Lippen – nicht etwa mit dem Rüssel! – erfaßt. Der kleine, noch etwas schlaffe Rüssel hängt vielmehr während des Saugens seitlich herab oder wird später zurückgeschlagen.

Bei der Geburt, die nach einer Tragzeit von 20–23 Monaten erfolgt, wiegt das Elefantenbaby fast zwei Zentner, ist etwa 80–100 cm hoch und dünn schwarzborstig behaart. Die riesige Nachgeburt wird von der Mutter verschlungen. Die Kinderstube ist in den ersten Tagen der Raum zwischen den vier mütterlichen Säulenbeinen und im erweiterten Sinne der Leiberwall der Herde, die einige Tage am Geburtsplatz verweilt, bis daß das Junge Schritt halten kann. Während des Marsches faßt es mit dem Rüssel den Schwanz der Mutter, wie das bei den wandernden Elefanten auch später oft noch Sitte ist. Erst im 15. Lebensjahr etwa werden die Jungtiere geschlechtsreif; die weiblichen Tiere gewöhnlich eher als die männlichen.

Zwischen dem 40. und 60. Lebensjahr werden die Bullen eigensinnig, unduldsam und sondern sich von der Herde ab.

Die indischen Elefanten

Die Ausrottung durch die Elfenbeinjäger drohte auch dem in-

dischen Elefanten, ehe die englischen und holländischen Kolonialbehörden energisch durchgriffen. Noch in geschichtlicher Zeit starben seine in Kleinasien, Syrien, Mesopotamien, Persien, Oberannam und China sowie auf Java verbreiteten Unterarten gänzlich aus. Heute nun hängt das Schicksal des indischen Elefanten ganz davon ab, welche Schutzbestimmungen die südostasiatischen Völker, die in den letzten Jahrzehnten ihre politische Freiheit und ihre Selbständigkeit gewannen, erlassen werden. Die Wirren des zweiten Weltkrieges sowie die ihm nachfolgenden heftigen Kleinkriege haben den Bestand sicherlich schon sehr geschwächt. Heute gibt es etwa 20000 Exemplare.

Indischer Elefant (Elephas maximus): Bewohnt in zahlreichen Unterarten heute nur noch Vorderindien, Sri Lanka, Burma, Siam, Indochina, Malaya, Sumatra und Nordborneo; Länge 300–325 cm, Schwanz 140–150 cm, Schulterhöhe 280–315 cm, Rüssellänge 225 cm, Gewicht 70–80 Zentner; die Maße gelten für alte starke Bullen, die Kühe sind kleiner und leichter; Haut fast nackt, netzartig gerieft, oberseits fahlgrau, am Rüssel, Unterhals, Brust und Bauch fleischrötlich überhaucht und dunkel gefleckt, an der Brust zu wammenartigen Wülsten verdickt; Gestalt hoch, kurz und breit, ausgeglichener als die des Afrikaners, ohne den Widerristsattel und den hochgewölbten Mittelrücken; den Scheitel krönen zwei mächtige Schädelkuppeln, die Stirn ist ausgesprochen steil, der Rüssel stark, kräftig und so lang, daß er eingerollt getragen werden muß, kennzeichnet sich durch einen deutlich abgesetzten, fingerartigen Haken; die Ohren sind verschoben viereckig und oben umgekrempelt; das kleine geschlitzte Auge wird von starken Wimpern geschützt; einzelne Haare stehen rings um die Augen, an den Lippen, am Unterkiefer und Kinn sowie auf dem Hinterrücken; die Füße haben vorn fünf und hinten vier Zehen.

Der indische Elefant ist ein echtes Waldtier und lebt in nur kleinen Herden, die einen festen Familienverband darstellen. Die einzelnen Familien halten fest zusammen, und der Verband ist eine verschworene Gemeinschaft, die keinen Fremden aufnimmt oder bei sich duldet. Wer den Anschluß an seine Herde verliert, bleibt praktisch ein einsames Tier, das verloren und verstoßen umherirrt.

Aus diesem Grund wohl mögen solche Einzelgänger, vor allem wenn sie nicht mehr zu den Jüngsten gehören, ungewöhnlich reizbar, jähzornig und angriffslustig sein. Nicht selten wachsen sie sich zu einer regelrechten Landplage aus, stampfen mitten durch die Dschungelwälder, reißen an den Pfosten der Bungalows, zertrampeln die Hütten, verwüsten Pflanzungen oder spielen sich gar als Wegelagerer auf. Eine Art von Zerstörungswut scheint sie vor allem zu beherrschen sowie der Drang, möglichst große Verwirrungen zu stiften. Weichen ihnen die Eingeborenen aus, so geschieht meist kein Unglück dabei. Werden sie jedoch angegriffen, dann greifen auch sie den Menschen an und erweisen sich oft als gefährliche Gegner.

Ganz im Gegensatz zum Verhalten dieser Einzelgänger vermeiden die von klugen und erfahrenen Kühen geführten Herden

Sie sehen aus wie Nagetiere. Aber die Zoologen sind sich ganz sicher, daß es sich bei den Schliefern um Huftiere handelt. Die kleinen, wie ein Muff aussehenden Tiere leben in den Gebirgen und auf den Hochplateaus Afrikas. Sie sind faul und furchtsam und ernähren sich nur von Pflanzen (Großes Bild: Klippschliefer).

Die Busch- oder Steppenschliefer-Kolonien bewohnen Erdhöhlen, alte Termitenbauten und Felsspalten.

die Berührung mit dem Menschen. Sie halten sich strikt an die Wechsel und Pfade, die sie selbst oder ihresgleichen durch Wald und Bambusdschungel traten. Von diesen Trampelpfaden, die ihnen ihre grüne Welt aufschließen, strahlen sie freilich während der Nahrungssuche aus und können dabei unversehens in Anpflanzungen und Ansiedlungen geraten. Hierüber erschrecken sie gewöhnlich mehr als die Menschen und ziehen sich unverzüglich in den Wald zurück. Andererseits ist es nicht ratsam, ausgerechnet auf diesen Straßen das Lager aufzuschlagen. Es kann sonst leicht geschehen, daß eine wandernde Elefantenherde mitten durch die Zelte, Lagerfeuer und angepflockten Reittiere zieht.

Übrigens genießen die starken Bullen innerhalb des Familienverbandes sehr wohl ein gewisses Ansehen, obwohl sie sich nicht zum Führer aufwerfen und auch nicht den Pascha spielen. Im Notfall stellen sie die kämpferische Vorhut wie die deckende Nachhut und dienen der Gemeinschaft auch durch ihre Wachsamkeit.

Angeschossene Tiere der Herde nehmen die anderen oft zwischen sich, stützen und schieben sie, versuchen jedenfalls, ihnen zu helfen und sie mit sich zu führen. Verwundete Bullen gebrauchen – wenn sie nicht sofort angreifen – hin und wieder die gefährliche List, auf der Flucht einen Haken zu schlagen und gut gedeckt den Verfolger zu erwarten. Ihr Vorbrechen aus dem Hinterhalt erfolgt derartig überraschend, daß der Jäger nur selten noch zum Schuß kommt. Doch würde auch das stärkste Explosivgeschoß den anstürmenden Koloß nicht mehr aufhalten. In sinnloser Wut wird der Feind dann nicht nur von den Stoßzähnen durchbohrt, in die Luft geschleudert und getötet, sondern bis zur Unkenntlichkeit noch zertrampelt.

Die Klippschliefer *(Hyracoidea)*

Fast überall auf den blockartigen Terrassen und Simsen der afrikanischen Gebirge und Hochplateaus leben in kopfreichen Scharen die Klippschliefer, kleine, furchtsame und pflanzenfressende Huftiere. Im ersten Augenblick allerdings erinnern diese reichlich kaninchengroßen Pelztiere viel mehr an Murmel oder Agutis und sind sogar noch gedrungener und molliger als diese. Sie gleichen einem „dicken, kurzen, braunen Wollmuff, an dem nach dem Brauch gewisser Pelzmoden ein Tierköpfchen mit zwei starren schwarzen Äugelchen und einer mäßigen Spitzschnauze künstlich angenäht wurden". Auch haben sie etwas Hasenartiges an sich, „rümpfen die Nase auf und ziehen das Unterkinn zurück, indem sie gleichzeitig den Kopf in ihren Pelzmuff drücken" (Bölsche). Aus dem Mund mit der deutlich gespaltenen Oberlippe ragen bei den Männchen hauerartig verlängerte Schneidezähne als spitze Zahnstocher schräg nach unten. Die kleinen Ohren verschwinden fast im Fell. Der dichte Pelz besteht nur aus langen Grannenhaaren, ist also ganz ohne Unterwolle. Die kurzen Beine aber haben äußerst merkwürdige Füße. Der Vorderfuß zeigt vier entwickelte Zehen, die in seltsamen kleinen, dunklen und breiten Knötchen enden. Diese Knötchen sind weder richtige Nägel noch echte Hufe oder Krallen. Immerhin ziehen sich die hornartigen Plättchen auch über die Unterseite der Zehen und scheinen zu demonstrieren, wie sich wohl einstmals der Huf entwickelt hat. Von den drei Zehen des Hinterfußes jedoch besitzt die mittlere zweifellos einen so eigenartigen Nagel, daß wir ihn als eine regelrechte Kralle ansprechen müssen. Diese Ansprache ist allerdings umstritten.

Allein diese ungewöhnlichen Füße schon gaben den Zoologen von jeher zu denken. Noch schwieriger wurde „der Fall", als Cuvier entdeckte, daß diese Klippschliefer die Backenzähne des Nashorns im Mäulchen hatten. Das heißt natürlich, dem Bau und nicht etwa der Größe nach. Die hauerartig verlängerten Schneidezähne dagegen wiesen wieder auf die Elefanten hin. Die bald darauf entdeckte Rückendrüse aber stellte diese eigentümlichen Gesellen in die Nähe der Pekaris, der amerikanischen Wildschweine.

Auf jeden Fall genügten alle diese Indizien, die Klippschliefer endgültig aus der Gesellschaft der Nagetiere in die der Huftiere zu verbringen. Vorübergehend landeten sie zuerst einmal bei den Dickhäutern, später bei den Paarhufern, um schließlich und endlich als sogenannte „Vorhuftiere" erkannt und in der eng benachbarten Gruppe der Rüsseltiere und Seekühe zu einer eigenen urtümlichen Huftierfamilie ernannt zu werden. Und zwar sind die Klippschliefer Huftiere, die noch auf den Sohlen, also nicht bereits auf den Zehenspitzen laufen. Dieser Sohlengang gibt ihren Bewegungen etwas Langsames und Behäbiges, so daß man fast an kleine Bären erinnert wird. Dieser Vergleich hinkt jedoch sofort, wenn man dann sieht, wie unglaublich behend und sicher sich die Klippschliefer in den steilsten Felsenwänden bewegen, wie sie wieselschnell klettern und springen.

Diese hohe Kletterkunst ermöglichen den Klippschliefern ihre Fußsohlen, die außerordentlich elastisch, spann- und federkräftig, weich und rauh zugleich sind. Mehrere tiefe Falten unterteilen die Sohlenfläche, die praktisch gleich den Klebefingern der Geckos und den Haftballen der Laubfrösche wirkt. Das heißt, sie wird erst fest an den Felsen gepreßt, dann leicht abgezogen, so

Vor 50 Millionen Jahren lebten sie noch an Land, doch dann wurden sie von revolutionären geologischen Umwälzungen ins Meer gezwungen – und haben überlebt. Die Seekühe gelten als die Elefanten des Wassers. Und tatsächlich haben sie mit den gewaltigen Rüsseltieren zahlreiche anatomische Eigenheiten gemeinsam.

daß ein luftleerer Raum zwischen ihr und der Unterlage entsteht und das Tier dann tatsächlich so fest wie der Gummisaugbolzen eines Kindergewehrs am Stein klebt.

Klippschliefer oder Aschkoko (Procavia habessinica): Bewohnt die Gebirge Abessiniens bis zu 3000 m Höhe; Länge 40–45 cm, Schwanz 2 cm, Höhe 20–25 cm; Fell fahlgrau, oberseits hell und dunkel gesprenkelt, unterseits lichter, oft fahlgelblich, auf dem Rücken, rund um die Duftdrüsen, braun gefleckt; hat einen gelblichweißen Streifen um die Mundwinkel, eine schwarze, immer schnuppernde und zitternde Nasenkuppe und tiefdunkelbraune Augen.

An weiteren Klipp- und Wüstenschliefer-Arten wurden bekannt: *Procavia capensis, johnstoni* und *ruficeps*, die sich in über 30 Unterarten von Angola über Ostafrika bis nach Ägypten, Arabien, Syrien, Palästina verbreiten und selbst noch auf den Hochplateaus der Sahara vorkommen.

In ihren wildzerklüfteten Felsenparadiesen leben die Klippschliefer in friedlicher Gemeinschaft mit den stachligen braunen Harduneidechsen, den blaurotgrün schillernden Siedleragamen, den räuberischen Mangusten und den zierlichen Kirkdikdik-Antilopen. Die Kolonien umfassen oft viele hundert Tiere.

Als im Grunde recht behäbige Sonnenanbeter sitzen sie stundenlang mit halbgeschlossener Nickhaut in der prallen Mittagsglut, strecken alle viere von sich oder hudern sich gleich den Pinselperlhühnern im heißen Sande. Nur die ausgestellten Wachen, ältere Männchen, bei denen die verlängerten oberen Schneidezähne unter dem schwarzen Näschen hervorblinken, sind hellwach. Ihr Augenmerk richtet sich vor allem auf die Flugbilder der Lämmergeier und Kampfadler, die ein fettes Klippschliefer-chen über alles schätzen. Mit lautem Warnschrei, der an den Ruf des Fasanenhahns erinnert, wird die dösende Schar von der drohenden Gefahr unterrichtet. Und fast im gleichen Augenblick schon sind die Felsensimse wie leergefegt. Das letzte Tier, das verschwindet, ist meist die alte Gouvernante, die einen ganzen Kindergarten von 25–30 jungen Klippschliefern zu betreuen hat. Und dieses Jungvolk wagt sich dann auch zuerst wieder aus den Höhlen.

Im Gegensatz zu den meisten Jungen anderer Höhlentiere kommen die kleinen, etwa faustgroßen Klippschliefer weit entwickelt, vollständig behaart und sehend zur Welt. Die Weibchen haben sechs brustständige Zitzen und werfen durchschnittlich nur 2–3 Junge. Diese sind sehr bald selbständig, außerordentlich rege und unternehmungslustig und bedürfen wirklich einer Aufsicht, um sie vor den vielen Gefahren zu bewahren. Denn der Mungo, der Schakal, der Wüstenluchs und der Leopard umschleichen regelmäßig die Kolonien, ganz abgesehen von den Eingeborenen, die einen mit Gebirgskräutern gemästeten Klippschlieferbraten als Delikatesse ansehen.

Die Sirenen oder Seekühe
(Sirenia)

Es klingt wie eine Fabel: Vor etwa fünfzig Millionen Jahren paßten sich – wahrscheinlich unter dem Zwang revolutionärer geologischer Umwälzungen – die großen pflanzenfressenden Urahnen der heutigen Seekühe dem Leben im Wasser an und verwandelten sich aus plumpen Landsäugern in walähnliche Meeressäuger. Schritt um Schritt bildeten sich ihre Gliedmaßen zurück. Es verschwanden nach und nach das Becken und die Oberschenkel. Die Vorderbeine wurden zu breiten Paddelrudern, und der Schwanz formte sich zu einer mächtigen Flosse um. Vom Fell blieben nur noch vereinzelte Borsten übrig. Die Ohren rutschten in den Kopf, die Augen umgaben sich mit einer dicken Gallertschicht, die Oberlippe stülpte sich weit über die Unterlippe, das Maul gleichsam hermetisch verriegelnd. Der Leib nahm die Stromlinienform an, bei der sich der Hals nicht mehr absetzte, und umgab sich mit einer dicken wärmenden Fettschicht.

Überraschenderweise haben diese einzigen pflanzenfressenden Meeressäuger recht viele anatomische Eigenheiten mit den Elefanten gemeinsam. Sie sind gleich jenen harmlose Vegetarier, kennzeichnen sich ebenfalls durch zwei große, brustartige und brustständige Zitzen und wechseln ihre Backenzähne in ähnlicher Weise. Diese Zähne sind übrigens auch wurzellos, wachsen von hinten her viele Male im Laufe des Lebens nach und schieben sich nach vorn ab. Bei den Dugongs aber finden wir sogar zu Stoßzähnen verwandelte Schneidezähne. Die Oberlippe ist stark abwärts gebogen.

Von den ehemals fünf Familien der Seekühe, die mit sechzehn Gattungen und vielen Arten über die ganze Welt verbreitet waren, leben heute nur noch zwei Familien mit zwei Gattungen. Es sind das die sogenannten *Gabelschwanz-Seekühe oder Dugongs (Dugongidae)* und die *Rundschwanz-Seekühe oder Lamantins (Trichechidae)*, die oft auch Manatis genannt werden.

Die Gabelschwanz-Seekühe oder Dugongs

Von vorn gesehen erinnert die auffällig stumpfe und senkrecht abgestutzte Schnauze der Dugongs stark an ein Mopsgesicht. Zugleich aber denkt man unwillkürlich auch an die Mundpartie des Flußpferdes. Die Seitenlefzen sind nämlich durch tiefe Falten vom hufeisenförmigen Mittelteil der Schnauze getrennt und setzen sich als deutliche Wülste ab. Die Lippen sind also sehr beweglich und können geschickt zufassen. Dennoch weiden die Dugongs nicht rupfend, sondern fahren schabend mit einem hornartigen Gaumenfortsatz, der ihnen auch aus dem geschlossenen Maul ragt, über den Rasen der Wasserpflanzen, pflügen damit den sandigen Grund, reißen die Pflanzen los und erfassen sie erst dann mit den Lippen. Zerkaut wird die Nahrung mit Hilfe bürstenartiger Hornplatten, die den Vordergaumen bedecken, sowie

Der Bison bewohnte die nordamerikanischen Steppen einst in gewaltigen Herden, die Millionen Tiere zählten. Von schießwütigen Siedlern wurde das mächtige Tier jedoch im 19. Jahrhundert fast ausgerottet. Heute gibt es wieder 30 000 Bisons in nordamerikanischen Wildreservaten in den USA und in Kanada.

den zu wurzellosen Stümpfen umgewandelten Backenzähnen. Die zwei Stoßzähne der Dugongmännchen stecken übrigens so tief im Zwischenkiefer, daß sie nur einige wenige Zentimeter hervorragen, obwohl sie die Länge von 20–25 cm erreichen.

Australischer Dugong (Dugong dugong australe): Bewohnt die Küstengebiete vor Nordaustralien und Neuguinea; Länge 300–380 cm, Gewicht 300–350 kg; Haut nackt, oberseits rötlichbraun, unterseits weißgrau; kennzeichnet sich wie alle Dugongs durch das Mopsgesicht, die Stoßzähne bei den Männchen und die zweizipflige, horizontal gestellte Schwanzflosse, die Vorderflossen sind nagellos. Sie leben als Paar.

Die Rundschwanz-Seekühe oder Lamantins

Die Lamantins oder Manatis kennzeichnen sich durch einen auffällig kleinen Kopf, an dem die sehr wulstige und vielfach gefurchte Oberlippe eigentlich die ganze Schnauze bildet. Geradezu winzig wirken die halbmondförmigen Nasenlöcher, die kugelrunden Augen und die kaum sichtbaren Ohröffnungen. Vor allem aber sind die Lamantins nicht ganz nackt, sondern licht und kurz behaart. Alle zwei Zentimeter erhebt sich eines dieser borstenartigen und gelblich schimmernden Haare. Auf der als Tastrüssel dienenden Oberlippe stehen die Borsten sogar in kleinen Büscheln.

Die Lamantins rupfen die Wasserpflanzen mit den Lippen ab und zermahlen die harte Kost mit ihren querhöckrigen Backenzähnen, die ihnen wahrscheinlich unaufhörlich nachwachsen. Die neuen Zähne schieben sich von hinten her aus dem Kiefer und drängen die abgekauten nach vorn hinaus.

Karibischer Lamantin (Trichechus manatus): Bewohnt die Karibische See bis zur Küste von Nordbrasilien, steigt auch im Orinoko weit aufwärts; Länge 300–350 cm, heute jedoch meistens nur noch 250–300 cm, Höchstgewicht 300–400 kg; Haut nur dürftig und kurz behaart, oberseits dunkelgrau, unterseits etwas heller; kennzeichnet sich wie alle Lamantins durch die rundliche, spatelförmige Schwanzflosse.

Im Gegensatz zu den Dugongs sind sie eher Tagtiere, leben aber gleichfalls gesellig, oft in großen Herden und zeigen sich sehr träge. Die Weibchen haben nur ein Junges, das sie zärtlich hüten und beim Säugen mit der Flosse an die Brust drücken. Gern richten sie sich dabei ein wenig aus dem Wasser auf, so daß man die großen Brüste zu sehen vermag.

Ihre Anwesenheit verraten sie gewöhnlich weithin durch die stinkenden Kotdecken, die an ihren jeweiligen Aufenthaltsorten die Wasserfläche bedecken.

Die Paarzeher
(Artiodactyla)

Beträchtlich artenreicher und lebenskräftiger als die Unpaarzeher sind die mitten in ihrer Blütezeit stehenden Paarzeher, die Rinder und Büffel, Antilopen und Gazellen, Gemsen und Moschusochsen, Schafe und Ziegen, Hirsche und Giraffen, Kamele und Lamas, Schweine und Flußpferde. Wir nennen sie Paarzeher, weil sie durchweg auf der dritten und vierten Zehe laufen, die zweite und fünfte Zehe kaum noch aufsetzen und eine völlig verkümmerte Großzehe haben. Wohl weisen die zweite und die fünfte Zehe noch einen Hornschutz auf, sitzen aber bedeutend höher am Fuß und treten nun als sogenannte Afterklauen in Erscheinung. Zwischen den beiden Standhufen, die sich beim Aufsetzen leicht berühren und oft noch spreizbar sind, befinden sich sekretreiche Drüsen, die eine Reibung verhindern. Bei den Kamelen fehlen die Afterklauen gänzlich. Sie laufen auch nicht auf den Zehenspitzen allein wie die anderen Huftiere, sondern setzen zugleich noch das vorhergehende Zehenglied auf. Die an und für sich kleinen Hufe werden darum zusätzlich noch von einer schwieligen Sohle unterpolstert und diese mit einem Hornschutz versehen. Wir nennen die Kamele und Lamas darum Schwielensohler und behandeln sie gesondert von den anderen Paarzehern. Weiterhin unterscheiden wir noch die wiederkäuenden Paarzeher von den wenigen nicht wiederkäuenden Paarzehern, den Schweinen, Nabelschweinen und Flußpferden.

Die Rinderverwandten oder Hornträger

Die größte Paarzeherfamilie und Wiederkäuergruppe ist die der Rinder. Sie umfaßt nicht nur die zahlreichen Wild- und Hausrinder selbst, sondern auch die Antilopen und Gazellen, die Schafe und Ziegen, die Gemsen und Moschusböcke. Sie alle sind Träger einer Hornzier, die auf den knöchernen Zapfen der Stirnbeine ruht und sich in der Gestalt einer Hornscheide aufbaut. Diese Hornzier, die ihnen auch als beachtliche Waffe dient, wächst ständig nach und wird nur einmal im Leben gewechselt. Aber auch dieser einmalige Wechsel ist kein Abwurf, wie wir ihn alljährlich bei den geweihtragenden Hirschen beobachten können, sondern ist ein unmerkliches Abschilfern des Jugendhornes, das vom Dauerhorn verdrängt wird.

In der Hand des Menschen sind die Rinderartigen heute über alle Teile der Erde verbreitet. Als die von alters her am eifrigsten gejagten und am häufigsten benutzten Tiere, als die heute noch wichtigsten Fleischlieferanten des Menschen, sind sie aufs engste mit seinem Geschick verbunden. Praktisch steht hinter fast jedem Menschen ein zahmer Hornträger, der seine leibliche Existenz sichert.

Die Wildrinder und Büffel

Am stärksten wirkte sich der teils schicksalhafte, teils willkürliche Eingriff des Menschen in das Leben der Paarzeher bei den Wildrindern aus. So wehrhaft diese schwergewichtigen und wahrhaft mächtigen Tiere sind und so riesig ihre Bestände waren, der modernen Feuerwaffe erlagen sie in kurzer Zeit. Herden, die aus Tausenden und

Völlig ausgerottet war der Auerochse. Er wurde mühsam wieder aus Haustier-Rassen zurückgezüchtet und lebt heute wieder in den Tierparks von Berlin und München-Hellabrunn.

Hunderttausenden, aus Millionen Tieren bestanden, wurden in wenigen Jahrzehnten vernichtet. Weder die scharfen Sinne noch die Flüchtigkeit, weder das Ausweichen in dichte Waldungen und unwirtliche Hochgebirge noch das Aufsplittern in kleine Rudel vermochte diese Tiere zu retten. Quadratkilometer um Quadratkilometer der von ihnen bevölkerten Räume macht ihnen der Mensch streitig. Kaum ist noch der Raum vorhanden, um ihnen heute die notwendigen Reservate zu sichern, und kaum sind die Mittel aufzutreiben, um diese letzten Freistätten zu erhalten. Die Erde hat keinen Platz mehr für die wilden Ahnherren der Hausrinder.

Für immer von der Bühne des Lebens verschwunden ist der reckenhafte Auerochse oder Ur, der Stammvater der europäischen Rinderrassen. Das gleiche Schicksal droht in aller Kürze den asiatischen Wildrindern, dem Wildyak, dem Gaur, dem Banteng und dem Kouprey. Der Wisent und der Bison spielen nur noch in den Wildreservaten, Schutzgehegen und Tiergärten eine bescheidene Rolle. Der gewaltige Arni, der Stammvater der vielen Wasserbüffelrassen, ist in seinem Bestand sehr gefährdet. Der Kaffernbüffel sowie die kleinen Gemsen- und Mindorobüffel erhalten sich ebenfalls nur noch in kläglichen Restbeständen.

Die echten Rinder zeichnen sich durch die schwere, gedrungene und massige Gestalt aus, den breitstirnigen Schädel mit den betont seitlichen Knochenzapfen, die glatten und runden Hörner, das immer feuchte, breite und helle Maul, den dicken Hals mit der mehr oder weniger entwickelten Hängewamme, den langen Quastenschwanz und das regelmäßig vierzitzige Euter der Kühe.

Auerochse oder Ur (Bos primigenius): Bewohnte in frühgeschichtlicher Zeit noch Vorderasien und Nordafrika, hielt sich in Europa bis zum Anbruch der Neuzeit, wurde hier erst im 17. Jahrhundert ausgerottet, ist heute in rückgezüchteter Form in den Tiergärten von Berlin und Hellabrunn gleichsam wieder auferstanden; Länge 300–320 cm, Widerristhöhe 160–180 cm, Schwanz 70–80 cm, Hörner schlank, leicht nach vorn gekrümmt; die Maße gelten für den Stier, die Kuh war wesentlich kleiner und leichter; Fell kurzhaarig, beim Stier schwarzbraun bis schwarz und mit hellem Aalstrich, bei der Kuh und den Kälbern dagegen rötlichgelb.

Der Auerochse war ein Waldtier, bevorzugte die Flußniederungen und lebte in kleinen Rudeln, die aus einem Stier, mehreren Kühen und deren Kälbern bestanden. Geführt wurde das Rudel von einer alten erfahrenen Kuh. Den Schutz übernahm der Stier. Auf die Weide zogen die Tiere vor allem in der Nacht. Sie ästen in den Lichtungen und an

den Rändern der Auwälder und wiederkäuten am Tage in ihren festen Einständen tief im dichtesten Unterholz. In der Gestalt glichen sie sehr unseren heutigen glattrückigen und langhörnigen Rindern, unterschieden sich also ganz eindeutig von den hochgebuckelten und kurzhörnigen Wisenten und Bisons. Dennoch wurden der Auerochse und der Wisent schon im 17. Jahrhundert oft miteinander verwechselt und dieses europäische Wildrind bald Urochs und bald Wisent genannt.

Der Auerochse wird allgemein als der Stammvater der europäischen Hausrinderrassen angesehen. Er wurde wahrscheinlich schon vor rund 8000 Jahren gezähmt und gezüchtet. Am meisten an seine Gestalt und Wesensart erinnern heute die südfranzösischen und spanischen Kampfstiere, die auch wesentlich an seiner versuchten Rückzüchtung beteiligt waren.

Wisent (Bison bonasus): Bewohnte West- und Mitteleuropa sowie die Mittelmeerländer bis zum Kaukasus, ist heute in freier Wildbahn ausgerottet; der restliche, nur noch in Tiergärten und Schutzgehegen lebende Bestand umfaßt etwa 800–900 Tiere; Länge 280–300 cm, Widerristhöhe 170–180 cm, Schwanz 60 cm, Hörner sehr seitlich angesetzt, verhältnismäßig klein, rund und spitzig; die Maße gelten für den Stier, die Kuh ist kleiner; Fell dicht, lang und zottelig, Haar fahl lichtbraun, an den Kopfseiten und am zopfigen Kinnbart dunkelbraun, bildet einen dichten Schopf über der Stirn und eine wallende Mähne am Unterhals; die Gestalt ist betont nach vorn überbaut, vom Nacken bis zur Rückenmitte stark gewölbt, dann bis zum Kreuz abfallend; hat mäßig großen Kopf, sehr breite Stirn, kurze Ohren, kleine Augen, breites Maul mit großen schiefgestellten Nüstern.

Bison oder Indianerbüffel (Bison bison): Bewohnte die Prärien und Wälder Nordamerikas von Mexiko bis Kanada in gewaltigen Herden, wurde in den Jahren 1870–1884 erbarmungslos bis auf rund 4000 Tiere zusammengeschossen, lebt heute geschützt in nordamerikanischen Wildreservaten, der Bestand umfaßt wieder etwa 20000–30000 Tiere; Länge 300 cm, Widerristhöhe 190 cm, Schwanz 65 cm, Hörner sehr seitlich angesetzt, stark und dick, seitlich und aufwärts gebogen; Fell zottelig-buschig, gekräuselt, graubraun, am Vorderkopf, der Stirn, dem Hals und der Wamme schwarzbraun; die Gestalt ist noch stärker als beim Wisent nach vorn überbaut, der Widerrist hoch gebuckelt, der Rücken stark abfallend; trägt den massigen, großen und sehr breitstirnigen Kopf tief gesenkt, hat dunkelbraune Augen, gewölbten Nasenrücken, schiefgestellte Nüstern; die Beine sind kurz und schlank, die Hufe klein und rund.

In großen Herden, die sich locker zu gewaltigen, nach Tausenden und Zehntausenden von Tieren zählenden Heeren vereinigten, zogen die Bisons dereinst weit über die Prärien. Sie wanderten mit den Jahreszeiten von den kanadischen Wäldern bis an die Küste des Golfs von Mexiko und von den Ufern des Missouri bis hinauf in die Berge. Geselliger als jedes andere Wildrind, bildeten sie kopfreiche Rudel, in denen die Stiere wie die Kühe und die Kälber das ganze Jahr über zusammen lebten. Rudel schloß sich an Rudel, graste verträglich dicht neben den Artgenossen. Auf günstigen Weideplätzen wogten die hohen Buckel der Millionenherden gleich einem bewegten Meer. Das niedrige, kaum drei Zentimeter hohe Büffelgras war ihre Lieblingsnahrung. Während der hochsommerlichen Brunft kämpften die stark nach Moschus riechenden Stiere um die begehrte Kuh, sonderten sich mit ihr ab und verteidigten sie eifersüchtig gegen unbeweibt gebliebene Bullen. Vier Wochen lang trieb sie die Brunft umher. Dann fanden sich alle wieder zur großen Gemeinschaft zusammen. Bedeckte im Winter hoher Schnee die Steppen, zogen

Der starke Kaffernbüffel bewohnt vorwiegend Ost- und Südafrika. Man erkennt ihn an seinen massigen und breiten Hörnern, die eine Spannweite von bis zu 1 m haben.

sie in die Wälder und nährten sich von Moos und Flechten, dürrem Gras und welkem Laub, von Knospen und Zweigen.

In Kanada waren die Bisons überhaupt ausgesprochene Waldtiere und in Mexiko beträchtlich kleiner als in Nordamerika. Den Indianern gaben sie alles, was die bedürfnislosen Rothäute brauchten: Fleisch und Felle, Zelte und Kleidungsstükke, Sättel und Gurte, Sattelgestelle und Messer, Bogensehnen und Nähfaden, Stricke und Wolle. Die großen Bisonherden waren praktisch ihre wilden Haustiere und ihre Existenzgrundlage. Und eben deshalb mußten die Bisons sterben, als die heftigen Kämpfe zwischen den weißen Farmern und den erbitterten Rothäuten tobten. Der Tod der Bisons sollte die Indianer im Lebensnerv treffen. Aus rein strategischen Gründen setzte das große Bisonmorden ein. Profitgier und Gewinnsucht vollendeten das traurige Werk.

Wasserbüffel oder Arni (Bubalus arnee): Wird auch Asiatischer oder Indischer Büffel genannt; bewohnte früher auch Mesopotamien und Nordafrika, heute nur noch Vorderindien und Burma sowie in geringer Anzahl vielleicht noch die Inseln Sri Lanka, Borneo, Celebes, Sumatra und Java; Länge 280–300 cm, Widerristhöhe 160–180 cm, Schwanz 50–60 cm, Hörner lang und stark, breit ausladend, bis zur Mitte quergerunzelt; Fell spärlich, steif und borstig behaart, Haar bräunlich bis rotbraun, Haut dick, hart und runzelig, schiefergrau bis schwarz; die Gestalt ist schwer und gedrungen, voll und gerundet, der Widerrist höckerig erhöht, der Rücken leicht gesenkt, das Kreuz abschüssig; hat kurzen, breiten Kopf mit waagerecht abstehenden langen und breiten Ohren, kleine Augen, breite Muffel mit großen Nüstern, kräftige kurze Beine mit langen, breiten, weit spreizbaren Hufen, eine nur kleine Wamme am kurzen, dicken Hals.

Der beliebteste Aufenthaltsort des Wasserbüffels sind die ausgesprochenen Sumpf und Flußniederungen, die Umgebung bewaldeter Seen und die seichten Lagunen am Meeresstrand. Denn das Wasser ist sein Lebenselement, ohne das er nicht auszukommen vermag. Er schwimmt meisterhaft, suhlt sich stundenlang, steht tagsüber bis an den Bauch in den kühlen Fluten und geht erst nach Einbruch der Dunkelheit und in den ersten Morgenstunden auf Äsung. In seinem Bereich fühlt er sich als der unbeschränkte Herr, fürchtet sich weder vor dem Tiger noch vor dem Nashorn und Elefanten, weicht selbst dem Menschen kaum aus und nimmt gereizt jeden Gegner mit tief dröhnendem Gebrüll an. Die geringste Störung kann ihn schon in helle Wut versetzen, doch läßt er es zumeist bei furchterregenden Drohgesten bewenden. In den starken Rudeln leben die Stiere und die Kühe das ganze Jahr über zusammen.

Sehr zeitig schon wurde der Arni gezähmt und gezüchtet. Er ist der Stammvater der asiatischen, afrikanischen und europäischen Hausbüffel, die noch viel von seiner selbstbewußten, unberechenbaren und leicht gereizten Art an sich haben.

Gemsbüffel oder Anoa (Anoa = Bubalus depressicornis): Bewohnt ausschließlich Celebes; Länge 190–200 cm, Widerristhöhe 100–120 cm, Schwanz 30 cm, Hörner gerade, kurz, spießartig, nach hinten gerichtet, an Gehörn der Antilopen erinnernd; Fell spärlich dunkelbraun behaart, lichter im Gesicht, weiß in der Mitte des Unterkiefers, Haut schwarz; die Gestalt steht in der Mitte zwischen Rind und Antilope, ist am Widerrist etwas höher als am Kreuz; hat sehr breite Stirn, große dunkelbraune, lang bewimperte Augen, schmale kurze Ohren, innen weißlich behaart, gewölbten Nasenrücken, hellgerandete Muffel; trägt einen schmalen weißen Halbmond am Unterhals und weiße Flecken an den Augen sowie an den Fesselgelenken.

Der Gemsbüffel liebt das Wasser wie sein großer Verwandter, lebt in kleinen Familienrudeln, paarweise oder einzeln. Er bevorzugt die dichten, unterholzreichen Gebirgswälder seiner Heimat, gibt sich hier sehr scheu und heimlich, tarnt sich in seinem Lager durch aufs Gehörn genommene Büschel und Zweige. Im allgemeinen scheint er sehr schweigsam zu sein, nur selten hört man ihn einmal blöken und stöhnen. Auch er liebt vor allem die saftigen Wasserpflanzen. Gewöhnlich schreitet er bedächtig dahin. Während der Brunft verbreitet der Stier einen weithin duftenden starken Moschusgeruch und zeigt sich betont angriffslustig.

Kaffernbüffel (Syncerus caffer caffer): Bewohnt vorwiegend Ost- und Südafrika, aber auch noch alle Räume südlich der Sahara, ist heute in seinem Bestand nicht mehr so gefährdet wie früher; Länge 260–320 cm, Widerristhöhe 150–180 cm, Schwanz 70–90 cm, Hörner bedecken in ihrer massigen und breiten Basis fast die ganze Stirn, besonders beim Stier, schwingen stark nach außen, können eine Spannweite von 1 m erreichen; Fell erscheint fast nackt, Haut ist vorherrschend schwarz; Gestalt außerordentlich massig und gedrungen, Widerrist nur wenig gebuckelt, Rücken nur leicht gesenkt, Kreuz stark abfallend; hat einen wohlgeformten Kopf mit waagerecht abgestellten, breiten und fransig behaarten Ohren, mittelgroße dunkelbraune Augen, große Muffel.

Der Kaffernbüffel tritt in zahlreichen Rassen auf. Die Steppenbewohner unter ihnen sind größer und stärker und vereinigen sich zu kopfreicheren Rudeln als die Waldbewohner. Er verbringt den Tag in kühlen Suhlen, in Schlamm- und Wasserlöchern halb dösend und halb schlafend. Seine Leibwächter während dieser Ruhezeiten sind die Kuhreiher und Madenhacker, die eifrig den gewaltigen Leib nach Insekten und deren Larven ablesen. Gegen Abend ermuntert er sich und äst die ganze Nacht hindurch. Geländeschwierigkeiten kennt er nicht, bricht durch das dichteste Unterholz, erklettert steile Hänge, durchschwimmt breite und reißende Ströme, durchwatet tiefe Sümpfe und Moraste. Dem Menschen, den er als den einzigen ihm gefährlich werdenden Feind erkannt hat, weicht er möglichst aus, flüchtet aber nicht weit, sondern erwartet den Verfolger im sicheren Hinterhalt. Jäh hervorbrechend, ist der gereizte Riese dann ein fürchterlicher Gegner, den selbst die tödliche Kugel nicht aufzuhalten vermag. Seine Kraft ist so gewaltig, daß er ein Pferd wie einen Hund in die Luft schleudert, und seine Wut ist so groß, daß er den geworfenen Feind zu einer unförmigen Masse zerstampft. Noch im Wundbett ist er sehr zu fürchten und hat schon so manchen unvorsichtigen und bereits

Der Java-Banteng ist heute sehr bedroht; es gibt nur noch etwa 400 dieser Banteng-Unterart in einigen javanischen Schutzgebieten. Die verschiedenartig gefärbten Banteng gelten als die schönsten aller Wildrinder. Sie leben in Herden und meiden die Nähe menschlicher Ansiedlungen.

frohlockenden Jäger durchbohrt. Viele Afrikaforscher und Großwildjäger fanden den Tod durch gereizte Kaffernbüffel. Besonders gefährlich und angriffslustig sind die alten Bullen, die im Kampf mit jungen Stieren unterlagen und nun abseits der Herden ein verbittertes Einzelleben führen. Unwiderstehlich aber ist eine anstürmende Horde dieser mächtigen Tiere; da werden Zäune wie Hütten niedergewalzt, Tiere wie Menschen zertrampelt, gibt es keine Macht, die diese entfesselten Urkräfte zu bannen vermöchte.

Wildyak (Bos = Poephagus mutus): Bewohnt die Hochgebirge Tibets in Höhen zwischen 4000–6000 m als sein letztes Rückzugsgebiet, ist im Bestand sehr gefährdet; Länge 320–350 cm, Widerristhöhe 180–190 cm, Schwanz 75–85 cm, Hörner sehr seitlich angesetzt, weit ausladend, 80–90 cm lang; Fell lang und dicht, braunschwarz bis schwarz, auf der Stirn und dem Schädeldach krauslockig, über das Gesicht fallend, am Widerrist und längs der Weichen mähnen- und vorhangartig bis zu den Knien und den Hufen herabhängend; Gestalt stark und massig, Widerrist höckerartig, Rücken gesenkt und abfallend; hat mäßig großen Kopf, lange, hohe und flache Stirn, kleine gerundete Ohren, kleine dunkle Augen, vorgezogene Nase mit schmalen Nüstern; kennzeichnet sich besonders durch seinen langen, die Erde berührenden, weich und seidig behaarten Schwanz, der dreimal so breit wie der schönste Roßschweif ist.

In seinen dicken Pelz gehüllt, besteht der Wildyak leicht die heftigen Stürme, die die von ihm bewohnten öden und kahlen Gebirge beherrschen. Unempfindlich gegen die strengste Kälte, meidet er gleich dem Steinbock die sonnigen Hänge, wenn er tagsüber wiederkäuend der Ruhe pflegt. Er legt sich am liebsten in kühle Schluchten, auf die Schneegruben oder zumindest in den Schatten der Berge. Früher einmal bildeten die Kühe, Kälber und Jungtiere große Herden, die Hunderte und Tausende von Köpfen zählten. Heute sind die Rudel nur noch klein und weit versprengt, wandern ruhelos über die unwirtlichen Höhen und sind schwer zu stellen. Die starken Stiere ziehen als Einsiedler besonders geschützte und unzugängliche Einstände vor, die sie bei der geringsten Störung verlassen. Erst im Herbst gesellen sie sich zum Rudel, laufen unaufhörlich grunzend den Kühen nach und geraten sich dabei gegenseitig derartig heftig in die Haare, daß die Schädel nur so knallen und die Hörner nicht selten splittern. Das ganze Jahr über schweigen sie dann wieder. Gern stehen sie auf höchsten Kuppen und ragenden Felsblökken gleich ehernen Standbildern, spähen stundenlang über ihr Reich und rühren kein Glied.

Gaur oder Dschungelrind (Bibos = Bos gaurus): Bewohnt Vorderindien, Indochina, Burma und Malaya; Länge 290–300 cm, Widerristhöhe 180–190 cm, Schwanz 80–85 cm, Hörner werden durch einen starken Knochenkamm auf der Stirn verbunden, sind grünlichgelb, an der Spitze schwarz, schwingen sich in leichter Krümmung rückwärts; Fell des Stieres oberseits dunkel kastanienbraun bis schwarz, unterseits tief ockergelb, an der Stirn gelblichgrau, an den Beinen weiß; Fell der Kuh und des Kalbes mehr rötlichbraun; Gestalt gedrungen und massig, Widerrist stark gebuckelt und lang, Hals kurz und dick, Rückenlinie stark abfallend, Vorderbeine merklich kürzer als die sehr starken Hinterbeine; hat kurzen viereckigen Kopf mit sehr breiter, muldenförmig vertiefter Stirn, kleine Augen, waagerecht abstehende, leicht gefranste Ohren, breite Muffel.

Obwohl der mächtige Gaur ein beachtlicher Schwergewichtler ist, bevorzugt er die wildzerklüfteten Gebirgswälder, nimmt spielend jeden Steilhang, stapft flott in die Schluchten hinunter und schiebt sich durch den dichten Dschungel. Er lebt in kleineren Rudeln von durchschnittlich zwölf, höchstens dreißig Tieren. Als Schlupfwinkel und Ruheplatz hat er seinen festen Einstand im schattigen Unterholz, sein eng umgrenztes und verteidigtes Revier. Außerhalb der Brunft scheinen die Kühe zu führen, obwohl auch einzelne starke Stiere im Rudel stehen. Sie bestimmen jedenfalls den Zeitpunkt des Aufbruchs, führen zur Äsung und entscheiden sich für den jeweiligen Wechsel, der beschritten wird. Der Tag wird größtenteils im Einstand verbracht, zum Weidegang in der Nacht und Morgenfrühe aufgebrochen. Junges Gras, frische Kräuter, saftige Bambusschößlinge, Blätter und Rinden sind die Nahrung. Die sich während des Äsens weit zerstreuenden Herdenmitglieder halten Tuchfühlung mit einem tief dröhnenden Bellen. Bei Gefahr wird laut und schnaubend gepfiffen, in der angenehmen Erregung gemütlich gemuht.

Während der winterlichen Brunftzeit schwingt sich der stärkste Stier zum Herrn des Rudels auf und schlägt jeden Nebenbuhler ab. Seinen Herrschaftsanspruch verkündet er mit einem mächtigen und röhrenden Orgeln. Zum Kampf schreitet er mit gekrümmtem Rücken und zurückgelegten Ohren und versucht sich unter drohendem Prusten und Schnauben seitlich an den Gegner zu pirschen. Der Ausfall erfolgt blitzartig und gern aus dem Hinterhalt. Die Jagd auf den Gaur ist deshalb nicht ungefährlich, erfordert kaltes Blut, sichere Hand und blitzschnelles Handeln. Vor allem einzelgängerische Bullen greifen oft von sich aus an, wenn sie sich gestört oder bedrängt fühlen.

Die Inder haben den Gaur schon seit Jahrtausenden gezähmt und in ihre Dienste genommen. Seine Hausform ist der Gayal, in dessen Adern aber auch das Blut des wilden Banteng rollt. Sehr wahrscheinlich zählt der Gaur außerdem zu den noch umstrittenen Stammvätern der Zeburinder.

Banteng oder Sundaochse (Bos = Bibos javanicus): Bewohnt Südburma, Thailand, Indochina, Malaya, Java, Sumatra und Borneo, ist durch Waldzer-

Die Schwarzfersenantilope, auch Impala genannt, gehört zu den Gazellen. Das etwa damhirschgroße Tier, das bis zu drei Meter hoch und zehn Meter weit springen kann, lebt in großen Herden zusammen. Meist sammelt ein Impala-Bock dabei zahlreiche Weibchen und deren Junge um sich.

Die Büschelohr-Beisa findet man südlich des Äquators. Wie ihre nahe Verwandte, die unter Naturschutz stehende Beisa oder Oryx gehört sie zu den Spießböcken. Sie le-

Der Nyala gehört zu den Waldböcken. Man findet Nyala-Trupps in dem ebenen und hügeligen Gelände Südafrikas, aber auch in Buschhorsten, Steppen und Galeriewäldern.

Die Dikdiks gehören zu den Antilopen und sind nur etwa so groß wie ein Hase. Wegen ihres schönen Fells, „Gazellenleder" genannt, sind sie von der Ausrottung bedroht.

en in den offenen andschaften südlich er Sahara und in üdarabien, wo sie leine Rudel bilden nd sich oft mit den pringböcken vergeellschaften.

So scheu und flüchtig wie die anderen Antilopen sind die wehrhaften Spießböcke jedenfalls nicht. Sie sind vielmehr stürmische und leicht reizbare Geschöpfe.

Ein prächtiges Schraubengehörn, das bis zu eineinhalb Metern lang werden kann, trägt der Große Kudu. Im Kampf gegen Raubtiere hilft ihm das der rindsgroßen Waldantilope wenig, wohl aber im Kampf gegen rivalisierende Kudubullen. Diese größte und wohl auch schönste Antilopenart lebt in Ostafrika.

störung in seinem Bestand bedroht; Länge 200–210 cm, Widerristhöhe 140–150 cm, Schwanz 90 cm, Hörner stark gekrümmt, 40–50 cm lang; Fell des alten Stieres dunkelgraubraun; Fell der Kuh hellrötlichbraun; beide Geschlechter kennzeichnen sich durch einen großen weißen Spiegel, weiße untere Hälfte der Beine und weißbewimperte Ohrränder; die Kuh unterscheidet sich ferner durch einen dunklen, deutlich in Erscheinung tretenden Rückenstreifen; die Gestalt ist fast zierlich und sehr ebenmäßig, Widerrist kaum betont, Rückenlinie schön geschwungen. Kreuz abgerundet, Hals gewammt, Beine kurz und wohlgestaltet, Hufe rund und klein; hat kleinen Kopf mit breiter Stirn, lebhafte dunkelbraune Augen, sehr große helle Muffel, waagerecht abstehende, große und länglichrunde Ohren.

Flotter, scheuer und unbändiger als die anderen indischen Dschungelrinder ist der Banteng gleichsam das rassige Vollblutrind, ist sehr leicht gereizt, zu jähen Angriffen jederzeit bereit, im Kampf außerordentlich wendig und ausdauernd. Erwachsene Stiere bleiben immer unberechenbar und gefährlich. Die Kälber aber lassen sich verhältnismäßig leicht aufziehen und haben einen sanften und verträglichen Charakter.

Als Gras- und Laubfresser lebt der Banteng in kleinen, von erfahrenen Kühen geführten Rudeln mitten im dichten Dschungel, möglichst in der Nähe fließender Gewässer. In den Gebirgswaldungen steigt er bis in Höhen von 2000 m. Dem Menschen weicht er aus, geht vorwiegend nur in der Nacht auf Äsung. Auf Java ist er in freier Wildbahn bereits ausgerottet und kommt dort nur noch in der Hausform als sogenanntes *Balirind* vor. Auch er ist sehr wahrscheinlich ein Stammvater der *Zeburinder*.

Die Antilopen und Gazellen

In die großen und langbewimperten Augen der Gazellen schauen die werdenden Mütter im Morgenlande, streichen mit den Händen über die zarten Glieder der graziösen Tiere, berühren die weißen Zähne und wünschen ihren Kindern die Schönheit dieses Geschöpfes. Vor allem die sandfarbene, zart rötlich getönte Dorkasgazelle, die noch schlanker und zierlicher als unser Reh ist, gilt als der Inbegriff bezaubernder Anmut. Schon das Hohelied besingt sie in lobpreisenden Bildern. In Ägypten war sie der Muttergöttin Isis geweiht. Ihr Name aber soll aussagen, daß Liebe, Sehnsucht und Verlangen in ihr wohnen wie in dem Mädchen der Mythe, das in diesen Feuern verbrannte. Und es gibt wahrhaftig wohl kaum ein zweites Horntier, dessen Gestalt so durchgeformt, dessen Gang so zierlich, dessen Lauf so schwerelos ist. Sanft und geschmeidig fließen die Linien des feingliedrigen Körpers ineinander. Leicht und beschwingt sind alle Bewegungen. Kaum berühren die flüchtigen Hufe die Erde. Harmonisch abgestimmt sind die Farben des Fells und der reizvollen Zeichnungen.

Zweifellos ist die Gazelle, ist die Antilope schlechthin das schönste Kind der afrikanischen Wüste, ganz gleich, ob sie uns in der Gestalt der echten Gazellen oder der zumindest ebenso grazilen Ducker, Windspielantilopen, Zwerg- und Springböckchen entgegentritt oder ob wir sie als Buschbock oder Kudu, Elenantilope oder Nilgau, Pferdeantilope oder Beisa, Säbelantilope oder Hartebeest, Leierantilope oder Gnu, Wasser- oder Riedbock kennenlernen.

In Afrika sind die Antilopen und Gazellen überall zu Hause, im Norden wie im Süden, im Osten wie im Westen, in den dichten Regenwäldern wie in den lichten Savannenhainen, in der Sandwüste wie in der Grassteppe. Nur wenige Arten leben noch in der Urheimat der Antilopen, nämlich in Asien, in Indien, in Tibet, in der Mandschurei, in Syrien und Persien. In Amerika und in Europa sind sie nicht vertreten, denn der nordamerikanische Gabelbock und die russische Saiga werden heute nicht mehr zu den echten Antilopen gezählt.

Die Steppentiere unter den Antilopen leben meist in ziemlich kopfreichen Rudeln und Herden. Früher einmal, das heißt noch vor knapp hundert Jahren, vereinigten sich diese Tiere oft zu Tausenden und Zehntausenden, brachen zu großen Wanderungen auf und zogen als gewaltige Heerzüge weit durch den Schwarzen Erdteil. Heute sind die Rudel und Herden beträchtlich kleiner. Fürchterlich haben unter den südafrikanischen Antilopen vor allen anderen die schießwütigen Buren gehaust und etliche Arten fast ganz ausgerottet. In der letzten Zeit hat die unwaidmännische Jagd vom Auto aus auch die Reihen der nordafrikanischen Gazellen sehr gelichtet. Es ist ja ein Kinderspiel, die Tiere mit hochtourigen Wagen müde zu hetzen und dann gleichsam vom Lehnstuhl aus abzuknallen. Ganze Rudel werden auf diese Weise restlos vernichtet.

Die Wald- und Buschbewohner unter den Antilopen dagegen, die nur in kleinsten Familienverbänden leben und überdies vorwiegend Nachttiere sind, vermochten sich dank ihres scheuen und heimlichen Wesens bis heute gut zu erhalten.

Der Körperbau der Antilopen ist nicht so einheitlich, daß man sie alle ohne weiteres als solche ansprechen könnte. Neben die nur hasengroßen Ducker und Zwergspringer, die rehgroßen Gazellen und Böcke stellen sich hirschgroße, pferdestarke und rinderähnliche Vertreter. In kaum einer anderen Säugetierfamilie außer den Affen finden wir diese große Mannigfaltigkeit der Formen und Gestalten. Alle aber sind zumindest Hornträger, sind schlank und hoch gebaut, tragen ein kurzes Fell und sind ungewöhnlich schnellfüßig. Die kleinen feinen Köpfe werden von den großen Augen beherrscht. Antilope heißt denn auch nichts anders als „Blumenauge“ in der Eingeborenensprache.

Antilope ist der unwissenschaftliche Sammelbegriff für alle Hornträger, die nicht Schafe, Ziegen oder Rinder sind. Heute teilt man diese Paarhufer in gleichwertige Unterfamilien auf.

Die rinderartigen Antilopen

Diese Gruppe sehr stattlicher und starker Antilopen wurde früher unter den Sammelnamen „Waldantilopen" oder „Schraubenantilopen" geführt. Nach dem neuesten zoologischen System werden sie als „Drehhornrinder" bezeichnet. Der große Nilgau oder Blaubull und die Vierhornantilope bilden danach die Sondergruppe der „Nilgaus". Wir vereinen sie alle zu der Gruppe der „Rinderartigen Antilopen" und fassen in ihr zusammen: die Elenantilopen, die Kudus, den Bongo, den Nilgau und die Vierhornantilope.

Elenantilope (Taurotragus oryx): Bewohnt die offenen Steppen und Savannen vom Sudan über Ostafrika zum Kap, steigt am Kilimandscharo bis zu Höhen von 4000 m empor; Länge 300–320 cm, Schulterhöhe 160–180 cm, Schwanz 65–70 cm, Hörner schraubenförmig gedreht, fast gerade nach hinten verlaufend, bis zu 70 cm lang; Fell hellbraun oder gelblichgrau mit rostrotem Schein, bei den Weibchen und Kälbern heller; die dürftige Mähne ist schwarz; oft laufen vom dunklen Aalstrich einzelne fingerbreite weiße Streifen in Richtung der Rippen zum Bauch, können aber auch gänzlich fehlen; regelmäßig treten braune Flecken über den Beugegelenken der Vorderbeine auf; Gestalt verhältnismäßig plump und stark, Hals kurz und gedrungen, mit großer hängender Wamme beim Männchen, Widerrist erhöht und betont; der Quastenschwanz ist kuhartig, der Kopf überraschend klein, die Schnauze spitz; ist ein Grasfresser.

Großer Kudu (Tragelaphus strepsiceros): Bewohnt die Baum- und Strauchsteppen von Südwestafrika und dem Kap im Süden bis in die Nilländer hinauf, wurde im Süden durch die Buren allerdings derartig dezimiert, daß er dort nur noch in Schutzgebieten vorkommt; Länge 230–250 cm, Widerristhöhe 168–178 cm, Schwanz 50–60 cm; Hörner trägt nur das Männchen, sie sind wundervoll schraubenförmig gezogen und haben meist drei Windungen, erreichen in gerader Linie eine Höhe von 90–100 cm; die Gestalt ist reichlich edelhirschgroß, etwas gedrungen, Widerrist betont, hochbeinig; hat kurzen kleinen Kopf, sehr große Ohren, breite Stirn, schmale Schnauze und schöne, große, lebhafte Augen.

Die beschlagene Kuh geht 7–8 Monate trächtig, sondert sich vom Rudel ab, wenn die Satzzeit naht, und betreut ihr Kälbchen allein. Der Bock kümmert sich nicht um seinen Nachwuchs, sondern geht unmittelbar nach der Brunft wieder seine eigenen Wege.

Noch heimlicher und scheuer gibt sich der Kleine Kudu, der ganz dem dichten Wald verschworen ist und sich darum in seinem Bestand recht gut zu erhalten vermochte. Im Gegensatz zu seinem großen Vetter bevorzugt er nicht das Hügel- und Bergland, sondern die feuchten Flußniederungen.

Bongo (Taurotragus euryceros): Bewohnt die Urwälder von West- bis Ostafrika längs der Äquatoriallinie; Länge 200–220 cm, Widerristhöhe 140–150 cm, Schwanz 60–70 cm, Hörner stark leierförmig geschwungen, 60–80 cm hoch, werden von beiden Geschlechtern getragen, sind beim Weibchen schwächer und kleiner; Fell leuchtend kastanienrot mit 12–15 weißlichen oder gelblichen Querstreifen, die bereits in der stehenden Rückenmähne beginnen und den Körperumriß tarnend zerreißen; trägt weiße Zeichnungen rechts und links des Nasenrückens und des Unterkiefers, auf der Nasenspitze und an der Unterlippe, einen großen weißen Halbmond auf der Brust, große weiße Flecken auf der Innenseite der Läufe; hat kleinen Kopf, breite Stirn und große, an der Spitze weißbehaarte Lauscher.

Einzelgängerisch und lautlos, wirkungsvoll getarnt und so scheu wie das Okapi ist der ebenso schöne wie stattliche, hirschgroße Bongo ein rechter nächtlicher Waldgeist, den nur ganz selten einmal ein Mensch in freier Wildbahn zu Gesicht bekommt und den uns kaum ein Tiergarten zeigen kann. Es ist schon sehr schwer, ein Bongokälbchen einzufangen, noch schwieriger aber, es aufzuziehen und am Leben zu erhalten. Als reiner Laubfresser, der wahrscheinlich auf ganz besondere Blattkost spezialisiert ist, gewöhnt er sich nur schwer an eine andere Kost. Sein heimliches Wesen, das ihn die freie Steppe strikt meiden läßt, ermöglichte weder den Forschern noch den Jägern, gute Kenntnisse seiner Lebensweise zu sammeln.

Nilgau oder Blaubull (Boselaphus tragocamelus): Bewohnt die Wälder Vorderindiens; Länge 200 cm, Widerristhöhe 130–140 cm, Schwanz 50 cm, Hörner gerade, leicht einwärtsgebogen, nur 20–25 cm lang, beim Weibchen noch kleiner oder ganz fehlend; Fell des Bullen dunkel-blaugrau, am vorderen Bauch, den Vorderbeinen und der Außenseite der Hinterschenkel schwärzlichgrau, an der Innenseite weiß, an den Hinterbeinen schwarz, an den Fesseln ringförmig weiß; hat an der Kehle einen großen, halbmondförmigen, weißen Fleck, am Vorderhals einen schwärzlichen hängenden Haarbüschel, eine aufrecht stehende Mähne auf dem Nacken und Widerrist; steht gestaltlich zwischen Hirsch und Rind, ist vorn stark überbaut, kennzeichnet sich durch hohen Widerrist, starke und breite Brust, schwache Höcker auf den Schultern, beidseitig behaarten Schwanz, große, lange und aufrecht stehende Ohren; das Weibchen und die Kälbchen sind graubraun bis rötlichbraun, auch isabellfarben.

Stolz und frei wie ein Edelhirsch gibt sich auch der stattliche Blaubull, der einsam und allein durch die lichten Wälder und Bambusdschungel trollt. Bei drohender Gefahr allerdings verändert sich seine edle Haltung schlagartig. Dann krümmt er den Rücken gleich dem Gaurbullen, zieht den Hals und klemmt den Schwanz ein, schleicht geduckt, versucht sich möglichst zu drükken oder aber von der Seite an den Gegner zu pirschen. Noch überraschender ist seine Angriffstaktik. Er läßt sich nämlich im letzten Augenblick blitzschnell auf die Knie fallen und stößt jäh von unten gegen den Bauch des Angreifers. So mancher Tiger und Leopard, dessen Ansprung er zeitig genug bemerkt, wird so auf die gefährlichen Hörner genommen, aufgeschlitzt oder abgeschlagen. In der gleichen Weise kämpfen auch die Bullen untereinander, wenn sie während der Brunft zu den kleinen Rudeln der weiblichen Tiere treten. Werbend stolziert der siegreiche Blaubull dann mit hocherhobenem Schwanz und im graziös-steifen Stechschritt um die Auserkorene.

Vierhornantilope oder Chousinga (Tetracerus quadri-

Die Rappenantilope lebt im hügeligen Steppenland vom Viktoriasee bis Nordtransvaal. Sowohl das männliche als auch das weibliche Tier haben starke, lange Hörner.

cornis): Bewohnt die buschreichen, lichten Wälder Vorderindiens; Länge 70–80 cm, Schulterhöhe 60–65 cm, Schwanz 12 cm; der Bock trägt vier kleine Hörner, und zwar zwei zwischen den Ohren von 7–12 cm und zwei auf der Stirnmitte von nur knapp 3–4 cm Länge; Fell oberseits fahl- bis rötlichbraun, unterseits und an den Läufen weiß; die Gestalt erinnert an die der Ducker, ist etwas nach hinten überbaut, die Rückenlinie im Kreuz zu hoch gewölbt, die Läufe sehr zierlich; hat kurzen Kopf mit gewölbter Stirnplatte, schmale lange Ohren, die oft das Gehörn überragen, lang ausgezogene Tränengruben und eine breite nackte Nasenspitze.

Die Buschböcke

Die reh- bis hirschgroßen Buschböcke sind echte Waldantilopen. Schöne, bunte und behende Tiere, bei denen nur die Männchen Hörner tragen. Sie leben einzeln oder paarweise in den lichten parkähnlichen Savannen, bevorzugen die Nähe der Gewässer und die dichten Schilfgürtel, durch die sie tunnelartige Wechsel treten. Tagsüber stehen sie gern im Wasser und suchen den Schatten. Beim Gehen nikken sie mit Kopf und Hals, dukken sich, sobald Gefahr droht, und drücken sich fast kriechend in die Büsche und das Geschilf. Die Böcke schrecken laut und bellend, ähnlich wie unser Rehbock. Aufgescheucht, fliehen sie in hohen und weiten Sprüngen, den Wedel aufgestellt, setzen leicht über Bäche, Wasserrinnen und hohes Buschwerk.

Schirrantilope (Tragelaphus scriptus): Bewohnt die Wälder Westafrikas vom Senegal bis Angola; Länge 135–145 cm, Schulterhöhe 80–85 cm, Schwanz 14 – 16 cm, Hörner nur leicht geschweift und schraubig gedreht, 20–30 cm lang; Fell sehr bunt gezeichnet: fahlgrau am Kopf, dunkel rehbraun am Rücken, Hals und Vorderleib, rostrot an den Seiten und Schenkeln, schwarzbraun auf dem Nasenrücken, auf der Brust, am Bauch, an den Vorderbeinen und an den Fesseln; hat weiße Flecken unter dem Auge, am Unterkiefer, am Ohrgrund, an der Oberlippe und am Kinn, die zwischen Hals und Brust zu einem breiten halbmondförmigen Band werden; weiß sind ferner die Achsel- und die Weichengegend, die Vorder- und Innenseiten aller Läufe und schließlich die Längs- und Querstreifen, die sich gleich einem Geschirr über die rostroten Körperseiten ziehen; den Oberarm und den Oberschenkel zieren zahlreiche weiße Tupfen; die Gestalt ist sehr schlank, nach hinten überbaut, die Kruppe also höher als der Widerrist; hat kleinen Kopf mit großen Ohren, dunkelbraune Augen, schwarze Muffel; kennzeichnet sich wie alle Buschböcke besonders noch durch die kammartige Rückenmähne, die vorn dunkelbraun, hinten weiß bespitzt ist.

Buschbock (Tragelaphus roualeyni): Bewohnt den Raum vom Limpopo bis zum Somaliland; gleicht der Schirrantilope in Gestalt, Größe, Gehörn und Farbe sehr, hat aber kaum noch Seitenstreifen; wird in Abessinien vom *Abessinischen Buschbock (T. decula)* und in Südafrika vom *Südafrikanischen Buschbock (T. silvaticus)* vertreten.

Die Zwergantilopen oder Blauböckchen

Zierlicher und graziöser sind die nicht einmal feldhasengroßen Blauböckchen. Wie die lebendigen Modelle der Antilopen und Gazellen bergen sie sich im dichten Urwald, schlüpfen gewandt durch das Gewirr der Büsche und Schlingpflanzen, lieben die Nähe der Gewässer und ruhen in kühlen Erdmulden.

In der Gefangenschaft sind diese reizvollen und lebhaften Geschöpfe immer sehr zutraulich und sanftmütig, die helle Freude der Zoobesucher, halten sich gut und pflanzen sich sogar fort. Besonderen Effekt erzielen sie mit der Gewohnheit, ihre Stutzschwänze unaufhörlich auf und nieder zu klappen.

Blauböckchen (Cephalophus monticola): Bewohnt den Urwald von Kamerun bis Sansibar, geht im Süden noch über die Urwaldgrenze hinaus bis ins Kapland; Länge 58 cm, Schulterhöhe 28 cm, Schwanz 8 cm, Hörner 4 cm lang; Fell blaugrau und erdbräunlich, die dunklere Rükkendecke ist scharf von den helleren Schenkeln abgesetzt; kommt in insgesamt 18 Unterarten vor.

So klein wie die Zwergantilopen waren also einst alle Huftiere, die Nashörner wie die Pferde, die Esel wie die Rinder, die Elefanten wie die Zebras. Und auch sie bargen sich damals durchweg noch im dichten tropischen Urwald. Wir schauen weit zurück bis zu den Anfängen der Säugetiergeschichte, wenn wir uns im Tiergarten an diesen kleinen Antilopen erfreuen, und wir durchlaufen einen Zeitraum von vielen Jahrmillionen, wenn wir nun vor die Gehege der stattlichen Roß- und Pferdeantilopen treten.

Die Pferdeböcke

Stolze, kraftstrotzende und wehrhafte, bei aller Stärke aber noch graziöse und sehr schnelle Tiere sind die Pferdeböcke, zu denen die Pferde- und Rappenantilopen, die Spießböcke und die Mendesantilopen zählen. Kühn geschwungen, stark und lang sind ihre Hörner, die beide Geschlechter tragen. Helle Gesichtsmasken geben ihren Köpfen ein besonders reizvolles Gepräge. Die offene Landschaft der Wüste und Savanne, der Sand- und Buschsteppe ist ihr Lebensraum, in dem sie weite, aber fest umzirkelte Reviere bewohnen. Den dichten Wald meiden sie alle. Die meisten leben in Familienverbänden, die aus einem Bock und etlichen weiblichen Tieren bestehen. Als gesellige Tiere suchen sie gern die Nähe anderer Familienrudel, schließen sich zu kleinen Herden zusammen oder vergesellschaften sich mit Gnus, Zebras und Rinderantilopen. Eine besondere Freundschaft verbindet sie mit den Madenhackern, die an ihren kräftigen Körpern wie die Spechte an den Bäumen hängen und sie von den Larven der Biesfliegen und anderer Hautschmarotzer befreien. In der Neuzeit sind ihre Bestände sehr zusammengeschmolzen, doch ist außer dem Blaubock keine Art in ihrem Bestand unmittelbar gefährdet.

Pferdeantilope (Hippotragus equinus): Bewohnt alle Steppen südlich der Sahara bis zum Oranjefluß in sieben Unterarten; Länge 200–220 cm, Schulterhöhe 150–160 cm, Schwanz 70–75 cm, Hörner geradlinig nach hinten geschwungen, bis zur glatten Spitze markant geringelt, beim Bock bis zu 75 cm lang, beim Weibchen wesentlich kürzer und schwächer; Fell oberseits grau- bis rötlichbraun, am Bauch scharf abgesetzt weiß; trägt weiße Zeichnungen und Flecken im Gesicht, die tatsächlich einer

Die Oryxantilopen, auch Spießböcke genannt, erkennt man an ihren spießartigen geraden oder nur in einem flachen Bogen nach hinten gekrümmten Hörnern. Trotz der unberechenbaren Angriffslust vieler Spießböcke gelang es den alten Ägyptern, die Säbelantilope, die Mendesantilope und die Beisa zu zähmen und als Haustier einzusetzen.

Kriegsbemalung der Neger gleichen, sich als tolle Mephistobrauen, breit unterstrichene Tränengruben, heller Nasenrücken und weißer Muffelring darstellen; hat eine steife braunweiße Nackenmähne und eine kräftige Halsmähne; die Gestalt ist vorn leicht überbaut, der Hals kurz und dick, der Widerrist betont, die Rückenlinie abfallend, die Beine schlank, der Schwanz kuhartig bequastet; die Ohren sind ungewöhnlich groß und erinnern an die der Esel.

Rappenantilope (Hippotragus niger): Bewohnt das hügelige Steppenland vom Viktoriasee bis Nordtransvaal; Länge 220–225 cm, Schulterhöhe 150–160 cm, Schwanz 75 cm, Hörner wie bei der Pferdeantilope, aber stärker nach hinten gekrümmt, beim Bock bis zu 110 cm lang; die Gestalt ist ganz ähnlich wie die der Pferdeantilope, vielleicht etwas massiger; die Ohren aber sind wesentlich kürzer und schmäler; das Fell des kleineren Weibchens ist vorwiegend dunkelbraun.

Die Spießböcke oder Oryxantilopen

Wie es ihr Name andeutet, haben die Spießböcke spießartig gerade oder nur in einem flachen Bogen nach hinten gekrümmte Hörner. Es sind ungewöhnlich lange und verhältnismäßig dünne, von der Wurzel an geringelte Kopfzierden, die ihnen zugleich als gefährliche und schneidig eingesetzte Waffen dienen. Die Hörner der Weibchen sind meist dünner, dafür aber noch länger als die der Böcke.

So scheu und flüchtig wie die anderen Antilopen sind die wehrhaften Spießböcke auf alle Fälle nicht, sind eher stürmische und leicht gereizte Geschöpfe, die sich energisch verteidigen, selbst den Löwen, den Leoparden und den Menschen annehmen und ihnen tödliche Wunden beibringen können. Bei den Brunftkämpfen, die sie untereinander ausfechten, halten sie sich jedoch an faire Spielregeln.

In der Gefangenschaft sind besonders die alten Böcke durchaus unberechenbare, launische und angriffslustige Herren. Um so mehr müssen wir die hohen tierzüchterischen Fähigkeiten der alten Ägypter bewundern, die von den Spießböcken die Säbelantilope, die Mendesantilope und die Beisa zu zähmen und als Haustiere zu gebrauchen wußten. Wir können die trefflichen Abbildungen dieser Tiere auf vielen alten ägyptischen und nubischen Baudenkmälern finden.

Von Gestalt sind die Spießböcke kleiner, schlanker und eleganter als die Pferdeböcke, haben einen schmalen gestreckten Kopf, einen mittellangen Hals, einen kräftigen Leib und hohe Läufe. Ihr Lebensraum sind ebenfalls die offenen Landschaften südlich der Sahara sowie in Südarabien. Sie bilden kleinere Rudel und vergesellschaften sich häufig mit den Springböcken.

Säbelantilope (Oryx gazella dammah): Bewohnt die südliche Sahara von Mauretanien bis Abessinien; ist im Bestand durch die unwaidmännischen Autojagden der Beduinen sehr gefährdet; Länge 190–210 cm, Schulterhöhe 110–130 cm, Schwanz 40 cm, Hörner sind in einem großen Schwung leicht nach hinten gebogen, 100–120 cm lang; lebt oft auch einzeln oder paarweise, ist sehr genügsam und hart, kann das Wasser lange entbehren.

Beisa (Oryx gazella beisa): Bewohnte Ostafrika vom 20. Grad nördl. Breite bis unter den Äquator, steht unter Naturschutz und lebt heute vorwiegend in den Nationalparks; Länge 190–210 cm, Schulterhöhe 110–120cm, Schwanz 40 cm, Hörner fast gerade, in Richtung der Stirnlinie verlaufend, 100–120 cm lang; Fell oberseits isabellfarben, in der Mitte des Bauches und an den Vorderläufen weiß; den Kopf zieren vier große schwarze Zeichnungen, die sich auf der Stirn als rundlicher Fleck, auf dem Nasenrükken als großer Sattel und von den Ohren über die Augen bis zum Unterkiefer als breiter, halfterähnlicher Streifen markant vom reinweißen Schnauzenteil absetzen; oberhalb der Knie sind die Vorderbeine schwarz geringelt, ein breiter schwarzer Strich verläuft vom Unterbauch zu den Weichen; die lange Schwanzquaste ist ebenfalls schwarz; wird südlich des Äquators von der ebenfalls geschützten *Büschelohr-Beisa (O. g. b. var. callotis)* vertreten.

Die Mendesantilope

Der unschönen und plumpen Gestalt nach könnte die Mendesantilope zu den Drehhornrindern, den Elenantilopen, gehören. Sie erreicht jedoch deren Größe nicht und ist im Gegensatz zu jenen ein echtes Wüstentier. Ihre besonders breiten Hufe, die an die der Rentiere erinnern, sollen wahrscheinlich das Einsinken in den Sand verhindern. Unwahrscheinlich bedürfnislos findet sie auch dort noch ihre Nahrung, wo sich weit und breit keine Wasserader und Tränke aufspüren läßt. Als von alters her begehrtes Jagdwild der Araber ist sie ungemein scheu und scharfsinnig, wird sofort flüchtig und zeigt sich zäh und ausdauernd im Lauf. Schnellen Hunden und guten Pferden freilich unterliegt sie bald. In der Verteidigung ist sie längst nicht so behend wie die Oryxantilopen, obwohl sie verzweifelt um sich stößt und tritt. In den Tiergärten war sie früher öfter zu sehen, heute ist sie schon sehr selten geworden und in ihrem Bestand ernstlich gefährdet.

Mendesantilope (Addax nasomaculatus): Bewohnt die Wüsten und Steppen zwischen dem Tschadsee und dem Nilgebiet; Länge 170–180 cm, Schulterhöhe 100–110 cm, Schwanz 30–40 cm, Hörner schraubenartig gewunden, unregelmäßig und schief geringelt, 70–80 cm lang; Fell dicht, kurz und grob, gelblichweiß im Sommer, grau im Winter; an Kopf und Hals braun; am Widerrist sind die Haare verlängert, hängen am Vorderhals in einer langen braunen Mähne herunter, bilden auf der Stirn einen dichten Schopf; Gestalt etwas plump und untersetzt, Widerrist unschön erhöht, Kreuz gerundet, Läufe stark und kräftig; kennzeichnet sich durch eine breite weiße Binde unterhalb der Augen, weiße Flecken oberhalb der Augen und Oberlippe.

Die Wanderungen der Gnuherden im Ngorongoro-Krater wurden von Bernhard und Michael Grzimek erforscht. Dort kann man die Tiere gut beobachten, weil sie lange an Ort und Stelle bleiben. Die Bullen halten mitunter über Jahre Brunftreviere von rund 100 Meter Durchmesser. In der weitläufigen Serengeti-Steppe dagegen bestehen die Reviere nur wenige Stunden. Dann werden die Bullen vom Strom der Herde mitgezogen.

Weißbartgnus mit ihren charakteristischen schlanken Köpfen und den mächtigen weißen Bärten sammeln sich vor der Trockenzeit zu riesigen Herden und ziehen mit donnernden Hufen im aufwirbelnden Staub Hunderte von Kilometern zu saftigen Weidegründen. Ihre Zugstraßen sind genau festgelegt und werden alljährlich benutzt.

Die einfarbig sandbraunen, kräftig gebauten Kongonis sind Vertreter der Kuhantilopen. Bei Zweikämpfen gehen die Männchen mit gesenkten Köpfen aufeinander los, verhaken sich mit ihren leierförmigen Hörnern und schieben sich hin und her, bis einer der beiden Kontrahenten aufgibt und das Weite sucht.

Gnus, die gelassen in großen Herden die harten Steppengräser abweiden, springen, plötzlich und unerwartet, senkrecht in die Luft und führen Kapriolen vor.

Die Kuhantilopen

Die plumpe Mendesantilope leitet über zu den bizarren und oft geradezu grotesken Gestalten der Kuhantilopen. Auf den ersten Blick wirken diese Hartebeests, Leierantilopen und Gnus als tolle Mischungen zwischen Hirsch, Rind und Pferd. Unschön sind die überaus langen und schmalen Köpfe, die gebukkelten Widerriste, die stark abschüssigen Rücken, die übermäßig wulstig geringelten und seltsam geschwungenen Hörner, die langen Kuhschwänze, die nackten breiten Muffeln mit den großen Nüstern. Ohne Grazie und Anmut ist die geduckte und wenig gespannte Haltung. Erst dann, wenn diese Tiere flüchtig werden, sich flott trabend trollen oder galoppierend davonpreschen, verwischt sich dieser ungünstige Eindruck. Dann bieten sie nämlich dem Auge eine bunte Skala von eleganten Stechschritten, paradierenden hohen Gängen, wiegenden und schaukelnden Trabarten, schlenkernden und übermütigen Galoppsprüngen, zeigen sie, daß ihre Lust die Bewegung ist. Etwas durchaus Spielerisches und Tändelndes atmet aus Gestalt, Lebensrhythmus und Wesensart dieser Tiere, das irgendwie rührend und sympathisch wirkt.

Die passionierten Schießer freilich haben das wohl nie erfühlt und empfunden, sondern fleißig drauflos geknallt und bis heute schon viele Arten beängstigend dezimiert. Den Buntbock und den Bleßbock hatten die Buren bereits fast ganz ausgerottet. In Nordafrika sind heute die Kuhantilopen schon eine sehr große Seltenheit geworden.

Die Hartebeests

Tatsächlich an gehörnte Pferde erinnern die durchweg einfarbig rötlichbraunen Hartebeests, die sich häufig mit Zebras, Gnus, Springböcken und Gazellen vergesellschaften. Ungewöhnlich gesellig und bewegungslustig, wie sie sind, spielen sie oft regelrecht Ringelreihen, umkreisen unermüdlich einen einzelnen Baum, ein Gebüsch, ein Wäldchen und zeigen dabei alle Spielarten des Schrittes, Trabes und

Galoppes. Gern fechten sie auch wunderliche Zweikämpfe aus, knien dazu voreinander nieder und schlagen nun die Köpfe und Hörner gegeneinander, daß es weithin knallt und klappert. Während der Brunft nehmen diese Duelle ernsthafte Formen an, setzt es tiefe Wunden und geht nicht selten eines der so seltsam gekrümmten Hörner verloren. Bei Angriffen durch die Hyänenhunde verteidigen sich die Hartebeests gleichfalls kniend und sichern sich auf diese Weise vor dem tödlichen Ansprung an die Drossel und Flanke.

Eine weitere Eigentümlichkeit kennzeichnet sich darin, den Mist regelmäßig auf kreisrunden und festgetretenen Plätzen abzusetzen.

Kongoni (Alcelaphus buselaphus cokii): Bewohnt die Massaisteppe, ist im Bestand sehr geschwächt; Länge 190–200 cm, Schulterhöhe 130–140 cm, Schwanz 35–40 cm, Hörner gleichen von vorn einer liegenden Klammer; Fell lebhaft sandfarben, auf dem Rücken und unterseits heller als an Kopf und Brust, ohne weiße Zeichnungen; Gestalt schlank und eckig, Widerrist erhöht, Rückenlinie abfallend; hat langen schmalen Kopf und breite, waagerechte Ohren.

Die Leierantilopen

Im Körperbau erinnern die besonders hochbeinigen Leierantilopen noch am meisten an die uns vertraute, schlanke und feingliedrige Antilopengestalt, obwohl auch bei ihnen der Kopf übermäßig lang und schmal, der Widerrist erhöht und die Rükkenlinie abfallend ist. Aber ihre sich stark verjüngenden Hörner weisen nicht die grotesken und scharfwinkligen Krümmungen auf, sind vielmehr einfach oder schwach leierhaft geschwungen.

Buntbock (Damaliscus dorcas dorcas): Bewohnte die Steppen Südafrikas in gewaltigen Herden, wurde von den Buren bis auf etliche hundert Tiere zusammengeknallt, die heute auf verschiedenen Großfarmen gehalten werden; Länge 145–155 cm, Schulterhöhe 110–120 cm, Schwanz 45 cm, Hörner leicht gebogen, mit starkwulstigen Querringen, 40 cm lang; Fell oberseits rotbraun, unterseits sowie an den Innenseiten der Läufe weiß; hat eine weiße Blesse, die zwischen den Hörnern beginnt und die ganze Vorderseite des Kopfes einnimmt, weiße Ohren, dreiekkigen weißen Spiegel auf den Hinterbacken, weiße Schwanzwurzel und weiße Unterläufe.

Bleßbock (Damaliscus dorcas philippsi): Bewohnte das Kapland, den Oranjestaat, Transvaal und das Betschuanaland in ungeheuren Herden, wurde von den Buren bis auf wenige hundert Tiere zusammengeschossen, die heute von den Großgrundbesitzern geschont und gehalten werden; Länge 135–140 cm, Schulterhöhe 90–100 cm, Schwanz 40 cm, Hörner etwas kürzer als beim Buntbock; Fell oberseits sowie an

Kopf und Hals braunrot, auf dem Rücken und den Schultern sattelförmig bläulichweiß, unterseits sowie an der Innenseite der Läufe weiß; hat deutlich getrennte Stirn- und Gesichtsblesse und ebenfalls weiße Ohren.

Die Gnus

Einer spielerischen Schöpferlaune scheinen die Gnus, diese wunderlichsten und eigenartigsten aller Antilopen, entsprungen zu sein. Der breite und behaarte Rinderkopf, der kräftige und langbeschweifte Pferdeleib sowie die gazellenschlanken Beine entsprechen dem sprunghaften und unberechenbaren Wesen dieser Tiere. Eben noch friedlich und gelassen gleich den Rindern grasend, bäumen sie plötzlich hoch auf, schlagen vorn und hinten aus und rasen, wie wild mit dem Kopfe schüttelnd, im Kreise herum. Ebenso unerwartet erstarren sie wieder, stieren lange vor sich hin, schnauben schließlich laut auf und brüllen wie die Löwen. Aus dem Stand springen sie senkrecht in die Luft, stürzen auf die Fesselgelenke nieder und brausen im Bocksgalopp davon. Alle ihre unausgeglichenen abrupten Bewegungen gleichen possenhaften Kapriolen. Wie um sich selbst anzufeuern, peitschen sie mit den langen Schwänzen ihre prallen Flanken, überbieten sich gegenseitig in gewaltigen Sprüngen und Sätzen.

Schwarzschwanzgnu oder Streifengnu (Connochaetes taurinus taurinus): Bewohnt Südafrika nördlich des Limpopo, ist bis Britisch-Ostafrika verbreitet, heute noch recht häufig; Länge 250 cm, Schulterhöhe 160 cm, Schwanz 65 cm, Gehörn wie beim Wildebeest; Fell dunkel-aschgrau mit schwarzen Querstreifen, die um so mehr auffallen, weil dort die Haare einen anderen Strich haben und in der Sonne wie verschwitzt glänzen; Gesicht schwarzbraun, Scheitel, Halsmähne und Kinnlade schwarz, Kopfseiten düsterbraun, Flanken rostfarbig überlaufen, Schwanz schwarz.

Weißbartgnu (C. taurinus albojubatus): Bewohnt Ostafrika, konnte sich bis heute gut erhalten, ist am häufigsten in den Tiergärten zu sehen; Länge 250 cm, Schulterhöhe 160 cm, Schwanz 65 cm, Hörner stärker seitwärts ausgeschwungen als bei seinen Vettern; Fell hellgrau, ebenfalls schwarz gestreift; Gesicht vorn schwarz mit weißen Haarbüscheln am Unterkiefer, Halsmähne nicht stehend, sondern strähnig herabhängend und dunkel, Brustmähne weißlichgelb, Bart grauweißlich, Schwanz schwarz.

Die Wasserböcke

Die Schilfwälder und Riedgrasgürtel in der Nähe stehender und fließender Gewässer sowie die Brüche, Sümpfe und Moore sind die Lebensräume der reh- bis hirschgroßen Wasserböcke Afrikas. Zwar wandern auch sie hin und wieder weit in die Savannen hinein, ziehen durch die Steppe wie über das Gebirge, streben aber immer wieder den Seen und Flüssen zu, soweit diese nicht mitten im strikt gemiedenen Urwald liegen. Der Fluchtweg führt ebenfalls regelmäßig dem Wasser zu.

In Gestalt und Farbe gleichen die Wasserböcke, Moorantilopen und Riedböcke den Rehen und Hirschen sehr, sind aber fast alle beträchtlich länger behaart, haben ein grobes, fast zotteliges und fettiges Fell, längere Schwänze und ein einfaches, meist vorwärts gebogenes, leicht gekrümmtes Gehörn, das nur die Männchen tragen.

Ellipsen-Wasserbock (Kobus ellipsiprymnus): Bewohnt Ostafrika von Abessinien bis Transvaal, hat sich im Bestand gut erhalten; Länge 200 cm, Schulterhöhe 130 cm, Schwanz 50 cm, Hörner kräftig, nach vorn und außen gebogen, stark und scharfkantig geringelt, 80 cm lang; Fell vorwiegend grau, am Kopf, Rumpf, Schwanz und Schenkel gelbrot bis rotbraun; hat weiße Augenbrauen und Unterlidstreifen, weiße Oberlippe und Muffel sowie weiße Halsseiten; sein besonderes Kennzeichen ist eine kräftige weiße Ellipsenzeichnung rund um den Schwanzansatz.

Die Riedböcke

Im Gegensatz zu den bisher besprochenen Arten der Wasserböcke und Moorantilopen meiden die etwa rehgroßen und kürzer behaarten Riedböcke die Gewässer sichtlich, nehmen auch nicht ihren Fluchtweg zu ihnen, sondern versuchen sich im hohen Gras und Buschwerk zu bergen. Die davonjagenden Tiere stellen ihren buschigen, auf der Unterseite weißen Schwanz hoch auf und vermögen dank dieser „Signallampe" die Verbindung untereinander zu halten. Wohlgemerkt haben wir also in den Riedböcken reine Steppenbewohner vor uns, die überall dort zu Hause sind, wo hohe Grasbestände und dichtes Buschwerk die Savannen bedecken. Sie werden deshalb oft auch Grasantilopen genannt.

Die großen, kräftigen Wasserböcke mit dem langen, zottigen Fell und einer auffälligen, weißen Zeichnung um Augen und Schnauze, leben an Gewässern und in Sümpfen Afrikas.

Nur die männlichen Riedböcke tragen ein Gehörn, das durchweg ganz einfach mit der Spitze vorwärtsgebogen, dabei verhältnismäßig schwach und kurz ist. Sie sind fast noch schlanker als unsere Rehböcke und kennzeichnen sich durch schwach gestreckten Leib mit kräftigem Hinterteil, langen dünnen Hals, feinen Kopf mit breiter Stirn, geradem Nasenrücken und stumpf zugespitzter Schnauze. Die Augen sind so groß wie bei unserem Reh, die Ohren dagegen schmaler und spitzer.

Großer Riedbock (Redunca arundinum): Bewohnt die offene Landschaft Süd- und Mittelafrikas, vermochte sich in seinem Bestand ganz gut zu erhalten; Länge 130–140 cm, Schulterhöhe 90–95 cm, Schwanz 20–25 cm, Hörner an der Wurzel quergerunzelt, oben glatt, 30 cm lang; Fell oberseits rotgraubraun, am Hals und Nacken rotbraun, unterseits und an der Innenseite der Läufe weiß; die Vorderläufe sind vorn schwarz gestreift, die Hinterläufe dagegen einfarbig rotgrau; trägt um die Augen einen weißen Ring.

Die Zwergspringer

Klein und zierlich wie die uns inzwischen schon gut bekannten Zwergantilopen, aber keine ausgesprochenen Waldschlüpfer, sondern vorwiegend Steppenbewohner, sind die überaus graziösen Zwergspringer. Auch sie beggen sich im dichten Gestrüpp, schleichen jedoch nicht heimlich davon, sondern flüchten in hohen und federnden Sätzen, schnellen mühelos über meterhohe Büsche, über die Rücken der Artgenossen, fliegen gleichsam dahin und scheinen mit ihren Hufen kaum den Boden zu berühren. Mitten im Sprung vermögen sie sich herumzuwerfen, Haken zu schlagen und höher zu schleudern. Die gewaltigen Sätze folgen sich so schnell, daß man nur noch hoch durch die Luft fliegende Leiber und weder Absprung noch Aufsprung richtig wahrzunehmen vermag. Der Anblick eines fliehenden oder spielenden Zwergspringerrudels ist ein wahrhaft phantastisches und unwahrscheinliches, ein ebenso verblüffendes wie unwillkürlich erheiterndes Erlebnis.

Klippspringer oder Sassa (Oreotragus oreotragus): Bewohnt alle Gebirge Afrikas von Abessinien bis Südwestafrika; Länge 100 cm, Schulterhöhe 55–60 cm, Schwanz stummelhaft, 5–6 cm, Hörner des Bockes kurze gerade Spieße, schwarz, bis zu 10 cm lang; Fell oberseits olivgelb,

Um der Nahrungskonkurrenz mit anderen Gazellen auszuweichen, hat sich das langhalsige Gerenuk darauf spezialisiert, die harten Blätter dorniger Savannenbüsche abzuweiden.

schwarz gesprenkelt, an der Kehle und den Innenseiten der Läufe weiß, unterseits hell und gleichfalls gesprenkelt; hat weiße Zeichnungen in und auf den Ohren, rings um die Augen, um die Muffel und die Lippen; alle Haare sind steif, grob und ganz ungewöhnlich brüchig; steht gestaltlich zwischen der Gemse und der Ziege, ist aber beträchtlich schlanker und langhalsiger, hat gedrungenen Leib, kurzen, fast rundlichen Kopf, sehr große Ohren, ziemlich niedrige Läufe, an den Spitzen plattgedrückte, unten rund abgeschliffene, gespreizte Hufe.

Der Klippspringer lebt einzeln oder paarweise in Höhen bis zu 2500 m. Er äst in den Vormittags- und späten Nachmittagsstunden, ruht unter Mittag. Am frühen Morgen wie gegen Abend steht er gern auf hohen Felsblöcken und überschaut sein festumgrenztes Revier. Gleich einer unbeweglichen Schildwache verweilt er, ganz ähnlich wie der Steinbock, lange auf diesem Ausguck, die Beine auffallend eng unter dem Leib versammelt, alle Sinne gespannt, und wie schwebend auf den Hufspitzen stehend. Mit Gemse und Steinbock wetteifert er auch in der Kletterkunst, findet Simse und Bänder an steilsten Felsenwänden, setzt mit hohen und federnden Sprüngen über Risse und Klüfte, jagt unglaublich flink bergaufwärts, prasselt pfeilgeschwind die steinigen Hänge hinunter und findet immer Tritt und Halt. Wo er nicht verfolgt wird, gibt er sich weniger scheu, beobachtet das Tun und Lassen der Menschen und hält sich in ihrer nächsten Nähe auf.

Windspielantilope oder Kirkdikdik (Rhynchotragus kirki): Bewohnt die Steppen von Abessinien bis Angola, vor allem das Damaraland und Südangola; Länge 55–60 cm, Schulterhöhe 35–40 cm, Schwanz 68 cm, Hörner des Böckchens sehr klein und spießartig, wesentlich kürzer als die langen Ohren; Fell oberseits fuchsig und graubläulich, auf dem Rücken rotbraun, auf der Stirn und dem Nasenrücken fuchsrot, an den Vorderschenkeln gefleckt, unterseits und an den Innenseiten der Läufe weiß; die Augen sind von breiten weißen Streifen überlagert und unterstrichen, die großen Ohren schwarz gesäumt, die Hörner und Hufe schwarz; ein besonderes Kennzeichen ist bei ihm und seinen Verwandten die hochgewölbte und fast rüsselartig verlängerte Nase.

Die Gazellen

Die Gruppe der Gazellen ist ungewöhnlich reich an Formen und umfaßt nicht nur die zahlreichen echten Gazellen selbst, sondern auch noch die Schwarzfersenantilope, die außenseiterische Giraffengazelle, die ihr ähnliche

Lamagazelle und den Springbock. Von diesen vier Untergruppen, die jeweils mit nur einer Art vertreten sind, läßt sich etwas Zusammenfassendes nicht sagen, außer daß bei ihnen vorwiegend nur die Böcke ein Gehörn tragen. Sonst sind sie in ihrer körperlichen Struktur und in ihrem Wesen so verschieden, daß wir sie am besten einzeln und der Reihe nach besprechen.

Pala oder Impala oder Schwarzfersenantilope (Aepyceros melampus): Bewohnt die Steppen südlich der Sahara, breitet sich in mehreren Unterarten westlich bis Angola, östlich bis Uganda aus, ist im Bestand sehr zurückgegangen, aber noch nicht unmittelbar gefährdet; Länge 160–170 cm, Schulterhöhe 90–95 cm, Schwanz 30 cm, Hörner des Bockes leierförmig geschwungen, 50 cm lang; Fell oberseits zart-hellgelblich bis licht-rostbraun, unterseits reinweiß; hat einen kleinen weißen Spiegel, neben dem braunschwarze Bogenlinien über die Keulen verlaufen, einen schwarzen Längsstreifen auf dem Rükken, einen schwarzen Fleck zwischen den Hörnern und an den Fesseln und einen länglichen weißen Fleck vor den Augen; erreicht gut die Größe eines Damhirsches, wirkt aber beträchtlich schlanker und zierlicher.

Die Impala vereinigt in ihrer Haltung Anmut mit Würde, Grazie mit Stolz, tanzt gleichsam dahin, springt mit allen vieren senkrecht empor, fliegt in hohen und weiten Sätzen mühelos über das Buschwerk. Sie lebt in kleinen Rudeln von 6–20 Tieren, in denen die hornlosen Weibchen mit ihren Kälbern sowie die Böcke zusammenstehen. Die baum- und buschlose Steppe und Wüste möglichst meidend, bevorzugt sie die lichten Waldstreifen an den Wasserläufen und gibt sich heute außerordentlich vorsichtig und scheu. Bevor die weißen Kolonisten ins Land kamen, umfaßten die Rudel und Herden oft Hunderte von Tieren und war die Impala ein fast zutrauliches und sehr neugieriges Geschöpf.

Giraffengazelle oder Gerenuk (Lithocranius walleri): Bewohnt das südliche Abessinien, das Somaliland, das Buschland von Kenia und Tanganjika, südlich und östlich von Nairobi, vermochte sich im Bestand zu erhalten; Länge 180 cm (mit dem langen Giraffenhals!), Schulterhöhe 80 cm, Schwanz 25–30 cm, Hörner des Bockes kurz und leierförmig, im Ansatz stark gerunzelt, sich schnell verjüngend, 15–20 cm lang; Fell oberseits kastanienbraun, unterseits weiß, hat helle Zeichnungen im breiten Raum zwischen den Hörnern, rings um die sehr großen Augen, in den Ohren und an der Oberlippe; die Gestalt erinnert tatsächlich an die der Giraffe: der Kopf ist sehr klein, der Hals unmäßig lang und dünn, die zarten Läufe ungewöhnlich hoch und der Schwanz dunkel bequastet.

Obwohl die Giraffengazelle ein ausgesprochener Laubfresser ist, meidet sie doch den dichten Busch und Wald und bevorzugt die licht bewachsene Savanne. Ihren Wasserbedarf vermag sie lange mit frischer Blattkost zu stillen. Sie gleicht in dieser Hinsicht ebenfalls der Giraffe, mit der sie sich gern vergesellschaftet. Um an die besonders geliebten Akazienblätter zu gelangen, richtet sie sich kerzengerade auf den Hinterbeinen auf. Sie vermag sich gut in dieser ungewöhnlichen Stellung zu halten, selbst wenn sie die Vorderläufe nicht gegen den Baumstamm stemmen kann. Als sehr vorsichtiges, scheues und scharfsinniges Geschöpf flüchtet sie – und zwar mit tiefgehaltenem Kopf und vorgestrecktem Hals! – bei den geringsten Anzeichen von Gefahr. Sie hält sich derartig heimlich, daß sie erst um das Jahr 1878 herum entdeckt wurde. Die alten Ägypter aber haben sie schon gut gekannt und oft auf ihren über 5000 Jahre alten Baudenkmälern und Wandgemälden abgebildet. Über ihre Lebensgewohnheiten wissen wir bis heute sehr wenig.

Lamagazelle, Dibatag oder Stelzengazelle (Ammodorcas clarkei): Bewohnt die mit Mimosen bewachsenen Sandsteppen des mittleren Somalilandes; Länge 160–170 cm, Schulterhöhe 70 cm, Schwanz 25–30 cm,

Springböcke unterscheiden sich von den sehr ähnlich gefärbten Grant-Gazellen durch einen weißen Streifen, der vom großen weißen Spiegel fast bis zur Rückenmitte reicht. Sie bewohnen wüstenartige Gebiete Südafrikas. Obwohl ihre Anzahl sehr zurückgegangen ist, sind die Springböcke noch nicht in ihrer Existenz gefährdet.

Hörner des Bockes einfach, spießartig, stark nach vorn gekrümmt, 15–20 cm lang; Fell oberseits purpurbraun, unterseits weiß; hat weißen Spiegel; der Hals ist nicht so sehr verlängert wie bei der Giraffengazelle, die Oberlippe dafür ein besonders beweglicher Laubrupfer; ist ebenso scheu wie ihre Verwandte, die Giraffengazelle, flüchtet aber mit hoch erhobenem Kopf und Schwanz.

Springbock (Antidorcas marsupialis): Bewohnt die Wüsten Südafrikas südlich des Sambesi, ist in seinem Bestand sehr zurückgegangen, aber nicht gefährdet; Länge 120–130 cm, Schulterhöhe 80–85 cm, Schwanz 20 cm, Hörner schwarz, verdreht leierförmig, 30–40 cm lang; Fell oberseits zimtbraun bis sandgelb, unterseits weiß; als besonderes Kennzeichen weist der Rücken, etwa von seiner Mitte an, eine mit langen weißen Haaren ausgekleidete Hautfalte auf, die sich in jedem erregten oder bewegten Zustand des Tieres entfaltet.

Die echten Gazellen

Die leicht und fein gebaute, harmonisch gegliederte, meist nur rehgroße Gazelle ist das Urbild der schlanken und schnellen Antilope. Der gut durchgeformte Kopf mit den großen ausdrucksvollen Augen und der reizvollen Gesichtsmaske, die leierförmig geschwungenen Hörner, der schlanke Hals, die sanften Töne des sandfarbenen Fells mit den aparten Zeichnungen, die sehr zarten Glieder, die geschmeidigen Bewegungen, der beschwingte Lauf, der federnde Sprung – alles atmet Anmut und Grazie und wirkt um so mehr, weil der landschaftliche Rahmen dieser schönen Tiere die weite und endlose, eintönige Steppen- und Wüstenzone ist.

Dorkas-Gazelle (Gazella dorcas): Bewohnt den Raum von Marokko und Algier bis zum Roten Meer und Syrien, ist im Bestand gefährdet; Länge 100–110 cm, Schulterhöhe 60 cm, Schwanz 20 cm, Hörner leierartig geschwungen; Fell oberseits sandfarben gelb bis rötlichbraun mit einem dunklen Streifen an den Körperseiten; hat gelblichgraue, schwarzgesäumte Ohren, gelblichweiße Zeichnungen um die Augen, auf dem Nasenrükken, an den Lippen und an der Kehle; die Schwanzspitze ist schwarz; lebt heute in schwachen Rudeln von 2–8 Tieren, bevorzugt die Mimosenhaine der Wüsten und Steppen, gilt als eine der schönsten und anmutigsten Gazellen, wird von den Eingeborenen häufig zahm gehalten.

Grant-Gazelle (Gazella granti): Bewohnt die Steppen südlich des Rudolfsees in Ostafrika, vermochte sich im Bestand leidlich zu erhalten; Länge 130 cm, Schulterhöhe 90–95 cm, Schwanz 35 cm, Hörner tiefschwarz, sanft S-förmig gekrümmt, 75 cm lang; Fell oberseits sandfarben, unterseits weiß mit ein oder zwei dunkleren Seitenbändern; hat hellbraune Stirn, weiße Ohren, weiße Zeichnungen um die Augen und die Lippen, einen schwärzlichen Fleck auf der Nase, sehr großen weißen Spiegel, der die ganze Schwanzwurzel umgreift; die bequastete Schwanzspitze ist schwarz; ist die stattlichste aller echten Gazellen.

Persische oder Kropfgazelle (Gazella subgutturosa): Bewohnt die Wüstengebiete von der Mongolei bis Kaukasien und Kleinasien, erreicht knapp die Größe des Damhirsches, ist gleichsam das Verbindungsglied zwischen den asiatischen Ziegengazellen und den afrikanischen Gazellen, kennzeichnet sich durch den kropfähnlich hervortretenden Kehlkopf, einen sogenannten „Adamsapfel“, der vorwiegend bei den Böcken auftritt.

Die Hirschziegenantilope

Im Rang eines Halbgottes, der in den Tempelhainen von Flötenbläsern unterhalten und von Tempelmädchen gepflegt und getränkt wurde, stand die schöne Sasin, die großäugige Hirschziegenantilope in Indien. Die Astronomen setzten sie statt des Steinbocks an den Himmel. Sie zog den Wagen des Mondes und war ihm als heiliges Tier geweiht. Nur die Fürsten des Landes durften sie jagen und nur die Brahmanen ihr Fleisch genießen. Da sie schneller als das rassigste Pferd und der beste Windhund ist, wurde sie mit Falken und Adlern gebeizt oder mit Jagdleoparden, vor allem mit Hilfe des Gepards zur Strecke gebracht. Im vollen Lauf messen ihre unwahrscheinlichen Sprünge sechs Meter in der Weite und bis zu zwei Meter in der Höhe. Dabei rast sie nicht sinnlos davon, sondern nimmt jede natürliche Deckung an, versucht sich auch zu drücken oder im Schilf der Gewässer zu bergen. Das flüchtende Rudel, das zwanzig bis dreißig Tiere umfaßt, verläßt sich meist auf die Führung eines alten Bockes, der auch sonst ein etwas eifersüchtiges Regiment führt. Denn die Brunft scheint bei diesen Antilopen nicht zeitlich begrenzt zu sein, und die mit prächtigen Hörnern gezierten Böcke haben fast immer Rivalenkämpfe auszuführen. Die erregten Tiere sondern aus einer vor dem Auge liegenden Drüse ein stark duftendes Sekret ab und reiben es an Stämme und Steine. Die sandfarbenen und hornlosen Weibchen bringen im Sommer wie im Winter Junge zur Welt. Sie verlassen dazu kurz vorher das Rudel und suchen sich einen dichten Busch. Nach einigen Tagen führen sie das junge Tier dem Rudel zu, dem es nun schon gut zu folgen vermag. Auf die Beine kommt es bereits etliche Stunden nach der Geburt.

Hirschziegenantilope (Antilope cervicapra): Bewohnt ganz Vorderindien; Länge 120–130 cm, Schulterhöhe 80 cm, Schwanz 15 cm, Hörner des Bokkes sind bis zu sechs schraubenförmigen Windungen ausgezogen und wulstig geringelt, 40–60 cm lang, Fell des alten Bockes oberseits schwarzbraun, unterseits weiß, hat einen breiten weißen Ring um die Augen und weiße Zeichnungen um Lippen und Kinn, einen rostrotbraun eingefaßten weißen Spiegel; das Weibchen und das Kalb sind oberseits rötlichgelb bis rötlichbraun; die

Neben dem Murmeltier und dem Steinbock ist die Gemse das wohl bekannteste Alpentier. Sie ist außerordentlich gut an die Gegebenheiten im Hochgebirge angepaßt. Die Hinterläufe während die Ballen innen sehr weich sind. Begauf kann sie, wenn es sein muß, mehrere hundert Meter Höhenunterschied in wenigen Minuten überwinden. Das Sozialverhalten der erblindeten Rudelmitglieder führen und beschützen. Nur ein einziges Kitz bringt die Geiß im Juni zur Welt. Damit es nicht abstürzt, braucht es ihre ungeteilte Fürsorge.

Gemsen sind außerordentlich gut an das Überleben im lebensfeindlichen Hochgebirge angepaßt. Trittsicher vermögen sie nahezu senkrechte Felswände in großen Sätzen talwärts zu stürmen. Ihre schlimmsten Feinde sind Lawinen, Steinschlag, Kälte und die Gamsenräude. Nur selten fällt ein Kitz dem Steinadler oder dem Luchs zum Opfer. Langsam, bummelnd ziehen die Steinböcke gegen Abend bergab zu ihren Weideflächen. Noch vor sonnenaufgang steigen sie wieder in unzugängliche Felsregionen auf, um dort ruhend den Tag zu verbringen.

Die prächtigen Hirschziegenantilopen sind gewandte Springer. Sätze von 6 Metern Weite und 2 Metern Höhe sind keine Seltenheit. Sie leben im steppenartigen Gelände Vorderindiens und durchstreifen ihre Reviere in meist kleinen Rudeln, angeführt von einem erfahrenen, kräftigen Bock.

Gestalt ist schwach gestreckt, geradrückig, am Kreuz etwas erhöht; der Kopf ist fast rundlich, die Stirn breit, die Ohren sind groß und lang, die Läufe hoch und dünn.

In der Gefangenschaft werden jung eingefangene Hirschziegenantilopen sehr zahm und vertraut, lassen sich leicht halten und kommen gut fort. Je weiter das Gehege ist, um so friedsamer zeigen sie sich, eignen sich also besonders zur Haltung in großen Tierparken.

Die Böcke

Das neue System der Säugetiere vereinigt in dieser Gruppe der Böcke eine ganze Anzahl Tiere, die früher einmal entweder Antilopen und Gazellen oder den Rindern oder den Ziegen und Schafen zugeteilt waren. Wir begegnen in ihr den seltsamen Nasenantilopen wie der Saiga und dem Tschiru, den sogenannten Ziegenantilopen wie dem Goral und dem Serau, dann den Gemsen und Schneeziegen sowie den eigenartigen Moschusochsen der Arktis und endlich den Schafen und Ziegen selbst.

Die Saigas oder Nasenantilopen

In den unendlichen Weiten der Kalmückensteppe zwischen der Wolga und dem Don sowie im Hochland von Tibet leben zwei Tiere, die eher an Schafe und Rentiere als an Antilopen erinnern. In dichte und wollige Pelze gehüllt, wirken ihre gedrungenen und niederen Gestalten fast plump. Vor allem aber erscheinen die Köpfe durch die unförmig aufgetriebenen Nasen ausgesprochen unschön und schafsartig.

Bei der Saiga, der sogenannten Steppenantilope, ist diese Nase nun wirklich ein Ungetüm, eine runzlige, faltige, immerzu leicht schwabbelnde Fleischmasse, die handbreit über die Kinnlade und die Oberlippe hinausragt und deren abgestutzte Spitze mit den runden Nasenlöchern an einen Rüssel erinnert. Phantasiereiche Schilderer wollten wissen, daß die Saiga wegen dieses umfangreichen Gesichtserkers gar nicht richtig zu äsen und saufen vermöchte, beim Weidegang deshalb immer rückwärts laufen, die Gräser seitlich rupfen und das Wasser durch die Nase einschlürfen müsse. Das ist nun zwar nicht der Fall. Ebensowenig aber können wir sagen, warum dieses Tier mit einer solchen Riesennase ausgerüstet ist. Wahrscheinlich handelt es sich um eine Art von „Vorwärmer", also um einen Atemschutz gegen zu kalte wie zu sandreiche Luft. Denn auch der Tschiru oder Orongo, der in Tibet in Höhen zwischen 3500–5000 m lebt, hat eine ganz ähnlich aufgetriebene Nase. Auf alle Fälle handelt es sich hier sicherlich um recht zweckmäßige Organe, nicht aber etwa um die Kennzeichen der „schafsmäßigen Dummheit" dieser Tiere, wie man es immer wieder lesen muß. Die Saiga und der Tschiru sind ihren Lebensräumen genauso wunderbar wie alle anderen Tiere angepaßt und bestimmt nicht stumpfsinniger als die anderen Antilopen.

Saiga (Saiga tatarica): Bewohnt die Kalmückensteppe zwischen Wolga und Don sowie die Steppen Westsibiriens und der Mongolei, hat sich durch strenge Schutzmaßnahmen im Bestand wieder gut erholt; Länge 120 cm, Schulterhöhe 75 cm, Schwanz 10 cm, Hörner des Bockes leicht leierförmig, bernsteingelb und durchscheinend, 25–30 cm lang; Fell langhaarig und dicht, im Sommer oberseits graugelblich, unterseits weiß, im Winter beträchtlich blasser, fast weißlich; trägt ein schwarzbraunes lanzettförmiges Rückenmal in der Kreuzgegend; Gestalt niedrig gestellt, dick und gedrungen, Kopf kurz und sehr ramsnasig, Ohren klein und im Pelz versteckt, Augen mit nackten Lidern und stark absondernden Tränengruben.

Die Saiga lebt in Rudeln, die sich im Herbst zu großen Herden zusammenfinden und weite Wanderzüge unternehmen. Die Böcke und die Ziegen halten das ganze Jahr über friedlich zueinander. Die Führung übernimmt das erfahrenste Tier, bald ein Bock, bald eine Ziege, und niemals bleibt das Rudel ohne Wachen. Ungemein scharf witternd, werden die Gefahren meist rechtzeitig erkannt, wird das Heil in der Flucht gesucht. Weder gute Pferde noch schnelle Windhunde vermögen das Rudel einzuholen, obwohl die Sprünge der Tiere recht ungeschickt und plump aussehen. Im Schritt trippelt die Saiga etwas breitbeinig, streckt den Hals weit vor und läßt den Kopf hängen. Sie erinnert in ihrer Haltung sehr an das Ren. Selten gibt sie einen Laut von sich, ist fast stumm. Nur die Jungen blöken wie die Schafe. Am liebsten weidet sie die Salzkräuter der Steppe, äst gleich den Rindern, die Nase dicht am Boden. Bevor sie sich niederläßt, dreht sie sich umständlich um sich selbst, läßt sich zuerst auf die Vorderknie und dann auf den Leib nieder. Gegen Kälte und Stürme ist sie so gut wie empfindungslos. Die Ricken werfen einmal im Jahr, zumeist im Mai, ein Junges, das in den ersten Tagen noch recht hilflos ist und ganz einem Lämmchen gleicht.

Die Kirgisen jagen die Saiga weniger wegen des allzu stark nach Moschus riechenden Fleisches als um der hellen Hörner willen, die sie an die Chinesen verkaufen. Wie die Hörner der Rhinozerosse und die Bastgeweihe der Sikahirsche sollen auch sie starke Heil- und Stärkungskräfte enthalten.

Tschiru oder Orongo (Pantholops hodgsoni): Bewohnt das Hochland von Tibet; Länge 120–130 cm, Schulterhöhe 80 cm, Schwanz 10 cm; die Hörner des Bockes stehen auf der Stirn sehr eng beieinander, steigen fast senkrecht auf, verlaufen ziemlich parallel, sind vorn stark geringelt, bis zu 60 cm lang; Fell oberseits wollig, sandgrau, rötlichbraun überhaucht, unterseits weiß, im Gesicht und an den Vorderbeinen der alten Böcke schwarz; hat sehr kleine spitze Ohren, stummelhaften Schwanz; kennzeichnet sich vor allem durch die etwa taubeneigroßen Auftreibungen an beiden Seiten der Nase.

Die Kitze der Gemsen beginnen schon vom ersten Lebenstag an zu laufen. Bereits nach einer Woche folgen sie der Ricke und beginnen, von den Kräutern und Gräsern zu kosten.

Der Tschiru oder Orongo lebt in kleinen Rudeln von 15–20 Tieren, die streng nach Geschlechtern getrennt sind und nur während der Brunft im November und Dezember zusammenkommen. Dann setzen unter den alten Böcken heftige Kämpfe um die hornlosen und beträchtlich zierlicheren Ricken ein. Die gefährlichen Hörner werden dabei nachdrücklich gebraucht. Jeder Bock versucht soviel Weibchen wie nur möglich zu erringen.

Während der stärksten Sturmperioden und auch während heftiger Schneetreiben scharren sich die Tschirus ziemlich tiefe Gruben auf den schutzlosen Hochebenen, die ihnen liegend genügend Deckung geben. Auch sie tragen übrigens den Kopf und den Hals nicht aufrecht, sondern rentierhaft vor- und ausgestreckt.

Die Gemsen

Freie Kinder der freien Berge auf der nördlichen Halbkugel unserer Erde sind die europäische Gemse, der westchinesische Goral, der ostasiatische Serau und die nordamerikanische Schneeziege. Alle vier sind echte Felsenkletterer, stämmig und untersetzt, unwahrscheinlich gewandt und unverwüstlich robust. Gleich den Wildziegen und Wildschafen finden sie in den schroffen Wänden und auf den schwindelnden Graten sicheren Tritt, Weg und Steg, bewegen sich atemberaubend geschwind und traumwandlerisch sicher. In weiten und hohen Sätzen wissen sie jedes Hindernis zu nehmen. Stahlhart sind nicht nur ihre Muskeln, sondern auch die scharfrandigen Hufe. Die weichen Sohlenpolster schmiegen sich an jede Unebenheit des Gesteins. Sie steigen in Wände und Kamine ein, in die ihnen kein Mensch ohne Hilfsmittel zu folgen vermag, und sie jagen Geröllhalden hinunter, in denen sich jeder Zwei- und Vierbeiner den Hals brechen würde.

Gemse (Rupicapra rupicapra): Bewohnt alle Gebirge Südeuropas von den Pyrenäen über die Alpen und Abruzzen bis zu den Karpaten, vom nördlichen Balkan über den Kaukasus bis nach Kleinasien, ausgesetzte Rudel auch den Schwarzwald und das Erzgebirge, hat sich durch strenge Schutzmaßnahmen wieder gut im Bestand erholt; Länge 100–112 cm, Schulterhöhe 68–75 cm, Schwanz 8 cm, Hörner pechschwarz, fast senkrecht aufsteigend, hakenförmig nach hinten gekrümmt, 22–26 cm lang; Fell im Sommer oberseits rötlichbraun, an den Läufen schwarzbraun, unterseits weißgelb, am Kopf ebenfalls weißgelb bis auf den breiten braunen Backenstreif, der sich, das Auge einschließend, von der Basis der Krickeln bis zur Nase hinzieht, Herbst oberseits graubraun und dunkelgrau, unterseits strohgelb, im Winter oberseits glänzend braunschwarz, unterseits weiß; trägt eine lange Rückenmähne, den begehrten „Gamsbart", hat keinen Ziegenbart.

In der Zeit von Ende Oktober bis Mitte Dezember gesellen sich die alten einzelgängerischen Böcke zum Rudel. Den Sommer über bergen sie sich gerne in den Bannwäldern und ziehen als sehr vorsichtige und scheue Gesellen umher. Sie strotzen von Feist und duften fünfzig Meter weit nach Moschus. Diesen Duft verbreitet eine braune schmierige Masse, die von hinter den Hörnern liegenden Drüsen abgesondert wird. Mit diesem Sekret, das wahrscheinlich auch anregend auf die Geißen wirkt, markieren die Böcke ihre Reviere, in denen nur sie allein jetzt das „Jagdrecht" haben. Jeder andere Bock, der sich hier sehen läßt, wird angegriffen und hinausgeboxt. Die Duelle sind ritterliche Kraftproben, bei denen es viel Getöse, grunzendes Geblöke und wenig ernsthafte Wunden setzt. Die Liebe treibt die Böcke so sehr um, daß sie sichtlich abmagern und zuletzt recht heruntergekommen aussehen.

Die beschlagenen Ricken bringen ihr Kitz nach einer Tragzeit von 160–170 Tagen zur Welt. Sie bergen es in einem Legföhrendickicht oder einer günstigen Felsennische und bieten ihm das Gesäuge bereits nach wenigen Stunden. Denn das Jungtier erhebt sich fast unmittelbar, nachdem es von der Mutter saubergelegt wurde, stemmt sich an ihr empor und kann schon am gleichen Ta-

ge laufen. Es bleibt mit der Ricke etliche Tage im Schlupfwinkel, folgt ihr nach einer Woche aber schon über Stock und Stein und beginnt nach zehn Tagen, von den Kräutern und Gräsern zu kosten. Gesäugt wird es rund drei Monate lang. Bis zur nächsten Setzzeit bleibt es unter dem unmittelbaren Schutz der Ricke, wird dann abgewiesen und schließt sich innerhalb des Rudels mit anderen Halbwüchsigen zusammen. Oft nimmt sich eine alte Geiß dieser Jungtiere an und spielt ihnen gegenüber die Kindergartentante. Kehrt dann die Mutter mit dem neuen Kitz zum Rudel zurück, nimmt sie sich des vorjährigen Kindes wieder an.

Goral (Nemorhaedus goral): Bewohnt die Berge von Kaschmir bis zum Amurland und von der Mandschurei bis Korea und Burma, vermochte sich im Bestand gut zu erhalten; Länge 100–110 cm, Schulterhöhe 75 cm, Schwanz mit Haarpinsel 20 cm, Hörner kurz, dünn und gerundet, 15–22 cm lang, bei der Ziege schwächer und kürzer; Fell grau oder olivbraun oder rötlichbraun, schwarz und rötlich gesprenkelt; hat weiße Zeichnungen an Kinn und Kehle sowie hinter den Wangen und Ohren, am Unterleib einen schmalen gelben Längsstreifen und auf dem Rükken einen schwarzen Haarkamm; Gestalt gedrungen, geradrückig, Kopf kurz, Augen groß und eiförmig, Ohren lang und schmal.

Der Goral ist etwas kleiner als unsere Gemse. Er lebt in Rudeln von vier bis acht Tieren und bevorzugt die steinigen, nur wenig bewachsenen Hänge der Berge. Im Himalaja steigt er bis in Höhen über 4500 m. Gewöhnlich aber hält er sich in tieferen Lagen auf, ungefähr in Höhe der Baum- und Buschgrenze und meidet den Bergwald sichtlich. Dem Menschen gegenüber zeigt er sich wenig scheu. In der Gefangenschaft sind ältere Tiere unveränderlich unbändig. Nur ganz junge Zicklein, die von Hausziegen großgesäugt wurden, lassen sich halten und werden vertraut.

Serau oder Serou (Capricornis sumatraensis): Bewohnt die Berge von Sumatra, Hinterindien, Indochina, Westchina, Burma, Assam, Nepal und Kaschmir, in einer weißmähnigen Unterart auch Japan und Formosa, vermochte sich im Bestand zu erhalten; Länge 120–130 cm, Schulterhöhe 80–90 cm, Schwanz 10–12 cm, Hörner hell, kurz, kräftig, gerade, stark geringelt, nicht länger als die Ohren und der zwischen ihnen stehende spitze Haarbusch; Fell dunkelgrau bis schwarz oder rotbraun; hat weißen Backenbart, rotbraune Augenringe und Muffel, innen weiße Ohren und oft auch eine helle Mähne.

Moschusochsen bewohnen karge Berglandschaften in kleinen Rudeln von 6–10 Tieren. Bei Gefahr bilden sie einen Kreis, in dessen Mitte die Kälber Schutz finden.

Im Gegensatz zum Goral, mit dem er oft die gleichen Gebirge bewohnt, meidet der wesentlich kräftigere Serau tagsüber die freien Hänge und Matten, birgt sich in der Buschzone oberhalb des Waldgürtels oder in dicht bewaldeten Schluchten und Tobeln. Zum Äsen tritt er vorwiegend nur in den ersten Morgen- und Abendstunden aus. Zumeist lebt er einzeln oder paarweise, auf alle Fälle vereinigen sich die Geschlechter nur in der Brunftzeit. Die Ricke wirft in einem gewählten, sicheren Schlupfwinkel und hat öfter zwei Junge.

Schneeziege (Oreamnos americanus): Bewohnt die Felsengebirge Nordamerikas von Alaska bis Montana und Idaho, vermochte sich im Bestand leidlich zu erhalten; Länge 130–150 cm, Schulterhöhe 80–100 cm, Schwanz 8–10 cm, Hörner ziegenartig, einfach nach hinten und außen gebogen, unten leicht geringelt, 20–26 cm lang; Fell lang und dicht, gleichfarbig weiß; hat starke Hals-, Rücken- und Schultermähne, trägt einen üppigen lockigen Kinnbart; wirkt gestaltlich sehr gedrungen, massiv und kurzhalsig; der Kopf ist gestreckt, das Auge groß und feurig, das Ohr mittellang und zugespitzt; im Winter ist das Haar so lang und dicht, daß es aussieht, als ob die Ziege in dicken Pluderhosen liefe.

Als echtes Hochgebirgstier, das im Sommer bis in Höhen über 4000 m steigt, meidet die Schneeziege die Zwergbusch- und Waldzone, hält sich knapp am Rande des ewigen Schnees auf und nährt sich vorwiegend von Flechten und Moosen. Sie lebt in kleinen Rudeln, in denen das ganze Jahr über beide Geschlechter zusammenstehen und die Böcke die Führung haben sollen. Ihre Sinne sind so scharf und ihre Scheu vor dem Menschen ist so groß, daß wir sonst sehr wenig über ihre Lebensweise wissen.

Die Moschusochsen

Moschusochse (Ovibos moschatus): Bewohnt die Tundren der Arktis in drei Rassen, und zwar *Ovibos moschatus* und *Ovibos m. niphoecus* kleine Gebiete des nordamerikanischen Festlandes und *Ovibos m. wardi* die Inseln des nordamerikanischen arktischen Archipels sowie die Nord- und Nordostküste Grönlands; kleine Herden in Spitzbergen, nur leidlich in Alaska sowie in Norwegen und Schweden; Länge 230–250 cm, Schulterhöhe 100–110 cm, Schwanz 7 cm, Hörner liegen dicht am Kopf, bedecken die Stirn, biegen sich bis zur Augenhöhe abwärts, dann leicht vorwärts und wieder aufwärts, sind also hakenförmig gekrümmt, sehr spitz, an der Basis hellgelb; Fell ungewöhnlich lang, mit starker flockiger Wolle unter den Grannen, vorwiegend dunkelbraun, bildet an den Seiten einen bis zu 70 cm langen Behang; Gestalt massig. Widerrist betont, Kopf groß und plump, Ohren im Pelz versteckt, Augen klein, Nüstern groß, Schwanz stummelhaft, Läufe kurz und stämmig, im

unteren Teil fahlweiß. Hufe kräftig und sehr spreizbar.

Die Rudel der Moschusochsen bestehen aus einem Leitstier, drei bis vier Kühen, ihren Kälbern und etlichen halbwüchsigen Tieren, umfassen also rund 6–10 Köpfe. Im Winter schließen sich einige Rudel zu einer Herde von etwa 50–60 Tieren zusammen. Sie finden zwangsläufig zueinander, denn sie suchen dann die wenigen Stellen auf, wo der Wind den Schnee weggefegt hat und sie noch äsen können. Die eisigen Stürme nehmen sie in Kauf, bilden im Notfall eine Keilformation mit dem Rücken zum Wind, nehmen die Kälber in die Mitte und trotzen auf diese Weise den Wettergewalten, vor denen sich alle anderen Polartiere verkriechen, oft tagelang und ohne zu fressen. Sie zehren dann von dem auf den reichen Sommerweiden angefutterten Feist. Denn die Moschusochsen müssen sich durchaus nicht nur mit Flechten und Moosen begnügen, wie es in den alten Tierbüchern noch geschrieben steht. Sie finden an den fruchtbaren Küsten Grönlands genügend Gräser und Kräuter. Jedes Rudel hat da seinen weiten und festumgrenzten Weideplatz, ist also recht standorttreu und verteidigt sein Revier gegen andere Rudel. Und zwar werden dann ausschließlich die Stiere aktiv, während sonst die Kühe die Führung haben.

Der Takin

War schon der Moschusochse nur schwerlich einer Tierfamilie beizuordnen, so brachte der Takin die Zoologen in noch größere Verlegenheit. Als Rindergemse und Gnuziege rangierte der ebenso seltsame wie urtümliche Gesell lange zwischen Gemse und Schneeziege und landete nun endlich bei den Moschusochsen in der Familie der Böcke.

Takin (Budorcas taxicolor): Bewohnt in mehreren Rassen die Gebirge von Bhutan und Nordburma bis Westchina; Länge 140–150 cm, Schulterhöhe 95–100 cm, Schwanz 10 cm, Hörner sehr kräftig, an der Basis zusammenstoßend, nach außen, dann schwach abwärts und aufwärts geschwungen; Fell der westlichen Rasse gelblich-graubraun, der westchinesischen Rasse braungelb, der nördlichen Rasse (Goldtakin) metallisch golden an Kopf und Hals, an den Schultern und Vorderläufen; alle Rassen haben schwarzen Aalstrich und schwarze Zeichnungen im Gesicht, auf dem Nacken, an den Beinen, zumeist auch einen schwarzen Schwanz und eine schwarze Unterseite; Gestalt kompakt und gedrungen, Widerrist überhöht, Rückenlinie abfallend, Kopf groß und plump, Augenhöhlen röhrenartig vorspringend, Maul breit, Beine kräftig und stämmig; trägt einen Ziegenbart.

Im Gebirge bevorzugen die Takins die Wald- und Buschzonen, die Dschungel des Riesenbambus und des Rhododendron. Die ziemlich standorttreuen Rudel werden von einem Bullen geführt und beherrscht. Im Sommer schlagen sie sich zu großen Herden zusammen und unternehmen Weidegänge in die tiefergelegenen Täler, wo sie gleich den Ziegen Gräser wie Kräuter und Blätter äsen. So plump die Gestalt ist und so schwerfällig Gang und Haltung erscheinen, sind die Takins doch gute Kletterer und ausdauernde Läufer. Dem Menschen gegenüber zeigen sie sich wenig scheu. Im Winter rücken sie tief in die Urwaldzone hinab, die von den Weibchen auch während der Satzzeit aufgesucht wird.

Die Ziegen

Kräftiger Körper auf stämmigen Beinen, kurzer und breitstirniger Kopf mit starken Hörnern, gedrungener Hals und steifer Bart am Kinn, ein dunkles Fell von groben Grannenhaaren und ein dreikantiger, unten nackter Schwanz – das sind die wesentlichen Kennzeichen der Wildziegen. Der Bock verrät sich weithin durch seinen penetranten Ge-

Die Nilgiri-Tahrs leben nur noch an einigen Stellen des südindischen Nilgiri-Gebirges, weit entfernt von ihren nächsten Verwandten im Himalaya. Tahrs sind Wildziegen, die in mittleren Gebirgslagen leben und fast so geschickt klettern wie Gemsen. Sie äsen Kräuter und Gräser in der Buschvegetation nahe der Waldgrenze. Nur während der Brunftzeit suchen die Böcke die Rudel der Ziegen und Kitze auf.

stank, die Ziege durch ihr zweizitziges Euter.

Alle Wildziegen sind geborene Kletterer. Sie bewohnen die Berge Europas, West- und Mittelasiens, Nordostafrikas in starken Rudeln und Herden, die fast ausschließlich von weiblichen Tieren geführt werden, obwohl die Bökke sich nur im Alter absondern. Charakterlich sind die Ziegen ein sehr lebendiges, temperamentvolles, betont eigenwilliges, spiel- und necklustiges Volk, sind ebenso scharfsinnig wie scheu, selbstbewußt wie gesellig. Ihre hochentwickelten Geschmackssinne lassen sie als sehr wählerisch erscheinen, doch verstehen sie es trefflich, mit kärglicher Kost auszukommen, sind im Grunde genügsam und zäh, dabei durchaus wetterhart und geradezu unverwüstlich. Unsere empfindlichen, nervösen und schwächlichen Hausziegen sind nur noch ein Zerrbild ihrer wilden Stammformen.

Als Verbindungsglied zwischen den Gemsen und den Ziegen haben wir den weitverbreiteten und noch vierzitzigen Tahr anzusehen, als echte Ziegen die Bezoarziege, die Schraubenziege und den Steinbock, als Verbindungsglieder zu den Schafen aber das Mähnenschaf und das Blauschaf.

Tahr (Hemitragus jemlahicus): Bewohnt die mittleren Höhen des Himalaja; Länge 160 bis 180 cm, Schulterhöhe 90–100 cm, Schwanz 10 cm, Hörner kurz, seitlich zusammengedrückt, vorn gekantet, schwungvoll rückwärts gebogen; Fell oberseits sowie an Stirn und Halsoberseite rot- bis dunkelbraun, unterseits schmutziggelb mit schiefergrauem Anflug; über Schnauze, Stirn, Rükken und Schwanz läuft ein schwarzer Längsstreif; die Böcke tragen eine fahlgelbliche Mähne am Hals und Vorderkörper; ein echter Ziegenbart fehlt, und die Ziege trägt bei zwei Unterarten, dem Himalaja-Tahr *(Hemitragus jemlahicus jemlahicus)*, und dem Sikkim-Tahr *(Hemitragus jemlahicus schaeferi)*, noch vier Zitzen gleich den Gemsricken. Die Ziegen des Nilgiri-Tahrs *(Hemitragus jemlahicus hylocrius)* und des Arabischen Tahrs *(Hemitragus jemlahicus jayakiri)* haben hingegen nur noch zwei Zitzen wie die echten Ziegen und Schafe.

Die Tahrs, deren Verbreitungsgebiet sehr stark zerrissen ist, sind ausgezeichnete Kletterer, bevorzugen die Zonen zwischen der Waldgrenze und der Buschvegetation. Die Ziegen bilden mit ihren Jungen kleine Rudel, zu denen die Böcke nur während der Brunftzeit treten.

Bezoarziege (Capra aegagrus): Bewohnt das Bergland von Kleinasien und Persien bis Belutschistan und Nordwestindien, vom Kaukasus bis Russisch-Turkestan sowie Kreta und zahlreiche andere griechische Inseln, auf denen sie sich allerdings häufig mit verwilderten Hausziegen kreuzte; Länge 120 cm, Schulterhöhe 95 cm, Schwanz 20 cm, Hörner ungewöhnlich stark und groß, seitlich zusammengedrückt, doppelschneidig, dick quergewulstet, fast geknotet, in hohem Bogen halbkreisförmig nach hinten geschwungen, 75–80 cm lang; Fell lang und glatt, oberseits rötlichgrau oder rostbräunlichgelb mit schwarzbraunem Rückenstreifen, unterseits wesentlich heller; hat ein schwarzes Hals-Schulter-Band, ist am Oberkopf braunschwarz, an den Wangen grau; trägt in beiden Geschlechtern einen starken schwarzen Kinnbart.

Wie so vielen Tieren ist auch der Bezoarziege menschlicher Aberglaube zum Verhängnis geworden. Unausrottbar ist in der Volksmedizin von alters her die Annahme, daß die *Magensteine* vieler Ziegen und Gemsen, die sogenannten *Bezoare*, bedeutende Heil- und Wunderkräfte in sich bergen. Diese Magensteine bilden sich aus verschluckten Haaren, die während des Lekkens in das Maul gelangten. Sie sind kugelförmig, ziemlich groß und an ihrer Oberfläche steinhart und glatt. Um dieser Bezoare willen wurde die Bezoarziege hauptsächlich gejagt und in ihrem Bestand außerordentlich geschwächt.

Die alten einzelgängerischen Böcke steigen im Sommer bis zur Schneegrenze empor. Die Herden umfassen oft 40–50 Tiere, die sich zur spätherbstlichen Paarungszeit in Rudel von 6–8 Köpfen aufteilen. Im zeitigen Frühjahr wirft die Ziege meist zwei oder drei Kitzen, die ihr am ersten Tage zu folgen vermögen.

Allgemein wird die Bezoarziege heute als die Stammform der meisten europäischen Hausziegen angesehen.

Markhor oder Schraubenziege (Capra falconeri): Bewohnt die Berge von Russisch-Turkestan über Afghanistan und Belutschistan bis Kaschmir; Länge 130–140 cm, Schulterhöhe 100–110 cm, Schwanz 18–20 cm, Hörner sehr groß und stark, schraubenförmig bis korkzieherartig gedreht, nach oben und hinten gerichtet, beim Bock bis zu 100 cm lang, bei der Geiß nur 25 cm messend; Fell oberseits fahl- oder lichtgraubraun, am Bart und Schwanz sowie an den Beinen dunkelbraun, unterseits fast weißgrau, an den Fesseln gräulich isabellfarben; trägt starken Kinnbart, eine mächtige Oberhals-, Kreuz-, Schulter- und Brustmähne; ist im Winter heller und lichter als im Sommer.

Die Böcke leben mit den Geißen nur den Winter über zusammen, gehen im Sommer ihre eigenen Wege und steigen über die Baumgrenze hinaus in die Berge. Allgemein scheint der Saum der Bergwälder, vor allem die bewaldeten Hänge, der bevorzugte Lebensraum zu sein. An Kampflust, Kraft und Behendigkeit steht der Markhor den stärksten Steinböcken nicht nach.

Alaska bis Montana und Idaho. Sie halten sich meist an der Schneegrenze auf und steigen im Som-

Moose finden. In kleinen Rudeln bleiben beide Geschlechter das ganze Jahr über zusammen.

Im Ursprungsland der Schneeziege, in den kanadischen Rocky Mountains, gibt es heute nur noch wenige Tausend von ihnen – obwohl diese exzellenten Kletterer in ihrem unwegsamen Lebensraum (meist oberhalb der Baumgrenze) kaum Feinde haben. In den Vereinigten Staaten findet man die mit der Gemse verwandte Schneeziege nur noch in zwei Nationalparks (in Montana und Washington).

Das Dallschaf ist eine Unterart des Dickhornschafs. Das untersetzte Wildschaf mit den dicken, kurzen Hörnern (deren Größe unter den Bökken die Rangordnung festlegt) ist sehr gut an das schwierige Leben im hochnordischen Gebirge angepaßt.

Das Mähnenschaf bewohnt die Gebirge Nordafrikas bis zum ägyptischen Sudan. Die Tiere leben nicht in Trupps und Rudeln wie die Gemsen und Steinböcke, sondern einzelgängerisch. Nur während der Brunft kommen die Böcke und Geißen zusammen und bilden vorübergehend Rudel.

Steinböcke ruhen tagsüber hoch in den steilen Felswänden, werden erst am späten Nachmittag aktiv und wandern dann äsend talwärts zu ihren Weideplätzen.

Die Steinböcke

Die Steinböcke sind die am weitesten verbreiteten Wildziegen. Sie bewohnen die Alpen in Deutschland, Österreich, Italien und der Schweiz, die Gebirge Spaniens einschließlich der Pyrenäen, den Kaukasus, die Gebirge ganz Zentralasiens, die gebirgige Küste des Roten Meeres von Sinai bis Hadramaut, die Berge Nubiens sowie das Hochland von Abessinien. Die einzelnen Rassen kennzeichnen sich vor allem durch die verschiedenartig geformten Gehörne, bei denen die fast knollenähnlichen Aufwulstungen auf der Vorderseite als wichtigste Unterscheidungsmerkmale gelten.

Noch mehr als die Bezoarziege hatten die Steinböcke heftigste Verfolgungen wegen der Bezoarkugeln in ihren Mägen zu erleiden. Die Volksmedizin schrieb darüber hinaus aber auch noch ihren leicht verknöcherten Herzmuskeln, ihren Schwänzen und Hörnern, ihren Häuten, ihrem Blut und sogar ihrer Losung wundertätige Kräfte zu. So war der Alpensteinbock gegen das Ende des vorigen Jahrhunderts im ganzen Alpenraum so gut wie ausgerottet, obwohl er bereits seit dem 16. und 17. Jahrhundert unter Naturschutz stand.

Im Jahre 1861 gab es in Deutschland, Österreich und in der Schweiz keinen einzigen Steinbock mehr, in Italien insgesamt nur noch fünfzig Tiere. 1966 standen in der Schweiz schon wieder rund 3 500 Steinböcke. In Deutschland-Österreich leben zwischen dem Blühnbachtal im Salzburgischen und dem oberen Königssee rund 40 Tiere. In den italienischen Alpen, wo sie immer schon strengsten Schutz durch die italienischen Könige und ein Aufgebot von Hunderten von Wildhütern genossen, zählte man 1919 rund 3000–4000 Tiere. Heute leben im ganzen Alpengebiet ca. wieder 8000 Steinböcke.

Alpensteinbock (Capra ibex ibex): Bewohnt heute wieder die deutschen, österreichischen, schweizerischen und italienischen Hochalpen; Länge 150–160 cm, Schulterhöhe 90–100 cm, Schwanz 15 cm, Hörner stark und groß, sichelförmig rückwärts gebogen, an der Vorderfläche knotig gewulstet, beim Bock 80–100 cm, bei der Geiß nur 20 cm lang; Fell rauh und dicht, im Sommer oberseits rötlichgrau, im Winter gelblichgrau und so gut wie unzugänglichen Wänden und ermuntert sich erst am späten Nachmittag. Bergabwärts äsend, begibt er sich dann zu seinen Weideplätzen und bummelt dabei so lange herum, daß er sie nicht vor Sonnenuntergang erreicht. Die Rudel der Geißen und der Jungtiere treffen zuerst hier ein, die kleineren Trupps der stattlichen Böcke meist nicht vor Einbruch der Dunkelheit. Sie sind am nächsten Morgen auch schon wieder beim

mit einem hellbraunen Rückenstreifen, bei alten Böcken fast schiefergrau mit schwärzlichen Schultern, unterseits und am After weiß, durch einen dunkelbraunen Längsstreifen markant abgesetzt; hat braune Stirn und Nase, gelbliche Backen, braungraue Kehle, weißgrauen Hals, rostfarbene Schenkel, schwarzbraunen Schwanz; trägt keinen richtigen langen Ziegenbart, sondern nur ein Büschelchen steifer Haare am Kinn; Gestalt gedrungen und muskulös, Kopf verhältnismäßig klein und kurz, Hals und Glieder kräftig, Hufe stahlhart und weit spreizbar; die Ohren sind kurz und weit hinten angesetzt, die Augen bernsteingelb und etwas schiefliegend.

Die meisten Bergtiere sind Tagtiere. Der Steinbock aber ruht tagsüber hoch in den steilen Aufstieg noch ehe die Sonne das Gewölk durchbricht, während das „Geraffel" länger auf den Matten verweilt.

Da die Böcke den ganzen Sommer über zusammen leben, sich also gut kennen und durch die täglichen Kampfspiele genau wissen, wer der Stärkste und Gewandteste ist, innerhalb ihres Trupps auch eine gewisse Rangordnung herrscht, nehmen die winterlichen Brunftduelle keinen ernsthaften Charakter an.

Im Mai sondern sich die trächtigen Geißen ab und suchen sich im Strauchgürtel einen Schlupfwinkel. Hier werfen sie nach einer Tragzeit von 26 Wochen ihr Kitz, das sich, kaum daß es trokkengeleckt ist, schon zu erheben vermag. Nach acht Tagen schlagen sich dann die führenden Geißen zusammen und vereinigen sich wieder mit den Jährlingen, die inzwischen die sommerlichen Weideplätze aufsuchten.

Mähnenschaf (Ammotragus lervia): Bewohnt die Gebirge Nordafrikas bis zum ägyptischen Sudan, ist im Bestand gefährdet; Länge 160 cm, Schulterhöhe 95–100 cm, Schwanz 25 cm, Gehörn stark und groß, gleichmäßig nach hinten und außen geschwungen, beim Bock 70 cm, bei der Geiß 40 cm lang; Fell hart und rauh, oberseits fahlrotbraun, unterseits weißlich isabellgelb; hat einen braunschwarzen Streifen im Nacken, isabellgelbe Augenbrauenbogen und ein ebenso gefärbtes Maul; trägt eine mächtige, fast den Boden berührende, ebenfalls isabellgelbe Mähne, die an der Kehle beginnt, längs des Halses verläuft, sich am Unter-

hals teilt und bis auf die Vorderläufe hinzieht; der Ziegenbart fehlt, und die Böcke stinken nicht wie die der echten Ziegen, die oft unerträglich sind.

Zweifellos ist das Mähnenschaf noch eine Ziege, obwohl es bereits an die Schafe anklingt. Doch lebt es nicht in Trupps und Rudeln wie Gemse und Steinbock, sondern durchweg einzelgängerisch auf den höchsten Felsengraten und im wildesten Ge-

Das Mufflon lebt in der Waldzone der Gebirge, am liebsten in Mischbeständen mit viel Eschenunterholz. Ein altes erfahrenes Leittier führt das kleine Rudel von 12–15, im Winter auch von 20–30 Tieren. Im Sommer besteht dieses Rudel aus den Weibchen mit ihren Jungen, erst im Herbst treten die starken Böcke dazu.

klüft. Nur während der Brunft kommen die Geißen und die Böcke zusammen, bilden vorübergehend kleine Rudel, die sich bald darauf wieder auflösen. Die Böcke messen sich in Kampfproben von großer Vehemenz, rennen sich wuchtig an, knallen Stirnen und Hörner so heftig zusammen, daß sie oft aneinander in die Höhe gehen. Sie zeigen dabei einen erstaunlichen Starrsinn und eine unerhörte Ausdauer. Nicht selten bricht der eine der Kämpfer wie vom Blitz getroffen zusammen und bleibt lange betäubt liegen.

Blauschaf (Pseudois nayaur) Bewohnt die Berge rings um Tibet von Kaschmir bis zum westchinesischen Alachan; Lange 160 cm, Schulterhöhe 100 cm, Schwanz 15 cm, Gehörn stark und groß, breit ausschwingend, erinnert sehr an das Gehörn des Mähnenschafes; Fell im Sommer oberseits bräunlich, im Winter und in der Jugend blaugrau, unterseits und an den Innenseiten der Läufe weiß, beide Farbtöne sind durch einen dunkelbraunen Längsstreifen markant und deutlich abgesetzt.

Das Blauschaf ist ebenfalls ein echtes Hochgebirgstier, das in seiner Heimat die Berge in Höhen zwischen 2000–5000 m bewohnt, sich also vorwiegend oberhalb der Baumgrenze aufhält.

Die Wildschafe

Wie die Wildziegen sind auch die Wildschafe fast durchweg ausgesprochene Gebirgstiere und ausgezeichnete Kletterer. Sie bewohnen die höchsten Gipfel und Kämme der Bergmassive Vorder- und Zentralasiens, Nordamerikas und Europas, die einsamen und sturmumbrausten Höhen zwischen 3000–7000 m. Hart, zäh und bedürfnislos wie sie sind, bestehen sie glänzend die Unbill der Wettergewalten in ihren kargen Lebensräumen, erweisen sich als ebenso scharfsinnig wie vorsichtig, anpassungsfähig wie eigenwillig und sind in allen ihren Wesenszügen das glatte Gegenteil der stumpfen und hilflosen Hausschafe.

Von den Wildziegen unterscheiden sich die Wildschafe vor allem durch das Fehlen des Kinnbartes, das Vorhandensein von Voraugen- und Zwischenklauendrüsen, die flache Stirn, die schneckenförmig gedrehten und quergerunzelten Hörner der Böcke und den kurzen, runden, allseitig behaarten Schwanz. Die oft sehr stattlichen und stolzen Böcke stinken nicht.

Europäischer Mufflon (Ovis ammon musimon): Bewohnt heute nur noch die Inseln Sardinien und Korsika in geringen Beständen, stand kurz vor der Ausrottung, wurde mit Erfolg in den deutschen Mittelgebirgen, z. B. im Harz und im Taunus, eingebürgert, hält sich sogar in der Hannoverschen Göhrde und etlichen anderen Waldgebieten des Flachlandes; Länge 110 cm, Schulterhöhe 70 cm, Schwanz 10 cm, Hörner des Bokkes sehr stark und groß, einfach gebogen, mit 30–40 Querrunzeln, bis zu 85 cm lang und 5 kg schwer, beim Weibchen sehr klein und kurz, nur 5–6 cm lang, oft ganz fehlend; Fell sehr dicht, oberseits fuchsig rot mit dunkelbrauner Rückenlinie, am Kopf aschgrau, unterseits und an der Schnauze, rund um die Augen, am Kreuz, an der Schwanzwurzel und den Unterbeinen weißlich, verlängert sich an der Brust zu einer kurzen Mähne, dunkelt im Winter ein und wird rötlich bis kastanienbraun; alte Böcke haben auf dem dunkelbraunen Rücken einen deutlichen silbergrauen, junge Böcke einen weißen Sattel.

Das Muffelwild lebt in der Waldzone der Berge, am liebsten in Mischbeständen mit viel Eschenunterholz. Die kleinen Rudel von 12–15, im Winter manchmal auch 20–30 Tieren führt ein altes und erfahrenes Leitschaf. Es sammelt im Sommer gleichsam die ihre Lämmlein führenden Schafe, die sich zur Wurfzeit vereinzelten, und nimmt auch die jährigen Schafe und Böcke in die Gemeinschaft auf. Im Herbst treten dann die starken Böcke, die bis dahin in kleinen Trupps oder einzelgängerisch lebten, zum Rudel. Sie kämpfen sehr hart um die Schafe und bleiben den ganzen Winter über bei ihnen.

Argali (Ovis ammon ammon): Bewohnt in 18 Unterarten Kleinasien, Persien, Afghanistan, Nordwest-Vorderindien und Zentralasien sowie das südliche Sibirien bis nach Westkamtschatka; Länge 190–200 cm, Schulterhöhe 110–120 cm, Schwanz 10–20 cm. Hörner ungewöhnlich mächtig, spiralig, mit den Spitzen nach außen weisend, bis zu 120 cm lang; Fell oberseits matt fahlgrau, im Gesicht, auf den Schenkeln, den oberen Läufen, den Rändern des Spiegels und am Hinterbauch dunkel bräunlichgrau, an der vorderen Schnauze, der Halsmähne, dem großen und breiten Spiegel und den unteren Beinen graulichweiß.

Die Böcke der Argalis sind prächtige Gestalten mit gedrungenem, muskulösem Leib, hohen, zierlichen Läufen und gewaltigen, kühn geschwungenen Hörnern. Im Sommer leben sie einzeln hoch in den Bergen, während die Weibchen mit den Jungen unmittelbar über der Waldgrenze verbleiben und hier die Geröll- und Buschzone bevorzugen. Den dichten Wald meiden sie alle, äsen auf den Matten und Hochsteppen und sind ziemlich standorttreu. Als Tagtiere verbringen sie die Nacht in den steinigen Hängen, gehen in der Morgenfrühe bergabwärts, ruhen in den Mittagsstunden auf Felsenkanzeln, die eine gute Übersicht bieten, und steigen gegen Abend wieder empor. Dem Menschen begegnen sie mit großer Neugier, flüchten erst nach Beschuß und verweilen immer wieder sichernd und zurückspähend. Ihr ganzes Wesen atmet Kraft, Würde und Besonnenheit, besonders die Böcke erscheinen oft geradezu gravitätisch. Die jungen Lämmer drücken sich bei Gefahr zwischen dem Fels und Gesträuch, pressen Hals und Kopf flach und dicht an den Boden, während die flüchtenden Alten die Verfolger auf sich ziehen. Die Jungtiere vertrauen so sehr auf ihr Tarnkleid und ihre Taktik, daß sie sich sogar berühren lassen, ohne aufzuspringen und zu flüchten, was ihnen zum Nachteil werden kann.

Pamirschaf oder Katschgar (Ovis ammon poli): Be-

In Alaska lebt eine weiße Unterart des Dickhornschafes, das Dallschaf. Es ist besonders gut an die lebensfeindlichen Bedingungen der hochnordischen Gebirge angepaßt.

Das Dickhornschaf war früher in den Gebirgen Nordostsibiriens und des westlichen Nordamerikas bis Niederkalifornien und Nordmexiko weit verbreitet. Heute ist es bis auf kleine Restbestände in Reservaten und Schutzgebieten ausgerottet. Sie halten sich meistens in den wildesten und zerklüftetsten Gipfelregionen auf.

wohnt das Hochland von Pamir; Länge 200–210 cm, Schulterhöhe 120–130 cm, Schwanz 12 cm, Hörner noch gewaltiger als beim Argalibock, bis zu 170 cm lang, beim Weibchen aber nur 40 cm messend; Fell oberseits weißlichbraun, auf dem Oberhals und an den Schultern hellbraun, im Gesicht, unterseits sowie an den Läufen und rund um den Schwanz rein weiß; der große Spiegel erstreckt sich bis zur Mitte der Oberschenkel.

Das fast hirschgroße Pamirschaf bewohnt die Höhen zwischen 4000–6000 m und kommt nur ausnahmsweise in tiefergelegene Gebirgszüge. Die Rudel sollen 5–15 Tiere umfassen, die unter der Führung eines starken Bockes stehen. Während der Brunft kämpfen die Böcke äußerst erbittert um die Schafe, prallen mit solcher Wucht und Ausdauer gegeneinander, daß der Unterliegende oft mit dem Leben zahlt. Sehr häufig scheinen sie sich dabei auch in die Tiefe zu stoßen, denn man findet ungewöhnlich viel gebleichte Bocksschädel am Fuß der steilen Felsenwände. Zumeist sind es die Schädel von gerade mannbar gewordenen, also vierjährigen Böcken, während die der alten Recken kaum einmal darunter sind – sie haben Erfahrung.

Dickhornschaf (Ovis canadensis): Bewohnte die Gebirge Nordostsibiriens und des westlichen Nordamerikas bis Niederkalifornien und Nordmexiko in siebzehn Unterarten, ist überall so gut wie ausgerottet und lebt heute in seinen Restbeständen in Reservaten und Schutzgebieten; Länge 170–180 cm, Schulterhöhe 95–105 cm, Schwanz 12 cm, Hörner des Bockes groß und mächtig, bogenförmig gekrümmt, Wurzelumfang 35 cm, Länge bis zu 70 cm; Fell oberseits schmutzig-graubraun, längs des Rückens eingedunkelt, am Kopf hell aschgrau, unterseits weiß; hat einen großen weißen Spiegel, weiße

Schnauze und einen weißen Kehlkopffleck.

Die Dickhornschafe sind echte Gebirgstiere, die oberhalb der Waldgrenze leben. Früher einmal kamen sie oft und gern in die Täler und an die Flußläufe, waren sie ausgesprochen vertrauensselig und lebten in großen Herden. Heute sind sie außerordentlich scheu und vorsichtig, sind die Rudel nur noch klein, halten sie sich in den höchsten und unzugänglichsten Bergstökken auf. Die geringste verdächtige Erscheinung läßt sie unverzüglich bergaufwärts stürmen. Sie alle sind vorzügliche Kletterer und kraftvolle Springer. Die alten Widder geben sich sehr heimlich, streifen wie die Waldgeister umher. Man kann die von ihnen bewohnten Gebiete wochenlang durchstreifen, ohne sie zu Gesicht zu bekommen. Zu ihnen in die wildesten Gipfelregionen steigen auch die Schafe, wenn sie gelammt haben und ihr Junges führen, das sie vor Menschen verbergen wollen.

Die Gabelhorntiere

Die Prärien Nordamerikas bevölkerten zur Zeit der gewaltigen Bisonherden besonders lebhaft zeichnete, gut rehgroße, antilopenschlanke und hirschähnliche Tiere mit einem deutlich gegabelten Gehörn. Sie wurden von den Trappern und den treckenden Farmern zuerst als Rehböcke, von den Zoologen aber als Gabelböcke, Gabelantilopen und Gabelgemsen angesprochen. An einigen gefangenen Tieren dieser Art erlebte man dann jedoch, daß sie fast unmittelbar nach der Brunft ihr Gehörn abstießen und ihnen in kurzer Zeit ein neues nachwuchs, ganz ähnlich, wie das bei den Hirschen alljährlich geschieht. Die erstaunten Beobachter konnten bald feststellen, daß dieser Abstoß oder Abwurf des Gehörns eine durchaus normale und sich ebenfalls alljährlich wiederholende Erscheinung war. Da hatte man also nicht nur das einzige Horntier mit einem gegabelten Gehörn entdeckt, sondern zugleich noch das einzige Horntier, das sein Gehörn regelmäßig wechselte. Außerdem stellte sich heraus, daß dieses Gehörn von ganz besonderer Art war, daß es sich nämlich aus zusammengewachsenen Haaren aufbaute, die die knöchernen Stirnzapfen überwucherten. Und zwar wuchs das neue Gehörn bereits unter dem alten Hohlhorn und drückte dieses dann so leicht ab, daß die sonst bei einem Abstoß oder Abwurf übliche leichte Blutung nicht eintrat.

Alle diese Eigentümlichkeiten des Gabelbockes verdienten zweifellos das regste Interesse der Zoologen für diese so gänzlich aus der Reihe tanzende „Antilope". Sie vermuteten in ihr eine letzte altertümliche Form der Horntiere, die es gleichsam vorexerzierte, wie es einmal zur Bildung des Hohlhornes gekommen war. Und tatsächlich erbrachten zahlreiche fossile Funde den Beweis, daß der Gabelbock einer uralten Tierfamilie angehört, die vor Millionen Jahren nicht weniger als dreizehn verschiedene Gattungen entwickelte und den nordamerikanischen Steppenraum weithin beherrschte. Damit war der Traum von der amerikanischen Antilope ausgeträumt, wurden die Tierfamilien um die der Gabelhorntiere bereichert, deren einziger und letzter Vertreter der Gabelbock ist.

Die Berührung mit dem weißen Mann und seinen Feuerwaffen bekam dem Bock so schlecht, daß er um die Jahrhundertwende schon so gut wie ausgerottet schien. In letzter Minute gelang es jedoch, etliche starke Rudel in

Die einzige Antilopennart Nordamerikas, der Gabelbock, bewohnte bis zum Ende des vorigen Jahrhunderts die weiten Prärien Nordamerikas von Mittelmexiko bis Südkanada.

die großen Nationalparks zu überführen. Hier hat sich der beängstigend zusammengeschmolzene Bestand so gut erholt, daß er als gesichert angesehen werden kann.

Gabelbock (Antilocapra americana): Bewohnte bis zum Ausgang des vorigen Jahrhunderts die Prärien Nordamerikas vom südlichen Kanada bis nach Mittelmexiko; Länge 130 cm, Schulterhöhe 80 cm, Schwanz 20 cm, Gehörn des Bockes steht über und zwischen den Augen, steigt steil auf, biegt sich an der Spitze scharf ein und rückwärts, ist rauh und höckrig, 25–30 cm lang, beim Weibchen ungegabelt und nur 8–12 cm lang; Fell oberseits isabell- bis sandfarben, unterseits weiß; kennzeichnet sich besonders durch weiße Zeichnungen auf dem Scheitel, an der Innenseite der Ohren, den Kopfseiten nebst Lippen, Kinn und Kehle sowie am Unterhals; der große weiße Spiegel wirkt wie ein schwellendes Kissen, da hier die Haare aufgestellt werden können; trägt eine Nacken- und Kreuzmähne und einen Haarkranz um die Hörnerwurzeln; die Gestalt ist wohlgeformt, am Kreuz ein wenig erhöht, hoch- und schlankbeinig, die Kopfform ist schafsähnlich gestreckt.

Die Hirsche

Von den Stirnwaffenträgern unter den Paarzehern lernten wir bisher die Horntiere kennen, also die Rinder, die Antilopen und Gazellen sowie die Böcke. Ihre Hörner, die fast durchweg von den männlichen wie von den weiblichen Tieren getragen werden, bauen sich – wie wir schon wissen – in der Gestalt einer Hornscheide auf, wachsen beständig nach, sind also Dauerhörner.

Bei den Hirschen aber sind die Stirnwaffen knöcherne, sich gabelnde, im Ansatz wulstig verdickte und in den Stangen rauh gekörnte Stirnbeinauswüchse, die alljährlich einmal abgeworfen und wieder neu aufgebaut werden. Der Abwurf hinterläßt am verbleibenden Knochenstumpf eine leicht blutende Wunde, die schnell verharscht und sich bald darauf mit einer samtigen und sehr gefäßreichen Haut überzieht. Unter dieser haarigen Nährhaut, in deren Adern nunmehr die zum Aufbau des neuen Geweihs erforderlichen knochenbildenden Gewebe und Kalkstoffe herangeschwemmt werden, wächst dieses in wenigen Wochen heran. Ist der Aufbau vollzogen, so verknöchert das zuerst noch weichknorpelige und empfindliche Gewebe schnell von unten nach oben. Zugleich vertrocknet die Nährhaut und übt einen starken Juckreiz aus. Der Hirsch bemüht sich alsbald, sich von dieser juckenden Haut zu befreien, er „fegt“ das noch vom „Bast“ überzogene Geweih an Büschen und Stämmen, bis es hell und blank ist. Die an und für sich weißen Geweihstangen färben sich während des Fegens durch die Gerbsäuren der Baumrinden und die Blutreste der Nährhaut dunkel bis auf die hellschimmernden Enden. Kurz vor der Brunft prangt der Hirsch dann in seiner neuen Kopfzier.

Das Geweih trägt bei allen Hirschen – mit Ausnahme des Rens – nur das männliche Tier. Es dient ihm als Waffe bei den Kämpfen während der Brunft.

Im allgemeinen schiebt der Hirsch in seiner Blütezeit von Jahr zu Jahr ein immer größeres, stärkeres und reicher verästeltes Geweih. Im gleichen Maße verbreitert sich die perlenförmig verdickte Rosenstockfläche auf der Stirn. Die schönste und mächtigste Krone trägt er durchschnittlich zwischen dem 10.–15. Lebensjahr. Später, vor allem wenn der Hirsch altert und langsam vergreist, wird das Geweih von Jahr zu Jahr wieder geringer und poröser. Es weist dann weniger Enden und Gabeln auf und besteht zuletzt nur noch aus zwei langen Stangen. Der Jäger sagt: der Hirsch „setzt zurück“ und ist abschußreif.

Als seit alters her leidenschaftlich gejagte Tiere führen die Hirsche ein scheues nächtliches Leben und verfügen über sehr scharfe Sinne. Fast durchweg leben sie in Rudeln und Herden, die vorwiegend von weiblichen Alttieren gefüttert werden.
In Afrika sind sie nie über die Sahara hinaus nach Süden vorgedrungen. Als ihre Urheimat haben wir Asien anzusehen.

Die Moschushirsche

In der zentral- und ostasiatischen Urheimat der Geweihträger hat sich bis heute eine urtümliche Stammform der Hirsche erhalten. Es ist das seltsame, ungefähr rehgroße Moschustier. Das Männchen trägt noch keine

Stirnwaffe, dafür aber raubtierartig verlängerte, markante obere Eckzähne.

Moschustier (Moschus moschiferus): Bewohnt die schroffen Hänge und Waldungen des nördlichen Himalaja sowie der südsibirischen und mongolischen Gebirge, ist nach Süden über Nordchina bis nach Burma, Assam und Nepal verbreitet, kommt auch in Korea vor; Länge 90–100 cm, Schulterhöhe 50–55 cm, Schwanz 10 cm; die oberen Eckzähne ragen beim Männchen 5–7 cm weit aus dem Maul, sind leicht sichelförmig zurückgebogen und haben scharfe Spitzen; Fell verhältnismäßig lang und dicht, in der Färbung sehr mannigfaltig, oberseits bald schwarz- bis dunkelbraun, bald rot- bis gelblichbraun, unterseits schmutzig- bis reinweiß, auf dem Rücken hin und wieder weißlich oder gelblich getüpfelt; kennzeichnet sich besonders durch den gewölbten Rücken, das überhöhte Kreuz und die besonders langen Hinterbeine.

Tagsüber liegt das einzeln oder paarweise lebende Moschustier gleich einem Hasen fest in selbstgescharrten Lagern. Freie Weideplätze betritt es nur im Schutz der Morgennebel oder der Dämmerung, ist also sehr scheu und vorsichtig.

Das ganz ungewöhnlich stark riechende Moschussekret des Nabelbeutels ist von besonderer Güte, im frischen Zustand salbenartig, getrocknet leicht körnig und pulvrig, zuerst rotbraun, später kohlschwarz. Als Grundstoff köstlicher Parfums wurde es von den Chinesen mit Gold aufgewogen. Das Moschustier wird darum seit Jahrtausenden eifrig gejagt, und man muß es fast als ein Wunder ansehen, daß es noch nicht ganz ausgerottet wurde.

Die Muntjakhirsche

Ebenfalls auffallend große Eckzähne, die bei den Männchen noch aus dem Maul ragen, haben auch die in Ost- und Südostasien beheimateten Muntjak- oder Bell- und Schreckhirsche. Sie entwickeln aber bereits ein kleines und einfaches Gabelgeweih auf ungewöhnlich langen Rosenstöcken, die als kräftige Leisten unterhalb der Augen beginnen, die Stirn einrahmen und sich hoch über den Schädel erheben.

Muntjak- oder Bellhirsch (Muntiacus muntjak): Bewohnt

Rentiere sind fast das ganze Jahr über auf Wanderschaft. Dabei müssen sie oft nicht nur breite Flüsse, sondern häufig sogar Meeresarme durchschwimmen, um in ihre Winter- bzw. Sommerquartiere zu gelangen. Die Tiere legen dabei bis zu 1000 km zurück. Im Hochsommer, wenn Milliarden von Mücken das Leben für Mensch und Tier unerträglich machen, ziehen die Rentiere in die Hochlagen, um vor den Quälgeistern Schutz zu suchen. Erst im Herbst wandern sie wieder in die Täler.

In der Zeit, in der die männlichen Rothirsche ihr Geweih „schieben", leben sie völlig getrennt von den weiblichen Tieren und bilden eigene Gruppen. Erst während der Brunftzeit suchen die Hirsche die Kühe auf und versuchen, möglichst viele von ihnen für sich zu gewinnen. Die Weibchen halten sich zu der Zeit bevorzugt in der Nähe der „Platzhirsche" auf.

Der Elch ist der größte Hirsch der Welt. Man trifft ihn heute aber im europäischen Raum nur noch im Baltikum, in Skandinavien und in Rußland an.

Die Rehe paaren sich in der Brunft- oder „Blattzeit" (Jägersprache) Mitte Juli bis Ende August. Die Entwicklung des Keimlings wird dann jedoch bis nach der Scheinbrunft im Spätherbst unterbrochen. Im Mai und Juni kommen dann meist zwei Rehkitze zur Welt.

Die 26 Unterarten des prächtig aussehenden Rothirschs findet man in ganz Europa, außerdem in Nordwestafrika, Nordpersien in Ostsibirien und Nordamerika.

in 17 Unterarten Vorder- und Hinterindien, Süd- und Mittelchina, Sumatra, Borneo, Java, Bali, Lombok sowie zahlreiche andere kleine Inseln Westindonesiens; Länge 100 cm, Schulterhöhe 50 cm, Schwanz 15 cm; Geweih sitzt auf 8–10 cm hohen, dicht behaarten Rosenstöcken, ist zuerst ein einfacher 5–12 cm langer, weißlicher bis gelblicher Spieß, bekommt später einen kurzen und starken, nach vorwärts und aufwärts gerichteten Augensproß; Fell kurz, glatt und dicht, oberseits satt gelbbraun, auf dem Rücken dunkler, oft kastanienbraun, unterseits und an den Innenseiten der Läufe weiß; hat weiße Zeichnungen an den Innenseiten der Ohren, am Kinn, an der Kehle, zu beiden Seiten des Vorderbauches und der Brust, am Rand der Schienbeine und über den schwarzen Hufen; weiß ist auch die untere Hälfte des flockig behaarten Wedels; Gestalt schlank und kräftig, hinten etwas überbaut, Läufe hoch und zierlich.

Die etwa rehgroßen Muntjaks sind standorttreue, nächtliche, einzeln oder paarweise lebende, wieselflinke Waldschlüpfer. Sie bewohnen die feuchten Niederungswälder und die Flußtäler wie das dicht bewachsene Gebirge bis zur Höhe von 3000 m. Gleich den Waldduckern suchen sie sich bei Gefahr zu drücken oder schlagen einen großen Bogen und kehren immer wieder zum altvertrauten Revier zurück. Von den Hunden gestellt, wehren sie sich mutig und schneidig mit ihren beachtlichen Reißzähnen wie mit dem Geweih, schnappen wie bissige Hunde um sich und stoßen sehr heftig zu. Erstaunlich laut ist ihr rauher, scharfer und bellender Ruf, den erschreckte Tiere sehr lange hören lassen.

Die echten Hirsche

Die große Gruppe der echten Hirsche gliedert sich in vier Gattungen mit insgesamt zehn Arten, die über ganz Eurasien, Nordamerika und die indonesische Inselwelt verbreitet sind. Unter ihnen befinden sich die Träger der stattlichen Vielendengeweihe und zahlreiche in ihrem Bestand gefährdete, vor dem Aussterben stehende Tiere.

Davidshirsch oder Milu (Elaphurus davidianus): Bewohnte ehemals Nordchina sowie die südliche Mongolei und Mandschurei, wurde dort ausgerottet, lebte in einer letzten Herde von rund 120 Tieren im kaiserlichen Wildpark bei Peking, wo sie im Jahre 1865 von dem französischen Missionar Armand David entdeckt wurde, wird heute in einer Herde von rund 300 Tieren auf den Besitzungen des Herzogs von Bedford in England und vereinzelt in etlichen Tiergärten gehalten; Länge 200–220 cm, Schulterhöhe 120–130 cm, Schwanz 60 cm; Geweih groß und stark, wie beim Rentier mit nach rückwärts wachsenden Gabelungen verästelt; Fell sehr zottig, oberseits rötlichgrau-isabellfarben, unterseits gelblichweiß.

Europäischer Damhirsch (Dama dama): Bewohnte nach der Eiszeit Kleinasien, Persien, Mesopotamien und Nordafrika, ist heute in den letzten drei Ländern so gut wie ausgerottet, wurde seit dem Altertum wieder nach Europa gebracht, von wo er sich während der Eiszeiten absetzte, lebt heute halbwild in zahlreichen unserer Waldungen und Wildgehege; Länge 140–160 cm, Schulterhöhe 90–100 cm, Schwanz 20 cm; Geweih schaufelförmig, je nach Fellfarbe verschieden getönt, entwickelt sich erst im 2. Lebensjahr, bleibt oft zwei Jahre lang in der Spießbildung stehen, zeigt erst im 5.–6. Jahr die noch schmale und löffelartige Schaufelform; Fellfarbe ändert viel und stark, ist im Sommer oberseits braunrötlich und weiß gefleckt, mit schwarzem Rückenstreifen, unterseits weiß, im Winter oberseits schwärzlich, unterseits aschgrau; es kommen häufig auch schneeweiße und einfarbig schwärzliche Tiere vor.

Der gehegte Damhirsch ist durchschnittlich viel vertrauter als der Rot- und Edelhirsch, führt auch nicht ein so ausgesprochen nächtliches Leben. Wir können die meist recht beachtlich starken Rudel der weiblichen Tiere und des Nachwuchses oft auch tagsüber auf den Wiesen und Feldern oder im wogenden Korn beobachten. Die alten kapitalen Schaufler, die in kleinen Trupps für sich leben, sind dagegen scheuer und vorsichtiger und

so schwer wie die alten Rothirsche zu berücken. Erst Ende September/Anfang Oktober treten sie zum großen Rudel des Kahlwildes, vertreiben die jüngeren Hirsche, die sich nun zu kleineren Verbänden zusammenschließen, und kämpfen ziemlich heftig um die weiblichen Tiere. Ende Oktober/Anfang November hallt ihr mißtönender, rauh rülpsender, schnarrender und keckernder Brunftschrei durch die Wälder, scharren sie sich ihre Brunftbetten im Waldgrund und fechten ihre Duelle miteinander aus. Es setzt dabei – der Beschaffenheit der Geweihe entsprechend – nur selten ernstliche Verwundungen, wird eigentlich nur regelrecht und ausdauernd gerauft und geboxt.

Das beschlagene Tier sondert sich im folgenden Juni oder Juli vom Rudel ab und wirft seine ein bis zwei fuchsroten, weißgefleckten Kälber im dichtesten Unterholz. Es säugt sie fast bis zur nächsten Brunft und führt sie nach zehn Tagen dem Rudel zu. Zu diesem fanden sich bereits im Winter auch die Halbwüchsigen wieder, während sich die kapitalen Schaufler schon Ende November von den Tieren trennten.

Der Damhirsch wirft im Mai seine Stangen in Abständen von ein bis zwei Tagen ab, geht im Juni/Juli im Bast, fegt in der zweiten Augusthälfte und prangt im September im neuen Kopfschmuck. Das untere Schaufelende wird immer stärker und bildet im besten Alter der Hirsche bei guter Ernährung nicht selten eine Nebenschaufel aus.

Seine Lieblingsnahrung sind neben zahlreichen Baumfrüchten die Pilze aller Art, von denen ihm die giftigen ebensogut wie die für uns eßbaren bekommen.

Erschrecktes Damwild springt mit allen vier Läufen in die Höhe, prellt und bockt mit hoch aufgerichtetem Wedel davon und findet sich erst allmählich in den trollenden Lauf.

Sikahirsch (Sika = Cervus nippon): Bewohnt in mehreren Unterarten Japan, Formosa, Korea, China und das Amurland; Länge 130–140 cm, Schulterhöhe 80–86 cm, Schwanz 10 cm; Geweih hat gewöhnlich sechs, selten zehn Enden, ist im nur spärlich behaarten Bast tiefrot, an den Enden aber schwarz; Fell im Sommer oberseits lebhaft kastanienbraun, in Längsreihen unscharf weiß gefleckt, im Winter einfarbig schwarzbraun; erinnert gestaltlich an den Damhirsch, hat einen verhältnismäßig großen, oben und seitlich schwarz gerahmten Spiegel; wurde im Amur- und Ussurigebiet vom dort ausgerotteten *Dybowski-*

Kennzeichen des Rothirschs ist sein breitausladendes, und zu einer vielendigen Krone entwickeltes Geweih. Die bekanntesten Rothirsche sind der Europäische Rot- oder Edelhirsch, der Kaspische Hirsch (auch Maral genannt) aus der Krim und der Wapiti, der in den Rocky Mountains zu Hause ist.

hirsch (S. n. dybowskii) vertreten, der heute nur noch in einigen amerikanischen und europäischen Gehegen lebt.

Die Rothirsche

Das Idealbild des – rein äußerlich gesehen – edlen, starken und wohlgebauten Hirsches mit dem zu einer breitausladenden und vielendigen Krone entwickelten Geweih ist zweifellos der Rothirsch. In nicht weniger als 26 Unterarten bewohnt er ganz Europa von Frankreich über Holland bis Polen, von Spanien über Korsika und Sardinien bis Griechenland, von Irland und Schottland bis Estland, von Dänemark bis zum Balkan, verbreitet sich vom Kaukasus bis nach Nordwestafrika, von Nordpersien bis nach Tibet, von Ostsibirien bis nach Nordamerika und bis zur Nordgrenze Mexikos.

Die bekanntesten Rothirsche sind:

der *Europäische Rot- oder Edelhirsch (Cervus elaphus)*, der in ganz Europa gehegt wird, eine Länge von 200–220 cm, eine Schulterhöhe von 150 cm erreicht, dessen Geweih bis zu 120 cm mißt und bis zu 110 cm ausladet; hat im Sommer ein rötlichbraunes, im Winter graubraunes Fell mit aschgrauem, braun bespitztem Wollhaar; ist als Kalb rotbraun gefärbt und weiß gefleckt;

der *Kaspische Hirsch oder Maral (C. e. maral)* aus der Krim, dem Kaukasus, Nordpersien, Kleinasien und Ostkaspien, der größer, kräftiger und gedrungener als unser Rothirsch ist;

der *Wapiti (C.e.canadensis)* aus dem Gebiet der Rocky Mountains, mit einer Schulterhöhe von 165 cm, einem Geweih bis zu 165 cm Länge und eigenartig knirschenden, quietschenden, schrillen und röchelnden Brunftschreien.

Die Verwandten der Rothirsche

Den Rothirschen sehr nahestehend sind die südostasiatischen Sambare oder Pferdehirsche und der indische Axishirsch, die es allerdings nur zu einem Sechsendergeweih bringen, ferner der kleine indische Schweinshirsch, der ein bescheidenes Gabelgeweih entwickelt, und die wieder recht stattlichen Zackenhirsche aus Vorder- und Hinterindien.

Sambar oder Aristoteleshirsch (Rusa unicolor): Bewohnt Vorderindien, Sri Lanka, Burma, Siam, die malaiische Halbinsel und Hainan, steigt im Himalaja bis zu Höhen von 3000 m empor; Länge 180 cm, Schulterhöhe 130 cm, Schwanz 30 cm; Geweih groß, stark und rauh, meist nur sechsendig, 90–100 cm lang, mit sehr langen Augensprossen; Fell drahtig und struppig, oberseits dunkel- oder schwärzlichbraun, rötlich schimmernd, an Brust und Bauch schwärzlich, zwischen den Hinterschenkeln weißlich, am Kinn rötlichweiß und braun gefleckt, an der Oberlippe schmutzigweiß; hat am inneren Ohrrand einen weißen Haarbüschel, an Hals und Brust eine braungraue Mähne; ist ein vorwiegend einzelgängerischer, nächtlicher Waldhirsch, der nur während der Brunft einen kleinen Harem um sich versammelt, liebt die Nähe der Gewässer und schwimmt gut.

Axishirsch (Axis axis): Bewohnt das mittlere und südliche Vorderindien sowie Sri Lanka; Länge 140–150 cm, Schulterhöhe 90–95 cm, Schwanz 20 cm; Geweih sechsendig und leierförmig, bis zu 96 cm lang; Fell oberseits rötlichbraun mit fast schwarzem Rückenstreifen, unterseits sowie an der Innenseite der Läufe, an Kehle und Gurgel gelblichweiß; kennzeichnet sich durch sieben Reihen unregelmäßig gestellter, kleiner, weißer Flecken, die sich längs der Weichen fast zu einem durchgehenden Band vereinigen, aber nicht auf Hals und Kopf übergehen; der Schwanz ist oberseits lichtbraun, unterseits weiß gefärbt.

Als Bewohner einer paradiesischen Tropenzone kennt der Axishirsch keine jahreszeitlich gebundenen und begrenzten Brunft-, Satz- und Abwurfperioden. In den europäischen Tiergärten aber akklimatisiert er sich zumeist recht schnell und vermag sich in dieser Hinsicht dem Rhythmus unserer Jahreszeiten anzupassen. In der Wesensart zeigt er sich sanfter und zutraulicher als die meisten anderen Hirsche, gleicht hier überraschend dem ebenfalls gefleckten Damhirsch und läßt sich leicht in geschlossenen Gehegen halten. Auch in freier Wildbahn ist er nicht scheu und kein Kulturflüchter wie unser Edel- und Rothirsch.

Schweinshirsch (Axis porcinus): Bewohnt das nördliche Vorderindien, Assam, Burma, Thailand, Indochina, Sri Lanka und die Philippinen; Länge 100 cm, Schulterhöhe 65–70 cm, Schwanz 20 cm; Geweih höchstens sechsendig, zumeist nur eine zweiendige Gabel, steht auf hohen Rosenstöcken, hat schwache Stangen und erreicht eine Länge von 35–40 cm; Fell grob, rauh und brüchig, oberseits schwarz- bis kaffee- und lederbraun, mit schwarzem Rückenstreifen, unterseits hellfahlgrau; ist längs des Rückgrates, meist nur in zwei Reihen, undeutlich hell gefleckt: trägt schwarze Gesichtszeichen zwischen den Augen, an der Muffel und auf der Stirn, weiße Zeichen am Unterkiefer; wirkt gestaltlich plump, dickleibig und kurzbeinig.

Der Schweinshirsch lebt einzelgängerisch in den lichten Landschaften seiner Heimat, in kleineren Gras- und Krautbeständen, meidet möglichst den dichten Dschungel und urigen Wald, birgt sich tagsüber in sicheren Schlupfwinkeln und äst in der Nacht. Er flüchtet mit gesenktem Kopf, zeigt sich scheu und furchtsam. In die Enge getriebene und brunftige Schweinshirsche aber wehren sich tapfer, sind angriffslustig, schielen tükkisch mit schiefgehaltenem Kopf und versuchen dem Gegner die Flanke abzugewinnen.

Wenigstens erwähnt sei auch die Gattung *Zackenhirsche* aus Indien, von denen der *Barasinga*

Der Elch wurde in der Zeit des zweiten Weltkrieges in Deutschland ausgerottet. Heute findet man den bis zu 3 Meter großen Elch in freier Wildbahn nur noch in den ausgedehnten Waldgebieten Nordeuropas, Alaskas und Asiens. Trotz seiner Körperfülle bewegt sich der einzelgängerische Elch mit elastischen und federnden Schritten selbst durch dichtes Unterholz, tiefen Schnee oder feinen Sand. Sein Kennzeichen ist das weit ausladende Schaufelgeweih.

(Rucervus duvauceli) und der *Thamin oder Leierhirsch (R.eldii)* eine Länge von 170–180 cm, eine Schulterhöhe von 110–120 cm erreichen und ein sehr starkes und breites, gewöhnlich vierzehnendiges Geweih entwickeln.

Die Virginiahirsche

Zur Untergruppe der Virginiahirsche sind zusammengefaßt: alle Neuweltlhirsche mit Ausnahme des Wapiti, also die Virginiahirsche selbst, die auch Wedelhirsche genannt werden, dann der Sumpfhirsch, die Gabelhirsche, die Spießhirsche und die Pudus. Außerdem gehören zu ihr die Altwelthirsche: Elch, Ren, Wasserreh und Reh.

Anatomisch unterscheiden sich diese Hirsche von den bisher besprochenen Hirschen dadurch, daß bei ihnen von den Mittelhandknochen der hochgestellten zweiten und fünften Zehe – den sogenannten Afterklauen – am Vorderfuß nur die unteren Enden vorhanden sind. Bei den „echten Hirschen" sind im Gegensatz zu diesen „Trughirschen" nur die oberen Abschnitte der Mittelhandknochen erhalten geblieben.

Virginia-Hirsch oder auch *Weißwedelhirsch (Odocoileus virginianus):* Bewohnt in etwa 30 Unterarten ganz Nordamerika von Kanada bis Florida, über Mittelamerika bis Guayana, Venezuela und Kolumbien, ist der durch den Disneyfilm bekannt gewordene „Bambi", bevorzugt Nadelgehölze; Länge 170–180 cm, die Schulterhöhe 100–110 cm, Schwanz 30 cm; Geweih schwingt in halber Höhe plötzlich vorwärts und biegt sich stark ein, trägt an seiner oberen Kante zahlreiche Sprossen, die bis zu 14 Enden ergeben, ist aber nur 30 cm hoch und etwa 50 cm lang; Fell im Sommer oberseits schön gelbrot, auf dem Rücken dunkler, an den Seiten und unterseits heller, im Winter oberseits graubraun, unterseits rötlich; trägt weiße Zeichnungen über den Augen, an der Unterlippe und dem Oberkiefer, am Ohr, an der Unterseite des Kopfes, der Hinterseite des Vorderschenkels, am Bauch, an der inneren und vorderen Seite des Hinterschenkels; der dünne, lange und dicht behaarte Schwanz ist oberseits dunkelbraun, unterseits blendendweiß; kennzeichnet sich gestaltlich durch einen besonders zierlichen Bau und langen feinen Kopf, erreicht mindestens die Größe eines ausgewachsenen Damhirsches.

Die Virginia- oder Wedelhirsche leben ähnlich wie unser Rot- und Edelhirsch in großen Kahlwildrudeln und kleineren Hirschtrupps, bevorzugen die lichten Wälder und Büsche, lieben besonders die verwilderten, nicht wieder bebauten Felder und ziehen sich nur während des Hochsommers in den schattigen Wald zurück. Alle suhlen sich sehr gern, liegen und stehen dann bis zur Nase im Wasser. Die weiblichen Tiere sondern sich zur Satzzeit ab und werfen fast regelmäßig zwei Kälbchen. Überraschte Hirsche springen mehrere Male hoch empor, ehe sie mit ausgestrecktem Kopf und hocherhobenem Wedel flach und niedrig davonstürmen. Wenn nur irgend möglich, versuchen sie sich aber zu drücken, darauf vertrauend, daß sie im Bett übersehen werden. Ist ein Gewässer in der Nähe, so geht der Fluchtweg regelmäßig dorthin, denn sie schwimmen sehr gut, viel besser als die verfolgenden Hunde. Bei Gefahr schnaufen sie laut oder stampfen mit den Vorderhufen auf.

Sumpfhirsch (Odocoileus dichotomus): Bewohnt Südamerika von Brasilien bis Paraguay; Länge 180 cm, Schulterhöhe 110 cm, Schwanz 15 cm; Geweih kurz und gabelförmig, mit 8–10 Enden; Fell grob, im Sommer oberseits kastanienrot, im Winter braunrot, unterseits weiß, an den Unterbeinen schwarz, bei den Kälbern ungefleckt; hat weiße Zeichnungen an der Innenseite der Ohren; lebt in kleinen Trupps von 5–6 Tieren in den feuchten Niederungen und Sumpfwäldern, vermag die langen und spitzen Hufe sehr weit zu spreizen, ist der größte Hirsch Südamerikas.

Pampas- oder Kamphirsch (Odocoileus becoarticus): Bewohnt die offene Landschaft, die Kamps, Pampas und Savannen von Brasilien bis Patagonien; Länge 110–120 cm, Schulterhöhe 70 cm, Schwanz 10 cm; Geweih dünn und gabelförmig, erinnert an das unsres Rehs, hat aber 6–8 längere Enden, ist 25–30 cm lang; Fell dick, rauh und brüchig, oberseits rötlich- oder fahlgelbbraun, unterseits sowie am Kinn, an der Kehle, der Brust, dem Bauch und der Schwanzspitze weiß; hat weißen Ring um die Augen, weiße Flekken an der Oberlippe, an der Unterseite des Schwanzes und in den Innenseiten der Ohren.

Der Pampashirsch meidet die dichten Wälder wie die Sümpfe und Niederungen, ist ganz dem freien Gras- und Buschland verschworen. Heute lebt er nur noch paarweise und in kleinen Rudeln, ist sein Bestand schon wesentlich zurückgegangen. Flüchtig geworden, ist er so schnell, daß ihn weder Pferd noch Jagdhund einzuholen vermögen. Während der Brunft verströmt der Hirsch einen sehr starken Knoblauchgeruch, sein Fleisch ist dann gänzlich ungenießbar.

Gabelhirsch oder Huemul (Hippocamelus bisulcus): Bewohnt die Anden von Südchile bis Patagonien; Länge 110–120 cm, Schulterhöhe 70 cm, Schwanz 10 cm; Geweih einfach gabelförmig, auf einem langen Stiel sitzend; Fell harsch, rehbraun mit schwarzen Haarspitzen; kennzeichnet sich besonders

Der Pudu gehört zur Untergruppe der Virginia- oder Trughirsche. Der chilenische Pudi ist der kleinste Hirsch der Welt und bewohnt den Waldgürtel der Anden Chiles und Boliviens.

durch seine großen Ohren, die beim Weibchen bis zu 24 cm messen und ausgesprochen eselähnlich wirken.

Grauer Spießhirsch (Mazama simplicicornis): Bewohnt in 5 Unterarten die Savannengehölze und lichten Galeriewälder von Trinidad, Guayana, Kolumbien, Brasilien, Bolivien und Paraguay; Länge 110 cm, Schulterhöhe 60 cm, Schwanz 10–11 cm; Geweih einfach spießartig, nur bis zu 7 cm lang; Fell oberseits gelblich braungrau bis rötlich fahlbraun, unterseits sowie an Hals, Brust und Bauch grau, an der Innenseite der Läufe weiß; der Schwanz ist oberseits bräunlich gelbrot, unterseits weiß; ist gestaltlich etwa rehgroß, aber noch zierlicher, hinten leicht überbaut, hat große breite Ohren und einen Stirnschopf; wird in den Urwäldern von Guayana, Brasilien und Bolivien vom *Großen Roten Spießhirsch (M. americana)*, in den Niederungswäldern von Südmexiko bis Ekuador und Venezuela vom beträchtlich kleineren *Mittelamerikanischen Spießhirsch (M. tema)* und in ganz Südamerika vom rotbraunen, kaum rehkitzgroßen *Kleinen Roten Spießhirsch (M. rufina)* vertreten.

Die Spießhirsche sind einzeln oder paarweise lebende Waldschlüpfer, scheue und heimliche Tiere, die sich tagsüber im dichten Unterholz der Wälder bergen. Nur in der Nacht treten sie auf die Felder, Pflanzungen und Wiesen aus. Die Paare halten gut zusammen, behüten und führen gemeinsam die Jungen, von denen das Weibchen zumeist nur eines im Dezember oder Januar wirft. Am ehesten wagt sich der Graue Spießhirsch in die offenen Landschaften, während der Große Rote Spießhirsch auch die Gebirgswälder bewohnt und bis zu 4000 m emporsteigt.

Chilenischer Pudu (Pudu pudu): Bewohnt die Waldgürtel der Anden in ganz Chile und Bolivien, ist wohl der kleinste Hirsch der Welt, erreicht eine Schulterhöhe von nur 34–36 cm und hat solch kleine und kurze Spieße, daß sie kaum zu erspähen sind; sein Fell ist oberseits rotbraun, gelb gesprenkelt, unterseits und an der Innenseite der Läufe kastanienrot, am Kopf und an den Außenseiten der Läufe dunkelbraun bis schwarz; wird in Ekuador, Kolumbien und Peru vom vorwiegend fahlgrauen

Ekuador-Pudu (P. mephistopheles) vertreten.

Wie die Spießhirsche sind auch die knapp hasengroßen Pudus scheue, schnelle und einzeln lebende Waldschlüpfer, die in ihrer ganzen Lebensweise sehr an die kleinen afrikanischen Dukker-Antilopen erinnern.

Die Elche

Eine ungewöhnliche Erscheinung ist der größte Hirsch der Welt, der über Nord- und Osteuropa, Asien und Nordamerika verbreitete Elch. In Deutschland fand der Elch seine letzte Freistatt im Memeldelta an der Kurischen Nehrung. Der zweite Weltkrieg vernichtete den Bestand. Heute müssen wir schon ins Baltikum oder nach Skandinavien und Rußland fahren, wenn wir diesen bis zu zwei Meter hohen und zehn Zentner schweren Hirsch in freier Wildbahn beobachten wollen. Am gewaltigsten aber tritt er uns in Alaska, auf der Keniahalbinsel und in Ostsibirien entgegen. Dort erreicht sein weit ausladendes Schaufelgeweih noch eine Höhe und Breite von über zwei Metern und wiegt bis zu fünfzig Pfund.

Alle Elche der Welt, die europäischen wie die asiatischen und die nordamerikanischen, gehören ein und derselben Art an.

Elch (Alces alces): Bewohnt die sumpfigen Wälder der Ostseeländer, Norwegen und Schweden, Rußland und Sibirien sowie Nordamerika; Länge der stärksten Rasse 260–290 cm,

Schulterhöhe 180–200 cm, Schwanz 10 cm; Geweih zuerst stangen-, dann schaufelartig; Fell lang, dicht und straff, im Sommer vorwiegend rötlichbraun, im Winter heller und grauer, an der Mähne und an den Kopfseiten glänzend dunkelschwarzbraun, am Schnauzenende graulich, um die Augen ebenfalls grau, an den Beinen weißlich aschgrau; das weibliche Tier unterscheidet sich weder durch Größe noch Farbe wesentlich vom Hirsch, ist freilich ohne Geweih; die Kälber kommen ungefleckt zur Welt.

Sich selbst genügend, trollt der Elch einzelgängerisch durch den Wald, den er urig, sumpfig, wasserreich und als Mischwald liebt. Mit erstaunlich federnden und elastischen Schritten, die von einem eigentümlichen schellenden Geräusch begleitet sind, zieht er mit weitgespreizten Hufen ebenso leicht über den schwankenden Moorgrund wie durch den tiefen Schnee oder den Sand der Küsten. In mächtigen, spielerisch anmutenden Sätzen überspringt er meterbreite Wassergräben oder gestürzte Stämme und durchschwimmt sehr flott breite Seen und Ströme. Ohne Anlauf zu nehmen, steigt er senkrecht vor dem Hindernis empor und wirft sich darüber hinweg, mag es auch an die zwei Meter hoch sein. Ohne Mühe schiebt er sich durch das dichteste Unterholz.

Morgens und abends zieht er auf Äsung. Feinschmeckerisch bevorzugt er die saftigen Schößlinge der Birken, Weiden, Espen und Erlen und reitet diese jungen Laubbäume einfach nieder, um an die frischen Wipfeltriebe zu kommen. Ein richtiges Grasen bereitet ihm sichtlich etwas Mühe. Um so besser versteht er es, die Bäume zu schälen, reißt die Rinde in langen Streifen von unten nach oben ab. Besonders im Winter sind die Rinden seine Hauptnahrung. Auf die bebauten Felder geht er dagegen fast nie, es sei denn, daß ihn einmal der milchende Hafer verlockt. Den Mittag verbringt er ruhend und wiederkäuend, ohne dabei ein festes Lager aufzusuchen. Er verweilt, wo er sich gerade befindet, döst oft auch stehend vor sich hin. Suhlen besucht er nur selten. Lieber ist ihm ein ausgiebiges Bad in einem klaren Teich und See oder auch am flachen Meeresstrand.

Die Kuh trägt das Kalb in 36 Wochen aus. Bei der ersten Geburt hat sie meist nur ein Junges, später wirft sie deren oft auch zwei. Dem jungen Elchkalb wachsen im nächsten Frühjahr die Rosenstöcke, im 2. Lebensjahr schiebt es etwa 30 cm lange Spieße, die sich im 3. Lebensjahr gabeln und von da an zu einer Schaufel ausbilden können. Aber durchaus nicht alle Elche werden zu Schauflern, viele tragen zeitlebens ein Stangengeweih.

Die Rentiere

Die Rentiere, die zahmen wie die wilden, sind wohl die wichtigsten Hirsche der Welt. Ohne diese äußerst genügsamen und ausdauernden Geweihträger würden zahlreiche Völker des hohen Nordens den Lebenskampf nicht bestehen können, wären weite Landstriche für den Menschen unbewohnbar. Für den Finnen

Das Tundra-Ren bewohnt die menschenleeren Einöden Nordkanadas und Alaskas. Ein dichtes, langes Fell schützt die Tiere vor eisigen Temperaturen bis unter Minus 50° C den starken Vorderhufen scharren sie sich ihre kärgliche Nahrung – Flechten, Moose und Knospen – unter dem oft meterhohen Schnee hervor.

und Lappen, den Ostjaken und Samojeden, den Tungusen und Koräken wie für den kanadischen Eskimo sind die Rentiere der Inhalt des Lebens, der Inbegriff des Reichtums, das Ziel aller Träume und Wünsche. Ihren halbzahmen Rentieren, die noch ebenso wie ihre wilden Brüder mit den Jahreszeiten von der Steppe und Tundra in die Gebirge und Wälder und wieder zurück wandern, folgen sie geduldig landauf und landab, jahraus und jahrein, in Wind und Wetter, durch Flüsse und Ströme, über Moore und Karste. Sie führen das härteste und entbehrungsreichste Nomadenleben, das man sich denken kann, und fühlen sich doch reich und glücklich, fühlen sich als freie Herren und schauen verachtungsvoll auf ihre seßhaften Volksgenossen herab. Die Rentiere sind ihre Zug- und Reittiere, ihre geduldigen Packesel, ihre Milchkühe und Fleischlieferanten. Sie geben ihnen Felle für Kleidung und Zelte, Lagerstätten und Decken, Schuhwerk und Filz, Wolle und Fäden, Werkzeuge und Waffen, kurz alles, was diese bedürfnislosen Menschen brauchen. Nur sie allein können mit diesem seltsamen und sehr eigenwilligen Haustier umgeben. Nur sie sind den Strapazen gewachsen, die mit dem Besitz einer Rentierherde verbunden sind.

Die Rentiere der Neuen Welt wurden nie gezähmt.

Ren (Rangifer tarandus): War während der Eiszeiten bis zum Mittelmeer verbreitet, bewohnt heute in rund 24 Unterarten ganz Nordeurasien mit Spitzbergen und Grönland sowie den Norden Amerikas einschließlich Labradors und Alaskas, kommt in Europa nur noch auf Hardanger Vidda und Dovrefjell in Südnorwegen vor; Länge 180–190 cm, Schulterhöhe 100–110 cm, Schwanz 15 cm; Geweih wird von beiden Geschlechtern getragen, ist beim Weibchen nur schwächer entwickelt, die abgeplatteten Stangen schwingen im Bogen rückwärts und etwa von der Mitte an wieder vorwärts, die Enden sowie die Augen- und die Eissprossen sind oft schaufelförmig verbreitert; Fell lang und dick, gewellt und brüchig, Färbung je nach Unterart verschieden, beim Hausren vorwiegend im Sommer dunkelbraun bis bräunlichgrau, im Winter weißlichgrau, oft auch weiß gefleckt und gescheckt; Hals und Kopf plump, Läufe niedrig, die Hufe sehr spreizbar, mit bis auf den Boden reichenden Afterklauen; trägt eine Hals-Brust-Mähne, hat eine vollständig behaarte Nasenkuppe, eine überhängende Oberlippe und einen tiefgespaltenen Mund; wird in den nordamerikanischen Tundren vom *Tundra-Ren*, in den Nadelwäldern von Kanada bis nach Neufundland vom großen und starken *Wald-Karibu* und in den Gebirgen von Britisch-Kolumbien und Alberta vom sehr dunklen und rothirschgroßen *Berg-Karibu* gut vertreten.

Immer wieder kann man hören, daß die Rentiere deshalb in beiden Geschlechtern ein Geweih tragen, weil sie es notwendig zum Äsen brauchen. In Wirklichkeit aber scharren die Rentiere ihre Nahrung regelmäßig mit den starken Vorderhufen unter dem Schnee hervor. Sie leben auch nicht ausschließlich von kümmerlichen Flechten und Moosen, sondern finden im Frühjahr und Sommer auf den üppig erblühenden, sumpfigen Tundren eine reiche Weide von saftigen Kräutern und Gräsern und zahlreichen Zwergsträuchern. Den Härten des Winters weichen sie aus, indem sie sich in die Wälder zurückziehen und hier neben Knospen, Moosen und Flechten wiederum von vielen Zwergsträuchern und Baumschößlingen leben.

Als die geselligsten aller Hirsche schlagen sich die Rentiere zu starken Herden zusammen und vereinigen sich auf ihren weiten Wanderungen zu gewaltigen Scharen, die auf festgelegten Wegen dahinziehen. Gleich einem wandelnden Wald von wogenden Geweihen trollen sie mit gesenkten Köpfen und knisternden Gelenken unwahrscheinlich schnell und zügig über das gewellte Land. An der Spitze marschieren erfahrene Leithirsche. Die Sicherung der äsenden oder wiederkäuenden Herde übernehmen alte Kühe. Wie ein Strom fließt die Masse der Tiere über Moore und Sümpfe, trümmerübersäte Hügel und Karste, rinnt durch Flüsse und Seen.

Die Rehe

Das anmutige und scheue Reh ist in verschiedenen Rassen über ganz Europa von Spanien, Sizilien und Griechenland bis England, Schottland und Südskandinavien, von Frankreich bis Mittelrußland sowie von der Wolga bis Zentralasien, ferner in Transkaukasien, Kleinasien, Nordpalästina, Mesopotamien und Nordpersien verbreitet. In Europa ist es der kleinste und häufigste Hirsch, der fast in allen lichten Laub- und Nadelwäldern, Feld- und Vorgehölzen zu Hause ist. Als Waldschlüpfer liebt es das dichte Unterholz und nimmt auf den weiten ostelbischen Anbauflächen sogar mit Feldbüschen und Getreidefeldern vorlieb. Heute gibt es sog. Feldrehe.

Der Waidmann spricht beim Reh nicht von einem Geweih, sondern von einem Gehörn oder einer Rehkrone. Das männliche Reh nennt er Bock, das weibliche Ricke, das junge Reh Kitzbock oder Kitzkalb. Wenn sich im 1. Lebensjahr zwischen den Ohren des jungen Bockes knopfartige Horngebilde zeigen, heißt er Knopfspießer. Im 2. Lebensjahr wird er zum Spießbock, im 3. Lebensjahr zum Gabler und dann zum kapitalen Bock. Bei ihm biegen sich die Stangen knieförmig rückwärts und bekommen eine vordere Nebensprosse, so daß er praktisch ein Sechsender ist. Eine höhere Endenzahl erreicht der europäische Rehbock nur ausnahmsweise. Das weibliche Jungreh heißt bis zum vollendeten 2. Lebensjahr Schmalreh, wird zur Ricke, wenn es das erste Mal geworfen hat, später zur Rehgeiß und zuletzt zur alten oder gelten Ricke.

Reh (Capreolus capreolus): Bewohnt große Teile Europas und Asiens; Länge 130 cm, Schulterhöhe 75 cm, Schwanz 2 cm; Gehörn gabelförmig,

Das Reh ist in Europa die kleinste und häufigste Hirschart, die fast in allen lichten Laub- und Nadelwäldern, in Feld- und Vorgehölzen zu Hause ist. Gewöhnlich zieht es erst in der Abenddämmerung auf die Wiesen und Felder; wo es nicht heftig verfolgt wird, zeigt es sich oft recht zutraulich, tritt dicht an Ortschaften sowie an belebte Straßen heran.

sechsendig, mit breiten Rosen und starken, schön beperlten Stangen; Fell im Sommer oberseits dunkel rostrot bis rotbraun, unterseits gelblich, im Winter grau bis graubraun, unterseits weiß, beim Kitz gelbbraun bis rötlichbraun mit kleinen, rundlichen, weißen oder gelblichen Flecken, die in Reihen stehen; hat weiße Zeichnungen am Kinn, Unterkiefer und jederseits der Oberlippe, einen leuchtend weißen Spiegel mit aufstellbaren Haaren, weißliche Innenseiten der Ohren; hin und wieder kommen auch schwarze, gefleckte und fast silberfarbene Tiere vor.

Den Tag über steht und liegt das Reh wiederkäuend in schattigen Dickungen und zieht gewöhnlich erst in der abendlichen Dämmerung auf die Wiesen und Felder. Wo es nicht heftig verfolgt wird, zeigt es sich sehr vertraut, tritt dicht an die Gehöfte und Ortschaften sowie an belebte Straßen heran und flüchtet erst, wenn es sich unmittelbar bedroht fühlt. Ohne weiteres wird es auch im kleinsten Bauerngehölz heimisch, das ringsum von weiten Felderbreiten umgeben ist. Im Sommer wechselt es der lästigen Fliegen wegen gern in die Getreidefelder und sauren Riedwiesen über wo es auch seine Jungen zur Welt bringt.

Das Wasserreh

Dem urtümlichsten Hirsch der Welt, dem uns schon bekannten Moschustier, steht das chinesische Wasserreh sehr nahe. Auch bei ihm entwickeln beide Geschlechter kein Geweih, haben aber sehr lange Eckzähne im Oberkiefer, die beim Männchen hauerartig aus dem Maul treten. Im Gegensatz zum Moschustier ist das Wasserreh kein Tier der Berge, sondern lebt in den sumpfigen und wasserreichen Niederungen.

Wasserreh (Hydropotes inermis): Bewohnt die Flußniederungen in China und Korea; Länge 100 cm, Schulterhöhe 50 cm, Schwanz 5 cm; ist geweih- und gehörnlos; Fell im Sommer oberseits hell rotbraun, im Winter dunkelbraun, schwarz gestrichelt, unterseits weiß; hat eine weiße Schnauzenbinde, weiße Überaugenflecken und weiße Innenseiten der Ohren; die Gestalt ist zierlicher als die unseres Rehs, hinten überhöht, sehr hochbeinig; kennzeichnet sich durch große breite Ohren, schöne große Augen, hohe Stirn, breiten Nasenrücken, sehr verjüngte und feine Nasenspitze.

Das Wasserreh trägt seinen Namen zu Recht. Einzeln oder paarweise bewohnt es die mit hohen Riedgräsern bestandenen Brüche an den Flußläufen. Die Eingeborenen behaupten, daß es bei jedem Wurf vier bis sieben Junge zur Welt bringe. Die bisher in den Tiergärten gehaltenen Wasserrehe warfen allerdings nur zwei Kitzen, obwohl sie reichlich Futter haben.

Die Zwergmoschustiere

Zierliche Liliputrehe, kaum hasengroß, mit bleistiftdünnen Läufen und so kleinen Hufen, daß man sie als Pfeifenstopfer verwendet, das sind die afrikanischen und asiatischen Zwergmoschustiere. Eine Moschusdrüse wie das Moschustier haben sie allerdings nicht, weshalb wir sie besser Zwergböckchen benennen sollten. Aber sie besitzen wie dieses verlängerte obere Eckzähne und entwickeln ebenfalls kein Geweih. Von den anderen Paarhufern und Wiederkäuern unterscheiden sie sich gleich den Kamelen durch einen nur dreiteiligen Magen und durch die fehlenden oberen Schneidezähne. Sehr wahrscheinlich haben wir in ihnen ein uraltes Geschlecht der Paarhufer vor uns, das früher auch in Europa verbreitet war. Heute leben von ihm nur noch zwei Gattungen mit vier Arten.

Indischer Kantschil (Tragulus meminna): Bewohnt Vorderindien und Sri Lanka; Länge 40 cm, Schulterhöhe 20 cm, Schwanz 4 cm; Fell oberseits lebhaft gesprenkelt rötlich gelbbraun, auf dem Rücken schwarz gestrichelt, unterseits weiß; von der Kehle zur Brust verlaufen drei weiße Längsstreifen, auf den Flanken oft weiße Fleckenreihen, wird in Hinterindien, Sumatra und Borneo vom *Großen Malaiischen Kantschil (T. napu)* sowie vom *Kleinen Malaiischen Kantschil (T. javanicus)* vertreten, das auch auf Java vorkommt. Diese drei asiatischen Zwergböckchen sind echte Gras- und Dickichtschlüpfer und führen ein heimliches nächtliches Leben. Einzeln oder paarweise bewohnen sie die unterholzreichen Ränder der Niederungs- und der Bergwälder. Tagsüber liegen sie ziemlich fest und phlegmatisch in ihren

Schlupfwinkeln. Bei Gefahr wissen sie sich großartig zu drücken und zu bergen. Oft gebrauchen sie die List, sich totzustellen und bewegungslos liegenzubleiben. Im gleichen Augenblick jedoch, da sich der Verfolger nach ihnen bückt, springen sie jäh auf, huschen unter den nächsten Busch oder preschen windschnell davon. Bei den Eingeborenen gilt darum das geflügelte Wort: „Listig wie ein Kantschil!"

In der Gefangenschaft weisen sich die zutraulichen Tierchen als sehr sauber aus, putzen und lekken sich viel, halten ihr Haar glatt und glänzend. Sie gefallen den Besuchern vor allem durch ihre großen schönen Augen und durch die aparte, deutliche Hals-Brust-Zeichnung.

Wassermoschustier oder Hirschferkel (Hyemoschus aquaticus): Bewohnt die Urwälder von Senegambien bis zum Kongo; Länge 70–80 cm, Schulterhöhe 35–40 cm, Schwanz 15 cm; Fell oberseits dunkelbraun, unterseits weiß, auf dem Rücken weiß gefleckt, an den Seiten weiß gestreift; die Kehle hat eine dreifache weiße Bindenzeichnung; die Ohren sind auf der Innenseite, der Schwanz auf seiner Unterseite weiß; das Männchen trägt hauerartig verlängerte obere Eckzähne; Gestalt gedrungen und kurzläufig, am Kreuz überhöht, Schnauze sehr spitz.

Das Wassermoschustier, das wir besser Wasserzwergböckchen taufen wollen, hält sich fast nur an den Wasserläufen und Seen innerhalb der Urwälder auf und flüchtet bei Gefahr auch stets ins Wasser. Es schwimmt und taucht ganz vorzüglich. Die Eingeborenen behaupten fest, daß es auch Fische verzehrt. Gefangene Zwergböckchen fressen

Giraffen sind sehr friedliebend, die Jungtiere genießen den Schutz und die zärtliche Fürsorge der Kühe wie der Bullen. Während der Brunft freilich kommt es vor, daß zwei starke Bullen um einer Kuh willen Händel bekommen. Sie stellen sich nebeneinander auf, und schlagen mit den hörnerbewehrten Köpfen auf den Kontrahenten ein, die Vorderhufe benutzen sie dabei nicht, denn sie könnten einander damit ernsthaft verletzen.

Giraffen haben nur wenige Feinde, selbst einem Löwen können sie mit ihren starken Vorderhufen den Schädel oder das Genick zertrümmern. Nur beim Trinken sind sie verwundbar, denn sie müssen, um mit dem Kopf zum Wasser herunterreichen zu können, die Vorderbeine extrem spreizen.

leidenschaftlich gern Insekten. Die Hauptnahrung aber sind zweifellos Früchte, Sämereien und Blätter. Die Lebensweise ist eine nächtliche und einzelgängerische. Der Tag wird gern in flachen in Erdmulden verbracht und sie werden abends lebhaft.

Die Giraffen

Giraffen hat es vor etlichen Millionen Jahren schon, und zwar in ganz Südasien gegeben. Bis zur Eiszeit waren sie in sechzehn Gattungen von China über Vorderindien und Persien bis nach Südosteuropa (Griechenland und Oberitalien) sowie über ganz Afrika verbreitet. Heute leben sie nur noch südlich der Sahara und nördlich des Kaplandes. In 13 Unterarten bewohnen sie vorwiegend das offene freie Land, die weiten Steppen und Savannen.

Diese Unterarten lassen sich in zwei große Gruppen gliedern, nämlich in die *Netz- oder Nordgiraffen*, die sich durch ein Fell mit großen, deutlichen, scharf begrenzten Farbfeldern und mindestens drei Stirnzapfen kennzeichnen, und in die *Stern- oder Südgiraffen*, bei denen sich die Flecken im Fell sternförmig auflösen, die helle Grundfarbe stärker hervortritt und die in den meisten Fällen nur zwei Stirnzapfen haben.

Giraffe (Giraffa camelopardalis): Bewohnt die offenen Landschaften Afrikas, fehlt heute nördlich der Sahara und im Kapland; Länge 210–220 cm, Schulterhöhe 280–300 cm, Scheitelhöhe 500–600 cm, Schwanz 80 cm, mit Haarquaste 110 cm; Stirnzapfen in der Zwei-, Drei-, oder Fünfzahl, mit Haut bedeckt, etwa 12–14 cm lang; Fell gelblich bis weißlich in der Grundfarbe, mit vielgestaltigen und unregelmäßig geformten, entweder scharf begrenzten oder strahlig unklaren, dunklen oder lichten rostbraunen Flecken bedeckt; fahl und braun gebändert ist die kurze Halsmähne, schwarz die lange Schwanzquaste, weiß sind die Innenseiten der Ohren; Gestalt kurzleibig, hochbeinig und langhalsig, breit an der Brust, bedeutend höher am Widerrist als am Kreuz, Hinterleib sehr schmal, Kopf langgestreckt und ungewöhnlich dünnschnauzig, Augen groß, lebhaft und glänzend, Ohren groß und sehr beweglich; hat an den Beugegelenken der Läufe eine nackte Schwiele, keine Afterklauen und zierliche Hufe.

Die Giraffenfamilien vereinigen sich zu kleinen Rudeln, die heute höchstens noch dreißig alte und junge Tiere umfassen. Wahrscheinlich hat jeder Bulle mehrere Weibchen, mit denen er das ganze Jahr über zusammen ist. Gern vergesellschaften sie sich mit Zebras und Antilopen, wobei sie ausgezeichnete Späher abgeben, während die anderen der Gemeinschaft mit ihrer vorzüglichen Witterung dienen. Wenn die Giraffen im Sonnenglast zwischen den vereinzelten, verwitterten und flechtenbehangenen Bäumen der Savannen stehen, erweist sich ihr geflecktes Fell als ein großartiges Tarnkleid. Doch brauchen sie heute auch den Menschen nicht mehr zu fürchten. Nur sehr selten noch wird die Erlaubnis zum Abschuß einer Giraffe erteilt. Die Kühe stehen unter gänzlichem Schutz. Sonst aber haben die Giraffen keine Feinde. Selbst der Löwe fürchtet die Schläge ihrer Vorderhufe, die ihm glattweg den Schädel oder das Rückgrat zertrümmern.

Innerhalb der Giraffenherde herrscht Friede und Eintracht. Die Jungtiere genießen den Schutz und die zärtliche Fürsorge der Kühe wie der Bullen. Während der Brunft freilich kommt es vor, daß zwei starke Bullen um einer Kuh willen Händel bekommen. Aber auch sie fechten ihr Duell gleichsam gelassen aus. Sie stellen sich dicht nebeneinander, schwenken die Hälse und schlagen sich die hörnerbewehrten Köpfe auf den Hals, den Rücken und in die Flanken. Sie verprügeln sich also regelrecht. Sehr bald hat dann einer genug, beginnt den anderen zu streicheln, und schon ist der Kampf beendet. Mit den Vorderhufen schlagen sie sich dabei nie.

Die Giraffenkuh trägt ihr Junges in 14–15 Monaten aus. Kurz vor dem Wurf sondert sie sich ab und bringt ihr Kalb in einem dichten Gebüsch zur Welt. Das Jungtier ist bei der Geburt schon gut anderthalb Meter hoch. Es kommt bereits nach einer knappen Stunde auf die zitternden Stakelbeine, findet den Milchquell und kann nach zehn Stunden auch schon laufen. Vom dritten Tage an springt es munter umher. Die Mutter führt es nun bald der Herde zu, wo alle Jungtiere einen richtigen Kindergarten bilden und in einer älteren Kuh eine sorgliche „Tante“ finden, die dafür sorgt.

Das Okapi

Der Afrikaforscher Stanley war der erste Europäer, der das Okapi, die damals noch unbekannte Waldgiraffe, sah. Es war in den Jahren 1887–1889, als er den Kongo durchzog, um den verschollenen Emin Pascha zu suchen. Von den Pygmäen, den kleinen Urwaldmenschen, wurde er auf das schokoladenbraune, etwa zebragroße Tier mit den schwarzweiß gestreiften Beinen aufmerksam gemacht, sah es auch selbst flüchtig, hielt es aber für einen Esel. Wie die Zoologen seiner Zeit war auch er fest davon überzeugt, daß es unmöglich noch ein unentdecktes Großtier in Afrika geben könnte. Immerhin erzählte er dem damaligen Gouverneur von Uganda, Sir Harry Johnston, von seiner Begegnung, regte dessen Forschergeist an und veranlaßte ihn, der Sache nachzugehen. Im Jahre 1900 schickte Johnston einige Fellstreifen des sagenhaften Tieres nach London.

Die Zoologen in London nahmen an, daß es sich bei diesem gestreiften Tier um eine Pferdeart, um ein Zebra handelte, und tauften es Equus Johnstoni. Schon ein Jahr später aber brachte der in belgischen Kolonialdiensten stehende junge schwedische Leutnant Erikson ein vollständiges Fell und Skelett des neuen „Zebras“ zu Johnston. Und nun erkannten die Gelehrten, daß sie in diesem Waldtier sehr wahrscheinlich einen kleinen Verwandten der Steppengi-

Das Lama wird in den Gebirgsgegenden Perus und Boliviens als Woll- und Fleischlieferant gehalten und leistet als Tragtier unschätzbare Dienste.

Bild nächste Seite: Ein Rudel der zierlichen Vikuñas an der Tränke

raffen vor sich hatten. Ein lebendes Tier konnte Erikson weder sehen noch fangen. Dieses Glück wurde erst dem Herzog Adolf Friedrich zu Mecklenburg und seinem Zoologen Dr. Schubotz zuteil, die im Jahre 1907 den Kongo durchstreiften und die gelungene Originalaufnahme eines erlegten Okapis mit nach Europa brachten.

Okapi (Okapia johnstoni): Bewohnt den dichten westafrikanischen Regenwald, ist vor allem am Ituri, Kibali und Epulu noch recht häufig, im allgemeinen wohl überhaupt weiter verbreitet, als man bisher annahm; Länge 190–200 cm, Schulterhöhe 150 bis 160 cm, Schwanz 60 cm; Männchen trägt zwei kurze, schräg rückwärts gerichtete, hautüberzogene Knochenzapfen auf der Stirn; Fell glänzend kastanien- oder schokoladenbraun; kennzeichnet sich durch weiße Querstreifen an den Hinterkeulen, weiße Gamaschen an den Hinterbeinen sowie weiße und schwarze Abzeichen an den Vorderbeinen; hat auffallend große und breite Ohren, regelrechte Schalltrichter mit dunkler Umrandung, einen grauweißlichen Kopf und eine bis zu 40 cm lange blaue Zunge.

Ganz leise zieht das rothirschgroße Okapi durch den gründämmernden Urwald und äst vorwiegend in der Nacht. Als heimlicher Einzelgänger durchstreift es ein weites Gebiet und beherrscht alle Künste der Tarnung. Noch in nächster Nähe verschwimmt der dunkle Körper im Halbdunkel des Tropenwaldes, lösen die großen Tarnanstriche seine Umrisse weitgehend auf. Es zu verfolgen, ist sinnlos. Das Okapi versteht es ausgezeichnet, sich während des Sprunges über einen Busch scharf herumzuwerfen und einen tüchtigen Haken zu schlagen. Wo es vergrämt wurde, läßt es sich lange nicht mehr blicken. So bleiben praktisch nur die Fallgruben, um seiner habhaft zu werden. Selbst die Pygmäen erlegen nur wenige Tiere mit dem Giftpfeil, so scheu ist es.

Die Kamele

Körperlich ist das Kamel dem harten Leben in der Wüste besonders angepaßt. Um während der Sandstürme atmen zu können, vermag es seine Nüstern fest zu verschließen. Ungewöhnlich lange Wimpern und ein reicher Tränenfluß schützen die großen

Augen. Die weichen und schlabbernden Lippen umfassen das stachlige und dornige Gezweig der harten Wüstenpflanzen äußerst geschickt. In den großen Hauttaschen und im sehr geräumigen Hintermaul werden die harten und sperrigen Pflanzenstoffe von einem außerordentlich starken Speichelfluß gleichsam eingewickelt und von den breiten gelben Zähnen zermalmt. Der Wiederkäuermagen ist zwar nur dreiteilig; es fehlt ihm der Blättermagen. Dafür aber enthält er rund 800 große Speicherzellen in seinem riesigen Pansen, in denen Wasser und Nährstoffe aufbewahrt werden, um dem Kamel während langer Hunger- und Durstperioden wieder zuzufließen. Nur dank dieser Zellen vermag das Kamel bei trockener Kost und dörrender Sonnenglut bis zu fünf Tage ohne Wasser auszukommen. Noch größere Speicher an Nährvorräten hat das Kamel in seinen großen Fetthöckern, die nach reichlicher Weide fest und prall, nach langen Entbehrungen schlapp und weich sind. Zugleich entlasten diese Fetthöcker den Körper von einer allseitigen Fettschicht, unter der das vierbeinige Wüstenschiff ersticken müßte. Dem Laufen im hohen, hartkörnigen und scharfsplittrigen Sand angepaßt ist der Fuß mit seiner dicken, breiten und trefflich schützenden Hornschwiele, die ein Einsinken und Verwunden der Hufe verhindert. So kann das Kamel auch auf alle Seitenzehen verzichten. Die großen harten Schwielen an den Knie- und Ellenbogengelenken sowie am Brustkasten ermöglichen ihm das Lagern auf der sandigen und steinigen Erde.

Von den anderen Wiederkäuern unterscheiden sich die Kamele noch durch das Fehlen der Hautfalte zwischen Bauch und Hinterbein, wodurch die Beine ungewöhnlich lang erscheinen. Sie entwickeln auch keine Stirnwaffen, sondern verteidigen sich beißend, tretend und spuckend. Eine besondere Eigentümlichkeit ist, daß sie sich als die einzigen Huftiere im Liegen paaren.

Dromedar oder einhöckriges Kamel (Camelus dromedarius): Wird in Nordafrika, Arabien und Vorderasien gehalten, dient vorwiegend als Last- und Reittier; Länge 240–260 cm, Schulterhöhe 230–250 cm, Schwanz 60–70 cm; Fell zumeist licht-sandfarben, doch gibt es unter den verschiedenen Rassen auch graue, braune, weißliche und schwärzliche Tiere; das Haar ist weich und wollig, im Nacken, unter der Kehle, an den Schultern und auf dem Höcker wesentlich verlängert, am Schwanzende verdickt; die Gestalt wirkt durch den pyramidenförmigen großen Fetthöcker, den langen gebogenen Hals und die hohen Beine recht ungewöhnlich; der Kopf ist kurz, das Gesicht sehr gestreckt, der Scheitel rund und hoch gewölbt, die Ohren auffallend klein, die Augen stark vorgewölbt, die Oberlippe schwer überhängend.

Trampeltier oder zweihöckriges Kamel (Camelus bactrianus): Wird in der Mongolei, in Turkestan, Westsibirien, Transkaspien, Kleinasien, Persien und Afghanistan gehalten, wurde mit Erfolg in Südeuropa, Südwestafrika und Australien eingeführt, dient vorwiegend als Lasttier; Länge 250–270 cm, Schulterhöhe 230–250 cm, Schwanz 60–70 cm; Fell zumeist tiefbraun, im Sommer rötlich, durchweg dunkler als beim Dromedar; das Haar ist beträchtlich länger und reicher, bildet am Ober- und Unterhals lange Mähnen, auf dem Scheitel, den Hökkern und an den Vorderbeinen dichte Schöpfe; kennzeichnet sich durch zwei Rückenhöcker, wirkt schwerer und plumper als das Dromedar.

Ein starker Hengst führt die Herden der wilden wie der verwilderten Kamele, bewacht die Stuten eifersüchtig und verteidigt sie während der Brunft gegen jeden auftauchenden Nebenbuhler. Diese Kämpfe nehmen selbst unter zahmen Kamelen schnell einen äußerst erbitterten Charakter an. Die sehr erregten Tiere fressen kaum noch, knirschen mit den Zähnen, gurgeln und stöhnen, knurren und brüllen, sondern aus einer Nackendrüse ein penetrant riechendes teerähnliches Sekret ab und würgen einen luftgefüllten Brüllsack von der Größe eines Kinderluftballons aus dem Maul. Geifernd spucken sie sich in die Augen, verwunden sich mit den raubtierartig langen Eckzähnen und versuchen sich mit den Vorderhufen niederzutrampeln.

Die Kamelstute bringt ihr Junges nach einer Tragzeit von rund 12–13 Monaten zur Welt. Mutter

Bild vorhergehende Seite: Die Bestände des Schwarzwildes werden heute gepflegt – auch mit Winterfütterungen – und erholen sich wieder.

Das südamerikanische Vikuña erkennt man an seiner langen weißen Brustmähne. Das zierliche Gebirgskamel lebt in Rudeln auf grasigen Hochsteppen bis zu 5000 m Höhe.

und Kind bleiben nun möglichst ein Jahr auf der Weide. Meistens aber beginnt für die Stute schon wenige Wochen oder gar nur Tage nach dem Wurf der arbeitsreiche Alltag. Das Füllen trabt dann ledig neben ihr her. Im zweiten Jahr begleitet es bereits die Karawane und stählt und kräftigt so seine Organe und Glieder. Nach dem vollendeten dritten oder vierten Lebensjahr wird es selbst zur Arbeit eingespannt oder als Lasttier beladen. Im sechsten Lebensjahr ist es voll einsatzfähig, steht es gleichsam in seiner Blüte, die etwa bis zum fünfzehnten Lebensjahre währt.

Die Kamele der Neuen Welt

Der wilde Vorfahre des Lamas, das etwa hirschgroße, braunrote Guanako, lebt noch immer wild in den baumlosen Gebirgszügen der Anden vom Feuerland bis zum südlichen Peru. Von dort aus wird es durch das Vikũna vertreten, das ihm nah verwandt, aber nur damhirschgroß, beträchtlich zierlicher und vorwiegend rötlichgelb ist. Die Haustierform des Vikuñas ist das etwas größere und schwerere Alpaka, das sich durch sein langes und schweres Wollvlies auszeichnet und vorwiegend schwarz oder weiß ist. Es wurde von jeher nur als Woll- und Fleischlieferant gehalten und eignet sich nicht als Lasttier.

Guanako (Lama guanicoe): Bewohnt die Hochkordilleren von Südperu über Chile bis Nordargentinien sowie die Hochsteppen von Patagonien; Länge 215–225 cm, die Schulterhöhe 105–115 cm, die Scheitelhöhe 150–160 cm, Schwanz 24 cm; die Weibchen sind beträchtlich kleiner; Fell lang, reichlich und lokker, oberseits schmutzig-rotbraun, unterseits sowie an der Brust, am After und an den Innenseiten der Läufe weißlich, am Kopf grau und schwärzlich; hat große dunkelbraune Augen mit langen schwarzen Wimpern; Gestalt verhältnismäßig kurzleibig, schlank- und hochbeinig, Weichen stark eingezogen. Hals lang und dünn, Kopf seitlich zusammengedrückt, Oberlippe tief gespalten und vorspringend, Nasenlöcher verschließbar, Ohren lang und beweglich.

Als echte Hochgebirgstiere klettern die in starken Rudeln lebenden Guanakos bis in Höhen von 5000 m, meiden aber die ausgesprochenen Schneeregionen und die Gletscher. Ein starker Hengst führt die Tiere, versammelt etwa ein Dutzend Weibchen um sich, das er sich in sehr harten Gefechten erkämpfte. Mit den Jungtieren und der heranwachsenden Jugend sind es zumeist an die dreißig Köpfe, die das Rudel umfaßt. Geschlechtsreife Männchen boxt, schlägt und beißt der Führer aus der Gemeinschaft. Zielsicher spuckt er ihnen in die

Augen und schlägt sie dann zusammen. Nach der Regenzeit führt er das Rudel in die Täler, wo die Weibchen dann auch regelmäßig ihre Jungen werfen. Die in kleinen Gruppen lebenden jungen Männchen sind außerordentlich wanderlustig, streifen weit umher und schwimmen an den Küsten oft von einer Insel zur anderen.

Sand- und Schneebäder sind den Guanakos ein Bedürfnis. Ihren Kot setzen sie – wie übrigens alle Lamas – gemeinsam an bestimmten Stellen ab, wo er sich zu beachtlichen Haufen türmt und die Brennstofflager der Indianer darstellt.

Lama (Lama g. glama): Wird besonders in den kühleren Gebirgsgegenden Perus und Boliviens als Haustierform des Guanakos gehalten, dient als Woll- und Fleischlieferant wie als Tragtier, ist größer und stärker als das Guanako, erreicht eine Schulterhöhe von 120 cm, eine Scheitelhöhe von 180 cm, hat ein sehr dichtes Vlies, ändert wie alle Haustiere in der Färbung, ist bald weiß oder schwarz, bald bunt gescheckt, bald rot- oder dunkelbraun, bald ockerfarben oder fuchsrot, hat einen kurzen schmalen Kopf, besonders große, ausdrucksvolle und lang bewimperte Augen, kleine Ohren und große Fußsohlen.

Vikuña (Lama vicugna): Bewohnt die Kordilleren von Mittelchile und Nordargentinien über Bolivien bis Peru; Länge 190–200 cm, Schulterhöhe 100 cm, Schwanz 20 cm; Fell oberseits ockerfarben, rötlichgelb, unterseits weiß; kennzeichnet sich durch eine lange weiße Brustmähne, hat ein besonders feinwolliges seidiges Vlies; steht gestaltlich in der Mitte zwischen dem Guanako und dem Lama, erreicht aber nur Damhirschgröße und ist sehr zierlich.

Obwohl auch das Vikuña in Höhen bis zu 5000 m steigt, meidet es doch die rein felsigen Gebirgsstöcke und bevorzugt die grasigen Hochsteppen. Die ebenfalls von einem Hengst geführten Rudel sind klein, umfassen meist nicht mehr als 8–12 Tiere. Vielleicht vermag ein Hengst gar nicht mehr weibliche Tiere zu erringen, da die Brunftkämpfe außerordentlich erbitterte und heftige Formen annehmen und sich lange hinziehen.

Eigenartigerweise werden bei den Vikuñas die herangewachsenen Männchen von den Weibchen aus der Gemeinschaft gedrängt, die nur ihre einjährigen Kinder bei sich dulden. Innerhalb der Rudel der jungen Hengste finden während der Brunft harte Ausscheidungskämpfe statt, bei denen viel geschrien, gestoßen und gespuckt und eine strenge Rangordnung aufgestellt wird.

Alpaka (Lama pacos): Wird vor allem in Südperu und Nordbolivien als Haustierform des Vikuña gehalten, ist etwas größer als dieses, wirkt besonders durch sein ungewöhnlich reiches und langes Wollvlies beträchtlich kräftiger und massiger, ist meist schwarz oder weiß, seltener gescheckt, wird halbwild in riesigen Herden gehalten und nur zur Schur eingefangen, liefert gute Wolle und wohlschmeckendes Fleisch.

Die Schweine

Wilde Schweine gibt es in allen Ländern der Erde und fehlten früher lediglich in Polynesien, Australien und Neuseeland. In Amerika werden sie durch die Nabelschweine vertreten. Heute sind sie auch dort verbreitet, wo sie ursprünglich fehlten, sind teils als Jagdwild eingeführt worden, teils aus entlaufenen Hausschweinen verwildert.

Fast durchweg sind sie nächtlich lebende Allesfresser, echte Busch- und Waldschlüpfer, im dichtesten Unterholz zu Hause. Sie lieben den urigen, sumpfigen, feuchten Wald, ganz gleich, ob er sich hoch im Gebirge oder tief in den Flußauen ausbreitet. Das Suhlen in schlammigen und morastigen Lachen und Tümpeln ist ihnen dringendes Bedürfnis. Der dann von einer dicken Schlammkruste bedeckte Leib wird an sogenannten Malbäumen ausgiebig gescheuert und auf diese originelle Weise von den vielen lästigen Insekten und Hautschmarotzern befreit sowie gründlich gesäubert.

Wildschweine leben in allen Teilen der Erde. Die meisten Arten sind Allesfresser und leben in naturnahen, feuchten Wäldern. Das Suhlen ist für die Nachttiere wichtig, da sie sich so von den vielen lästigen Insekten und Hautschmarotzern befreien können. Tagsüber ruhen die meist geselligen Tiere in ihren gemeinsamen Lagern im dichten Unterholz.

Tagsüber ruhen die vorwiegend geselligen Tiere in ihren gemeinsamen Lagern im dichten Unterholz. Nur die starken Eber oder Keiler halten sich gesondert und ziehen unstet als Einzelgänger durch die Forste. Gegen Abend ermuntert sich die Rotte zum Wurzelgang. Gefressen werden neben allen Feld- und Waldfrüchten, Kräutern, Pilzen und Beeren auch alle kleineren Tiere, die ihnen bei ihrer Wühlarbeit vor den Rüssel kommen, also Insekten und deren Larven, Schnecken und Würmer, Frösche und Molche, Schlangen und

Mäuse. Gern nehmen die Wildschweine auch jegliches Aas an und befördern kranke und waidwunde Tiere schnell in die ewigen Jagdgründe.

Obwohl ihnen ein gemächliches, behäbiges und phlegmatisches Wesen eigen ist und sie gewöhnlich ruhig dahintrotten, können sie im Ernst- und Notfall doch erstaunlich flott werden, im Schweinsgalopp dahinpreschen und eine starke Angriffslust entwickeln. Der Keiler verteidigt seine Bache und wehrt sich seiner eigenen Haut entschlossen und schneidig, nimmt jeden Gegner wutschnaubend an und fletscht furchteinflößend die gefährlichen Hauer. Seine Taktik besteht darin, den Feind über den Haufen zu rennen und ihm dabei mit aufwerfendem Kopf einen tüchtigen Riß zu versetzen. Er führt sein „Gewehr" dabei mit solcher Wucht, daß sein Hieb kaum zu parieren ist und regelmäßig tiefe Wunden schlägt. Die Bache, die besonders wehrhaft ist, wenn sie Frischlinge führt, begnügt sich nicht mit dem Umwerfen des Gegners, sondern versetzt dem Geworfenen noch Bisse und Tritte. Im allgemeinen jedoch wird der rasante Angriff nicht wiederholt. Hat das angreifende Wildschwein also den Feind im ersten Ansturm verfehlt, so dreht es nicht um und kehrt sofort zurück, sondern prescht in voller Fahrt weiter davon und verschwindet.

Übrigens sind die Schweine neben den Flußpferden die einzigen Paarhufer, die keinen Wiederkäuermagen haben.

Das eurasische Wildschwein

Das Wildschwein unserer Wälder stellt das unverfälschte Urbild des eurasischen Wildschweines dar, das in 21 Unterarten über das ganze kontinentale Europa, das mittlere Asien und das nördliche Afrika verbreitet ist. Es kommt auf Korsika und Sardinien wie auf Formosa, Sumatra, Java, Flores und Sri Lanka vor, belebt als verwildertes Hausschwein große Teile Australiens und Neuseelands und als eingeführtes Jagdwild Nord- und Südamerika.

Mitteleuropäisches Wildschwein (Sus scrofa scrofa): Bewohnte ursprünglich alle Landschaften Mitteleuropas, ist durch die heftigen Verfolgungen zu einem sehr scheuen und nächtlichen Waldtier geworden; Länge 150–170 cm, Schwanz 25 cm, Schulterhöhe 70–90 cm; Maße gelten für den starken Keiler, die Bache ist immer kleiner; Fell in der Grundfarbe im Sommer vorwiegend grau, im Winter schwärzlich, besteht aus langen steifen Borsten und kurzem feinem Wollhaar, bildet auf dem Rücken eine stehende Kammähne, ist bei den Frischlingen auf graurötlichem Grund gelblich gestreift; die oberen Eckzähne des Keilers krümmen sich zu stattlichen Hauern aufwärts, wetzen sich an den verlängerten unteren Eckzähnen.

Nach einer Tragzeit von genau 3 Monaten, 3 Wochen und 3 Tagen wirft die Bache, die sich kurz vorher von der Rotte absondert, ihre 4–12 Frischlinge in einem besonders sorgsam ausgesuchten und reichlich mit Moos, Laub und Nadeln gepolsterten Lager oder Kessel. Die jungen Bachen bekommen zuerst meist nur 4–6 Junge. Alle aber geben sich in dieser Zeit ungewöhnlich heimlich. Die ersten vierzehn Tage dürfen die gestreiften Jungen den Kessel überhaupt nicht verlassen und werden sorgsam zugedeckt, wenn sich die Mutter zu einem kurzen Wurzelgang entfernt. Später führt die Alte die Frischlinge mit sich und sieht jetzt in jedem Lebewesen einen erklärten Feind ihrer Kinder. Ob Marder oder Iltis, Dachs oder Fuchs, Wildkatze oder Mensch – sie greift sofort an und kann sich bei tatsächlichen Übergriffen nur sehr schwer beruhigen. Wildernde Hunde bringen das Muttertier vollends aus dem Häuschen und müssen ihre Attacken auf die Frischlinge oft mit dem Leben büßen.

Die Fluß- oder Pinselschweine

Immer in der Nähe von Flußufern leben die Pinselschweine. Ihre besonderen Kennzeichen sind die langen und spitzen, mit einem ausgezogenen Haarbüschel versehenen Ohren und zwei Paar knöcherne Gesichtswarzen. Die Haarborsten sind kurz und verhältnismäßig weich, sie verdichten und verlängern sich unter den Augen, an den Wangen, am Unterkiefer und Unterhals zu starken Büscheln.

Als die geborenen Erdwühler fressen die Flußschweine neben pflanzlichen Stoffen auch reichlich Würmer, Schnecken, Lurche, Schleichen und Schlangen. Selbst Giftschlangen werden gut von ihnen vertragen. Die Bachen, die nur zwei Paar Zitzen haben und meist auch nur zwei gestreifte Junge werfen, bauen sich zur Wurfzeit große und bedachte Nester aus Gras und Blättern auf.

Flußschwein (Potamochoërus porcus): Bewohnt Süd- und Ostafrika; Länge 130–140 cm, Schwanz 25 cm, Schulterhöhe 60–70 cm; Fell rötlich graubraun, im Gesicht fahlgrau, Nackenmähne und Backenbart weißlichgrau; kommt in einer grauen Unterart als das sogenannte *Larvenschwein (P. p. larvatus)* auch auf Madagaskar vor.

Pinselschwein (Potamochoërus porcus pictus): Bewohnt Westafrika; Länge 120–130 cm, Schwanz 25 cm, Schulterhöhe 50–60 cm; Fell kupferrot oder rotgelb, an der Stirn, auf dem Scheitel, an den Ohren und Beinen schwarz; die Rückenmähne, der Ohrsaum, der Ohrpinsel und der Backenbart sind dagegen weiß oder gelblichweiß; die Augen sind schwarz umrahmt und weiß bebrillt; auch die Gesichtswarzen tragen helle Borstenbüschel, was lustig aussieht.

Warzenschweine haben die Eigenart, bei der Nahrungsaufnahme auf den Gelenken der Vorderläufe zu rutschen. Die schützenden, hornigen Schwielen an den Handbeugen besitzen die Frischlinge von Geburt an. Nach einem Jahr trennen sich die selbständig gewordenen Jungen von ihrer Mutter.

Die Warzenschweine

Gleichsam das Zerrbild einer wilden und wüsten Sau ist das Warzenschwein mit seinem grotesk großen und breitschnauzigen Kopf, seinen gewaltigen, bizarren Gesichtshöckern, seinen riesigen, breiten Hauern, seinem fast nackten, rund tonnenförmigen und sehr niedrig gestellten Leib, über den die schwarzen Mähnenhaare in langen Fransen fallen. Auch über die breite Stirn und die kleinen Augen hängen diese langen weichen Borsten, so daß das Warzenschwein tückisch darunter vorzuschielen scheint. Kein Wunder, daß dieses Muster an plumper Häßlichkeit nun auch noch einen üblen Charakter angedichtet bekam und zum gefährlichsten Wildschwein der Welt wurde. In Wirklichkeit aber weicht es dem Menschen tunlichst aus, setzt sich selbst angeschossen nur selten zur Wehr und ist friedsam.

Das Warzenschwein ist über alle Steppen Afrikas südlich der Sahara verbreitet, lebt einzeln, paarweise oder in kleinen Familienverbänden, verbringt den Tag in dichten Büschen oder in Erdhöhlen, die es entweder selbst mit den starken Hauern wühlt oder von vertriebenen Erdferkeln übernimmt.

Warzenschwein oder Hartläufer (Phacochoërus aethiopicus): Bewohnt ganz Afrika südlich der Sahara, ist in Süd- und Westafrika aber schon sehr in seinem Bestand gefährdet; Länge 140–150 cm, Schwanz 45 cm, Schulterhöhe 65–70 cm; Haut kaum behaart, graulich-schieferfarben und stark schorfig; hat eine lange schwarze Rükkenmähne, die seitlich bis zum Bauch und vom Kopf über Stirn und Augen fällt; kennzeichnet sich auffällig durch die mächtigen hornartigen Warzenhöcker unterhalb der Augen.

Wenn das Warzenschwein wurzelt, so fällt es auf seine durch dicke Hornschwielen geschützten Handbeugen und pflügt den Boden mehr mit den Hauern als mit der Rüsselscheibe. Mit den Hinterbeinen nachschiebend, rutscht es vorwärts und reißt tiefe Furchen in den Grund, den es nach Wurzeln und Knollen durchwühlt. Alles kleinere Getier wird dabei mit aufgenommen

und zermanscht, gern auch Aas angenommen. In das Lager oder die Erdhöhle schiebt es sich rückwärts, um jederzeit jäh vorbrechen, um sich zu hauen und flüchten zu können. Die Paare halten fest zusammen. Oft bleibt die Bache ungeachtet der Gefahr beim waidwunden Keiler stehen und wird so eine leichte Beute der Jäger. Wenn die Bache dann die Frischlinge – von denen sie jeweils nur 3–4 Stück wirft – führt und betreut, geht der Keiler wieder seine eigenen Wege. Die Frischlinge bringen die Hornschwielen an den Handbeugen gleich mit auf die Welt. Die Warzenschweine sind also geborene Rutscher. Eigentümlich ist ferner, daß ihnen von ihren vierzig Zähnen im Laufe des Lebens alle bis auf die mächtigen Hauer und den letzten großen Backenzahn völlig ausfallen.

Das Riesenwaldschwein

Das echte afrikanische Urwaldschwein, eine riesige Wildsau, hat es verstanden, den Zoologen seine Existenz bis vor knapp 80 Jahren zu verheimlichen. Erst im Jahre 1904 wurde es von dem britischen Leutnant Meinertzhagen, einem Kolonialoffizier, im westlichen Kenia unweit des Viktoriasees entdeckt. Dabei ist es durchaus nicht selten, sondern verbreitet sich in mehreren Rassen quer durch Afrika, ist zudem noch ein Tagtier, das in starken Familienrudeln lebt.
Den Eingeborenen war es natürlich schon lange bestens bekannt. Sie jagten es viel und verzehrten es gern, obwohl ihnen die wehrhaften Keiler nicht selten sehr ernstlich zusetzten.

Riesenwaldschwein (Hylochoërus meinertzhageni): Bewohnt die Urwälder von Liberia bis Tanganjika und wohl auch noch andere afrikanische Urwaldgebiete, ist größer und schwerer als unser Wildschwein, erreicht ein Gewicht von über 200 kg; Fell dicht, schwarz, borstig, auf der Brust und an den Flanken mit eingestreuten weißen Haaren; hat sehr dicke und starke Eckzähne, eine besonders starke und lange Rüsselscheibe, pinselähnlich ausgezogene breite Ohren; kennzeichnet sich vor allem durch die großen, dicken, baumschwammähnlich aufgeschwollenen Warzen unterhalb der Augen.

Das Riesenwaldschwein kennt ein echtes Familienleben. Der Keiler, die Bache und die Frischlinge leben das ganze Jahr über zusammen und bilden oft recht stattliche Rotten. Die Jungen sind zuerst hellbräunlich, aber nicht gestreift. Im Gegensatz zu den anderen Wildschweinen wühlt es die Pflanzenstoffe nicht aus der Erde, sondern reißt sie von den Büschen und Bäumen und ist vor allem auf rankende Kletterpflanzen spezialisiert. Sein Lager bezieht es in dichten Dickichten.

Die Hirscheber

Glattweg durch die Haut der Rüsselschnauze, also durch die Oberlippe wachsen dem Hirscheber die ebenso langen wie verhältnismäßig dünnen oberen Eckzähne, krümmen sich im Bogen zur Stirn und dringen nicht selten noch in deren Haut ein. Nicht viel minder hoch erheben sich die gleichfalls geschwungenen Hauer aus dem Unterkiefer. Und so entsteht der Eindruck, als trage das sonst recht wohlgebaute und flotte Schwein ein doppeltes Gehörn. Auf alle Fälle haben wir hier den seltsamsten Schweinekopf vor uns und wissen bis heute noch nicht zu sagen, welchen Zweck diese Riesenhauer erfüllen mögen. Als Waffen wie als Wühlwerkzeuge sind sie bestimmt unbrauchbar, es sei denn, daß die Keiler mit ihnen während der Brunftzeit ein beachtliches Getöse und Geprassel zu erzielen vermögen. Vielleicht sind sie überhaupt nur eine männliche Zierde, entstanden aus dem Überschuß der Kräfte.

Die Hirscheber kommen nur

Nilpferde sind amphibisch lebende Tiere. Dennoch sind sie durch ihre plumpe Körperform schlechte Schwimmer. Sie stehen zumeist an schwach fließenden Flußstellen, die weniger als zwei Meter tief sind. Heiße Tage verbringen sie träge, sonnen sich im Uferbereich und auf Sandbänken. In der kühlen Nacht nehmen sie an Land pflanzliche Nahrung zu sich. Die mächtigen Hauer der Nilpferde wachsen ständig weiter und können die Tiere sogar schmerzen.

auf Buru und Celebes sowie etlichen benachbarten kleinen Sunda-Inseln vor. Als ganz vorzügliche Schwimmer wechseln sie von einer Insel zur anderen über, sind überhaupt dem Wasser mehr als alle anderen Wildschweine verschworen. Der sumpfige, üppige, tropfende Regenwald, die gründämmernde, feuchte, modernde Waldwildnis ist ihr Lebensraum.

Hirscheber oder Babyrussa (Babirussa babyrussa): Bewohnt etliche Sunda-Inseln in zwei Rassen; Länge 110 cm, Schwanz 20 cm, Schulterhöhe 80 cm; Haut runzelig, schmutzig aschgrau, an der Innenseite der Beine rostrot, längs der Mittellinie hell bräunlichgelb, an den Ohren schwärzlich, überall nur spärlich mit feinen kleinen Borsten bedeckt; Gestalt gestreckt, allseitig rund, Rücken gewölbt, Hals kurz und dick, Kopf klein und spitzrüßlig, Beine verhältnismäßig gestreckt. Schwanz dünn und hängend, sich stark verjüngend und ohne Quaste.

Die Bache, die nur ein Paar Zitzen hat, wirft regelmäßig ein Junges. Zwillinge sind schon eine Seltenheit. Die Frischlinge kommen ungestreift auf die Welt. Sie wachsen im Schutze des starken Rudels und unter der Obhut der sie eifersüchtig hütenden Mutter schnell heran und brauchen sich weder vor dem Tiger noch vor dem Panther oder anderen Raubtieren, die auf diesen glückseligen Inseln fehlen, zu fürchten. Erwachsen, zeigen sie ein selbstbewußtes Wesen, sind wehrhaft und angriffslustig, weichen dem Menschen jedoch aus und stellen sich nur in äußerster Bedrängnis.

Den Tag verschlafen die Hirscheber wie die meisten Wildschweine, werden erst am Abend so richtig munter und nähren sich vorwiegend von gefallenen Waldfrüchten, von den Kerbtieren und deren Larvenbrut in den modernden Stämmen und Stümpfen sowie von den unterschiedlichsten Wasserpflanzen.

Die Nabelschweine oder Pekaris

Die Wildschweine der Neuen Welt unterscheiden sich von den echten Schweinen durch so viele anatomische und biologische Eigenheiten, daß sie eine Tierfamilie für sich bilden, obwohl sie heute nur noch in einer Gattung mit zwei Arten auftreten. Vor allen Dingen sind sie kleiner und flotter als die Wildschweine der Alten Welt, haben einen kürzeren Kopf mit einer stumpferen Schnauze, kleinere spitzere Ohren und einen ausgesprochen verkümmerten Stummelschwanz. Die oberen Eckzähne der Keiler krümmen sich nicht aufwärts, sondern sind raubtierartig nach unten gerichtet, aber ebenfalls beträchtlich verlängert. Besonders kennzeichnen sie sich durch eine große nabelförmige Drüse auf dem Hinterrücken, die gleich einem Geschwür hervortritt, wenn sie sich erregen und die Rückenhaare aufstellen. Anatomisch unterscheiden sie sich von den Altweltschweinen durch ihren recht altertümlichen, noch vierhöckrigen Zahnbau, das Fehlen der Außenzehe an den Hinterfüßen, den dreigeteilten Magen – der an den Wiederkäuermagen anklingt – und das einzige Zitzenpaar der Bachen.

In ihrer Lebensart dagegen sind sie echte Wildschweine, lieben den dichten und buschigen Wald, betätigen sich als eifrige Erdwühler und Kleintiervertilger, zeigen sich ungewöhnlich wehrhaft, sind aber Tagtiere. Ihre lebendige und angreiferische Art wird den meisten Lesern durch den Disneyfilm „Die Wüste lebt“ bekanntgeworden sein, in dem sie einen stattlichen Rotluchs derartig bedrängen, daß er sich in seiner Angst schließlich auf einen hohen Säulenkaktus flüchtet. Unbedenklich und bedrohlich zähneklappernd greifen sie auch den Menschen an, der sich ihnen in den Weg stellt und dem dann nichts anderes übrigbleibt, als sich ebenfalls auf einen Baum zu retten.

Halsbandpekari (Tayassu tajacu): Bewohnt ganz Südamerika vom Süden der Vereinigten Staaten an, kommt auch auf Trinidad vor, paßt sich jedem Landschaftscharakter an, ist noch recht häufig; Länge 85–95 cm, Schwanz 2 cm, Schulterhöhe 35–40 cm; Fell borstig, schwärzlichbraun, an den Seiten gelblichbraun und mit Weiß vermischt, am Bauch braun, an der Vorderbrust weiß; trägt eine gut sichtbare, breite, gelblichweiße Schulterbinde; lebt in kleinen Rudeln von 20–30 Tieren.

Die Nil- oder Flußpferde

So mancher Tiergartenbesucher wird ob der dunklen Brühe schon die Nase gerümpft und die armen Giganten bedauert haben, die ihr Leben darin verbringen müssen. Das Nilpferd aber denkt über Kot und Unrat ganz anders als wir. Es würde sein Becken, auch wenn wir es zehnmal am

Das Nilpferd bevorzugt flache Gewässer mit seichten Ufern. In größeren Herden ist es nur noch in Afrika, südlich der Sahara anzutreffen.

Tag mit frischem Wasser füllen sollten, immer wieder sofort verunreinigen. Für seinesgleichen gilt nur der Bereich als für sein eigen, der mit diesem „Parfüm" geschwängert und gekennzeichnet ist. Mit ebensolchen Duftmarken versieht es auch in der Freiheit sein Revier, das Stück Flußlauf oder See, das ihm gehört, die getretene Ufertreppe, auf der es an Land steigt und das angrenzende Stück Steppe oder Wald, wo es nächtlicherweise weidet. Der kleine Schwanz dient ihm dabei als Parfümzerstäuber und kreist wie ein Propeller herum.

Auch dann, wenn sich zwei Nilpferdbullen begegnen, wenn der eine in das Revier des anderen vorstößt oder sich die gleiche Sandbank als Sonnenplätzchen auserkor, treten diese Schwanzpropeller sofort in Tätigkeit. Jede Kot- und Urinsalve des einen wird von einer solchen des anderen beantwortet und dabei genau aufgepaßt, wer hier die meiste Munition zu verschießen hat. Derjenige, dem der Stoff zuerst ausgeht, ist immer der Unterlegene, mag er das Riesenmaul mit den gewaltigen Eckzähnen auch noch so furchterregend aufreißen. Und wenn er es nicht auf ein Duell ankommen lassen will, bei dem er unter dem deprimierenden Eindruck seines diesbezüglichen Versagens von Anfang an eine schlechte Position einnimmt, so räumt er anstandslos den Platz. Während der Brunft allerdings folgt dieser seltsamen Salvenprobe meist noch ein heftiger Kampf, bei dem die Hauer dann das letzte Wort sprechen und es gewöhnlich zu schweren Verwundungen kommt.

Der Sieger aber, der sich dann dem Weibchen nähert, weiß wiederum keine bessere Begrüßungsformel, als es nun gleichfalls mit einem kleinen Platzregen zerstäubter Exkremente zu erfreuen. Daß sein Gebiß in bester Ordnung ist und er sich vor keinem Geschöpf dieser Erde fürchtet, beweist er nebenbei durch ein öfteres gähnendes Maulaufreißen.

Die Paarung wie später auch die Geburt und das Säugen des einzigen Kindes findet regelmäßig im Wasser statt. Die Tragzeit währt rund acht Monate. Das frischgeborene Nilpferdchen ist nicht größer als der Kopf seiner Mutter und wiegt etwa 30 Kilo.

Entgegen ihrem Namen stehen die ebenfalls nicht wiederkäuenden Flußpferde den Schweinen viel näher als den Pferden. Auch bei ihnen verlängern sich die Eckzähne zu langen und gefährlichen Hauern, kennzeichnen sich die Füße durch vier Zehen, sind Kopf, Hals und Rumpf eine geschlossene und kompakte Einheit und gut in beträchtliche Fettschichten verpackt, während der Schwanz ungewöhnlich klein ist. Noch mehr als die Flußschweine sind die Nilpferde dem Leben im Wasser angepaßt, brauchen das feuchte Element unbedingt, führen ein rein amphibisches Dasein und verzichten deshalb gänzlich auf eine Behaarung. Bieten ihnen die Gewässer genügend Pflanzennahrung, so gehen sie nur selten einmal an Land.

Großes Nil- oder Flußpferd (Hippopotamus amphibius): Bewohnt in vier Unterarten weite Teile Afrikas südlich der Sahara, ist am Unterlauf des Nils und im Kapland so gut wie ausgerottet; Länge 400 cm, Schwanz 45 cm, Schulterhöhe 150 cm, Gewicht 2000–2500 kg; Haut nackt bis auf einige Tastborsten am Maul, je nach Unterart zartrosa, schmutzigrot, gelblich, bräunlich, graublau oder dunkelschiefergrau, reich an Drüsen, die bei erregten oder lange außerhalb des Wassers befindlichen Tieren einen weinroten Schleim ausscheiden.

Obwohl das Flußpferd ausgezeichnet schwimmt und taucht, bis zu vier Minuten unter Wasser bleiben kann, sich leicht und spielerisch im Wasser tummelt und selbst das Meer nicht scheut, liebt und bevorzugt es doch flache Gewässer mit seichten Ufern, in denen es gemütlich auf dem Grund dahinlaufen kann und nur den Kopf zu heben braucht, wenn es Luft holen muß. Oft begnügt sich eine ganze Herde der riesigen Tiere mit einem kleinen Teich, auf dessen Grund sie viele seichte Gruben wühlen, die durch regelrechte Laufgräben miteinander verbunden sind. Diese Anlagen ermöglichen es ihnen, selbst bei niedrigem Wasserstand schnell wegzutauchen, unter Wasser dahinzulaufen und sich zu bergen.

Zwergflußpferd (Choeropsis liberiensis): Bewohnt die westafrikanischen Urwälder von

Nigeria, Liberia, Sierra Leone und Guinea; Länge 140–150 cm, Schwanz 15 cm, Schulterhöhe 80 cm, Gewicht 240–250 kg; Haut nackt, oberseits schiefergrau bis schieferschwarz, unterseits mit olivgrünem Schimmer; Gestalt gut wildschweingroß aber mehr tapirähnlich, Läufe verhältnismäßig hoch und kräftig, Augen klein und nicht vorgewölbt wie beim Nilpferd, Nasenlöcher ebenfalls nicht aufgeworfen; die Oberlippe hängt polsterartig über die Unterlippe; der Schwanz endet in einer starken Quaste.

Das Zwergflußpferd, das zweifellos der urtümlichere Vetter des Nilpferdes ist, trägt seinen Namen zu Unrecht. Es führt nämlich durchaus kein amphibisches Leben und betrachtet das Wasser so wenig als sein Lebenselement, daß es seinen Fluchtweg nie zu ihm, sondern dem Urwald zu nimmt. Sümpfe, Moräste, Brüche und Moore in der Nähe der Gewässer und mitten im Urwald sind sein eigentlicher Lebensraum. Während der Regenzeit meidet es die Flüsse und Ströme gänzlich, verläßt die ausgewaschenen Höhlungen in den Uferwänden, die es sonst gern als Lager bezieht und gelegentlich auch röhrenartig erweitert, und verzieht sich in den Wald.

Im Gegensatz zum Nilpferd lebt es einzelgängerisch und hält so wenig von der Geselligkeit, daß es jeden Artgenossen, dem es zufällig begegnet, grimmig anfaucht, anfletscht und auch angreift. Nur in der Brunft mildern sich diese eigenbrötlerischen Sitten und schlagen fast ins Gegenteil um. Dann fällt das männliche Zwergflußpferd buchstäblich vor dem auserwählten Weibchen in die Knie und erregt sich dabei so sehr, daß seine Hautdrüsen reichlich weißen Schleim absondern. Zuletzt sieht der wunderliche Werber tatsächlich wie eingeseift aus.

Die Paarung findet auf dem Lande statt. Nach genau 200 Tagen wirft das Weibchen in einem dichten Busch sein einziges Junges, das recht winzig ist und nicht mehr als zehn Pfund wiegt. Dennoch steht das Kerlchen schon fünf Minuten später auf den Beinen und ist am zweiten Tag bereits ein recht quickes Ferkel. Der Gefahr, daß die plumpe und schwere Alte es beim Niederlegen einmal erdrücken könnte, weicht der Wicht dadurch aus,

Der Schwertwal hat seinen namen von der schwertförmigen, rund 1 ½ Meter langen Rückenflosse, die beim Schwimmen aus dem Wasser ragt und dieses gefürchtete Raubtier des Meeres ankündigt. Die Tiere bilden bei der Jagd Rudel von 4–6 Jägern und versuchen, Herden von großen Walen einzukreisen und ein Opfer von der Gruppe abzusondern.

daß er grundsätzlich bei der leisesten Berührung flüchtet. Schwimmen kann er in den ersten Lebenstagen noch nicht. Die Alte weiß das und führt ihn erst in der zweiten Lebenswoche zum Wasser, wo dann der sichere Höhlenbau bezogen wird. Gleich den echten Schweinen wühlt das Zwergflußpferd nach Wurzeln und Knollen, frißt auch Wasserpflanzen, denn es schwimmt und taucht vorzüglich, und weidet Gras und Kräuter. Gegen Kälte und Trockenheit ist es sehr empfindlich, meidet deshalb auch die Gebirgswälder.

Die Wale *(Cetacea)*

Die Eigenschaften und Wesenszüge der Wale lassen sich nur in den höchsten Graden und Stufen, also in Superlativen kennzeichnen.

Unter allen Seesäugetieren haben sie sich dem Leben im Wasser am vollkommensten angepaßt, gewannen körperlich die vollendetste Stromlinienform, den gewaltigsten Schraubenantrieb, vermögen am längsten und am tiefsten zu tauchen, wagen sich am weitesten auf das offene Meer hinaus und sind die ausgeprägtesten Kosmopoliten. In ihren Reihen befinden sich die größten und fettesten Riesen der Tierwelt mit den wenigsten Zähnen und die fürchterlichsten Raubtiere mit den entsetzlichsten Gebissen überhaupt. An Land aber sind sie noch hilfloser als ein auf den Strand geworfener Fisch, der noch springen kann.

Von der Vielgestalt der Wale

Wale gibt es von Pol zu Pol in allen Weltmeeren und sogar in etlichen Binnengewässern. Ihre gestaltliche Mannigfaltigkeit ist trotz des einheitlichen torpedoförmigen Bauplanes erstaunlich groß. Wir unterscheiden heute zwei große Unterordnungen mit 9 Familien, 35 Gattungen und 77 Arten. Die wichtigsten von ihnen seien hier zuerst einmal kurz aufgeführt und im folgenden dann besprochen.

a) **Die Bartenwale** *(Mystacoceti)*
1. Glattwale (Grönlandwal, Nord- und Südkaper, Zwergwal) *Balaenidae*
2. Grauwale (Grauwal) *Rachianectidae = Eschrichtiidae*
3. Furchenwale (Blauwal, Finnwal. Eden- oder Brydewal, Seiwal, Zwergfinnwal, Bukkelwal) *Balaenopteridae*

b) **Die Zahnwale** *(Odontoceti)*
1. Pottwale (Gemeiner Pottwal, Zwergpottwal) *Physeteridae*
2. Schnabelwale (Zweizahnwal, Schnabelwal, Nördlicher und Südlicher Schwarzwal, Nördlicher und Südlicher Dögling oder Entenwal) *Ziphiidae*
3. Gründelwale (Narwal, Weißwal oder Beluga) *Delphinapteridae = Monodontidae*
4. Delphine (Schwertwal, Kleiner Schwertwal, Grindwal, Rundkopfdelphin, Streifendelphin, Furchenzahndelphin, Großer Tümmler, Rotmeertümmler, Kurzschnauzendelphin, Glattdelphin, Schweinswal, Finnenloser Schweinswal, Gangesdelphin, Orinokodelphin, Yangtsedelphin, La-Plata-Delphin) *Delphinidae*

Die Bartenwale

Die Bartenwale sind eine Familie der Riesen, in der die kleinsten Mitglieder wie der Zwergglattwal und der Zwergfinnwal immer noch sechs bzw. neun Meter, die größten aber zwanzig bis dreißig Meter messen. Ihnen gemeinsam sind: die paarigen Nasenlöcher auf dem sehr großen und breiten Kopf, das riesige Schaufelmaul, der Schlund und das Fehlen der Zähne. An Stelle des Gebisses hängen ihnen gewaltig verlängerte und hornige Gaumenleisten in zwei Längsreihen in das Maul herab. – Auch wir haben solche Gaumenleisten in unserem Mund und können sie deutlich mit der Zungenspitze erfühlen. – Bei den Bartenwalen verwandelten sie sich in meist dreiseitige, seltener vierseitige Platten, die aus einer röhrenartigen Markmasse und einer blättrigen Rindenmasse bestehen und an ihrem Ende borstenartig auffasern. Auf beiden Seiten hängen sie dicht an dicht, meist ihrer 300–400 an der Zahl, und können bis zu 60 cm breit und 450 cm lang werden. Schon die Breite, Länge und Anzahl der Barteln vermittelt uns eine Vorstellung von den Ausmaßen dieses Tiermaules. So richtig aber erfaßt man die gigantische Größe dieser Tiere erst, wenn man sich vergegenwärtigt, daß die Zunge allein – wie z. B. die eines 28 m langen Blauwals – die Größe eines Ochsen erreicht und über 3000 kg, also so schwer wie eine Elefantenkuh ist. Vom gleichen Tier wogen die einzelnen Organe: das Herz über 600 kg, die Leber fast 1000 kg, die Lungen über 1200 kg, das Blut 8000 kg, die Knochen 22000 kg, der Speck 26000 kg, das Fleisch 56000 kg; das ganze Tier also rund 130000 kg! Das entspricht dem Gewicht von 32 Elefanten oder 200 Mastochsen oder rund 1500 Menschen. Die Länge und Höhe des Riesen läßt sich am besten mit den Ausmaßen eines großen Rhein- oder Bodenseedampfers vergleichen.

Die Glattwale

Die vier Glattwale haben weder eine Rückenflosse noch Kehlfurchen, aber einen riesigen Kopf und ein gewaltiges Maul mit über vier Meter langen Barteln. Als Beute empfahlen sie sich den alten Walfängern von jeher dadurch, daß sie nach dem tödlichen Harpunenwurf nicht versanken, sondern bauchoben auf dem Meere trieben. Die jahrtausendealte Jagd auf Glattwale, die systematisch allerdings erst im 10. Jahrhundert durch die Basken und Norweger betrieben wurde, erlebte ihre Blütezeit im 17. Jahrhundert und währte rund 200 Jahre. Dann waren die Bestände schon derartig zusammengeschmolzen, daß sich die Fahrten nicht mehr verlohnten.

Grönland- oder Nordwal (Balaenida mysticetus): Bewohnte in zwei Stämmen den Norden des Atlantiks und des Pazifik sowie das ganze Nördliche Eismeer bis zum Polarkreis, ist heute fast ausgerottet und einer der seltensten Wale; Länge 18–24 m; Haut ohne Kehlfurchen, dunkel- bis schwarzblau, am Kinn mit einem weißlichgrauen Fleck, an der

Von allen Säugetieren sind die Wale an das Wasserleben am vollkommensten angepaßt: ihr Körper weist eine nahezu vollendete Stromlinienform auf, das den Säugetierkörper kennzeichnende Fell wurde beim erwachsenen Tier bis auf geringe Reste zurückgebildet. Eine riesige Schwanzflosse treibt wie eine Schiffsschraube den gewaltigen Körper vorwärts und bringt ihn auf eine Spitzengeschwindigkeit bis zu 50 km pro Stunde. Wale gibt es in allen Meeren der Erde, von den Polgebieten bis zu den Tropen.

Schwanzwurzel mit einer unregelmäßigen weißlichgrauen Binde; hin und wieder kommen auch gescheckte und elfenbeinfarbene Exemplare vor; der Kopf ist sehr groß, macht zwei Fünftel der Gesamtlänge aus.

Der Riesenglattwal, wie der Grönlandwal auch genant wird, hielt sich am liebsten inmitten der ungeheuren schwimmenden Eisfelder auf. Meistens lebte er in kleinen Trupps von drei bis vier gleichaltrigen Tieren. Übereinstimmend wurde gerühmt, mit welch hohem Opfermut die Walkühe ihre bedrohten Jungen verteidigten, die sie gewöhnlich in der Davisstraße zwischen Grönland und Baffinsland oder im Ochotskischen Meer zur Welt brachten. Sie drückten den Jungwal mit den Brustflossen an sich, rissen ihn mit sich in die Tiefe, tauchten wieder auf und griffen wütend die Boote an. Niemals nahmen sie, solange das Junge noch lebte, die Gelegenheit zur Flucht wahr. Die damaligen Walfänger wußten das so gut, daß sie regelmäßig die Jungwale anschossen, um sich der alten Tiere zu versichern. Nach den neuen Schutzbestimmungen ist diese herzlose Unsitte streng verboten und darf der Nordwal vorläufig überhaupt nicht mehr gejagt werden.

Nordkaper oder Biskayawal (Eubalaena glacialis): Bewohnte in zwei Stämmen den Mittelatlantik bis zur Polarmeergrenze und die Japanische See bis zum Beringmeer, ist heute fast ausgerottet; Länge 15–16 m, Haut meist tiefschwarz bis dunkelblau, oft auch weiß gefleckt oder richtig gescheckt oder mit weißer Unterseite; kennzeichnet sich durch einen betonten Nakkensattel zwischen Kopf und Rücken sowie durch die kolbenförmig verdickte Schnauze. Die alten Walfänger, die den ungewöhnlich dickleibigen Nordkaper im kleinen Fell- oder Ruderboot und mit der Handharpune angingen, schätzten und fürchteten ihn als einen besonders angriffslustigen und kämpferischen Wal, der ihnen meist viel zu schaffen machte und zahlreiche Opfer forderte. Alljährlich zog der Nordkaper im Sommer hinauf in das Polarmeer, das er dann mit Einbruch des Winters wieder verließ. Das Hauptfanggebiet war die Biskaya, wo auch die Jungen im Frühjahr zur Welt gebracht wurden.

Die Grauwale

Weitaus die meisten Wale tummeln sich in Küstennähe. Denn in den seichten, vom Sonnenlicht durchfluteten und erwärmten Gewässern allein vermag sich die Meeresflora und die mikroskopische Kleintierwelt zu entfalten und zu entwickeln, von der ihre Beutetiere oder sie selbst leben. Den Grauwalen aber scheint es auch sonst ein Bedürfnis zu sein, sich in der flachen Brandung zu wiegen, den sandigen Grund zu spüren und die Sonnenwärme zu genießen. Oft wagen sie sich so weit vor, daß ihre Schwänze den Schlamm und Schlick aufwühlen und sie darauf warten müssen, daß die Flut sie wieder flottmacht. Man könnte fast sagen, daß sie die Wale sind, die sich noch immer nicht ganz vom Land zu trennen vermögen. Eigentümlicherweise sind sie auch noch ein wenig behaart, haben einen auffallend kleinen Kopf und sehr kurze, nur 40 cm lange, leicht brüchige Barten im Maul.

Grauwal (Eschrichtius gibbosus): Bewohnte den Nordpazifik von Niederkalifornien bis zum Beringmeer und Korea, ist heute wieder stärker verbreitet; Länge 12–13 m; Haut fast nackt, auf dem Schädel und an den Kopfseiten reihenweise dünn, aber lang behaart; Hautfarbe blau- bis dunkelgrau, unregelmäßig schmutzigweiß gefleckt; hat nur zwei bis vier Kehlfurchen, längliche Brustflossen und keine Rückenflosse.

Die Vorliebe des Grauwals für die küstennahen Untiefen, vor allem aber auch die Gewohnheit der Walkühe, ihre Jungen in den kleinen stillen Lagunen zur Welt zu bringen, ermöglichten es bereits den ältesten Jagdvölkern, diesem Riesen eifrig nachzustellen. Die Indianer wie die Eskimos vermochten es jedoch niemals, den Bestand der Herden ernstlich zu gefährden. Das blieb den weißen amerikanischen Walfängern vorbehalten, die ihn an ihren Küsten in den wenigen Jahren von 1846–1890 restlos ausrotteten.

Der Grauwal wäre heute sicherlich schon gänzlich ausgerottet, wenn sich der eine Stamm der Tiere nicht regelmäßig nach Korea abgesetzt hätte, sein Winterquartier also nicht an der amerikanischen Küste, sondern im Japanischen Meer bezog. Zwar wurde auch dieser Stamm später von den japanischen Walfängern sehr dezimiert, vermochte sich jedoch in Resten zu erhalten. Auch wenn sie heute geschützt sind, ist das Überleben fraglich.

Die Furchenwale

Wie es ihr Name verrät, kennzeichnen sich die Furchenwale durch die zahlreichen und auffälligen, über Kehle, Hals, Brust und teilweise noch über den

Grauwale halten sich noch mehr als andere Wale in der Küstenregion auf, häufig sieht man sie in der Brandungszone liegen und sich die Sonne auf den freiliegenden Rücken scheinen lassen. Um ein Haar wäre der Grauwal vollständig ausgerottet worden, denn amerikanische Walfänger haben die Tiere im letzten Jahrhundert bis fast auf den letzten Wal abgeschossen.

Bauch verlaufenden, tiefen Längsfurchen. Die Furchen bedeuten eine wesentliche Erweiterung des großen Schaufelmaules. Zugunsten dieser Krillschaufeln haben sich die Kiefer dieser Wale so sehr gestreckt, daß die Tiere, wenn sie das Maul buchstäblich zu voll genommen haben, ihre Futterluke gar nicht mehr zu schließen vermögen. Sie müssen sich dann um ihre Achse wälzen, um sie mit dem Schwergewicht des riesigen Unterkiefers zuklappen zu können.

Gemeinsame Merkmale der Furchenwale sind ferner: der große Kopf, der schlanke Torpedoleib, die vierfingrigen und lanzettförmigen Brustflossen sowie die durchweg gut entwickelte Rückenflosse.

Blauwal (Balaenoptera musculus): Bewohnt das Nord- und Südpolarmeer sowie die angrenzenden Gewässer, ist heute im Bestand bedroht und sehr selten, schweift als echter Kosmopolit weit umher und wechselt auf seinen Wanderungen wahrscheinlich von einer Halbkugel zur anderen; Länge 24–34 m; Haut oberseits stahlgrau, unterseits hellgrau bis weiß und unregelmäßig dunkelgrau gefleckt; hat 70–118 Kehlfurchen, die sich bis über den Bauch erstrecken; ist ein ausgesprochener Vielfraß von zahlreichen Kleinkrebsen.

Finnwal (B. physalus): Bewohnt die gleichen Lebensräume wie der Blauwal und ist genauso wanderlustig; Länge 20–25 m; Haut oberseits schiefergrau bis schwarz, unterseits weiß, porzellanfarben; der linke Unterkiefer ist meist so dunkel wie die Oberseite, der rechte so hell wie die Unterseite; hat 68–114 Kehlfurchen, die sich bläulichschwarz von der hellen Unterseite abheben; frißt außer dem Schnecken- und Krebs-Krill auch kleinere Fische bis zur Größe eines Herings.

Seiwal (B. borealis): Bewohnt den gleichen weiten Lebensraum wie der Blauwal, ist ein sehr wanderlustiger Kosmopolit, gleicherweise in der Arktis wie in der Antarktis, im Pazifik wie in allen tropischen Meeren zu Hause; Länge 14–16 m; Haut oberseits blauschwarz und oft hell gefleckt, unterseits weiß bis rötlich und unregelmäßig gewölkt; hat 60–100 Kehlfurchen; frißt Kleinkrebse und Garnelen.

Buckel- oder Langflossenwal (Megaptera novaeangliae): Bewohnt als echter Kosmopolit alle Meere der Welt, meidet nur die Eismeere, war früher viel häufiger als heute, ist aber durchaus noch nicht selten; Länge 13–15 m; Haut oberseits schwarz, unterseits weiß, oft auch unregelmäßig gezeichnet und gemarmelt oder durchweg schwarz; hat 14–20 Kehlfurchen; kennzeichnet sich vor allem durch seine gedrungene, kurze, dicke und plumpe Gestalt sowie durch die ganz ungewöhnlich entwickelten Brustflossen, die 1 m breit und 4 m lang sind; trägt am Kopf sowie am Ober- und Unterkiefer ganze Reihen dicker Knollen und Buckel.

Schon die riesigen Brustflossen weisen darauf hin, daß der Buckelwal ein Meister im Schwimmen, Tauchen und Springen ist. Es scheint ihm wahrhaftig Spaß zu machen, alle nur denkbaren und möglichen Kapriolen im Wasser auszuführen, sich um seine Achse zu drehen und zu wälzen, in der Flut zu wiegen, jäh emporzuschießen und regelrecht kopfzustehen. Besonders in der Paarungszeit führt er diese Kunststückchen viel vor.

Die Zahnwale

In den vier Familien der Zahnwale, also unter den Pottwalen, Schnabelwalen, Gründelwalen und Delphinen, treten gestaltlich wie anatomisch so krasse Unterschiede auf, daß die Zoologen schon lange auf mehr als nur eine Ahnenreihe schließen. Darauf deuten auch die sehr verschiedenen Lebensweisen und Lebensräume, die bei ihnen bis zu den Wesenszügen der Fischotter und weit in die Binnengewässer reichen. Gemeinsam ist ihnen allen eigentlich nur, daß sie statt der Barten einen richtigen Zahnsatz entwickeln, daß sie nur *ein* äußeres Nasen- oder Atemloch haben, daß der Unterkiefer nicht schaufelartig vorgeschoben ist, sondern vielmehr vom betonten Oberkiefer überragt wird, und daß bei ihnen die Bullen durchweg größer als die Kühe sind. Das Gebiß verrät ihren Raubtiercharakter. Sie sind also keine Krill- und Krebsschaufler wie die meisten Bartenwale, sondern Fischschlucker. Viele von ihnen spezialisierten sich auf Grundfische, Tintenfische und Krebse.

Die Pottwale

Die großen wie die kleinen Pottwale sind als echte Vertreter der Zahnwale ruhelose Räuber, die man in ihrem Wesen gar nicht mit den gleichsam harmlosen Bartenwalen vergleichen kann. Beide stehen sich fast so hart gegenüber wie ein weidendes Rind und ein schweifendes Raubtier. Die Intelligenz der meisten Zahnwale ist der des Affen und des Hundes mindestens gleichzusetzen. Und so gehörte die Jagd auf Pottwale zu den größten Abenteuern der alten Walfänger, in denen sich Mensch und Tier im ebenso erbitterten wie heroischen Kampf gegenüberstanden. Herman Melville hat in seinem Roman „Moby Dick“ kaum den Boden der Tatsachen verlassen und seinen weißen Pottwal durchaus nicht vermenschlicht. Nur wahrhaft kühne, schneidige, draufgängerische und zähe Männer fuhren auf den rund 800 Fangschiffen der amerikanischen Walflotte, die in den Jahren von 1800–1850 vorwiegend hinter dem Pottwal her waren. Die einfache, mit der Hand geschleuderte Harpune war ihre einzige Waffe gegen den im Zorn rasenden Riesen, der die Schiffe mit unaufhörlich vorgetragenen Rammstößen angriff, die Boote mit wuchtigen Schwanzschlägen zertrümmerte und noch wütend in umhertreibende Planken biß.

Pottwal oder Cachelot (Physeter catodon): Bewohnt als echter Kosmopolit sämtliche Weltmeere mit Ausnahme der Eismeere; Länge 18–20 m; Haut dunkelgrau bis schwarz; vereinzelt kommen tatsächlich auch ganz schneeweiße Tiere vor; kennzeichnet sich besonders durch den außerordentlich großen, rechteckigen, blockartigen Oberkiefer, der den riesigen Kopf als einen gewaltigen Hammer von drei Meter Höhe und fünf Meter Länge erscheinen läßt; hat auffällig kleine Brust-

Weißwale bewohnen die Küsten und Flußunterläufe Alaskas, Kanadas und des nördlichen Eurasiens. Sie sind sehr verspielt und tollen besonders zur Paarungszeit mit ihresgleichen ausgiebig herum. Lieblingsnahrung dieser Wale sind Grundfische wie Schollen und Heilbutte, die sie auf dem Meeresgrund aufstöbern.

flossen und an Stelle der Rückenflosse eine bucklige Fettfinne; der Oberkiefer ist nur mit hornigen Scheiden bedeckt, in die die rund 40–60 kegelförmigen Zähne des Unterkiefers eingreifen.

Als spezialisierter Tintenfischfresser, der selbst die größten und gefährlichsten Riesenkraken verschluckt, folgt der Pottwal diesen seinen Beutetieren durch alle warmen Meere der Welt. Seine weiten Wanderungen sind also vorwiegend Reisen und Fahrten zu den ergiebigsten Jagd- und Nahrungsgründen. In diesen Gründen treffen die einzelnen Stämme regelmäßig zusammen und bilden dann oft Gemeinschaften, die aus mehreren hundert Tieren bestehen.

Gejagt wurde der Pottwal von den alten Walfängern nicht nur seines wertvollen Speckes wegen. Hochbegehrt war auch das sogenannte „Walrat", eine helle, durchscheinende und ölige Masse, die sich in seinen großen Kopfhöhlen befindet. Denn aus ihr wurden damals – wie auch heute noch – die besten Kerzen angefertigt sowie viele Haut- und Heilsalben und feinste Instrumentenöle hergestellt.

Von großem Wert war und ist ferner der geheimnisvolle „Amber", der sich im Magen und in den Därmen des Pottwals ansammelt. Er ist eine graue, öligwächserne, ganz eigentümlich aromatisch riechende Masse, die seit jeher den Grundstoff der teuersten Parfüme bildet. Das Kilo Amber oder Ambra kostet heute trotz synthetischer Parfümstoffe noch rund 200–700 Mark. Wahrscheinlich ist diese Masse, von der man oft Klumpen von mehr als einem Zentner Gewicht findet, ein Schutzmittel des Wales gegen die harten Rückenpanzer und Papageischnäbel der verschluckten Tintenfische, die ihm Magen und Darm verletzen. Beim Menschen wirkt der Amber übrigens stark krampflösend.

Die Schnabelwale

Die glücklichsten – weil dem Menschen am wenigsten bekannten und deshalb kaum verfolgten – Wale sind zweifellos die recht seltenen Schnabelwale. Durchweg haben sie einen mehr oder weniger aufgetriebenen Kopf, eine deutlich abgesetzte, schnabelartig vorgezogene Delphinschnauze und einen zahnlosen Oberkiefer. Im Unterkiefer sitzen meist nur zwei Zähne, die oft nicht einmal durchbrechen.

Noch mehr als die Pottwale sind sie ausschließlich Tintenfischfresser, darum auch ganz vorzügliche Taucher und sehr wendige Gesellen. Riesen gibt es in ihrer Familie nicht. Die größten Schnabelwale messen höchstens acht bis zehn Meter.

Die bekanntesten ihrer Art sind:

Nördlicher Schwarzwal (Berårdius bairdi): Bewohnt den Nordpazifik, erscheint regelmäßig vor der japanischen Ostküste; Länge 8–9 m; Haut samtig schwarz; hat einen kleinen Kopf; seine zwei oder vier Unterkieferzähne vermögen sich aus ihren knorpeligen Höhlungen zu erheben und gleich Enterhaken einzuschlagen; brüllt wie ein Stier; wird in den Südmeeren vom sehr seltenen, ebenfalls schwarzen *Südlichen Schwarzwal (B. arnuxi)* vertreten.

Nördlicher Dögling oder Entenwal (Hyperoodon ampullatus): Bewohnt die Nordmeere; Länge 8–10 m; Haut oberseits blauschwarz bis schwarz, unterseits heller; alte Bullen haben einen gelblichweißen Kopf, alte Kühe sind oft auch hellbraun oder gelblich; kennzeichnet sich unverkennbar durch den steil aufgetriebenen Vorderkopf, von dem sich die 30–60 cm lange Schnauze gleich einem Entenschnabel absetzt; seine zwei kegelförmigen Unterkieferzähne brechen oft gar nicht durch; wird in den Südmeeren vom sehr seltenen Südlichen Dögling *(H. planifrons)* vertreten.

Der Entenwal ist der häufigste und bekannteste Schnabelwal. Da sich in den Hohlräumen zwischen seinen beiden hohen Schädelknochenkämmen ein feines farbloses Öl befindet, das an Güte und Wert dem Walrat des Pottwals gleichkommt, wurde er im vorigen Jahrhundert vor allem von den norwegischen und englischen Walfängern im Nordatlantik eifrig gejagt und beängstigend dezimiert. Als sehr neugieriges und verspieltes Geschöpf nahm er lange die Bedrohung durch die Walflotten nicht ernst, näherte sich vielmehr regelmäßig und lustig springend den Schiffen und ließ sich selbst durch Fehlschüsse nicht vertreiben.

Auch die Entenwale ernähren sich von Tintenfischen.

Die Gründel- oder Weißwale

Gründelwal soll soviel wie Grundwal heißen und darauf hinweisen, daß die beiden Arten dieser Familie sich viel am Meeresboden aufhalten und hier auch ihre Nahrung – Schollen und andere Grundfische, Tintenfische und Krebse – finden. Ihr zweiter Name verrät, daß ihre Grundfarbe hell, wenn auch nicht gerade schneeweiß ist. Weitere gemeinsame Merkmale sind: sehr stark gewölbte und steile Stirn, breite, kurze und abgestutzte Schnauze, wenige Zähne, fehlende Rückenflosse, kurze und eiförmige Brustflossen und tief eingeschnittene Schwanzflosse.

Narwal oder Einhornwal (Monodon monoceros): Bewohnt den Atlantischen Ozean, vor allem das Nördliche Eismeer; Länge 4–6 m; Haut samtartig, oberseits grauweiß und gelblichweiß, unregelmäßig dunkelbraun gefleckt, unterseits grau-bis gelblichweiß; kennzeichnet sich besonders durch die zwei mächtigen, 1–3 m langen, schraubig von rechts nach links gewundenen, innen hohlen Stoßzähne der Bullen, von denen der rechtsseitige fast durchweg bald verkümmert und ausfällt.

Der Narwal ist dem Treibeisgürtel so sehr verschworen, daß er in fast jedem Winter große Verluste durch das plötzliche Zufrieren der schwimmenden Eisfelder erleidet. Erst dann, wenn die geschlossene Eisdecke ihm die Luft raubt, wandert er südwärts. Vorher drängen sich die Tiere, geradeso, als ob ihnen der Abschied von ihren geliebten Plätzen schwerfiele, oft in derartigen Massen an den wenigen noch eisfreien Stellen zusammen, daß sie sich kaum von der Stelle rühren können.

Die Delphine gelten als die elgantesten und schnellsten Wale; spielerisch leicht und temperamentvoll schweifen sie in ihrem Jagdgebiet, in der Hochsee, umher. Die „Antilopen der Meere", wie Delphine auch genannt werden, sind je nach Art – zwischen zwei und sechs Metern lang. Ausgestattet mit einem furchterregenden Gebiß, ernähren sie sich von Schnecken, Krebsen und Fischen, aber auch der Pinguin oder die Elefantenrobbe ist vor ihnen nicht sicher. Fliegenden Fischen springen sie weit aus dem Wasser nach und schnellen sich dabei weit durch die Luft.

Der gewaltige Stoßzahn, der bis zum Ende des 18. Jahrhunderts als das heilkräftige und zauberstarke Wunderhorn des sagenhaften Einhorns angesehen wurde, ist übrigens nicht viel mehr als eine Turnierlanze, mit der sich die Bullen während der Brunftkämpfe attackieren und oft schwer verwunden. Als Waffe wird er dagegen kaum eingesetzt.

Weißwal oder Beluga (Delphinapterus leucas): Bewohnt die Küsten und Stromunterläufe von Kanada, Alaska und Nordeurasien; Länge 4–6 m; Haut in der Jugend schwarz, dann blaugrau, schließlich weiß gefleckt und im ausgewachsenen Zustand glänzend weiß; ist in der Gestalt dem Narwal ähnlich; das Gebiß ist deutlich in der Rückbildung begriffen, besteht nur noch aus 8–10 Zähnen, die im Unterkiefer stärker als im Oberkiefer sind.

Der Weißwal ist rings um den Nordpol zu Hause und oft in der Gesellschaft der Narwale zu finden. Der kleinere Heilbutt und andere Schollen scheinen seine Lieblingsnahrung zu sein. In seinem Magen finden sich immer große Portionen Sand. Er taucht vorzüglich, oft bis zu 15 Minuten lang, und ist außerordentlich gesellig und verspielt. Besonders in der Paarungszeit, in der er die flachen Küstengewässer aufsucht und scharenweise in die Strommündungen eindringt, vergnügt er sich mit allen nur möglichen Schwimmkünsten und kommt kaum noch zum Fressen. Er ist der stimmfreudigste Wal.

Die Delphine

Die große und artenreiche Familie der Delphine vereinigt in sich die temperamentvollsten, schnellsten und schnittigsten Wale. Es sind vorwiegend weit umherschweifende Hochseetiere, echte Kosmopoliten, die sich im Wasser so leicht und spielerisch wie der Vogel in der Luft tummeln. In der Größe stehen sie durchweg hinter den bisher besprochenen Walen zurück, sind meist nur zwei bis drei, höchstens vier bis sechs Meter lang, dafür aber mit einem wahrhaft fürchterlichen Raubtiergebiß ausgerüstet. Von der Schnecke bis zum Krebs, vom Hering bis zum Riesenwal, vom Pinguin bis zur Elefantenrobbe ist nichts vor ihrer unersättlichen Gier sicher. Gleich den taktisch jagenden Rudeln der Wölfe umkreisen sie die Beutetiere, verschlucken und verschlingen, was noch halbwegs den sehr weiten Schlund zu passieren vermag, oder zerfetzen und zerreißen die Riesen der Meere. Den fliegenden Fischen springen sie hoch aus der Flut nach und schnellen sich weit durch die Luft. Die Freude an der raschen Bewegung ist so stark in ihnen, daß sie zugleich zu den spielerischsten Walen gehören und tatsächlich mit jedem Schiff, dem sie begegnen, um die Wette schimmen müssen. Doch ist auch der schnellste und modernste Passagierdampfer ein plumper und langsamer Wellenpflüger gegen diese „Antilopen der Meere", die ihn gleich übermütigen Kindern umtanzen.

Schwertwal oder Orca (Orcinus orca): Bewohnt als Kosmopolit den Atlantik wie den Pazifik; Länge 6 m, alte starke Bullen bis zu 9 m; Haut oberseits tiefschwarz, unterseits weiß; hat oft einen länglichen weißen Augenstreif und eine bläuliche oder purpurfarbene Halbmondzeichnung hinter der Rückenflosse; kennzeichnet sich vor allem eben durch diese, fast mannshohe, sichel- oder schwertförmig gebogene Rückenflosse, die bis zu anderthalb Metern aus dem Wasser ragt; verfügt über 10–13 große, scharfe Zähne.

Der Schwertwal, der auch Raubwal, Großer Mörder und Killer genannt wird, ist das gewaltigste und fürchterlichste Raubtier der Welt. Ruhelos und heißhungrig schweift er in kleineren Rudeln, die meistens aus nicht mehr als fünf Tieren bestehen, durch die endlosen Wasserwüsten. Gleich einer hetzenden Wolfsmeute umkreisen sie alle größeren Wale, drängen ein Tier von der Herde ab und fallen über den vor Angst laut stöhnenden Koloß her. Während ihn einige bei den Lippen packen und so lange unter Wasser zu halten versuchen, bis er erstickt, reißen ihm die anderen große Fetzen Speck und Fleisch aus dem Leib. Schnappt der gepeinigte Riese um sich, so fahren sie ihm ins Maul und zerfleischen ihm die begehrte riesige Zunge. Wo sie auftauchen, flüchten alle Meeressäuger in geradezu panischer Angst, streben eiligst den Küsten zu und versuchen sich hier zwischen den Klippen zu bergen. Oft schießen Wild wie Jäger – das eine vor Furcht, das andere vor Gier – weit auf den flachen Strand hinauf, wo sie dann nebeneinander zugrunde gehen.

Grind- oder Pilotwal (Globicephala melaena): Bewohnt alle nördlichen Meere; Länge 5–7 m, alte Bullen bis 9 m; Haut oberseits tiefschwarz, unterseits schwarzgrau; hat auf der Unterseite des Halses einen weißen herzförmigen Fleck, der hin und wieder zu einem weißen Bauchstreifen ausläuft; der Kopf ist kugelförmig geschwollen, die Schnauze kurz; die Brustflossen sind sichelförmig und sehr tief angesetzt, 150–160 cm lang; die Rückenflosse ist stark entwickelt und bis zu 130 cm lang.

Schon im Alter von drei Wochen kommen bei den kleinen Löwen die Milchzähne durch. Dann können sie kleine Fleischstückchen zusätzlich zu ihrer Kinderkost verzehren.

Wenn die kleinen Löwen selbständig geworden sind, bilden sie bis zur Geschlechtsreife im vierten Lebensjahr „Kinder- und Jugendgesellschaften".

Mächtig ist des Löwen Stimme: sein nächtliches Gebrüll – nur der Löwe brüllt – läßt die Erde erzittern und pflanzt sich gleich einem unterirdischen Donner fort. Sein Ruf wird von den Mitgliedern des Rudels beantwortet. So steigert sich das Gebrüll zum gewaltigen Chor, zu einer Art Ermunterung an das Rudel, zusammenzukommen, die man kilometerweit hören kann. Beutetiere wie Zebras, Antilopen und Gazellen stürzen vor dem Löwengebrüll keineswegs in wilder Flucht davon.

Die Delphine sind äußerst intelligente Tiere. Sie besitzen ein ausgeprägtes Sozialverhalten und eine sehr differenzierte Sprache. Aufgrund ihrer raschen Auffassungsgabe sind sie sehr lernfähig und damit dressierbar. Untereinander verständigen sich die Delphine durch Laut- und Körpersignale.

Grindwale bewohnen in zwei verwandten Arten auch den Pazifik. Sie alle sind Fischfresser und spezialisierte Tintenfischschlukker, deshalb auch oft in Küstennähe zu sichten. Wie es scheint, verlassen sich die sehr geselligen Tiere, die mindestens ihrer zehn bis zwanzig zusammen sind, sich oft aber auch zu Herden von Hunderten vereinigen, auf die Führung eines erfahrenen Bullen, des Piloten, dem sie blindlings folgen. So wenigstens versucht man sich zu erklären, daß die Grindwale sehr häufig und dann zumeist in Scharen stranden.

Gemeiner Delphin (Delphinus delphis): Bewohnt alle Meere außer die Polarmeere; Länge 2 m; Haut sehr glatt, fast schillernd, oberseits grünlichbraun oder grünlichschwarz, unterseits blendend weiß, seitlich unregelmäßig graulich oder schwärzlich gefleckt; der Kopf ist sehr klein, die Stirn leicht gewölbt und sanft abfallend, setzt sich deutlich von der schnabelartig gestreckten Schnauze ab; die Rückenflosse ist schmal, hoch und spitz, die Brustflossen stehen sehr seitlich, die Schwanzflosse hat fast die Form eines Halbmondes.

Die Schnabeldelphine sind in zahlreichen Arten verbreitet und allen Seefahrern gut bekannt. In kleineren und größeren Trupps von zehn bis hundert Tieren, in sogenannten „Schulen", begleiten sie jedes Schiff, umschwärmen es neugierig und zeigen dabei alle die von ihnen spielend beherrschten Schwimmkünste.

Der Gemeine Delphin, der in den Sagen und Märchen des Altertums als besonders klug, gelehrig, musikliebend und zutraulich geschildert wird, läßt sich tatsächlich leicht zähmen, tritt zu seinen Wärtern in ein inniges Verhältnis und erweist sich als ein ungewöhnlich intelligentes Geschöpf. Die Seeleute schwören übrigens darauf, daß er sich wirklich von musikalischen Darbietungen aller Art anlocken und beim Schiff halten läßt.

Großer Tümmler oder Flaschennase (Tursiops truncatus): Bewohnt alle warmen und gemäßigten Meere, ist auch in der Nordsee ziemlich häufig, in der Ostsee dagegen seltener; Länge 3–5 m; Haut oberseits tiefschwarz bis bleigrau, unterseits weiß; hat einen kleinen und flachen Kopf, von dem die schnabelförmige Schnauze nicht so scharf abgesetzt ist wie bei den Schnabeldelphinen; kennzeichnet sich durch einen betont vorgeschobenen Unterkiefer, einen rundlichen hellgrauen Fleck über dem Auge und bewegliche Augenlider; die Rücken- und die Schwanzflosse sind kräftig entwickelt und deutlich gekrümmt.

Die Schweinswale

Die beiden Schweinswale – der Braunfisch wie der Neutümmler – sind ausgesprochene Küstenwale und erinnern in etlichen anatomischen Merkmalen noch an die Landsäuger. So weist ihr Gebiß hin und wieder noch regelrechte höckrige Kauflächen auf und wurden – wenigstens in der embryonalen Anlage – noch die Reste von ehemaligen Rückenpanzern entdeckt. Dem Süßwasser sind sie noch so sehr vertraut, daß sie ihre Jungen gern in den stillen und seichten Buchten der Flußmündungen zur Welt bringen und in den Strömen regelmäßig und ziemlich weit aufsteigen.

Schweinswal oder Braunfisch (Phocaena phocaena): Bewohnt den nördlichen Atlantik, das Mittelmeer und den Nord-Pazifik, ist der häufigste Wal an den deutschen Küsten, der auch in den Unterlauf unserer Ströme eindringt; Länge 2 m; Haut oberseits dunkelblauschwarz mit grünlichem oder violettem Schimmer, unterseits weiß, Brustfinnen schwarz; die Rükkenflosse ist viel kleiner als die des Großen Tümmlers und dreieckig; hat kleinen Kopf mit kurzer gerundeter Schnauze, also nicht die Schnabelform des Großen Tümmlers.

Der Schweinswal heißt auch Kleiner Tümmler und Meerschwein. Denn erstens ist er so spiellustig wie die großen Tümmler und scheint im Wasser regelrechte Purzelbäume zu schlagen, wiegt sich auch gern in der Brandung, ohne jemals an Land geworfen zu werden, ist also ein echter, flotter und beweglicher Delphin. Zweitens aber hat er einen gesegneten Appetit und verschlingt die Heringe, Makrelen und Dorsche in Massen. Sie verfolgend, dringt er weit in die Strommündungen ein, schwimmt die Ströme hinauf und wurde bei uns schon oft in der Elbe und im Rhein beobachtet. Mit List und Tücke weiß er sogar an die Fischreusen und die Netze zu gelangen und sich hier mit den gefangenen Fischen den Bauch vollzuschlagen.

Finnenloser Schweinswal oder Neutümmler (Neophocaena phocaenoides): Bewohnt die Küsten von Vorderindien bis Japan, ist im Yangtse bis zum Tungtingsee häufig; Länge 150 cm; Haut oberseits bleigrau bis schwarz, unterseits heller bis weiß; kennzeichnet sich durch rote Augen, purpurrötliche Oberlippe und ebenso gefärbte Kehlflecken sowie viele kleine Knötchen auf dem Rücken; die Rückenflosse fehlt gänzlich.

Der Finnenlose Schweinswal, der im Yangtse Hunderte von Kilometern aufsteigt, hat sich mehr auf Krebse als auf Fische spezialisiert. Er wird von den Eingeborenen schon seit Jahrtausenden gejagt, vorwiegend in starken Netzen gefangen, ist aber immer noch recht häufig. Seine „Bakkenzähne" sind auf der Oberfläche zu Kauflächen abgeplattet.

Die Flußdelphine

In den Flußdelphinen begegnen wir zweifellos den entwicklungsgeschichtlich ältesten Walen, die uns gleichsam vorführen, wie wohl der Übergang vom Land- zum Wasserleben vor sich gegangen ist. Sie alle sind noch echte Süßwasserwale, die in den größten Strömen der Welt leben und sich nur gelegentlich in das freie Meer hinauswagen. Etliche von ihnen lieben das Seichtwasser so sehr, daß sie immer wieder gezwungen sind, über Schlick und Schlamm zu schliddern, und sich nach den Überschwemmungen oft weit ab von den Flüssen befinden. Von den anderen Walen unterscheiden sie sich gestaltlich durch den noch ziemlich deutlich abgesetzten Kopf und die sehr lang vorgeschobene, fast hechtförmige Schnabelschnauze

Der Löwe lebt heute in freier Wildnis nur noch in den Savannen und Steppen Afrikas südlich der Sahara sowie in Schutzgebieten Südafrikas und Vorderindiens. Vor und während der Eiszeit bewohnte er ganz Europa, Asien und Nordamerikas. Heute ist sein Bestand zwar noch nicht gefährdet, aber sehr geschwächt.

mit durchweg über 100 Zähnen in den Kiefern.

Ganges- oder Schnabeldelphin (Platanista gangetica): Bewohnt den Indus, Ganges und Brahmaputra; Länge 240–260 cm; Haut oberseits dunkelgrau bis schwarz, unterseits grauweiß; hin und wieder kommen auch perlgrau gefleckte Exemplare vor; der Hals ist leicht angedeutet, die schmale Schnauze ausgesprochen schnabelartig, lang und dünn und etwas aufgebogen; die geteilte Schwanzflosse ist halbmondförmig, die Rückenflosse fehlt; das Auge ist so klein und verkümmert, dazu noch linsenlos, daß man den Susu – wie dieser Delphin von den Eingeborenen genannt wird – als ein fast blindes Tier ansehen muß; er lebt vorwiegend von Grundfischen, Muscheln und Krebsen.

Orinoko-Delphin (Inia geoffrensis): Bewohnt den Amazonas und Orinoko, vor allem im Oberlauf; Länge 2–3 m; Haut sehr unterschiedlich gefärbt, oberseits meist blaßbläulich, aber auch bräunlich, blaßgelblich, rötlich, rosafarben, graulich und schwärzlich, unterseits vorwiegend rosenrötlich und blaßrötlich; die Schnauze ist zu einem sehr schmalen, rundlichen, stumpfen und steifbehaarten Schnabel verlängert; die großen, gut 40 cm langen Brustflossen können fast fächerartig gespreizt werden und verraten noch die fünffingrige Anlage; die Rückenflosse ersetzt eine niedere Fettfinne.

Die Landraubtiere
(Carnivora: Fissipedia)

Die heutigen Raubtiere, die in 7 Familien mit rund 278 Arten über alle Kontinente außer Australien verbreitet sind, bevölkern die Erde seit etwa vierzig Millionen Jahren. Sie sind also eine verhältnismäßig junge Säugergruppe und die unmittelbaren Nachfahren der primitiven Urraubtiere. Im großen Haushaltsplan der Natur vollziehen sie eine unerbittliche Auslese unter ihren Beutetieren, die deren Bestände nicht nur reguliert, sondern vor allem gesund und lebenstüchtig erhält. In wunderbarer Harmonie ist das Verhältnis ihrer Anzahl zur Anzahl jener abgestimmt. Mit anderen Worten: Niemals kann in ungestörten, normalen und natürlichen Verhältnissen ihr Auftreten den Bestand einer Tierart gefährden, geschweige denn eine Tierart ausrotten. Nur der Mensch stört das Gesamtsystem.

Die katzenartigen Raubtiere

Löwe wie Tiger, Leopard wie Jaguar, Puma wie Nebelparder, Irbis wie Gepard, Luchs wie Serval, Ozelot wie Wildkatze verkörpern die Idealform des ebenso kräftigen wie geschmeidigen, nächtlich schweifenden, leise anschleichenden oder geduldig lauernden Frischfleischjägers. Bis auf den Löwen sind sie selbständige Einzelgänger, ganz auf sich, auf ihre scharfen Sinne, ihre Erfahrungen, ihre Waffen, ihren Mut und ihre Kraft gestellt. Die Nahrung, die ihr Körper braucht, schlagen sie sich selbst, sind keine Bettler am gedeckten Tisch der anderen und keine Aasfresser. Warmes Blut wollen sie trinken, unmittelbar am sprudelnden Quell des Lebens. Und dennoch gehen sie erst dann wieder auf Raub aus, wenn die geschlagene Beute restlos verzehrt ist, wenn Hunger und Durst den neuen Riß fordern. Mit eingezogenen Krallen schleichen sie auf weichen und rundlichen Ballen, geduckt und lautlos das Opfer an oder lauern ihm an seinen Wechseln und Wasserstellen auf. Der Ansprung erfolgt wie der Blitz aus heiterem Himmel, wird haarscharf berechnet und mit ebenso großem wie wuchtigem Schwung ausgeführt. Alle Sinne und Kräfte sind so ausschließlich auf den entscheidenden Sprung versammelt, daß ihm zumeist kein zweiter folgt – und wohl überhaupt nicht zu folgen vermag! –, wenn er das Ziel verfehlt. Auch das Nachsetzen und Hetzen liegt den meisten Raubkatzen nicht. Hierin unterscheiden sie sich wesentlich von den in Rudeln jagenden Wölfen und Wildhunden. Selbst der Gepard als der schnellste Läufer unter allen Säugern gibt die Verfolgung auf, wenn er das Wild nicht im rasanten Dreihundertmeterlauf erreicht.

Die Raubkatzen töten schnell. Dem Niederschlag oder Ansprung folgt unmittelbar der Biß in die Nackenwirbel oder in die Kehle. Starke und große Raubkatzen reißen, auf dem Rücken des angesprungenen Beutetieres sitzend, mit den Pranken auch oft den Kopf desselben so hart zurück, daß sie ihm das Genick brechen. Gewöhnlich trinken sie zuerst vom Blut, schneiden dann die Bauchdecke auf, verschlingen die Eingeweide samt Grasinhalt sowie die inneren Organe und gehen erst danach an das Zerreißen des Muskelfleisches, das sie mit der rauhen Zunge von den Knochen schaben. Sie fressen sich platzvoll, schleppen den Rest in ein Versteck und stillen ihren Durst durch reichliches Wassertrinken.

Die Großkatzen

Die acht Raubkatzen, die wir hier zusammenfassen, beherrschen alle nur denkbaren Landschaftsformen: das Gebirge wie die Ebene, die Steppe wie die Savanne, den Wald wie den Dschungel, die Felsenschluchten wie die Flußtäler, das Ried wie den Sumpf. Die größten unter ihnen beschränken sich auf die Bodenjagd, die kleineren und leichteren dehnen ihre Streifzüge auch in die Baum- und Wipfelregionen aus.

Löwe (Panthera leo): Bewohnte vor und während der Eiszeiten ganz Europa, Asien und Nordamerika, war noch in geschichtlicher Zeit in Griechenland zu Hause und bis vor rund 100 Jahren in zahlreichen Arten in Persien, Syrien, Mesopotamien, im Atlas und in allen offenen Landschaften des nördlichen und mittleren Vorderindiens verbreitet, kommt heute nur noch in den Savannen und Steppen Afrikas südlich der Sahara sowie in etlichen Schutzgebieten Südafrikas und Vorderindiens vor, ist im Bestand wohl sehr geschwächt, aber noch nicht gefährdet; Länge 160–190 cm, Schwanz 80–90 cm,

Der Tiger meidet noch mehr als der Löwe den Menschen. Er schreckt vor dem offenen Angriff fast regelmäßig zurück und sucht sich selbst mit einer Kugel im Leib noch zu retten. Fast könnte man ihn feige nennen. Seine Stärke liegt im Überfall aus dem Hinterhalt, ein Verhalten, daß ganz seiner Katzennatur entspricht.

Sein weites Revier durchstreift er gewöhnlich auf ausgetretenen Wildwechseln und zeigt sich dabei als ausdauernder Läufer. Der Tiger besitzt ein ausgezeichnetes Gehör und einen hochentwickelten Tastsinn. Auge und Nase spielen eine untergeordnete Rolle. Der Tiger bevorzugt feuchte und schattige Schlupfwinkel. Er verzehrt seine Beute bis auf den letzten Rest, ehe er wieder auf Raub ausgeht. Was aber seine Blutgier anbelangt, so übertrifft den Tiger in dieser Hinsicht jeder kleine Marder, der oft mehr Tiere tötet, als er verzehren kann.

Der Tiger ist eine echte Katze, ein heimlicher, nächtlicher Schleicher und Lauerer, der dabei stets die Deckung sucht. Der sibirische Tiger ist die größte aller Katzen.

Schulterhöhe 80–100 cm; Pelz glatt und kurz, einfarbig rötlichgelb oder fahlbraun, jeweils und ganz individuell heller oder dunkler getönt, bildet beim Männchen zumeist – durchaus nicht immer! – eine mehr oder weniger mächtige, langsträhnige, schwärzlich getönte Halsmähne, die sich bei den vorderasiatischen und nordafrikanischen Löwen sowie beim Kaplöwen zu einer mattschwarzen Bauchmähne ausdehnt; Gestalt verhältnismäßig kurz und sehr kräftig, Bauch stark eingezogen, Schwanz dunkel bequastet, läuft in einen hornigen Stachel aus; Schnurren sechs- bis achtreihig.

Ganz außerordentlich ist seine Stimme, sein nächtliches Gebrüll – und nur der Löwe brüllt! –, das die Erde erzittern läßt und sich gleich einem unterirdischen Donner fortpflanzt. Diese Stimme, die sich in rauhen und ungestümen Stößen erhebt, läßt alle anderen Tiere schweigend verhoffen, obwohl auch sie wissen, daß sie weder ein Kampfgeschrei noch ein Angriffssignal ist. Vielleicht brüllt der Löwe nur aus der berstenden Fülle seiner Kraft heraus, vielleicht auch, um die anderen Löwenrudel wissen zu lassen, daß er noch immer der Herr des von ihm beherrschten Reviers ist. Auf alle Fälle wird der Ruf von den Mitgliedern des Rudels beantwortet, steigert sich zu einem gewaltigen Chor, zu einer Art von Ermunterungsgebrüll, das praktisch einem Zusammenruf ähnelt. Ob mit dem Gebrüll zugleich auch die Beutetiere aufgeschreckt und verwirrt werden sollen, bleibe dahingestellt. Immerhin jagt der Löwe als einzige Raubkatze nicht im Einzelgang, sondern zumeist im Rudel.

Am Riß versammelt sich dann das ganze Rudel: die Löwinnen, ihre Jungen, die Halberwachsenen und die Männchen. Mit eifersüchtigem Knurren, Fauchen und kurzen Brüllern sowie unbarmherzigen Tatzenhieben sichern sich die stärksten unnachsichtig ihren Anteil. Oft gehen die jüngeren und schwächeren Tiere ganz leer aus. Alle aber weichen zurück, wenn der Herr des Rudels, der stärkste Löwe, dem auch die meisten Weibchen gehören, gelassen hinzutritt. Obwohl er sich als echter Pascha nur selten an der Jagd beteiligt, gebührt ihm doch das beste und reichlichste Stück. Das Löwenrudel ist also zumeist ein Familienverband auf polygamer Grundlage. Doch sollen Löwen heute öfters auch schon in strenger Einehe leben, wobei das Männchen das säugende Weibchen und die Jungen mit Beute versorgt und sich als ein gemütlicher Familienvater erweist.

Tiger (Panthera tigris): Bewohnt in 11 Unterarten Vorder- und Hinterindien bis nach Korea, die Mandschurei und Mongolei sowie Sibirien, ferner Transkaspien bis Persien, ist außerdem auf Sumatra, Java und Bali zu Hause; Länge 200–210 cm, Schwanz 80–90 cm, Schulterhöhe 90–100 cm; Pelz oberseits vorwiegend rötlichgelb bis rostrot, schwarzbraun bis schwarz gestreift, unterseits sowie an den Innenseiten der Beine weiß; es kommen jedoch häufig auch rotbraune, fahlgelbliche und graugelbliche Exemplare sowie Weißlinge und Albinos vor; ebenso verschieden sind die schwarzen Zeichnungen geformt, die sich regelmäßig schon auf den beiden Körperseiten abwandeln; Gestalt lang und gestreckt; weiß sind mehr oder weniger große Felder über den Augen, an den Lippen und Backen, weiß auch der Backenbart und die Schnurrhaare; der quergeringelte Schwanz ist quastenlos.

Die bekanntesten Unterarten des Tigers sind:

der Sundatiger von Sumatra, Java und Bali, graugelb, sehr dicht schwarz gestreift, eine kleine Inselrasse;

der Bengalische oder Königstiger aus Vorderindien, auf hellrostgelbem Grund verschiedenartig schwarz gestreift, sehr groß;

der Sibirische Tiger aus dem Raum zwischen dem Altai und Stanowoi-Gebirge, mit einer Rumpflänge von 3 m, langhaarig, fahlgelb, fast ausgerottet, lebt unter strengem Schutz am Ussuri.

Normalerweise meidet der Tiger den Menschen noch mehr als der Löwe, schreckt vor dem offenen Angriff fast regelmäßig zurück und sucht sich selbst mit der angetragenen Kugel im Leib noch zu bergen. Fast könnte man ihn feig nennen, könnte sagen, daß seine ganze Stärke im Überfall aus dem Hinterhalt liege, wenn dieses Verhalten eben nicht ganz der Katzennatur entsprechen würde.

Und der Tiger ist eine echte Katze, ist der heimliche, nächtliche, einzelgängerische Schleicher und Lauerer, der auch in der Nacht das Überqueren offener Landschaften möglichst meidet, der immer Deckung sucht, sei es im hohen Gras, im dichten Unterholz oder im Schilf der Flußwaldungen.

Was aber seine Blutgier anbelangt, so übertrifft ihn in dieser Hinsicht jeder kleine Marder unserer einheimischen Wälder, der oft mehr Tiere tötet, als er verzehren kann. Der Tiger dagegen verzehrt die geschlagene Beute erst bis auf den letzten Rest, ehe er wieder auf Raub ausgeht.

Sehr gern nimmt er ein ausgiebiges kühles Bad und bevorzugt feuchte und schattige Schlupfwinkel. Er schwimmt vorzüglich, klettert aber gar nicht besonders gut. Sein weites Revier durchstreift er gewöhnlich auf ausgetretenen Wildwechseln und zeigt sich dabei als ein ausdauernder Läufer. Auch ihn leiten vorwiegend das ausgezeichnete Gehör und der hochentwickelte Tastsinn. Augen und Nase spielen eine untergeordnete Rolle.

Leopard oder Panther (Panthera pardus): Bewohnt in 21 Unterarten alle Landschaften Afrikas außer den großen echten Wüsten, ferner Klein- und Vorderasien bis Persien, Vorder- und Hinterindien einschließlich Sri Lanka, Sumatra und Java, weite Teile Chinas sowie die Mandschurei und Mongolei; Länge 140–150 cm, Schwanz 85 bis 95 cm, Schulterhöhe 58–62 cm; Pelz in der Grundfarbe oberseits gelb in allen Abstufungen vom satten Gold- und Ockergelb bis zum matten Graugelb, unterseits und an der Innenseite der Beine weiß, durchweg und reich schwarz getüpfelt und gefleckt; es kommen oft auch einfarbig schwarze Exemplare vor, besonders in Süd- und Hinterindien, die man zum Unterschied von den getüpfelten Leoparden gern Panther nennt; Gestalt schlank, kurzhalsig, ohne Mähne und Backenbart, Schwanz quastenlos.

Um es gleich vorauszuschikken: Die Beutetiere des Leoparden sind kleine Antilopen, Schakale, Paviane und andere Affen, Wildschweine, Klippschliefer, Nager aller Art, Vögel von den

Der Pelz des Leoparden weist die Farbe Gelb in allen Abstufungen auf: vomn satten Gold- und Ockergelb bis zum matten Graugelb. Unterhalb und an der Innenseite der Beine ist er aber weiß, durchwegs und reichlich schwarz getüpfelt und gefleckt. Es kommen aber auch einfarbig schwarze Exemplare vor, besonders in Süd- und Hinterindien. Sie werden im Unterschied zu den getüpfelten Leoparden Panther genannt.

großen Trappen bis zu den kleinen Singvögeln, Kriechtiere und Lurche, außerdem sämtliche Haustiere des Menschen, also Hund wie Katze, Schaf wie Ziege, Esel wie Rind, Truthahn wie Pfau, Huhn wie Gans – aber nicht etwa Frauen und Kinder! Zwar scheut dieses ungemein schöne, unvergleichlich geschmeidige, sehr vitale und listige Raubtier den Menschen durchaus nicht, dringt vielmehr dreist in umzäunte Höfe, in Stallungen und Hütten ein, fürchtet sich nicht einmal vor Lagerfeuern und geschwungenen Fackeln, greift aber weder den ruhenden und schlafenden Menschen an noch raubt es Kinder aus den Betten und Säuglinge aus der Wiege. Dagegen kann es sehr wohl einmal geschehen, daß es von einem kleinen nackten Neger oder Inder, der da auf allen vieren umherkriecht, an einen Affen erinnert wird und das Kind gleichsam aus Versehen raubt. Genauso zufällig kann sich der Leopard durch eine plötzliche Bewegung im Wald und Busch herausgefordert fühlen und angreifen. Da er die Reste seines Risses in Astgabeln klemmt und gern auch auf den Bäumen seine Mahlzeit hält, mag er im Störenfried dann wohl auch einen Nahrungskonkurrenten erblicken. Die Eingeborenen hüten sich deshalb, in Leopardengebieten in die Wipfel zu schauen, um die Raubkatze nicht zu reizen. Die Jagd auf den Menschen bleibt jedenfalls auch bei den Leoparden eine große Ausnahmeerscheinung.

Jaguar (Panthera onca): Bewohnt in 8 Unterarten ganz Mittel- und Südamerika von Louisiana, Neu-Mexiko und Texas bis Patagonien; Länge 140–150 cm, Schwanz 60–70 cm, Schulterhöhe 60–70 cm; Pelz oberseits vorwiegend rötlichgelb, mehr oder weniger satt getönt, unterseits sowie an der Innenseite der Beine weißlich, durchweg prachtvoll schwarz gefleckt, und zwar in der Gestalt großer unregelmäßiger Hufeisen und Ringe, die gelblichrot und schwarz umrandet sind und eine schwarze Mitte haben; es kommen auch Schwärzlinge und Weißlinge vor; Gestalt kräftig und gedrungen, Brust breit, Beine stämmig, Schwanz verhältnismäßig kurz.

Wie der Tiger, dem er an Kraft und Stärke kaum nachsteht, ist der Jaguar an den Wald gebunden und bevorzugt hier die feuchten Flußniederungen und Überschwemmungsgebiete, die dichtverwachsenen Sümpfe, Moore und Riede. Er schwimmt sehr gut und stellt nicht nur den Tapiren, Wasserschweinen und Fischottern, sondern auch den Sumpfvögeln, Schildkröten, Kaimanen und Fischen nach. Ebensowenig verschmäht er Stachelschweine, Agutis und Ratten.

In unbesiedelten Gebieten weicht der Jaguar dem Menschen bei zufälligen Begegnungen regelmäßig aus oder betrachtet ihn neugierig aus respektvoller Entfernung, greift also bestimmt nicht an. An vielbefahrenen und bewohnten Flußläufen jedoch verliert er ziemlich schnell seine angeborene Scheu und wird gleich dem Leoparden zu einem dreisten Räuber von Haustieren, der weder den Lärm der aufgescheuchten Menschen noch das Feuer fürchtet. Seine Anwesenheit verrät er durch ein katzenartiges Geheul.

Puma oder Silberlöwe (Puma concolor): Bewohnt in 30 Unterarten alle Landschaften Amerikas von Kanada bis zum Feuerland, von der Pampa bis ins Gebirge, von der Küste bis zum Hochwald mit Ausnahme der dichter besiedelten Gebiete, aus denen er weitgehend verdrängt wurde; Länge 125–135 cm, Schwanz 70–75 cm, Schulterhöhe 65–75 cm; Pelz oberseits einfarbig hell- bis rötlichgrau, auch graubraun bis gelbrot, unterseits weißrötlich; ist nur in der Jugend schwarzbraun gefleckt; hat eine weiße Kehle und weiße Innenseiten der Ohren; Gestalt schlank, schmal und niedrig; der Schwanz wirkt sehr lang und ungewöhnlich stark.

Der Silber- oder Berglöwe, der auch noch Kaguar und Puma genannt wird, ist noch mehr als Leopard und Jaguar ein Baumtier. Er flüchtet sich bei Gefahr auch so regelmäßig zum Wald und in die Wipfel, daß die Jagd auf ihn ganz darauf ausgerichtet ist, ihn durch starke Hunde zum Aufbaumen zu veranlassen. Es ist dann leicht, ihn herunterzuschießen oder mit Schlingen zu fangen. Denn selbst in dieser höchsten Bedrängnis wagt er es nicht, den Menschen anzuspringen oder die ihm nachkletternden Jäger anzugreifen. Unsere kleine einheimische Wildkatze ist im Verhältnis zu ihm unvergleichlich schneidiger und angriffslustiger. Seine Beutetiere sind dementsprechend auch nur selten größer als Schaf und Ziege, es sei denn, daß es sich um wehrlose Jungrinder oder Fohlen handelt. Vorwiegend schlägt er Agutis und Pakas, Kleinhirsche und Affen, Jungschweine und Stachelschweine sowie Vögel bis zur Größe des Nandus. Die Affen verfolgt er in wilden Wipfel-

Wildkatzen sind in ganz Europa und Afrika verbreitet, mit Ausnahme der Regenwaldgebiete, aber auch in Klein- und Vorderasien. Sie umfassen etwa zwanzig Unterarten. Die drei Hauptformen sind die afrikanische Falbkatze, die in Europa lebende Waldwildkatze und die Steppenwildkatze in Asien. Die europäische Wildkatze ist nicht mehr Rasserein, da sie sich seit langem mit wildlebenden Hauskatzen kreuzten. Die Falbkatzen leben nicht nur in Waldgebieten, sondern auch in Steppen- und Buschzonen. Ihre Felle sind unterschiedlich gemustert und passen sich in der Grundtönung dem Lebensraum an.

Geparden fallen durch ihre langen Beine gegenüber den anderen Raubkatzen auf. Durch ihre immense Schnelligkeit (sie können kurzzeitig einhundert Stundenkilometer erreichen) entkommen dem Steppenjäger selbst die flinken Antilopen und Gazellen oft nicht. Die Beute wird durch einen Biß in die Kehle getötet. Geparde, deren gelbes Fell mit schwarzen Tupfen übersät ist, sind (außer dem Norden und Süden) im gesamten Afrika und in Vorderasien beheimatet.

Auch in Deutschland ist die Wildkatze, die schon fast ausgerottet war, in den Waldgebieten der Mittelgebirge zu Hause. Durch ihre Scheu und versteckte Lebensart tritt sie jedoch kaum in Erscheinung.

Luchsgesichter sind charakterisiert durch ihren zipfligen Bakkenbart und die auffälligen Pinselhaare an den Ohren. Die kräftigen Raubkatzen werden etwa 75 Zentimeter hoch und zwischen dreißig bis vierzig Kilogramm

Der Gepard ist im Gegensatz zu allen anderen Raubkatzen ein Hetzräuber: Spielerisch nähert er sich dem Antilopenrudeln, gibt sich gelassen und harmlos. Plötzlich aber wirft er sich in einem unglaublich rasanten Angriff auf ein etwas abseits geratenes Tier... Innerhalb weniger Sekunden erreicht er eine Geschwindigkeit von 100–120 km/h.

jagden von Baum zu Baum und zeigt sich dabei als ein erstaunlich guter Kletterer. Sprünge von 5 bis 6 m bereiten ihm keine Mühe. Er klettert übrigens nicht nach Art der Katzen, sondern erklimmt die Bäume mit hohen und weiten Sätzen.

Nebelparder (Neofelis nebulosa): Bewohnt die Urwälder von Hinterindien, Sumatra, Borneo, Hainan, Formosa und Südwestchina; Länge 95–105 cm, Schwanz 85–90 cm, Schulterhöhe 45–50 cm; Pelz oberseits asch- bis gelblichgrau, unterseits weiß bis lohfarben, die ganze Oberseite bedecken große, ausgesprochen eckige, schwarze Fleckenplatten, den Kopf, die Füße und den Unterleib aber nur runde schwarze Flecke; kennzeichnet sich durch den auffallend kleinen stumpfen Kopf, den sehr langgestreckten Leib, die niedrigen Beine und den sehr langen Schwanz; hat besonders starke, ungewöhnlich große, weit hervorstehende Eckzähne.

Obwohl der Nebelparder fast die Größe des Leoparden erreicht, scheint er eine der gutartigsten Raubkatzen zu sein. In freier Wildbahn lebt der Nebelparder, der ein echtes Baumtier und ein ganz vorzüglicher Kletterer ist, vorwiegend von Vögeln und Nagetieren. Wo sich ihm die Gelegenheit bietet, raubt er hin und wieder Hunde und Schweine sowie Schafe und Ziegen aus den Dörfern der Eingeborenen.

Irbis oder Schneeleopard (Uncia uncia): Bewohnt die zentralasiatischen Hochgebirge vom Altai bis zum Himalaja; Länge 110–130 cm, Schwanz 80–90 cm, Schulterhöhe 55–60 cm; Pelz dicht, stark und lang, oberseits weißlichgrau, lichtgelblich überflogen, unterseits weiß, durchweg schwarz gefleckt, und zwar sind die Tüpfel am Kopf und an der Unterseite klein, voll und rundlich, am Halse etwas größer und bereits ringförmig, auf der Oberseite weit gedehnt und mit dunkler Mitte versehen; kennzeichnet sich wie der Puma und Nebelparder durch auffällig kleinen Kopf und besonders langen starken Schwanz.

Der Irbis ist ein echtes Gebirgsraubtier. Er bewohnt die hohen Berge in den Lagen zwischen 3000–6000 m, geht im Sommer bis zur Schneegrenze hinauf und im Winter höchstens bis zum obersten Waldgürtel hinunter. Sein Reich sind die weiten und freien, mit vereinzelten Bäumen bestandenen und windumbrausten Hochebenen. Hier lauert er gern gleich dem Luchs und Leopard auf den niederen Ästen der Bäume, streift und klettert aber auch durch die nackten Felsregionen und beherrscht gewöhnlich ein sehr weites Revier. Häufig ist er nirgends und noch ungeselliger als die anderen großen Raubkatzen. Angriffe auf den Menschen wurden bisher nicht bekannt, doch soll er im Winter auch kleinere Haustiere und Geflügel rauben.

Gepard oder Jagdleopard (Axinonyx jubatus): Bewohnt in 9 Unterarten die Steppen und Savannen in ganz Afrika südlich der Sahara sowie in Mesopotamien, Arabien, Turkmenien, Persien und Vorderindien; Länge 125–135 cm, Schwanz 70–75 cm, Schulterhöhe 75–85 cm; Pelz oberseits häufig licht gelblichgrau, isabellfarben bis fast orangegelb, unterseits weißlich, durchweg schwarz und braun gefleckt; kennzeichnet sich besonders durch seinen kleinen Kopf mit dem senkrechten schwarzen Strich, der Auge und Mundwinkel verbindet, durch die kleinen runden Ohren und die ungewöhnlich hohen und schlanken Beine.

Im Gegensatz zu allen anderen Raubkatzen ist der Gepard ein Hetzräuber, erinnert in seiner Jagdweise also an die Wildhunde. Gelassen und spielerisch nähert er sich den Rudeln der Antilopen, trabt in gemessener Entfernung neben ihnen her, spielt den harmlosen Begleiter. Plötzlich aber wirft er sich in einem unglaublich rasanten Angriff auf ein etwas zurückgebliebenes oder abseits geratenes Tier. Wie ein von der Sehne geschnellter Pfeil fliegt sein schlanker Leib hinter dem flüchtigen Wild her. In wenigen Sekunden erreicht er eine Geschwindigkeit von 100–120 Stundenkilometern und vermag dieses Tempo 300–500 m weit durchzuhalten. Die eingeholte Gazelle oder Antilope springt er nicht nach Raubkatzenart an, sondern trommelt sie mit den starken Tatzen nieder. Erst dann fährt er dem Tier an die Kehle. Andere seiner Art bevorzugen wieder mehr das Anschleichen unter dem Wind, gleiten schlangengleich durchs Gras und pirschen sich möglichst nahe an das ausersehene Beutetier heran. Auch dann folgt dem Aufsprung eine kurze Hetzjagd bis zum Niederschlag. Ein langes, zügiges und ermüdendes Hetzen liegt dem Gepard genausowenig wie den anderen Raubkatzen. Er ist der typische, sofort mit äußerster Anspannung einsetzende Kurzstreckenläufer. Wahrscheinlich ist er überhaupt das schnellste Säugetier der Welt.

Der Gepard ist die einzige Wildkatze, die kein nächtliches Leben führt, die ihre Krallen nicht mehr richtig einzuziehen und kaum zu klettern vermag.

Die Luchse

Die Luchse sind stämmige, verhältnismäßig kurzleibige, am Kreuz gleich Puma und Schneeleopard etwas überbaute, dabei aber hochbeinige Raubkatzen mit kleinem Kopf, ausgeprägtem zipfligem Backenbart, deutlich zugespitzten und lang bepinselten Ohren sowie intensiv glühenden Augen. Die Pranken sind sehr stark und die Krallen ungewöhnlich scharf. Die meisten ihrer Art haben einen kurzen Stummelschwanz. In sechs Unterarten sind sie über die ganze Welt mit Ausnahme von Südamerika und Australien verbreitet, waren früher auch in West- und Mitteleuropa sehr häufig, wurden hier aber ausgerottet.

Auf der Speisekarte der Luchse stehen obenan: Feld- und Schneehasen sowie Waldhühner, ihnen folgen Mäuse und alle anderen kleinen Nager, an dritter Stelle rangieren Eichhörnchen, Murmeltiere, Marder, Dachse, Wildkatzen und Füchse sowie zahlreiche Wasser- und Sumpfvögel, den geringsten Anteil stellen Rehe.

Luchs (Lynx lynx): Bewohnt in geringen Beständen heute

Der Luchs ist eine schmale, aber hochbeinige Raubkatze. Sie hat einen kleinen Kopf, einen ausgeprägten, zipfligen Backenbart, deutlich zugespitzte und lang bepinselte Ohren sowie intensiv glühende Augen. Seine Pranken sind sehr stark und die Krallen ungewöhnlich scharf. Die meisten seiner Art tragen einen kurzen Stummelschwanz.

noch den Balkan, die Tschechoslowakei, die Karpaten, das nördliche Schweden, Norwegen und Finnland, ist von Rußland über Sibirien bis nach Turkestan, Tibet, China, die Mongolei, die Mandschurei und Sachalin verbreitet sowie in Nordamerika bis zur Südgrenze Kanadas zu Hause; Länge 100–110 cm, Schwanz

20 cm, Schulterhöhe 65–75 cm; Pelz dicht und weich, oberseits vorwiegend rötlichgrau und weißlich gemischt, je nach Rasse aber auch lebhaft rötlich, rehfarben, hellgrau und fast weißlich, unterseits sowie auf der Innenseite der Beine und am Vorderhals weiß, durchweg rotbraun oder graubraun bis schwarz gefleckt; trägt einen zweispitzigen Backenbart im rötlichen Gesicht und hat schwarzbepinselte, innen weiße Ohren.

Pardelluchs (Lynx pardinus): Bewohnt Südeuropa, Spanien, Sardinien, Griechenland sowie Kleinasien, Persien und den Kaukasus; Länge 85–90 cm, Schwanz 15 cm, Schulterhöhe 65–70 cm; Pelz oberseits lebhaft rötlichbraun, kräftig schwarz gefleckt, an den Läufen feiner getüpfelt; ist im Gesicht vorwiegend trübweiß und lichtgrau, hat besonders lange Pinselohren und einen starken Zipfelbart; lebt vorwiegend von Wildkaninchen und noch kleineren Nagern und bewohnt vor allem die Bergwälder; ist im Bestand überall schon geschwächt, aber noch nicht gefährdet.

Rotluchs (Lynx rufus): Bewohnt in 11 Unterarten ganz Nordamerika von Südkanada bis nach Mexiko, ist in den Steppen und Wäldern wie in den Gebirgen und Sümpfen zu Hause; Länge 80 cm, Schwanz 12–15 cm, Schulterhöhe 60 cm; Pelz oberseits hell- bis rotbraun, mehr oder weniger kräftig dunkelbraun bis schwarz gefleckt; kennzeichnet sich durch breitere, nur schwach bespitzte und bebüschelte Ohren und breiteren weißen Backenbart; hat weiße Zeichnungen an der Innenseite der Ohren, rund um die Augen und die Schnauze; ist ein Kleinwildjäger.

Wüstenluchs oder Karakal (Caracal caracal): Bewohnt die Wüsten und Steppen Afrikas südlich der Sahara sowie die offenen Landschaften Asiens bis nach Transkaspien und Vorderindien; Länge 65–75 cm, Schwanz 25 cm, Schulterhöhe 40–45 cm; Pelz kurzhaarig, oberseits fahl- bis rötlichgelb oder isabellfarben bis braunrot, unterseits sowie an der Kehle weißlich; kennzeichnet sich durch seine schlanke Gestalt, die hohen Läufe, die sehr langen Ohrpinsel, die oft herabhängen, einen großen schwarzen Fleck auf der Oberlippe und einen schwarzen Streifen, der sich von den Augen bis zum Nasenrand hinzieht; ist als Jungtier gefleckt.

Der Wüstenluchs meidet den Wald und ähnelt in seiner Jagdweise dem Gepard. Nur ist er längst nicht so leicht zu zähmen wie jener, vielmehr der unzugänglichste und unverträglichste Luchs überhaupt, der nur ganz selten einmal in ein näheres Verhältnis zu seinem Pfleger tritt. In freier Wildbahn lebt er vorwiegend von kleinen Säugern und Vögeln, reißt hin und wieder wohl auch einmal eine kleine Antilope und bricht gern in Hühnerställe ein. Er ist so flink, daß er von einem Schwarm Vögel regelmäßig mehrere Tiere tötet, ehe sich die anderen aufzuschwingen vermögen, und schlägt die davonfliegenden oft noch nachspringend nieder.

Die Servale

Sehr an den Wüstenluchs und entfernt auch an den Gepard erinnern die überaus schlanken, schmächtigen, hochbeinigen und verhältnismäßig kurzschwänzigen sowie großohrigen Servale. Sie erreichen etwa die Ausmaße einer kräftigen Hauskatze und sind ungemein geschmeidige und sehr graziöse Tiere.

Serval (Leptailurus serval): Bewohnt die offenen Landschaften Süd-, Ost- und Westafrikas; Länge 80–90 cm, Schwanz 30–35 cm, Schulterhöhe 45–50 cm; Pelz gelblichfahlgrau bis hellgelblich, in deutlichen Längsreihen schwarz getüpfelt und gefleckt, an den Oberläufen fast gebändert, an den Unterläufen wieder feiner getüpfelt; der Nasenrükken und die Nasenspitze sind schwarz, die Wangen weißlich, die schönen großen Augen hellgelb.

Die Jagdgebiete des Servals sind die Savannen, die lichten Buschwälder und das bewachsene Gebirge. Hier schweift er vorwiegend in der Dämmerung, oft aber auch schon am Tag umher und stellt vor allem den Nagern und Vögeln nach, begnügt sich aber auch mit Eidechsen und Insekten, wenn es sein muß. Wahrscheinlich wird er wohl auch junge Antilopen und Gazellen reißen. Frisch eingefangen, gebärdet er sich wie rasend und bleibt außerordentlich unbändig. Junge Tiere aber werden bald zahm und so anhänglich und friedsam wie Hauskatzen, sind jedoch sehr kälteempfindlich.

Die kleinen Wild- und Raubkatzen

Die mittelgroßen und kleineren Raubkatzen, die hier ziemlich willkürlich zusammengefaßt sind, bereiten den Zoologen in bezug auf ihre verwandtschaftliche Zugehörigkeit noch immer Kopfschmerzen. Zum großen Teil kennen wir sie weder in ihrer körperlichen noch in ihrer biologischen Eigenart gut genug, um sie systematisch gliedern zu können. Wir lassen sie also einmal der Reihe nach aufmarschieren und beginnen mit unserer einheimischen Wildkatze.

Wildkatze (Felis silvestris): Bewohnt in rund 20 Unterarten noch ganz Europa, ganz Afrika außerhalb des Regenwaldes, Kleinasien bis Vorderindien und das gemäßigte Zentralasien bis zur Wüste Gobi, war in Deutschland schon fast ausgerottet, ist jetzt aber ganzjährig geschützt und wurde bereits wieder im Westerwald, Westtaunus, Hunsrück, Odenwald, Spessart, Schwarzwald, Thüringer Wald, Bayrischen Wald, Riesengebirge sowie in den Hochwäldern der Alpenkette gespürt; Länge 80–90 cm, Schwanz 35 cm, Schulterhöhe 40–42 cm; Pelz beim Kuder

In den Buschwäldern und Savannen Afrikas sind die Servale beheimatet die überaus schlanken, schmächtigen, hochbeinigen Tiere ähneln dem Wüstenluchs. Die Servale werden etwa so groß wie eine kräftige Hauskatze und bewegen sich ungemein geschmeidig und graziös. Sehr schön sind ihre großen, hellgelben Augen.

oberseits gelblich- bis schwarzgrau, bei der Katze gelblichgrau, vom Rückgrat bis zum Bauch verwaschen quergestreift, unterseits lehmgelblich und schwarz getüpfelt, an Kehle und Kinn weißlich; kennzeichnet sich durch vier dunkle Streifen, die sich von der Stirn zwischen die Ohren hinziehen und von denen sich die beiden mittleren zu einem Streifen längs des Rückgrates vereinigen; hat einen ungewöhnlich dicken, walzenförmigen, wie abgehackt wirkenden Schwanz, der sich also überhaupt nicht verjüngt und wie die Beine Querringe und Querstreifen aufweist.

Als Unterart der Wildkatze gilt heute:

die Falbkatze *(Felis silvestris libyca)* aus Nordafrika, die als Stammform der europäischen Hauskatzen angesehen wird und fahlgelb bis fahlgrau bepelzt ist.

Als echtes Dämmerungs- und Nachttier wird die Wildkatze erst gegen Abend munter. Den Tag verschläft und verdöst sie in ihren Schlupfwinkeln: verlassenen Fuchs-, Dachs- und Kaninchenbauten, Erd- und Baumhöhlen und engem Felsengeklüft. Wie jede Katze nimmt sie aber gern Sonnenbäder auf warmen Steinen oder breiten Ästen, denen sie sich längshin anschmiegt. Ihre Hauptbeute sind alle Nager von der kleinen Waldmaus über die Ratte und den Hamster bis zum Eichhörnchen und Hasen. Sie schlägt aber auch Singvögel, Wald- und Feldhühner, Enten und Schnepfen und wagt sich an Iltis, Wiesel und Hermelin. An Mut und Draufgängertum übertrifft sie viele bedeutend größere Katzen, meidet aber den Menschen so sehr, daß sie kaum einmal in Gehöfte und Geflügelställe eindringt.

Die Tiger- oder Bengalkatzen

Die Tiger- oder Bengalkatzen sind gleichsam die Vertreter der Wildkatze in Südasien und ähneln ihr fast durchweg in Größe, Gestalt und Lebensweise. Sie sind ebenfalls Wald- und Baumtiere, nächtliche Einzelräuber, die vorwiegend den Vögeln und Nagern nachstellen, aber auch junge Rehe, Hirsche sowie Hunde, Schafe und größere Schlangen reißen. Im Charakter kennzeichnen sie sich durch große

Raublust und gänzliche Unzähmbarkeit. Der Haß auf den, der sie käfigte, sprüht ihnen trotz bester Pflege aus den Augen, solange sie leben.

Bengalkatze (Prionailurus bengalensis): Bewohnt in 11 Unterarten ganz Vorderindien, die Mandschurei, die großen Sundainseln und die Philippinen; Länge 60–65 cm, Schwanz 26–28 cm, Schulterhöhe 34–36 cm; Pelz oberseits bräunlichfahlgrau, dunkelrostbraun gefleckt, unterseits weiß, braunschwarz gefleckt; kennzeichnet sich durch zwei markante dunkle Gesichtsstreifen, die sich vom Auge zum Mittelhals und von der Wange zur Kinnlade hinziehen, sowie einen weißen Streifen zwischen Auge und Nase; hat rundsternige braune Augen.

Kleine Raubkatzen der Neuen Welt

Die letzte Gruppe der kleineren Schleichräuber umfaßt die in den amerikanischen Wäldern und Pampas beheimateten und dort noch recht häufig anzutreffenden Wildkatzen. Unter ihnen ist die bekannteste der Ozelot.

Ozelot oder Pardelkatze (Leopardus pardalis): Bewohnt in zahlreichen Unterarten ganz Süd- und Mittelamerika sowie den Süden Nordamerikas; Länge durchschnittlich 90–100 cm, Schwanz 40–45 cm, Schulterhöhe 45–50 cm; wird in den südamerikanischen Tropenwäldern oft noch größer; Pelz dicht und weich, oberseits glänzend rötlichgelbgrau, unterseits gelblichweiß, auf dem Oberkopf fein und dunkel getüpfelt, auf dem Rükken länglich gefleckt, an den Seiten bandförmig längsgestreift, an den Beinen wieder schwarz getüpfelt, am Schwanz geringelt, die großen Flecke in der Mitte oft schwarz punktiert; kennzeichnet sich durch einen schwarzen Gesichtsstreifen, der sich vom äußeren Augenwinkel zum unteren Ohrrand hinzieht; die Nase ist fleischfarben, das Auge blaugrau.

Wie es scheint, leben die Ozelots paarweise zusammen, gehen aber getrennt auf Raub aus. Als echte Waldkatzen meiden sie das offene Land möglichst und scheuen auch alle größeren Ansiedlungen sowie den Menschen. Selbst der Jäger bekommt sie kaum einmal zu Gesicht, kommt noch weniger zu einem Schuß und ist fast ausschließlich auf den Fallenfang angewiesen. Zu ihren Beutetieren gehören vor allem Vögel sowie Mäuse, Ratten, Pakas, Agutis, Affen und junge Schweine. Nur in der äußersten Not fressen sie auch Echsen, Schlangen und Lurche. Die vielen phantastischen Erzählungen von ihrer großen Mord- und Blutgier sind zweifellos samt und sonders stark übertrieben, denn sie verzehren regelmäßig restlos, was sie gerissen haben.

Die Jaguarundis oder Wieselkatzen

Mit ihrem gestreckten, schlanken und schmächtigen Körper, ihrem verhältnismäßig langen Hals und kleinen Kopf sowie dem langen Schwanz erinnern die Jaguarundis schon sehr an die Schleichkatzen und fast an die Marder. Ihr Pelz ist immer einfarbig und ungefleckt. In ihrer Wesensart scheinen sich die Charakterzüge der Raubkatze mit denen des Marders zu verbinden. Ihre Raublust ist jedenfalls auch in der Gefangenschaft und bei reichlicher Fleischkost nicht zu bändigen. Gleich Wiesel und Hermelin springen sie auch beträchtlich größere Beutetiere an, beißen sich an der Kehle fest und lassen nicht locker, bis das Blut fließt. Als Jagdgebiet ist ihnen der lichte und buschige Waldrand lieber als der Wald selbst oder das freie Land, doch klettern sie auch in die Bäume und sind überhaupt überaus behend und gewandt.

Die Wildkatze bewohnt in rund 20 Unterarten noch ganz Europa, Afrika außerhalb des Regenwaldes, Kleinasien bis Vorderindien und das gemäßigte Zentralasien bis zur Wüste Gobi. In Deutschland war die Wildkatze schon fast ausgerottet; jetzt ist sie aber ganzjährig geschützt und taucht bereits wieder im Westerwald, Bayerischen Wald, Hunsrück, Spessart, Schwarzwald, Riesengebirge, Thüringer Wald, Westtaunus sowie in den Hochwäldern der Alpen auf.

Jaguarundi (Herpailurus yaguarundi): Bewohnt Amerika vom Südwesten der Vereinigten Staaten über Mexiko bis Paraguay; Länge 55–60 cm, Schwanz 32–34 cm, Schulterhöhe 34–36 cm; Pelz kurz und dicht, je nach Rasse entweder schwarzbraungrau oder gelbrot, bei den Weibchen jeweils etwas heller; kennzeichnet sich durch ausgesprochen niederen Wuchs und überhöhtes Kreuz.

Die Indianer haben die Wieselkatze, von der sie die rote Form besonders lieben, oft gezähmt und als Haustier gehalten. Wir wissen jedoch nicht, ob sie es ihr auch abgewöhnen konnten, die Haushühner abzuwürgen. Das ist jedenfalls bis jetzt noch keinem Europäer gelungen, so zahm und zutraulich die jung eingefangenen Tiere bei guter Pflege sonst auch werden.

Die Schleichkatzen

Die Schleichkatzen sind die urtümlichsten der heute noch lebenden Raubtiere und seit der Braunkohlenzeit weit über Afrika und Südasien verbreitet. In Amerika und in Australien fehlen sie gänzlich. Auf Madagaskar aber, diesem großen und schon lange vom Festland isolierten Inselschiff, blieben sie die einzige dort auftretende Raubtierfamilie. Eine Schleichkatze, nämlich die Ginsterkatze, drang von Afrika aus bis nach Spanien und Südfrankreich vor.

Gegliedert werden die Schleichkatzen heute in die sechs Gruppen der Zibetkatzen, der Palmenroller, der Bänder- und Otterzivetten, der Frettkatze, der Mungos oder Mangusten oder Ichneumone und der Madagaskar-Mungos.

Die Zibetkatzen

Die Zibetkatzen sind den echten Raubkatzen noch recht ähnlich. Das heißt, sie haben verhältnismäßig hohe Beine, einziehbare Krallen und keinen allzu langen Schwanz. Äußerlich erinnern sie noch nicht so sehr an die Marder wie die anderen Schleichkatzen, kennzeichnen sich aber gleichfalls durch die stark verjüngte, fuchsähnliche Schnauze, die kurz zugespitzten Ohren und schiefgestellten Augen. Die Fußsohlen sind dicht behaart. Die Absonderung ihrer Duftdrüsen, das begehrte, zuerst schaumige, später salbenartige Zibet, speichern sie in einer Drüsentasche zwischen After und Damm auf.

Wie die Raubkatzen sind auch die Zibetkatzen echte Dämmerungs- und Nachttiere, verschlafen den Tag in Erd- und Felsenhöhlen und streifen in der Nacht weit umher. Kleinere Nager, Vögel, Eidechsen, Schleichen, Lurche, Schlangen und große Insekten sind ihre Beutetiere. Vor allem haben sie es auf die Eier der Vögel abgesehen und durchsuchen nach dieser Lieblingsspeise die Büsche und die Bäume. Die Welt der Büsche zieht sie überhaupt am meisten an, selbst wenn sie nur aus einer Feldhecke besteht. Als Zusatzkost verzehren sie gern Beeren, Früchte und saftige Wurzeln. Wo sich die Gelegenheit bietet, brechen sie in die Geflügelställe ein und richten hier gleich den Mardern großen Schaden an.

Afrikanische Zibetkatze oder Civette (Civettictis civetta): Bewohnt Afrika südlich der Sahara; Länge 70 cm, Schwanz 35 cm, Schulterhöhe 30 cm; Pelz dicht und grob, oberseits aschbis dunkelgrau, oft gelblich überhaucht, unterseits heller, an den Beinen dunkler, durchweg schwarzbraun gefleckt, am Schwanz schwarz geringelt; hat eine aufrichtbare schwarzbraune Rückenmähne, an der Halsseite einen breiten schwarz-weißen Streifen, eine weiße Nasenspitze, die sich sehr effektvoll von den großen dunklen Augen- und Wangenflecken absetzt; kennzeichnet sich durch einen verhältnismäßig kräftigen, fast gedrungenen Leib, sehr starken und muskulösen Hals, überhöhtes Kreuz, längere Hinterbeine und buschigen Schwanz.

Indische Zibetkatze (Viverra zibetha): Bewohnt das nördliche Vorderindien, das südliche China und Singapur; Länge 80 cm, Schwanz 45 cm, Schulterhöhe 36–38 cm; Pelz oberseits düster-bräunlichgelb bis gelbgrau, am Bauche weißlich, an den Füßen rotbraun, durchweg dunkelrostrot gefleckt, am Schwanz dunkelrostfarbig geringelt; kennzeichnet sich durch einen breiten schwarzen Rückenstreifen, zu dem hier die Flecke zusammenfließen; ist gestaltlich schmächtiger als die Afrikanische Zibetkatze, hat keine Rükkenmähne, aber einen noch spitzeren Kopf und etwas längere Ohren.

Die Ginsterkatzen oder Genetten

Noch mehr als die verhältnismäßig kräftigen Zibetkatzen ver-

Eine typische Schleichkatze verkörpert die Ginsterkatze. Wenn sie, überaus schlank und schmächtig, mit lang ausgestrecktem Leib und weit seitwärts gestellten Beinen durch das Gras und Buschwerk gleitet, gleicht sie einer starken, bieg- und schmiegsamen Schlange. Nie schläft die Raublust der Schleichkatzen und doch lassen sie sich von Menschen zähmen. So werden die Ginsterkatzen zutraulich und anhänglich wie Hauskatzen.

dienen die überaus schlanken und schmächtigen Ginsterkatzen den Namen Schleichkatze. Denn wenn diese Tiere mit lang ausgestrecktem Leib, weit seitwärts gestellten Beinen und dem Boden dicht anliegendem Schwanz durch Gras und Buschwerk gleiten, gleichen sie tatsächlich einer starken, bieg- und schmiegsamen Schlange. Ihre Läufe sind so kurz wie die der Marder, der Kopf so fein und klug wie der des Fuchses, der Pelz so weich und glänzend wie der der echten Katzen. Nie schläft die Raublust in ihnen, und doch werden sie so zahm, zutraulich und anhänglich wie die Hauskatzen, hören auf ihren Namen, laufen ihrem Pfleger nach, lassen sich streicheln, liebkosen, sogar necken und vertragen sich untereinander glänzend. Schon bei den alten Ägyptern wurden sie viel als hochverehrte Mäuse- und Rattenvertilger gehalten, und zwar lange, bevor die Falbkatze an den Nil kam. Heute noch erfüllen sie dieselbe Aufgabe bei den Berbern. Aber auch die freilebenden Ginsterkatzen kommen gern in die Ansiedlungen, machen sich genauso nützlich, brechen aber auch in die Taubenschläge sowie die Hühner- und Kaninchenställe ein.

Wie viele Arten und Unterarten der Ginsterkatze in Afrika leben, konnte noch nicht einwandfrei geklärt werden. Allzusehr wandeln sich die Formen und Fleckungen innerhalb der verschiedensten Lebenskreise. Denn Ginsterkatzen gibt es in der Steppe wie in der Savanne, im lichten Busch wie am Waldrand, in den sonnigen Galeriewäldern wie in den dichten Urwäldern.

Nordafrikanische oder Kleinfleck- Ginsterkatze oder Genette (Genetta genetta): Bewohnt die Steppen von ganz Nordafrika sowie in einer Unterart Spanien und Südfrankreich; Länge 50 cm, Schwanz 40 cm, Schulterhöhe 15–17 cm; Pelz kurz, dicht und glatt, vorwiegend gelblichgrau, an Kehle und Unterhals lichtgrau, seitlich in 4–5 Längsreihen schwarz oder rötlichgelb gefleckt, am Schwanz weiß geringelt; kennzeichnet sich durch sehr effektvolle weiße Flecke unter und über den Augen sowie rechts und links der Nasenspitze; die Drüsentasche

am After ist flach und die Absonderung des Moschussekrets nur gering; wird in den Urwäldern von West- und Zentralafrika von der *Großfleckigen Ginsterkatze (G. tigrina)* vertreten.

Die Linsange

Noch schlanker, noch niedriger und noch langschwänziger als die Ginsterkatzen sind die in Afrika und Südasien beheimateten Linsange. Auch sie sind nächtliche Schleichräuber und so heimliche Gesellen, daß wir nur wenig von ihnen und ihrer Lebensweise wissen. Im großen und ganzen erinnern sie stark an die Ginsterkatzen, jagen vor allem Vögel, Eidechsen und Frösche und naschen gern süße Früchte. Mehr als die anderen Schleichkatzen dehnen sie ihre Raubzüge auf die Wipfelregion aus, klettern vorzüglich und bevorzugen Baumhöhlen als ihre Schlupfwinkel. Ihre Jungen sollen sie zweimal im Jahr werfen, sich auch in der Gefangenschaft fortpflanzen und recht rasch zahm werden. Da sie im Gegensatz zu den bisher besprochenen Schleichkatzen geruchlos sind, werden sie von den Eingeborenen oft auch in den Hütten gehalten.

Afrikanischer Linsang (Poiana richardsoni): Bewohnt Afrika; Länge 35–40 cm, Schwanz 40–45 cm, Schulterhöhe 14–16 cm; Pelz gelblichgrau, in Reihen und Binden dunkel gefleckt, am Schwanz schwarzweiß geringelt; kennzeichnet sich durch eine lanzettförmige, nackte und fleischfarbene Stelle an der Ferse.

Die Palmenroller

Die Javaner sind davon überzeugt, daß die besten und auserlesensten Kaffeebohnen die sind, die durch den Magen der eigenartigen Palmenroller wanderten. Sie glauben, daß diese sehr wählerischen Schleichkatzen nur die reifsten und schönsten Früchte der Kaffeebäume verzehren und so als kundige Feinschmecker eine unübertreffliche Auswahl vornehmen. Deshalb versäumen sie nie, die völlig unversehrten Kerne aus den weißen Kotballen dieser Fruchtdiebe zu klauben und für den eigenen Bedarf sicherzustellen.

Dieses Kuriosum verrät, daß die Palmenroller, die äußerlich den Ginsterkatzen und Linsangen sehr gleichen, mehr noch als jene auf süße reife Früchte eingestellt sind. In den Anpflanzungen und Obstgärten richten sie denn auch oft recht großen Schaden an, ganz ähnlich wie unsere einheimischen Bilche oder Schlafmäuse. Und genauso wie diese scheuen sie sich nicht, dem Menschen dicht auf den Leib zu rükken, sich in Nebengebäuden und in den Dächern einzunisten, hier in den Nächten lustig herumzutollen, laut zu quieken und – fleißig zu stehlen.

Zu ihrem wunderlichen Namen sind die Palmenroller, die übrigens auch sehr auf Palmwein erpicht sind, gekommen, als man noch annahm, daß sie ihren langen Schwanz einzurollen und als Greiforgan zu verwenden vermögen. Schon Brehm aber schrieb: „Über die Greiffähigkeit des

Sobald der Indische Mungo eine Schlange entdeckt, beginnt er einen Tanz um das Reptil. Unwahrscheinlich behendig weiß er dem jäh vorschnellenden Schlangenkopf auszuweichen und sie zur Abwehr nach allen Seiten aufzufordern. Wenn die Kräfte des Reptils erlahmen, geht der Mungo zum Angriff über.

Bild nächste Seite: Von allen Hyänenarten ist die Tüpfelhyäne die größte und stärkste.

Schwanzes sind mir gerechte Zweifel aufgestoßen. Ich habe bei meinen Gefangenen niemals bemerkt, daß sie mit ihm irgend etwas an sich herangezogen hätten." Diese Zweifel haben sich bestätigt, der alte Name aber blieb diesen Schleichkatzen, da sie in freier Wildbahn zusammengerollt auf dicken Ästen wie in Baumhöhlen den Tag verschlafen. Ihre 4–6 Jungen bringen sie ebenfalls in Baumhöhlen zur Welt. Gleich ihren Verwandten ernähren sie sich sonst von Vögeln, Vogeleiern, Vogeljungen, Eidechsen, Schlangen und Insekten. Ihre Duftdrüsen sondern in eine kahle Längsfalte am After eine widerlich riechende Masse ab.

Vorderindischer Palmenroller (Paradoxurus niger): Bewohnt Vorderindien mit Ausnahme des Indusgebietes bis zum Himalaja, kommt auch auf Sri Lanka vor; Länge 45–55 cm, Schwanz 40–50 cm, Schulterhöhe 18 cm; Pelz reich und dicht, oberseits braungrau, am Kopf, an den Beinen und an der hinteren Schwanzhälfte schwarz, mehr oder weniger dunkel gefleckt und gestreift, oft aber auch einfarbig; hat im schwarzen Gesicht zu beiden Seiten der Nase weiße oder graue Flecke, braune Augen und gerundete Ohren.

Flecken- oder Pardelroller (Nandinia binotata): Bewohnt die Wälder West- und Mittelafrikas; Länge 40 cm, Schwanz 40–42 cm, Schulterhöhe 16–18 cm; Pelz weich, lang und dicht, oberseits dunkel-gelbgrau bis graubraun, dunkel gefleckt, unterseits hell-gelblichgrau und ungefleckt; kennzeichnet sich durch zwei schwarze Striche an den inneren Augenwinkeln, drei schwarze Längsstriche am Nakken, durch hell-gelblichgraue Flecke an den Schultern und dunkel geringelten Schwanz.

Der Pardelroller ist zwar langgestreckt und sehr kurzbeinig wie die anderen Schleichkatzen, hat aber eine wesentlich andere Kopfform. Das Gesicht erinnert fast an das der Wickelbären oder der Makis. Das Auge ist ausgesprochen kugelig, das Ohr kurz, rund und nach vorn gerichtet. Auch in seinem Wesen ist er mehr ein bedächtiges und besinnliches Baumtier als ein marderflinker Bodenräuber, klettert ganz vorzüglich und läuft an den Stämmen sogar kopfunter herunter. Obwohl auch er erst in der Nacht so richtig lebendig wird und dann seinen klagenden, oft wiederholten Ruf ausstößt, ist er auch tagsüber unterwegs. Früchte scheint er jeder anderen Nahrung vorzuziehen, doch jagt er auch Mäuse, Ratten und Vögel. Seine Jungen, von denen er gewöhnlich vier wirft und vorwiegend in Baumhöhlen zur Welt bringt, trägt er in der ersten Zeit auf dem Rücken mit sich herum. Wahrscheinlich ist er eine der urtümlichsten Schleichkatzen. Sein Gebiß weist jedenfalls raubtier-, fruchtfresser- und halbaffenartige Merkmale auf.

Binturong oder Marderbär (Arctictis binturong): Bewohnt das nordöstliche Vorderindien bis nach Südchina sowie Sumatra, Java, Borneo und Palawan; Länge 80–90 cm, Schwanz 70–80 cm, Schulterhöhe 28–30 cm; Pelz dicht, rauh, wirr und locker, oberseits mattschwarz bis dunkelgrünlich, am Kopf graulich, an den Ohrrändern und Augenbrauen weißlich, an den Beinen bräunlich; hat einen kräftigen Leib, einen dicken Kopf mit leicht verlängerter Schnauze, kurze stämmige Beine mit nackten Fußsohlen und starken, noch ein wenig einziehbaren Krallen; kennzeichnet sich besonders durch seine rundlichen und deutlich bebüschelten Ohren und die dicken, überaus langen und zahlreichen weißen Schnurrhaare.

Der ruhige und bedächtige, gemessen durch die Wipfel kletternde, mit Hilfe seines Greifschwanzes gemütlich von Ast zu Ast hangelnde, mit der ganzen Sohle auftretende und bärig brummende Binturong erinnert tatsächlich so stark an einen Wikkelbären, daß ihn Brehm und andere Zoologen jener Raubtierfamilie zugeordnet hatten. Ein Außenseiter ist er auf alle Fälle, ernährt sich vorwiegend vegetarisch, verzehrt Früchte und saftige Pflanzenschosse und fängt sich dazu kleine Baumfrösche und allerlei Insekten. Auch Jungvögel, Nager und Fische werden nicht verschmäht, sofern sie unser behäbiger Gesell überhaupt erwischt. Den Tag verschläft er hoch in den dichten Bäumen und läßt sich nachts wohl vorwiegend von seinem Geruchs- und Tastsinn leiten.

Die Frettkatze

Die madagassische Frettkatze wird von jeher zu den Schleichkatzen gezählt, dürfte aber eher als ein Bindeglied zwischen diesen und den echten Katzen angesehen werden. Sie erinnert am meisten an die südamerikanischen Wieselkatzen, vor allem auch im katzenähnlichen Gesichtsausdruck. Von den Schleichkatzen hat sie die gestreckte Gestalt, den langen Schwanz, die niederen Läufe mit den nackten Sohlen, die kurzen und gerundeten Ohren und die langen Schnurrhaare. Auch die Drüsentasche in der Aftergegend ist ein einwandfreies Schleichkatzenmerkmal.

Frettkatze (Cryptoprocta ferox): Bewohnt ganz Madagaskar; Länge 85–95 cm, Schwanz 70–80 cm, Schulterhöhe 22–24 cm; Pelz kurz, dicht und derb, einfarbig rötlichgelb, oberseits dunkler als unterseits, über den Augen und an den Ohren aufgehellt; hat schwarzweiße Schnurren und graugrünlichgelbe Augen.

Im Gegensatz zu der großen Raublust, unstillbaren Blutgier und unbändigen Wildheit, die der Frettkatze von den Eingeborenen nachgesagt wird, steht ihr Verhalten in der Gefangenschaft. Sie wird nämlich recht bald zahm, zeigt sich dann so spiellustig wie die Hauskatze, läßt sich liebkosen und tritt in ein inniges Verhältnis zu ihrem Pfleger. Im Berliner Tiergarten hielt ein Exemplar 17 Jahre lang aus und war der erklärte Liebling der Wärter.

Die Mungos oder Mangusten oder Ichneumone

In nicht weniger als 11 Gattungen mit 49 Arten sind die Mungos weit über ganz Afrika, die südli-

Das Erdhündchen lebt kolonieweise in ausgedehnten Erdhöhlen in felsigen, trockenen Gebieten. Mit den Vorderpfoten faßt es seine Nahrung und führt sie zierlich zum Mund.

chen und östlichen Mittelmeerländer, Persien und Arabien, Vorder- und Hinterindien bis nach Südchina und den Sundainseln verbreitet. Gestaltlich kennzeichnen sie sich durch den schleichkatzenähnlich gestreckten, aber betont walzenförmigen Leib und die niedrigen Beine, den verhältnismäßig kleinen Kopf mit der zugespitzten Schnauze und kurzen nackten Nase, die ausgesprochen rundlichen und breiten Ohren, den fast körperlangen, an der Wurzel sehr dicken, unverkennbar kegelförmigen Schwanz und den langen, sehr rauhhaarigen Pelz. Die Duftorgane fehlen den meisten ihrer Art, und auch die Krallen vermögen sie nicht mehr einzuziehen. Im Gegensatz zu ihren anderen Schleichkatzen-Verwandten sind sie fast durchweg Tagtiere und leben und jagen zum Teil gesellig.

Während des Kampfes mit den Schlangen sträuben die Mungos den Pelz so stark, daß sie bald noch einmal so groß erscheinen. So ist es erklärlich, daß die sich wehrenden Schlangen oft nur in die Haare beißen und die Mungos in den Ruf der Giftfestigkeit kamen. In Wirklichkeit müssen auch sie sterben, wenn sie vom Giftzahn getroffen werden, obwohl sie zweifellos – genauso wie unser Igel und Iltis – eine größere Portion des stärksten Schlangengiftes als andere Säugetiere vertragen.

Mungo oder Ichneumon (Herpestes ichneumon): Bewohnt Nordafrika von Marokko bis Palästina, kommt in einer europäischen Unterart im südlichen Spanien vor; Länge 60–65 cm, Schwanz 45–50 cm, Schulterhöhe 20–22 cm; Pelz rauh und lang, vorwiegend grünlichgrau bis olivfarben, oberseits dunkler als an den Seiten und am Bauche, an den Beinen fast schwarz; der an der Wurzel sehr dick behaarte Schwanz endet in einer schwarzen Pinselquaste.

Wie fast alle Mungos liebt auch der Ichneumon die dicht bebuschten Niederungen, die riedbewachsenen Flußufer und die von Hecken gesäumten Anpflanzungen, meidet aber den Wald und das freie Feld. Neben allen Nagern bis zur Größe des Hasen und allen Vögeln bis zum Ausmaß einer Trappe jagt er auch Eidechsen und Schleichen, frißt Kerbtiere und Würmer sowie heruntergefallene reife Früchte.

Nach echter Schleichkatzenart kriecht er so tief geduckt dahin, daß man seine Beine nicht mehr sieht, weiß die geringste Deckung trefflich zu nutzen und springt sehr sicher zu.

Aufgefundene Vogeleier schlürft er mit Begierde aus. Von den gerissenen Beutetieren trinkt er oft nur das Blut und frißt lediglich das Gehirn. Wenn er in Geflügelställe einbricht, richtet er gleich den Mardern oft ein fürchterliches Gemetzel an, tötet alles, was da noch gackert und flattert, und wird darum von den heutigen Nordafrikanern bestens gehaßt. Auf seinen Beutezügen leitet ihn sichtlich die unaufhörlich windende, schnüffelnde und schnaufende Nase.

Gewöhnlich birgt er sich in einfachen, aber tiefen Erdbauten. Nicht selten sieht man ihn in der Gesellschaft seiner Familie, wobei ein Tier dem anderen so unmittelbar folgt, daß man glaubt, eine Riesenschlange dahingleiten zu sehen.

Indischer Mungo (Herpestes edwardsi): Bewohnt Persien, Arabien, Voderindien und Sri Lanka; Länge 40–50 cm, Schwanz 35–45 cm, Schulterhöhe 18–20 cm; Pelz lang und harsch, lichtgrau, silberfarben oder rötlich gesprenkelt, an den Wangen und der Kehle rötlichgrau, an den Beinen schwärzlich.

Sobald der Indische Mungo eine Schlange entdeckt, beginnt er mit wild gesträubtem Haar und dick aufgeschwollenem Schwanz einen Tanz um das Reptil. Seine Taktik läuft offensichtlich darauf hinaus, die Schlange nicht nur unaufhörlich zu reizen, sondern sie zugleich auch am Platze zu halten. Unwahrscheinlich behend weiß er dem immer wieder jäh vorschnellenden Schlangenkopf auszuweichen und sie zur Abwehr nach allen Seiten herauszufordern. Das menschliche Auge vermag den einzelnen blitzschnellen Bewegungen kaum zu folgen noch die einzelnen Phasen klar zu erfassen. Eindeutig aber wird, daß der Mungo die Schlange bewußt abmattet und darauf wartet, daß ihre Spann- und Schnellkraft erlahmt.

Im gleichen Maße wie sie nachläßt, wird er zudringlicher. Nicht selten versucht die Schlange jetzt zu entweichen. In diesem Augenblick aber springt der Mungo zu, schlägt sein nadelscharfes Gebiß in den Nacken der Schlange oder zermalmt ihr gleich die Schädelknochen. Oft geschieht es dabei, daß die todgeweihte Schlange im letzten Aufbäumen den kleinen festverbissenen Kerl wie einen Lappen hin und her schleudert, auf den Boden schmettert oder gegen Baumstämme schlägt. Der Mungo aber läßt sein Opfer um keinen Preis fahren, preßt die Zähne noch stärker gegeneinander und erweist sich als ebenso stark im Nehmen wie im Geben. Er ist, so unwahrscheinlich es auch klingen mag, noch zäher als das zähe Reptil und hält durch, bis dessen unbändige Kräfte erlahmen.

Goldstaubmanguste (Herpestes javanicus auropunctatus): Bewohnt Hinterindien und Java; Länge 30–35 cm, Schwanz 20–25 cm, Schulterhöhe 16–18 cm; Pelz dunkelbraun, goldgelb gesprenkelt, auf dem Rücken etwas dunkler, am Kopf rötlich überhaucht.

Zebramanguste (Mungos mungo): Bewohnt die Savannen West- und Ostafrikas bis zum Kap; Länge 40–50 cm, Schwanz 24–28 cm, Schulterhöhe 18 bis 20 cm; Pelz dicht und reich, oberseits rostfarben, an der Schwanzspitze schwarz; hat glänzend rotbraune Augen und eine fleischfarbene Nase in der rostfarbenen Schnauze.

Kusimanse (Crossarchus obscurus): Bewohnt Westafrika; Länge 35 cm, Schwanz 20 cm, Schulterhöhe 16–18 cm; Pelz rauh und struppig, einfarbig bräunlich, gelblich und rötlich überflogen; kennzeichnet sich durch gedrungenen Leib, kleinen runden Kopf mit sehr zugespitzter Schnauze und langer Nase; hat eine lange Zunge, lange starke Grabekrallen und eine verschließbare Aftertasche, die in regelmäßigen Abständen ein übelriechendes Sekret entleert.

Die Kusimanse ist nicht nur eine ausgezeichnete Spürnase, sie benutzt ihr rüsselartig verlängertes Riechorgan auch als Erdbohrer, sticht gleichsam mit ihm nach Würmern und Insektenlarven in der Spreu, im feuchten Grund und mulmigen Baumstümpfen, um sie dann flott wühlend zutage zu fördern. Oft gräbt sie sich auf der Nahrungssuche ganz unter die Erde. Ihr Wesen ist scheu und lebhaft zugleich. In der Gefangenschaft zeigt sie sich sehr kose- und wärmebedürftig, ist anhänglich, hält sich reinlich und nimmt gern ein ausgiebiges Bad. Das

Die Tüpfel- oder Fleckenhyäne ist die größte und stärkste ihrer Art. In großen Rudeln streifen sie umher und erfüllen die Nächte mit ihrem kreischenden Hohngelächter. Sie kann zu einer rechten Landplage werden. So überfallen sie in Rudeln Weidetiere, dringen in Ortschaften ein und rauben kleinere Haustiere.

Scharren, Bohren, Wühlen und Graben bleibt ihr ein Bedürfnis.

Scharrtier, Erdhündchen oder Surikate (Suricata suricata): Bewohnt Südwestafrika; Länge 30–35 cm, Schwanz 25 cm, Schulterhöhe 18 cm; Pelz oberseits graubraun, gelblich überflogen und bräunlich quergebändert, an den Beinen weißgrau bis silberfarben, an den Lippen, am Kinn und an den Backen weißlich; hat starken schwarzen Ring um die Augen, schwarze rundliche Ohren und ein schwarzes Schwanzende; die Pfoten weisen je vier besonders lange und starke Grabekrallen auf.

Rüsselschnäuzig und grablustig wie die Kusimanse lebt das Erdhündchen kolonieweise in ausgedehnten Erdhöhlen und bevorzugt gleichfalls trockene, sandige und felsige Gebiete. Wieselflink und geschäftig schnüffelt es umher, wittert und äugt ganz vorzüglich. Die Vorderpfoten gebraucht es geschickt wie Hände, faßt mit ihnen die Nahrung auf und führt sie zierlich zum Munde. Oft richtet es sich sichernd auf und kann dann in dieser Haltung einige Schritte laufen. Es tritt fast mit der ganzen Sohle auf. Die Farmer halten es gern als Kammerjäger, der Haus und Hof von Schlangen, Nagern und Insekten befreit und sehr zutraulich wird. In die Stuben allerdings darf es nicht, da es nicht sauber ist und einen widerlichen Geruch verbreitet.

Die Hyänen

Gleich den Geiern spielen die Hyänen im großen Haushalt der Natur die ebenso mißachtete wie notwendige Rolle der Aufräumer und Abdecker. In jeder Einzelheit ihrer körperlichen Struktur sind sie auf dieses Gewerbe ausgerichtet. Was wir an der Erscheinung der Hyänen als widerwärtig und abstoßend empfinden, das sind in Wirklichkeit die Kennzeichen dafür, wie wunderbar und einzigartig sie ihrer Lebensweise und Ernährung angepaßt sind. Die besonders kräftig entwickelten, hohen und eingeknickten Vorderläufe mit den starken plumpen Pfoten stemmen sich so wuchtig gegen den aufgefundenen Kadaver, daß sie ihn regelrecht an den Boden nageln, zugleich wie Brecheisen wirken und den vollen Einsatz des Spezialgebisses ermöglichen. Für dieses unbedingt notwendige Werkzeug muß die Hyäne die stark abschüssige Rückenlinie in Kauf nehmen. Das Gebiß aber, das nichts anderes als eine natürliche Knochenschere von hoher Druckkraft ist, bedarf der ungewöhnlich feisten Nackenmuskulatur, der häßlichen breiten Jochbögen und der hohen Knochenkämme auf dem Scheitel. Nur dergestalt untermauert und überbaut, vermag es selbst die Knochen eines Nilpferds oder Elefanten zu zermalmen.

Als echte Dämmerungs- und Nachttiere verbringen die Hyänen den Tag in selbstgegrabenen Röhren oder natürlichen Erd- und Felshöhlen, heulen sich bei Einbruch der Dunkelheit zusammen und schweifen dann in kleinen Rudeln weit umher. Oft unternehmen sie ebenso gewaltige Hungermärsche wie die Wölfe. Ihr geselliges Wesen wirkt sich auch im Zusammenleben der Geschlechter aus. Die männliche Hyäne versorgt das säugende Weibchen und die Jungen in der ersten Zeit nach dem Wurf. Auch beim Fraß am Kadaver geht es, obwohl sich die Mitglieder der Meute unaufhörlich anbellen und anknurren und vor Futterneid laut kreischen, doch ohne Gewalttat ab. Praktisch schlingen sie alle so gierig, daß ernsthafte Streitereien gar nicht aufkommen können. Abstoßend wirkt, wie sie sich dabei am ganzen Leib besudeln.

Streifenhyäne (Hyaena hyaena): Bewohnt Nordafrika bis Abessinien, das südliche Kleinasien und südliche Arabien, Transkaspien, Afghanistan und Vorderindien; Länge 100–110 cm, Schwanz 40 cm, Schulterhöhe 70–75 cm; Pelz rauh, straff und langhaarig, gelblich-weißgrau, schwarz quergestreift, an der Mähne schwarz bespitzt und am Vorderhals schwarz; hat einen sehr dicken Kopf mit etwas verjüngter Schnauze, große, aufrecht stehende, ganz nackte, dunkle Ohren und einen einfarbigen oder gestreiften, buschigen Schwanz; die Rückenmähne liegt verhältnismäßig glatt an.

Die Streifenhyäne schweift in nur kleinen Rudeln und oft auch allein durch die offenen Landschaften. Unter ihren Verwandten ist sie der ausgesprochenste Aas- und Knochenfresser. Obwohl sie sich im Schutz der Nacht bis in die Ortschaften und Gehöfte wagt, würgt sie kaum einmal Haushühner oder kleinere Haustiere, sondern betätigt sich fast ausschließlich als Müllräumer, der sogar blutgetränkte Lumpen und alte Lederstücke hinunterwürgt. Angriffe auf Menschen wurden nicht bekannt. Daß sie Leichen ausgräbt, ist ebenfalls eine Fabel.

Tüpfel- oder Fleckenhyäne (Crocuta crocuta): Bewohnt Afrika südlich der Sahara, vor allem Ägypten, Abessinien, den Senegal und das Zululand; Länge 130–140 cm, Schwanz 35 cm, Schulterhöhe 75–80 cm; Pelz weißlich bis fahlgelb, an den Seiten und auf den Schenkeln braun gefleckt, am Kopf dunkelbraun, auf den Wangen und am Scheitel rötlich, an den Füßen weißlich; der verhältnismäßig kurze Schwanz ist braun geringelt und hat eine schwarze Spitze; kennzeichnet sich durch kürzere und rundere Ohren, die leicht behaart sind.

Diese größte und stärkste Hyäne, die in kopfreichen Rudeln umherschweift und die Nächte mit ihrem kreischenden Hohngelächter erfüllt, zeigt sich kühner und dreister als ihre Verwandten und kann sich zu einer rechten Landplage auswachsen. Die Rudel überfallen Weidetiere, dringen in Lager und Ortschaften ein, rauben kleinere Haustiere und sollen sich im ausgehungerten Zustand sogar dem bewaffneten Menschen widersetzen. Andererseits dezimieren sie

Große Zahnlücken sind sein Kennzeichen: Der Erdwolf sieht äußerlich zwar einer echten Hyäne ähnlich, aber ihm muß wegen seines seltsamen Gebisses eine Sonderstellung eingeräumt werden. Das bis zu 65 Zentimeter hohe Tier kann deshalb größere Tiere kaum reißen. Der Erdwolf ernährt sich hauptsächlich von Termiten und freut sich, wenn er ein Stück Aas findet.

die Scharen der Paviane, Schleichkatzen, Hasen und Springmäuse. Doch sind auch sie scheue Nachttiere und viel mehr Aasfresser als Jäger. Gewöhnlich lassen sie sich schon mit Steinwürfen oder durch den Angriff eines schneidigen Hundes in die Flucht jagen.

Ihre 3–7 Jungen, die im Anfang noch braunschwarz bis schwarz und ungetüpfelt sind, bringen sie in selbstgescharrten Erdröhren oder natürlichen Höhlen zur Welt. Das Muttertier säugt sie ein volles halbes Jahr und verteidigt sie mutig gegen alle Feinde. In der Gefangenschaft sind diese jungen Hyänen so nett wie alle anderen Tierkinder, zeigen sich gelehrig, werden anhänglich und halten sich recht sauber.

Erdwolf (Proteles cristatus): Bewohnt Ostafrika vom Somaliland bis zum Kap und Westafrika vom Kap bis nach Angola; Länge 75–85 cm, Schwanz 30 cm, Schulterhöhe 60–65 cm; Pelz oberseits blaßgelb, an der Seite schwarz quergestreift, am Kopf gelblich und schwarz, unterseits weißlichgelb; die Schnauze, das Kinn und die Augenringe sind dunkelbraun, die Ohren außen braun, innen gelblichweiß, die Endhälfte des Schwanzes schwarz; kennzeichnet sich durch seine sehr starke und ständig gesträubte, schwarzgelbliche Rückenmähne, einen hoch emporragenden Haarwald, der sich bis zur Schwanzwurzel hinzieht und im buschigen Schwanz seine Fortsetzung findet; an den Vorderpfoten fällt ein verkümmerter Daumen auf, der an die Afterzehe der Hunde erinnert.

So sehr der Erdwolf äußerlich den echten Hyänen und vor allem der Streifenhyäne gleicht, muß ihm doch eine Sonderstellung eingeräumt werden. Sein Gebiß ist nämlich auffällig verkümmert, hat große Lücken zwischen den Backenzähnen, die selbst nur winzige Spitzen darstellen und ihm im Laufe des Lebens noch ausfallen. Größere Tiere vermag er darum auch gar nicht zu reißen, sondern lebt hauptsächlich von Termiten und anderen Insekten und ist ein ausgesprochener Erdwühler. Den Tag verschläft er in selbstgescharrten, tiefen, weitverzweigten Erdhöhlen, die sich in der Anlage mit denen unseres Fuchses messen können. Sonst aber ist er ebenfalls ein geselliger Aasfresser und gelegentlicher Räuber, der besonders unbeholfenen Jungtieren nachstellen soll.

Die Marder

Wie die Schleichkatzen stehen auch die Marder den Urbildern der ersten kleinen Raubtiere noch recht nahe. Sehr schlank und niedrig von Gestalt, geschmeidig und behend in allen ihren Bewegungen, ausgerüstet mit hochentwickelten und geschärften Sinnesorganen und darum außerordentlich anpassungsfähig, sind sie von Natur aus den meisten anderen Geschöpfen weit überlegen. Vor allem aber pulst das Leben in ihnen feuriger, stehen sie unter solch hoher innerer Spannung, daß sie als ungewöhnlich bewegungsfreudige, temperamentvolle, unternehmungslustige Tiere in Erscheinung treten.

Die Vielzahl der Marder gliedert sich in 5 Unterfamilien mit 24 Gattungen und 65 Arten und umfaßt die Raubmarder, die Dachse, die Honigdachse, die Stinktiere und die Otter.

Die wieselartigen Raubmarder

Zu den Raubmardern gehören die echten Marder, die Wiesel, die Iltisse, die Nerze, die Bandiltisse, die Streifenwiesel, die Tayra, der Grison und der Vielfraß. Sie alle sind echte, jagd- und reißlustige Räuber, sind die heißblütigsten, beweglichsten und zugleich wohl die intelligentesten ihrer Art. Ihre Beutetiere sind sämtliche Nager von der kleinen Feldmaus über die Ratte und den Hamster bis zum Eichhörnchen, Kaninchen und Feldhasen sowie alle Vögel vom kleinen Singvogel über die Rabenvögel bis zu den großen Wald- und Feldhühnern. In den schlecht verwahrten Taubenschlägen, Hühnerställen und Fasanerien können sie wahre Blutbäder anrichten, denn sie reißen und beißen, solange noch eine Taube flattert und ein Huhn gackert. Es ist, als wollten sie das von wahnsinniger Angst gepackte Federvolk zum Schweigen bringen, damit sein Aufruhr nicht den Einbruch verrate. Mit großer Begierde werden Vogeleier ausgetrunken und Nestküken verzehrt. Zum Nachtisch schätzen sie knusprige Insekten sehr, dazu Frösche und süße Früchte. Oft haben sie geradezu ihre vegetarischen Wochen. Seltener reißen sie Eidechsen und Schlangen, und nur gelegentlich nehmen sie auch Aas an. Die dem Wasserleben angepaßten Nerze fressen vorzugsweise Fische, Frösche, Molche, Wasserratten und Wasservögel.

Die echten Marder

Die echten Marder sind mit Ausnahme des Steinmarders dem Wald verhaftet, sind behende Baumtiere, die ausgezeichnet klettern und springen und auch tagsüber auf Raub ausgehen. Ihr Pelz ist ungewöhnlich fein und dicht, liefert das beste Rauchwerk. Das an und für sich kleine und spitze Mäulchen mit den langen Schnurrhaaren vermögen sie dank einer besonderen Sperrmechanik so weit zu öffnen, daß der Unterkiefer im rechten Winkel zum Oberkiefer steht und sie mühelos größere Beutetiere und vor allem auch Eier transportieren können. Mit ihren Stinkdrüsen markieren sie alle ihre Wege quer durch den Wald und die Wipfel, so daß sie gleichsam auf festen und vertrauten Straßen dahinziehen. Dieser Brauch wird auch geübt, wenn sie von einem Revier ins andere überwechseln, so daß man von richtigen „Marderpässen“ sprechen kann, die sich über weite Landstriche hinziehen und immer wieder benutzt werden.

Baum- oder Edelmarder (Martes martes): Bewohnt in 7 Unterarten die Wälder ganz Europas von Norspanien, Süditalien und dem nördlichen Balkan bis zur Baumgrenze im Norden Skandinaviens und Finnlands, ist außerdem von Kleinasien und Persien bis nach Nordrußland und Westsibirien verbreitet; Länge 50–55 cm, Schwanz 30 cm, Pelz dicht, weich und glänzend, oberseits gelblich- bis dunkelbraun, an Schnauze, Stirn und

Der Stein- oder Hausmarder ist ein echter Kulturfolger, der dem Menschen möglichst dicht auf den Leib rückt. Er gilt als äußerst wählerischer Feinschmecker, der besonders gern süße Beeren, leckere Vogeleier, zarte Jungvögel und warmes Blut mag. Erstaunlicherweise nagt er nachts aber auch begeistert an den Gummiteilen geparkter Autos.

Wangen lichtbraun, an den Körperseiten und am Bauch gelblich, an den Beinen schwarzbraun schattiert; die Kehle und der Unterhals sind oft dottergelb, manchmal aber auch nur weißlichgelb gefärbt, niemals jedoch ist dieser helle Fleck so lang gegabelt wie beim Steinmarder; wird in Japan durch den *Japanischen Marder (M. melampus)* vertreten.

Sein Lager schlägt der einzelgängerische Baummarder gern in alten Tauben-, Krähen- und Greifennestern, in Eichhörnchenkobeln und hohlen Bäumen auf. Er paart sich im Hochsommer. Seine 3–5 Jungen kommen im Mai zur Welt und werden vom Weibchen allein betreut. Je urwüchsiger und unberührter der Wald ist, um so lieber ist er dem Baummarder. Nur in großen Notzeiten kommt er bis in die Nähe der Gehöfte, um hier den Tauben und Hühnern nachzustellen.

Stein- oder Hausmarder (Martes foina): Bewohnt in 11 Unterarten ganz Europa bis zur Nord- und Ostsee, fehlt in Irland, Großbritannien, Island, Skandinavien und Nordrußland, ist dafür im Süden bis nach Palästina, Kaschmir und Sikkim sowie durch ganz Zentralasien bis zur Mandschurei verbreitet; Länge 45–50 cm, Schwanz 25 cm; Pelz kurzhaarig, oberseits grau- bis lichtbraun, an Schnauze, Stirn und Wangen aufgehellt; hat weißgerandete Ohren, dunkelbraune Füße und kennzeichnet sich durch einen großen, zumeist weißen, seltener gelblichen Kehl- und Halsfleck, der sich dem Bauche zu gabelt und bis zur Mitte der inneren Vorderbeine hinzieht; unterscheidet sich vom Edelmarder durch die etwas geringere Größe, die niedrigeren Beine, die ein wenig kürzere Schnauze und die kleineren Ohren.

Der Steinmarder ist im Gegensatz zum waldtreuen Edelmarder ein echter Kulturfolger, der dem Menschen möglichst dicht auf den Leib rückt. Am liebsten bewohnt er alte Gemäuer, Feldscheunen, Stallungen, Steinhaufen, Holzstöße, verlassene Erdbauten und natürliche Felshöhlen. Als Bodenräuber und durch die langwährende Verfolgung gewitzt, geht er frühestens bei Sonnenuntergang, meist erst nach Einbruch der Nacht auf Raub aus. Im großen und ganzen kann man ihn als einen sehr feinschmeckerischen Leichtköstler bezeichnen, der für sein Leben gern süße Beeren und Früchte, leckere Vogeleier, zarte Jungvögel, warmes Blut und frisches Gehirn verzehrt. Wo die Taubenschläge und Hühnerställe gut verwahrt sind, macht er sich als Mäuse- und Rattenvertilger recht nützlich.

Zobel (Martes zibellina): Bewohnte früher auch Nordeuropa, kommt heute nur noch in Nordostasien, etwa vom Ural bis nach Kamtschatka und Sachalin vor, ist dort in 5 Unterarten verbreitet, von denen die aus den Baikal-, Amur- und Lenagebieten die wertvollsten Pelze liefern, war durch die Pelzjäger fast ausgerottet, steht heute unter strengem Naturschutz und hat sich wieder gut erholt; Länge 50–55 cm, Schwanz 15 cm; Pelz seidenweich, glänzend und dicht, oberseits gelblichbraun bis schwärzlich, an der Schnauze schwarz und grau gemischt, auf den Wangen grau oder weiß, am Hals und an den Seiten rötlich kastanienbraun, am Unterhals dottergelb bis rotorangefarben, manchmal auch weißgelblich; hat grauweißlich gerandete, große und zugespitzte Ohren; kennzeichnet sich durch gedrungenen Rumpf, ausgesprochen kegelförmigen Kopf, verhältnismäßig hohe und starke Beine mit sehr breiten und kräftigen Pfoten.

Wie der Edelmarder ist auch der Zobel ein Kulturflüchter, der sich immer stärker in die entlegensten, urigsten und unzugänglichsten Wälder der Taiga zurückzog, ein heimliches Nachtleben führte und nur noch von sehr erfahrenen Jägern unter den größten Mühen und Strapazen aufzuspüren war. Heute, da er weitgehend Schutz genießt, zeigt er sich schon wieder etwas vertrauter und ist auch tagsüber unterwegs. Obwohl die Eichhörnchen, Unglückshäher und Rauhfußkäuze neben allen Nagern zu seinen Hauptbeutetieren zählen, ist er doch mehr ein Boden- als ein Baumtier, haust auch vorwiegend in natürlichen Erd- und Felshöhlen sowie in hohlen Stämmen. Als Zusatzkost bevorzugt er die Zedernnüsse und den Honig wilder Bienen und Hummeln. Fische scheint er ebenfalls recht zu schätzen. Heute ist die Ausfuhr lebender Zobel aus Rußland streng verboten und die Zucht dieser Tiere sowjetisches Staatsmonopol. Das Zobelfell gilt heute noch als der kostbarste Edelpelz.

Charsa oder Buntmarder (Martes flavigula): Bewohnt Asien vom Amur bis nach Hinterindien, kommt auch auf Sumatra, Java und Borneo vor; Länge 55–60 cm, Schwanz 35–40 cm; Pelz sehr bunt, und zwar schwarz oder dunkelbraun am Kopf, am Hinterteil, an den Füßen und am Schwanz, weiß an der Oberlippe, dem Kinn und der Kehle, glänzend hellgelb oder sehr lichtbraun an allen übrigen Körperteilen; wird in Vorderindien vom *Indischen Charsa (M. gwatkinsi)* vertreten.

Die Buntmarder jagen oft gemeinsam und wagen sich dann selbst an Dachse, Moschustiere und Rehe. Als verhältnismäßig schwere und stämmige Tiere sind sie vorwiegend Bodenräuber, die auch Schlangen, Eidechsen und Insekten verzehren. Doch klettern sie ebenfalls recht gut und verfolgen die Eichhörnchen bis hoch in die Bäume. Auf ihren weit ausgedehnten Raubzügen murmeln und trommeln sie fast ununterbrochen vor sich hin.

Die Wiesel

Schlanker und geschmeidiger noch als die Marder, vor allem aber wesentlich kleiner sind die in 13 Arten weit über die ganze Welt verbreiteten Wiesel. Als kühne und raublustige, vorwiegend einzelgängerische Bodenräuber folgen sie den Nagern in ihre unterirdischen Burgen und scheuen selbst den Kampf mit großen bissigen Ratten und

Im Winter bleibt die Schwanzspitze der einzige schwarze Fleck auf dem ansonsten blütenweißen Pelz des Hermelins. Das kleine, possierliche Raubtier (Länge über alles, einschließlich Schwanz, knapp 40 Zentimeter) bewohnt in 46 Unterarten ganz Europa vom Balkan bis Nordgrönland, Nordamerika und einen großen Teil Asiens. Das kleine Raubtier, außer Hermelin auch Großes Wiesel genannt, trägt sein weißes Fell allerdings nur im Winter. Im Sommer ist es braunrötlich gefärbt.

Hamstern nicht. Furcht ist ihnen völlig fremd. Tollkühn springen sie in der Bedrängnis jeden Feind, auch den Menschen an. Von den größeren Beutetieren trinken sie nur das Blut und verzehren lediglich das Gehirn. Ihr Biß zielt stets nach der Halsschlagader. Den bodenbrütenden Vögeln rauben sie die Eier und die Nestjungen. Sie vertilgen auf den Feldern und Wiesen aber auch zahlreiche Insekten sowie Schlangen und Lurche. Häufiger noch als die echten Marder sind sie auch tagsüber unterwegs.

Hermelin oder Großes Wiesel (Mustela erminea): Bewohnt in 46 Unterarten ganz Europa vom Balkan und Algier bis nach Nordgrönland sowie Vorder-, Nord- und Mittelasien bis zur sibirischen Ostküste und Nordamerika; Länge 24–28 cm, Schwanz 8–10 cm; Pelz der mitteleuropäischen Unterart im Sommer oberseits braunrötlich, unterseits weißgelblich, im Winter oberseits schneeweiß, nur die Schwanzspitze bleibt immer schwarz; im jahreszeitlichen Übergang ist der Pelz buntscheckig, bei den hochnordischen Unterarten dagegen immer weiß und bei den südeuropäischen Unterarten immer braunrötlich.

Mauswiesel oder Heermännchen (Mustela nivalis): Bewohnt den gleichen Lebensraum wie das Hermelin; Länge 16–18 cm, Schwanz 6 cm; Pelz oberseits rötlich-braun, unterseits und an der Innenseite der Beine weiß; hat eine weißgerandete Oberlippe und je einen rundlichen braunen Fleck hinter den Mundwinkeln, oft auch braune Punkte auf dem weißen Bauch; bekommt in den Hochalpen sowie in Nordeuropa einen weißen Winterpelz, aber ohne schwarze Schwanzspitze.

Zwergwiesel (Mustela nivalis minuta): Bewohnt den gleichen Lebensraum wie Hermelin und Mauswiesel, ist noch etwas kleiner als das Heermännchen, bekommt auch im Flachland einen weißen Winterpelz, wird als eine Zwergform des Mauswiesels oder aber als ein westlicher Vertreter des von Nordamerika über Sibirien verbreiteten *Kleinstwiesels (M.n. rixosa)* angesehen.

Die Iltisse

Die Iltisse sind gestaltlich kräftiger und gedrungener, auch etwas stumpfschnäuziger als die Marder und Wiesel. In ihrem Charakter kennzeichnen sie sich durch eine langsamere und bedächtigere Art, die aber durchaus nichts mit Stumpfsinnigkeit zu tun hat. Vielmehr haben sie es gleich dem Steinmarder und dem Mauswiesel schon lange erkannt, daß es sich in der unmittelbaren Nähe des Menschen recht gut leben läßt. Besonders im Winter verlegen sie ihr Quartier fast regelmäßig aus dem Wald und Feldgehölz in die Dörfer und Kleinstädte. Hier hausen sie dann in Scheunen, Stallungen, Holzstadeln, unter Brücken und Stegen, in Hecken und hohlen Bäumen. Den Tag verschlafen sie in ihren Schlupfwinkeln, schlafen unwahrscheinlich tief, lange und so bewußtlos, daß der Ausspruch: „Er schläft wie ein Ratz!“ zu einem geflügelten Wort wurde. Zu der bequemeren Wesensart paßt die Neigung dieser Raubmarder, sich richtige Vorratslager anzulegen. Auch der Brauch, sich in der Bedrängnis durch das Entleeren ihrer Stinkdrüsen sehr wirksam zu wehren, erlaubt ihnen, sich etwas behäbiger zu geben.

Europäischer Waldiltis oder Ratz (Mustela putorius): Bewohnt in 13 Unterarten fast ganz Europa, fehlt nur im hohen Norden und im äußersten Süden; Länge 40–45 cm, Schwanz 16–17 cm; Pelz oberseits dunkelkastanienbraun, seitlich heller, unterseits schwarzbraun; kennzeichnet sich durch seine weiße Schnauze mit der schwarzen Nasenspitze, die breiten weißen Streifen über den Augen sowie die weißen Ohrränder; beim Männchen sind die weißen Zeichnungen etwas gelblich getönt.

Die Nerze

In freier Wildbahn einen Nerz von einem Iltis zu unterscheiden, wird bestimmt selbst den meisten Jägern schwerfallen. Der ein wenig plattere Kopf, der etwas längere Schwanz und die um ein geringes kürzeren Beine lassen sich im ungewissen Licht der abendlichen Dämmerung kaum mit Sicherheit ausmachen. Am ehesten noch könnte der lebhafte Glanz des sehr dichten und auffallend glatt anliegenden Nerzpelzes einen Anhalt geben. Vor allem aber verraten ihn wohl seine bevorzugten Aufenthaltsorte, die sich immer in der nächsten Nähe stehender und fließender Gewässer befinden.

In den meisten west- und mitteleuropäischen Ländern – auch in Deutschland – ist der Nerz aus-

Langsam und bedächtig, keinesfalls jedoch tollpatschig bewegt sich der Iltis, der weiß, daß es sich in der Nähe der Menschen gut leben läßt. Im Winter haust er gerne in Holzstadeln und Scheunen und legt dort sogar richtige Vorratslager an.

gerottet. Die Fischer und Angler sahen in ihm wie im Fischotter einen ihrer größten Erwerbskonkurrenten. Die Pelzjäger nutzten es weidlich aus, daß er sehr leicht auch in die primitivsten Fallen ging. Aber auch die fortschreitende Kultivierung der Sümpfe, Moore, Altwasser und Auwälder brachte ihn um eine Freistatt nach der anderen. Die große Nachfrage nach dem sehr wertvollen Nerzpelz stillen heute die zahllosen Nerzfarmen, in denen jedoch vorwiegend der amerikanische Nerz, der Mink, gezüchtet wird.

Nerz, Nörz, Sumpf- oder Krebsotter (Mustela lutreola): Bewohnt heute nur noch Frankreich sowie Nordost- und Südeuropa bis Westsibirien; Länge 36–42 cm, Schwanz 14–16 cm; Pelz sehr dicht, glatt und glänzend, oberseits braun bis dunkelbraun, unterseits graubraun; kennzeichnet sich durch einen kleinen lichtgelben oder weißlichen Kehlfleck, weiße Ober- und Unterlippe und entwickelte Bindehäute zwischen den Zehen.

Wie der Fischotter jagt der Nerz schwimmend und tauchend alle Fische, selbst die schnellen Forellen und die starken Lachse, stellt den Wasserratten und Wasservögeln nach und begnügt sich in Notzeiten mit Fröschen und Molchen, Krebsen und Muscheln. Wo sich die Gelegenheit bietet, raubt er Hühner und Enten und plündert die Netze und Reusen der Fischer. In die Büsche und Bäume klettert er nur gezwungen. Seine Höhle legt er am liebsten auf den kleinen erhöhten Grasinseln im Bruch, in Hochwasserdämmen und im Gewurzel der Erlen an und versieht sie mit einigen zum Wasser führenden Fluchtröhren. Hier wirft das Weibchen auch seine fünf bis sechs Jungen, die es zärtlich betreut und lange führt.

Mink oder amerikanischer Nerz (Mustela vison): Bewohnt Nordamerika; Länge 38–44 cm, Schwanz 16 cm; Pelz dicht, glatt und glänzend, durchweg dunkel nußbraun, am Schwanz schwarzbraun; kennzeichnet sich durch eine weiße Kinnspitze und Schwimmhäute zwischen den Zehen; ist kein so ausgesprochener Kulturflüchter wie unser Nerz, siedelt sich vielmehr oft in der Nähe des Menschen an, wird heute in fast allen Ländern der Erde als wertvolles Pelztier gezüchtet.

Die Banditltisse

Die den Skunks recht ähnlichen, lebhaft weißgefleckten Banditltisse vertreten in drei Arten das Geschlecht der Marder in Afrika und sind fast noch ärgere Stänker als die amerikanischen Stinktiere. Wie jene meiden sie den dichten Wald, bevorzugen die trockenen und felsigen Gebiete und geben sich sehr furchtlos und gelassen. Ihre äußerst wirksame Gaswaffe wird von allen Tieren, selbst von den großen Raubkatzen respektiert. Leoparden und Löwen schauen über diese Stänker hinweg, als ob sie nicht vorhanden wären, und vermeiden jede Berührung mit ihnen. Die Gaswaffe der Banditltisse gewinnt noch dadurch an Bedeutung, daß sie das grausam stinkende und ätzende Sekret ihrer Afterdrüsen gezielt ausspritzen und mit großer Sicherheit die Augen des Gegners zu treffen wissen.

Mit den Skunks haben die Banditltisse auch auffällige Warnfarben und -zeichnungen gemeinsam.

Banditltis, Zorilla oder Maushund (Zorilla striatus): Bewohnt Ost- und Südafrika, Nordarabien, Palästina, Syrien und Kleinasien bis Istanbul; Länge 35 cm, Schwanz 25 cm; Pelz sehr dicht und lang, glänzend schwarz und sehr verschieden weiß gefleckt und gestreift, hat meistens drei große weiße Flekken im Gesicht, und zwar sowohl zwischen wie über den Augen, eine breite weiße Stirnbinde, vier breite weiße Rückenstreifen, von denen sich zwei auf der Schwanzwurzel wieder vereinigen und an den Seiten des Schwanzes fortlaufen; kennzeichnet sich durch kräftigen schlanken Leib, dicken breiten Kopf, rüsselähnlich verlängerte Schnauze, kurze, runde, breite Ohren, kurze Beine mit starken und lang bekrallten Vorderpfoten, langen und buschigen Schwanz.

Der nächtlich lebende Bandiltis haust im Felsengeklüft oder in selbstgescharrten Löchern unter Bäumen und Büschen. Als Bodenräuber stellt er den Nagern, Lurchen und Insekten nach, schleckt Vogeleier aus und raubt Jungvögel. Die Buren halten ihn oft als „Maushund“ in ihren Farmen, denn er wird schnell halbzahm und denkt bei guter Behandlung nicht daran, sich als Stänker zu betätigen.

Die Streifenwiesel

Die Vertreter dieser zweiten afrikanischen Unterfamilie der Marder gleichen äußerlich wieder mehr unseren drei einheimischen Wieseln, sind nur noch schlanker, geschmeidiger und niedriger. In der Färbung jedoch erinnern sie an die soeben besprochenen Banditltisse. Auffällig klein ist der Kopf und sehr reduziert das Gebiß. Es wird deshalb angenommen, daß diese „Schlangenmarder“, wie sie auch genannt werden, ausgesprochene Insektenfresser sind und wahrscheinlich nur noch kleine Nager und Lurche reißen.

Afrikanisches Wiesel (Poecilogale albinucha): Bewohnt Zentral-, Süd- und Ostafrika; Länge 22–24 cm, Schwanz 6–8 cm; Pelz lebhaft schwarz und weiß gestreift; hat einen weißen Schwanz, ist flink und gewandt wie unser Hermelin und ein echter Bodenräuber, wird in Nordafrika von der in mehreren Arten verbreiteten Gattung der *Streifenwiesel (Poecilictis)* vertreten, bei der sich drei bis fünf weiße Bänder über den Rücken hinziehen.

Die südamerikanischen Marder

Die in allen Landschaften Südamerikas weitverbreiteten Marder der Gattungen *Galera, Grison* und *Lyncodon* erinnern in Größe und Gestalt stark an unseren Baummarder und Iltis. Vor

Der schimmernde Glanz seines Pelzes wurde dem Nerz zum Verhängnis: In den meisten europäischen Ländern ist er heute ausgerottet.

allem die Hyrare oder Tayra klettert vorzüglich und dehnt ihre Raubzüge auch in den Wipfelbereich aus. Der Grison dagegen, obwohl er kleiner und leichter ist, baumt selbst in der Not und Bedrängnis nicht auf und ist wie unser einheimischer Iltis ein echter Bodenräuber.

Hyrare oder Tayra (Galera barbara): Bewohnt in zahlreichen Unterarten das tropische Amerika von Südmexiko über Paraguay und Brasilien bis nach Argentinien und Patagonien; Länge 55–56 cm, Schwanz 45 bis 50 cm; Pelz sehr dicht, durchweg bräunlichschwarz bis hellbraun, im Gesicht blaß braungrau, im Nacken und an den Halsseiten asch- bis gelblichgrau; hat rötlichgelbe Ohren und einen großen gelblichweißen bis gelblichen Unterhalsfleck; Weißlinge mit schwarzen Pfoten und Albinos kommen ziemlich häufig vor; kennzeichnet sich durch seinen katzenähnlich dicken Kopf, verhältnismäßig große Augen, nackte schwielige Sohlen und starken langen Schwanz; das Gebiß ist ungewöhnlich stark.

Als einer der stärksten Marder wagt sich die Hyrare nicht nur an Nager bis zur Größe der Kaninchen und Agutis, sondern auch an größere, unerfahrene Hirschkälber und junge Strauße.

Der Vielfraß

Der gnadenlose und erbitterte Kampf des Menschen gegen alle größeren Raubtiere, dem in Europa Bär, Luchs und Wolf bereits weitgehend erlagen, tobt in voller Schärfe noch immer gegen den größten Landmarder der Welt, den knapp einen Meter langen und dreiviertel Meter hohen Vielfraß. Die Rentierzüchter in Nordrußland, Nordsibirien und Lappland, die Eskimos an der Hudsonbucht wie die Indianer in Labrador hassen diesen Todfeind der Rentiere und Elche mehr als jedes andere Raubtier. Die indianischen Trapper und Fallensteller, denen er die winterlichen Vorratslager in den endlosen Tundren und den weit von jeder Ansiedlung entfernten Wäldern plündert, quälen und martern ihn in ihrer sinnlosen Wut, stechen ihm die Augen aus, schneiden ihm die Zunge heraus und lassen ihn also verstümmelt wieder laufen. In einigen Ländern zahlt man Kopfprämien für jeden getöteten Vielfraß, ob jung oder alt. Allerorten lauern tückische und grausame Fallen auf den Riesenmarder, und die gesamte nordische Jägerschaft spürt ihm unablässig nach. Es ist fast ein Wunder, daß er noch immer nicht ausgerottet ist. Freilich hat sich der Vielfraß, der früher auch in Deutschland, in ganz Skandinavien, Finnland und Karelien bis zum Onegasee zu Hause war, heute in die nördlichsten und unzugänglichsten Gebiete von Europa, Asien und Nordamerika zurückgezogen. Dort lebt er im Sommer genügsam von Mäusen, Lemmingen, Hasen, Vogelkücken, Vogeleiern, Insekten und Beeren und raubt nur gelegentlich einmal ein Renkalb oder eine Ziege. Im Winter aber erwacht in ihm die unstillbare Raublust der Marder, schleicht er um die Rentierherden und schlägt so viele Tiere, wie sie ihm das Jagdglück anbietet. Das heißt, er begnügt sich nicht mit einem geglückten Riß, sondern bringt in der kürzesten Zeit drei, vier und sechs Tiere um, also viel mehr, als er beim besten Willen in den nächsten Tagen verzehren kann, auch wenn er sich so platzvoll frißt, daß er kaum noch zu springen und zu klettern vermag. Allerdings versucht er es, von dieser reichen Beute einen Gutteil in Sicherheit zu bringen, und hängt oft ganze Renkälber hoch in die Wipfel der Bäume wie in einem Eisschrank, um später von ihnen zu zehren.

Vielfraß oder Järv (Gulo gulo): Bewohnt Nordskandinavien, Nordsibirien sowie den äußersten Norden Amerikas und Grönland; Länge 85–90 cm, Schwanz 14–16 cm, Schulterhöhe 40–45 cm; Pelz lang und zottig, durchweg schwarzbraun bis auf eine hellgraue Binde, die sich von der Schulter über die ganze Seite hinzieht; hat hellgraue Flecken zwischen den Augen und Ohren; kennzeichnet sich durch kräftigen und gedrungenen Leib, starken und muskulösen Hals, gewölbtes Kreuz, breiten Kopf

mit länglicher, stumpf endender Schnauze und kleinen Ohren; hat ein sehr kräftiges Gebiß mit langen Reißzähnen, ungewöhnlich große, fast plumpe, bärenstarke Pfoten mit scharf gekrümmten Krallen und einen kurzen buschigen Schwanz.

Ganz eigenartig ist der Gang des laufenden Vielfraßes. Er rollt sich nämlich regelrecht in großen Sätzen dahin, immer mit allen vieren zugleich aufspringend, so daß es den Anschein erweckt, als ob er humpelt, hoppelt und Purzelbäume schießt. Dennoch ist gerade diese Gangart im tiefen Schnee so fördernd, daß nur ein sehr guter Skiläufer die Chance hat, ihn einzuholen. Der flüchtende Vielfraß baumt ganz selten auf, obwohl er gut klettert, sondern sucht das Weite im flachen Gelände. Er läuft ausdauernder als Ren, Elch und Wolf.

Die Dachse

Der feiste und behäbige, heimliche und scheue, nächtlich und einzelgängerisch lebende Dachs ist der einzige Marder, der die letzten 5000 Jahre nicht nur glänzend bestand, sondern sich noch viele Landstriche eroberte.

Für den ersten Augenblick möchte man es kaum glauben, daß der Dachs in die Familie der Marder gehört. Wer den fettwanstigen Sohlengänger mit der wunderlichen schwarzweißen Gesichts- oder Mondscheinmaske dahintapsen sieht, wird eher an einen Waschbären erinnert. Und wer ihm zuschaut, wie er nach Engerlingen, Regenwürmern und Jungmäusen wühlt, könnte an ein kleines Wildschwein denken. Von einem Raubtier hat er auf alle Fälle nur herzlich wenig an sich. Als bescheidener Allesfresser und vorzüglicher Kostauswerter begnügt er sich mit Wurzeln und Pilzen, Waldbeeren und Fallobst, Bucheln und Eicheln, Mist- und Maikäfern, Heuschrecken und Grillen, Raupen und Schnecken, Eidechsen und Schlangen, maust sich dazu auf den Feldern einige Mäuler voll Hafer und für den Spätherbst etliche kleine Fuhren Möhren und Rüben. Wo es Weinberge gibt, kann er allerdings auch einmal maßlos werden und die süßen Trauben in Massen zermanschen. Ebenso zeigt er eine Schwäche für den Honig in den Hummelnestern.

Dachs (Meles meles): Bewohnt fast ganz Europa und das gemäßigte Asien bis Japan; Länge 75–85 cm, Schwanz 18 cm, Schulterhöhe 30–32 cm; Pelz sehr straff, fast borstenartig, aber dennoch glänzend, oberseits weißgrau, schwarz gemischt, am Kopf weiß, seitlich rötlich, unterseits schwarzbraun; kennzeichnet sich besonders durch zwei breite mattschwarze Streifen, die beiderseits der Schnauze über die Augen und die weißgerandeten

Nicht gerade wie ein Raubtier sieht der feiste und behäbige Dachs aus. Und doch ist er die einzige marderart, die sich in den letzten 5000 Jahren einen landstrich nach dem anderen eroberte. Eher an einen Waschbären erinnert es, wenn das tapsige schwarz-weißgestreifte Tier im Erdboden nach Regenwürmern wühlt. Es gibt kaum etwas, was den Dachs kulinarisch nicht reizen würde: er frißt Wurzeln und Pilze, Waldbeeren und Fallobst, Eicheln, Käfer, Grillen, Schnekken, ja sogar Schlangen.

Ohren bis in den Nacken verlaufen.

Wie viele andere Marder paart sich auch der Dachs im Hochsommer, erlebt im Winter noch einmal eine sogenannte Scheinranz und bringt seine Jungen ebenfalls erst im nächsten Frühjahr zur Welt. Zuerst sind die weißwolligen Jungdachse nicht viel größer als eine Maus und fast vier Wochen lang blind. Die Dächsin behütet sie in ihrem besonders warm, weich und mollig gepolsterten Kessel, säugt sie zehn Wochen lang und päppelt sie weitere sechs Wochen mit vorverdauter und von ihr ausgebrochener Speise auf. Erst nach dem vierten Lebensmonat sind sie imstande, mit der Mutter auf Futtersuche zu gehen und feste Nahrung aufzunehmen.

Niemals schläft der Dachs übrigens so fest wie die anderen Winterschläfer. Er döst und ruht eigentlich nur und ist sofort wieder hellwach, wenn Gefahr droht. Immer wieder muß er einmal den warmen Bau verlassen, um sich zu lösen und seinen Durst zu stillen. Eine Dachsfährte im Schnee ist darum durchaus keine Seltenheit.

Silberdachs oder Badger (Taxidea taxus): Bewohnt die Wüsten, Steppen und Prärien Nordamerikas; Länge 80–90 cm, Schwanz 15 cm, Schulterhöhe 18–20 cm; Pelz oberseits grauweiß bis silbergrau, seitlich rötlich überhaucht, unterseits und an den Beinen dunkelbraun bis schwärzlich; kennzeichnet sich eindeutig durch den ganz ungewöhnlich niedrigen Bau, den sehr breiten und flachen Rücken sowie durch den breiten weißen Streifen, der oberhalb der Nasenspitze beginnt und sich über Gesicht, Kopf, Nacken und Rükken bis zum Schwanz hinzieht.

Der amerikanische Silberdachs, den wir gut auch Schildkrötendachs nennen könnten, weil er so unglaublich niedrig und breit ist, gibt sich als der gleiche ungesellige Einzelgänger wie unser Dachs. Er erweist sich als nicht weniger anpassungsfähig. An Kraft und Stärke übertrifft er seinen europäischen Vetter noch beträchtlich. Von seiner ehemaligen Spezialkost, den Taschenratten und Präriehunden, hat er sich weitgehend auf Pflanzennahrung umgestellt und begnügt sich ansonst mit Würmern, Schnecken, Raupen, Insekten, Fröschen, Eidechsen und Schlangen. Auch er hält keinen richtigen und bewußtlosen Winterschlaf, sondern verdöst die kalte wie die dürre Jahreszeit in seinem bis zu zehn Metern tiefen Bau. Dabei fällt er oft in einen kurzen, äußerst seltsamen, fast scheintodartigen und starrkrampfähnlichen Tiefschlaf. Dennoch ist er bei der leisesten Störung oder Berührung munter und beißt wild und gefährlich um sich.

Schweinsdachs (Arctonyx collaris): Bewohnt in drei Unterarten Südchina, Hinterindien und Sumatra; ist wesentlich größer und hochbeiniger als unser Dachs; Pelz oberseits graubraun, unterseits und an den Beinen dunkler; kennzeichnet sich durch einen großen weißen Kehl- und Brustfleck und den für Dachse ungewöhnlich langen, bis zur Erde reichenden, weißen Schwanz; hat eine besonders lang ausgezogene, kaum behaarte Rüsselschnauze, kleine, im Pelz versteckte Ohren und riesige Grabekrallen an den Vorderpfoten; der Rücken ist hoch gewölbt.

Die Schweinsdachse bevorzugen Wüsten, Steppen und Mittelgebirge, sind echte Schnüffler und Erdwühler, die vor allem Würmer, Schnecken, Raupen, Insekten, Eidechsen und Schlangen verzehren. Auch sie werden erst gegen Abend munter und gleichen in ihrer Lebensweise ganz den anderen Dachsen.

Der Honigdachs

Als ein rechtes uriges Unikum trollt er auf bärenstarken Pranken dahin, hat einen breiten Bullenbeißerkopf mit einer dicken Mopsnase und einem leicht gebleckten Gebiß, runde Kulleraugen und kleine, halb versteckte Ohren. Die Stirn ist ungemein niedrig und wird von der breiten hellen Schädelkappe noch von oben her bedrängt. Wie eine breite Schabracke wirkt die hellgraue Oberseite und setzt sich mit einem weißen Randstreifen von der schwarzen Unterseite ab. Die Pfoten sind fast maulwurfartig verbreitert und mit riesigen Grabekrallen versehen. Im Handumdrehen vermag er sich bei Gefahr in die Erde zu versenken und seinen Feinden zu entziehen. Denn obwohl er fürchterliche Hiebe auszuteilen vermag und noch gefährlicher zubeißen kann, außerdem über sehr wirksame Stinkdrüsen verfügt und durch eine dicke Schwarte geschützt ist, gibt er sich nicht als Raufbold, sondern zieht es vor, sich zu „verkrümeln“. Wie jeder Dachs scheint auch er die Ruhe über alles zu lieben. Der urige Anschein trügt übrigens bei ihm nicht: er ist unglaublich hart im Nehmen und ganz ungewöhnlich lebenszäh.

Honigdachs oder Ratel (Mellivora capensis): Bewohnt in

Er liebt das Wasser und ist auch bestens für das nasse Element ausgerüstet: Der flache und gestreckte Leib des Otters ist so stromlinienförmig, daß er schnell wie ein Fisch durch das Wasser schießen kann. Dabei legt der Fischotter die Vorderbeine eng am Körper an, schließt die Ohren und paddelt mit den Hinterbeinen. Bei uns jagt der Otter nur nachts.

mehreren Unterarten weite Teile Afrikas und Indiens; Länge 75–85 cm, Schwanz 25 cm; Pelz lang und straff, oberseits von der Stirn bis zur Schwanzwurzel hellgrau, unterseits von der Schnauze bis zur Schwanzspitze schwarz; bei den afrikanischen Unterarten sind beide Farben durch ein weißes Längsband voneinander getrennt, das den indischen Unterarten fehlt.

Wie die anderen Dachse führt auch der Honigdachs ein vorwiegend nächtliches und einzelgängerisches Leben. Als Allesfresser wühlt er nach Wurzeln und Knollen, frißt Beeren und Früchte, jagt Mäuse, Springmäuse, Vögel und Schildkröten, wühlt nach Schnecken, Würmern und Insektenlarven und begeistert sich ganz besonders für den Honig der Steppenbienen, die wie die Wespen und Hummeln in die Erde bauen. In bezug auf diese Lekkerei steht er in Afrika nachweisbar im Bunde mit den geflügelten Honiganzeigern, also jenen Vögeln, die sich von der Brut der Bienen ernähren. Durch besondere Rufe locken sie ihn zu den entdeckten Bienenstöcken und warten geduldig, bis er die unterirdischen Burgen aufgebrochen hat. Dann halten sie sich an die Bienenlarven, während er im Honig schlemmt. Vor den Stichen der empörten Immen bewahrt die Vögel ihr hartes und dicht anliegendes Federkleid, den Honigdachs aber seine dicke Schwarte.

Die Skunks oder Stinktiere

Die Kunst, das Sekret ihrer Afterdrüsen bis zu fünf Meter weit und dabei noch sehr gezielt auszuspritzen, beherrschen von allen Mardern einzig und allein die amerikanischen Skunks oder Stinktiere. Der dünne Strahl ihrer natürlichen Gaspistole ist fast einen Meter lang, ehe er zerstäubt und die Gegend im weiten Umkreis derartig mit einem Gestank von faulen Eiern verpestet, daß man sich schier erbrechen muß. Allerdings geben die Stinktiere, ehe sie von dieser letzten Waffe Gebrauch machen, deutliche Warnsignale ab, schlagen den buschigen Schwanz hoch über den Rücken und hüpfen aufgeregt umher. Zumeist genügt schon diese Drohgeste, um die tierischen Feinde wie die menschlichen Quälgeister zu verscheuchen. Selbst sehr bissige Hunde und sehr hungrige Raubkatzen wagen es nicht ein zweites Mal, die kleine weißgestreifte Stinkkanone herauszufordern. Dafür sorgt nicht allein die Tatsache, daß ihnen der pestilenzialische Gestank wochenlang anhaftet und ihre feinen Geruchssinne so gut wie gänzlich ausschaltet, sondern auch die Erinnerung an das höllische Ätzen und Brennen der Augen, die nicht selten sogar ernstlichen Schaden nehmen.

Heute werden die Skunke um ihrer wertvollen Pelze willen zu Millionen in zahllosen Farmen gezüchtet. Das Sekret ihrer haselnußgroßen Stinkdrüse bildet als Moschusersatz die Grundlage für viele köstliche Duftstoffe.

Weißrückenskunk oder Surilho (Conepatus mesoleucas): Bewohnt Amerika vom Südwesten der Vereinigten Staaten über ganz Mittelamerika bis nach Patagonien; Länge 40 cm, Schwanz 28 cm; Pelz dicht, lang und reich, schwarzbraun bis glänzend schwarz, auf der ganzen Oberseite so dicht weiß gestreift, daß die Zwischenräume oft verschwinden und der Rücken ganz weiß erscheint; sie alle kennzeichnet ein weißer Gesichtsstreifen, der über der nackten Nasenspitze beginnt und sich bis zum Scheitel hinzieht; der Schwanz ist meist ganz weiß oder grauweiß; hin und wieder kommen auch gänzlich schwarze, also ungestreifte Exemplare vor.

Streifenskunk (Mephitis mephitis): Bewohnt Nordamerika von Kanada bis Mexiko; Länge 40 cm, Schwanz 34–36 cm; Pelz glänzend schwarz und sehr verschieden weiß gestreift; gewöhnlich beginnt die weiße Zeichnung über der Nase, läuft zwischen den Augen bis zur Stirn, erweitert sich dort zu einem rautenförmigen Fleck, verbreitert sich auf dem Hals noch mehr, gabelt sich auf dem Widerrist und läuft in zwei breiten Streifen bis zum Schwanzende, wo sie wieder zusammenfließen; doch können sich diese Streifen auch verdoppeln, so daß dann der Rücken ganz weiß erscheint, oder es können alle Streifen fehlen, oder es kann der Schwanz ganz weiß oder ganz schwarz sein; wird im Südosten der Vereinigten Staaten vom etwas kleineren, glänzend schwarzen, weiß gefleckten *Fleckenskunk (Spilogale putorius)* vertreten.

Die Otter

Vollkommener noch als die Nerze sind die Otter dem Leben im Wasser angepaßt. Ihr flacher und gestreckter Leib mit dem platten und rundlichen Kopf sowie dem langen und sich schnell verjüngenden Schwanz ist eine einzige fließende Linie, die fast an die torpedoförmige Gestalt der Robben erinnert. Mit dicht angelegten Vorderbeinen schießt dieser ungemein glattbepelzte Körper, angetrieben von den rudernden Hinterbeinen und den schlängelnden Bewegungen des Rumpfes und Schwanzes schlangengleich und fischschnell durch die Flut. Die Zehen sind durch Schwimmhäute verbunden, die Ohren mit Hilfe kleiner Klappen verschließbar. Der Pelz nimmt das Wasser nicht an. Das scharfe Gebiß hakt sich tief in die glatten und schlüpfrigen Fische, die ihre Hauptbeute darstellen.

Fischotter (Lutra lutra): Bewohnt in 13 Unterarten ganz Europa und Asien – außer Hinterindien, einschließlich Malakka – sowie Nordwestafrika, wurde in Deutschland fast ausgerottet und steht heute unter strengem Naturschutz; Länge 80–90 cm, Schwanz 40 – 42 cm; Pelz sehr dicht und glatt, oberseits dunkelbraun, unterseits lichter, unter dem Hals und an den Kopfseiten weißlichgraubraun; hat an der Unterlippe, dem Kinn und den Unterkiefern etliche kleine weiße Flecken sowie im Pelz versteckte, lichtbraun gerandete Ohren.

Unser Fischotter ist an Bächen wie Flüssen, Teichen wie Seen zu Hause, liebt bebuschte und waldige Ufer, in denen er seine zahl-

Weil sie von den Menschen fast ausgerottet worden sind, haben die letzten Seeotter einen Trick zum Schutz ihres Nachwuchses entwickelt. Sie bringen ihre Jungen, wenn irgendwie möglich, auf schwimmenden Teppichen aus Tang vor den Küsten Kaliforniens und Japans zur Welt.

reichen Bauten anlegt. Einen halben Meter unter dem Wasserspiegel ist die Einfahrt, dann steigt der Gang etwa zwei Meter schief aufwärts und endet in einem geräumigen, mit Gras reichlich gepolsterten Kessel. Ein Landschacht sorgt für frische Luft. Bei uns verläßt der Vielverfolgte diesen Unterschlupf nicht vor Einbruch der Dämmerung. Wo er sich sicher fühlt, jagt er auch unter Tag. Im Wasser zeigt er sich als ein Meister im Schwimmen und Tauchen, ist nicht weniger wendig und behend als ein Seehund. Kleine Fische verschluckt er schwimmend, größere trägt er ans Ufer, wo er an ganz bestimmten Stellen seine Mahlzeit hält. Neben Fischen jagt er auch Frösche und Molche, Krebse, Wasserratten und Wasservögel bis zur Größe einer Ente. Für frisches Gemüse, süßes Obst und leckere Vogeleier ist er wie alle Marder ebenfalls zu haben. An Land kriecht er fast schlangenhaft und überraschend schnell dahin. Auf seinen Wanderungen nach den Forellenbächen, die ihn mitten durch die Bergwälder und über hohe Gebirgszüge führen, erscheint er naiven Beobachtern immer wieder einmal als der sagenhafte und geheimnisvolle „Tatzelwurm", der noch heute in den Köpfen unserer Bergbauern spukt. Im Winter schliddert er gern übers Eis und den harschen Schnee. Sichernd erhebt er sich hoch auf die Hinterbeine.

Riesenotter (Pteronura brasiliensis): Bewohnt das Amazonas- und La-Plata-Stromgebiet, vor allem die kleineren, langsamen Nebenflüsse, Delta-Arme und stillen Buchten; Länge 110–120 cm, Schwanz 56–62 cm; Pelz kurz und glatt, oberseits schokoladenbraun, unterseits heller, vom Unterhals bis zur Brust weiß gefleckt, am Unterkiefer gelblich oder weiß; unterscheidet sich vom eurasischen Fischotter durch einen mehr rundlichen, nicht so ausgesprochen flachen Kopf mit vorgezogener Schnauze und unterständigem Maul sowie durch seinen abgeplatteten, in der Mitte breit ausgezogenen, lanzenblattähnlichen Schwanz.

Im Gegensatz zu unserem Fischotter leben diese großen amerikanischen Otter gesellig, jagen gemeinschaftlich und sind hauptsächlich tagsüber unterwegs. Sie geben sich furchtlos, umschwärmen neugierig und laut pfeifend, miauend, schnaubend und prustend die Boote und erinnern in ihren Schwimmkünsten ganz an die Seehunde. Zu ihren Beutetieren zählen auch Flußmuscheln. Hunde sollen sie derartig hassen, daß sie diese sogar in den Kähnen der Eingeborenen bedrohen, während sie sich sonst gar nicht angreiferisch zeigen. Wagt es ein Hund, ihnen ins Wasser nachzuspringen, so ist er unrettbar verloren. Wahrscheinlich überwältigen die Riesenotter also auch andere größere Vierfüßler, wenn sie gemeinschaftlich jagen.

Kalan, See- oder Meerotter (Enhydra lutris): Bewohnt die nordpazifischen Küstengewässer von Kalifornien bis nach Nordjapan, genau: von der Bucht von Monterey bis zu den Kurilen; wurde seines sehr wertvollen Pelzes wegen fast ausgerottet bis auf ca. 100 Stück, steht seit 1912 unter strengem Schutz, vermochte sich leidlich zu erholen; Länge 110–120 cm, Schwanz 25–30 cm; Pelz glänzend samtschwarz mit weißen Spitzen-, bei Jungtieren weiß oder bräunlichgrau, sitzt so locker auf dem Körper, daß er sich bei jeder Bewegung verschiebt.

Ihre Jungen bringen die Seeotter heute gern auf schwimmenden Tangmassen zur Welt, wo sie nicht nur vor den Menschen, sondern auch vor den Schwertwalen sicher sind. Sie selbst lagern sich und spielen ebenfalls oft auf treibenden Tangwiesen. Ihre Hauptnahrung sind Seeigel sowie Krebse, Schnecken und Muscheln, nach denen sie bis zu 50 m tief tauchen.

Die Hundeartigen Raubtiere

Alle hundeartigen Raubtiere sind Laufräuber, die ausschließlich die Bodenjagd betreiben. Darauf deutet schon der schmale, hochgestellte Rumpf, deuten die langen sehnigen Beine und die stumpfbekrallten Pfoten. Im Laufen und Traben sind sie ungewöhnlich ausdauernd und selbst den meisten Huftieren überlegen. Weit durchstreifen sie ihre Lebensräume, sind immer auf einer Art von Hungermarsch, wobei sie sich hauptsächlich von der Nase und den Ohren leiten lassen. Die Wolfsartigen bevorzugen die allein oder gemeinsam betriebene Hetzjagd. Die Fuchsartigen beherrschen außerdem die Kunst der Schleich- und Anstandsräuber, bringen aber nur selten die lauernde Geduld der Raubkatzen auf. Auch ihnen liegt das Verfolgen einer Fährte, das Auswerten einer Geruchsspur und das Hetzen des aufgestöberten Beutetieres in hohem Maße.

Wolf wie Fuchs sind zugleich Aasfresser und im Notfall sehr genügsame Gemischtköstler. Gemeinsam ist ihnen die charakterliche Mischung von großer Vorsicht und unwahrscheinlicher Dreistigkeit, tief eingewachsenem Mißtrauen, besonders dem Menschen gegenüber, und blitzschnellem Erfassen günstiger Raubgelegenheiten. Deswegen gibt es so viele Legenden über sie.

Die Familie der Hundeartigen Raubtiere umfaßt neben den Wölfen, Füchsen und Schakalen noch die Gattungen der Großohr- oder Wüstenfüchse, der neuweltlichen Schakalfüchse und der Busch- oder Hetzhunde.

Die Wölfe

In ganz Europa, Asien und Nordamerika trabte der Wolf noch vor reichlich hundert Jahren über die Steppen wie durch die Wälder, über die Gebirge wie durch die Moore und Täler, über das bebaute Land der großen Tiefebenen wie durch die einsame Heide. In Größe und Farbe vielfach abgewandelt und der jeweiligen Landschaft angepaßt, ist er doch immer derselbe Isegrim, ganz gleich, ob er nun als riesiger weißer Polarwolf die Arktis durchstreift, als fast schwarzer Pyrenäenwolf den Bergziegen nachstellt, als blaßgelber Tschango in China raubt, als rötlichgrauer Rohrwolf in den ungarischen Sümpfen haust, als stämmiger und stumpfschnäuziger Wechsel- oder Falbwolf die

Kaum eine bedrohte Raubtierart hat es wie der Wolf geschafft, sich nach einer Zeit der Bedrohung wieder Lebensraum zurückzuerobern. Als Rudeltier braucht er ein weites Jagdrevier.

Nur maulwurfsgroß sind die Fuchsbabys, wenn sie Ende April oder Anfang Mai zur Welt kommen. Erst nach vierzehn Tagen öffnen sie die Augen. „Vater Reineke" schleppt in dieser Zeit alle Leckereien, die er nur finden kann, in die gepolsterte Kinderstube. Nach weiteren zwei Wochen liegen die Jungfüchse dann behaglich in der Sonne oder tollen vor dem Bau herum.

Lebhaft an einen Fuchs erinnern Kopfform und Schnauze des Schabrackenschakals. Auch Schulterhöhe und Länge ähneln dem europäischen Rotfuchs. Nach der Lebensweise stehen die Schakale aber eher dem Wolf nahe: tagsüber ruhen sie in Felsspalten, Erdlöchern oder anderen Schlupfwinkeln; nachts heulen sie sich zu einer Meute zusammen und gehen auf Beute aus. Als Aasfresser wirken sie wie die Gesundheitspolizei in den Dörfern Ost- und Südafrikas. Dreist plündern sie Wein- und Obstgärten und überwältigen auch ab und zu Hühner und Gänse.

Sie sehen aus, wie eine Mischung zwischen Wolf und Fuchs: Die Schabrakenschakale leben tagsüber einzeln oder als Paar und heulen sich nachts zu Jagdrudeln zusammen.

Weidetiere der nordamerikanischen Farmer reißt oder als zierlicher, grau- bis rostroter Bighana durch die offenen Landschaften Vorderindiens schweift.

Heute ist der Wolf aus vielen dichtbesiedelten Gebieten weigehend verdrängt, in Mitteleuropa so gut wie ausgerottet, jedoch in Ostdeutschland bereits wieder Standwild.

Wolf (Canis lupus): Bewohnt in 21 Unterarten weite Teile Europas, Asiens und Nordamerikas; Länge durchschnittlich 100–120 cm, Schwanz 40–45 cm, Schulterhöhe 75–85 cm; Pelz der nördlichen Unterarten lang, rauh und dicht, oberseits vorwiegend fahlgraugelb mit schwärzlichen Tönen, unterseits lichter bis weißlichgrau, an der Stirn ebenfalls weißlichgrau, an der Schnauze gelblichgrau, an den Wangen gelblich, an den Lippen weißlich; im Sommer überwiegen rötliche, im Winter gelbliche Töne in der Gesamtfärbung; gestaltlich kennzeichnet er sich durch den hageren Leib, die stark eingezogenen Weichen, die hohen Läufe, den buschigen, meist eingeklemmt getragenen Schwanz, den dicken und breitstirnigen Kopf mit der gestreckten und spitzigen Schnauze, die schiefstehenden Augen und die aufgerichteten Ohren.

Der sympathischste Charakterzug des Wolfes ist sein ausgeprägter Familiensinn. Beim kanadischen Wolf zum Beispiel halten die Ehegatten jahrelang treu zusammen und bilden mit den Jungen der verschiedenen Würfe einen festen Familienverband, dem der Wolfsrüde vorsteht. In der Zeit, da die Wölfin im Wochenbett liegt, wird die sonst unstet umherschweifende Meute seßhaft und verschont die Beutetiere im weiten Umkreis ihres Lagers, geradeso, als wolle sie ihre Anwesenheit verheimlichen.

Die Wölfin, die ihre 4–6 Jungen nach einer Tragzeit von 63–64 Tagen wirft, schlägt ihre Wochenstube gern in einem erweiterten Fuchs- oder Dachsbau, unter herausgerissenen Wurzeltellern im Walde, auf Grasinseln im Moor und Sumpf oder in einer selbstgescharrten Mulde auf. Der Rüde versorgt sie und die Jungen reichlich mit Nahrung. Oft stinkt das Lager wie eine Schlachtbank weithin.

In besonders harten Wintern vereinigt sich die Wolfsfamilie hin und wieder mit anderen Familienrudeln und unternimmt weite Streifzüge durch das verschneite Land. Bei Einbruch der Nacht heulen sich die Meuten zusammen und werden in der Masse zu gefährlichen Freibeutern und Wegelagerern. Der Hunger läßt sie oft alle Vorsicht vergessen. Tollkühn wird dann selbst der sonst im weiten Bogen umgangene Mensch angegriffen und beharrlich verfolgt, was ein einzelner Wolf oder ein kleiner Familienverband nie wagt.

Die Schakale

Nach Gestalt und Lebensweise sind die Schakale kleine Wölfe, gleichsam südliche Wölfe: vorwiegend sandfarben, zierlicher, behender, aber auch geduckter und noch vorsichtiger und scheuer. Viele von ihnen erinnern stärker an den Fuchs, und sie wurden auch als Verbindungsglieder zwischen Wolf und Fuchs angesehen. Ihre nördlichste Verbreitungsgrenze ist Südeuropa, ihre südlichste das Kapland, ihre östlichste Indien, Assam, Burma, Malaya und Sri Lanka.

Einzeln oder paarweise lebend, ruhen die Schakale tagsüber in Felsspalten, Erdhöhlen und anderen Schlupfwinkeln, heulen sich in der Nacht zusammen und durchstreifen in mehr oder weniger großen Meuten die Wälder wie die Gebirge und das offene Land. Tief geduckt, gekrümmt und gebuckelt schleichen sie mit gesträubtem Rükkenhaar und eingeklemmter Rute in die Ortschaften, um hier als unwählerische Aasfresser den Müllräumer zu spielen, nebenbei aber auch zu rauben und zu stehlen, was sie nur überwältigen und erwischen können. Sie fangen Mäuse wie Ratten, reißen Hühner wie Gänse, plündern Weinberge und Obstgärten, Zuckerrohr- und Maisfelder wie Kaffeeplantagen, dringen dreist in Hütte und Zelt, Stall und Küche ein und folgen den Karawanen und Expeditionen tagelang.

Gemeiner oder Goldschakal (Canis aureus): Bewohnt Südosteuropa, Südasien und Nordafrika, verbreitet sich von Indien über Afghanistan und Persien bis nach Kaukasien, Kleinasien, Palästina, Arabien, ist nördlich wie westlich der Sahara zu Hause und dringt bis in die Türkei sowie nach Griechenland und Dalmatien vor; Länge 70–80 cm, Schwanz 25–30 cm, Schulterhöhe 45 – 50 cm; Pelz oberseits fahl- bis graugelb, auf dem Rücken und an den Seiten schwärzlich getönt oder auch schwarz gewellt, an den Schenkeln, den Läufen, der Brust den Kopf- und Halsseiten rötlichgelb, an der Kehle und am Bauch weißlichgelb, an der Schulter oft undeutlich schwärzlich gestreift.

Schabrackenschakal (Canis mesomelas): Bewohnt Ost- und Südafrika von Nubien bis zum Kap; Länge 80–90 cm, Schwanz 30–35 cm, Schulterhöhe 40 cm; Pelz stark, fein und weich, oberseits gelb-, grau- oder rostrot, unterseits gelblichweiß; trägt auf der ganzen Oberseite eine schwarze, weißlich quergestreifte Schabracke; der Schwanz ist im ersten Drittel an der Wurzel rostfarben, dann durchweg schwarz; die großen Ohren sind außen lebhaft rostrot, innen hell und licht; wirkt im Gegensatz zu seinen Vettern sehr geduckt und niedrig, erinnert in der Kopfform und Schnauzenbildung lebhaft an den Fuchs.

Streifenschakal (Canis adustus): Bewohnt Afrika vom Kapland bis nach Gabun im Westen und Kenia im Osten; Länge 75–80 cm, Schwanz 30–35 cm, Schulterhöhe 45 cm; Pelz oberseits rotbraun, seitlich dunkel- bis schwärzlichgrau, unterseits lichtgelb; über die Flanken läuft ein diagonaler gelblichfahler, unten breit schwarz gesäumter Streifen und über die Hinterschenkel ein zweiter tiefschwarzer Streifen; der schwärzliche Schwanz hat eine weiße Spitze.

Coyote, Prärie- oder Heulwolf (Canis latrans): Bewohnt die Prärien des westlichen Nordamerikas; Länge 90–100 cm, Schwanz 40 cm, Schulterhöhe 50–55 cm; Pelz sehr reich und üppig – weist im Winter bis zu 10 cm lange Haare auf! –, oberseits schmutzig gelblichgrau, auf Oberhals und Rücken schwärzlicher getönt, seitlich hellrostrot oder hellgelb, unterseits und an den Innenseiten der Läufe weißlich; hat große, breite, rostfarbene Ohren, weißliche Lippenränder, rostfarbenen Nasenrücken und lichtbraune Augen; wirkt durch den dicken Pelz sehr gedrungen und niedrig.

Wie die echten Wölfe lebt auch der „stinkende Coyote" des Wilden Westens in strenger Ein- und

Normalerweise liebt de Rotfuchs die Zurückgezogenheit und hält sich tagsüber in seinem architektonisch interessanten Bau verborgen. Und auch bei der nächtlichen Pirsch nach Mäusen, die seine Hauptnahrungsquelle sind, verhält „Meister Reineke" sich eher scheu. Nur einmal im Jahr verliert er seine Zurückhaltung: im Winter während der sehr hitzigen Ranz. Dann erfüllt er die Nächte mit seinem Gekläff, Gekecker und Gekreische. 60 bis 63 Tage später kommen dann die maulwurfgroßen Jungen zur Welt

Dauerehe, dic nur unterbrochen wird, wenn das Weibchen wirft. Unzweideutig verweist es in dieser Zeit den Rüden aus dem sonst gemeinsam bewohnten Bau und erlaubt seine Rückkehr erst, wenn die 6–10 Jungen „aus den Windeln", also etwa acht Wochen alt sind. Der Rüde scheint seinen frischgeworfenen Kindern gegenüber also wohl kannibalische Gelüste zu haben, die sich später, wenn auch bei ihm der Paarungstrieb abgeklungen ist, wieder verlieren. Er erweist sich dann als treusorgender Familienvater und hilft der Wölfin, die Jungen aufzuziehen. Gejagt wird im Familienverband, im Winter im größeren Rudel, tagsüber oft auch allein. Dem Menschen wird der Heulwolf nie, größerem Wild nur selten gefährlich. Sehr gern geht er aber krebsen und fischen. Eine besonders feine Nase hat er für kranke, kümmernde, angeschossene Tiere und frisches Aas, betätigt sich also ebenfalls als Gesundheitspolizist und Aufräumer. Sein nächtliches Geheul ist längst nicht so schaurig wie das der Schakale.

Die Füchse

So gut wie alle unrühmlichen menschlichen Charaktereigenschaften wurden Reineke, dem roten Freibeuter, schon angedichtet. Wie in der Fabel gilt er allgemein als Meister der Ränke und Schliche, als listenreicher und verschlagener, durchtriebener und mit allen Wassern gewaschener Gauner, der immer und unbedenklich auf seinen Vorteil bedacht ist, jedes Hintertürchen kennt und nutzt, der dreist und frech auftritt, wo er es sich erlauben kann, und sich feige drückt, wo es hart auf hart geht. Unüberhörbar aber klingt und schwingt durch diese wenig schmeichelhafte Charakteristik – die übrigens durchaus nicht auf jeden Fuchs zutrifft! – ein Ton von halb unbewußter, halb widerwilliger Hochachtung vor dieser seiner unbestreitbaren Lebenstüchtigkeit. Hinzu kommt, daß der Fuchs im Grunde nur ein kleiner Räuber ist, der geringen und leicht verschmerzbaren Schaden anrichtet, über dessen Streiche man also immer noch lächeln kann. Und manche Füchse führen wirklich Streiche aus, die man nicht glauben möchte, die man für gutes Jägerlatein hält. Außerdem können Füchse gleichsam zu lokalen Persönlichkeiten werden, die der Jäger gut kennt, die er – soweit er ein rechter Waidmann ist – sogar liebt. Denn im Gegensatz zum Wolf ist der Höhlenbewohner Fuchs als Besitzer eines großartig angelegten Baues, den oft viele Generationen hintereinander bewohnen, weitgehend standorttreu und hat ein ziemlich festumrissenes Revier.

Vor allem aber hat der Fuchs seine Verdienste als unermüdlicher und eifriger Mäusevertilger. Mäuse sind durchaus seine Hauptnahrung, und gerade die Waldmäuse können dem Waldheger viel eher graue Haare wachsen lassen als die wenigen gerissenen Hasen und Waldhühner, die auf Reinekes Konto kommen. Zugleich ist der Rotrock ein unentbehrlicher Gesundheitspolizist und aasfressender Aufräumer, der den Hasen- wie den Rehbestand kernig und wiederstandsfähig erhält.

Rotfuchs (Vulpes vulpes): Bewohnt Europa, Nordafrika, weite Teile Asiens und Nordamerikas; Länge 80–90 cm, Schwanz 45–50 cm, Schulterhöhe 35 cm; Pelz reich, lang und dicht, oberseits vorwiegend fahlgraurot, rost- oder gelbrot, unterseits asch- bis weißgrau, an den Lippen, den Wangen und der Kehle weiß; der starkbuschige Schwanz – die Lunte – ist rost- oder gelbrot, schwärzlich überlaufen und hat oft eine weiße Spitze; die Vorderläufe sind rot, die Ohren und die Pfoten schwarz.

Nach der sehr hitzigen winterlichen Ranz, während der die sonst recht schweigsamen Füchse die Nächte mit ihrem Gekläff, Gekecker und Gekreisch erfüllen und die Rüden sich wild um die stark riechenden Petzen raufen, werden die Rotröcke von Tag zu Tag wieder heimlicher und unsichtbarer. Ende April oder Anfang Mai, nach einer Tragzeit von 60–63 Tagen, wirft die Füchsin. Die Kinderstube im tiefen Kessel polstert sie weich und warm mit ihrer Bauchwolle, die sie sich ausrupft, um das Gesäuge freizulegen. Die etwa maulwurfgroßen Jungfüchse, meist ihrer vier bis sechs, kommen blind und taub zur Welt. Sie tragen einen kurzwolligen silbergrauen Pelz, durch den die blauschwarze Haut schimmert. Nach vierzehn Tagen öffnen sie die Augen. Nach vier Wochen sind sie muntere grauwollige Kerlchen mit weißen Schwanzspitzen und fahler Stirnbinde, die vor dem Bau spielen und tollen oder behaglich in der Sonne liegen.

Oft steht Vater Reineke der Petze in dieser schweren Zeit bei und schleppt heran, was er erwischen kann: Mai-, Mist- und Rüsselkäfer, Regenwürmer, Schnekken und Frösche, Mäuse, Maul-

Der Polar- oder Eisfuchs bewohnt den hohen Norden oberhalb der Waldgrenze. Im Sommer ist der Pelz schieferblau oder grauschwarz, im Gesicht und unterseits weiß gefärbt; Im Winter ist er erst weiß gefleckt, später sogar reinweiß! Auch Weißfuchs genannt, dringt er in Hütten, Zelte und Vorratslager ein und stiehlt alles, was er erreichen kann.

würfe und Ratten, Eidechsen, Blindschleichen und Ringelnattern, Vögel sowie geraubte Hühner und gerissene Hasen. Hat er sich irgendwo an einem Aas den Bauch vollschlagen können, so bricht er den Überfluß vor den Jungen aus. Ebensooft trägt aber die Petze die ganze Last der Aufzucht allein und magert in dieser Zeit entsetzlich ab. Sie ist es, die sich dann tollkühn in die Gehöfte wagt, Hühner, Enten und sogar Gänse reißt, Kätzchen raubt, Junghasen und Rehkitze überfällt, kurzum, zu einem rechten Strauchdieb wird.

Polar-, Eis- oder Weißfuchs (Alopex lagopus): Bewohnt den hohen Norden der Alten und Neuen Welt oberhalb der Waldgrenze; Länge 60–65 cm, Schwanz 35 cm; ist auf Spitzbergen und anderen arktischen Inseln, vor allem auf Island noch kleiner; Pelz im Sommer schieferblau oder grauschwarz bis graubraun, im Gesicht und unterseits weiß, im Winter erst graulich und weiß gefleckt, dann reinweiß; unterscheidet sich vom Rotfuchs besonders durch die kürzere Schnauze, die wesentlich kleineren, abgerundeten Ohren und die dichtbehaarten Fußsohlen.

Der Polarfuchs kann so lästig wie ein Schakal werden, dringt dreist in Hütten, Zelte und Vorratslager ein und stiehlt so gut wie alles, was nicht niet- und nagelfest ist. Im Sommer lebt er vorwiegend von Mäusen und Lemmingen, Schneehühnern, Strand- und Seevögeln und ihren Eiern, nimmt aber auch jedes Aas an, das das Meer auswirft, und verachtet weder tote Fische noch Muscheln. Für den strengen Winter legt er sich zahlreiche Vorratslager an, hauptsächlich vom Fleisch der verendeten oder vom Menschen erschlagenen Robben. Gewöhnlich haust und birgt er sich im Geklüft der Felsen und Klippen. Im Winter aber gräbt er sich oft tiefe Röhren in den Schnee und in die Schneewehen.

Steppenfuchs oder Korsak (Alopex corsac): Bewohnt Südrußland von den Donsteppen bis zum Baikalsee; Länge 55 cm, Schwanz 30 cm; Pelz dicht, im Sommer oberseits blaßfahlrot, unterseits sowie an der Innenseite der Läufe gelblichweiß; hat eine weißliche Schnauze und Kehle, eine rötliche Brustbinde, fahlrötliche Läufe und einen schwarzbespitzten Schwanz; im Winter ist der Pelz wesentlich heller, oft fast fahlweiß.

Er scheint etwas geselliger als unser Reineke zu sein, lebt vorwiegend von Wühlmäusen und Hasen, Vögeln und Eidechsen, Fröschen und Heuschrecken, wird also dem Menschen weder leid noch lästig. Die Kirgisen jagen ihn eifrig wegen seines dichten, weichen Winterpelzes, fangen ihn in Fallen und Schlingen, hetzen ihn mit Hunden oder lassen ihn von ihren gezähmten Steinadlern und Jagdfalken schlagen.

Die Großohr- oder Wüstenfüchse

Überaus zierliche Geschöpfe sind die sandfarbenen, auffällig großohrigen und großäugigen Wüstenfüchse Afrikas und Vorderasiens. Als die Zwerge der Hundefamilie führen sie ein sehr heimliches nächtliches Leben, bergen sich in tiefen selbstgegrabenen Höhlen und verlassen sich im übrigen auf die Tarnfarbe ihres Pelzes wie auf ihre scharfen Sinne. Sie sind so leicht, schnell und behend, so aufmerksam und gespannt, so bewandert in allen Künsten der Stand-, Schleich- und Hetzräuber, daß man sie geradezu als Günstlinge und bevorzugte Lieblinge der Natur ansehen kann.

Fennek (Vulpes = Fennecus zerda): Bewohnt die Wüsten und Halbwüsten Nordafrikas bis zum östlichen Sudan sowie bis Palästina und Arabien; Länge 45 cm, Schwanz 20 cm, Schulterhöhe 20 cm; Pelz oberseits weißlich oder gelblich sandfarben, auf dem Rücken rostbräunlich überflogen, unterseits weiß; beim Weibchen überwiegt die gelbliche Tönung; der Schwanz ist ockerfarben und hat eine schwarze Spitze.

Die windschnellen Wüstenspringmäuse, die huschenden Eidechsen, die sehr vorsichtigen Flughühner und Wüstenlerchen weiß der Fennek trefflich zu berücken und zu überlisten. Für Vögel und Vogeleier wie für süße Früchte ist er überhaupt vor allem zu haben. Doch frißt er auch alle größeren Insekten. Bei Gefahr versenkt er sich derartig schnell in die Erde, daß das Auge kaum den blitzschnellen scharrenden Pfoten zu folgen vermag.

Löffelfuchs oder Löffelhund (Otocyon megalotis): Bewohnt die Savannen und Buschsteppen Süd- und Ostafrikas; Länge 55–60 cm, Schwanz 30 cm, Schulterhöhe 30–35 cm; Pelz fahlgrau, leicht gelblich oder grünlich überhaucht, an der Kehle und den Halsseiten licht fahlgelb, an den Läufen und auf der Oberseite des Schwanzes rötlich dunkelbraun; kennzeichnet sich durch ungewöhnlich große, hoch aufgestellte, fahlbraun gerandete, ausgesprochen eiförmige Ohren, regelrechte, fast grotesk wirkende Schalltrichter, die unaufhörlich spielen; unterscheidet sich anatomisch von allen anderen Hunden durch seinen Zahnsatz, der nicht weniger als 48–50 Zähne aufweist.

Der klagend bellende kleine Löffelfuchs, der oft auch Löffelhund genannt wird, birgt sich gern in den vom Erdferkel ausgegrabenen Termitenburgen, ist auch tagsüber viel unterwegs und überhaupt nur wenig scheu. Die Termiten wie alle anderen Insekten und besonders die Heuschrecken sind neben Honig, Früchten und Vogeleiern seine Hauptnahrung. Er ist also ein rechter Leichtköstler, ein harmloses, halb verschmitztes und halb vertrauliches Füchschen, das nur wenig von einem Raubtier an sich hat und schnell zahm wird. Zur Wehr setzt er sich kaum einmal, zeigt nur drohend sein prachtvolles Gebiß, beißt aber selten zu. Meist lebt er paarweise.

Die Neuwelt-Füchse

Die in dieser Gruppe zusammengefaßten amerikanischen Füchse erinnern zum Teil noch stark an die Altweltfüchse, zum Teil aber auch lebhaft an die

Der Löffelfuchs, der oft auch Löffelhund genannt wird, bewohnt die Savannen und Buschsteppen Süd- und Ostafrikas. Der Pelz ist fahlgrau, leicht gelblich oder grünlich überhaucht. Er unterscheidet sich anatomisch von allen anderen Hunden durch seinen Zahnsatz von 48–50 Zähnen.

Schakale. Zu ihnen gehören die beiden außenseiterischen Erscheinungen des windhundartigen Mähnenwolfes und des mopsähnlichen Waldhundes.

Grau- oder Grisfuchs (Urocyon cinereoargenteus): Bewohnt Amerika von den südlichen Teilen Kanadas bis zu den nördlichen Ländern Südamerikas; Länge 55–60 cm, Schwanz 35–40 cm, Schulterhöhe 30 cm; Pelz oberseits schwarz und silbergrau gesprenkelt, hellrostgelb gegen die Unterseite hin gesäumt, unterseits grau- bis gelblichweiß, im Gesicht wieder grau gesprenkelt, am Schwanz oberseits schwärzlich, unterseits rostrot.

Der unserem Reineke recht ähnliche und sehr schmucke Graufuchs lebt wie dieser vorwiegend von Nagern, hauptsächlich Wiesenmäusen und Baumwollratten, beschleicht Vögel, plündert ihre Erdnester, kratzt Insekten aus Baumstümpfen und stiehlt süße Maiskolben. Vermag er auf der Flucht keine Höhle oder Felsenspalte zu erreichen, so rettet er sich auf Bäume mit niederen Ästen. Als recht guter Kletterer stellt er in den lichten Nadelholzwäldern auch den Rot- und Grauhörnchen nach. Mit der Kultivierung des Landes hat er sich glänzend abgefunden und schlägt sein Lager gern in der Nähe menschlicher Ansiedlungen auf. Als Schlupfwinkel bevorzugt er Felsengeklüft, dichte Gebüsche und verlassene Erdbauten.

Azarafuchs oder Aguarachay (Dusicyon azarae): Bewohnt die Savannen und offenen Landschaften von Mittelamerika bis Patagonien; Länge 60–65 cm, Schwanz 35 cm, Schulterhöhe 35–40 cm; Pelz etwas rauh, eigenartig gekräuselt und geringelt, oberseits schwärzlich, seitlich dunkelgrau, unterseits schmutzig isabellgelb; hat weiße Oberlippe und Kehle, einen hellgelben Augenring, ockergelbe Ohrenflekken und schwarze Schnurren; erinnert gestaltlich an einen Schakal, nach Kopf und Schwanz an einen Fuchs, ist verhältnismäßig hoch gebaut.

Magellanfuchs (Pseudalopex = Dusicyon culpaeus): Bewohnt die Wüsten, Gebirge und Buschwälder im Feuerland, in Südpatagonien und Südchile sowie in den Anden bis Südekuador; ähnelt in Gestalt und Größe einem kleinen Wolf; Pelz dicht und lang, schwärzlich, braun und grau gemischt, in den Wüsten auch rötlich; kennzeichnet sich durch eine ungewöhnlich spitz ausgezogene Schnauze und einen außerordentlich buschigen und langen Schwanz.

Schakalfuchs oder Maikong (Cerdocyon thous): Bewohnt die Wälder von Guayana bis Nordargentinien; Länge 60–65 cm, Schwanz 28 cm, Schulterhöhe 50–55 cm; Pelz rauh, durchweg fahlgrau; kennzeichnet sich durch ein gelblichweißes Kreuz auf Kehle und Oberbrust, das sich mit seinen seitlichen Armen bis zu den Achseln hinzieht, ferner durch sehr dunkle Läufe, verhältnismäßig stumpfschnauzigen Kopf und langen Schwanz; lebt in Rudeln und Koppeln, ist ein Schleich- und Hetzräuber; wird in Brasilien von den ihm sehr ähnlichen *Cerdocyon vetulus* vertreten.

Mähnenfuchs oder Mähnenwolf (Chrysocyon jubatus): Bewohnt die Savannen Paraguays, Brasiliens und Argentiniens; Länge 120–130 cm, Schwanz 40 cm, Schulterhöhe 70–75 cm; Pelz im Gesicht und an den Läufen kurz, auf dem Rükken und im Nacken sehr lang und eine aufrichtbare Mähne bildend, oberseits zimtrotbraun bis gelbrot, an den Läufen schwarzbraun, unterseits gelblich, an der Innenseite der Läufe weißlich; kennzeichnet sich durch die großen, innen weißen Ohren, den weißen Kehlbart und die weiße Schwanzspitze.

Der Mähnenfuchs wirkt ebenso unwahrscheinlich hoch wie kurz und schmal wie schwächlich. Er ist auch trotz seiner windhundähnlichen Erscheinung durchaus kein Renner und Hetzräuber, sondern ein im schaukelnden Paßgang gemächlich dahintrabender Schlenderer und recht harmloser Kleintierjäger. Seine überlangen Beine, die er beugen muß, wenn er etwas vom Boden aufnehmen will, stellen lediglich eine Anpassung an das hohe Savannengras dar. Er benutzt die Pfoten nicht zum Scharren und Zupacken, sondern greift immer mit der sehr spitz ausgezogenen Schnauze zu, schnappt die kleinen Nager wie die Eidechsen also unmittelbar mit den Zähnen und würgt sie unzerstückelt hinunter. Oft lebt er ausschließlich von Früchten und Schnecken. In seinem Wesen ist er ein sehr scheuer und vorsichtiger Einzelgänger, der weder dem Menschen noch den Weidetieren gefährlich werden kann.

Waldhund (Speothos venaticus): Bewohnt die Urwälder Brasiliens, vor allem das Amazonasgebiet; Länge 55–65 cm, Schwanz 12–14 cm; Schulterhöhe 30–40 cm; Pelz dicht und grob, oberseits vorwiegend braun bis rotbraun, unterseits dunkelbraun bis schwarz, an der Schulter manchmal gelblich; ist gestaltlich sehr gedrungen, kurz- und starkbeinig, erinnert auch im Gesicht weder an einen Wolf noch an einen Fuchs, sondern eher an einen stumpfschnäuzigen und mopsähnlichen Fixköter, hat eine aufgeworfene dicke schwarze Nase, sehr weit auseinanderstehende braune Augen, eine breite Stirn, kleine, stark abgerundete Ohren, die sich kaum über den Scheitel erheben.

Der Waldhund ist nirgends häufig und uns noch sehr wenig bekannt. Als scheuer, nächtlich lebender Höhlenbewohner und guter Gräber wußte er sich bis heute allen Nachstellungen mit Erfolg zu entziehen. Wahrscheinlich ist er aber recht gesellig und ernährt sich vorwiegend von Nagern; Die Mitglieder des jeweils rund ein Dutzend Tiere umfassenden Rudels halten Stimmfühlung durch ein fast ununterbrochenes Murmeln, Pfeifen und Schnalzen. Frisch eingefangen, verweigern die wunderlichen Fettwänste oft jede Nahrung, zeigen sich unbändig und bissig, kläffen und knurren wütend

Der Marderhund

In seiner gestreckten und niederen Gestalt mit dem sehr kurzen Schwanz erinnert der Mar-

Der große, starke und gewichtige Braunbär, der sich zum gewaltigsten aller landraubtiere auswachsen kann, ist weit über Europa, Asien und Nordamerika verbreitet. Die größte Rasse findet sich als Alaska- oder Kodiakbär im hohen Norden des amerikanischen Kontinents, wo er bis 3 m Länge erreicht. Gestaltlich und farblich wandelt sich der Braunbär gleich dem Wolf. Er ist grau und schwarz, braunrot und zimtfarben, grauweiß und gelblich-weiß. Überall ist er der unberechenbare Einzelgänger.

Der Eisbär bewohnt den höchsten Norden der Erde, vorwiegend den Treib- und Packeisgürtel sowie die Küsten der arktischen Länder. Der Pelz ist silberweiß in der Jugend, gelblichweiß im Alter. Die jungen Eisbären wachsen viel schneller als ihre braunen Brüder auf dem Lande. Volle drei Jahre bleiben sie bei der Bärin. Der Eisbär ist scheu und gegenüber dem Menschen nicht angriffslustig.

Amerika und Südost-
asien. In Europa sind
sie schon seit Millio-

tene Bambusbär oder
Riesenpanda. Die
Kleinbären sind die

nannt.

Der Marderhund streift in kleinen Banden weit durch die bewaldeten Täler des Amurgebietes, Nordchinas und Japans. Leidenschaftlich geht er dem Fischfang nach, und zeigt dabei, daß er gut schwimmen und auch tauchen kann. Sonst ernährt er sich als ausgesprochener Allesfresser von Beeren, Früchten, Insekten und Vögeln.

derhund Ostasiens entfernt an den amerikanischen Waldhund, mit dem er vielleicht auch verwandt ist. Sonst aber gleicht er eher einem Waschbären als einem Marder oder Fuchs. Er ist kein so guter Gräber wie der Waldhund und scheint auch keinen festen Bau zu bewohnen, sondern nur gern in verlassene Erdhöhlen einzuschliefen, um hier den Tag zu verschlafen.

Marderhund oder Enok (Nyctereutes procyonides): Bewohnt das Amurgebiet, Nordchina und Japan; Länge 60–70 cm, Schwanz 10–15 cm, Schulterhöhe 20–25 cm; Pelz reich, lang und struppig, oberseits vorwiegend graubräunlich, unterseits hellbraun; hat ein dunkelbraunes Schulterband, das sich bis zu den Vorderläufen hinzieht, ein dunkelgraues Gesicht mit großen schwarzen Augenringen, weißer Oberlippe, dicht behaarter Stirn und grauem Backenbart.

Der Marderhund streift in kleinen Banden weit durch die bewaldeten Täler seiner Heimat. Leidenschaftlich geht er dem Fischfang nach und zeigt dabei, daß er gut schwimmen und auch tauchen kann. Sonst ernährt er sich als ausgesprochener Allesfresser und gelegentlicher Aasfresser von Beeren und Früchten, Insekten und Vögeln. Von den Holzäpfeln und Eicheln soll er sich Vorräte in einem verlassenen Fuchsbau zusammentragen und hier gleich dem Dachs einen leichten und kurzen Winterschlaf halten. Schon diese Tatsache unterstreicht seine große Außenseiterstellung unter den Hundeartigen. Wie der Dachs ist auch er immer wieder einmal mitten im Winter zu spüren.

Die Busch- oder Hetzhunde

Die buntscheckigen afrikanischen Hyänenhunde und die asiatischen Rotwölfe – zwischen denen an und für sich keine verwandtschaftlichen Beziehungen bestehen – sind beide echte Hetzräuber, die in mehr oder weniger starken Rudeln leben und selbst dem Großwild gefährlich werden.

Hyänenhund (Lycaon pictus): Bewohnt die Steppen und Savannen Afrikas südlich der Sahara; Länge 100–110 cm, Schwanz 35–40 cm, Schulterhöhe 70–75 cm; Pelz ungewöhnlich bunt, lebhaft und sehr unregelmäßig weiß, schwarz und ockergelb gefleckt; die Schnauze ist bis zu den Augen vorwiegend schwarz, über die helle Stirn läuft oft ein schmaler senkrechter Strich bis zwischen die schwarzen Ohren, auch der Scheitel, der Oberkopf und der kräftige Nakken sind zumeist schwarz gestreift; die Schwanzwurzel ist okkerfarben, die Schwanzmitte schwarz, die buschige Spitze weiß oder ockergelb.

Die Hyänenhunde, die ebenso schlank und leicht wie muskulös und kräftig erscheinen und sich ganz wie Hunde bewegen, erinnern eigentlich nur durch die Fleckung wie durch die ungewöhnlich großen dunklen Ohren entfernt an die Tüpfelhyänen. Sonst aber besteht kaum ein verwandtschaftlicher Zusammenhang mit den Hyänen noch mit den Wölfen, Füchsen und Schakalen. Vor allem sind die Hyänenhunde echte Tagtiere und alles andere als scheu, heimlich und vorsichtig.

Während der Hetzjagd bleibt ein Teil der Hunde dicht am verfolgten Tier, während die anderen Kraft und Lungen schonen, die durchlaufenen Bogen des Hetzrudels abschneiden und dann plötzlich, wie von der Sehne geschnellt, in weiten Sätzen vorschießen. Unter den Weidetieren der afrikanischen Farmer und Viehzüchter, vor allem unter Schafen und Rindern, können sie oft fürchterlich hausen. Etliche Kolonialmächte entschlossen sich daher, hohe Kopfprämien für erlegte Hyänenhunde zu zahlen. Und sehr wahrscheinlich müssen bald auch in den großen afrikanischen Naturschutzparken die sich hier zu stark vermehrenden Hyänenhunde dezimiert werden.

Rot- oder Alpenwolf (Cuon alpinus): Bewohnt die Gebirgsländer Ost- und Mittelasiens; Länge 90–95 cm, Schwanz 35 cm, Schulterhöhe 45 cm; Pelz grob, straff und hart, oberseits fahl-roströtlich, unterseits und an den Pfoten blaß-isabellgelb, am Schwanz fahlgrau, an den Läufen gefleckt; hat einen breiten Kopf mit abgestumpfter Schnauze, kleine abgerundete, außen rötlichgelb, innen weiß behaarte Ohren; kennzeichnet sich durch einen zottigen Backenbart, eine starke Brustmähne sowie durch den buschigen, bis zur Erde reichenden Schwanz.

Kolsun (Cuon dukhensis): Bewohnt Vorderindien bis zum Himalaja und Osttibet; Länge 95–100 cm, Schwanz 35 cm, Schulterhöhe 45–50 cm; Pelz dicht und kurz, oberseits braun- bis rostrot und braungrau, unterseits heller, auf der Schnauze, an den Ohren, den Füßen und der langbehaarten Schwanzspitze dunkler; wirkt viel schlanker als der Rot- oder Alpenwolf, erinnert fast an einen mageren Schäferhund.

Adjak (Cuon javanicus): Bewohnt Hinterindien, Nepal, die Malaiische Halbinsel sowie Java, Sumatra und Borneo; ist etwas kleiner und schwächer als der Kolsun; Pelz oberseits gelblich fuchsrot bis tief rostrot, unterseits heller, an der Schwanzspitze schwarz; erinnert sehr an einen etwas untersetzten Schäferhund.

Diese drei asiatischen Rotwölfe sind in ihren verschiedenen Lebensräumen – der Alpenwolf in den Bergen, der Kolsun in den Wäldern und Dschungeln, der Adjak an den Küsten wie in den Wäldern und Bergen – die gleichen weit umherschweifenden, raub- und reißlustigen Gesellen wie die Hyänenhunde. Auch sie jagen in starken Rudeln und mit verteilten Rollen, versuchen ebenfalls das flüchtende Tier durch mörderische Bisse zu schwächen, ihm möglichst die Flanken aufzureißen oder an die Gurgel zu springen. Tollkühn greifen sie auch starke Raubkatzen und selbst den Tiger an. Angriffe auf Menschen sind hingegen weder von ihnen noch von den Hyänenhunden bekannt geworden.

Die Bären sind die Schwergewichtler unter den Raubtieren. Gemessen und bedächtig in ihren Bewegungen. Sie leben durchwegs in den letzten großen, naturnahen Wäldern in Europa, Asien und Nordamerika. Fünfzehn bis zwanzig Quadratkilometer umfaßt das Reich, das jeder einzelne für sich beansprucht und in dem er wie ein König lebt. In ihrem langen, einsamen Leben, das gut fünfzig Jahre währen kann, entwickeln die Bären ausgeprägte Persönlichkeiten mit individuellen Gewohnheiten.

Während aber jung eingefangene Hyänenhunde verhältnismäßig gut zähmbar sind, wohl beißlustig bleiben, aber doch anhänglich werden, ist es bisher noch nicht gelungen, einen der Rotwölfe nur halbwegs an den Menschen zu gewöhnen.

Früher hielten einige Forscher sowohl den Wolf als auch den Goldschakal für den Ahnen dieses Wildhundes. Sie glaubten sogar, der Goldschakal sei eher dazu geneigt, dem Menschen zu folgen. Heute jedoch gilt es als ziemlich gesichert, daß nur der Wolf der Stammvater unserer Hunderassen ist.

Die Bären

Die Bären sind die Schwergewichtler unter den Raubtieren, plump und gedrungen von Gestalt, gemessen und bedächtig in ihren Bewegungen. Abgesehen vom Eisbären, leben sie durchweg in den letzten großen, urigen Wäldern in Europa, Asien und Nordamerika. Gut geborgen im Gewölbe der grünen Einsamkeit, trotten sie gewichtig auf behornten Sohlen und im schwankenden Paßgang mit stark einwärts streichenden Läufen durch ihre weiten Reviere. Fünfzehn bis zwanzig Quadratkilometer umfaßt das Reich mindestens, das jeder einzelne für sich beansprucht und in dem er lebt wie ein König, solange ihn der Mensch nicht stört. Als Einzelgänger haben sie keine Gemeinschaft mit ihresgleichen, abgesehen von den kurzfristigen Perioden, in denen sie der Fortpflanzungstrieb zueinanderführt.

In ihrem langen einsamen Leben, das gut fünfzig Jahre währen kann, entwickeln sich die Bären zu ausgeprägten Persönlichkeiten mit individuellen Gewohnheiten. Im allgemeinen lieben sie alle die Ruhe, geben sich gelassen, fast phlegmatisch und sind alles andere als gefährliche Raubtiere. Viele von ihnen halten sich gleich den Dachsen und Wildschweinen an pflanzliche Kost. Sie fressen Flechten und Moose, Gräser und Kräuter, Pilze und Beeren, Bucheln und Eicheln und verachten als Zukost weder Wurm noch Schnecke, Käferlarve noch Ameisenpuppe. Wo sich ihnen die Gelegenheit bietet, halten sie sich an den milchenden Hafer, das Heidekorn und den süßen Mais, rutschen sitzend durch die Felder und raufen die Ähren mit den Pranken.

Sprichwörtlich ist ihr Appetit auf Honig und süße Früchte. Wo sie Bienen wittern, klettern sie gar nicht ungeschickt in die Bäume, nehmen dabei auch Vogelnester aus und verweilen nicht selten in luftiger Höhe, um sich vom Wind schaukeln zu lassen. Die kleineren Bären, wie zum Beispiel der Malaienbär und der Lippenbär, können sogar als echte Baumtiere angesprochen werden. Aber es wurden auch schon Braunbären aufgestöbert, die ihr Winterlager hoch in den Bäumen aufgeschlagen hatten.

Viele Bären stillen ihren Fleischhunger mit Fischen und stellen auch dem Fischotter nach. Sie schwimmen vorzüglich, strudeln unversehrt durch die gefährlichsten Stromschnellen und wissen genau, wann die Fische stromaufwärts wandern und wo sie laichen. Da sie gern, häufig und viel trinken, siedeln sie sich überhaupt bevorzugt in der Nähe von Gewässern an.

Über den Winter suchen die meisten Bären ein Versteck auf. Sie halten aber keinen festen und dauerhaften oder bewußtlosen Winterschlaf, sondern ruhen ganz wie die Dachse und zehren von dem angefressenen Feist. Schon mindestens vierzehn Tage vorher nehmen sie keinen Bissen mehr zu sich, so daß der Darm gänzlich gereinigt ist. Während der Ruhezeit häuten sich ihre Fußsohlen, an denen sie dann so intensiv saugen und herumschmatzen, daß die Fabel entstehen konnte, sie saugen sich das Fett aus den Pfoten. Im allgemeinen begeben sich die beschlagenen Bärinnen, die ihre Jungen im Winterlager zur Welt bringen, eher zur Ruhe als die Bären.

Der Braunbär

Der große, starke und gewichtige Braunbär, der sich zum gewaltigsten aller Landraubtiere auswachsen kann, ist weit über Europa, Asien und Nordamerika verbreitet. Noch heute wird er immer wieder einmal in den Pyrenäen, den Abruzzen und den Südtiroler Alpen gespürt. Geringe Bestände, die zum größten Teil sehr gefährdet sind, hielten sich bis heute in Norwegen, Schweden, Finnland, Estland, Polen und dem europäischen Rußland. Zahlreicher ist er in den Bergwäldern der Slowakei, in Bosnien, Jugoslawien, Albanien, Ungarn, Rumänien und Bulgarien. Von Vorderasien verbreitet er sich über Persien bis zum Himalaja sowie quer durch Zentral- und Ostasien bis nach Kamtschatka und Japan. In Nordamerika haust er in den

Der Grizzlybär ist nicht der gefährliche Angreifer, wie oft geschildert wird. Jedoch verrät er durch keine drohende Geste oder durch die geringste Mimik seinen jeweiligen Gemütszustand.

nördlichsten Nadelholzwäldern. Die größte Rasse findet sich als Alaska- oder Kodiakbär im hohen Norden des amerikanischen Kontinents, wo er bis 3 m Länge erreicht.

Gestaltlich und farblich wandelt sich der Braunbär gleich dem Wolf, ist also durchaus nicht immer braun, sondern auch grau und schwarz, braunrot und zimtfarben, grauweiß und gelblichweiß. Immer aber trägt er in der Jugend das helle weißliche Hals-Schulter-Band, und überall ist er der gleiche unberechenbare Einzelgänger, bald durchaus harmlos und versonnen, bald raubgierig und leicht gereizt, bald ausgesprochen mißtrauisch und heimlich, bald unbekümmert selbstbewußt und listig-dreist.

Braunbär (Ursus arctos): Bewohnt in 30 Unterarten die bereits mehrfach erwähnten Gebiete in Europa, Asien und Nordamerika; Länge 200–300 cm, Schwanz 8–10 cm, Schulterhöhe 100–120 cm, erreicht aufgerichtet eine Höhe von gut 260–350 cm, wiegt 5–8 Zentner; Pelz dicht, stark und zottelig, vorwiegend braun, und zwar in allen Schattierungen von Schwarzbraun über Rotbraun bis Gelbbraun sowie von Schwarzgrau über Silbergrau bis Isabellgelbweiß; hat einen lang- und spitzschnauzigen Kopf, kleine Augen, kurze und stark gerundete, dick bepelzte Ohren, einen massigen starken Hals; hinter dem Nacken erhebt sich der Widerrist als ein rechter Fettbuckel, senkt sich der Rücken leicht ein und erhöht sich wiederum am Kreuz; der kurze Stummelschwanz ist fast im Pelz versteckt; läuft auf fünfzehigen und nacktsohligen Füßen mit starken und großen, nicht zurückziehbaren Krallen; kennzeichnet sich mit seinen schwachen Reißzähnen und breiten Backenzähnen als Gemischt- und Allesfresser.

Es ist meist mitten im Sommer, wenn dem Braunbären das Einzelgängertum leid wird, wenn er auf die Brautschau geht und sich lebhafter als sonst zu weiten Wanderungen entschließt. Auf Gegenliebe stößt er durchaus nicht immer gleich, heftet sich aber der Bärin so lange an die Fersen, bis er erhört wird. Die Mitbewerber wie die Jungbären, die eventuell noch um die Bärin sind, übersieht er geflissentlich. Nur selten kommt es zu Kämpfen, denn es ist durchaus nicht immer der Stärkste, der bevorzugt und angenommen wird, und es ist bald dieser und bald jener, der die Gunst der Bärin genießt.

Die zwei bis drei, seltener vier bis fünf frischgeworfenen Jungbären sind überraschend klein, nicht viel größer als eine Männerhand, gänzlich nackt und von bläulich graugelber Hautfarbe. Die Bärenmutter kann die hilflosen Geschöpfchen gut in ihre Pranken wie in eine warme Wiege betten. Sie darf sie in den ersten vier Wochen auch gar nicht aus den „Händen“ geben, da sie sonst unweigerlich erfrieren würden. Doch besteht diesbezüglich keine Gefahr, denn die Bärin bewegt sich ja kaum in ihrem Lager und bettet noch das mächtige

Haupt über die leicht an die Brust gedrückten Jungen.

Im Alter von fünf bis sechs Monaten sind die Jungbären kaum noch im Lager zu halten. Sie gleichen jetzt drolligen Teddybären, sind ebenso tapsig wie spiellustig, unbeholfen wie unternehmungslustig und bekommen schon öfter einmal eine Ohrfeige von der Mutter. Dennoch wagen sie Ausflüge auf eigene Faust, kugeln und strolchen umher, versuchen sich im Klettern, patschen durch Bäche und stekken ihre Nase in jedes Loch. Sie können sich aber auch stundenlang dem Müßiggang hingeben und an ihren Pfoten wie an einem Schnuller saugen. Kleinere Ausflüge mit der Mutter erweitern schnell ihren Gesichtskreis, und schon bald wissen sie selbst zu finden, was einem Bären schmeckt, frommt und bekommt.

Brillenbär (Tremarctos ornatus): Bewohnt Südamerika, und zwar vor allem die pazifischen Hänge der Anden von Venezuela und Kolumbien über Ekuador, Peru und Bolivien bis nach Nordchile; Pelz schwarz und dunkelbraun; kennzeichnet sich meist durch eine auffällige weiße Bindenzeichnung im Gesicht, die sich über den ganzen Nasenrücken ausdehnt, die Augen untermalt, über die ganze Wange verläuft und oft noch die Kehle und die Brust erreicht.

Der Brillenbär ist der einzige echte Bär Südamerikas. Er klettert so ausgezeichnet, daß man ihn fast als ein Baumtier ansprechen kann. Auch er lebt vorwiegend von pflanzlichen Stoffen und Baumfrüchten und soll sich regelrechte Nester in die Kronen bauen. Um zu den Früchten zu gelangen, bricht er gern die jungen Bäume um.

Malaien- oder Sonnenbär (Helarctos malayanus): Bewohnt Hinterindien sowie Sumatra und Borneo; Länge 140 cm, Schulterhöhe 70 cm; Pelz kurz und dicht, durchweg glänzend schwarz bis auf die fahlgelben Schnauzenseiten und den großen hufeisen- bis ringförmigen Brustfleck; wirkt auffallend dickköpfig, hat ungewöhnlich kleine Ohren und außerordentlich große Tatzen mit langen und starken Krallen.

In der Kletterkunst übertrifft der Malaienbär den Brillenbär. Er erklimmt selbst hohe Kokospalmen und lebt vorwiegend von frischen Blattschossen und Insekten. Den Tag verschläft er in Baum- oder Felshöhlen oder ruht in flüchtig errichteten Wipfelnestern. Seine lange und schmale Zunge ist eine rechte Ameisen- und Termitenangel.

Kragenbär (Selenarctos thibetanus): Bewohnt ganz Süd- und Mittelasien vom Hindukusch bis Japan und Formosa sowie von China bis Hainan und Siam; Länge 170–180 cm, Schulterhöhe 80 cm; Pelz glatt und durchweg schwarz bis dunkelbraun; kennzeichnet sich durch die breite weiße Brustzeichnung in der Form eines flachen V oder Y sowie durch die weißliche Unterlippe und die rötlichen oder weißlichen Schnauzenseiten; an den Schultern, im Nacken und an den Halsseiten verlängern sich die Haare zu einem dichten und dikken Kragen, der diesem Bären den Namen gab; die Ohren sind auffallend groß und sehr beweglich.

Im Himalaja und in Tibet steigt der Kragenbär bis in Höhen zwischen 3500–5000 m und birgt sich gern in den dichten Rhododendronbüschen. Ebenso geschickt wie in den Felsen klettert er aber auch in den Bäumen und soll sich hier durch zusammengebogene und verflochtene Zweige lauschige Lauben herrichten. Als großer Liebhaber süßer Früchte und Beeren weiß er auch zu den Anpflanzungen der Eingeborenen zu finden und brandschatzt die Felder wie die Weinberge und Obstgärten. In der Not weiß er bescheiden mit Wurzeln, Insekten und allerlei kleinem Getier auszukommen. Nur selten einmal schlägt er ein größeres Stück Wild oder weidende Haustiere. In der Nähe

Der Kragenbär bewohnt Süd- und Mittelasien vom Hindukusch bis Japan und Formosa sowie das chinesische Festland. Der Pelz ist glatt und durchweg schwarz bis dunkelbraun. An den Schultern, im Nacken und an den Halsseiten velängern sich die Haare zu einem dichten Kragen, der diesem Bären den Namen gab. Im Himalaja und in Tibet steigt der Kragenbär bis in Höhen zwischen 3500–5000 m. Ebenso geschickt wie in den Felsen klettert er aber auch in den Bäumen.

größerer Ansiedlungen führt er ein vorwiegend nächtliches Leben und vermeidet tunlichst die Begegnung mit dem Menschen.

Lippenbär (Melursus ursinus): Bewohnt Vorderindien und Sri Lanka; Länge 160–170 cm, Schulterhöhe 75–85 cm, Schwanz 10–12 cm; Pelz ungewöhnlich lang und struppig, vorwiegend schwarz bis dunkelbraun, an der Schnauze und bis über die Augen gelblichbraun, grau oder schmutzigweiß; die Haare verlängern sich auf dem Scheitel, am Halse und im Nacken zu einer dichten und struppigen Mähne, verfilzen sich auf der Mitte des Rückens zu großen wulstigen und höckerartigen Büschen, so daß die ganze Gestalt außerordentlich plump und massig wirkt; kennzeichnet sich vor allem noch durch die auffallend weit vorgezogene Schnauze und die sehr dehnbaren Lippen, die kleinen, im Pelz versteckten Ohren, die noch kleineren, schiefgestellten Augen und die riesigen Sichelkrallen; hat oft einen weißen hufeisenförmigen Brustfleck.

Der Lippenbär fällt gestaltlich so sehr aus der Reihe der echten Bären, daß er früher einmal als ein bärenartiges Faultier angesehen wurde. Seine kompakte, kurzbeinige und zottige Erscheinung, seine gemessenen Bewegungen, sein langsames Klettern und die riesigen Krallen, sein Leben in den Bäumen sowie seine Vorliebe für Blätter, Blüten und Früchte lassen diesen Irrtum als recht erklärlich erscheinen.

Außer Pflanzenstoffen verzehrt der Lippenbär vorwiegend Insekten und ihre Larven. Mit den mächtigen Krallen vermag er die Burgen der Ameisen und Termiten leicht aufzubrechen. Seine Lippen verlängern sich dann zu einer rüsselförmigen Röhre, blasen säubernd in das Gewimmel der Kerfen und saugen sie regelrecht auf. Dieses Blasen und Saugen soll verschiedenen Beobachtern nach so geräuschvoll vor sich gehen, daß man es auf 200 m Entfernung noch hören kann. Auch die sehr lange, platte und schmale Zunge ist eine treffliche Insektenangel, die ihm gute Dienste leistet, wenn er die Insektenlarven aus Mulm, Moder und Bodenstreu oder hinter den lockeren Rinden hervorzieht. Geradezu versessen ist er auf Honig, den er sich aus den Nestern der Hummeln und den Stöcken der Bienen holt, sowie auf den Palmwein, der von den wilden Dattelbäumen gezapft wird. Auch Schnecken, Regenwürmer, Raupen und Engerlinge stehen auf seiner Speisekarte. Sehr selten nur schlägt er auch größeres Wild.

In der Jugend pflegen die jungen Lippenbären, die der Mutter schon im zweiten und dritten Lebensmonat folgen, auf dem Rükken der Bärin zu reiten.

Eisbär (Ursus = Thalarctos maritimus): Bewohnt den höchsten Norden der Erde, vorwiegend den Treib- und Packeisgürtel sowie die Küsten der arktischen Länder und Inseln rings um den Nordpol; Länge 260 bis 280 cm, Schulterhöhe 130–140 cm, Gewicht 600–700 kg; Pelz lang, zottig, reich und dicht, glänzend silberweiß in der Jugend, gelblichweiß im Alter; kennzeichnet sich im Gegensatz zu den Braunbären durch den schlankeren und länger gestreckten Leib, den verhältnismäßig kleinen, schmalen und flachstirnigen Kopf, die sehr kurzen gerundeten Ohren und die behaarten Sohlen; sein Gebiß weist kräftige Eckzähne auf und verrät, daß er ein ausgesprochener Fleischfresser ist.

Die beschlagene Eisbärin begnügt sich nicht mit einer einfachen Höhle, sondern schafft sich eine wohnliche Kinderstube. Wohlbedacht wählt sie eine große feste Schneewehe an einem windgeschützten Hang, meist nicht fern der Küste. In diese Wehe wühlt sie kratzend und scharrend eine gut drei Meter lange, zuerst sich senkende, dann schräg ansteigende Röhre, die in einer geräumigen, reichlich 150 cm breiten und 125 cm hohen Höhle endet. Vor der Höhle läßt sie einen Schneeblock stehen, den sie rechts und links umgräbt, so daß die Kaltluft nicht unmittelbar in den dahinterliegenden Raum ziehen kann. Ihr mächtiger Körper erwärmt den hochgelegenen Kessel, aus dem ihre Atemluft nicht abziehen kann, so sehr, daß seine Wände zu Eis erstarren. Sie selbst liegt ebenfalls auf dem blanken Eis, während der Einschlupf vorn bald zugeweht wird.

Die jungen Eisbären wachsen viel schneller als ihre braunen Brüder auf dem Lande. Schon nach vier Wochen sind sie völlig bepelzt, haben ein Paar nadelspitze Eckzähne und scharfe Krallen an den kleinen Pranken. Im Alter von sechs Wochen könnten sie der Bärin, die Ende Februar oder Anfang März ihre Eishöhle verläßt, bereits folgen, werden aber noch zurückverwiesen, wenn die Mutter auf Raub auszieht. Volle drei Jahre lang bleiben sie bei der Bärin, die sich erst dann wieder beschlagen läßt.

Viele Fabeln sind schon über die große Angriffslust des Eisbären ersonnen und niedergeschrieben worden. In Wirklichkeit nähert sich der Eisbär dem Menschen, wenn er ihn zum erstenmal erblickt, nur sehr selten als einem Beutetier, sondern als einem höchst merkwürdigen Gegenstand, der seine Neugierde reizt. Diese Neugierde erstreckt sich auch auf alle Dinge, die der Mensch mit sich in die weiße Welt bringt, also auf die Polarschiffe, die Zelte und die angelegten Vorratslager. Durchaus furchtlos geht er oft geradenwegs auf den Menschen zu, um auch ihn gründlich zu beschnuppern und zu betasten, wenn er dazu kommen würde. Flüchtenden Menschen setzt er natürlich meist

Der Waschbär bewohnt Nordamerika von Kanada bis Panama. Wie es schon die von ihm selbst durchgeführte Einbürgerung in Europa beweist, versteht es der Waschbär vorzüglich, sich den gegebenen Verhältnissen anzupassen, auch in dichtbesiedelten Landschaften. Selbst in den großen Industriestädten Amerikas ist er zu Hause.

nach. Hin und wieder geschieht es auch, daß solche Begegnungen, besonders wenn der Bär dabei erschrickt oder angeschossen wird, tödlich für den Menschen auslaufen. Doch wurde noch nie beobachtet, daß der Bär den erschlagenen Menschen dann aufgefressen oder nur angefressen hätte.

Da der Eisbär noch immer das ganze Jahr über geschossen werden darf – nur die führenden Muttertiere und die Jungen sind geschützt –, ist sein Bestand wesentlich zurückgegangen. Es wäre darum schon heute an der Zeit, befristete Schußzeiten auf internationaler Grundlage festzusetzen.

Die Kleinbären

Die noch recht urtümlichen und den Mardern sehr nahestehenden Kleinbären sind gleichsam die Vorläufer der Hundeartigen Raubtiere und werden deshalb auch „Vor-Hundeähnliche" oder „Vorbären" genannt. Zu den echten Bären stehen sie etwa im gleichen Verhältnis wie die Schleichkatzen zu den echten Katzen. Gestaltlich unterscheiden sie sich von den echten Bären vor allem durch ihre geringere Größe, ihren zumeist wesentlich schlankeren Bau und die vorwiegend wohlentwickelten Schwänze. Mit den Bären gemeinsam haben sie den Sohlengang, die fünfzehigen Füße und das ausgesprochene Gemischtfressergebiß mit den gering entwickelten Reißzähnen. Viele von ihnen sind echte Vegetarier, heimliche und scheue Nachtgeschöpfe und gut kletternde Baumtiere.

Die Verbreitung der Kleinbären beschränkt sich auf Amerika und Südostasien. In Europa sind sie schon seit etlichen Millionen Jahren ausgestorben. Die heute noch lebenden zwei Unterfamilien mit insgesamt acht Gattungen und neun Arten umfassen die *Neuwelt-Vorbären* mit dem wohlbekannten Waschbär, dem Krabbenwaschbär, dem Nasenbär, dem Bergnasenbär, dem seltsamen Katzenfrett, dem Wickelbär und dem Schlankbär sowie die *Altwelt-Vorbären* mit dem ebenso berühmten wie seltenen Bambusbär oder Riesenpanda und dem kleineren Katzenbär oder Kleinen Panda. Beide sind vom Aussterben bedroht.

Die Neuwelt-Vorbären

Von ihnen ist jedermann der uns sehr nahe gerückte drollige Waschbär wohlbekannt. Es gibt keinen Tiergarten, der ihn nicht beherbergt, keine noch so kleine Tierschau, die ihn nicht vorführt, ganz abgesehen von den zahlreichen, weit über Deutschland verbreiteten Farmen, die ihn ob seines wertvollen Pelzes züchten. Vor allem aber gehört er seit etlichen Jahren zu unserer einheimischen Tierwelt, ist in der Lüneburger Heide, in der Eifel und im hessischen Bergland frei lebend zu Hause und scheint sich bei uns recht wohl zu fühlen. Diese Bestände stammen von bereits gut akklimatisierten Farmtieren ab, denen die Flucht aus ihren Käfigen gelang.

Waschbär oder Schupp (Procyon lotor): Bewohnt Nordamerika von Kanada bis Panama; Länge 60–65 cm, Schwanz 25 cm, Schulterhöhe 30–35 cm; Pelz lang, reich und dicht, oberseits vorwiegend schwärzlichgrau gemischt, am Schwanz schwarzbraun geringelt, im Gesicht und an den Ohrrändern gelblichweißgrau aufgehellt; kennzeichnet sich besonders durch das breite schwarzbraune Augen- und Wangenfeld und den schwarzbraunen Streifen, der von der Stirn über den Nasenrücken bis zur fuchsähnlichen Schnauzenspitze verläuft; die großen Augen stehen dicht beieinander, die Ohren sind sehr seitlich angesetzt; die Beine wirken verhältnismäßig hoch und dünn, die Füße schlankzehig, fast zierlich.

Wie es schon die von ihm selbst durchgeführte Einbürgerung in Europa beweist, versteht es der Waschbär vorzüglich, sich den gegebenen Verhältnissen anzupassen und sich selbst in sehr dicht besiedelten Landschaften zu halten. Ursprünglich ein scheues und nächtlich lebendes Waldtier, ein heimlicher Höhlenbewohner und Baumkletterer, hat er sich zu einem echten Kulturfolger entwickelt, der in Amerika praktisch überall und selbst in den großen Industriestädten zu Hause ist. Er inspiziert die Mülltonnen, sucht die Hühnerställe und Taubenschläge heim, plündert die Obstgärten und Weinberge, dringt in jeden Winkel und nicht selten auch in Häuser ein. Noch besser als der Dachs weiß er sich unsichtbar zu machen und unterzutauchen. Im Gegensatz zu ihm beherrscht er aber alle Künste des hochentwickelten Schleich- und Anstandräubers, ist ungleich behender, gewandter, reger, gewitzter, mutiger und dreister, kann vorzüglich klettern, springen und schwimmen, entwickelt auch mehr Angriffslust und Geistesgegenwart. In der höchsten Not beißt und kratzt er wild um sich und gebraucht schließlich die List, sich totzustellen. Ganz schlaff und leblos hängt er dann in der Hand, die ihn ergriffen hat, und späht heimlich nach der Gelegenheit zum befreienden Biß oder Sprung aus.

Was ihm nicht ganz sauber dünkt, reibt er zwischen den ins Wasser getauchten Pfoten, die er geschickt wie Hände zu gebrauchen weiß. Aber auch sonst wischt er alles gern zwischen den Fingern, was er erbeutet hat oder putzt es im Grase ab.

Die Nasen- oder Rüsselbären

Die Nasenbären sind noch lebendiger, aggressiver und wehrhafter als die Waschbären. Sehr wahrscheinlich sind sie ihnen allgemein auch in der Intelligenz überlegen. Sie führen jedenfalls ein besonders gutes und stark ausgeprägtes Gemeinschaftsleben, halten untereinander zusammen und geben sich in der Gefangenschaft ausgesprochen liebenswürdig. Gestaltlich sind sie wesentlich gestreckter, also noch marderähnlicher, haben einen fast körperlangen Schwanz und verfügen über beachtliche, messerscharfe Reißzähne sowie sehr große spitze Krallen. Untereinander halten die Mitglieder der Familienhorde lebhafte Stimmfühlung. Ihr ganz besonderes Merkmal, das ihnen auch den Namen gab, ist die lang ausgezogene, rüsselähnliche, sehr bewegliche, gelblichweiße Nase

Der außerordentlich scheue Bambusbär oder Riesenpanda bewohnt die nebligen tibetanischen und chinesischen Hochgebirge in Höhen zwischen 2500–4000 m. Nach Bärenart trottet er gelassen mit stark einwärts streichenden Beinen dahin. Er klettert nur selten und ist vorwiegend ein Boden- und Tagtier, das von Bambusschößlingen lebt.

mit ihren scharfkantig aufgeworfenen Rändern.

Wie es dieses stattliche Riechorgan schon andeutet, sind die Nasenbären vorzügliche Schnüffler und Schnupperer, wittern fast ununterbrochen mit viel Getön und verstehen großartig zu scharren und zu wühlen. Als echte Tagtiere sind sie viel auf den Beinen und schweifen weit umher. Ihre Speisekarte ist mindestens so umfangreich und vielseitig wie die der Waschbären.

Weißrüssel- oder Tiefland-Nasenbär (Nasua narica): Bewohnt Nordamerika von Neumexiko bis zur Wüstengrenze an der Westküste Südamerikas; Länge 55–60 cm, Schwanz 45–50 cm, Schulterhöhe 28–30 cm; Pelz dunkelbraun, fahlbraun und gelbbraun gesprenkelt, im Gesicht schwärzlich bis auf die gelblichweiße Schnauze und die hellen Ringe um die Augen; hat sehr kleine, kurze, stark gerundete Ohren und verhältnismäßig große Augen.

Roter Nasenbär oder Coati (Nasua nasua): Bewohnt die Urwälder von Panama bis Südbrasilien; hat die gleiche Größe und Gestalt wie der obige, aber einen oberseits rötlich-graubraunen, unterseits rötlichgelben Pelz und einen lebhaft schwarzweiß geringelten Schwanz; ist noch mehr als der Weißrüssel-Nasenbär ein Baumtier, das auch in den Wipfeln schläft, wobei sich die Hordenmitglieder auf dicken Ästen dicht aneinanderdrücken.

Katzenfrett (Bassariscus astutus): Bewohnt den Südwesten der Vereinigten Staaten von Oregon über Colorado und Texas bis nach Mexiko und Panama; Länge 90–95 cm, Schwanz 39–40 cm; Pelz lang, reich und weich, oberseits gelblich braungrau, fein schwarz gemischt, an den Wangen und unterseits gelblichweiß bis roströtlich; der sehr lange, dicke und buschige Schwanz ist breit schwarz-weiß geringelt; die Augen haben einen inneren weißen und einen äußeren schwarzen Ring und wirken auffällig groß; nicht minder ungewöhnlich erscheinen die großen, fledermausartigen, nackten Ohren.

Im Katzenfrett einen Vorbären zu erblicken, wird wohl immer das Vorrecht der Zoologen bleiben. Der Laie denkt bei diesem seltsamen und eigenartigen Tierkopf viel eher an eine Schleichkatze – zu denen sie übrigens auch Brehm noch zählte – oder an einen südlichen Fuchs. Vielleicht erinnert der Schwanz noch an eine Katta und die ganze Gestalt an einen Marder oder an ein Eichhörnchen. Einen Vorbären aber vermutet man bestimmt nicht in diesem Geschöpf.

Das Katzenfrett lebt, wie es schon seine Augen verraten, vorwiegend nächtlich und gibt sich außerordentlich scheu und heimlich. Obwohl es wahrscheinlich noch ziemlich häufig ist und sich gern in der Nähe des Menschen ansiedelt, oft sogar mitten in den Städten lebt, wird es doch selten aufgestöbert oder beobachtet. Den Tag verschläft es in engen Felsenspalten, in schmalen Zwischenräumen unter den Hütten und Stallungen oder in hohlen Bäumen und richtet sich sein Lager recht gemütlich und mollig her. Mehr als die bisher besprochenen Kleinbären stellt es den Vögeln und kleineren Nagern nach, frißt aber auch Früchte, Insekten, Larven und Würmer. Zu klettern vermag es fast so flink und geschickt wie ein Eichhörnchen, schlägt auch oft den buschigen Schwanz über den Rücken. Die Mexikaner verstehen es, diesen scheuen Einzelgänger zu zähmen, und halten ihn als Schoßtierchen wie als Kammerjäger. Er darf frei im Hause umherlaufen und zeigt sich als ein recht liebenswürdiges, lebendiges und spiellustiges Geschöpf.

Wickelbär (Potos flavus): Bewohnt Mittel- und Südamerika von Mexiko bis Peru und Matto Grosso; Länge 40–45 cm, Schwanz 45–50 cm, Schulterhöhe 16–18 cm; Pelz kurz und dicht, samtartig glänzend, oberseits vorwiegend licht-graugelb, schwachrötlich überhaucht und schwarzbraun gewellt, unterseits heller, gelblicher und rötlicher, an der Außenseite der Beine schwarzbraun; hat einen breiten dunklen bis schwarzen Rückenstreifen, der sich vom Hinterkopf über das Rückgrat bis zur braunen Schwanzwurzel hinzieht; ein zweiter dunkelrostbrauner Streifen läuft über die Mitte des Bauches; der Schwanz ist in der letzten Hälfte fast schwarz.

Bei aller fast affenartiger Behendigkeit, die dem körperlich recht geschmeidigen Wickelbären eigen ist, wirkt er mit seinem breiten Kopf und der etwas mopsartigen Schnauze doch irgendwie gemütlich und durchaus harmlos. Sehr stark seitlich sind die kleinen eirunden, waagrecht abstehenden Ohren angesetzt. Fast treuherzig und vertrauensvoll blicken die großen runden Augen. Das schwache Gebiß und die sehr schmale, 15 cm lange Zunge kennzeichnen ihn als einen Frucht- und Insektenfresser. Seinen Schwanz benutzt er als ein äußerst brauchbares Greiforgan beim Klettern wie beim Früchtepflücken.

Als nächtlich lebendes, echtes Baumtier verschläft der Wickelbär den Tag in hohlen Bäumen. Auf seinen Streifzügen plündert er auch Vogelnester, vor allem aber Bienenstöcke.

Die Altwelt-Vorbären

Die beiden altweltlichen Vorbären, der große schwarzweiße Bambusbär oder Riesenpanda sowie der rost- bis fuchsrote Katzenbär oder Kleine Panda, sind echte Vegetarier und können ohne Pflanzenstoffe gar nicht bestehen. Beide sind scheue Tiere der asiatischen Gebirgswälder, der dichten Bambusdschungel, in denen sie ihr heimliches Wesen treiben.

Bambusbär oder Riesenpanda (Ailuropoda melanoleuca): Bewohnt ausschließlich die fast undurchdringlichen Bambuswälder zwischen Osttibet und Setschuan; Länge etwa 150 cm; der Schwanz ist nicht ganz so stummelhaft wie bei den echten Großbären; Pelz dicht, gelblichweiß, an den Vorderbeinen bis über die Schultern und den Widerrist sowie an den Hinterbeinen bis zum Schenkel tiefschwarz; hat schwarze rundliche

Der Katzenbär oder kleiner Panda bewohnt die Gebirgswälder von Nepal, Sikkim, Nordburma, Yünnan und Setschuan. Der Pelz ist dicht, weich, glatt und lang. Hell und freundlich setzt sich das weißbepelzte Gesicht vom farbigen Pelz ab. Auch die Ohren sind dick weiß gefüttert. Als vorwiegend nächtlich lebendes Baumtier wagt er sich während des Tages nur selten auf den Boden. Er lebt im Familienverband, zu dem die Kinder der verschiedenen Würfe gehören. Sein Lager liegt hoch in den Bäumen.

Ohren, fast kreisrunde schwarze Augenringe und eine schwarze Nasenspitze; die Fußsohlen sind behaart.

Der außerordentlich scheue Bambusbär, der bisher nur einige wenige Male in europäischen Tiergärten vorgestellt werden konnte, bewohnt die nebligen tibetanischen und chinesischen Hochgebirge in Höhen zwischen 2500–4500 m. Er bahnt sich feste Wechsel gleich überwölbten Tunnels durch die Bambusdikkichte und hält sich so heimlich wie das Okapi. Nach Bärenart trottet er gelassen mit stark einwärts streichenden Beinen dahin. Den Kopf hält er zumeist tief gesenkt. Er klettert nur selten, ist vorwiegend ein Boden- und Tagtier, das wahrscheinlich lediglich von Bambusschößlingen lebt.

Seit 1939 steht der erst 1869 von Père Armand David entdeckte Bambusbär unter strengem Naturschutz und darf nur noch mit Genehmigung der chinesischen Regierung eingefangen werden. Weil er mit zu den seltensten und am meisten bedrohten Tierarten gehört, wählte man ihn auch zum Symbol und Wappentier für den Welttierschutzbund.

Katzenbär oder Kleiner Panda (Ailurus fulgens): Bewohnt die Gebirgswälder von Nepal, Sikkim, Nordburma, Yünnan und Setschuan; Länge 50–60 cm, Schwanz 35–45 cm, Schulterhöhe 25–35 cm; Pelz dicht, weich, glatt und lang, oberseits lebhaft- und glänzenddunkelrostrot bis leuchtendfuchsrot, auf dem Rücken goldgelb überflogen, unterseits und an den Beinen glänzendschwarz, am Schwanz fuchsrot und undeutlich hell geringelt; hell und freundlich setzt sich das vorwiegend weißbepelzte Gesicht mit der rostroten Augen-Mundwinkel-Binde und der aufgelichteten Stirn vom farbigen Pelz ab; auch die Ohren sind dick weiß gefüttert.

Der ungewöhnlich schmucke Katzenbär ist ungleich häufiger als sein großer Vetter und heute oft in den Tiergärten zu sehen. Als vorwiegend nächtlich lebendes Baumtier wagt er sich während des Tages nur selten einmal aus seinem luftigen Reich auf den Boden. Auch er verzehrt vor allem pflanzliche Stoffe: Blätter, Triebe, Schößlinge, Blüten, Beeren und Früchte, fängt sich dazu Insekten in allen Entwicklungszuständen und plündert wohl auch Vogelnester, wobei er es vor allem auf die Eier abgesehen hat. Wie es scheint, lebt er durchaus nicht einzelgängerisch, wie es bisher angenommen wurde, sondern im Familienverband, zu dem die Kinder der verschiedenen Würfe gehören. Wie der Bambusbär bevorzugt er die Höhen zwischen 2000–4000 m, schlägt sein Lager aber hoch in den Bäumen auf.

Die Robben oder Flossenfüßer

(Carnivora: Pinnipedia)

Sehr einheitlich haben alle Robben die fließende stromlinienförmige Spindelgestalt angenommen. Die Gliedmaßen verkürzten sich so sehr, daß ihre Flossen praktisch nur aus den verwandelten Händen und Füßen bestehen. Das Haarkleid wurde bei den meisten zu einem kurzen dichten Plüsch, der bei den Pelzrobben noch eine wärmende Unterwolle aufweist. Eine dicke Speckschicht umhüllt den ganzen Körper. Die Ohrmuschel ist nur noch sehr klein oder gänzlich verschwunden. Der Gehörgang wie die Nasenlöcher können verschlossen werden. Die Augen sind kugelig und dem Sehen unter Wasser besonders angepaßt. Ein Wundernetz von Adern versorgt das Herz und das Gehirn während des Tauchens mit genügend Sauerstoff. So gewandt wie die Fische tummeln sich die Robben in den Fluten, beherrschen alle nur denkbaren Schwimm- und Tauchkünste. Sie schlafen selbst im Wasser. Dennoch müssen sie alljährlich für viele lange Wochen das sie bergende und nährende Element verlassen und sich den großen Fährnissen des Landlebens aussetzen. Die Geburt der Jungen, das Säugen derselben, zum Teil auch die Paarung und der Haarwechsel vollziehen sich außerhalb des Wassers. Auf dem Lande aber sind die Robben alle so gut wie wehrlos. Nur kümmerlich watschelnd oder sich gleich Spannerraupen krümmend und vorwärts schnellend vermögen sie sich hier fortzubewegen, sind von Angst erfüllt und von Unbeholfenheit gelähmt. Gerade in diesen Wochen aber sind sie den Nachstellungen des Menschen ausgesetzt. Gnadenlos nützte und nutzt er noch heute diesen Zustand ihrer Schwäche, der sie ihm unentrinnbar ausliefert.

Es läßt sich kaum beschreiben, welche Tragödien sich jahrhundertelang auf den Wurfplätzen der Robben abgespielt haben. Hier an den Küstenplätzen, wo sich diese Tiere zu Zehntausenden, Hunderttausenden und Millionen auf engstem Raum zusammendrängten, wurden sie in abscheulichen Schlächtereien zu Zehntausenden, Hunderttausenden und Millionen totgeschlagen. Ob Bulle, tragende Kuh oder frischgeborenes Junge – die Robbenschläger schonten nichts. Maßlos raste sich die niedrigste Gewinnsucht aus, watete buchstäblich im Blut, spezialisierte sich auf den widerlichsten Kindermord und wütete selbst dann, wenn gar keine Aussicht be-

Helle Freude und staunende Bewunderung erregen immer wieder die großartigen Schwimm-, Tauch- und Kletterkünste dieser stattlichen Tiere bei der Fütterung. Unvergleichlich ist der Hechtsprung vom hohen Felsen, das geschmeidige Eintauchen in das Wasser und das Dahinschießen in der Flut.

stand, die Beute zu bergen oder zu verwerten. Die Felle wurden von den gleichen Auftraggebern, die den Robbenmord organisierten, zu Hunderttausenden ins Meer geworfen, um die Preise zu halten. Schon die zu den Wurfplätzen wandernden Robbenheere wurden von den Fangschiffen aus angegriffen, obwohl die Schläger genau wußten, daß alle weiblichen Tiere dieser Herden tragend waren.

Kein Wunder, daß die gewaltigen Scharen der Robben zusammenschmolzen, daß viele Arten fast ausgerottet wurden und alle Bestände sich wesentlich verringerten; doch es wird noch gejagt.

Die Ohrenrobben

Die Ohrenrobben, zu denen die Haarrobben oder Seelöwen sowie die Pelzrobben oder Seebären zählen, erinnern noch am stärksten an die ehemaligen Landvorfahren. Zu ihrem Familiennamen kamen sie, weil sie noch kleine, gut sichtbare Ohrmuscheln haben, die bei den Seehunden schon ganz in den Kopf gerutscht sind. Im Gegensatz zu jenen vermögen sie sich an Land gut auf die umgeknickten Handflossen zu stützen und die Fußflossen nach vorn einzuschlagen, so daß sie sich, auf allen vieren watschelnd, verhältnismäßig flott fortbewegen können. Es ist geradezu erstaunlich, wie behend und gewandt sie diese an und für sich doch recht kümmerlichen Gehwerkzeuge zu benutzen verstehen. Der Mensch muß flott laufen, wenn er eine auf diese Weise dahinwatschelnde Ohrenrobbe einholen will. Selbst steile, feuchte und eisige Felsenklippen werden von ihnen unerwartet und unwahrscheinlich geschickt erklettert.

Die Haarrobben oder Seelöwen

Es gibt wohl kaum einen Zoobesucher, der er versäumt, der Fütterung der Seelöwen beizuwohnen. Helle Freude und staunende Bewunderung erregen immer wieder die großartigen Schwimm-, Tauch- und Kletterkünste dieser stattlichen, schönen und stimmfreudigen Tiere.

Hier zeigt sich schon die erstaunliche akrobatische Anlage, die besonders beim Kalifornischen Seelöwen ausgeprägt ist und bald von den Dompteuren erkannt wurde. Wohl jeder hat schon einmal eine solche arbeitende Seelöwengruppe im Zirkus bewundert. Die Tiere fangen Gummibälle mit der Nasenspitze auf, werfen sie sich gegenseitig zu, balancieren brennende Lampen, schwenken lodernde Fakkeln und halten sich großartig auf rollenden Kugeln.

Stellers oder Nördlicher Seelöwe (Eumetopias jubata): Bewohnt die Küstengewässer des Nordpazifiks von Britisch-Kolumbien über Alaska bis Nordjapan; Länge des Bullen bis zu 400 cm, Umfang bis zu knapp 300 cm, Gewicht bis zu 700 kg und mehr; die Weibchen sind, wie bei allen Ohrenrobben, wesentlich kleiner und leichter; Fell der Bullen sehr veränderlich, meist schwarz oder rötlichbraun, auch düster- oder lichtgrau, oft hell gesprenkelt, beim Weibchen vorwiegend lichtbraun, bei den Jungtieren zuerst schieferfarben bis grauschwarz, später nußbraun, immer hart und glänzend sowie ohne Unterwolle; die Flossen bedeckt eine rauhkörnige Haut, die zylindrischen Ohren sind fein behaart; die weißlichen Schnurrborsten auf der Oberlippe können bis zu 45 cm lang werden.

Während der Wurf- und Paarungszeiten landen bei den Seelöwen wie bei den meisten anderen Robben zuerst die alten Bullen an den mit großer Treue immer wieder aufgesuchten Küstenstreifen. Sie sind die Kundschafter der Herde und beobachten den Strand mit großer Aufmerksamkeit. Können sie keine verdächtigen Veränderungen feststellen, so gehen sie an Land und kämpfen hier ziemlich hart um die besten Plätze, die sichersten Felsen und Klippen. Nach der Ankunft der Weibchen nehmen diese Gefechte einen ausgesprochen erbitterten Charakter an und währen nun oft tagelang. Jeder Bulle versucht jetzt, sich so viele Weibchen, wie er nur irgend auf seinem erkämpften Platz unterbringen und bewachen kann, zu erringen. Viele der Weibchen ermuntern die alten Haudegen geradezu, sie abzuholen und ihrem Harem einzuverleiben. Andere werden gewaltsam gepackt oder dem nachbarlichen Pascha gestohlen. Keiner läßt diesen Raub natürlich hingehen. Laut brüllend stürzen sich die narbenbedeckten Rivalen aufeinander, beißen wild um sich und verwunden sich nicht selten ernstlich, vor allem an den Flossen. Auch dem umkämpften Weibchen ergeht es bei solchen Gelegenheiten nicht bestens. Die stärksten Bullen versammeln mindestens 20–30 Frauen um sich.

Die Weibchen lassen das grobe und herrschsüchtige Gebaren der Bullen vorläufig recht geduldig über sich ergehen. Sie sind gleichsam noch kühl bis an das Herz hinan, fühlen sich durchaus noch nicht als Bräute, sondern sind werdende Mütter. Schon in den nächsten Tagen werfen sie ihr in rund elf Monaten ausgetragenes Kind und gehen danach ganz in ihren Mutterpflichten auf. Sie sind sogar äußerst gewissenhafte Mütter, die sich nie weit von ihrem Kind entfernen und es genau an seinem blökenden Ruf wie an seinem Geruch erkennen.

Den Werbungen des Bullen schenken sie erst Gehör, wenn die Jungen schon schwimmen können. Dann aber geben auch sie sich wesentlich lebhafter, werden untereinander ungewöhnlich reizbar und vertragen nicht die leiseste Berührung der Nachbarin. Ihre Brunft währt nur wenige Tage. Die Paarung findet fast immer im Wasser statt, und der Pascha kann es beim be-

Bis zu 250 cm lang wird der Nördliche Seebär, der den Pazifik von Mittelkalifornien bis Mitteljapan bewohnt. Von den Pribilow-Inseln aus ziehen die Nördlichen Seebären nach der rund vier Monate währenden Landzeit längs den sibirischen und japanischen Küsten dahin.

sten Willen nicht verhindern, daß nun auch die vor den Wurfplätzen kreuzenden jüngeren Bullen immer mehr zu ihrem Recht kommen.

Weitere Seelöwenarten, die besonders den südlichen Pazifik bevölkern und durchweg nicht die Größe des Nördlichen Seelöwen erreichen, sich aber wie dieser fast ständig unmittelbar an den Küsten aufhalten, sind:

der *Kalifornische Seelöwe (Zalophus californianus)* von der nordamerikanischen Pazifikküste zwischen Mittelmexiko bis über San Franzisko hinaus, jedermann als der geschickte Artist und Balancekünstler von den Tiergärten und Tierschauen her bekannt;

der *Patagonische Seelöwe (Otaria byronia)* aus den Küstengewässern Südamerikas von der La-Plata-Mündung bis zu den Falkland-Inseln und dem Feuerland, rund um Kap Hoorn und wieder hinauf bis zu den Galapagos-Inseln, der auch außerhalb der Paarungs- und Wurfzeiten weit umherschweift.

Die Pelzrobben oder Seebären

Die in der zweiten Gruppe der Ohrenrobben zusammengefaßten Seebären unterscheiden sich von den Seelöwen vor allem durch das feine und seidenweiche Wollhaar unter den starken und glänzenden Grannen ihres Haarkleides. Ihr Pelz ist dementsprechend beträchtlich wertvoller als das Fell des Seelöwen, besonders wenn er zum sogenannten „Seal" veredelt, also im wesentlichen von den Grannen befreit wird. Die Seebären litten deshalb noch mehr als alle anderen Robben unter der Verfolgung durch den Menschen. Andererseits haben sie es zweifellos lediglich diesem ihrem wertvollen Pelz zu verdanken – und nicht etwa tierschützerischen Erwägungen! –, daß ihre zusammengeschmolzenen Herden heute von den an diesem Pelzhandel interessierten Staaten ganz energisch und gleichsam unter dem Einsatz schwerster Geschütze vor ihrer Ausrottung bewahrt werden. Strenge Schutzbestimmungen, deren Einhaltung noch strenger überwacht wird, regeln die alljährliche Jagd, die zwar noch immer einer wüsten Schlächterei gleicht, von der aber die Jungtiere wie die Weibchen strikt ausgenommen sind.

Im allgemeinen unterscheidet sich das Leben der Seebären nicht viel vom Leben der Seelöwen. Sie sind ebenso gesellig wie jene, kommen mit der gleichen Regelmäßigkeit zu ihren Wurfplätzen, haben fast dieselben Paarungssitten und unterwerfen sich ebenfalls einem beherrschenden, ebenso eifersüchtigen wie sorgenden und wachenden Bullen. Fast durchweg aber sind die Seebären weniger als die Seelöwen an die Küsten gebunden, schweifen vielmehr auf großen Wanderungen weit durch die Meere, wo sie vor allem von Tintenfischen leben, und versammeln sich erst kurz vor der Wurfzeit zu den gewaltigen Herden. Sie strömen dann in Familienrudeln an bestimmten Sammelplätzen in Küstennähe zusammen und ziehen von hier aus gemeinsam zu den angestammten Wurfplätzen.

Die Größe der Seelöwen erreichen die Seebären alle nicht. Wie bei jenen sind aber auch bei ihnen die Bullen beträchtlich länger, kräftiger und schwerer als die Weibchen. Das Größenverhältnis der Geschlechter zueinander ist derart, daß der Bulle ein ausgewachsenes Weibchen in der Gesamtlänge um 50–70 cm oder noch mehr überragen kann.

Nördlicher Seebär (Callorhinus ursinus): Bewohnt den nördlichen Pazifik von Mittelkalifornien über das Beringmeer einschließlich der Pribilow-Inseln bis nach Mitteljapan; Länge der Bullen 200–250 cm; Pelz vorwiegend dunkelbraun bis braunschwarz, am Vorderkörper weißlich gesprenkelt, bei den älteren Weibchen silbergrau, bei den Jungtieren zuerst schwärzlich, dann silberfarben; Gestalt gestreckter als bei den Seelöwen, Kopf lang und spitz, Hals sehr kurz, aber deutlich abgesetzt; das Auge ist groß, dunkel und recht lebhaft, das Nasenloch nur schlitzförmig, das Maul verhältnismäßig klein.

Von den Pribilow-Inseln aus ziehen die Nördlichen Seebären nach der rund vier Monate währenden Landzeit längs den sibirischen und japanischen Küsten dahin. Ihr weiterer Weg durch den Großen Ozean bis nach Mexiko und Kalifornien ist noch weitgehend unbekannt. Jedenfalls treffen sie dort im nächsten Frühjahr ein, sammeln sich an der Mündung des Columbiaflusses, also bei der Vancouver-Insel an der Grenze zwischen den USA und Kanada, und wandern von hier unter dem Geleit der amerikanischen Seelöwen-Schutzflotte wieder gen Norden.

Das Walroß

Die ehemals gewaltigen Herden, die oft etliche tausend Tiere umfaßten, gehören längst der Vergangenheit an. An den Küsten von Ost- und Westgrönland, in der Baffinsbai und der Hudsonbai sowie nördlich des Jenissei bei Nowaja Semlja wird das Walroß kaum noch angetroffen. Längst vorbei sind auch die Zeiten, da sich einzelne Walrosse bis an die Küsten von Schottland, Großbritannien und Norwegen verirrten. Kleine Bestände halten sich noch zwischen den nordamerikanischen Polarinseln, etwa zwischen dem Baffin- und dem Melville-Land, wo sie lediglich von den Eskimos verfolgt werden, die ihnen noch mit der selbstgefertigten Harpune nachstellen und ihnen an ihren Atemlöchern im Eis auflauern.

Längst Vergangenheit sind die gewaltigen Herden, von oft mehreren Tausend Tieren. Das Walroß wird an den Küsten von Ost- und West-Grönland, in der Baffinsbay und der Hudsonbay sowie nördlich des Jenissee kaum mehr angetroffen. Für die Eskimos bildet das Walroß mit seinem Fleisch, Tran und Fett die wichtigste Ernährungsgrundlage.

Für den Eskimo ist das Walroß noch das „ungeheuerliche Schwein" des alten Gesner, bildet sein Fleisch, Tran und Fett die wichtigste Ernährungsgrundlage. Die Walroßhaut liefert ihm Riemen, Schuhleder und Dekken. Aus den Knochen fertigt er sich zahlreiche Geräte. Den Abfalltran benützt er als Heiz- und Beleuchtungsstoff. Die Eingeweide ernähren seine Hunde. Aus dem Elfenbein der mächtigen Stoßzähne aber schnitzt er sich Speerspitzen, Harpunen und Dolche oder tauscht es gegen allerlei Güter.

Polarmeer-Walroß (Odobaenus rosmarus rosmarus): Bewohnt heute die Gewässer um Nordgrönland und nördlich der Beringstraße; Länge der Bullen 300–400 cm, Gewicht bis zu 1000 kg, Weibchen bis zu 300 cm und wesentlich leichter; Haar sehr kurz und in der Dichte stark wechselnd, am längsten während der sommerlichen Landperiode, Haut außerordentlich borkig und narbig, bei den Bullen und älteren Weibchen vorwiegend braun, bei den behaarten Jungen licht- und leuchtend-rotbraun; Gestalt nicht so schlank und torpedoförmig wie die der Ohrenrobben und Seehunde, sondern eher massig und plump, wobei die an und für sich längeren Gliedmaßen kürzer und kleiner als bei jenen erscheinen; auch der Kopf mit den riesigen Hauern und dem starken Bart ist verhältnismäßig klein; die Hauer – die durchaus nicht nur die Bullen aufzuweisen haben – können die Länge von 75 cm und ein Gewicht von über 3 kg erreichen; die hornigen Bartborsten stehen in 11–12 Querreihen und haben die Dicke von Gänsefederkielen; die Augen sind klein, glänzen lebhaft und werden von auffällig starken Lidern gerahmt; die Nasenlöcher erinnern an kleine Halbmonde; den sehr weit hinten am Kopf liegenden Ohren fehlen die Muscheln gänzlich; wurde in Nordostasien und Nordwestamerika vom heute fast ausgerotteten *Nordpazifischen Walroß (O. r. obesus)* vertreten.

Wie die Ohrenrobbe bewegt sich auch das Walroß auf dem Lande auf allen vieren. Es watschelt seiner Schwere und Größe entsprechend natürlich beträchtlich langsamer und muß sich immer wieder verpusten. Daß der ungefüge Fleischsack überhaupt Felsen und Klippen zu erklettern vermag, mutet fast wie Zauberei an. Denn er schafft das tatsächlich auch ohne seine langen Hauer, mit deren Hilfe er sich sonst gern auf die Eisschollen und Küstenränder zieht.

Im Wasser dienen dem Walroß diese mächtigen Eckzähne des Oberkiefers als Brecheisen, wenn es die Muscheln von den unterseeischen Bänken bricht oder den Grund auf der Suche nach Seesternen und Seeigeln, Krebsen und Würmern durchwühlt. Diese seine fast ausschließliche Nahrung – nur selten greift es kleinere Robben an, um sie zu erdrücken und zu ersäufen – bindet das Walroß dichter und fester als die anderen Robben an die unmittelbare Nähe der Küsten.

Daß das Walroß kein Raubtier im Sinne der Ohrenrobben ist, beweist schon der sehr verkümmerte Zahnsatz. Die meisten Zähne fallen ihm bereits in der Jugendzeit aus und übrig bleiben meist nur die Hauer und je drei Backenzähne in den Kieferhälften. Es knackt auch nicht etwa die Muscheln und Krebse, sondern schlürft sie regelrecht aus. Die dicken Schnurrborsten sind nichts anders als ein Schlürfapparat, der sich samt der fleischigen Oberlippe aufpreßt und die Weichteile aus den Schalen saugt. Das Anschneiden einer großen Beute, wie beispielsweise einer Robbe, gelingt nur unter Zuhilfenahme der Hauer, die erst größere Fetzen aus dem Körper reißen müssen.

Die Seehunde

In weitem Rund, fast bis zum blauen Saum des Horizonts dehnt sich das Watt vor der deutschen Nordseküste. Überall an den glitzernden und blinkenden Lachen und Rinnen, Wassergräben und Prielen sind die Strandvögel eifrig am Stochern und Schlucken. Weit draußen, wo vor wenigen Stunden noch die Fischerboote kreuzten, heben sich kleine flache Sandinseln aus der sanft gekräuselten Flut. Kaum aufgetaucht, werden sie auch schon von spitzflügeligen Küsten- und Flußseeschwalben umschwärmt und eiligen Fußes nach zurückgebliebenem kleinem Meeresgetier durchsucht.

Plötzlich aber stiebt das geschäftige Federvolk als eine empört aufschreiende und flügelwirbelnde Wolke hoch empor. Leicht und schwungvoll hat sich ein starker Seehundbulle aus der flachen See geschleudert und plumpst nun, schwer wie ein Mehlsack, auf den Sand, schlägt mit der Brust auf und muß den Torpedoleib hochkrümmen, um sich vollends auf die Insel schnellen zu können. Die großen dunklen Augen in seinem katzenrunden Kopf schauen wie bekümmert in das Blitzen der vielen hellen Flügel. Der Lärm und das Aufsehen behagen ihm sichtlich nicht. Er will niemanden stören, sondern nur in aller Ruhe verdauen. Vollgeschlagen hat er sich den Bauch mit Muscheln und Tintenfischen, Goldbutten und Seezungen. Nun möchte er im warmen Sande liegen und strahlenden Sonnenschein tanken.

Schwerfällig wuchtet er sich auf seine kurzen Vorderflossen und späht aufmerksam in die Runde. Nur wenig vermag er den Oberkörper zu erheben. Ihm fehlt die Stütze der Fußflossen, die bei allen Seehunden zu reinen Ruderorganen wurden und nicht nach vorn eingeschlagen werden können. Auf dem Lande schleift er sie gleich einem doppelten Schwanz nach. Und sie ersetzen auch den Ruderschwanz weitgehend. Sie drehen nämlich die Sohlen dergestalt zueinander, daß er sie wie Hände zusammenklatschen und sich auf diese Weise mit einem kräftigen Wasserrückstoß vorantreiben kann. Überhaupt ist der „Heckantrieb", der noch wesentlich durch schwänzelnde Bewegungen des ganzen Hinterleibes unterstützt

Seehunde besitzen einen Pelz aus steifen, glänzenden Grannenhaaren, unter denen sich eine spärliche Unterwolle befindet; die Fellfärbung ist vorwiegend gelblichgrau, auf der Oberseite bräunlich oder schwärzlich gefleckt; die frischgeborenen Jungen sind weißwollig, werfen ihren Jugendpelz aber schon während oder kurz nach der Geburt ab. Der junge Seehund vermag bereits wenige Stunden nach der Geburt zu schwimmen und zu tauchen, im Notfall vermag er sogar, dem flüchtenden Rudel zu folgen.

wird, bei ihnen besonders stark entwickelt.

An diesem Schwänzeln vermag man den schwimmenden Seehund sofort und leicht von der im Wasser auf und nieder wogenden Ohrenrobbe zu unterscheiden. Auf dem Lande verrät er sich ebenso deutlich durch das schon erwähnte Nachschleifen

der Fußflossen und die spannerraupenähnliche Fortbewegung. Indem er sich auf die Weichen stützt, krümmt er den Buckel hoch empor, schnellt sich dann vorwärts und plumpst schwer auf die Brust nieder. Bei näherem Zuschauen entdeckt man schließlich, daß ihm die Ohrmuschel gänzlich fehlt, die verhältnismäßig kleinen Flossen auch auf der Unterseite behaart sind und die fünf Finger der Handflosse noch starke Krallen aufweisen.

Seehunde leben in allen Meeren der Welt, in den arktischen und antarktischen Treibeisgürteln, in den gemäßigten, den subtropischen und tropischen Meeren sowie in zahlreichen großen Binnengewässern. Sie sind gesellig wie die Ohrenrobben und Walrosse, bilden aber zumeist nur kleinere Herden, die aus etlichen Familienrudeln bestehen und sich fast ständig in Küstennähe aufhalten. Im Gegensatz zu den Ohrenrobben sind bei ihnen die Bullen keine derartig gewaltigen Recken, sondern werden nur um ein weniges größer als die Weibchen. Sie geben sich jedoch nicht minder eifersüchtig und rauflustig und versuchen gleichfalls, sich einen möglichst großen Harem zu sichern. Ihrer geringeren Größe entsprechend, übersteigt die Anzahl der beanspruchten Weibchen nur selten das runde Dutzend. Die Weibchen werfen auch nur ein Junges in der Regel, das sie in rund elf Monaten austragen.

Holarktische Seehunde

Unter der Holarktis haben wir das tiergeographische Gebiet zu verstehen, das die gesamte nördliche Halbkugel der Erde umfaßt und südwärts bis ungefähr zum nördlichen Wendekreis reicht.

Gemeiner Seehund (Phoca vitulina): Bewohnt die Küstengewässer des Nordatlantiks von der Murmanküste über Island bis nach Frankreich und Portugal sowie von Grönland über Labrador bis New Jersey, kommt in der Nord- und Ostsee wie auch im Golf von Mexico vor, und ist im Nordpazifik von Mexiko und Südkalifornien bis zur Beringsee und dem Ochotskischen Meer zu Hause; Länge 160–200 cm, Gewicht bis zu 75 kg; der Pelz besteht aus steifen glänzenden Grannenhaaren, unter denen sich eine spärliche Unterwolle befindet, er ist vorwiegend gelblichgrau, auf der Oberseite bräunlich oder schwärzlich gefleckt; die frischgeborenen Jungen sind weißwollig, werfen ihren Jugendpelz aber schon während oder kurz nach der Geburt ab; der Körper verjüngt sich gleichmäßig von der Schulter bis zum Schwanz, ist rundlich spindelförmig; auch der Kopf ist ausgesprochen rundlich und erinnert eher an den einer Katze als an einen Hundekopf; die Schnauze ist kurz, trägt auf der Oberlippe einen Bart aus steifen, etwas gewellten Schnurrborsten; die Augen sind groß und dunkel und lebhaft; die Stelle des muschellosen Gehörorgans verrät sich durch eine kleine dreieckige Erhöhung in Augenhöhe.

Der junge Seehund vermag bereits wenige Stunden nach der Geburt zu schwimmen und zu tauchen, im Notfall auch dem flüchtenden Rudel zu folgen. Ohne daß er von der Mutter dazu angehalten oder aufgefordert wird, begibt er sich alsbald in das feuchte, ihm sofort vertraute Element, wohin ihm die rührend besorgte Alte folgt. Es bleibt ihr auch in den nächsten Wochen nichts anderes übrig, als sich geduldig an die Fersen dieses sehr eigenwilligen und unternehmungslustigen Kindes zu heften, das buchstäblich die Mutter gängelt, anstatt von ihr geführt zu werden. Ihre große Sorglichkeit schließt glattwegs aus, daß sie sich auch noch um ein zweites Kind kümmern könnte.

Hat die Robbenmutter einmal ausnahmsweise Zwillinge zur Welt gebracht, so bleibt das zweite Junge ohne Aufsicht und Wartung und muß oft verhungern. Diese unglücklichen Seehundskinder sind die sogenannten „Heuler", die laut plärrend nach der vollauf beschäftigten Mutter rufen, ohne Gehör zu finden. Fast eine Woche lang müssen sie sich quälen, ehe sie jämmerlich verenden, denn kein anderes Seehundsweibchen läßt sie bei sich trinken, es sei denn, daß es sein eigenes Junges verloren hat. Hin und wieder aber nehmen die Küstenbewohner, die um die Not der Heuler wissen, diese Robbenkinder zu sich und päppeln sie daheim auf, um sie später wieder auszusetzen. Kuhmilch mit Lebertran vermischt bekommt den kleinen Kerlen ausgezeichnet, die bald von rührender Anhänglichkeit sind und ihren Pfleger auch später wieder erkennen.

Ringelrobbe (Pusa [Phoca] hispida): Bewohnt vor allem das Eismeer rings um den Nordpol, ist im Nordosten häufiger als im Nordwesten, vertritt den Seehund weitgehend in der Ostsee wie im Bottnischen Meerbusen und gänzlich an den Küsten Sibiriens, kommt in etlichen Süßwas-

Noch im vorigen Jahrhundert war die Kegelrobbe die häufigste Robbenart an den britischen und skandinavischen Küsten auch bei der Insel Rügen sehr häufig. Im September kamen die Tiere in Herden von 300 bis 600 Exemplaren zu ihren angestammten Wurfplätzen. Heute sind die Rudel kaum noch 20–40 Tiere stark.

ser-Unterarten in der Kaspisee sowie im Baikalsee, Ladogasee und Saimasee vor; ist die kleinste aller Robben und Seehunde, erreicht höchstens eine Länge von 150–180 cm, bleibt meist noch weit darunter, wiegt höchstens 45 kg; Pelz oberseits dunkel, auffällig mit zahlreichen weißlichen Ringen geschmückt; Gestalt besonders schlank, sonst dem Seehund sehr ähnlich.

Im hohen Norden bringt die Ringelrobbe ihr Junges, das ein weiches und weißes, golden schimmerndes Wollkleid trägt, in einer Höhle zur Welt, die sie in der Schneedecke auf dem Eise wühlt. Rund vier Wochen lang bleibt das Junge im Schutz dieser Kinderstube, zu der das Muttertier von unten her durch ein sogenanntes Atemloch auftaucht. Nur der erfahrene Robbenschläger und der ausgezeichnet witternde Eisbär wissen diesen Schlupfwinkel aufzuspüren. Das Jugendkleid der Jungtiere gibt einen wunderschönen, sehr hoch im Preis stehenden Pelz. Die erwähnten Atemlöcher halten sich alle Robben im Packeis offen. Senkrecht im Wasser stehend, wirbeln sie sich mit Hilfe der Fußflossen um ihre eigene Achse und kratzen die Eisdecke von unten her auf. Ihr ganzer Leib spielt also die Rolle eines rotierenden Kreiselbohrers und so ist es kein Wunder, daß das mit den Krallen der Handflossen geschabte Atemloch genau auf ihren Leib zugeschnitten ist. Durch die warme Atemluft der hier immer wieder auftauchenden Robben, bildet sich über dem Loch oft ein kleiner Eisschlot, der es verrät. Hier lauern dann der Eisbär wie der Eskimo, um die luftschöpfende Robbe zu treffen.

Sattelrobbe (Pagophilus [Phoca] groenlandica): Bewohnt in drei Stämmen den Pack- und Treibeisgürtel rings um den Nordpol; Länge 180–220 cm, Gewicht 150–175 kg; Pelz grau- bis gelblichweiß, trägt auf dem Rücken einen großen halbmondförmigen, dunkelbraunen bis schwarzen Sattelfleck, der vorwiegend bei den Bullen auftritt und sich bei den Weibchen in mehrere schwarzgraue Flecke auflöst; von gleicher Farbe wie der Sattelfleck ist der eiförmige Kopf, der sich dunkel vom hellen Leib absetzt.

Die Sattelrobben kommen zur Wurfzeit weder an die Küsten noch auf das feste Eisland, sondern bringen ihre Jungen im schwankenden Pack- und Treibeisgürtel zur Welt. Der Weststamm sucht diese Plätze im März und April nordöstlich von Neufundland auf. Der Mittelstamm wirft seine Jungen im April im Raum zwischen Spitzbergen, Grönland und Island.

Der Oststamm versammelt sich zu diesem Zwecke im Februar und März im Weißen Meer.

Nach der Wurfzeit wandern die Sattelrobben als echte Hochseetiere weit durch den Nordatlantik, vom Weißen Meer nach Spitzbergen und Grönland, vom Baffinland nach Labrador, wieder zurück nach Island und weiter bis Nowaja Semlja. Sie ziehen regelmäßig im Gänsemarsch dahin, einer riesigen Seeschlange vergleichbar, und kehren erst im nächsten Frühjahr wieder an ihre Stammplätze zurück.

Bestimmt sind die immer wiederkehrenden Berichte über das Auftreten ungeheurer Seeschlangen zum großen Teil auf die Beobachtung solcher wandernder Sattelrobbenrudel zurückzuführen. Der Trugschluß liegt um so näher, da die sich unmittelbar folgenden Robben alle die gleichen Bewegungen ausführen und während des Schwimmens so oft aus dem Wasser springen, daß sie von erfahrenen Seeleuten „Springer“ genannt werden. Schon aus geringer Entfernung entsteht so der Eindruck, als bewege sich eine riesige Schlange in großen Bogenlinien durchs Wasser.

Kegelrobbe (Halichoerus grypus): Bewohnt die Küsten des Nordatlantiks vom Eismeer bis Labrador, ist im Osten häufiger als im Westen, kommt auch in der Nord- und Ostsee vor; Länge der Bullen 250–300 cm, Gewicht 200–250 kg; Pelz grau bis dunkelgrau, unregelmäßig schwarz gefleckt; kennzeichnet sich besonders durch den kegelförmigen Kopf und die langgestreckte Schnauze; vermag sich frei und erstaunlich hoch aufzurichten.

Noch im vorigen Jahrhundert war die Kegelrobbe, dieser graue Riesenseehund, die häufigste Robbe an den britischen und skandinavischen Küsten und besonders auch bei Rügen sehr häufig. Im September kam sie in Herden von 300–600 Tieren zu ihren angestammten Wurfplätzen und barg sich möglichst so weit landeinwärts, daß sie von der See aus nicht entdeckt werden konnte. Heute sind die Rudel – wie z. B. die an der schottischen Küste – kaum noch 20–30 Tiere stark.

Bei den Kegelrobben erkämpfen sich die Bullen nur einige wenige Weibchen. Die frischgeborenen Jungtiere tragen einen langen, stark gekräuselten, gelblichweißen Pelz, sind die ersten Tage ungewöhnlich hilflos und können das Wasser erst nach zehn Tagen aufsuchen. Der Jugendpelz fällt dann in dicken Wollbüscheln aus und die Mütter versuchen, ihre Kinder langsam mit dem feuchten Element vertraut zu machen. Große Lust zum Schwimmen zeigen die jungen Kegelrobben durchaus nicht, sondern müssen tatsächlich ins Wasser geschoben oder gestoßen werden. Da die Weibchen ihre hilflosen Kinder gegen jeden Feind tapfer zu verteidigen versuchen, hatten die Robbenschläger leichte Arbeit und konnten nicht nur die Jungtiere, sondern auch viele Alttiere erbeuten. Auf diese Weise wurden die Herden sehr oft gänzlich vernichtet. Der heutige europäische Bestand ist wieder angewachsen, da die Kegelrobbe wenigstens in Europa geschützt ist.

Die Südrobben

Die Südrobben, von denen wir vier Gattungen mit nur je einer Art kennen, bewohnen die antarktischen Gewässer, aus denen sie im Winter bis in die tropischen und subtropischen Meere vorstoßen. Von den holarktischen Seehunden unterscheiden sie sich

Die seltsame Rüsselnase der männlichen See-Elefanten wird gut 40 cm lang und hängt schwer und schlaff über das Maul. Kommen sie aber in Wut, so blasen sie diesen Rüssel stark auf.

durch einige anatomische Sonderheiten, vor allem durch die sehr verkümmerten oder gänzlich fehlenden Krallen an den Flossen, bei denen hinwiederum die erste und die fünfte Zehe länger als die übrigen sind. Am Zahnsatz fällt auf, daß sie oben und unten nur je zwei Schneidezähne haben, während die Seehunde deren drei aufweisen. Die Südrobben sind dementsprechend auch viel stärker auf den Fang von Kleinkrebsen, Schwimmschnecken, Kleinmuscheln und Tintenfischen als auf die Fischkost eingestellt. Nur der Seeleopard hat ein echtes Raubtiergebiß und verzehrt neben Tintenfischen vorwiegend Seevögel, vor allem Pinguine, die, ihm nicht entwischen können.

Krabbenfresser (Lobodon carcinophagus): Bewohnt die Eisfelder, Treibeisgürtel und Inseln der Antarktis, wandert im Winter bis nach Südamerika und Südaustralien; Länge der Bullen 240–260 cm; Pelz oberseits olivbraun, unterseits gelblich, an den Flossen schwärzlich; hat an den Hinterflossen gar keine Krallen mehr; lebt wie die Bartenwale vom Kleingetier der antarktischen Gewässer, das er aus der Flut seiht.

Seeleopard (Hydrurga leptonyx): Bewohnt gleichfalls den antarktischen Pack- und Treibeisgürtel und kommt im Winter bis zu den Südküsten von Südamerika, Australien und Neuseeland; Länge der Weibchen bis zu 380 cm; die Bullen sind bei dieser einzelgängerisch und ausgesprochen räuberisch lebenden Robbe kleiner; Pelz bräunlich-dunkelgrau, schwarz und hell gefleckt, oft mit schwarzen Ringen um helle Flecke; Gestalt außerordentlich schlank; ist geschmeidiger und gewandter als die anderen Robben, verzehrt neben Fischen und Tintenfischen auch Pinguine und andere Seevögel, die er sehr geschickt aus dem Balg zu schälen versteht.

Die Mönchsrobben

Um die einzige Robbe, die in drei Unterarten in den tropischen und subtropischen Meeren beheimatet ist, um die Mönchsrobbe, ist es schlecht bestellt. Ihr Bestand, schon lange geschwächt und gefährdet, schwindet weiterhin von Jahr zu Jahr. Die Ausrottung hat wohl auch der Umstand gefördert, daß die Mönchsrobben keine weiten Wanderungen unternehmen, sondern an feste Küstenplätze gebunden sind, die den einzelnen Kolonien als dauernder Wohnraum wie als Wurfplatz dienen.

Mittelmeer-Mönchsrobbe (Monachus [albiventer] monachus): Bewohnt die Gewässer um die Kanaren und Madeira, die atlantische Marokkoküste, die Straße von Gibraltar, das ganze Mittelländische Meer und das Schwarze Meer; Länge 300–330 cm; Pelz oberseits schwärzlich bis schwarzbraun, unterseits weißgelblich; hat an den Handflossen kräftige, an den Fußflossen schwache Nägel.

Die Rüsselrobben

Bei beiden Formen der Rüsselrobben, der großen arktischen Klappmütze oder Mützenrobbe und der ehemals sehr weit verbreiteten riesigen Elefantenrobbe, kennzeichnen sich die Männchen durch abenteuerliche Schwabbelnasen, die ihnen rüsselartig über das Maul hängen und mächtig aufgeblasen werden können. Lange glaubte man, daß dieses Aufblasen immer mit einem zornigen Aufschnauben verbunden wäre. Durch die Beobachtung gefangener Tiere aber mußte diese Ansicht korrigiert werden. Man kann sich danach durchaus nicht darauf verlassen, daß diese Robben ihren Zorn sowie ihre Kampf- und Angriffslust durch ein Aufblasen der Rüsselnase verraten. Heftige und bösartige Angriffe der in den Tiergrotten von Bremerhaven gehaltenen Mützenrobbe „Hansi" auf den ihr gut vertrauten Pfleger erfolgten ohne eine solche Warnung, wurden aber von einem die Erregung kennzeichnenden bösen Brummen begleitet, das sich zu einem furchtbaren Gebrüll steigerte. Dagegen blies diese Mützenrobbe ihre Nase zu voller doppelter Fußballgröße öfter dann auf, wenn völlige Ruhe im Gehege herrschte.

Klappmütze oder Mützenrobbe (Cystophora cristata): Bewohnt die arktischen Meere und den nördlichen Atlantik, etwa von Neufundland, Grönland und Island über Jan Mayen bis zur Bäreninsel und Spitzbergen, erscheint im Frühjahr hin und wieder an den europäischen Nordküsten, kommt jedoch nur selten südlicher als bis zu den Lofoten; Länge der Bullen 330–350 cm, Gewicht 400–450 kg; die Weibchen sind kleiner und leichter; Pelz aschgrau, stumpfschwarz gefleckt oder gewolkt, die dunklen Flecke sind sehr unterschiedlich in Gestalt und Größe, haselnußgroß am Hinterkopf, Hals und Bauch, handgroß auf Brust und Rücken; in der Jugend ist der Pelz auf dem Rücken blaugrau bis blauolivgrün, an den Seiten und am Bauche weißlichgelbgrau; die Schnauze und die Nase sind schwarz.

Die Klappmütze vermag noch mehr, als ihren Rüssel bis zu doppelter Fußballgröße aufzublasen: In der höchsten Not und Gefahr treten aus ihren Nasenlöchern leuchtendrote Schleimhaut-Blindsäcke, die die Größe eines Kinderluftballons erreichen. Ob diese Erscheinung ihren Zorn und ihre Angst verrät oder zugleich auch noch den Gegner erschrecken soll, ist noch nicht genügend geklärt. Genauso wie der gewaltige Nasensack, der den ganzen Vorderkopf bedeckt, noch nicht einwandfrei als eventueller Luftvorratsbehälter identifiziert werden konnte, der dieser Robbe ein längeres Tauchen ermöglicht. Immerhin vermag die Klappmütze nachweisbar bis zu 22 Minuten unter Wasser zu bleiben.

Südliche Elefantenrobbe (Mirounga leonina): Bewohnt die Gewässer rund um die Antarktis und die südlichen Teile des Pazifischen, Indischen und Atlantischen Ozeans, kommt nordwärts bis zu den Inseln und Inselgruppen von Juan Fernandez, Trista da Cunha, Crozet, Kerguelen, Heard, Marquerie, Chatam und Nassau; Länge der Bullen 500–600 cm, in Ausnahmefällen bis zu 650 cm und noch mehr, Gewicht bis zu 60 Zentner; Länge der Weibchen bis zu 300 cm; Pelz bläulichgrau bis lichtbraun, bei den Weibchen oberseits dunkelolivbraun, seitlich gelbbraun, unterseits lichtgelb, bei den Jungen im ersten Jahr oberseits dunkel, seitlich silbergrau, unterseits gelblichweiß.

Nördliche Elefantenrobbe (Mirounga angustirostris): Bewohnt die Gewässer um Guadelupe und vor Südkalifornien und Mexiko sowie rund um die Galapagos-Inseln; erreicht die gleiche Größe wie die südliche Form und unterscheidet sich von ihr lediglich durch etliche Schädelmerkmale; ist im Bestand sehr bedroht, vermochte sich trotz strenger Schutzmaßnahmen bis

Seine unverwüstliche Lebenskraft verdankt der Feldhase vor allem seiner ungewöhnlich hohen Vermehrungsrate sowie der unerbittlichen Auslese der Junghasen während der ersten Lebenswochen. Die Häsin ist fast das ganze Jahr über brünstig, selbst während der Tragzeit ist sie empfängnisbereit.

heute noch nicht wieder ganz zu erholen.

Die seltsame Rüsselnase der männlichen See-Elefanten wird gut 40 cm lang und hängt schwer und schlaff über das Maul. Kommen diese gewaltigen Fleischberge aber in Wut oder packt sie die Angst, so blasen sie diesen Rüssel so stark auf, daß er ganz gerade im Gesicht steht und dann fast noch einmal so lang ist. Dazu grunzen und gurgeln, schnarchen und rasseln, brüllen und prusten sie schreckenerregend mit weitgeöffnetem Maul und bäumen sich erstaunlich hoch auf. Wer sie nicht kennt, kann es zweifellos nun selbst mit der Angst zu tun bekommen. Das ganze schreckenerregende Gebaren ist aber in Wirklichkeit nur Angabe, ist ein nur kurzfristiger Bluff, der den Riesen eine mächtige Anstrengung kostet. Wie erschöpft sinken sie bald nach diesem Imponiergehabe zusammen, drehen sich auf den Weichen und nehmen Reißaus. Ganz wie die Seehunde krümmen sie dabei den Buckel, werfen sich auf die Brust, stemmen sich wieder hoch und wuchten sich auf diese Weise über den Strand. Ist der Weg bis zum Wasser weit, so übermannt sie nicht selten schon nach wenigen Metern die Müdigkeit. Sie halten inne, biegen den Kopf bis zu den Hinterflossen zurück und schauen mit großen Augen nach dem Verfolger. Ihre Nasen triefen, ihre Augen tränen und aus den Nasenlöchern stößt die Luft wie bei einer Kleinbahnlokomotive. So recht als Jammerbilder der Unbeholfenheit scheinen sie darum zu flehen, sie doch in Frieden zu lassen. Sie dulden in ihrer Ohnmacht sogar, daß sich die Menschen ihnen auf den Speckbuckel setzen.

Haben sie aber das Wasser erreicht, so geht eine wunderbare Verwandlung mit ihnen vor. Dann schießen die gestreckten Leiber gleich Torpedogeschossen durch die Flut und wiegen sich die Fettwänster spielerisch in der Flut. Dann zeigen sie sich als lustige Wellenreiter und gewandte Taucher. Die auf dem Lande so hilflosen Kolosse werden gleich allen anderen Robben zu behenden Fischen, zu schnellen Räubern, die täglich mindestens einen Zentner Heringe verschlucken.

Die mexikanische Regierung schützt heute die letzten Herden an ihren Küsten und auf den vorgelagerten Inseln unmittelbar durch bewaffnete Wächter. Der Bestand soll sich schon wieder auf ca. 10000 Tiere erhöht haben. Auch der Abschuß der antarktischen See-Elefanten unterliegt strengen Schutzbestimmungen.

Die Hasen *(Lagomorpha)*

So einsam und allein wie der Feldhase durch die ihm vertraute Flur hoppelt, so vereinzelt steht er heute auch im System der Säugetiere. Er wurde endgültig aus der großen Familie der Nagetiere verbannt, in der er bisher an der Spitze marschierte. Schuld daran sind etliche anatomische Merkmale, vor allem der Zahnsatz und der spiralige Blinddarm, die dem Forscher sagen, daß sich seine Sippe schon sehr bald, das heißt mindestens vor 60 Millionen Jahren, auf eigene Entwicklungswege begab.

Als echte Hasen *(Leporidae)* werden heute angesprochen:

a) der weltweit verbreitete Europäische Feldhase, den im Fernen Osten der Yarkandhase sowie der Chinesische und der Japanische Hase, im gemäßigten Nordamerika die Eselhasen vertreten;
b) der Eurasische Schneehase, der in den Alpen als Alpenschneehase, in den Polarländern als Arktischer Schneehase und südlich der Baumgrenze als amerikanischer Umfärbhase auftritt;
c) der Kap- oder Tolaihase, der in 34 Unterarten ganz Afrika – außerhalb des tropischen Regenwaldgürtels – und Asien bewohnt und zahlreiche örtliche Formen entwickelte;
d) das Europäische Wildkaninchen, das in Amerika von den Wald-, Sumpf- und Wasserkaninchen, in Afrika vom Rotkaninchen und in Asien vom Borstenkaninchen, Sumatrakaninchen und Riu-Kiu-Kaninchen vertreten wird.

Als Hasenartige *(Ochotonidae)* aber gelten:

e) die Pfeifhasen, wie z.B. der russische Zwergpfeifhase, der sibirische und mongolische Alpenpfeifhase und der amerikanische Pika.

Abgesehen von den Pfeifhasen haben alle echten Hasen lange Ohren, große Augen und tiefgespaltene Lippen. Sie unterscheiden sich von den Nagetieren gestaltlich durch die verlängerten Hinterbeine sowie den verkümmerten Stummelschwanz, und anatomisch durch die zwei Schneidezahnpaare im Oberkiefer (Doppelzähner) und den andersgearteten Bau der Backenzähne, die im Oberkiefer einen größeren Abstand als im Unterkiefer haben.

Der Feldhase

Meister Lampe ist wahrhaftig ein Meister der Lebenskunst, ist anspruchslos und anpassungsfähig, zäh und ausdauernd, immer wachsam und vorsichtig. Vor allem aber hat er es schnell begriffen, daß die Kultursteppe der urtümlichen Steppe weitaus vorzuziehen ist. Ganz und gar zur Heimat geworden sind ihm die vom Menschen bebauten Felder und

Der Feldhase ist durchaus nicht immer nur friedfertig und sanftmütig, wie ihn die Tierfabel darstellt. Als typischer Einzelgänger und feuriger Liebhaber besitzt er keine fürsorglichen und geselligen Züge. Untereinander sehen

die Rammler im Nachbarn nur den lästigen Nebenbuhler, nähern sich ihm böse murrend, umtanzen ihn in engen Keisen und richten sich plötzlich hoch auf, um mit den Vorderpfoten auf den Kontrahenten loszutrommeln.

Der Feldhase ist wahrhaftig ein Meister der Lebenskunst, ist anspruchslos und anpassungsfähig und findet auch in der vom Menschen gestalteten Feldflur sein Auskommen.

Die Häsin ist, menschlich gesehen, nicht gerade eine treusorgende Tiermutter. Sie setzt ihre bei der Geburt schon sehr weit entwickelten Jungen, die sofort sehen und hören können und schon völlig behaart sind, in einer kaum gepolsterten Erdmulde ab; mitten im Feld, an einem Wiesenrain oder unter dichtem Gebüsch müssen die 2–5 Junghasen geduldig auf ihre Mutter warten, denn sie kommt nur zu ihnen, wenn die Milch ihr im prallen Gesäuge schmerzt. In dieser kurzen Zeit hält sie die Kleinen sauber und verteidigt sie bei Gefahr sogar gegen Krähen, Bussarde oder Wiesel.

Wiesen. Hier genießt er ausreichenden Schutz, hat gute Sicht, kann er seine langen Ohren wie seine schnellen Beine ausnutzen und schwelgt fast zu jeder Jahreszeit im Überfluß. Alles schmeckt ihm, was der Mensch anbaut: die Öl- wie die Getreidesaat, der Klee wie der Kohl, die Rüben wie die saftigen Futterpflanzen und viele gute Gewürzkräuter. Unwandelbare Treue hält er dem Feldwinkel, in dem er das Licht der Welt erblickte, streift nicht weit umher, solange ihn nicht der Hunger treibt, und weiß die Menschen genau zu unterscheiden.

Europäischer Feldhase (Lepus europaeus): Bewohnt in 21 Unterarten Europa von den Pyrenäen bis zum Ural sowie von Großbritannien bis Italien, Korsika und Kreta, verbreitet sich von der Balkanhalbinsel über den Kaukasus und Kleinasien, Zypern, Persien, Irak, Syrien, Palästina bis zum Ostsudan und Abessinien, dringt von Ostafrika nach Südafrika wie vom Ural immer weiter nach Osten vor; ist seit etwa 1910 im Nordosten der Vereinigten Staaten, seit 1888 in Argentinien, seit 1788 in Australien und seit 1851 in Neuseeland heimisch geworden; Länge 60–68 cm, Schwanz 8 cm, Schulterhöhe 30 cm, Gewicht bis zu 6 kg; Pelz erdfarben, rostgelb und schwarzbraun gemischt, am Schwanz oberseits schwarz, unterseits weiß; diese Grundfärbung wechselt jedoch stark und zeigt bei den südeuropäischen Hasen eine rötliche, bei den nordeuropäischen Hasen eine hellere Tönung; immer aber haben die Ohren schwarze Spitzen und oft weiße Augenränder.

Seine unverwüstliche Lebenskraft verdankt der Feldhase vor allem der ungewöhnlich hohen Fruchtbarkeit der Häsin sowie der unerbittlichen Auslese während der ersten Lebenswochen. Abgesehen von den wenigen spätherbstlichen und frühwinterlichen Wochen, in denen sie ihr Dasein kümmerlich mit Rindenfraß fristet, ist die Häsin das ganze Jahr über brünstig und kann sich jederzeit mit den Rammlern paaren. Selbst während der Schwangerschaft ist sie empfängnisbereit, da sich bei ihr die Frucht in jedem der beiden Gebärmutterhörner getrennt zu entwickeln vermag. Das bedeutet praktisch, daß die Häsin schon 10–14 Tage nach dem ersten Frühjahrswurf wiederum Junge zur Welt bringen kann, obwohl die Tragzeit volle 42 Tage währt. Bei ihr werden weder die Eileitermündungen durch den Embryo versperrt noch weitere Fruchtbildungen durch das Gelbkörperhormon verhindert.

Zwangsläufig kann die Häsin bei dieser Beanspruchung nicht gerade die sorglichste Tiermutter sein. Sie wirft ihre bei der Geburt schon sehr weit entwickelten, völlig behaarten und sofort gut sehenden und hörenden 1–2 oder 3–5 Jungen in einer einfachen, möglichst windgeschützten, kaum gepolsterten Erdmulde mitten im Feld, an einem Wiesenrain oder unter einem dichten Busch und bleibt nur knapp eine Woche lang bei ihnen. In dieser Zeit hält sie die kleinen Hasen sauber und verteidigt sie erstaunlich tapfer gegen die zahllosen gefiederten und bepelzten Feinde. Dann aber geht sie schon wieder auf die lustige Hasenfreite und kehrt in den nächsten drei Wochen nur zu ihnen zurück, wenn die Milch im Gesäuge sticht.

Im Durchschnitt wirft die Häsin viermal im Jahr. Die Rammler kümmern sich um ihren Nachwuchs überhaupt nicht. Treffen sie zufällig auf Junghasen, so zeigen sie sich von der übelsten Seite und malträtieren und mißhandeln die Jungen oft in unausstehlicher Weise. Schon dabei zeigt sich, daß der Hase durchaus nicht der friedsame und sanftmütige Gesell ist, wie ihn die Tierfabel darstellt. Als typischem Einzelgänger und feurigem Liebhaber gehen ihm fürsorgliche und gesellige Züge weitgehend ab. Untereinander sehen die Rammler im Nachbar nur den lästigen Nebenbuhler, nähern sich böse murrend, tanzen in engsten Kreisen eine Art Ringelreihen, gehen plötzlich hoch aufgerichtet aufeinander los und liefern sich mit kräftig trommelnden Vorderpfoten einen heftigen Boxkampf. Wird der Gegner nicht weich, so springen sie aneinander hoch, treten sich mit den Hinterbeinen in den Unterleib und beschießen sich mit wohlgezielten Harnstrahlen. Die dicke Wolle fliegt in Flocken um die Kämpfer. Und sie halten in diesem Ringen nur ein, um zu verschnaufen. Dann geht die Rauferei mit verdoppelter Wut und gesteigerter Erbitterung weiter, bis der eine endlich genug hat.

Die Eselhasen

Die fernöstlichen Formen des Feldhasen stellen die Verbindungsglieder zu den im klimatisch gemäßigten Nordamerika beheimateten Eselhasen dar. In vier Arten mit zusammen 27 Unterarten bewohnen die Eselhasen den Raum von Südkanada bis Südmexiko. Ihre Ohren sind – wie es der Name verrät – noch länger als die des Feldhasen. Sie erreichen im Durchschnitt auch seine Größe und sind ebenso gute wie schnelle Dauerläufer. Als Lebensraum bevorzugen sie gleichfalls die bebauten Ebenen, die Steppen und Prärien.

Kalifornischer Eselhase (Lepus californicus): Bewohnt vor allem Kalifornien; Länge

Der Alpenschneehase bevorzugt als Lebensraum Gebirgstäler, die bis in große Höhen bewaldet oder mit dichtem Krummholzbestand bewachsen sind. Am liebsten hält er sich im Sommer zwischen Waldgürtel und der Schneegrenze auf, teilt also seinen Leensraum mit Murmeltier und Schneehuhn. Hier ruht er tagsüber wohlgeborgen zwischen Steinen, in natürlichen Höhlen und verlassenen Murmeltierbauten.

58–60 cm; Länge der Ohren 13–15 cm; kennzeichnet sich besonders durch die hellrötlichgelbe Unterseite des Rumpfes und des Schwanzes; ist ein außerordentlich schneller Läufer, der jeden gewöhnlichen Hund leicht abhängt und sich im schnellsten Lauf noch umzuschauen vermag.

Die Schneehasen

Im Norden der Alten und der Neuen Welt schließt sich an den Verbreitungsgürtel der Feldhasen der Lebensraum des Schneehasen an. Doch tritt auch er, und zwar als Eiszeitrelikt, inselartig in südlicheren Gebieten, wie zum Beispiel in den Alpen und in Irland auf.

Der Schneehase der Arktis trägt den weißen Pelz das ganze Jahr über. Die südlicheren Formen dagegen – wie der Eurasische Schneehase, zu dem auch unser Alpenschneehase gehört, und der nordamerikanische Umfärbhase – legen sich den weißen Pelz nur als winterliches Tarnkleid zu, färben sich also alljährlich kräftig in Braun um. Im warmen ozeanischen Klima von Irland und Schottland behält der Schneehase das ganze Jahr hindurch seinen rotbraunen Pelz.

Das weiße Haar des Winterkleides enthält in seinem Mark zahlreiche lufthaltige Kammern und gewährleistet damit zugleich einen verstärkten Wärmeschutz.

Eurasischer Schneehase (Lepus timidus): Bewohnt in 16 Unterarten Nordeuropa von Irland und Schottland bis Skandinavien und Nordrußland, verbreitet sich weit über Nordsibirien, dringt bis nach Kamtschatka, Sachalin und Hokkaido vor und ist in den Alpen zu Hause; Länge 60 cm, Schwanz 6 cm; Pelz im Sommer oberseits schmutzig rotbraun, auf dem Rücken fast schwärzlich, am Kreuz grau überflogen, unterseits schmutzig weißlich, schwarz an den Ohrenspitzen, im Winter schneeweiß bis auf die schwarzen Ohrenspitzen; unterscheidet sich vom Feldhasen durch einen etwas schwächeren Rumpf, stärkere Läufe, plumperen Kopf, kürzere Ohren – die kaum die Kopflänge erreichen –, dickere Schnauze an der Nase sowie durch breitere, bürstenartig starr behaarte Sohlen mit stärker bekrallten und sehr weit spreizbaren Zehen.

Diese breiten, gleichsam genagelten Sohlen ermöglichen dem Schneehasen ein leichtes Laufen über Schnee und Eis; sie verhindern weitgehend das Einsinken wie das Ausgleiten, sind ihm also Schneereifen und Kletterschuhe zugleich.

Alpenschneehase (Lepus timidus varronis): Bewohnt ausschließlich die Alpen – nicht auch die Pyrenäen und Karpaten! –, und zwar in der Höhenlage von etwa 1300–3200 m; Länge 48–54 cm, Schwanz 7–9 cm, Gewicht bis 5 kg; Pelz im Winter reinweiß bis auf die schwarzen Ohrenspitzen, vom März ab auf dem Rücken und an den Seiten grau, im April unregelmäßig gescheckt, im Mai graubraun, im Sommer oberseits rötlichbraun, unterseits trübweiß, am Schwanz einfarbig weiß; kennzeichnet sich noch durch einen hellen Ring um die Augen.

Auch der Alpenschneehase bevorzugt die Gebirgsstöcke, die bis in große Höhen bewaldet oder mit einem dichten Knieholzgürtel bewachsen sind. Am liebsten hält er sich im Sommer zwischen dem Waldgürtel und der Grenze des ewigen Schnees auf, teilt also den Lebenraum mit Schneehuhn und Murmeltier. Hier ruht er tagsüber wohlgeborgen zwischen Steinen, in natürlichen Höhlen und verlassenen Murmeltierbauten oder unter sehr dichten Legföhren.

Im Winter weicht der Alpenschneehase von den Höhen weit in die Bergwälder zurück, geht aber nur selten tiefer als unter 1000 m. Fällt der Schnee, ehe er sich umgefärbt hat, so soll er sich solange in seinem Versteck halten, bis ihm das weiße Tarnkleid makellos am Leibe sitzt. Wahrscheinlich weiß er auch, daß ihn der Neuschnee schlecht trägt und wartet geduldig, bis er sich etwas gesetzt hat. Jedenfalls läßt er sich oft einschneien. Im Walde findet er immer noch genügend schneefreie Winkel, wo er an die immergrünen Blätter der Zwergsträucher sowie an die Rinden der Büsche und Jungbäume kommt.

Die Kap- oder Tolaihasen

Wie sich im Norden der Alten und der Neuen Welt an den Verbreitungsgürtel des Feldhasen der des Schneehasen anschließt, so erstreckt sich im Süden desselben nun der Lebensraum der afrikanischen und asiatischen Kap- oder Tolaihasen.

Dabei begegnen wir wieder der Erscheinung, daß im gleichen Maße, wie sich beim Feldhasen im Fernen Osten und in Nordamerika eigene Formen absonderten, sich auch vom Kap- oder Tolaihasen zahlreiche örtliche Formen in Afrika wie in Asien abzweigten und entwickelten.

Der Kap- oder Tolaihase bewohnt in 34 Unterarten ganz Afrika außerhalb des tropischen Regenwaldes sowie Zentralasien bis zur Mongolei und dem nordwestlichen China, er kommt auch auf Sardinien und der Iberischen Halbinsel vor. Gleich dem Feldhasen paßt er sich fast jeder Landschaftsform an, lebt in den Steppen wie in den Halbwüsten, in der Busch- wie in der Graslandschaft, in den Bergen wie in den lichten Galeriewäldern und meidet eigentlich nur den dichten Tropenwald.

In Afrika werden als abgesonderte örtliche Formen angesprochen:

Kaphase (Lepus monticularis), Angolahase (Lepus salac), Mozambique-Hase (Lepus whytei), Marokko-Hase (L. atlanticus).

Allgemein zeichnen sich die afrikanischen Hasen durch auffallend lange Ohren, schmächtigen Körperbau und blasse Sandfarben aus. Fast alle sind sie kleiner als unser Feldhase.

Fast übereinstimmend kennzeichnen sich die asiatischen Hasen durch einen roströtlichen Pelz auf dem Nacken, an der

Das Wildkaninchen lebt auf leichten, sandigen Böden, die dichten Buschbestand aufweisen, weil ihm dadurch das Graben erleichtert wird und es ausreichende Sichtschutz vor Feinden gibt. Doch findet es sich gleich dem Feldhasen mit anderen Lebensräumen ab und besiedelt gleichermaßen den dichten Forst, das lichte Feldgehölz, den feuchten Auwald.

Brust und an der Unterseite des Halses. In den Wüsten nähren sie sich von den stark wasserhaltigen Salzkräutern und können sich selbst mitten in der Gobi halten. In den Gebirgen steigen sie bis in Höhen von 5000 m, tragen hier eine mehr lockige und wollige Behaarung und bergen sich gern in verlassenen Murmeltierbauten.

Die Kaninchen

Nicht minder lebenstüchtig und vielleicht sogar noch anpassungsfähiger als der Feldhase ist das Wildkaninchen. Die Eiszeiten setzten ihm allerdings so sehr zu, daß es nur noch in zwei kleinen Rückzugsgebieten auf der Iberischen Halbinsel und in Nordwestafrika vorkam. Dann aber hat es sich in einem einzigartigen Vormarsch, teils selbständig und teils auch mit Hilfe des Menschen, nämlich als verwildertes Hauskaninchen, fast die ganze Welt erobert. Heute deckt sich sein Verbreitungsgebiet im großen und ganzen bereits mit dem des Feldhasen. In Amerika wird es von den dort nicht weniger weit verbreiteten Wald-, Sumpf- und Wasserkaninchen vertreten. In Afrika lebt es neben dem Kaphasen als Rotkaninchen und im tropischen Asien als Borsten-, Sumatra- und Riu-Kiu-Kaninchen. Nur in Skandinavien und in Rußland vermochte es noch nicht so recht Fuß zu fassen.

Wildkaninchen (Oryctolagus cuniculus): Bewohnt West-, Mittel- und Osteuropa einschließlich der Friesischen Inseln und Helgoland, ferner die Balearen, Korsika, Sizilien, Italien, Kreta, Madeira, die Azoren und die Britischen Inseln, wurde in Australien, Neuseeland, auf den Kerguelen und vielen anderen ozeanischen Inseln eingeführt; Länge 42–44 cm, Schwanz 6 cm; Pelz grau, oberseits ins Gelbbraune, im Nacken ins Rostrote, an der Brust ins Rotgelbe, an den Seiten und den Schenkeln ins Lichtrostfarbene spielend, unterseits und an der Innenseite der Läufe weiß, am Schwanz oben schwarz, unten weiß; unterscheidet sich vom Feldhasen abgesehen von der geringeren Größe vor allem dadurch, daß bei ihm der Rumpf, der Kopf, die Ohren und die Beine wesentlich kürzer sind; aus dem schwarzen Spitzenfleck der Hasenohren aber ist bei ihm ein schmaler, schwarzer Ohrensaum geworden.

Ganz besonders liebt das Wildkaninchen leichte sandige Böden und reiche zerklüftete buschige Landschaften, die ihm das Graben erleichtern und auch genügend Deckung bieten. Doch findet es sich gleich dem Feldhasen mit jedem anderen Gelände ab und bewohnt den großen dichten Forst wie das lichte Feldgehölz oder den feuchten Auwald, die offene Heide wie die Stranddüne oder das Moor, den belebten Stadtwald wie die Parkanlage oder allerlei offene Lagerplätze, sehr gern auch aufgelassene Sand- und Mergelgruben oder zugewachsene Steinbrüche. Die Nähe des Menschen meidet es durchaus nicht, wird aber in belebten Gegenden zum Nachttier. Läßt der Boden die Anlage des üblichen Kessels nicht zu, so scharrt es sich nur einfache Schlupfröhren oder verzichtet ganz auf die unterirdische Höhle und begnügt sich mit geschützten Winkeln zwischen Felsen oder Wurzeladern, unter Büschen oder Baumstümpfen.

Wesentlich geselliger als der Feldhase, lebt das Wildkaninchen paar- und familienweise, an günstigen Plätzen oft auch in großen Kolonien beieinander. Der Rammler bleibt der Häsin zwar nicht durchweg, aber doch oft in treuer Einehe verbunden. Beide bewohnen ihren Bau regelmäßig gemeinsam, hoppeln abends und

morgens zusammen auf Äsung, entfernen sich aber nicht gern weit vom Bau, um sich bei Gefahr schnell bergen zu können. Wird ein Störenfried oder eine verdächtige Erscheinung bemerkt, so warnen sie sich gegenseitig mit trommelnden Hinterläufen. In den größeren Kolonien sitzen immer etliche Rammler in konzentrierter Habachtstellung und behalten das Gelände mit allen Sinnen unter Kontrolle. Auf der Flucht sind sie unerhört schnell, ständig um Deckung bemüht, und flitzen in so tollen Zickzacklinien dahin, daß ein gezielter Schuß kaum möglich ist und selbst die gewandtesten gefiederten Räuber oft und oft danebenstoßen. Die weiße Blume des Stummelschwanzes ist ihr Signallicht im Dunkel der Nächte.

An Fruchtbarkeit übertrifft die Kaninchenhäsin die Feldhäsin noch weit. Sie kann es in halbwegs günstigen Jahren auf fünf Würfe bringen. Der einzelne Wurf umfaßt 4–12 Junge, die nackt und blind zur Welt kommen. Kurz vorher wühlt sich die Häsin außerhalb des Familienbaues eine gesonderte Satzröhre und polstert hier den Kessel warm mit ihrer Bauchwolle. Sie verschont also gleichsam den Rammler mit der Kleinkinder-Unruhe, traut ihm vielleicht auch nicht ganz über den Weg. Die Satzröhre besucht sie nun jeden Morgen und Abend, säugt und betreut ihre Jungen und vergißt nie, das Schlupfloch immer wieder gut zu verscharren. Nach fünf Wochen führt sie die Kinderschar dem Rammler zu, der sich nun als guter und sorglicher Familienvater erweist.

Die Pfeifhasen

Die Vertreter der zweiten Hasenfamilie, die kleinen Pfeifhasen, sind echte Tag- und Steppentiere und verfügen nicht über das hohe Anpassungsvermögen der Hasen und Kaninchen. So wurden sie, die sich während der Eiszeiten weit über Süd- und Mitteldeutschland, Belgien, Frankreich und England ausbreiteten, immer weiter nach Nordosten zurückgedrängt und kommen heute nur noch in den echten Steppen, Hochsteppen und Gebirgen Eurasiens und Nordamerikas vor. Überall weichen sie sichtlich der Kultursteppe und dem Menschen aus.

Gleich den Wildkaninchen sind die Pfeifhasen sehr gesellig. Sie leben in großen unterirdischen Kolonien, die sich nicht selten über ganze Hochflächen

Pfeifhasen bevorzugen Täler und Niederungen und dicht bewachsene Flußufer in Steppengebieten. Sie haben die Angewohnheit, große Heuvorräte zu hamstern. Ebenso sachkundig wie die Murmeltiere breiten und wenden sie die kleinen Schwaden der abgenagten Halme, stapeln sie zu Haufen außerhalb wie innerhalb ihrer Höhlen und sind unermüdlich darum besorgt, das Heu in bestem Zustand zu erhalten. Die Heuhaufen erreichen durchschnittlich eine Höhe von 12–18 cm und weisen einen Durchmesser von 15–30 cm auf.

hinziehen und aus Tausenden von einzelnen Höhlen bestehen, die sie tief in den Lehmboden graben. Auf diese Weise werden zum Beispiel die tibetanischen Hochplateaus derartig um und um gewühlt, daß der Lößstaub von den Stürmen bis weit nach China getragen wird.

Gestaltlich unterscheiden sich die Pfeifhasen von ihren Verwandten vor allem durch die mausähnlich fast nackten kurzen, breiten und runden Ohren. Der Schwanz ist überhaupt nicht mehr zu sehen. Die fehlende „Leucht- und Signalblume" ersetzen sie durch ungemein hohe und durchdringende Pfiffe, mit denen sie fast ununterbrochen Stimmfühlung halten. Die kleine, weich bepelzte, in sich geschlossene Gestalt wirkt fast eiförmig. Die Zehen sind auf der Unterseite gut behaart.

Zwergpfeifhase (Ochotona pusilla): Bewohnt die Steppen im südöstlichen Rußland; Länge 14–15 cm; Pelz weich und fein, oberseits vorwiegend graubraun, unterseits weißlich; hat weiße Ohrränder; bevorzugt die Täler und Niederungen und birgt sich gern an dichtbewachsenen Flußufern.

Alle Pfeifhasen haben die Gewohnheit, große Heuvorräte zu hamstern. Ebenso sachkundig wie die Murmeltiere breiten und wenden sie die kleinen Schwaden der abgenagten Halme, stapeln sie zu Haufen außerhalb wie innerhalb ihrer Höhlen und sind unermüdlich darum besorgt, das Heu im besten Zustand zu erhalten. Die Heuhaufen erreichen durchschnittlich die Höhe von 12–18 cm und einen Durchmesser von 15–30 cm. Die felsenbewohnenden Pfeifhasen benutzen auch Felsenspalten als Heuscheunen. Einen Winterschlaf wie Murmeltiere halten sie nicht.

Die Nagetiere

(Rodentia = Simplicidentata)

Mehr als ein Drittel aller Landsäuger gehört zur Ordnung der Nagetiere. In 23 Familien, die sich in 335 Gattungen und 2821 Arten gliedern, verbreiten sie sich über alle Erdteile und Inselreiche der Welt. Es gibt keine Landschaft, in der sie nicht zu Hause wären, keinen Lebensraum, den sie sich nicht erobert hätten. In ihren Reihen überwiegen die Zwerge; die meisten sind maus- und rattengroß und nur wenige erreichen die Ausmaße eines Hasen oder Bibers. Aber alle sind sie ungemein flink und wendig, ungewöhnlich anpassungsfähig und – sehr fruchtbar.

Den Nager kennzeichnet sein Gebiß. Im Ober- wie im Unterkiefer verfügt er über je zwei wurzellose, ständig nachwachsende, leicht halbkreisförmige Nagezähne. Nachwuchs und Abnutzung halten sich im Gleichgewicht. Die Eckzähne fehlen. Zwischen den Nagezähnen und den ebenfalls wurzellosen, zylindrischen, hochbekronten Backenzähnen klafft deshalb immer eine Lücke. Bei vielen Nagern besteht der Magen aus zwei Abschnitten. Der vordere Teil gilt als Sammelbehälter, in dem die Fäulnisbakterien die zellulosereiche Kost erst einmal aufspalten, ehe sie im hinteren Teil von den Magensäuren zersetzt wird. Am Ende des Dünndarms, im Blinddarm, werden die von den Säuren außer Gefecht gesetzten Bakterien dann wieder lebensfähig und unterziehen den Speisebrei nochmals einer Nachverdauung. Hier im Blinddarm bilden sich nun wohl auch die sehr vitamin- und wirkstoffreichen „Magenpillen", die dann – wie bei den Hasen und Kaninchen – vom After weg wiederaufgenommen werden.

Durchweg sind die Nager sogenannte Sohlen- oder Halbsohlengänger und weisen mit wenigen Ausnahmen an den Vorderpfoten vier, an den Hinterpfoten fünf Zehen auf.

Die Gestaltenfülle der Nager gliedern wir in:

a) die Verwandten des Eichhörnchens *Sciuromorpha,*
b) die Verwandten der Hausmaus *Myomorpha,*
c) die Verwandten des Stachelschweines *Hystricomorpha,*
d) die Verwandten des Meerschweinchens *Caviomorpha.*

Ab und zu werden uns dabei wohl oder übel gewisse „zoologische Gewaltsamkeiten" unterlaufen, die jedoch vorwiegend darin begründet sind, daß man sich bei nicht wenigen Nagern noch unklar ist, wo man sie eigentlich einordnen soll oder einordnen könnte.

Hörnchenverwandte

Zu den Verwandten des allgemein wohlbekannten und beliebten roten Kobolds unserer Wälder zählen nicht nur die Baumhörnchen in aller Welt, sondern auch die Erd- und Flughörnchen, die Dornschwanz- und Stummelschwanzhörnchen sowie die Biber, die Taschenmäuse und als Anhängsel die Springhasen. Die Erdhörnchen wiederum umfassen neben den Zieseln und Präriehunden sowie den Backen- und Borstenhörnchen auch noch die Murmeltiere. Die ganze Vielgestalt der Nager tritt uns also schon in dieser ersten großen Gruppe genauso deutlich vor Augen, wie wir sie nun als kletternde Baumtiere, mit Flughäuten ausgestattete Gleitflieger,

Die Tragzeit dauert bei den Eichhörnchen-Weibchen 38 Tage. Währenddessen zeigen sie sich den Männchen gegenüber unverträglich und vetreiben sie sogar aus ihren Revieren. Meist werden 4–5 nackte, blinde und völlig hilflose Junge geboren. Erst im Alter von 10–13 Tagen bekommen sie die erste zarte Behaarung, mit 30 Tagen öffnen sie erstmals die Augen und nach 22 Tagen brechen die Nagezähne durch. Das Weibchen kümmert sich intensiv um die Sauberkeit der Jungen und beleckt sie ausgiebig am ganzen Körper.

Besonders junge Eichhörnchen sind jederzeit für Vergnügungen zu haben und verbringen ihre Zeit mit ausgedehnten Balgereien. Auch erwachsene Eichhörnchen sind oft sehr verspielt und jagen einander durch die Bäume.

Eichhörnchen legen instinktiv Nahrungsvorräte an, wenn sie Zapfen, Nüsse oder Sämereien im Überfluß finden. Sie pflücken beispielsweise eine Nuß von einem Haselstrauch, schälen ersteinmal die grüne äußere Schale ab und laufen dann mit der Frucht zum Boden. Daraufhin scharren sie eine flache Mulde in den Erdboden und legen die Nuß darin ab. Mit der Schnauze und den Vordereinen wird die Nuß in die Erde gedrückt und mit lockerem Erdreich und mit Laub zugedeckt.

wühlende Erdbewohner, hüpfende Springer und baufreudige Wassertiere kennenlernen. Ihr Lebensraum erstreckt sich von der hochnordischen Baumgrenze bis in die tropischen Regenwälder, von den Gipfeln und Geröllhalden der Berge bis in die Flußtäler, von den Wüsten, Steppen und Prärien bis ins bebaute Kulturland.

Die Baumhörnchen

Als echte Wipfelbewohner sind die Baumhörnchen hervorragende Kletterer, turnen gleich flinken Äffchen durchs Gezweig und Geäst und sind wie jene durchweg arge Nestplünderer. Vogeleier wie Vogelküken sind ihnen Leckerbissen und bringen Abwechslung in die aus Samen, Früchten und Nüssen, Knospen, Rinden und Pilzen bestehende Kost. Als kunstfertige Geschöpfe bauen sie nicht nur die sehr sorgfältig ausgeführten „Kobel", in denen sie ihre Jungen zur Welt bringen, sondern auch noch Schlaf- und Spielnester. Fast durchweg sind sie gesellige und verträgliche Tagtiere, die ein gutes Familienleben führen. Viele von ihnen sammeln große Vorräte für den Winter, den sie gewöhnlich als Halbschläfer verbringen. Nur im hohen Norden halten sie einen echten und langen Winterschlaf, während die tropischen Baumhörnchen in den Zeiten der großen Dürre schlafen oder wenigstens ruhen. Durch ihre Vorratshaltung an Baumsamen tragen sie zur Artvermehrung der Pflanzen bei.

Gestaltlich sind sich die Baumhörnchen recht ähnlich, doch gibt es auch unter ihnen Zwerge und Riesen. Die meisten haben einen langen und starkbuschigen Schwanz, der ihnen bei ihren gewagten Sprüngen von Wipfel zu Wipfel als Steuerruder dient. Die Bäume erklettern sie in kleinen heftigen Sprüngen und mit Hilfe der langen scharfen Krallen. Die Stämme werden dabei meist in Spiralen umkreist. Die Vorderpfoten benutzen sie geschickt wie Hände.

Europäisches Eichhörnchen (Sciurus vulgaris): Bewohnt in 41 Unterarten das ganze europäische Festland einschließlich der Britischen Inseln, ist von Rußland über Sibirien bis nach Korea, Sachalin und Japan verbreitet; Länge 22 cm, Schwanz 20 cm; Pelz im Sommer oberseits rotbraun, unterseits weiß, im Winter graubraun; die Ohren sind groß und haben einen deutlichen Haarpinsel; der Schwanz ist zweizeilig und buschig behaart.

Grauhörnchen (Sciurus carolinensis): Bewohnt das östliche Nordamerika, wurde um 1900 in England eingeführt, ist größer und kräftiger als unser Eichhörnchen, trägt einen helleisengrauen Pelz, hat einen sehr breiten, zweizeilig behaarten, bräunlichen, weiß bespitzten Schwanz; kennzeichnet sich durch seine großen pinsellosen Ohren, die genauso hellbräunlich wie das Gesicht sind; gibt sich in Amerika nicht minder zutraulich als unser roter Kobold, kommt in fast alle Städte und ist in England drauf und dran, das Europäische Eichhörnchen zu verdrängen.

Rothörnchen (Tamiasciurus hudsonicus): Bewohnt die Nadelwälder Kanadas, Alaskas und den Norden der Vereinigten Staaten, wird auch Hudsonhörnchen und Chickaree genannt, ist wesentlich kleiner als unser Eichhörnchen, trägt einen oberseits rostroten, unterseits weißen Pelz, hat einen reichlich körperlangen, einen etwas dunkleren Schwanz sowie weiße Augenringe und Unterkiefer; kennzeichnet sich durch kleine rundliche und pinsellose Ohren; leckt gern den Saft des Zuckerahorns, plündert die Kornspeicher, verzehrt Äpfel, Nüsse und die Samenkerne der Nadelbäume.

Die Erdhörnchen

Die Erdhörnchen sind noch viel geselliger als die Baumhörnchen und leben nicht nur paar- und familienweise, sondern in starken Rudeln oder volkreichen unterirdischen Kolonien. Ihre hohen bauhandwerklichen Fähigkeiten kennzeichnen sich in der Anlage großer, tiefer und umfangreicher Erdhöhlen. Von den Baumhörnchen unterscheidet sich die Mehrzahl durch den allen Erdwühlern eigenen niedrigen Bau, die kurzen Glieder und die auffällig kleinen, oft im Pelz versteckten Ohren. Am meisten in Gestalt und Größe gleichen noch die Ziesel und die Backenhörnchen den soeben geschilderten Baumhörnchen. Die Präriehunde sind schon größer, gedrungener und vor allem auch viel kurzschwänziger, während die Murmeltiere fast an kleine Bären erinnern.

Die Ziesel

Die genau eichhörnchengroßen Ziesel sind überaus schlanke wendige Geschöpfe und weit über die nördliche Erdhalbkugel verbreitet. Sie legen ihre Baue am liebsten im trockenen und festen, nur dünn bewachsenen Erdreich an, bevorzugen somit also Ödlandstreifen, Wegränder, Feldraine, Viehweiden, Sport- und Flugplätze, Eisenbahn- und Flußdämme sowie Talhänge. Der große Wohnbau ist durch-

Präriehunde haben ihren Name nach den hundeartigen Lauten, mit denen sie sich untereinander verständigen. Sie legen in der Prärie, ihrem Lebensraum, ausgedehnte unterirdische Gangsysteme an, die als Dörfer und sogar als Städte bezeichnet werden.

schnittlich 6–7 m lang und 1–2 m tief. Er hat meist nur einen Haupteingang, der sich unter der Erde bald vielmals verzweigt, um schließlich in einem reichlich mit Heu, Wurzeln und Haaren gepolsterten Kessel zu münden.

Europäischer Ziesel (Citellus citellus): Bewohnt das Erzgebirge und Schlesien, Mähren und Böhmen, die Donau- und Balkanländer sowie die Westukraine, befindet sich auf dem Vormarsch nach Mitteleuropa; Länge 22–24 cm, Schwanz 7–8 cm, Schulterhöhe 9 cm, Gewicht 12 kg; Pelz oberseits gelbbraun bis grau, unregelmäßig rostgelb gewellt und kaum sichtbar hell gefleckt, unterseits rostgelb, am Kinn und Vorderhals weiß, an Stirn und Scheitel rötlichgelb und braun gemischt, an den Füßen rostgelb; hat schwarze Schnurrhaare und Krallen, eine schwärzliche Nasenkuppe und schwarzbraune Augen.

Streifen- oder Leopardenziesel (Citellus tridecimlineatus): Bewohnt die Prärien und Getreidefelder Nordamerikas; Länge 22 cm, Schwanz 7 cm; Pelz oberseits graugelb mit sechs schmalen hellen und sieben breiteren dunkelbraunen Längsstreifen; die dunklen Streifen sind mit je einer Reihe heller Flecken verziert; ist außerordentlich schlank und bewegt sich huschend gleich einer Eidechse.

Die Präriehunde

Als noch die gewaltigen Bisonherden durch die weiten Prärien des mittleren Nordamerika zogen, lebten dort die kleinen rötlichbraunen Präriehunde in riesigen unterirdischen Städten. Es war ein Volk von über hundert Millionen Tieren, und ihr Reich umfaßte ein Gebiet von über 60000 Quadratkilometern. Eine Stadt reihte sich an die andere, und vor jedem Haus lag als Ringwall gegen die Fluten der Platzregen eine gute Wagenfuhre Erde. In jedem Ringwall ist als Namenschild der Nasenabdruck des Hausbesitzers mehrfach zu finden. Denn diese kleinen Tiefbauingenieure pflegen den flachen Kopf als Ramme zu benutzen und sind, auch wenn die Höhle schon von vielen Geschlechterreihen bewohnt wurde, immer und unermüdlich am Bauen. Nicht groß genug kann das Gewirr der Gänge sein, die von der bis zu 4 m tiefen Fallröhre abzweigen und die sich neben dem ebenso langen und rechtwinklig zum Fluchtloch verlaufenden Stollen hinziehen. Und überall gibt es Sackgassen sowie kleine Gemächer für die Kinder, die im großen und geräumigen Hauptkessel keinen Platz mehr haben. Hier und dort hat der Nachwuchs seine Höhlen auch gleich vom Mutterbau abgezweigt, so daß sich das unterirdische Labyrinth noch vergrößert und die eindringenden Feinde verwirrt.

Gewöhnlich aber will jeder erwachsene Präriehund seinen Bau für sich haben. Der Eigentumssinn ist trotz aller Geselligkeit gut ausgeprägt. Wehe dem Nachbarn, der da glaubt, er könnte sich einnisten oder irgendwelche Rechte anmaßen!

In jedem Bau lebt also immer nur ein Präriehund oder ein Paar mit seinen zahlreichen Kindern. Und meist trennt sich dieses Paar wieder, wenn die Jungen großgeworden und ausgezogen sind. Hierin unterscheiden sich die Präriehunde also von den ihnen sonst recht ähnlichen Murmeltieren. Sie sind auch viel lebhafter als jene, vor allem schneidiger und angriffslustiger, obwohl sie nicht einmal die Größe eines Wildkaninchens erreichen.

Heute sind die Präriehunde fast schon so selten geworden wie die Bisons. Immer mehr macht ihnen der Mensch ihren Lebensraum streitig und hat sie überall dort, wo er das Land kultivierte, vertrieben und bekämpft.

Präriehund (Cynomys ludovicianus): Bewohnt die offenen Landschaften des mittleren Nordamerikas bis in die Hochplateaus der Gebirge hinauf; Länge 34–36 cm, Schwanz 6–7 cm; Pelz oberseits lichtrötlichbraun, grau und schwärzlich gemischt, unterseits schmutzigweiß, an der Schwanzspitze bräunlichschwarz; wird westlich des Felsengebirges, von Kolumbien über Colorado und Arizona bis zur Sierra Nevada von dem etwas kleineren und gelblicheren *Weißschwanz-Präriehund (C. lewisi)* vertreten.

Die Murmeltiere

Die Murmeltiere sind weit über Mitteleuropa, Nordasien und Nordamerika verbreitet. Wir begegnen ihnen auf den Gebirgszügen von den Alpen über die Karpaten und Russisch-Turkestan bis zum Altai, Tienschan und Kamtschatka, in den weiten Steppen Osteuropas bis hinauf in die steinigen Hochplateaus von Tibet und Nordindien sowie in den Wäldern des nordamerikanischen Ostens. In ihrer Gestalt und in ihren Lebensgewohnheiten erinnern sie stark an die Präriehunde. Sie wirken nur etwas plumper und sind auch größer und kräftiger als jene, leben aber gleichfalls streng ortsgebunden sowie familien- und rudelweise in umfangreichen Erdbauten, von denen sie sich nie weit entfernen, sind auch strenge Vegetarier und tiefe Winterschläfer.

Alpenmurmeltier (Marmota marmota): Bewohnt die Alpen und Karpaten und verbreitet sich über die Gebirgszüge von Russisch-Turkestan bis zum Altai, Tienschan und Kamtschatka, fehlt in den Pyrenäen; Länge 48–52 cm, Schwanz 12–14 cm, Schulterhöhe 18 cm, Gewicht 4–5 kg; Pelz dicht und grobhaarig, oberseits graufahl mit Rotbraun gemischt, am Kopf braunschwarz, an der Schnauze und den Kopfseiten gelblichgrau, an den Schultern rostgelblich, un-

Um miteinander zu spielen haben sich die beiden Murmeltiere auf die Hinterfüße aufgerichtet. Die scheuen Nagetiere leben in den Alpen, Karpaten und Pyrenäen unterhalb der Schneegrenze in Höhenlagen von 1600 bis 3000 Metern. Im Sommer wohnen sie in einem einfachen Bau mit Fluchtröhre, den Winter verschlafen sie in einer grasgepolsterten Höhle.

terseits rötlichbraungelb, am Schwanz braun, rotgelb gemischt, mit schwärzlicher Spitze; Pelz der Jungtiere einfarbig graubraun; der Oberkopf ist sehr flach und die Stirn zwischen den großen glänzendschwarzen Augen etwas eingesenkt, der Hals kurz und dick, die lang behaarten Backen erscheinen etwas aufgedunsen und die Ohren sind klein und rundlich.

Steppenmurmeltier oder Bobak (Marmota bobak): Bewohnt die Steppen Osteuropas über Südrußland bis nach Sibirien und vom Amur bis in die Hochsteppen von Tibet und Nordindien, war bis in die jüngste Zeit auch schon in Galizien und Polen häufig; Länge 54–56 cm, Schwanz 10 cm, Schulterhöhe 20 cm; Pelz durchweg sandfarben-fahlrostgelb, oberseits und am Schwanz etwas dunkler, am Vorderhals und an der Kehle grauweißlich, auf dem Oberkopfe, dem Scheitel und an der Schnauze bräunlichgelb.

Wie bei den Präriehunden verraten sich die großen Kolonien der Steppenmurmeltiere durch die vor jedem unterirdischen Bau aufgeworfenen Sand- und Erdhügel. Zwischen diesen Hügeln lassen die Bobaks das Gras stehen, um so immer in guter Dekkung auf ausgetretenen Straßen bis zu ihren Weideplätzen huschen zu können.

Die Steppenmurmeltiere leben in Kaschmir noch in Höhen von 2000–3000 m und steigen im Himalaja bis über 5000 m empor.

Die Backenhörnchen

Die Backenhörnchen sind kleine und wieselflinke Waldbewohner. Mit ihren etwas zugespitzten Köpfen, ihren langen und buschigen Schwänzen und ihren lebhaften Farben erinnern sie ebensosehr an die Ziesel wie an die Eichhörnchen. Ihren Namen verdanken sie den riesigen Backentaschen, die bis zum Hinterhaupt oder gar bis zur Schulter reichen und deutlich verraten, daß wir es in ihnen mit besonders eifrigen Vorratssammlern und tüchtigen Proviantmeistern zu tun haben. Tatsächlich tragen sie, die gleich den Erdhörnchen nur oberflächliche Winterschläfer sind, derartig fleißig ein, was ihnen der Wald im Überfluß beschert, daß selbst ein Hamster vor Neid erblassen könnte. Fünf bis acht Kilo Eicheln, Bucheln, Lindensamen und Nüsse bergen die Vorrataskammern, von denen sie oft zwei bis drei anlegen. Außerdem aber verstecken sie noch viele Schätze in hohlen Stümpfen, zwischen Wurzellagern oder unter der Laubstreu, die dann eher von den Bären und Wildschweinen als von ihnen selbst wiedergefunden werden. Wo sich zwischen die Wälder kleinere Ansiedlungen und Felder schieben, stehlen sie auch Mais und Buchweizen und wagen sich dabei bis in die Scheuern und Speicher.

Chipmunk oder Hackee (Tamias striatus): Bewohnt Ost- und Nordamerika und ist vom Mexikanischen Meerbusen über alle Staaten der USA bis zur Südgrenze Labradors verbreitet; Länge 15 cm, Schwanz 8 cm; Pelz oberseits rotbraun, im Nakken aschgrau, im Gesicht rötlichbraun, auf der Stirn und an den Backen dunkler gesprenkelt, unterseits weißlich; kennzeichnet sich durch einen dunkelbraunen Rückenstreifen und einen breiten weißen, schwarzbraun eingefaßten Seitenstreifen; hat im wirkungsvollen Gegensatz dazu einen schwarzen Augenstreifen, der weiß eingefaßt ist; der dunkelbraune Schwanz ist graugelb an der Wurzel, weißlich an der Spitze, unterseits rötlich.

Burunduk oder Gestreiftes Backenhörnchen (Eutamias asiaticus): Bewohnt Nordrußland vom Weißen Meer bis zum Ural und verbreitet sich über das ganze nördliche Sibirien bis zum Amur und dem Ochotskischen Meerbusen; Länge 15 cm, Schwanz 10 cm; Pelz oberseits hellgelblichgrau mit fünf schwarzen Längsstreifen, von denen der mittelste vom Nacken bis zur Schwanzwurzel längs des Rückgrates verläuft, unterseits sowie an der Innenseite der Beine grauweiß; der Schwanz ist oben schwärzlich, unten gelblich; hat eine grauweiße Schnauze, große schwarze Augen, schwarze Schnurren und braune Krallen; einige lange Borstenhaare stehen auch auf den Wangen und über den Augen; unterscheidet sich in seiner Lebensweise kaum vom Chipmunk, wird aber wegen seines wertvollen Pelzwerkes heftig verfolgt.

Die Borstenhörnchen

In Afrika treten an die Stelle der Ziesel, Präriehunde, Murmeltiere und Backenhörnchen die recht eigenartigen und durchaus außenseiterischen Borstenhörnchen. Von allen anderen Erdhörnchen unterscheiden sie sich durch ihre merkwürdige, ungewöhnlich dürftige und spärliche Behaarung. „Der ganze Pelz", schreibt Brehm, „sieht aus, als wären bloß einzelne Haare auf den Balg geklebt". Diese wenigen Haare, die die Haut kaum bedecken, sind borstenartig starr, hell und dunkel geringelt, an der Wurzel auffallend platt, dann der Länge nach gefurcht und endlich breit zugespitzt. Sie stehen auch am langen, zweizeilig und buschig behaarten Schwanz noch so dünn, daß derselbe aufgerichtet an eine wehende Straußenfeder erinnert.

Genauso kurz wie der Pelz sind auch die Ohrmuscheln weggekommen. Sie treten kaum noch in Erscheinung oder fehlen gänzlich.

Borstenhörnchen oder Schilu (Xerus rutilus): Bewohnt die Halbwüsten, Steppen und Savannen Ostafrikas von Abessinien bis zum Kilimandscharo; Länge 26–28 cm, Schwanz 22–24 cm; Pelz sehr dünn, oberseits rötlichgelb, oft weiß, gelb oder golden punktiert, seitlich und unterseits reinweiß, oft auch an den Backen und Ohren sehr hell; der Schwanz ist seitlich und an der Spitze weiß, in der Mitte rot und weiß gefleckt; hat einen sehr gestreckten Leib, verhältnismäßig spitzen Kopf und schlanke Beine; von den Ohren sind gleichsam nur noch die Ränder übriggeblieben. In Südwest-

Anstelle eines dichten Pelzes wie andere Erdhörnchen tragen die afrikanischen Borstenhörnchen nur eine spärliche Behaarung. Wenn sie ihren Schwanz aufrichten, erinnert dieser an eine wehende Straußenfeder. Die Unterart Schilu bewohnt die Halbwüsten, Steppen und Savannen Ostafrikas.

afrika wird der Schilu vom *Kapischen Borstenhörnchen (Geosciurus capensis)* vertreten, das überhaupt keine Ohrmuscheln mehr und einen noch längeren Schwanz hat, ansonsten so ähnlich aussieht.

Die Flughörnchen

Gleich den Pelzflatterern und Flugbeutlern sind auch die Flughörnchen keine echten Flieger, sondern nicht viel mehr als Fallschirmspringer. Ihr Gleitflug kann immer nur von oben nach unten führen. Sie vermögen sich weder gleich den Vögeln von der Erde aus aufzuschwingen noch können sie wie die Fledermäuse mit den Flughäuten auf die Luft schlagen.

Ihr körpereigener Fallschirm besteht aus einer behaarten Hautfalte, die sich vom Hinterkopf bis zum Handgelenk ausspannt, hier durch einen rückwärts gerichteten knöchernen Sporn gestützt wird und sich nun bis zu den Hinterbeinen und dem Schwanzansatz hinzieht. Wenn sie starten, springen sie praktisch mit allen vieren zugleich, also lang ausgestreckt und mit sofort ausgepannter Flughaut von ihrem luftigen Wipfelsitz ab.

Europäisches Flughörnchen (Pteromys volans): Bewohnt vor allem die Birkenwälder Nordskandinaviens sowie die Mischwälder des Balitkums, Nordrußlands und Sibiriens, verbreitet sich bis nach Korea und Japan; Länge 15 cm, Schwanz 10 cm; Pelz dicht und seidenweich, im Sommer oberseits fahlbraun, auf der Flughaut dunkler, bis graubraun, unterseits weiß, im Winter länger, dichter und blasser, silbrig überflogen; der Schwanz ist breit und zweizeilig behaart.

Ganz ähnlich wie unser Eichhörnchen lebt dieses kleine Flughörnchen von Beeren, Nüssen, Baumsamen, Knospen, Sprossen, Blütenkätzchen und verzehrt Insekten. Es klettert nicht minder gut und flott, bewegt sich ebenso anmutig und nimmt fast die gleichen possierlichen Stellungen ein.

Die Flugsprünge der kleinen Gleitflieger können 20–30 m weit sein und werden bei Gefahr auch aus den Wipfeln auf den Boden hinab ausgeführt. Dort allerdings sind die Tierchen dann ziemlich hilflos und flüchten möglichst schnell wieder auf die Bäume. In strengen Wintern ruhen sie wie die Eichhörnchen, halten also keinen echten und tiefen Winterschlaf.

Assapan oder Zwergflughörnchen (Glaucomys volans): Bewohnt die Wälder des klimatisch gemäßigten Nordamerikas bis hinunter nach Guatemala; Länge 12–14 cm, Schwanz 10 cm; Pelz weich und zart, oberseits gelbbräunlichgrau, auf den Pfoten silberweiß bis silbergrau, unterseits und an den Wangen gelblichweiß, am Schwanz aschgrau, bräunlich überflogen; die Flughaut ist schwärzlich behaart und scharf weiß gerandet; hat unwahrscheinlich große, schöne, schwärzlichbraune, oft weiß beringte Augen und sehr lange Schnurrborsten.

In der Lebensweise ähnelt der Assapan sehr dem Europäischen Flughörnchen, ist aber wesentlich flinker, auch auf dem Erdboden, und siedelt sich gern in der Nähe menschlicher Behausungen an. Wie bei den in Gefangenschaft gehaltenen Tieren beobachtet wurde, werfen die Weibchen wohl nur einmal im Jahr. Die Jungen öffnen erst nach 25 Tagen die Augen und sind noch in der siebten Lebenswoche sehr unbeholfen bei ihren ersten Kletterversuchen. Im dritten Monat aber geht es dann mit Riesenschritten vorwärts.

Taguan oder Riesenflughörnchen (Petaurista petaurista): Bewohnt die großen dichten Wälder Vorderindiens und Ceylons; Länge 60 cm, Schwanz 60 cm, Schulterhöhe 20 cm, Spannweite der Flughäute 60 cm; Pelz weich und dicht, oberseits grau und schwarz gemischt, auf der Stirn, an den Wangen, im Nacken und an den Vorderbeinen rötlich kastanienbraun, unterseits schmutzig weißgrau; die Flughaut ist oberseits schwarz- bis kastanienbraun, licht-aschgrau gerandet, unterseits graugelblich; hat sehr große, kugelig vorstehende Augen, kurze, breite, aufrechtstehende, hellbraune Ohren, eine zugespitzte schwarze Schnauze und einen dicken, buschig behaarten, schwarzen Schwanz; die Hinterbeine sind länger als die Vorderbeine.

Seiner stattlichen Größe entsprechend ist der Taguan längst nicht so flott und flink wie die kleinen Flughörnchen, aber doch immer noch ein ausgezeichneter Kletterer. Er bringt es auf Gleitflüge von 60 m Weite. Im Walde bevorzugt er die mächtigsten und höchsten Bäume. Hier ruht er ebenfalls vorwiegend in Baumhöhlen, scheint sich aber auch große Nester zu bauen, die bis zu 1 m Durchmesser haben. Nach den Berichten über sein Freileben muß er außerordentlich scheu, furchtsam und schreckhaft sein, ist jedenfalls durch Lärm und Geschrei gänzlich zu verwirren. In der Gefangenschaft zeigt er sich ebenfalls sehr geräuschempfindlich, gibt sich sonst aber bald vertraut und sanftmütig, so daß er ein beliebtes Tier ist.

Die Dornschwanzhörnchen

Man könnte sagen: die maus- bis eichhörnchengroßen Dornschwanzhörnchen sind die Flughörnchen Afrikas. Sie unterscheiden sich von jenen jedoch durch so viele anatomische Eigenheiten, daß wir sie als eine eigene Familie ansehen müssen. Vor allem weist der Schwanz dieser Hörnchen an seiner Wurzel große, dachziegelförmige und spitzige Hornschuppen auf, die in zwei versetzt nebeneinander herlaufenden Längsreihen auf der Unterseite stehen, dort gleich spitzigen Stacheln herauswachsen und eine einmalige Kletterstütze darstellen. Diese Schwanzstütze wird von den Tieren auch derartig benützt, daß ihre kletternden Bewegen unverkennbar sind.

Die zweite Besonderheit der

Während des Dammbaues können die Biber in einer einzigen Nacht mühelos etliche Dutzend Bäume umlegen. Der Anschnitt erfolgt dabei meist in einer Höhe von etwa 15–25 cm und hat nur bei stärkeren Stämmen das bekannte, sanduhrförmige Aussehen. Dünnere Stämme werden glatt durchgebissen. Die stärksten Stämme, die sie bewältigen können, haben einen Durchmesser von 20–40 cm. Die ein bis zwei Meter langen Stücke werden meist einfach ins Wasser geworfen und dann an der vorgesehenen Engstelle aufgeschichtet.

Dornschwanzhörnchen ist der lange, dünne und biegsame Knorpelstab, der vom Ellbogen ausgeht und das Gelenk gerade nach unten verlängert. Er dient als Stütze für die Flughaut und vertritt den Handgelenksporn der echten Flughörnchen. Die Flughaut selbst ist eine doppelte Hautfalte, die sich vom Nacken zum Handgelenk, von dort zum Knorpelstab und über die Zehen bis zum ersten Schwanzviertel hinzieht. Gleich den Flughörnchen sind auch die Dornschwanzhörnchen echte Fallschirmspringer und Gleitflieger, aber noch mehr als jene an das Baumleben gebunden. Auf der Erde sind sie derartig hilflos, daß sie gar nicht erst zu flüchten versuchen. Sie führen gleichfalls ein nächtliches Leben und nähren sich von Blättern und Blüten, Baumfrüchten und Nüssen. Bisher wurden drei Gattungen mit insgesamt 13 Arten bekannt, die in West- und Zentralafrika von Sierra Leone bis Uganda, Tanganjika und Nordrhodesien verbreitet sind.

Das Stummelschwanzhörnchen

Wir verlassen nun die Wipfelwelt der Gleitflieger und wenden uns einem Hörnchen zu, das an einen kleinen Biber erinnert, auch gern in der Nähe der Gewässer haust und ein vorzüglicher Schwimmer ist. Wie die Erdhörnchen lebt es sehr gesellig in ausgedehnten unterirdischen Kolonien und bevorzugt das Hügelland der nordamerikanischen Pazifikküste. Da es anstelle eines Schwanzes nur noch ein Haarbüschelchen aufweist, wird es Stummelschwanzhörnchen genannt. Seine Ähnlichkeit mit dem Biber aber trugen ihm die Namen Biberhörnchen und Bergbiber ein. Sein lateinischer Gattungsname jedoch will besagen, daß es ein Einfachzähner ist, dessen Backenzähne keine Wurzeln haben.

Stummelschwanzhörnchen (Aplodontia rufa): Das Tier bewohnt das Hügelland von Kalifornien bis Britisch-Kolumbien, vor allem die Höhe von Seattle sowie einen Gürtel westlich des Kaskadengebirges und der Sierra Nevada; Länge 34–36 cm; Pelz dicht, einfarbig rötlich, hell bespitzt; hat sehr kleine, hell umrandete Augen, stark gerundete, innen nackte Ohren und sehr lange Schnurrhaare.

Erst mit Einbruch der Dämmerung kommen die kleinen Bergbiber aus ihren Bauten und sind nun einige Stunden munter unterwegs, mummeln emsig die saftigen Gräser, um dann bis zum Morgengrauen wieder zu ruhen. Ihr Benehmen erinnert ebensosehr an die Hörnchen wie an die Biber. Vor allem wissen sie die Vorderpfoten sehr geschickt gleich Händen zu benutzen. Die Zoologen sehen in ihnen eine der ältesten und daher höchst interessanten Nagetierfamilien.

Die Biber

In Deutschland waren die Biber noch im 17. Jahrhundert an fast allen Flüssen heimisch. Die Ortsnamen Biberach, Bebra, Biebrich, Beverstadt, Bobr und Böbrach verraten es uns noch heute. Biberfleisch und Biberschwanz galten als geschätzte Fastenspeise. Biberpelze und Biberhüte trugen die Ratsherren. Und mit dem Bibergeil – das in der altdeutschen Heilwissenschaft als krampflösendes Mittel verwendet wurde – trieben die Kaufleute einen schwunghaften Handel. Noch im Jahre 1650 verzeichnete das Jagdregister des Kurfürsten Johann Georg II. von Sachsen 347 erlegte Biber. Aber bereits um 1714 war der Biber schon so selten, daß der Alte Dessauer vom Landgrafen von Hessen für jeden Biber einen „Langen Kerl", also einen Soldaten bekam!

Vom Rhein zogen sich die Biber vor etwa 300 Jahren, von der Lippe vor 200 Jahren, von der Donau vor rund 100 Jahren zurück. Ebenso zeitig fehlten sie an allen ostelbischen Flüssen. Gegenwärtig sind die letzten europäischen Biberinseln das südliche Rhônedelta, das Mündungsgebiet der Mulde in die Elbe, das südliche Norwegen, das Sumpfgebiet von Polesje sowie etliche Schutzgebiete in Sowjetrußland. Im letzten deutschen Biberschlupfwinkel leben vielleicht noch ungefähr 100 Tiere, an der Rhône etliche hundert Stück, und in Südnorwegen dank strenger Schutzhege immerhin einige Tausende, von denen kleine Bestände auch in Schweden und Lettland angesiedelt wurden. Der schöne norwegische Biberbestand, der sich nicht nur gut hält, sondern erfreulich vermehrt, beweist eindeutig, daß die Ausrottung des Bibers ganz allein das traurige Verdienst skrupelloser Wilderer, geltungssüchtiger Sonntagsjäger und übler Geldmacher ist und nicht ausschließlich durch die, Kultivierung der Stromlandschaften und Wälder verursacht wurde.

Biber (Castor fiber): Bewohnt in Europa nur noch die sechs bereits erwähnten kleinen Rückzugsgebiete an der Rhône, der Mulde-Elbe, in Südnorwegen, in den Polesje-Sümpfen, an der oberen Memel und in Sowjetrußland; Länge etwa 75–95 cm, Schwanz 30–35 cm, Schulterhöhe 30 cm, Gewicht 30–40 kg; Pelz sehr dicht und glänzend, oberseits fahl- bis kastanienbraun mit grauer Tönung, unterseits heller; Gestalt vorn wesentlich schwächer als hinten, Beine kurz, hat an den Vorderpfoten

Der Biber wurde in Europa in den letzten Jahrhunderten fast vollständig ausgerottet. Es gibt ihn heute nur noch in sechs kleinen Rückzugsgebieten: im südlichen Rhonedelta, im Mündungsgebiet der Mulde in die Elbe, in Südnorwegen, in den Polsje-Sümpfen, an der oberen Memel und im europäischen Teil der UdSSR. Biber können bis zu einem Meter lang werden.

eine echte Greifhand, an den Hinterfüßen Schwimmhäute zwischen den Zehen; der Kopf ist kurzschnauzig, die Ohren liegen im Pelz versteckt und können gleich den Nasenlöchern verschlossen werden, die kleinen Augen haben eine Nickhaut und einen senkrechten Stern; der 15 cm breite Schwanz weist keine Behaarung, sondern eine verhornte, schuppige Haut auf, ist sehr platt, an den Rändern fast schneidend scharf und von oben gesehen fast eirund.

Der amerikanische *Kanadabiber (C. f. canadensis)* hat einen schmäleren Kopf, eine gewölbtere Gesichtslinie und ein dunkleres Fell.

Wenn die Biber am Bauen sind, können sie in einer einzigen Nacht mühelos etliche Dutzend Bäume umlegen. Der Anschnitt erfolgt meist in einer Höhe von etwa 15–25 cm und hat nur bei stärkeren Stämmen das bekannte sanduhrförmige Aussehen. Dünnere Stämme werden glatt durchgebissen oder mit einem mehrfachen Keilschnitt zernagt. Die stärksten Stämme, die ihre Zähne bewältigen, haben einen Durchmesser von 20–40 cm.

Die Dammhölzer selbst bestehen aus 1–2 m langen und 10–15 cm dicken Ästen und Stämmen, die meist einfach in die Flut geworfen, an der vorgesehenen Engstelle aufgeschichtet und übereinandergezerrt werden. Daß die Biber diese starken und schweren Hölzer in die Ufer und den Gewässergrund zu rammen vermögen, ist sehr unwahrscheinlich, wird aber immer wieder behauptet. Eine genauere Untersuchung der Bauwerke ließ dagegen erkennen, daß sich die Knüppel durch den Wasserdruck meist selbst festgerammt und verklemmt haben. Der Biber mag dabei etwas nachhelfen, indem er mit seiner klatschenden Schwanzkelle einen kleinen Gegenstrom erzeugt.

In Amerika sind diese Dämme oft 50–100 m lang. An einem Arm des Escanauba-River wurde sogar ein 150 m langer Damm entdeckt. Er war 3 m hoch, an der Sohle 6 m und an der Krone noch 2 m breit. Solch gewaltige Bauwerke haben meist ein hohes Alter und sind das Werk unzähliger Bibergeschlechter.

Wie die Hütten werden auch die Staudämme mit feineren Zweigen, Lehm, Schlamm, Rasenstücken und Steinen abgedichtet, beschwert, immer wieder ausgebessert, unermüdlich verstärkt und vor allem sorgfältig beobachtet. Hat sich der Deich dann mit der Zeit so gefestigt und verfilzt, daß er durchaus wasserdicht ist, so sorgen die Biber für einen den Wasserstand regulierenden Ablauf an seiner Krone.

Die Taschenratten

Die Taschenratten sind wohl die unansehnlichsten Verwandten des Eichhörnchens und führen ein Leben, das in vielen Zügen an das des Maulwurfs erinnert. Wie dieser schwarzsamtene Erdwühler sind auch sie ganz dem dunklen Erdreich verschworen, aber nicht nur mit kräftigen Schaufelpfoten, sondern gleich mit einer körpereigenen Spitzhacke ausgerüstet. Ihre ungewöhnlich großen oberen Schneidezähne erinnern tatsächlich an das Blatt einer Gartenhacke und werden bei der unterirdischen Wühlarbeit als eine solche sehr erfolgreich eingesetzt.

Damit die Lippen den Gebrauch dieses Werkzeuges nicht hindern, sind sie im Oberkiefer wie im Unterkiefer derartig tief in die breite Lücke zwischen diesen riesigen Schneidezähnen und den Backenzähnen eingezogen, so daß sie praktisch eine zwerchfellartige Querteilung der Mundhöhle bewirken.

Die Schnauze der Taschenratte wird aber nicht nur durch diese deformierten Lippen, sondern durch die im Gesicht sich schlitzförmig öffnenden Backentaschen entstellt. Denkt man sich nun noch sehr kleine Augen, kaum sichtbare verkümmerte Ohrmuscheln, eine sehr flache Stirn und einen mächtigen Backenbart auf den sich bis zu den Schultern hinziehenden Taschen dazu, so hat man den Kopf der Taschenratte als ein rechtes Urbild der Häßlichkeit vor sich. Die Gestalt ist plump, der Hals kaum abgesetzt. Die Krallen der Vorderfüße sind zu mächtigen Sicheln ausgebildet, die Zehen an den Seiten mit zahlreichen kurzen Borstenreihen besetzt.

Die durchweg etwa hamstergroßen Taschenratten sind im Gegensatz zum Maulwurf als Nager auch echte Vegetarier und ganz besonders auf die Wurzelkost eingestellt. Wo sich ihre ziemlich flachen Gänge durchs Erdreich ziehen, kümmern und welken die Gräser wie die Kräuter, die Büsche wie die Bäume. Ihre Anwesenheit verraten sie durch die aufgeworfenen Erdhügel, die denen des Maulwurfs sehr ähneln, aber unregelmäßig und verstreut stehen und durchschnittlich 30–40 cm hoch sind.

Die Taschenratten sind in 9 Gattungen mit 96 Arten weit über Nordamerika von Britisch-Kolumbien bis Panama und in den südlichen Staaten der USA ostwärts bis Florida verbreitet. Die bekannteste Art ist die

Flachland-Taschenratte oder der Gopher (Geomys bursarius): Bewohnt den Mittelwesten der USA; Größe 25–27 cm, Schwanz 6–8 cm; Pelz dicht, weich und fein, die Haare sind oberseits tief graublau an der Wurzel und rötlich an den Spitzen, unterseits gelbgrau; die nur spärlich behaarten Pfoten und der Schwanz sind weißlich.

Die Taschenmäuse

Mit den plumpen Taschenratten haben die zierlichen Taschenmäuse äußerlich nur gemeinsam, daß auch bei ihnen die Schlitze der Backentaschen auf den Wangen münden und ebenfalls innen behaart sind. Sonst erinnern diese kleinen und zartgliedrigen Geschöpfe fast verblüffend an die bekannteren Wüstenspringmäuse Afrikas. Sie gleichen ihnen in der Größe sowie in den verlängerten Hinterbeinen und kennzeichnen sich ebenfalls durch den sehr langen und bequasteten Schwanz. Vor allem sind auch sie scheue nächtliche Geister der Halbwüsten und Savannen, fliegen in mächtigen Sätzen über den Sand und kommen fast ohne Wasser aus, sie sind an ihre Umwelt bestens angepaßt.

Diese Taschenmäuse und Taschenspringer sind in 2 Unterar-

Die Mäuse sind die bei weitem artenreichste Säugetierfamilie. Wir kennen von ihnen nicht weniger als 186 Gattungen mit insgesamt 1812 Arten. Viele Arten wurden zu echten Kulturfolgern und verbreiteten sich im Gefolge des Menschen über die ganze Welt. Mäuse sind außerordentlich fruchtbar. Das einzelne Weibchen wirft im Jahr mühelos fünf- bis sechsmal.

ten mit 5 Gattungen und insgesamt 104 Arten vom westlichen Nordamerika über Mittelamerika bis nach Kolumbien, Ekuador und Venezuela verbreitet und noch sehr häufig. Wo sie auftreten, begegnet man ihnen in oft riesigen Scharen. Ihre Bauten weisen ein wahres Labyrinth von Gängen auf, von denen zahlreiche Fluchtröhren abzweigen. Und so, wie die tapfere Känguruhratte im Disneyfilm, so tanzen sie oft stundenlang vor lauter Lebensfreude durch die stillen Nächte ihres trostlosen Lebensraumes. Die meisten ihrer Art sind nur mausgroß, also viel kleiner als die erwähnte Känguruhratte. Andere, wie z. B. die kleinen *Stacheltaschenmäuse (Heteromys)*, kennzeichnen sich durch ein sehr sonderbares Fell, das aus einer Mischung von echten Haaren, starren Borsten und weichen, aber spitzige Stacheln besteht.

Taschenspringer oder Känguruhratte (Dipodomys phillipsi): Bewohnt Kalifornien sowie die Küste westlich des Kaskadengebirges und der Sierra Nevada; Länge 12–14 cm, Schwanz 16–18 cm; das Weibchen ist noch etwas kleiner; Pelz oberseits lichtbraun, seitlich gelblichweiß, unterseits reinweiß; kennzeichnet sich durch zwei weiße Streifen, von denen sich der eine vom Ohr zur Schulter, der andere vom Schenkel zum Schwanz hinzieht; hat einen großen, breiten und platten Kopf, ein stark zugespitztes Schnäuzchen mit fast kopflangen Schnurren, hellgesäumte und gerundete Ohren, große dunkle Nachtaugen; der mehr als körperlange Schwanz ist an der Spitze pinselartig weiß behaart.

Die Känguruhratte sammelt in den wenigen Wochen der Regenperioden, in denen auch die Wüstenpflanzen üppig erblühen, emsig grüne Blätter und Blüten, stopft sich die Backentaschen voll Samen, Wurzeln und Gräsern und hortet diese Schätze in den Tiefen ihres Baues. Im Verhältnis zu ihrer Häufigkeit wissen wir überraschend wenig von ihren Lebensgewohnheiten.

Die Springhasen

Im gleichen Maße, wie die Taschenmäuse den Wüstenspringmäusen ähneln, gleichen die afrikanischen Springhasen den kleinen Känguruhs. Wohin sie im großen Reich der Nager aber nun eigentlich gehören, ob zu den Springnagern oder den Stachelschweinartigen oder den Hörnchenverwandten, das bereitet den Zoologen, wie schon erwähnt, noch immer Kopfschmerzen. Wahrscheinlich wird man auch ihnen einmal eine Sonderstellung zubilligen müssen.

Die Springhasen, von denen es nur noch eine Gattung mit zwei sehr verwandten Arten gibt, kennzeichnet der schwache Vorderleib, der überbaute Hinterleib, die sehr kurzen Vorderbeine, die übermäßig langen Sprungbeine und ein fast körperlanger buschiger Balancierschwanz. Der Kopf ist verhältnismäßig dick und breit, der Hals ungewöhnlich kräftig und nur wenig abgesetzt. Die langen und breiten Ohren wirken irgendwie geknittert und werden während des Schlafens von den gekreuzten Vorderpfoten über die Augen gedrückt. Die hochgewölbten, stark vorstehenden und großen Augen verraten das scheue Nachttier. Die Nasenspitze und die Unterlippe ergeben eine ungewöhnlich stumpfe Schnauzenform, an der noch auffällt, daß die Oberlippe nicht gespalten ist. An den fünf Zehen der Vorderfüße sitzen sehr lange, starke und scharfgekrümmte Krallen, die unser Tier als einen ausgezeichneten und schnellen Wühler und Scharrer kennzeichnen. Die Sprungbeine sind ebenfalls mit sehr starken, fast hufartigen Nägeln versehen. Der lange Schwanz ist an der Wurzel noch verhältnismäßig dünn, dann aber starkbuschig und fahnenartig behaart.

Südafrikanischer Springhase (Pedetes caffer): Bewohnt die Steppen und Halbwüsten Südafrikas vom Kapland bis Angola und Tanganjika; Länge 45 cm, Schwanz 40 cm; Pelz dicht, weich und üppig, oberseits bräunlich-sandfarben, schwarz gemischt, unterseits weiß, am Schwanzbüschel schwarz; wird in Ostafrika, vor allem in Kenia, vom *Kenia-Springhasen (P. surdaster)* vertreten.

Die Springhasen verlassen ihre außerordentlich weit verzweigten unterirdischen Bauten, die aus einem Labyrinth von Gängen bestehen und tagsüber verschlossen gehalten werden, erst in der Abenddämmerung. Während des Äsens laufen sie auf allen vieren, kriechen fast dahin, richten sich aber immer wieder hoch auf, um zu sichern. Neben Gras und Kräutern verzehren sie Früchte und Insekten, wahrscheinlich auch mancherlei Kleingetier und scharren nach Wurzeln und Knollen. Aus der aufgerichteten Stellung springen sie in 2–3 m weiten Sätzen durch ihr Revier und drücken dabei die gefalteten Vorderpfoten fest an die Brust. Aufgeschreckt, fliegen sie in 6–10 m weiten Sprüngen ihren versteckten Schlupfwinkeln zu.

Die Mäuseverwandten

Wie in manchen Jahren auf den Feldern und Wiesen, so wird es auf den folgenden Seiten von grauen, braunen und schwarzen, von huschenden, springenden, kletternden, wühlenden und schwimmenden Mäusen nur so wimmeln. Denn die Mäuse sind die artenreichste Säugetierfamilie. Wir kennen von ihnen nicht weniger als 186 Gattungen mit insgesamt 1812 Arten. Schon das ist ein beachtliches Mäuseheer und läßt vielleicht erahnen, wie gewaltig und unübersehbar die wirkliche Anzahl der Mäuse auf der Welt ist. Die rechte Vorstellung davon aber dämmert uns erst, wenn wir wissen, daß sich die meisten Mäuse fast das ganze Jahr hindurch zu paaren vermögen und die Jungtiere ihrerseits nach spätestens 8–10 Wochen fortpflanzungsfähig sind. Die eine Mäusegeneration folgt also der anderen – bei einer durchschnittlichen Tragzeit von drei Wochen – nach rund zwölf Wochen. Das einzelne Weibchen wirft im Jahr mühelos fünf- bis sechsmal, wobei die Anzahl der Jungen zwischen 2–8 Tieren schwankt. Hätten die Mäuse nicht ein Heer von Feinden, sie wären die Herren der Welt. Die ganze Welt gehört ihnen ohnehin. Im Gefolge des Menschen

Die Hausmaus bewohnt in 59 Unterarten ganz Europa, Nordafrika und ist über Sibirien bis nach China und Japan verbreitet. In Deutschland gibt es zwei davon. Die Hausmaus findet man westlich der Elbe in West- und Nordwesteuropa. Sie ist ausgesprochen wärmeliebend und verläßt die Häuser höchstens in trockenen und warmen Sommern. Die Feld-Hausmaus findet man östlich der Elbe. Sie lebt nicht ausschließlich in den Häusern, sondern auch in den Gärten und auf den Feldern.

wurden sie auf der einsamsten Insel heimisch. Dabei sind die Mäuse wahrscheinlich das jüngste Tiergeschlecht, vielleicht überhaupt der letzte Zweig am Stamm der Säugetiere. Vor allem aber sind sie derart lebenstüchtig, daß sie alle anderen Säuger einschließlich des Menschen überleben werden.

Wir unterteilen die Mäuse in 10 Familien und beschäftigen uns zuerst mit den sogenannten Echtmäusen mit den 71 Gattungen.

men fällt es ihm schwer, sie so zu sehen, wie sie in Wirklichkeit sind, nämlich als hochbegabte, sinnenscharfe, anpassungsfähige und lebenstüchtige Geschöpfe, unter denen es reizvolle, zierliche, graziöse und besonders auch saubere Tiere gibt.

Die Echtmäuse kennzeichnen sich durch die sehr spitze, feine, behaarte Schnauze, die breite gespaltene Oberlippe, die langen zitternden Schnurrhaare, die sehr großen, tiefschwarz glänzenden Augen, die meist unbehaarten Ohren und den langen, fast gänzlich nackten Schwanz, zwischen dessen viereckigen oder verschoben-viereckigen Schuppen einzelne steife Härchen stehen. An den ebenfalls kaum behaarten Vorderpfoten haben sie meist vier Zehen und eine verkümmerte Daumenwarze, an den Hinterfüßen meist fünf Zehen. Der Pelz besteht aus einem feinen kurzen Wollhaar, das von langen und glänzenden Grannen bedeckt wird.

Das Gebiß weist jederseits drei obere und drei untere Backenzähne auf, die zuerst eine höckrige Kaufläche haben und sich später durch schützende Schmelzbänder kennzeichnen.

Mitteleuropäische Mäuse und Ratten

Die Überschrift deutet es schon an, daß sich die Mäuse im engeren Sinne in zwei Gruppen, nämlich in die kleinen Haus-, Feld- und Waldmäuse und in die größeren und verhältnismäßig plumpen Ratten gliedern. Beide Gruppen unterscheiden sich vor allem durch die Schuppenringe der Schwänze. Der Mäuseschwanz hat höchstens 180, der Rattenschwanz dagegen 210–270 Schuppenringe. Wir beschäftigen uns nun zuerst einmal mit den Mäusen unserer Heimat.

Hausmaus (Mus musculus): Bewohnt in 59 Unterarten ganz Europa, Nordafrika und ist über Sibirien bis nach China und Japan verbreitet, kommt in Deutschland in zwei verschiedenen Formen vor, deren Verbreitungsgebiete westlich bzw. östlich einer etwa von der Elbmündung bis zur Nordadria verlaufenden Linie liegen. Wir unterscheiden danach:

Haus-Hausmaus (M. m. domesticus): Bewohnt Mitteleuropa westlich der oben erwähnten Grenzlinie; Länge 8,5 cm, Schwanz 9 cm; Pelz oberseits schwarzgrau, unterseits dunkelgrau, schwarz bespitzt, an den Füssen und Zehen gelblichgrau; ist ausgesprochen wärmeliebend und verläßt die Häuser höchstens in trockenen und warmen Sommern; kam mit dem Getreideanbau aus dem Hochland von Iran, wo heute noch ihre wilde Stammform *Mus musculus bactrianus* lebt, drang über Nordafrika und Spanien nach Mitteleuropa vor.

Feld-Hausmaus (M. m. musculus): Bewohnt Mitteleuropa östlich der oben erwähnten Grenzlinie; Länge 8 cm, Schwanz 7 cm; Pelz oberseits gelbbraun, unterseits weißgrau bis reinweiß; lebt nicht ausschließlich in den Häusern, sondern auch in den Gärten und auf den Feldern; stammt von der südosteuropäischen *Ährenmaus (M. m. spicilegus)* ab, drang wohl schon unmittelbar nach der Eiszeit bis nach Skandinavien vor und kam zuerst nur während harter Winter in die Baulichkeiten.

Unsere beiden Hausmäuse, die schwarzgraue wie die gelbbraune, unterscheiden sich kaum in ihren Lebensgewohnheiten. Beide wissen in den Gebäuden jeden Schlupfwinkel zu nützen, nehmen nicht selten vom ganzen Haus Besitz, sind im Keller wie auf dem Speicher zu finden, und legen sich ein weitverzweigtes Netz heimlicher Gänge, Schlupfwinkel und Nester an. Vor ihren Zähnen ist nichts sicher; sie zernagen Wände wie Türen, Möbel wie Bücher, naschen vom Fleisch und Käse, Brot und Mehl, Speck und Fett, schätzen neben Körnern und Früchten alle Süßigkeiten und Konfitüren, schlecken Milch und Obstsäfte und sammeln gern Vorräte. Als flinke, scharfsinnige und vorsichtige Geschöpfe wissen sie sich fast immer rechtzeitig zu bergen. Kommen

Die echten Mäuse

Die echten Mäuse mit 626 Arten sind über die Alte Welt verbreitet. Unter diesen Mäusen im engeren Sinne befinden sich vor allem die Arten, die zu echten Kulturfolgern und zum Teil zu anhänglichen Hausgenossen des Menschen wurden. Begreiflicherweise ist der Mensch nicht gut auf sie zu sprechen, fürchtet sie mit Recht als Überträger zahlreicher Krankheiten und Seuchen, haßt sie als Diebe und Plünderer in Haus und Hof wie als Schädlinge in Feld und Wald, empfindet sie als häßlich und widerwärtig. Also voreingenom-

Die Zwergmaus paart sich nur im Hochsommer. Nach einer Tragzeit von drei Wochen kommen etwa sechs Junge zur Welt. Bei der Geburt wiegen sie jeweils weniger als ein Gramm und messen höchstens 15 Millimeter. Zwischen dem vierten und dem sechsten Lebenstag wächst ihnen ein Fell; am zehnten Tag öffnen sie die Augen.

sie aber einmal in Not und Gefahr, so erweisen sie sich als so schnelle Kletterer, Hüpfer und Springer, daß der Mensch ihnen kaum mit dem Auge zu folgen vermag. Dabei zeigen sie sich durchaus nicht kopflos, sondern ausgesprochen verschlagen, verwegen und listig, nützen die geringste Deckung und bleiben trotz des Lärmes, der sie doch maßlos ängstigen muß, im sicheren Winkel hocken. Sehr schnell erfassen sie, in welchen Häusern sie sich nur im Schutz der Dunkelheit aus ihren Schlupfwinkeln wagen dürfen und wo sie nachsichtig geduldet werden. Dort zeigen sie sich dann auch tagsüber, und man kann sie in ihrer ganzen reizvollen Lebendigkeit kennenlernen.

Zwergmaus (Micromys minutus): Bewohnt in 17 Unterarten West- und Südeuropa – außer Spanien – und verbreitet sich über Sibirien bis nach Japan, Indochina und Burma, kommt auch im Kaukasus vor; Länge 6–7 cm, Schwanz 6 cm; Pelz sehr dicht und üppig, oberseits bräunlich, rostrot überflogen, unterseits und an den Füßen weißlich, fein gelb getönt; hat sehr große Nachtaugen, ausgesprochen rundliche Ohren, sehr spreizbare Kletterzehen und einen drehrunden Schwanz.

Diese kleine anmutige Maus ist eine einzigartige Baukünstlerin. Den Sommer überlebt sie nämlich in oberirdischen Nestern, die sie großartig getarnt in das Schilf, die Getreidefelder, die hohen Seggenbestände und grasdurchwachsenen Büsche hängt. Im allgemeinen befindet sich der kugelige, etwa gänseeigroße Bau etwa 30–50 cm hoch über dem Erdboden. Sehr häufig besteht er aus rund zwanzig bis dreißig zueinandergebogenen und auf den Stengeln lang zerschlitzten Riedgrasblättern, die von der Maus kunstfertig verwoben und verflochten werden.

Die Nahrung der Zwergmaus besteht aus Getreidekörnern und allen anderen Sämereien der Gräser, Kräuter, Büsche und Bäume. Von diesen trägt sie nach der Wurfzeit ansehnliche Vorräte in ihre unterirdische Winterhöhle, in der sie die kalte Jahreszeit halb ruhend und halb wachend verbringt. Den Sommer über verzehrt sie neben der Pflanzenkost viele kleine Insekten und macht damit den geringen Schaden, den sie an der Feldfrucht anrichtet, bestimmt wieder wett.

Brandmaus (Apodemus agrarius): Bewohnt Holland, Deutschland nördlich des Mains, Dänemark, Rußland und ist von dort in acht Unterarten ostwärts bis zur Mandschurei verbreitet; Länge 10 cm, Schwanz 7,5–8 cm; Pelz oberseits tiefrotbraun mit schwarzem Rückenstrich, unterseits scharf abgesetzt reinweiß; hat große Augen, fein rötlich behaarte Ohren, weiße Lippen und weißliche, spärlich braun behaarte Füße.

Der eigentliche Lebensraum dieser Maus sind die Feld- und Waldränder, die dichten Hecken und unterholzreichen Feldgehölze, die Parkanlagen und Gärten. Im Wald selbst wie im Gebirge fehlt sie weitgehend. Gegen den Winter zu rückt sie in die Scheunen, die Heustadel und Ställe, unter denen sie sich auch Vorratslager anlegt. Im Sommer verzehrt sie neben den Sämereien besonders Insekten und Regenwürmer.

Feld-Waldmaus oder Kleine Waldmaus (Apodemus sylvaticus): Bewohnt in 30 Unterarten die Wälder Europas, Asiens und Nordafrikas, ist in Persien wie in Burma und Japan zu Hause; Länge 10 cm, Schwanz 10 cm; Pelz oberseits rostgelblich, fein weinrotgelb überhaucht, auf dem Rücken leicht grau getönt, unterseits weißlich; fällt sofort durch ihre ungewöhnlich großen Augen und Ohren auf; hat einen rostgelblichen Kehlstreif und weiße Füße.

Gelbhals- oder Halsbandmaus (Apodemus flavicollis): Bewohnt in sieben Unterarten Europa und Vorderasien, verbreitet sich über Palästina und Afghanistan bis zur Mandschurei und nach China; Länge 11–12 cm, Schwanz 11–12 cm; Pelz oberseits dunkelrotbraun, unterseits und an den Beinen und Füßen weiß; kennzeichnet sich durch ein zimt- oder orangebraunes Brustquerband, das von einem Längsstreif gekreuzt wird; hat weiße Lippen und sehr große Augen und Ohren.

Die Gelbhalsmaus bevorzugt den hohen dunklen Buchenwald, das dämmernde Waldesinnere, die schattigen Abhänge und Böschungen, ist aber auch in Mischwäldern, Feldgehölzen und großen alten Parkanlagen zu finden. Sie ist so behend wie die Waldmaus und verzehrt neben allerlei Larven und Käfern auch Spinnen und Ameisenpuppen, trinkt ebenfalls Vogeleier aus und sammelt emsig Bucheckern und Haselnüsse.

Auch die Gelbhalsmaus kommt im Winter in die Häuser.

Hausratte (Rattus rattus): Bewohnt in 74 Unterarten Europa, Asien, Afrika und Indonesien; Länge 16–18 cm, Schwanz 20 cm, wird in den Hafenstädten oft noch größer; Pelz oberseits dunkel- bis schwarzgrau, oft leicht bläulich schimmernd, nicht selten auch bräunlichgrau oder rabenschwarz, unterseits dunkelaschgrau; kennzeichnet sich durch dünne und große, nackte und fleischfarbene Ohren, die etwa die halbe Kopflänge haben und vorgedrückt den hinteren Augenrand erreichen würden; hat schwärzlich-fleischfarbene Füße und einen dunkelgrauen Schwanz mit tatsächlich 260 Schuppenringen.

Die Hausratte stammt wie die meisten Ratten wahrscheinlich auch aus Südasien und muß schon sehr zeitig über den Mittelmeerraum nach Mitteleuropa gekommen sein. Manche Forscher glauben, daß sie bereits eine Mitbewohnerin der Pfahlbauten war, während andere sie wesentlich später auftauchen lassen. Verbreitet wurde dieses ehemalige Wald- und Baumtier – das

Erstaunlich anpassungsfähig an wechselnde Umweltbedingungen zeigt sich die Wanderratte. Man schreibt ihr eine ungewöhnliche Intelligenz zu. Sie scheint weniger als andere Tiere an fest eingefahrene Verhaltensweisen gebunden zu sein und kann gleichsam überlegt handeln. Sie tritt ebenso tolldreist wie vorsichtig, angriffslustig wie scheu auf.

auch heute noch immer nach oben flüchtet und in den Gebäuden vorwiegend die trockenen Speicher und Dachböden bewohnt – sicherlich durch die Schiffahrt. Denn die Hausratte ist die Schiffsratte und vermag als ausgezeichneter Kletterer mühelos über die Haltetrossen der Schiffe an Land zu balancieren, ganz abgesehen davon, daß sie vorzüglich schwimmt. Ihre Anwesenheit in einem Hause verrät sie leicht und unverkennbar durch den üblen Rattengeruch sowie durch die dunklen Laufspuren längs der Balken und Dielen. Die Hausratte pflegt nämlich ihre Wege mit Kot und Urin zu markieren, der von den Pfoten wie von den Bauchhaaren glattgebürstet wird. Auf diesen Spuren läuft sie auch bei der Flucht stur wie ein Fahrzeug auf Schienensträngen dahin.

Abgesehen von den Hafenstädten, die sie vorwiegend beherrscht, tritt die Hausratte heute nur noch vereinzelt auf. Man nahm lange an, daß sie von der später aus dem gemäßigten Asien eingewanderten Wanderratte verdrängt wurde, ihr gleichsam als domestiziertes und verweichlichtes Haustier unterlag. Heute wird diese These stark bezweifelt, besonders auch deshalb, weil die Hausratte sich unstreitig wieder auszubreiten beginnt und alte Lebensräume ungeachtet der dort hausenden Wanderratten wieder besiedelt.

Praktisch kommen sich beide Ratten auch wenig ins Gehege, da die Wanderratte als ausgesprochenes Bodentier nur selten in die oberen Stockwerke vordringt, sondern sich bevorzugt an feuchten, kalten, dunklen, unterirdischen oder zumindest ebenerdigen Orten aufhält und noch immer ihre Nester am liebsten in die Erde baut. Außerdem ist die Hausratte fast ausschließlich auf vegetarische Kost eingestellt, während die Wanderratte zur Allesfresserin wurde. Es ist schon ein Ausnahmefall, wenn sich die Hausratte in den Häfen auf Räucher- und Frischfisch umstellt.

Wanderratte (Rattus norvegicus): Bewohnt in fünf Unterarten Europa und ganz Asien bis Celebes, wurde durch den Menschen über die ganze Erde verbreitet; Länge 24 cm, Schwanz 18 cm; Pelz oberseits vorwiegend braungrau, oft rostfarben überhaucht und mit schwärzlichen Haaren gemischt, unterseits hellgrau bis grauweißlich; doch kommen immer häufiger auch schon hausrattenähnlich dunkelgefärbte Pelze vor; kennzeichnet sich durch verhältnismäßig kleine, dickfleischige, fast nackte Ohren, die höchstens ein Drittel der Kopflänge ausmachen; hat eine längere Schnauze, fleischfarbene, nackte Füße; der Schwanz weist nur 210 Schuppenringe auf.

Nicht erst mit dem im Jahre 1727 beobachteten großen Wanderzug, der damals die Wolga überquerte, sondern mindestens schon zwei bis drei Jahrhunderte vorher drang die Wanderratte aus dem gemäßigten Asien nach Europa vor. Im Gefolge des Menschen betätigt sie sich nicht nur als ein großer Schädling und gefährlicher Seuchenverbreiter, der alle verheerenden Pestzüge des Mittelalters begleitete, sondern auch als ein unersättlicher Straßenkehrer der Natur, der noch die ekelsten Brocken verschlingt. Alle Abraumplätze, angefangen vom Misthaufen im Bauernhof bis zu den großstädtischen Müllbergen, sind von den Ratten bewohnt oder werden von ihnen besucht.

Die Wanderratte zeigt sich erstaunlich anpassungsfähig, ungewöhnlich intelligent und gewitzt, scheint viel weniger als andere Tiere an fest eingefahrene Verhaltensweisen gebunden zu sein und gleichsam überlegt zu handeln. In ihrem Auftreten ist sie ebenso vorsichtig wie tolldreist, scheu wie angreiferisch, verschlagen wie schneidig und wehrt sich verzweifelt ihrer Haut. Ein Rudel hungriger Ratten schreckt vor nichts zurück, tötet Kaninchen wie Hühner, Enten und Gänse im Stall, frißt den fetten Schweinen große Löcher in die Speckschwarte und weiß sich zu allen Vorratsräumen Zugang zu verschaffen. Auf kleinen Inseln, wo sie überhand nahmen, rotteten sie die gesamte Tierwelt aus und attackierten unverzüglich die dort landenden Menschen.

Das Rattenweibchen paart sich ohne Wahl mit allen Männchen des Rudels und wirft mehrere Male im Jahr 10–16 Junge, die zusammen mit den Jungen der anderen Weibchen im Gemeinschaftskessel liegen. Die säugenden Weibchen nehmen jedes hungrige Jungtier an. Die Männchen sorgen gemeinsam für die benötigte Nahrung in den Kinderstuben. Der Ausfall eines Weibchens spielt also gar keine Rolle, da es keine Paare und keine Familien, sondern ein Rudelkollektiv gibt.

Dieses Rattenrudel umfaßt durchschnittlich 10–30 Tiere, die eine fest verschworene Raubgemeinschaft darstellen, ihr Revier scharf abgrenzen, gegen Eindringlinge erbittert verteidigen und sich untereinander auf Tod und Leben beistehen. Der Angstruf eines angegriffenen Weibchens ruft sämtliche Männchen auf den Plan. Einem englischen Kammerjäger, der diesen Angstruf auf einer kleinen Pfeife nachzuahmen vermochte, war es darum möglich, die Ratten gleich dem Rattenfänger von Hameln aus ihren Löchern zu locken.

Erwähnt seien kurz auch noch:

die *Ohrenratten (Otomys u. a.),* die in zwei Gattungen mit 28 Arten ganz Afrika südlich der Sahara bewohnen und sich ihre Gänge im harten Boden wie im sumpfigen Gelände und an Gewässerrändern graben, etwa die Größe einer Hausratte erreichen und sich durch ihren langen borstenhaarigen Pelz kennzeichnen, der auch die kreisrunden Ohren von der Wurzel her bedeckt; sowie

die *Borkenratten (Phloeomys),* die in sechs Arten auf Neuguinea, den Philippinen, auf Insulinde und dem asiatischen Festland leben; die bekannteste von ihnen ist die auf den Philippinen beheimatete *Phloeomys cumingi,* die mit dem fast körper-

Die Feldmaus verbringt den Sommer am liebsten auf bebauten Äckern. Sie liebt trockene und warme Böden und ist bei den Bauern als ein Meister im Wühlen nicht gern gesehen.

Im Winter zieht sie sich in Scheunen, Ställe und Keller zurück. Die Feldmäuse, die kein solches Winterquartier finden, legen sich ausgedehnte „Straßen" an.

langen Schwanz 70–80 cm mißt, also eine riesige Ratte ist und auf dem Rücken einen deutlichen, dreieckig-länglichen, braunschwarzen Sattel trägt; die Oberseite des dichten, langen und glänzenden Pelzes ist grauweiß, die Schnauze, ein Ring um die Augen und die Ohren sind braun, der Schwanz dünn behaart und in der Wurzelhälfte schwarz, der nackte und fleischfarbene Fuß ist mit sehr starken Krallen versehen.

Die Wühler oder Hamster

Diese zweite große Gruppe der Mäuseverwandten, die wir jetzt den Echtmäusen folgen lassen, umfaßt nicht nur die eigentlichen Wühlmäuse selbst, sondern auch die Hamstermäuse, die Lemminge, die Mullmäuse, die Insel- und Mähnenratten sowie die Renn-, Hüpf- und Springmäuse, also alle die ausschließlich in selbstgewühlten unterirdischen Gängen und Höhlen hausenden Wühler des Mäusegeschlechts. In ihnen erblickt der Zoologe die Vorläufer der lang- und nacktschwänzigen Echtmäuse und nimmt an, daß ihr Ursprung gut 40 Millionen Jahre zurückliegt.

Die Wühlmäuse im engeren Sinne

Die Wühlmäuse sind fast durchweg kleine Mäuse, die sich untereinander sehr ähneln und im großen und ganzen von den Echtmäusen durch ihren etwas plumperen, walzenförmigen und gedrungenen Körperbau, den dickeren Kopf, die stumpfer gerundete Schnauze, die kleineren Augen, die oft im Pelz versteckten Ohren und den kürzeren Schwanz unterscheiden. Ihre Backenzähne weisen deutliche Schmelzschlingen und die Hinterfüße sechs bzw. fünf Sohlenballen auf. Maulwurfsartig wühlen sie sich umfangreiche unterirdische Gänge und geräumige Höhlen, sind mit wenigen Ausnahmen echte Vegetarier, begnügen sich aber nicht mit den in der Erde freigewühlten Pflanzenwurzeln, sondern kommen auf der Nahrungssuche aus ihren Löchern und verzehren auch fast alle oberirdischen Teile der Pflanzen. Einen Winterschlaf halten sie alle nicht, bleiben unter dem Schnee munter und sammeln sich Vorräte für die kalte Jahreszeit.

Die Wühlmäuse im engeren Sinne sind in 98 Arten über den Norden der Alten und Neuen Welt verbreitet und hier von der bebauten Tiefebene über die Steppe und den Wald bis hinauf zu den schneebedeckten Berggipfeln heimisch.

Feldmaus (Microtus arvalis): Bewohnt in 16 Unterarten ganz Eurasien vom Atlantik bis zum Altai, fehlt in England; Länge 9–11 cm, Schwanz 3–4 cm; Pelz oberseits vorwiegend gelbgrau, seitlich heller, unterseits und an den Füßen weißlich.

Die Feldmaus ist eine echte Ackermaus, die den Sommer vorwiegend auf dem bebauten Land verbringt. Sie liebt trockene und warme Böden und ist im Wühlhandwerk eine große Meisterin. Ihre Nester liegen 40–60 cm tief in der Erde, sind weich gepolstert und bergen vom April bis zum Oktober fast pausenlos eine Hecke nach der anderen. Auf rund 500 Nachkommen kann es jede weibliche Feldmaus in 15 Monaten bringen. Kein Wunder also, daß sie in günstigen, das heißt warmen und trockenen Jahren zur Massenvermehrung neigt. Die Felder gleichen dann großen Sieben, so dicht liegt Bau an Bau, und von Loch zu Loch laufen die Mäusestraßen als tief ausgetretene Pfade. Selbst am hellen lichten Tag sind die Fluren ein einziges graues Gewimmel. Wer über solche Felder läuft, kann unzählige Mäuse erschlagen und zertreten, da sich die flüchtenden Tiere derartig vor den Fluchtröhren stauen, daß eines das andere hindert.

Diese Überbevölkerung wird zumeist ebenso schnell beendet, wie sie einsetzte. Die Mäuse leiden nicht nur an Nahrungsmangel, sondern auch an dem fürchterlichen Gedränge, in dem sie leben müssen, werden reizbar, versuchen sich dem Gewimmel zu entziehen, fallen heißhungrig übereinander her und mästen sich an den Kranken und Schwachen sowie Jungen.

Erdmaus (Microtus agrestis): Bewohnt in 18 Unterarten ganz Eurasien vom Atlantik bis zur Mongolei; Länge 12–13 cm, Schwanz 3,5–4 cm; Pelz oberseits dunkelbraungrau bis dunkelbraunschwarz, seitlich heller, unterseits weiß und an den Füßen bräunlichweiß; der Schwanz ist oberseits dunkelbraun, unterseits ebenfalls weiß; die Ohren sind behaart und größer als bei der Feldmaus.

Oft ist die Erdmaus die Nachbarin der Feldmaus, bevorzugt aber sichtlich die kühleren und feuchteren Böden und ist deshalb recht häufig unter dichten Hekken, in Feldgehölzen, an Waldrändern sowie in der Nähe von Mooren und Gewässern zu finden. Ihre Gänge verlaufen flach unter der Erde und auch das runde Nest steht knapp unter dem Rasen, meist unter dichten Grasbüscheln und hin und wieder sogar oberirdisch zwischen Wurzeladern. In ihrem ganzen Wesen ist sie etwas zutraulicher, langsamer, behäbiger als die Feldmaus und auch am Tage häufig unterwegs. Im Winter baut sie sich die gleichen Schneetunnel und kann in den Gehölzen ziemlichen Schaden durch ihren Wurzel- und Rindenfraß anrichten. In die Häuser kommt sie nur selten.

Waldwühl- oder Rötelmaus (Clethrionomys glareolus): Bewohnt in 32 Arten Europa, Mittelasien und Nordamerika; Länge 10–11 cm, Schwanz 4,5 cm; Pelz oberseits braunrot bis dunkelbraun und schwärzlich, seitlich grau, unterseits und an den Füßen weiß; die Innenseite der Ohren ist von einem langen Haarbüschel bedeckt.

Im Gegensatz zu den anderen Wühlmäusen lebt die rötelfarbige Waldwühlmaus vorwiegend oberirdisch, ist in stillen Wäldern viel am Tage unterwegs und stellt

Die Waldwühl- oder Rötelmaus lebt im Gegensatz zu anderen Wühlmäusen vorwiegend über der Erde und ist in stillen Wäldern viel am Tag unterwegs. Dort stellt sie auch ihr kunstvoll gebautes Nest auf, versteckt es unter Laub oder baut es in Büsche. Das Weibchen wirft drei- bis viermal im Jahr rund sieben Junge, die schon nach neun Wochen fortpflanzungsfähig sind. Wo es wenig natürliche Feinde gibt, vermehren sich die Waldmäuse beträchtlich und können als eifrige Rindenfresser größere Schäden anrichten.

auch ihr recht kunstvolles Nest gern frei auf, versteckt es unter dem zusammengewehten Falllaub oder baut es niedrig in die Büsche. Die Erde ist für sie wie für die Echtmäuse nicht mehr als ein Schlupfwinkel, und zumeist geht sie auch nicht viel tiefer, als die Bodenstreu reicht. Sie lebt auch nicht vorwiegend von Pflanzenstoffen, sondern verzehrt im Sommer vor allem Insekten sowie ihre Larven, Würmer und Schnecken, plündert Vogelnester und trinkt nicht nur die Eier aus, sondern tötet und frißt auch die Küken. Sie klettert ganz ausgezeichnet, erklimmt Büsche wie Bäume und springt wie ein Vogel von Zweig zu Zweig. An den Waldrändern und in den lichten Laubwäldern ist sie häufiger als im Waldesinneren, kommt deshalb auch viel in die Feldgehölze, Stadtwälder und Parkanlagen, meidet den dunklen Nadelwald aber fast immer. Das Weibchen wirft 3–4mal im Jahr 6–8 Junge, die schon nach 9–10 Wochen fortpflanzungsfähig sind. Wo es an Mardern und Füchsen, Tag- und Nachtgreifern mangelt, vermehren sich die Waldwühlmäuse also beträchtlich und können als eifrige Rindenfresser besonders im Winter ziemlichen Schaden in den Baumschulen und Schonungen anrichten.

Scher- oder Mollmaus (Arvicola terrestris): Bewohnt in 30 Unterarten Eurasien vom Atlantik bis zum Amur; Länge 14–16 cm, Schwanz 7–8 cm; Pelz oberseits graubraun, bei der norddeutschen Form dunkelkastanienbraun, seitlich heller, unterseits weißlich oder grau oder grauschwarz; hat einen dicken runden Kopf, eine dicke stumpfe Schnauze, kleine, kaum hervorstehende Ohren und einen gutbehaarten Schwanz.

Die Scher- oder Mollmaus ist die von allen Obstgärtnern gefürchtete und gehaßte „Wühlmaus" und zugleich die allbekannte, echte „Wasserratte". Sie lebt nämlich ebenso gern an Gewässerrändern, wo sie zeigt, daß sie ganz vorzüglich schwimmen und tauchen kann, wie auch weitab davon in allen möglichen offenen Landschaften, wo sie als echte Wühlmaus ein vorwiegend unterirdisches Leben führt und besonders die Baumwurzeln benagt. Es gibt also gleichsam eine „nasse" und eine „trockene" Schermaus. Doch bevorzugt auch die im Kulturland wühlende Schermaus feuchte Böden, saure Wiesen, Nordhänge in der Nähe des schattenden Waldes, und liebt vor allem die Obstgärten, die in alten und stark verunkrauteten Grasländern stehen.

Die „trockene" Schermaus ist wohl hauptsächlich daran schuld, daß die Gärtner immer wieder steif und fest behaupten: der Maulwurf fresse eben doch Pflanzenwurzeln! Auch sie wirft nämlich starke Erdhaufen auf, die den Maulwurfshügeln ähneln, sich bei genauerem Zusehen aber doch wesentlich von ihnen unterscheiden. Man muß dabei wissen, daß der Maulwurf die Erde senkrecht von seinem unterirdischen Gang empordrückt, so daß sie sehr gleichmäßig von oben her auf das Gras fällt und einen hohen rundlichen Hügel bildet. Die Schermaus dagegen schiebt die Erde seitlich und diagonal aus ihrem Gang, so daß sich beträchtlich flachere und ungleichmäßigere Hügel bilden, die zumeist so nahe beieinanderliegen, daß sie einem großen Gewühle gleichen. Diese Erdhügel sind außerdem von sehr unterschiedlicher Größe, während die des Maulwurfs fast regelmäßige Ausmaße haben. Hinzu kommt, daß die Gänge der Schermaus auf weite Strecken hin oft so knapp unter dem Rasen verlaufen, daß man sie leicht an der gewölbten Erde zu erkennen vermag bzw. sie ohne weiteres eintreten kann.

Tagsüber hält die Schermaus ihre Gänge verschlossen. Nur über dem Mutterbau befinden sich einige offene Fallröhren, da die jungen Schermäuse ihre Nahrung oberirdisch suchen. Die alten Mäuse kommen nur nachts ins Freie und verschließen den Gang sofort nach dem beendeten Ausflug wieder sehr sorgfältig.

Das Weibchen wirft 4–5mal im Jahr 4–6 Junge, die bereits nach acht Wochen geschlechtsreif sind und sich vermehren können.

Ein fast unbeachtetes Dasein führt dagegen die „nasse" Schermaus, die sogenannte Wasserratte, obwohl sie im Gegensatz zu ihrer Landschwester mehr oberirdisch lebt und auch tagsüber unterwegs ist. Ihren Bau gräbt sie gleich den Bisamratten in die Gewässerufer und Dämme und versieht ihn mit einer unter dem Wasserspiegel mündenden Röhre. Bei Gefahr flüchtet sie regelmäßig ins Wasser und taucht, ist aber im grünen Schilfwald gar nicht besonders scheu und ängstlich. Auch sie lebt vegetarisch und verzehrt weder Frösche, Fische noch Krebse, trinkt keine Vogeleier aus und tötet keine Jungvögel. Vielmehr hält sie sich ausschließlich an die fleischigen Wurzeln der Wasserpflanzen, die jungen Rohrstengel und allerlei saftige Gräser, von denen sie auch große Vorräte für den Win-

Auf den ersten Blick erinnert die Bisamratte an eine große Wasserratte; in ihrer Lebensweise aber gleicht sie dem Biber. Sie baut sich Kessel in steile Uferwände oder in Dämme an kanalisierten Flüssen und errichtet kugelförmige oder kuppelartige Hütten auf dem festen Land. Die Bisamratte ist ein verträgliches, harmloses, sehr geselliges und verspieltes Geschöpf, das eher furchtsam als dreist auftritt. Sie sucht ihr Heil in der Flucht und setzt sich nur dann zur Wehr, wenn es keinen Ausweg für sie gibt.

ter einträgt. Was sie tauchend emporgeholt oder schwimmend abgebissen hat, verzehrt sie auf sogenannten Speisetischen, die sie sich auf umgeknickten Rohrstengeln und aufgehäuften Seggengräsern errichtet. Sind Gärten in der Nähe, so sammelt sie auch Erbsen, Bohnen und Kartoffeln, von denen sie dann im Winter zehrt. Bei strengem Frost und zugefrorenem Gewässer ruht sie, ohne in einen echten Winterschlaf zu fallen.

Vor der Paarung zeigt sich das werbende Männchen als einfallsreicher Kunstschwimmer und Wassertänzer, wirbelt sich um seine Achse, als stecke es aufrecht in einem Drehloch, oder wälzt sich in der Flut gleich einem spielenden Seehund.

seits heller und rötlich überflogen, am Schwanz stark eingedunkelt; der Leib ist gedrungen, der Kopf kurz und breit, die Schnauze dick und stumpf, die Oberlippe gespalten, das Ohr im Pelz versteckt, der Schwanz seitlich zusammengedrückt, der Hinterfuß mit Schwimmborsten gesäumt; zwischen den Hinterbeinen befindet sich in der Nähe der Geschlechtsorgane eine fast birnengroße Drüse, die eine weiße, ölige, nach Zibet und Bisam duftende Flüssigkeit absondert.

Auf den ersten Blick erinnert die Bisamratte an eine große Wasserratte, in ihrer Lebensweise aber gleicht sie viel mehr dem Biber. Denn auch sie baut sich Kessel in die steilen Uferwände oder die Dämme der regulierten Flüsse und errichtet kugelförmige oder kuppelartige Hütten auf dem festen Land. Nur verwendet sie keine Knüppel, sondern bedeckt den aus Schilf, Riedgras und Binsen hergestellten und mit Schlamm verschmierten Wohnraum mit lose aufeinandergeschichteten Pflanzenstengeln, die einen Luftwechsel ermöglichen. In die Uferhöhle wie in die Hütte mündet – ganz wie beim Biber – ein Tauchloch als das Ende eines langen Ganges, der mindestens 40 cm tief unter dem Wasserspiegel liegt und nur vom Gewässerrand her zu erreichen ist.

Im Gegensatz zum Biber schwimmt die Bisamratte vorwiegend mit Hilfe des sich lebhaft schlängelnden, seitlich zusammengedrückten Schwanzes, während die Hinterbeine nur Hilfsruder darstellen. Doch benutzt sie den Schwanz ebenfalls, um klatschende Alarmzeichen zu geben, indem sie mit ihm bei Gefahr scharf auf das Wasser schlägt.

Den größten Schaden richtet die Bisamratte nicht durch ihre Einbrüche in Kartoffel- und Rübenmieten, Gärten und Felder an, sondern durch das Unterwühlen der Fischteichdämme und Uferdeiche sowie der in Gewässernähe vorüberführenden Straßen- und Eisenbahndämme.

In ihrem Wesen ist sie eigentlich ein recht harmloses, sehr geselliges, verträgliches und verspieltes Geschöpf, das eher furchtsam als dreist auftritt, regelmäßig sein Heil in der Flucht sucht und sich nur dann zur Wehr setzt, wenn es keinen Ausweg mehr findet. Die Nähe des Menschen scheut sie durchaus nicht, scheint vielmehr ein echter Kulturfolger zu werden. Aus Mangel an Pflanzenstoffen frißt sie manchmal auch Muscheln und Wasserschnecken.

Der Pelz der Bisamratte wird von jeher sehr geschätzt und zu Nerz-, Zobel-, Skunk- oder Sealbisam verarbeitet. Um des Pelzes willen wurde sie seinerzeit in einem Schloßteich bei Prag ausgesetzt und in Finnland wie in Sowjetrußland eingeführt.

Bisamratte (Ondatra zibethica): Bewohnt in 13 Unterarten Nordamerika von Kanada bis Mexiko, wurde 1905 in Böhmen, 1922 in Finnland, 1929 in Rußland eingeführt, verbreitete sich rasch über Österreich, Deutschland, Frankreich, die Schweiz und Jugoslawien, Länge 30–33 cm, Schwanz 25 cm; Pelz dicht, glatt, weich und glänzend, oberseits braun bis gelblich, unter-

Die Lemminge

Bei den Lemmingen, die in 11 Arten den ganzen Norden der Alten und Neuen Welt von Skandinavien über Nordsibirien bis Kamtschatka und von Alaska bis Ostgrönland und bis zur Hudsonbai besiedeln, tritt immer wieder einmal eine Überbevölkerung auf, die einen Großteil der Tiere zur Abwanderung zwingt.

Diese abwandernden Lemminge befinden sich in dem gleichen gereizten und geschwächten Zustand, wie wir ihn schon bei den Feldmäusen bei ähnlichen Massenvermehrungen feststellten. Hinzu kommt, daß sie, die sehr einseitig auf einen ganz bestimmten Lebensraum spezialisiert und ausgerichtet sind, unterwegs nirgendwo heimisch werden können und mit immer größerer Unruhe und die letzten körperlichen wie seelischen Reserven verzehrender Hast dahinziehen, bis sie der Tod ereilt. Der Wanderzug führt also nie zu neuen Weidegründen und damit zu einer Erweiterung des Lebensraumes, sondern regelmäßig in den Tod. Nicht selten versuchen die verstörten Tiere, sogar Meeresarme zu durchschwimmen, und ersaufen in Scharen; die meisten aber gehen schon vorher an ihrer Schwäche und ausbrechenden Seuchen zugrunde oder fallen ihren zahlreichen Feinden zum Opfer.

Moose, Flechten und dichte Zwergsträucher dicht über der Erde bilden den Lebensraum des skandinavischen Berglemmings. Wie in einem Schlaraffenland frißt er sich seine Gänge und Straßen durch diese eng verfilzten Liliputwälder und baut aus denselben Pflanzenstoffen, die ihn nähren und bergen, auch sein großes dickwandiges Kugelnest.

Skandinavischer Berglemming (Lemmus lemmus): Bewohnt den subalpinen Pflanzengürtel Nordskandinaviens und Westrußlands oberhalb der Nadelwaldzone; Länge 12–14 cm, Schwanz 2 cm; Pelz reich und lang, oberseits braungelb mit schwarzen Flecken, unterseits sowie am Schwanz und an den Pfoten sandfarben-gelb; von den Augen laufen zwei hochgeschwungene gelbe Streifen nach dem Hinterkopf; der Leib ist hamsterartig gedrungen und fast walzenförmig, der Kopf groß und dick, der Hals kaum abgesetzt, die Oberlippe tief gespalten, das Auge sehr klein, das Ohr im Pelz versteckt, der behaarte Schwanz ein kleiner Stummel, die Fußsohle dicht behaart, die Zehe stark bekrallt.

Der Skandinavische Lemming lebt nicht tief im Erdreich, sondern in der von Moosen und Flechten sowie dichten Zwergsträuchern gebildeten Schicht über dem Boden. Wie die Menschen im Schlaraffenland frißt er sich seine Gänge und Straßen durch diese engverfilzten Liliputwälder und baut aus denselben Pflanzenstoffen, die ihn nähren und bergen, auch sein großes dickwandiges Kugelnest.

Die Hamster

Die altweltlichen Hamster im engeren Sinne sind in 5 Gattungen mit 15 Arten von Nordfrankreich bis nach Sibirien und von Südosteuropa bis nach Kleinasien und Persien verbreitet. Sie treten jedoch weder im Norden noch im Süden in breiter Front, sondern zumeist nur sporadisch, strichweise und inselartig auf und splittern sich in zahllose örtliche Unterarten auf. Der Zoologe unterscheidet sogenannte Großhamster, zu denen unser einheimischer Hamster gehört, sowie Mittel- und Zwerghamster. Von den letzteren ist uns der hübsche Syrische Goldhamster lieb und vertraut geworden.

Großhamster (Cricetus cricetus): Bewohnt in 2 Unterarten die Kultursteppe Eurasiens von Nordfrankreich, Belgien und Holland über Nord- und Mitteldeutschland bis nach Rußland und Kleinasien; Länge 24–26 cm, Schwanz 4–5 cm; Pelz oberseits vorwiegend braungelb mit schwarzspitzigen Grannen, aber auch gelblich, rotbraun oder gescheckt oder ganz schwarz und reinweiß, unterseits schwarz, an der Schnauzenspitze, den Lippen, der Kehlgegend und den Füßen gelblichweiß, an der Oberseite der Schnauze, in der Augengegend und ein schmales Halsband rotbraun, hat außerdem oft noch einen kleinen gelben Fleck hinter den Ohren sowie größere weißlichgelbe Flekken vor und hinter den schwarzen Vorderbeinen, ist also ganz ungewöhnlich bunt; der Leib ist untersetzt und gedrungen, der Hals dick, der Kopf zugespitzt, das Ohr häutig, das Auge groß und hell, der Vorderfuß sehr zierlich und kurz bekrallt, der Schwanz kegelförmig gestutzt.

Das Vorkommen des Hamsters ist an gute, tiefgründige Löß- und Lehmböden gebunden, die möglichst nicht über 300–400 m hoch liegen und keinen zu hohen Wasserstand haben dürfen. Andere Böden eignen sich nicht zur Anlage seiner 1–2 m tiefen und umfangreichen Bauten, die nicht nur aus einem geräumigen Kessel nebst Abort, sondern auch aus mehreren großen Vorratskammern bestehen. Besonders tief bauen die Weibchen, da sie durch die Aufzucht der Jungen nicht so sehr wie die Männchen zum Speichern von Vorräten kommen und deshalb im Winter viel tiefer und länger schlafen. Das winterschlafende Männchen dagegen erwacht regelmäßig alle drei Wochen aus seiner Starre, löst sich, zehrt von seinen reichlichen Vorräten – nicht selten mehr als hundert Pfund! – und lebt auch im zeitigen Frühjahr von ihnen, während sich die Weibchen um diese Zeit noch nicht rühren.

Wie es schon aus dem Gesagten hervorgeht, leben die Hamster außerhalb der Paarungszeiten streng getrennt in eifersüchtig bewachten Revieren. Grundsätzlich ist der Nachbar ein Nahrungskonkurrent, ganz gleich ob Männchen oder Weibchen oder Junghamster, und kann gar nicht wüst genug behandelt werden.

Selbst die eigenen Jungen werden feindselig weggebissen, wenn nicht getötet und aufgefressen.

Die Paarung erfolgt unter der Erde, meist im Bau des Weibchens, doch währt der Wonnemond kaum eine Woche. Sowie das Weibchen beschlagen ist, beißt es das Männchen hinaus, das sich in diesem Falle ausnahmsweise nicht zur Wehr setzt. Die erste Hecke fällt in den Mai, die zweite in den Juli und umfaßt jeweils 6–15 Junge. In dieser Zeit versieht das Weibchen seinen Bau mit mehreren Fallöchern, damit sich die heranwachsenden Jungen, die gern vor dem Bau spielen, schnell retten können. Sonst hat jeder Hamsterbau nur ein Falloch.

Syrischer Goldhamster (Mesocricetus auratus): Bewohnt die Umgebung von Aleppo am nordwestlichen Rand der Syrischen Wüste, wo er verhältnismäßig selten ist; Länge 15 cm, Schwanz 4–5 cm; Pelz glatt und weich, oberseits vorwiegend goldbraun mit goldgelben Haarspitzen, unterseits schmutzigweiß mit einem dunklen Brustfleck, der in der Mitte durch einen undeutlichen weißlichen Längsstreifen getrennt erscheint; die Lippen, die Kehle, die Vorder- und Hinterfüße sowie der Schwanz sind reinweiß, die Ohren dunkelgraublau und spärlich behaart, die Augen groß und glänzend schwarz.

Die vielen Freunde dieses kleinen sanften Hamsters ahnen nicht, wie schwer es war, ihn überhaupt zu erwischen. Hundert Jahre lang haben die Forscher nach ihm gesucht. Erst im Jahre 1930 gelang es dem Zoologen Aharoni, ein erwachsenes Weibchen mit zwölf Jungen aus einem 2½ m tiefen Bau auszugraben und aufzuziehen. Von Jerusalem kamen im nächsten Jahr drei Tiere aus der Nachkommenschaft dieses Fanges nach England und 1938 nach Ameri-

Streng getrennt leben die Großhamster außerhalb der Paarungszeiten in eifersüchtig bewachten Revieren. Ganz gleich ob Männchen, Weibchen oder Junghamster – der Nachbar ist ein Nahrungskonkurrent, der gar nicht grob genug behandelt werden kann. Selbst der eigene Nachwuchs wird vertrieben, wenn nicht gar getötet und aufgefressen.

ka. Von ihnen stammen alle Goldhamster ab, die es heute in Amerika und Europa gibt, denn nie wieder wurden seitdem wilde Goldhamster gefangen.

Nach Deutschland wurde der Goldhamster erst im Jahre 1945 von Amerika aus eingeführt, und zwar als neues wissenschaftliches Versuchstier. Er ist nämlich das fruchtbarste Säugetier der Welt und hat die kürzeste Tragzeit. Das Weibchen wird im Alter von 6–7 Wochen fortpflanzungsfähig, ist nur 16 Tage trächtig und vermag 7–8mal im Jahr 6–12 Junge zu werfen. Das Männchen ist mit Ausnahme weniger Wintermonate das ganze Jahr über brünstig. Ein einziges Goldhamsterpaar könnte also in einem Jahr 3000 Nachkommen haben! Allerdings verliert das Weibchen seine Gebärfreudigkeit bereits nach dem 8. Wurf, während das Männchen bis zum 2. Lebensjahr decklustig bleibt.

Über das Freileben des Goldhamsters ist uns sehr wenig bekannt. Er verbringt den Tag in seinem tiefen Bau, lebt außerhalb der Paarungszeiten nach Geschlechtern getrennt, kommt in den Abendstunden an die Oberfläche, sammelt Vorräte und ist sicherlich ebenfalls ein kleiner Räuber, der außer Insekten auch andere Kleintiere überfällt.

Die Mähnenratten

Im Zorn sieht die afrikanische Mähnenratte wie ein ungewöhnlich großer, an den Flanken geschorener Igel aus. Dann sträubt sie nämlich ihre bis zu 5 cm langen, schwarzweißen und borstigen Rückenhaare zu einer starken breiten Bürste und entblößt zugleich an den nur kurz behaarten Seiten einen schwarzen, dem Rücken zu gelbbraunen begrenzten Streifen. Sie erscheint dadurch nicht nur beträchtlich größer, sondern wie in erschreckender Kriegsbemalung und unterstreicht dieses Imponiergehabe noch durch ein drohendes Zähneknirschen. Selbst auf dem halbkörperlangen und dicken Schwanz, den sie waagerecht ausstreckt, erheben sich die Haare, auch wenn sie kürzer sind.

Mähnenratte (Lophiomys imhausi): Bewohnt Abessinien, Kenia, das Somaliland und das Kassala-Gebiet im Sudan; Länge 24–26 cm, Schwanz 12 cm; Pelz lang, borstenartig stachlig auf dem Rücken, kurzgeschoren an den Flanken, oberseits vorwiegend schwarz- bis grauweiß, im Gesicht und unterseits schwarz; kennzeichnet sich durch die erwähnten Streifen an den Flanken, die nur beim erregten Tier sichtbar werden und mit Drüsen besetzt sind; hat eine weiße dreieckige Zeichnung auf der Stirn und weiße Streifen unter den Augen; die kleinen rundlichen Ohren sind kaum sichtbar.

Tagsüber verbergen sich die gut kletternden Mähnenratten in Baumhöhlen und Felsenspalten, werden in der Dämmerung munter und streifen auf der Suche nach Pflanzen und Kleintieren viel auf dem Boden umher. Sie scheinen vorwiegend paar- und familienweise zu leben.

Die Renn- oder Wüstenmäuse

Die Rennmäuse, die wir als Vorläufer der Springmäuse ansehen können, sind ursprünglich echte Steppen- und Wüstenbewohner gewesen und in 12 Gattungen mit 162 Arten über alle offenen Landschaften Südosteuropas, Afrikas, Vorderasiens, Persiens, Vorderindiens und Ceylons bis zur Mongolei verbreitet. Heute leben sie am liebsten in der Nähe des bebauten Landes und richten gleich unseren Wühlmäusen oft beträchtlichen Schaden an. Die Vorräte, die sie in ihren verhältnismäßig flachen unterirdischen Bauten speichern, sind so groß, daß es sich reichlich verlohnt, ihre Kammern auszuheben. Dem Leben in den dürrsten und trockensten Gebieten sind sie derartig weitgehend angepaßt, daß sie bis zu vier Monaten ohne Wasser auskommen können. Fast alle sind sie zugleich tüchtige Insektenvertilger.

Gestaltlich sind die Rennmäuse nicht etwa schlank, sondern eher untersetzt und gedrungen, breitköpfig, dickhalsig, dicht behaart und sehr großäugig. Sie haben verlängerte Hinterbeine, fünfzehige Füße und einen fast

körperlangen, dicht behaarten und oft deutlich bequasteten Schwanz. In der Größe erreichen sie höchstens unsere Ratten. Als scheue und nächtliche Tiere geben sie sich recht heimlich, laufen und springen vorzüglich. Dank ihrer großen Fruchtbarkeit – der einzelne Wurf kann bis zu zwölf und fünfzehn Junge umfassen – neigen sie wie unsere Wühlmäuse in besonders günstigen Jahren hin und wieder zu Massenvermehrungen. Einige Arten speichern im Schwanz größere Fettreserven, von denen sie während des Trockenschlafes zehren.

Sandrennmaus (Psammomys obesus): Bewohnt vor allem Ägypten; Länge 17–19 cm, Schwanz 13 cm; Pelz oberseits rötlich-sandfarben, schwarz gesprenkelt, an den Seiten und unterseits lichtgelb; hat gelblichweiße, fein schwarz gestrichelte Wangen, hellgelbe Ohren, lichtockerfarbene Pfoten und einen dichtbehaarten Schwanz mit schwarzer Endquaste.

Diese auffallend kurzschwänzige Rennmaus, die sich ziemlich tiefe, weitverzweigte Röhren und Gänge gräbt, ist auch tagsüber viel unterwegs und leicht zu beobachten. Sie scheint vor allem viel geselliger als die anderen Wüstenmäuse zu sein. Gefangen wurde sie schon oft gehalten und zeigte sich immer sanft und vertraut, reinlich und geruchlos, biß kaum einmal zu, auch wenn man sie unversehens packte, und ließ

Der Siebenschläfer ist ein echter Vegetarier: er ernährt sich fast ausschließlich von Obst, Beeren, Hasel- und Walnüssen sowie von saftigen Baumtrieben. Er kommt in Süd- und Mitteleuropa, in Weißrußland, Kaukasien, Persien und Palästina vor. In Deutschland ist er nur in Bayern, Baden-Württemberg, in Westfalen und Niedersachsen verbreitet.

Bild nächste Seite: Der Siebenschläfer, den nur wenige sehen.

melodische, girrende und trillernde Laute vernehmen. Wie es scheint, lebt sie streng vegetarisch. Die Jungen sind am vierten Tag schon beflaumt, am dreizehnten Tag behaart, am sechzehnten Tag sehend und nach drei Wochen so groß wie Hausmäuse. Gesäugt werden sie mindestens einen Monat lang. Am lebendigsten zeigt sich übrigens auch die Sandrennmaus in ihrer Heimat in der Nacht, wenn es merklich abgekühlt hat.

Die Blindmäuse *(Spalacidae)*

Mit den Blindmäusen kommen wir zur unansehnlichsten Familie der Mäuseverwandtschaft. Ihre Mitglieder sind dem unterirdischen Leben so sehr angepaßt wie unser Maulwurf. Doch ist der Maulwurf immer noch ein sehr schmucker Kerl gegen diese ganz ungewöhnlich plumpen, dick- und flachköpfigen, stumpfschnauzigen und zähnebleckenden Stumpfschnauzenmullen, Sandgräber oder Maulwurfs- und Wurzelratten, die sich in ihrer mannigfaltigen Häßlichkeit tatsächlich den Rang ablaufen. Viele von ihnen haben kaum noch Augen und Ohren, andere überhaupt keinen Schwanz und die dritten nicht einmal einen Pelz.

Ob sie alle, die wir hier vereinigen, dem zoologischen System nach überhaupt zusammengehören, ist noch sehr fraglich. Hier streiten noch die Gelehrten.

Die Stumpfschnauzenmulle

Diese Blindmäuse sind in nur einer Gattung mit acht Arten über Osteuropa, Westasien und Nordafrika verbreitet. Sie bewohnen die fruchtbaren Ebenen in den Balkanländern, Galizien, Südrußland, Kleinasien und Persien sowie in Palästina, Nordägypten und Libyen.

Sie sind sehr plump und gedrungen, ganz walzenförmig, fast halslos und haben einen ungewöhnlich dicken flachen Kopf. Die winzigen, kaum stecknadelkopfgroßen Augen werden von der Haut sowie von den Haaren der starken Backenbürste bedeckt und sind so gut wie unbrauchbar. Die verkümmerten, fast muschellosen Ohren liegen tief im Pelz versteckt. Aus dem Maul ragen weit die mächtigen Schneidezähne. Die Nase ist außerordentlich breit, hartknorpelig und nach vorn keilförmig gekantet. Die Füße sind für einen Erdwühler überraschend schwach und kurz bekrallt. Der Schwanz fehlt ganz. Die Haare des dichten und weichen Pelzes haben keinen „Strich“. In der Größe erreichen sie die Maße einer Ratte.

Ungarischer Stumpfschnauzenmull oder Westblindmaus (Spalax lencodon): Bewohnt Ungarn, Westrußland, Wolhynien, Bessarabien und Bulgarien; Länge 20–22 cm; Pelz oberseits gelbbraun, am Hals und Vorderrücken roströtlich überflogen, am Hinterrücken aschgrau verwaschen, unterseits schiefergrau; das Kinn, die Backenbürste und die Füße sind weißlich behaart.

Die ausgezeichnet hörenden und riechenden Blindmäuse sind auch unter der Erde vorwiegend nachts tätig. Sie wühlen sich in geringer Tiefe weitverzweigte und winklig verlaufende Gänge und bauen sich Nester aus feinen Wurzelfasern. Das Weibchen wirft im Sommer 2–4 Junge, die es energisch verteidigt. Auch sonst zeigen sich diese Wühler äußerst heftig, schnauben im Zorn laut auf, knirschen mit den Zähnen und beißen scharf zu. Wie unser Maulwurf scheinen sie ungesellige Einzelgänger zu sein und keinen Winterschlaf zu halten. Ihre Anwesenheit verraten auch sie durch die aufgeworfenen Erdhügel, die wesentlich größer als die Maulwurfshügel sind, in ihrer Form jedoch an die Auswürfe der Schermaus erinnern. An das bebaute Kulturland haben sie sich bis jetzt noch nicht gewöhnt und richten deshalb auch keinen nennenswerten Schaden an. Die Russen sprechen ihnen dennoch allerlei ungute Eigenschaften zu und glauben andererseits, daß sie Heilkräfte in sich bergen.

Die Sandgräber oder Maulwurfsratten

Wesentlich unterscheiden sich die Sandgräber oder Maulwurfsratten – abgesehen vom Nacktmull – weder in der Gestalt noch in der Lebensweise von den soeben besprochenen Stumpfschnauzenmullen. Sie haben aber, wenn auch sehr kleine, so doch noch brauchbare Augen. Dafür verfügen sie über keine so praktische Backenbürste und graben auch mehr mit den riesigen Nagezähnen und den großen scharfen Scharrkrallen als mit dem Kopf. Die Ohrmuschel ist bei ihnen ganz verschwunden, vom Schwanz nur noch ein kümmerlicher Stummel vorhanden.

Der erwähnte Nacktmull jedoch, der in seiner faltigen Haut wahrhaftig an einen unproportionierten Säugetier-Embryo erinnert, schlägt den Rekord in der Häßlichkeit, der erschreckenden Absonderlichkeit, und ist wohl überhaupt das merkwürdigste Säugetier der Welt.

Die Sandgräber sind in 5 Gattungen und 12 Arten auf Afrika beschränkt und verbreiten sich etwa von Kenia bis zum Kap.

Strandgräber (Bathyergus maritimus): Bewohnt die sandigen Küstengegenden des Kaplandes; Länge 25 cm, Schwanz 5 cm; Pelz dicht, seidenweich und fein, oberseits weißgelblich, unterseits grauweiß; hat sehr lange steife Schnurren, die den ganzen Kopf umgeben; die Augen und die Ohren sind kaum zu entdecken; der stummelhafte Schwanz endet in einem strahligen Büschel.

Der hamstergroße Strandgräber bevorzugt ausschließlich den lockeren Sandboden, durch den er sich lange, vielverzweigte und ziemlich tiefliegende Röhren wühlt. Die aufgeworfenen Haufen bilden geradlinige Reihen. Ans Tageslicht kommt er kaum einmal. Aus der Tiefe gegraben, schiebt er sich unbeholfen dahin und versucht sich schleunigst wieder einzubuddeln. Bei Berührungen wirft er sich heftig herum und beißt wütend zu.

Der Gartenschläfer ist in ganz Europa zu finden. In Deutschland bewohnt er „inselartig“ die sonnigen Hänge der meisten Mittelgebirge und der Voralpen. Der Gartenschläfer wird 13–14 cm lang. Sein Pelz ist an der Oberseite rötlich bis graubraun, an der Unterseite weiß. Man erkennt ihn an seinen glänzendschwarzen Augen, seinen schwarzen Schnurrhaaren mit der weißen Spitze, seinen weißen Backen und der schwarzweißen Schwanzquaste.

Nacktmull (Heterocephalus glaber): Bewohnt das Somaliland und Abessinien; erreicht ebenfalls nur die Größe einer Maus; hat keinen Pelz, sondern ist bis auf einige Tasthaare am Kopf, wenige vereinzelte Rumpfhaare und etliche kümmerliche Schwanzborsten gänzlich nackt; die Haut ist faltig und gelblich, der Kopf abnorm flach und gestreckt, das Auge winzigklein, die Ohrmuschel fehlt, weit ragen die Nagezähne oben und unten aus dem Maule, und unmäßig lang sind die Zehen der Hinterfüße: er ist keine Schönheit.

Der gänzlich unterirdisch lebende Nacktmull, der von Pflanzenwurzeln und Insektenlarven lebt, wirft keine Erdhaufen auf, sondern schleudert den Sand mit Hilfe der mächtig verlängerten und verbreiterten, deutlich gewimperten Hand- bzw. Fußflächen-Schaufel aus kleinen Kratern kräftig in die Luft. Eine besondere Leistung ist es, daß er ungeachtet seiner Nacktheit selbst während der Mittagsstunden im glühend heißen Sand arbeiten kann.

Die Bilche, Schläfer oder Schlafmäuse

Die Bilche leben so heimlich, daß man sie nur selten einmal zu Gesicht bekommt, obwohl nicht weniger als 4 Arten – nämlich der Siebenschläfer, der Gartenschläfer, der Baumschläfer und die Haselmaus – zu unserer einheimischen Tierwelt gehören und eigentlich gar nicht selten sind. Es geht uns mit ihnen fast so wie mit dem Kuckuck: gehört hat ihn jeder, gesehen aber haben ihn nur wenige. Und zu hören sind auch die Bilche wirklich genug, nämlich dann, wenn sie sich in den Dachböden einnisten und da oben herumrumoren, daß man alle möglichen Geister und Spuktrolle, nur eben sie nicht vermutet. So kommt es, daß sie weitgehend und bis auf den heutigen Tag „große Unbekannte“ sind, übrigens auch für den Zoologen, denn sie geben ihm noch immer viele Rätsel auf.

Wie es schon ihre sehr großen Augen verraten, sind alle Bilche Dämmerungs- und Nachttiere, werden also erst nachts aktiv. Am liebsten halten sie sich in dichten Jungwäldern mit viel Unterholz sowie in Park- und Buschlandschaften auf, wo ihnen das hohe Gras und das Gefilz der Zwergsträucher genügend Dekkung bietet. Den Tag verschlafen sie in losen Gemeinschaften in Astlöchern, verlassenen Krähen-, Elstern-, Greifen- und Eichhörnchennestern, künstlichen Nistkästen oder den selbstgefertigten hübschen Kugelnestern. Fast durchweg leben sie völlig beziehungslos nebeneinander her, gehen nach der Tagesruhe ihre eigenen Wege und sind auch in den Paarungszeiten nur wenige Tage so etwas wie ein Paar. Zum Winterschlaf, den sie alle halten, ziehen sich die meisten allein, und zwar tief in die Erde, zurück. Etliche tragen in diese Schlafhöhlen auch die gesammelten Vorräte, wissen also schon im Spätsommer, wo sie im Spätherbst ihren winterlichen Schlupfwinkel finden werden. Wo sich ein warmes Plätzchen in waldnahen Häusern finden läßt, wird auch dieses gern für den Winterschlaf auserkoren.

Siebenschläfer (Glis glis). Bewohnt Süd- und Mitteleuropa, Weißrußland, Kaukasien, West-Turkestan, Persien und Palästina, kommt in Deutschland inselartig in Bayern, Baden-Württemberg, Niedersachsen und Westfalen vor; Länge 16–18 cm, Schwanz 13–15 cm; Pelz oberseits aschgrau, schwärzlichbraun überflogen, seitlich bräunlichgrau, unterseits glänzend milchweiß; hat lange schwarze Schnurrhaare, weiße Unterlippe, Kehle und Backe sowie weiße Pfoten; der buschig und zweizeilig behaarte Schwanz ist oberseits bräunlichgrau und zeigt unterseits einen weißlichen Längsstreifen.

Es ist kennzeichnend für das heimliche Wesen dieses grauen nächtlichen Kobolds, daß wir nur ungefähr sagen können, wo er überall in den sonnigen und trokkenen Eichen- und Buchenwäldern, alten Parkanlagen und großen Obstgärten Deutschlands heimisch wurde. Er ist auch durchaus nicht fest an diese lichten Laubwälder und Junghölzer gebunden, sondern bewohnt im Voralpenland, im Allgäu und im Schwarzwald ziemlich feuchte und dunkle Fichtenbestände. Erschwerend tritt hinzu, daß sein Auftreten ganz außerordentlich schwankt, daß sich die Anzahl nach kurzer Vermehrung immer wieder überraschend lichtet.

Den Winterschlaf verbringt er niemals in den Baumhöhlen oder Nistkästen, sondern immer unter der Erde oder in warmen Schlupfwinkeln der Dachböden und Vorratshäuser. Gewöhnlich gräbt sich jeder einzeln bis zu 60 cm tief in den Waldboden, gern unter Baumstümpfen, rollt sich in der nur körpergroßen Kammer fest zusammen, schlägt den Schwanz über sich und sinkt in einen echten Winterschlaf mit stark herabgesetzter Körperwärme und völliger Gliederstarre. Selten findet man zwei beieinander. Während des langen, oft tat-

Die Haselmaus ist mit ihrem spitzen Köpfchen, mit ihren schönen, dunklen Nachtaugen, den großen, durchscheinenden Ohren und dem hellen Pelz sicherlich der hübscheste Bilch. Wie schon ihr Name verrät, verzehrt die Haselmaus besonders gern Haselnüsse, frißt aber auch Beeren aller Art.

sächlich sieben Monate währenden Schlafes verlieren sie bis zu 50% ihres Gewichtes, ziehen sich aber im Spätherbst in einem derartig gemästeten Zustand zurück, daß sie diese Abmagerung vertragen können. Nicht selten schlafen sie bis in den April und Mai hinein.

Gartenschläfer (Eliomys quercinus): Bewohnt Europa von der Nord- und Ostsee bis nach Sizilien und Nordafrika sowie von Frankreich bis nach Leningrad, verbreitet sich in den Balkanländern bis nach Dalmatien und Bulgarien, bewohnt in Deutschland inselartig die sonnigen Hänge der meisten Mittelgebirge und der Voralpen; Länge 13–14 cm, Schwanz 10–12 cm; Pelz oberseits rötlichgraubraun, unterseits weiß; kennzeichnet sich durch glänzendschwarz maskierte, schwarzbraune Augen, schwarze Schnurren mit weißer Spitze, weiße Backen, fleischfarbene Ohren mit weißer Wurzel, schwarzweiße Schwanzquaste und weiße Pfoten.

Tiroler Baumschlafer Dryomys nitedula): Bewohnt in 3 Arten Süd- und Südosteuropa von der Schweiz durch die ganzen Alpen einschließlich Norditalien und Südostbayern bis nach Südschlesien und verbreitet sich über den Balkan und Vorderasien bis nach Chinesisch-Turkestan; Länge 9–10 cm, Schwanz 8–9 cm; Pelz in Tirol silbergrau, von Schlesien ab aber aschgraubraun bis rötlichbraun, unterseits weiß; kennzeichnet sich durch ein schwarzes Band, das sich von der Nase über die Augen bis vor die Ohren hinzieht; hat kurze, runde und spärlich behaarte Ohren und einen unterseits weißlichgrauen Schwanz mit etwas hellerer Spitze.

Haselmaus (Muscardinus avellanarius): Bewohnt Süd- und Mitteleuropa, auch England und Südschweden, verbreitet sich ostwärts bis nach Mittelrußland und Kleinasien; Länge 7–8 cm, Schwanz 6–7 cm; Pelz oberseits gelblichrot bis fuchsrotgelb, unterseits etwas heller, um die Augen und Ohren hellrötlich, an der Kehle, der Brust und auch den Zehen weiß.

Die Haselmaus ist zweifellos der hübscheste Bilch. Das spitze Köpfchen mit den großen durchscheinenden Ohren, den schönen dunklen Nachtaugen und den überaus langen, feinen und bebenden Schnurrhaaren, der weiche hellfarbene Pelz, die weißen Zehen und der stark behaarte Schwanz verkörpern so recht das Urbild des „Mäuschens", als der vom liebenden Empfinden gewünschten Verkleinerungsform.

Doch nicht nur in der Gestalt, auch im Wesen entspricht die Haselmaus dieser Vorstellung, ist ebenso sanft wie scheu, zutraulich wie schmiegsam, possierlich wie reizvoll.

Wie es schon ihr Name verrät, verzehrt die Haselmaus besonders gern Haselnüsse, die sie gleich am Zweig aufnagt, wenn sie nicht für das unterirdische Vorratslager bestimmt sind. Sie frißt aber auch Beeren aller Art, Eicheln und Bucheckern, süße Früchte und frische Knospen. Den Vögeln wird sie nicht gefährlich und stellt auch den Insekten nur in Notzeiten nach.

In den mondhellen Nächten sind die Haselmäuse besonders lebhaft. Sie klettern ganz vorzüglich, wobei ihnen der lange Schwanz wesentliche Stützdienste leistet, laufen unterhalb wie oberhalb der Zweige entlang, springen sehr weit, sind auch auf der Erde recht behend, flüchten aber nach oben, was bei gefiederten Mäusejägern nachteilig ist.

Die Hüpf- und Springmäuse

Die große Familie der Springmäuse gliedert sich in die fünf Unterfamilien der Streifenmäuse, der Hüpfmäuse, der Herzschädel-Hüpfmäuse, der Riesenohr-Springmäuse und der Echten Springmäuse oder Wüstenspringer. Sie sind insgesamt mit 15 Gattungen und 48 Arten weit über Nordamerika, Asien, Nord-, Ost- und Südosteuropa, Arabien und Afrika verbreitet.

Gestaltlich sind fast alle Springmäuse am auffällig kurzen Kopf und Hals, den löffelartigen Ohren, den sehr großen Augen, den oft körperlangen Schnurrhaaren und dem sandfarbenen Pelz, vor allem aber an den kurzen Vorderbeinen, den känguruhartig verlängerten Hinterbeinen sowie an dem in einem flachen Bogen getragenen, meist bequasteten, überaus langen Stützschwanz zu erkennen. Die Sprungbeine können bis zu sechsmal länger als die Vorderbeine sein; der Schwanz kann die Kopf-Rumpf-Länge um das Doppelte übertreffen.

Alle diese körperbaulichen Eigenheiten kennzeichnen die hohe Anpassung der Springmäuse an das nächtliche Leben in den öden, kargen und trockenen Steppen, Halbwüsten und Wüsten, in denen sich neben ihnen kaum einige Vögel zu erhalten vermögen. Sie selbst sind gleichsam fliegende Mäuse, die in gewaltigen Sätzen derartig pfeilschnell dahinstürmen, daß man nicht wahrzunehmen vermag, ob sie überhaupt den Boden berühren. Der kurze Hals mit seinen bei vielen Arten verschmolzenen Wirbeln erhöht die Geschlossenheit von Kopf und Rumpf und läßt sie gleich von Wurfmaschinen geschleuderten Geschossen dahinfliegen. Sämtliche Röhrenknochen der Hinterbeine wie der hinteren Körperhälfte sind marklos und verringern wie bei den Vögeln das Gewicht des Leibes. Die Muskeln und Sehnen der Sprungbeine sind außerordentlich stark. Elastische Schwielen und dichte Haarsäume polstern und verbreitern die drei sehr kräftigen Zehen der Hinterbeine, verleihen ihnen federnde Eigenschaften und verhindern ihr Einsinken in den lockeren Sand.

Nördliche Birken- oder Streifenmaus (Sicista betulina): Bewohnt in 9 Arten Nord- und Osteuropa bis Ungarn, verbreitet sich östlich über Südostrußland und den Nordwestkaukasus bis nach Kaschmir und Sachalin, kommt in Deutschland in Schleswig, in der Eifel, im Bayrischen Wald sowie in Ost- und Westpreußen und in Posen vor; Länge 5,8–6 cm, Schwanz 9–10 cm; Pelz weich, oberseits gelblichgrau bis gelblichbraun mit dunklem Rückenstreifen, unterseits scharf abgesetzt hellaschgrau, am Schwanz oberseits braun, unterseits heller; hat

Die Ägyptische Wüstenspringmaus bewohnt Nordafrika und Arabien. Ihr Pelz ist seidenweich, an der Oberseite sandfarben, an der Unterseite weiß. Die Wüstenspringmäuse sind sehr gesellig. Gemeinsam wühlen sie sich mit scharfen Krallen tiefe und weitverzweigte Gänge in den oft steinharten Boden.

dünnhäutige gefaltete Ohren von halber Kopflänge; die Oberlippe ist nicht gespalten. Erst durch etliche Knöchelchen, die sich im Gewöll eines ostpreußischen Waldkauzes fanden, konnte vor etlichen Jahrzehnten der Nachweis erbracht werden, daß diese kleinste europäische Maus zu unserer einheimischen Fauna gehört. Die erste lebende Birkenmaus wurde dann etliche Jahre später in einem Moor bei Flensburg gefangen. Wir haben also auch in Deutschland eine Springmaus oder – besser gesagt – eine Hüpfmaus. Allerdings sind bei ihr die Hinterbeine kaum verlängert. Der lange, rundum behaarte Schwanz aber wird ganz wie bei den Springmäusen in einem flachen Bogen und henkelförmig aufgesetzt, schier aufgepreßt. Beim Klettern benutzt sie ihn auch als Greif- und Stützorgan.

Diese unsere kleine Hüpfmaus liebt die lichten Birkenbestände, vor allem, wenn sie auf feuchtem und moorigem Grund stehen und viel Unterholz haben; sie ist aber auch auf Waldwiesen und in Getreidefeldern zu finden. Wie wenig sie eine echte Maus ist, verrät sie damit, daß sie nie in Erdlöcher, sondern regelmäßig in die Büsche und Bäume flüchtet. In den Büschen steht auch ihr selbstgeflochtenes Nest, in dem sie vom Juni bis zum September ein- bis zweimal 2–6 Junge wirft.

Eigenartig ist, daß die Birkenmaus oft von einer Art von Schlafsucht übermannt wird, selbst mitten im Sommer. Im Winter hält sie einen besonders langen und tiefen Schlaf in selbstgewühlten Erdhöhlen.

Von den anderen Hüpfmäusen der Neuen und Alten Welt sei wenigstens erwähnt:

Ägyptische Wüstenspringmaus (Jaculus jaculus): Diese bewohnt Nordafrika und Arabien bis Palästina und Persien; Länge 17 cm, Schwanz 25 cm; Pelz seidenweich, oberseits graulich-sandfarben, unterseits weiß; über die Schenkel zieht sich rückwärts ein breiter weißer Streifen; die große Quaste des langen, oberseits blaßgelben, unterseits weißlichen Schwanzes ist weiß und pfeilartig schwarz gezeichnet; die Augen sind unwahrscheinlich groß, die Ohren kurz und rund, die Schnurrhaare dagegen sehr lang.

Mit der Ägyptischen Wüstenspringmaus kommen wir nun zu den echten Springmäusen, die in den trostlosen Wüsten in ungeheuren Scharen leben und recht gesellige Tiere sind. Gemeinsam wühlen sie sich mit den kleinen scharfen Krallen ihre tiefen und vielverzweigten Gänge in den oft steinharten Kiesboden, in denen sie tagsüber friedlich beieinander liegen. Mit Einbruch der Dämmerung werden sie munter, und wer nachts durch die Wüste fährt, kann sie im Lichte der Scheinwerfer in solchen Massen dahinspringen sehen, daß er ihre Anzahl auf Millionen schätzen muß. Es ist ein Wunder, daß diese öden Landschaften sie überhaupt zu ernähren vermögen. Doch muß man bedenken, daß auch die Wüste alljährlich eine wunderbare Blütezeit erlebt und dann kein Mangel an grünen Pflanzen und Insekten herrscht. In den Trockenzeiten aber scharren die Springmäuse nach Wurzeln, zehren von den Pflanzensamen und Insektenlarven und bekommen immer wieder einmal einen Festschmaus in Gestalt der großen Heuschreckenschwärme serviert. Kommt es einmal ganz schlimm, so halten sie einen Trockenschlaf.

Pferdespringer (Alactaga major): Bewohnt Eurasien von Südrußland bis zum Altai; Länge 18 cm, Schwanz 26 cm; Pelz oberseits hellbräunlich- bis rötlichgelb, an den Flanken sowie an den Schenkeln isabellfarben, unterseits und an den Beinen weiß; ein weißer länglich-dreieckiger Fleck zieht sich von der Schwanzwurzel bis zu den Schenkeln; die hasenähnlichen, dünnhäutigen und nackten Ohren sind länger als der Kopf, die Augen ungewöhnlich groß, kreisrund und hervorstehend, die sehr langen Schnurren haben schwarzgraue Spitzen, die Krallen der Hinterfüße gleichen kleinen Hufen, die Hinterbeine messen das Vierfache der Vorderbeine, und der Schwanz weist eine pfeilförmige schwarzweiße Quaste auf.

Der Pferdespringer bevorzugt die Steppengebiete, in denen er keine reinen Sandböden, sondern möglichst lehmigen Untergrund findet. Seine Baue sind nämlich außerordentlich weitläufig, umfänglich und tief, haben geräumige Kessel und etliche Nebenkammern. Die Röhren verschließt er regelmäßig sowie er sich unter die Erde zurückgezogen hat. Eine besondere Fluchtröhre führt bis knapp unter den Rasen und wird erst bei großer Gefahr vollends durchgestoßen.

Zumeist bewohnen mehrere Paare einen Bau gemeinsam. Die Weibchen füttern ihre gesonderte Kinderstube warm und weich mit den eigenen Haaren und werfen gewöhnlich nur einmal 5–6 Junge, mit denen sie sich gemeinsam auch zum Winterschlaf zurückziehen. Vorher werden die Röhren dann wesentlich fester verrammelt, als es sonst der Fall ist. Allgemein verschwinden sie schon im September und erscheinen Ende April wieder, verschlafen acht Monate ihres Lebens.

Die Verwandten des Stachelschweins

Diese dritte Gruppe der Nagetiere mit ihren insgesamt 5 Gattungen bilden die Stachelschweine, diese phlegmatischen, scheuen Erdbewohner, denen der Schutz des Stachelkleides ein so behäbiges und geruhsames Wesen erlaubt, daß man sie als die Faultiere unter den Nagern bezeichnen darf und die noch dazu friedlich, aber wehrhaft sind.

Die Altwelt- oder Erdstachelschweine

Recht gut könnte man die Stachelschweine mit den Menschen vergleichen, die sich ausgesprochen borstig, widerhakig und grantig geben, im Grunde ihres Wesens aber durchaus friedfertig sind und nur ihre Ruhe haben oder ihre Schwäche verbergen wollen. Immerzu verweisen sie ausdrücklich auf ihre Stachelwehr, blasen sich mit ihr buchstäblich zu doppelter Größe auf und unterstreichen die erschrekkende Verwandlung noch durch ein säbelrasselndes, zähneknir-

Der kanadische Baumstachler oder Urson ist ein vorzüglicher Kletterer. Den Tag verbringt er, wie zu einer Kugel zusammengerollt, in Baumhöhlen. In der Nacht geht er auf die Suche nach schmackhaften Blättern und Baumrinden. Dabei bevorzugt er die saftige Bastschicht der jungen Nadelbäume, der Ulmen, Pappeln und Ahorne. Beim Klettern bewegt er sich „katzenbuckelnd" gleich einer dicken Spannerraupe und benutzt seinen breiten Schwanz als Stütze.

schendes und fußestampfendes Imponiergehabe. Werden sie arg bedrängt, so gehen sie notgedrungen aus der Angeberei zum Angriff über und setzen dem Störenfried, jäh rückwärts und seitwärts ruckend, den gefährlichen Stachelwald unmittelbar vor die Nase. Die in die Haut des dennoch zupackenden Gegners eingepiekten Stacheln lösen sich regelmäßig und haben, da sie mit feinen Widerhaken versehen sind, die fatale Eigenschaft, immer tiefer in das Fleisch einzudringen. Dann setzt es böse, stark schwellende, sehr entzündliche und eiternde Wunden, können zuletzt edle Organe durchbohrt und ein langes Siechtum sowie ein schmerzvoller Tod herbeigeführt werden.

Europäisches Stachelschwein (Hystrix cristata): Bewohnt Ost- und Nordafrika, dringt bis nach Mittelitalien vor; Länge 65 cm, Schwanz 11 cm, Schulterhöhe (ohne Borsten- und Stachelwehr) 24 cm; die Nackenmähne besteht aus langen, biegsamen, rückwärtsgerichteten, weißgrauen, weißbespitzten Borsten, das Stachelkleid aus schwarzbraun und weiß geringelten Stacheln, von denen die kurzen und starken 15–30 cm, die dünnen und biegsamen auf der Rückenmitte bis zu 40 cm messen; trägt einen dunkelbraunen, rötlich bespitzten Pelz mit einem weißen Halsband; hat kleine schwarze Augen, sehr lange glänzendschwarze Schnurren und dunkel-hornfarbige Krallen.

Südlich der Sahara, etwa von Gabun über Kenia bis zum Kapland findet sich das gleichgroße *Südafrikanische Stachelschwein (Hystrix africae-australis)*;

vom Kaukasus und dem Nord-Irak über Persien bis nach Indien und Turkestan das *Haarnasige Stachelschwein (H. hirsutirostris)*, das an Nase und Schnauze sehr dicht behaart ist;

in Ostindien von Kaschmir bis Sri Lanka und Bengalen das durch den weißen Schwanz gekennzeichnete *Weißschwanz-Stachelschwein (H. leucura)*;

im östlichen Bengalen, Assam, Arakan und Burma das recht kurzmähnige *Kloss-Stachelschwein (Acanthion klossi)* und im Himalaja-Gebiet das vollkommen mähnenlose *Himalaja-Stachelschwein (Acanthion hodgsoni)*.

Die Quastenstachler

Die Quastenstachler, die in 4 Arten über West- und Zentralafrika und in 1 Art über Südchina, Hinterindien, Hainan, Sumatra, Borneo und Java verbreitet sind, haben einen nackten beschuppten Schwanz, der nur an seinem Ende einen pinselförmigen Büschel von Stacheln trägt.

Sie sind lediglich körpereigene Rasseln und keine Waffen, sind eigens geschaffen, um das drohende und erschreckende Geräusch zu erzeugen, und werden auch stets einsatzbereit, das heißt hoch erhoben, getragen. Sonst ähnelt das Stachelkleid der mähnenlosen Quastenstachler dem der echten Stachelschweine, ist aber wesentlich lockerer aufgebaut und stärker mit Borsten und Haaren gemischt.

Westafrikanischer Quastenstachler (Atherurus africanus): Bewohnt Westafrika von Sierra Leone bis Angola; Länge 38–42 cm, Schwanz 18–20 cm; Pelz dicht und weich, vorwiegend bräunlichweiß; Stacheln graubraun mit schmutzigweißen Wurzeln und zum Teil weißen Spitzen, verhältnismäßig flach, längsgefurcht, scharfspitzig und widerhakig; hat sehr lange braune Schnurren mit weißer Wurzel und einen gelblichweiß beschuppten Schwanz, was schließlich dem Tier den Namen gab.

Die Verwandten des Meerschweinchens

Diese vierte große Gruppe der Nagetiere umfaßt ein buntes Gemisch von gestaltlich sehr verschiedenen, außerordentlich spezialisierten und recht altertümlichen Nagerfamilien. Wie in einem großen Auffanglager finden sich in ihr alle die Formen zusammen, die aus einstmals einmal blühenden und weitverbreiteten Nagergeschlechtern übriggeblieben sind. Hierher gehören die Baumstachler, die außer ihrem Stachelkleid nicht viel Gemeinsames mit den Stachelschweinen haben. Zu ihnen gesellen sich, ganz auf die Neue Welt beschränkt, die hübschen kleinen Meerschweinchen sowie die hasenartigen Maras. Sie leiten über zu den südamerikanischen Riesennagern, den Wasserschweinen, den seltenen Pakaranas. Den Beschluß bilden die sogenannten Hasenmäuse, an deren Spitze die berühmte Chinchilla oder Wollmaus steht, die heute überall nachgezüchtet wird, sowie die afrikanischen Kammfinger.

Die Baumstachler

Die Baumstachler sind auf Nord-, Mittel- und Südamerika beschränkt und vorwiegend an den Wald gebunden. Sie klettern gewandt, wenn auch gemessen und bedächtig, durch die Wipfel, fressen frische junge Baumtriebe und besonders gern Baumrinden. Ihre sehr kräftigen Nagezähne bewältigen nicht nur jegliches Holz und die stärksten Balken, sondern auch Eisenblech, Drahtzäune und Glaswände!

Die Maras oder Pampashasen sind Verwandte unseres Meerschweinchens. Sie leben in den Steppen, Wüsten und Pampas Argentiniens. Auf den ersten Blick ähneln sie Hasen. Auffallend sind ihre dünnen langen Beine mit Scharrkrallen an den Füßen, die darauf hinweisen, daß die Maras grabende Höhlenbewohner sind.

Dennoch verteidigen sie sich nicht beißend, sondern verlassen sich wie die Erdstachelschweine ganz auf ihre gefährliche Stachelwehr, die bei ihnen meist erst sichtbar wird, wenn sie erregt und gereizt sind. Die Stacheln sind also wesentlich kleiner und kürzer, liegen verborgen im Borstenpelz, sind aber sehr spitz, haben einen, in der Wunde noch aufquellenden, Widerhaken und bohren sich tief in den Leib des getroffenen Gegners.

Kanadischer Baumstachler oder Urson (Erethizon dorsatum): Bewohnt das östliche Nordamerika von Labrador bis Virginia und Kentucky; Länge 55–60 cm, Schwanz 15–20 cm; Pelz dick, auf dem Nacken bis zu 11 cm lang, oberseits gemischt braun, schwarz und weiß, oft auch ganz schwarz oder reinweiß, unterseits braun, an Wange und Stirn lederbraun; die gelblichen, schwarz bespitzten Stacheln bedecken die ganze Oberseite des Körpers und des abgeflachten breitgedrückten Schwanzes, sie sind etwa 8 cm lang und ragen nur wenig aus dem Pelz; der Kopf ist auffallend kurz, dick und stumpf, die Schnauze stark abgestumpft; die kleinen Nasenlöcher können durch eine halbmondförmige Klappe verschlossen werden; die Vorderfüße sind vierzehig und daumenlos, die hinteren fünfzehig, alle stark und lang bekrallt und nacktsohlig; wird im westlichen Nordamerika vom gleichgroßen und sehr ähnlichen *Kalifornischen Baumstachler (E. epixanthus)* vertreten.

Diese beiden nordamerikanischen Baumstachler, die sich vor allem durch ihren bestachelten Breitschwanz kennzeichnen, sind echte Wald- und Baumtiere, vorzügliche Kletterer und nächtliche Einzelgänger. Den Tag verbringen sie in Baumhöhlen, fest zu einer Kugel zusammengerollt. In der Nacht gehen sie auf den Blätter-, Trieb- und Rindenfraß. Besonders gern verzehren sie die saftige Bastschicht der jüngeren Nadelbäume sowie der Ulmen, Pappeln und Ahorne. Ihre glänzendbraunen Nagezähne leisten so gründliche Arbeit, daß der Baum aussieht, als habe man ihn mit einem Schabemesser geschält. Gewöhnlich beginnen sie im Wipfel und steigen gemächlich abwärts. Beim Klettern bewegen sie sich katzenbuckelnd gleich dicken Spannerraupen und pressen den breiten Schwanz als Stütze und Nachschieber fest gegen den Stamm. Auf dem Waldboden trippeln sie flott dahin und naschen von den Kräutern.

Greifstachler oder Cuandu (Coëndu prehensilis): Bewohnt Mittel- und Südamerika, vor allem Brasilien und Bolivien, aber auch Venezuela, Guayana und Trinidad; Länge 60–65 cm, Schwanz 40–45 cm; Pelz rotbraun, wird jedoch weitgehend von den kurzen gelblichweißen Stacheln bedeckt, die den ganzen Oberleib, angefangen vom Gesicht bis zur oberen Schwanzhälfte, die Beine bis zum Wurzelgelenk sowie den Unterleib überziehen und auf dem Hinterrücken eine Länge von etwa 12 cm erreichen; hat eine rötlich behaarte Nase und Schnauze, sehr lange schwarze Schnurren und ein beschupptes Schwanzende.

Der Schwanz des Cuandu ist ein echter Greifschwanz, der die Äste von unten her umschlingt und wohl imstande ist den Tierkörper zu tragen. Der Cuandu benutzt ihn aber durchaus nicht regelmäßig als Greiforgan und läßt ihn oft hängen oder gebraucht ihn als Schemel, wenn er sich, wie es seine besondere Art ist, der Länge nach auf einen Ast niederhockt. In dieser Ruhestellung hebt er die Hände gegen den Kopf, birgt das Gesicht in ihnen und rührt sich oft stundenlang nicht. In seinem Wesen zeigt er sich scheu und friedsam, nur wenig reizbar und wehrhaft. Ehe er seine Stacheln sträubt, pflegt er erst in drolliger Weise mit den Fäusten zu drohen. Er ernährt sich von Früchten, Blättern, Trieben und Rinden, haust in Baumhöhlen, die er dick mit Blattwerk und Moosen polstert und oft mit einem Weibchen in Einehe gemeinsam bewohnt.

Die Meerschweinchen

In ihrer südamerikanischen Heimat leben die Meerschweinchen auf den trockenen Hochsteppen wie in den Sumpfgebieten der Tiefebenen und auch auf den felsigen Karen der Gebirge. Tagsüber bergen sie sich in selbstgewühlten unterirdischen Schlupfwinkeln, bilden zumeist kleinere Gesellschaften, die dicht beieinander wohnen, hin und wieder auch riesige Kolonien, oder schlüpfen in den Schutz natürlicher Felsenspalten. Wie in der Gefangenschaft, werden die Paare sehr wahrscheinlich auch in der Freiheit fest zusammenhalten.

Das wilde Weibchen wirft zwei- bis dreimal im Jahre 2–3 Junge. Es trägt sie in der überraschend langen Zeit von 60–63 Tagen so weit aus, daß die Jungtiere völlig behaart und gut sehend auf die Welt kommen, schon nach wenigen Stunden der Mutter nachzulaufen vermögen und sich oft am zweiten Lebenstag bereits an das Grünfutter heranmachen. Die Alte säugt sie rund vierzehn Tage lang, hütet und verteidigt sie, vor allem auch gegen den brünstigen Vater, dem sie oft lästig werden und der nicht ansteht, sie zu mißhandeln oder gar aufzufressen. In der dritten Woche nach dem Wurf ist das Weib-

Das Wasserschwein ist der größte aller heute noch lebenden Nager. In seiner Gestalt gleicht es einem riesigen Meerschweinchen. Der Pelz ist dünn, grob und borstenartig. Das Wasserschwein ist sehr intelligent und anpassungsfähig. In Gefangenschaft verträgt es sich gut mit allen anderen Haustieren.

schen zumeist schon wieder beschlagen und verliert zusehends das Interesse an ihren Kindern. Diese sind nun auch durchaus selbständig und nach weiteren sechs Wochen ebenfalls fortpflanzungsfähig. Ihre volle Größe und Reife aber haben sie erst nach 8–9 Monaten erreicht.

Die Inkas züchteten das *Peruanische Meerschweinchen (Cavia aperea)* als Haustier. Zuerst war es wohl ein beliebtes Opfertier, später wurde es auch gern verzehrt, wie das auch heute noch die Indianer von Peru, Ekuador und Kolumbien zu tun pflegen. Von diesen alten Züchtungen stammt zweifellos das *Haus-Meerschweinchen (Cavia porcellus)* ab, von dem es heute etwa 50 verschiedene Farbschläge, Haartypen und Zwergformen gibt. Unsere Kinder können also ganz nach Wunsch schneeweiße, rauchschwarze, dunkelgelbe, kakaofarbene, weißschwarzgelbe, schwarzweißbraune, langhaarige und wirbelhaarige Meerschweinchen als Haustier halten.

Die Maras oder Pampashasen

Nicht minder friedfertig und sanftmütig als die Meerschweinchen sind ihre seltsamen großen Verwandten, die Maras aus den Steppen, Wüsten und Pampas Argentiniens und Patagoniens. Auf den ersten Blick möchte man sie tatsächlich für Hasen halten, obwohl sie keine löffelartigen Ohren haben. Bei näherem Zuschauen jedoch erinnern sie mit ihren dünnen langen Beinen und weißen Spiegeln auch an die zwergenhaften Hirsche und Antilopen. Die langen Scharrkrallen an den Füßen aber deuten wieder darauf hin, daß sie grabende Höhlenbewohner sind.

Die Maras kennzeichnen sich durch einen zarten und gestreckten Leib, der hinten leicht überbaut ist, lange und dünne Beine, von denen die vorderen vier, die hinteren nur drei Zehen haben. Der Kopf ist zusammengedrückt, an der Schnauze zugespitzt, das Ohr lang, schmal und aufrecht stehend, das Auge mittelgroß und lebhaft. Der Schwanz ist ein kaum sichtbarer Stummel. Sie laufen im bedächtigen Paßgang mit eingeknickten Hinterbeinen, springen aus der Ruhe mit allen vieren zugleich auf, machen Sätze bis zu 2 m, stürmen auf der Flucht aber immer nur eine kurze Strecke dahin. Regelmäßig verhoffen sie dann erst einmal, bauen ein Männchen, ganz ähnlich wie unsere Feldhasen, und äugen nach dem Störenfried zurück.

Großer Mara (Dolichotis patagonum): Bewohnt Argentinien und Patagonien bis zum Feuerland; Länge 44–46 cm; Schwanz 3–4 cm; Schulterhöhe 42–44 cm; Pelz weich, dicht und glänzend, dabei kurzhaarig und glatt anliegend, oberseits braungrau, fein weiß gesprenkelt, seitlich sowie an der Brust und Kehle hell zimtfarben, unterseits und an der Gurgel weiß; oberhalb des Schwanzes ziehen sich ein weißes und ein schwarzes Band über die Schenkel; hat weiße Zeichnungen auch am vorderen Ohrenrand, am unteren Lidrand sowie oberhalb der Nüstern; die Schnurren sind glänzend und völlig schwarz.

Die Riesennager oder Wasserschweine

In den meisten Tierbüchern wird das Wasserschwein, das man gut als ein riesiges Meerschweinchen ansehen kann, als „stumpfsinnig und wenig gelehrsam" abgetan. Dieses Urteil verdient, sehr korrigiert zu werden. Denn dieser größte aller heute noch lebenden Nager steht dem Schwein an Intelligenz kaum nach, dürfte also in dieser Hinsicht gar nicht weit hinter den Affen rangieren. Gefangene Wasserschweine zeigten sich jedenfalls überraschend anpassungsfähig, sehr gelehrig und im echten Sinne anhänglich. Sie vertragen sich gut mit allen anderen Haustieren, selbst mit den Hunden, vermögen die Menschen wohl auseinanderzuhalten, folgen ihren Pflegern auf Schritt und Tritt, kommen auf Zuruf herbei und lassen sich gern liebkosen. Allerdings wahren sie sich ihre Selbständigkeit. Manche tiefeingewurzelte Gewohnheit können sie sich nur schwer abgewöhnen. So setzen sie ihren Kot regelmäßig ausgerechnet im Trinknapf ab, da sie das in der Freiheit auch stets im Wasser zu tun pflegen.

Wie gesagt, erinnern sie sehr an die Meerschweinchen, wirken durch ihre Größe aber viel plumper, haben einen noch dickeren Kopf mit einer fast kastenartig abgestumpften Schnauze und jäh abfallender, gespaltener Oberlippe, dazu sehr kleine Ohren und mittelgroße, stark hervortretende und sehr hochsitzende Augen. Der Pelz ist dünn, grob und borstenartig. Die Füße sind breit, nacktsohlig, weisen hufartige Nägel und Schwimmhäute zwischen den Zehen auf, von denen die Vorderfüße vier, die Hinterfüße nur drei haben.

Südamerikanisches Wasserschwein oder Capybara (Hydrochoërus hydrochaëris): Bewohnt vor allem Brasilien und Paraguay; Länge 95–100 cm, ist schwanzlos; Pelz durchweg graubräunlich, hier und da rot und bräunlichgelb getönt, am Kopf wesentlich dunkler, an den Ohren und Beinen fast bläulichschwarz; hat schwarze Lippenborsten. Wird in Panama vom *Panama-Wasserschwein (H. isthmius)* vertreten, das ihm sehr ähnlich, aber etwas kleiner ist.

Die Pakaranas

Die Pakarana aus dem Amazonasgebiet, und zwar vor allem aus dem Dreiländereck Peru-Bolivien-Brasilien östlich der Anden-Vorberge, scheint ein schwieriger zoologischer Fall zu sein. Von den Verwandten des Meerschweinchens sowie den Pakas und Agutis unterscheidet sie sich schon dadurch, daß sie ziemlich lang beschwänzt ist und alle vier Füße vier Zehen aufweisen. Wahrscheinlich haben wir in ihr ein Überbleibsel einer alten Nagerform vor uns, die zwischen den obengenannten und den im folgenden beschriebenen Trugrattenartigen stand. Entdeckt wurde sie erst im Jahre 1872, blieb dann über dreißig Jahre lang verschollen und ist noch heute in ihrer Heimat eine große Seltenheit. In der Gefangenschaft erwies sie sich als ein recht sanftmütiges Geschöpf mit ei-

Die Agutis leben in den Urwäldern der südamerikanischen Stromgebiete, aber auch in den Pampas und den Bergwäldern der Anden. Sie sind ausgezeichnete Springer. Ohne Anlauf setzen sie in federnden Sechsmeter-Sprüngen über gestürzte Baumstämme hinweg und können sich wie Ziegen im Felsgestein bewegen.

nem riesigen Appetit. Langsam watschelt es auf seinen breiten Sohlen dahin, ist die Gemächlichkeit in Person, setzt sich gern auf seine Keulen und schaut gelassen in die Runde. Tagsüber ist überhaupt nicht viel mit ihm anzufangen, nachts aber wird es doch verhältnismäßig munter und zeigt, daß es auch ein wenig klettern kann. Mit Brot, Obst und Milch ist es leicht zu ernähren und vertilgt erstaunliche Mengen. Seine starken Nagezähne werden mit dem kräftigsten Drahtgitter fertig, und auch zu wühlen versteht es ganz ausgezeichnet.

Pakarana (Dinomys branikkii): Bewohnt die Urwälder der östlichen Anden-Vorberge von Kolumbien bis Bolivien; Länge 50 cm, Schwanz 20 cm, Schulterhöhe 35 cm; Pelz vorwiegend grau und grauweißlich, auf dem Rücken schwärzlich; trägt jederseits der Rückenlinie zwei Längsreihen weißer Flecken, die sich unregelmäßig verstreut auch über die Seiten hinziehen; hat auffallend kleine helle Augen, im Pelz versteckte Ohren, sehr lange reinweiße Schnurrhaare, große gelbe Nagezähne, eine tiefgespaltene Oberlippe, kräftige Grabekrallen und einen dichtbehaarten dunklen Schwanz; die Vorderpfoten gebraucht sie geschickt wie Hände und führt mit ihnen die Nahrung zum Munde, während sie sich wie ein Eichhörnchen aufrecht hinsetzt.

Die Pakas

Fast so stark wie die Wasserschweine sind auch die süd- und mittelamerikanischen Pakas an die Uferzonen der Gewässer und die Sumpfgebiete der tropischen Wälder gebunden. Sie schwimmen und tauchen bald so gut wie jene. Bei Gefahr jedoch stürzen sie sich nur notgedrungen ins Wasser. Die Pakas versuchen vielmehr, ihre geräumigen, unterirdischen Gänge und Kessel zu erreichen, um sich zu bergen. Hier verbringen sie einzeln oder paarweise den Tag, und hier wirft auch das Weibchen im Sommer sein einziges Junges, das überraschenderweise nicht viel größer als eine Hausmaus ist und nur sehr langsam heranwächst. Zwillinge sind schon eine Seltenheit. In ihrem Wesen sind die Pakas ausgesprochen scheu und vorsichtig, sind echte Nachttiere, dabei leicht reizbar, wehrhaft und angriffslustig. Es braucht darum auch seine Zeit, ehe sie sich in der Gefangenschaft an den Menschen und ihren Pfleger gewöhnen. Vorher muß man sich sehr vor ihren messerscharfen und starken Schneidezähnen hüten. Haben sie sich endlich angepaßt, so schließen sie sich doch nur einigen wenigen Menschen an und behalten Fremden gegenüber ihr bissiges Wesen bei. Kinder und Hunde mögen sie nicht. Zu halten sind sie leicht, da sie praktisch alle Abfälle der Küche verzehren und einen ebenso guten Appetit wie unverwüstlichen Magen haben.

Ihre Kennzeichen sind der plumpe und dicke, hohe und ekkige, wie aufgeschwollen wirkende Kopf, der kurze Hals, der gedrungene Rumpf, die starken Beine und der fehlende Schwanz. Der dicke Kopf mit der stumpfen Schnauze wirkt darum so aufgedunsen, weil die Jochbögen eine beachtliche behäutete Höhle bergen, die mit der Mundhöhle verbunden ist. Die Aufgabe dieser „knöchernen Backentasche" konnte bis jetzt noch nicht ergründet werden. Von einer echten Backentasche findet sich nur noch eine Hautfalte vor.

Flachland-Paka (Cuniculus paca): Bewohnt Mittel- und Südamerika von Mexiko bis Nordargentinien; Länge 60–70 cm, ist schwanzlos; Schulterhöhe 32–34 cm; Pelz dünn und borstig, oberseits dunkel-rötlichbraun mit jederseits des Rückgrats fünf weißen Fleckenreihen, die aus rundlichen bis eiförmigen Flecken bestehen, unterseits gelblichweiß; hat große pechschwarze Augen und kurze, wenig behaarte Ohren; um das Maul wie über dem Auge stehen etliche sehr starke, helle, rückwärtsgerichtete Borsten; alle vier Füße weisen fünf Zehen auf.

Im Verhältnis zu ihrer plumpen Gestalt überrascht es immer wieder, wie flink die Pakas doch sind, wie jäh sie im Zorn den Gegner anspringen und wie sie zubeißen. Andererseits berührt es wieder angenehm, daß sie sich sehr sauber halten, viel und gern baden und keine Ansprüche an ihre Ernährung stellen. In ihrer Heimat scheinen sie vorwiegend von Früchten zu leben und unter diesen wilde Feigen vorzuziehen. Ihr Fleisch soll an Wohlgeschmack jegliches andere Wildbret übertreffen und als „königliches Wild" auf den einheimischen Märkten der Indios angepriesen werden.

In den Hochwäldern der Anden, vor allem in Ekuador und Kolumbien, wird das Flachland-Paka vom *Bergpaka (Stictomys taczanowskii)* vertreten. Es ist kleiner und zierlicher, hat einen längeren und dunkleren Pelz und besonders starke und ausgeprägt kräftige Grabekrallen.

Die Agutis

In allen Urwäldern der südamerikanischen Stromgebiete ist der Lebensraum der schlanken, leben die überaus schlanken und lebhaften, fast bebend ängstlichen und scheuen Agutis. Weitaus häufiger als die Wasserschweine, Pakaranas und Pakas, jedoch oft den Lebensraum mit ihnen teilend, stehen sie neben diesen plumpen Gesellen als wahrhaft elegante, zierliche, graziöse und anmutige Geschöpfe. Gleich den Zwergmoschustieren sind sie gewandte Schlüpfer, flotte Läufer und ausgezeichnete Springer. Ohne Anlauf setzen sie in federnden Sechsmeter-Sprüngen über gestürzte Baumstämme, ducken sich im nächsten Augenblick tief unter einen Busch, winden sich durch einen hohlen Baum, stürzen sich in ein Gewässer oder klettern gleich den Ziegen durch das Felsengewirr. Etliche von ihnen beleben auch die weiten Pampas und ersetzen dort die Hasen. Andere wieder steigen bis zu 2000 m hoch in die Bergwälder. Fast alle aber sind sie recht ortstreu und benutzen ihre festen Wechsel, die sich gleich übertunnelten Pfaden durch das Dickicht ziehen. Unterschlupf finden sie reichlich in

Die Biberratte oder Nutria gehört zur Überfamilie der Trugrattenartigen. Sie wird heute wegen ihres wertvollen Pelzes auf vielen Farmen gehalten und gezüchtet.

Freilebend bewohnt sie die gemäßigten Klimazonen Südamerikas von Chile bis Paraguay. Sie wird 45–50 cm lang. Ihr Pelz ist dicht, lang, weich und schwach glänzend.

Das Weibchen wirft zweimal im Jahr 5–10 Junge. Sie folgen ihm schon nach wenigen Tagen und werden, an den Zitzen hängend, auch mit ins Wasser genommen.

hohlen Bäumen, unter dichten Büschen, verfilztem Gewurzel, zwischen Felsentrümmern oder in den verlassenen Bauten anderer Nager. Sie selbst wühlen und graben nicht gern, bereiten sich aber ein sorgsam gepolstertes Lager, das sie sehr sauber halten.

Wie es scheint, haben die verschiedenen Arten auch verschiedene Lebensgewohnheiten, leben bald einzeln, bald paarweise, bald in kleinen Rudeln oder Familienverbänden. Einige sollen nicht nur Blätter, Blüten, Früchte und Nüsse, sondern auch Vogeleier und Vogeljunge verzehren. Während der Brunft fallen die Männchen oft wie blindwütende kleine Teufel übereinander her, verwunden sich schwer, zerbeißen sich erbarmungslos und greifen auch andere Tiere an. In der Gefangenschaft kommt es ebenfalls immer wieder vor, daß sie plötzlich uneins werden, sich mißhandeln und regelrecht umbringen, während sie sich gewöhnlich durchaus verträglich, sanftmütig und friedfertig zeigen.

Goldhase oder Goldaguti (Dasyprocta aguti): Bewohnt das Amazonasgebiet, vor allem die Urwälder Brasiliens, Länge 38–40 cm, Schwanzstummel 1,5 cm; Pelz dicht, fast borstig, aber glatt anliegend und lebhaft glänzend, vorwiegend rötlichzitronengelb mit Schwarz untermischt, am Kopf, Nacken und Vorderrücken sowie an der Außenseite der Läufe stärker rötlich, am Hinterrücken und Kreuz gelblich; die Kehle ist nackt.

Alle Agutis haben wie unsere Eichhörnchen die Gewohnheit, einen Teil der aufgefundenen Nahrung schnell zu verscharren. Sie sitzen beim Fressen auch wie jene aufrecht und gebrauchen die Vorderpfoten geschickt und zierlich gleich Händen. Die Nüsse wirbeln und kreisen nur so in den Pfoten, und die Späne der harten Schalen fliegen wie von einer Drehbank. Bei dieser Geschicklichkeit ist es kein Wunder, daß die Agutis es verstehen, ihre Sassen mit Zweigen zu überdachen und das Dach mit Laub zu bedekken. Vor allem die Kinderstuben sind also sorglich hergerichtet.

Die Weibchen werfen nach 6wöchiger Tragzeit ein bis zwei sehr weit entwickelte Junge, die schon am zweiten Tag umherwuseln, aber doch etliche Wochen lang gesäugt werden. Die Mutter setzt sich dazu auf die Hinterfüße und drückt ihre Kinder zärtlich knurrend an sich. Das Männchen duldet sie nicht in der Nähe der Jungen, wird vielmehr sofort zornig, sträubt die langen Rückenhaare, faucht böse, stößt einen schrillen pfeifenden Schrei aus und trommelt wütend mit den Hinterbeinen. Der Vater pflegt sich eingeschüchtert zurückzuziehen, gibt sich den erwachsenen Kindern gegenüber aber recht freundlich und verträglich.

Die Trugrattenartigen

Um es gleich vorwegzunehmen: die mindestens ratten- bis kaninchengroßen Tiere, die in dieser Überfamilie zusammengefaßt werden, sind keine echten Ratten, sondern die Überbleibsel uralter Nagerfamilien der Alten wie der Neuen Welt. Der Wissenschaftler nennt sie „Achtzähner", weil die Schmelzfalten ihrer abgekauten Backenzahnkronen an eine Acht erinnern. In den verschiedensten Tierbüchern begegnen wir ihnen unter den Namen: Trugratten, Lanzenratten, Stachelratten, Baum- oder Ferkelratten, Kammratten, Igelratten, Felsenratten, Rohrratten oder Borstenferkel und Fingerratten. Die bekannteste unter ihnen ist die Biberratte oder Nutria, die heute um ihres wertvollen Pelzes willen in vielen Farmen gehalten und gezüchtet wird. Sie vermittelt uns zugleich die rechte Vorstellung von der Größe und Gestalt dieser Tiere, die wir in allen nur denkbaren Lebensräumen antreffen. Von den echten Ratten unterscheiden sich diese durchweg recht stattlichen Nager dadurch, daß sie nur sehr wenige Junge zur Welt bringen, die weit entwickelt, behaart und sehend sind. Die Ratte, als Überträger von Krankheitserregern, kann bis 500 Nachkommen bringen.

Nutria oder Biberratte (Myocastor coypus): Wird oft auch Sumpfbiber genannt; bewohnt das gemäßigte Südamerika von Chile und Paraguay bis Patagonien, Länge 45–50 cm, Schwanz 40–44 cm; Pelz dicht, lang, weich und schwach glänzend, oberseits vorwiegend kastanienbraun, seitlich lebhaft rot, unterseits grau- bis schwarzbraun; der Leib ist gesetzt und gedrungen, der Hals kurz und dick, der Kopf lang, platt und stumpfschnauzig, die Nasenspitze und die Lippe weiß oder hellgrau, das Auge mittelgroß und vorstehend, das Ohr klein; die Beine sind kurz und kräftig, die Füße fünfzehig und stark bekrallt, an den Hinterfüßen durch Schwimmhäute verbunden; der Schwanz ist drehrund, würfelartig geschuppt und borstig behaart.

In der Überfamilie der Trugrattenartigen sind die Nutrias zweifellos die fruchtbarsten. Das Weibchen wirft zweimal im Jahr 5–10 Junge, die überraschend groß und weit entwickelt sind. Sie folgen ihm schon nach wenigen Tagen und werden mit ins Wasser genommen. Die Zitzen der Nutria stehen ganz ungewöhnlich hoch an den Körperseiten, fast in Rückennähe, so daß die festgesaugten Jungen sehr leicht die Nasenspitze über den Wasserspiegel zu heben vermögen. Können die Jungen schon selbst schwimmen, so hält sie die Alte mit klagenden Lockrufen zusammen. Folgen sie nicht, knurrt und brummt sie ärgerlich.

Die Hasenmäuse erinnern mit ihren langen buschigen Schwänzen fast noch mehr an Eichhörnchen als an Hasen. Zu ihnen zählen die berühmten Chinchillas und die etwas größeren Viscachas. Die Chinchillas wurden wegen ihres daunenweichen und seidigen Pelzes nahezu ausgerottet. Vorkommen freilebender Chinchillas sind nicht bekannt. Man hofft jedoch, daß sie noch nicht gänzlich ausgestorben sind, und hat sie vorsorglich unter Naturschutz gestellt.

Dieselben Laute lassen die Nutrias vernehmen, wenn sie gereizt sind oder sich bedroht fühlen. In der Bedrängnis wehren sie sich tapfer und beißen wie rasend mit ihren großen, breiten, vorstehenden, gelbroten Nagezähnen um sich. In der Freiheit sind sie reine Vegetarier, in der Gefangenschaft werden sie schnell zu Allesfressern.

Kuba-Baumratte oder Hutia-Conga (Capromys pilorides): Bewohnt Kuba und die benachbarten Inseln, ist nach der Biberratte die bekannteste Trugratte, ist auch heute noch relativ häufig; Länge 50–60 cm, Schwanz 14–16 cm, Schulterhöhe 20 cm; Gewicht 6–8 kg; Pelz grob, borstig und glänzend, oberseits gelbgrau, bräunlich gesprenkelt, am Kreuz rotbräunlich, unterseits braungrau; die Brust ist grau, ebenso ein Längsstreifen auf der Mitte des Bauches; an den Schultern fallen etliche besonders lange weiße Haare auf; hat kleine dunkle Ohren, schwarze Pfoten und einen sich schnell verjüngenden, spärlich beborsteten Schwanz.

Die Hasenmäuse

Mit ihren langen buschigen Schwänzen erinnern die Hasenmäuse fast noch mehr an Eichhörnchen als an Hasen. In Wirklichkeit aber stehen sie den Meerschweinchen und Agutis recht nahe und gehören also zu Recht zu den Verwandten des Meerschweinchens. Die Hasenmäuse sind auf das westliche und südliche Südamerika beschränkt und verbreiten sich von Peru und Bolivien über Nordargentinien bis nach Patagonien. Zu ihnen zählen die berühmten Kleinen Chinchillas oder Wollmäuse, die Großen Chinchillas oder Hasenmäuse sowie die stattlicheren Viscachas.

Die Chinchillas als Träger eines daunenweichen und seidigen Pelzes wurden nahezu ausgerottet. Ihre letzten Vorkommen sind nicht bekannt, doch hofft man zuversichtlich, daß sie noch nicht gänzlich ausgestorben sind, und hat sie vorsorglich unter strengen Schutz gestellt. Wir hätten also gar keine Gelegenheit, Chinchillas kennenzulernen, wenn nicht im Jahre 1916 der amerikanische Ingenieur M. F. Chapman nach Chile gekommen wäre. Dieser Mann, der nicht daran glaubte, daß Chinchillas nur in Höhen über 2500 m leben könnten, suchte fünf Jahre lang die Kordilleren nach den letzten dieser Tierchen ab. Im Jahre 1922 gelang es ihm, achtzehn Chinchillas zu fangen und von den Bergen in gekühlten Kisten bis in die Staaten zu bringen. Die meisten Tiere überstanden glücklich die lange Reise und gaben die Stammväter für den heutigen Zuchtbestand ab. Der derzeitige Bestand in allen Chinchilla-Farmen auf der ganzen Welt wird auf Hunderttausende, wenn nicht sogar einige Millionen Tiere geschätzt.

Kleine Chinchilla oder Wollmaus oder Langschwanz-Chinchilla (Chinchilla laniger): Bewohnt vor allem die Küstengebirge von Nord- und Mittelchile sowie Bolivien in Höhen zwischen 2000–3000 m; Länge 24–28 cm, Schwanz 12–14 cm; Pelz ungemein fein, seidenweich und silberglänzend, oberseits asch- bis platingrau, dunkel gesprenkelt, unterseits und an den Füßen mattgrau oder gelblich überflogen bis reinweiß; hat große schwarze Augen, große aufrechtstehende und gerundete Ohren, sehr lange Schnurren und einen buschig behaarten Schwanz.

Noch vor knapp hundert Jahren waren die Chinchillas auf den Höhen der Kordilleren so häufig, daß man sie auch am hellen, lichten Tag zu Hunderten und Tausenden vor ihren Felsenhöhlen sitzen sah, daß sie gleichsam aus jeder Ritze und Spalte des Gesteins lugten, sich abends neugierig an die Lagerfeuer der Reisenden drängten und zutraulich zwischen den Beinen der weidenden Maultiere umherliefen. Auf den trümmerübersäten, öden und fast pflanzenlosen Hochplateaus hausten sie in großen unterirdischen Kolonien. Als unvergleichlich gewandte und flinke Kletterer belebten sie alle die wildzerklüfteten Felsenwände. Die Pelzjäger erlegten sie alljährlich zu Hunderttausenden, und bald wagten sich die Tierchen nur noch im Schutze der Nacht aus ihren Schlupfwinkeln. Rasend schnell schmolzen die Bestände dahin. Denn das Chinchillaweibchen trägt seine ein bis zwei, höchstens aber vier Jungen ganze 108–110 Tage und bringt es in zwei Jahren auf nicht mehr als fünf Würfe. Neben den Langschwanz-Chinchillas werden in den Pelzfarmen auch die sogenannten *Kurzschwanz-Chinchillas (Chinchilla chinchilla)* gehalten. Sie sind jedoch wesentlich seltener anzutreffen.

Große Chinchilla oder Hasenmaus (Lagidium viscaccia): Bewohnt in 4 Arten mit etwa 20 Unterarten die Hochgebirge und Felseinöden von Peru, Bolivien, Chile und Westargentinien; Länge 30–50 cm, Schwanz 20 cm; Pelz ebenso fein, weich und seidig wie beim kleinen echten Chinchilla, oberseits vorwiegend perl- bis aschgrau, seitlich lichter, unterseits gelblich getönt, am lang und struppig behaarten Schwanz bräunlich-

Bild nächste Seite: Die große Hufeisennase erreicht eine Länge von 6 cm und lebt in baumbestandenem Gelände. Im Sommer schläft sie häufig in Gebäuden, den Winter verbringt sie meist in Kellern, natürlichen Höhlen und Grotten, bleibt aber in ihrem angestammten Jagdgebiet.

schwarz; hat sehr große dunkle Augen, bis zu 8 cm lange, spärlich behaarte Ohren und bis zu den Schultern reichende schwarze Schnurren.

In der Lebensweise, Ernährung und Bewegungsart unterscheiden sich die langohrigen Hasenmäuse kaum von den Wollmäusen. Sie sitzen gleichfalls nach Art der Eichhörnchen mit an die Brust gelegten Vorderpfoten und leicht übergeschlagenem Schwanz, laufen auch in kleinen Sprüngen, wobei sie den Schwanz ausstrecken, klettern mindestens ebenso gut und bergen sich tagsüber in Höhlen und Felsenspalten. Ihres nicht minder wertvollen Pelzes wegen wurden auch sie schon weitgehend ausgerottet und stehen wie die Wollmäuse unter Naturschutz. Heute gibt es in Amerika bereits viele Farmen, in denen die Große Chinchilla gezüchtet wird. Bei Kreuzungen mit den Kleinen Chinchillas ergeben sich auf Grund der engen Verwandtschaft fruchtbare Bastarde.

Viscacha (Lagostomus maximus): Bewohnt in 2 Arten die Pampas von Buenos Aires bis Patagonien; Länge 50 cm, Schwanz 18 cm; das Weibchen ist wesentlich kleiner; Fell dicht und weich, aber längst nicht so wertvoll wie das der Woll- und Hasenmäuse, oberseits rötlichgrau, am Rücken schwarz gewölkt, an den Seiten und am Kopf heller, unterseits und an den Innenseiten der Beine weiß, am Schwanz schmutzigkastanienbraun; eine breite weiße Binde zieht sich vom Nasenrücken über die Wangen, und ein großer weißer Fleck sitzt wie eine dicke Braue über dem Auge; hat mittelgroße Augen und Ohren, tief eingeschnittene Oberlippen und ganz besonders steife und harte Schnurrborsten.

Die Viscachas wirken viel plumper und kaninchenhafter als ihre berühmten Verwandten. Sie sind mit ihren langen Hinterbeinen hinten so stark überbaut, daß der Rücken sehr stark gewölbt ist, und haben einen oben abgeflachten, seitlich stark aufgetriebenen, unschön stumpfschnauzigen Kopf. Ihre Bauten locken auch andere Pampasbewohner an. Nicht selten wohnen in den unterirdischen Städten der Viscachas zugleich auch kleinere Schlangen, Erdkleiber, Höhleneulen und Schwalben.

Die Viscachas sind unscheinbare Verwandte der Chinchillas. Sie wirken jedoch viel plumper und kaninchenhafter und ihr Fell ist weit weniger wertvoll. Die Viscachas bewohnen die Pampas. Ihre unterirdischen Bauten teilen sie oft mit kleineren Schlangen, Höhleneulen und Schwalben. Sie werden 50 cm lang.

Die Weibchen werfen einmal im Jahr zwei bis drei Junge, die schon weit entwickelt sind. Die Zitzen befinden sich auffallend hoch an den Körperseiten. Vielleicht lebten die Vorfahren der Viscachas nicht in den Steppen, sondern in der Nähe der Gewässer wie die Wasserschweine. Es waren ochsen- bis nashorngroße Ungetüme, die vor rund 40 Millionen Jahren ausgestorben sind.

Die Fledermäuse *(Chiroptera)*

Die Fledermäuse oder Flattertiere, die auch Fledertiere oder Handflügler genannt werden, stellen die zweitgrößte Ordnung der Säugetiere dar und sind in rund 1000 Arten über die ganze Welt – mit Ausnahme der Polarzonen – verbreitet. Am häufigsten treten sie in den warmen Zonen auf, und die Großfledermäuse oder Flederhunde sind fast ausschließlich auf die Tropen beschränkt. In Deutschland leben aber immerhin gut 20 Arten von Kleinfledermäusen. Mit diesen einheimischen Vertretern werden wir uns vor allem beschäftigen. Auf die vielen anderen Arten dagegen können wir zwangsläufig nur knapp und übersichtsweise eingehen.

Es hat den Anschein, als ob die Blütezeit dieser mindestens schon 60 Millionen Jahre alten Tierfamilie, die wahrscheinlich von baumbewohnenden Insektenfressern abstammt, bereits vorüber ist. Doch können der unverkennbare Rückgang und die deutlichen Bestandsverminderungen vielleicht auch nur vorübergehender Art sein. Bei uns, wie in allen intensiv bewirtschafteten und übervölkerten Gebieten, erleiden die Fledermäuse zweifellos großen Schaden durch den mit schwersten Berührungsgiften geführten Kampf gegen die Schadinsekten. Denn die Kleinfledermäuse der gemäßigten Zonen sind ausschließlich Insektenfresser und gehen an ihren vergifteten Beutetieren ein. Andererseits finden sie immer seltener natürliche Schlupfwinkel und vor allem unberührte Höhlen und Grotten, in denen sie früher zu Tausenden überwinterten. Die meisten größeren Höhlen sind heute für den Touristenstrom erschlossen, für die Fledermäuse aber unbrauchbar geworden.

Unsere einheimischen Fledermäuse

Die Fledermäuse Deutschlands gehören zu den Kleinfledermäusen, die in insgesamt 16 Familien, 95 Gattungen und 800 Arten über die ganze Welt verbreitet sind. Zwei von ihnen, nämlich die Große und die Kleine Hufeisennase, sind Angehörige der sogenannten Hufeisennasen im engeren Sinne. Die anderen zwanzig Arten stammen alle zusammen aus der Familie der Glattnasen. Die meisten Fledermausarten sind gefährdet.

Die Hufeisennasen

Diese durch groteske Nasenaufsätze gekennzeichneten Fledermäuse gliedern sich wiederum in die Gruppen der dreizehigen und der zweizehigen Hufeisennasen. Das heißt, bei den einen, die nicht nur in den Tropen, sondern auch in den gemäßigten Zonen vertreten sind und zu denen auch unsere beiden einheimischen Hufeisennasen gehören, bestehen die Zehen bis auf die erste aus jeweils drei Gliedern. Bei den anderen dagegen, die ganz auf die Tropen beschränkt sind, weisen alle Zehen nur zwei Glieder auf.

Das auffälligste an diesen Fledermäusen sind zweifellos die wunderlichen Nasenaufsätze, die der Zoologe Wilhelm Bölsche mit folgenden launigen Worten beschreibt: „Es ist, als wüchse wirklich eine große verwickelte Orchideenblüte mit doppeltem unterem Lippenlappen und einem hohen spitzen Dorn nach oben.“ Der Vergleich mit der Orchidee ist dabei ein sehr anständiger. Eigentlich ist es ein ziemlich widerwärtiges Gekringel aus schmieriger Faltenhaut, ganz unproportioniert dem Gesicht auf-

geklebt wie eine schmutzige, angeschmolzene, fettende Wachsnase im Karneval.“

Wir wissen heute, daß diese Nasenblüten sehr brauchbare Richtstrahler für die durch die Nase ausgestoßenen Ultraschall-Signale sind. Und zwar orientieren sich die Hufeisennasen mit einer sogenannten Dauertonpeilung, für die sie in ihren schwenkbaren Ohren spezialisierte Richtempfänger entwickelt haben. Für uns soll es hier genügen, darauf hinzuweisen, daß es sich bei ihnen nicht um die normale Echopeilung, sondern um ein ganz neues Arbeitsprinzip, ein durchaus neues Peilverfahren handelt, das bei unseren technischen Ortungsgeräten noch wenig angewandt wird.

Ihre Nahrung, vor allem spätfliegende Schmetterlinge, jagen sie im Fluge. Auch hierbei bedienen sie sich der Ultraschallpeilung. Aber manche Nachtfalter können die Signaltöne hören und werden gewarnt.

Große Hufeisennase (Rhinolophus ferrum-equinum): Bewohnt in etlichen Unterarten Süd- und Mitteleuropa, ganz Afrika bis zum Kap der Guten Hoffnung sowie das mittlere Asien bis nach Japan, steigt in den Gebirgen bis in Höhen um 2000 m, hat in Deutschland seine nördlichste Verbreitungsgrenze am Südhang des Harzes; Länge 6 cm, Schwanz 4 cm, Flugbreite 35 cm; Pelz reich und lang, beim Männchen oberseits aschgrau mit weißlichen Haarwurzeln, unterseits hellgrau; beim Weibchen oberseits lichtrötlichbraun, grau überflogen, unterseits rötlichgrau; hat einen sehr großen Nasenaufsatz und breite Flughäute, schaukelt langsam und niedrig dahin, bleibt auch den Winter über in ihrem angestammten Jagdgebiet und birgt sich scharenweise in Kellern, Bergwerksstollen und natürlichen Höhlen und Grotten.

Kleine Hufeisennase (Thinolophus hipposideros): Bewohnt in 7 Unterarten Süd- und Mitteleuropa, verbreitet sich im Osten über den Kaukasus bis zum Himalaja; Länge 4,2 cm, Schwanz 2,6 cm, Flugbreite 2,3 cm; Pelz oberseits hellbraun, unterseits hellgraubraun; fliegt niedrig und schnell, wird erst spät am Abend munter, unternimmt keine weiten Herbstwanderungen, verschläft den Winter in der Nähe des sommerlichen Jagdgebietes, oft gemeinsam mit ihrer großen Verwandten, hüllt sich ruhend ganz in ihre Flughäute ein.

Die kleine Hufeisennase erreicht nur eine Größe von gut 4 cm. Ihre Spannweite beträgt 20 cm. Sie wird spät am Abend munter, fliegt schnell und niedrig.

Die Hufeisennasen stehen im Verdacht, sich hin und wieder als Blutschlecker an ihren Mitschläfern zu vergehen. Es wurde jedenfalls beobachtet, daß die mit ihnen in der gleichen Höhle schlafenden Ohrenfledermäuse verdächtige Wunden mit schwammig aufgetriebenen Rändern aufwiesen. Die also überfallenen Ohrenfledermäuse aber rächten sich fürchterlich, indem sie sechs der kleinen Vampire bis auf die Flügelspitzen und Krallen auffraßen. Auf jeden Fall sind die Hufeisennasen recht bissig, wie sich überhaupt alle Fledermäuse beißend ihrer Haut wehren, wenn es notwendig ist.

Die Glattnasen

Den in 6 Unterfamilien über die ganze Welt verbreiteten Glattnasen fehlen die wunderlichen Nasenblüten. Aber auch sie kennzeichnen sich durch eine Besonderheit, an der wir sie alle leicht erkennen können: sie haben nämlich eine Art von Ohrdeckel, der sich vom Grunde der Ohrmuschel erhebt und gleichsam ein besonders empfindsames kleines Ohr im großen Ohr darstellt. Das zweite Kennzeichen ist der längere Schwanz, der zumeist gänzlich innerhalb der Schwanzflughaut liegt. Ihre allweltliche Verbreitungsgrenze fällt im allgemeinen mit der Waldgrenze zusammen.

Mopsfledermaus (Barbastella barbastellus): Bewohnt Süd- und Mitteleuropa bis Transkaukasien; Länge 4,5 cm, Schwanz 4,5 cm, Flugbreite 27 cm; Pelz oberseits dunkelschwarzbraun, unterseits graubraun, an den Ohren und Flughäuten schwarzbraun; die Ohren haben Kopflänge und sind auf dem Scheitel miteinander verwachsen; der spitz auslaufende Ohrdeckel reicht über die Ohrmitte hinaus; bevorzugt Wald- und Gebirgslandschaften, fliegt schnell, hoch und jäh kurvend, lebt nicht so gesellig wie die anderen Fledermäuse, kommt meist vereinzelt vor, hängt sich selten frei auf, ruht gern in Baumspalten und Mauerritzen, fliegt oft auch tagsüber, weicht dem Winter in südlichen Wanderzügen aus, schläft erst ab November, erwacht an warmen Wintertagen, erscheint bereits im März wieder, bringt oft zwei Junge zur Welt. Sie ist – wie andere Arten – im Bestand gefährdet und steht bei uns unter Naturschutz.

Lang- oder Großohrfledermaus (Plecotus auritis): Bewohnt Europa, Nordafrika und Mittelasien bis zum Himalaja sowie Japan und Sachalin; Länge 4,5 cm, Schwanz 4,5 cm, Flugbreite 24–25 cm; Pelz ziemlich lang, oberseits graubraun, unterseits etwas heller; hat ein langbehaartes Gesicht mit weißlichem Backenbart, sehr große, 3,4 cm lange Ohren, die auf der Stirn miteinander verwachsen, schmale und dünne Flughäute; tritt vereinzelt auf, fliegt gut, hoch und schnell mit herabgebogenen Ohren, fängt nicht nur fliegende Insekten, sondern liest auch Raupen ab, liebt die Nähe der Ortschaften, ruht gern unter Dächern, hinter Fensterläden, in hohlen Parkbäumen, kommt oft in erleuchtete Zimmer, überwin-

Unser häufigster Vertreter aus der Familie der Glattnasen ist der große Abendsegler, eine typische Baumfledermaus. Er schläft in Spechthöhlen oder Nistkästen und ist im Sommer nur selten in Gebäuden anzutreffen. Er überwintert in Baumhöhlen oder in dichten Trauben auf Kirchböden. Die Winterquartiere sind oft weit von den sommerlichen Jagdrevieren entfernt.

Der Abendsegler ist gekennzeichnet durch den rötlichbraunen Pelz und die ebenso langen wie breiten Ohren. Er verläßt seine Schlafhöhle oft schon am Nachmittag. Besonders im Herbst kann man ihn in der Abendsonne bei seinen rasanten Zickzackflügen in großer Höhe beobachten, wenn er fliegende Insekten jagt. Seine schlanken Flügel machen ihn zu einem gewandten Flieger. Zu ihren Winterquartieren unternehmen die Abendsegler in großen Schwärmen oft 750 km weite Wanderungen.

tert in Kellern, Gewölben und Stollen, schlägt dabei die großen Ohren unter die Arme.

Abendsegler oder Frühfliegende Fledermaus (Nyctalus noctula): Bewohnt ganz Eurasien in 7 Unterarten; Länge 7,5 cm, Schwanz 5 cm, Flugbreite 40–42 cm; Pelz hellrötlichbraun, an den dickhäutigen Ohren und schmalen Flughäuten dunkelschwarzbraun; hat einen breiten, an den Seiten drüsig aufgetriebenen Kopf, ebenso breite wie lange Ohren mit einem kleinen runden Deckel; liebt das Flachland, weite Täler sowie alte lichte Wälder und Alleen, ruht in Baumritzen, Spechtlöchern, Nistkästen und Waldhütten, fliegt schnell und hoch mit flachen und fördernden Schlägen, oft schon nachmittags, tritt im Herbst weite Wanderungen in großen Zügen an, überwintert auf Kirchböden oft zu Hunderten, die dann in dichten Klumpen und dachziegelartig aneinanderhängen.

Zweifarbige Fledermaus (Vespertilio murinus): Bewohnt Mittel- und Nordeuropa, verbreitet sich östlich bis nach China; Länge 4,8 cm, Schwanz 4,3 cm, Flugbreite 28 cm; Pelz oberseits dunkelbraun mit hellbereiften Haarspitzen, unterseits mit graubereiften Haarspitzen, an der Kehle und den Innenseiten der Beine fast weiß; hat eine stumpfe Schnauze, rundliche Ohren mit abgerundetem Deckel; bevorzugt die Gebirgslandschaften, steigt in den Alpen bis zu 1600 m, meidet baumlose Gegenden, fliegt hoch und schnell, zieht sich im Spätherbst in die Täler zurück, ist überall selten.

Zwergfledermaus (Pipistrellus pipistrellus): Bewohnt fast ganz Europa sowie Sibirien bis zum 60. Breitengrad, verbreitet sich über Nord- und Mittelasien bis nach Japan, Formosa und Kaschmir, wurde in Tibet noch in 4000 m Höhe beobachtet, kommt auch in Marokko vor; Länge 3,6 cm, Schwanz 3,4 cm, Flugbreite 20–21 cm; Pelz lang, oberseits gelblichbraun, unterseits graulich, oft gelblich überflogen; hat kleine dickhäutige Ohren, deren äußerer Rand sich bis unter die Höhe des Mundwinkels zieht, und schlanke Flughäute; fliegt sehr behend, rasch, unruhig, oft erstaunlich hoch oder sehr knapp über den Gewässern, kommt auf der Jagd auch in Ställe und Wohnräume; überwintert oft in Klumpen zu Hunderten, zumeist Männchen und Weibchen getrennt, am liebsten in hohlen Bäumen und in Gebäuden, ist nur wenig kälteempfindlich, oft an warmen Wintertagen fliegend zu beobachten, überall recht häufig.

Riesenfledermaus oder Mausohr (Myotis myotis): Bewohnt die Niederungen und Mittelgebirge von ganz Mittel- und Südeurasien sowie von Nordafrika und Abessinien, verbreitet sich bis nach Indien; Länge 7,5 cm, Schwanz 5,5 cm, Flugbreite 38–40 cm; Pelz oberseits lichtrauchbraun, roströtlich überflogen, unterseits schmutzigweiß; hat sehr große dünne Ohren mit 9–10 Querfalten und einem langen zugespitzten Deckel sowie lichtgraubraune Flughäute; fliegt fast gemächlich, schwerfällig, krähenartig, niedrig und sehr geradlinig, tummelt sich besonders gern über Straßen, Chausseen und weiten Plätzen, ist häufig und gesellig wie die meisten Mausohren, aber unverträglich und bissig gegen andere Arten, überwintert in großen Gemeinschaften in Scheunen, Heustadeln, Kellern und Grotten, erwacht erst spät, da sie ziemlich kälteempfindlich ist, unternimmt deshalb auch weite Herbstwanderungen in wärmere Gebiete.

Wasserfledermaus (Myotis daubentonii): Bewohnt die europäischen Ebenen und Mittelgebirge von Irland, Schottland, Schweden und Finnland bis nach Sizilien, verbreitet sich über Vorder- und Mittelasien bis zum Altai; Länge 4,5 cm, Schwanz 3,7–4,2 cm, Flugbreite 25–26 cm; Pelz oberseits rötlichbraungrau, unterseits trübweiß; hat mittelgroße graubraune Ohren mit einem länglich-schmalen Deckel und dünne Flughäute, die bis zur Mitte der Fußsohle angewachsen sind; liebt wasserreiche und gebirgige Gegenden, baumumstandene Teiche in der Nähe der Ortschaften, jagt schon in der ersten Dämmerung über dem Wasserspiegel, fliegt rasch und gewandt, huscht unter den Brücken hindurch, ist recht gesellig, hängt sich ausruhend frei an die Zweige wassernaher Bäume, überwintert in hohlen Bäumen, Gewölben und Felsenhöhlen, erwacht im zeitigen Frühjahr wieder.

Bartfledermaus (Myotis mystacinus): Bewohnt Europa von Finnland bis Spanien und von Frankreich bis Mittelrußland, verbreitet sich im Osten bis zum Himalaja und China, ist auch in Japan und Formosa sowie auf Java und Sikkim zu Hause; Länge 4,1–4,3 cm, Schwanz 3,3–3,5 cm, Flugbreite 20–22 cm; Pelz sehr langhaarig, grau- bis dunkelbraun, oberseits rot bespitzt, unterseits aschgrau bis gelblichgrau bespitzt; auch die Gesichtsdrüsen sind lang behaart und die Oberlippe mit einem Saum feiner und steifer Haare besetzt; der Ohrdeckel ist lang, schmal und spitz; hat breite Flughäute, flattert aber doch recht rasch, bevorzugt die Nähe der

Die Kopfrumpflänge der Zwergfledermaus beträgt nur etwa 3,6 cm. Sie bewohnt fast ganz Europa sowie einen großen Teil Asiens. Sie ist gesellig und fliegt schon früh am Abend, manchmal sogar auch tagsüber. Im Sommer hält sie sich meist in Gebäuden auf. Manchmal jagt sie auch in Ställen und Wohnräumen.

Gewässer, über die sie niedrig dahinfliegt, ist kurz nach Sonnenuntergang unterwegs und jagt bis zur Morgendämmerung, ruht vor allem in hohlen Bäumen und wassernahen Gebäuden, ist gesellig und hält einen nur kurzen Winterschlaf.

Langflügel-Fledermaus (Miniopterus schreibersii): Bewohnt Südeuropa, verbreitet sich von den Balearen über die Pyrenäen bis in die Schweiz und den Jura, kommt in Deutschland wahrscheinlich nur im Oberrheintal, etwa bis zur Höhe von Freiburg im Breisgau vor, ist auch in Afrika und auf Madagaskar sowie in Indien, Australien und Neuguinea zu Hause; Länge 5 cm, Schwanz 5,3 cm, Flugbreite 38–40 cm; Pelz vorwiegend hellgrau, oft rötlich überhaucht; der Kopf wirkt wie aufgetrieben, ist kurzschnauzig und im Gesicht drüsig verbreitert; die Ohren sind kürzer als der Kopf und haben einen langen schmalen, vorgebogenen Deckel; die Flughäute sind besonders lang und sehr schmal, oft auch sehr hell; gilt als der schnellste Flieger unter allen europäischen Fledermäusen, schießt wie eine Schwalbe schon am zeitigen Abend durch den Luftraum, ruht in hohlen Bäumen und Grotten, lebt gesellig.

Abschließend sei nochmals betont: alle unsere einheimischen Fledermäuse sind eifrige Insektenvertilger, die hauptsächlich Mücken, Fliegen, Käfer und Schmetterlinge verzehren. Ihr Appetit ist im Verhältnis zu ihrer Größe gewaltig. Ein Schock Fliegen braucht die kleine Zwergfledermaus mindestens, um satt zu werden. Ein Dutzend Maikäfer ist gerade ein ausreichendes Abendbrot. Wir haben also allen Grund, die Fledermäuse zu schützen, und sollten ihnen viel mehr, als es bisher geschah, künstliche Schlafplätze anbieten.

Fledermäuse sind ortstreu, kehren wie die Schwalben jahrelang zum gleichen Haus zurück, werden schnell vertraut und besuchen uns auch in unseren Räumen. Sie gefangenzuhalten bringt dagegen wenig Freude und ist töricht.

Kleinfledermäuse in aller Welt

Im Anhang an die soeben geschilderten einheimischen Glattnasen sei nun noch ein Blick auf die Blattnasen und Vampire, die Klaffmäuler und die Hasenmaul-Fledermäuse geworfen. Dadurch wird sich, auch wenn wir diese Vertreter notgedrungen nur streifen können, das Bild der Fledermauswelt doch schön runden und unser Wissen erweitern.

Die Blattnasen

Diese Kleinfledermäuse sind in 7 Unterfamilien mit insgesamt 35 Gattungen fast ausschließlich auf das tropische Amerika beschränkt. Ihren Familiennamen tragen sie alle zu Recht nach den mehr oder weniger blatt- oder spießartigen Nasenaufsätzen, die wahrscheinlich auch eine Art von Richtstrahlern wie bei unseren Hufeisennasen darstellen. Viele von ihnen sind ebenfalls eifrige Insektenfresser, doch werden wir hier zum erstenmal auch etlichen Früchteliebhabern, Pollenfressern und Nektarschleckern sowie einigen Wirbeltierjägern begegnen. Zumeist verraten schon die Schnauzenformen deutlich, wovon sich die einzelnen Gattungen ernähren. Blutsauger befinden sich unter ihnen nicht, wenn manche auch irreführend als Vampire bezeichnet werden.

Großer Vampir oder Spießblattnase (Vampyrus spectrum): Bewohnt die Urwälder wie die Siedlungen von Nordbrasilien und Guayana; Länge 16 cm, ist schwanzlos, Flugbreite 70 cm; Pelz weich und zart, oberseits dunkelkastanienbraun, unterseits gelblichbraun; die Flughäute wie alle nackten Körperteile sind braun; der Kopf ist dick und lang, die Schnauze vorgezogen, das Ohr sehr groß, hoch emporragend und länglich-eirund, mit einem spitzen schmalen Deckel, das Nasenblatt verhältnismäßig klein, schmal und dolchähnlich, das Auge recht groß und glänzend schwarz, die Unterlippe warzenbedeckt; ist ein harmloser Insektenjäger und Früchtefresser mit Wenigem zufrieden.

Die echten Vampire

Wir kommen nun zu den auf Mittel- und Südamerika beschränkten echten Blutsaugern, die das ganze Geschlecht der Fledermäuse in Verruf gebracht haben. Denn kaum daß die ersten spanischen Eroberer von den Vampiren berichteten, bemächtigte sich die rege Phantasie der mittelalterlichen Menschen dieser Erscheinung und ließ die Opfer von diesen „fürchterlichen Ausgeburten der Hölle" nicht nur anzapfen, sondern so weit aussaugen, daß sie zugrunde gehen müssen. Daran glauben viele Menschen auch heute noch. In Wirklichkeit sind die echten Vampire keine Blutsauger, sondern Blutschlecker, schneiden keine größeren Blutgefäße an, verursachen nur winzigkleine Wunden und entnehmen so geringe Mengen, daß der betroffene Blutswirt davon überhaupt nichts spürt noch irgendwelchen Schaden erleidet. Die Gefahr, die mit dem Biß verbunden ist, liegt auf einem ganz anderen Gebiet, nämlich auf dem der Seuchenübertragung. Im zunehmenden Maße wurden die Vampire als die Überträger der Tollwut, zahlreicher Tropenkrankheiten und der Maul- und Klauenseuche erkannt. In bezug auf die Tollwut ist auch der Mensch gefährdet, da die davon befallene Fledermaus, die sonst kaum einmal einen Menschen anzapft, die Scheu verliert und auch Schlafende besucht.

Bei ihrer Millionenzahl stellen die Vampire aus diesem Grunde vor allem eine nicht zu unterschätzende Gefahr für die Viehzucht dar. In den letzten Jahren waren die Mexikaner gezwungen, energische Gegenmaßnahmen zu treffen. Sie vergasten die Schlafplätze der Vampire oder sprengten die von ihnen bewohnten Höhlen in die Luft.

Den nächtlichen Besuch einer dieser blutschleckenden Fledermäuse bemerkt weder Tier noch Mensch. Denn diese heimlichen Geister fliegen ihr Opfer nicht etwa an, sondern landen in gemessener Entfernung und rutschen auf allen vieren näher. Ihre samt-

Die echten Vampire sind keine Blutsauger, sondern Blutschlecker, die keine größeren Blutgefäße anschneiden. Sie verursachen nur winzigkleine Wunden von 3 mm Größe. Der betroffene Blutswirt spürt davon nichts, noch erleidet er dadurch irgendwelchen Schaden. Die Vampire treten nur in Mittel- und Südamerika auf.

weich behaarten Füße verursachen weder ein Geräusch noch alarmieren sie die Tastsinne der Haut. Der Einschlag der rasiermesserscharfen Schneidezähne und der sichelartigen Eckzähne ruft keinen Schmerz hervor. Die Wunde ist höchstens drei Millimeter groß, rundlich und sehr flach. Um ihre Ränder schließen sich die Lippen ebenso weich wie fest und die Zunge leckt nun das ausfließende Blut eifrig auf. Der Blutswirt bemerkt den Überfall erst nach Stunden, nämlich dann, wenn die Wunde anfängt, ähnlich wie ein feiner Rasiermesserschnitt, leicht zu brennen.

Eine andere Nahrung als Blut vermögen diese Fledermäuse gar nicht mehr aufzunehmen. Ihre Backenzähne sind weitgehend verkümmert, die Speiseröhre außerordentlich verengt und der Magen seitlich zu einem langen Blindsack ausgezogen.

Großer Blutsauger (Desmodus rotundus): Bewohnt Mittel- und Südamerika von Mexiko und Trinidad bis Bolivien und Argentinien; Länge 6,5–7,5 cm, ist schwanzlos, Flugbreite 35–37 cm; Pelz oberseits ruß- bis rötlichbraun, unterseits gelblichbraun bis silbergrau; kennzeichnet sich durch ein verkümmertes breites Nasenblatt, eine bulldoggenhaft verkürzte, aufgeworfene, fleischrote Schnauze mit dikker roter Unterlippe, recht große, ausgesprochen dreieckige, weit voneinander getrennte Ohren mit einem kurzen kleinen Deckel, verhältnismäßig große Augen; wird in Mexiko und in Brasilien vom *Kleinen Blutsauger (Diphylla ecaudata)* vertreten.

Die Klaffmäuler oder Großohren

Vermögen schon die meisten anderen Fledermäuse recht empfindlich zuzubeißen und sich ihrer Haut zu wehren, so sind die afrikanischen, malaiischen und australischen Klaffmäuler oder Großohren nun bereits kleine angreiferische Räuber und zum Teil echte Fleischfresser. Auf ihrer Speisekarte stehen neben den Insekten vor allem Baumfrösche, Eidechsen, Mäuse, Vögel sowie andere Kleintiere und die kleineren Arten ihres eigenen Geschlechts.

Äußerlich fallen sie durch ihre riesigen Ohren auf, von denen jedes einzelne doppelt so groß wie der ganze Kopf ist und die sich in zusammengewachsener Front als sehr breite Schalltrichter hoch über den Schädel erheben. Der Ohrdeckel ist dementsprechend stark ausgebildet und verläuft regelmäßig zweizipflig. Die Nase aber ist gleich mit zwei Blättern verziert.

Falsche Vampirfledermaus (Megaderma lyra): Bewohnt Südasien: Länge 8 cm, Schwanz 3 cm, Flugbreite 30 cm; Pelz vorwiegend hellbraun; wurde lange als Blutsauger verdächtigt, ist aber ein durchaus harmloser Früchteschlecker und Insektenvertilger, der hin und wieder auch Kleintiere wie Käfer und Ähnliches verzehrt.

Die Hasenmaul-Fledermäuse

Von den amerikanischen Hasenmaul-Fledermäusen konnte einwandfrei nachgewiesen und sogar fotografisch festgehalten werden, daß sie Fische fangen. Sie schnappen sie aber nicht etwa mit dem Maul, obwohl die Fledermäuse oft wasserschöpfend dicht über die Gewässer streifen, sondern mit den bei ihnen besonders großen, langen und scharfbekrallten Hinterfüßen. Ihre Angriffstaktik ist also ganz die der fischefangenden Raubvögel. Die Eingeborenen behaupteten schon immer, daß die Hasenmäuler dazu ihre Schwanzflughaut als Kescher benützen würden. Sie beobachteten also ganz richtig, daß die fischenden Fle-

Es wurde bewiesen, daß die amerikanische Hasenmaul-Fledermaus mit ihren scharfbekrallten Hinterfüßen Fische fängt.

dermäuse nicht horizontal über dem Wasserspiegel liegen, sondern aufrecht und bei fast vertikaler Körperhaltung eintauchen, wobei sie den Wasserspiegel mit den Füßen furchten. Nur vermochten sie nicht zu erkennen, was die fotografische Aufnahme enthüllte, daß die Schwanzflughaut im Gegenteil zusammengefaltet wird und die Füße den Fisch wie die Vogelfänge ergreifen. Den erbeuteten Fisch übergeben die Füße dann dem besonders scharf und spitz bezahnten Maul.

Die fotografierte Versuchsfledermaus gehörte zu der Gattung *Noctilio*. Sie erjagte und verzehrte in einer Nacht 30–40 Kleinfische. Man nimmt aber an, daß sie ausgehungert war und die Hasenmäuler sonst auch noch viele Wasserinsekten verzehren. Wahrscheinlich wird auf die gleiche Art wie diese *Noctilio lepori-*

Die Indischen Flughunde verbringen wie alle Fleder- oder Flughunde den Großteil ihres Lebens in hängender Stellung. Sie klettern kopfunter, fressen kopfunter und trinken kopfunter. Die 200 Arten findet man in Mittel- und Südafrika, in Südasien, Polynesien, Neuseeland und Australien. Als verfressene Früchteliebhaber werden sie dort von Obstplantagenbesitzern gefürchtet. Selbst über breite Meeresarme kommen die Flughunde nachts in riesigen Scharen.

nus mexicanus auch die im Golf von Kalifornien entdeckte mausohrgroße *Fischerfledermaus (Pizonyx vevesi)* jagen. Sie besitzt die gleichen starken langen Hinterfüße und dasselbe spitzbezahnte Gebiß.

Diese Fischerfledermaus lebt fast ausschließlich von Fischen und Kleinkrebsen und birgt sich an den Küsten unter Steinen sowie in kleinen Felsenspalten, zumeist in der Gesellschaft von Sturmvögeln.

Ungeklärt ist noch, ob diese Fischfänger unter den Fledermäusen ihre Beutetiere ebenfalls mit Ultraschallwellen anpeilen oder sich auf ihre Augen verlassen. Daß sie aufs Geratewohl durchs Wasser fahren, ist bei der reichen Ausbeute recht unwahrscheinlich und von der Natur her nicht zu erwarten.

Die Großfledermäuse

Die in 4 Unterfamilien mit über 200 Arten über Mittel- und Südafrika, ganz Südasien, Polynesien, Neuseeland und Australien verbreiteten Fleder- oder Flughunde *(Pteropodidae)* werden in ihren Heimatländern weniger als Dämonen, sondern viel mehr als verfressene Früchteliebhaber gefürchtet. Wehe der Pflanzung, der Obstplantage und dem Weinberg, wenn sie im Schutze der Nacht, von weit her aus den Urwäldern, in oft ungeheuren Scharen daherflattern, und als kundige Feinschmecker nur die besten und reifsten Früchte und Beeren verzehren! Stundenlang kann es währen, ehe solch ein Schwarm als eine riesige langgezogene Wolke vorübergezogen ist. In einer einzigen Nacht kann er die ganze Ernte vernichten. Selbst über breite Meeresarme kommen sie geflogen, wechseln von einer Insel zur anderen über und können, wenn sie einmal beim Saftschlecken sind, kaum vertrieben werden.

Noch mehr als die Kleinfledermäuse verbringen die Flughunde ihr ganzes Leben in hängender Stellung. Sie klettern kopfunter, fressen kopfunter und trinken kopfunter. Die Füße sind ihre Hände; mit ihnen ergreifen sie die Früchte, die sie mehr aufschlecken als verzehren. Es gibt kein zweites Tier auf der Welt, das in dieser verdrehten Lage über eine derartige akrobatische Gelenkigkeit verfügt.

Die Flughunde kennzeichnen sich vor allem durch den gestreckten Schädel mit der hunde- oder fuchsähnlich zugespitzten Schnauze. Sie haben große Augen und kleine stehende Ohren, blattlose Nasen, vorwiegend dunkle Flughäute und lebhaft gefärbte Pelze mit einem helleren Nackenband. Der zweite Finger ist noch dreigliedrig und trägt ebenfalls eine Kralle. Der Schwanz fehlt vielen Arten ganz oder ist recht kurz und niemals in die Flughaut einbezogen. Das Gebiß erinnert mehr an eine stumpfe Obstquetsche als an die spitzzackige Säge der Kleinfledermäuse.

Kalong oder Fliegender Hund (Pteropus vampyrus): Bewohnt ganz Indonesien, vor allem Java, Sumatra, Banda und Timor; Länge 40 cm, ist schwanzlos, Flugbreite 150 cm; Pelz oberseits braunschwarz, am Kopf und Hals hellrostrot, unterseits rostschwarz; hat braunschwarze Flughäute und Füße, braune Augen und auffallend kleine dunkle Ohren; verzehrt neben Früchten auch Insekten und kleinere Wirbeltiere; gewöhnt sich in der Gefangenschaft schnell an Fleischkost, wird bald zahm und läßt sich verhältnismäßig gut halten, bekommt aber früher oder später geschwürige Flughäute.

Nahe verwandt mit diesen afrikanischen Flughunden ist der, durch seinen geradezu abenteuerlichen und massigen Pferdekopf, ganz besonders auffallende *Hammerkopf-Flughund (Hypsignathus monstrosus)* aus dem tropischen Westafrika, der 20 cm lang ist, und bei dem das Männchen einen riesenhaft vergrößerten Kehlkopf hat und laut bellt. Die sehr dehnbare Schnauze ist schildartig verbreitert, um Mund und Lippen vielmals gefaltet und zum Aussaugen der Früchte besonders geeignet.

Die Riesengleitflieger
(Dermoptera)

In den tropischen Urwäldern des südlichsten Chinas, ganz Hinterindiens einschließlich Burma sowie auf Sumatra, Java und den Philippinen leben hoch in den Wipfeln der Bäume die merkwürdigen Riesengleitflieger, die auch Pelzflatterer und Flattermakis genannt werden. Tagsüber hängen sie als große graubraune Bündel wundervoll getarnt zwischen den grünenden und blühenden Überpflanzen, den flatternden Flechten und üppigen Moosballen, gleich den Faultieren. Sobald aber die Sonne untergegangen ist, beginnt sich das Bündel zu regen, wickelt sich aus dem weichen faltenreichen Pelzmantel ein schlanker, fast torpedoförmiger Leib, hebt

Die Waldspitzmaus bewohnt ganz Eurasien bis nach Japan. Sie ist etwa 8 cm lang, hat einen 4,5–5 cm langen Schwanz und einen dichten, samtenen Pelz. Sie lebt meist in alten Wäldern, unterholzreichen Auwäldern und verwilderten Gärten. Auf der Jagd nach Insekteneiern, Puppen und Larven erklettert sie geschickt Büsche und Bäume.

sich ein kleiner halbaffenähnlicher Kopf, lugen große Nachtaugen umher.

Der Pelzmantel enthüllt sich als eine große haarige Flughaut, die am Hals beginnt, sich von den Fingerspitzen bis zu den Zehenspitzen, und von diesen bis zur Schwanzspitze zieht. Nur die scharfen Krallen der Glieder ragen aus dieser Haut hervor, und es ist erstaunlich, wie geschickt und behend dieses Baumtier dennoch zu klettern vermag, wie es in kurzen Sätzen über die Äste rutscht, von Zweig zu Zweig hangelt und die Stämme ersteigt. Sicherlich sind diese Urwaldgeschöpfe, die gewisse verwandtschaftliche Züge zu den Spitzhörnchen aufweisen, eine durchaus eigene Ordnung. Ihr Ursprung liegt mindestens so weit zurück wie der der heutigen Fledermäuse und wahrscheinlich auch der Halbaffen. Ganz nahe Verwandte ihrer Art sind uns aus prähistorischen Funden bekannt geworden, die 55–60 Millionen Jahre zurückliegen.

Südasiatischer Gleitflieger (Cynocephalus variegatus temminckii): Wurde auch Kaguang oder Pelzflatterer genannt, bewohnt Südchina, Hinterindien, Burma, Sumatra und Java; Länge 45–50 cm, Schwanz 10–12 cm; Pelz kurz und dicht, fein und weich, oberseits vorwiegend grau und braun, ausgesprochen rindenfarben, bald mehr silbrig bzw. rötlich, unregelmäßig hell- bis silbergrau gefleckt, an den Seiten dunkler als auf dem Rükken, unterseits gelblich bis rotbräunlich; hat große hellumrandete Augen, sehr kleine behaarte Ohren und eine fuchsähnlich zugespitzte Schnauze; die Flatterhaut verbindet die stark bekrallten Zehen gleich einer nackten Schwimmhaut; das Gebiß fällt besonders durch die kammartig gezackten unteren Schneidezähne auf; wird auf den Philippinen von dem ihm sehr ähnlichen, aber etwas kleineren, oberseits braunroten *Philippinen-Gleitflieger (C. volans)* vertreten.

Die Gleitflieger bevorzugen die unzugänglichsten tropischen Gebirgswälder. Wahrscheinlich begegnen sie sich nur kurz während der Paarungszeit. Das meist einzige Junge kommt sehr unentwickelt, nackt und blind auf die Welt. Es klammert sich wie die junge Fledermaus ins Brustfell der Mutter und wird lange von ihr getragen. Die zwei Paar Milchzitzen des Weibchens sitzen hoch in der Nähe der Achseln.

Die Fallschirmhaut trägt eine besonders weiche, fein marmorierte, seidig glänzende Behaarung und hat einen nackten Saum.

Die Insektenfresser
(Insectivora)

Wenn der Mensch den Appetit der kleinen Spitzmaus hätte, dürfte er weder vom Tisch aufstehen noch zu Bett gehen, müßte er von morgens bis abends und noch die ganze Nacht hindurch immerzu essen, essen und noch einmal essen, täglich mindestens zwei Zentner, um nur halbwegs satt zu werden. Sein Heißhunger würde ihn ohne weiteres über seine Mitmenschen herfallen lassen, würde ihn als ein reißendes Tier umtreiben, das selbst die eigenen Kinder verspeist. In die Haut des Maulwurfs geschlüpft, erginge es ihm nicht besser, wäre er vielmehr ein noch schlimmerer Würger und Fresser. Vor allem würde er auch keine Gemeinschaft von Mensch zu Mensch kennen, sondern in jedem anderen einen üblen Nahrungskonkurrenten sehen, dem man am besten gleich an die Kehle fährt und ihn anschließend im Magen begräbt, ganz gleich, ob es sich um Frauen oder Kinder, Vettern oder Basen, Nachbarn oder Fremde handelt.

Mit anderen Worten: in der Spitzmauswelt, und darüber hinaus in der Welt aller Insektenfresser, werden die Lebensgesetze ganz ausschließlich vom nagenden Hunger aufgestellt. Er ist der Regent, der unnachsichtige Tyrann, der gnadenlose Diktator, der keine andere Regung aufkommen läßt und selbst dem Fortpflanzungstrieb nur eine geringe Zeitspanne gewährt. Zweifellos am unerbittlichsten aber herrscht er im Reich der Spitzmäuse und Maulwürfe. Bei den Igeln, die die dritte Gruppe stellen, geht es schon gemütlicher zu, gibt es keinen Kannibalismus mehr und sogar so etwas wie ein Familienleben.

Es gibt keine zweite Tiergruppe, deren Leben und Wirken von so unvergleichlich hoher Bedeutung für den harmonischen Haushalt der Natur ist. Seit rund 100 Millionen Jahren wirken sie als die tüchtigsten Pflanzenschützer und die Todfeinde aller Pflanzenschädlinge. Unsere Nutz- und Kulturpflanzen aber, die durchweg in ihrer Widerstandskraft geschwächt sind, würden dem Ansturm der Schadinsekten sowie der Schnecken- und Mäuseheere ohne Ausnahme und ungeachtet aller menschlichen Schutzmaßnahmen schon erlegen sein, noch ehe sie ihren Siegeszug über die Erde hätten antreten können.

Die Spitzmäuse

Es mag reichlich überflüssig erscheinen, soll aber doch nochmals betont werden, daß die Spitzmäuse nach all dem Vorhergesagten mit den echten Mäusen nicht das geringste zu tun haben. Sie gehören im Gegenteil zu den Todfeinden der kleinen Nager, verfolgen sie bis in ihre geheimsten Schlupfwinkel, wüten in ihren Kinderstuben und stellen ihnen bei Tag und Nacht nach. Auf den ersten Blick freilich gleichen sie den echten Mäusen sehr. In Wirklichkeit jedoch unterscheiden sie sich von ihnen in Körperbau und Lebensweise. Ihr Leib ist gestreckter, kurzläufiger und besonders viel feiner und zarter, der Pelz samtartiger, die Farbe zumeist dunkler, der Kopf wesentlich flacher und spitzschnauziger, das Auge bedeutend kleiner, geradezu winzig, das Ohr verkümmert und eingerollter, fast zerknittert und zumeist im Pelz verborgen. Weiter typische Merkmale sind der behaarte Schwanz sowie die Haarkämme und Borstenbürsten an seiner Unterseite und am Außenrand der Füße, die den schwimmenden Spitzmäusen als Paddel- und Steuerruder dienen. Die Zähne tragen lauter scharfe und nadelspitze Zacken. Erwähnt seien auch noch die Drüsenreihen längs der Bauchseiten sowie an der Schwanzwurzel, die einen starken Moschusgeruch verströmen.

Die Spitzmäuse sind in 20 Gattungen mit rund 170 Arten über die ganze Welt verbreitet. Sie fehlen lediglich in Australien, Neuguinea, Ozeanien und Südamerika unterhalb des Amazonasgebietes. Im Norden stoßen sie bis zum Polarkreis vor und steigen in den Bergen bis zu 4000 m empor.

Zu den Beutetieren der Spitzmäuse zählen durchaus nicht nur Insekten und vor allem deren Larven und Puppen, sondern auch Spinnen, Würmer, Schnekken, Fische, Frösche, Jungvögel und Kleinsäuger. Wahrhaft tollkühn wagen sie sich an Tiere, die wesentlich größer, stärker und schwerer als sie selbst sind.

Eine kurze Gemeinschaftlichkeit kennen sie nur während der Paarungszeiten. Dabei vernimmt man auch am häufigsten ihre feinen zwitschernden, quiekenden und pfeifenden Stimmen.

Das Weibchen wirft nach einer Tragzeit von 30 Tagen zumeist 4–6 nackte und blinde Junge, winzige Geschöpfe, denen die inneren Organe durch die dünne Haut schimmern und die nicht mehr als ein Gramm wiegen. Diese Kinder wachsen sehr schnell heran und sind nach spätestens sechs Wochen schon selbständig. Die Mutter beißt sie dann von sich und zögert nicht, die säumigen Nachzügler zu verzehren. Oft wirft sie noch ein zweites Mal im Jahr, und bei etlichen Arten sind sogar drei und vier Hecken die Regel. – Einwandfrei nachgewiesen werden konnte die jetzt auch fotografisch festgehaltene „Karawanenbildung“, wenn die mütterliche Spitzmaus ihre Kinder in Sicherheit bringen will. Zu diesen Karawanen kommt es erst dann, wenn die jungen Spitzmäuse eine gute Woche alt sind und es der Mutter schwer fällt, sie weiterhin im Maul zu transportieren. Sie versteht es dann, zuerst einmal ein Junges durch Schnauzenstupser und ermunternde Bisse dazu anzuregen, sich bei ihr dicht neben der Schwanzwurzel festzubeißen, um es dann mit sich fortzuziehen. Hat das eine Junge begriffen, so folgen die anderen oft schon von ganz allein seinem Beispiel und beißen sich nun ihrerseits an der gleichen Stelle fest. Sie bilden auf diese Weise eine lange Kette, die im Gänsemarsch hinter der führenden Alten dahintrippelt.

Unterschieden werden vom Fachmann die rotzähnigen *Waldspitzmäuse (Sorex)*, die *Wasserspitzmäuse (Neomys)* und die weißzähnigen *Wimperspitzmäuse (Crocidura)*. Alle drei Gattungen sind mit insgesamt 8 Arten auch bei uns vertreten.

Waldspitzmaus (Sorex araneus): Bewohnt ganz Eurasien bis nach Japan; Länge 7,5–8 cm, Schwanz 4,5–5 cm; Pelz fein, dicht und samtig, oberseits dunkel- bis schwarzbraun, mehr oder weniger rötlich verwaschen, rotbräunlich längs der Weichen, unterseits weißlichgrau, oft bräunlich überflogen; hat kleine Augen, im Pelz versteckte Ohren, weißliche Lippen, lange schwarze Schnurren, rotbraune Zahnspitzen, bräunliche Pfoten; der vierkantige Schwanz ist oben dunkelbraun, unten bräunlichgelb behaart.

Unwahrscheinlich behend huscht die Waldspitzmaus über den Boden, springt auch ganz vorzüglich und erklettert nicht selten die Büsche und Bäume auf der Jagd nach Insekteneiern, Puppen und Larven. Deutlich zeigt die unaufhörlich windende und schnüffelnde Nase, welcher Sinn sie am stärksten leitet. Den Tag verbringt sie zum großen Teil im Dunkel der unterirdischen Gänge und Höhlen sowie im Zwielicht der Laubstreu und der dichtverwachsenen Zwergsträucher. Ein hoher Gehalt an Luft- und Bodenfeuchtigkeit scheint ihr besonders zu behagen. In trockenen Kiefernwäldern ist sie darum weitaus seltener als in alten, hohen, dunklen Laubwäldern, dichten Parkanlagen, unterholzreichen Auwäldern und verwahrlosten Gärten. Im Gebirge geht sie bis zur Baumgrenze hinauf und hält auch dort oben keinen Winterschlaf. Gern benutzt sie alte Mäuse- und Maulwurfsgänge, vertreibt auch nicht selten deren rechtmäßige Besitzer. Mit ihren schwachen Vorderpfoten und dem bohrenden Rüssel vermag sie nur in weichen und lockeren Böden zu wühlen und bleibt immer dicht unter der Streu- und Rasendecke.

Die Feldspitzmaus findet man in Europa, Afrika und Asien. Sie lebt oft in Gärten, Ställen und Häusern, aber auch auf Feldern und Wiesen, sowie an lichten Waldrändern und in Parkanlagen. Bei Befahr fordert die Mutter-Feldspitzmaus – wie alle Spitzmäuse – ihre Jungen zur „Karawanenbildung“ auf, um sie so, im Gänsemarsch hinter sich, in Sicherheit zu bringen.

Seine Jungen bringt das Weibchen in mehreren Würfen zwischen Mai und August in einer unterirdischen Höhle zur Welt. Es richtet ihnen ein warmes und zumeist noch sorglich überdachtes Nest aus weichem Gras, Moos und dürren Blättern her.

Zwergspitzmaus (Sorex minutus): Bewohnt den gleichen Lebensraum wie die Waldspitzmaus, bevorzugt aber fast noch stärker die Sümpfe, Brüche, Riede und Auwälder, also die recht feuchten Örtlichkeiten; Länge 5–5,5 cm, Schwanz 3,5 cm; Pelz oberseits grau- bis aschbraun, unterseits heller, aschfarben; hat eine besonders lange und dickliche Rüsselnase, lange Schnurren, rotbraune Zahnspitzen, aus dem Pelz lugende Ohren und weißliche Füße; der gerundet vierkantige Schwanz ist oberseits rotbraun, unterseits weiß und hat an seinem Ende einen kleinen Haarbüschel; stimmt in ihrer Lebensweise mit der Waldspitzmaus weitgehend überein, ist das kleinste Säugetier nördlich der Alpen und überall häufig; wird in der Neuen Welt von der *Nordostamerikanischen Zwergspitzmaus (Microsorex hoyi)* vertreten.

Wasserspitzmaus (Neomys fodiens): Bewohnt Europa und das gemäßigte Asien bis zum Pazifik, steigt in den Alpen bis zu 2000 m empor; Länge 8,5–9,5 cm, Schwanz 6–7 cm; Pelz besonders dicht und samtig, oberseits glänzendschwarz oder dunkelkastanienbraun, unterseits scharf abgesetzt reinweiß oder weiß-

Die Maulwürfe sind von der Natur auf einzigartige Weise für ihre unterirdische Wühlarbeit ausgerüstet. Ihr ganzer Körper hat die Gestalt eines kräftigen, walzenförmigen Bohrers. Einige der meist unterirdisch lebenden Maulwurfarten können auf der Erde oder im Wasser leben.

grau; hat hinter dem Auge einen kleinen weißen Fleck; der äußere Rand der Füße ist mit steifen weißen Schwimmhaaren besetzt, der Schwanz hat einen starken silbergrauen Borstensaum an seiner Unterseite.

Während des Schwimmens breiten sich die Schwimmhaare der Füße wie die Zinken eines Kammes zu einem breiten Ruderblatt aus, während die Borsten an der Schwanzunterseite ein brauchbares Steuerruder ergeben. Mehr als alle ihre Verwandten ist die Wasserspitzmaus auch am hellen lichten Tag unterwegs und darum gut zu beobachten. Flott fließende Gewässer, die auch im Winter eisfrei bleiben, scheinen ihr am meisten zu behagen. Hier haust sie in selbstgegrabenen oder übernommenen Höhlen, möglichst dicht am Ufer, die mit mehreren Röhren versehen sind und von denen mindestens eine ins Wasser mündet. Doch bewohnt sie auch Teiche und Mühlgräben in der Nähe der Wehre und wird nicht selten auch weitab von den Gewässern angetroffen. Oft liegt sie wie ausruhend oder lauernd flach auf dem Wasserspiegel. Wenn ihr Körper in die Flut eintaucht, ist er ringsum von schimmernden Luftperlen bedeckt. Sie taucht ganz vorzüglich und läuft auf dem Grund der Gewässer entlang. Vor ihren ebenfalls rotbespitzten Zähnen ist nichts sicher. Ob Wurm oder Kleinkrebs, Blutegel oder Wasserschnecke, Wasserkäfer oder Libellenlarve, Kaulquappe oder Frosch, Molch oder Fisch – alle werden sie angefallen, abgewürgt, zersägt, zerstückelt und hinuntergeschluckt. Sie wagt sich an Tiere, die ihr eigenes Gewicht um das Sechzigfache übersteigen, springt den trägen Karpfen in den Fischbehältern auf den Rücken, frißt ihnen die Augen und das Gehirn aus sowie große Löcher in den Bauch. Frosch- und Fischlaich werden ebenfalls gierig verschlungen. Deshalb steht die Wasserspitzmaus auch nicht unter Naturschutz wie alle ihre einheimischen Verwandten.

Hausspitzmaus (Crocidura russula): Bewohnt Europa, Afrika und Asien bis nach Japan; Länge 7–8 cm, Schwanz 4,5–5 cm; Pelz oberseits maus- bis braungrau, oft fein rötlich verwaschen, unterseits allmählich heller, grau am Bauch; hat deutlich sichtbare Ohrmuscheln mit eingerollten Rändern, eine fleischfarbene Schnauzenspitze, bräunlichweiße Lippen und ganz weiße Zähne; ihr Schwanz kennzeichnet sich wie bei allen Wimperspitzmäusen durch die aus der feinen Behaarung hervorragenden langen Wimperborsten, ist oberseits hellbraungrau, unterseits weißlichgrau.

Die Hausspitzmaus sucht die Nähe menschlicher Siedlungen und bewohnt gern Scheunen, Holzstadel, Ställe, Keller und Dungstätten sowie Hausgärten, Gartenhecken und Parkanlagen. Wo sie sich eingenistet hat, flüchten die echten Hausmäuse in die oberen Stockwerke, werden aber auch hier von ihr aufgestöbert und gestellt. Täglich eine Maus braucht der kleine Räuber mindestens und vertilgt darüber hinaus noch zahllose Spinnen, Weberknechte, Ohrwürmer, Schaben, Heimchen, Totenkäfer, Asseln, Vielfüßler, Motten und Mücken.

Im Garten zehntet die Hausspitzmaus vor allem die Drahtwürmer, Schnecken, Engerlinge und Maulwurfsgrillen und wütet unter den Puppen und Larven der meisten Schadinsekten. Auch hier verdient sie also voll und ganz unseren Schutz.

Seine 5–10 Jungen bringt das Weibchen im Freien während der Sommermonate, in den warmen Gebäuden aber noch spät im Herbst und sogar im Winter zur Welt.

Feldspitzmaus (Crocidura leucodon): Bewohnt den gleichen großen Lebensraum wie die Hausspitzmaus, kommt ebenfalls viel in Gärten und Häuser, Ställe und Scheunen, ist aber auch auf den freien Feldern und Wiesen sowie an lichten Waldrändern und in Parkanlagen häufig; Länge 7-8 cm, Schwanz 3,5–4 cm; Pelz oberseits dunkelbraun bis schwärzlich, an den Flanken und unterseits scharf abgesetzt weiß. Von der ihr sonst sehr ähnlichen Hausspitzmaus unterscheidet sich die Feldspitzmaus durch eben diese scharf abgesetzte weiße Unterseite, die weißen Füße, den etwas längeren Kopf mit den gut ausgebildeten, verhältnismäßig großen Ohren und den kürzeren Schwanz. In Deutschland fehlt sie nur in Schleswig-Holstein. Erst in den letzten Jahren konnte nachgewiesen werden, daß auch sie ihre Jungen zur Karawanenbildung auffordert und anregt, wenn Gefahr droht.

Die Maulwürfe

Einzigartig sind die echten Maulwürfe für ihre unterirdischen Wühlarbeit ausgerüstet. Ihr ganzer Körper ist ein kräftiger walzenförmiger Bohrer mit einer lebendigen Spitze, an dem sich weder die Schultern noch das Becken hervorheben. Alle ihre Glieder sind wesentlich verkürzt, und der Oberarm – was eine einmalige Erscheinung in der Säugerwelt ist – dem ungewöhnlich starken und langen Schlüsselbein eingelenkt. Die zu breiten Grabschaufeln umgeformten Hände sind weit auswärts gedreht und stehen waagerecht vom Körper ab. Um sie noch aktionsfähiger zu gestalten, wurden diese natürlichen Erdräumpflüge nicht nur ungemein verbreitert, sondern bekamen noch einen sechsten Finger, nämlich das verknöcherte Sesambein, das gleich einer kleinen Sichel absteht. Die Krallen der Grabhände sind sehr lang und scharf, die einzelnen Zehen aber durch Spannhäute miteinander verbunden bzw. verwachsen.

Neben diesen fast ausschließlich unterirdisch lebenden Wühlern, zu denen auch unser Europäischer Maulwurf gehört, gibt es in den fünf Unterfamilien der Maulwürfe auch noch ganz vorzügliche Läufer und Schwimmer, die dem Leben auf der Erde oder im Wasser nicht minder großartig angepaßt sind.

Die Echten Maulwürfe leben betont einzelgängerisch und sind tagsüber in ihren unterirdischen Gängen und nachts auch über der Erde auf Nahrungsjagd. Sie ernähren sich von Regenwürmern, Engerlingen, Maulwurfs- und Feldgrillen, Schmetterlingspuppen, Asseln und Schnecken. Auch Mäuse, Eidechsen und kleine Schlangen verschmähen die Echten Maulwürfe nicht, die täglich mindestens so viel fressen müssen wie sie wiegen. Sie vertragen aber auch die doppelte und dreifache Portion.

Die Echten Maulwürfe

Die Echten Maulwürfe sind nur in 1 Gattung und 3 Arten in der Alten Welt verbreitet. Körperbaulich stimmen sie weitgehend mit der soeben gegebenen Beschreibung überein. In ihrer Lebensweise kennzeichnen sie sich als sehr ungesellige, betont einzelgängerische, unheimlich gefräßige und durchaus angriffslustige Erdwühler, die wie alle Insektenfresser Tag und Nacht von ihrem Hunger umgetrieben werden und täglich mindestens soviel fressen müssen wie sie wiegen. Sie vertragen und verdauen aber auch die doppelte und dreifache Portion mühelos. Und zwar sind sie – wie schon erwähnt – ganz konsequente Fleischfresser. Ist ihnen das Jagdglück hold, so sammeln sie sich sogar Vorräte und füllen besonders angelegte Speisekammern oder ganz einfach ihre Gänge mit Dutzenden und Hunderten von Regenwürmern, denen sie die ersten zwei bis fünf Kopfringe abbeißen, damit sie sich nicht wieder davonschlängeln können.

Außer Regenwürmern verzehren sie besonders Engerlinge, also Käferlarven aller Art, die von den Gärtnern gehaßten Drahtwürmer und Maulwurfsgrillen sowie Feldgrillen, Fliegenlarven, Schmetterlingspuppen, Asseln und Schnecken. Den Spitz- und Wühlmäusen stellen sie ebenso eifrig nach wie den Eidechsen, Blindschleichen und Ringelnattern, die sich in ihre Gänge verirren. Über der Erde jagen sie vorwiegend in der Nacht, besonders wohl der Schnecken wegen, greifen sich aber auch Lauf- und Mistkäfer, Frösche und die Nestjungen der Bodenbrüter.

Das Weibchen wirft von Anfang Mai bis Mitte Juli in seinem tiefen und kunstvoll angelegten Mutterbau abseits des Wohnkessels drei bis fünf Junge, winzige, knapp feuerbohnengroße, nackte und blinde Geschöpfe, die nach fünf Wochen schon so gut wie erwachsen und selbständig sind. Sie verteidigt sie gegen alle Feinde und vor allem auch gegen den eigenen Vater, wenn dieser zufällig auf die Kinderstube stoßen sollte.

Europäischer Maulwurf (Talpa europaea): Bewohnt in 5 Unterarten ganz Europa von Großbritannien und Südschweden bis nach Sizilien, verbreitet sich über den Kaukasus bis zum Altai und der Mongolei; Länge 14–16 cm, Schwanz 2,5–3,3 cm; Schulterhöhe 5 cm; Pelz samtig dicht und fein, vorwiegend durchweg schwarz, bald bräunlich oder grau oder bläulich schimmernd; hat mohnkorngroße Augen, tief im Pelz versteckt, aber durchaus funktionstüchtige, nicht sichtbare und muschellose Ohren und eine rosigfleischfarbene Nasenspitze.

Abschließend sei nochmals betont: der Maulwurf ist kein Pflanzenfresser und benagt keine Wurzeln. Er ist auch nicht blind, sondern vermag selbst im hellsten Sonnenschein gut zu sehen. Seine winzigen Augen stülpen sich dann aus den Schutzhöhlen. Das Wasser scheut er nicht, durchschwimmt gewandt Bäche und Teiche. Er hält keinen Winterschlaf, sondern geht während harter Fröste nur tiefer ins Erdreich, wohin er den Regenwürmern folgt.

Wird der Maulwurf im Garten, vor allem in den Gemüsebeeten hin und wieder lästig, so ist es durchaus nicht nötig, ihn zu töten. Mit stinkenden Heringsköpfen oder petroleumgetränkten Lappen, die wir in seine Gänge schieben, ist dieser hochempfindsame Schnüffler, der einen Regenwurm durch eine 6 cm dikke Erdschicht hindurch erschnuppert, leicht und für lange Zeit zu vertreiben.

Der Sternmull

Wie unwahrscheinlich hoch das Tastempfinden der Maulwürfe ausgeprägt ist, demonstriert der nordamerikanische Sternmull in bildhafter Weise. Er trägt an Stelle der Tasthaare „rings um seine schweinehafte Rüsselscheibe nicht weniger als zweiundzwanzig warzenartige Hautfingerchen, die wie die Ärmchen einer Seerose hervorblühen und uns gleichsam noch einmal jene Urform des Haares aus weichen warzenartigen Tastfäden vor Augen führen“ (Bölsche). Diese sternartig angeordneten, rosafarbenen Tastorgane, in deren Mitte die Nasenlöcher sitzen, sind auch so beweglich wie die Fangarme eines Blumentieres, können eingezogen und ausgestreckt werden.

Sternmull (Condylura cristata): Bewohnt das östliche Nordamerika, bevorzugt besonders weiche und sumpfige Böden in der Nähe der Gewässer; erinnert sonst sehr an einen echten Maulwurf, hat aber einen etwas rauhhaarigen Pelz und einen fast körperlangen Schwanz.

Erstaunlich ist, daß der Sternmull teilweise ein regelrechtes Wasserleben führt und sich als ein ganz vorzüglicher Schwimmer erweist, der sich selbst in starken Strömungen überraschend gut hält und gleich der

Die Igel ernähren sich von Insekten, Schnecken, Mäusen und sogar von giftigen Kreuzottern. Wenn ihnen Gefahr droht, dann rollen sie sich zu ihrem Schutz zu einer Kugel ein.

Wasserspitzmaus kleinere Wassertiere jagt.

Die Bisamrüßler

Südrussischer Bisamrüßler oder Desman (Desmana moschata): Bewohnt vor allem die unteren Flußgebiete der Wolga und des Dons; Länge 20–25 cm, Schwanz 17–20 cm; Pelz sehr samtig, oberseits dunkelkastanien- bis rötlichbraun, unterseits weißlich-aschgrau bespitzt und silbrig schimmernd; hat sehr kleine Augen, im Pelz versteckte, muschellose und verschließbare Ohröffnungen, einen langen nackten Rüssel mit fast kreisrunden Nasenlöchern, die durch Warzen verschlossen werden können, kleine und nur wenig verbreiterte Vorderfüße sowie sehr lange und starke Hinterfüße, die an schmale Ruderblätter erinnern, und einen stark abgeplatteten Otterschwanz.

Der Desman lebt wie ein Fischotter, das heißt, halb unter der Erde und halb im Wasser. Fast regelmäßig gräbt er seinen Bau in die hohen Uferwände. Die Röhren enden unter dem Wasserspiegel und sind nicht selten über sechs Meter lang. Der geräumige Kessel aber liegt immer so hoch in der Böschung, daß er normalerweise nicht überflutet werden kann.

Seine Nahrung fischt der Desman schwimmend und tauchend aus dem Gewässer und streckt zum Atemholen oft nur den Rüssel über den Wasserspiegel. Neben allen Wasserinsekten verzehrt er Würmer, Blutegel, Wasserschnecken, Froschlaich und Fischbrut. Wie der Elefant ergreift er alles mit dem Rüssel und schiebt es sich ins stark unterständige Maul, das von nicht weniger als 44 Zähnen starrt. Auch die Uferränder und Schilfzonen sucht er emsig nach Insekten, Würmern und Schnecken ab und ist mindestens so gefräßig wie unser Maulwurf.

Das Weibchen wirft im Frühling 3–5 nackte blinde Junge, oft wohl auch mehr, denn es hat acht Zitzen. Während der Paarungszeit sind die Tiere außerordentlich rege, spiellustig und stimmfreudig. Sie schnattern mit den Rüsseln wie die Enten und pfeifen und quieken wie die Spitzmäuse. Im gereizten Zustand verbreiten sie aus einer großen Moschusdrüse an der Unterseite der Schwanzwurzel einen ungemein penetranten Gestank, der sich sogar den starken Hechten, die den Bisamrüßlern nachstellen, derartig mitteilt, daß sie ungenießbar werden.

Die Igel

Die Igel, vor allem die bestachelten echten Igel, sind bestimmt die volkstümlichsten Insektenfresser und genießen im erfreulich steigenden Maße die Gunst der Menschen. Es hat sich herumgesprochen, daß diese drolligen Stachelhelden durchaus harmlose Gesellen sind und bis zu einem gewissen Grade auch zahm und anhänglich werden. Man amüsiert sich über ihr flinkes Dahintrippeln, das schon einem Dahinrollen gleicht, über das unbekümmerte Schniefen und Schnaufen der immerfeuchten Nase, das blitzschnelle Einrollen zu einer allseitig von Stacheln starrenden Kugel, und man hat auch davon gehört, daß sie viele Schadinsekten, Schnecken, Mäuse und sogar die giftigen Kreuzottern verzehren.

Erst in den letzten zehn Jahren erwies sich ihr Schutzverhalten, nämlich das Einrollen, als verhängnisvoll und wächst sich immer mehr zu einer tödlichen Gefahr für das europäische Igelvolk aus. Anstatt nämlich möglichst schnell – wie sie es durchaus könnten – die von motorisierten Fahrzeugen belebten nächtlichen Straßen zu kreuzen, nehmen die vom Motorengeräusch, Benzingeruch und Scheinwerferlicht erschreckten Igel ihre Zuflucht auch hier zum Einrollen, bleiben mißtrauisch liegen und werden früher oder später von den Rädern erfaßt. Als Verkehrsopfer zahlen sie heute schon einen so erschreckend hohen Blutzoll, daß wir wirklich ernstlich um ihren Bestand in den übervölkerten Gebieten fürchten müssen.

Die Echten Igel

Die Echten Igel, von denen wir 5 Gattungen und 14 Arten kennen, stimmen in Gestalt, Wesensart und Lebensweise weitgehend überein. Es sind reichlich hamstergroße und gedrungene, kurzbeinige und stummelschwänzige, spitzköpfige und langschnauzige Dämmerungs- und Nachttiere, denen das Stachelkleid an Stelle der Haare die ganze Oberseite von der Stirn bis zur Schwanzwurzel bedeckt. Die Unterseite dagegen ist dicht behaart. Eine ungewöhnlich starke Muskelkappe, die den Rücken bis weit zu den Flanken hinunter überzieht, ermöglicht es ihnen, sich fest zusammenzurollen und gleichzeitig die Stacheln aufzurichten und zu sträuben. Diesen von den eigenen Muskeln gleichsam geknebelten Stachelball gewaltsam aufzubrechen, ist kaum möglich.

Von den Sinnen sind zweifellos der Geruch und das Gehör stärker als das Gesicht entwickelt. Die Augen sind dementsprechend sehr klein, wenn auch hell und glänzend, die Ohren aber breit und gut geformt. Die Nase ist wie bei allen Insektenfressern ein vorzügliches Schnüffel- und Tastorgan, ein richtiger kleiner, immerfeuchter, oft sogar regelrecht triefender Rüssel, der fast unaufhörlich windet. Die Nase muß denn auch alle Dinge und Gegenstände erst einmal erwittern, beschnuppern und begutachten, ehe der Igel aktionsbereit ist. Auch der Geschmack ist sicherlich recht gut entwickelt, denn der Igel ist wählerisch, wenn er es sich leisten kann. Dabei zieht er die frische Fleischkost unbedingt vor, nascht aber auch von würzigen Pilzen und süßem, möglichst überreifem Obst. In der Gefangenschaft trinkt er kaum noch Wasser, wenn er Milch haben kann, schleckt rohe Eier als ein Festessen und macht sich über Semmeln, gekochte Kartoffeln und Gemüse her.

Von Natur aus ist er ein nächtlicher Einzelgänger, ein suchend dahintrippelnder Sammler, der sich zusammenliest, was seine Nase findet. Deckungsreiches Gelände, Buschwerk und Wald ziehen die europäischen Igel der offenen Landschaft vor und werden deshalb auch Waldigel genannt. Von den afrikanischen und asiatischen Steppenigeln unterscheiden sie sich vor allem durch die kleineren Ohren und die behäbigere Art. Doch haben sie sich mit der kultivierten Landschaft abgefunden und sind heute praktisch überall – im Feld wie im Garten, im Park wie im Wald – zu Hause. Die Nähe des Menschen scheuen sie nicht, nisten sich vielmehr gern unter Gartenlauben, Holzstadeln, Bienenhäusern, Scheunen, Veranden und dicht bei den Gehöften ein. Sie sind sehr standorttreu, bekommen bald heraus, wo man ihnen wohlgesinnt ist, lassen sich füttern und führen dem vertrauten Menschen sogar ihre Jungen vor.

Der Schwimmende Igel gehört zu den echten Igeln. Sie alle sind reichlich hamstergroße und gedrungene, kurzbeinige und stummelschwänzige, spitzköpfige und langschnauzige Dämmerungs- und Nachttiere. Der Echte Igel ist ein einzelgängerischer Sammler und liest sich zusammen, was seine feine, feuchte Nase findet. In Gefangenschaft wird er oft zum Feinschmecker, der neben frischer Fleischkost auch vom süßem, möglichst überreifen Obst schleckt.

Europäischer Igel (Erinaceus europaeus): Bewohnt in 17 Unterarten ganz Europa, das gemäßigte Asien bis zum Pazifik sowie Vorderasien bis nach Palästina; Länge 27,5 cm, Schwanz 2,5 cm, Schulterhöhe 14 cm; Stacheln am Grunde bräunlich, in der Mitte gelblich, an der Spitze dunkelbraun bis schwarz; hat wenige schwarze Schnurren, kleine schwarze Augen, ein weitgespaltenes Maul, ist im Gesicht weiß- oder rotgelb, an den Seiten der Nase und an der Oberlippe dunkelbraun, am Hals und Bauch lichtrotgelb oder weißgrau behaart; wird in Europa durch zwei Unterarten vertreten, die sich an einer Grenzlinie treffen, die nordsüdlich vom Stettiner Haff bis zum Nordende der Adria verläuft; die Grenzen allerdings sind fließend.

Die frischgeborenen Igel, die das Weibchen in der Zeit zwischen März bis Juli nach einer fünf- bis sechswöchigen Tragezeit wirft, sind blind, ganz weiß und messen knapp 6,5 cm. Sie kommen schon mit Stacheln auf die Welt, doch liegen diese tief eingebettet in der dick aufgeschwollenen Rückenhaut, um die Mutter nicht zu verletzen. Sie werden etwa sechs bis acht Wochen lang gesäugt, öffnen die Augen bereits nach spätestens drei Wochen und sind bald so erwachsen, daß sie der Mutter auf die abendlichen Pirschgänge zu folgen vermögen. Zumeist trippeln sie im Gänsemarsch hinter ihr her und versammeln sich dann schmatzend um das von der Alten gefundene Fressen. Nicht selten gesellt sich nun auch der Vater zur Familie, und oft bleiben sich die Paare mehrere Jahre treu.

Das Stachelkleid des Igels steckt voller Ungeziefer, besonders leidet er unter Zecken und Flöhen.

Die Großohr- oder Steppenigel

Diese afrikanischen und asiatischen Igel sind – wie es ihr Gruppenname schon verrät – vor allem großohriger, aber auch wesentlich schlanker, leichter, flotter, hochbeiniger und heller in ihren Farben. Als Tiere der offenen Landschaft der Steppen, Savannen, Galeriewälder und Halbwüsten kennzeichnen sie sich auch durch einen lebhafteren Fluchttrieb, als ihn unser Igel aufweist. Das heißt, sie rollen sich seltener als jener zusammen, versuchen häufiger, der drohenden Gefahr durch ein schnelles Davonlaufen zu entrinnen. Dementsprechend sind sie auch keine so behäbigen Finder auf ihren Pirschgängen, sondern recht flotte Jäger. Andererseits geben sie sich zutraulicher und selbstbewußter als unser Stachelritter, der immer gleich dazu neigt, schnellstens sein Stachelvisier herunterzuklappen und sich jede Berührung puffend und schubsend zu verbitten. Die Großohrigel dagegen müssen schon sehr verärgert und bedrängt werden, ehe sie zurückschnappen und dann allerdings auch um sich beißen. Gewöhnlich lassen sie sich ohne weiteres berühren, anfassen und hochnehmen, ohne an Gegenwehr zu denken.

Großohrigel (Hemiechinus auritus): Bewohnt Südrußland, die Steppen nördlich des Kaukasus, verbreitet sich über Turkestan bis in den Altai sowie von Nordostafrika über Vorderasien und Persien bis nach Nordwest-Indien; ist kleiner als unser Igel, trägt auf dem Oberkopf gescheitelte Stacheln, die bei ihm erst zwischen den weißen, 3,5 cm langen, fast unbehaarten Ohren beginnen; die Stacheln sind von der Wurzel bis zur Mitte weißlichgelb, dann breit schwarz geringelt und an der Spitze wieder gelblichweiß; der Pelz ist unterseits sehr hell, fast weiß, am Kopf wie an den Seiten fein gelblichbraun getönt; wird in Belutschistan, Afghanistan und dem südwestlichen Russisch-Turkestan vom *Afghanischen Großohrigel (H. megalotis)* vertreten, kommt in insgesamt 16 Unterarten vor.

Äthiopischer Igel (Paraechinus aethiopicus): Bewohnt Nordafrika bis in den Sudan sowie Arabien und Irak; ist besonders hochbeinig und flott, hat große abstehende Ohren und verhältnismäßig große Augen, eine sehr spitze bräunlichschwarze Schnauze, aber reinweiße Backen; ist an Kehle und Brust ebenfalls leuchtend weiß, am Hinterleib und an den Füßen wieder bräunlichschwarz behaart; lehnt Pflanzenkost strikt ab, verzehrt Mäuse und Vögel mit Haut, Haaren bzw. Federn.

Die Ratten- oder Haarigel

Beschränkt auf Hinterindien, das südliche und südwestliche China sowie die Inseln Sumatra, Java, Borneo und Mindanao sind die etwa rattengroßen und auch ziemlich rattenähnlichen, stachellosen und struppigen Ratten- oder Haarigel. In 4 Gattungen mit je 1 Art verkörpern sie sehr wahrscheinlich die Vorfahren der späteren Stacheligel, sind gleichsam die letzten Altigel der Welt und stammen noch aus jenen fernen Tagen, da die Welt den Sauriern und Panzerechsen gehörte. In ihren letzten Rückzugsgebieten vertreten sie die späteren Stacheligel, die bis zu ihnen nicht mehr vorzudringen vermochten.

Alle Rattenigel sind echte erdgebundene, nächtlich lebende Insektenfresser mit lang vorgezogener Spitzmaus-Schnauze und mehr oder weniger langen und nackten Rattenschwänzen. Über der dichten Unterwolle tragen sie lange, borstig-struppige Haare. Die Augen und die Ohren sind klein. Um sich verbreiten sie einen üblen Knoblauch- und Zwiebelgeruch. Die bekanntesten Rattenigel sind: der *Große Rattenigel (Echinosorex gymnurus)* aus Hinterindien, Burma, Malaya, Sumatra, Borneo, der mit dem 20 cm langen Schwanz rund 50 cm mißt und dessen Pelz von Kopf bis zu den Schultern weißlich, am Hinterleib und an den Füßen schwarz ist; der *Kleine Rattenigel (Hylomys suillus)* aus demselben Verbreitungsgebiet, insgesamt nur 16 cm lang, rostbraun bepelzt; er ist der unmittelbare und körperlich kaum veränderte Nachfahre des tertiären *Necrogymnurus*, der vor rund 50 Millionen Jahren lebte, und damit wohl das älteste Säugetier der Welt, das uns Einblikke in die Vorzeit verschafft.

Die Borstenigel

Wie sich aus den langen starken Grannenhaaren des Säugerpelzes so ganz allmählich biegsame Borsten und endlich starre Stacheln entwickelten, oder umgekehrt, wie aus starren Stacheln langsam biegsame Borsten und zuletzt deckende Grannen wurden, das führen uns die ebenfalls sehr urtümlichen Borstenigel von Madagaskar deutlich vor Augen. Ihr Körperschutz besteht nämlich aus einem interessanten Gemisch aus Haaren, Borsten und Stacheln und zeigt die Tendenz, zu einem glatten Haarkleid zu werden.

Mit den echten Stachel- und Haarigeln sind diese moschusduftenden letzten Mohikaner einer ehemals weitverbreiteten Insektenfresserfamilie nur sehr entfernt verwandt. Wie groß diese Familie einmal war, beweisen ihre verschiedenen heute noch lebenden Vertreter, unter denen es igelähnliche Erdtiere, spitzmaushafte flinke Läufer, maulwurfgewandte Wühler, mausgroße Kletterer und rattengroße Schwimmer gibt. Sie alle sind heute auf die Insel Madagaskar und etliche benachbarte Inseln beschränkt.

Tanrek oder Tenrek (Centetes = Tenrec ecaudatus): Bewohnt Madagaskar, wurde auf Mauritius, Mayotte und Réunion eingeführt; Länge 38–40 cm, ist schwanzlos; trägt auf dem Kopf, im Nacken und auf der Oberseite des Vorderkörpers ein kurzes Stachelkleid, das sich auch an den Flanken hinzieht, auf dem Rücken und dem Hinterkörper aber ein Borstenwams und auf der Bauchseite und an den Beinen einen graugelbbraunen Pelz; die Borsten wie die Stacheln sind etwa von der gleichen Farbe, in der Mitte schwarzbraun geringelt; erinnert gestaltlich sehr an einen großen Igel, hat eine sehr lange und rüsselartig aussehende Schnauze, lange Schnurrborsten, kleine Augen und mittelgroße, etwas ausgebuchtete Ohrmuscheln.

Der Tanrek haust in den Bergwäldern, die besonders reich an Moosen und Farnen sowie an buschigem Unterholz sind. Den Tag verschläft er in seinem selbstgegrabenen, meist sehr tiefen Kessel. Erst nach Einbruch der Dämmerung tappt er als ein scheuer und langsamer, allgemein recht träger Einzelgänger los zur Futtersuche.

Seine Nahrung besteht vorwiegend aus Insekten, Würmern, Schnecken und kleinen Wirbeltieren, doch verschmäht er auch Obst und Wurzeln nicht. Weit entfernt er sich höchst selten von seinem Schlupfwinkel, nimmt aber gern ein Bad im seichten Wasser und suhlt sich gleich den Wildschweinen im Schlamm.

Das Weibchen hält – abgesehen von den Beuteltieren – den Rekord in der Kinderanzahl einer Hecke. Es bringt durchschnittlich 12–16 Junge zur Welt, in Ausnahmefällen auch 21–24, ja, es wurden einmal sogar 34 Embryonen gezählt! Die Jungen sind wie die Frischlinge gestreift, zeigen auf braunem Grund gelbliche Längsbänder, und wachsen sehr schnell heran. Sie werden von der Mutter mit wahrem Heldenmut verteidigt und selbst in der höchsten Not und Gefahr nicht verlassen.

Die Otterspitzmaus

Ebenfalls das letzte überlebende Glied einer alten Insektenfresserfamilie ist die westafrikanische Otterspitzmaus, die gleich dem Fischotter ganz dem Wasserleben angepaßt ist. Als vorzügliche Schwimmerin führt sie praktisch vor, daß man dazu weder Arme noch Beine braucht, sondern in strenger Anlehnung an den Kaulquappenstil nur eines brauchbaren Ruderschwanzes bedarf.

Otterspitzmaus (Potamogale velox): Bewohnt die Urwald- und Savannenflüsse Westafrikas von Kamerun bis Angola; Länge 30–35 cm, Schwanz 23–25 cm; Pelz dicht und kurz, sehr wertvoll und viel begehrt, oberseits dunkelbraun und metallisch purpurschimmernd, unterseits scharf abgesetzt silberweiß; hat eine auffallend breite Otterschnauze mit einem unterständigen Maul, sehr starke Schnurrhaare, mit Klappen fest verschließbare Nasenlöcher und sehr kleine Augen und Ohren.

Anatomisch fällt die Otterspitzmaus aus dem Bauplan aller anderen Insektenfresser durch das fehlende Schlüsselbein. Zumeist wurde sie einzeln oder paarweise beobachtet. Die Schlupfwinkel, in denen sie tagsüber ruht, befinden sich in den Uferwänden und haben ins Wasser führende Zugangsröhren, somit gute Fluchtmöglichkeiten.

Die Goldmulle

Wir können gleich in Afrika bleiben, um nun noch die gattungs- und artenreichere Familie der maulwurfsähnlichen Gold-

In Marokko und Algier ist die Nordafrikanische Elefantenspitzmaus zuhause. Sie hat einen weichen und sehr dichten Pelz, der auf der Oberseite vorwiegend rötlichbraun und an der Unterseite weißlich wird. Die Elefantenspitzmaus hat ungewöhnlich große Augen und große eiförmige Ohren. Sie wird etwa 14 cm lang und hat einen Schwanz, der bis zu 11 cm Länge besitzt.

mulle kennenzulernen. Sie sind die einzigen Insektenfresser der Savannen und bevorzugen gerade die lockeren und sandigen Böden, die unser Maulwurf tunlichst meidet. Hätten sie nicht die nackte und hornige Nasenspitze, man wüßte wahrhaftig nicht, was vorn und was hinten bei ihnen ist, so sehr bildete sich der Körper zu einer geschlossenen wurstförmigen Walze um und so stark wurden die Glieder in den Leib zurückgezogen. Von den verkümmerten Augen und den muschellosen Ohren ist ebenfalls nicht die geringste Andeutung wahrzunehmen, und der Schwanz fehlt gänzlich. Aus der Walze ragen vor lediglich die zu je einer riesigen Scharrkralle gleichsam verkrampften Hände, praktisch sogar nur die Kralle des dritten Fingers, denn die anderen verkümmerten neben dieser Schaufel zu bedeutungslosen Anhängseln. Hinten lugen ein wenig die vier langen Krallen der Hinterfüße unter dem Leib hervor.

Aber auch diese ungewöhnlich plumpen Wühler haben einen ganz besonderen Reiz aufzuweisen: ihre Pelze schillern nämlich so metallisch wie die schönsten Käferpanzer, haben einen irisierenden Glanz, der vom schönsten Smaragdgrün zum reinsten Goldgefunkel hinüberspielt.

Wie die echten Maulwürfe leben auch die Goldmulle ausschließlich von Insekten und vorwiegend von deren Larven und Puppen sowie allerlei Würmern. Das Fell überzieht bei ihnen die Augen völlig, die also so gut wie funktionsuntüchtig sind und höchstens noch Helligkeitsgrade wahrzunehmen vermögen; sie benötigen sie ja nicht mehr!

Die Rüsselspringer

Nachdem wir unter den Insektenfressern nunmehr eine ganze Anzahl von hochspezialisierten Wühlern, Läufern, Kletterern und Schwimmern kennengelernt haben, fehlen uns eigentlich nur noch die Springer und Hüpfer dieser Ordnung. Ihnen begegnen wir in den afrikanischen Rüsselspringern, diesen wunderlichen Tieren mit „dem Tapirkopf, den Gazellenaugen, dem Rattenschwanz und den Känguruhbeinen“ (Floericke).

An und für sich sind die Rüsselspringer recht plump, wirken etwas zusammengestaucht, fast wie ein großer Kopf mit langem Schwanz und dürren Stakelbeinen. Sie bewegen sich aber so flink, federnd, huschend, fast fliegend, daß sie doch durchaus anmutig erscheinen und noch jeden Beobachter entzückt haben. Im Verhältnis zu ihrer Größe sind sie die langnasigsten und lanbeinigsten unter allen Insektenfressern. Dem mächtigen Riechorgan entspricht die beachtliche Wurmzunge, die gleich einer Angel die Insekten aus ihren Löchern zieht. Die Beine sind ungemein dünn und fast nackt, sind die reinsten Sprungstelzen. Und um auch in der Lebensweise recht aus der Rolle zu fallen, sind die meisten gesellige Tagtiere und Sonnenfreunde. Als solche bringen sie auch keine nackten und blinden Nestjungen, sondern einige wenige, sehr weit entwickelte, voll behaarte und sofort sehende Laufjungen zur Welt.

Rüsselspringer leben in fast ganz Afrika, vorwiegend in den offenen Landschaften, Savannen und Halbwüsten, etliche Arten aber auch in den Busch- und Galeriewäldern. Wir kennen 4 Gattungen mit ca. 13 Arten.

Nordafrikanische Elefantenspitzmaus (Elephantulus rozeti): Bewohnt Marokko und Algier; Länge 14 cm, Schwanz 11 cm; Pelz weich und dicht, oberseits vorwiegend rötlichbraun, unterseits meist weißlich; hat sehr große Augen und große eirunde Ohren.

Gemeiner Rüsselspringer (Maroscelides proboscideus): Bewohnt das südliche Südafrika, vor allem die steinigen Berge; Länge 13,5 cm, Schwanz 11,5 cm; Pelz oberseits rötlichbraun oder mäusegrau, unterseits und an den Pfoten weiß; hat einen rostbraunen, an der Spitze rötlichschwarzen Rüssel von fast 2 cm Länge und innen weiße Ohren; von den Rüsselwurzel bis zur Stirn verläuft ein rötlichbrauner Strich; lebt und verhält sich ganz wie die Elefantenspitzmäuse in Nordafrika.

Die Schlitzrüßler

Um zu guter Letzt auch noch die 8. Familie der Insektenfresser kennenzulernen, müssen wir nun eine weite Reise unternehmen und bis nach Westindien segeln. Hier, auf den beiden großen Antillen-Inseln Haiti und Kuba, vermochte sich die letzte Gattung des uralten Geschlechts der

Schlitzrüßler in zwei Arten zu erhalten.

Auf den ersten Blick erinnern die Schlitzrüßler an den Zwerg Nase aus dem Hauffschen Märchen. Sie sehen so recht wie ruppige und struppige Stiefkinder der Natur aus, wie Karikaturen der bestimmt nicht schönen Borstenigel. Ihr starrer erdfarbener Pelz bedeckt kaum noch den Oberrücken und das Gesäß, läßt auch die Beine fast nackt sowie die übermäßig lang ausgezogene Rüsselnase und den geschuppten Rattenschwanz. Die Krallen der Vorderfüße sind so lang, daß sie den Gang behindern und nur ein Trippeln auf den Zehenspitzen ermöglichen. Bei Gefahr ducken sie sich nieder und verstecken den Kopf, geradeso, als hätten sie ein Stachelkleid und könnten ruhig abwarten, bis sich der Störenfried wieder entfernt hat. Angegriffen, sträuben sie zornig die Haare, grunzen wie ein mißmutiges Schwein oder schreien wie ein Kauz und sondern eine ölige, übelriechende Flüssigkeit aus seitlichen Hautdrüsen ab.

Als vorwiegend nächtlich lebende Tiere verschlafen sie den Tag in Fels- und Baumhöhlen, durchwühlen im Schutz der Dunkelheit den weichen Boden nach Kerbtieren, Würmern und Kriechtieren, fressen auch Lurche und kleinere Wirbeltiere, plündern die Nester der Bodenbrüter und sollen selbst Hühnervögel zerreißen.

Kuba-Schlitzrüßler oder Almiqui (Solenodon cubanus): Bewohnt das Gebirge am südwestlichen und südöstlichen En-

Mit seiner Rüsselnase und der einen halben Meter langen, klebrigen Zunge geht der Ameisenbär in den Gängen von Termitenburgen auf Nahrungssuche. Seine Augen gleichen ausdruckslosen, toten Löchern und die Ohren sind nur angedeutet. Nahezu ebenso so lang wie der dichtbehaarte Leib ist der hohe, schmale Schwanz des Ameisenbären.

de von Kuba, ist heute fast gänzlich ausgerottet; Länge 55–60 cm, Schwanz 30–35 cm; Pelz lang und borstig, oberseits dunkelrötlichbraun bis schwarz, an den Kopf- und Halsseiten sowie am Bauche schmutzigockergelb; hat kleine rundliche, nackte Ohren und einen beschuppten bläulichschwarzen Schwanz.

Die Spitzhörnchen oder Tupajas

(Tupaiidae)

Die soeben beschriebenen Insektenfresser stellen, tief unten am Stamm der Säuger, die Ausgangstypen dar, aus denen später die Hoch- und Herrentiere hervorgingen. Wenn wir wollen, können wir sie glattweg als unsere urtümlichsten Vorfahren ansehen. Jedenfalls war es im Zuge der Entwicklung, wie wir diese heute überschauen, kein sehr großer Schritt mehr, der von ihnen zu den Halbaffen und Affen führte. Und im besten Sinne ein lebendiges Beispiel dafür, wie sich sehr wahrscheinlich diese Entwicklung vollzog, sind die hinterindischen und malaiischen Spitzhörnchen oder Tupajas, die etwa in der Mitte zwischen den Insektenfressern und den Hochtieren stehen.

In der Gestalt und Größe, vor allem auch mit ihren buschigen oder zweizeilig behaarten Schwänzen, erinnern die Spitzhörnchen stark an unsere Eichhörnchen, und sind gleich jenen echte und muntere Tag- und Baumtiere. Sie haben aber noch die lange und spitze Schnauze sowie die kleinen gerundeten und nackten Ohren der Insektenfresser. Als Kletterer erreichen sie nicht ganz die hohe Kunst unserer roten Kobolde. Im Wesen und Temperament jedoch sind sie zweifellos wesentlich heftiger, reizbarer, streitlustiger und geselliger als jene.

Die meisten Arten leben einzelgängerisch, bergen sich in Baumhöhlen, Blätterbüscheln oder bauen sich hübsche große Moosnester. Und wiederum ganz wie die Eichhörnchen ernähren sie sich von Blättern, Trieben, Früchten des Waldes, Insekten und Jungvögeln, setzen sich zum Fressen gleichfalls auf die Hinterbeine und halten die Speise zierlich und geschickt in den Händen.

Von den uns bekannten 2 Unterfamilien der Spitzhörnchen umfaßt die der *Buschschwanz-Spitzhörnchen (Tupaiinae)* 5 Gattungen mit 31 Arten und nicht weniger als 99 Unterarten, während von den *Federschwanz-Spitzhörnchen (Ptilocercinae)* bisher nur 1 Gattung mit 1 Art entdeckt wurde.

Ihr Verbreitungsgebiet reicht vom nordwestlichen Vorderindien bis zu den Philippinen und von Zentralchina bis nach Sumatra, Java und Borneo.

Das häufigste und am besten bekannte Buschschwanz-Spitzhörnchen ist wohl der

Tana (Tana tana): Bewohnt die Wälder von Borneo und Sumatra; Länge 18–20 cm; Schwanz 18–20 cm; Pelz dicht und weich, oberseits dunkelbraun, schwärzlich getönt, oft aber auch hell- bis rostbraun, unterseits rötlich überflogen, am Kopf und an der Schnauze sehr kurzhaarig und graulich gemischt, an der Kehle rötlichgrau und auf dem Rücken dunkelbraun längsgestreift; hat große Augen und kleine rundliche, fast nackte Ohren; läßt den buschigen Schwanz meist hängen, trägt an den fünfzehigen Füßen kurze scharfe Sichelkrallen.

Der aufrecht hockende Tana wirkt mit seinem gewölbten Rükken, dem flachen Kopf, der nackten Schnauze und den wohlgeformten Ohren längst nicht so possierlich wie unser Eichhörnchen, sondern erinnert wahrhaftig an einen verwunschenen Gnom, einen Waldzwerg, der listig und hintergründig umheräugt. Es gehört nicht viel Phantasie und Einfühlungsvermögen dazu, um schon rein gefühlsmäßig den Halbaffen in ihm zu erahnen.

Den Menschen fürchtet und meidet der Tana nicht, kommt vielmehr aus den ortsnahen Bambusbeständen, Buschwäldchen und Obstplantagen häufig in die Ortschaften, nistet sich in den Häusern ein und dringt bis in die Wohnungen, um allerlei zu stehlen. Wo er geduldet wird, zeigt er sich bald zutraulich und wird in der Gefangenschaft recht zahm. Er hält sich sauber, badet sehr gern und zeigt sich unglaublich neugierig.

Erstaunlich ist die Stimmfreudigkeit der Buschschwanz-Spitzhörnchen: sie schwatzen und schmatzen, murmeln und zwitschern, kreischen und schreien fast unaufhörlich.

Die Zahnarmen

(Edentata)

Wenn wir die Ameisenbären, Faultiere und Gürteltiere hier unter der schon reichlich zerschlissenen Flagge der „Zahnarmen" segeln lassen, so folgen wir einem überholten zoologischen Brauch. Denn zahnarm oder gar zahnlos sind sie durchaus nicht alle. Aber diese sogenannten Zahnarmen sind zweifellos durchweg sehr, sehr urtümliche Säuger und gehören zusammen in eine besondere Gruppe. Es sind einwandfrei miteinander verwandte Ladenhüter der Schöpfung, für den Fachmann gekennzeichnet durch etliche gemeinsame anatomische Merkmale. In der Gestalt und der Lebensweise jedoch unterscheiden sie sich wesentlich, dazu noch in der Wahl des Lebensraumes.

Die Ameisenbären

Die Spezialisierung erreicht beim Ameisenbär eine besondere Höhe. Sein Kopf ist eigentlich nur ein langer, dem Körper vorausgeschickter Rüsselstiel, eigens geschaffen, sich in die Gänge der Termitenburgen zu wühlen. Das Maul ist eine so kleine Spalte, daß sich kaum ein Daumen hineinstecken läßt. Es birgt keinen einzigen Zahn, sondern lediglich die einen halben Meter lange klebrige Wurmzunge. Die ausdruckslosen Augen gleichen zwei runden toten Löchern, und die Ohren sind nur angedeutet. Fast so groß wie der unmäßig langbehaarte Leib ist der hohe schmale Schwanz, der wie eine wehende Fahne getragen wird. Ungewöhnlich starr, dick, hart, wirr und wirbelig ist das Haar des Pelzes, es brandet regelrecht auf dem Nacken und Rücken sowie an den Vorderbeinen zu starken Mähnen und Bürsten, am Schwanz und an den Seiten zu langzotteligen Vorhängen zusammen. Die mit Haarwülsten ganz besonders bepackten, bärenstarken Pranken sind dicker und breiter als der Kopf.

Von den Ameisenbären leben heute noch drei Gattungen, nämlich der Große Ameisenbär, auf den sich unsere obige Schilderung bezieht und der ein ausgesprochenes Erdtier ist, sowie der Tamandua und der Zwergameisenbär, die beide Baumtiere und wesentlich kleiner sind.

Großer Ameisenbär (Myrmecophaga tridactyla): Bewohnt die offenen Landschaften und Savannen Südamerikas, vor allem in Nord-Paraguay und Mattogrosso; Länge 120–130 cm, Schwanz mit Haarfahne 90–100 cm; Pelz sehr grob, lang und zottig, oberseits vorwiegend grauschwarz, unterseits schwarzbraun, am Kopf, Nacken und Rücken aschgrau, an den Vorderbeinen fast weißgrau; vom Kopf und der Brust erstreckt sich ein anfangs 13–15 cm breiter, dann allmählich spitz zulaufender schwarzer Streifen in aufsteigender Linie bis zum Kreuz und wird von zwei schmalen blaßgrauen Streifen gesäumt; die Schnauzenspitze, die Lippen, die Augenlider und die Fußsohlen sind nackt und schwarz; am Schwanz erreichen die Haare eine Länge bis zu 40 cm.

Auf seinen Streifzügen zieht er still, fast bedächtig dahin, hält den Kopf gesenkt, die Nase dicht am Boden, die Rückenmähne aber oft hoch gesträubt und den Schwanz waagrecht ausgestreckt. Den Tieren und Menschen, denen er begegnet, gönnt er kaum einen Blick.

Welche Kraft in diesen Krallen steckt, das wird einem erst klar, wenn man sich die von den Ameisenbären gerissenen Löcher in den fast zementharten Termitenburgen betrachtet. Der Mensch würde dazu eine starke Spitzhakke und Brecheisen benötigen. Durch das Loch stecken die Ameisenbären dann den schmalen Röhrenkopf und lassen die klebrige Zunge in das Gewimmel der aufgestörten Tiere schnellen. Termiten sind so ausgesprochen ihr Spezialfutter, ihre Leib- und Magenspeise, daß sie eigentlich Termitenbären heißen müßten. Doch werden auch alle anderen Insekten samt ihren Larven sowie Spinnen mit der Wurmzunge geangelt und wahrscheinlich auch Würmer verschluckt.

Das Weibchen bringt sein einziges Junges nach einer Tragzeit von 190 Tagen stehend zur Welt und schleppt es etliche Monate lang auf seinem Rücken spazieren. Das Frischgeborene erklettert unmittelbar nach dem Wurf seinen Reitsitz und soll nach etlichen Beobachtern gar nicht erst die Erde berühren. Wird es vom Rücken der Mutter genommen und in einen Baum gesetzt, so ersteigt es auch hier ziemlich gewandt die Äste. Es beweist damit, daß die Vorfahren der Großen Ameisenbären einmal Baumtiere waren. Später verliert sich diese Lust am Klettern, doch vermag auch das erwachsene Tier noch zur Not einen Baum zu ersteigen.

Tamandua oder Caguare (Tamandua tetradactyla): Bewohnt in etlichen Unterarten die tropischen Urwälder und Buschlandschaften Südamerikas; Länge 60 cm, Schwanz 40 cm; Pelz steif, rauh, glänzend, fast durchweg blaß- bis weißgelb bis auf den breiten schwarzen Streifen, der sich gleich einem Hosenträger vom Hals über die Schultern hinzieht und an den Flanken so breit ausläuft, daß er bis zum Hinterrücken die beherrschende Farbe bildet; die Spitze der Schnauze, die Lippen, die Augenlider und die Fußsohlen sind nackt und schwarz; der ungewöhnlich starke, an seiner Wurzel sehr dicke, walzenförmige Schwanz ist nur dünn behaart und zum Teil nackt.

Vom Großen Ameisenbären unterscheidet sich der Tamandua durch die geringe Größe, die wesentlich kürzere Röhrenschnauze, die sofort auffallenden, eiförmigen, weit abstehenden Ohren und den mächtigen, fast unbehaarten Greifschwanz. Im Gegensatz zu seinem Verwandten ist er am Tage wie in der Nacht unterwegs, also längst nicht so phlegmatisch. Er bewegt sich auf der Erde nicht minder geschickt als in den Bäumen, klettert erstaunlich gut und meidet selbst

Beim Zweizehen-Faultier findet man eine einzigartige Symbiose, ein Zusammenleben zwischen niederen Pflanzen und höheren Wirbeltieren. Zwischen den Haaren des Faultieres schmarotzen verschiedene Algen und Raupen.

die Nähe der Ansiedlungen nicht. In der Not verteidigt er sich aufgerichtet, stützt sich dabei fest auf den Schwanz und pfeift verärgert. Er vermag im Zorn ebenfalls sehr kraftvolle Schläge auszuteilen und mit seinen Krallen tiefe Wunden zu reißen. Seine Hauptbeute sind die baumbewohnenden Termiten und Ameisen.

Das Weibchen trägt sein Junges auch mit sich herum, doch hockt dieses nicht im Reitsitz auf der Mutter, sondern klammert sich an ihre Flanke fest an.

Wegen des starken Moschusgeruches, den die erregten Tamanduas verbreiten, werden sie von den Brasilianern „Stänker des Waldes" genannt.

Zwergameisenbär (Cyclopes didactylus): Bewohnt die tropischen Urwälder Südamerikas, vor allem noch in Nord-Brasilien, Guayana und Peru; Länge 20–22 cm, Schwanz 18 cm; Pelz seidenweich, oberseits vorwiegend gelblich- bis rötlichbraun, manchmal auch fuchsrot, unterseits grau getönt; trägt an den Vorderfüßen zwei besonders lange Krallen, die ihm als Kletterhaken dienen.

Am liebsten klettert dieser kleine Ameisenfresser in der Art der Faultiere, also hängend und hangelnd mit allen vieren, wobei er sich aber immer noch mit dem Schwanz sichert. In dieser Stellung scheint er auch hoch droben in den dichten Kronen den Tag zu verschlafen. Außer Ameisen und Termiten verzehrt er die baumbewohnenden Bienen und Wespen, wie wohl überhaupt alle Insekten, die er mit seiner Leimrutenzunge angeln kann, die recht unempfindlich ist!

Einen Insektenbrei bekommt auch das Junge von den Alten vorgewürgt, die es gemeinsam mit sich herumtragen und umhegen. Die kleine Familie unterhält sich mit einem leisen und pfeifenden Zwitschern, das recht angenehm klingt.

Die Faultiere

Der Zwergameisenbär führte uns bereits in die Wipfelwelt, in der, gleich ihm hängend und hangelnd, auch die Faultiere leben. Die Kletterweise, die er uns vorführte, haben sie bis zur grandiosen Virtuosität gesteigert und endlich derartig auf die Spitze getrieben, daß sie ihr ganzes Leben hängend verbringen. Ihre Arme sind lange Greifer und gleich den kürzeren Beinen mit beachtlichen Steigeisen- und Hangelkrallen versehen. Und sie hängen so

Die Dreizehen-Faultiere haben ihre Kletterweise zu enormer Virtuosität gesteigert, so daß sie jetzt ihr ganzes Leben hängend in den Bäumen verbringen. Ihre Arme sind lange Greifer und ebenso wie die kürzeren Beine mit beachtlichen Hangelkrallen versehen. Äußerlich kennzeichnet sich die „verkehrte" lebensweise der Faultiere darin, daß ihr Haarkleid bei ihnen am Bauch und nicht wie bei anderen Säugern am Rücken gescheitelt ist. Die Faultiere schlafen auch hängend. Sie haben weder ein Nest noch einen anderen Unterschlupf.

sicher an diesen vier enormen Haken, daß sie gänzlich auf einen Stemm-, Roll- oder Wickelschwanz verzichten durften.

Äußerlich kennzeichnet sich die „verkehrte" Lebensweise der Faultiere darin, daß ihr Haarkleid am Bauch und nicht wie bei allen anderen Säugern am Rükken gescheitelt ist. Innerlich aber waren viele Umbildungen notwendig, um überhaupt derartig hängend und fast kopfunter leben zu können.

Der Brustkorb wurde in einen Tragkorb verwandelt, mit zwanzig Rippen ausgestattet und jede einzelne Rippe noch ungemein verstärkt. Die inneren Organe verlagerten sich bis um 135 Grad, damit sie nicht von den schweren Eingeweiden dieser Blätterfresser gedrückt werden können. Die Luftröhre wurde umgebaut, verläuft erst einmal geradlinig bis zum Zwerchfell, steigt dann aufwärts, gleich darauf wieder abwärts und gabelt sich erst nach diesen Windungen.

Bei den Dreizehen-Faultieren erhöhte sich auch die Zahl der Halswirbel auf neun, damit sie den Kopf in der Hängelage nicht nur nach vorn, sondern auch noch nach unten drehen können. Arme und Beine aber bekamen ein solches Wundernetz von Adern, daß sie nie erlahmen, das Gewicht des an ihnen aufgehängten Körpers zu tragen.

Denn die Faultiere schlafen auch hängend. Sie haben weder ein Nest noch irgendeinen anderen Unterschlupf. Ihr einziger Schutz ist, daß sie den Kopf, die Füße und die Beine so eng zu einer vollkommenen Kugel zusammenziehen, wie das weder ein Igel noch ein Gürteltier vermag. In dieser Kugelgestalt baumeln sie hoch droben in den dünnsten Ästen der Wipfel bei jedem Wind und Wetter und schlafen wie in Abrahams Schoß. Die massiven Schauer der tropischen Gewitter- oder Dauerregen rinnen wirkungslos vom störrigen Strohpelz ab, der auch so ungemein dick ist, daß ihn kaum die Pranke des Jaguars zu durchschlagen vermag. Es macht ihnen so gut wie gar nichts aus, wenn ihr Zweig bricht und sie, von einem Ast auf den anderen schlagend, aus großer Höhe abstürzen. Püffe und Stöße, Risse und Schmisse, selbst schwere Quetschungen werden gelassen ertragen und verblüffend leicht überwunden.

Aber das ganze Tier ist ja überhaupt nur ein dickes Fellbündel, ist von diesem strohigen Pelz wie umpanzert und trägt ihn nicht nur als Schutzkleid, sondern auch als Tarnkappe. Es können in einem lichten Baum unmittelbar über uns gleich drei und vier Faultiere hängen, ohne daß wir sie entdecken, und es verlohnt sich sehr, diese Pelztarnkappe einmal genauer zu betrachten.

Bei den Dreizehen-Faultieren zum Beispiel stehen jeweils ein grobes Haar und zwei bis drei dünnere Haare, die keine Marksubstanz aufweisen, in einem Büschel beisammen. In diesen dünnen Haaren leben zwischen dem feinen Oberhäutchen und der darunterliegenden Belegschicht, die aus nur lose gefügten Zellen besteht, wie in einem extra für sie hergerichteten Nährboden die *Grünalge (Trichophilus welckeri)* und die *Blaualge (Cyanoderma bradypi)*. In der immerfeuchten Luft der tropischen Wälder gedeihen diese Algen in ihrem Haarnährboden so wunderbar, daß sie den Rücken und die Glieder des Faultieres mit einem grünlichblauen Schimmer überziehen.

Beim Zweizehenfaultier finden zwei andere Algen, nämlich die *Blaualge (Cyanoderma choloepi)* und die *Grünalge (Trichophilus)* ihren Nährboden in den Furchen der Haar-Rindenschicht, die mit den gleichen lockeren Belegzellen ausgefüllt sind. Doch nicht genug mit dieser Tarnung, mit diesem einzigartigen Beispiel einer Symbiose, einem Zusammenleben zwischen niederen Pflanzen und höheren Wirbeltieren! Zwischen den Haaren dieses sensationellen Faultieres schmarotzen auch noch die Raupen von drei verschiedenen kleinen Schmetterlingen aus der Familie der Zünsler. Es sind das Motten, die höchstens eine Flügelspannweite von 1,7 cm haben und auch als ausgeschlüpfte Schmetterlinge im Faultierpelz ihre Nahrung finden. Identifiziert wurden bisher die *Zünsler (Bradypodicola halmeli, Bradypophila garbei* und *Cryptoses choloepi)*. Sie tragen nicht wenig dazu bei, das in den Zweigen hängende, grün und blau bealgte Fellbündel vollends als ein Moos oder Flechtenbündel erscheinen zu lassen. Daß der Faultierpelz außerdem von Haarlingen, Milben und Zecken nur so wimmelt, ist nach allem nur mehr als verständlich.

Übrigens haben beide Faultiergattungen drei Zehen und unterscheiden sich nicht durch diese, sondern durch ihre Finger, von denen die eine Gattung nur zwei und die andere drei aufweist. Es muß also Zweifinger- und Dreifinger-Faultier heißen.

Die südamerikanischen Pampas und Urwälder sind der Lebensraum der Gürteltiere. Die sichere Panzerung weist am Rükken oft eine Struktur auf, die das Tier wie „gesattelt“ aussehen läßt. Im Gegensatz zu ihren gewaltigen Vorfahren, die längst ausgestorben sind, wirken die heute lebenden Gürteltiere winzig. Das Weichgürteltier hat kleinere Panzerschuppen.

Zweifinger-Faultier oder Unau (Choloepus didactylus): Bewohnt das nördliche Südamerika von Guayana, Kolumbien und Ekuador bis Nordbrasilien; Länge 65–70 cm, ist schwanzlos; Pelz lang und strohig, vorwiegend schmutzig- bis olivgrau, auf dem Rücken dunkler als am Bauche; ist im Gesicht, am Kopf und im Nacken weißlich-olivgrün, an der Brust, den Armen, den Schultern und Unterschenkeln olivbraun; hat eine nackte bräunlich-fleischfarbene Schnauze, nackte fleischrote Hand- und Fußsohlen und bräunlichgraue Krallen; das mittelgroße Auge ist braun und ebenso ausdruckslos wie das unbewegte Gesicht.

Dreifinger-Faultier oder Ai (Bradypus tridactylus): Bewohnt in 4 Arten das nördliche Südamerika von Nikaragua bis Nordbrasilien; Länge 48 cm, Schwanz 4 cm, Pelz hart und heuähnlich, oberseits blaßrötlich-aschgrau, unterseits silbergrau; über die Seiten zieht sich von den Schultern bis in die Schwanzgegend ein breiter bräunlicher Längsstreifen; die Männchen tragen auf der Rückenmitte einen großen grau- bis kräftiggelben Fleck wie einen Rückenschild, in dem sich bei manchen Arten noch zwei schwarze Flecken mit weißen Rändern als Zeichnung befinden; hat einen besonders kleinen Kopf mit breiter weißlicher Stirnbinde und schief abgestutzter Schnauze, gescheiteltes Haar auf dem Kopf sowie schwarzbraune umringelte Augen; die Sohlen sind fast ganz behaart.

Die Gürteltiere

Schwer gepanzert, hübsch begürtelt und oft regelrecht gesattelt trippeln die Gürteltiere auf kurzen Füßen durch die südamerikanischen Pampas und Urwälder. Wie riesige erdfarbene Kellerasseln wuseln sie recht flott dahin. Und sie sind auch wirklich nur noch winzige Asseln im Verhältnis zu ihren gewaltigen Vorfahren. Heute ist das größte lebende Gürteltier, das brasilianische Riesengürteltier, knapp so groß und so schwer wie ein mittleres Wildschwein. Alle anderen aber sind nur noch mehr oder weniger gewichtige Gürtel-Igel.

Der Zoologe unterscheidet:

a) die *Hartgürteltiere* wie z. B. das Riesengürteltier, das Nacktschwanz-Gürteltier, das Zwerggürteltier sowie das Borstengürteltier, bei denen die Panzerung aus großen harten Knochenplatten besteht; zu ihnen zählt auch noch das kleine Kugelgürteltier, das sich gänzlich einzurollen vermag.
b) die *Weichgürteltiere* wie z. B. das Sechs- und das Neunbinden-Gürteltier sowie das Kurzschwanz- und das Scheidenschwanz-Gürteltier, bei denen die Panzerschuppen kleiner und weicher, knorplig bis lederartig sind;
c) die *Gürtelmulle* also die nur in 1 Gattung und 2 Arten vertretenen Gürtelmäuse, bei denen der Panzer in geschlossener Front von der Stirn bis zum Rückenende aus 24 Querreihen besteht und durch einen besonderen kleinen Hinterfrontpanzer ergänzt wird.

Wie die Ameisenbären sind alle Gürteltiere vorwiegend Ameisen- und Termitenfresser, aber nicht ganz so ausschließlich wie jene auf dieser Kerbtierkost eingestellt. Ihre an sich sehr schwachen Zähne sind immerhin imstande, auch Schnecken, Würmer, Echsen, Schlangen, Vogelbrut und kleinere Wirbeltiere bis zur Mausgröße zu bewältigen. Die Beutetiere scheinen sie oft durch die Erde hindurch zu wittern und dann sehr zielgerichtet auszuscharren. Die meisten sind nächtliche Einzelgänger, die weit umherstreifen und sich jeweils dort in die Erde buddeln, wo sie der Tag überrascht oder wo sie ihren Fraß verdauen wollen.

Riesengürteltier (Priodontes giganteus): Bewohnt vor allem die Urwälder Amazoniens, ist von Guayana bis Nordargentinien verbreitet, aber überall sehr selten; Länge 110–120 cm, Schwanz 40–50 cm, Gewicht 45–55 kg; Farbe des Panzers hellbraun bis dunkelbraun bis auf den etwas helleren Gürtelsaum an den Seiten; den Schädel und die Stirn bedecken fast bis zur Nasenspitze herab sehr unregelmäßige Knochenplatten, der Schulterpanzer besteht aus 10, der Hüftpanzer aus 16–17 Gürtelreihen, zwischen beiden befinden sich 12–13 bewegliche Binden, und überall spitzen kurze Borstenhaare hervor; auch der Schwanz und die Oberseite der Glieder ist mit Knochentäfelchen besetzt; hat mittelgroße Augen und kurze, breite, stumpfe Ohren, die ebenfalls mit Knochenwarzen bedeckt sind; die mittlere Klaue der fünfzehigen Vorderfüße ist wahrhaftig riesig und mißt bis zu 12 cm, die Zehen der Hinterfüße dagegen tragen breite, flache, fast hufförmige Nägel.

Lange Zeit war uns vom Riesengürteltier nur sein langer Schwanz bekannt, den die Botokuden als Sprachrohr verwendeten. Erst lange nachher bekamen es die Forscher zu Gesicht. Das stattliche Tier wandelt auf verhältnismäßig hohen und starken Säulenbeinen und stützt sich dabei mit dem Schwanzende auf. Die Vorderbeine mit den großen Scharrkrallen sind so kurz, daß sie den Boden mit den Krallenspitzen nur berühren, wenn sich das Tier ein wenig verbeugt. Kein Wunder, daß es darum auch recht gern hochaufgerichtet auf den Hinterbeinen dahinsteigt, und sich selbst beim Graben und Scharren auf die schwere Hinterhand setzt.

Die Nahrung besteht wahrscheinlich nur aus Käferlarven, Raupen, Maden und Würmern, obwohl das Gebiß nicht weniger als 90–100 – allerdings sehr schwache, wurzellose und zum Kauen und Beißen fast unbrauchbare – Zähne umfaßt. In den Wäldern bevorzugt dieser große Gürtler die Nähe der Flüsse und Ströme und scheint ziemlich ortsgebunden zu sein. Seine großen und tiefen Höhlen legt es gern unter den Wurzeln alter Bäume an.

Kugelgürteltier (Tolypeutes tricinctus): Bewohnt die Sa-

Das Sechsbinden-Gürteltier ist ein ausgesprochener Zehenspitzenläufer und bewegt sich so flink, daß es ein Mensch nicht einzuholen vermag. Bei Gefahr vergraben sich die Gürteltiere mit unglaublicher Geschwindigkeit. Nur der Schwanz ragt dann doch aus der Erde. Aber selbst zwei Männer vermögen nicht, das Tier daran herauszuziehen. Der Weichgürtler krümmt in der Erde den Rükken und sitzt wie mit Widerhaken verankert fest. Den Jägern bleibt nur, Ihre Beute auszugraben. Der Panzer ist bräunlichgelb und auf dem Rücken etwas dunkler gefärbt.

vannen Südamerikas; Länge 36–38 cm, Schwanz 7 cm, grau bis braun.

Fast alle Gürteltiere vermögen sich mehr oder weniger zusammenzurollen. Die Kugelgürteltiere aber werden in diesem Zustand zu einer rundum fest und lückenlos geschlossenen Kugel, die ein Mann nur knapp mit seinen beiden Händen – wenn er sehr große hat – umspannen kann. Der Muskelschluß ist so stark, daß es fast unmöglich ist, das Tier gegen seinen Willen wieder auszustrecken. Die Verschlußstücke zwischen den eingebogenen Panzerteilen bilden die dann dicht nebeneinander liegenden Schwanz- und Kopfschilde. Höchstens ein Jaguar vermöchte sein Maul vielleicht so weit aufzureißen, um diese Kugel zerbeißen zu können. Die Hunde, Füchse und Wölfe erschöpfen sich ihr gegenüber in ebenso rasenden wie ergebnislosen Tobsuchtsanfällen.

Die Kugelgürteltiere können deshalb auch auf unterirdische Höhlen verzichten, obwohl sie ebenfalls tüchtige und eifrige Scharrer sind. Die besonders kurzen Vorderbeinchen – längere hätten wohl keinen Platz in der Kugel gefunden – erreichen die Erde nur mit den Krallenspitzen. Auf Brettern und Fliesen klappern diese Kugler darum gleich kleinen Stepptänzern daher. Die längeren Hinterbeine dagegen treten voll mit den fast hufförmigen Nägeln auf.

Neunbindengürteltier (Dasypus novemcinctus): Bewohnt ganz Süd- und Mittelamerika von Nordargentinien bis hinauf nach Texas und ist auch hier noch im Vormarsch nach Norden begriffen; Länge 38–40 cm, Schwanz 34–36 cm (wird deshalb auch Langschwanzgürteltier genannt); der halbweiche, sich knorplig anfühlende Panzer weist meist neun, aber oft auch acht oder zehn Gürtelbinden auf; hat sehr große Ohren und eine spitze, fast rüsselartig ausgezogene Schnauze.

Sechsbinden- oder Weißborsten-Gürteltier (Dasypus =Euphractus sexcinctus): Bewohnt etwa den gleichen Lebensraum wie das Neunbinden-Gürteltier; Länge 30–40 cm, Schwanz 20 cm; Panzer bräunlichgelb, auf dem Rücken etwas dunkler; zwischen dem Schulter- und dem Kreuzstück liegen sechs breite Gürtel; hinter jedem Schildchen dieser Gürtel stehen weißliche Borsten; trägt hinter und zwischen den Ohren ein aus acht Stücken zusammengesetztes Schilderband.

Die zwei zuletzt beschriebenen und durchweg großohrigen Weichgürteltiere sind ausgesprochene Zehenspitzenläufer und laufen so flink, daß sie ein Mensch nicht einzuholen vermag. Bei Gefahr versinken sie in die Erde. Ehe die menschlichen Verfolger sie erreichen, schaut höchstens noch der Schwanz aus dem unglaublich schnell gebuddelten Loch. An dem aber können nun getrost zwei starke Männer ziehen, denn diese Weichgürtler krümmen in der Erde den Buckel und sitzen, wie mit hundert Widerhaken verankert, eisern fest. Es hilft nichts anderes, als daß der eine Jäger den Schwanz festhält und der andere inzwischen nachgräbt. Doch auch dann ist man der Beute durchaus noch nicht sicher. Denn die kleinen Schlaumeier lassen sich nunmehr so widerstandslos packen und verhalten sich so schicksalergeben, daß es ihnen zumeist gelingt, sich jäh aus dem gelockerten Griff zu schnellen und wieder davonzusausen.

Gürtelmull oder Gürtelmaus (Chlamydophorus truncatus): Bewohnt Westargentinien; Länge 13–15 cm, Schwanz 4–5 cm; der gelblich-fleischfarbene Panzer besteht nicht aus Knochen, sondern aus 24 hornigen Bändern von dicken und lederartigen, aber doch nur wenig biegsamen Platten, die dem Rücken fast so lose wie ein Sattel aufliegen und eine nur zarte knöcherne Stütze haben; diese Bänder ziehen sich von der Stirn bis zum Kreuz und dem merkwürdig abgestutzten Körperende, wo sie ein Kranz weißer Haare als Abschluß säumt; unter diesem Haarkranz wird dann der „Hosenboden" von einem kleinen, senkrecht stehenden Hinterteilschild beschirmt; für den sehr seltsamen, stark abgeflachten, nackten und starren Schwanz, der in einen regelrechten Hornlöffel ausläuft, ist ein Ausschnitt ausgespart; ist sonst an den Wangen, den Flanken und der Unterseite stark behaart und trägt hier einen feinen, seidenweichen, schmutzigweißen Pelz; hat sehr kleine, schwarze, im Pelz verborgene Augen, keine Ohrmuscheln und eine nackte Schnauzenspitze; verfügt an den kurzen Vorderbeinen über mächtige und starke Grabe- und Scharrkrallen.

Den starren Schwanz trägt sie gewöhnlich derartig eingeschlagen, daß er an den Bauch zu liegen kommt. Nur dann, wenn sie gräbt und scharrt, klappt sie ihn wie einen Ständer herunter, damit die dadurch freigewordenen Hinterbeine die von den Scharr-

Das Indische Schuppentier bewohnt Vorderindien und Sri Lanka. Es erreicht eine Länge zwischen 110 und 130 cm, wovon der Schwanz knapp die Hälfte ausmacht. Es gräbt sich Röhren, die zwei bis vier Meter tief, schräg abwärts führen und in einem großen Kessel münden.

krallen losgerissene Erde gleich weiter nach hinten durchgeben können. Mit anderen Worten: Der starre Ständerschwanz ermöglicht ihr, mit allen vier Beinen zugleich zu scharren und die von den Grabekrallen unter den Leib gerissenen Brocken sofort nach hinten zu schieben. Ganz ähnlich wie der Maulwurf führt auch die Gürtelmaus ein vorwiegend unterirdisches Leben und wagt sich meist nur in der Dämmerung aus ihren Gängen. Sie bevorzugt sandige, trockene und steinige Landschaften, die mit dornigem Gestrüpp und Kakteen bewachsen sind. Von ihren kurzen Mondscheinpartien berichten deutlich die seltsamen Fährten, die sie zurückläßt. Sie schiebt sich nämlich rutschend über den Sand und hinterläßt auf diese Weise zwei nebeneinander laufende Schmalspurgeleise. Auch ihr Schlupfloch wissen die Eingeborenen leicht auszumachen, da sich hier die Erde in zwei Hügelchen häuft, durch die sich die Schleifspur als ein langgezogenes Tälchen zieht.

Die Schuppen- oder Tannenzapfentiere
(Pholidota: Manidae)

Wie wandelnde, marder- bis dachsgroße Tannenzapfen, oft sogar noch aufrecht auf den Hinterbeinen, marschieren die Schuppentiere durch die afrikanischen und asiatischen Steppen und Wälder. Sie vertreten in der Alten Welt gleichsam die Gürteltiere, sind ebenfalls spezialisierte Ameisen- und Termitenfresser und erinnern verblüffend an urtümliche Echsen. An Stelle des Knochen- oder Knorpelpanzers tragen sie ein großfeldriges, dachziegelartig geordnetes Hornschuppenkleid.

Dieses alte Saurierhemd, dem sie als die einzigen Säuger treugeblieben sind, wächst ihnen ständig nach und bildet sich immer neu aus Lederhautpapillen. Der Säuger lugt nur auf der Bauchseite und auf der Innenseite der Beine aus dieser Echsentarnung, wo die Tannenzapfentiere kräftig, ruppig und borstig behaart sind. Bei genauerem Hinschauen sind hier und da auch hinter den Schuppen noch kurze Haare zu entdecken. Rundum gepanzert ist lediglich der lange Schwanz, wenigstens bei den Erdbewohnern unter ihnen. Die kletternden Arten haben an der Unterseite der Schwanzspitze eine nackte Stelle, eine Greiffläche, damit sie sich mit Hilfe des Schwanzes aufhängen können.

Wie bei den Ameisenbären, ist auch bei ihnen der Kopf sehr klein und spitz und das Maul gänzlich ohne Zähne. Die Insekten leimen sie ebenfalls mit einer ungewöhnlich langen und klebrigen Wurmzunge fest und ziehen sie zu Hunderten mit einem Ruck ins Maul. Diese natürliche Leimrute ist so groß, daß sie in der Ruhestellung in ein sackartiges Futteral zurückgezogen wird, das bis in die Brusthöhle hinabreicht.

Damit der Magen die unzähligen harten Insektenpanzer überhaupt bewältigen kann, wurde er in einer einzigartigen Weise umgebaut. „Was dem Munde abgeht, besitzt er nämlich: einen regelrechten Kauapparat. Die Schuppentiere haben im buchstäblichen Sinne die Zähne im Magen sitzen. Die ganze Magenwand ist hornartig hart, und nahe dem hinteren Ausgang schneidet die eine Wandseite mit einem Obergebiß kräftiger Hornzähne gegen die andere, die mit einem entsprechenden Untergebiß versehen ist. Kommt nun ein solcher Schub Ameisen und Termiten mit all seinem ganzen anhaftenden Sand dick in Speichel verklebt da herunter, so reiben zuerst die verhornten Magenseiten wie eine selber unverletzbare Quetsche das ganze Gros der Fracht klein, zum Schluß aber kaut noch das Gebiß den letzten Chitinabfall durch und ermöglicht so die glatte Verdauung“ (Bölsche).

Steppenschuppentier (Manis temmincki): Bewohnt Süd-, Ost- und Westafrika bis Gambia; Länge der ausgewachsenen Männchen bis zu 150 cm, wobei der Schwanz bald die Hälfte ausmacht; Schuppenkleid blaßgelblichbraun, an den Spitzen etwas lichter, die einzelne Schuppe oft gelb gerandet; Rumpf breit und kräftig, Kopf verhältnismäßig kurz und dick; hat eine schwarze Schnauzenspitze, rötlichbraune Augen, muschellose Ohren und ist an den nackten Körperteilen dunkelbräunlich; der Schwanz verjüngt sich erst kurz vor seinem Ende, rundet und stutzt sich dann plötzlich ab und trägt auch auf seiner Unterseite zwei Reihen von Hornschuppen.

Als eine größere Unterart des Steppenschuppentieres gilt heute das im gleichen Raum verbreitete, bis zu 180 cm messende *Riesenschuppentier (Manis = Smutsia t. gigantea).*

Das Steppenschuppentier, das die Eingeborenen in ihrer bildhaften Sprache „Vater der Baumrinde“ nennen, geht gewöhnlich nur auf den Hinterfüßen, wandelt leicht gebuckelt und gemächlich dahin, gerade wie ein abgeschaffter Bergmann, und stützt sich dabei nicht etwa auf seinen langen starken Schwanz, sondern hält ihn gleich einer Balancierstange ausgestreckt. Es ist durchaus harmlos und pflegt sich bei Gefahr einfach auf die Seite fallenzulassen und einzurollen.

Langschwanz-Schuppentier (Manis tetradactyla): Bewohnt Westafrika vom Senegal bis Angola; Länge 100–130 cm, wovon der Schwanz fast zwei Drittel ausmacht; Schuppenkleid schwärzlichbraun, rötlich überhaucht; die einzelnen Schuppen sind an den Rändern gelblich gesäumt; Behaarung unterseits schwarzborstig; Rumpf fast walzenförmig, mäßig stark, gestreckt, Kopf klein, schmal und spitz; hat sehr kleine ausdruckslose Augen, kaum sichtbare Ohrmuscheln, ein fast nacktes Gesicht; die Schuppen sind sehr fest und scharfschneidig; der lange und breite, auffällig flachgedrückte Schwanz ist rundum gepanzert und verjüngt sich gleichmäßig von der Wurzel bis zur Spitze. Man nimmt heute an, daß das Langschwanz-Schuppentier

Ein Kuriosum in der Tierwelt ist das Erdferkel. Es besitzt den langen, schmalen Kopf eines Ameisenbären, die Rüsselscheibe eines Wildschweines, die spielenden Ohren eines Esels, die auffallenden Wimpern einer Kuh, den Buckel eines Kamels, den Schwanz eines Känguruhs und die Zähne eines Haifischs.

keine eigene Art, sondern eine Unterart des *Weißbauch-Schuppentieres (Manis tricuspis)* ist, bei dem die Hornschuppen teilweise in drei gekielte Spitzen auslaufen und das im Gegensatz zu jenem weiße Borsten hat.

Indisches Schuppentier (Manis crassicaudata): Bewohnt Vorderindien mit Sri Lanka; Länge 110–130 cm, wovon der Schwanz knapp die Hälfte ausmacht; seine Schuppen sind am freien Ende etwa doppelt so breit als lang, ausgesprochen dreieckig und gegen die Spitze hin etwas aufgebogen; hat ebenfalls einen sehr kleinen, schmalen und spitzen Kopf, winzige Augen, aber noch sichtbare Ohrmuscheln; der Schwanz ist an seiner Wurzel so stark wie der Leib und verjüngt sich erst im letzten Drittel ziemlich rasch.

Das indische Schuppentier gräbt sich Röhren, die zwei bis vier Meter tief schräg abwärts führen und in einem großen Kessel münden. Tagsüber, wenn es ruht, pflegt es den Einschlupf tüchtig zu verstopfen. Wird es aufgegraben oder sonstwie gestört, so rollt es sich fest zusammen, zischt und faucht böse, versucht aber nicht, sich aktiv zu wehren. Am Schwanz hochgenommen, hängt es wie leblos herab. Es läuft recht flott und klettert auch gut. Wie es scheint, lebt es paarweise und birgt seine ein bis zwei Jungen in der Höhle, nimmt sie aber später ebenfalls mit auf seine nächtlichen Streifzüge. Die Jungen reiten dann auf der Schwanzwurzel der Mutter.

Die Erdferkel

(Tubulidentata: Orycteropodidae)

Es ist schon wirklich ein Kuriosum, dieses Tier mit dem langen schmalen Kopf eines Ameisenbären, der Rüsselscheibe eines Wildschweines, den spielenden Ohren eines Esels, den auffallenden Wimpern einer Kuh, dem Buckel eines Kamels, dem Schwanz eines Känguruhs und den Zähnen eines Haifisches, das als sogenanntes Erdferkel, als rätselhafter Röhrenzähner durch das zoologische System irrt und bis heute noch keinen rechten Platz gefunden hat. Wenn es hier den Zahnarmen und den Schuppentieren nachtrottet, so erfolgt das gleichsam nur gewohnheitsmäßig, da es früher einmal in die große Rumpelkammer der Zahnarmen gesteckt wurde, in die es aber genausowenig wie die Schuppentiere gehört. Ja, es hat vielleicht überhaupt keine verwandtschaftlichen Beziehungen, weder zu den Ameisenbären, Faultieren, Gürtel- und Schuppentieren noch zu sonst einer heute lebenden Säugerfamilie. Gewisse Eigenheiten weisen und führen von ihm aber zu den Urformen der Huftiere. Es wäre darum wohl am sinnvollsten, es diesen vorauszustellen, vielleicht in die Nähe der Klippschliefer.

Auf jeden Fall haben wir im Erdferkel einen ganz großen Außenseiter vor uns, den letzten Überlebenden einer Säugerfamilie, deren Ursprung mindestens 60 Millionen Jahre zurückliegt und vielleicht sogar bis in die Kreidezeit reicht. Bis vor rund 10 Millionen Jahren gab es Erdferkel auch noch in Asien und Europa. Heute sind sie in einer Gattung mit einer Art und etwa sieben Unterarten auf Afrika südlich der Sahara beschränkt.

Diese eine Art aber, die in fast allen offenen Landschaften und lichten Park- und Galeriewäldern Afrikas bis zum Kap hinunter vorkommt, zeigt sich noch durchaus lebenstüchtig und vital. In jeder Nacht trotten diese reichlich wildschweingroßen Ameisen- und Termitenfresser bis an die dreißig Kilometer in die Runde, um sich den Bauch richtig vollschlagen zu können. Mit hochgewölbtem Buckel und tief gesenktem Kopf, die Nase so dicht an der Erde, daß die Borsten rund um die Rüsselscheibe fast den Sand aufwirbeln, ziehen sie, immer wieder vorsichtig sichernd, dahin und schleifen ihren schweren Schwanz nach. Die verhältnismäßig dünnen hohen Beine verraten den ausdauernden Läufer. Mit den sehr starken, geraden und platten, an den Rändern scharf schneidenden und fast hufartig verbreiterten Krallen brechen sie mühelos die zementharten Termitenburgen auf. Ihre körpereigene Leimrute, also ihre Zunge, ist nicht so wurmartig rund wie die der Ameisenbären, sondern gleicht einem flachen und sehr warzenreichen Riemen. Vermögen sie bis zu den Brutnestern selbst vorzudringen, so schlürfen sie die umherwimmelnden Termiten samt Larven auch regelrecht mit den Lippen auf oder fressen wie ein Hund drauflos. Sie haben einen gesegneten Appetit und bleiben oft gleich über Tag unter der angebrochenen Termitenburg liegen, um in der nächsten Nacht weiterzufuttern. Daß sich die Termitensoldaten dabei in Scharen auf sie stürzen, macht ihnen gar nichts aus. Ihre Haut ist unwahrscheinlich dick.

Erdferkel (Orycteropus afer): Bewohnt ganz Afrika südlich der Sahara; Länge 90–100 cm, Schwanz 75–80 cm, Gewicht bis zu 50 kg; Fell je nach Unterart ganz unterschiedlich stark, oft sehr dünn oder fast fehlend, bei den südafrikanischen Formen am Leib vorwiegend gelblichgrau mit rotem Anflug, an den Beinen dunkelbraun, bei den nordostafrikanischen Formen dagegen blaßgelblich am Leib, fahlbraun auf dem Rücken und schwarz an den Beinen; die westafrikanischen Formen sind am besten behaart bzw. beborstet; der Rumpf ist plump, wenig proportioniert, der Kopf lang und schmächtig, die Schnauze weit vorgezogen, am Ende scheibenförmig aufgeworfen; hat ein ziemlich großes Maul, sehr weit zurückliegende Augen, lange Ohren und einen ausgesprochen kegelförmigen Schwanz mit sehr starker Wurzel.

Die Beuteltiere

(Marsupialia)

Die Beuteltiere gebären einen Embryo, der seine weitere Entwicklung im äußeren Brutbeutel der Beuteltiermutter durchmacht. Die ursprünglich vorhandene einfache Placenta (Mutter-

Erst in der Abenddämmerung zieht es die Roten Riesenkängurus auf die Weide. Sie schätzen ein ortsgebundenes Leben und halten ihr Revier geschlossen.

Die Urwaldgebiete Neuguineas und Nordaustraliens bewohnen die Baumkänguruhs. Sie unterscheiden sich im Körperbau nur unwesentlich von den Bodenkänguruhs, bewegen sich im Geäst langsam und gemächlich und sind deswegen nicht gerade gut an ihren Lebensraum angepaßt. Sie halten sich lieber am Boden auf und klettern nur zum Äsen oder auf der Flucht auf die Bäume. Vor dem heftigen tropischen Regen schützt sie ihr dickes Nackenfell.

Zu den mittelgroßen Känguruh-Arten gehört das Hübschgesicht-Wallaby. Es wird bis zu 24 Kilogramm schwer und wird wegen seines schönen Fells stark gejagt. Bei den Viehzüchtern ist es unbeliebt, weil es mit den Rinder- und Schafherden um die Nahrung konkuriert. Tagsüber ruht es gern im Busch. Erst in der Dämmerung erscheint es auf der Weide.

kuchen), die auch bei ihnen angelegt war, ging den meisten Gattungen verloren. Das Junge schlüpft nun bereits im mütterlichen Eileiter aus dem hier ausgereiften Ei und wird schon wenige Tage nach der Befruchtung geboren. Bei den Beutelratten geschieht das bereits am 7.–13., bei den Riesenkänguruhs am 39.–40. Tag nach der Befruchtung. Bei den letzteren, diesen bis zu zwei Meter großen Springbeutlern, ist das Junge nicht länger und stärker als ein kleiner Finger, bei den Zwergbeutelratten aber tatsächlich nur ein winziges Reiskorn. Seine Sinnesorgane sind noch gar nicht ausgebildet, die Hinterbeine kümmerliche Stummel, aber es hat schon Hände mit Krallen, damit es sich sofort im Fell der Mutter verhakeln kann.

In wunderbarer Weise ergänzen sich nach der Geburt die Instinkte von Mutter und Kind, damit dieses seinen Weg in den Brutbeutel, diesen äußeren Fruchthalter, nun auch findet. Es rutscht gleichsam auf einer von der Mutter angelegten Speichelspur entlang und wird, wenn es sich „verläuft", mit den Lippen und Pfoten dirigiert. Im Brutbeutel entdeckt es dann alsbald die wohlausgebildeten Zitzen und saugt sich an ihnen fest. Die von den Lippen des Jungtieres umfaßte Zitze schwillt auf diesen Reiz hin so stark an, daß sie dessen ganze Mundhöhle ausfüllt und gar nicht mehr verloren werden kann. Zu allem Überfluß verwächst schließlich der Mundrand des Jungen mit dem prallen Milchquell, so daß Mutter und Kind nunmehr aufs innigste verbunden sind.

Ist die Frucht im Brutbeutel ausgereift, was bei den Riesenkänguruhs etwa sieben Monate währt, so löst sich die beschriebene Bindung zwischen Kindesmund und Milchquell. Das Junge ist nun ein selbständig saugendes Kleinkind und endlich so weit entwickelt, wie die bis zur Reife ausgetragenen Jungen der Vollsäuger. Nach weiteren neun Wochen verläßt dann das junge Riesenkänguruh zum ersten Mal den Brutbeutel, in den es noch ebenso viele Wochen immer wieder zurückkehrt.

Zwei anatomische Eigenheiten finden wir bei allen Beuteltieren. Das sind erstens die besonderen Beutelknochen am Bekkengürtel, die sich bei beiden Geschlechtern vorfinden und jeweils vorn dem Schambein mit einem breiten Gelenk aufsitzen. Und ist zweitens ein eigenartiger Unterkieferfortsatz, der sich unter dem Gelenkkopf stark einbiegt.

Die Springbeutler oder Känguruhs

Ein Autofahrer muß schon auf den dritten und vierten Gang schalten, wenn er auf freier Strecke ein Rudel flüchtender Känguruhs einholen will. Mit einer Stundengeschwindigkeit bis zu 70 km und 6–12 m weiten Sprüngen schnellen und fliegen diese Beutler dahin. Die ganz ungewöhnliche Federkraft liegt allein in den gewaltig verlängerten und ungemein kräftigen Hinterbeinen. Der lange und starke Stützschwanz spielt lediglich die Rolle einer weit ausgestreckten und lebhaft mitschwingenden Balancierstange, die den Boden gar nicht berührt. Die sehr kleinen, fast verkümmert wirkenden Vorderbeine hängen während des Sprunges als leicht abgewinkelte Anhängsel oder Luftruder herab. Der schwächliche Vorderkörper liegt fast waagerecht in der Luft, und der verhältnismäßig zierliche Hasenkopf ist betont erhoben. Die einzelnen Sprünge folgen sich derartig blitzschnell, daß der Eindruck eines in flachem Bogen dahinfliegenden Geschöpfes entsteht. Im Weg befindliche Hindernisse werden leicht übersprungen, denn der Satz kann auch 2–3 m hoch sein, wenn auch nicht weit.

Ganz im Gegensatz zu den Vollsäugern ist bei den Springbeutlern – wie überhaupt bei fast allen Beuteltieren – die Zehenrückbildung einen anderen Weg gegangen. Die Großzehe ist ganz verschwunden. Die zweite und dritte Zehe sind stark verkümmert und – wenigstens bei den Springbeutlern – zu einer seltsamen, aufwärtsgerichteten Doppelzehe mit zwei Krallen verwachsen. Sie dienen als Striegel und Kamm. Den Körper tragen allein die vierte und fünfte Zehe, von denen die erstere mit einem sehr großen und hufartigen Nagel versehen ist. Die Vorderfüße sind fünfzehig.

Durchaus nicht alle Känguruhs sind jedoch solche ausgesprochenen Langstreckenhüpfer und Bewohner der offenen und freien Landschaften. Es gibt unter ihnen auch echte Felsen- und Baumtiere, also ausgezeichnete Kletterer, gibt Scharrer und Wühler, Höhlenbewohner und Dickichtschlüpfer. Und wie in der Lebensweise unterscheiden sie sich sehr in der Größe, Farbe und Gestalt. Neben den übermannshohen Riesenkänguruhs stehen zahlreiche nur hunde-, hasen- und rattengroße Formen in wissenschaftlichen Listen.

Ihre Verbreitung erstreckt sich in 21 Gattungen mit 86 Arten über Neuguinea, Tasmanien, Australien und die benachbarten kleineren Inseln.

Die Riesenkänguruhs

Die Riesenkänguruhs sind die größten Hüpfer und Springer der Welt und zugleich wohl die bekanntesten aller Beuteltiere. In fast jedem Tiergarten können wir sie beobachten und über ihre weiten Sprünge staunen.

In ihrer Heimat leben die Riesenkänguruhs in mehr oder weniger großen Rudeln, früher vereinigten sie sich sogar zu gewaltigen Scharen. Sie vertreten in Australien gewissermaßen die dort fehlenden Rinder, Schafe, Ziegen, Antilopen und Hirsche und sind gleich ihnen harmlose Grasfresser. Die einzelnen Familienrudel führt ein starkes Männchen, das streng über seinen Harem wacht und die jüngeren Konkurrenten erbarmungslos zusammenboxt oder niedertritt. Der jäh geführte Schlag und Stoß mit der starken Kralle des Hinterfußes kann den Gegner tödlich verletzen.

Rotes Riesenkänguruh (Megaleia rufa): Bewohnt in 1 Art bis in die Neuzeit die offenen

Die Koalas sind für das Leben in den Baumwipfeln gut ausgerüstet. Ihre Hände entwickelten sich zu regelrechten Greifzangen, bei denen Daumen und Zeigefinger den anderen drei Fingern gegenüberstehen. Mit Händen und Füßen fest verankert, ruhen und schlafen die Koalas wie verwachsen mit den Ästen.

und flachen Buschlandschaften Ost-, Süd- und Südostaustraliens, war sehr häufig, ist heute eine geschützte Seltenheit; Länge 160 cm, Schwanz 100 cm; Fell kurz, dicht und wollig, ohne Strich, beim Männchen am Körper vorwiegend rotbraun bis brillantrot, am Kopf grau, an den Gliedern und am Schwanz weiß, an den Pfoten und Füßen schwarz, beim kleineren Weibchen oberseits vorwiegend blaugrau, unterseits hell; kennzeichnet sich durch eine verhältnismäßig breite Schnauze.

Das Rote Riesenkänguruh tritt heute meist in kleinen echten Familienverbänden auf. Durch die heftigen Verfolgungen gewitzt, birgt es sich tagsüber im dichten Gestrüpp und in den Buschwäldern. Erst nach Einbruch der Dunkelheit zieht es gleich unserem Rotwild zur Äsung aus. Gras, Kräuter, Blätter, Knospen, Triebe und Rinden sind seine Nahrung. Verhältnismäßig ortsgebunden, hält es feste Wechsel ein und verteidigt sein Revier gegen andere Verbände. Ungestört, gibt es sich ruhig und gelassen, fast bedächtig und gemächlich, vergnügt sich aber doch untereinander mit fast nekkenden Spielen, wobei die Freude an der Bewegung lebhaft zum Ausdruck kommt. Auch kleine und harmlose Boxkämpfe sind gleichsam regelmäßig fällig.

Graues Großkänguruh (Macropus major): Bewohnt vor allem Neusüdwales und Südqueensland, verbreitet sich in 4 Arten auch über Nord- und Südaustralien sowie Tasmanien; Länge 140–150 cm, Schwanz 80–90 cm, das Weibchen ist um ein Drittel kleiner; Pelz dicht, glatt und weich, fast wollig, oberseits graubraun, unterseits und an den Beinen weiß; unterscheidet sich, abgesehen von der Farbe und der etwas geringeren Größe vor allem durch die schmale und spitze Schnauze sowie die behaarte Muffel vom Roten Riesenkänguruh, dem es in der Lebensweise weitgehend gleicht.

Die Mittelkänguruhs oder Wallabys

Die Mittelkänguruhs stehen nicht nur der Größe nach, sondern auch in ihrer Lebensweise in der Mitte zwischen den Riesenkänguruhs und den kleinen Formen der Busch-, Nagelschwanz- und Felsenkänguruhs. Sie steigen in den Bergen bis zur Schneegrenze empor und sind ebenso in den feuchten Tälern wie auch in den dichten Buschwäldern zu Hause. Das heiße, trockene und offene Land aber meiden sie sichtlich. Ihre besonderen Kennzeichen sind die sehr großen Rehohren und der fast körperlange, sich gleichmäßig verjüngende, gut behaarte Schwanz.

Bennetts- oder Rothalskänguruh (Wallabia rufogrisea): Bewohnt Tasmanien und die Baßstraße-Inseln; Länge 110–120 cm, Schwanz 95 bis 100 cm; Pelz lang und dicht am Nacken und Rumpf matt-rotbraun, auf dem Rücken schwärzlich gesprenkelt, an der Brust und am Bauch schmutziggrauweiß, am Schwanz grau bis auf die schwärzliche Spitze; die Ohren, die Stirn und die Schnauze sowie die Hände und Zehen sind ebenfalls fast schwarz; kennzeichnet sich durch einen matten weißgrauen Wangenstreifen, der sich von den Mundwinkeln bis unter die Augen hinzieht; wird in Südwestaustralien vom *Irma- oder Handschuhkänguruh (W. irma)* sowie vom *Hübschgesicht-Wallaby (W. elegans= canguru)* vertreten, die sehr ähnlich sind.

Die Felsenkänguruhs

Die Felsenkänguruhs werden gern mit den Felsenaffen, den Pavianen, sowie mit den Gemsen verglichen, weil sie genauso wie jene fest an die Gebirgszüge gebunden sind und sich als nicht minder gewandte Kletterer erweisen. Gleichsam zweckmäßigerweise sind bei ihnen die Hinterbeine nicht so unmäßig verlängert und der Hinterkörper nicht so stark überbaut wie bei ihren Flachlandvettern. Sie wirken dadurch wohlproportionierter und gestaltlich ausgeglichener und können sich auch bergabwärts außerordentlich flink und geschickt bewegen. Der sehr lange Schwanz dient ihnen dabei als Balancierstange.

Wie die meisten Höhlenbewohner – sie hausen in Felsspalten und engen Klüften und Schründen – führen sie ein vorwiegend nächtliches Leben, nehmen aber tagsüber gern ausgedehnte Sonnenbäder. Bei Gefahr geben sie – wie übrigens fast alle anderen Springbeutler auch – klopfende Alarmzeichen mit den trommelnden Hinterbeinen. Die bekannt gewordenen 10 Arten bewohnen Australien und die umliegenden Inseln. Von ihnen sei hier erwähnt: *Ringelschwanz-Felsenkänguruh (Petrogale xanthopus):* Wird auch Gelbfußkänguruh genannt, bewohnt Ostaustralien; Länge 65 cm, Schwanz 65 cm, Pelz oberseits blaß-rötlichbraun, mit Grau gemischt, unterseits weiß; trägt eine weiße Querbinde über den Schenkeln sowie eine schwärzliche Längsbinde, die an den Flanken scharf die dunkle Ober- von der hellen Unterseite trennt; auch längs der Rückenmitte verläuft ein feiner schwarzer Streifen, während sich ein breiter weißer Zügelstreif von den Lippen über die Wangen bis hinter die Ohren zieht; der Fußwurzelteil ist gelb, der Schwanz gelb und schwarzbraun geringelt.

In Nord- und Westaustralien lebt auch noch das recht zierliche *Zwergfelsenkänguruh (Peradorcas concinna)*, das seine Backenzähne in der gleichen Weise wie die Elefanten wechselt und somit eine echte Besonderheit darstellt.

Die Koalas

Die den Wombats eigene, so sehr gelassene, behäbige, unbekümmerte und etwas stumpfe Wesensart kennzeichnet auch die drolligsten aller Beutler, die ebenfalls bärenartig wirkenden

Koalas. Als die lebendigen Urbilder der von den Kindern so sehr geliebten Teddybären klettern sie im Zeitlupentempo durch die himmelhohen Kronen der Eukalyptusbäume und ernähren sich ausschließlich von deren Blättern.

Die Koalas sind so spezialisiert auf diese Kost, daß ihnen jede andere Nahrung den Tod bringt. Sie vertragen nicht einmal eine andere Flüssigkeit als eben den Saft dieser Blätter, keinen einzigen Tropfen Wasser. Und sie dürfen durchaus nicht das ganze Jahr hindurch dieselben Blätter verzehren, sondern müssen je nach Örtlichkeit, Klima und Jahreszeit immer wieder auf andere Eukalyptusarten überwechseln. Derselbe gefangene Koala, der wochenlang die Blätter eines bestimmten Eukalyptusbaumes täglich kiloweise gefressen hat, rührt diese eines Tages nicht mehr an, hungert lange und stirbt unweigerlich, wenn er in seiner Not doch noch einmal von ihnen kostet. Unheimlich schnell, still und klaglos geht er ein. Auf diese rätselhafte Weise sind bis vor kurzem alle gefangenen Koalas verendet, ohne daß einem einzigen geholfen werden konnte. Inzwischen haben die Zoochemiker von San Diego (Kalifornien) das Problem geklärt, so daß dort jetzt Haltung und Züchtung mit Erfolg betrieben werden, und Koalas auch in Europa leben.

Koala oder Beutelbär (Phascolarctus cinereus): Bewohnt in drei Rassen Victoria, Neusüdwales und Nordqueensland, ist in den ersten beiden Staaten fast gänzlich ausgerottet und im dritten schon stark gefährdet, steht unter strengem Naturschutz; Länge 55–60 cm, ist so gut wie schwanzlos, Schulterhöhe 30 cm; Pelz sehr langhaarig und dicht, fein, weich und wollig, oberseits rötlichaschgrau, unterseits gelblichweiß; hat einen sehr dicken runden Kopf, große, weit auseinanderstehende, rauhbehaarte Ohren, kleine, etwas schiefliegende Augen und eine besonders dickliche, schwarze und nackte Nase.

Schuld am bedrohlichen Rückgang der Koalas tragen die weißen Kolonisatoren, denen es ein billiges Vergnügen bereitete, die bummeligen Geschöpfe aus den Wipfeln zu schießen. Die weichen und krausen Pelze waren sehr begehrt und die Schützen hartherzig genug, sich über das klagende, gellende und schrillende Kindergeschrei der getroffenen Tiere, das einem mitfühlenden Menschen zweifellos ans Herz greift, hinwegzusetzen. Dabei ging ein guter Teil der getöteten Tiere regelmäßig auch noch verloren, da sie in den hohen Bäumen hängenblieben.

Zumeist leben die Koalas paarweise. Das Weibchen wirft nur einmal im Jahr ein Junges, selten Zwillinge. Bei der Geburt mißt der Embryo etwa zwei Zentimeter und bringt gut sechs Monate im nach hinten geöffneten Brustbeutel der Mutter zu. Später klettert das herangereifte Junge auf ihren Rücken und wird nun noch ein ganzes Jahr lang herumgetragen, umsorgt und ernährt, ehe es ganz entwöhnt ist und selbständig in den Blattsegen hineinlangt.

Der Beutelwolf

Der Beutelwolf, der heute nur noch auf Tasmanien vorkommt und vielleicht schon vollkommen ausgestorben ist, kann wahrhaftig nur auf den ersten oberflächlichen Blick hin mit einem Wolf verglichen werden. Wer ihn sich näher betrachtet, erkennt schnell, daß er längst nicht so harmonisch gebaut und so geschmeidig wie unser Isegrim ist, vielmehr sehr plump und verbaut wirkt, geradeso, als habe er wie die Hyänen und Schakale einen Schlag ins Kreuz bekommen. Am meisten stört, daß der Körper sich im langen Schwanz fortzusetzen scheint, dessen Wurzel ungemein dick ist, der sich konisch verjüngt und merkwürdig steif und starr wirkt. Die schwarze Zebrastreifung, die den Rükken bedeckt und gerade an den Schenkeln besonders stark auftritt, unterstreicht noch diese unschöne Bildung des Hinterleibes.

Fast erschreckend wirkt, wie maßlos weit er sein Maul aufreißen kann. Die mit 46 Zähnen bestückten Kiefer öffnen sich bis zu 180 Grad und dokumentieren eindeutig, daß wir es in ihm mit einem ungewöhnlich stark bewehrten Räuber zu tun haben. Dennoch ist bisher eine Attacke auf Menschen nicht bekannt geworden.

Beutelwolf (Thylacinus cynocephalus): Bewohnt Tasmanien, ist möglicherweise schon ganz ausgerottet; Länge 100–120 cm, Schwanz 50 cm; Pelz kurz und glatt, etwas grob und wollig, durchweg matt graubraun, auf dem Rücken 12–14mal schwarz quergestreift, am Kopf heller; kennzeichnet sich durch weiße Flecke an der Ohrwurzel, unterhalb der Augen, oberhalb der Nasenspitze, auf der Oberlippe und auf den Zehen; hat am vorderen Augenwinkel einen dunklen Fleck, auffallend kurze stehende Ohren und eine stark von der Stirn abgesetzte Schnauze.

Scheu und heimlich lebt der Beutelwolf in den unzugänglichsten Bergwäldern Tasmaniens, vor allem auch dort wo diese mit tiefen Schluchten bis dicht an die Küste heranrücken. Hier liest er in dunklen Nächten auf, was die Wellen an den Strand werfen, von der Muschel und Schnecke über den Krebs und Fisch bis zur toten Robbe. Einzeln und paarweise, höchst selten noch in kleinen Familienrudeln, stellt er in den Wäldern den Känguruhs, Beuteldachsen, Schnabeltieren und Ameisenigeln nach, begnügt sich aber auch oft mit Mäusen, Lurchen und Insekten. Er ist notfalls ein Hetzräuber, der die mangelnde Schnelligkeit durch große Ausdauer ersetzt. Tagsüber liegt er fest im Lager und scheut sichtlich das Licht. Jagdhunden gegenüber kämpft er verzweifelt um sein Leben und schnappt wild um sich. Aufs äußerste bedrängt, flüchtet er zweibeinig wie die Känguruhs in Sätzen von 2–3 m Weite und ist dann schneller als ein Hund.

Das wesentlich kleinere Weibchen trägt seine Jungen in einem flachen, nach hinten geöffneten Brutbeutel aus und verteidigt sie später vehement, wenn sie angegriffen oder bedroht werden.

Beutelteufel (Sarcophilus harrisi): Bewohnte einst Südostaustralien, kommt heute nur noch auf Tasmanien vor; Länge 70 cm, Schwanz 30 cm; Pelz kurz und straff, kohlschwarz bis auf einige unregelmäßige weiße Flecke an Kehle, Brust und Schulter, am Kopf so dünn und spärlich, daß die rötliche Haut durchschimmert; Gestalt kräftig und gedrungen, Kopf sehr groß, plump, dick und breitschnauzig, Ohren klein und kurz, tief angesetzt, innen nackt und faltig, Augen klein, etwas triefig und weiß umrahmt. Nase nackt und rot eingefärbt.

Die Beutelratten

Die maus- bis katzengroßen Beutelratten sind die letzten Beuteltiere, die sich in Amerika bis auf den heutigen Tag zu erhalten vermochten und sich – wie z. B. das nordamerikanische Opossum – sogar auf dem Vormarsch in neue Lebensräume befinden. Der harte Kampf, den sie ihm Laufe der Jahrmillionen mit den siegreich vordringenden Vollsäugern durchzustehen hatten, ließ sie zu ganz ungewöhnlich zählebigen Geschöpfen werden. Hinzu kommt, daß sie ihre Jungen in der kurzen Zeit von durchschnittlich 12–13 Tagen austragen und der einzelne Wurf bis zu 16 Jungen umfassen kann. Sie sind also nicht nur vitaler und

Das Opossum gehört zu den letzten Beuteltieren, die sich in Amerika bis auf den heutigen Tag behaupten konnte. Es ist dabei, sich neue Lebensräume zu erschließen. Seine Neigung, ohne festen Wohnsitz weit umherzustreifen, fördert sein Eindringen in die Kulturlandschaft. Dabei macht es sich durch die Verfolgung der schädlichen Baumwollratten nützlich, dringt aber auch gelegentlich in Geflügelställe und Taubenschläge ein. Das Weibchen besitzt einen gut ausgebildeten Brustbeutel mit 13 Zitzen und bringt bis zu 18 Junge zur Welt.

robuster, sondern auch fruchtbarer als die Vollsäuger ihrer Heimat.

Die Beutelratten sind gekennzeichnet durch den betont gedrungenen Leib, die spitze Schnauze mit einem raubtierähnlichen Gebiß, das durchschnittlich 50 Zähne aufweist, den langen, zumeist nackten Greifschwanz, etwas verlängerte Hinterbeine mit fünfzehigen Pfoten, die oft an Greifhände erinnern. Der Brutbeutel ist bei etlichen Gattungen recht klein, besteht oft nur aus einer Hautfalte oder fehlt ganz.

In der Lebensweise sind die Beutelratten übereinstimmend nächtliche Einzelgänger mit nur gering entwickeltem Gesichtssinn, typische Allesfresser, deren Speisezettel von Würmern, Larven und Insekten über Schnekken, Lurche und Echsen bis zu Vögeln und kleineren Säugern reicht und alle nur denkbaren Pflanzenstoffe wie auch Aas umfaßt, so daß sie als „Müllräumer" gelten könnten.

Nordamerikanisches Opossum (Didelphis virginiana): Bewohnt Nordamerika von New York bis Florida und Texas; Länge 46–48 cm, Schwanz 42–44 cm; Pelz dicht, mit weißem wolligem Unterhaar und langborstigen grauen Deckhaaren, im Gesicht fast reinweiß, an den Ohren und Gliedern grauschwarz; hat vorstehende, verhältnismäßig große, dunkel gerahmte Nachtaugen, kleine zugespitzte Ohren, einen langen Kopf mit flacher Stirn und sehr zugespitzter rosafarbener Schnauze; der Leib ist plump, nur wenig gestreckt, der Hals kurz und dick, die Beine kurz, der Schwanz nur an seiner Wurzel dick und dunkel behaart, sonst nackt und schuppig; die Pfoten erinnern sehr an richtige Hände, sind nackt und fleischfarben.

Das Opossum, das ihm recht ähnliche Vettern auch in Südamerika bis hinunter nach Argentinien hat, ist in der Dämmerwelt der Urwälder auch tagsüber unterwegs. In besiedelten Gegenden und offenen Landschaften wagt es sich nur nachts aus seinen Schlupfwinkeln, die es in Erdlöchern und Baumhöhlen, unter Gebäuden und Stallungen findet. Seine Neigung, ohne festen Wohnsitz weit umherzustreifen, förderte sein Eindringen in die Kulturlandschaft, wo es sich durch die Verfolgung der schädlichen Baumwollratten recht nützlich macht. Andererseits weiß es sich durch die geringsten Öffnungen immer wieder Zutritt zu den Geflügelställen und Taubenschlägen zu verschaffen, wo es dann nach Art der Blutsäufer und Gehirnschlecker fürchterlich haust. Wird es dabei ertappt und gestellt, so scheint es in eine Art Schreckstarre zu fallen, rollt sich zusammen und rührt sich nicht mehr, so viele Schläge es auch treffen. Es spielt den toten Mann so meisterhaft, daß es oft mit dem Leben davonkommt.

Nicht selten wirft das Weibchen, das einen wohlausgebildeten Brutbeutel mit 13 Zitzen hat, bis zu 16 und 18 Junge, von denen die Schwächlinge notwendigerweise zugrunde gehen müssen. Nach rund 50 Tagen verlassen die herangewachsenen Jungen den Brutbeutel und werden von der Mutter noch lange herumgeschleppt. Die Geschlechter leben nur während der Paarungszeit zusammen.

Wie alle Beutelratten vermag sich auch das Opossum an seinem Schwanz aufzuhängen, in dieser Stellung zu fressen, z. B. Vogelnester zu plündern, und stundenlang auszuharren. Es ist zwar kein besonders schneller und flinker, aber ein ganz vorzüglicher Kletterer, der seinen plumpen Leib aalgleich dehnen, überraschend strecken und wenden kann.

Zwergbeutelratte (Marmosa cinerea): Bewohnt Südamerika, erreicht die Größe eines Gartenschläfers, mißt etwa 12–14 cm, hat einen 16–18 cm langen Schwanz, trägt einen wolligen, oberseits graubraunen, oft silbrig glänzenden, unterseits grauweißen bis gelblichen Pelz, kennzeichnet sich durch den auffallend spitzen Kopf, große, stark hervortretende Kugelaugen, die noch dunkel umrahmt sind, große dünnhäutige, leicht geknitterte Ohren; der Schwanz ist nur an seinem Ansatz dickwollig und muffartig behaart, dann völlig nackt und an seinem Ende weiß.

Die zierliche und auch temperamentvolle Zwergbeutelratte kommt öfter einmal als blinder Passagier mit den Bananenstauden nach Europa und wurde uns dadurch recht gut bekannt. Gewöhnlich verschläft sie den Tag in gut gepolsterten Baumhöhlen und ist in ihrer Heimat in den Urwäldern wie in den Büschen zu Hause, wo sie vor allem Jagd auf Insekten betreibt und von den reifen Früchten nascht. Zum Fressen setzt sie sich aufrecht auf die Hinterbeine, hält die Nahrung mit den Vorderpfoten und läßt ein genüßliches Schmatzen

Die Zwergbeutelratte lebt in Südamerika, wird 12–14 cm groß und hat einen 16 cm langen Schwanz. Sie ernährt sich vor allem von Insekten, nascht aber auch an reifen Früchten. So kommt sie öfter einmal als blinder Passagier mit den Bananenstauden nach Europa. Die Zwergbeutelratte verschlaft den Tag in gut gepolsterten Baumhöhlen und macht sich erst am Abend auf die Jagd. Oft hängt sie, nur mit dem Schwanz verankert, von den Ästen herab und vermag in dieser Stellung auch Nahrung aufzunehmen.

vernehmen. Oft hängt sie, nur mit dem Schwanz verankert, von den Ästen herab und vermag auch in dieser Stellung Nahrung aufzunehmen. Fühlt sie sich bedrängt, so reißt sie das Mäulchen mit den nadelspitzen Zähnen sperrangelweit auf – der Öffnungswinkel der Kiefer kann bis zu 180 Grad betragen – und markiert zeternd und keckernd den wilden Mann. Ernstlich angegriffen, wirft sie sich blitzschnell auf den Rücken, gebraucht dieselbe Drohgeste und beißt auch.

In der Gefangenschaft ist das Tierchen lange scheu und furchtsam, hält sich sehr sauber, putzt sich mit den fleischfarbenen Pfoten nach Mäuseart und säuft bald begeistert Milch. Das Weibchen hat keinen Brutbeutel und trägt seine Jungen später auf dem Rücken mit sich herum.

In Surinam wird die Zwergbeutelratte von der in allen alten Tierbüchern abgebildeten, ebenfalls beutellosen *Aenasratte (Marmosa murina)* vertreten.

Dreistreifige Beutelspitzmaus (Monodelphis americana): Bewohnt die Flußwälder Ostbrasiliens; Länge 13 cm, Schwanz 5 cm; Pelz dunkelgraugrün bis dunkelbraun, oberseits mit drei breiten schwarzen Längsstreifen, unterseits grauweißlich; hat winzigkleine Augen, kleine tiefangesetzte eiförmige Ohren, eine echte Spitzmausschnauze, kurze Beine, kleine Pfoten und einen spärlich behaarten Schwanz.

Die Beutelspitzmäuse, die in 4 Gattungen über Süd- und Mittelamerika verbreitet sind, leben äußerst heimlich im dichten Bodenbewuchs und Zwerggesträuch, hausen zwischen Wurzeln und Steinen sowie in vermoderten Stämmen und sind nicht minder heißhungrig und räuberisch als unsere echten Spitzmäuse. Die Weibchen haben keinen Brutbeutel.

Die dreistreifige Beutelspitzmaus bevorzugt die Flußufer und kann gut schwimmen und tauchen. Insekten sind ihre Hauptbeute, doch greift sie tollkühn auch Vögel und kleinere Säuger an. Wahrscheinlich sind diese kleinen Räuber die unmittelbaren Nachfahren der Urbeutler, die vor rund 100 Millionen Jahren lebten.

Schwimmbeutler oder Yapok (Chironectes minimus): Bewohnt Mittel- und Südamerika von Guatemala und Nikaragua bis Südbrasilien; Länge 30–35 cm, Schwanz 30–35 cm; Pelz weich, glatt und otterartig dicht anliegend, oberseits lichtaschgrau, breit und kräftig braunschwarz quergestreift, unterseits weiß; Leib gestreckt, walzenförmig, mit dunklem Rükkenlängsstreifen, Kopf verhältnismäßig klein, Schnauze lang, stark zugespitzt, Glieder kurz, mit Schwimmhäuten zwischen den Zehen der Hinterfüße, Schwanz an der Wurzel stark und behaart, sonst nackt und schuppig, am Ende weiß; hat mittelgroße Augen, verhältnismäßig kleine, eiförmig gerundete, häutige und nackte Ohren, sehr lange Schnurren; über den Augen liegen wie zwei mächtige helle Brauen zwei längliche weiße Flecken, die sich bis zu den Ohren hinziehen.

Der Schwimmbeutler ist das einzige dem Leben im Wasser weitgehend angepaßte Beuteltier. Er bevorzugt die gebirgigen Gebiete seiner Heimatländer und ist fast häufiger an den Bächen als an den Flüssen und Strömen zu finden, kommt aber überall nur noch selten vor. Seine Schwimmkünste sind nicht gerade überragend: er gründelt mehr nach den Wurzeln der Wasserpflanzen, nach Krebsen und Muscheln sowie allerlei Gewürm und Laich, als daß er wie unser Fischotter regelrecht jagt. Die Beute sammelt er in seinen sehr weiten Backentaschen und verzehrt sie dann bedächtig an Land.

Das Weibchen hat einen wohlausgebildeten Brutbeutel und trägt seine Jungen später auf dem

Rücken mit sich. Wie es heißt, soll es sich, solange die Jungen noch nicht schwimmen können, des Tauchens enthalten.

Die Kloakentiere
(Monotremata)

Wie so viele urtümliche Geschöpfe, leben auch die eierlegenden Ameisenigel und Schnabeltiere nur noch in dem großen zoologischen Raritätenkabinett unserer Erde, nämlich in der australischen Region, und sind hier auf das australische Festland sowie auf Tasmanien und Neuguinea beschränkt. In ihnen lernen wir die zweifellos ältesten und primitivsten Säuger der Welt kennen, die in den Tierbüchern als Kloakentiere zusammengefaßt werden.

Als Kloake wird der Endabschnitt des Darmes bezeichnet, wenn in ihm die Ausführungsgänge der Harn- wie auch der Geschlechtsorgane einmünden. Wie bei den Haien, Amphibien, Reptilien und Vögeln ist das auch bei den Ameisenigeln und Schnabeltieren der Fall. Es fehlt ihnen der Damm, der die Mündungen der Harn- und der Geschlechtswege bei den höherentwickelten Säugetieren vom Endabschnitt des Verdauungsweges trennt.

Ebensogut aber könnten wir diese beiden primitiven Säugerfamilien auch als Eierleger oder als zitzenlose Säuger zusammenfassen. Denn auch diese urtümlichen Merkmale haben sie gemeinsam, genauso, wie sich heute beide durch einen verhornten Schnauzenteil, also einen richtigen Schnabel, und durch die Zahnlosigkeit auszeichnen.

Weitere gemeinsame, bemerkenswerte Eigenschaften sind vor allem die Beutelknochen am Beckengürtel, der reptilienhafte Schultergürtel, der fehlende knöcherne Gehörgang, die innerhalb der Bauchhöhle liegenden Hoden sowie die Giftsporne der Männchen und endlich die unvollkommene Wärmeregulierung des Körpers, dessen Temperaturen zwischen 25 und 30 Grad Celsius schwanken.

Die Ameisenigel und Schnabeltiere vereinigen in sich also fast ebenso viele Reptilien- wie Säugermerkmale und verkörpern gleichsam die übriggebliebenen Pfeiler der großen Entwicklungsbrücke, die von den Reptilien zu den Säugern führte. Sie bewegen sich auch mehr kriechend als laufend, haben fast robbenartige Hinterfüße, liegen mit dem Bauch beinahe auf der Erde und sind äußerst schwerfällige Gesellen. Der geringen geistigen Entwicklung stehen enorme körperliche Kräfte und eine erstaunliche Vitalität gegenüber.

Die Ameisenigel

„Der Ameisenigel", schreibt Bölsche in seiner launigen Art, „ist ein schwerer Gesell, der mit seiner derben Stachellast platt und tief auf dem Boden hängt. Sein Gang ist ein höchst charakteristisches Geschaukel, bei dem die kurzen Beine fast völlig unter der schwankenden Stachelmasse verschwinden. Wie ein Schiff mit Überfracht schwankt er unablässig beiderseits über. Achtet man auf die Füße, so sieht man vorn riesige Grabklauen, die mit weit gespreizten Krallen stets einwärts, fast kreuzweise gesetzt werden, während die Hinterpfoten wie verkehrt angeleimt bloß mitzuhängen und zu schleifen scheinen. Zwar setzt der Hinterfuß noch im ganzen als Säule auf, schleift aber die geschlossenen Krallen als hinterwärts und auswärts schleppendes Anhängsel fast tot nach. Der hochgesträubte braun-gelb-bunte Stachelwald, in sich selbst nur wenig bewegt auf dem speckigen Rücken, zeigt als einzige regelmäßige Kontur einen leichten Scheitel in der Mitte mit beiderseitigem Abfall. Der Schwanz, selber völlig verstachelt, sitzt wie eine aufdringlich dicke, eigenbewegte Nebenblüte hinter der Hauptdistel. Der kleine Kopf kommt umgekehrt so dünn und platt tief unter dem Stachelkragen vor, mit winzigen Äuglein tief am Boden und vorn ausgezogen in eine schwarze Hornspitze – fast wie das Mundstück einer Tabakspfeife –, daß wohl mancher ihn zuerst für den Schwanz gehalten hat und erst belehrt worden ist, als sich an dieser Pfeifenspitze ein lochartig feinstes Mündchen ganz vorn öffnete und ein wurmartiges rosa Züngelchen herausließ."

Bölsche hatte, als er diese Zeilen schrieb, sehr wahrscheinlich den *Australischen Ameisenigel (Tachyglossus = Echidna aculeata)* vor Augen, der in drei verschiedenen und sich sehr ähnelnden Formen auf dem australischen Festland sowie in Tasmanien und Neuguinea vorkommt. Zu ihm gesellt sich noch der wesentlich hochbeinigere *Langschnabeligel (Zaglossus bruijnii)*, der in zwei Arten das westliche und nordwestliche Neuguinea bewohnt.

Da der Bestand der Ameisenigel ernstlich gefährdet ist, stehen alle Arten unter Naturschutz. Die australische Regierung gewährt nur noch ausnahmsweise die Ausfuhr für Tiergärten und zoologische Forschungsinstitute.

Australischer Ameisenigel (Tachyglossus aculeatus = Echidna aculeata): Bewohnt fast ganz Australien, wird von je 1 Unterart in Tasmanien und im südöstlichen Neuguinea vertreten; Länge 40–45 cm, Schwanz stummelhaft; Pelz oberseits schwarz oder tiefbraun, unterseits und an den Beinen dunkelbraun, wird oberseits weitgehend von den bis zu 6 cm langen, steifen und starken Stacheln überdeckt, die am Grunde blaßgelb, in der Mitte orangegelb, an der Spitze schwarz sind und sich auch unter die Haare der Unterseite mischen; der röhrenförmige Hornschnabel erreicht die Länge des Kopfes, er enthält keine Zähne und trägt an seinem äußersten oberen Ende die kleinen eiförmigen Nasenlöcher; die kleinen Augen liegen tief an den Kopfseiten und haben zusätzlich noch eine Nickhaut; die äußeren Ohrmuscheln fehlen ganz; die Gliedmaßen sind so kurz, daß praktisch nur die mit langen, breiten und starken Krallen bewehrten, fünfzehigen Pfoten zu sehen sind, die hinten weit nach rückwärts und auswärts gedreht sind.

Langschnabeligel (Zaglossus bruijnii): Bewohnt das nordwestliche Neuguinea; Länge 50 cm, Schwanz stummelhaft; Pelz wollig, aber oft sehr dünn, durchweg dunkelbraun oder schwarz, mit wenigen Borsten und kurzen weißen Stacheln gemischt oder gleichsam gespickt; erwachsene Tiere sind oft fast nackt und wirken dann mit ihren verhältnismäßig hohen Säulenbeinen und dem überaus langen Hornschnabel wie Miniaturelefanten; wird im westlichen Neuguinea vom größeren *Schwarzstachel-Langschnabeligel (Zaglossus nigroaculeatus)* vertreten, der sehr lange, dicke und hornschwarze Stacheln, ein spärliches wolligborstiges Haarkleid und deutlich hervortretende Ohrmuscheln hat.

Die Ameisenigel sind nächtliche Einzelgänger. Den Tag verschlafen sie in Schlupfwinkeln unter dichtem Gesträuch oder in Felsspalten. Bei Störungen vermögen sie sich kaum zu ermuntern. Der Schlaf ist ungewöhnlich tief und die Körperwärme stark abgesunken. Wahrscheinlich wühlen sie sich, um der Ruhe zu pflegen, jeweils auch in die Erde, in die sie bei Gefahr regelmäßig flüchten. Die starken Scharrkrallen an den vier gleichzeitig wühlenden Pfoten ermöglichen es ihnen, innerhalb weniger Minuten in jeden Boden zu versinken. Im Loch spreizen sie dann den Stachelwald und verankern sich mit den Krallen, sitzen also eisern fest und sind für jeden tierischen Feind unangreifbar. Werden sie

Der Lebensraum der Schnabeltiere sind die bewaldeten Ufer der Flüsse, Seen und Teiche Ostaustraliens und Tasmaniens. Dabei bevorzugen sie Gewässer, die auch in den Dürrzeiten nicht austrocknen. Sie graben sich geräumige Kessel in die Uferwände, deren Zugänge unterhalb des Wasserspiegels liegen. Die Schnabeltiere leben meist paarweise zusammen und sind am Tage wie bei Nacht unterwegs. Ihre Ernährung umfaßt Würmer, Schnecken, Kleinkrebse und Muscheln. Mit ihrem platten und breiten Ruderschwanz ähneln sie Bibern.

jählings überrascht, so rollen sie sich zu einer Kugel zusammen.

Mit Einbruch der Dämmerung ermuntern sie sich und beschäftigen sich zuerst einmal mit der Körperpflege. Noch mehr als unser Igel stecken sie voll Ungeziefer und werden von zahllosen Hautschmarotzern geplagt, denen sie mit der besonders langen Kralle der zweiten Hinterfußzehe beizukommen versuchen. Dann ziehen sie langsam und gemessen los, die Nase dicht an der Erde und immer auf Deckung im undurchdringlichen Schutt- und Felsgewirr bedacht. Die lange spitze Hornschnauze wittert und schnüffelt in Erdlöchern, unter Steinen und hinter Rinden nach Würmern, Larven, Puppen und Insekten. Alle vier Scharrfüße helfen eifrig nach, die erspürte Beute ans Tageslicht zu befördern, und oft pflügen sie den Boden gleich den Wildschweinen. So recht in ihrem Element aber sind sie erst, wenn sie eine Ameisen- oder Termitenburg entdeckt haben. Mit wenigen Kratzern ist die Tonkuppel, der Sandhügel oder Baumstumpf aufgewühlt, und unaufhörlich schießt nun die lange und klebrige Wurmzunge in das Gewimmel der Tiere. Mulm und Holz, Sand und Erde werden dabei unbedenklich mitverschluckt und füllen den Magen, dem sie bei der Verarbeitung der harten Insektenleiber helfen, oft in beträchtlichen Mengen.

Die größte Überraschung aber bereiteten die Ameisenigel den Naturforschern, als sich erwies, daß sie keine lebenden Jungen gebären, sondern Eier legen. Zumeist sind es zwei Eier, kleine, rundliche und gelbliche Eier mit einer ledrig-pergamentenen Schale, wie sie auch die Schildkröteneier haben. Diese Eier reifen und wachsen im Uterus des Weibchens so weit heran, bis sich das Leben in ihnen regt. Erst dann werden sie ausgestoßen und in den sich um diese Zeit bildenden Brutbeutel praktiziert. Das Weibchen krümmt sich dabei so geschickt zusammen, daß die Eier nach dem Austritt unmittelbar in den Brutbeutel rollen. Zugleich rinnt mit ihnen eine klebrige Absonderung der Kloake in den Beutel, verschmiert die langen Haare seiner Innenseite, erhärtet sich alsbald und pappt die Eier fest.

Die Jungen befreien sich mit Hilfe eines einzelnen spitzen Zahnes, der ihnen – ganz ähnlich wie den Eidechsen und Schlangen – eigens zu diesem Zweck vorn am Zwischenkiefer wächst und später wieder verschwindet, aus der zähen und biegsamen Eischale. Sie messen bei ihrer Geburt etwa 15 mm, sind ganz nackt und haben eine noch weiche, kurze, etwas aufgestülpte Schnauze. Ernährt werden sie mit einer milchähnlichen Flüssigkeit, die von umgewandelten Schweißdrüsen des mütterlichen Brustfeldes abgesondert wird. Diese Drüsen, die jeweils an der Basis der langen Beutelhaare liegen, vereinigen sich nicht zu Zitzen. Die jungen Ameisenigel vermögen sich also nicht festzusaugen wie die meisten jungen Beuteltiere. Sie bekommen die Milch auch nicht eingespritzt, sondern lecken sie von den Haaren, an denen sie entlangrinnt. Es sind mit anderen Worten Säuglinge, die nicht saugen.

Nach rund zehn Tagen messen die Jungen bereits 8–9 cm und bestacheln sich allmählich. Dadurch werden sie der Mutter lästig, die sie jetzt in einer einfachen flachen Erdmulde unterbringt und hier noch etliche Wochen besucht, betreut und stillt. Dann sind die kleinen Ameisenigel entwöhnt und vermögen zu laufen. Wahrscheinlich folgen sie noch kurze Zeit der Mutter, ehe sie ganz selbständig werden und sie dann verlassen.

Die Schnabeltiere

Die Schnabeltiere aus Ostaustralien und Tasmanien sind größer als die Ameisenigel, messen insgesamt gut dreiviertel Meter und führen ein amphibisches Leben. Ihre Lebensräume sind die bewaldeten Ufer der Flüsse, Seen und Teiche, vor allem aber der Gewässer, die auch in den Dürrezeiten nicht ganz austrocknen. In die Uferwände graben sie sich tiefe und geräumige Kessel, zu denen von unterhalb des Wasserspiegels her zahlreiche meterlange und vielgewundene Gänge führen, die zusammen ein richtiges Labyrinth bilden. Hier leben sie, ähnlich wie die Biber, zumeist paarweise und sind am Tage wie in der Nacht unterwegs. Ihre Nahrung fischen sie sich in den Morgen- und Abendstunden aus dem Gewässer. Gleich den Enten seihen sie mit dem breiten Hornschnabel den schlammigen Grund auf der Suche nach Würmern, Insektenlarven, Schnekken, Kleinkrebsen und Muscheln. Gewöhnlich tummeln sie sich nicht länger als eine Stunde im Wasser, das sie möglichst seicht lieben. Beim Schwimmen schauen fast nur noch die Augen aus der Flut. Zu tauchen vermö-

Das Schnabeltier hat einen dichten und glatten Pelz, der an der Oberseite dunkelbraun, seitlich oft rostrot und an der Unterseite gelblich gefärbt ist. Charakteristisch für ihn ist der gelb- und schwarzfarbene Hornschnabel und der breite Ruderschwanz.
Die Paarung der Schnabeltiere findet im Wasser statt. Kurze Zeit darauf verläßt das Weibchen den gemeinsam bewohnten Bau und richtet eine eigens angefertigte Kinderstube ein. Das Männchen darf die Nisthöhle nicht betreten. Die beiden Eier werden vom Weibchen 14 Tage lang ausgebrütet.

gen sie eine gute Minute lang. Ausruhend liegen sie brettflach auf dem Wasserspiegel.

Die Schnabeltiere erinnern mit ihrem platten und breiten Ruderschwanz zuerst einmal an kleine Biber, haben aber einen wesentlich flacheren Walzenleib und noch kürzere Glieder. Die Füße sind fünfzehig und weisen lange starke Krallen sowie gutentwickelte Schwimmhäute auf. An den starken Vorderfüßen, die beim Graben wie beim Schwimmen die Hauptarbeit leisten, ragen die Schwimmhäute so weit über die Krallen hinaus, daß sie zurückgeschlagen werden müssen, wenn die Schnabeltiere über Land oder an die Wühlerei gehen. Beim Laufen legen sie wie die Ameisenigel die Vorderpfoten bis zum Handgelenk um und gehen praktisch auf dem Handrücken. Die Hinterfüße sind bei ihnen ebenfalls stark nach auswärts und rückwärts gedreht.

Schnabeltier (Ornithorhynchus anatinus): Bewohnt in nur 1 Art Ostaustralien und Tasmanien; Länge 60 cm, Schwanz 15 cm; Pelz dicht und glatt, oberseits dunkelbraun, seitlich oft roströtlich, unterseits rostgelblich, die groben Grannen silberweiß schattiert, das darunterliegende weiche Wollhaar graulich getönt; hat einen kleinen flachen Kopf, kleine, weiß und gelblich umringte Augen, keine Ohrmuscheln – die verschließbaren Gehöröffnungen sitzen unmittelbar hinter dem Auge –, einen oberseits schwarzen, unterseits gelben und schwarzen Hornschnabel, braunrote Füße und einen behaarten, platten und breiten Ruderschwanz.

Während der Paarungszeit tummeln sich die Schnabeltiere häufiger als gewöhnlich im Wasser und vergnügen sich mit fröhlichen Wasserspielen. Das Männchen faßt den Schwanz des Weibchens mit dem Schnabel, und beide schwimmen im Kreise umher. Später, wenn sich das also umworbene Weibchen ermuntert hat, hängt es sich in der gleichen Weise beim Männchen an, das ihm nun alle seine Schwimm- und Tauchkünste vorführt. Die Paarung findet im Wasser statt, wobei das Weibchen unter den Wasserspiegel gedrückt wird und immer wieder einmal nach Luft schnappen muß.

Kurze Zeit darauf verläßt das Weibchen den gemeinsamen bewohnten Bau und richtet eine gesonderte Kinderstube her. Es trägt in den eigens dazu gegrabenen Kessel feuchtes Laub und Gras ein, drückt und baucht geschickt ein richtiges Nest, in das es seine zwei weichschaligen und schmutzigweißen, überraschend kleinen Eier legt. Das Männchen darf sich der Nisthöhle, die das Weibchen während der Lege- und Brutzeit verschließt, nicht nähern. Die beiden, oft miteinander verklebten Eier brütet das Weibchen in 14 Tagen mit seiner Köperwärme aus. Die geschlüpften Jungen birgt es an seinem Leib.

Erst nach etlichen Tagen beginnen dann die stark vergrößerten und umgewandelten Haarbalgschweißdrüsen des Muttertiers, die rechts und links von der Bauchmitte zwei Drüsenpakete bilden, die Nährflüssigkeit abzusondern. Zum Stillen der Jungen legt sich das Weibchen auf den Rücken und erzeugt durch das Zusammenziehen der Bauchmuskeln eine Hautrinne. Die Jungen klopfen mit ihren Schnäbeln sanft die Drüsen und schlekken die ausfließende Milch wie junge Enten aus diesem körpereigenen Trog. Erst nach elf Wochen öffnen sich ihre Augen, und noch weitere sechs Wochen vergehen, ehe sie das Nest zum ersten Mal verlassen. Im Alter von 20 Wochen sind sie endlich gänzlich entwöhnt. Sie vermögen dann auch schon zu schwimmen und zu tauchen, zu seihen und zu gründeln. Wie die Alten packen sie die Backentaschen nicht etwa voll Nahrung, sondern füllen sie mit Kies, der ihnen hilft, die harten Schalen ihrer Beutetiere zu zermahlen. Das Milchgebiß mit den vielhöckrigen Backenzähnen fällt ihnen nämlich schnell wieder aus und wird durch eine viel praktischere Hornplattenquetsche ersetzt.

Eher als die Ameisenigel benützen die männlichen Schnabeltiere ihren Giftsporn auch einmal als Verteidigungswaffe. Das Gift ist immerhin so wirksam, daß es kleinere Tiere bis zur Kaninchengröße tötet und beim Menschen heftige und schmerzhafte Schwellungen hervorruft.

DIE VÖGEL
(Aves)

Seit dreihundert Millionen Jahren bevölkern Vögel die Erde. Ihre ursprünglichen Formen sind schon längst ausgestorben. Zu ihnen zählte auch der bekannte Archaeopteryx mit seinem echsenartigen Schwanz. An fossilen Funden läßt sich der Übergang von den Reptilien zu den Vögeln beweisen. Heute gibt es über 8000 Arten.

Die Klasse der Vögel umfaßt heute etwa 8600 Arten. Hervorgegangen ist sie aus einem Ast des großen Reptilienstammes. Es mag rund 250–300 Millionen Jahre her sein, als sie sich von den Reptilien abzweigte, als ihre ersten Urformen versuchten, sich den Luftraum zu erobern. Fossile Funde, die den Übergang vom Reptil zum Vogel kennzeichnen, stammen aus der Triasformation, und die ersten Geschöpfe, die wir als Urvögel ansprechen können, aus der Jurazeit. Diese Urvögel hatten das Schuppenhemd bereits mit dem Federkleid vertauscht. Sehr wahrscheinlich waren diese etwa elsterngroßen Urvögel Gleitflieger, die sich von einem erhöhten Startplatz aus in die Luft warfen. Weitere Funde aus der Kreidezeit verraten die Verfolgung des eingeschlagenen Entwicklungsweges. Die Flügel sind stark befiedert, der Echsenschwanz ist verkürzt, der Kiefer nicht mehr so schwer bezahnt und der Brustbeinkamm als Anheftestelle für die Flugmuskulatur vorhanden. Aus den ersten Gleitfliegern und ungeschickten Flatterern werden souveräne Beherrscher des Luftraumes.

Die Grundform, also der eiförmige und auf den hinteren Gliedmaßen schräg aufwärts aufgebaute Rumpf mit den in Flügel verwandelten Vordergliedmaßen, bleibt unangetastet und verleiht allen Vögeln ein unverkennbares Gepräge.

Um so leichter ist es, die Vögel als solche von allen anderen Tieren zu unterscheiden. Abgesehen vom soeben erwähnten, sehr einheitlichen körperlichen Bauplan sowie den durchweg zu Flügeln umgewandelten Vordergliedmaßen, kennzeichnen sie sich eindeutig durch das nur ihnen eigene Federkleid. Mit anderen Worten: Jeder Vogel ist befiedert, und kein anderes Tier weist diesen Körper- und Wärmeschutz auf. Die Feder förderte, da sie viel leichter als das Haar ist, das angestrebte Flugvermögen. Die Eier werden, abgesehen von ganz wenigen Ausnahmen, durch die Körperwärme ausgebrütet. Zu diesen drei wichtigsten Kennzeichen treten nun noch folgende körperliche Eigenheiten:

a) das Brustbein weist bei allen flugfähigen Vögeln einen deutlichen Kiel oder Kamm auf, der als Ansatzstelle für die Flugmuskulatur dient;
b) das Becken und die Wirbelsäule sind fest verwachsen, um den Rumpf ebenso starr wie stabil zu gestalten;
c) an die Stelle des schweren Gebisses tritt der leichte Hornschnabel, der zugleich zum Greiforgan wird;
d) den ganzen Körper durchzieht ein Luftsacksystem, das sich bis in das Innere der Knochen ausbreitet und das Körpergewicht ganz wesentlich verringert;
e) eine erhöhte Bluttemperatur sorgt für einen raschen Stoffwechsel.

Die Sperlingsvögel
(Passeriformes)

Fast verwirrend ist die Fülle der Gestalten, die uns in dieser großen Ordnung der Sperlings-

vögel gegenübertritt. Rund fünf Achtel aller Vogelarten der Welt lernen wir hier kennen. Weit spannt sich der Bogen der Lebensräume von einem Erdteil zum anderen, von Pol zu Pol, über die Meere hinweg, und ist unwahrscheinlich reich an Formen und Farben.

Es sind die Vögel, die durchweg mehr oder weniger stimmbegabt sind. In ihren Reihen befinden sich die Meistersänger Nachtigall, Rotkehlchen, Buchfink, Gartenrotschwanz, Fitislaubvogel, Garten- und Mönchsgrasmücke, Heidelerche, Zaunkönig, Amsel und Singdrossel.

Da sie alle nackt und blind zur Welt kommen, bedürfen sie der schützenden Nestmulde, die ihre Hilfslosigkeit birgt. Die Sperlingsvögel werden deshalb in der Paarungszeit von einem starken Bautrieb beherrscht und entwikkeln große handwerkliche Fertigkeiten. Typisch ist, daß sie das Nistmaterial fast stets in kleinen Bündeln zusammentragen. Sehr viele bringen alljährlich zwei Bruten hoch, und etliche brüten sogar drei- und viermal hintereinander. Das Gelege umfaßt durchschnittlich fünf Eier, und es sind eigentlich nur die Meisen, die diese Anzahl weit übertreffen.

Die Nahrung der Sperlingsvögel besteht vorwiegend aus Insekten und deren Larven, Puppen und Eiern, aus Sämereien aller Art sowie Beeren und Früchten. Fast durchweg verdienen sie alle unseren Schutz. Es ist zumeist nur Kurzsichtigkeit und ein Mangel an Einblicken in die tieferen Zusammenhänge, wenn dieser und jener Sperlingsvogel als Schädling bezeichnet wird.

Die Sperlingsvögel werden in 4 Unterordnungen geteilt: 1. *Singvögel (Oscines)*; 2. *Primärsingvögel* oder *Leierschwänze (Suboscines)*; 3. *Schreivögel (Clamatores)*; 4. *Zehenkoppler (Desmodactylae)*.

Wir werden im folgenden nur

**Bild letzte Seite:
Die größten unter den Ruderfüßern, die Pelikane.**

Die Sperlinge gehören zu den bekanntesten Vögeln Europas und Asiens. Durch den Menschen wurde der Haussperling, auch Spatz genannt, in Amerika, Afrika und Australien verbreitet.

Der Feldsperling bewohnt fast ganz Europa und verbreitet sich in vielen geographischen Rassen bis zur ostasiatischen Pazifikküste. Man erkennt den etwa 14 cm langen Vogel an seinem braunen Scheitel und einem schwarzen Fleck aufden sonst weißen Ohrdecken. Man findet den Feldsperling häufiger auf dem Land als in den Städten.

die ersten drei Unterordnungen vorstellen und beginnen mit den Singvögeln.

Die Webervögel

Die Webervögel sind weit über Europa, Asien, Afrika und Australien verbreitet und praktisch in allen Lebensräumen zu Hause. In der Lebensweise kennzeichnen sie sich durchweg durch eine besonders ausgeprägte Geselligkeit, die vor allem auch während der Brutzeit stark in Erscheinung tritt und viele von ihnen zu großen Kolonien vereinigt. Oft prangen die Männchen in einem bunten Hochzeitskleid und mit wunderschönen Schmuckfedern, während die Weibchen ein betont schlichtes Gefieder tragen. Die Nester, unter denen sich bei vielen Arten wahre Kunst- und große Gemeinschaftsbauten befinden, sind fast immer oben geschlossen. Diese Baugewohnheit behalten die Weber selbst dann bei, wenn sie – wie unser Sperling – in künstliche Nistkästen oder Gebäudenischen bauen.

Die Sperlinge

So eröffnen wir den Reigen der Vögel also mit dem populärsten Vogel, dem Allerweltspatz, und unternehmen dann gleich einen großen Ausflug in die tropische Vogelwelt, um auch seine nächsten Verwandten kennenzulernen.

Haussperling (Passer domesticus): Vorwiegend Jahresvogel, bewohnt in etlichen geographischen Rassen Europa und Asien vom Atlantischen Ozean bis zum Baikalsee und Indien, fehlt in Italien, Sizilien, Sardinien und Korsika, wurde durch den Menschen in Nord- und Südamerika, fast ganz Afrika sowie Australien und Neuseeland verbreitet; Länge 15–16 cm; Gefieder an den Kopfseiten und oberseits fahlbraun, an den Wangen weißlich, im Nacken kastanienbraun, auf dem Scheitel dunkelgrau, an der Kehle schwarz, unterseits bräunlichgrau; Weibchen und Jungvogel ohne schwarze Kehle, oberseits mattbraun, unterseits schmutzigweiß; echter Kulturfolger; nistet in Nischen, Nistkästen, Höhlen und Spalten der Gebäude, Schwalbennestern, Stallungen und Scheunen; 3–4 Bruten ab März, Gelege 5–6 Eier; schilpt laut und zeternd, kratzend, zwitschernd und zirpend.

Der Spatz löst sein Weibchen beim Ausbrüten der braunbläulichen oder rötlichweißen, braun oder grau gefleckten und ge-

punkteten Eier ab. Sein Nest ist verhältnismäßig kunstlos, aber dick und weich mit Federn gepolstert. Die Jungen bekommen zuerst Insektenbrei, später aufgequollene Körner und Sämereien. Da er mehrere Bruten aufzieht, vertilgt er – was die vielen Sperlingsgegner ganz vergessen – ansehnliche Mengen von Insekten und macht sich also ebenfalls recht nützlich. Als Körnerfresser kann er uns in den Gärten und auf den Feldern zweifellos lästig werden, doch ist er in den Dörfern und Städten wiederum ein tüchtiger kleiner Straßenkehrer der Natur, ein Aufräumer, der zum großen Teil von Abfällen lebt.

Feldsperling (Passer montanus): Jahres- und Strichvogel, bewohnt fast ganz Europa, fehlt nur in Nordost-Schweden und Finnland, Irland und auf der Balkanhalbinsel, verbreitet sich in vielen geographischen Rassen bis zur Pazifikküste Ostasiens; Länge 14–14,5 cm; Gefieder dem des Haussperlings sehr ähnlich, kennzeichnet sich in beiden Geschlechtern aber deutlich durch den tief schokoladenbraunen Scheitel und einen schwarzen Fleck auf den reinweißen Ohrdecken; ist auf dem Lande wesentlich häufiger als in den Städten, nistet in Baumhöhlen, Nistkästen, Scheunen; 2–3 Bruten ab April, Gelege 5–6 Eier; schilpt höher, heller und metallischer als der Haussperling oft schnell kichernd und zwitschernd.

Der Feldsperling zeichnet sich noch dadurch aus, daß ihm der unrechtmäßig bezogene Nistkasten wahrhaftig eine Art Heim im menschlichen Sinne und im Winter eine warme Stube ist. Es ist nicht selten, daß er dieses Heim sogar mit bunten Fäden, Federn und Blumen schmückt.

Schneefink oder Schneesperling (Montifringilla nivalis): Jahresvogel, bewohnt die Pyrenäen, die Alpen und Mazedonien, verbreitet sich über die Hochgebirge Vorder- und Mittelasiens; Länge 17–18 cm; Gefieder oberseits grau- bis dunkelbraun, unterseits weißgrau bis rahmweiß; hat grauen Kopf, schwarze Kehle, vorwiegend weiße Flügel, weißen Schwanz mit schwarzer Mitte; Schnabel im Sommer schwarz, im Winter wachsgelb mit schwarzer Spitze; Kulturfolger; nistet in Bergdörfern, Schutzhütten, Nistkästen und Felsenritzen als ein echter Höhlenbrüter; eine Brut im Mai/Juni, Gelege 4–5 Eier; ruft rauh, laut und oft, singt während des Balzfluges und im Sitzen.

Im Sommer bewohnt der

Die echten Weber findet man in den Tropen der Alten Welt. Die kleinen, meist gelb oder rot gefiederten Vögel brüten gesellig oder kolonieweise. Sie bauen besonders schöne, haltbare, kunstvoll gewobene Nester in Gestalt von Kugeln, Flaschen und Retortengläsern. Zu den echten Webern gehören die Maskenweber, die Starweber und die Manyar-Weber (Bild).

Schneefink die Schutthänge, Moränen, Feldklippen und Schneefelder zwischen 2000–3000 m Höhe. Er schwärmt nach der Brut weit umher, kommt aber nur in strengen Wintern in die Täler und streift dann nordwärts bis nach Mitteleuropa, Helgoland und England. Immer hält er sich aufrecht und verrät sich durch den unaufhörlich zuckenden Schwanz.

Gleich dem Steinsperling bewegt er sich auf der Erde flott laufend und hüpfend und nimmt wie alle Spatzen gern ein Sand- und Staubbad. Büsche und Bäume meidet er strikt und fliegt sie auch nicht an.

Die Sperlingsweber

In ihrer Gestalt wie in ihrer Lebensweise stehen die Siedelweber den echten Sperlingen wie den echten Webern gleicherweise so nahe, daß es wahrhaftig schwierig ist, zu sagen, ob sie noch zu diesen oder schon zu jenen gehören. Ihre charakteristische Eigennote aber ist das kolonieweise Nisten in starken Bäumen unter einem oft hausgroßen gemeinsamen Dach, das alle Einzelnester überdeckt.

Siedelweber oder Siedelsperling (Philetairus socius): Bewohnt Südafrika; Länge knapp 14 cm; Gefieder sperlingsartig, oberseits vorwiegend braun, unterseits blaß fahlbräunlich mit einigen auffallenden schwarzen, hell fahlbraun gesäumten Federn an den Schenkelseiten; die Mundwinkel, das Kinn und die Kehle sind schwarz, der Schnabel und der Fuß blaßbraun; das Gelege umfaßt 3–4 bläulichweiße Eier.

An und für sich baut jedes Pärchen der Siedelweber sein eigenes Nest und bedacht auch nur dieses. Da sie an günstigen Bäumen mit breit ausladenden Ästen aber zu Hunderten sehr dicht nebeneinander nisten und bauen, entsteht ein mächtiger Nestkomplex mit einem großen und hochgewölbten Gemeinschaftsdach, das sich gleich einem Riesenpilz im Wipfel des Baumes ausbreitet. Von unten her erinnert dieser Pilz mit seinen zahlreichen Schlupflöchern an eine gewaltige Bienenwabe. Und den Bienen gleich sind die vielen kleinen Bewohner unaufhörlich damit beschäftigt, das Schirmdach auszubessern.

Im folgenden Jahr werden neue Nester unter die alten gehängt. Dadurch wächst das Dach zu noch größerer Dicke an, bis sich die Bäume tatsächlich biegen und die Äste unter der Last zu brechen drohen. Manchmal sollen unter einem solchen Dach bis zu 800 und 1000 Pärchen nisten. Die aus Gräsern gebaute Neststadt ist dann mit regelrechten Gassen versehen.

Die echten Weber

Die echten Weber sind in über 100 Arten auf die Tropen der Alten Welt, also auf Afrika mit Madagaskar und die indoaustralische Region beschränkt. Zumeist sind sie nur sperlingsgroß oder noch kleiner und tragen ein vorwiegend gelb oder rot gezeichnetes Federkleid. Fast alle brüten sie gesellig oder kolonieweise und bevorzugen dazu Bäume in der nächsten Nähe der Gewässer. Als hervorragende Baumeister hängen sie ihre vorwiegend aus Gräsern und Blattfasern gefertigten Nester in der Gestalt kunstvoll gewobener und gefilzter Kugeln, Flaschen und Retorten an dünne schwankende Zweige. Der seitliche Eingang befindet sich ziemlich tief unten und erhält oft die Form einer langen Schlupfröhre. Hin und wieder werden in die Außenwand auch schützende Dornen eingeflochten und kleine Lehmkugeln als Ballast eingebettet. Etliche Weber suchen regelmäßig die unmittelbare Nachbarschaft von brütenden Greifen und baumbewohnenden Wespen.

Oft hängen diese schwankenden Beutelnester zu Hunderten an einem Baume. Die kleinen Baumeister – und zwar sind es bei den Webern ausnahmsweise und fast ausschließlich die Männchen – wirken derartig gern und so eifrig, daß sie noch Nester anfertigen, wenn die Weibchen bereits brüten. Außerdem sind die von ihnen hergestellten Kinderstuben so fest und gut gearbeitet, daß alle vorjährigen Nester noch an den Zweigen hängen. Um das Brutgeschäft und die Aufzucht der Jungen kümmern sich die Männchen dagegen gar nicht.

Maskenweber (Hyphantornis abyssinica): Bewohnt Nordostafrika; Länge 17 cm; Gefieder des Männchens am Vorderkopf und der Kehle schwarz, am Hinterkopf braun, im Nacken, am Hinterhals und unterseits hochgelb; hat zwei schwarze Schulterflecken, dunkelolivbraune, gelbgesäumte Schwingen, lebhaft gelb umrandete Armschwingen und Schulterfedern; der Augenring ist karminrot, der Schnabel schwarz, der Fuß rötlich hornfarben; im Winter gleicht das Männchen dem oberseits auf olivengrünem Grunde durch dunkle Schaftstriche gezeichneten, an der Braue, den Kopfseiten und der Unterseite gelben Weibchen.

Starweber (Dinemellia dinemelli): Bewohnt Innerafrika und Abessinien; Länge 20 cm; Gefieder am Kopf und Nacken sowie unterseits weiß, am Mantel, den Schwingen und am Schwanz schokoladenbraun; er hat scharlachrotfarbene Schwanzdecken, schwarze Zügel, einen schwarzblauen Schnabel und dunkelblaue Füße.

Die an Drosseln und Stare erinnernden Starweber sind gesellig wie alle Weber, treten aber mehr in Trupps als in großen Scharen auf. Die Nähe der Viehweiden ist ihr Lebensraum, und oft vergesellschaften sie sich mit den Madenhackern und den Stärlingen. Ihre Nester gleichen mächtigen Stachelverhauen von 2–3 m Länge und 1,5 m Höhe und werden aus den dornigen Ästen der Garatmimose zusammengesteckt. Der faustgroße Einschlupf verengt sich wie bei einer Reuse zu einem schmalen Gang, und ganz im Herzen des großen Nesthaufens befindet sich dann die kleine Kinderstube. Nicht selten birgt der Verhau mehrere Brutnester. Die Starweber schaffen hin und wieder sogar in echter Gemeinschaftsarbeit an

Nur während der Fortpflanzungsperioden tragen die Männchen der Königswitwe sehr lange Schmuckfedern und ein buntes Prachtkleid. In der Ruhezeit ist das Federkleid schlicht gefärbt.

diesem Schutzkastell, das ihnen allen bequemen Unterschlupf gewährt, für Raubvögel und Schlangen aber unangreifbar ist. Das Gelege umfaßt 3–4 weißliche, grau und braun gefleckte und gepunktete Eier.

Die Astrilden

In der Gruppe der Astrilden sind alle jene „Pracht- oder Webefinken" aus den warmen Gebieten Afrikas, Asiens und Australiens zusammengefaßt, die der Vogelliebhaber als Astrilden, Amandinen, Nonnen, Elsterchen, Möwchen, Reisfinken und Schmetterlingsfinken schon lange gut kennt und mit mehr oder weniger Erfolg auch gezüchtet hat. Sollte er mit der Zucht bisher kein Glück gehabt haben, so möge er fernerhin beachten, daß diese Vögel besonders gern keimende, also frische und grüne Sämereien, etwas Grünfutter überhaupt, sowie Insekten fressen und auch zum Gedeihen unbedingt benötigen.

Auch die Astrilden sind außerordentlich gesellig und vereinigen sich nach der Brutzeit zu Schwärmen, die gleich wimmelnden Wolken laut rauschend dahinziehen, zu Tausenden einfallen, lärmend die Gebüsche bedecken, die Wasserstellen belagern und wie ein Schneegestöber wieder davonbrausen.

Viele Astrilden sind die Wirtsvögel der Witwen, auf deren Brutschmarotzertum wir noch zu sprechen kommen. Alle aber erfreuen uns durch ihr ungewöhnlich buntes und schönes Federkleid, ihr reges quickes Wesen und ihre Stimmfreudigkeit. Große Sänger gibt es unter ihnen allerdings nicht. Die meisten lärmen wie die Sperlinge, und die zur Paarungszeit besonders prächtig geschmückten Männchen erinnern auch mit ihren Balzspielen an jene.

Orangebäckchen (Estrilda melpoda): Bewohnt West- und Innerafrika von Senegambien bis zum Kongo; Länge 10 cm; Gefieder auf dem Scheitel dunkelgrau, auf den Schultern fahl- bis graubraun, am Bürzel rot, am Schwanz schwärzlich mit roten Oberschwanzdecken, unterseits grauweiß bis bräunlichgrau; Schnabel und Augenstreif rot, Backen orangefarben; tritt in starken Scharen auf, baut sein lockeres Halmnest ins Hochgras.

Granatastrild (Granatina granatina): Bewohnt Südafrika; Länge 14 cm; Gefieder rotbraun, am Schwanz schwarz; hat roten Schnabel, kobaltblaues Stirnband, ebenso gefärbte Ober- und Unterschwanzdecken und leuchtend violette Wangen; Weibchen oberseits fahlbraun, unterseits gelbbraun, am Kopf rotbraun und mit nur matten blauen und lilafarbenen Zeichnungen.

Reisfink (Padda oryzivora): Bewohnte ursprünglich nur Java und Malakka, wurde vom Menschen weit über Südostasien und Ostafrika verbreitet; Länge 14 cm; Gefieder blaugrau, an Oberkopf, Kehle und Bürzel schwarz; hat weiße Kopfseiten, einen ungewöhnlich dick aufgetrieben rosenroten, an der Spitze und den Rändern perlweißen Schnabel und ist am Bauch fein blaßweinrot überhaucht.

Sobald die Reisfelder sich gelb zu färben beginnen und durch das Ablassen des Wassers trokkengelegt werden, begeben sie sich, oft in großen Scharen, dorthin und richten nicht selten merklichen Schaden an, so daß man auf alle mögliche Weise bemüht ist, sie zu vertreiben.

Ihre ausschließlich aus Grashalmen gefertigten Nester, die sie auf die Bäume stellen, haben eine recht regelmäßige, halbkugelige Gestalt, sind aber sehr lokker geflochten und wenig haltbar. Das Gelege besteht aus 6–8 glänzendweißen Eiern.

Die Widahvögel

In die Gruppe der Astrilden gehören auch noch die Gattungen der Blutschnabelweber, Feuerweber, Feuer-Widahvögel, Schwarz-Widahvögel und Leierschwanz-Widahvögel, die heute gern als Widahvögel schlechthin zur Unterfamilie *Euplectinae* zusammengefaßt werden.

Außerhalb der Brutzeit leben diese Weber in starken Schwärmen und großen Scharen vor allem in den offenen Graslandschaften oder den Schilf- und Rohrgebieten Afrikas, streifen weit umher, plündern die Hirsefelder und besuchen die Viehweiden und die Dörfer. Die meisten scheinen echte Strich- und Zugvögel zu sein. Im Schwarm halten sie so dicht zusammen, daß ein einziger Schrotschuß an die 50 bis 70 Vögel aus der Luft holt. Es wurden schon Scharen beobachtet, deren Flügel wie ferner Donner brausten und deren Geschrei geradezu betäubend wirkte.

Blutschnabelweber (Quelea quelea): Bewohnt in vielen Rassen Afrika südlich der Sahara; Länge 11–12 cm; Gefieder oberseits fahlgelbbraun mit schwarzbrauner Mitte, unterseits isabellgelb, rosig überhaucht; ein schmales Stirnband, die Kopfseiten und die Kehle sind schwarz, der Schnabel satt blutrot, das Auge braun, der Lidrand orangegelb, die Füße fleischfarben bis rötlichbraun; das Weibchen ist oberseits durchweg graubraun, unterseits weiß und hat in der Brutzeit einen wachsgelben Schnabel.

Schildwidah (Niobella = Euplectes ardens ardens): Bewohnt West- bis Südostafrika; Länge des Männchens im Prachtkleid bis zu 35 cm, (Schwanz allein mindestens 22 cm); Gefieder vorwiegend schwarz bis auf ein breites scharlachrotes oder orangerotes Band am unteren Hals und die bräunlichen, hellgesäumten Flügel; Weibchen oberseits hellbraun, dunkel gefleckt, unterseits weiß, ist kurzschwänzig.

Rotscheitelwidah (N. = E. laticauda laticauda): Bewohnt Abessinien, einschließlich Schoa, südlich bis Harrar; Länge des Männchens im Prachtkleid 22–26 cm, (Schwanz 14–15 cm); Gefieder schwarz, oberseits blaß graubräunlich gesäumt; die ganze Oberseite des Kopfes, des Nackens sowie ein Band hinter der Ohrgegend und quer über die Kropfgegend scharlachrot; Weibchen oberseits rotbräunlich, schwarzbraun gestrichelt.

Die Feuer-Widahvögel – sowie die folgenden Schwarz-Widahvögel – kennzeichnen sich durch die stark verlängerten Schwanzfedern, die den vorwiegend samtschwarzen Männchen in der Fortpflanzungszeit wachsen. In der Ruhezeit sind die Männchen dann wieder kurzschwänzig und ähnlich wie die Weibchen gefärbt. Während ihrer Balzspiele sträuben sie besonders die samtigen Nackenfedern, zischen, zittern mit den Flügeln, ducken sich nieder, richten sich wieder auf, flattern schwebend über den Halmen und zeigen die ganze Schönheit ihrer waagerecht ausgestreckten oder leicht aufgerichteten Schwanzfedern. Die Weibchen sitzen gut getarnt im Grase und bewundern sichtlich das sich spreizende Männchen.

Allgemein scheinen diese Feuer-Widahvögel die Grassteppen der Hochebenen zu bevorzugen.

Hahnschweifwidah oder

Meist gesellig und verträglich, wird der Buchfink zur Paarungszeit ein ausgesprochen eifersüchtiger Kampfhahn, der sein Revier geradezu erbittert verteidigt. Nicht selten beteiligt sich auch das Weibchen an diesen Gefechten und hilft wakker mit, dem Eindringling das Wiederkommen gründlich zu verleiden. Das Bild zeigt ein singendes Buchfinkmännchen.

Sakabula (Coliuspasser progne): Bewohnt das östliche Kapland, Natal, den Oranjefreistaat und das Hochland von Transvaal; Länge des Männchens im Prachtkleid 50–55 cm (Schwanz allein 37–44 cm!); Gefieder tiefschwarz mit tief orangerotem Schulterfleck, der nach unten breit weiß gesäumt ist; die ungewöhnlich langen Schwanzfedern sind schwarz, stufig angeordnet, seitlich gedreht und hahnschweifartig gebogen; Weibchen oberseits hellbraun, unterseits hell isabellfarben.

Leierschwanzwidah (Drepanoplectes = Coliuspasser jacksoni): Bewohnt die Hochländer von Mittel- und Westkenia in Ostafrika; Länge des Männchens im Prachtgefieder bis zu 30 cm (Schwanz 20–22 cm); Gefieder tiefschwarz ohne bunten Schulterfleck, mit fahlkastanienbraunen Flügeln; Schnabel weißlich bleigrau, Füße schwarz; die Federn des langen Schwanzes sind senkrecht eingestellt und leierförmig stark eingebogen, die Federn auf dem Nacken, am Hinterhals und Oberrücken verlängert, am Ende fast eckig abgeschnitten und mit einem schimmernden Saum versehen; die Weibchen sind oberseits mit hellbräunlichen, unterseits blaßbräunlichen Gefieder bedeckt.

Die Witwen

Mit dieser letzten Unterfamilie der Webervögel lernen wir nun die langschwänzigen Paradieswitwen der Gattung *Steganura* kennen. Auch sie sind kleine, sehr gesellige Vögel, die gewöhnlich weit umherstreifen, sich zu großen Scharen zusammenschlagen und gern mit anderen Webern, Prachtfinken und Lerchen vergesellschaften. In der Ruhezeit tragen die Männchen und die Weibchen wie bei den Widahvögeln ein betont schlichtes Federkleid. Nur während der Fortpflanzungsperioden bekommen die zweijährigen Männchen sehr lange Schmuckfedern und ein buntes Prachtkleid. Die großen Scharen zerfallen dann in die kleinen festen Familienverbände, aus denen sie sich zusammensetzten, und jeder Hahn versucht so viele Weibchen zu erkämpfen, wie es ihm möglich ist.

Die Witwen leben durchweg in Vielehe. Der Harem eines Hähnchens kann fünf bis zehn und auch noch mehr Weibchen umfassen. Die Weibchen bauen und brüten jedoch nicht, sondern legen ihre weißen Eier in die Nester der Astrilden. Wie es scheint, bevorzugen die einzelnen Witwenarten wie unser Kukkuck jeweils den Prachtfinkenwirt, bei dem sie selbst aufgezogen wurden. Jedenfalls sind nicht nur ihre etwas größeren Eier denen des auserwählten Wirtsvogels sehr ähnlich, sondern auch die Rachenzeichnungen ihrer Nestjungen. Selbst die Jungvögel sind sich dann noch verblüffend ähnlich.

Spitzschwanz-Paradieswitwe (Steganura paradisaea): Bewohnt in vielen Rassen die Steppengebiete Afrikas südlich der Sahara bis zum Kap; Länge des Männchens im Prachtkleid bis über 40 cm (Schwanz allein 24–34 cm); Gefieder oberseits vorwiegend schwarz bis auf ein hellockergelbes Genickband, am Kropf dunkel kastanienrot, unterseits ockergelb bis ockerweißlich; die Schwanzfedern schwarz und sehr schmal auslaufend; Schnabel schwarz, Augen dunkelbraun, Füße dunkel hornbraun; Weibchen oberseits hell rostbräunlich mit schwarzen Federmitten, unterseits hell sandgelb bis weiß.

Die Finken und die Ammern

Wie die Webervögel sind auch die meisten Finkenvögel vorwiegend Körnerfresser und gleich jenen von verhältnismäßig gedrungener und kräftiger Gestalt. Die zu jeder Jahreszeit in Hülle und Fülle dargebotene und leicht zu erlangende Nahrung erlaubt ihnen eine gewisse behäbige, gesellige und ortstreue Lebensweise, die sich wesentlich von der der reinen Insektenfresser unterscheidet. Sie brauchen nicht derartig wach, aufgeweckt, gewandt, jagdtüchtig und auch futterneidisch zu sein, brauchen ihre Reviere nicht so eifersüchtig zu umgrenzen und zu verteidigen, können sich zeitiger dem Brutgeschäft widmen und haben es leichter, ihre Jungen aufzuziehen. Zwei bis drei Bruten sind bei ihnen darum die Regel. Das Gelege umfaßt nur selten mehr als 5–6 Eier.

Die Finkenvögel bauen im Gegensatz zu den Webervögeln ein oben offenes Nest, eine dickwandige, sorgsam und dauerhaft geflochtene, mehr oder weniger tiefe Mulde. Als Baumeister betätigen sich vor allem die Weibchen. Da auch die Jungen vielfach mit aufgeweichten Sämereien gefüttert werden und ihre Ausscheidungen dementsprechend fester sind, können die Vogeleltern bei zahlreichen Arten darauf verzichten, die Kotballen abzunehmen und fortzutragen. Sie werden einfach auf dem Nestrand abgesetzt und dort liegengelassen. Vielleicht hat diese Sitte zu der sonst wenig erklärlichen Redensart vom „Schmutzfink" verführt. Doch sind durchaus nicht alle Finkenvögel reine Körnerfresser; viele vertilgen vor allem im Sommer auch eifrig Insekten aller Art und verfüttern sie an ihre Jungen.

Sie haben folgende gemeinsame Kennzeichen: etwas gedrungene, kräftige Gestalt, kurzer konischer oder kegelförmiger Schnabel, dicht anliegendes Gefieder, mäßig lange, meist kurzzehige Füße, kurzer, durchweg zwölffedriger Schwanz, mehr oder weniger kurze Flügel, die regelmäßig neun Handschwingen aufweisen.

Buch- oder Edelfink (Fringilla coelebs): Teilzieher; bewohnt ganz Europa und Westasien; Länge gut 15 cm; Gefieder des Männchens oberseits kastanienbraun mit doppelten weißen Flügelbinden, grünlichem Bürzel und schieferblauem Scheitel und Nacken, unterseits rötlichbraun bis weinrot; hat tiefschwarze Stirn, lichtrostbraune Kopfseiten und Kehle, hellbraune Augen,

Als Akrobat gilt der Distelfink. Er ist in Europa, bis Mittelsibirien, in Pakistan und Nordwestafrika verbreitet. Am liebsten lebt er in Obstgärten, den Nadelwald meidet er. Ab Mai wird zweimal gebrütet.

große Bergfink ist in Skandinavien und bis zum Ural verbreitet. Er lebt in Birken- und Nadelwäldern. Seine Nahrung besteht aus dem Samen von Laubbäumen. Der männli-

Voge ähneln sich sehr. Dieser Fink brütet nur einmal im Jahr, seine Jungen sind Nesthocker.

Mit rund 16 cm ist der Buchfink etwa so groß wie ein Haussperling. Der männliche Vogel zeigt einen grauen Scheitel und eine rotbraune Unterseite. Das unauffällige Weibchen brütet zweimal im Jahr. Die Jungvögel verlassen das Nest nach etwa zwei Wochen.

Der auch Grünling genannte Grünfink ist ein besonders geselliger Vogel. Auch während der Brutzeit gibt er das Gemeinschaftsleben nicht auf. Es finden sich deshalb häufig Nester, die in Bäumen oder Büschen zusammenstecken. Die Jungvögel werden mit im Kropf vorgeweichten Sämereien er-

Ungewöhnlich reizvoll ist das Balzspiel der Girlitze. Von hohen Baumspitzen aus tragen die Männchen ihr einfaches Lied eifrig vor, mischen Triller darunter und und drehen sich um ihre Achse. Hat ihr Gesang ein Weibchen angelockt, so legen sie sich platt auf den Ast, drehen sich kreiselnd, spreizen den Schwanz und singen.

im Frühjahr blauen, im Herbst und Winter rötlichweißen Schnabel, schmutzig fleischfarbene Füße und tief schiefergrauen, weißgesäumten Schwanz; das Weibchen ist oberseits hellolivbraun, unterseits lichter bis hellgrau; lebt und nistet in Hecken, Wäldern, Feldgehölzen und Gärten, ist nicht auf den Buchenwald beschränkt, stellt sein Nest mindestens mannshoch in Büsche und Bäume; 2 Bruten ab April, Gelege 4–7 Eier.

Die nach rund dreizehn Tagen schlüpfenden Jungen bekommen ausschließlich Insekten und Raupen in den Rachen gestopft. Und wohl deshalb erinnert der Buchfink in seinen Brutinstinkten und Revieransprüchen so sehr an die echten Insektenfresser. Auch die Altvögel ernähren sich in dieser Zeit vorwiegend von der tierischen Weichkost.

Bergfink (Fringilla montifringilla): Zugvogel; bewohnt Nordeuropa und Nordasien von Norwegen bis Ostsibirien, ist bei uns ein häufiger Wintergast, streift bis weit nach Südeuropa und Südasien; Länge knapp 15 cm; Gefieder des Männchens oberseits vorwiegend schwarz, auf Kopf und Rücken bläulich glänzend, an den Schultern kräftig orangefarben, am Bürzel weiß, unterseits orangefarben an der Brust und gelblichweiß am seitlich schwarzgefleckten Bauch; ist im Winter oberseits stärker bräunlich; das Weibchen ähnelt dem Buchfinkenweibchen, unterscheidet sich von jenem besonders durch den weißen Bürzel und die dunklen Scheitelstreifen; bevorzugt in seiner Heimat die Ränder der Birken- und Nadelwälder bis zur hochnordischen Buschzone, auf dem Winterzug die Buchenwälder und offenen Landschaften; 1 Brut im Juni.

Grünling oder Grünfink (Carduelis chloris): Teilzieher; bewohnt das ganze gemäßigte Europa sowie Nordwestafrika und Südwestasien; Länge 15 cm; Gefieder des Männchens oberseits olivgrün mit gelbgrünem Bürzel und zitronengelben Flügeln und Schwanzsäumen; hat kräftigen weißlichen Schnabel und rötlich fleischfarbene Füße; das Weibchen ist wesentlich matter gefärbt, fast durchweg braungrau; bevorzugt Gärten, Gebüsche, Feldgehölze, meidet den dichten Wald, ist ein echter Kulturfolger, nistet in Hecken, immergrünen Büschen und Kleinbäumen; bei uns 2 Bruten ab April, hin und wieder eine dritte Brut im Hochsommer.

Als reiner Körner- und Sämereienfresser ist der Grünling im Gegensatz zum Buchfinken auch in der Brutzeit so gesellig, daß man oft mehrere Nester im gleichen Busch und Baum dicht nebeneinander findet. Das Weibchen brütet allein. Die Jungen werden von den Altvögeln mit vorher geschälten und im Kropf aufgeweichten Sämereien gefüttert und aufgezogen.

Stieglitz oder Distelfink (Carduelis carduelis): Teilzieher; bewohnt in vielen Rassen das ganze gemäßigte Europa bis nach Mittelsibirien und Pakistan sowie Nordwestafrika; Länge 12–12,5 cm; Gefieder bei beiden Geschlechtern auffällig bunt: tiefschwarz ein schmales Band um Schnabel, Zügel, Scheitelmitte und Hinterkopf, weiß die Schläfen und Hinterwangen, hoch karminrot die Stirn, die Vorderwangen und die Kehle, gelblichbraun der Nacken, die Schultern und der Rücken, hell rötlichbraun der Kropf und die Brustseiten, weiß die Kehle, der Bürzel und der Bauch, tiefschwarz die gelbgebänderten Flügel und der weißgefleckte Schwanz; bevorzugt offenes baumreiches Gelände, liebt vor allem große Obstgärten, nistet auf Bäumen und gelegentlich in hohen Büschen, meidet den Nadelwald; 2 Bruten ab Mai, das Gelege umfaßt 4–5 Eier.

Zeisig oder Erlenzeisig (Carduelis spinus): Teilzieher; bewohnt Mittel- und Nordeuropa, Kleinasien, Südwestsibirien und verbreitet sich bis nach Japan; streicht im Winter weit über West- und Südeuropa; Länge 12 cm; Gefieder des Männchens vorwiegend gelbgrün, oberseits dunkel längsgestrichelt und mit braunschwarzen Schwingen; der Augenstreif, die Flügelbinden, der Bürzel und die Schwanzseiten sind hell olivgelb, der Scheitel und das Kinn schwarz, die Unterseite heller bis fast weiß; das Weibchen ist oberseits grauer, unterseits weißlich und kräftiger gestreift; bevorzugt Nadelwälder, dichte Birken- und Erlenjugend und starke Hecken, nistet auf hohen Nadelbäumen; 2 Bruten ab den Monaten Mai/Juni, das Gelege umfaßt 5–6 Eier.

Hänfling (Carduelis cannabinna): Teilzieher; bewohnt in mehreren Rassen das ganze gemäßigte Europa und Nordwestafrika, verbreitet sich bis nach Westsibirien und Pakistan; Länge 13–13,5 cm; Gefieder des Männchens oberseits kastanien- und dunkelbraun, Schwingen und Schwanz mit weißen Säumen, unterseits gelbbräunlich, bräunlich-schwarzgestreift, an der Brust rötlich; während der Brutzeit sind der Scheitel und die Oberbrust prachtvoll karminrot, die Kehle weißlich, grau gestreift; dem kräftiger gestreiften Weibchen fehlen die roten Zeichnungen; bevorzugt offenes buschreiches Gelände, nistet in Hecken, Ginstergesträuch und Jungholz, gelegentlich auch im Gras und Heidekraut; 2 Bruten ab April/Mai, Gelege 4–6 Eier.

Berghänfling (Carduelis flavirostris): Teilzieher; bewohnt in zahlreichen Rassen die Gebirge Mittelenglands, Schottlands, der Hebriden, Norwegens, Klein- und Mittelasiens, die Kirgisensteppe sowie Tibet und Westchina bis zur Mandschurei; schweift im Winter oft bis nach Mittel- und Südeuropa (Spanien, Italien und Ungarn); Länge gut 13 cm; Gefieder des Männchens oberseits matt gelbbräunlich, schwarz und braun gestreift, mit schmutzigrotem Bürzel, unterseits heller, an der Kehle gelblichbraun, an der Brust und dem Bauch gelblichweiß, dunkel längsgefleckt; das Weibchen ist vorwiegend gelblichbraun, schwarz gestreift; bevorzugt Moore und Ödländereien, meidet den dichten hohen Wald, nistet in Bodennähe, oft unter Grasbüschen oder zwischen Steinen; er lockt „Gjägjä-gjä" oder „Jäck-jäck", singt klirrend und schnarrend, zwitschert regelmäßig während des Fluges.

Birkenzeisig (Carduelis-

lichtrötliche Füße; bevorzugt Sümpfe und moorige Wiesen wie trockene Heiden, lange Feldhekken und Waldlichtungen, immer aber ein Gelände, das reichlich Deckung bietet.

Das Nest ist ein einfacher flacher Bau, den er fast ausschließlich aus trockenen Grasblättern baut. Das Gelege umfaßt 5–7 Eier, die Brutzeit währt 14 Tage. Die brütenden wie die fütternden Eltern nähern sich der Kinderstube mit großer Vorsicht und stets nur von einer ganz bestimmten Seite, nach der die Jungen im Nest auch ausgerichtet sind. Sie verlassen das Versteck in der gleichen Richtung, in der sie einschlüpften. Gewöhnlich brüten sie zweimal.

Schlagschwirl (Locustella fluviatilis): Sommervogel; bewohnt das östliche und südöstliche Mitteleuropa mit dem Zentrum im Oder-Weichsel-Raum, überwintert im tropischen Afrika; Länge knapp 13 cm; Gefieder oberseits dunkel olivbraun, am Schwanz schwach rotbraun, ungefleckt, unterseits weißlich, an der Vorderbrust verwaschen braun gestreift; hat kurzen hellen Augenstreif, braune Augenringe, oben hornbraunen, unten horngelblichen Schnabel und gelbliche Beine; bevorzugt dichtes Unterholz über feuchtem Grund in Wäldern, Lichtungen, Kahlschlägen, Erlenbrüchen und offenem Gelände, nistet in und unter dem dichtesten Gestrüpp.

Der Schlagschwirl weiß sich derartig heimlich zu geben, daß sein Schutzkleid einer Tarnkappe gleichkommt. Er unterbricht sein Lied sofort, wenn ihn irgendeine fremde Erscheinung stört, und verschwindet im Gebüsch. Gelingt es wirklich einmal, ihn zu überraschen, so fällt er wie ein Stein vom Zweig und rennt im Schutze des dichten Bodenbewuchses unbemerkt davon. Nach derartigen Störungen wagt er sich erst nach geraumer Zeit wieder an den geliebten

Die Feldschwirle bewohnt vorwiegend West-, Mittel- und Osteuropa und überwintert in den Mittelmeerländern. Sie flattern nur knapp über der Erde.

Singplatz, beginnt aber schon aus der Dickung heraus wieder leise zu schwirren oder vielmehr erst eine ganze Weile zu murksen, zu glucksen und zu gurgeln, sich also gleichsam zu räuspern. Er singt lauter und klarer als der Feldschwirl. Auch er richtet sich dabei hoch auf, hebt den Schnabel senkrecht zum Himmel empor und sträubt die Kehlfedern.

Da er erst Mitte Mai im Brutgebiet eintrifft und es bereits im August wieder verläßt, brütet er nur einmal. Das Gelege umfaßt 4–5 Eier, auf denen das Weibchen unwahrscheinlich fest sitzt. Die Jungen sind echte Nestflüchter und laufen schon im Grase umher, noch ehe ihnen die Schwanzfedern sprossen.

Rohrschwirl (Locustella luscinioides): Sommervogel; bewohnt Süd- und Mitteleuropa sowie Asien, ist gerade in Mitteldeutschland aber selten, brütet vor allem an den Seen Norddeutschlands (Brandenburg), im nördlichen Rheinland (bei Geldern) und in Oberbayern (Murnauer Moos), überwintert im Sudan; Länge 14 cm; Gefieder oberseits dunkel rötlichbraun, ungestreift, unterseits bräunlichweiß, an den Flanken zart rostbraun; hat kurzen undeutlichen rahmgelblichen Augenstreif, tiefbraune Augenringe, braun-

Der Rohrschwirl ist ein Sommervogel und bewohnt Süd- und Mitteleuropa sowie Asien. Er brütet an den Seen Norddeutschlands, und überwintert im Sudan.

schwarzen Oberschnabel, gelblichen Unterschnabel sowie breiten gestuften, oft zart gebänderten Schwanz; bevorzugt Sümpfe mit Weiden- und Erlenbeständen, Rohrwälder an verlandenden Seen, nistet in abgestorbenen Schilfbeständen; 2 Bruten ab Ende Mai/Anfang Juni, Gelege 4–5 Eier.

Das Rohrschwirlmännchen baut das Nest allein, überläßt das Brutgeschäft aber ganz dem Weibchen und richtet inzwischen, vor allem in den Morgenstunden, die neue Eierwiege für die zweite Brut her. Zwischendurch singt es eifrig und führt stumme Balzflüge über dem Röhricht aus. Zum Bauen verwendet es lediglich breite Schilfblätter und wählt Stellen aus, die gewöhnlich nicht trockenen Fußes zu erreichen sind.

Die eigentlichen Rohrsänger

Nicht alle Rohrsänger tragen ihren Namen zu Recht und sind ausschließlich auf das Leben im Schilfwald ausgerichtet. Aber ihre markantesten Vertreter – die sich übrigens durch die ungefleckte Oberseite ihres Gefieders kennzeichnen – dürfen wir schon als echte Rohrspezialisten, vorzügliche Kletterer und Halmrutscher sowie erstrangige Baukünstler ansprechen. Sie zeichnen sich durch gestreckten und flachstirnigen Kopf, schlanken Leib, kurze abgerundete Flügel, stufigen oder keilförmigen Schwanz, hochläufige kräftige Füße mit dicken Zehen und besonders langen und scharf gekrümmten Nägeln aus. Ihr Gefieder ist graugrünbräunlich, der Umgebung also trefflich angepaßt und bei beiden Geschlechtern gleichfarben. Ihre tief napfförmigen, oben etwas eingezogenen, kunstvoll geflochtenen und gewobenen Nester hängen sie zwischen die frischen Rohrhalme, die sie als Stützpfeiler in die Wandung einbeziehen. Mit diesen wachsenden und sich wiegenden Halmen erhebt sich das Nest immer höher über den Wasserspiegel, kann also auch von etwaigen Hochwassern nicht erreicht werden, sich höchstens ein wenig verschieben.

Besonders charakteristisch sind die Lieder der Rohrsänger, die uns an das Schwirren und Sirren des Schilfes, das Quarren der Frösche, das Knarren der Wasserhühner wie an das Quaken der Reiher erinnern.

Drosselrohrsänger (Acrocephalus arundinaceus): Sommervogel; bewohnt in vielen geographischen Rassen fast ganz Europa – mit Ausnahme Großbritanniens und Skandinaviens – sowie Westsibirien, Nordasien und Nordwestafrika, überwintert im tropischen Afrika bis zum Kap; Länge 19 cm; Gefieder oberseits dunkelbraun, nicht gefleckt, unterseits rostgelblichweiß, an der Kehle und der Brustmitte lichter. kennzeichnet sich durch deutlichen hellen Augenstreif, dunkelbraune Augen, dunkel hornbraunen, großen und starken Schnabel, der unterseits horngelb ist, und hornbräunliche Füße; bevorzugt Röhricht in unmittelbarer Wassernähe, an Teichen, Seen, Flußufern und Lehmgruben, nistet manchmal kolonieweise, immer im Röhricht, baut das typische Hängenest zwischen

Der Drosselrohrsänger bewohnt fast ganz Europa, mit Ausnahme Großbritanniens und Skandinaviens. Außerdem lebt er in Westsibirien, Nordasien und Nordwestafrika. Er ist ein vorzüglicher Kletterer sowie ein erstrangiger Baukünstler. Manchmal nistet er koloniewweise, wenn auch immer im Röhricht und baut das typische Hängenest zwischen Rohrhalmen.

den einbezogenen Rohrhalmen.

Teichrohrsänger (Acrocephalus scirpaceus): Sommervogel; bewohnt ganz Europa bis Südengland und Mittelafrika; Länge knapp 13 cm; Gefieder dem des Drosselrohrsängers sehr ähnlich, oberseits einfarbig braun, ungefleckt, unterseits bräunlich- bis rostgelblichweiß, an Kinn und Kehle fast reinweiß, an den Hals- und Körperseiten lebhaft rostgelb; hat keinen hellen Augenstreif, aber einen weißlichen Augenring; bevorzugt ebenfalls das Röhricht, baut ein ganz ähnliches, nur kleineres und leichteres Hängenest zwischen einbezogene Rohrhalme, setzt es manchmal jedoch auch ins Ufergebüsch, ist also kein so ausschließlicher „Pfahlbürger".

Sumpfrohrsänger (Acrocephalus palustris): Sommervogel; bewohnt Mittel-, Ost- und Südosteuropa; Länge knapp 13 cm, Gefieder dem des Teichrohrsängers sehr ähnlich, oberseits mehr olivbraun, unterseits heller, an den Beinen aber rötlich fleischfarben; bevorzugt nicht den Schilfwald und das Röhricht, sondern das dichte Ufergebüsch an fließenden und stehenden Gewässern, Wassergräben, Weidenanpflanzungen, Erlenbrüchen, aber auch Getreidefelder in Wassernähe und dichtverwachsene Gärten, nistet im Bodenbewuchs und hängt sein körbchenartiges Rohrsängernest zwischen starke Gräser, Binsen oder Getreidehalme.

Schilfrohrsänger (Acrocephalus schoenobaenus): Sommervogel; bevorzugt fast ganz Europa – außer Portugal, Spanien, Südfrankreich, Griechenland und Mittelskandinavien – bis nach Westsibirien sowie Südwestafrika, überwintert in Südafrika; Länge knapp 13 cm; Gefieder oberseits fahlbräunlich, verwaschen und dunkel gestreift bis auf den rostbräunlichen Bürzel, unterseits rahmfarben bis zart rostgelblich, an den Flanken gelbbräunlich, an der Kehle weiß – deshalb auch Bruchweißkehlchen genannt –, kennzeichnet sich noch durch breiten rahmfarbenen Überaugenstreif und gestreiften Oberkopf; bevorzugt Rohrbestände, bewachsene kleine Gräben in Rieden, Sümpfen und Mooren mit allerlei Dikkicht sowie Erlen und Weiden, hin und wieder auch Getreidefelder, nistet im niedrigen und dichten Pflanzenwuchs.

Der Schilfrohrsänger beginnt zu singen, indem er an einem Halm oder Rohr emporklettert, sich schließlich zu einem kurzen und schrägen Balzflug in die Luft erhebt und sich schaukelnd wieder sinken läßt. Sein Lied ist wohl rohrsängerartig, wird aber durch flötenartige Triller und nachgeahmte zwitschernde Laute wesentlich bereichert. Männchen und Weibchen bauen und brüten gemeinsam und füttern ihre Jungen vorwiegend mit Schmetterlingen und Libellen. Erst im September/Oktober verlassen sie die Brutheimat, in der sie bei der Rückkehr oft schon Mitte April eintreffen.

Die Drosseln

Die Drosseln sind über die ganze Erde verbreitet, sind fast alle ausgesprochene Zugvögel und durchweg Insektenfresser. Sonst aber läßt sich von ihnen nur wenig Gemeinsames sagen. Man könnte vielleicht hervorheben, daß sie ziemlich langbeinig sind, spitze Schnäbel und große Augen haben, sich sehr aufrecht halten, lebhaft mit den gestutzten Schwänzen agieren, beidbeinig hüpfen, sich gern und viel auf dem Boden bewegen und in der Mehrzahl auch auf der Erde nisten.

Die eigentlichen Drosseln

Schon in der Größe unterscheiden sich die gesangsbegabten und geselligen Drosseln von allen unseren einheimischen Singvögeln, die wir bisher kennenlernten. Selbst die Stare sind kleiner als sie, und nur die Rabenvögel können sich mit ihnen messen. Es ist also gar nicht schwer, eine Drossel als solche in Wald und Feld anzusprechen. Hinzu kommt, daß sie sich bei all ihrer schwerleibigen Stattlichkeit betont aufrecht halten, die Brust wölben und den verhältnismäßig kleinen Kopf fast in den Nacken werfen. Auf dem Boden hüpfen sie in großen Sprüngen breitbeidbeinig dahin und zucken dabei lebhaft mit den Flügeln und dem Schwanz, wie der letztere überhaupt jede Gemütsbewegung verrät und öfter gespreizt wird. Droht Gefahr, so flüchten sie mit laut schackernden Alarmrufen in die Büsche und niederen Wipfel, suchen also immer sofort Deckung zu gewinnen und können sich gar nicht leicht wieder beruhigen. Sie sind ebenso aufmerksam wie leicht erregt und spielen oft die Warner für die Tierwelt ihres Lebensbereiches. Verdächtige Erscheinungen wie erkannte Feinde werden laut gemeldet, anhaltend verfolgt und oft auch – wie z. B. die Eierräuber und Nestplünderer Elster, Eichelhäher, Krähe, Eichhörnchen, Marder und Katze schneidig angegriffen und verscheucht.

Ihre großen napfförmigen Nester stellen die Drosseln in Büsche wie auf Bäume, ebensooft dicht über den Boden wie hoch in die Wipfel, nicht selten in Holzstapel, auf Baumstümpfe, zwischen Schlinggewächse oder auf die Erde. Sie flechten und weben eine feste und gediegene Wandung und verstreichen die Innenwände mit eingespeicheltem Holzmulm oder mit Lehm und Moorerde, so daß ein ungewöhnlich dauerhaftes Gebilde entsteht. Im Gegensatz zu den meisten anderen Vögeln benutzen sie ihre Nester denn auch oft für die zweite Brut noch einmal und hin und wieder sogar etliche Jahre lang. Das Gelege umfaßt 5 Eier und wird in 13–14 Tagen ausgebrütet. Die Regel sind zwei Bruten im Jahr.

Außer Insekten verzehren die Drosseln vor allem noch Würmer und Schnecken sowie Beeren und Früchte. Selbst die giftigsten Beeren wie die der Tollkirsche und des Bilsenkrautes bekommen ihnen ausgezeichnet.

Amsel oder Schwarzdrossel (Turdus merula): Teilzieher; bewohnt ganz Europa bis Mittelskandinavien sowie Westasien und Nordafrika, weicht in den Jugendjahren wintersüber nach

Die Misteldrossel bewohnt ganz Europa – ausgenommen Norwegen – sowie Westasien und Nordwestafrika. Sie überwintert in Mittel- und Südeuropa sowie Nordafrika. Außer Insekten verzehrt die Drossel vor allem Würmer, Schnecken sowie Beeren und Früchte. Bei Gefahr flüchten sie mit laut schnakkernden Alarmrufen in die Büsche.

Süden aus, wird später – wenigstens bei uns – zum Jahresvogel; Länge 25,5 cm; Gefieder gleichmäßig schwarz, die Augen braun, der Lidrand hochgelb, der Schnabel leuchtend orangegelb; das Weibchen ist oberseits einfarbig dunkelbraun, unterseits heller, fast rotbraun, an der weißlichen Kehle wie an der Brust gefleckt; das Weibchen hat einen braunen Schnabel.

Vor knapp hundert Jahren noch ein scheuer Wald- und Buschvogel, ist die Amsel heute in allen Vorgärten, Parkanlagen, Friedhöfen und Grünstreifen der Städte zu Hause.

Ohne Zahl sind zweifellos die Singvögel, die durch die Alarmrufe der Amsel rechtzeitig gewarnt werden und sich noch bergen können. Nicht zu unterschätzen ist ferner, daß sie täglich eine Unmenge von Drahtwürmern, Schnecken und Erdraupen verzehrt. Nur wenig ins Gewicht fällt dagegen der Schaden, den sie durch ihre große Vorliebe für Beeren aller Art anrichtet. Zumeist sind es Beeren, die für uns sowieso ungenießbar sind oder wenig genutzt werden.

Ringdrossel (Turdus torquatus): Teilzieher; bewohnt in zwei Rassen das Bergland Nordeuropas sowie der Alpenländer, verbreitet sich westwärts bis nach Spanien, südostwärts bis zum Balkan, überwintert in Südeuropa, hin und wieder auch in Italien; Länge 24 cm; Gefieder einfarbig mattschwarz mit breitem weißem halbmondförmigem Brustschild, ist im Winter licht halbmondförmig gefleckt; das Weibchen wirkt düsterfarbiger, bräunlicher und hat ein nur angedeutetes, schmaleres, fast schmutziggraues Brustschild; bevorzugt die Moore der Hügel- und Bergländer über 300 m Höhe bis in die Knieholzregion der Alpen hinauf, nistet auf oder niedrig über der Erde zwischen Heide, Wacholder, Rhododendron und Latschenbüschen.

Misteldrossel (Turdus viscivorus): Teilzieher; bewohnt ganz Europa – ausgenommen Norwegen – sowie Westasien und Nordwestafrika, überwintert zum Teil in Westdeutschland und Südeuropa wie in England und Nordafrika; Länge knapp 27 cm, das Weibchen ist etwas kleiner; Gefieder oberseits graubraun, ungefleckt, an den Kopfseiten fahl rostgelb, fein dunkel gefleckt

und mit angedeuteten Bartstreifen, unterseits rahmfarben bis rostgelblichweiß, an der Gurgel, an der Brust und am Bauch dreieckig braunschwarz gefleckt; hat braune Augen, hellen Augenstreif, dunklen Schnabel, licht hornfarbene Beine und kleine weißliche Spitzen an den Außenfedern des Schwanzes; ist während des Fluges an den durchweg hellen Flügelunterseiten zu erkennen; bevorzugt alte hochstämmige Nadelwälder, kommt aber auch in Mischwälder und große Gärten, nistet hoch in den Bäumen, stellt ihr Nest auf kahle Astgabeln.

Singdrossel (Turdus philomelos = ericetorum): Teilzieher; bewohnt ganz West-, Mittel- und Nordeuropa sowie Nord- und Mittelasien, überwintert in Süddeutschland, Südeuropa und Nordwestafrika; Länge 23 cm; Gefieder oberseits braun, unterseits gelblichweiß, braun gefleckt, an der Brust roströtlich überflogen, ist während des Fluges an den rostbraunen und gelblich rahmfarbenen Flügelunterseiten zu erkennen; bevorzugt Wälder in allen Höhenlagen, kommt aber immer häufiger auch in Parkanlagen, Friedhöfe und Obstgärten, nistet niedrig in Büschen und Hecken oder jungen Fichten.

Die Singdrossel befindet sich auf dem besten Wege, in der gleichen Weise wie die Amsel zu verstädtern. Immer stärker drängt sie sich in die unmittelbare Nähe des Menschen, ist heute jedoch noch wesentlich scheuer als ihre schwarze Verwandte. Auf der Erde erkennen wir sie leicht an ihrem betont ruckhaften Lauf, den jeweils ein besonders lebhaftes Schwanzwippen beendet.

Oft findet sich in der Nähe des Nestes ein „Schneckenamboß“, das heißt ein schleimüberzogener Stein, auf dem die Singdrossel die Gehäuse der aufgelesenen Schnecken zerschmettert. Gibt es längere Zeit keine Schnecken, so sieht man die Drosseln bisweilen die Hackbewegungen „ins Leere hinein“ verrichten.

Wacholderdrossel (Turdus pilaris): Teilzieher; bewohnt den Norden Europas und Asiens, ist seit etwa hundert Jahren im unaufhaltsamen Vordringen von Osten nach Westen, von den Bergen in die Tiefebenen begriffen und bereits Brutvogel in Mitteldeutschland, hat vereinzelt auch schon in Holland und Frankreich gebrütet, überwintert im Mittelmeergebiet und gelegentlich in Deutschland; Länge 25,5 cm; Gefieder oberseits kastanienbraun mit hellgrauem Kopf und Bürzel sowie fast schwarzem Schwanz, unterseits am Kinn weiß, an Kehle und Brust rostgelb, schwarz längsgefleckt, am Bauch weiß, an den Flanken besonders kräftig gefleckt; hat weiße Flügelunterseiten, braune Augen, gelben Schnabel und dunkelbraune Beine; bevorzugt Waldränder, nistet am liebsten auf Birken, jenseits der Baumgrenze auf dem Boden, brütet oft kolonieweise.

Die Wacholderdrossel, der früher vielgejagte Krammetsvogel, ist geselliger als die bisher beschriebenen Drosseln. Nicht nur auf ihren Zügen, sondern auch in der Brutheimat, während des Brütens wie bei der Futtersuche ist sie fast immer truppweise zu sehen.

Rot- oder Weindrossel (Turdus musicus): Teilzieher; bewohnt das nördliche Eurasien einschließlich Island, dringt ebenfalls vom Osten nach dem Westen vor und hat bereits in Schottland, Belgien, Holland, Deutschland, Österreich und der Tschechoslowakei gebrütet, überwintert in Deutschland, Frankreich und den Mittelmeerländern; Länge 21 cm, Gefieder oberseits oliverdbraun, unterseits weißlich, an den Flanken auffallend rostrot, an Brust und Seiten kräftig dunkelbraun gestreift; kennzeichnet sich durch hellen Augen- und Bartstreif, die beide die braune Wange einrahmen; bevorzugt lichte Wälder

Der Grünfink bewohnt gemäßigte Klimazonen Europas sowie Nordwestafrika und Südwestasien. Er bevorzugt Gärten, Gebüsche, Feldgehölze und meidet den dichten Wald. Es erfolgen im Jahr 2–3 Bruten ab April bis August. Der Grünfink ist ein reiner Körner- und Sämereienfresser. Auch im Winter bleibt er in der Nähe seines Brutplatzes.

Der Trauerschnäpper hüpft meist durchs Gezweig und manchmal auf dem Boden. Er ist lebhaft und gesellig. Mit seinesgleichen schwingt er sich oft zu schönen Flugspielen auf.

Der Buchfink ist das ganze Jahr über recht gesellig und verträglich. Zur Paarungszeit wird er ein ausgesprochen eifersüchtiger Kampfhahn, der sein Revier geradezu erbittert verteidigt. Jedes andere Männchen wird hitzig angegriffen und heftig mit Krallen und Schnabel bearbeitet. Nicht selten beteiligt sich das Weibchen an diesen Gefechten und hilft wacker mit, dem Eindringling das Wiederkommen gründlich zu verleiden. Das Brutgeschäft übernimmt das Weibchen fast ganz allein.

Die Singdrossel kommt in Europa und im mittleren Asien vor. Sie bewohnt Laub- und Nadelwälder, Parks und auch Gärten. Ihre Nahrung sucht sie am Boden.

Das Braunkehlchen bewohnt Europa sowie Westasien und überwintert in den Steppen des tropischen Afrika. Es ist knapp 13 cm lang. Das Weibchen brütet einmal im Jahr und zwar ohne Hilfe des Männchens. Der Gesang des Braunkehlchens ist kurz und enthält schmatzende wie zwitschernde, rauhe wie angenehm flötende Töne.

und sumpfiges Gelände, nistet in Bäumen und Büschen, auf Baumstümpfen und in Holzstapeln, im hohen Norden allerdings auch auf dem Boden.

Die Steindrosseln

Die Vertreter dieser Unterfamilie der Drosseln – in Europa lediglich der Steinrötel und die Blaumerle – kennzeichnen sich durch schlanken Leib, lange Flügel, kurzen, gerade abgeschnittenen Schwanz, kräftigen, pfriemförmigen, an der Spitze etwas gebogenen Schnabel und besonders langzehige Füße mit großen, stark gekrümmten Krallen. Ihr Vorkommen ist auf Südeuropa und hier wieder auf offene, felsige und nackte Gebirgszüge in Höhen von 900–2400 m beschränkt. Wie die meisten der eigentlichen Drosseln sind sie vorwiegend dem Boden verhaftet, im Gegensatz zu jenen aber ausgesprochen ungesellig und kulturflüchtig. Die Bergvölker nennen sie ihres scheuen Wesens wegen bezeichnenderweise „einsame Spatzen".

Steinrötel (Monticola saxatilis): Sommervogel; bewohnt Südeuropa von Portugal und Spanien über Süd- und Südostfrankreich, Italien, die südliche Schweiz, Österreich, Ungarn, die Tschechoslowakei bis zur Balkanhalbinsel, Südpolen, die Ukraine, die Krim und den Kaukasus, verbreitet sich über das westliche und mittlere Asien bis nach Nordchina; Länge 19 cm; Gefieder des Männchens im Hochzeitskleid hell schieferblau an Kopf, Hals und Oberrücken, schwärzlich an den Flügeln, weiß am Hinterrücken, rostbraun am Schwanz, rost- bis orangerot auf den ganzen Unterseite; im Winterkleid werden alle Farben durch rahmfarbene Federränder weitgehend überdeckt, so daß der Vogel wesentlich matter gefärbt und fleckig erscheint; das Weibchen ist oberseits auf erdbraunem, unterseits auf rötlichgelbem Grund kräftig gefleckt.

Blaumerle oder Blaudrossel (Monticola solitarius): Vorwiegend Jahresvogel; bewohnt Südeuropa von Portugal und Spanien über Südfrankreich, die Südschweiz, Italien, Kärnten, die Krain und die Balkanländer bis zum Kaukasus, verbreitet sich über Kleinasien, Palästina,

Tunesien und Algerien, ist im Osten bis nach Turkestan, Tibet und Ostchina zu Hause; Länge gut 20 cm; Gefieder des Männchens im Sommer tiefblaugrau bis schieferblau, an den Schwingen und Steuerfedern mattschwarz, ist im Winter schwärzlich; hat schwarzen Augenstreif und Schnabel; das Weibchen ist oberseits bläulichbraun, unterseits auf hellerem Grund braun gebändert und dunkel gefleckt.

Die Steinschmätzer

Für die Steinschmätzer, die wesentlich kleiner als die bisher beschriebenen Drosseln und Steindrosseln sind, kann die Landschaft gar nicht öd, wüst, leer und steinig genug sein, wenn sie sich so recht wohl fühlen sollen. Im Gebirge steigen sie weit über die Baumgrenze bis zu Höhen von 2600 m und noch mehr empor. Ebenso aber sind sie auch in Steppen, Halbwüsten und Wüsten sowie an felsigen Küsten, auf den Dünen und Sandhügeln in ganz Europa, Afrika und Asien sowie dem äußeren Nordamerika zu Hause.

Für den Vogelkundigen sind die Steinschmätzer unverkennbar allein schon durch die Art, wie sie laufen, fliegen und sich bewegen. Auf der Erde kennzeichnen sie sich durch das beidbeinige Hüpfen in erstaunlich großen Sprüngen, das immer wieder jäh gestoppt wird, wobei sie sich steil aufrecken, gleich darauf tief knicksen, den gefächerten Schwanz gemessen stelzen und gleichsam ausbalancierend den ganzen Hinterleib langsam auf und nieder bewegen. Anlaß zu diesem plötzlichen Verweilen ist zumeist eine kleine Erhöhung im Gelände, ein Stein, ein Erdhügelchen oder eine Scholle. Überhaupt nehmen sie gern erhöhte Beobachtungsplätze ein. Von diesen Warten aus fliegen sie nun aber nicht geradlinig ab, sondern lassen sich bis knapp über die Erde fallen, schnurren dann dicht über den Boden hin und schwingen sich federnd erst ganz kurz vor dem nächsten Beobachtungsplatz empor. Dem Landen folgt wieder das Aufrecken, Knicksen, Schwanzstelzen und Leibwiegen. Während des Fluges leuchten bei allen Steinschmätzern der blendenweiße Bürzel sowie die weiße Wurzel des gespreizten Schwanzes so lebhaft auf, daß man in Verbindung mit der geschilderten typischen Flugweise unwillkürlich an eine dahinwehende Gänsefeder denkt. Wenn die Männchen balzen und die Weibchen mit ausgebreiteten Schwingen und Steuerfedern umtanzen, wobei sie in rhythmischer Folge auf und nieder hüpfen, wird dieser Eindruck wirbelnder Federn noch verstärkt.

Im Wesen sind die Steinschmätzer ungewöhnlich bewegungslustig, rastlos, flüchtig, vorsichtig und ungesellig. Als Sänger bleiben sie weit hinter den eigentlichen Drosseln zurück.

Steinschmätzer (Oenanthe oenanthe): Sommervogel; bewohnt ganz Europa von Spanien bis nach Lappland, Island und Grönland, das mittlere und nördliche Asien sowie Nordafrika, überwintert in den Steppen Afrikas; Länge knapp 15 cm; Gefieder des Männchens im Hochzeitskleid oberseits hellaschgrau bis blaugrau mit weißem Bürzel und weißer Schwanzwurzel, unterseits rahm- bis rostgelblich; die Flügel und die beiden mittleren Schwanzfedern sind schwarz; kennzeichnet sich durch breiten weißen Überaugenstreif und schwarze Ohrdekken; ist nach der Brutzeit auf dem Rücken bräunlich und unterseits rahmfarben; das Weibchen sieht ihm dann sehr ähnlich.

Das Weibchen des Steinschmätzers baut und brütet allein. Er bewacht das Brutrevier, kämpft mit Nebenbuhlern, streitet mit Nachbarn, neckt sich mit allen anderen Vögeln und nützt jede freie Minute, um im schräg ansteigenden und taumelnd abfallenden Balzflug, bei dem er sich schließlich mit hoch emporgehobenen Schwingen mehrfach überpurzelt, eifrig zu singen. Sein Lied erinnert an das Zwitschern der Lerche, ist an sich recht wohltönend, aber reich an gepreßten und gequetschten Lauten. Hin und wieder wird es durch nachgeahmte Strophen bereichert. Das Nest ist ein wirrer, flüchtiger, dickwandiger Bau aus Würzelchen, Grashalmen und Blättern, die Mulde üppig mit Tier- und Pflanzenwolle, Federn und Haaren gepolstert. Es steht gut versteckt und wohlgeborgen in Felsenspalten, Mauerhöhlen, Steinhaufen, oft auch in Kaninchen- und Mäusebauen oder in Baumhöhlen. Das Gelege umfaßt 5–7, zumeist sechs sanftbläuliche oder grünlichweiße Eier und wird in 14 Tagen fertig ausgebrütet.

Die Wiesenschmätzer

Auch die Wiesenschmätzer bevorzugen, obwohl sie viel häufiger als die Steinschmätzer im bebauten und kultivierten Land auftreten, doch die unmittelbare Nachbarschaft kleiner Ödflächen, und sei es auch nur ein Eisenbahndamm, eine eingesprengte Kiefernheide mit Stechginster und Farnkraut, ein mooriger Streifen oder eine aufgelassene Sandgrube. Auf den möglichst weiten Wiesen und Halden wünschen sie sich Büsche, Hekken, vereinzelte Bäume oder wenigstens Telegrafenstangen sowie Bäche und Tümpel und keinen zu lebhaften Herdenbetrieb. Sie sind kleiner und zierlicher als die Steinschmätzer, nehmen gern erhöhte Beobachtungswarten ein, von denen sie ebenfalls jäh abstürzen und zu denen sie sich schwungvoll aus sehr niedrigem Flug erheben. Nur leuchtet bei ihnen der Bürzel nicht so blendend auf. Auf der Erde hüpfen sie flott dahin, stoppen plötzlich, knicksen, zucken mit den Flügeln und fächern den gestelzten Schwanz.

Der Gartenschwanz meidet die dunklen Nadelwälder. Für sein Nest sucht er möglichst eine Höhle. Er liebt alte Bäume und zerfallenne Mauern.

Schwarzkehlchen (Saxicola torquata): Teilzieher; bewohnt Europa bis zur Ostsee, brütet weder in Dänemark und ganz Nordostdeutschland noch in Skandinavien und den baltischen Ländern, ist schon östlich der Weser und nördlich des Harzes sehr selten, überwintert in Südeuropa, den Britischen Inseln und in Nordafrika; Länge knapp 13 cm; Gefieder am Kopf und Hals sowie oberseits schwarz, an der Brust rostrot, am Bauch rahmfarben; ein breiter Halsfleck, ein schmaler Flügelstreif und der Bürzel sind weiß; das Weibchen ist oberseits bräunlich, schwarz gestreift und hat keinen weißen Bürzel.

Das Schwarzkehlchen trifft schon im März ein und bleibt bis zum Oktober bei uns. Es nistet auf Wiesen wie im ginsterbestandenen Ödland, an kahlen Berghängen wie in Kiefernheiden, vor allem auch in Sand- und Kiesgruben, Baggerlöchern und auf Schuttplätzen. Das Nest steht immer in einer kleinen Bodenvertiefung und ist geradezu raffiniert versteckt. Kunstlos und locker flicht es das Weibchen aus Würzelchen, Halmen und Grasblättern, vergißt aber nie, die Außenwände mit Erdmoos zu tarnen. Das Gelege der ersten wie der zweiten Brut umfaßt 5–7 Eier und wird vom Weibchen allein in 13 Tagen ausgebrütet.

Braunkehlchen (Saxicola rubetra): Sommervogel; bewohnt Europa – fehlt nur auf den drei südlichen Halbinseln – bis nach Nordskandinavien und Finnland sowie Westasien, überwintert in den Steppen des tropischen Afrika; Länge knapp 13 cm; Gefieder oberseits schwarzbraun mit breiten rostgrauen Federrändern, unterseits rostgelblich; kennzeichnet sich durch weißen Augenstreif, weißen Kehlstreif, weiße Flügelbinde und weiße Flecken an der Schwanzwurzel; das Weibchen ist durchweg heller und hat kleine weiße Flügelflecken.

Das Weibchen brütet nur einmal und regelmäßig allein, baut auch das Nest ohne Hilfe des Männchens. Überhaupt ist die Bindung der Geschlechter zueinander sowie die zwischen Eltern und Kindern recht locker.

Die Rotschwänze

Wie die Steinschmätzer im Fluge am weißen Bürzel und schwarzweißen Schwanz, so sind die fliegenden Rotschwänze ebenso eindeutig am rostroten Bürzel und dem schwarzroten Schwanz zu erkennen. Ihnen eigentümlich ist jedoch, daß der Schwanz nicht gestelzt, sondern ununterbrochen zitternd bewegt und regelmäßig abwärts geschlagen wird. Dieses ständige Vibrieren und ruckartige Abkippen des Schwanzes begleitet jede innere wie äußere Bewegung.

Hausrotschwanz (Phoenicurus ochruros): Teilzieher; bewohnt Süd- und Mitteleuropa von Portugal und Spanien bis nach Südengland, Dänemark und Südschweden, verbreitet sich über Kleinasien und Persien bis nach Mittelasien, überwintert teilweise in Südwestdeutschland, Frankreich und England, überwiegend in den Mittelmeerländern; Länge 14 cm; Gefieder durchweg rußschwarz, auf dem Bürzel wie an den Schwanzseiten rostrot, an Kopf, Rücken und Unterbrust aschgrau getönt, am Bauche weißlich; hat auffallenden weißen Flügelspiegel; das Weibchen ist gleichmäßig tiefgrau gefärbt, hat aber ebenfalls rostrote Schwanzseiten.

Der Hausrotschwanz ist von Natur aus ein Felsenbewohner, der in den Gebirgen in Höhen bis zu 3000 m lebt und sich hier auf Geröllhalden, Karen und wilden Blockfeldern und in den felsigen Hochtälern tummelt. Die großen Städte, in denen er ebenfalls lange schon zu Hause ist, bedeuten ihm wie alle Baulichkeiten des Menschen künstliche Gebirge und Klippen. Den Menschen nimmt er dabei mit in Kauf, traut ihm aber nicht und weicht jeder näheren Berührung aus. Als Nischenbrüter findet er auf Balkonvorsprüngen, unter Dachrinnen und Wasserspeichern, in der Skulptur der Hauswände wie im Dachgestühl genügend Winkel für sein Nest, bezieht zur Not auch verlassene Schwalbennester und nimmt gern dargebotene Halbhöhlen an. Dem auserwählten Brutgebiet hält er lange die Treue und kehrt Jahr um Jahr zum gleichen Giebel und Schornstein zurück. Gewöhnlich trifft er Mitte oder Ende März als nächtlicher Einzelreisender ein, beginnt sich sofort mit den Spatzen zu zanken, versucht, sie vom Haus zu vergraulen, und bekämpft erbittert jeden Platzkonkurrenten seiner Art. Vom ersten grünen Tagesschimmer bis lange nach Sonnenuntergang ist er auf den Beinen und Flügeln und verkündet eifrig singend seinen Revieranspruch.

Gartenrotschwanz (Phoenicurus phoenicurus): Vorwiegend Sommervogel; bewohnt ganz Europa – außer Portugal, Griechenland und Irland – sowie Nordwestafrika und Westasien, überwintert in Afrika; Länge 14 cm; Gefieder oberseits schiefergrau, an der Stirn weiß, an Gesicht und Kehle schwarz, an der Brust und den Flanken rostrot, am Bauche weiß; das Weibchen ist oberseits graubraun, unterseits gelblichbraun, hat eine weißliche Kehle, aber den gleichen rostroten Bürzel und Schwanz.

Der Gartenrotschwanz nistet nur gelegentlich in Ruinen und an anderen Baulichkeiten. Er zieht die lichten Wälder in den Auen, die Parkanlagen, Friedhöfe und Gärten vor. Im Gebirge steigt er nicht viel höher als 1000 m und meidet die dunklen Nadelwälder. Für sein Nest verlangt er möglichst eine Höhle, also nicht nur eine gedeckte Nische wie sein Vetter.

Die Nachtigallen

Rotschwänzig sind auch die dem Boden verhafteten und ganz besonders stimmbegabten Nachtigallen. Die großäugigen Nachtigallen sind scheue und heimliche, der Dämmerung zugetane Hüpfer und Schlüpfer, leben versteckt und brauchen unbedingt den Schutz des dichten Strauchwerks in möglichst unberührten und nur wenig kultivierten Gehölzen. Sie singen besonders morgens und abends.

Nachtigall (Luscinia megarhynchos): Sommervogel; bewohnt Süd- und Mitteleuropa bis Südengland und Schleswig-Holstein, fehlt in Norddeutschland, verbreitet sich bis nach Klein- und Vorderasien, überwintert in Mittel- und Westafrika; Länge 16,5 cm; Gefieder oberseits einfarbig rostrotgrau bis braun, unterseits lichtgelblichgrau bis weißlichbraun; hat braunroten Schwanz; bevorzugt Laub- und Auwaldungen im Tiefland, nistet unter Büschen auf der Erde, stellt das Nest in welkes Laub.

Wo sie Schutz genießen, werden auch die scheuen Nachtigallen vertraut, so daß man sie gut beobachten kann. Am meisten sind sie auf der Erde tätig, hüpfen in großen flotten Sprüngen dahin, halten sich aufrecht, fast stolz, stelzen bei jedem Halt wie bei jeder Gemütsbewegung ziemlich jäh den Schwanz und lassen die Flügel stark hängen. Bei Gefahr suchen sie Deckung im Gebüsch und fliegen tagsüber kaum über eine freie Strecke.

Das allein brütende Weibchen versammelt im Mai 4–6 Eier im Nest, das auf der Erde, mitten im raschelnden Laub steht und nicht besonders kunstvoll aus Halmen, Stengeln, Schilf- und Rohrblättern geflochten wird. Zur Polsterung verwendet es vor allem Pflanzenwolle, feine Hälmchen und Pferdehaare.

Das Blaukehlchen

Sommervogel; bewohnt in zwei Rassen vorwiegend West-, Mittel-, Nord- und Osteuropa, und zwar das *Rotsternige Blaukehlchen (L. s. svecica)* als die skandinavische Rasse, die auch Tundrablaukehlchen genannt wird, vor allem das nördliche Skandinavien, Nordfinnland, Nordrußland und ganz Nordsibirien, wohingegen das *Weißsternige Blaukehlchen (L. s. cyanecula)* ein beschränktes Brutgebiet in Mittelspanien bewohnt und sich über West- und Mittelfrankreich nach Norddeutschland und Osteuropa ausbreitet; Länge 14 cm; Gefieder oberseits tief erdbraun, unterseits schmutzigweiß, seitlich graubraun überlaufen, an der Kehle prachtvoll lasurblau mit deutlichem atlasweißem bzw. lebhaft rostrotem Stern oder Fleck; dieser blaue Kehlfleck ist gegen die Oberbrust hin durch je ein schwarzes und rostrotes Band abgegrenzt; hat weißen Augenstreif, der über der Stirn zusammenfließt, dunkelbraune Augen, schwärzlichen Zügel, schwarzen Schnabel, kastanienbraune bis rostrote Schwanzwurzel; das Weibchen kennzeichnet sich durch weißliche Kehle mit schwärzlichem Halslatz oder angedeutetem Brustband.

Das Rotkehlchen

Im Gegensatz zu den Nachtigallen ist dieser kleine Erdsänger, der ebenso zutraulich ist, wie er behäbig und gemütlich wirkt, außerordentlich anpassungsfähig. Ob Laub- oder Nadelwald, Parkanlage oder Garten, Ebene oder Gebirge, er verlangt nicht mehr als einige Büsche und Hecken, in denen er sich bergen kann. Noch wendiger zeigt er sich, wenn es ihm an günstigen Nistgelegenheiten mangelt. Dann wird das Nest gleichsam kurz entschlossen anstatt auf die Erde und ins welke Laub, in jede sich bietende Nische oder Höhle, in Erdlöcher aller Art, in Baumstrünke und auf Weidenköpfe, ins Efeu- oder Weingerank, in Geräteschuppen und Gartenlauben, ja selbst in alte Eimer und Blechbüchsen gestellt. Steht es frei, so bekommt es ein Dach und ein seitliches Schlupfloch. Gebrütet wird regelmäßig zweimal, und zwar gleichsam im Schichtwechsel. Das heißt, das Männchen füttert noch die Jungen der ersten Brut, wenn das Weibchen schon auf dem zweiten Gelege sitzt.

Rotkehlchen (Erithacus rubecula): Teilzieher; bewohnt ganz Europa bis Mittelskandinavien sowie Vorderasien, Südwestsibirien und Nordwestafrika, ist im Süden seines Verbreitungsgebietes Jahresvogel, im Norden Teilzieher und Sommervogel, der nach Südeuropa ausweicht oder in Syrien, Palästina, Persien und Nordafrika überwintert; Länge 14 cm; Gefieder oberseits dunkel-olivgrau bis

Das Rotkehlchen ist außerordentlich anpassungsfähig. Wenn es ihm an günstigen Nistgelegenheiten mangelt, dann wird das Nest in jede sich bietende Nische oder Höhle gestellt. Das Rotkehlchen bewohnt fast ganz Europa sowie Vorderasien, Südwestsibirien und Nordwestafrika. Gebrütet wird regelmäßig zweimal im Jahr, und zwar im Schichtwechsel.

Der Goldstirnblattvogel bewohnt Vorder- und Hinterindien bis Indochina und Sumatra. Er ist etwa 20 cm lang. Das Gefieder ist ober- und unterseits prachtvoll grasgrün, auf dem Vorderkopf und Scheitel orangegelb, am Stirnrand schwarz und an den Schnabelwinkeln wie an Kinn und Kehle ultramarinblau. Der Goldstirnblattvogel bevorzugt Wald, Dschungel und tummelt sich in den Baumwipfeln. Das Nest versteckt er hoch in den Bäumen.

olivbräunlich, unterseits graulich, an Stirn, Kehle und Oberbrust satt orangefarben bzw. gelbrot, aschbläulich gesäumt; hat große tiefbraune Augen, schwärzlichbraunen Schnabel, rötlich hornfarbene Füße und wirkt ausgesprochen kurzhalsig und rundlich.

Die Spottdrosseln

Etwa in der Mitte zwischen den Drosseln und den Zaunkönigen stehen die in 14 Gattungen und 30 Arten über Nord- und Südamerika verbreiteten Spottdrosseln. Wie es ihr Name andeutet, zeichnen sie sich durch eine hochentwickelte Nachahmungsgabe aus, die sie befähigt, jedes andere Vogellied zu kopieren, zu übernehmen und mit dem eigenen Lied zu verknüpfen.

Die Spottdrosseln erreichen etwa die Größe unserer eigentlichen Drosseln, sind aber wesentlich leichter, schlanker, kurzflügliger und langschwänziger. Viele von ihnen sind unterseits in der gleichen Weise wie unsere Walddrosseln gefleckt. Ein besonderes Merkmal der Familie ist der feine und schlanke, am Ende immer mehr oder weniger gebogene Schnabel, der bei etlichen sehr an die Baumläuferschnäbel erinnert. Die Haltung ist aufrecht und stolz, der gerundete Schwanz wird viel gestelzt, gefächert und wieder zusammengelegt, oft hängen die Flügel stark herab. Im Wesen sind sie durchweg lebhaft, unruhig, neugierig und streitlustig. Zahlreiche Arten zeigen wie unsere Drosseln die Neigung, sich in die Nähe des Menschen zu drängen. Alle bauen offene, napfförmige Nester, die sie vorwiegend niedrig in dichte Büsche und Hecken stellen.

Spottdrossel (Mimus polyglottus): Bewohnt die Vereinigten Staaten, etwa vom 40. Grad n. Br. an bis nach Mexiko, sowie die Bahamas und Bermudas; Länge 24–25 cm; Gefieder oberseits graubraun, Bürzel olivbräunlich, unterseits hellgrau, Flanken rostbräunlich, Kinn und Bauch weißlich; die Flügel sind schwarzbraun, weiß gesäumt und haben weiße Querbinden, der Schwanz ist oberseits schwarz, stufig weiß gesäumt und auch unterseits weiß; hat feinen weißen Augenring und starke Schnabelborsten.

Im Gegensatz zu den echten Drosseln bewegt sie sich nicht viel auf der Erde, sondern schnappt die Insekten aus der Luft oder liest sie aus den Büschen und Bäumen. Im Herbst aber ernährt sie sich ebenfalls vorwiegend von Beeren. Das Nest steht in Bäumen wie in Hekken. Zwei bis drei Bruten sind die Regel.

Die Haarvögel

Auch die knapp starengroßen Haarvögel sind Verwandte der Drosseln. In den älteren Vogelbüchern werden sie als sogenannte Kurzfußdrosseln oder als Bülbüls vorgestellt. Ihren neuen Namen verdanken sie den auffallend langen Fadenfedern an Kopf und Nacken, die weit herausragen und sich bei manchen Arten auch zwischen die Konturfedern auf dem Rücken schieben. Diese Haarfedern können sie zu einer lustigen Igelhaube sträuben. Weitere besondere Kennzeichen sind das ausgesprochen wollige und lange Bürzelgefieder, der hochfirstliche, seitlich zusammengedrückte, an der Spitze kurzhakige, beborstete Schnabel, die farblich sehr effektvoll hervorgehobene Ohrdecke, der mittellange, stark abgerundete Schwanz und das kurzläufige Bein mit den betont kurzen starken Zehen.

Gelbsteißbülbül (Pycnonotus xanthopygos): Bewohnt Syrien, Palästina, Arabien, Zypern und Rhodos; Länge 20 cm; Gefieder oberseits erdbraun, Kopf schwarz, unterseits weißgrau, Kropf dunkelbraun; hat lebhaft gelbe Unterschwanzdecken, umberbraune Schwingen und Schwanzfedern, braune Augen, schwarzen Schnabel und schwarze Beine; besiedelt Wälder wie Gärten, baum- und buschbestandene Steppen und Halbwüsten, nistet in Büschen und Bäumen; wird in den Nilländern vom etwas kleineren, ähnlich gefärbten *Graubülbül (P. barbatus)* vertreten.

Unter den indischen Bülbüls, die wie die kleinasiatischen und afrikanischen Arten vorwiegend paar- und familienweise auftreten, befinden sich etliche ganz besonders streitlustige Geschöpfe, die von den Eingeborenen oft wie Kampfhähne abgerichtet werden. Die Besitzer halten sie während der inszenierten Gefechte an Fäden, um sie, wenn sie sich zu heftig ineinander verkrallen und verwunden, jederzeit zurückziehen zu können. Alle Bülbüls bauen napfförmige Nester und stellen sie ins Gezweig der Bäume.

Goldstirnblattvogel (Chloropsis aurifrons): Er bewohnt Vorder- und Hinterindien bis Indochina und Sumatra; Länge 18 cm; Gefieder ober- und unterseits prachtvoll grasgrün, auf Vorderkopf und Scheitel orangegelb, am Stirnrand und Zügel schwarz, an den Schnabelwinkeln wie an Kinn und Kehle tief ultramarinblau, an den Wangen, der Unterkehle und Oberbrust schwarz, gegen die Unterbrust orangegelb gesäumt, am Flügelbug türkisblau; hat braune Augen, schwarzen Schnabel und bleigraue Füße; beim Weibchen sind auch der Kopf und der Hals grün; bevorzugt Waldungen und Dschungel, nistet auf Bäumen und tummelt sich in den Wipfeln.

Die Wasseramseln

Als die einzigen tauchenden und schwimmenden Singvögel

Der Zaunkönig ist kein Mustergatte, denn es geschieht sehr oft, daß in der Zeit, da das Weibchen auf den Eiern sitzt, das Männchen schon wieder schöne neue Nester anbietet und sich eine zweite oder dritte Frau anschafft. Um das Brutgeschäft kann er sich bei seiner Veranlagung nicht kümmern.

vermögen sie die Nasenlöcher durch Hautdeckel und die Ohröffnungen durch Hautfalten zu verschließen. Wie die echten Wasservögel verfügen sie über eine besonders entwickelte, reichlich Fett absondernde Bürzeldrüse, damit sie ihr ungewöhnlich dickes Gefieder gut einölen können. So macht es ihnen nichts aus, selbst im Winter in die eiskalten Bäche zu tauchen und mitten durch die gischtenden Wasserfälle zu laufen.

Watend stelzt der Wasserschmätzer durch die Bäche, läßt das Wasser ruhig über seinem Kopf zusammenschlagen und marschiert gelassen auf dem steinigen Grund dahin. Wenn er eine Beute erspäht, stürzt er sich in den tollsten Wasserwirbel, schießt tauchend in die Tiefe, rudert heftig mit den Flügeln und schnellt wie ein Korken wieder empor, sobald er diese anlegt.

Wasserschmätzer oder Wasseramsel (Cinclus cinclus): Vorwiegend Jahresvogel; bewohnt fast ganz Europa, ist auch in Nordwestafrika sowie in Nord- und Mittelasien zu Hause; Länge knapp 18 cm, das Weibchen ist etwas kleiner; Gefieder oberseits schieferfarben mit schwarzen Federrändern, an Kopf und Nacken fahlbraun, an Kinn, Kehle und Vorderbrust milchweiß, an Unterbrust und Bauch rot- bis dunkelbraun; hat hohe starke Beine mit kräftigen Krallen, ungewöhnlich kurze gerundete Flügel und fast stummelhaften Schwanz; bevorzugt klare, brausende und gischtende Gebirgsbäche mit Wasserfällen.

Die Zaunkönige

Auch die kleinen, rundlichen, braunen Zaunkönige sind am häufigsten dort zu finden, wo sich zwischen Berg und Tal die munteren Bäche durch die Wälder schlängeln und dichtes Gebüsch die Ufer säumt. Wie die Mäuse huschen diese lebhaft und dicht gebänderten Vogelzwerge mit dem keck aufgestellten Schwänzchen durchs Gezweig des niederen Buschwerks. Erstaunlich kraftvoll ertönen ihre Lieder, die fast die Kehle der kleinen Sänger zu sprengen drohen. Sie singen im Frühjahr wie im Winter, im Sommer wie im Herbst, und ihre Strophen erklingen dem Wanderer wie die Stimme der unverwüstlichen Lebenskraft selbst.

In Europa sind die Zaunkönige mit nur einer Art, in der Neuen Welt aber, besonders in den warmen Ländern, in vielen Gestalten und Formen vertreten.

Zaunkönig (Troglodytes troglodytes): Teilzieher; im Norden Sommervogel, im Süden Jahresvogel; bewohnt Nordafrika, ganz Eurasien und Nordamerika; Länge 9,5 cm; Gefieder oberseits rostbraun bist rostgrau, dunkelbraun gewellt und gebändert, unterseits wesentlich blasser und heller; hat hellen rostbräunlichweißen Überaugenstreif und braunen Zügelstreif, der sich durchs Auge zieht; ist gedrungen, kurzflüglig und besonders kurzschwänzig.

Der Zaunkönig herrscht wirklich in einem kleinen Reich, nämlich in seinem Revier, das zwar meist nicht größer als ein mäßiger Schrebergarten ist, aber eifersüchtig fast das ganze Jahr über verteidigt wird. Grenzstreitigkeiten sind dabei an der Tagesordnung, und man könnte fast meinen, daß die vielen Schlaf-, Spiel- und Brutnester, die er baut, feste Bastionen seines Landes sind. Die Weibchen allerdings kümmern sich herzlich wenig um die so streng abgesteckten und mit ununterbrochenen Kampfgesängen behaupteten Gebiete. Schweifend ziehen sie von einem Revier ins andere und lassen sich die Nester vorführen. Die kleinen Majestäten gehen dabei natürlich voraus, schlüpfen in das dargebotene Eigenheim, strecken den Kopf heraus und laden singend zum Eintritt ein. Findet das Weibchen Nest wie Männchen irgendwie bezaubernd, schlüpft es ebenfalls ein. Damit ist zumindest die Verlobung beschlossen und kein großer Schritt mehr bis zur Ehe.

Diese Zaunkönigsehe ist jedoch keine Musterehe. Denn es geschieht sehr oft, daß in der Zeit, da das Weibchen auf den Eiern sitzt, das Männchen schon wieder mit seinen schönen Nestern hausieren geht und sich noch eine zweite oder dritte Frau anschafft. Um das Brutgeschäft

kann er sich bei dieser polygamen Anlage freilich nicht kümmern. Er kommt auch kaum dazu, seinen Frauen beim Füttern zu helfen. Und so währt es durchschnittlich 14–18 Tage, ehe die jeweils sechs Jungen schlüpfen. Sind sie dann aber aus dem Gröbsten heraus und halbwegs flügge, so besinnt er sich auf seine Vaterpflichten und sorgt dafür, daß die Kinder allabendlich in einem der zahlreichen Schlafnester Schutz und Sicherheit finden. Dabei vergißt er die eine Brut nicht über der anderen, zeigt sich also besorgt und umsichtig. Die Weibchen quittieren seine Untreue damit, daß sie sich durchaus nicht immer auch das zweite Mal von ihm berücken lassen, sondern seinem Revier den Rücken kehren und ihr zweites Gelege in einer neuen Ehe einem anderen Männchen schenken.

Die Timalien

Die Schwatzdrosseln oder Timalien, zu denen auch die Sonnenvögel, die Droßlinge, die Häherlinge und die Säbler gehören, sind rechte Sorgenkinder des klassifizierenden Ornithologen und passen gar nicht recht in irgendeine der Singvogelfamilien. Zweifellos stehen sie den Drosseln wie den Grasmücken recht nahe, erinnern aber auch wieder an die Häher und die Würger. Gemeinsam ist ihnen eigentlich nur der Bau der verhältnismäßig kurzen Flügel. Ihr Vorkommen beschränkt sich auf die tropischen und subtropischen Gebiete von Afrika, Asien und außerdem Australien.

Unter den Timalien befinden sich Busch-, Baum- und Bodenbewohner, gute Sänger und schlichte Schwätzer, grasmückenkleine bis hin zu drosselgroßen Vögeln.

Sonnenvogel (Leiothrix lutea): Bewohnt Nordindien bis Oberburma, Südchina und Nordindochina; Länge 15 cm; Gefieder oberseits olivgraubraun, Scheitel und Bürzel olivgelblich überflogen, unterseits an Kinn und Kehle gelb, an der Vorderbrust rot, am Bauch graugelblich, an den Unterschwanzdekken grauweiß; hat korallenroten Schnabel, blaßgelblichen Augenstreif, weißen Augenring, dun-

Der Mauerläufer bewohnt die Gebirge Süd- und Mitteleuropas, Vorder- und Mittelasiens, gewöhnlich in Höhen von etwa 1800 m an bis an die Schneegrenze. Das Weibchen baut sein Nest mit Vorliebe in Felsspalten senkrechter Wände. Ende Mai legt es 4–5 milchweiße, bräunlichschwarz gefleckte Eier. Das Weibchen kümmert sich um Nestbau und Brutgeschäft.

kelgrauen Bartstreif, hellgraue Ohrdecken, gelb, blau und rot gesäumte Schwingen, schwarze Schwanzspitze mit weißer Querbinde; ist ebenso bunt wie zierlich und anmutig.

Der Sonnenvogel, den Brehm auch Golddrosselmeise nennt und den die Vogelhändler als Chinesische Nachtigall anpreisen, bevorzugt die dichten Gebüsche, Dickichte und Bambusbestände der Gebirgszüge seiner Heimat. Er lebt in kleinen Trupps von 5–6 Vögeln, die wohl einen Familienverband darstellen, und ist ein recht scheuer und vorsichtiger Schlüpfer. In der Gefangenschaft erweist er sich als sehr verträglich und zutraulich, munter und beweglich, stimmfreudig und anspruchslos. Mit dem wundervollen Nachtigallenschlag kann sein Gesang jedoch beim besten Willen nicht verglichen werden.

Rotkäppchentimalie (Timalia pileata): Bewohnt das Himalajagebiet von Nepal bis Bengalen sowie Indochina bis Java; Länge 18 cm; Gefieder oberseits braungrau, unterseits blaßbräunlich; hat schwarzen Schnabel, trübrote Augen, schwarzen Zügelstreif, weiße Wangen, glänzend zimtbraunen Scheitel und fleischfarbene Beine; wird im nordwestlichen Himalajagebiet von der *Schwarzkappentimalie (Leioptila capistrata)* vertreten.

Die Baumläufer

Das Leben der kleinen Baumläufer spielt sich fast ausschließlich an den Stämmen der Bäume ab. In ihrem graubraunen Federkleid huschen sie gut getarnt und so rasch wie Mäuse in kleinen kurzen schnellen Rucken über die Rinden. Gewöhnlich geht die Klettertour nur stammaufwärts, wobei sie sich gleich den Eichhörnchen in Spiralen emporschrauben. Der nächste Baum wird dann am Fuß oder in halber Höhe angeflogen und ein neuer Aufstieg unternommen. Die beiden steifen Mittelfedern des Schwanzes und die lange Hinterzehe dienen ihnen dabei als gute Stützen, die spitzen und scharfen Krallen der Vorderzehen als Kletterhaken. Hochbeinig sind sie zweckmäßigerweise nicht, doch haben sie noch echte Singvögelfüße und können im Gegensatz zu den Spechten gut im Gezweig sitzen. Mit dem langen und dünnen, zarten und gebogenen Schnabel durchstochern sie die Flechtenkrusten und Baummoose, langen sie in jede noch so enge Spalte und Ritze der Borken, stechen sie tief in den rotbraunen Mulm und angeln alles heraus, was sich hier an Eiern, Puppen und Larven der Insekten sowie an Flechtlingen, Motten, Kleinschmetterlingen, Käfern und Spinnen finden läßt.

Die Baumläufer sind in 6 Arten und vielen Unterarten über die ganze Erde mit Ausnahme von Südamerika, Neuseeland und Madagaskar verbreitet.

Waldbaumläufer (Certhia familiaris): Vorwiegend Jahresvogel; bewohnt in Süd- und Mitteleuropa hauptsächlich die Gebirgszüge, verbreitet sich dann weit über Nord- und Osteuropa, Asien sowie Nord- und Mittelamerika; Länge knapp 13 cm; Gefieder oberseits tabakbraun, rahmfarben, gestreift, mit rostrotem Bürzel, unterseits silberweiß; hat kräftigen weißen Überaugenstreif und klare weiße Flekken auf der Stirn; bevorzugt dichte Nadelwaldungen, kommt aber auch in Parkanlagen und Gärten vor; ruft leise „Srih-srih" oder „Tsit-tsit", singt zart zwitschernd, mischt kurze und kleine Pfeiftöne und Trillerchen dazwischen, die an den Zaunkönig und die Blaumeise erinnern.

Gartenbaumläufer (Certhia brachydactyla): Vorwiegend Jahresvogel; bewohnt ganz Europa – ausgenommen die Britischen Inseln, Skandinavien und Finnland – sowie Südwestasien und Nordwestafrika; Länge knapp 13 cm; Gefieder dem des Waldbaumläufers zum Verwechseln ähnlich, aber oberseits doch mehr graubraun, am Bürzel weniger rostfarben und vor allem an den Flanken nicht reinweiß, sondern bräunlich überhaucht; hat rahmfarbenen Überaugenstreif, verwaschen weißgefleckte Stirn, etwas längeren Schnabel als der Waldbaumläufer und kürzere Krallen; meidet geschlossene Waldungen und Nadelgehölze, ist stärker an Auwaldungen, Feldgehölze, lichte Laubwälder, Parkanlagen und Gärten gebunden; ruft hoch und scharf „Ti", auch „Ti-ti-tit", singt betont rhythmisch „Tüt-tüt-tütteroittitt" und ohne die hohen dünnen Töne seines Vetters.

Mauerläufer (Tichodroma muraria): Teilzieher; bewohnt die Hochgebirge Süd- und Mitteleuropas, Vorder- und Mittelasiens, gewöhnlich in Höhen von etwa 1800 m an bis zur Schneegrenze; Länge 16,5 cm; Gefieder oberseits aschgrau mit schwarzbraunen Schwanz- und Schwungfedern, an Kehle und Brust im Sommer schwarz, im Winter weißlich; kennzeichnet sich eindeutig durch die lebhaft karminroten Flügeldecken und die großen weißen Flecken an Schwingen und Schwanz; bevorzugt Felsschluchten, Flußdurchbrüche, jähe Klippen, auch Ruinen, nistet in tiefen Felsenspalten, ausnahmsweise auch an Gebäuden auf den Bergen.

Der Mauerläufer hüpft wie die Baumläufer in kleinen Sprüngen, breitet aber bei jedem Ruck die Schwingen aus und scheint dann flatternd und rüttelnd in der Luft zu stehen. Und wie seine Vettern aus den Wäldern und Gärten bewegt er sich nie hangabwärts, sondern stürzt fliegend jäh ab und beginnt dasselbe Spiel von unten her von neuem. Seine Beute sind ausschließlich Insekten und Spinnen, und so ist es verständlich, daß er sich im Winter in tiefergelegene Felstäler und an die Bergsockel zurückzieht. Nicht selten weicht er auch bis in die Städte und Ortschaften der Vorberge aus, wo er dann an Ruinen, Türmen, Schlössern und Kirchen zu sehen ist.

Die Kleiber

Der oberseits blaugraue, unterseits rahmfarbene, knapp sperlingsgroße Vogel, der an den Bäumen der Parkanlagen kopf-

Kohlmeisen sind Höhlenbrüter. In manchen Nestern warten bis zu 14 hungrige Mäuler darauf, mit Insekten, Würmern oder Raupen gefüttert zu werden.

Noch bessere Kletterer als die Spechte sind die Kleiber. Sie können sogar kopfabwärts nach unten klettern. Das Einschlupfloch ihrer Bruthöhle verkleinern sie mit Lehm.

Das Rotkehlchen ist ein häufiger Bewohner von Gärten und Parkanlagen. Sein Nest steht versteckt in Reisighaufen oder unter dichtem Gestrüpp.

Blaumeisen sind kleiner als Kohlmeisen. Sie turnen sehr geschickt im Gezweig herum und baumeln oft an den Fruchtständen von Birken, um die feinen Samen zu verzehren. Im Winter sind sie eifrige Besucher von Futterhäuschen.

Das Nest des Kleibers richtet vorwiegend das Weibchen her. Es trägt am liebsten die feinen Spiegel der Kiefernrinde ein. Sonst nimmt es auch mit Borkenschuppen der Fichten, den Knospen der Buchen oder mit morschen Holzspänen und Buchenblatt-stückchen vorlieb.

unter die Stämme hinabläuft, kann nur der Kleiber sein. Denn dieses Kunststück macht ihm kein anderer Vogel unserer Heimat nach. Wohl huscht der Baumläufer wie eine Maus um den Stamm, fußt der Specht wie angeklebt an der glattesten Rinde, sind auch die kleinen Meisen erstaunliche Kletterkünstler – die Stämme hinunter aber laufen sie alle nicht.

Die Kleiber sind weit über Europa, Asien, Nordamerika sowie die indo-australische Region verbreitet. Sie wirken sehr gedrungen und kompakt, fast halslos. Der Schwanz ist kurz und breit, der Schnabel spechtartig stark, der Fuß auffallend groß und kräftig. Im Gegensatz zu den Spechten und Baumläufern dient ihnen der Schwanz nicht als Kletterstütze. Dank ihrer besonders konstruierten Zehen, Krallen und Ballen sind sie die am besten ausgerüsteten Klettervögel der Welt.

Kleiber (Sitta europaea): Jahresvogel; bewohnt ganz Europa – ausgenommen Irland, Schottland, Mittel- und Nordskandinavien, Finnland – und große Teile Asiens sowie Nordwestafrika; Länge 14 cm; Gefieder oberseits graublau mit je einem weißen Fleck an den Seiten der Schwanzspitze, unterseits lebhaft ocker- bis rahmgelb, an den Flanken und der Unterschwanzdecke kastanienbraun; hat weiße Wange, weiße Kehle und schwarzen Augenstreif, der sich kräftig bis zu den Halsseiten hinzieht und beim Weibchen etwas schmaler ist; bevorzugt alte Laubbäume in Wäldern, Parkanlagen und Gärten.

Das Nest richtet vorwiegend das Weibchen her. Es trägt, sofern diese zu haben sind, am liebsten ausschließlich die feinen Spiegel der Kiefernrinde ein, auch wenn es sehr weit danach fliegen muß. Sonst nimmt es auch mit Borkenschuppen der Fichten, den Knospen der Buchen oder mit morschen Holzspänen und Buchenblattstückchen vorlieb. Dieses an und für sich recht spröde Material wird weder geflochten noch verwoben, sondern wirbelig in der Höhe aufgeschichtet. Niemals verwendet es Wurzelfasern oder Grasblätter, Moos oder Flechten, Gespinste der Bastfäden, Tier- oder Pflanzenwolle, Haare oder Federn wie die anderen Singvögel, so daß also ein Kleibernest gar nicht mit irgendeinem anderen Vogelnest verwechselt werden kann.

Zwischen Mitte und Ende April liegen dann die 7–9 weißen, zart rot gepunkteten Eier zwischen den lockeren Kiefernschuppen und werden vom Weibchen allein in 14–17 Tagen ausgebrütet. Das Männchen versorgt es mit Futter und beteiligt sich später eifrig an der lange währenden Aufzucht der Jungen. 24–26 Tage hocken die Jungkleiber im Nest, kuscheln sich bei Gefahr tief in die Spreu, und können erst dann richtig klettern und fliegen. Bis in den Herbst hinein bleibt die Familie zusammen.

Die Meisen

Die kleinen zierlichen Meisen sind Weltbürger und fehlen nur in Südamerika. Als quicklebendige Kletterer und Schlüpfer tummeln sie sich in allen Wäldern, Feldgehölzen, Parkanlagen und Gärten und sind so recht das Urbild des unbeschwerten Vogels: federleicht – kaum eine wiegt mehr als 11 g – und flink, rastlos tätig und sehr stimmfreudig, quecksilbrig im höchsten Maße und ebenso schmuck wie gewandt. Alles an ihnen ist klein, dabei aber ungewöhnlich kräftig: der winzige Schnabel sehr hart, ein unverwüstlicher Hammer und Meißel, die dünnen Beinchen stählerne Sprungfedern, die feinen Zehen fest im Griff und mit haftenden Sohlen versehen, die kurzen Flügel besonders muskulös, das Herz groß und stark.

Denn diese zwergenhaften Zweigakrobaten kommen den ganzen langen Tag nicht zur Ruhe. Ununterbrochen muß der Lebensmotor gespeist werden. Sie sind also praktisch immerwährend auf der Nahrungssuche und haben auch einen sehr umfassenden Speisezettel. Dabei müssen sie fast jegliche Speise erst einmal zwischen die Zehen klemmen oder mit den Sohlen auf einen Zweig pressen und nun tüchtig zerkleinern, zerstückeln, zerklopfen, zerpflücken oder aufhämmern, müssen also regelrechte Arbeit leisten, ehe sie sich sättigen können. Der verwundbare Punkt dieser sonst so vitalen Geschöpfchen, die sich auch allen anderen Singvögeln gegenüber sehr energisch durchzusetzen wissen und fast streitbar genannt werden könnten, ist denn auch, daß sie nicht viel länger als 24 Stunden zu hungern vermögen. In strengen Wintern haben sie durch Nahrungsmangel sehr hohe Ausfälle. Die Kälte selbst setzt ihnen weniger zu, denn ihr Gefieder ist weitstrahlig, weich und lufthaltig, der Körper sehr heiß, und die Nächte verbringen sie bei Frost regelmäßig in ihren Höhlen.

Alle Waldmeisen sind Höhlenbrüter. In Ermangelung von Baumhöhlen, die ihnen am meisten zusagen, nehmen sie heute viel mit allen möglichen Erdlöchern, gern mit Nistkästen und jeglichem sonstigem Hohlraum vorlieb, und sei es eine alte Gießkanne, ein Briefkasten oder eine Konservenbüchse. Nur die Schwanzmeisen, Beutelmeisen und Bartmeisen bauen freistehende Nester.

Die starken Verluste, die alle unsere Meisen im Verlauf harter Winter und von seiten der vielen Nestplünderer – Eichelhähern, Elstern, Krähen, Großen Buntspechten und Eichhörnchen – immer wieder erleiden, gleichen sie durch ihre große Fruchtbarkeit aus. Zwei Bruten sind bei den meisten die Regel, und das Gelege umfaßt 6–12 und noch mehr Eier. Verlorengegangene Gelege und Bruten aber werden immer ersetzt.

Kohlmeise (Parus major): Jahresvogel und Teilzieher; bewohnt Europa und Asien; Länge 14 cm; Gefieder oberseits olivgrün, Kopf und Hals glänzend blauschwarz, Wangen weiß, Schwingen und Steuerfedern blaugrau, unterseits zitronengelb mit breitem schwarzem Längsband in der Mitte, das beim Weibchen etwas schmaler ist; hat weißen Flügelstreif, dunkelbrau-

Mitte Mai sind die jungen Kohlmeisen flügge und werden nun noch acht Tage außerhalb des Nestes gefüttert. Danach scharen sie sich zusammen und streifen weit umher, während die Alten etwa 14 Tage später zur zweiten Brut schreiten. Sie errichten ein neues Nest auf dem alten oder benutzen eine andere Nisthöhle. Die jungen Meisen bleiben nicht alle am Heimatort.

ne Augen, schwarzen Schnabel und bleigraue Füße; bevorzugt den Laub- und Mischwald, lichte Feldgehölze, Parkanlagen und Gärten, kommt aber auch in reinen Fichten- und Kiefernwäldern vor, drängt sich in die Nähe des Menschen; 2 Bruten ab Ende April; Gelege 6–12 Eier.

Zuerst brütet das Weibchen in der Höhle, die es den Winter über schon als Schlafstätte benutzte. Es baut in 2–6 Tagen ein sehr kunstvolles und stabiles Nest, das ebensogut auch im Freien stehen könnte, und zwar vorwiegend aus Erdmoosen und einigen wenigen Grashalmen, polstert es reich mit Tierhaaren und üppig mit Tier- und Pflanzenwolle, schmückt den Rand mit etlichen Vogelfedern und hin und wieder auch mit Flechten. Das Männchen folgt ihm dabei auf Schritt und Tritt, schaut aber nur zu und unterhält es mit seinem überraschend leisen und etwas klirrenden Lied, das in schroffem Gegensatz zu den lauten und lebhaften Rufen steht. Doch weiß ihn das Weibchen zu beschäftigen, indem es bettelnd und flügelzitternd – ganz in der Art der Jungvögel – immer wieder Futter verlangt. Auch während des Brütens wird es vom Männchen fleißig gefüttert und verläßt das Nest nur, um sich Bewegung zu verschaffen. Bei Gefahr bleibt es auf den Eiern sitzen, stößt zischend gegen den Feind und versucht, ihn mit Flügelzucken und Schwanzfächeln abzuschrecken.

Mitte Mai sind die jungen Kohlmeisen flügge und werden nun noch acht Tage außerhalb des Nestes gefüttert, das jetzt nicht mehr benützt oder aufgesucht wird. Danach scharen sie sich zusammen und streifen weit umher, während die Alten etwa 14 Tage später zur zweiten Brut schreiten. Sie errichten ein neues Nest auf dem alten oder benutzen eine andere Nisthöhle. Die jungen Meisen bleiben nicht alle am Heimatort, sondern entfernen sich zum Teil sehr weit, wandern also regelrecht ab und kehren nicht wieder zurück. Die Alten hingegen bleiben ihrem Nistort und oft sogar der Nisthöhle selbst meist über viele Jahre hinweg treu.

Blaumeise (Parus caeruleus): Jahresvogel und Teilzieher; bewohnt Europa – ausgenommen den hohen Norden – und Vorderasien; Länge 11,5 cm; Gefieder oberseits blaugrün, am Scheitel, Flügel und Schwanz glänzend kobaltblau, unterseits gelb; hat weißes Band rings um den blauen Scheitel, weißen Nackenfleck, weiße Wangen, blauschwarzen Augenstreif, schwarzes Kinn, schmale weiße Flügelbinde, dunkelbraune Augen, schwarzen Schnabel und bleigraue Füße; bevorzugt Auwälder und Eichenhaine, meidet reine Fichtenwälder; 1–2 Bruten ab Anfang Mai, Gelege 8–14 Eier.

Tannenmeise (Parus ater): Jahresvogel und Teilzieher; bewohnt fast ganz Eurasien; Länge knapp 11 cm; Gefieder oberseits olivgrau, Kopf schwarz mit großem weißem Nackenfleck und trübweißen Wangen, Flügel mit schmaler doppelter weißer Binde, unterseits weißlich, Kinn und Kehle bis zur Vorderbrust schwarz, Flanken rahmfarbenbräunlich; hat tiefbraune Augen, schwarzen Schnabel und bleigraue Füße; bevorzugt größere Fichten- und Tannenwälder der Mittelgebirge und des Alpenvorlandes; 2 Bruten ab Ende April, Gelege 7–10 Eier.

Diese unsere zierlichste Meise, die nur 8–9 Gramm wiegt, nimmt vom Menschen so gut wie keine Notiz. Sie zeigt sich weder scheu noch ängstlich und gibt sich weder vorsichtig noch heimlich, sondern eher fürwitzig. Tatsächlich scheint sie keinen ausgeprägten Sinn für die Gefahren des Lebens zu haben und fällt im höheren Maße als die anderen Meisen den Sperbern und Falken zum Opfer.

Haubenmeise (Parus cristatus): Vorwiegend Jahresvogel; bewohnt fast ganz Europa mit Ausnahme von Italien, Irland, England und Nordskandinavien; Länge 11,5 cm; Gefieder oberseits graubraun, unterseits weißlich, an den Flanken rahmfarben; kennzeichnet sich durch die schwarzweiß gesprenkelte Haube, weißliches Gesicht mit schwarzem Streif, der vom Auge ausgeht und die Wange umzieht, schmales schwarzes Halsband, schwarzen Kehlfleck; hat braune Augen, schwarzen Schnabel und schmutzig-lichtblaue Füße; bevorzugt große dunkle Nadelwälder, ist in den Mittelgebirgen wie in den Alpen am häufigsten, meidet die Laubwälder; 1–2 Bruten je nach Höhenlage ab Anfang April; Gelege 5–7 Eier.

Lapplandmeise (Parus cinctus): Vorwiegend Jahresvogel; bewohnt Nordeuropa von Mittelnorwegen an über Lappland bis nach Nordsibirien, erreicht streifend die Ostseeküste und dringt gelegentlich weiter nach Westen vor; Länge 13,5 cm; Gefieder oberseits schwach rostbräunlich, etwas bestaubt wirkend, Scheitel und Nacken düsterbraun, Gesicht trübweiß, unterseits schmutzigweiß mit rußschwarzem Kehlfleck, an den Flanken rotbräunlich; bevorzugt Birkenwälder oder mit Birken gemischte Nadelwälder, nistet im weichen Faulholz kranker Bäume; drängt sich wie die Kohlmeise in die Nähe des Menschen und kommt im Winter bis in die Stuben.

Trauermeise (Parus lugubris): Jahresvogel; bewohnt Südosteuropa von Albanien und Jugoslawien an, verbreitet sich bis nach Klein- und Vorderasien, erreicht streifend oft Italien; Länge 14 cm; Gefieder dem der Lapplandmeise sehr ähnlich, oberseits graubraun, Scheitel und Nacken rußbraunschwarz, beim Männchen fast schokoladenbraun, Gesicht und Halsseiten weißlich, unterseits mattweißlich mit großem schwarzem Kehlfleck, an den Flanken graubraun überhaucht; bevorzugt baum- und buschreiche Gärten in den Tiefebenen, Berghänge mit Mischwäldern und Felspartien, nistet in Baumhöhlen oder Felsenspalten, ist scheu und ungesellig.

Sumpf- oder Nonnenmeise (Parus palustris): Vorwiegend Jahresvogel; bewohnt Mitteleuropa, verbreitet sich bis nach

Die Weidenmeise kommt das ganze Jahr bei uns vor. Sie bewohnt weite Teile Europas, Asiens und Nordamerikas. Im Gefieder ähnelt sie stark der Sumpfmeise, hat aber einen matt ruß- bis braunschwarzen, auffällig glanzlosen Kopf und Nacken. Ihr bevorzugter Lebensraum sind Feuchtgebiete.

Die Paare der Schwanzmeise halten mit zärtlicher Treue zusammen. Sie übernachten eng aneinandergedrückt, decken sich gegenseitig mit ihren Flügeln

Ostasien; Länge 11,5 cm; Gefieder oberseits erdbraun, Kopf, Nacken und Kinn glänzend tiefschwarz, unterseits schmutzigweiß bis grau, an den Flanken rahmfarben bis bräunlich verwaschen, Kehle grauschwarz; bevorzugt durchaus keine Sümpfe, sondern feuchte Auwälder sowie Erlen- und Weidenbestände an fließenden und stehenden Gewässern, liebt auch die Buche sehr, meidet eigentlich nur den Kiefernwald; 1–2 Bruten ab Mai, Gelege 7–11 Eier.

Weidenmeise (Parus atricapillus): Vorwiegend Jahresvogel; bewohnt weite Teile Europas, Asiens und Nordamerikas, fehlt auf den drei südlichen europäischen Halbinseln; Länge 11,5 cm; Gefieder dem der Sumpfmeise sehr ähnlich, oberseits braungrau, unterseits weißlich; hat aber einen matt ruß- bis braunschwarzen, auffällig glanzlosen Kopf und Nacken, etwas dunklere Flanken und helle Säume an den Armschwingen; bevorzugt Sumpfgebiete, Erlenbrüche, Auwälder und Kopfweiden, nistet in vorwiegend selbstgezimmerten Höhlen in Erlen, Birken und Weiden, faulenden Baumstümpfen und morschen Bäumen; 1 Brut ab Mai, Gelege 6–8 Eier.

Beutelmeise (Remiz pendulinus): Jahresvogel und Teilzieher; bewohnt Süd- und Osteuropa, verbreitet sich in mehreren Rassen quer durch Asien bis nach Japan, brütet vereinzelt in Westdeutschland und Österreich; Länge knapp 11 cm; Gefieder oberseits kastanienbraun, unterseits rahmfarben, an Kopf, Nacken und Hals grauweißlich, an Kinn und Kehle weiß, an Stirn, Zügel und Ohrdecken schwarz, an Schwingen und Steuerfedern braunschwarz, außen fahlweiß gesäumt; hat braune Augen, dunkelschwarzen Schnabel und schwarze oder grauschwarze Füße; bevorzugt die Sumpf- und Überschwemmungsgebiete an den Ufern und Deichen großer Flüsse, ihrer Altwasser oder Mündungsgebiete, hängt ihr Beutelnest am liebsten an die äußersten Zweigspitzen über das Wasser geneigter Äste.

Schon im April und bevor sich die Bäume belauben, beginnt das noch einsame Männchen der Beutelmeise das kunstvolle Nest zu bauen. Mit dem Schnabel voll Bastfäden, die ihm im Frühjahr vor allem der Wilde Hopfen in seinen vorjährigen Stengeln liefert, fliegt es die Weide, Pappel oder Ulme an, die es sich als Nistplatz auserkor, und umwickelt hier einen herabhängenden Zweig. In rastloser, tagelanger Arbeit wachsen die Aufhänger und der Hängemattengrund in die Breite, bildet sich eine kleine Mulde und zeichnen sich bereits Seitenwände ab. Die Hängematte nimmt langsam die Gestalt eines zierlichen Henkelkörbchens an, und bald sieht man nur noch den Kopf des arbeitenden Männchens. Dieses wird jetzt aus einem Wickler und Flechter zu einem Wirker und Filzer, dichtet die Wände mit Samenwolle, durchsticht sie mit Fasern, dehnt, preßt und festigt sie mit Bauch und Schultern, bis das ganze Gebilde einer festen Filzbirne gleicht.

Um diese Zeit hat das Männchen schon Erfolg, wenn es um ein Weibchen wirbt, und gewinnt in ihm zugleich eine tüchtige und fachkundige Mitarbeiterin. Vor allem wendet sich das Weibchen der Innenausstattung des Nestes zu, trägt fleißig Blütenwolle ein und richtet die Mulde her. Er zieht inzwischen die Wände zwischen den schon sehr breiten Henkeln des Körbchens auf, verschließt die eine gänzlich und versieht die andere mit einem kurzen Eingangsröhrchen. Damit ist das lustig im Winde schaukelnde Kunstwerk vollendet, und das Weibchen kann sein Gelege von durchschnittlich sieben weißen Eiern versammeln.

Schwanzmeise (Aegithalos caudatus): Teilzieher; bewohnt in mehreren Rassen ganz Europa mit Ausnahme des hohen Nordens und verbreitet sich bis nach Ostasien; Länge 14 cm, wovon fast 8 cm auf den langen Schwanz kommen; Gefieder oberseits rötlich und schwarz gemischt; unterseits weißlich, Flanken und Bauch rötlich, Flügel und Schwanz schwarz, äußere Schwanzfedern reinweiß; die britische Rasse *(Ae. c. rosaceus)* und die westeuropäische Rasse *(Ae. c. europaeus)* haben weißen Kopf mit breitem schwärzlichem Streif über dem Auge; die ostdeutsche bzw. nördliche Rasse *(Ae. c. caudatus)* ist reinweiß an Kopf, Hals und Unterseite; bevorzugt Au- und Mischwälder, buschbestandene Heide, Parkanlagen und Gärten, stellt ihr Moosnest am liebsten in Dornenbüsche und Brombeergestrüpp, dichte Hecken und Fichten; 2 Bruten ab April; Gelege 9–12 und noch mehr Eier.

Die Paare halten fest und mit zärtlicher Treue zusammen. Sie übernachten eng aneinandergedrückt und decken sich gegenseitig mit den Flügeln zu. Wahrscheinlich brüten sie auch gemeinsam. Auf alle Fälle schlafen sie während der Bau- und Brutzeit im Nest. Später, wenn die Jungen ausgeschlüpft sind, wird die Kinderstube freilich bald zu klein, herrscht in ihr eine so drangvolle Enge, daß die Wände bersten und hier und dort Löcher bekommen. Dann wissen die jungen Schwanzmeisen wenigstens, wohin mit den langen Schwänzen. Sie vertragen sich übrigens gut miteinander, sind längst nicht so zänkisch wie die Jungen der Waldmeisen und verlassen das Nest dann erst, wenn sie wirklich flugfähig sind. Während die Alten zur zweiten Brut schreiten, streifen sie gemeinsam umher.

Bartmeise (Panurus biarmicus): Vorwiegend Jahresvogel; bewohnt Süd- und Südosteuropa, brütet vereinzelt auch an den Küsten der Nord- und Ostsee, z.B. in Südengland, Holland und bei Danzig, scheint heute nicht mehr zu unseren Brutvögeln zu zählen; Länge 16,5 cm, wovon 8 cm auf den Schwanz kommen; Gefieder oberseits zimtbraun, unterseits weiß, an den Flanken zart rötlich überhaucht; das Männchen hat aschgrauen Oberkopf und Nacken, breiten schwarzen Bartstreif und schwarze Unterschwanzdecken; die Schwingen sind schwarzbraun, die Handschwingen silberweiß, die Augen orangegelbbraun, der Schnabel gelb und die Füße schwarz; das Weibchen ist heller, hat bräunlichen Kopf und keinen Bartstreif; bevorzugt große unberührte Rohrwälder, nistet im Röhricht knapp über dem Boden und Wasser; 2 Bruten ab April, Gelege 4–6 Eier.

Ungemein zärtlich leben auch die Bartmeisenpaare zusammen. In der Gefangenschaft stirbt meist der eine Partner dem anderen nach. Dennoch erlaubt sich das Männchen oftmals Seitensprünge und hält es mit zwei verschiedenen Weibchen. Es ist überhaupt ein feuriges Geschöpf, das sehr temperamentvoll balzt, wobei es wie berauscht die Augen schließt, den Kopf senkt, den Schwanz fächert, sich wieder hoch aufrichtet und eigenartige klingende, schwirrende Laute dabei ausstößt.

Als ausgesprochene Waldbewohner leben die Paradiesvögel vorwiegend in der Wipfelzone und bewegen sich nur wenig auf dem Boden. Sie nisten auch in den Zweigen und ernähren sich von Insekten, Raupen und Früchten. Etliche betätigen sich wahrscheinlich auch als Eierräuber und Nestplünderer.

Die Paradiesvögel

Alle nur denkbaren Möglichkeiten, das praktische Federkleid in ein von Farben sprühendes, von Lichteffekten überschimmertes, von bizarren Schmuckgebilden überhäuftes Prunkgefieder zu verwandeln, spielte die Schöpferlaune der Natur bei den Paradiesvögeln durch. In den üppigen Tropenwäldern der australischen Region, vor allem aber auf Neuguinea, fand sie die Gelegenheit dazu, aus dem großen Überschuß der Lebenskräfte nicht nur die erstaunlichsten Federgebilde zu erzeugen, sondern

auch noch besondere Muskelapparate dazu zu erfinden, die all diesen blühenden Zierrat wirkungsvoll zur Schau stellen.

Wie fast immer in der Vogelwelt, tragen die Männchen diese Prachtgewänder und entfalten deren märchenhafte Schönheit während ihrer Balztänze. Die Weibchen sind schlicht grau und braun gefärbt. Dennoch ist der enorme Aufwand nicht etwa zweckbetont, wie zum Beispiel bei den ungefähr im gleichen Maße geschmückten männlichen Hühnervögeln, die eine möglichst große Anzahl von Weibchen zu betören und zu einem Harem zu versammeln wünschen. Die Paradiesvögel leben vielmehr in strenger Einehe. Die bezaubernde Farben- und Formenschau, unterstützt durch die absonderlichsten Balzstellungen, wird nur zur Augenweide eines einzigen Weibchens in Szene gesetzt.

Als ausgesprochene Waldvögel leben die Paradiesvögel vorwiegend in der Wipfelzone, im Dämmerlicht der hohen grünen Gewölbe, bewegen sich nur wenig auf dem Boden, nisten auch in den Zweigen und ernähren sich von Insekten, Raupen und Früchten. Etliche betätigen sich wahrscheinlich auch als Eierräuber und Nestplünderer. Die Nester sind meist napfförmig, und das Gelege umfaßt durchschnittlich nur zwei Eier.

Göttervogel oder Großer Paradiesvögel (Paradisaea apoda): Er bewohnt die Aru-Inseln zwischen Neuguinea und Australien; Länge 45 cm, wovon 18 cm auf den Schwanz kommen, während die seitlichen Schmuckfedern bis zu 35 cm lang sein können, so daß die Gesamtlänge des ungefähr dohlengroßen Vogels 95–100 cm erreicht; das Weibchen ist oberseits rotbraun, an der Kehle grauviolett, am Bauche fahlgelb. Der balzende Göttervogel wiegt sich, auf einem Ast sitzend, hin und her, breitet die Flügel weit aus, spreizt und sträubt die Büschelfedern der Brustseiten hoch auf, so daß sie sich gleich einem seidigen Wasserfall beidseitig bauschen und zuletzt als eine große Strahlengarbe über dem sich tief verbeugenden Vogel stehen.

Königsvogel (Cicinnurus regius): Bewohnt Neuguinea, die Inseln Misul und Salavati sowie die Aru-Inseln; Länge 16–18 cm; hat zwei fadenförmig verlängerte Steuerfedern, die an ihrer Spitze kleine rundliche goldgrüne Fahnen tragen.

Der balzende Königsvogel richtet sich auf dem Ast kerzengerade empor, streckt den Schnabel zum Himmel, sträubt die weißen Bauchfedern, fächert weit die braunen Kropffederbüschel und erhebt die verlängerten Steuerfedern über sich hinaus. So gleicht er einem phantastischen Federkreis oder besser noch einer runden Farbpalette, die in ihrer unteren Hälfte weiß, der oberen Hälfte rauchbraun, goldgrün gesäumt ist, aus deren Mitte die smaragdgrüne Kropfbinde sowie die rote Kehle mit dem gelben Schnabel leuchten und über der die goldgrünen Kreise der verlängerten Steuerfedern schweben.

Kragenparadiesvogel (Lophorina superba): Er bewohnt die Gebirge Neuguineas in Höhen von mindestens 2000 m; Länge 23 cm; Gefieder samtschwarz, schwach pupurbraun schimmernd, am Mantelkragen bronzefarben glänzend, am Brustkragen metallisch grün, am Ende der Federn kupfergolden funkelnd; der Oberkopf, Nacken und Hinterhals sowie die Schwingen und die Schwanzfedern sind stahlblau, die Unterseite purpurschwarz; das Weibchen dagegen ist oberseits dunkel- bis schwarzbraun, unterseits gelbbräunlich gewellt.

Beim Kragenparadiesvogel sind der am Hinterhals entspringende wie der an der Oberbrust wurzelnde Federkragen stark aufrichtbar, und beide bilden sehr breite und schildartige, pfeilspitzenförmige Federfächer beim Aufrichten.

Fadenhopf (Seleucides melanoleuca): Bewohnt die Ost- und Westküste Neuguineas sowie die Insel Salawati; Länge 32 cm; kennzeichnet sich durch lange, zerfaserte, prächtig goldgelbe Büschelfedern an den Brustseiten, die bis über den Schwanz hinausreichen und von denen die untersten als lange nackte, pferdehaarstarke und stark gekrümmte Gebilde auftreten; das Auge ist scharlachrot, der Schnabel ist schwarz und der Fuß ist gelblich. Der Fadenhopf lebt in kleineren Trupps oder Familien, klettert vorzüglich, fliegt gut und schnell, stößt vor dem Abflug oft einen weithin hörbaren Schrei aus, der wie „Kah" erklingt. Der Lockruf ist ein scharfes „Scheckscheck". Er lebt von Kerbtieren und Früchten, soll auch Nektar trinken und deswegen oft die blühenden Sagopalmen und Pisange besuchen. Während der Balz richtet er den Brustkragen ringförmig auf und öffnet die verlängerten Seitenfedern zu einem großen Fächer.

Sichelschnabel (Epimachus meyeri): Bewohnt das südöstliche Neuguinea; Länge etwa 115 cm, wovon gut 70 cm auf den prachtvollen langstufigen Schwanz kommen; Gefieder am Kopf klein, rundlich, schuppenartig und bronzegrün, blau und goldgrün schillernd, am Hinterhals samtartig schwarz und lang zerfasert, auf dem Rücken ebenfalls schwarz, grünbläulich schimmernd, unterseits bronzefarben; die großen Schmuckfedern an den Brustseiten glänzen besonders prachtvoll; hat auffallend langen und gebogenen schwarzen Schnabel sowie schwarze Füße; gehört zu den wenig bekannten und seltenen Paradiesvögeln.

Paradieselster (Astrapia nigra): Bewohnt die Gebirgswälder auf Neuguinea; Länge etwa 70 cm, wovon gut 45 cm auf den langen breiten Schwanz kommen; Gefieder oberseits purpurschwarz mit metallischem Schimmer, unterseits malachitgrün; die Scheitelfedern sind hyazinthrot und haben smaragdgoldene Spitzen; vom Augenwinkel läuft eine rote Binde im Halbkreis bis unter die Kehle; der Schnabel und die Füße sind schwarz.

Je nach dem einfallenden Licht soll das Gefieder dieses einzigartig schönen Vogels in den glühendsten und wunderbarsten Farben leuchten und es fast unmöglich machen, den Glanz mit Worten zu beschreiben. Auf dem Scheitel trägt er eine hohe Haube, am Kinn einen stattlichen Federbart und am Hinterhals einen aparten Federkragen, der auch den Eingeborenen gefällt, so daß sie ihn jagen.

Die Laubenvögel

Schon die Farbenpracht der Paradiesvögel läßt unwillkürlich vermuten, daß bei den Vögeln vielleicht doch etwas Ähnliches wie eine ästhetische Freude an schönen Formen und Farben die Lebenskräfte anregt und steigert. Einen gewissen Sinn für allerlei schmückenden Zierat konnten wir ja bei vielen der bisher besprochenen Vögel immer wieder auch beim Nestbau beobachten. Die australischen Laubenvögel nun scheinen diese Vermutung stark zu bestätigen. Bei ihnen bauen nämlich die durchweg sehr schlicht gefärbten und nur wenig gesangsbegabten Männchen besondere Spielnester, die sich teils als richtige Graslauben und Zweigtunnel, teils als lauschige Winkel oder vorgerichtete Tanzplätze präsentieren, immer aber reich mit frischen glänzenden Blättern, bunten Blüten, Beeren und Federn, schillernden Käferflügeln, hübschen Schneckenhäusern und

Das Spielnest des Seidenlaubenvogels ist wie eine Laube. In das Flechtwerk des Bodens kann der Vogel leicht Reiser stecken, die den an beiden Seiten offenen Bau überdachen.

Muschelschalen oder glitzernden Steinchen und Glasscherben geschmückt werden.

Atlas- oder Seidenlaubenvogel (Ptilonorhynchus violaceus): Bewohnt Australien; Länge etwa 28 cm; Gefieder tiefblauschwarz und atlasglänzend, Vorder- und Armschwingen, Flügeldeck- und Steuerfedern samtschwarz, an der Spitze blau; hat hellblaues, rot umringtes Auge, lichtbläulichen, an der Spitze gelblichen Schnabel und rötliche Füße; das Weibchen ist oberseits blaßbläulichgrün, unten grünlichweiß, braun mondgefleckt, an den Flügeln und am Schwanz dunkelgelbbraun; bevorzugt das Unterholz der parkähnlichen Wälder, lebt im Frühjahr paarweise, im Herbst in kleinen Trupps, verzehrt Körner, Früchte und Insekten.

Das Spielnest des Seidenlaubenvogels ist eine aus feinen Zweigen errichtete Laube mit einem geflochtenen Grund. In das Flechtwerk des Bodens vermag der Vogel leicht die Reiser zu stecken, die den an beiden Seiten offenen Bau zeltartig überdachen. Bunte Papageienfedern und Blüten schmücken die Wände. Die Eingänge zieren Muschelschalen, Schneckenhäuser, Steinchen und gebleichte Knöchelchen sowie Beeren und Früchte. Die blaue Farbe wird sichtlich bevorzugt. Oft sind auch die Innenwände blau bemalt bzw. mit einem aus Frucht- oder Pflanzensäften gewonnenen Farbstoff bestrichen. Das fröhliche Haschespiel unterbricht das Männchen hin und wieder, um mit dem Schnabel auf irgendeine der zusammengetragenen Kostbarkeiten hinzuweisen, wobei es alle Federn sträubt und sonderbare Laute von sich gibt.

Kragenvogel (Chlamydera maculata): Bewohnt die Buschwälder Inneraustraliens; Länge etwa 28 cm; Gefieder oberseits tiefbraun, rundlich braungelb gefleckt, unterseits graulichweiß, hellbraun quergestreift; Oberkopf und Kehle sind leuchtendbraun; trägt eine schöne hängende fächerartige Nackenhaube aus pfirsichroten Federn; hat dunkelbraune Augen, braunen Schnabel und Fuß; baut meterlange Spielnester.

Schopflauben- oder Gärtnervogel (Amblyornis inornatus): Bewohnt die Wälder Neuguineas; Länge 28–29 cm; Gefieder oberseits olivgrünlich, unterseits rostbräunlich, an Kinn und Kehle bläulich; kennzeichnet sich durch starke orangefarbene Schopfhaube, die sich von der Stirn bis tief in den Nacken erstreckt.

Dieser Laubenvogel errichtet sein Spielnest um einen aufgebauten Mittelpfeiler aus Reisig und legt vor ihm einen peinlich gesäuberten, mit Moos und Zweigstückchen belegten, mit Beeren und Blüten bestreuten Tanzplatz an. Die Innenwände werden ebenfalls mit frischem Moos tapeziert und mit schillernden Käferflügeln, weißen Sternblüten und blauen Beeren verziert. Das Moos wie die verwelkten Blüten und Beeren ersetzt er fast täglich.

Die Rabenvögel

Daß auch die Familie der Rabenvögel zu den Singvögeln gehört, wird diesen und jenen Leser vielleicht überraschen und verwundern. Doch zeichnet sich das Geschlecht des berühmten „Hans Huckebein“ ungeachtet seiner leiblichen Größe durch die gleichen Wesenszüge und Eigenheiten wie alle anderen Sperlingsvögel aus. Ihre Jungen sperren ebenfalls im Nest, und die Nester selbst sind ganz wie die der anderen Singvögel konstruiert. Auch die Flügel, die Füße und sogar der Kehlkopf unterscheiden sich in nichts von denen der bisher behandelten Vogelfamilien. Wohl können wir ihr Gekrächze kaum als Gesang empfinden, müssen aber bedenken, daß gerade sie außerordentlich stimmbegabt sind, vorzüglich zu spotten verstehen und ziemlich mühelos sogar Worte nachzusprechen und ganze Lieder nachzupfeifen vermögen. Zu den Rabenvögeln zählen außer der bekannten Krähen und Raben selbst noch die Dohlen, Elstern und Häher sowie die tropischen Flöten- und Hopflappenvögel. Verbreitet sind sie in etwa 30 Gattungen mit ca. 100 Arten über die ganze Erde.

Die Krähen und Raben

Viel zuwenig findet Beachtung, daß diese schwarzen Rabenvögel nicht nur wichtige Straßenkehrer der Natur sind, die auch den ekelsten Brocken verschlingen und bei uns die Rolle der Geier, Hyänen und Schakale spielen, sondern sich auch als eifrige Mäusejäger, Insektenvertilger u. Larvenverschlinger betätigen. Unermüdlich und unersättlich gehen sie ihrem Nahrungserwerb nach, zupfen dabei freilich auch die keimende Saat, brandschatzen Getreidefelder, plündern Vogelnester und brechen Fruchtreiser von Bäumen. Aber einwandfrei ergab sich, daß ihr Fehlen sofort starke Mißernten im Gefolge hatte. Ihre Verfolgung entspricht also einer zu kurzsichtigen Verhaltensweise.

Aaskrähe (Corvus corone): Bewohnt in etlichen Rassen Eurasien und Nordamerika; Länge 47 cm; tritt in Deutschland westlich der Elbe als die einfarbig schwarzschimmernde, standorttreue *Rabenkrähe (C. c. corone)*, östlich der Elbe als die durch grauen Rücken und Bauch gekennzeichnete, im Winter westwärts streifende *Nebelkrähe (C. c. cornix)* auf; die Rassen vermischen sich häufig an den Grenzen ihrer Verbreitungsgebiete und sind sich in Stimme, Verhalten und Vorkommen völlig gleich.

Die Rabenkrähen, auf die wir unsere Schilderung beschränken, bevorzugen offenes Gelände, Feldgehölze, kleinere Auwälder, Waldränder und drängen sich immer stärker in die Nähe des Menschen. Heute nisten sie schon sehr häufig in den Parkanlagen und Friedhöfen der Städte sowie auf Straßenbäumen in belebten Ortschaften und in größeren Gärten. Vor dem Menschen haben die Rabenkrähen nur wenig Scheu und wissen ihn genau einzuschätzen. Ihre Fluchtdistanz wird bei Gewöhnung gering.

Im Februar und März schließen sich die Paare noch enger als sonst aneinander, schwatzen in liebenswürdiger Weise, und das Männchen macht außerdem durch sonderbare Bewegungen und Verneigungen und eigentümliches Ausbreiten der Schwingen seinem Weibchen den Hof.

Der Horst, der Ende März oder Anfang April auf hohen Bäumen angelegt oder für die neue Brut wieder hergerichtet wird, ähnelt dem des Kolkraben, ist aber bedeutend kleiner. Auf eine Unterlage dürrer Zweige folgen Baststreifen, Grasbüsche, Quecken und andere Wurzeln, die oft durch lehmige Erde miteinander verbunden werden, wogegen die Ausfütterung aus Wolle, Kälberhaaren, Schweinsborsten, Baststückchen, Grashalmen, Moosstengeln und Lumpen besteht.

In der ersten Aprilhälfte legt das Weibchen 3–5, höchstens 6 Eier. Es brütet allein, wird aber nur dann vom Männchen verlassen, wenn dieses wegfliegen muß, um für sich und die brütende Gattin Nahrung zu holen. Die Jungen werden mit größter Hingabe von beiden Eltern gefüttert und bei Gefahr mit großem Mut verteidigt.

Saatkrähe (Corvus frugilegus): Teilzieher; bewohnt vorwiegend die Getreideanbauflächen Europas und Asiens, fehlt weitgehend in Südwesteuropa und Skandinavien; Länge knapp 46 cm; Gefieder durchweg schwarz mit purpurblauem Schimmer; kennzeichnet sich durch nackten weißen Gesichtsfleck und – bei Altvögeln – weißen Grind an der Schnabelwurzel; der Schnabel ist schlank, gestreckt, spitz und grauschwarz, der Flügel lang, der Schwanz stark abgerundet; bevorzugt kleine lichte Feldgehölze, auch Auwäldchen, drängt sich in die Nähe des Menschen, nistet in Parkanlagen, Friedhöfen und auf Straßenbäumen inmitten der Städte, oft kolonieweise; 1 Brut Ende März/Anfang April, Gelege 3–5 Eier.

So gesellig die schlanken Saatkrähen sind, meiden sie doch sichtlich die Berührung mit den Raben- und Nebelkrähen, denen sie wohl auch in der Robustheit nicht gewachsen sind, und vergesellschaften sich lieber mit Dohlen, Elstern und Staren. In der Brutzeit drängen sich die Paare auf engstem Raum zusammen, nisten oft ihrer 15–20 auf einem Baume und zu Hunderten im kleinsten Gehölz.

Kolkrabe (Corvus corax): Vorwiegend Jahresvogel; bewohnt Eurasien, Grönland und Nordamerika, fehlt im Kernstück Mitteleuropas weitgehend, brütet in Deutschland nur im nördlichen Niedersachsen, in Schleswig-Holstein, Ostpreußen, den Alpenländern und vereinzelt im Rheinland; Länge 63,5 cm; Gefieder einfarbig schwarz, stahlblau schimmernd; kennzeichnet sich durch besonders klotzigen, beborsteten, schwarzen Schnabel, zottige Kehlfedern und keilförmigen Schwanz, der vor allem auch im Flugbild auffällt; ist braunäugig; brütet in der Ebene auf hohen Bäumen, im Gebirge häufig an unzugänglichen Felswänden; 1 Brut Anfang März, Gelege 4–6 Eier.

Der Kolkrabe ist der größte Singvogel Europas und erreicht

Der Kolkrabe ist der größte Singvogel Europas und erreicht fast die Ausmaße eines Mäusebussards. Er lebt in Einehe, die nur durch den Tod eines Partners aufgelöst wird. Der Horst wird viele Jahre lang hintereinander benutzt. Zu jeder Brut werden neue Reiser aufgetragen, so daß ein mächtiger Bau von gut einem halben Meter Durchmesser sein kann.

Die Alpendohle ist in Europa ein Jahresvogel. Sie bewohnt die Hochgebirge Südeuropas und Asiens und nistet in den Spalten und Höhlen steiler unzugänglicher Felswände. Manchmal trifft man dort auf kleine Kolonien, die jedem Einzelindividium mehr Sicherheit beiten. Die erste Brut beginnt im Mai/Juni; das Gelege umfaßt 4–5 Eier.

fast die Ausmaße eines Mäusebussards. Er lebt in lebenslänglicher Einehe, die nur durch den Tod des einen Partners aufgelöst wird.

Der Horst wird, wenn keine Störung erfolgt, viele Jahre lang hintereinander benutzt. Zu jeder Brut werden neue Reiser aufgetragen, so daß er unaufhörlich wächst und ein mächtiger Bau von gut einem halben Meter Durchmesser sein kann. Die tiefe Mulde polstert das Weibchen warm mit Flechten, Tierhaaren und Tierwolle. Es legt in Abständen von 24–48 Stunden seine lichtgrünen, fein grau und braun gefleckten, überraschend kleinen Eier.

Im Verhältnis zur Größe und zum Gewicht hat der Kolkrabe die kleinsten und leichtesten Eier unter allen Vögeln. Das Weibchen brütet allein, etwa drei Wochen lang, und wird in dieser Zeit vom Männchen aus dem Kehlsack gefüttert.

Ende März schlüpfen die Jungraben. Das Männchen versorgt die Mutter wie die Kinder reichlich mit den besten Happen und stellt unter Beweis, daß es kein törichteres Sprichwort als das vom „Rabenvater" gibt. Es regnet fette Regenwürmer, knusprige Käfer, saftige Gras- und Moorfrösche, Schnecken und Mäuse in das Nest. Im April turnen die Jungraben schon auf dem Nestrand umher. Aber noch im Mai werden sie mit in kleine Stücke gerissenen Hasen, Ratten, Maulwürfen, Waldhühnern, Fischen, Echsen, Schleichen und Schlangen gefüttert. Auch das Weibchen schleppt nun fleißig herbei.

Die weit umherstreifende Kolkrabenfamilie bleibt noch das ganze Jahr und oft bis zur nächsten Balz zusammen. In Deutschland konnten sich, nachdem der Kolkrabe unter Naturschutz gestellt wurde, die bedrohlich gelichteten Bestände erfreulicherweise wieder erholen.

Die Dohlen

Als echte Höhlenbrüter nehmen die geselligen Dohlen eine besondere Stellung unter den Rabenvögeln ein. In ihrem Wesen zeigen sie uns, welche Entwicklungsmöglichkeiten in diesen schwarzen Gesellen überhaupt schlummern. Es sind Vögel, die uns in ihrem wohlgeordneten Gemeinschaftsleben wie im Verhalten der Ehepartner zueinander menschlich anmuten.

Dohle (Coloeus monedula): Teilzieher; bewohnt Europa – ausgenommen den hohen Norden – und Asien sowie Nordwestafrika; Länge 33 cm; Gefieder oberseits sowie auf Stirn und Scheitel dunkelschwarz, im Nakken und an den Ohrdecken aschgrau, unterseits schiefer- oder grauschwarz und dunkelgrau; hat wesentlich kürzeren und kleineren Schnabel als die Krähen und auffallend silbergraue Augen; bevorzugt hohe alte Gebäude, Schlösser, Burgen, Ruinen, Kirchtürme, Festungswerke, Felswände und Parkanlagen, immer möglichst in Kulturlandschaften, nistet auch an diesen Örtlichkeiten, zumeist kolonieweise; 1 Brut Mitte April/Anfang Mai, Gelege durchschnittlich 5 Eier.

Alpendohle (Pyrrhocorax graculus): Jahresvogel; bewohnt die Hochgebirge Südeuropas und Asiens; Länge 38 cm; Gefieder durchweg tiefschwarz, nicht stark blau schimmernd; hat ziemlich kurzen, fast geraden gelben Schnabel und rote Beine; bevorzugt die Knieholzzone oberhalb des Waldgürtels bis zur Schneegrenze hinauf, nistet in den Spalten und Höhlen steiler unzugänglicher Felswände, manchmal in kleinen Kolonien; 1 Brut im Mai/Juni, Gelege 4–5 Eier; ruft dünn und wiederholt „Skrü" oder kurz „Tschjup", trillert hell „Krü-krü-küri-krui".

Alpenkrähe (Pyrrhocorax pyrrhocorax): Jahresvogel; bewohnt die Hochgebirge Nordafrikas, Südeuropas und Asiens, brütet auch an den Steilküsten Großbritanniens und Nordwestfrankreichs, ferner auf Sardinien und in Süditalien – wo die Alpendohle fehlt –, ist in den Alpen wesentlich seltener als jene; Länge knapp 40 cm; Gefieder durchweg glänzend blauschwarz; hat langen gebogenen zinnoberroten Schnabel und ziegelrote Füße; bevorzugt Klippen und Felsen, nistet im Gebirge wie am Meer in den Spalten und Höhlen wie unter den Simsen des Gesteins und auch in Ruinen; 1 Brut um Mitte April, Gelege 4–5 Eier; ruft langgezogen und hoch „Kjah" und „Tschaff".

Die im Alpenraum immer schon verhältnismäßig seltene Alpenkrähe wurde durch die erlittenen Verfolgungen – vor allem von seiten der sogenannten Vogelfreunde und passionierten Eiersammler – derartig scheu, daß sie die Berührung mit dem Menschen meidet.

Die Elstern

Mit den Elstern kommt nicht nur rein äußerlich Farbe in das Volk der schwarzen Gesellen. Auch in der Wesensart sind diese auffallend langschwänzigen Rabenvögel bunter, schillernder und vor allem vieldeutiger. Nicht umsonst sah das einfache Landvolk des vergangenen Jahrhunderts in der Elster einen Vogel der Zwietracht und des Unfriedens, dem allerlei Zauberkräfte beigemessen wurden. Denn wenn es schon schwer ist, einer Krähe oder einem Raben beizukommen, so kann man eine Elster wahrhaftig nur mit Tücke überlisten.

Elster (Pica pica): Jahresvogel; bewohnt ganz Europa, ausgenommen Island, Sardinien und Korsika, verbreitet sich weit über Asien; Länge knapp 46 cm; wovon 26 cm auf den Schwanz kommen; Gefieder schwarz, prachtvoll metallisch blau, grün, purpurn und kupfrig schimmernd, an den Schultern, den Flanken und am Bauch hellweiß; kennzeichnet sich durch den mehr als körperlangen keilförmigen und gestuften Schwanz, mit dem sie häufig wippt, und den schrittweisen Gang; bevorzugt das bebaute Kulturland, offenes Gelände mit Hecken und Bäumen, nistet vorwiegend in hohen Bäumen; 1 Brut im März, Gelege 7–8 Eier. Eindeutig verrät das auf dorni-

Der Eichelhäher ist ein eifriger Insektenvertilger und vor allem ein großer Liebhaber der Ringelspinnereier, die er samt den Zweigstückchen verschluckt. Nicht zuletzt aber trägt er wesentlich zur Verbreitung der Eichen, Buchen und Haseln bei und sorgt auf seine Weise für einen natürlichen Mischwald. Er hat nämlich die Gewohnheit, sich die Früchte dieser Bäume zu verstecken. Einzeln und in ganz bestimmten Abständen birgt er sie tief im Waldboden und findet natürlich die meisten nicht wieder, wenn er sie brauchen könnte.

gen Reisern errichtete, mit Lehm und Erde gepichte, mit einem Dornengeflecht überdachte und mit zwei Ausgängen versehene Nest der Elster, welchen Feind sie am meisten zu fürchten hat: den Baummarder! Diesen Feind jedoch dezimierte der Mensch so stark, daß er heute ernstlich in seinem Bestand bedroht ist. Die Folge: ein großes Geschrei über die Nestplünderei der Elster, verbunden mit der Forderung nach einem weiteren Todesurteil, das selbst Tierfreunde unbedenklich unterschreiben. Denn wo die Elstern überhandnehmen, bringt kein anderer Singvogel seine Brut mehr hoch, werden die Eier geraubt, die Küken getötet und noch die halbflüggen Jungvögel abgewürgt. Und da die Elstern jeweils ein verhältnismäßig kleines Revier das ganze Jahr über bewohnen, entgeht ihren Augen kaum eine Kinderstube in Busch, Baum, Wiese und Feld. Andererseits darf nicht vergessen werden, daß die Elster lediglich im Frühjahr, wenn es ihr an Futter für die Brut gebricht, zum Nesträuber wird, sonst aber zahllose Schadinsekten und deren Larven sowie Schnecken und Mäuse vertilgt.

Wie alle anderen Rabenvögel sammelt die Elster leidenschaftlich blitzende und glitzernde Gegenstände und trägt sie als Nestschmuck ein.

Die Häher

Die Häher werden auch Baumkrähen genannt, denn ihr Leben spielt sich vorwiegend in der Wipfelzone der Wälder ab. Hier fliegen sie unvergleichlich gewandt, schwenken flott und sicher durch dichtes Geäst, stürzen jäh ab und schwingen sich kraftvoll wieder auf. Freie Strecken überfliegen sie dagegen gar nicht gern. Auf der Erde hüpfen sie äußerst schwerfällig umher. Das Gefieder ist bunt wie das der Elstern, und auch charakterlich schillern sie in allen Farben.

Eichelhäher (Garrulus glandarius): Vorwiegend Jahresvogel, Teilzieher nur im Norden seines Verbreitungsgebietes; bewohnt Nordafrika und Eurasien; Länge gut 34 cm; Gefieder oberseits rötlichbraun mit weißem Bürzel und schwarzem Schwanz, unterseits fein weinrotgrau; hat schwarzweiß gestreifte, aufrichtbare Scheitelfedern, dicken schwarzen Bartstreif, weißes Kinn, großen weißen Fleck und himmelblaue Spiegel auf den Flügeln; die Augen sind hellblau bis perlfarben, der Schnabel schwarz und die Füße bräunlich; bevorzugt Waldungen jeder Art und entfernt sich nie weit von ihnen, nistet am liebsten in größeren und dichten Wäldern, immer in Bäumen, oft nahe am Stamm; 1 Brut Anfang April, Gelege 5–7 Eier.

Den Markwart des Waldes, den übelbeleumdeten Eichelhäher, brauchen wir nicht lange zu suchen. Sobald wir nur einen Wald betreten, meldet er sich selbst und begrüßt uns laut rätschend. Mit hochgesträubter Federholle schimpft er los, heftet sich an unsere Fersen und hält sich dabei immer in guter Deckung. So manchem Sonntagsjäger, Eiersammler und Schlingenleger hat dieser gefiederte Holzschreier schon den Pirschgang verdorben und unzähligen Tieren das Leben gerettet. Diese seltsamen Naturfreunde sind es denn auch zumeist, die nicht grimmig genug die Ausrottung des Eichelhähers fordern, ihn als den abscheulichsten Nesträuber brandmarken und behaupten, daß er ernstlich den Bestand der Singvögel gefährdet. Es sind die gleichen Leute, die Greife, Eulen und Marder abschießen und sich dann wundern, wenn die Eichelhäher, Elstern und Eichhörnchen überhandnehmen.

Damit soll aber nun nicht gesagt sein, daß unser Eichelhäher kein Wässerchen trüben könnte. Im Frühjahr, wenn seine heranwachsenden Jungen nach herzhafterer Atzung als Raupen, Würmern und Insekten verlangen, füttert er sie tatsächlich mit den Nestjungen der Singvögel, während er selbst sich die Eier munden läßt. Daneben aber greift er auch Mäuse, Eidechsen und Schlangen und scheut selbst vor der Kreuzotter nicht zurück. Außerdem ist er zu jeder Jahreszeit ein eifriger Insektenvertilger und vor allem ein großer Liebhaber der Ringelspinnereier, die er samt den Zweigstückchen verschluckt. Nicht zuletzt aber trägt er wesentlich zur Verbreitung der Eichen, Buchen und Haseln bei und sorgt auf seine Weise für einen natürlichen Mischwald. Er hat nämlich die Gewohnheit, sich die Früchte dieser Bäume für kommende Notzeiten zu verstekken. Einzeln und in ganz bestimmten Abständen birgt er sie tief im Waldboden und findet natürlich die meisten nicht wieder, wenn er sie brauchen könnte. Freilich können die von ihm auf diese Weise gepflanzten Bäume wiederum nur in einem gesunden Mischwald aufwachsen. In den trostlosen Fichten- und Kiefernstangenäckern fressen die Hasen und Rehe sofort jedes keimende Laubbäumchen wieder zuschanden.

Tannenhäher (Nucifraga caryocatactes): Vorwiegend Jahresvogel, abgesehen von den periodischen winterlichen Hungerwanderungen der sibirischen Rasse; bewohnt in Mittel- und Südosteuropa die Alpen, den Schwarzwald, die Rhön, den

Der Pirol verbringt nur eine kurzfristige Sommerfrische in unseren Breiten. Er trifft erst Anfang Mai in seinem Brutgebiet ein und verläßt es bereits im August wieder. Als echter Baumvogel, dessen Leben sich fast ausschließlich im Bereich der belaubten Wipfel abspielt, bleibt er trotz seines auffälligen Gefieders weitgehend unseren Blicken entzogen.

Harz, den Thüringer Wald, das Riesengebirge, die Tatra, die Karpaten, verbreitet sich etwa von Ostpreußen und Südskandinavien an über Osteuropa und lebt in den ausgedehnten Wäldern Polens, Rußlands, Sibiriens und Nordchinas; Länge knapp 32 cm; Gefieder durchweg dunkel schokoladenbraun, kräftig weiß betropft; hat breite schwärzliche Flügel, weiße Unterschwanzdekke und Schwanzspitze; kennzeichnet sich noch durch seinen langen starken schwärzlichen Schnabel, feinen weißen Augenstreif, weiße Zeichnung am Schnabelgrund und auffallend kurzen Schwanz; bevorzugt große geschlossene Nadelwälder, nistet in dichten Nadelbäumen; 1 Brut Mitte März/Anfang April, Gelege 3–4 Eier.

Unglückshäher (Perisoreus infaustus): Vorwiegend Jahresvogel, abgesehen von periodischen Hungerwanderungen, die ihn bis nach Mitteleuropa führen; bewohnt das nördliche Eurasien von Mittelskandinavien und Finnland an bis nach Sachalin; Länge 30,5 cm; Gefieder oberseits rußbraun auf Scheitel und Nacken, düster bleigrau bzw. mausgrau auf Rücken und Mantel, fuchsrot auf Hinterrükken und Bürzel sowie an den äußeren Steuerfedern, unterseits an Kinn, Kehle und Brust bräunlichgrau, an den Flanken und Unterschwanzdecken rotbraun; unterscheidet sich von den bisher besprochenen Hähern durch den kleinen Schnabel, den gelbbraune Federn bis zu den Nasenlöchern bedecken, den langen gestuften Schwanz und die kurzläufigen Füße; bevorzugt die dichten Nadel- und Birkenwälder des hohen Nordens, nistet am liebsten in Kiefern, dicht am Stamme; 1 Brut März/April, Gelege 3–5 Eier.

Im Mittelalter glaubten die Menschen, daß das periodische Auftauchen des rotgezeichneten Unglückshähers das sichere Anzeichen für Not, Brand, Krieg und Seuchen sei. Heute wissen wir, daß er uns besucht, wenn im Norden die Nadelbäume zuwenig Frucht tragen und es ihm an Nahrung mangelt.

Von den Rabenvögeln der australischen Region sei hier noch erwähnt:

Flötenvogel (Gymnorhina tibicen): Bewohnt Australien, vor allem wohl Neusüdwales; Länge 40 cm; Gefieder vorwiegend schwarz, metallisch grün, purpurn und bronzefarben schimmernd; der Nacken, Unterrücken und Bürzel sowie die vorderen Flügeldeckfedern, die Wurzelhälfte des Schwanzes und die Unterdeckfedern aber schneeweiß; hat auffallend großen und starken, bräunlich aschgrauen Schnabel, rötlich nußbraune Augen und schwarze Füße; bevorzugt die Baumgruppen der Buschsteppe, drängt sich in die Nähe der Ansiedlungen, kommt in Gärten und Gehöfte, nistet in Bäumen; 2 Bruten ab August, Gelege 3–4 Eier.

Die Pirole

Unser Pirol ist der einzige eurasische Vertreter dieser in etwa 70 Arten über Afrika, Asien, die malaiische und australische Inselwelt verbreiteten, star- bis drosselgroßen und besonders farbenprächtigen Vögel. Und auch er verbringt gleichsam nur eine kurzfristige Sommerfrische in unseren Breiten, trifft erst Anfang Mai in seinem Brutgebiet ein und verläßt es bereits im August wieder. Als echter Baumvogel, dessen Leben sich fast ausschließlich im Bereich der belaubten Wipfel abspielt, bleibt er trotz seines auffälligen Gefieders weitgehend unseren Blicken entzogen. Er ist auch längst nicht mehr so häufig wie noch vor rund hundert Jahren, wo er, wie es seine vielen Namen beweisen, ein ausgesprochen volkstümlicher Vogel war und von den gut beobachtenden Landleuten auch Pfingst- oder Kirschvogel, Bieresel oder Regenkatze, Bülow und Golddrossel genannt wurde. Tatsächlich trifft er meist um Pfingsten bei uns ein, nascht er gern Kirschen – wie andere Früchte und Beeren –, klingt sein flötender Ruf ähnlich wie „Bülow“ oder besser noch „Düdlio“, und ruft er besonders viel an trüben und gewittrigen Tagen.

Pirol (Oriolus oriolus): Sommervogel; bewohnt ganz Europa mit Ausnahme des hohen Nordens und Griechenlands, verbreitet sich über Vorder- und Mittelasien bis etwa zum Altai; Länge 24 cm; Gefieder des Männchens leuchtend gelb bzw. prächtig licht orangefarben oder gummiguttgelb; Flügel schwarz mit schmal weiß gerandeten Schwungfedern, schmal gelblich gerandeten hinteren Armschwingen und in der Endhälfte gelben Handdecken; Schwanz schwarz mit breitem gelbem Band an der Spitze; das Weibchen und die Jungen sind oberseits gelblichgrün mit olivschwärzlichen Schwingen, unterseits grauweiß, dunkel gestreift; hat karminrote Augen, schmutzigroten Schnabel und bleigraue Füße; bevorzugt Feldgehölze, Auwälder, Parkanlagen, alte große Obstgärten, liebt besonders die Eichen und die Birken, nistet zumeist hoch in den Bäumen, gern in Wassernähe; 1 Brut Anfang Mai, Gelege 4–5 Eier.

Die Drongos

Verwandte der Rabenvögel sind auch die über Afrika südlich der Sahara, einschließlich Madagaskar, sowie ganz Indien, Südchina und die malaiische Inselwelt bis nach Australien verbreiteten Drongos oder Würgeschnäpper. Wie es ihr zweiter Name andeutet, haben sie einen würgerähnlichen Hakenschnabel und schnappen ihre Insektenbeute vorwiegend aus der Luft. Auf dem Boden bewegen sie sich äußerst ungeschickt, trinken und baden selbst im Fluge und ruhen wie die echten Schnäpper gern auf erhöhten Beobachtungswarten. Von hier aus halten sie Umschau nach fliegenden Insekten, vor allem nach Bienen, Hummeln und Wespen, die sie dann schnell und wendig verfolgen. Außer diesen stechenden Kerbtieren, die sie mit dem Giftstachel verschlucken, verzehren sie aber auch Heuschrecken und Grillen, Libellen und Wasserjungfern, Schmetterlinge und Käfer aller Arten.

Das Weibchen der Rauchschwalbe brütet allein und wird vom Männchen nur flüchtig, bei schlechtem Wetter, wenn wenig Insekten fliegen, überhaupt nicht mit Nahrung versorgt. Es muß dann die Eier oft stundenlang verlassen. Die Brutdauer kann sich deshalb von gewöhnlich 13–14 auf 17–18 Tage verlängern. Immerhin kommt das Männchen oft zum Nest und unterhält die Gattin mit plauderndem Gezwitscher, dem es gern noch einige lustige Triller anhängt. Es hilft auch fleißig, die ausgeschlüpften Jungen zu füttern.

Flaggendrongo (Dicrurus paradiseus): Bewohnt Vorderindien, Burma, Malakka, Sumatra, Java und Borneo; Länge 36 cm; Gefieder durchweg schwarz, stahlblau glänzend; kennzeichnet sich durch eine Federhaube am Vorderkopf und zwei sehr verlängerte, bis zu 25 cm über den gegabelten Schwanz hinausragende, nacktschaftige Außenfedern, die an ihrem Ende eine kleine Fahne tragen; der Flaggendrongo besitzt sehr große braune Augen, einen schwarzen Schnabel mit starren Borsten am Mundwinkel und schwarze Füße; bevorzugt lichte Wälder und offenes Gelände in der Nähe der Ansiedlungen, nistet gewöhnlich in Bäumen; wird in Afrika vom 26 cm großen, stahlglänzend schwarzen *Trauerdrongo (Dicrurus adsimilis)* vertreten.

Die Stachelbürzler

Ebenfalls an die Würger und die Fliegenschnäpper erinnern auch die in zahlreichen Gattungen und rund 180 Arten über Afrika, Asien, Australien und fast alle Inseln des Indischen und Großen Ozeans verbreiteten Stachelbürzler oder Raupenfresser. Es sind kleinere bis mittelgroße Vögel mit einem nur schwachhakigen Schnabel, kurzen zarten Füßen und ziemlich langem, rundem oder abgestuftem Schwanz. Allen eigen ist die stachelartige Ausbildung der Bürzelfedern, deren Schäfte nahe der Wurzel auffällig starr, der Spitze zu aber besonders zart und weich sind. Die meisten von ihnen leben gesellig in kleineren Trupps und Gesellschaften, tummeln sich als echte Baumvögel in Wäldern und Gärten und ernähren sich vorwiegend von Insekten, vor allem wohl von Raupen und anderen Larven. Etliche wiederum leben fast ausschließlich von Schmetterlingen und schnappen ihre Beute gleich den Fliegenschnäppern aus der Luft. Ihre kunstvollen Nester stehen in Bäumen oder Büschen und sind aus Flechten, Moosen und allerlei Gespinsten gewirkt.

Mennigvogel (Pericrocotus flameus): Bewohnt Nordindien, Nordbirma, den Kleinen Himalaja – wo er in Höhen bis zu 2000 m vorkommt – sowie Südchina; Länge 23–24 cm; Gefieder oberseits sowie an den Schwungfedern und den beiden mittleren Schwanzfedern glänzend blauschwarz, unterseits von der Brust an scharlachrot; auch der Bürzel, ein breites Flügelband und die seitlichen Schwanzfedern sind prachtvoll rot; beim Weibchen sind alle diese lebhaften Farben grau und gedämpft, ist die Oberseite mehr grünlichgelb; der Vogel hat braune Augen, schwarzen Schnabel und Fuß; bevorzugt die Wälder seiner Heimat, liest die Insekten vorwiegend von den Zweigen und Blättern ab, ist in der Gefangenschaft sehr hinfällig und stirbt oft bald.

Die Schwalben

Alle Schwalben sind schlanke und anmutige Geschöpfe, schnelle Flieger und hochspezialisierte Insektenjäger, die ihre Beute ausschließlich im Fluge erschnappen. Wie sehr sie der Luft verschworen sind, kennzeichnet sich im stromlinienförmig zugeschnittenen Leib, den langen spitzen Flügeln, dem tief ausgeschnittenen Gabelschwanz und den winzigen, zum Laufen und Hüpfen kaum noch zu gebrauchenden Beinen. Als Jäger haben sie große scharfe Augen und einen besonders tiefgespaltenen Schnabel, der ihnen als körpereigener Insektenkescher dient. Ihrer Ernährung entsprechend weichen sie, sobald die Insektensaison ihrem Ende zugeht, nach Westen und Süden aus, sind also Sommer- bzw. Zugvögel. Von den 143 Arten leben in unseren Breiten nur vier Arten sowie die südeuropäische Rötelschwalbe; die anderen sind über alle Erdteile mit Ausnahme der Polargebiete verbreitet.

Rauchschwalbe (Hirundo rustica): Sommervogel; bewohnt Nordwestafrika, ganz Europa mit Ausnahme des hohen Nordens sowie weite Teile Asiens; Länge 19 cm; Gefieder oberseits dunkel metallisch glänzend blau, an Stirn und Kehle braunrot, unterseits rahmweiß bis lichtrostgelb, fein weiß gezeichnet auf der Innenfahne der fünf äußersten Steuerfedern; der besonders tiefgegabelte Schwanz ist in zwei lange Spieße ausgezogen; bevorzugt als ehemaliger Felsenbewohner heute ausschließlich die unmittelbare Nähe des Menschen, nistet fast immer innerhalb der Baulichkeiten, baut ein oben offenes Nest; 2–3 Bruten ab Mai, das Gelege ist durchschnittlich mit 4–5 Eiern belegt.

Das Weibchen der Rauchschwalbe brütet allein und wird vom Männchen nur flüchtig, bei schlechtem Wetter, wenn wenig Insekten fliegen, überhaupt nicht mit Nahrung versorgt. Es muß dann die Eier oft stundenlang verlassen. Die Brutdauer kann sich deshalb von gewöhnlich 13–14 auf 17–18 Tage verlängern. Immerhin kommt das Männchen oft zum Nest und unterhält die Gattin mit seinem plaudernden Gezwitscher, dem es gern noch einige lustige Triller anhängt. Es hilft auch fleißig, die ausgeschlüpften Jungen zu füttern. Doch ist die Ehe eine recht lokker gefügte und währt oft nicht einmal bis zur zweiten Brut. Es finden also innerhalb der Nistzeit immerwährend neue Verpaarungen mit anderen Partnern statt.

Mehlschwalbe (Delichon urbica): Sommervogel; bewohnt Nordwestafrika, ganz Europa und verbreitet sich über Asien bis nach Japan; Länge 13–14 cm;

Noch ehe der Tag graut, hebt die Feldlerche ihr jubelndes Tirilieren an. Mit gleichmäßigen Flügelschlägen steigt sie kraftvoll empor, ruht sich schwebend ein wenig aus, nimmt einen neuen Anlauf und entschwindet fast dem Auge. Weithin schallen die hellen und perlenden Töne über die taunassen Fluren.

Gefieder oberseits blauschwarz mit reinweißem Bürzel, unterseits mehlweiß; hat kürzeren, seichter gegabelten und spießlosen Schwanz, besonders kurze Beine und weiß befiederte Füße; bevorzugt ebenfalls die unmittelbare Nähe des Menschen, nistet regelmäßig an den Außenwänden der Gebäude, hin und wieder auch noch an Felsen, baut ein oben geschlossenes Schlammnest mit oberem Schlupfloch oder Schlitz; 2 Bruten ab Mai, Gelege 4–6 schneeweiße Eier.

Die Mehlschwalben jagen oft und viel über den Gewässern und schnappen nach Mückenlarven.

Uferschwalbe (Riparia riparia): Sommervogel; bewohnt Nordwestafrika, ganz Eurasien und Nordamerika; Länge 12,5 cm; Gefieder oberseits erdbraun, unterseits weiß; hat ein braunes Brustband und einen noch seichter gegabelten Schwanz als die Mehlschwalbe; bevorzugt offenes Gelände in Gewässernähe, nistet in selbstgegrabenen Niströhren in Flußufern, Sand-, Kies- und Mergelgruben, lehmigen Hügelwänden, Hohlwegen, Torfstichen und alten Ufermauern: 1–2 Bruten ab Ende Mai/Anfang Juni, Gelege 4–6 weiße Eier.

Die Uferschwalbe kehrt Jahr um Jahr zum gleichen Nistplatz zurück und benutzt gern die alte Niströhre wieder.

Die Lerchen

Die in über 200 Arten weltweit verbreiteten, erd- und sandfarbenen Lerchen sind die besten Läufer unter den Singvögeln. Mit schnellen trippelnden Schritten eilen sie dahin, nicken regelmäßig ein wenig mit dem Kopfe und drücken die Brust heraus. Die verlängerte Kralle der Hinterzehe sichert ihnen einen guten Stand und ermöglicht den fördernden Lauf vor allem im sandigen Boden. Denn zweifellos sind die afrikanischen Steppen und Wüsten ihre eigentliche Heimat, aus der sie in die eurasischen Kultursteppen und Ödländer hinüberwechselten und hier zu ausgesprochenen Kulturfolgern wurden. Weitgehend dem Boden verhaftet, bewegen sie sich höchst selten im Gezweig der Büsche und Bäume, sind sie mit ihren Lauffüßen schlechte Kletterer und ungeschickte Turner. Dagegen fliegen sie durchweg ausgezeichnet und ausdauernd. Die langen, breiten und muskulösen Flügel überwinden leicht die weiten Räume, gestatten einen senkrechten Start von der Erde aus, ein schnelles Aufsteigen in großen Höhen und ein rüttelndes Verweilen, Kreisen und Schweben im Luftraum. Weitaus die meisten Lerchen tragen während dieser Steilflüge ihre klangvollen Lieder vor.

Die wie bei allen Bodenbrütern recht flüchtig gebauten Nester schmiegen sich in kleine Erdmulden. Sie werden aus den Bewuchsstoffen der unmittelbaren Umgebung geflochten und sind deshalb vorzüglich getarnt. Das Weibchen baut und brütet vorwiegend allein. Zwei Bruten sind die Regel. Gedeckte Schutzfarben entziehen die Eier weitgehend der Sicht von oben. Die Jungen aber sind so wirrstrahlig bedunt, das sie auch das schärfste Auge kaum von welken Grasbüscheln zu unterscheiden vermag. Bei Gefahr spritzt die Kinderschar, die schon nach wenigen Tagen und noch unflügge das Nest verläßt, kurz auseinander und drückt sich unmittelbar darauf fest auf den Boden. Dieses Verhalten und das Tarnkleid reichen zum Schutz.

Fast alle Lerchen sind Gemischtköstler, die neben Spinnen und Insekten, Raupen und anderen Larven auch Sämereien und Grünfutter verzehren. Die Samenkörner verschlucken sie unenthülst. Reichlich aufgenommene Sandkörner helfen ihnen, die harte Kost im Magen zu zerreiben.

Feldlerche (Alauda arvensis): Teilzieher; bewohnt Nordafrika und ganz Eurasien mit Ausnahme des hohen Nordens, überwintert in Südeuropa, auf den britischen und deutschen Nordseeinseln sowie in den Mittelmeerländern; Länge knapp 18 cm; Gefieder oberseits erdbräunlich, kräftig schwärzlich gestreift, unterseits rahmweiß, an der Brust dunkel gestrichelt; der Zügel, der Augenstreif und das Kinn sind fahlweiß, die Ohrdekken und Wangen rostbräunlich; hat zwei helle rostfarbene Querbinden auf den Flügeln und weiß gesäumte Schwanzseiten; die Augen sind dunkelbraun, der Schnabel hornbraun und die Füße gelbbräunlich; kennzeichnet sich noch durch kurzen rundlichen Scheitelschopf; bevorzugt Moore, Brüche, Wiesen, Weiden, Felder, Ödländer und Sanddünen, nistet am Boden; 2–3 Bruten ab Anfang April, Gelege 3–6 Eier.

Noch ehe der Tag graut, hebt die Feldlerche ihr jubelndes Tirilieren an. Mit gleichmäßigen Flügelschlägen steigt sie kraftvoll empor, ruht sich schwebend ein wenig aus, nimmt einen neuen Anlauf und entschwindet fast dem Auge. In kleinen Kreisen flatternd, hält sie sich lange in großen Höhen, steht oft rüttelnd in der Luft und stürzt plötzlich, noch immer singend, mit angezogenen Flügeln jäh in die Tiefe. Erst knapp über der Erde breitet sie die Schwingen wieder aus, landet sicher und rennt rasch davon. Nicht selten wird der Gesang durch Rufe und Strophen aus anderen Vogelliedern bereichert, denn fast alle Lerchen sind zugleich auch begabte Spötter.

Heidelerche (Lullula arborea): Teilzieher; bewohnt Nordafrika, das gemäßigte Europa und teilweise auch Vorderasien, überwintert in Südeuropa, vor allem in den Mittelmeerländern und nur selten noch in Nordafrika; Länge gut 15 cm; Gefieder dem der Feldlerche ober- wie unterseits sehr ähnlich, hat aber auffallend starke rostweißliche, im Genick zusammenstoßende Augenstreifen, wesentlich kürzeren Schwanz ohne weißen Saum und eine längere glatte Haube; das Auge ist dunkelbraun, der Schnabel hornbraun, unterseits rötlich, der Fuß licht hornbraun; bevorzugt Heideflächen, Ödländer, sonnige Hänge, mit Heidelbeeren und Farnen bewachsene Waldblößen auf sandigem Boden, auch Waldränder, verlangt einzelne Bäume, die den Männ-

Weitgehend dem Boden verhaftet, bewegt sich die Heidelerche höchst selten im Gezweig der Büsche und Bäume. Sie ist mit ihren Lauffüßen ein schlechter Kletterer. Dagegen fliegt sie durchweg ausgezeichnet und ausdauernd. Die langen, breiten und muskulösen Flügel gestatten einen senkrechten Start von der Erde aus in große Höhen.

chen als Singwarte dienen; 2 Bruten ab April, Gelege 4–5 Eier.

Haubenlerche (Galerida cristata): Vorwiegend Jahresvogel; bewohnt Nordafrika, ganz Europa – mit Ausnahme der Britischen Inseln und des hohen Nordens – sowie große Teile Asiens; Länge gut 17 cm; Gefieder oberseits sand- bis rötlichbraun, verwaschener gestreift als bei Feld- und Heidelerche, unterseits rahmweiß, an der Brust rötlich isabellfarben überhaucht und kräftig gestreift, an den Flanken bräunlich; hat eine lange aufstellbare Schopfhaube, undeutlichen isabellfarbenen Augenstreif und gelbbräunliche Schwanzseiten; das Auge ist tiefbraun, der Schnabel hornbräunlich und der Fuß horngelblich; bevorzugt Ödland in der Nähe menschlicher Ansiedlungen, hält sich viel an Wegen, Straßen, Eisenbahndämmen, Abraumhalden, Exerzier-, Sport- und Flugplätzen auf, nistet am Boden; 2–3 Bruten ab Mitte April, Gelege 4–5 Eier.

Die Primärsingvögel oder Leierschwänze

In den dichten Buschwäldern Ostaustraliens, vor allem aber dort, wo sie das wildzerklüftete Gebirge bedecken, lebt der sehr scheue Leierschwanz. Im Aussehen, in der Größe, in der Haltung wie im Lauf erinnert er stark an einen Fasan. Schnellfüßig rennend durchstreift er paarweise die unzugänglichen Urwälder, springt federnd über Felsblöcke und modernde Stämme, erklettert flink und geschickt die steinigen Hänge und Wände, vermag sich aus dem Stand bis zu 3 m hoch in die Luft zu werfen und scharrt gleich den Hühnervögeln nach Nahrung. Den Leib hält er betont gestreckt, den Kopf wie suchend gebeugt, den langen Schwanz waagrecht, wobei er die prachtvollen Schmuckfedern eng zusammenlegt. Laut und schrill ertönt der Lockruf, schallt weithin durch die einsamen Wälder, und eigenartig bauchrednerisch ist der seltsame Gesang, in den er als vorzüglicher Spötter alle nur denkbaren Laute, die er erlauschte, in bunter Folge mischt. Er lacht, kichert und kreischt, schrillt, bellt und zetert, ahmt viele Vogelrufe nach und soll oft noch die Spottdrossel in den Schatten stellen. Während der Paarungszeit scharren sich die Männchen auf freien Plätzen kleine Hügel zusammen, treten stolzierend auf ihnen herum und stellen singend ihr leierartig geschwungenes Schwanzgefieder zur Schau. Sie kippen die bis zu 70 cm langen und weit gespreizten Prachtfedern so weit vor, daß sie ganz unter der Farbenwoge verschwinden.

Nur das Männchen verfügt über diese Zierde, die sich aus sechzehn verschiedenartig gebildeten Schwanzfedern zusammensetzt. Zwölf davon sind weit zerschlissen und erinnern an die Schmuckfedern der Reiher. Die beiden mittleren und vor allem die beiden äußersten Federn aber sind s-förmig gekrümmt und bunt gestreift.

Leierschwanz (Menura novaehollandiae): Bewohnt Ostaustralien; Länge des Männchens 130 cm, wovon 70 cm auf den Schwanz kommen, das Weibchen ist kleiner; Gefieder vorwiegend dunkel-braungrau, an den Schwingen rotbraun, an Kehle und Gurgel rötlich, unterseits bräunlich-aschgrau; der Schwanz ist oberseits schwärzlichbraun, unterseits silbergrau; die Außenfahnen der leierförmigen Federn sind dunkelgrau, samtschwarz bespitzt und weiß gefranst, die Innenfahnen schwarzbraun und rostrot gebändert; hat einen dunkelbleigrauen nackten Augenring, schwarzen Schnabel und Fuß; das Weibchen ist oberseits schmutzigbraun, am Bauche graulich.

Die Schreivögel

In der Unterordnung der Schreivögel, der sogenannten Unechten Singvögel, werden die Familien der Ameisenvögel, Schmuckvögel, Pipras, Tyrannen, Flammenköpfe, Pflanzenmäher, Prachtdrosseln, Sammetvögel und Töpfervögel zusammengefaßt. Die meisten dieser Gefiederten leben in Amerika, vor allem in Südamerika, wo sie als alteingesessene Urbewohner die Singvögel vertreten. So könnten wir beispielsweise gut die Töpfervögel mit den Drosseln, die Tyrannen mit den Würgern, die Baumsteiger und Stammhakker mit den Baumläufern vergleichen. Etliche Familien, wie zum Beispiel die Prachtdrosseln, verbreiten sich besonders über das indoaustralische Gebiet und strahlen mit einigen wenigen Arten nach Afrika aus.

Die Ameisenvögel

Als besonders hochbeinige und langzehige Waldläufer bewegen sich die reichlich sperlingsgroßen Ameisenvögel – die auch Wollrücken und Wollschlüpfer genannt werden – vorwiegend auf dem schattigen und immerfeuchten Boden der südamerikanischen Tropenwälder. Ihre Flügel sind so kurz, daß sie wie beschnitten wirken. Die meisten erheben sich kaum einmal zu einem kurzen Schwirrflug.

Außer von Heuschrecken und Käfern ernähren sich diese Vögel vorwiegend von Ameisen. Sie folgen vor allem den Heerzügen der Wanderameisen, ziehen mit ihnen weit durch die Wälder und können sich auf diese Weise ohne große Mühe reichlich sättigen. Das Brutgeschäft darf bei dieser vagabundierenden Lebensweise nicht viel Zeit in Anspruch nehmen. Die zwei bis drei Eier werden vom Weibchen also in irgendeine natürliche Bodenmulde gelegt, ohne daß irgendwelches Nistmaterial herbeigetragen und zu einem schlichten Nest geschichtet, geflochten oder gewirkt wird.

Ameisenvogel oder Feuerauge (Pyriglena domicella): Bewohnt die Urwälder Brasiliens; Länge 17–18 cm; Gefieder des Männchens schwarz mit drei weißen Flügelquerbinden; hat feuerrote Augen, schwarzen, fast kegelförmigen Schnabel mit hakiger Spitze, schwarze hohe Beine und verhältnismäßig langen, gerundeten Schwanz; das Weibchen ist mehr olivbraun, an der Kehle und im Nacken blaßgelb.

Das Gefieder des männlichen Roten Felsenhahnes leuchtet lebhaft orangerot. Die schwarzbraunen Schwung- und Schwanzfedern sind weißlich gerandet.

Die Schmuckvögel

Das Hochzeitskleid der in den mittel- und südamerikanischen Regenwäldern beheimateten Schmuckvögel besteht außer dem grellfarbigen Prachtgefieder noch aus allerlei bizarren lappen- oder fadenförmigen Anhängseln und Hautgebilden an Kopf und Hals. Diese Gebilde können – wie die ihnen eigenen besonders hohen und starken Federhauben – hoch aufgerichtet bzw. aufgeblasen werden und überdies noch die Farbe wechseln. Als Farbstoff wirkt dabei vorwiegend das Kotingin, das sich vor allem in den prachtvollen roten und violetten Federn ablagert. Fast alle Schmuckvögel sind Baumvögel und Fruchtfresser, die sich nur zusätzlich auch von Insekten, Schnecken und Eidechsen ernähren. In der Größe schwanken die verschiedenen Arten zwischen einem Sperling und einer Krähe.

Klippenvogel oder Felsenhahn (Rupicola rupicola): Bewohnt Guayana und Brasilien; Länge 29–30 cm; Gefieder des Männchens vorwiegend lebhaft orangerot; die schwarzbraunen Schwung- und Schwanzfedern sind am Ende weißlich gerandet und am Grunde breit weiß gefleckt; hat dunkelpurpurroten Saum am prächtigen Scheitelkamm, orangerote Augen, blaß horngelben Schnabel und gelblich fleischfarbene Beine; das Weibchen und die Jungvögel sind vorwiegend einfarbig braun und haben kleineren Scheitelkamm; bevorzugt die klippenreichen Bergwälder und Gebirgstäler sowie die Nähe von Wasserfällen.

Die Klippenvögel leben sehr gesellig und brüten oft auch kolonienweise. Ihre Nester sollen aus Palmfasern hergestellt und mit einem harzigen Stoff in die Felsenhöhlen geklebt werden. Das Gelege umfaßt nur zwei graugelbe, braungefleckte Eier.

Schirmvogel (Cephalopterus ornatus): Bewohnt die Osthänge der Kordilleren Perus bis zu 1000 m Höhe und verbreitet sich hier über die obere Hälfte des Amazonasstromes bis zum Rio Negro; Länge 51 cm; Weibchen wesentlich kleiner; Gefieder vorwiegend glänzendschwarz, auf dem Mantel mit grünlichschwarz gesäumten Federn; hat eine mächtige schwarzblaue, schirmartig ausbreitbare und dann den ganzen Kopf bis zur Schnabelspitze bedeckende Federhaube sowie einen runden, allseitig befiederten und dehnbaren Hautlappen am Unterhals, der bis zu den Füßen herabhängt und zu einem großen Luftsack aufgeblasen werden kann; die Augen sind grau, der Schnabel hornbräunlich, die Füße mattschwarz; das Weibchen kennzeichnet sich durch schwächere Haube, kürzeren Kehllappen und glanzloseres Gefieder.

Der Schirmvogel wird auch Stiervogel genannt, weil sein schauerliches Geschrei wirklich an das ferne Brüllen eines Stieres erinnert.

Glockenvogel (Procnias nudicollis): Bewohnt die Urwälder Brasiliens; Länge 26 cm; Gefieder des erwachsenen Männchens schneeweis, die nackten Zügel und die nackte Kehle dagegen lebhaft spangrün; hat silberweiße Augen, schwarzen Schnabel und fleischfarbene Füße; das Weibchen und die jungen Männchen sind oberseits zeisiggrün, unterseits gelb, schwarz längsgefleckt, an Scheitel und Kehle schwarz, am Hals weißlich und gelblich gestrichelt.

Wenn er „singt", senkt er den Kopf, breitet seine Schopfhaube aus, dehnt den Hautlappen, schwenkt ihn dabei hin und her. Während der Nahrungsaufnahme – und er verzehrt Früchte und Insekten – drückt er das sonst hinderliche Anhängsel dicht an seine Brust. In Ruhestellung wiederum legt er den Kopf weit auf den Rücken, spreizt die Haube und läßt den Hautlappen herun-

terhängen. Er ruht in den höchsten Wipfeln der Bäume. Sein kunstloses Reisernest birgt nur zwei weiße Eier.

Die Pipras *(Pipridae)*

Die ebenfalls in Süd- und Mittelamerika heimischen und den Schmuckvögeln verwandten Pipras sind kleine, knapp meisengroße, sehr bunte Vögelchen, die in Trupps und Gesellschaften munter durch die Wipfel turnen. Während des zwar immer nur kurzen, aber reißend schnellen Fluges vernimmt man deutlich ein spinnradähnliches Schnurren. Die Pipras werden in den meisten älteren Tierbüchern darum als *Schnurrvögel* vorgestellt. Sie geben sich durchweg sehr scheu, bevorzugen die dämmrigen feuchten Regenwälder, vermeiden das Überfliegen besonnter und freier Stellen und sind auch an Flußufern nur selten einmal zu sehen. Das ziemlich einfache, kunstlos aus Moos gewirkte und mit Pflanzenwolle gepolsterte Nest steht hoch in den Bäumen. Das Gelege besteht aus zwei länglichen Eiern.

Mönchsschmuckvogel (Pipra manacus): Bewohnt die Urwälder von Guayana, Venezuela, Ekuador und Peru, Länge 11–12 cm; Gefieder auf Scheitel, Rücken, Flügeln und Schwanz schwarz, an Bürzel und Steiß grau, an Kehle, Hals, Brust und Bauch reinweiß.

Die Tyrannen

Die Tyrannen sind in über 100 Gattungen und rund 360 Arten weit über die ganze Welt verbreitet und im Grunde eine recht bunt zusammengewürfelte Vogelgesellschaft zwischen Zaunkönigs- bis Raubwürgergröße. Ihr Gefieder ist vorwiegend schlicht gefärbt. Als gute Flieger haben die meisten lange spitze Flügel, andere wieder sind echte Boden- oder Baumvögel, also vorzügliche Läufer oder Kletterer. Auch in der Lebensweise unterscheiden sich die einzelnen Gattungen sehr. Die einen sind Insektenfresser, die anderen ernähren sich ausschließlich von Früchten. In ihren Lebensgewohnheiten erinnern sie ebenso an die Fliegenschnäpper wie an die Würger. Den Menschen und seine Ansiedlungen scheuen sie wenig, so daß man sie praktisch überall antrifft. Außerdem machen sie noch durch ihr besonders lebhaftes Geschrei auf sich aufmerksam.

Königsvogel oder Tyrann (Tyrannus tyrannus): Bewohnt die Vereinigten Staaten; Länge 21 cm; Gefieder weich und glänzend, auf dem Kopf zu einer Haube verlängert, oberseits dunkel blaugrau, auf der Haube feuerfarbig und gelb gerandet, unterseits grauweiß, an Hals und Kehle reinweiß, auf der Brust aschgrau überflogen; hat dunkelbraune Augen, schwarzen Schnabel, graublaue Füße, schwarzen Schwanz mit weißem Endsaum und weiß bespitzte Flügelfedern; das Weibchen ist düsterer in allen Farben; meidet große Wälder, bevorzugt Obstplantagen, Anpflanzungen, Felder, Gärten und Flußufer, nistet auf Bäumen.

Mit gar unvergleichlichem Schneid stürzt es sich auf jeden wirklichen oder vermeintlichen

Ein besonderes Merkmal der Familie der Pittas ist der ungewöhnlich starke, kräftige, auf dem First gebogene Schnabel. Links im Bild der Neunfarbenpitta.

Das Gefieder ist zumeist farbenprächtig. Die Nahrung besteht aus Würmern und Insekten. Rechts der Blauschnauzpitta.

Bedroher seiner Brut, und sei es selbst ein Falke, ein Adler oder Geier. Mit dem scharftrillernden Schreien wirft es sich von oben her auf den Gegner, fußt gar auf dessen Rücken und versetzt ihm so kräftige Schnabelstöße, daß selbst wehrhafte Räuber die Flucht ergreifen. In der gleichen Weise greift es auch alle samtpfötigen Nestplünderer an.

Schwefelgelber Tyrann oder Bentevi (Pitangus sulphuratus): Bewohnt Brasilien, Argentinien, Guayana und Trinidad; Länge 26 cm; Gefieder oberseits grünlich ölbraun, unterseits schwefelgelb; die hollenartige Scheitelmitte ist ebenfalls schwefelgelb, der übrige Oberkopf, die Zügel und die Backen schwarz, die Stirn, ein breiter Überaugenstreif, die Kehle und der Vorderhals weiß; hat rostrot gerandete Flügeldeckfedern, Schwingen und Schwanzfedern sowie viele Borsten am Schnabelgrund und Zügelrand; bevorzugt offene Triften, Anpflanzungen und Waldränder, liebt die Wassernähe, entwickelte sich zum Kulturfolger.

Der ebenfalls sehr schreilustige Bentevi oder Häscher ist nicht minder kriegerisch veranlagt als der Königsvogel, fehlt nie bei der Hatz auf einen Greif und lebt auch mit seinesgleichen oft in Zank und Streit und zwar so sehr, daß die Federn fliegen.

Die Pflanzenmäher

Nahe Verwandte der Tyrannen sind die südamerikanischen, etwa ammergroßen Pflanzenmäher, die nur in einer Gattung mit drei Arten auftreten. Ihr finkenartig dicker sägezähnig eingekerbter Schnabel, mit dessen Hilfe sie ihre Gräserkost dicht am Boden abmähen, wirkte zweifellos recht anregend auf die Phantasie der ersten Beobachter. Sie schreiben, daß dieser Schnabel „ein furchtbares Werkzeug zur Vernichtung der jungen Schößlinge sei" und daß diese Vögel „unendlichen Schaden in den Gärten, Getreidefeldern und Weinbergen" anrichten würden. Dem widerspricht, daß die Pflanzenmäher sich gar nicht wie durch Verfolgung gewitzte Vögel benehmen, vielmehr die Trägheit, Sorglosigkeit und Ungeniertheit in Person sind. Nüchterne Beobachter bekunden denn auch; „daß sie bei weitem nicht so schlimm sind, wie sie verschrien werden, und man auf dem Lande kaum von einem irgendwie erheblichen, durch sie verursachten Schaden reden hört". Neben Gräsern und Blättern verzehren die Pflanzenmäher auch Beeren und Früchte.

Pflanzenmäher (Phytotoma rutila): Bewohnt die östlichen Hänge der bolivianischen und chilenischen Anden, wird seinem Rufe nach auch Rarita genannt; Länge 17 cm; Gefieder oberseits dunkel olivgrün, schwärzlich längsgestreift, unterseits gelbgrün, dunkel gestreift, an Kehle und Bauch gelb; kennzeichnet sich durch rostrote Stirn, zwei weiße Binden auf den tief dunkelgrauen, licht gerandeten Schwingen, rostrote Oberbrust und Schwanzunterseite; hat karminrote Augen, schwarzgrauen Schnabel und Fuß; lebt paarweise oder tritt in Gesellschaft der Papageifinken auf, drängt sich in die Nähe bebauter Getreidegebiete, nistet vornehmlich dort am Rande in Bäumen.

Die Pittas oder Prachtdrosseln

In der indomalaiischen bis zur australischen Region werden die Tyrannen durch die Pittas vertreten. Gleich den Ameisenvögeln sind sie betont hochbeinige und auffallend kurzschwänzige Waldläufer, also echte Bodenvögel, die sich in großen Sprüngen bewegen und kaum einmal auffliegen. Ein besonderes Merkmal der Familie ist der ungewöhnlich starke, kräftige, auf dem First gebogene Schnabel, dessen Nasenlöcher durch eine nackte Haut halb geschlossen sind. Das Gefieder ist zumeist sehr farbenprächtig. Die Nahrung besteht aus Würmern und Insekten. In der Lebensweise kennzeichnen sie sich als scheue stille und ungesellige Dickichtbewohner, die diese Deckung nur selten aufgeben und ihre drosselähnlichen Pfiffe nur dann ertönen lassen, wenn sie sich ganz sicher fühlen. Die Nester stehen unmittelbar auf oder knapp über dem Waldboden. Sie sind oben offen, kunstlos aus Reisern und Halmen geflochten und nur spärlich mit Haaren gepolstert.

Neunfarbenpitta (Pitta brachyura): Bewohnt ganz Indien und Sri Lanka; Länge 18 cm; Gefieder ungemein farbenprächtig, oberseits vorwiegend blaugrün, unterseits fein bräunlichgelb, an Kinn, Brust und Halsseiten weiß; auf den Flügeln folgen sich vom Schultergelenk an breite grüne, hellblaue, weiße und schwarze Streifen; hat schwarzen Scheitelstreif, sehr breiten Zügel-Augenstreif, feinen weißen Überaugenstreif, am Unterbauch und am Bürzel je einen scharlachroten Fleck, hellblaue Oberschwanzdecken und dazu schwarze Steuerfedern; die Augen sind nußbraun, der Schnabel schwarz, die Füße rötlichgelb.

Kappenpitta (Pitta cucullata): Bewohnt den östlichen Himalaja sowie Siam und Malakka; Länge 17 cm; Gefieder bunt, oberseits vorwiegend blaugrün mit hellblauem Bürzel und schwarzem Stummelschwanz, auf Scheitel und Hinterkopf rostbraun, an Kopf, Kinn, Kehle und Nacken schwarzbraun, an Brust und Flanken lichtgrün, an Bauch und Unterschwanzdecken scharlachrot; auf den Flügeln folgen sich vom Schultergelenk an breite hellblaue, meergrüne, schwarze und weiße Streifen.

Die Töpfervögel

Wiederum in Mittel- und Südamerika leben die meisen- bis drosselgroßen Töpfervögel, bei denen durchweg die vierte Zehe wesentlich kürzer als die dritte Zehe ist. Unter ihnen befinden sich hervorragende Baumeister, die ganz erstaunliche Kunstwerke als Wohn-und Brutnester errichten.

Von den zahlreichen Gattungen: *Erdkleiber (Geositta), Kletterdrossel (Philydor), Steigschnabel (Xenops), Blattwender (Sclerurus)* und *Buschschlüpfer (Synallaxis)* können wir hier nur die der *Töpfervögel (Furnarius)* selbst

Guten Halt bei der Arbeit am Stamm verleihen dem Buntspecht die fest angestemmten Mittelfedern des kurzen Schwanzes, die so hart wie Fischbein sind.

und der *Bündelnister (Phacellodomus)* besprechen.

Töpfervogel (Furnarius rufus): Bewohnt Uruguay, Paraguay, Brasilien und Argentinien, vor allem aber die La-Plata-Region; Länge 19 cm; Gefieder oberseits bräunlich rostrot, auf den Schwingen braun und grau, unterseits lichter, an der Kehlmitte weiß; vom Auge läuft ein lebhaft rostgelber Streifen bis über die Ohrdecken; hat gelbbraune Augen, braunen beborsteten Schnabel und braune Füße; lebt paarweise und ungesellig, gibt sich sehr dreist, drängt sich in die Nähe der Menschen, nistet viel auf Straßenbäumen.

Der Töpfervogel oder Lehmhans ist ein Maurer. Aus feuchten Lehmklümpchen mörtelt er fachgerecht ein backofenförmiges Gebilde, das 15–18 cm hoch, 20 cm lang, fast 5 kg schwer ist und einen regelrechten Kuppelbau darstellt. Zur Anlage wählt er einen starken waagerechten Ast, schafft sich hier – emsig mit Schnabel und Füßen arbeitend – eine lehmige Plattform, läßt sie trocknen, und beginnt erst dann mit den Seitenmauern, die er nun Schicht um Schicht aufträgt. Das seitliche Flugloch, das er ausspart, gleicht einem senkrecht stehenden Halbkreis. Den Innenraum unterteilt er durch eine halbhohe Scheidewand, von der aus sich der erhöhte Brutraum bis zur hinteren Wand erstreckt. Dieses komfortable Vogelnest besteht also aus einem niederen Vor- bzw. Wohnraum und einem erhöhten Brutraum, der nun noch reich mit Hühnerfedern und Baumwollbüscheln gepolstert wird. Das Gelege umfaßt 2–4 Eier. Männchen und Weibchen bauen, brüten, füttern und führen gemeinsam. Sowie sich ihrem Brutbaum ein Mensch nähert, erheben sie ein so gellendes Gekreisch, daß man sein eigenes Wort nicht mehr versteht.

Bündelnister (Phacellodomus rufifrons): Bewohnt vor allem Brasilien; Länge 17 cm; Gefieder oberseits hell bräunlicholivgrau, unterseits blaß bräunlich-weißgrau; hat dunkelrostbraune Stirn, aschgraue Augen horngraubraunen Schnabel und bläulich-hornfarbene Füße; bevorzugt die unzugänglichen, dicht bewachsenen Sümpfe, nistet auf starken Bäumen und Sträuchern.

Die kleinen Bündelnister, die nicht viel größer als unsere Baumläufer sind, türmen einen Kolossalbau von fast 100 cm Länge und 30 cm Breite auf. Die verarbeiteten Reiser haben die beachtliche Stärke von Federkielen und Bleistiften, sind bis zu 50 cm lang und werden zu einem großen wirren Stacheligel zusammengesteckt. Der Einschlupf gleicht einem hoch aufragenden Schornstein. Im großen Hohlraum dieses Kastells steht nahe der Decke das kleine Brutnest, das sehr kunstvoll aus Moos und Wolle, Bast und dürrem Gras geflochten und gewoben wird. Alljährlich wächst dieses Riesennest noch, denn die kleinen Baumeister setzen regelmäßig ein neues Stockwerk auf den alten Reisighaufen, in dem sich die gleiche Anlage wiederholt.

Die Spechtartigen
(Piciformes)

Sechs Vogelfamilien sind in dieser Ordnung vereinigt: die *Spechte (Picidae)*, die *Pfefferfresser (Ramphastidae)*, die *Honiganzeiger (Indicatoridae)*, die *Bartvögel (Capitonidae)*, die *Faulvögel (Bucconidae)* und die *Glanzvögel (Galbulidae)*. Sie alle sind Höhlenbrüter, legen weiße Eier und bringen nackte blinde Junge zur Welt, denen die wärmenden Pelzdunen fehlen. Als spezialisierte Stammkletterer können sie die erste Zehe der zweiten und die vierte Zehe der dritten extrem gegenüberstellen, verfügen also über besonders angepaßte Kletterfüße, die ihnen das Anfliegen vertikaler Flächen, das Anhängen an diese und das Aufsteigen wesentlich erleichtern. Die Flügel weisen 10 Handschwingen auf. Allen fehlt der Kropf und der Blindarm.

Die echten Spechte

Ein echter Specht verbringt sein Leben vorwiegend in hängender Stellung. Er hängt an den Baumstämmen, wenn er kletternd nach Futter sucht, die Rinden abklopft und die Larven aus ihrem Schlupfwinkeln angelt, wenn er in Rindenspalten geklemmte Baumfrüchte aufklopft, wenn er seine Nisthöhle meißelt und wenn er als verliebter Trommler die morschen Astzakken bearbeitet. Er hängt sich an seinen großen starken und halbmondförmigen Krallen sogar zum Schlafen auf.

Guten Halt bei der Arbeit am Stamm verleihen die fest angestemmten Mittelfedern des kurzen Schwanzes, die so hart wie Fischbein sind. Stammabwärts zu laufen vermögen aber auch die Spechte nicht. Besonders ungeschickt bewegen sie sich auf dem Boden, hüpfen in großen ruckartigen Sprüngen dahin und zeigen deutlich, daß ihnen die Erde fremd ist. Das ruckartige Gebaren ist ihnen überhaupt eigen: beim Laufen wie beim Klettern, beim Hämmern wie beim Fliegen. Die meisten hüpfen regelrecht durch die Luft, schießen in starken Wellenlinien dahin.

Die Spechte sind in 38 Gattungen mit etwa 225 Arten über Europa, Afrika, Asien und Amerika verbreitet.

Buntspecht (Dendrocopus major): Vorwiegend Jahresvogel; bewohnt ganz Europa – mit Ausnahme des hohen Nordens und Irlands – sowie weite Teile Asiens; Länge 23 cm; Gefieder oberseits schwarz mit großen weißen Schulterflecken und fünf weißen Flügelquerbinden, unterseits weiß mit scharlachroten Unterschwanzdecken; das Männchen hat breiten roten Nackenfleck, die Jungvögel haben roten Scheitel; das Auge ist braunrot, der Schnabel licht bleifarben, der Fuß grünlich-grau; bevorzugt alle lichteren Wälder und Feldgehölze, größere Parkanlagen und Gärten; brütet im April, Gelege 4–6 Eier.

Mittelspecht (Dendrocopus medius): Vorwiegend Jahresvogel; bewohnt Europa und Vorderasien, fehlt in Portugal und Spanien bis auf den Pyrenäenstreifen, in Großbritannien, Holland, Dänemark, Skandinavien und Finnland; Länge knapp 22 cm; Gefieder dem des Buntspechts sehr ähnlich, hat aber eine leicht haubenartige rote Scheitelkappe an Stelle des roten

Ein echter Grauspecht verbringt sein Leben vorwiegend in hängender Stellung. Er hängt an den Baumstämmen, wenn er Futter sucht, die Rinden abklopft und die Larven aus ihrem Schlupfwinkel angelt. Wenn er seine Nisthöhle meißelt und wenn er als verliebter Trommler die morschen Astzacken bearbeitet, auch wenn er schläft.

Nackenflecks, rote Augen, bläulich-hornschwarzen Schnabel, eine unterbrochene schwarze Gesichtszeichnung und schmalere weiße Schulterflecke; ist an den Flanken kräftig dunkel gestreift und am Bauch wie an den Unterschwanzdecken mattrosa gefärbt; auch beim Weibchen ist der Scheitel rot; bevorzugt die gleichen Lebensräume wie der Buntspecht, meidet aber Nadelwälder, bewegt sich stärker in der Wipfelregion und nistet vorwiegend in hohen Laubbäumen.

Kleinspecht (Dendrocopus minor): Jahresvogel; bewohnt Nordwestafrika und fast ganz Eurasien; Länge 14,5 cm; Gefieder oberseits lebhaft schwarzweiß gebändert mit weißer Stirn und kurzer, mattroter, schwarz gerahmter Scheitelkappe sowie ohne weiße Schulterflecke, unterseits weißlich mit wenigen dunklen Längsstrichen an den Flanken; der Bauch und die Unterschwanzdecken sind bräunlichgrau gefärbt; dem Weibchen fehlt die rote Kappe ganz; bevorzugt heute, da er in unseren aufgeräumten Nutzforsten kaum noch morsche Stämme findet, die Parkanlagen, Obstgärten, Friedhöfe und Alleebäume, nistet vor allem in Linden und Weiden.

Schwarzspecht (Dryocopus martius): Vorwiegend Jahresvogel; bewohnt Mittel-, Nord-, Ost- und Südosteuropa sowie Mittel- und Nordasien, fehlt in Portugal, Spanien und Italien bis auf wenige lokale Vorkommen, in Frankreich weitgehend bis auf die Vogesen, in Holland und Großbritannien ganz, breitet sich in Deutschland zunehmend aus; Länge 45–46 cm; Gefieder durchweg schwarz bis auf die große rote, leicht haubenartige Kopfplatte des Männchens und den roten Hinterhauptfleck des Weibchens; hat schwefelgelbe Augen, perlfarbig hellen Schnabel mit blaß schieferblauer Spitze und bleigraue Füße; bevorzugt große urtümliche Nadelwälder der Mittel- und Hochgebirge, nistet hoch in Kiefern und eingesprengten Buchen.

Dreizehenspecht (Picoïdes tridactylus): Jahresvogel; bewohnt Nordeurasien und Nordamerika sowie die Alpen, den Schwarzwald, den Bayerischen Wald, den Böhmerwald, die Sudeten und Karpaten; Länge gut 22 cm; Gefieder durchweg schwarz-weiß, ohne jegliches rote Abzeichen, mit fast einfarbig schwarzen Flügeln und breitem weißen Rückenstreifen, unterseits weiß, an den Flanken kräftig schwarz gebändert; kennzeichnet sich noch besonders durch die gelbe Scheitelmitte des Männchens, die schwarzen Wangen und Ohrdecken, die weiße Stirn, den feinen weißen Augenstreif und die weiße Iris; bevorzugt Gebirgswälder, im hohen Norden Birken- wie Nadelwälder; sein Ruf erinnert an den des Buntspechtes, doch trommelt er wesentlich langsamer als jener.

Grünspecht (Picus viridis): Jahresvogel; bewohnt Europa und Vorderasien, fehlt in Irland, Schottland, Mittel- und Nordskandinavien; Länge knapp 32 cm; Gefieder oberseits zart olivgrün mit bräunlich verwaschenen Flügeln und gelblichem Bürzel, unterseits grau- bis goldgrün, an den Schenkelseiten dunkel gebändert, an Kinn und Kehle weißlich; hat scharlachroten Scheitel und Nacken, bläulichweiße Augen, schmutzig bleigrauen Schnabel und grünlich bleigraue Füße; das Männchen kennzeichnet sich durch schwarzgesäumten roten Bartstreif, der beim Weibchen schwächer und nur schwärzlich ist; das helle Auge sitzt in einem großen schwarzen Dreieck, die Ohrdecken sind weiß; bevorzugt Laubwälder, Feldgehölze, Baumgruppen in offener Kulturlandschaft und Parkanlagen.

Grauspecht (Picus canus): Jahresvogel; bewohnt vorwiegend Mittel- und Osteuropa sowie Südnorwegen und Mittelschweden, verbreitet sich durch ganz Asien bis in den Fernen Osten; Länge gut 25 cm; Gefieder dem des Grünspechts sehr ähnlich, oberseits aber mehr olivgrasgrün, unterseits betont graugrün und nicht gebändert, am Bürzel olivgelb; das Männchen hat eine rote Stirn und einen schmalen schwarzen Bartstreif; Kopf und Hals sind grau bis graugrün, das Auge rötlichbraun bis rosenrot, der Schnabel graulich hornschwarz, der Fuß schieferschwarz; dem Weibchen fehlt jegliche rote Zeichnung; bevorzugt ebenfalls lichte Laubgehölze, ist aber auch in den Mittelgebirgen zu Hause, meidet Nadelwälder, liebt auch große Obstgärten.

Wendehals (Jynx torquilla): Vorwiegend Sommervogel; bewohnt Nordwestafrika, fast ganz Europa sowie Nord- und Mittelasien, überwintert in Afrika, Indien und Persien; Länge 16,5 cm; Gefieder oberseits lichtaschgrau, braun und rostgelb gewellt und gepunktet, unterseits rahmgelb bis weiß, spärlich dreieckig dunkel gefleckt, an Kehle und Unterhals gelblich, eng graubraun quergewellt, am Schwanz fein schwarz gesprenkelt und fünffach dunkel quergebändert; hat graublauen Überaugenstreif, schwarzbraune Ohrdecken, gelbbraune Augen, grüngelben Schnabel und Fuß; ein schwarzer Längsstreif zieht sich vom Scheitel bis zum Rücken; bevorzugt Laubwälder, vor allem Eichen-

Pfeffer fressen die Pfefferfresser durchaus nicht, vielmehr Früchte aller Art, Insekten und kleinere Wirbeltiere. Die klobigen Schnäbel mit den sägezähnigen Rändern sind auch nicht etwa eine Last für sie, sondern eine Spezialkonstruktion, eine „Fruchtpresse".

und Auwälder, Feldgehölze, Waldränder, einzelne Baumgruppen in offener Kulturlandschaft, große Obstgärten und Parkanlagen, nistet in vorgefundenen natürlichen Baumhöhlen, nimmt gern auch Nistkästen an.

Der Mangel an alten Bäumen zwingt den gut finkengroßen Wendehals immer häufiger, sich mit Starenkästen und künstlichen Meisennisthöhlen zu begnügen. Wenn sie schon besetzt sind, wirft er besonders die Meisen kurzerhand samt Gelege oder Brut hinaus. Der Niststoff fliegt meist auch noch hinterher, denn der Wendehals legt seine 6–10 Eier aufs blanke Holz.

Auf die Spechte anderer Erdteile, wie z. B. die Gattungen *Mausspechte (Sasia), Schopfspechte (Celeus), Stummelspechte (Dinopium), Sultansspechte (Chrysocolaptes), Zwergspechte (Picumnus), Erdspechte (Geocolaptes), Goldspechte (Colaptes), Rotkopfspechte (Melanerpes), Herrenspechte (Campephilus)* und wie sie alle heißen, hier näher einzugehen, verbietet der Rahmen dieses Buches: Es gibt zu viele Arten!

Die Pfefferfresser oder Tukane

Sicherlich hat derjenige, der diese Vögel einstmals Pfefferfresser taufte, beim Anblick ihrer ungefügen Riesenschnäbel an die grünen und roten Schoten der Paprikapflanze gedacht, denn Pfeffer fressen die Pfefferfresser durchaus nicht, vielmehr Früchte aller Art, Insekten und kleinere Wirbeltiere. Die klobigen Schnäbel mit den sägezähnigen Rändern sind auch nicht etwa eine Last für sie, die sie irgendwie behindert, sondern eine hohle Spezialkonstruktion, eine Fruchtpresse, die von Zickzack-Knochenbändern ganz ähnlich wie die Tragflächen eines Flugzeuges gestützt wird. Beim Ruhen und Schlafen freilich erscheint es angebracht, den großen Schnabel auf den Rücken zu legen und unter einen Flügel zu schieben oder mit dem Schwanz zuzudecken bzw. abzuschirmen. Im letzteren Falle steht der Schwanz dann senkrecht gestelzt und zeigt die Farbenpracht der Unterschwanzdecken.

Bunt- oder Grünschnabeltukan (Ramphastos dicolorus): Bewohnt Südostbrasilien und Paraguay; Länge 49–50 cm; hat grünen, rot gezähnelten Schnabel mit schwarzer Wurzelwulst, nackten bläulichen Augenring und starken roten Augenkreis.

Rotschnabeltukan (Ramphastos tucanus): Bewohnt Guayana und Nordbrasilien; Länge 45 cm; hat scharlachroten Schnabel mit gelbem First und schwarzgelbem Grund, unterseits mit blauschwarzem Grund; das Auge ist brillenähnlich blau umringt.

Riesentukan (Ramphastos toco): Bewohnt Guayana, Brasilien, Bolivien und Nordargentinien; Länge 57–58 cm; Gefieder vorwiegend schwarz mit breitem weißem Bürzel; Wangen, Kehle und Vorderhals sind weiß, grau bzw. gelblichweiß, die Unterschwanzdecken hell blutrot; hat lebhaft orangeroten Schnabel mit schwärzlicher Oberkieferspitze und schwarzem Grund; das dunkel flaschengrüne Auge steht in einem nackten kobaltblauen Ring und einem großen roten Fleck, vor dem sich ein dottergelbes Dreieck abhebt: Ein markantes Gesicht!

Die Honiganzeiger

Im Gegensatz zu den Pfefferfressern tragen die Honiganzeiger ihren Namen zu Recht. Denn diese drosselgroßen Vögel verraten tatsächlich die entdeckten Stöcke der Wildbienen entweder an den Honigdachs oder an die Eingeborenen. Lange wurde diese Verhaltensweise für Jägerlatein gehalten. Es ist aber nach den jüngsten Beobachtungen nicht daran zu rütteln, daß diese auf Bienenbrut und Bienenwaben spezialisierten Vögel zu den Kralen kommen, sich hier durch ein wohlklingendes Schnarren bemerkbar machen und die schwarzen Jäger zum Fundort führen. Rufend fliegen sie voraus, warten immer wieder auf den langsamer folgenden Menschen, umkreisen schließlich den Baum oder Felsspalt, in dem das wilde Bienenvolk haust, verstummen plötzlich und verstekken sich. Dieses Verschwinden und Schweigen sagt den erfahrenen Eingeborenen, daß sie am Ziel sind, und meist war die Führung so gut, daß sie keine Mühe haben, den Bienenstock aufzufinden.

Um sich den Vogel geneigt zu machen, überlassen sie ihm regelmäßig die junge Bienenbrut und etliche unreife Waben, halten aber klugerweise seinen Anteil so knapp, daß er sich bald wieder einstellen muß. Auch der von den Vögeln geführte Honigdachs räumt die Stöcke nicht so gründlich aus, daß sie nicht auf ihre Kosten kommen würden.

Doch nicht genug mit dieser erstaunlichen Verhaltensweise: Die Honiganzeiger sind durchweg auch noch eigenartige Brutschmarotzer. Und zwar schmuggeln sie ihre Eier vorwiegend in die Nisthöhlen anderer Spechtartiger sowie in die Nester von Würgern, Grauvögeln, Pirolen, Bülbüls, Fliegenschnäppern und Schwalben. Wie bei unserem Kuckuck verstehen es die Weibchen, ihre weißen Eier auch mit dem Schnabel zu transportieren, und legen ebenfalls nur ein Angebinde in jedes Wirtsnest, aus dem sie dafür ein Ei des fremden Geleges entfernen.

Die Bengalenracke entfaltet die prächtig leuchtende Farbenpracht ihres Gefieders nur im Flug. In Ruhestellung ist es unscheinbar; das ist eine sinnvolle Tarnung.

Honiganzeiger (Indicator indicator): Bewohnt die Waldgebiete Afrikas; Länge 18 cm; Gefieder oberseits graubraun mit einem gelben Fleck auf den Schultern und weißgesäumten Schwingen, unterseits weißgrau, an Kinn und Kehle schwarz; der Schwanz ist breit gefächert, die Innenfedern sind braun und braun-weiß, die Außenfedern ganz weiß; hat braune Augen, bleifarbenen Augenring, grauweiße Ohrdecken, gelblichweißen Schnabel und braungraue Füße; lebt vorwiegend paarweise, bevorzugt die Wipfelzone, klettert und bewegt sich so langsam wie der Wendehals, ist aber wesentlich stimm- und gesangsfreudiger.

Die Bartvögel

Großer Kopf, dicker, fast kegelförmiger, oft noch seitlich ausgebauchter Schnabel, kurzer Hals, plumper, gedrungener und walziger Leib sowie auffällig kurzer Schwanz – das sind die Merkmale der tropischen, weit über Afrika, Asien und die Malaiische Inselwelt sowie über Süd- und Mittelamerika verbreiteten Bartvögel. Bisher wurden uns etwa 150 Arten bekannt. Alle sind sie farbenprächtig und kennzeichnen sich durch starke Borstenbündel rund um den Schnabel, den sie in der ganzen Länge überragen. Im Wesen recht gesellig, turnen sie in kleinen Scharen durch die Bäume und Gebüsche und ernähren sich vorwiegend von Insekten, Beeren und fleischigen Früchten. Auf dem Boden bewegen sie sich wenig. Ihre 2–5 Eier legen sie in selbst hergestellte Nisthöhlen, für die sie ausschließlich morsche und verrottete Stämme benutzen. Sie hacken nicht wie die Spechte, sondern beißen den Mulm heraus und sitzen wie andere Vögel querüber auf den Ästen. Der Flug ist kurz, schnell und schwirrend.

Goldbartvogel (Megalaima haemacephala): Bewohnt ganz Indien bis Cochinchina, Sri Lanka und die Malaiischen Inseln, vor allem Sumatra und die Philippinen; Länge 17 cm; Gefieder oberseits düster ölgrün, Vorder- und Oberkopf scharlachrot, Hinterkopf und Kopfseite schwarz, unterseits schwefelgelb an Kinn und Kehle, sonst gelblichweiß, tief apfelgrün längsgefleckt; zwischen Kehle und Brust liegen zwei breite scharlachrote und orangegelbe Querbänder; ist über wie unter dem Auge kurz schwefelgelb gestreift; hat dunkelbraune Augen, schwarzen Schnabel und korallenrote Füße.

Die Faulvögel

An die Eisvögel, vor allem an die Lieste, erinnern die in den süd- und mittelamerikanischen

Urwäldern lebenden Faulvögel. Sie sind ebenfalls kräftig, dick und sehr großköpfig sowie am Schnabel beborstet. Sie sind aber zweifellos noch bedeutend phlegmatischer als die Bartvögel und Honiganzeiger, so daß sie ihren Familiennamen zu Recht tragen. Gewöhnlich sind sie sogar zu träge, den vorüberfliegenden Insekten nachzujagen, sondern warten geduldig, bis sie ihnen unmittelbar vor den Schnabel fliegen. Wie der Perlvogel nisten sie vorwiegend im Erdreich der Uferwände, graben waagerechte Gänge, an deren Ende sie ihre Eier ablegen. Im Gegensatz zu den Bartvögeln sind sie scheu und halten sich hauptsächlich in der Wipfelwelt auf.

Weißkopffaulvogel (Malacoptila striata): Bewohnt Brasilien; Länge 20 cm; Gefieder oberseits dunkelbraun, rotgelb gestreift, unterseits fahlgrau; den Unterhals ziert ein reinweißer großer Mondflecken, die Brust ein breites schwarzes Band; hat rotbraune Augen, schwarzen Schnabel und Fuß.

Die Glanzvögel

Die Glanzvögel stehen den Faulvögeln sehr nahe und sind ebenfalls auf die süd- und mittelamerikanischen Urwälder beschränkt. Brehm bezeichnet sie etwas vermenschlicht als unklug, träge und gleichgültig. Immerhin verfolgen sie von ihren Beobachtungswarten aus die vorüberfliegenden Insekten. Sie zeichnen sich denn auch durch mehr gestreckten Leib aus und haben einen ganz besonders langen, geraden, scharfkantigen und dünnen Schnabel sowie ungewöhnlich kleine, schwache und zarte Füße. Das Gefieder glänzt bei den meisten der bekannt gewordenen 14 Arten lebhaft metallisch. Die Nisthöhlen befinden sich tief in den Böschungen, in die sie lange Gänge vortreiben. Das Gelege besteht aus 2–4 Eiern.

Grüner Jakamar (Galbula galbula): Bewohnt die brasilianischen Küstengebiete; Länge 20 bis 21 cm; Gefieder oberseits und an der Brust prächtig goldgrün, unterseits rostrot; die ebenfalls rostroten Seitenfedern des Schwanzes haben grüne Spitzen; das Männchen kennzeichnet sich durch eine weiße, das Weibchen durch eine fahl rostgelbe Kehle; hat braune Augen mit nacktem schwarzem Ring, sehr langen dünnen Schnabel und bräunlich fleischfarbene Füße; lebt einsam und still in feuchten Urwäldern, sitzt gern dicht am Wasser auf überhängenden Zweigen, und scheint sich vorwiegend von Libellen und Schmetterlingen zu ernähren.

Die Rackenvögel
(Coraciiformes)

In der Ordnung der Rackenvögel sind zusammengefaßt die Familien der *Racken (Coraciidae)*, der *Wiedehopfe (Upupidae)*, der *Erdracken (Brachypteracidae)*, der *Baumhopfe (Phoeniculidae)*, der *Nashornvögel (Bucerotidae)*, der *Bienenfresser (Meropidae)*, der *Eisvögel (Alcedinidae)* der *Sägeracken (Momotidae)*, der *Kurols (Leptosomatidae)* und der *Todis (Todidae)*.

Die Racken

Abgesehen von der auf die Insel Madagaskar beschränkten Gattung der *Erd- oder Kurzflügelracken (Brachypteracias)* sind die dohlengroßen Rakken Baumvögel und vorzügliche Flieger. Weit über die Tropen der Alten Welt verbreitet, führen sie ein unstetes und schweifendes Leben, das nur während der Brutzeit an ein begrenztes Revier gebunden ist. Als Höhlenbrüter bergen sie ihre Eier in Baum-, Erd- und Felshöhlen, in die sie Wurzeln, Grashalme, Federn und Haare eintragen und zu einer flüchtigen Mulde verflechten. Gern nehmen sie auch Nistkästen an. Das Gelege umfaßt 3–5 weiße Eier und wird 18–20 Tage lang bebrütet.

Die körperlichen Merkmale sind: harsches, rauhes, zerschlissenes und buntes Gefieder, in dem die Farben Grün, Blau, Zimtbraun und Weinrot vorherrschen, mittellanger, kräftiger und gerader Schnabel mit überbogener Spitze sowie kurze, schwachläufige und kleinzehige Füße. Die einzige europäische Art, unsere Blauracke, hat lange Flügel und einen ganz kurzen breiten, gerade abgeschnittenen Schwanz.

Blauracke (Coracias garrulus): Vorwiegend Sommervogel; bewohnt Süd-, Südost- und Osteuropa, Mittelrußland, Westsibirien, Vorder- und Südwestasien, fehlt weitgehend in ganz Westdeutschland, brütet vereinzelt noch in der Altmark, in Sachsen, Schlesien, Mecklenburg, Pommern und Ostpreußen, überwintert im tropischen und südlichen Afrika; Länge 30,5 cm; Gefieder ober- wie unterseits hell azurblau mit leuchtend zimtbraunem Rükken, ultramarinblauen, schwarz gesäumten Flügeln, grünlichblauem Schwanz und braunen mittleren Steuerfedern; hat dunkelbraune Augen und dunkelgelbe Füße; bevorzugt alte lichte Wälder, Feldgehölze in flachem Gelände, nistet in hohlen Bäumen, benutzt auch Erdhöhlen in Lehmwänden und Hängen; eine Brut Ende Mai/Anfang Juni.

Die im 19. Jahrhundert noch recht häufige, durch die gedankenlose Knallerei der Sonntagsjäger und die Sucht der Bälge- und Eiersammler aber schnell dezimierte, heute sehr seltene Blauracke erscheint erst Anfang Mai in ihrem Brutrevier. Sie sitzt vorwiegend auf weithin sichtbaren Beobachtungswarten, gern auch auf Telegrafendrähten, und vergnügt sich außerdem in wundervollen Balzflügen.

Die Wiedehopfe

In nur einer Gattung mit einer Art und mehreren geographischen Rassen sind die Wiedehopfe weit über Europa, Asien, Afrika und Madagaskar verbreitet.

Wiedehopf (Upupa epops): Sommervogel; bewohnt ganz Europa mit Ausnahme des hohen Nordens, verbreitet sich über Sibirien bis nach China, ist auch in Afrika zu Hause, überwintert im tropischen Afrika; Länge 28 cm; Gefieder ober- wie unterseits duftig orangebräunlich, die Schwingen und der Schwanz breit schwarz-weiß gebändert; hat hohe, lebhaft orangefarbene, schwarz bespitzte Federhaube, sehr langen, schwach gebogenen, spitzigen, hornschwarzen Schnabel, dunkelbraune Augen und bleigraue Füße; bevorzugt Waldränder mit anschließenden Wiesen, Äckern und Weiden, auch Parklandschaften mit alten hohen Bäumen und Obstgärten, nistet gewöhnlich in Baumhöhlen, nimmt gern Nistkästen an, begnügt sich zur Not mit Gebäudenischen, Steinlöchern und verlassenen Erdbauten; 1 Brut im Mai, Gelege 5–7 Eier.

Wie es schon der überaus lange, schmale und leicht gebogene Schnabel verrät, ist der Wiedehopf ein echter Sammler. Alle seine Nahrung nimmt er vom Boden auf. Besonders gründlich durchstochert er die Fladen der Kühe und jede andere Tierlosung nach Mist-, Dung- und Aaskäfern sowie Fliegenmaden. Auch die Erdraupen und die im Waldboden ruhenden Käfer- und Schmetterlingspuppen weiß er zu finden, zieht Grillen und Werren aus ihren Löchern und sticht Heuschrecken und Maikäfer auf. Da die kleine Zunge die Beute in dem engen Schnabel nicht umzudrehen vermag, ist er gezwungen, seinen Fang in die Luft zu schleudern und so aufzufangen, daß er sofort bis zum Schlundkopf rutscht.

Die Baumhopfe

Die auf das tropische Afrika beschränkten Baumhopfe haben keine so schöne und auffällige Federhaube wie unser Wiedehopf, dafür aber einen langen, breiten und stark gestuften Schwanz. Die nahe Verwandtschaft kennzeichnet sich im sehr ähnlichen, langen, spitzen, dünnen und leicht gebogenen Schnabel sowie in den kurzen kräftigen Beinen. Sonst aber sind die Baumhopfe echte Baumvögel und sehr geschickte Kletterer. Nach Art der Spechte fliegen sie die Stämme an, steigen an ihnen empor – wobei sie sich nicht mit dem Schwanz stützen – und stochern ihre Nahrung aus den Rissen, Spalten und Bohrlöchern der Rinden. Im Gegensatz zu den Spechten sind sie sehr gesellig und regelmäßig in kleinen Trupps anzutreffen.

Baumhopf (Phoeniculus purpureus): Bewohnt die tropischen Waldgebiete ganz Afrikas; Länge 45–47 cm, wovon 24 cm auf den Schwanz kommen; Gefieder ober- wie unterseits metallisch blaugrün, purpurn schimmernd, mit weißen Kreuzflecken kurz vor der Spitze der äußeren Schwanzfedern; hat braune Augen, tiefroten Schnabel und korallenrote Füße.

Die Nashornvögel

Berühmter als durch ihre grotesk behörnten, bekeulten und behelmten Riesenschnäbel wurden die in Indo-Australien und Afrika beheimateten Nashornvögel durch ihre eigenartigen Brutgewohnheiten. Als Höhlenbrüter suchen sich diese häher- bis hühnergroßen Vögel ausgefaulte und vermulmte Stämme, erweitern notfalls die hier vorgefundenen Höhlen und vermauern den Einschlupf so weit, daß sich das Weibchen gerade noch hineinzwängen kann. Nunmehr aber, nachdem es die Nisthöhle bezogen hat, trägt das Männchen noch weiterhin Mulm und Erde herbei und verschließt die Kinderstube bis auf einen hohen schmalen Spalt. Zuletzt vermag das Weibchen, das eifrig seinen

Wie es schon der überaus lange, schmale und leicht gebogene Schnabel verrät, ist der Wiedehopf ein echter Sammler. Alle seine Nahrung nimmt er vom Boden auf. Besonders gründlich durchstochert er die Fladen der Kühe und jede andere Tierlosung nach Käfern sowie Fliegenmaden. Auch Raupen, im Waldboden ruhende Käfer- und Schmetterlingspuppen findet er und er sticht Heuschrecken und Maikäfer auf.

Der Doppelhornvogel bewohnt die Hochwälder Indiens und Sumatras. Berühmter als durch ihre grotesken Riesenschnäbel wurden die in Indo-Australien und Afrika beheimateten Nashornvögel durch ihre eigenartigen Brutgewohnheiten. Als Höhlenbrüter suchen sich die Vögel ausgefaulte Stämme, erweitern notfalls die vorgefundenen Höhlen.

Kot als Bindestoff dazugibt, nur noch seinen Schnabel herauszustrecken. Gänzlich abgeschieden von der Außenwelt legt es in dieser Klausur seine Eier, mausert sich, polstert die Wiege mit den ausgefallenen Federn, brütet und füttert schließlich die ungewöhnlich unfertigen und hilflosen Jungen groß. Das Männchen ernährt es und die zwei bis drei Kinder die ganze Zeit hindurch. Es rakkert sich dabei regelrecht ab und gleicht am Ende der Brutzeit einem Skelett.

Doppelhornvogel (Buceros bicornis): Bewohnt die Hochwälder Indiens und Sumatras, steigt in Höhen bis zu 3000 m; Länge mindestens 100 cm, wovon auf den flach behelmten Schnabel gut 25 cm kommen; Gefieder vorwiegend schwarz; der Hals, die Spitzen der oberen Schwanzdecken, der Bauch und die Unterschwanzdecken jedoch reinweiß; hat breite weiße Flügelbänder und schwarz-weiß gestreiften Schwanz; das Auge ist scharlachrot, der Oberschnabel gelb mit roter Spitze, der Schnabelgrund bleischwarz und der Fuß dunkelbraun; lebt paarweise oder in kleineren Trupps, krächzt verhältnismäßig schwach und dumpf, gibt sich ruhig, fast würdevoll und träge. Nahe verwandt ist der ebenso große, schwarze, nackenschopfige *Rhinozerosvogel (B. rhinoceros)* von Malakka, Sumatra und Borneo, der sich durch den nashornartig aufgewulsteten und keulenartigen Schnabelaufsatz kennzeichnet.

Wulsthorn- oder Jahrvogel (Rhyticeros plicatus): Bewohnt Neuguinea, die Molukken und die Bismarckinseln; Länge 100 cm; Gefieder vorwiegend schwarz, am Kopf und Hals okkergelb, an der nackten Kehle und in der Augengegend hellblau, am Schwanz reinweiß; hat einen wesentlich kleineren lichthornfarbenen Schnabel, den anstelle des Horns ein faltiger Wulst ziert; lebt paarweise, bevorzugt die Wälder der Tiefebenen und Vorberge; wird in Hinterindien vom Indischen Jahrvogel vertreten, der sich durch kastanienbraunen Ober- und Hinterkopf kennzeichnet.

Dickhornvogel oder auch Schildschnabel (Rhinoplax vigil): Bewohnt Tenasserim, Malakka, Sumatra und Borneo; Länge 150 cm, wovon 88 cm auf den Schwanz kommen; Gefieder oberseits vorwiegend braun, unterseits weiß; hat geraden und verhältnismäßig kurzen Schnabel, dessen mächtiges Horn von der Stirn bis zur Schnabelmitte reicht und hier steil abfällt.

Dieses Horn des Schildschnabels ist im Gegensatz zu den Schnabelaufsätzen der anderen Nashornvögel fast ganz mit fester Knochenmasse ausgefüllt und dementsprechend schwer und hart. Es soll dem Vogel als Hammer beim Zertrümmern von Nüssen dienen. Der vordere Teil desselben bildet eine bis zu 28 mm dicke, sehr harte, elfenbeinartige Platte, aus der die Eingeborenen feine Schnitzereien herstellen.

Toko oder Glatthornvogel (Tockus erythrorhynchus): Bewohnt Abessinien, den Ostsudan, Kordofan und die Wälder Mittel-, West- und Südafrikas; Länge 46 cm, das Weibchen ist noch kleiner; Gefieder oberseits vorwiegend dunkelbraun, mit weißem Längsstreif auf dem Hinterhals, unterseits weiß; hat weißgefleckte und weißgesäumte Flügel, weißgesäumten Schwanz, dunkelbraune Augen, langen blutroten Schnabel ohne Aufsatz oder Wulst und braungraue Füße.

Die Tokos sind die kleinsten Nashornvögel und erinnern in ihrem ganzen Gebaren noch mehr als die großen Arten an Raben. Ihre ganz besonders entwickelte Aufmerksamkeit und Stimmfreudigkeit ließ sie zu vielbeachteten Warnern der Tierwelt werden. Ganz eigentümlich ist der Flug: Der Vogel schwingt sich schnell hoch auf, stürzt gleich darauf mit tief niedergebogenem Schnabel ab, um sich nun wiederum emporzuschnellen und abermals tief zu senken. Seine Brutgewohnheiten gleichen denen der großen Nashornvögel.

Hornrabe (Bucorvus abyssinicus): Bewohnt Nordost- und Nordwestafrika; Länge reichlich 110 cm; Gefieder glänzendschwarz bis auf die zehn gelblichweißen Handschwingen; der nackte Augenring und die nackte Kehle sind bleischwarz, letztere breit hochrot gesäumt; hat dunkelbraune Augen, schwarzen, kurz und hoch behelmten Schnabel mit gelbrotem Fleck an der Oberschnabelwurzel; kennzeichnet sich durch kräftige hochläufige Beine, kurze Flügel und kurzen Schwanz; wird in Ost- und Südafrika vom knapp 100 cm messenden *Kaffern-Hornraben (B. caffer)* vertreten.

Auch die Hornraben sind Höhlenbrüter und legen überraschend kleine, runde, weiße Eier. Als Nahrung scheinen sie aber Lurche und Schlangen vorzuziehen; außerdem verzehren sie noch Mäuse, Vögel, Schnekken, Würmer und Insekten sowie Erdnüsse und Wurzeln.

Die Bienenfresser

Die ganze funkelnde Farbenpracht der Tropen trägt der Europäische Bienenfresser auf seinen schwalbenschnellen Schwingen bis hoch in unsere nördlichen Gefilde, bleibt aber immer ein recht seltener Gast. Nur sehr vereinzelt hat er bisher in Süddeutschland und ausnahmsweise auf den Britischen Inseln und auf Bornholm gebrütet. Die warmen Mittelmeerländer sind seine Heimat und weit verbreiten sich die verwandten Arten, über das tropische Afrika und das indoaustralische Gebiet.

Wie es der Name schon verrät, haben die Bienenfresser eine Vorliebe für stechende Insekten – Bienen, Hummeln, Wespen und Hornissen –, die sie samt Giftstachel ohne Schaden verschlucken. Gewöhnlich kehren sie nach dem Jagdflug mit größeren Beutetieren zur Beobachtungswarte zurück, um sie hier erst einmal zurechtzustauchen. Auch Käfer, Heuschrecken, Zikaden, Libellen, Bremsen, Fliegen und Mücken werden durchaus nicht verschmäht. Nach der Brutzeit schlagen sich die Familienverbände zu großen Scharen zusammen.

Europäischer Bienenfresser (Merops apiaster): Sommervogel im europäischen Raum: bewohnt ganz Nordwestafrika,

Der Graufischer bewohnt weite Teile Afrikas und Asiens. Er wurde jedoch schon in Griechenland und Polen angetroffen. Mit einer Länge bis 30 cm wird er größer als der Eisvogel.

die Mittelmeerinseln, ganz Südeuropa von Portugal bis nach Südrußland sowie Westasien, überwintert im tropischen und südlichen Afrika; Länge 28 cm; Schwanz mit verlängerten und zugespitzten schwarzen Mittelfedern; bevorzugt offenes buschiges, mit wenigen Bäumen bestandenes Gelände, auch Heiden, nistet in selbstgegrabenen Erdröhren, brütet Ende Mai/Anfang Juni; Gelege 5–8 Eier.

Die Eisvögel

Um es gleich vorauszuschikken, mit dem Eis haben diese tropisch bunten Vögel nur die Farbe gemeinsam: ein wunderbar schimmerndes Blau und Meergrün. Ihr Entstehungsraum liegt vielmehr im Zentrum des indomalaiischen und indoaustralischen Gebietes, also mitten in den Tropen. Von dort aus verbreiten sie sich in etwa 18 Gattungen, 87 Arten und rund 340 Unterarten über die ganze Erde mit Ausnahme des Nord- und Südpolargebietes.

Europäischer Eisvogel (Alcedo atthis): Teilzieher; bewohnt fast ganz Eurasien mit Ausnahme des hohen Nordens; Länge 16,5 cm.

Stundenlang sitzt der scheue Eisvogel auf einem Uferpfahl, Wehrpfosten oder einem über das Wasser reichenden Ast und lauert auf Beute. In jähem Sturzflug holt er kleine Fische aller Arten aus dem Wasser. Der kräftige, lange und spitze Schnabel ist sein Jagdspeer. Tropfensprühend kehrt er mit der Beute zum Anstand zurück, staucht und stößt sie hier zurecht und verschluckt sie kopfvoran mit hoch emporgerecktem Schnabel. Wenn im Winter die Bäche zufrieren, ist für den Eisvogel Schmalhans Küchenmeister.

Das Eisvogelpaar wählt lange, ehe es in einer hohen und steilen Uferwand seine Nisthöhle anlegt. Männchen und Weibchen hacken in gemeinsamer Arbeit einen etwas ansteigenden Gang von fast einem Meter Länge und erweitern ihn am Ende zu einer geräumigen Höhle. Dann legt das Weibchen seine 6–7 dünnschaligen, porzellanweißen Eier. Nach 21 Tagen schlüpfen die blinden, nackten und unbeholfenen Jungen.

Graufischer (Ceryle rudis): Bewohnt weite Teile Afrikas und Asiens, verfliegt sich hin und wieder bis nach Griechenland und Polen; Länge 28–30 cm; Gefieder oberseits schwarz-weiß gescheckt, unterseits reinweiß bis auf ein breites und ein schmales schwarzes Brustquerband. In Nordamerika wird er vom dohlengroßen, blaugrauen und stark beschopften *Gürtel- oder Königsfischer (Megaceryle alcyon)* vertreten.

Jägerliest oder Lachender Hans (Dacelo novaeguineae = gigas): Bewohnt Neuguinea, Australien und Tasmanien; Länge 44–45 cm; Gefieder oberseits vorwiegend braun, auf den Flügeln hellblau getupft, am Schwanz rotbraun, schwarz quergebändert und weiß gesäumt, unterseits weiß, rostfahl verwaschen.

Mit dem Lachenden Hans, dem größten Eisvogel der Welt, betreten wir die Gruppe der „Jäger“ unter den Eisvögeln, die also nicht an Gewässer gebunden sind und sich auch nicht vorwiegend von Fischen, sondern von Lurchen, Echsen und Schlangen ernähren.

Die Sägeracken

Die auf die tropischen Waldgebiete Amerikas beschränkten langschwänzigen Sägeracken haben die seltsame und bisher unerklärliche Gewohnheit, ihre verlängerten mittleren Steuerfedern kurz vor der Spitze so lange zu beknabbern, bis der Federschaft freigelegt ist und die Enden sich als aparte Spiegel absetzen. Nur selten einmal verlassen sie die dämmrige Tiefe der Wälder, leben einzeln oder paarweise und bevorzugen die Nähe kleiner Gewässer. Als verhältnismäßige träge Anstandjäger bewohnen sie vor allem das Unterholz und ernähren sich von Insekten, besonders von Käfern, sowie von Kriechtieren, Vögeln und Mäusen. Ihren Namen verdanken sie den gezähnelten Rändern des Schnabels. Die durchschnittlich vier weißen Eier birgt das Weibchen in einer Erdhöhle, die sich ihm in irgendeiner Böschung anbietet. Es legt sie auf die nackte Erde und brütet sie gemeinsam mit dem Männchen aus.

Von den uns bekannt gewordenen 6 Gattungen – *Momotus, Hylomanes, Electron, Eumomota, Aspatha* und *Baryphthengus* – sei hier nur der blaurackengroße Motmot beschrieben.

Motmot oder Hutu (Momotus momota): Bewohnt Guayana und das Amazonasgebiet; Länge 45 cm, wovon gut 25 cm auf den Schwanz kommen; Gefieder oberseits dunkel grasgrün, mit blauer Stirn, schwarzem Scheitel und rotbraunem Nakken, unterseits grün, zimtbraun schimmernd; hat schwarzen, stark beborsteten Schnabel, rotbraune Augen, großen schwarzen Augen-Ohrfleck mit blauem Saum; die Spitzen der verlängerten Schwanzfedern sind dunkelblau eingefärbt.

Die Kurols

Wie die Sägeracken erinnern auch die Kurols noch an die Blauracken. Sie sind in ihrem Vorkommen auf Madagaskar und die Komoren beschränkt und dort nur in einer Art vertreten. Als sehr gesellige und stimmfreudige Geschöpfe beleben diese Vögel vor allem die lichten Waldränder, treten häufig in kleineren Trupps auf und halten fast ununterbrochen lebhafte Stimmfühlung. Der Ruf ist ungefähr mit „Tühu-tühu-tühu“ zu übersetzen. Kehle und Vorderhals werden dabei so stark aufgeblasen, daß sie sackartig herabhängen.

Kurol (Leptosomus discolor): Bewohnt Madagaskar und etliche Inseln der Komoren; Länge 43 cm; Gefieder auf Vorderkopf, Hals, Kropf und Oberbrust tief bläulichgrau, auf dem etwas gehäubten Scheitel schwarz, auf dem Rücken, den kleinsten Flügeldecken- und Schulterfedern metallisch grün, kupferrot schimmernd, unterseits grau bis weiß; hat schwarzen Schnabel, braune Augen, tiefgelbe Füße und schwärzlichen Schwanz, der metallisch grün und kupferrötlich schimmert, das Weibchen ist an Kopf und Hals rotbraun und schwarz gebändert, unterseits rötlichfahl, glänzend schwarz gefleckt. Der Kurol lebt vorzugsweise von Raupen und Heuschrecken, Eidechsen und Chamäleons. Während der Paarungszeit erhebt er sich zu wundervollen Flugspielen hoch in die Luft und stürzt mit fest angelegten Flügeln und lautem Pfeifen ab. Wahrscheinlich nistet er in Baumhöhlen.

Die Todis

Zu den Rackenförmigen zählen auch noch die nur zaunkönigsgroßen Todis. Ihr Lebensraum sind ausschließlich die Antillen, wo sie in einer Gattung mit fünf Arten auftreten. Diese kleinen und zierlichen, oberseits zumeist grünen Vögel sind echte Buschschlüpfer, die sich im dichtesten Dickicht bergen und vorwiegend von Insekten ernähren. Sie kennzeichnen sich durch mittellangen, sehr flachen, weit geschlitzten, stark beborsteten Schnabel, kurze Flügel, kurzen Schwanz und zierliche Füße.

Todi oder Grünplattschnabel (Todus viridis): Bewohnt Jamaika; Länge 12 cm; Gefieder oberseits glänzend grasgrün, unterseits an Kinn und Kehle karminrot, vom Schnabel an weiß und zart graublau gesäumt, an Brust und Bauch gelblichweiß; hat hornrötlichen Schnabel, blaßgraue Augen, einen schmalen roten Saum am unteren Augenrand und braunrote oder fleischfarbene Füße; wird auf Kuba vom gleichgroßen, sehr ähnlich befiederten *Bunttodi (T. multicolor)* vertreten, der sich durch deutliche blaue Halsseitenflecken kennzeichnet.

Die Trogons oder Nageschnäbler *(Trogoniformes)*

Der metallische Glanz des ungewöhnlich reichen, üppig wallenden Prachtgefieders dieser Vögel ist nur für das gedämpfte Licht der tropischen Wälder geschaffen. Bei gefangenen oder ausgestopften Trogons, die der unmittelbaren Sonnenbestrahlung ausgesetzt sind, verblaßt er schnell, und alle Farben verlieren ihren märchenhaften Schimmer. Ihre ganze Schönheit offenbart sich also nur in den schattigen, feuchten und dichten Urwäldern, in denen sie die niedere, stark dämmrige Wipfelwelt bewohnen.

Quetzal (Pharomachrus mocino): Bewohnt die mittelamerikanischen Gebirgswälder; Länge 40–42 cm, wovon auf den Schwanz 22 cm kommen, den die längsten Schwanzdeckfedern des Männchens noch um weitere 65 cm überragen; Gefieder oberseits vorwiegend glänzend smaragdgoldgrün, unterseits hoch scharlachrot; die Schwingen und deren Deckfedern sowie die vier mittelsten Schwanzfedern schwarz, die übrigen weiß; hat einen aus zerschlissenen Federn gebildeten, hohen, halbkugelförmigen Helm und ungewöhnlich

Obwohl recht fluggewandt, sind die höchstens kuckuckgroßen Trogons im Wesen fast träge zu nenne. Von ihren Beobachtungswarten aus starten sie zu kurzen Jagdausflügen auf dicht vorüberfliegende Insekten. Ihre 2 bis 4 Eier legen sie in Baum- und Erdhöhlen sowie in Termitenburgen. Die Männchen beteiligen sich am Brutgeschäft.

reiches, wallend über Flügel und Schwanz herabhängendes Deckgefieder; die Augen sind dunkel nußbraun, die Augenlider schwarz, der Schnabel gelb, am Grunde ölbraun, die Füße braungelb; das Weibchen hat einen nur schwach angedeuteten Federhelm und kein so reiches Deckgefieder.

Der Quetzal ist zweifellos der prächtigste Vogel der Neuen Welt, ganz gleich, ob er ruht oder fliegt. Die Würde seines Benehmens und seiner Bewegungen steht immer im Einklang mit dem Glanz seiner Erscheinung. Der Flug ist leicht und zierlich, nicht im geringsten durch das üppige Gefieder und die ganz ungewöhnlich langen Schwanzfedern behindert, die ihm gleichsam leuchtend nachfließen. Geschickt und wendig bricht er im Fliegen die Beeren und Früchte von den Zweigen. Am häufigsten ist er in den dichten Gebirgswäldern in Höhen um etwa 2000 m anzutreffen.

Von den weiteren rund 50 Arten seien noch vorgestellt:

der *Narina-Trogon (Apioderma narina)* aus den Wäldern Afrikas; Länge 27–29 cm; oberseits schimmernd goldgrün, unterseits dunkel rosenrot, ein einsamer und scheuer Vogel, der klagend ruft und bauchrednerisch vor sich hin schwätzt;

der *Kuban- oder Mondschwanz-Trogon (Prioteles temnurus)* aus Kuban; 26 cm; oberseits metallisch grün, mit weißen Spiegeln auf stahlblauen Flügeln, unterseits prachtvoll zinnoberrot mit blaß aschgrauer Kehle.

Die Mausvögel *(Coliiformes)*

Wer da glaubt, daß ein Vogel, der als Schlüpfer im dichten und dornigen Gestrüpp zu Hause ist, am zweckmäßigsten einen so kurzen Schwanz wie unser Zaunkönig haben müßte, wird durch die afrikanischen Mausvögel schnell eines Besseren belehrt. Denn diese kleinen grauen Bewohner der undurchdringlichen Stachelbuschzone sind wohl die Meisterschlüpfer unter allen Vögeln und haben dennoch einen Schwanz, der mindestens doppelt so lang als ihr Leib ist. Unglaublich gewandt und mausflink zwängen und pressen sie sich regelrecht durch die kleinsten Lükken. Im Handumdrehen ist nicht nur der einzelne Vogel, sondern eine ganze Schar der geselligen Zwerge untergetaucht. Die erste und die vierte Zehe können sie ebenso gut nach vorn wie nach hinten strecken. Das Gefieder aber ist von Natur aus schon so stark und fein zerschlissen, daß es tatsächlich den Haaren der Säuger gleicht. Die zwölf langen Schwanzfedern dagegen sind ungewöhnlich stark- und steifschaftig und haben nur schmale steiffasrige Fahnen. Von Busch zu Busch schwirren und schweben die Mausvögel derartig schnell, daß sie mit ihren langen Schwänzen täuschend dahinfliegenden Pfeilen gleichen.

Unglaublich gewandt und flink zwängen sich die Mausvögel durch die kleinsten Lücken. Im Handumdrehen ist nicht nur der einzelne Vogel, sondern eine ganze Schar untergetaucht.

Die Mausvögel sind in 1 Gattung mit 6 Arten und vielen Rassen über die ganze Buschwaldzone Afrikas verbreitet. Sie ernähren sich ausschließlich von pflanzlichen Stoffen und Früchten. Ihre Nester sind napfförmig und stehen im dichten Gezweig der Büsche und Bäume. Das Gelege umfaßt 2–5 Eier. Die Jungen kennzeichnen sich durch grell gefärbte Sperrachen.

Blaunackiger Mausvogel (Colius macrourus): Bewohnt

Gestaltlich erinnern die Segler so sehr an die Schwalben, daß sie von den meisten Menschen als solche angesprochen werden. Sie haben aber einen wesentlich flacheren Schädel, ein derberes Gefieder, eine dickere Haut, einen noch tiefer geschlitzten Schnabel und einen viel kürzeren Schwanz.

vorwiegend Mittel- und Südafrika; Länge 34 cm; wovon 24 cm auf den Schwanz kommen; Gefieder vorwiegend isabellrötlichgrau, an der hohen Federhaube isabellgelblich, auf den Schultern und Flügeln hell aschgrau, unterseits weißfahl bis isabellgraugelb; die Schwanzfedern sind in der Wurzelhälfte zimtrostrot, in der Endhälfte erdbraun; kennzeichnet sich besonders durch den großen himmelblauen Nackenfleck; hat einen an der Spitze schwarzen, an der Wurzel roten Schnabel, nackten roten Augenring, rotbraune Augen und korallenrote Füße.

Die Seglerartigen

(Strisores = Apodiformes)

Die in dieser Ordnung zusammengefaßten Vogelfamilien der Segler *(Apodidae)* und der Kolibris *(Trochilidae)* segeln eigentlich unter falscher Flagge. Denn echte Segelflieger, also von den Luftströmen getragene, im Gleitflug schwebende und ohne Flügelschlag im Luftraum schwimmende Vögel sind weder die Segler noch die Kolibris. Im Gegenteil, gerade sie zeichnen sich durch einen außerordentlich schnellen Flügelschlag und ein typisch schwirrendes Vorwärtsschießen aus, das nur selten einmal von einem Gleitflug unterbrochen wird.

Die Segler

Die Segler vermögen mit ihren Füßen nicht einmal einen dünnen Zweig oder einen Telefondraht zu umfassen. Die vier nach vorn gerichteten, stark spreizbaren und scharf bekrallten Zehen dienen lediglich als Gesteinshaken, sind praktische Aufhänger, ermöglichen aber kein Klettern an den Felswänden. Freiwillig suchen die Segler darum weder den Erdboden noch Busch oder Baum auf. Fliegend jagen sie ihre Insektenbeute, fliegend wird getrunken und gebadet, fliegend paaren und begatten sich die Geschlechter, und fliegend wird selbst der Niststoff aus der Luft geschnappt. Ja, wie es scheint und es die neuesten Forschungen immer stärker bestätigen, wird sogar im Fluge geschlafen.

Die Segler sind über die ganze Erde mit Ausnahme der Polargebiete verbreitet.

Mauersegler (Apus apus): Sommervogel; bewohnt Nordwestafrika und ganz Eurasien mit Ausnahme des höchsten Nordens; Länge 16,5 cm; Gefieder einfarbig rauchbraunschwarz mit erzgrünem Schimmer auf Mantel und Schultern; hat schwarzen Schnabel, große tiefbraune Augen, rundlichen weißen Fleck an Kinn und Kehle, lange sichelförmige Flügel, kurzen gegabelten Schwanz und lichtbräunliche Füße; ist ein ausgesprochener Kulturfolger, nistet gewöhnlich in Gebäudenischen, unter Dachrinnen, auch in Starenkästen und alten Schwalbennestern, seltener auch noch in Fels- und Baumhöhlen; 1 Brut im Juni, Gelege 2–3 weiße walzenförmige Eier.

Im mittelmeerischen Raum vertritt ihn der gleichgroße, mehr graubraune, weißkehlige *Fahlsegler (A. pallidus)*, der sich oft auch mit ihm vergesellschaftet.

Alpensegler (Apus melba): Sommervogel; bewohnt fast alle Hochgebirge Afrikas, Südeuropas und Asiens bis zum nördlichen Himalaja; Länge 21–22 cm; Gefieder oberseits dunkel rauchbraun mit feinem grünlichem Erzschimmer auf den Schwingen, unterseits weiß mit breitem braunem Brustband; klaftert 55–56 cm; hat dunkelbraune Augen, schwarzen Schnabel und Fuß; bevorzugt Felsen und Klippen in den Hochgebirgen wie an den Küsten, nistet aber auch mitten in den Städten der Schweiz unter den Dächern hoher Gebäude; läßt während des Fluges einen lauten, zuerst ansteigenden, dann abfallenden Trillerruf vernehmen, schießt öfter einmal mit tiefgesenkten Flügeln im Gleitflug dahin; wird in Afrika und Asien vom viel kleineren, unserem Mauersegler sehr ähnlichen *Weißbürzelsegler (A. affinis)* vertreten.

Javanischer Baumsegler, Haubensegler oder Klecho (Hemiprocne longipennis): Bewohnt Java, Sumatra, Borneo, Bangka und Malakka; Länge 18 cm; Gefieder oberseits dunkel schwarzgrün, metallisch schimmernd, auf Bürzel und Schwanzdecken hell schimmelgrau, am Schwanz selbst schwarz, unterseits an Kinn, Kehle und Flanken ebenfalls grau; hat tiefbraune Augen, schwarzen Schnabel, Zügel und Augenfleck, kleinen dunkelrostroten Ohrfleck und großen weißen Flügelspiegel; trägt eine hoch aufgerichtete helmartige Federhaube und besitzt schwalbenartig gebildete Füße, die ihm das Sitzen auf Zweigen ermöglichen.

Das aus Baumflechten und Rindenschuppen zusammengeleimte Nest des Baumseglers klebt gleich einer kleinen halbrunden Seifenschale an dürren waagerechten, etwa 2 cm dicken Ästen. Es ist nur 1 cm tief und knapp 3–4 cm breit, vermag also gerade das eine Ei des Vogels aufzunehmen. Seine Wände sind so dünn wie Pergament. Und da es so klein und zerbrechlich ist, kann sich der brütende Vogel auch nicht auf sein Nest setzen. Er bedeckt es behutsam mit dem Bauche, während er dicht daneben auf dem Zweige hockt. Schlüpft dann aus dem meerblauen Ei das Junge, so verläßt es alsbald die allzu kleine Eierwiege, klettert neben die Mutter auf den Ast und nimmt dort bei Ge-

Fast alle Kolibris bauen ihre Nester napfförmig und dickwandig. Das Baumaterial besteht aus den feinsten Stoffen der Pflanzenwelt, aus Blütenwolle, Moosen, Flechten und Farnschuppen, die gern mit Spinngeweben verarbeitet werden. Je nach der Art sind diese Nester oft nicht größer als eine halbe Walnuß.

fahr eine Tarnhaltung an, die an die aufgereckte Pfahlstellung unserer Rohrdommel erinnert.

Salangane (Collocalia francica): Bewohnt die Sunda-Inseln, die Gattung ist jedoch in rund 20 Arten über Indien, Indo-Malaia, Polynesien und Australien verbreitet; Länge 12–13 cm; Gefieder oberseits dunkel rauchschwarzbraun und erzschimmernd, unterseits mehr rauchgraubraun; hat tiefbraune Augen, kleinen schwarzen starkhakigen Schnabel, lange, den Schwanz weit überragende Flügel, kurzen, nur seicht gegabelten Schwanz und kleine schwache Füße; bevorzugt felsige Küsten, nistet kolonieweise in schwer zugänglichen großen und dunklen Höhlen, leimt ihr aus Speichel gefertigtes Nest hoch an die Decken und Wände.

Diese Nester sind es, die vor allem von den asiatischen Feinschmeckern als eine auserlesene Delikatesse angesehen und in der Gestalt einer sagoartigen Suppe geschlürft werden. Dem Geschmack dieser Leute zuliebe klettern wagehalsige Nestpflükker in die von donnernden und gischtenden Wogen durchfluteten Küstenhöhlen, in denen die Salangane gewöhnlich zu vielen Tausenden nisten. Die Eier werfen sie weg, die Jungvögel essen sie selbst. Drei- bis viermal im Jahr wiederholt sich diese Ernte, und die Gesamtausbeute beträgt noch immer Millionen Nester. Aus etwa drei der nur 6 g schweren Nester bekommt man einen Teller dieser Speichelsuppe.

Die Kolibris

Die Kolibris, von denen wir rund 330 Arten kennen, sind keine zarten, schwachen und gleichsam ätherischen, sondern überaus lebenstüchtige und anpassungsfähige Geschöpfe. Von ihrem tropischen mittelamerikanischen Entstehungszentrum aus eroberten sie sich den ganzen Kontinent. Kolibris schwirren durch die feuchten Regenwälder des tropischen Gürtels wie durch die strengen Fichtenforste Alaskas, durch die fieberdunstigen Stromgebiete der Tiefebenen wie durch die sturmgepeitschten Hochwälder der Anden und die von eisigen Winden beherrschten Landschaften rund um die Magellan-Straße. Wo es der Lebenskampf erforderte, erreichen sie die Größe von Schwalben, tragen sie ein hartes, derbes und schlichtfarbenes Federkleid, werden sie zu Insektenjägern gleich den Fliegenschnäppern oder auch zu Fruchtfressern.

Vom Nektar allein vermögen selbst die allerkleinsten, die sogenannten Hummelkolibris, nicht zu leben. Unzählige gefangene Kolibris mußten diese irrige Annahme mit dem Leben bezahlen. Sie im Käfig zu halten, gelang erst, als man erkannte, daß sie unbedingt tierischer Nahrungsstoffe bedürfen, daß sie vorwiegend von den Kleininsekten leben, die ebenfalls die Blütenkelche besuchen. Selbst die Jungen vermögen nicht mit den Kohlenhydraten des Nektars auszukommen, sondern brauchen reichliche Insekten- und Spinnenkost. Dabei erfordert der immerwährend auf Hochtouren laufende Lebensmotor eine ganz beträchtliche Nahrungszufuhr. Schon in der Gefangenschaft beträgt die täglich aufgenommene Nährflüssigkeit das Doppelte des Körpergewichts. Im Freileben werden diese „ätherischen Geschöpfe“ sicherlich noch „ärgere Fresser“ sein.

Große Kraftreserven erfordert allein schon der Schwirrflug mit seinen 50–78 wirbelnden Flügelschlägen pro Sekunde. Der Leib vibriert unter dieser Leistung so stark, daß er zerbrechen würde, wäre das Skelett nicht ungewöhnlich fest und massiv. Kolibris haben keine Luft in den Knochen wie viele andere Vögel, sondern Mark. Sie besitzen ein Herz, das mehr als ein Viertel des gesamten Körpergewichts wiegt. Stählern ist die Flugmuskulatur und ganz ungewöhnlich leistungsfähig die Lunge. Den ganzen langen Tag arbeitet dieser Körpermotor pausenlos, den ganzen langen Tag will er unaufhörlich gespeist sein. Dennoch müßten die meisten Kolibris während der Nachtruhe verhungern, wenn nicht auch bei ihnen – wie bei den jungen Mauerseglern – das Phänomen der sogenannten Fastenstarre diese nächtliche Futterpause überwinden hülfe, wobei Energie gespart wird, denn

Stoffwechsel und Körpertemperatur sinken über Nacht derartig ab, daß die Tierchen in eine tiefe Lethargie versetzt werden und weitgehend erstarrt scheinen.

Das Brutgeschäft liegt ganz allein auf den Schultern der Weibchen. Sie bauen ihr Nest oft schon vor der Paarung, brüten allein und füttern die Jungen ohne Hilfe von seiten der Männchen groß. Bei etlichen Arten werden die Männchen nicht einmal in der Nähe des Nestes geduldet. Bei anderen halten sie in gemessener Entfernung Wache und sollen ebenso mutig wie zielbewußt nach den Augen der Nesträuber stoßen. Hierüber gibt es zahllose, fast unglaubliche Geschichten, wahre Vogel-Abenteuer.

Das Gelege umfaßt durchschnittlich nur zwei reinweiße walzenförmige Eier, bei denen in den ersten Tagen noch der Dotter rötlich durch die dünne Schale schimmert. Die Brutdauer währt zwei bis drei Wochen. Anfangs noch ganz nackt und schwärzlich, gleichen die Jungen bald winzigen graustachligen Igeln. Die Mutter würgt ihnen das Futter bis in den kugeligen Kropf hinunter. Nach rund drei weiteren Wochen sind sie Flügge, und unternehmen Flugversuche.

Wie schon mehrfach angedeutet, sind fast alle Kolibris regelmäßige Blütenbesucher. Und im gleichen Maße, wie sich die Blütenpflanzen ihren Bestäubern aus der Insektenwelt und diese wiederum den jeweiligen Blütenformen anpaßten, bildeten sich auch zu den Kolibris sehr innige Beziehungen aus. Blütenkelch und Kolibrischnabel stehen oft im gleichen Ergänzungsverhältnis wie Blütenkelch und Insektenrüssel. Deshalb sind diese Schnäbel vorwiegend lang, schmal, dünn und röhrenförmig, sind die Zungen lange, weit vorstreckbare Saugrohre und pinselartige Tupfer. Gleich den Schwärmern unter den Nachtfaltern landen die meisten Kolibris nicht auf der Blüte, sondern trin-

Der Ziegenmelker ist ein dämmerungsaktiver Vogel. Den Tag verbringt er auf den Zweigen oder auf die Erde gepreßt; die Tarnfärbung läßt ihn mit seiner Umwelt fast „verschmelzen“. Insekten jagt er in langen, nächtlichen Ausflügen. Seine Lautäußerungen beschränken sich auf verhältnismäßig leise Rufe.

ken im schwirrenden Rüttelflug und nehmen in der Luft vor den Blumen stehend auch die in den Kelchen befindlichen Insekten auf, bereichern ihren Speisezettel.

Die Ziegenmelkerartigen
(Caprimulgiformes)

Die in dieser Ordnung vereinigten, weltweit verbreiteten Vogelfamilien der *Nachtschwalben (Caprimulgidae)*, der *Tagschläfer (Nyctibiidae)*, der *Fettschwalme (Steatornithidae)*, der *Schwalme (Podargidae)* und der *Zwergschwalme (Aegothelidae)* umfassen eine Schar von eigenartigen Dämmerungs- und Nachtvögeln, die allerdings weder mit den Schwalben verwandt sind noch jemals Ziegen gemolken haben. Der alte Name, der auch hier beibehalten wurde, geht wahrscheinlich auf die Ziegenhirten des Altertums zurück, die diese ausgesprochen neugierigen Vögel um die Herden und Ställe kreisen sahen und vielleicht glaubten, daß sie deshalb einen so weitgeschlitzten Schnabel haben, um die Euter der Ziegen umfassen zu können. Andererseits darf man wohl kaum annehmen, daß diese naturverbundenen Menschen die stark entwikkelten Schnabelborsten dieser Vögel übersehen hätten. Mit diesen Borsten ausgerechnet die besonders kitzligen Ziegen zu melken, das vermöchte wohl nur ein Hexenmeister. Viel näher liegt darum der Gedanke, daß diese pfiffigen Hirten den eigenen Milchverbrauch durch den Hinweis auf diese nächtlichen Vögel zu verschleiern versuchten. Was zur törichten Verfolgung dieser heute seltenen Vögel führte.

Die Nachtschwalben

Die Nachtschwalben im engeren Sinne sind in 19 Gattungen mit 67 Arten über die ganze Erde mit Ausnahme der Polargebiete und Neuseeland verbreitet. Als echte Dämmerungs- und Nachttiere verbringen sie den Tag ruhend, ducken sich flach längshin auf die Äste oder dicht an die Erde, wobei sie bis zur Unsichtbarkeit mit den Farben ihrer Umwelt verschmelzen. Ihre Insektennahrung nehmen sie in langen nächtlichen Jagdflügen zu sich. Die Lautäußerungen beschränken sich auf verhältnismäßig leise Flugrufe und ein lautes schnelles Schnurren während der Balz. Das Brutgeschäft vollzieht sich zumeist auf der Erde, und viele Arten legen ihre zwei Eier auf den nackten Boden. Die Brutdauer ist verhältnismäßig kurz. Die Jungen umfassen den Schnabel der Alten und bekommen ihr Futter aus dem sehr dehnbaren Kehlsack tief in den Schlund gewürgt. Zum Schutze gegen die Bodenfeuchtigkeit sind die sofort bedunten Jungen auf der Bauchseite stärker befiedert.

Nachtschwalbe oder Ziegenmelker (Caprimulgus europaeus): Sommervogel; bewohnt ganz Europa mit Ausnahme des hohen Nordens, Nordwestafrika und das westliche Asien; Länge knapp 27 cm; Gefieder vorwiegend graubraun, fein und dicht dunkelbraun und rostgelb bespritzt und gesprenkelt, unterseits eng und schwärzlich quergebändert; das Männchen hat weiße Flecken an den Handschwingen nahe der Flügelspitze und weiße Spitzen an den äußeren Steuerfedern – gleichsam Positionslichter für das Weibchen! –, die Augen sind tiefbraun, die Lider rot, der von schwarzen Borsten umgebene, sehr kleine Schnabel hornschwarz, die Füße rötlichbraun; bevorzugt Moore und Heiden, Waldränder und bewachsene Lichtungen, meidet das Innere dichter großer Forste, nistet auf der nackten Erde; 2 Bruten ab Ende Mai.

Nuttalls Nachtschwalbe (Phalaenoptilus nuttalii): Gehört zu den interessantesten Vögeln der Welt. In einer Talschlucht des Chuckawalla-Gebirges in der Coloradowüste in Kalifornien fand der Naturforscher E. C. Jaeger drei Jahre lang hintereinander mitten im Winter diese Nachtschwalbe in ein und derselben Felsennische im Zustand einer tiefen Lethargie. Er konnte sie in die Hand nehmen, ohne daß sie erwachte oder nur die Augen öffnete. Ihre Körperwärme war fast auf die Außentemperatur abgesunken und betrug etwa 18 Grad Celsius. Die Herz- und Atemtätigkeit war kaum noch wahrzunehmen. Rund 85 Tage währte jeweils dieser Zustand, der nicht anders als ein regelrechter Winterschlaf gedeutet werden kann. Diese Nachtschwalbe ist der erste winterschlafende Vogel überhaupt, der einwandfrei beobachtet und wissenschaftlich untersucht wurde.

Die Tagschläfer

Die Tagschläfer sind riesige, fast bussardgroße Nachtschwalben und in nur einer Gattung mit fünf Arten auf Mittel- und Südamerika beschränkt. Ihren Namen verdienen sie durchaus, denn sie sind tagsüber kaum zu wecken bzw. zu einer Bewegung zu veranlassen. Man kann ihnen eine Schlinge über den Leib werfen oder sie mit einem Stock erschlagen. Im Gegensatz zu den bisher besprochenen Ziegenmelkerartigen ducken sie sich während der Tagesruhe nicht längshin, sondern querüber auf möglichst alte dürre Äste. Höchst selten bergen sie sich auf der Erde. Ihre Gelege besteht regelmäßig aus nur einem Ei. Sie bauen in starken Astgabeln oder napfförmigen Baummulden ein lockeres, aus Zweigen geschichtetes, verhältnismäßig lächerlich kleines Nest, das eigentlich nur eine Eiwiege ist und vom Weibchen, das daneben hockt, nur mit dem Bauche bedeckt wird. Das Junge hockt später auf diesem kleinen Nest wie ein herangewachsener Kuckuck im kleinen Singvogelnest und wird aus dem großen Kehlsack gefüttert.

Die Riesenschwalke kennzeichnen sich durch deutlich hakigen und bezahnten Schnabel, der bis unter die Ohren geschlitzt und außerordentlich reich von Borsten umstanden ist.

Riesenschwalk (Nyctibius grandis): Bewohnt die Urwälder Südamerikas; Länge 50–55 cm, klaftert gut 125 cm; Gefieder reich, weich und locker, oberseits auf fahlweißlichem Grund dunkel und zickzackartig gebän-

Zu Tausenden und aber Tausenden ruhen und brüten die Fettschwalme in äußerst schwerzugänglichen kleinen und großen Felsenhöhlen. Bei Einbruch der Nacht verlassen sie krächzend ihre Schlupfwinkel, schwärmen aus, pflücken die Baumfrüchte im Fluge von den Zweigen und würgen die Samenkerne in Form von Gewöllen aus. Aus diesen Gewöllen und aus Erde bauen sie ihre flachnäpfigen Nester oder polstern damit die Felsspalten.

dert und gefleckt, an Kinn und Kehle rostrotbraun, schmal schwarz quergebändert, auf der Brust braunschwarz getüpfelt, auf den silbergrauen Armschwingen und Steuerfedern deutlich hell und dunkel gebändert.

Die Nahrung des Riesenschwalks besteht aus den großen Käfern und Schmetterlingen der Tropen, die er vorwiegend in Jagdflügen aus der Luft schnappt. Bodentiere nimmt er so gut wie nie auf.

Die Fettschwalme

Die im tropischen Südamerika beheimateten Fettschwalme sind wunderliche Außenseiter unter den Ziegenmelkerartigen: nämlich sehr gesellige, in großen Verbänden lebende Höhlenbewohner und ausgesprochene Fruchtfresser. Zu Tausenden und aber Tausenden ruhen und brüten sie in äußerst schwer zugänglichen kleinen und großen Felsenhöhlen. Bei Einbruch der Nacht verlassen sie krächzend und schnabelklappend ihre Schlupfwinkel, schwärmen aus, pflücken die Baumfrüchte im Fluge von den Zweigen und würgen die Samenkerne in der Form von Gewöllen aus. Aus diesen Gewöllen und aus Erde bauen sie ihre flachnäpfigen Nester oder polstern damit die Felsspalten. Das Gelege umfaßt nur 1–2 weiße Eier. Männchen und Weibchen brüten abwechselnd. Die ausschlüpfenden Jungen kommen gänzlich nackt auf die Welt, sind gefräßig und gleichen bald weißlichgelben Fettklumpen. Spät erst legen sie ein Daunenkleid an.

Fettschwalm oder Guacharo (Steatornis caripensis): Bewohnt das tropische Südamerika in nur 1 Art; Länge 55 cm; Gefieder hart und steif, vorwiegend lebhaft kastanienbraun, überall weiß und gelblichweiß gepunktet und gefleckt, an den Schwanzfedern schmal schwarz quergebändert; hat dunkelbraune Augen mit borstigen Lidern, rötlichbraunen hakigen gezahnten Schnabel und gelbbräunliche Füße; der Leib ist schlank, der Kopf breit, der Flügel sehr lang und spitz.

Auf der Erde ist der leicht und schwebend fliegende Guacharo von trauriger Unbeholfenheit. Er vermag nur mit Hilfe der Flügel vorwärts zu kriechen und versucht sich schwankend und schlängelnd mühsam im Gleichgewicht zu halten. Eine starke Fettschicht unter der Haut hat diesem Vogel seinen Namen eingetragen.

Die Schwalme

Bei den Ziegenmelkerartigen des indomalaiischen und australischen Raumes, den Horn- und Riesenschwalmen, erweitert sich der bis hinter die Augen gespaltene Schnabel zu einer weitklaffenden Futterluke, einem regelrechten platten Froschmaul, das breiter als die Stirn ist. Reißen diese großen und ziemlich phlegmatischen Nachtgeister diese ihre riesige Insektenfalle auf, so schimmern die farbigen Schleimhäute gleich den Blüten der sogenannten Froschmaulblumen und werden von zahlreichen Insekten begierig angeflogen. Man glaubt nach den bisherigen Beobachtungen annehmen zu dürfen, daß die Schwalme auf diese Weise recht bequem zu frühstücken pflegen. Denn auch sonst halten sie nicht viel vom anstrengenden Jagdflug, sondern klettern ziemlich gemessen durchs Gezweig und schnappen die ruhenden Baumheuschrecken und Zikaden von den Blättern, hämmern gleich den Spechten gegen die Rinden oder durchstochern die mulmgefüllten Baumhöhlen nach Insektenbeute. Auch Spinnen, Tausendfüßer und Baumfrösche werden nicht verschmäht.

Hornschwalm oder auch Froschmaul (Batrachostomus auritus): Bewohnt vor allem den indomalaiischen Raum; Länge etwa 25–27 cm; Gefieder oberseits hell rostfarben, mit schwarzen Zickzacklinien gebändert, auf den Schultern weißbläulich gefleckt, unterseits weiß an der Kehlmitte, dem Vorderhals und Bauch, rostfarben an der Brust, weiß und schwarz gefleckt; kennzeichnet sich durch lange Büschel stark zerschlissener Federn an den Kopfseiten, brandgelbe Flecke an der Stirn und hinter den Augen sowie ein halbmondförmiges weißes Nackenband; hat schwefelgelbe Nachtaugen, hellgelben Schnabel und bräunliche Füße; erinnert an eine Eule; bevorzugt die Dickichte in Höhengürteln über 1000 m, wo er sich gut verbergen kann.

Die Zwergschwalme

Die Zwergschwalme sind in einer Gattung mit acht Arten über Australien, Neuguinea und die Molukken verbreitet. Wie die Käuze schlafen und nisten sie in Baumhöhlen, ohne sich ein weiches Lager zu bauen oder Niststoffe einzutragen. Ihre verhältnismäßig hohen nackten Läufe wie ihre Zehen verraten, daß sie besser als die anderen Nachtschwalben zu Fuß sind und einen Zweig ganz gut umklammern können. Mit Einbruch der Dämmerung ermuntern sie sich und fliegen auf die Insektenjagd. Der Kopf ist fast so wendig wie bei den Eulen, und wie jene zischen und fauchen sie ärgerlich bei Störungen. Den kleinen Schnabel umstehen viele lange borstenartige Federn, die nicht nur am Mundwinkel, sondern auch auf der Stirn und am Kinn wurzeln.

In den Fjells und Tundren Nordeuropas und Nordamerikas lebt die weißgefiederte Schnee-Eule. Da sie ihre Nahrung nahe am Polarkreis jagt, ist sie vor allem tagsüber aktiv. Die Schnee-Eule brütet in einer selbstgescharrten Mulde am Boden.

In Mitteleuropa ist der Uhu fast vollständig ausgerottet. Versuche, ihn in Deutschland wieder heimisch zu machen, sind teilweise erfolgreich. Überall wo es Nischen und Höhlen gibt, fühlt sich der Uhu zu Hause: in steilen Schluchten, aber auch in Wäldern, Heiden und Steppengebieten.

Winzige, kaum sichtbare Federohren hat die kleine, zur Gattung der Ohreulen gehörende Supfohreule. Sie ist auf allen Kontinenten außer in Australien zu Hause und bevorzugt dort Heidegebiete und offenes, sumpfiges Gelände ohne Baumbestand. Außerordentlich hartnäckig verteidigt das Männchen das brütende Weibchen selbst gegen menschliche Angreifer.

Schleierschwalm (Aegotheles cristatus): Bewohnt Südaustralien und Tasmanien; Länge 25 cm; Gefieder oberseits auf braunschwarzem Grund fein graulich gepunktet und quergebändert, auf den dunkel erdbraunen Schwingen fahlweißlich quergefleckt, auf dem Schwanz schmal graubraun quergebändert; hat nußbraune Augen, schwarzen Schnabel und fleischfarbene Füße; bevorzugt den Busch- wie den Parkwald, versammelt in Baumhöhlen ein Gelege von meist vier Eiern.

Die Eulen *(Strigiformes)*

Heute stehen alle unsere einheimischen Eulen unter Naturschutz. Exakte und sehr umfangreiche Gewöll-Untersuchungen erbrachten den Beweis, daß sie zu den wertvollsten Mäusevertilgern gehören. Der Anteil der Mäuse beträgt beispielsweise bei der Schleiereule 93 %, bei der Waldohreule 91 %, beim Steinkauz 88 % und beim Waldkauz 67,6 % der aufgenommenen Nahrungsmenge. Rund 1000 Mäuse verzehrt eine einzige Waldohreule mindestens im Jahr, wobei nicht berücksichtigt ist, daß sie auch ihre Jungen fast ausschließlich mit Mäusen großfüttert.

Von Gesicht und Gehör vortrefflich geleitet, fliegen die Eulen ebenso schnell wie lautlos dahin. Der Vorderrand der ersten Schwungfedern ist kammartig aufgezähnelt, ihre Breitseite aber zart weich und watteartig aufgelockert. So entsteht kein sausendes Geräusch, wenn die Flügel die Luft durchschneiden, und wird eine hörbare Reibung der Schwungfedern untereinander vermieden. Im gleichen Augenblick, da die Maus den Luftzug ihres anfliegenden Todfeindes verspürt, schlagen sich auch schon die langen scharfen Krallen der vorgeworfenen Fänge tief in ihren Kopf, Hals oder Rücken, trifft sie der spitze Krummschnabel tödlich.

Im Gegensatz zu den Taggreifen erdolchen die Eulen ihre Beutetiere nicht mit den Fängen, sondern ergreifen sie nur mit ihnen und versetzen ihnen dann den rückgratzertrümmernden Schnabelhieb oder Schnabelbiß. Zum Schutze gegen die schmerzhaften Bisse der oft recht wehrhaften Nager sind die Fänge bis zu den Zehen stark befiedert, gleichsam „behost".

Während die Tagraubvögel die getöteten Opfer rupfen, ausnehmen, zerstückeln und in kleinen Happen zu sich nehmen, würgen die Eulen sie meist im Ganzen hinunter. Sie knautschen, drükken und pressen die Maus vorher nur tüchtig zusammen, packen sie schließlich beim Kopfe und begeben sich mit geschlossenen Augen an den Schlingakt. Die Knochen, Federn und Haare, mit denen ihre Magensäure nicht fertig wird, würgen sie als Gewölle wieder aus.

Schleiereule (Tyto alba): Vorwiegend Jahresvogel; bewohnt in zahlreichen Unterarten, geographischen Rassen und Formen fast die ganze Welt mit Ausnahme des nördlichen Eurasiens, Mittelasiens und der Polargebiete; Länge 34 cm, spannt 90 cm; Gefieder oberseits vorwiegend zart aschgrau bis taubenblau, an den Seiten des Hinterkopfes und des Nackens zart- bis goldgelb, auf den Schwingen tief rostfarben, überall übersät mit dunklen Tropfen und hellen Perlenschnüren, unterseits licht rostgelb, fein braun und weiß gefleckt; hat einen gelblichen, herzförmigen, braun gerandeten Gesichtsschleier; die Augen sind dunkelbraun bis schwarz, der Schnabel und die Wachshaut rötlichweiß, die Füße schmutzig blaugrau, beim Weibchen sind alle Farben etwas düsterer.

Unsere schöne Schleiereule ist ein echter Kulturfolger. Sie haust und nistet als stiller Gast in Ruinen, Burgen, Schlössern, Kirchtürmen und Gehöften. Oft auch brütet sie in den Schlägen der Haustauben und kommt großartig mit ihnen aus. Wer nichts von ihrer Anwesenheit und Eigenart weiß, kann im März/April sehr über ihr schauerlich röchelndes Schnarchen, grausiges Stöhnen, ersticktes Heulen und zischendes Fauchen, in das sich kläffende, miauende und kreischende Laute mischen, erschrecken. Faßt er sich ein Herz und geht er den fürchterlichen Tönen nach, so wird er wahrscheinlich gerade zu einer Eulenhochzeit zurechtkommen. Denn mit diesem Gesang oder Konzert rufen und lokken sich die Geschlechter, bekunden sie sich gegenseitig ihre Paarungsbereitschaft und vereinigen sich schließlich. In diesen Tönen üben sich Monate später aber auch die heranwachsenden Jungen.

Im April oder Mai liegen auf dem nackten Holz oder Stein der Nisthöhle 3–10, zumeist aber nur 4–6 kalkweiße glanzlose Eier. Das Weibchen brütet 30 Tage lang. Das Männchen schleppt an Mäusen und Spitzmäusen so viele herbei, daß es im Übermaß zu fressen hat. Später sind auch die Jungen regelmäßig von einem richtigen Mäusekranz umgeben.

Zwergohreule (Otus scops): Teilzieher; bewohnt die Gebiete rings um das Mittelmeer von Portugal und Spanien über weite Teile Frankreichs und Italiens bis nach Süd- und Mittelrußland sowie Mittelasien, erreicht umherstreifend Deutschland, Holland, Dänemark, England, Schweden und Island, überwintert in Afrika südlich der Sahara; Länge 18–20 cm; Gefieder vorwiegend rindenfarben graubraun, lebhaft schwärzlich, rötlich und weißlich marmoriert und gesprenkelt; hat deutliche kleine Federohren, hell schwefelgelbe Augen, blaugrauen Schnabel, nur wenig betonten Gesichtsschleier und dunkel bleigraue, nur dünn befiederte Füße mit nackten Zehen.

Die Zwergohreule ist die einzige Kleineule mit Federohren. Auch sie bevorzugt Feldgehölze, Parkanlagen, Gärten, Alleen, alte Gehöfte, nistet in Baum- und Felshöhlen oder alten Krähen- und Elsternestern. Das Gelege umfaßt 3–6 rundliche weiße Eier.

Waldohreule (Asio otus): Teilzieher; bewohnt fast ganz Europa, Asien, Nordafrika und Nordamerika; Länge knapp 36 cm; Gefieder oberseits gelblich-

Mühelos überwältigt der Uhu nicht nur Eichhörnchen, Kaninchen und Krähen; er ist auch Wieseln und Mardern sowie anderen Raubvögeln überlegen. Er jagt vorwiegend in der Dämmerung und ernährt sich von Mäusen, Ratten und Hamstern. Erwachsene Uhus bleiben stets ihrem Revier treu.

braun, graubraun gesprenkelt und marmoriert, unterseits rostgelblich, kräftig dunkel gestreift und fein quergebändert; hat einen graulich-rostgelben Gesichtsschleier, lange Federohren, hochgelbe Augen und schwärzlichen Schnabel; bevorzugt Nadelwaldungen, meidet aber auch den Laubwald nicht, kommt heute schon oft in große Parkanlagen, nistet in alten Tauben-, Krähen-, Greifen- und Eichhörnchennestern; 1–2 Bruten ab März, Gelege 4 Eier.

Sumpfohreule (Asio flammeus): Teilzieher; bewohnt fast ganz Eurasien und Amerika, fehlt in Spanien und Portugal sowie auf der Balkanhalbinsel, zieht durch ganz Afrika; Länge 38 cm; Gefieder oberseits hell gelbbraun, kräftig schwarz gefleckt, unterseits angenehm blaßgelb und ebenfalls mit schwarzen Schaftstrichen gezeichnet; hat kleine, oft kaum sichtbare Federohren, weißlichgrauen Gesichtsschleier, hellgelbe, schwarz umrandete Augen und hornschwarzen Schnabel; bevorzugt offenes sumpfiges Gelände, am liebsten ohne Baumbestand, sowie Moore und Heiden, nistet am Boden im Schilf und Ried; 1 Brut im Mai, Gelege 8–10 Eier.

Als ursprüngliche Bewohnerin der östlichen Tundren ist die Sumpfohreule ein echter Bodenbrüter und ruht auch vorwiegend im Schutze der Schilfgürtel und Riedgräser. Findet sie eine günstige Bodenmulde für ihre Gelege, so polstert sie diese nur flüchtig aus. Auf schwankendem Untergrund aber trägt sie Niststoffe zusammen und baut als die einzige Eule unserer Breiten ein richtiges Nest. Das Männchen verteidigt das brütende Weibchen und die Jungen todesmutig. Selbst der Mensch hat Mühe, Gesicht und Augen vor dem unaufhörlich angreifenden Vogel zu schützen.

Uhu (Bubo bubo): Vorwiegend Jahresvogel; bewohnt Nordafrika und ganz Eurasien, ist in Mitteleuropa schon sehr selten und in Deutschland in seinem Bestand ernstlich gefährdet; Länge 66–71 cm, das Weibchen ist größer als das Männchen, spannt mindestens 150 cm; Gefieder vorwiegend dunkelrostgelb bzw. rötlichgrau bis rostbraun, durchgängig schwarz geflammt; hat hohe schwarze, gelblich gesäumte Federohren, goldgelbe, am Rande rötliche Augen, dunklen Gesichtsschleier, schwarzen Schnabel und weißliche „Schnurrbart"-Kehle; bevorzugt urige und schwer zugängliche Gebirgswälder, nistet in Felsnischen, hohlen Bäumen und alten Raubvogelhorsten auf hohen Bäumen; 1 Brut Ende März/Anfang April, Gelege 2–3 Eier.

Der in Deutschland vielleicht noch in insgesamt 40 Paaren lebende, sehr ungesellige Uhu hat sich tief in die schroffen, fels- und klippenreichen Gebirgswälder zurückgezogen und hält sich dort tagsüber streng verborgen. So ist es schon ein seltenes Erlebnis, seinen tiefen kurzen Ruf, der wie „Hu-hu" klingt und dem manchmal ein gedämpftes gutturales Kichern folgt, zu hören. Lautlosen Fluges schwebt er dicht über den Boden hin. Zu seiner Beute gehören Maus wie Ratte, Hamster wie Igel, Fledermaus wie Maulwurf, Siebenschläfer wie Eichhörnchen, Hase wie Kaninchen, Krähe wie Elster und Eichelhäher, alle Waldhühner und die kleineren Eulen und Käuze. Mühelos überwältigt er selbst Falken, Sperber, Bussarde und Habichte sowie Wiesel und Marder. Die Jagd betreibt er hauptsächlich in der Morgen- und Abenddämmerung. Im Gegensatz zu den anderen Eulen zerstückelt er seine Beute, frißt sie gleichsam aus der Haut und bewahrt sich den Rest gut eingeschlagen auf. Zur Not geht er auch an Aas.

Volle fünf Wochen sitzt das Weibchen auf den Eiern, und fast zehn Wochen brauchen die Jungen, ehe sie flügge sind. Horst, Gelege und Brut verteidigt das Männchen mutig, greift jeden Störenfried hartnäckig an und wird dabei nicht selten vom Weibchen tatkräftig unterstützt. Da das Weibchen seine Eier in großen Abständen legt, sind die Jungen recht verschieden groß, und es geschieht mitunter, daß die älteren das Jüngste auffressen.

Schnee-Eule (Nyctea scandiaca): Teilzieher; bewohnt die arktischen Tundren und das öde Hügelland sowie die Gebirge der hochnordischen Länder in der Alten wie der Neuen Welt, kommt umherstreifend südwärts bis nach Frankreich, Deutschland, Österreich und Jugoslawien; Länge 54–66 cm; Gefieder vorwiegend weiß, trüb braun gefleckt oder gebändert, im Gesicht, an der Kehle, der Oberbrust sowie an den Füßen meist makellos weiß; auch ältere Tiere sind oft gänzlich schneeweiß; hat leuchtendgelbe Augen und hornschwarzen Schnabel, sehr kurze, kaum sichtbare Ohrbüschel und ungewöhnlich dicht befiederte Läufe und Zehen.

Sperbereule (Surnia ulula): Teilzieher; bewohnt das nördliche Eurasien und Nordamerika, streift südwärts über Ostpreußen bis nach Großbritannien sowie bis nach Rumänien, Nordjugoslawien und in die Schweiz; Länge 36–40 cm; Gefieder reich, weich und glänzend, sehr straff anliegend, oberseits schwärzlichbraun, weiß gebändert, im Nakken reinweiß, auf Schwingen und Schwanz mausgrau, ebenfalls weißlich gebändert, unterseits weiß, sehr eng und dicht schwarzbraun gebändert bzw. gesperbert; hat weißen, kräftig schwarz gesäumten Gesichtsschleier, dunkel schwefelgelbe Augen und einen wachsgelben Schnabel der Richtung Spitze eine hornschwarze Färbung annimmt.

Der lange rundliche Schwanz, die spitzen Flügel und die lebhaft gesperberte Unterseite verleihen der Sperbereule ein falkenähnliches Flugbild. Hinzu kommt, daß

Gern lebt der dunkelbraun und weiß gefiederte Steinkauz in der Nähe des Menschen. Da er sich gern in Parkanlagen, Friedhöfen und kleinen Feldgehölzen aufhält, ist es gut möglich, ihn bei einem Spaziergang einmal zu erspähen. Im Frühling kann man an windstillen Abenden bisweilen das Männchen mit einem nasalen „uuhg“ hören.

sie ganz wie die Falken von erhöhten Lauerwarten und Hochsitzen sowie aus dem Rüttelflug jäh auf ihre Beute niederstößt. Ihre Angriffe trägt sie mit einem gellenden „Ki-ki-ki-ki“ vor.

Sperlingskauz (Glaucidium passerinum): Vorwiegend Jahresvogel; bewohnt das nördliche Eurasien und die Bergwälder Mitteleuropas, streift bis nach Dänemark, Holland, Belgien und Spanien; Länge 16,5 cm; Gefieder oberseits dunkelbraun, weißlich-rahmfarben gefleckt, unterseits grauweiß, schwärzlich gestreift, am Schwanz eng braun und weißlich gebändert; hat kleinen Kopf, weißliches Gesicht, hochgelbe Augen mit kurzen weißen „Augenbrauen“; bevorzugt urige und einsame Gebirgswälder, liebt das Nadelholz, nistet in hohlen Bäumen und verlassenen Spechthöhlen; legt im April 4–6 Eier; steht unter Naturschutz.

Steinkauz (Athene noctua): Jahresvogel; bewohnt Nordafrika und Mitteleurasien, erreicht umherstreifend Südschweden, Schottland und Irland; Länge knapp 22 cm; Gefieder oberseits dunkelbraun, dicht weiß gefleckt und gebändert, Unterseite weißlich, breit dunkelbraun gestreift; hat niedrige Stirn, schwefelgelbe Augen mit langen weißen „Brauen“, grauweißes bis bräunliches Gesicht und grünlichgelben Schnabel; ist ein echter Kulturfolger, bevorzugt offenes Kulturland, Feldgehölze, Parkanlagen und Friedhöfe, haust und nistet in Gebäuden, Mauerlöchern, Erdhöhlen, Astlöchern und hohlen Bäumen, vor allem in gekappten Weiden, nimmt auch Nistkästen an; 1 Brut im April/Mai, Gelege 4–7 Eier.

Waldkauz (Strix aluco): Jahresvogel; bewohnt Nordwestafrika, fast ganz Europa sowie Vorder- und Zentralasien; Länge 38 cm; Gefieder oberseits tiefgrau und lichtrostbraun, auf den Flügeln regelmäßig licht gefleckt, unterseits gelblichbraun, kräftig dunkel gestreift; hat einen auffallend großen, runden, gefleckten und gestreiften Kopf, ein grau- oder rostbraunes Gesicht, tief dunkelbraune bis schwarze Augen und bleigrauen Schnabel; bevorzugt alte Wälder, Parkanlagen, große Gärten, nistet in hohlen Bäumen, alten Greifenhorsten und Krähennestern, auch in Gebäuden und Kaninchenbauen; 1–2 Bruten ab Ende März, Gelege 2–3 Eier.

Rauhfußkauz (Aegolius funereus): Teils Jahresvogel; bewohnt die Gebirge Mittel- und Südosteuropas sowie das nördliche Eurasien und Nordamerika, erreicht umherstreifend Großbritannien und Spanien; Länge gut 25 cm; Gefieder besonders reich und dicht, bis auf die Zehen herabgehend, oberseits sattbraun, weißlich gefleckt, unterseits weißlich, mausbraun längsgestreift; hat großen runden Kopf mit zierlich weißgeflecktem Scheitel, weißgrauen, schwarz gerandeten Schleier, goldgelbe Augen mit starken weißen „Brauen“, horngelben Schnabel und weißbefiederte Beine und Füße; bevorzugt tiefe Gebirgswälder, brütet in Baumhöhlen, scheut das Licht, ruft so ähnlich wie der Waldkauz, hin und wieder fast rollend oder trillernd, gibt kurze u-artige Töne von sich, die leicht ansteigen und an den Klang einer Okarina erinnern. Er steht unter Naturschutz.

Kanincheneule (Speotyto cunicularia): Bewohnt die Viehweiden Südamerikas; Länge 23 cm; Gefieder oberseits rötlichgraubraun, länglichrund weiß getüpfelt, unterseits weiß am Kinn, rötlichgelb am Unterhals und graubraun die Brust gefleckt sowie einen runden Kopf, kleinen Gesichtsschleier, gelbe Augen, blaß grünlichgrauen Schnabel, kurzen abgestutzten Schwanz und hohe schlanke grünlichgraue Läufe mit gelblichen Zehensohlen; wird in Nordamerika von der ihr sehr ähnlichen, verwandten *Höhlen- oder Prärie-Eule (S. c. hypogaea)* vertreten.

Die Kanincheneulen graben sich Erdhöhlen, zu denen bis zu 2 m lange, 15–21 cm im Durchmesser weite Röhren führen. Diese Röhren verlaufen meist flach unter der Erde und münden in eine Brutkammer von 30–40 cm Durchmesser.

Die Kuckucksvögel
(Cuculiformes)

Die Kuckucke

Die in rund 200 Arten über die ganze Erde verbreiteten Kuckucke haben nicht weniger als etwa 80 Brutschmarotzer in ihren Reihen. Und ganz ähnlich wie bei den Stärlingen können wir an den verschiedenen Brutgewohnheiten der einzelnen Arten verfolgen, wie es sehr wahrscheinlich zu dieser ungewöhnlichen Erscheinung des Brutparasitismus gekommen ist.

Es fängt hier wie dort damit an, daß der Bautrieb erlahmt und nicht alle Weibchen mehr ein eigenes Nest bauen, sondern in sogenannten Gesellschaftsnestern brüten. Das ist zum Beispiel beim *Madenfresser oder Ani (Crotophaga ani)* der Fall. Selbst dieses Nest aber wird so liederlich hergestellt, daß es mehr einer Notunterkunft gleicht. Dennoch brüten in ihm bis zu sechs Weibchen dicht nebeneinander.

Von den 200 über die ganze Erde verbreiteten Kuckucksarten sind 80 sogenannte Brutschmarotzer. Deren Junge schlüpfen im Nest fremder Eltern. In seinen ersten fünf Lebenstagen wirft er alle Stiefgeschwister aus dem Nest und läßt sich von den Pflegeeltern allein großfüttern.

Dabei zeigt sich oft, daß das eine und das andere Weibchen keinen Platz mehr für sein ganzes Gelege findet, also nicht alle seine Eier im Nest unterzubringen vermag. In dieser Zwangslage helfen sie sich, indem sie den Überschuß in ein benachbartes Gemeinschaftsnest der eigenen Art oder der Pirinche-Kuckucke ablegen.

Der erwähnte *Pirinche-Kuckuck (Guira guira)* jedoch baut derartig liederlich ausgeführte Sippennester, daß die Eier häufig durch die Ritzen des Bodens fallen und auf diese Weise verlorengehen. Sehr oft auch geschieht es den Weibchen dieser Art, daß sie „unterwegs" von der Legenot überfallen werden und ihre Eier dann irgendwo in Astgabeln oder auf der Erde regelrecht aussetzen müssen. Finden sie in dieser Not ein anderes Vogelnest, so legen sie das Ei schnell in dieses und sind damit ebenfalls schon zu Eierschmugglern geworden.

Gleichsam nur Seitensprünge in fremde Nester erlaubt sich gelegentlich der *Gelbschnabelkuckuck (Coccyzus americanus)*. Gewöhnlich baut er selbst noch ein Nest. Hin und wieder aber benutzt er schon verlassene fremde Nester. Und nur manchmal legt er das eine und das andere Ei in die Nester der Spott-und Wanderdrosseln. Bei ihm zeigt sich also deutlich ein Zerfall der Bau- und Bruttriebe bei den einzelnen Individuen.

Körperliche Merkmale der Kuckucke sind: schlanke Gestalt, zumeist lange spitzige Flügel mit einer fünften Armschwinge, langer Schwanz, der aus nur 8–10 Federn besteht, schlanker mittellanger, oft bis unter das Auge gespaltener, leichthakiger Schnabel, klettervogelartige Füße, bei denen die 1. und 4. Zehe nach hinten, die 2. und 3. Zehe nach vorn gerichtet sind. Dennoch sind die Kuckucke weder gewandte Zweighüpfer noch gute Kletterer, sondern entweder vorzügliche Flieger oder hervorragende Läufer.

Kuckuck (Cuculus canorus): Sommervogel; bewohnt fast ganz Eurasien, überwintert im tropischen Afrika; Länge 33 cm; Gefieder sehr weich und etwas düster, oberseits sowie an Kinn, Kehle und Vorderbrust aschgraublau, an den langen spitzigen Flügeln bleischwarz, unterseits von der Unterbrust an weiß bis grauweiß, schwärzlich quergewellt oder gesperbert; der lange runde Schwanz ist schiefergrau bis schwarz, leuchtend weiß gefleckt und bespitzt; hat hochgelbe bis feuerrote Augen, kleinen schwachen, sanft gebogenen, schwarzen, an der Wurzel gelblichen Schnabel und gelbe Beine; unter den Weibchen kommen rostbraune, ober- wie unterseits schwarzbraun quergebänderte Formen vor; bevorzugt Auwaldungen, ist aber auch an den Rändern aller anderen Wälder heimisch und liebt zugleich offenes, busch- und baumbestandenes Gelände.

Das Wesen des Kuckucks läßt sich mit drei Worten umreißen: unruhig, ungesellig und gefräßig! Es ist nicht mit Gold aufzuwiegen, was er an Raupen und Larven der Prozessions-, Nonnen-, Kiefern-, Goldafter- und Schwammspinner, der Blattwespen und Blattkäfer vertilgt.

Eigenartig ist die Beobachtung, daß in den einzelnen Landstrichen immer nur bestimmte Wirtsvögel bedacht werden. Vor allem aber bevorzugt jedes Kuckucksweibchen eine bestimmte Gattung von Pflegeeltern und ist bestrebt, seine Eier ausschließlich in deren Nester zu schmuggeln. Diese Bindung ist so stark, daß wir geradezu von Zaunkönigs-, Rotkehlchen- oder Würgerrassen sprechen können. Sehr wahrscheinlich wird die Vogelart auserwählt, von der die Kuckuckin selbst aufgezogen wurde. Das heißt also, daß ein Weibchen, das von Bachstelzen ausgebrütet und großgefüttert wurde, seine Eier möglichst in Bachstelzennester unterzubringen versucht. Nur so ist es auch erklärlich, daß sich die Kuckuckseier in Form und Farbe denen des Wirtsvogels weitgehend anpassen und ihnen oft täuschend ähnlich werden. Denn sicherlich spielt die gleiche Ernährung eine form- und farbgebende Rolle; hängt doch die Färbung der Vogeleier nachweisbar mit den Umsetzprodukten des Blutes zusammen.

Lassen die Wirtseltern das Kuckucksei im Nest, so nimmt das Schicksal seinen Lauf, ist ihre eigene Brut unweigerlich verloren. Der junge Kuckuck schlüpft bereits nach 12½ Tagen, also meist etwas eher als seine Stiefgeschwister. Und bereits zehn Stunden nach seiner Geburt erwacht in dem noch nackten und blinden Geschöpf der Trieb, jeglichen Gegenstand, ganz gleich, ob Ei oder Vogeljunges, aus dem Nest zu befördern. Wir haben uns diesen Trieb als eine Art Berührungsreiz vorzustellen, der ganz mechanisch die zum Hinauswurf erforderlichen Bewegungen auslöst und erst erlischt, wenn die Haut ringsum die Nestwände fühlt. Sein Bemühen verfolgt der Jungkuckuck etwa 4–5 Tage lang. Um die Lasten packen und heben zu können, verfügt er sofort über ungewöhnlich kräftige Flügelstummelchen, die bei allen anderen Nesthockern noch sehr schwächlich sind und kaum bewegt werden können. Er aber gebraucht seine Flügel gleich emporgestemmten Armen, die Ei wie Vogeljunges auf dem breiten und hohlen Rücken fest einklemmen.

Die Pflegeeltern kümmern sich nicht im geringsten um die hinausgeworfene eigene Brut. Sie sehen nur den großen klaffenden Schnabel des jungen Kuckucks im Nest und bemühen sich, ihn vollzustopfen. Nach drei Wochen hat das Pflegekind schon keinen Platz mehr im kleinen Nest, verläßt es darum, wird aber noch drei weitere Wochen lang gefüttert.

Im August versammeln sich die jungen Kuckucke und treten die Reise nach dem Süden an. Die Alten sind ihnen meist schon Ende Juli vorausgeflogen.

Die Bananenfresser oder Turakos

Zur Familie der sogenannten Bananen- oder Pisangfresser zählen die *Lärmvögel (Crini-*

Ausschließlich in Afrika beschränkt sich der Lebensraum der Turakos. Die rabengroßen Baumvögel bewohnen Urwald und Savanne. Sie bauen flache, an Taubennester erinnernde Zweiggebilde als Nistplatz in dichtbelaubten Bäumen. Der Spitzhaubenturako (im Bild) ist grüngefärbt wie die meisten Turakoarten und trägt einen auffälligen Federschopf auf dem Kopf. Er ist vor allem in Ostafrika verbreitet.

fer), die *Riesenturakos (Corythaeola)*, die *Helmvögel (Tauraco)* und die *Bananenfresser (Musophaga)*. Von den heutigen Systematikern werden diese, durch viele urtümliche Merkmale ausgezeichneten, auf Afrika südlich der Sahara beschränkten, häher- bis fasanengroßen Vögel mit in die Ordnung der Kuckucksvögel gestellt.

Ihre körperlichen Merkmale sind: gestreckter Leib, kurzer Hals, mittelgroßer haubengeschmückter Kopf, verhältnismäßig kurze und gerundete Flügel, langer abgerundeter Schwanz, der aus zehn ziemlich steifschaftigen Federn besteht, kurzer Schnabel, der an der Wurzel zumeist recht hoch ist und eine feine sägeartige Zähnelung aufweist, starke und hohe Füße, bei denen die Außenzehe nach hinten gerichtet werden kann.

Die Lärmvögel

Die Lärmvögel bevorzugen die offenen Landschaften Afrikas, sind aber an das Vorkommen von Bäumen gebunden. Sie bewohnen die Baum- und Buschsteppen, die Savannen und Parkwälder sowie die lichten Gebirgswälder bis zu Höhen von 2000–3000 m. Am stärksten sind sie in Ost- und Südafrika vertreten. In den westlichen Tropen- und Regenwäldern dagegen fehlen sie ganz. „Wie unsere Eichelhäher", schreibt von Boetticher, „lassen besonders die Lärmvögel bei auffallenden Ereignissen, also auch beim Auftreten eines Menschen, laute Warnrufe ertönen, durch die nicht nur ihre Artgenossen, sondern auch alle anderen Tiere aufmerksam gemacht werden. Da die Vögel dem dahinschleichenden Jäger unentwegt rufend folgen, machen sie sich begreiflicherweise bei den weißen wie den eingeborenen Jägern recht unbeliebt."

Gürtellärmvogel (Crinifer zonurus): Bewohnt Westabessinien, Bogos, Sennar, das östliche Kongoland bis zu den Ufern des Tanganjikasees; Länge 51–53 cm; Gefieder oberseits gleichmäßig dunkelbraun, mit schwarzbraunen Schwingen, unterseits von der Oberbrust an hell aschgrau bis weiß; hat weiß gesäumte Hinterhauptfedern, die auch gesträubt getragen werden, einen viereckigen weißen Flügelfleck, weiße Querbinde über der Mitte der äußeren Schwanzfedern; die Augen sind graubraun, der dicke breite, starke Schnabel grüngelb, die Füße dunkelaschgrau; schreit genauso gurgelnd wie die graugrünen Meerkatzen, was verblüffend ähnlich klingt.

Die Riesenturakos

Die Gattung der Riesenturakos bewohnt in nur einer Art mit zwei Rassen die großen Urwaldgebiete Westafrikas und bevorzugt hier die Waldlichtungen, die Galeriewälder längs der Flüsse, die Gebirgswälder bis in Höhen von 2000 m sowie die Seeufer-Landschaften. Der Riesenturako bewegt sich ebenso geschickt auf den Ästen wie auf dem Boden, erinnert im Benehmen hier an die Fasanen und dort an die Hokkohühner. Sein Gefieder ist so bunt und prächtig wie das der Helmvögel, aber ohne den wundervollen metallischen Glanz.

Riesenturako (Corythaeola cristata): Bewohnt Westafrika von Kasamanse bis Nigeria, das Urwaldgebiet des Kongo, Ubangi, Schari und Angola; Länge 70–75 cm; Gefieder oberseits sowie am Kopf und Hals leuchtend lasur- und kobaltblau, mit schwarzer Haube, unterseits grün an der Brust und dem Vorderbauch, warm rostrot bis kastanienrot am Unterbauch, Steiß, an den Unterschwanzdekken und Schenkeln; der Schwanz ist an der Wurzel blau, in der Mitte grünlichgelb gesäumt, am Ende schwarz mit blauen Spitzensäumen; hat gelben, seitlich zusammengedrückten Schnabel mit scharfem First sowie eine nackte Augengegend.

Die Helmvögel

Die Helmvögel bilden den artenreichen Kern der Bananenfresserfamilie und sind echte bunte Kinder der schattigen und feuchten Urwälder. Sie lieben die Nähe der Gewässer, steigen aber auch hoch in die Gebirge. Als gewandte Baumvögel bewegen sie sich in den dichtesten Wipfeln der höchsten Bäume und sind sehr vorsichtig. Flott und zierlich laufen sie mit leicht gelüfteten Flügeln über die Äste, nikken mit dem Kopf, wippen mit dem Schwanz, sträuben und glätten Haube wie Gefieder und ruhen nur während der Mittagsglut.

Besonders ausgezeichnet sind sie durch das hohe helmartige Kopfgefieder und die Farbenpracht ihrer Federn. Das bei ihnen vorherrschende Grün schimmert besonders auf den Schultern, Flügeln und Schwänzen wundervoll metallisch stahlblau, messinggelb, violett und purpurn. Fast durchweg setzen sich die Handschwingen leuchtend karminpurpurrot ab. Und eigenartigerweise färbt dieses „Turacin-Rot" ab, sobald das Gefieder durchfeuchtet ist. Einen besonders aparten Schmuck bilden bei den meisten Arten die nackten roten Augenringe und weißen Augenstreifen.

Weißohr- oder Weißwangenturako (Tauraco leucotis): Bewohnt das Innere Nordostafrikas von Eritrea und Bogos durch Mittel- und Westabessinien bis zum Gardulagebirge; Länge 42–44 cm; Gefieder vorwiegend schön lauchgrün bis auf die tief karminroten Handschwingen und die stahlblau schimmernden Flügel- und Schwanzfedern, am Bauch dunkel aschgrau; hat schwarzen, grün schimmernden Federhelm, aus kleinen roten Warzen bestehenden Augenring, lichtbraune Augen, schneeweißen Fleck vor dem Auge und einen weißen Streif, der sich vom Ohr senkrecht bis zum Hals hinzieht; der Schnabel ist an der Spitze oberseits grün, unterseits blutrot; ruft dumpf und hohl, ungefähr wie „Jahuha-ja-ga-gu-ga" und „Tru-du-dudu".

Die Bananen- oder Pisangfresser

Die etwa krähengroßen Bananenfresser stellen gleichsam den Übergang von den steppenbewohnenden Lärmvögeln zu den streng an den Wald gebundenen Helmvögeln her. Zwar verlangen auch sie das Vorkommen von Bäumen, begnügen sich aber mit den kleineren Waldungen in den Flußtälern, den Waldinseln der Steppen und Buschsteppen, dem dichten Unterholz der Schluchten und Senken. Im Verhalten sind sie fast noch scheuer und heimlicher als ihre Verwandten, drücken sich vor allem sehr leise und unbemerkt, wenn Gefahr droht.

Ihr besonderes Kennzeichen ist der an der Wurzel stark wulstig aufgetriebene, an der Stirn in eine rundliche Platte übergehende und sich schildartig über die ganze Stirn ausbreitende Schnabel. Vom Mundwinkel bis zur Ohrgegend verläuft ein das Auge umschließendes nacktes Feld.

Gemeiner Bananenfresser oder Schildturako (Musophaga violacea): Bewohnt Westafrika von Gambien bis Nigeria und Nordkamerun, verbreitet sich in zwei Rassen über Französisch-Äquatorialafrika bis nach Nordrhodesien und Tanganjika; Länge 44–48 cm; Gefieder prachtvoll metallisch blau bis violettpurpurn, auf Stirn und Scheitel purpurrot oder tief karminrot, an den Handschwingen lebhaft karminrot mit stahlblauen Rändern und Spitzen; hat nackten roten Augenring, weißen Unteraugenstreif, braune Augen, gelben Schnabel und braune Füße.

Der Bananenfresser gehört wohl zu den schönsten Vögeln der Welt. Er tritt meist paarweise auf und verbirgt sich gern im dichtesten Gebüsch. Die Paare halten enge Stimmfühlung mit einem sanften und weichen „Kukulu-kukulu" und „Kuu-ku", warnen mit einem oft wiederholten Quietschen und geben Alarm mit lauten rauhen Schreien. Das Nest ist so flach wie eine Plattform und wird aus Zweigen geschichtet. Die Nahrung besteht vorwiegend aus Ficus-Früchten.

Die Papageien *(Psittaciformes)*

In der überwiegenden Mehrzahl sind die Papageien reine Frucht- und Samenfresser. Der oft ebenso hohe wie lange, mit einer Wachshaut am Grunde versehene Krummschnabel ist ein sehr leistungsfähiger, ja gefährlicher Nußknacker und eine hochspezialisierte Frucht- bzw. Samenquetsche. Zugleich dient er ihnen als drittes Bein, nämlich als Kletterhaken beim Durchsteigen der Wipfel. Die dicken, starken und fleischigen, dabei recht kurzen Beine steigen eigentlich nur dorthin nach, wohin der Schnabel den Körper gezogen hat. Sie sind aber sehr brauchbare Greiforgane und werden oft wie Hände benutzt, die allerdings auch recht kräftig zupacken können.

Die Eulenpapageien

Von der sicherlich einmal weit verbreiteten Familie der Eulenpapageien lebt heute nur noch eine auf Neuseeland beschränkte Gattung mit einer Art. Auch dieser letzte Vertreter ist in seinem Bestand bereits gefährdet.

Die körperlichen Merkmale sind: kräftiger, dicker und hoher Schnabel, runder Kopf, große Augen, von denen schmale und fast zerschlissene Federn ausstrahlen und eine Art Gesichtsschleier bilden, kurze abgerundete Flügel, sehr kräftige, starke und hohe Beine mit langen Zehen und spitzen Krallen, langer und sanftgerundeter Schwanz. Das Brustbein weist nur eine schwache Knochenleiste als Ansatzstelle für die gering entwickelte Flugmuskulatur auf.

Die Eulenpapageien nisten in Wurzelhöhlen sowie in Felslöchern. Ihre zwei weißen Eier liegen auf dem nackten Boden oder Gestein. Die Jungen werden selbst gegen starke Hunde erbittert mit Schnabel und Krallen verteidigt.

Eulenpapagei oder Kakapo (Strigops habroptilus): Bewohnt die Gebirgswälder Neuseelands; erreicht fast Uhugröße; Gefieder oberseits lebhaft olivgrün, olivgelb quergebändert und gefleckt, unterseits grünlicholivgelb, dunkelbraun quergebändert; der Gesichtsschleier und das Kinn sind blaß strohgelb, der Schnabel hell hornweiß, die Augen schwarz und die Füße horngraubraun.

Die Nestorpapageien

Ebenfalls auf Neuseeland beschränkt ist die Familie der düsterfarbigen Nestorpapageien, von der heute auch nur noch eine Gattung mit zwei Arten lebt. Ausgerottet wurden – und zwar von den Europäern – vor allem die Arten, die auf kleineren Inseln wohnten, wie z. B. *Nestor productus* von den Norfolkinseln. Die beiden letzten Arten, der Kea und der Kaka, haben sich in die schwer zugänglichen Gebirgswälder zurückgezogen und genießen vor allem im großen Fjordland-Nationalpark auf der Südinsel genügend Schutz, um ihren Restbestand erhalten zu können.

Kaka (Nestor meridionalis): Bewohnt die westlichen Alpen Neuseelands vom Fuß der Gebirge bis zur Waldgrenze; Länge 47–48 cm. Es kommen gelbe, scharlachrote und grünlich metallschimmernde Exemplare vor.

Der Kaka ist ein echter Baumvogel, ein ganz vorzüglicher Kletterer. Auf dem Boden ist er fast noch schwerfälliger als die meisten anderen Papageien. Er nistet in tiefen, oft kräftig erweiterten und ausgenagten Baumhöhlen und versammelt ein Gelege von vier weißen Eiern. Nach der Brutzeit unternimmt er der Nahrung zuliebe weite Wanderungen. Er fliegt ausgezeichnet und vergnügt sich oft mit ausgelassenen Flugspielen.

Kea (Nestor notabilis): Bewohnt die südlichen Alpen Neuseelands in Höhen zwischen 1500–2000 m; Länge 50 cm.

Der Kea ist im Gegensatz zu seinem nahen Verwandten kein Baumvogel, sondern ein mindestens so guter Läufer wie die Erdsittiche, die Eulenpapageien und die Nasenkakadus. Das Flugvermögen ist nur gering entwickelt, doch streicht auch er weit umher, um günstige Nahrungsquellen zu finden. So stellte er sich oft bei den großen Schafschlächtereien ein, um hier in mancherlei Abfällen zu schwelgen. Hier betätigt er sich dann als „Gesundheitspolizei“.

Die Loris oder Pinselzungenpapageien

Diese dritte und recht artenreiche Familie umfaßt die über Australien, Neuguinea, Polynesien und die Malaiischen Inseln verbreiteten farbenprächtigen, etwa taubengroßen, zumeist waldbewohnenden Loris und Rundschnabelpapageien. Nach der Schwanzform unterteilt sie der Systematiker in Keil- und Breitschwanzloris, nach dem Gefieder in Glanz-, Rot- und Erzloris, und die Liebhaber schätzen unter ihnen vor allem die besonders farbenprächtigen Smaragd-, Rubin-, Saphir-, Diadem- und Schmuckloris.

Als echte Nektarnäscher, Baumblutschlecker und Früchtefresser haben sie eine pinselartige, mit feinen Hornfasern besetzte Zungenspitze und einen seitlich stark zusammengedrückten Schnabel mit sehr langem Unterteil. Wesentlich beweglicher, flotter, gewandter und flugtüchtiger als die Eulen- und Nestorpapageien, turnen sie fast meisenartig durch die Wipfel der Bäume, vereinigen sich zu beachtlichen Schwärmen und schießen ebenso kraftvoll wie pfeilschnell durch die Luft. Dabei entsteht ein überaus großer Lärm, der weithin hörbar ist.

Die Zwergpapageien

Die in nur einer Gattung, aber mit zahlreichen Arten über ganz Australien, Neuguinea, die Molukken, den Bismarckarchipel, die Salomonen und andere mikronesische Inselgruppen verbreiteten Zwergpapageien sind die kleinsten Papageien der Welt. Im Durchschnitt werden sie nicht viel größer als unser Zaunkönig.

Spechtspapagei (Micropsitta bruijnii): Bewohnt vor allem Neuguinea; Länge 8 cm; Gefieder vorwiegend grasgrün, unterseits etwas heller, am Oberkopf gelb, an der Brust rot, am Schwanz schwarz, gelb gefleckt und meerblau sowie grünlich gesäumt; hat schwarzgrauen Schnabel, gelbbräunlichen Augenring und horngraubraune Füße; lebt sehr gesellig in oft sehr großen, lärmenden Schwärmen und nistet in Baumhöhlen.

Die Kakadus

Wir bleiben immer noch im australischen Raum und lernen hier sowie auf den Philippinen und Molukken, auf Timor und Flores, Neuguinea, den Salomonen und den Papuanischen Inseln nunmehr die dohlen- bis rabengroßen Kakadus kennen. Sie alle kennzeichnen sich durch die hohe aufstellbare Federhaube und das vorwiegend einfarbige, sanftgetönte, dünne und lockere, blütenweiße, rosenrote und schwarze Gefieder. Grelle und knallige Farbzusammenstellungen kommen bei ihnen kaum einmal vor. Es ist vielmehr, als ob die bei ihnen stark entwickelten Puderdunen die Vögel in feine Staubwolken hüllen. Auch in ihrem ganzen Wesen haben die Kakadus etwas gleichsam Gemildertes, Gepflegtes an sich.

Nasenkakadu (Kakatoe tenuirostris): Bewohnt Südaustralien; Länge 45 cm; Gefieder einfarbig weiß, an den Schwingen und Steuerfedern gelb; doch weisen alle Federn am Kopf, Hals und der Vorderbrust zinnoberrote Wurzeln auf; hat eine hufeisenförmig gestaltete, eigenartige Stirnhaube, rotes Stirnband, rote „Augenbrauen“, nackten schieferblauen Augenring, dunkelbraune Augen mit rotgelbem Federkranz, licht horngelben Schnabel, rotes Brustband und aschgraue Füße; vermag sehr schnell, gut und ausdauernd zu laufen, bewegt sich viel auf dem Boden, gewöhnt sich schwer an die Gefangenschaft und seinen Pfleger, wird schnell jähzornig und kaut dann wütend mit dem Schnabel, der bei ihm in beiden Kiefern ungewöhnlich gelenkig und beweglich ist.

Die immer „gepflegt“ wirkenden Kakadus leben auf den Philippinen, Molukken, Timor, Flores, Neuguinea und den Papuanischen Inseln. Die etwa rabengroßen Kakadus erkennt man an der hohen, aufstellbaren Federhaube und an ihrem vorwiegend einfarbigen, lockeren Gefieder. Dieses ist sanft getönt und kann blütenweiß, rosenrot oder schwarz sein.

Molukkenkakadu (Kakatoe moluccensis): Bewohnt die Molukkeninseln Ceram und Amboina; Länge 50 cm; Gefieder einfarbig weiß, blaß rosenrot bis lachsfarben überhaucht, an der Wurzelhälfte der Schwingen und des Schwanzes goldgelb; hat eine besonders hohe Haube, deren längste, bis zu 17 cm messende Federn mennigrot sind; das Auge ist tiefbraun, der Augenkreis graublau oder bläulichweiß, der Schnabel und der Fuß schwarz, grau überpudert.

Rosenkakadu (Kakatoe roseicapilla): Bewohnt Australien; Länge 29 cm; Gefieder vorwiegend lebhaft rosafarben, auf Mantel, Flügel, Schwanz und Unterbauch hell- und dunkelgrau; hat weiße, zart rosig überhauchte Haube, tief dunkelbraune Augen, weißen Augenring und hornweißen Schnabel; erwies sich in der Gefangenschaft als sehr widerstandsfähig, wurde oftmals erfolgreich gezüchtet; sein Schnabel braucht unbedingt Gelegenheit, Holz zernagen und beknabbern zu können.

Nymphensittich (Nymphicus hollandicus = Calopsitta novaehollandiae): Bewohnt Inneraustralien; Länge 33 cm, wovon 15–16 cm auf den langen schmalen Schwanz kommen.

Der vorwiegend von Grassämereien lebende Nymphensittich bevorzugt die Ebenen seiner Heimat, die Grassteppen wie das bebaute Land, ist aber ebenfalls an das Vorkommen von Bäumen gebunden und nistet in selbstgehackten oder erweiterten Asthöhlen. In gewaltigen Scharen erscheint er zur Erntezeit, zeigt nur wenig Scheu vor dem Menschen, läuft flott und geschickt auf der Erde, klettert gut und fliegt leicht. In seinem Wesen wie in seiner Gestalt leitet er von den Kakadus zu den Sittichen hinüber. Als Stubenvogel zeigt er sich ebenso liebenswürdig wie anspruchslos, rege wie gelehrig und läßt sich leicht züchten. Das Weibchen brütet seine 5–6 weißen Eier in 21 Tagen aus. Die Jungen hocken 3–4 Wochen in der Nisthöhle. Im Freileben folgt der ersten Brut bald eine zweite nach.

Die Edelpapageien

Unter der Familie der sogenannten Edelpapageien begeg-

Den Halsbandsittich findet man in Afrika (als Waldvogel), in Indien (als Kulturfolger) und in Sri Lanka. Man erkennt den etwa 40 cm langen Vogel an seinem langen, schmalen Schwanz, sowie an dem vorwiegend grasgrünen Gefieder, von dem sich nur die hinteren Wangen und Halsseiten zart lila- bis himmelblau abheben.

nen wir nunmehr außer zahlreichen weiteren australischen Gattungen auch der Vielfalt der über Amerika, Asien und Afrika verbreiteten Papageien. Im Rahmen dieses Buches können wir aus der Fülle der Gestalten nur einige charakteristische Vertreter näher beschreiben.

Der Übersicht zuliebe besuchen wir der Reihe nach einen Erdteil nach dem anderen und wenden uns zuerst den Edelpapageien der Neuen Welt zu.

a) Amerikanische Edelpapageien: In Amerika sind die Papageien vorwiegend echte Baum- und Waldvögel, dem tropischen Urwald eng verhaftet und darum auf Süd- und Mittelamerika beschränkt. Weit und bunt spannt sich der Bogen dieser sperlings- bis rabengroßen Vögel von den stattlichen Aras und den nesterbauenden Mönchssittichen über die vielgestaltigen Dick-, Schmal- und Langschnabelsittiche bis zu den zaunkönigsgroßen Sperlingspapageien und den vielen farbenfrohen Amazonen.

b) Afrikanische Edelpapageien: Im Verhältnis zu den anderen Erdteilen ist Afrika geradezu arm an Papageien. Die wichtigsten Gattungen sind wohl die ansehnlichen Grau- und Vasapapageien, die kleineren Langflügelpapageien und die nur sperlingsgroßen Unzertrennlichen. Vom indomalaiischen Raum herüber eroberte sich auch ein Edelsittich – nämlich der Halsbandsittich – den Schwarzen Erdteil. Während er aber in Indien ein echter Kulturfolger ist, wurde er in Afrika – wie alle dort heimischen Papageien – wieder zum scheuen Waldvogel.

Alle nur sperlingsgroßen Unzertrennlichen – vom Pfirsichköpfchen bis zum Orangeköpfchen – zeichnen sich dadurch aus, daß sie Niststoffe in ihre Asthöhlen eintragen.

Während der Brutzeit sind die Paare ungemein innig und zärtlich verbunden – wie das übrigens bei den meisten Papageien der Fall ist –, kosen und schnäbeln sich, nesteln sich gegenseitig im Gefieder, drücken sich aneinander, zwitschern sanft miteinander und folgen sich auf Schritt und Tritt. Das Gelege umfaßt 2–5 weiße, sehr rundliche Eier. Die Brutdauer beträgt 21–23 Tage, und die Jungen hocken rund 5 Wochen in der Höhle.

c) Die indoaustralischen Edelpapageien: Die Brücke von den afrikanischen Edelpapageien zu denen der indomalaiischen und australischen Region

schlagen die sogenannten Edelsittiche, vor allem der sehr weit verbreitete Halsbandsittich. Die indomalaiischen Fledermauspapageien aber führen uns dann wieder in die Lebensräume der artenreichen Königs-, Rotflügel-, Ring-, Sing-, Gras und Wellensittiche sowie zu den Erdsittichen und Höhlenpapageien.

Halsbandsittich (Psittacula krameri): Bewohnt Afrika von Senegambien bis Äthiopien und weite Teile Indiens sowie Sri Lanka; Länge 39–41 cm, wovon gut 25 cm auf den überaus langen schmalen Schwanz kommen; Gefieder vorwiegend hell grasgrün, auf den Schultern und Flügeln fast grüngelb, an den hinteren Wangen und den Halsseiten zart lila- bis himmelblau, beim Männchen durch einen schwarzen Kehlstreif und einen rosenroten Nackenstreif wirkungsvoll abgesetzt; hat gelblichweiße Augen, schmalen roten Augenring, roten Schnabel und graue Füße; ist in Afrika ein Waldvogel, in Indien ein echter Kulturfolger, der oft in Gebäudehöhlen und Mauerlöchern nistet, fliegt gut und schnell, klettert schlecht und wackelt auf der Erde unbeholfen dahin; plündert in Indien Fruchtgärten und Getreidefelder, hält sich in Afrika an die Früchte und Sämereien der Wälder.

Von den wesentlich größeren Königssittichen, die sich wieder durch einen langen und abgerundeten Schwanz kennzeichnen, sei hier genannt:

der *Königssittich (Alisterus scapularis)* aus Süd- und Ostaustralien, 38–40 cm groß, von dem das Weibchen an Kopf, Hals und Brust grün befiedert ist.

Durch lange und spitze Schwänze ist die Familie der schnell fliegenden Plattschweifsittiche (*Platycercidae*) aus den Savannen Australiens ausgezeichnet. Von ihnen sei hier genannt:

der *Ringsittich (Platycercus zonarius)*, der den ganzen Erdteil in zahlreichen Rassen bewohnt, etwa 37 cm mißt, oberseits vorwiegend grün befiedert ist, immer ein gelbes Nackenband und meist ein grünes Kropfband trägt, vor allem aber am Kopf sehr verschiedene Zeichnungen aufweist.

Echte Grassittiche aus den weiten Steppengebieten Australiens sind die sogenannten Ziersittiche, die womöglich noch eleganter und schlanker als die Plattschweifsittiche erscheinen:

der *Schönsittich (Neophema pulchella)* aus Süd- und Südostaustralien; Länge 22 cm; von dem das Weibchen gelbgrün an Wange, Kinn, Kropf und Brust ist.

Weitere Grassittiche sind:

der *Bourksittich (N. bourkii)*, 22 cm; West- und Inneraustralien; rosafarben, kräftig braun gefleckt und gebändert, mit blauer Stirn, weißem Überaugenstreif und blauem Flügelsaum;

der *Glanzsittich (N. splendida)* aus Südaustralien, oberseits grün, mit blauem Gesicht und scharlachrotem Kropf;

der *Schmucksittich (N. elegans)* aus Südaustralien, mit blauer Stirn und Braue, gelben Wangen, grüner Brust und gelbem Bauch.

Wellensittich (Melopsittacus undulatus): Bewohnt die Grassteppen ganz Inneraustraliens; Länge 21 cm, wovon fast 10 cm auf den grünblauen, zitronengelb gefleckten Schwanz kommen; Gefieder am Vorderkopf und an der Kehle schwefelgelb, oberseits grünlichgelb, fein schwarz quergewellt, am Hinterrücken und Bürzel grasgrün, unterseits ebenfalls satt grasgrün, aber nicht gewellt; hat auf jeder Vorderhalsseite vier hochblaue Flecke, blaßgelbe Augen, horngelben Schnabel mit dunkelblauer Wachshaut – die beim Weibchen gelblichgrau ist! – und bläulichgrüne Füße; ist die Ausgangs-

Die Ringeltaube bewohnt Wälder und auch Parkanlagen in Europa, Nordwestafrika und Vorderasien. Sie ist die größte unserer einheimischen Wildtauben und nistet auf Bäumen und in Hecken. Obwohl sich das Weibchen im Wald bei Störungen sehr empfindlich zeigt, hat sich die Ringeltaube in den Städten völlig eingewöhnt.

form der zahlreichen Zuchtrassen, unter denen es heute blaue, blaugraue, gelbe, olivgrüne und weiße Farbschläge gibt.

Der Flug der Wellensittiche ist reißend schnell, der Lauf sehr flott, die Kletterkunst hoch entwickelt, die Stimme angenehm.

Seitdem im Jahre 1840 die ersten Wellensittiche nach Europa kamen, hat sich dieser kleine Papagei die Herzen der Vogelfreunde im Sturm erobert. Er ist ein sanftes, liebeswürdiges, zärtliches und anhängliches Geschöpf, immer munter und gut aufgelegt, dabei recht robust und anspruchslos.

Erdsittich (Pezoporus terrestris = wallicus): Bewohnt Südaustralien und Tasmanien; Länge 28–32 cm, wovon knapp die Hälfte auf den Schwanz kommt; Gefieder vorwiegend olivgrasgrün, auf Mantel, Schultern, Flügeldecken und Hinterrücken schwärzlich, gelb gebändert und grün gerandet, an Brust und Bauch olivgelb, schwarz quergebändert, am Schwanz dunkelgrün, gelb quergebändert; hat braune Augen, kurzen dicken schwarzbraunen Schnabel und kräftige, hochläufige, langzehige, hornbraune Beine.

Der Erdsittich bevorzugt Sand- und Moorlandschaften, bewegt sich fast ausschließlich auf dem Boden, läuft schnell und ausdauernd, drückt sich bei Gefahr fest an die Erde und fliegt nur in der höchsten Not schnell und niedrig bis zur nächsten Dekkung. Er lebt einzeln oder paarweise und gibt sich sehr heimlich. Seine Eier legt er in flache ungepolsterte Bodenmulden. Männchen und Weibchen brüten gemeinsam.

Die Tauben *(Columbiformes)*

Die in 60 Gattungen mit mehr als 400 Arten über die ganze Erde – mit Ausnahme der Polargebiete – verbreiteten Tauben kennzeichnen sich durch viele urtümliche und recht eigenartige Züge. Hinter ihrem scheinbar so sanften Wesen birgt sich eine ungewöhnliche, in Jahrmillionen bewährte Lebenstüchtigkeit. Schon die einheitliche Gestalt verrät dem Formenkundigen, wie stark sie als Vogelgruppe abgeschlossen sind. Die Stromlinienform deutet auf gesammelte Kraft und Windschnittigkeit hin.

Die Tauben der Alten Welt

Um ein wenig Übersicht bei der Vielzahl der Erscheinungsformen zu gewinnen, wollen wir zuerst die Tauben der Alten Welt betrachten. Wir stellen dabei die europäischen Wildtauben an die Spitze, die afrikanischen und indoaustralischen Arten folgen.

Felsentaube (Columba livia): Jahresvogel, nur im Norden Zugvogel; bewohnt die Küstenstriche Irlands, ganz Schottland, einen Küstenstreifen Nordwestfrankreichs, ganz Südeuropa von der Iberischen Halbinsel über Südfrankreich und Italien bis nach Jugoslawien, Griechenland und Bulgarien, nördliche Distrikte Afrikas, etliche westafrikanische Inselgruppen, Palästina, Syrien und Kleinasien sowie große Gebiete Asiens vom Ural bis zum Himalaja; Länge 33 cm; bevorzugt die Felsklippen der Küstenstriche und das felsige Hügelland sowie Steinwüsten, nistet kolonieweise in Felshöhlen, an Felswänden, auch an Gebäuden, in altem Gemäuer.

Die Felsentaube ist die Stammform aller Haustauben und meidet wie jene das Gezweig der Büsche und Bäume. Sie läuft flott und ausdauernd, fliegt ausgezeichnet, klatscht beim Auffliegen laut mit den Flügeln, steigt hoch empor, kreist gern in Schwärmen und schwebt kurz vor dem Aufsetzen. Allgemein lebt sie in lebenslänglicher Einehe, die jedoch gelegentliche Seitensprünge der Partner nicht ausschließt. Dem Tauber obliegt die Auswahl des Nistplatzes. Hat er ein passendes Plätzchen gefunden, so heult er von ihm aus das paarungswillige Weibchen herbei und versucht, es durch herbeigetragene Halme und Reiser zum Nisten anzuregen. Geht die Taube ans Bauen, so sind beide miteinander verlobt, und es beginnt nun die eigentliche Balz mit Flugspielen, Tändeln, Schnäbeln, Verbeugungen und würdevollem Umeinander-Herumstolzieren. Das Gurren klingt wie „U-ruku".

Die beiden Eier werden in Abständen von 45 Stunden gelegt und von den Eltern gemeinsam in 17 Tagen ausgebrütet. Zwei bis drei Bruten sind die Regel. Innerhalb der Brutkolonie bildet sich eine feste Rangordnung aus, die bei Verstößen mit Flügelschlägen und Schnabelbissen unerbittlich aufrechterhalten wird.

Hohltaube (Columba oenas): Teilzieher; bewohnt ganz Europa – mit Ausnahme von Portugal, Griechenland und Nordskandinavien – sowie Nordwestafrika und Vorderasien; Länge 33 cm; bevorzugt als Kulturfolger Parkanlagen mit alten hohen Bäumen und lichte Feldgehölze, nistet in Baum-, Fels- und Erdhöhlen sowie in Gebäuden und künstlichen Nistkästen; 2–3 Bruten ab Anfang April.

Ringeltaube (Columba palumbus): Teilzieher; bewohnt ganz Europa – mit Ausnahme des hohen Nordens – sowie Nordwestafrika und Vorderasien; Länge gut 40 cm; bevorzugt den Nadelwald, ist aber auch in allen anderen Waldungen und selbst in den Parkanlagen der Städte heimisch, nistet auf Bäumen und in Hecken; 2 Bruten ab April.

Die Turteltaube nistet gerne in jungen Bäumen und Büschen trockener, lichter Wälder, in Feldgehölzen und Parkanlagen. Man findet den 28 cm großen Vogel in Europa, Nordwestafrika und Vorderasien. Die Turteltaube brütet zweimal ab April/Mai, wenn sie ihr südliches Winterquartier verlassen hat.

Die Ringeltaube ist die größte unserer einheimischen Wildtauben. Auch sie kehrt bereits im März aus ihrem südeuropäischen Winterquartier zurück und verläßt uns erst im Oktober wieder. Das Nest wird vom Weibchen aus dürren Reisern gebaut. Es ist eine liederlich zusammengefügte, sehr flache und dünne Plattform, die gewöhnlich ziemlich niedrig im Stangenholz steht. Gern werden alte Krähennester und Eichhörnchenkobel als Unterlage benützt. Im Walde zeigt sich das Weibchen bei Störungen sehr empfindlich und verläßt ängstlich Nest wie Gelege. In den Städten dagegen gibt es sich so vertraut, daß es sich kaum noch um die Menschen kümmert. Sie fliegt den Vogelfreunden auf die Schultern und pickt die Körner ungeniert aus den Händen.

Turteltaube (Streptopelia turtur): Sommervogel; bewohnt ganz Europa – mit Ausnahme des hohen Nordens – sowie Nordwestafrika und Vorderasien; Länge 28 cm; hat bräunlichgelbe Augen, bläulichroten Augenring, schwarzen Schnabel und karminrote Füße; bevorzugt trockene lichte Nadel- und Mischwälder, Feldgehölze und Parkanlagen, nistet in jungen Bäumen und Büschen; 2 Bruten ab April/Mai.

Türkentaube (Streptopelia decaocto): Jahresvogel; bewohnt Vorder- und Südasien, ist in den beiden letzten Jahrzehnten sehr rasch über Südosteuropa in nordwestlicher Richtung bis nach Dänemark vorgestoßen und erreichte umherstreifend bereits Frankreich und England, brütet heute weit verbreitet, wenn auch noch sporadisch auftretend, in ganz Westdeutschland; Länge 28 cm; hat rote Augen und Füße; nistet als echter Kulturfolger in Stadtwäldern, Parkanlagen, Friedhöfen und Feldgehölzen sowie auf einzelstehenden Bäumen und an Gebäuden; 2–3 Bruten ab März.

Unsere einheimischen Tauben werden in Afrika und Indoaustralien durch zahlreiche, kleine und große, dabei oft besonders interessante Gattungen und Arten vertreten:

Die *Dolchstichtaube (Gallicolumba luzonica)* von der Philippinen-Insel Luzon; Länge 25 cm; Gefieder auf Stirn und Scheitel licht aschgrau, am Hinterkopf und Nacken violett, am Mantel, Unterrücken und Bürzel bleigrau, an Kinn und Kehle reinweiß, kennzeichnet sich durch einen blutroten Kropffleck, der tatsächlich an eine blutende Stichwunde erinnert und in der Erregung eiförmig gespreizt wird;

die *Mähnentaube (Caloenas nicobarica)* aus der australischen Inselwelt von den Nikobaren, den Sunda-Inseln und Molukken bis zu den Bismarck-Inseln und nach Neuguinea; Länge 36–40 cm; Gefieder oberseits vorwiegend grasgrün, am Kopf und Hals schwarzgrün; kennzeichnet sich durch eine weiche kugelige Stirnwarze und die sichelartig verlängerten Halsfedern, die als eine grüngoldene Mähne über die Schultern fällt;

die *Fächertaube (Goura victoria)* von den Inseln Jobi und Biak nahe bei Neuguinea; Länge 78 cm; Gefieder oberseits blaugrau, mit rotbrauner und hell blaugrauer Flügelbinde, unterseits kastanienrotbraun; kennzeichnet sich durch die breiten weißen Endfahnen ihrer Kopf- und Nackenhaube, die aufgestellt tatsächlich einem sehr großen weißgesäumten Fächer gleichen;

die *Krontaube (Goura cristata):* aus dem nordwestlichen Neuguinea und von den Inseln Waigiu, Salawati und Misul; Länge 75 cm; Gefieder ganz ähnlich wie bei der Fächertaube, doch zeichnet sich ihre Kopf- und Nackenhaube durch zerschlissene Federn aus; ist eine echte Bodentaube, die nur zum Schlafen auf Bäumen „aufbaumt".

Zahntaube (Didunculus strigirostris): Bewohnt die Samoa-Inseln Upolu und Sawaii; Länge 33 cm; Gefieder oberseits braunrot mit dunkel bleigrauen Flügeln, unterseits sowie am Kopf und Hals glänzend stahlgrün; kennzeichnet sich besonders durch ihren starken und hohen, sehr scharfhakig gekrümmten Oberschnabel und den dreifach gezähnelten, schief abgestutzten Unterschnabel; hat dunkel rötlichbraune Augen, nackte, lebhaft orangerote Augenringe, orangeroten Schnabel mit lichtgelber Spitze und rote Füße mit gelblichweißen Krallen.

Die sehr merkwürdige Zahntaube, die wohl als die nächste Verwandte der ausgestorbenen *Dronten* angesehen werden kann, lebt heute vorwiegend in den Gebirgswäldern ihrer Heimat. Sie bewegt sich dort im Wipfelschutz der höchsten Bäume und nistet auch hoch im Gezweig. Früher war sie fast ein ausgesprochener Bodenvogel und guter Läufer, der sein Nest auf die Erde oder sehr dicht über den Boden stellte. Die erstaunliche Umschaltung ihrer Instinkte ist weniger auf die gelegentliche Verfolgung durch die Eingeborenen als auf die zahlreichen verwilderten Katzen zurückzuführen, die auf den Inseln eingeführt wurden. Im Gegensatz zu allen anderen Tauben zerkleinert die Zahntaube die Früchte und Samen, zertrümmert auch die Nüsse mit ihrem starken Nußknakkerschnabel und frißt ganz nach Art der Papageien. Trinken erfolgt nach Hühnerart mit jeweils rasch aufgeworfenem Kopf.

Die Flughühner

Die Flughühner sind in nur einer Familie und zwei Gattungen auf die Trockengebiete des Mittelmeerraumes, Afrikas und Asiens beschränkt. Zwei Arten sind auch auf der spanischen Halbinsel vertreten. Sie kennzeichnen sich durch kleinen zierlichen Kopf, kurzen harten Schnabel, mittellangen Hals, kurzen gedrungenen Leib, stark gewölbte Brust, lange feste Flügel, langen Schwanz sowie kurzläufige und sehr kurzzehige, deutlich befiederte Füße. Das Gefieder besteht aus ziemlich kurzen, breiten, abgerundeten Federn, die dem Leib, obwohl sie ihn locker bekleiden, doch ein glattes Aussehen verleihen.

Sandflughuhn (Pterocles orientalis): Jahresvogel in Spanien und Portugal, verbreitet sich

Den Papageientaucher, auch Lund genannt, erkennt man an seinem seltsamen, dreieckigen Schnabel, der an der Wurzel Stirn und Kinn überragt. Dieser Schnabel ist am Grund blaugrau, an der Spitze korallenrot. Der Papageientaucher bewohnt die nördlichen Meere sowie die Küsten Asiens und Amerikas.

von den Kanaren über Nordwestafrika und Vorderasien bis nach Afghanistan, verfliegt sich hin und wieder nach Italien und Malta, wurde auch schon einmal in Deutschland beobachtet; Länge 35–36 cm; Gefieder des Männchens sandgrau am Kopf, oberseits graulich, rostgelb gesprenkelt, an den Flügeldecken und Armschwingen rostgelb, unterseits kastanienbraun an der Kehle, rötlichgrau an der Brust und schwarz am Bauche; kennzeichnet sich durch je ein schwarzes Querband unterhalb der Kehle und auf der Brust; hat dunkelbraune Augen, breiten nackten zitronengelben Augenring, bleifarbenen Schnabel und Fuß; das Weibchen ist ausgesprochen sandfarben, auf Kopf und Oberseite dicht gefleckt, an der Kehle hell sandfarben mit schwarzem Fleck, an der Brust warm ockerfarben, dicht schwarz gefleckt und dem Bauche zu durch ein schwarzes Band begrenzt; ruft tief „Djürr-rürr-rür", im Fluge „Kadda", brütet im Mai/Juni.

Steppenhuhn (Syrrhaptes paradoxus): Bewohnt die Steppen östlich des Kaspischen Meeres und verbreitet sich bis zu den Salzwüsten Innerasiens, dringt in periodischen Hungerwanderungen bis nach Europa vor, tauchte in den Jahren 1863, 1888 und 1908 in riesigen Scharen auf und erreichte dabei Norddeutschland, Dänemark, Großbritannien und sogar Spanien, versuchte hier und dort auch zu brüten, siedelte sich aber niemals fest an; Länge des Männchens 40 cm, des Weibchens 36 cm; Gefieder des Männchens an Kopf und Kehle orangegelb, oberseits sandfarben, dunkel quergebändert, an der Brust und den Handschwingen hellgrau, am Bauche schwarz; kennzeichnet sich durch einen grauen, vom Auge bis zu den Halsseiten verlaufenden Bogenstreif sowie durch besonders lang ausgezogene und spitze Schwanzspieße.

In seiner Lebensweise erinnert das Steppenhuhn sehr an die echten Hühnervögel, mit denen es aber nur entfernt verwandt ist. Es scharrt nach Hühnerart, ruht und sonnt sich wie diese und nimmt ebenfalls gern Staubbäder in selbstgewühlten Vertiefungen. Im Gegensatz zu den anderen Flughühnern ist es ein echter, tiefgeduckter Sohlengänger, läuft mit eingeknickten Ständern und hebt den Leib kaum einen Zentimeter über den Boden. Sein Gang ist darum auch weniger flott und ausdauernd. Dafür aber entschließt es sich eher als jene zum Flug, wenn Gefahr droht, und schießt noch rascher, reißender und schneidender als die Tauben in geringer Höhe dahin. Allerdings dauert diese kräftezehrende Flugweise nur kurz.

Die Wat- und Möwenvögel
(Charadriiformes)

In der Ordnung der Wat- und Möwenvögel werden die drei Unterordnungen der Alken, der Möwenartigen und der Regenpfeiferartigen zusammengefaßt. Diese äußerlich so verschiedenartig aussehenden Vogeltypen sind in Wirklichkeit untereinander sehr eng verwandt. Das beweisen z.B. Vergleiche anhand des Knochenbaues und auch die Tatsache, daß alle Mitglieder dieser Ordnung von den gleichen oder aber einander sehr ähnlichen Schmarotzern gequält und heimgesucht werden.

Die Alken

Hoch aufgerichtet wie die Pinguine sitzen und stehen die dem Meer verbundenen und sehr geselligen Alken auf ihren weit zurückgesetzten und schwimmhäutigen Beinen. Fuß wie Lauf und der kurze Schwanz dienen dem schweren kompakten Leib als Stütze. Kräftig wölben sie die breite weiße Brust, heben den schwarzen Kopf und verfolgen mit neugierigen Blicken jede ungewohnte Erscheinung. Von den Klippen der Küsten und Felseninseln, auf denen sie geschickt herumklettern und umherwatscheln, stürzen sie sich schwirrend in die Fluten, die ihre eigentliche Heimat sind. Die auffallend kurzen und schmalen Flügel verraten den schlechten Flieger, ermöglichen aber doch einen recht rasanten Start. Vor der Landung werden die breiten Füße stark seitlich ausgestreckt bzw. regelrecht gegrätscht. Beim schwimmenden Vogel liegt der Leib dem Wasser leicht und lokker auf, werden Kopf und Hals wiederum angehoben getragen. Wirklich gefällig und anmutig wiegen sie sich gleich den verwandten Möwen auf den Fluten und sind meisterhafte Ruderer auch in der stärksten Brandung. Zum Tauchen nach der Fisch- und Krebsbeute setzen sie mit kräftigem Rückstoß der Füße an, schießen geschmeidig in die Tiefe, breiten hier sofort die Flügel aus und gebrauchen sie als Paddel. Die steif rückwärts ausgestreckten Beine dagegen dienen nunmehr als Steuerruder.

Tordalk (Alca torda): Teilzieher; bewohnt die Küsten der nordischen Meere bis herab nach Skandinavien, Großbritannien, Helgoland und Nordwestfrankreich, erreicht umherstreifend Mitteleuropa und überwintert nicht selten an den südwesteuropäischen Küsten des Mittelmeeres; Länge gut 40 cm; hat dunkelbraune Augen, im Sommer weißen Augen-Schnabel-Strich und schwarze Füße; verweilt vom Mai bis zum September an den Brutplätzen, legt nur ein Ei, brütet fast 5 Wochen lang; läßt gewöhnlich nur ein leises schwirrendes Pfeifen vernehmen, quarrt am Brutplatz jedoch ziemlich tief, rauh und fast stöhnend.

Krabbentaucher (Plautus alle): Teilzieher; bewohnt während der Brutzeit die Inseln des nördlichen Atlantiks und des nördlichen Eismeeres bis nach Nordisland, zieht im Winter südwärts bis zur Nordsee, wobei er auch in Finnland sowie an unseren Küsten erscheint und umherstreifend das Mittelmeergebiet bis nach Italien erreicht; Länge gut 20 cm; er ist also nicht viel größer als ein Star; kennzeichnet sich durch sehr kurzen Hals und Schnabel und weiße Flügelbinde; hat dunkelbraune Augen, dicken schwarzen Schnabel und bläulichschwarze Füße; nistet kolonieweise, brütet in Höhlen unter Felsen, legt nur ein Ei, läßt am

Die Gryllteiste lebt im Bereich des Nordpols, streift aber im Winter bis an die deutschen, holländischen und nordfranzösischen Küsten. Man erkennt die etwa 34 cm lange Gryllteiste an ihrem spitzen schwarzen Schnabel, dem kurzen, abgerundeten Schwanz und den korallenroten Füßen.

Brutplatz viel sein hohes schrilles Plärren hören, ernährt sich vorwiegend von kleineren Krebstieren.

Papageientaucher oder Lund (Fratercula arctica): Sommervogel; bewohnt die nördlichen Meere bis herab nach Skandinavien, Großbritannien und Nordwestfrankreich sowie die Küsten Asiens und Amerikas, kommt zur Überwinterung südwärts bis zum Mittelmeer und der Adria; Länge 30,5 cm; hat einen absonderlichen dreieckigen Schnabel, der an der Wurzel Stirn wie Kinn überragt, am Grunde blaugrau, in den Winkeln orangegelb, an der Spitze korallenrot ist.

Trottellumme (Uria aalge): Teilzieher, bewohnt in einer südlichen und einer nördlichen Rasse die Gestade des Stillen- und Atlantischen Ozeans bis zum 70. Breitengrad im Norden und der protugiesischen Küste im Südwesten, ist Brutvogel auf Helgoland, überwintert südwärts bis Spanien und im Mittelmeer bis Malta; Länge 42 cm; kennzeichnet sich im Winter durch weiße Kopfseite und Kehle sowie einen schwarzen Strich, der vom Auge über die Ohrdecke verläuft; wird an den Küsten des Nordatlantiks, des Eismeeres und der Beringsee von der gleichgroßen, oberseits schwarzen, unterseits weißen *Dickschnabellumme (U. lomvia)* vertreten.

Gryllteiste (Cepphus grylle): Vorwiegend Jahresvogel; bewohnt den gleichen zirkumpolaren Raum wie die Dickschnabellumme, ist südwärts aber noch an den Küsten Islands, Irlands, Schottlands, Skandinaviens und Finnlands Brutvogel, streift im Winter bis zu den deutschen, dänischen, holländischen, belgischen und nordfranzösischen Küsten; Länge gut 34 cm; Gefieder im Sommer durchweg schwarz, grünlich schillernd und mit großem weißem Flügelfleck, im Winter dann dagegen oberseits. schwarz-weiß gefleckt, unterseits reinweiß; kennzeichnet sich durch spitzen schwarzen Schnabel, kurzen abgerundeten Schwanz und korallenrote Füße.

Die Möwenartigen

Möwen tummeln sich über allen küstennahen Gewässern von der Arktis bis zur Antarktis. Sie beleben aber auch die Seen und Flüsse auf der ganzen Erde. Auf ihren weiten Zügen wandern sie von Ozean zu Ozean und Kontinent zu Kontinent. Die starke Bindung an das Wasser gab ihnen

ihr einheitliches und besonderes Gepräge. Sie alle sind langflügelige, ungewöhnlich gute Flieger, Segler und Rüttler, echte Könige der Luft, zugleich aber auch vorzügliche Schwimmer, die geradezu korkenleicht auf dem Wasser liegen, auf den Wellen reiten, und auch die Nacht auf der Flut verbringen. Doch bildeten sich innerhalb dieser großen, sehr vitalen und lebenstüchtigen Vogelfamilie mindestens vier scharf profilierte Typen aus, die sich in ihrer Lebensart wesentlich unterscheiden. Der Systematiker unterteilt die Möwenvögel deshalb in die *Möwen im engeren Sinne (Laridae),* die *Seeschwalben (Sternidae),* die *Raubmöwen (Stercorariidae)* und die etwas abseitigen *Scherenschnäbel (Rynchopidae).*

Die Möwen im engeren Sinne

Wie die Raben betätigen sich diese Möwen als Aufräumer und Allesfresser, die mit ihren schwach hakenförmigen Schnäbeln vor allem das auflesen und auffischen, was die Gewässer als Strandgut auswerfen oder mit sich führen. Kieloben treibende tote Fische, kleine Wasserleichen und überhaupt Aas aller Art, ekle Abfälle der Schiffsküchen und Fischfänger werden genauso gierig verschlungen wie gestrandete Krebse und Muscheln, Wasserschnecken und Insektenlarven. Besondere Leckerbissen sind die verschiedenen Sandwürmer sowie die Eier und Küken aller Meeresvögel. Aber auch Beeren, Obst und Sämereien stehen auf der Speisekarte.

Bei den Möwen handelt es sich zwar um Küstenvögel, aber sie können alle gut schwimmen und weniger gut tauchen.

Meist nisten sie in Kolonien, selten alleine; das Nest wird aus Pflanzenmaterial gebaut, aus Ästchen oder Seetang. Es werden 2-3 Eier gelegt, deren Farbe von cremeweiß bis gelblichbraun variiert; beide Möwen brüten etwa 3-4 Wochen. Die Küken sind grau oder gelblich, mit dunklen Flecken. Sie halten sich immer um oder am Nistplatz auf. Die Eltern füttern sie mit ausgewürgter Nahrung, nach 4-6 Wochen machen sie sich selbständig.

Lachmöwe (Larus ridibundus): Teilzieher; bewohnt Mitteleuropa – einschließlich der Britischen Inseln, Südskandinavien und Island – sowie Asien, überwintert an den eisfreien Unterläufen der Flüsse und Ströme, auch an der Nordseeküste, oder zieht an die mittelmeerischen Küsten und bis nach Afrika; Länge 38 cm, spannt 95 cm; Gefieder an Kopf, Kinn und Oberhals nußbraun, im Nacken, an den Flügeln, am Schwanz und unterseits weiß, an den Mantelfedern aschblau, mit langem weißem Keilfleck auf den Handschwingen und schwarzen Flügelspitzen, im Winter auch am Kopf weiß; hat dunkelbraune Augen mit rotem Augenring, lackroten Schnabel und Fuß.

Das Nest wird aus allerlei halbverfaulten Sumpf- und Wasserpflanzen, Wurzelstöcken und Schilfstengeln aufgeschichtet, und bald ist das Gelege von drei grünlichbläulichen, dunkel gefleckten und verschnörkelten Eiern versammelt. Beide Geschlechter brüten mit großem Eifer, drängen den Partner immer wieder zum Brutwechsel und lassen die Eier nicht einen Augenblick unbewacht. Störenfriede werden sehr heftig und unter bedenkenlosem Einsatz des Lebens angegriffen. Nach 18 Tagen schlüpfen die rostbraun bedunten, dunkel gefleckten und gestreiften Jungen. Die Alten schleppen eifrig Schnecken, Würmer und Engerlinge herbei. Sie folgen dem pflügenden Bau-

Ein vertrauter Anblick in der Nähe aller Küstengewässer von der Arktis bis zur Antarktis und auf zahllosen Seen und Flüssen der Erde ist die Möwe. Sie ist ein Kosmopolit im Wortsinn: manche Arten wandern von Kontinent zu Kontinent. Die Möwen sind ungewöhnlich gute Flieger und Schwimmer zugleich.

Der Flußregenpfeifer lebt vor allem an Flüssen mit Kiesbänken, an Ufern und auf Inseln. Er ernährt sich von Insekten und anderen kleinen im und am Wasser lebenden Tieren. Man findet den Flußregenpfeifer in Europa, Nordafrika und Teilen Asiens. Er ist etwa 15 cm lang und überwintert meist im afrikanischen Binnenland.

Die Silbermöwe bewohnt die Meeresküsten der ganzen nördlichen Halbkugel und bleibt bis auf die hochnordischen Rassen auch den Winter über an den Küsten oder streift weit durch das Binnenland. Die Silbermöwe ist die häufigste, auch wohl lebenstüchtigste und vitalste Möwe der Küsten und hat eine besonders modulationsreiche Stimme.

er, lesen die Felder und Wiesen nach Insekten ab und erwischen dabei auch so manche Maus. Überhaupt ist die Lachmöwe nach der Brutzeit und im Winter ein echter Kulturfolger, kommt in die Häfen und Großstädte und läßt sich hier an den Brücken und Kaien von den Vogelfreunden füttern. Aber auch im flachen Land lassen sich jetzt die Vögel blicken.

Mantelmöwe (Larus marinus): Teilzieher; bewohnt die Küsten des nördlichen Europas von Nordwestfrankreich über Irland und England bis nach Island und Skandinavien, verbreitet sich über das nördliche Asien bis nach Nordamerika, streift im Winter durch Südschweden und Großbritannien, an die Küsten der Ost- und Nordsee und bis nach Spanien und Südfrankreich; Gefieder auf Rücken und Flügeln schieferblau bis schwarz, mit weißen Schwingenspitzen und weißem Flügelsaum, sonst durchweg weiß; hat silbergraue Augen, zinnoberroten Augenring, gelben Schnabel mit rotbespitztem Unterkiefer und lichtgraugelbe Beine.

Heringsmöwe (Larus fuscus): Vorwiegend Zugvogel; bewohnt in mehreren Rassen die Küsten Nordeuropas vom Finnischen und Bottnischen Meerbusen über ganz Skandinavien und Teile der Ost- wie der Nordsee bis nach Großbritannien und Island, im Süden verbreitet sie sich von den Kanarischen Inseln und den Azoren über die Nordküste Marokkos, streift außerhalb der Brutzeit weit durch das Binnenland; Länge 53 cm, spannt 140 cm; Gefieder auf Rücken und Flügeln schiefergrau bis schwarz, mit weißem Schwingensaum, sonst durchweg weiß; hat gelben Schnabel mit rotem Fleck und lebhaft gelbe bis orangefarbene Beine.

Silbermöwe (Larus argentatus): Teilzieher; bewohnt in zahlreichen geographischen Rassen die Meeresküsten der ganzen nördlichen Halbkugel von Nordamerika, Grönland und Island über ganz Europa bis zum Mittelmeer, bleibt bis auf die hochnordischen Rassen auch den Winter über an den Küsten oder streift weit durch das Binnenland; Länge 56 cm, spannt 140 cm; Gefieder auf Rücken und Flügeln lichtgraublau, mit schwarzweißen Flügelspitzen, sonst durchweg weiß; hat silbergraue Augen, gelben Schnabel mit rotem Fleck und fleischfarbene Beine.

Die Silbermöwe ist die häufigste, auch wohl lebenstüchtigste und vitalste Möwe der Küsten und hat eine besonders modulationsreiche Stimme. Sie lacht, bellt, miaut, kreischt, jault und gackert wirr durcheinander. Am Nistort aufgestört, schreit sie laut „Ga-ga-ga". Ihr Hauptverzehr sind Krebse, Krabben, Würmer, Schnecken, kleine Säuger und Vogeleier. Außerdem nimmt sie jegliches Aas an. Fast überall mußte der Mensch eingreifen, um ihr Überhandnehmen im Interesse der anderen Meeresvögel zu verhindern.

Die Seeschwalben

Im Verhältnis zu den kräftigen, fast raubvogelartigen Möwen wirken die kleineren Seeschwalben schlank und schnittig, obwohl sie kurzhalsiger und kurzbeiniger sind. Vor allem ist ihr Flug bezaubernd leicht und anmutig. Die überaus langen schmalen Schwingen und der tiefgegabelte Schwanz erlauben ihnen das reißende Dahinschießen wie das spielerische Schwenken, das steigende und fallende Schweben wie das beobachtende Rütteln. Als flinke und kunstfertige Stoßtaucher leben sie vorwiegend von kleinen Fischen und halten beim Jagdflug den Schnabel tief gesenkt. Im Laufen und Schwimmen bleiben sie zurück.

Trauerseeschwalbe (Chlidonias niger): Sommervogel, bewohnt ganz Mitteleuropa einschließlich Südwestspanien und Sardinien sowie Westasien, überwintert im tropischen Afrika; Länge 24 cm; Gefieder im Sommer auf Kopf, Nacken, Brust und Bauch samtschwarz, an den Unterschwanzdecken weiß, auf Rücken und Flügeln blau- bis schiefergrau, vom Herbst ab an Stirn, Hals und Unterseite weiß, mit dunklem Kopffleck; hat braune Augen, grauschwarzen, an der Wurzel roten Schnabel und rotbraune Füße.

Die Trauerseeschwalbe wird mit Recht auch Binnenseeschwalbe genannt, denn sie brütet fast ausschließlich im Flachwasser von Sümpfen, Mooren, Brüchen und Lagunen, bevorzugt dabei die stehenden vor den fließenden Gewässern und ist kaum – außer auf dem Zug – an Flüssen und Meeresküsten zu beobachten. Auf dem schwankenden Grund baut sie hohe, liederlich aufgetürmte, sehr oft schwimmende Nester aus allerlei Wasserpflanzen. Ihr Hauptverzehr sind Insekten und deren Larven, die sie im wendigen niedrigen Jagdflug von der Wasseroberfläche und den bewachsenen Ufern wegschnappt. Wesentlich seltener erbeutet sie kleine Fische. Eher erwischt sie am Rand der Gewässer Lurche, Schnecken und Würmer. Kreischt durchdringend „Kitt" oder „Krihk".

Weißflügelseeschwalbe (Chlidonias leucopterus): Sommervogel; bewohnt Ost- und Südosteuropa sowie Mittelasien, überwintert in Südasien sowie im tropischen und südlichen Afrika, hat vereinzelt auch in Süddeutschland, vor allem an oberbayrischen Flüssen, sowie in Belgien, Frankreich und Estland gebrütet; Länge knapp 24 cm; Gefieder im Sommer schwarz am Kopf und Rumpf sowie an den Unterflügeln, weiß am Bürzel, Schwanz den Schultern und Flügelvorderrändern, rot am Schnabel und den Beinen, im Winter dagegen oberseits silbergrau bis auf die weiße Stirn und die dunkle Nackenkappe, unterseits aber reinweiß, der Schnabel und die Beine schwarz; tritt oft vergesellschaftet mit der Trauerseeschwalbe auf, gleicht ihr sehr in der gesamten Lebensweise.

Die Scherenschnäbel sind über Afrika, Asien und Amerika verbreitet. Wir dürfen sie zweifellos als Verwandte der Seeschwalbe ansehen. Ihr Kennzeichen ist vor allem der ungewöhnlich schmale und hohe Schnabel, bei dem der Unterkiefer den Oberkiefer weit überragt. Sie brüten in Kolonien, hauptsächlich auf den Sandbänken der Ströme.

Raubseeschwalbe (Hydroprogne caspia): Zugvogel; bewohnt die Küsten und Inseln der Ostsee zwischen Schweden und Finnland, brütete früher vereinzelt auch an der friesischen, pommerschen und dänischen Küste sowie auf Sardinien, vor Jugoslawien und Rumänien, verbreitet sich weit über Mittelasien, überwintert am Südrand des Mittelmeeres, am Roten und Indischen Meer sowie in Innerafrika und Ostindien; Länge gut 53 cm, spannt 153 cm; Gefieder im Sommer am Kopf und im Nacken, auf dem Oberrücken, an den Halsseiten und unterseits glänzendweiß, auf Mantel und Schwingen licht graublau, im Winter dagegen mit schwarz-weiß gestreiftem Scheitel und schwarzem Ohrdekkenfleck; hat einen sehr großen, starken, orangeroten Schnabel und schwarze Füße; hält sich hauptsächlich an die Meeresküsten, erscheint aber auch an Strömen und Binnenseen, nistet einzeln oder in kleinen Kolonien an den sandigen Küsten sowie auf Inseln, bettet die Eier ganz behutsam in kleine Sandmulden der Strände und Dünen.

Die Raubseeschwalbe ist fast so groß wie die Silbermöwe und wird mit Recht die „Königin der Seeschwalben" genannt. In Deutschland haben wir sie als Brutvogel verloren. Die Gelege der letzten Brutpaare bei Rügen vernichteten die Eiersammler, die ja schon so manchen seltenen Brutvogel unserer Heimat endgültig vertrieben.

Flußseeschwalbe (Sterna hirundo): Sommervogel; bewohnt fast ganz Europa – mit Ausnahme von Italien und Nordskandinavien –, die Azoren und die Kanarischen Inseln, tiefe Küstenstreifen von Nordwestafrika und verbreitet sich über ganz Asien bis nach Nordamerika, überwintert in Afrika, Südasien und Südamerika; Länge 35,5 cm; Gefieder im Sommer am Oberkopf und Nacken schwarz, auf dem Mantel und den Schultern bläulich aschgrau, sonst durchweg weiß; hat roten Schnabel mit schwarzer Spitze, dunkelbraune Augen und korallenrote Füße; im Winter dagegen ist die Stirn reinweiß, nur noch das Auge schwarz gerahmt, der Schnabel lediglich an der Wurzel rot und der Fuß nur noch schwach rötlich; brütet an den kiesigen Ufern und auf den Inseln von Flüssen und Seen sowie am sandigen Strand.

Zwergseeschwalbe (Sterna albifrons): Sommervogel; bewohnt die Küsten, Flüsse und Seen von ganz Europa – außer Skandinavien und Finnland –, Nord- und Mittelamerika, West-, Ost- und Südasien sowie der indoaustralischen Region; Länge 20 cm; Gefieder im Sommer weiß an der Stirn, dem Schwanz und der Unterseite, schwarz am Oberkopf und Nacken sowie an den Flügelspitzen, blaugrau auf dem Mantel und den Flügeln; kennzeichnet sich deutlich durch schwarzen Augenstreifen; hat braune Augen, gelben Schnabel mit schwarzer Spitze und lehmgelbe Füße; im Winter ist der Scheitel grau; nistet in kleinen zerstreuten Kolonien auf dem Strand sowie an den kiesigen Ufern von Flüssen und Seen, legt ihre drei Eier in kaum angedeutete Mulden zwischen Steine und Muschelschalen an den Stränden und Küsten Europas.

Die Raubmöwen

Die Raubmöwen sind die Wegelagerer der Luft. Unfähig, selbst nach Fischen zu tauchen, verfolgen, belästigen und bedrängen sie alle anderen geflügelten Fischjäger so lange, bis diese sich geängstigt erleichtern und ihre Beute fallen lassen oder wieder ausbrechen. Blitzschnell schwenken sie dann ein und schnappen den Raub meistens noch aus der Luft. Wie kein anderer Möwenvogel beherrschen sie spielend alle Flugkünste und sind selbst so ausgezeichneten Fliegern wie den echten Möwen, Seeschwalben, Alken, Lummen und Kormoranen weit überlegen. Gleich den Falken stoßen sie jäh und wuchtig im sausenden Sturz auf die beobachteten Fischjäger nieder, gebrauchen im Ernstfall hart den gekrümmten Hakenschnabel sowie die scharfen Raubvogelkrallen. Nicht selten fallen ihnen die also genötigten Vögel selbst noch zum Opfer. An Land betätigen sie sich nebenbei als Nestplünderer, Mäusejäger und aasfressende Aufräumer, die am Flutsaum tüchtig Nachlese halten. Wo sie sich sehen lassen, erfaßt die brütenden Seevögel Angst und Unruhe, ertönt das warnende Geschrei aus Tausenden von Kehlen. Doch wird ihnen kaum ernstlicher Widerstand geleistet.

Schmarotzerraubmöwe (Stercorarius parasiticus): Vorwiegend Sommervogel; bewohnt die arktischen Meere, kommt südlich bis nach Island, zur Nordspitze Schottlands sowie der norwegischen, schwedischen und finnischen Küste, streift im Winter bis in die südliche Nordsee, quer durch Mitteleuropa und an das Mittelmeer; Länge knapp 46 cm, spannt 96 cm; Gefieder oft einfarbig nußbraun oder nur oberseits braun, unterseits aber grauweiß und mit schwärzlichem Scheitel, gelblichweißen Wangen, gelblichweißem Hals sowie dunklem Brustband; kennzeichnet sich durch verlängerte, gerade und spitze mittlere Schwanzfedern; hat immer einen weißen oder gelblichen Stirnfleck, schwarzen Schnabel mit grauer Wachshaut und blauschwarze Füße; bevorzugt die Küstengewässer und das hohe Meer, schreit laut und gellend pfauartig „Mau" und „Ki-au" oder quiekend „Ih-är". In der Mauser sind Verwechslungen mit anderen Arten möglich.

Die Scherenschnäbel

Den Hals tief geneigt, den Kopf gesenkt und mit dem großen, langen Unterschnabel hin und wieder die Oberfläche des Wassers pflügend, gleiten die seltsamen Scherenschnäbel leichten und geräuschlosen Fluges über die Ströme und stillen Meeresbuchten dahin. Die Scherenschnäbel sind in einer Gattung mit drei Arten über Afrika, Asien und Amerika – von Georgien bis zum La Plata – verbreitet. Wir dürfen sie zweifellos als Verwandte der Seeschwalben ansehen. Ihre Kennzeichen sind kleiner Kopf, langer Hals, sehr lange Flügel und verhältnismäßig kurzer, tief gegabelter Schwanz, vor allem aber der ungewöhnlich schmale und hohe Schnabel, bei dem der Unterkiefer den Oberkiefer weit überragt.

Afrikanischer Scherenschnabel *(Rhynchops flavirostris):* Bewohnt ganz Afrika, bevorzugt die Stromufer, im Westen und Osten wahrscheinlich auch die stillen Meeresbuchten; Länge 45 cm; Gefieder an Stirn, Gesicht, Schwanz, Unterseite und an den Spitzen der großen Flügeldeckfedern weiß, am Oberkopf, Nacken und Hinterhals sowie auf dem Mantel und den Flügeln schwarzbraun; hat dunkelbraune Augen, orangegelben Schnabel mit hellerem Unterkiefer und korallenrote Füße.

Die Regenpfeiferartigen

Innerhalb der großen Ordnung der Wat- und Möwenvögel *(Charadriiformes),* zu denen auch die bereits besprochenen Alken, Möwen, Seeschwalben, Raubmöwen und Scherenschnäbel gehören, werden in der Unterordnung der *Regenpfeiferartigen (Charadrii)* vor allem die sogenannten *Watvögel* zusammengefaßt. Unter ihnen haben wir uns ein recht vielgestaltiges Vogelvolk vorzustellen, das als Lebensraum vorwiegend die schlammigen Küstensäume, die Sümpfe, Moore und Brüche, die Ufer der Seen und Flüsse sowie überhaupt jegliches feuchte Gelände bevorzugt. Dieser Untergrund verlangt nun durchaus nicht immer ein regelrechtes Waten von diesen Vögeln, sondern läßt sich gut auf mehr oder weniger hohen Stelzen durchsteigen. Lange, nackte Läufe mit großen Füßen und weitgespreizten Zehen sind denn auch bei fast allen diesen Watvögeln das vorherrschende Kennzeichen. Zugleich sind sie fast durchweg ausgezeichnete Flieger und haben spitze und gewinkelte Flügel. Bei zahlreichen Gattungen tritt zu diesen beiden Merkmalen noch ein besonders langer, schmaler und gebogener Schnabel, eine regelrechte Schlammsonde, mit der sich gut im weichen Grund stochern, fühlen und tasten läßt.

Die Blatthühnchen

Üppiger als in unseren Zonen sind in den Tropen die stehenden Gewässer von den großen Blättern der Schwimmpflanzen bedeckt. Als ein immerwährend von prächtigen Blüten bestickter grüner Teppich verhüllen sie fast ganz die dunkle Wasseroberfläche. Und dieser schwankende und sich sanft wiegende Blatt- und Blütenteppich ist der Lebensraum der etwa amselgroßen Blatthühnchen. Auf hohen Stelzbeinen mit ungemein verlängerten Zehen und Nägeln bewegen sie sich hier mit großen, weit ausgreifenden Schritten, dabei aber so flott und zierlich, daß sie fast schwerelos wirken. Klein und schlank ist der Leib, lang der Hals, pinzettenartig der Schnabel, schmal der Flügel und kurz der Schwanz. Wasserinsekten und ihre Larven sowie die zahlreichen geflügelten Blütenbesucher werden schnell aufgepickt und dazu Sämereien verzehrt. Nur bei Gefahr nehmen sie Zuflucht zu den Schwingen, lassen sich aber bald wieder nieder. Die meisten Arten beherrschen weder Schwimm- noch Tauchkunst und meiden sichtlich den festen Grund der Uferzonen. Auch die Kinderstuben sind vorwiegend schwimmende Nester. Das Gelege umfaßt 4–5 Eier und wird regelmäßig vom kleineren Männchen erbrütet. Die Jungen sind Nestflüchter.

Den Lebensraum des Blatthühnchens bildet ein Blatteppich schwimmender Wasserpflanzen. Sie bewegen sich auf den hohen Stelzbeinen so flott und zierlich, daß sie fast schwerelos wirken.

Die Blatthühnchen sind in 1 Familie mit 7 Arten über die tropischen Gebiete aller Erdteile verbreitet.

Blatthühnchen oder Jassana *(Jacana spinosa):* Bewohnt Südamerika von Argentinien über Paraguay bis Guayana und Ekuador, ferner die Großen Antillen und ganz Mittelamerika bis nach Südtexas; Länge 24–25 cm; Gefieder an Kopf, Hals, Brust und Bauch schwarz, auf dem Rücken, an den Flügeln und Flanken bis zu den Oberschenkeln rotbraun, an den Schwingen gelblichgrün, schwarz bespitzt; kennzeichnet sich durch nackte blutrote, etwas abstehende Stirnschwiele und ebenso gefärbte Mundwinkellappen; hat blaßgelbe Augen, gelben Schnabel und bleigraue Füße, trägt am Flügelbug einen starken, einwärts gekehrten gelben Dorn.

Die Austernfischer

Wie alle Schnepfenvögel „wurmen“ auch die vorwiegend an den Meeresküsten lebenden, kräftigen, krähengroßen Austernfischer. Sie haben es dabei vor allem auf die im schlammigen Wattboden vorkommenden Sandwürmer abgesehen. Ihr Hauptverzehr aber sind die von der Flutwelle losgerissenen Muscheltiere. Ihr Schnabel ist deshalb keine weiche Sonde, sondern ein hartes, scharfes und spitziges Werkzeug. Gut gezielt stößt dieser lange rote Dolch in die schmale Atemöffnung der Muschel und zerschneidet die kräftigen Schließmuskeln. Ein weiterer Ruck, verbunden mit einer geschickten Drehung, und die Muschel liegt schutzlos vor ihrem Feind. Außer Würmern und Muscheln werden noch von der Flut angespülte Kleinkrebse, Fische, Insekten und Schnecken verzehrt. Bei Flut warten die Vögel geduldig auf die Ebbe.

Austernfischer *(Haematopus ostralegus):* Teilzieher; bewohnt die Küsten, Inseln und Flußmündungen von ganz Europa – mit Ausnahme Südspaniens, Italiens und Griechenlands – und verbreitet sich in etlichen Arten über die Küsten und vorgelagerten Inseln von Amerika, Asien, Australien und Südafrika; Länge 43 cm; Gefieder schwarz an Kopf, Hals, Kropf, Oberrücken und Flügeln, weiß an den Schultern, dem Unterrücken, Bürzel, Schwanz und der ganzen Unterseite; kennzeichnet sich fliegend durch breites weißes Flügelband und breiten schwarzen Endsaum des Schwanzes; hat große rote Augen, langen roten Schnabel und starke rote Beine; trägt im Winter ein weißes Kehlband; wirkt krähenartig untersetzt, ruft schrill und schneidend „Kliep“ oder „Klir-iep“, warnt laut „Pikpik-pik“.

Die Regenpfeifer

Die Regenpfeifer – von denen übrigens kein Mensch zu sagen weiß, warum sie so heißen – wirken nicht weniger kompakt und gedrungen als die Austernfischer. Auch sie sind groß- und rundköpfig, kurz- und dickkhalsig, starkbeinig sowie ausgesprochen kurzschwänzig. Sie werden jedoch höchstens drossel- bis taubengroß und haben einen kleinen, dicken und harten Schnabel. Auf die Verwandtschaft mit den Schnepfen deuten eigentlich

Der Austernfischer bewohnt die Küsten, Inseln und Flußmündungen Amerikas, Europas, Südafrikas, Australiens und stellenweise Ostasiens. In Innerasien ist er auch weit im Binnenland anzutreffen. Der Austernfischer ernährt sich von Würmern, Kleinkrebsen, Fischen und Insekten, hauptsächlich aber von Muscheltieren, die er mit dem roten langen und spitzen Schnabel durch Zerschneiden des Schließmuskels öffnet. Der Austernfischer geht am Boden, er kann allerdings auch schnell rennen und schwimmen.

nur die auffallend großen, stark seitlich am Kopf stehenden, ein weites Blickfeld vermittelnden Augen. Und wie die echten Schnepfen bewohnen auch sie hauptsächlich die Moore und Sümpfe, Tundren und Steppen sowie jegliches offene Gelände in der Nähe von Gewässern. Nur wenige Arten sind an die Küstensäume oder an die Flußufer gebunden.

Kiebitz (Vanellus vanellus): Teilzieher; bewohnt ganz Europa – mit Ausnahme von Portugal, Ostspanien, Südfrankreich, Italien, Griechenland und Nordskandinavien –, verbreitet sich weit nach Mittelasien und Nordasien, überwintert auf den Britischen Inseln, in Westdeutschland, vor allem aber in den Mittelmeerländern und in Südasien; Länge 30,5 cm; Gefieder an Oberkopf, Vorderhals und Oberbrust glänzend dunkelschwarz, auf dem Mantel dunkelgrün, blau oder purpurn schillernd, an den Halsseiten sowie an Unterbrust und Bauch weiß, an den Unterschwanzdecken dunkel rostgelb; kennzeichnet sich durch eine aus langen schmalen Federn bestehende strähnige Haube, weißen Schwanz mit breitem schwarzem Endsaum, breite runde Flügel mit drei kleinen weißen Spitzenflecken; hat braune Augen, schwarzen Schnabel und rötliche Füße; das Weibchen ist am Vorderhals weiß und schwarz gefleckt und hat eine kürzere Haube.

Sein Nest stellt der Kiebitz in nasse Wiesen, Weiden, Sümpfe und Moore oder benachbarte feuchte Äcker. Während der Bodenbalz umtrippelt er das Weibchen wippend und schwanzfächernd, verbeugt sich unzählige Male vor ihm, hebt Halme und Stengelchen auf, wirft sie sich über den Rücken und zeigt ihm, wie man eine Nestmulde dreht. Ende März/Anfang April wird dann das aus vier birnenförmigen olivgrünlichen Eiern bestehende Gelege versammelt und gemeinsam in etwa 25–26 Tagen pausenlos ausgebrütet.

Sandregenpfeifer (Charadrius hiaticula): Teilzieher; bewohnt die Küsten Nordeuropas, Nordsibiriens und Nordamerikas, nistet auf Grönland und Island, drängt im hohen Norden tief ins Binnenland, zieht im Winter längs der europäischen Küsten bis ins Mittelmeer sowie nach Tunis und Marokko; Länge 19 cm; Gefieder oberseits sand- bis erdbraun, unterseits weiß; kennzeichnet sich durch weiße Stirn, weißen Überaugenstreif und weißes Halsband sowie durch schwarzen Augenfleck und breites schwarzes Brustband; hat organgegelben Schnabel mit schwarzer Spitze, dunkelbraune Augen und gelbe oder rötlich orangefarbene Beine; ist im Flug an den weißen Flügelbinden und Schwanzsäumen zu erkennen; bevorzugt flache, sandige, schlammige Meeresufer, nistet am Strand, zwischen Dünen und in Salzsümpfen.

Flußregenpfeifer (Charadrius dubius): Sommervogel, bewohnt ganz Europa mit Ausnahme des hohen Nordens und ist über Nordafrika und Asien bis zur malaiischen Inselwelt verbreitet, überwintert im tropischen Afrika; Länge 15,3 cm; Gefieder oberseits hell sandbraun, unterseits weiß; kennzeichnet sich durch weißen Stirnfleck, schwarzes Stirnband und schwarze Brillenzeichnung mit feinen weißen Überaugenstreifen, die sich über dem schwarzen Stirnband vereinigen; hat dunkelbraune Augen mit gelbem Augenring, schwärzlichen Schnabel und gelblichfleischfarbene Beine; ist eigentlich nur im Winter und auf dem Zug an den Küsten zu sehen, sonst aber vorwiegend im Binnenland heimisch.

Früher brütete der Flußregenpfeifer fast ausschließlich auf den Kies- und Sandufern sowie auf den Schotter- und Schlammbänken der Flüsse und Seen. Heute hat er sich den durch die Flußregulierungen hervorgerufenen Veränderungen weitgehend angepaßt und nistet in Kies- und Sandgruben, Ton- und Lehmausstichen, auf Schlackenhalden und an Kläranlagen, sogar dicht bei in Betrieb befindlichen Braunkohletagebauen und Förderbahngeleisen sowie auf flachen Kiesdächern.

Er ist also ein echter Kulturfolger geworden, durchaus nicht mehr an die Gewässer gebunden und zeigt sich überall, wo er nur halbwegs Schonung genießt, schnell sehr vertraut. Auf seinen vier Eiern sitzt er so fest, daß man ihn aus der Entfernung von 1 m geruhsam fotografieren kann.

Steinwälzer (Arenaria interpres): Sommervogel; bewohnt zirkumpolar die arktischen Küsten und Inseln; südlichste Brutplätze sind heute die skandinavische und finnische Küste mit etlichen vorgelagerten Inselchen; zieht im Winter längs der Küsten bis nach Südspanien, Länge 23 cm; Gefieder im Sommer oberseits kastanienrotbraun, kräftig schwarz gefleckt, an Bürzel und Schwanz weiß, unterseits reinweiß bis auf die großen schwarzen Flecken an den Brustseiten; kennzeichnet sich besonders durch die seltsame, teils brillenförmige, schwarzweiße Gesichtsmaske, ein breites weißes Nakkenband und den schwarzen Endsaum des Schwanzes; ist im Winter dagegen oberseits gleichmäßig schwärzlich-graubraun und unterseits weiß bis auf die schwarzbraunen Brustflecken; hat braune Augen, derben, leicht aufgebogenen, schwarzen Schnabel und orangegelbe Füße; ist

Die Bekassine oder Sumpfschnepfe bewohnt fast ganz Europa, sowie das angrenzende Asien bis zum nördlichsten Nordamerika. Sie bevorzugt Sümpfe, Moore, nasse Wiesen und Weiden. Sie nistet zwischen Seggen und Binsen auf der Erde.

vorwiegend an die Küsten und Meeresinseln gebunden und nistet landeinwärts fast nur an Salzseen.

Seinen Namen trägt der Steinwälzer zu Recht, denn sein derber Schnabel eignet sich vorzüglich dazu, Steine zu lüpfen, anzuheben und zu wälzen, und er übt diesen Brauch mit großer Kraft und Ausdauer. Nicht ganz so flott wie die anderen Regenpfeifer trippelt er ruckweise vorschießend und jäh wieder verhaltend dahin, wobei er dann ebenfalls gern auf erhöhten Punkten verweilt. Er untersucht auch die Spülsäume und gräbt im Watt. Den Schnabel gebraucht er dann starartig zirkelnd. Am Brutplatz, einer kaum gepolsterten und flachen Mulde, ist er nicht sehr empfindlich, sondern sitzt fast so fest und gibt sich ebenso vertraulich wie der Flußregenpfeifer. Sein Ruf ist hell schneidend und weithin hörbar.

Die Schnepfen im engeren Sinne

Kräftiger und walzenförmiger Leib, schmaler, gleichsam zusammengedrückter und ungewöhnlich hochstirniger Kopf, auffallend große und sehr weit oben und hinten sitzende Augen, langer biegsamer Schnabel, breite gewölbte oder spitze gewinkelte Flügel, kurzer gerundeter Schwanz und verhältnismäßig niedere und schwache Läufe – das sind die Kennzeichen der eigentlichen Schnepfen. Als Wurmspezialisten bevorzugen sie fast ausschließlich feuchte und sumpfige Orte und verfügen in ihrem Schnabel über ein geradezu raffiniert konstruiertes Werkzeug.

Bekassine oder Sumpfschnepfe (Capella gallinago): Teilzieher; bewohnt ganz West-, Mittel-, Ost- und Nordeuropa sowie das angrenzende Asien bis zum nördlichsten Nordamerika, überwintert in Südeuropa und Nordafrika; Länge knapp 27 cm; Gefieder oberseits schwarzbraun, mit breitem rostgelbem Scheitelstreif und vier rostgelben Rücken- und Schulter-Längsstreifen, am Vorderhals grau und hier wie auf der Oberbrust und an den Flanken dunkel gefleckt, sonst unterseits weiß; kennzeichnet sich durch den hell und dunkel längsgestreiften Kopf und den orangefarbenen, nur schmal weißgesäumten Schwanz; hat dunkelbraune Augen, schwarzen Schnabel und dunkel hornfarbene Füße; bevorzugt Sümpfe und Moore, nasse Wiesen und Weiden, nistet zwischen Seggen und Binsen auf der Erde.

In der Paarungszeit läßt die Bekassine beim Absturz aus dem gaukelnden Balzflug ein eigenartiges, dumpf brummendes Geräusch vernehmen, das wie ein ganz schnell gesprochenes „Huhuhuhuhuhu" klingt. Dieses sogenannte „Meckern" wird durch die wie kleine Daumen seitlich des Schwanzes abgespreizten Schallfedern und die während des wuchtigen Absturzes lebhaft vibrierenden Schwanzfedern erzeugt.

Das Weibchen beantwortet diese Musik mit einem sehnsüchtigen Ruf, und alsbald unterbricht der gaukelnde Musikant seine Vorführungen und stürzt gleich einem Stein zur Erde. Das einfache Nest, das meist nur aus den niedergedrückten Gräsern eines erhöhten Fleckchens im Moor besteht, birgt im Mai vier grünlichgraue Eier, die das Weibchen allein in 19–20 Tagen ausbrütet. Sind die Jungen geschlüpft, stellt sich das Männchen wieder ein. Die Familie bleibt dann bis zum Zug beisammen.

Waldschnepfe (Scolopax rusticola): Teilzieher; bewohnt die Wälder fast ganz Eurasiens von Frankreich bis nach Japan, fehlt in den Mittelmeerländern, überwintert aber daselbst sowie in Südasien, vereinzelt auch schon in England und Südwesteuropa; Länge gut 34 cm; Gefieder oberseits bodenlaubfarben, also rostgrau, rostgelb, graubraun und schwarz gefleckt, Scheitel und Nacken schwarz und rostgelb quergebändert, unterseits graugelblich gewellt; hat große braune Augen, horngrauen Schnabel und Fuß; bevorzugt feuchte unterholzreiche Wälder mit üppiger Bodenvegetation, nistet viel an Baumwurzeln.

Im Flug ist die Waldschnepfe leicht an den runden Flügeln, dem kurzen Hals und dem sehr langen Schnabel zu erkennen.

Die Brachvögel

Die Brachvögel erinnern an Kraniche, Reiher und Störche, sind freilich bedeutend kleiner, aber ebenso langschnäblig, langhalsig und langbeinig. Gleich zierlichen dunklen Störchen steigen sie mit langen Schritten durch die Moore, Sümpfe, Riede, Brüche, die schlammigen Ufer der Flußmündungen, erscheinen immer häufiger aber auch auf den Kulturflächen, den trockenen Wiesen und Feldern. Zweifellos entwickeln sie sich zu echten Kulturfolgern, behalten jedoch ihr scheues und heimliches, sehr vorsichtiges und aufmerksames Wesen, bergen sich tagsüber und werden erst gegen Abend munter.

Großer Brachvogel (Numenius arquata) : Teilzieher; bewohnt Mittel- und Nordeuropa, verbreitet sich bis nach Westsibirien, überwintert in Afrika und Südwestasien, Länge 53–58 cm, und zwar sind die Weibchen immer etwas größer; Gefieder oberseits gelblichbraun, rostgelb gerandet, an den Schwingen schwarz, weiß gekantet und gefleckt, am Bürzel weiß, unterseits rostgelblich, braun geschaftet und gefleckt; hat große dunkelbraune Augen, schwärzlichen Sichelschnabel und bleigraugrünliche Füße; nistet in Mooren, Sümpfen, Wiesen, auch auf Sanddünen, ruft voll flötend „Tlaüh" und „Trüih".

Während der Bodenbalz paradiert das Brachvogelmännchen mit steifen Stechschritten um das Weibchen, läßt bei gespreiztem Schwanz das Weiß seines Bürzels prahlend aufleuchten, lüftet die Flügel, nimmt ermunternd Niststoffe auf und ergeht sich in zahllosen Verbeugungen. Die flache und meist nur flüchtig ausgelegte Bodenmulde birgt im April/Mai vier ölgrüne Eier, die von beiden Geschlechtern in 29–30 Tagen

Der Rotschenkel ist ein Sumpfwasserläufer und kommt in fast ganz Europa und im gemäßigten Klima Asiens vor. Er ist überall dort zu Hause, wo feuchtes Wiesengelände, Moore, schlammige Ufer und Strände ihm Nahrung bieten. Der Rotschenkel überwintert an den westeuropäischen und mittelmeerischen Küsten sowie im tropischen Afrika.

Das Rotschenkelweibchen legt vier Eier, die es mit dem Partner abwechselnd etwa drei Wochen lang bebrütet. Die Jungen sind Nestflüchter.

ausgebrütet werden. Im Anfang führen beide Altvögel, bald aber zieht sich das Weibchen – und zwar trifft das vor allem bei den nordischen Arten zu – zurück und überläßt dem Männchen die Aufzucht der Jungen.

Die Uferschnepfen

Auf den ersten Blick wird man kaum einen Unterschied zwischen den Brachvögeln und den Uferschnepfen feststellen können. Sie sind nicht minder langschnäblig, langhalsig und langbeinig und haben etwa die gleiche Größe. Der lange Schnabel aber ist bei ihnen nicht sichelförmig abwärts gebogen, sondern ganz schwach aufgeworfen oder fast gerade, dabei bis zur breiten löffelartigen Spitze weich und biegsam. Und es ist wohl vor allem dieser weiche und fühlsame Schlammstecher mit der löffelrunden Spitze, der sie stärker an die Ufer der Gewässer und die Meeresküsten bindet. Oft waten sie bis zum Leib in das Seichtwasser, sind auch viel öfter einmal schwimmend zu beobachten und sollen sich bei Gefahr tauchend zu retten verstehen.

Uferschnepfe (Limosa limosa): Sommervogel, bewohnt Nordosteuropa – mit Ausnahme von Finnland und Skandinavien –, brütet auch auf Süd-Island, verbreitet sich bis nach Westsibirien, überwintert zum Teil auf den Britischen Inseln und in Nordspanien; vorwiegend aber im Mittelmeerraum und in Südafrika; Länge knapp 41 cm; Gefieder im Sommer vorwiegend rostrot, im Winter grauschwarz, auf Kopf und Oberrücken gebändert und gefleckt, am Bürzel und Bauch weiß; kennzeichnet sich durch weißen Augenstreif, weißes Kinn, schwarzgebänderten Bauch und ist im Flug leicht an der breiten weißen Flügelbinde sowie am leuchtendweißen Schwanz mit der breiten schwarzen Endbinde zu erkennen; hat braune Augen, an der Wurzel orangefarbenen, sonst schwarzen Schnabel und schwarze Beine. Wird in Nordosteuropa und Nordasien von der *Pfuhlschnepfe (Limosa lapponica)* vertreten, die beim Zug ins Winterquartier ganz Mitteleuropa durchquert.

Die Wasserläufer

„Die Arten der umfangreichen Gruppe der eigentlichen Wasserläufer", schreibt Brehm trefflich kennzeichnend, „sind durchschnittlich schlank, kleinköpfig, langschnäblig und hochbeinig. Der Schnabel ist kopflang, von

der Wurzel bis gegen die Mitte hin weich, an der Spitze hornig, der Flügel lang und schmal, der zwölffedrige Schwanz kurz. Das Kleingefieder liegt knapp an und wird zweimal im Jahre gewechselt. Die Arten gehören vorzugsweise dem Norden an; alle aber wandern regelmäßig und besuchen dabei die entlegensten Länder. Die Ufer fließender und stehender Gewässer, Sümpfe und Brüche bilden ihre Aufenthaltsorte, weniger die Seeküste."

Es wäre noch hinzuzufügen, daß alle Wasserläufer im Lauf mit Kopf und Körper wippen, gern ins Wasser gehen, meist ausgezeichnet schwimmen und bei Gefahr auch tauchen. Sie geben sich sehr vorsichtig, sind scheu und wachsam und sammeln schnell einen erstaunlichen Erfahrungsschatz.

Waldwasserläufer (Tringa ochrupus): Zugvogel; bewohnt Nord- und Osteuropa etwa von Dänemark, Südskandinavien und der Elbe an, sowie Mittel- und Nordasien, überwintert zum Teil auf den Britischen Inseln, am Rhein und im Mittelmeergebiet, vorwiegend aber in Afrika und Südasien; Länge 23 cm; Gefieder oberseits schwarzbraun, fein weiß gefleckt, am Bürzel weiß, unterseits ebenfalls weiß, an Hals und Brust graubraun, an den Flanken dunkel quergestreift; kennzeichnet sich im Flug durch schwärzliche Unterflügel und weißen, schwarz quergebänderten Schwanz; hat dunkelbraune Augen, grünlich hornfarbenen Schnabel und grünlich-bleigraue Füße; wirkt im Herbstkleid oberseits noch dunkler; bevorzugt Sümpfe, Seen und bewaldete Flußufer, ruft flötend „Tluitttitit", trillert während der Balz hoch und ungemein wohltönend „titti-lui-titt-lui".

Rotschenkel (Tringa totanus): Teilzieher; bewohnt fast ganz Europa, verbreitet sich quer durch Mittelasien, überwintert an den westeuropäischen und mittelmeerischen Küsten sowie im tropischen Afrika; Länge 28 cm; Gefieder oberseits gräulich-

braun, schwarz gefleckt, am Flügel weiß gesäumt, am Bürzel und Unterrücken weiß, am Schwanz schwarzweiß gebändert, unterseits dicht gestreift und gefleckt; kennzeichnet sich im Flug durch breiten weißen Streif am Flügelhinterrand; hat roten Schnabel mit schwarzer Spitze und zinnoberrote Beine; bevorzugt Sümpfe, Moore und Wiesen.

Grünschenkel (Tringa nebularia): Zugvogel; bewohnt Nordeurasien von Nordschottland und Nordskandinavien über Finnland bis nach Ostsibirien, übersommert oft in Deutschland, Österreich und Holland, überwintert zum Teil auf den Britischen Inseln, vorwiegend aber in den Mittelmeerländern, in ganz Afrika und Südasien bis weit in der Südsee; Länge 30,5 cm; Gefieder oberseits braunschwarz, fein weiß gerandet, unterseits ebenfalls weiß bis auf die schwarz gefleckte und gestreifte Brust; hat braune Augen, schwärzlichgrünen Schnabel und graugrüne

Mit den überlangen, roten Watbeinen und dem langen, dünnen schwarzen Schnabel, sieht der Stelzenläufer fast aus wie ein kleiner Storch. Er ist in Afrika, Amerika, Südasien, Australien und Südeuropa gebietsweise sehr häufig anzutreffen. Er nistet regelmäßig in Portugal, Spanien und ganz Südosteuropa.

Beine; kennzeichnet sich im Flug durch den langen reinweißen Unterrücken und Bürzel; teilt die Lebensräume des Rotschenkels, ruft spechtartig laut und schallend „Kjück-jük-jü".

Flußuferläufer (Actitis hypoleucos): Vorwiegend Sommervogel; bewohnt fast ganz Europa und Asien, überwintert in Mittel- und Südeuropa, vorwiegend aber im Mittelmeerraum, im tropischen und südlichen Afrika, in Südasien und auf den indomalaiischen Inseln bis nach Australien; Länge 20 cm; Gefieder oberseits öl- bis erdbraun, grünlich oder purpurn schimmernd, unterseits weiß, mit bräunlichem Sattel an den Brustseiten; kennzeichnet sich im Flug durch weiße Flügelbinde und weiß gesäumten Schwanz; hat braune Augen, grauschwarzen Schnabel und bleigraue Füße; bevorzugt flotte klare Bäche und Flüsse, nistet gern im angeschwemmten Treibgut an Fluß-, Teich- und Seeufern sowie auf den Kiesbänken.

Die Strandläufer

Wie es ihr Name verrät, unterscheiden sich die Strandläufer vor allem durch die Gebundenheit an die Küsten von den Wasserläufern. Sie sind durchweg etwas kurzbeiniger und trippeln so schnell, daß man meint, sie rollen nur so über den Sand. Viele von ihnen zählen zu den kleinsten und zierlichsten Schnepfenvögeln überhaupt und werden nicht einmal so groß wie eine Haubenlerche oder ein Fink.

Meerstrandläufer (Calidris maritima): Teilzieher; bewohnt die Küsten und Inseln des nördlichen Eismeeres; südlichste Brutplätze auf Island und in Norwegen, überwintert an unseren Küsten; Länge 21 cm; Gefieder im Winter oberseits sowie an Kopf und Brust schiefergrau bis schwarz, unterseits weiß, an den Flanken schwärzlichgrau gefleckt, im Sommer oberseits heller mit rostfarbenen Federrändern; ist im Flug gut an der weißen Flügelbinde und den weißen Unterflügeln zu erkennen; hat sanftgebogenen rötlichgelben Schnabel mit schwarzer Spitze, braune Augen mit hellem Ring, weißes Kinn und safrangelbliche Füße; bevorzugt felsige Meeresküsten.

Alpenstrandläufer (Calidris alpina): Teilzieher; bewohnt zirkumpolar den hohen Norden, ist Brutvogel noch in Island, Irland, Schottland, Dänemark, Norwegen, Südschweden, an der ganzen Ostseeküste bis nach Finnland, und noch weiter östlich bis nach Westsibirien, verbringt den Sommer an allen west- und südeuropäischen Küsten, überwintert auf der ganzen südlichen Halbkugel; Länge 18 cm, ist also würgergroß; Gefieder im Sommer oberseits rostbraun, unterseits auf der Oberbrust auf weißem Grund dunkel längsgestreift, an Unterbrust und Bauch schwarz, an den Flanken und Unterschwanzdecken reinweiß; im Winter aber oberseits graulichbraun, unterseits an der Brust auf grauem Grund schwärzlich längsgestreift, sonst reinweiß; hat langen, schwach gebogenen, schwarzen Schnabel, braune Augen mit weißem Überaugenstreif und schwarze Beine; bevorzugt Küsten und Flußmündungen, tritt oft in riesigen Scharen auf.

Die Kampfläufer

Im dichten Morgendunst liegt die weite Marsch hinter den Deichen. Klangvolle Rufe all der Schnepfenvögel, die wir soeben kennenlernten, schwingen sich nah und fern durch den erst matt erhellten Raum. Wir kennen noch vom vorigen Jahre her den Tanzplatz der bunten Kampfläufer, heben den Feldstecher und spähen voraus. Das Glück ist mit uns.

Mehrere Männchen dieser seltsamen Kampfschnepfe sind schon versammelt. Wie die Farbtupfen auf einer riesigen Palette stehen sie eng beieinander und prunken mit prachtvollen weißen, roten, blauen, orangefarbenen, braunen, blaugrünen und schwarzen Ohrbüscheln und Federkragen. Jeder Vogel trägt seine eigene Farbe, trägt sie geschuppt, gefleckt, gestrichelt, punktiert oder geringelt. Und jeder hält einen gemessenen Abstand vom anderen, der allerdings nicht mehr als etwa 25–50 cm beträgt.

Innerhalb des also unsichtbar umzirkelten Turnierplatzes beginnt der eine und der andere mit betont waagerecht gehaltenem Körper hin und her zu trippeln, vor- und rückwärts zu schreiten, richtet den Halskragen auf, spreizt die Ohrbüschel und öffnet leicht die Flügel. Ihr Beispiel steckt sichtlich an. Alle Männchen sind jetzt in Bewegung. Wir können uns näher heranpirschen. Der eigenartige Tanz geht fast lautlos vor sich, wird flotter, erregter, marionettenhafter. Nur selten einmal vernehmen wir ein tiefes Kollern. Plötzlich hält der eine Tänzer inne, hockt sich auf die Fersen nieder, beugt den Kopf tief, senkt den spitzen Schnabel und den gespreizten Schwanz zur Erde, bläht Kragen wie Flügel noch stärker auf – und erstarrt. Bald darauf beginnen alle seine Federn zu erzittern, wird der ganze Vogel wie von einem Schüttelfrost gepackt, erhebt sich, schüttelt sich wiederum, steht dann wie verwundert da, und beginnt den Tanz von neuem.

Kampfläufer (Philomachus pugnax): Zugvogel; bewohnt Nord- und Osteuropa sowie Nordasien, überwintert zum Teil in Großbritannien und Holland, vorwiegend aber in Afrika südlich der Sahara und in Südasien, balzt und brütet bei uns nur noch an wenigen Stellen in den Marschen an unseren Küsten und an den Mündungen der Ströme; Länge gut 29 cm; das Weibchen ist um ein Drittel kleiner; Gefieder des Männchens im Prunkkleid sehr wechselnd in den Farben, gleichbleibend meist nur der dunkelbraune Oberflügel, der schwarzgraue Schwanz und der weiße Bauch; nach der Mauser sind Männchen wie Weibchen oberseits kräftig dunkel und sandfarben geschuppt, an der Brust gelblichbraun; hat braune Augen, grünlichen oder grünlichgelben Schnabel und vorwiegend rötlichgelbe Füße.

Der Flußuferläufer bewohnt die Ufer von fließenden Gewässern und Seen Europas und Asiens. Er überwintert im Mittelmeergebiet vor allem aber im tropischen Afrika, Asien und Australien. Er ernährt sich von Würmern, kleinen Krustentieren, Insekten und Spinnen. Sein Nest, versteckt er unter höheren Uferpflanzen.

Die Säbelschnäbler und Stelzenläufer

Als ungemein zierliche, ebenso lang- und dünnschnäblige wie lang- und dünnbeinige, etwa taubengroße und durchweg schwarzweiße Liliputstörche schreiten die Säbelschnäbler und Stelzenläufer fein stolzierend und gemessen durch die Flachwasser und Flußmündungen, die Schlammflächen der Seeufer und Lagunen. Obwohl sie eigentlich nicht als ausgesprochene Küsten- oder Seevögel angesprochen werden können, sind sie doch fest an salzige Gewässer gebunden und auch im Binnenland nur an solchen zu finden.

Säbelschnäbler (Recurvirostra avosetta): Teilzieher; hat ein weitzerstreutes Verbreitungsgebiet, das sich von der Ost- und Nordsee einschließlich Südschweden, Dänemark und Südostengland über Portugal, Südspanien und Südfrankreich bis nach Albanien, Bulgarien, Rumänien und Österreich hinzieht sowie etliche asiatische und afrikanische Salzseen umfaßt, überwintert teilweise in England und Holland, vorwiegend aber am Mittelmeer und im tropischen Afrika; Länge 43 cm; Gefieder an Oberkopf, Nacken, Hinterhals, Schultern und Flügelspitzen schwarz, sonst reinweiß; kennzeichnet sich im storchenartigen Flug durch vier lange schwarze Rücken- und Flügelstreifen, die großen schwarzen Flügelspitzen, den runden grauweißen Schwanz und die weit über ihn hinausragenden Beine; hat sehr langen schlanken, aufgebogenen, schwarzen Schnabel, rötlichbraune Augen und aschblaue bis graugrüne Beine.

Der Säbelschnäbler brütet bei uns noch – allerdings in immer kleiner werdenden Kolonien – im Küstengebiet zwischen Pommern bis Schleswig-Holstein und Ostfriesland sowie am Ostufer des Neusiedler Sees.

Stelzenläufer (Himantopus himantopus): Teilzieher, der die warmen Gebiete der Erde bewohnt; brütet kolonieweise an den Ufern brackiger Flachwässer. Sie vertragen aber mehr Süßwasser als die Säbelschnäbler.

Die Wassertreter

Unter all den stelz- und storchbeinigen Schnepfenvögeln, den vielen flotten Läufern und Watern, die wir bisher kennenlernten, sind die sehr zierlichen, etwa stargroßen, im Brutkleid ungewöhnlich bunten, durchweg hochnordischen Wassertreter die einzigen, die dann zu echten Schwimmvögeln wurden. Kleine Schwimmhäute an den drei Vorderzehen und fein gezähnelte Hautlappen an den Rändern derselben verraten ihre weitgehende Anpassung an das Leben auf dem Wasser.

Odinshühnchen (Phaloropus = Lobipes lobatus): Sommervogel; bewohnt den hohen Norden Europas, Asiens und Nordamerikas; die südöstlichsten Brutplätze liegen auf Island, den Hebriden, den Färöern, in Norwegen und Lappland sowie im Finnischen Meerbusen; erreicht umherstreifend und auf dem Zug ganz Europa, überwintert teilweise an den Britischen Inseln oder an der Ostsee, vorwiegend aber im Indischen Ozean und im Persischen Golf; Länge knapp 18 cm; Gefieder im Sommer oberseits schwarzgrau, auf Schultern und Unterrücken schwarz und rostgelb gebändert, an den Halsseiten rostrot, am Kropf und an den Seiten grau, an der Wange, der Kehle und Unterseite weiß; im Winter oberseits schwarzgrau, auf dem Rükken hell gestreift, unterseits weiß, mit deutlichem dunklem Augenstreif; das Weibchen ist im Brutkleid leuchtender gefärbt; hat braune Augen, nadelfeinen schwarzen Schnabel und bleigraue bis schwärzliche Beine; ruft sehr lebhaft „Tschirre-tschirre-tschirre“.

Thorshühnchen (Phalaropus fulicarius): Sommervogel; bewohnt die arktische Region der Alten und Neuen Welt, brütet auf Spitzbergen, Grönland, Island und in Nordsibirien, zieht im Winter an den Küsten Westeuropas entlang bis zum Mittelmeer und der Westküste Afrikas bis über den Äquator hinaus; Länge reichlich 20 cm; Gefieder im Sommer auf Oberkopf, Rükken und Schultern schwarz, breit rostgelb gerandet, an Hals, Bürzel und unterseits rostrot; beim Weibchen sind Oberkopf, Nakken und Kehle samtschwarz, die Wangen leuchtendweiß und der Unterleib lebhaft rot; Gefieder im Winter oberseits aschgrau oder hell blaugrau, unterseits weiß, vor allem aber ebenfalls mit dunklem Augenstreif; hat braune Augen, grünlichgelben Schnabel mit hornbrauner Spitze und graugrünliche, im Winter gelbrötliche Beine; ruft schrill „Wit“ oder „Prip“; wird im nördlichen Nordamerika vom etwas größeren und sehr langschnäbligen *Wilsons Wassertreter (Phalaropus = Steganopus tricolor)* vertreten.

Die Triele

Im gleichen Maße, wie in Mitteleuropa die ungenutzten Ödländer, Brachäcker und kleinen Wüsteneien immer seltener werden, rückt uns auch der eigenartige, stelzbeinige, etwa ringeltaubengroße Triel immer mehr aus den Augen. Wie es scheint, hat dieser Sonderling unter den Schnepfenvögeln, der den Systematikern schon manches Kopfzerbrechen bereitete, gar kein Talent, sich den veränderten Verhältnissen anzupassen.

Die Triele sind in drei Gattungen über Europa, Asien, Afrika, das indoaustralische Gebiet sowie Mittel- und Südamerika verbreitet. Sie kennzeichnen sich durch dicken Kopf mit ungewöhnlich hochgewölbter Stirn, große helle Nachtaugen, kräftigen und geraden, etwa kopflangen Schnabel mit etwas kolbiger Spitze, mittellangen dünnen Hals, kompakten Leib, hohe, an den Fersen verdickte Läufe und dreizehige Füße.

Triel oder Dickfuß (Burhinus oedicnemus): Teilzieher; bewohnt Süd- und Mitteleuropa bis nach Südengland, fehlt in Dänemark, Skandinavien, Finnland und den Baltischen Staaten, verbreitet sich über Nordafrika und Südwestasien, überwintert zum Teil in Südengland und Südeuropa, vorwiegend aber in Ostafri-

Die Brachschwalbe bewohnt vor allem Südeuropa, Südrußland und Vorderasien. Sie überwintert in Afrika und Südasien und bevorzugt freies Gelände, Brachfelder, Sümpfe und Salzseen der Tiefebene und die Nähe des Wassers. Sie ernährt sich von im Flug erbeuteten Käfern, Heuschrekken u.a. Insekten.

ka; Länge gut 40 cm; Gefieder oberseits lerchenfarben, rostgrau und schwarzbraun gefleckt und gestreift, mit breitem schwarzweißem Flügelstreif, unterseits vom Kopf bis zur Brust dunkel gestrichelt, sonst weißlich; kennzeichnet sich durch feinen weißen Überaugenstreif, breiten weißen Wangenstreif und weißes Kinn, ist im Flug leicht an der doppelten weißen Flügelbinde zu erkennen; hat große gelbe Augen, kräftigen, gelben, schwarz bespitzten Schnabel und lange gelbe Beine.

Unser Triel nistet vorwiegend auf steinigem und sandigem Grund sowie auf Schotterbänken. Er trifft im April im Brutgebiet ein, ist dann meist schon gepaart und versammelt alsbald sein Gelege, das gewöhnlich nur aus zwei steingrauen, reich gestrichelten und gefleckten Eiern besteht. Das Weibchen birgt sie in einer flachen, selbstgedrehten Mulde, die es mit den seltsamsten Niststoffen, recht oft z.B. mit Hasenlosung oder Roßäpfeln auslegt.

Die Nahrung besteht fast ausschließlich aus tierischen Stoffen: Würmern, Schnecken, Larven, Insekten, kleinen Fröschen, Eidechsen und Mäusen. Größere Insekten werden wie die erbeuteten Wirbeltiere nicht zerpflückt, sondern tüchtig zusammengestaucht, gequetscht und geknautscht und dann im Ganzen verschluckt. Unverkennbar sind die hellen, weithin hörbaren Rufe des Triels, die bald so klagend wie die des Großen Brachvogels klingen, bald hell schrillen und oft von heiser krächzenden Nebentönen begleitet werden. Vor dem herbstlichen Flug versammeln sich die Triele zu kleineren Scharen und sind dann besonders stimmfreudig.

Die Brachschwalben und Rennvögel

Wir kommen nun zu drei Gattungen der Watvögel, die sich ebenso wie die Triele als rechte Sonderlinge und Außenseiter nur widerstrebend in die Ordnung der Schnepfenvögel fügen. Zusammenfassendes läßt sich über sie kaum sagen.

Brachschwalbe *(Glareola pratincola):* Sommervogel; bewohnt vor allem Südeuropa, Südrußland und Vorderasien, überwintert in Afrika und Südasien; Länge 23 cm; Gefieder oberseits olivbraun, fein metallisch schimmernd, mit weißem Bürzel, unterseits gelblichbraun, mit großem, schwarzgesäumtem, rahmgelbem Kehlfleck und weißem Bauch; kennzeichnet sich im Flug durch schwarz-weißen, spitz und tief gegabelten Schwanz, seeschwalbenartige dunkle Flügel und rostrote Unterflügel; hat dunkelbraune Augen, schwarzen Schnabel mit korallenroten Winkeln und schwarzbraune Füße; bevorzugt freies Gelände, Brachfelder, Sümpfe und Salzseen der Tiefebene und die Nähe des Wassers, nistet kolonieweise an ebendiesen Örtlichkeiten.

Die sehr an die Seeschwalben erinnernde Brachschwalbe ist nicht nur ein ausgezeichneter Flieger wie jene, sondern auch noch ein sehr schneller Läufer, der in kurzen Absätzen nach Art der Regenpfeifer vorwärts schießt und lebhaft mit dem gefächerten Schwanz wippt. Den echten Schwalben ähnlich erjagt sie ihre Insektenbeute vorwiegend in der Luft oder schnappt sie mit hörbarem Klappen fliegend von den Riedgräsern und Schilfhalmen. Sie segelt, schwebt und kurvt ebenso leicht und elegant wie virtuos. Auch aus dem Lauf springt sie hoch nach Insekten. Als sehr geselliger Vogel brütet sie zumeist in Kolonien. Das Nest ist eine nur flüchtig oder gar nicht ausgelegte Bodenmulde, und das Gelege umfaßt nicht mehr als 2–3 Eier. Während der Balz läßt sie oft ein schnatterndes „Kitti-kirrik-kitik-tik“ hören und ist besonders im Verband so stimmfreudig, daß sich ihre Rufe, wie Fehringer launig schreibt, wie das Stimmengewirr einer Damenrunde anhören.

Rennvogel oder Wüstenläufer *(Cursorius cursor):* Teilzieher; bewohnt die Wüsten Nordafrikas, Vorderasiens und verbreitet sich bis nach Nordwestindien, berührt streifend alle europäischen Länder bis nach Großbritannien, Skandinavien und Finnland, wurde auch in Deutschland oft beobachtet; Länge 23 cm; Gefieder vorherrschend isabellsandfarben, oberseits rötlich, unterseits gelblich getönt, am Hinterkopf blaugrau, mit schwarzen Handschwingen; kennzeichnet sich im Flug durch schwarze Unterflügel und weißen Endsaum des runden Schwanzes; hat scharfspitzigen, abwärtsgebogenen, schwärzlichen Schnabel, braune Augen, schwarzen Augenstreif, weißen Überaugenstreif und hell rahmfarbene bis strohgelbe Beine.

Krokodilwächter *(Pluvianus aegyptius):* Bewohnt vor allem die Sandbänke des Nils, kommt aber auch an etlichen anderen afrikanischen Strömen vor; Länge 20 cm; Gefieder oberseits, auf dem Scheitel, an den Wangen, im Nacken, in der Mitte des Rückens und an den Brustseiten schwarz, an den Schultern und Oberflügeln licht schieferblau bis aschgrau, am Bürzel weiß, am Schwanz blaugrau, unterseits weiß, rötlich bis gelbbraun überhaucht; kennzeichnet sich durch breiten weißen Überaugenstreif, weiße Kehle und Gurgel sowie breite weiße Flügelbinden; hat lichtbraune Augen, kurzen schwarzen Schnabel und lebhaft bleigraue Füße.

Obwohl die Krokodile sonst sehr gern und auf sehr listige Weise die Jagd auf Wasservögel betreiben, dulden sie diese kleinen lebendigen Zahnstocher und lassen sie sich tatsächlich ins Maul spazieren.

Scheidenschnäbel

Sehr seltsame Mitglieder der großen Schnepfenordnung sind die etwa taubengroßen und reinweißen Scheidenschnäbel der Antarktis. Kleinköpfig, kurzhalsig und plump von Gestalt, trippeln sie auf kurzen starken Läufen gleich den Tauben dahin, fliegen verhältnismäßig schwerfällig und können nicht schwimmen.

Die Kraniche sind Zugvögel. Sie bewohnen vor alle Nordost- und Südeuropa sowie Mittel- und Nordasien. Die Kraniche bevorzugen weiträumige Moore, Sümpfe und Moräste und nisten in lichten Sumpfwaldungen und im Röhricht. Im Herbst finden sie sich auf bestimmten Sammelplätzen ein und ziehen in Scharen, in einer bis zu 400 km breiten Front, in ihre Winterquartiere in den Mittelmeerländern und Nordafrika. Die Kraniche sind vorwiegend Vegetarer, nur als Zukost werden auch Würmer, Insekten und kleinere Lurche verzehrt.

Ihr besonderes Merkmal ist der auffällig kurze, seitlich zusammengedrückte, hohe Schnabel, an dem die Nasenöffnungen mit Hornscheiden überdeckt sind. Ihre Lebensweise ist eine rein räuberische. Vor allem betätigen sie sich als Nestplünderer bei den Pinguinen und anderen Seevögeln, denen sie Eier wie Küken rauben. Sie nehmen aber auch Aas an. Ihr Gelege von 2–3 blaugrauen, purpur- oder violettbraun gefleckten Eiern bergen sie in Felsspalten. Die Brutdauer währt etwa vier Wochen.

Großer Scheidenschnabel (Chionis alba): Bewohnt die Inseln der Antarktis, erreicht Taubengröße, trägt ein reinweißes Gefieder und hat eine fast hühnerartige Gestalt; auf der Marion- und der Prinz-Eduard-Insel wird er vom ebenfalls schneeweißen *Kleinen Scheidenschnabel (C. minor)* vertreten.

Die Scheidenschnäbel kennen keine Scheu vor den stärksten Seevögeln noch vor den Menschen. Sie springen dreist dazwischen, wenn die Pinguine ihre Jungen füttern, und schnappen die guten Happen weg. Den Forschern laufen sie wie Hühner um die Füße.

Die Kranichartigen

(Calamicolae = Gruiformes)

Zwölf hochinteressante Vogelfamilien bilden die Ordnung der Kranichartigen. Den Kern stellen die *Kraniche (Gruidae)* selbst sowie die *Riesenrallen (Aramidae)* und die *Trompetervögel (Psophiidae)* dar. Um sie gruppieren sich – mehr oder weniger glücklich ihnen zugeordnet – die *Stelzenrallen (Mesitornithidae)*, die *Echten Rallen (Rallidae)*, die *Taucherhühnchen (Heliornithidae)*, die *Kagus oder Rallenkraniche (Rhynochetidae)* die *Sonnenrallen (Eurypygidae)*, die *Seriemas oder Schlangenstörche (Cariamidae)*, die *Trappen (Otididae)* und endlich auch die *Laufhühnchen (Turnicidae)* und auch die *Kampfwachteln (Pedionomidae)*. Die Stellung im System ist bei etlichen dieser Familien noch recht umstritten, und es hat bisher nicht an den verschiedensten Zuordnungen derselben gefehlt. Andere wieder sind sehr wenig bekannt und erforscht.

Die Kraniche

Würde und Anmut vereinigen sich in allen Bewegungen dieser großen Stelzvögel, die im wahrsten Sinne des Wortes nicht laufen, sondern gemessen schreiten.

Die Kraniche sind über die ganze Erde mit Ausnahme von Südamerika verbreitet. Sie zeichnen sich durch kleinen Kopf, schmächtigen Hals, verhältnismäßig langen Leib, sehr hohe Läufe und vierzehige Füße aus. Die stark verlängerten Handschwingen hängen als besonderer Schmuck über den kurzen Schwanz. Den Sonntagsjägern sei noch ausdrücklich versichert, daß sie keine Fischräuber, sondern vorwiegend Vegetarier sind, die hauptsächlich von Sämereien, Knospen, jungen Blättern, Wurzeln und Knollen leben. Nur als Zukost werden auch Würmer, Insekten und kleinere Lurche verzehrt. Auf den Saat- und Gemüsefeldern mögen sie hin und wieder auch eine Maus erwischen.

Kranich (Grus grus): Zugvogel; bewohnt vor allem Nordost- und Südosteuropa sowie Mittel- und Nordasien, überwintert in den Mittelmeerländern und in Nordafrika, vor allem im Gebiet des Weißen Nils; Länge 115 cm, ist der Höhe nach der größte einheimische Vogel; bevorzugt Moore, Sümpfe und Moräste, nistet in lichten Sumpfwaldungen und im Röhricht; ruft grell trompetend „Kruh-kruh-kurr", auch gedämpft „kr-r-r" und verfügt über etliche kreischende und zischende Laute.

Kronen- oder Pfauenkranich (Balearica pavonina): Bewohnt das westliche, zentrale und nordöstliche Afrika; Länge 100 cm; hat weiße Augen, fleischfarbene Oberwange, hochrote Unterwange, schwarzen Schnabel mit weißer Spitze und schwarzgraue Beine, schreitet gravitätisch durch sein Revier.

Die Trompetervögel

Die gut haushuhngroßen, vorwiegend schwarzgefärbten, recht schwerfälligen und kaum noch flugfähigen Trompetervögel bewohnen scharenweise die tropischen Regenwälder Südamerikas. Ihr Gang ist gewöhnlich fast so gemessen und würdevoll wie der des Kranichs, die Haltung aber geduckter und der Leib kompakter. Vom hochgewölbten Rücken wallt das weiche und zerschlissene Gefieder üppig über den kurzen Schwanz. Bei Gefahr suchen sie ihr Heil im schnellen Lauf. Schon ein breiter Fluß überfordert ihr geringes Flugvermögen. Doch vermögen sie sich im Notfall auch schwimmend zu bergen oder flüchten flatternd in die Wipfel niederer Bäume. Auch die Nester stellen sie in Astgabeln oder in Baumhöhlen. Das Gelege umfaßt 6–10 weiße Eier. Die nestflüchtigen Jungen springen schon bald aus der hochgelegenen Kinderstube auf den Waldboden herab.

Auch die Trompetervögel, von denen uns drei Arten bekannt sind, ernähren sich vorwiegend von Pflanzenstoffen.

Trompetervogel oder Agami (Psophia crepitans): Bewohnt Südamerika nördlich des Amazonas; Länge gut 50 cm; Gefieder vorherrschend schwarz, an den Bugfedern purpurschwarz, blau oder grünlich schillernd, am Unterhals und an der Oberbrust

Der Lebensraum der Wasserralle ist die Randvegetation, das Pflanzendickicht von stehenden und langsam fließenden Gewässern. Dort baut sie auch das sorgfältig versteckte Nest aus trockenen und grünen Pflanzenteilen. Tagsüber hält sich die Wasserralle verborgen, sie ist hauptsächlich in der Dämmerung und nachts aktiv.

stahlblau, und erzfarben schimmernd; hat rotbraune Augen, nackten fleischfarbenen Augenring, grünlichweißen Schnabel und gelblich fleischfarbene Beine; wird von den Indianern als Aufseher im Geflügelhof gehalten.

Die Rallen

Die meisten Rallen sind gute Schwimmer und leidliche Taucher. Und so schwer es sonst ist, sie gut auszumachen und zu Gesicht zu bekommen, auf dem Wasser vermögen wir sie sehr leicht daran zu erkennen, daß sie fast alle kopfnickend schwimmen. Die Wasservögel unter ihnen, wie z.B. die Teich- und Bläßhühner, zeichnen sich übrigens durch auffallende weiße oder rote Stirnplatten und ausgesprochen dickliche Körper aus. Grelle Kopfzeichnungen tragen auch alle Jungen.

Wasserralle (Rallus aquaticus): Teilzieher; bewohnt ganz Europa – mit Ausnahme Nordskandinaviens und Finnlands – und Asien, überwintert teils schon in Mittel- und Südeuropa, vor allem aber in den Mittelmeerländern sowie in Nordafrika und Indien; Länge 28 cm; Gefieder oberseits dunkelgelbbraun, kräftig schwarz gefleckt bzw. gestreift, an Gesicht, Kehle, Hals und Brust schiefergrau, an den Flanken lebhaft schwarz-weiß quergebändert, an den Unterschwanzdecken weißlich; hat überkopflangen, sanft gebogenen, am Grunde roten Schnabel, hellrote Augen mit feinem schwarzem Augenstreif und rötlichbraune Beine.

Männchen und Weibchen bauen gemeinsam, meistens im Schilf und Rohr und knapp über dem Flachwasser, das tiefnapfige Nest aus Binsen, Rohr- und Schilfhalmen. Ende Mai/Anfang Juni ist das Gelege von 6–10 Eiern versammelt und wird von beiden Partnern etwa drei Wochen lang bebrütet. Die Jungen bekommen in den ersten Tagen noch Futter zugetragen, huschen dann aber bald so flink wie Mäuse durchs Gras und können sofort gut schwimmen. Bis zu ihrer Flugfähigkeit, die sie nach 7–8 Wochen erreichen, stehen sie unter der Führung der Alten. Im Herbst ziehen die Familien an den Flüssen entlang west- und südwärts, wobei sie weite Strekken zu Fuß zurücklegen. Wie alle Rallen wandern sie vorwiegend nachts.

Tüpfelsumpfhuhn (Porzana porzana): Teilzieher; bewohnt ganz Europa mit Ausnahme des hohen Nordens, aber einschließlich der Mittelmeer-Inseln sowie West- und Mittelasien, überwintert in Südeuropa und Nordafrika; Länge 23 cm; Gefieder oberseits olivbraun, schwarzweiß gestreift und weiß getüpfelt, mit dunkelbraunen Flügeln, an den Kopfseiten schiefergrau, mit bräunlichen Ohrdecken, an Kehle, Kropf und Oberbrust schiefergraublau, olivbraungrau getönt und fein weiß getüpfelt, an den Flanken weiß und braun quergebändert, an den Unterschwanzdecken rostgelblich; hat kleinen gelben Schnabel mit roter Wurzel, dunkel rotbraune Augen und grünliche Füße; bevorzugt Sümpfe und Moore, Fluß- und Teichufer, nistet an sumpfigen Stellen; das Gelege umfaßt 9–12 Eier; ruft scharf und hoch „Quitt-quitt-quitt", das Männchen oft auch uhrwerkartig tickend „Tschick-tschuck-tschick-tschuck".

Grünfüßiges Teichhuhn (Gallinula chloropus): Teilzieher; bewohnt ganz Eurasien mit Ausnahme des hohen Nordens und verbreitet sich in etlichen Unterarten über die ganze Erde, fehlt lediglich in Australien und Nordasien, überwintert in den Mittelmeerländern sowie in Ägypten und Westafrika; Länge 33 cm; Gefieder oberseits dunkelölbraun bis schwärzlich, an Kopf, Hals und Unterseite grauschwarz, an den Flanken kräftig weiß gefleckt, an den Unterschwanzdecken schneeweiß; hat große hochrote Stirnplatte, lackroten Schnabel mit gelber Spitze, roten Augenring und grüne Beine mit rotem „Strumpfband" über dem Gelenk; bevorzugt kleine verschilfte Gewässer und angrenzende Wiesen, nistet im Röhricht, stellt das Nest auch in niedere Büsche am und im Wasser, seltener auf Bäume; ruft rauh und durchdringend, im Frühjahr sehr anhaltend „Kürrk" oder „Kittick".

Bläßhuhn oder Belchen (Fulica atra): Teilzieher; bewohnt ganz Eurasien mit Ausnahme des hohen Nordens sowie die indo-australische Inselwelt bis nach Australien, überwintert zum großen Teil in Mittel- und Südeuropa; Länge 38 cm; Gefieder durchweg schieferschwarz, am Kopf pechschwarz glänzend; hat große blendendweiße Stirnplatte, weißlichen Schnabel, hellrote Augen und graugrüne Beine mit gelblichen Zehen, die breite Schwimmlappen aufweisen; bevorzugt Teiche mit reichem Schilf- und Röhrichtsaum, wagt sich wesentlich öfter als die anderen Rallen auf die freie Wasserfläche, nistet versteckt im Schilf.

Das fast entengroße Bläßhuhn ist eine Ralle, die zum echten Schwimmvogel wurde und auch ganz leidlich zu tauchen vermag. Mit einem drolligen Kopfsprung drückt es sich unter den Wasserspiegel, rudert hier kräftig mit Hilfe der Flügel und holt sich die im Gewirr der untergetauchten Wasserpflanzen lebenden Insekten, Schnecken, Larven, Krebschen und Muscheln sowie zarte Teile dieser Pflanzen selbst. Fischbrut und Jungfische dagegen wurden entgegen der landläufigen Meinung der Fischzüchter noch niemals in ihrem Magen gefunden. Die üblen „Belchenschlachten", die alljährlich im Spätsommer unter den in gewaltigen Scharen auf größeren Gewässern versammelten Bläßhühnern veranstaltet werden, entbehren also jeglicher Berechtigung. Trotzdem ist dieses Vorurteil nicht auszuräumen und deswegen ist Aufklärung nötig.

In Südspanien und Nordwestafrika wird es vom etwas größeren, ähnlich gefärbten *Kammbläßhuhn (F. cristata)* vertreten, das im Winter auch in Portugal, Frankreich, Sardinien, Italien und Sizilien anzutreffen ist.

Wachtelkönig oder Wiesenralle (Crex crex): Sommer-

Die Sonnenralle bewohnt die sumpfigen Wälder und Flußufer von Guayana, Venezuela, Bolivien und Mittelbrasilien. Am häufigsten ist sie an den Flüssen Guayanas sowie am Amazonas anzutreffen. Die Sonnenralle ist sehr scheu und ein ausgesprochener Einsiedler. Sie ist vorwiegend nachts aktiv.

vogel; bewohnt fast ganz Europa – mit Ausnahme der drei südlichen Halbinseln sowie Mittel- und Nordskandinavien – und Westasien, überwintert in den Mittelmeerländern sowie im tropischen und südlichen Afrika; Länge knapp 27 cm; Gefieder vorherrschend gelblichrahmfarben, oberseits schwarzbraun und ölgrau gefleckt, mit rostbraunen Flügeln, aschgrau an Kopf und Brust, rostrot gebändert an den Flanken und Unterschwanzdekken; hat lichtbraune Augen, gelblichen Schnabel und bleigraue Beine mit gelblichen Zehen; bevorzugt die Felder und Wiesen des Flachlandes, nistet auch daselbst, schnarrt unverkennbar sein zweisilbiges „Rerrp-rerrp", und zwar häufiger nachts als tagsüber.

Wie sich das Bläßhuhn aus dem Röhricht aufs offene Wasser der Teiche und Seen hinausbegibt, so wagt sich der Wachtelkönig weit in die Wiesen und Felder, fern von den Gewässern, und ist hier zu einem echten Laufvogel geworden. Das geduckte und heimliche Rallenwesen hat aber auch er beibehalten, läuft mit eingezogenem Hals und gesenktem, nickendem Kopf, birgt sich tagsüber im hohen Bodenbewuchs und wird erst in der Dämmerung munter. Auf ausgetretenen Pfaden schlüpft er wie in Grastunneln dahin. Kein schwankender Halm verrät seinen Lauf, und nur äußerst selten bekommt man ihn einmal zu Gesicht.

Die Taucherhühnchen

Sehr entenähnlich wirken die gleich dem Bläßhuhn dem Wasserleben angepaßten Taucherhühnchen, die in 3 Gattungen mit je 1 Art in Afrika, Hinterindien mit Sumatra und Südamerika vorkommen. Ihr schwerer Leib ruht auf kurzen derben Beinen, bei denen die spitz bekrallten Zehen länger als der Lauf sind. Sämtliche Zehen weisen breitgelappte Hautfalten auf, die sich zwischen den Vorderzehen zu einer kurzen Schwimmhaut verbinden.

Taucherhühnchen (Heliornis fulica): Bewohnt vor allem Brasilien und Paraguay; Länge etwa 30 cm; Gefieder an Kopf und Oberhals schwarz, die Flügel und der Schwanz braun, ein breiter Überaugenstreif, die Wangen und der Vorderhals weiß, die Brust und der Bauch gelblichweiß; hat kopflangen, dünnen, blaß horngelben Schnabel, der im Alter rot wird, braune Augen mit schwarzem Augenstreif und gelblichrötliche Beine mit schwarzer Innen- und Hinterseite; bevorzugt die dicht bewachsenen Flußufer, besonders beim Nestbau, zur Brutzeit, und bellt ähnlich wie das Bläßhuhn.

Die Kagus oder Rallenkraniche

Etwas an einen Nachtreiher oder eine Rohrdommel erinnert der auf Neukaledonien beschränkte, auffallend langbeschopfte Kagu, hat aber im Gegensatz zu jenen einen verhältnismäßig langen und abgerundeten Schwanz. Er ist heimlich und lebt nächtlich wie die meisten Rallen und ernährt sich vorwiegend von Insekten, Schnecken und Würmern. Wie die Schnepfen bohrt er den Schnabel bis zur Wurzel in den Schlamm und das feuchte Erdreich und kann dabei die Nasenlöcher durch Hautlappen verschließen. Das aus Zweigen aufgeschichtete Nest polstert er mit großen Blättern und stellt es meist auf die Erde. Es enthält nur ein einziges großes, rötlichgelb und dunkel geflecktes Ei, das er in rund 36 Tagen ausbrütet.

Kagu (Rhynochetus jubatus): Bewohnt die Urwälder von Neukaledonien, ist etwa nachtreihergroß, wirkt gedrungen; Gefieder oberseits grau, unterseits hell rostbraun, auf den Schwingen schwarz, weiß und schwach rostbraun quergebändert, am Schwanz grün, mit rotbrauner Spitze; trägt einen langen, aus grauen, stark zerschlissenen Federn bestehenden Hinterkopfschopf.

Die Sonnenrallen

Ebenfalls aus nur 1 Gattung und 1 Art besteht die Familie der auf Mittel- und Südamerika beschränkten, schmetterlingsbunten Sonnenrallen. Wenn das Männchen gleich einem Truthahn die Flügel weit ausbreitet und den erhobenen Schwanz breit fächert, erinnert es tatsächlich an einen großen Nachtfalter, schimmern und schillern die an und für sich gedämpften braunen, gelben, grünen, grauen, weißen und schwarzen Farbtöne seines Gefieders prachtvoll in der Sonne.

Die Sonnenrallen bewohnen die Sumpfwälder ihrer Heimat, geben sich sehr scheu und heimlich, leben vorwiegend nächtlich, sind ausgesprochene Einsiedler und ernähren sich hauptsächlich von Insekten, kleineren Reptilien und Fischen.

Sonnenralle (Eurypyga helias): Bewohnt die sumpfigen Wälder und Flußufer von Guayana, Venezuela, Bolivien und Mittelbrasilien, ist vor allem am Orinoko und Amazonas sowie an den Flüssen Guayanas häufig; Länge reichlich 40 cm; Gefieder an Kopf und Nacken schwarz, an Kinn und Kehle weiß, oberseits roströtlich quergestreift und reich in vielen Farben gefedert; hat rote Augen, wachsgelben Schnabel und strohgelbe Beine.

Die Seriemas oder Schlangenstörche

Nur in Südamerika leben auch die trappengroßen Seriemas oder Schlangenstörche, die etwas an die Sekretäre erinnern und sich wie jene als eifrige Schlangenjäger betätigen.

In der Paarungszeit gefallen sich die Schlangenstörche in der Darbietung unbeschreiblicher Schreikonzerte, wobei sie bei jedem Ruf den Kopf wechselweise einziehen und anheben, schließlich ganz zurückwerfen und nun noch gellender und kreischender rufen. Die Nester schichten sie flüchtig aus Zweigen auf und verpichen die Mulde mit Lehm und Dung. Das Gelege umfaßt zwei weiße, spärlich rostrot getüpfelte Eier. Die grauschwarzbraun bedunten Jungen schlüpfen nach etwa 25–27 Tagen und werden noch vierzehn Tage lang im Nest gefüttert. Dann sind sie zwar

Die Seriema ist ein langhalsiger und langbeiniger Steppenläufer mit einem hühnerartigen Schnabel und einem auffallenden Stirnfederschopf. Die Seriema ist ausschließlich in Südamerika beheimatet. Am häufigsten ist sie in Brasilien anzutreffen. Sie bewohnt die baumbestandenen Savannen und hält sich hauptsächlich am Boden und auf den Bäumen auf. Obwohl die Seriema fliegen kann, macht sie wenig Gebrauch davon. Sie ernährt sich von Mäusen, Insekten, kleinen Reptilien.

noch lange nicht flügge, springen aber zur Erde hinab und folgen den sie betreuenden Alten.

Seriema (Cariama cristata): Bewohnt vor allem Brasilien; Länge ca. 80 cm; Gefieder am Kopf zu einer schwarzbraunen Stirnhaube und am Hals zu einer gleichfarbigen starken Mähne verlängert, sonst vorwiegend grau, oberseits ist jede Feder hell und dunkel im Zickzack quergewellt, an den Schwingen braun, an den Innenfahnen weißlich quergebändert, am Schwanzende breit weiß gesäumt, am Unterbauch ungezeichnet; hat hell schwefelgelbe Augen, nackten bläulichen Augenring, graulich fleischfarbenen Zügel, korallenroten hakigen Schnabel und vorn rötlichbraune, seitlich ziegelrote Beine; wird in Argentinien vom etwas kleineren, grau befiederten *Tschunja (Chunga burmeisteri)* vertreten.

Die Trappen

Wenn die Kraniche der Höhe nach die größten einheimischen Vögel sind, so dürfen die Trappen als die kräftigsten und schwersten bezeichnet werden. Der ausgewachsene „Hahn", der erst im fünften Lebensjahr fortpflanzungsfähig wird, erreicht ein Gewicht bis zu 15 kg.

Die Trappen sind in 11 Gattungen mit 24 Arten über die Steppen Afrikas und Eurasiens verbreitet. In Australien sind sie durch die Lauftrappe *Ardeotis australis* vertreten. Bei uns bewohnen sie vor allem die weiten Raps-, Rüben- und Getreidefelder Norddeutschlands, dringen aber vereinzelt über die Mark Brandenburg bis nach Mitteldeutschland vor.

Großtrappe (Otis tarda): Jahresvogel; bewohnt vor allem Spanien, Nordostdeutschland und Südosteuropa sowie Westasien bis zum Altai, kommt in Ostasien in zwei Unterarten vor, streift nordwärts bis zu den Britischen Inseln sowie nach Schweden und Finnland, brütet in Deutschland noch in Pommern, Sachsen-Anhalt und der Mark Brandenburg; Länge des Männchens 102 cm, des Weibchens 82 cm; Gefieder an Kopf und Hals hellgrau, oberseits sonst rotbräunlich, schwarz gebändert, unterseits weiß, mit kastanienbrauner Brust; hat tiefbraune Augen, schwärzlichen Schnabel und graulich-hornfarbene Beine mit drei starken kurzen Zehen; dem Weibchen fehlen das braune Brustband und der grauweiße Bart des Männchens.

Zwergtrappe (Tetrax tetrax): Teilzieher, bewohnt Südwestfrankreich, Spanien, Portugal, Sardinien, Griechenland, Bulgarien, Klein- und Westasien, Syrien und Nordwestafrika, erreicht umherstreifend die Britischen Inseln, Skandinavien und Finnland; überwintert in den Mittelmeerländern; Länge 43 cm; Gefieder auf Scheitel wie Oberseite fein sandfarben, gelblichbraun gewellt, im Gesicht blaugrau, unterseits weiß; das Männchen trägt im Brutkleid eine auffällige schwarz-weiße Hals- und Brustzeichnung; hat hell- oder braungelbe Augen, horngraufarbenen Schnabel mit schwarzer Spitze und strohgelbe Beine; die Zwergtrappe ist noch viel scheuer als die Großtrappe geworden.

Die Laufhühnchen und Kampfwachteln

Diese beiden letzten Familien der Kranichartigen zeichnen sich durch ihre ungewöhnlichen außenseiterischen Brutgewohnheiten aus. Bei ihnen fechten nämlich die etwas größeren und lebhafter gefärbten Weibchen sehr hitzig geführte Kämpfe um die Männchen aus und führen diesen eine regelrechte Balz vor. Die Männchen übernehmen dann das ganze Brutgeschäft, drehen die Bodenmulde, polstern sie mit Gräsern, brüten die jeweils vier Eier aus und führen die Jungen.

Laufhühnchen (Turnix silvatica): Jahresvogel in Südspanien und Südportugal sowie ganz Nordwestafrika bis zum Senegal; Länge 17,8 cm; Gefieder oberseits vorwiegend braun, unregelmäßig gewellt und gebändert, unterseits blaß rostgelblich bis weiß; kennzeichnet sich durch dunklen Scheitel mit gelblichem Mittelstreif, hellbräunlichgelbe Kopfseiten und Kehle, fein dunkel gesprenkelt, leuchtend orangerostroten Fleck auf der Brustmitte sowie sehr kräftig schwarz gefleckte Seiten; hat lichtgelblichbraune Augen, schmutzig fleischfarbenen, schwarzlich bespitzten Schnabel und lichtbraune Beine mit nur drei Zehen; macht mehrere Bruten kurz hintereinander vom April bis August, ernährt sich von Sämereien und Insekten.

Kampfwachtel (Pedionomus torquatus): Bewohnt Australien, erreicht ebenfalls Wachtelgröße, trägt ein vorwiegend erdfarbenes Gefieder, kennzeichnet sich durch das Vorhandensein einer Hinterzehe, bewohnt ausgedehnte Wiesenflächen und Gestrüpplandschaften, ernährt sich vorwiegend von Sämereien.

Die Hühnervögel
(Rasores = Galliformes)

Die Hühnervögel sind durchweg Lauf- und Bodenvögel, die sich in zahlreichen Familien, Gattungen und Arten über die ganze Erde verbreiten. Ihre Lebensräume erstrecken sich von den tropischen Regenwäldern und Dschungeln bis zu den hochnordischen Moossteppen

Der Auerhahn bewohnt die Waldzonen Europas und des nördlichen Asiens. In Europa kommt der Auerhahn fast nur noch in Gebirgswäldern vor. Es ist der größte Hühnervogel Europas. Zu Beginn der Brutzeit, im März bzw. April, balzen die Hähne, wobei sie eigentümliche, hölzern klappernde und schnalzende Töne ausstoßen.

und den Eiswüsten der Arktis, von den Niederungen und Tiefebenen bis in die baumlosen Matten und steinigen Kare der Berge, von den sandigen Ödländern bis in die Moore und Sümpfe. Der großen körperlichen Vielgestaltigkeit ungeachtet, dürfen sie doch fast alle als kräftig gebaute, kurzflüglige, starkfüßige, ausnahmslos vierzehige und reich befiederte Vögel angesprochen werden. Übereinstimmend sind die meisten ferner durch kleinen Hals, an dem sehr häufig grellfarbige nackte Stellen, schwielige Auftreibungen, Warzen, Fleischlappen, Kämme und Klunkern auftreten, knapp halbkopflangen, starken, leichthakigen Pickschnabel, besonders entwickelte Bürzel- oder Schwanzdeckfedern, die oft eine ungewöhnliche Zierde darstellen, gekennzeichnet. Zahlreiche Hühnerarten sind durch Wegfall ihrer Lebensräume vom Aussterben bedroht.

Die Großfußhühner

Die Großfußhühner sind vor allem in Australien und Neuguinea sowie auf Celebes, den Molukken, den Philippinen, den Bismarck- und den Kleinen Sunda-Inseln zu Hause. Ihr Familienmerkmal, die sehr kräftigen Scharrbeine mit den langen Zehen und den besonders starken und gestreckten Krallennägeln, bildete sich wohl durch ihre ungewöhnlichen Brutgewohnheiten aus. Alle Großfußhühner haben nämlich den Brutinstinkt weitgehend verloren und graben ihre Eier in den heißen Sand am Meeresstrand, in die Berghänge nahe vulkanischen Herden oder in künstlich hergerichtete Laub-Brutöfen. Jede Gattung übt in dieser Hinsicht andere Bräuche, die ebenso erstaunlich wie höchst zweckgerichtet sind.

Taubenwallnister (Leipoa ocellata): Bewohnt die Buschlandschaften in Süd- und Westaustralien; Länge 62 cm; Gefieder oberseits kräftig schwarz und grau gesprenkelt, mit niedrigem dichtem Federkamm auf dem Scheitel, kurzem Lauf und langem, schwarz quergewelltem Schwanz; lebt paarweise, ist scheu und einsiedlerisch; bevorzugt dünenartige Hügelzüge.

Busch- oder Talegallahuhn (Alectura = Catheturus lathami): Bewohnt die Buschwälder Ostaustraliens; Länge etwa 80 cm; Gefieder oberseits dunkel schokoladen- bis schwarzbraun, unterseits hellbraun, silbergrau gerändert oder gebändert, am Kopf und Hals nur haarartig und so dünn, daß die scharlachrote Haut hindurchleuchtet; hat bleigrauen, scharf gebogenen Schnabel, hellbraune Augen, hochgelbe hängende Vorderhalsklunker und hell schokoladenbraune Beine; lebt gesellig in kleinen Trupps.

Bei diesen Wallnistern scharrt der Hahn lange vor der Brutzeit abgestorbene Pflanzenteile zusammen, türmt sie zu einem kegelförmigen Hügel von gut anderhalb Meter Höhe, tritt diesen fest zusammen und überläßt ihn der Fäulnis. In diesen rein oberirdischen Komposthaufen legt dann das Weibchen einzeln seine Eier, bettet sie etwa armtief in die Mitte und deckt sie wieder zu. Das Männchen überwacht nun den Brutofen, häuft je nach dem Wetter weitere Stoffe darüber oder verringert die Stärke der Decke, orientiert sich über die Reifung der einzelnen Eier und hilft rechtzeitig den geschlüpften Jungen ans Licht. Es betreut sie etwa drei Tage lang, setzt sie allabendlich in den warmen Brutofen zurück und bedeckt sie mit einer dünnen Kompostschicht. Oft bauen mehrere Hähne gemeinsam, halten aber darauf, daß jedes Weibchen seine eigene Brutkammer bekommt. Der viele Jahre lang benutzte Brutofen wächst sich zuletzt zu einem wahren Ungetüm aus. Mit 3 m Höhe und 20 m Umfang ist er wohl das größte Vogelnest der Welt.

Hammerhuhn (Macrocephalon maleo): Bewohnt vor allem Celebes; Länge reichlich 60 cm; Gefieder vorherrschend schwarzbraun, an Brust und Bauch blaß rosenrot, der nackte Kopf weißlich; kennzeichnet sich durch einen harten, rundlichen, hammerförmigen blauen Helm, der Stirn und Hinterkopf bedeckt; hat gelbe Augen, hornfarbenen starken Schnabel und ebenso gefärbte Vorderbeine; bevorzugt die Buschwälder an den sandigen Küsten der Insel, lebt paarweise.

Im August und September kommen die Hammerhühner gepaart zum sandigen Strand der nördlichen Küstenstriche und scharren über der Hochwassermarke Höhlen von etwa einem halben Meter Tiefe. Die Weibchen legen ihre großen braunroten, 12 cm langen, 6 cm breiten Eier einzeln, etwa in Abständen von 12–14 Tagen, und stecken sie jeweils senkrecht in den warmen Sand. Nach der Ablage ebnen sie den Platz sorgfältig ein und überlassen das Brutgschäft der Sonne. Rund 26–28 Tage später schlüpfen die Jungen, arbeiten sich selbst ans Tageslicht und laufen sofort als selbständige Junghühner dem nahen Walde zu.

Die Rauhfußhühner

Die Berge und Wälder wie die Tundren und Moore in den hochnordischen und gemäßigten Zonen Europas, Asiens und Nordamerikas stellen die Lebensräume der starken und kräftigen Rauhfußhühner dar. Von Gestalt gedrungen und kompakt, kennzeichnen sie sich weiterhin durch kurzen, dicken, sehr gewölbten Schnabel, nackte, aufgeschwollene farbige Wülste über den Augen, kleinen Kopf, kurzen Hals, kurzen Schwanz und kurze starke Läufe. Alle tragen sie ein reiches Gefieder, das selbst die Nasenlöcher sowie die Beine und Zehen bedeckt. Die nordischen Arten weisen an den Zehen hornige Federstifte auf, die ihnen im Winter als „Schneereifen" dienen und das Laufen über verschneite wie vereiste Flächen wesentlich erleichtern. Alle Vogelarten sind hochgradig gefährdet.

Auerhahn (Tetrao urogallus): Jahresvogel; bewohnt die Pyrenäen, Schottland, Mittel- und Südosteuropa, Skandinavien und verbreitet sich ostwärts über Pommern und die baltischen Staaten sowie Finnland bis zum Baikalsee und der Lena; Länge des Hahnes 86 cm, der Henne 61

Die Birkhühner sind im Gegensatz zum Auerhahn Bewohner der offenen Landschaft. Ihr Lebensraum sind Moore, Moorwiesen, sowie Heiden und Laubgehölze in ganz Europa sowie Mittel- und Nordasien. Der Speisezettel gleicht dem der Auerhühner, doch sind die Birkhühner stärker auf die Beerenkost eingestellt.

cm, der Hahn ist fast durchweg schwarz gefärbt, seine Flügel sind tief dunkelschwarz-braun, das Weibchen ist wesentlich heller, bräunlicher, kräftig schwarz gefleckt und gebändert, es kennzeichnet sich durch rostrahmfarbene Wange und Kehle sowie roströtlichen Brustfleck auf der gleichfalls lichteren Unterseite; bevorzugt die Nadelwälder des Hügellandes und der Gebirge, geht bis über die Baumgrenze hinaus, hält sich im Winter häufiger als im Sommer in den Bäumen auf.

Meist schon im März beginnen die das ganze Jahr über einsiedlerisch lebenden alten Hähne zu balzen. Vor dem Morgengrauen fallen sie auf den auserwählten Waldplätzen ein, suchen sich einen starken Ast im Wipfel eines Baumes und sichern lange sehr aufmerksam nach allen Seiten. Mit schräg vorgestrecktem Hals, gesträubten Kopf- und Halsfedern, erhobenem und gefächertem Schwanz und leicht gesenkten, abgespreizten Flügeln stoßen sie eigentümliche, hölzern klappende und glockig schnalzende Töne aus, beginnen darauf zu zischen und zu wetzen, erregen sich immer mehr und scheinen zuletzt wie berauscht zu sein.

Die Töne sind gar nicht laut, lassen sich auch nicht wiedergeben, sind aber dennoch bis auf das Wetzen ziemlich weit zu hören. Die angelockten Hennen versammeln sich unter dem Balzbaum und werden in einer nachfolgenden Bodenbalz nochmals betört. Nach dem Tretakt vollführt der Hahn im Licht des aufgehenden Tagesgestirns dann die sogenannte Sonnenbalz.

Die Henne legt ihre 8–12 Eier in eine flache Bodenvertiefung, gern an den Fuß eines dichten Jungbaumes oder unter einen Wacholderbusch, aber auch in die freie Heide. Die Jungen schlüpfen nach vier Wochen und folgen schon am ersten Lebenstag der führenden Mutter.

Birkhuhn (Lyrurus tetrix): Jahresvogel; bewohnt Mittel-, Nord-, Ost- und Südosteuropa sowie Mittel- und Nordasien bis zur nördlichen Birkenregion; Länge des Hahnes 53 cm, der Henne 41 cm; das Männchen kennzeichnet sich durch den tiefgegabelten leierförmigen Schwanz; das Weibchen ist wesentlich heller, rostgelb und rostbraun gefärbt, schwarz gefleckt und quergebändert, hat aber die gleichen scharlachroten „Rosen" über den Augen; der Schnabel ist schwarz, das Auge braun, der Fuß graubräunlich; bevorzugt Moore und Heiden sowie Laubgehölze bis zur Waldgrenze im Gebirge wie im hohen Norden.

Die Weibchen versammeln in einfachen Bodenmulden 6–10 Eier, brüten allein rund 26 Tage und betreuen die Jungen. Die alten Hähne leben einsiedlerisch. Der Speisezettel gleicht dem der Auerhühner, doch sind die Birkhühner stärker auf die Beerenkost eingestellt, picken diese auch aus den hohen Büschen und verschmähen aber die Nadeln.

Haselhuhn (Tetrastes bonasia): Jahresvogel; bewohnt Mittel-, Südost- und Nordosteuropa, verbreitet sich über Südsibirien bis zum Stillen Ozean; Länge 36 cm; das Männchen hat eine schwarze, das Weibchen eine weiße Kehle; bevorzugt unterholzreiche Mischwälder im Hügelland wie im Mittel- und Hochgebirge, liebt Espen- und Birkenbestände an steinigen Südhängen.

Während der Balz pfeift und trillert der Hahn vom Baum herab und gibt dabei überraschend hohe und wispernde Töne von sich. Die Henne versammelt 8–12 Eier in einer besonders gut versteckten Bodenmulde und brütet sie in reichlich drei Wochen allein aus. Der Hahn hält in der Nähe getreulich Wache. Die Alten bilden mit den herangewachsenen Jungen bis in den Spätherbst hinein eine sogenannte Kette oder ein Gesperre.

Alpen- oder Felsenschneehuhn (Lagopus mutus): Jahresvogel; bewohnt die Pyrenäen und die Alpen sowie die Hochgebirge Schottlands, Skandinaviens, Islands, Grönlands, Nordasiens und Nordamerikas; Länge 36 cm; Gefieder des Männchens im Brutkleid oberseits braun, lebhaft schwarz quergebändert, im Herbst oberseits grau, schwarz und weiß marmoriert; Gefieder des Weibchens im Brutkleid mehr gelbbraun, im Herbst mehr gelblichgrau; beide Geschlechter sind im Winter reinweiß bis auf die schwarzen Schwanzkanten und den schwarzen Augenstreif des Männchens; sie haben beide das ganze Jahr über weiße Flügel und weißen Bauch; das Auge ist dunkelbraun und hat eine rote Warzenbraue, der Schnabel schwarz, die Läufe sind bis zu den Krallen weiß befiedert; bevorzugt felsige Hochkare bis weit über die Baumgrenze hinaus, nistet noch höher in der Nähe der Gletscher.

Moorschneehuhn (Lagopus lagopus): Jahresvogel; bewohnt Nordeuropa – etwa von Mittelskandinavien, Finnland und den baltischen Staaten an – sowie Sibirien, das nördliche Nordamerika und Westgrönland; Länge 41 cm; Gefieder des Männchens im Brutkleid dunkelrotbraun, deutlich schwarz quergebändert, im Herbst fleckig dunkelbraun, im Winter reinweiß und ohne den schwarzen Augenstreif; Gefieder des Weibchens im Brutkleid lichtbraun, deutlich schwarz quergebändert, im Winter ebenfalls weiß; der Schwanz weist bei beiden Geschlechtern zu jeder Jahreszeit schwarze Endkanten auf, der Bauch und die Läufe aber sind immer weiß; hat schöngeschwungenen roten „Brauenkamm"; bevorzugt Moore und Heiden, liebt den Bewuchs von Weiden, Birken und Wacholdern, nistet an sonnigen Hängen im Schutz dichter Büsche, lebt paar- und familienweise; wird in Großbritannien und Irland vom kleineren *Schottischen Moorschneehuhn (L. scoticus)* vertreten.

Von den amerikanischen Rauhfuß- und Waldhühnern seien erwähnt:

das *Präriehuhn (Tympanuchus cupido),* das wald- und baumlose Steppen, Prärien und Felder bevorzugt und in seinem Bestand sehr gefährdet ist; das *Dunkle Waldhuhn (Dendragapus obscurus)* und das *Spitzschwanzhuhn (Centrocercus urophasianus).*

Einige amerikanische Waldhühner haben nackte und bunte

Das Moorschneehuhn ist über Nordeuropa, Nordasien und das nördliche Nordamerika verbreitet. Es bewohnt ausgedehnte Moore und Tundren.

Hauttaschen, die normalerweise unter dem Gefieder verborgen sind, bei der Balz aber aufgebläht werden, wobei sich der umgebende Federkranz ausbreitet.

Die Hokkohühner

Noch stärker dem Wald verbunden, und zwar dem tropischen süd- und mittelamerikanischen Regenwald, sind die großen dunklen Hokkohühner. Allerdings sind sie keine echten Baumvögel, sondern vielmehr flinke und wendige Buschschlüpfer, die sich im dichtesten Unterholz bewegen, hier ihre Früchtenahrung zusammenlesen, ihre Balz ausführen und sich auch paaren. Nur bei Gefahr flüchten sie in die niedere und mittlere Wipfelzone, die zugleich ihr Nistraum ist.

Die Hokkohühner zeichnen sich durch recht kleinen Kopf, langen Hals, schlanken Leib, großen breiten Schwanz, hohe Läufe und lange Zehen aus. Der kurze Schnabel ist hoch, im Spitzenteil stark gewölbt und hakig gebogen. Die Wachshaut bedeckt nicht nur die Nasengrube, sondern auch noch den Zügel und den auf der Schnabelwurzel sitzenden großen Höcker. Auf Scheitel und Hinterkopf verlängert sich das Gefieder bei vielen Arten zu einer kammförmigen Haube. Die Augen sind besonders groß und von nackten Flächen umgeben.

Helmhokko (Pauxi pauxi): Bewohnt das nördliche Südamerika, vor allem wohl die Wälder der Kordilleren in Höhen zwischen 600–2000 m; Länge etwa 100 cm; Gefieder grünschwarz, glanzschuppig, auf dem Rücken stahlschimmernd, tiefschwarz an der Brust und weißlich am Bauch; hat weinroten Schnabel, kennzeichnet sich in beiden Geschlechtern durch einen taubenblauen Helm, der wie ein Stein auf der Stirn sitzt und etwa 7 cm mißt; bevorzugt urige nebelreiche Quelltäler und feuchte Urwaldschluchten, ruft tief brummend, warnt schnalzend, hält vorsichtig sehr große Fluchtdistanz, wird von den Indianern der „Vogel mit dem Stein auf dem Kopf" genannt.

Fast die gleiche Lebensweise wie die Hokkos führen die verwandten Schakuhühner. Von ihnen sei genannt:

die *Schakupemba (Penelope supercilias)* aus dem Raum der brasilianischen Ostküste, die nur

62 cm mißt, vorwiegend erzgrün, schwarz und rostgelbrot befiedert ist und eine nackte, dunkelfleischrote Kehle mit rotem Feischlappen hat. Er hält sich gerne in der Deckung auf.

Die Zahnwachteln

Die Zahnwachteln wirken auf den ersten Blick etwas kompakt und gedrungen, doch sind alle ihre Bewegungen flott und dabei gefällig. Ihr Schnabel ist ebenso kurz wie hoch, seitlich zusammengedrückt, und kennzeichnet sich – und davon wird der Familienname abgeleitet – durch bezahnte Unterkieferschneiden. Die Füße sind hochläufig, langzehig und unbesport. Der nicht sehr lange Schwanz weist immer eine Rundung auf; ebenso sind die Flügel betont zugerundet.

Virginische Wachtel (Colinus virginianus): Bewohnt die Vereinigten Staaten von Kanada bis nach Nordmexiko; Länge 23–24 cm; Gefieder oberseits rötlichbraun, lebhaft schwarz gefleckt, getüpfelt, gebändert und rahmfarben gesäumt, unterseits weißlichgelb, rotbraun längsgestreift und schwarz quergewellt; kennzeichnet sich durch ein breites weißes Band, das auf der Stirn beginnt, über das Auge verläuft und sich bis zum Hinterhals zieht, sowie durch eine schwarze Stirnbinde und eine schwarze Augenbinde; die Kehle ist weiß, die Halsseite weiß getüpfelt, das Auge nußbraun, der Schnabel dunkelbraun und der Fuß blaugrau; beim Weibchen sind die weißen Kopfzeichnungen sowie die Kehle gelb.

Das Männchen der Virginischen Wachtel ist eine große Ausnahmeerscheinung unter all den Fasanenartigen. Es lebt nicht nur in strenger Einehe, sondern beteiligt sich sogar am Brutgeschäft sowie an der Aufzucht und Führung der zahlreichen Jungen.

Die Familie bildet ein fest in sich geschlossenes Gesperre, schließt sich im Herbst mit anderen Familienverbänden zu Völkern zusammen und streift im Winter weit umher. Die im Norden lebenden Völker weichen regelmäßig nach Süden aus.

Schopfwachtel (Lophortyx californicus): Bewohnt den Westen der Vereinigten Staaten bis nach Niederkalifornien; Länge 24 cm; Gefieder recht bunt, weiß bis strohgelb an der Stirn, dunkelbraun auf dem Scheitel, blaugrau, fein weiß getüpfelt im Nakken, olivbraun auf dem Rücken, grau am Schwanz, schwarz an der Kehle, blaugrau auf der Oberbrust, gelblich an der Unterbrust, braunrot am Bauch, braun an den Flanken, kräftig weiß längsgestreift; kennzeichnet sich durch eine aus vier Federn bestehende Kopfhaube und zwei kräftige weiße Streifen, die von Stirn und Auge bis zum Nacken und der Kehle verlaufen; hat dunkelbraune Augen, schwarzen Schnabel und dunkelbleigraue Füße; das Weibchen ist ohne schwarze Kopfzeichnungen und hat eine kürzere Haube; gleicht im Vorkommen wie in der Lebensweise der Virginischen Wachtel; wird im Südwesten der Staaten von der sehr ähnlichen *Helmwachtel (L. gambeli)* vertreten.

Die Rebhühner und Wachteln

Diese den Zahnwachteln recht ähnlichen, kleinen, rundlichen und kurzschwänzigen echten Hühner lassen sich gut als Feldhühner charakterisieren. Denn viel stärker als die bisher geschilderten Großfuß-, Rauhfuß-, Hokkohühner und Zahnwachteln sind sie fest an den Boden der offenen Landschaft verhaftet. Felder und Weiden, Ödländer und Moore, felsige Halden und Matten, Stein- und Halbwüsten bevorzugen sie alle und schätzen den Schutz des dichten Bodenbewuchses. Als flinke Läufer und Schlüpfer suchen sie sich laufend zu bergen, beherrschen von Jugend an die hohe Kunst des Sichdrückens und verlassen sich weitgehend auf ihre Schutzfarbe. Nur in der höchsten Not nehmen sie zu den Schwingen Zuflucht und baumen ebenso selten einmal auf. Auch die Nacht verbringen sie vorwiegend auf der Erde. Die Nester sind einfache Bodenmulden, gut der Bodenform angepaßt.

Rebhuhn (Perdix perdix): Jahresvogel; bewohnt fast ganz Europa – fehlt jedoch in Spanien, Portugal, Südosteuropa und Nordskandinavien – und verbreitet sich weit über Vorder-, Mittel- und Nordasien; das Männchen kennzeichnet sich durch dunkelkastanienbraunen hufeisenförmigen Schild auf der hellen Unterbrust.

Im April balzt der Hahn eifrig,

Die Verbreitung des Rebhuhns reicht von Europa bis Mittelasien. Während der Brutzeit lebt das Rebhuhn in Einzelpaaren, danach „sozial" in kleinen Gruppen. Die Nester sind zwischen Grasbüscheln oder im Gestrüpp versteckt. Dort legt das Weibchen 10–20 olivgelbe Eier, die das Weibchen allein in 24 Tagen ausbrütet.

kämpft hitzig um die Henne, mit der er oft mehrere Jahre lang in fester Ehe lebt. Das Gelege von 10–20 Eiern versammelt das Weibchen im Mai und brütet es in 24 Tagen aus. Das Männchen steht Wache und füttert die Brütende. Den frischgeschlüpften Jungen schmecken zuerst vor allem Insekten. Später halten sie sich wie die Alten vorwiegend an Gräser und Kräuter, Getreidekörner und Unkrautsamen. Eine Leckerei sind die Puppen der Wiesen- und Wegameisen. Der Familienverband, die sogenannte Kette, bleibt dann bis zum nächsten Frühjahr zusammen.

Steinhuhn (Alectoris graeca): Jahresvogel; bewohnt die Alpen und ist über die Gebirge Italiens, Siziliens und Griechenlands sowie ostwärts über ganz Mittelasien bis zur Mandschurei und Nordindien verbreitet; Länge 34–35 cm; Gefieder oberseits und an der Brust graubraun, auf der Stirn aschgrau, am Schwanz rostrot gesäumt, unterseits rostgelb, an der Wange und Kehle weiß, an den Flanken auffallend gelbrotbraun und schwarz quergebändert; kennzeichnet sich durch einen breiten schwarzen Streif, der an Stirn und Schnabelwinkel beginnt, durch das Auge und rings um die weiße Kehle bis zum Kropf verläuft; hat rotbraune Iris, roten Augenring, korallenroten Schnabel und blaßrote Füße; bevorzugt Geröllhalden und Hochkare, felsige Berghänge zwischen der Baum- und Schneegrenze in Höhen zwischen 1700–2700 m.

Wachtel (Coturnix coturnix): Teilzieher; bewohnt ganz Europa, ist über Asien bis zum Baikalsee verbreitet und ist auch in Nordafrika zu Hause, überwintert im tropischen Afrika und Indien; Länge 17,8 cm; Gefieder vorwiegend sandbräunlich bis erdfarben, oberseits kräftig weißgelblich und schwarz längsgestreift; bevorzugt Felder, Wiesen und Weiden sowie Ödländer.

Hell und laut – vor allem während der Paarungszeit – schallt am Abend das dreisilbige „Quikquik-ik", das sich der Landmann als „Bück den Rück" und „Flick die Büx" oder „Bitt für mich" übersetzt, durch die stillen Felder. Mit nickendem Kopf und eingezogenem Schwanz huscht sie als ein fast eirundes Hühnchen dahin, pickt nach Insekten und verzehrt Samen sowie Gras- und Kräuterspitzen.

Unter den standorttreuen Hühnervögeln ist die Wachtel ein rechter Vagabund und der einzige Zugvogel. Erst gegen Ende April/Anfang Mai trifft sie bei uns ein. Ungesellig, im Unfrieden untereinander lebend, treibt sie ihr scheues und heimliches Wesen. Heftig kämpfen die Männchen mit Schnabel, Kralle und Schlachtruf um die Weibchen. Erst im Juli liegen in der flachen, nur wenig gepolsterten Mulde im hohen Getreide- oder Erbsenfeld die 8–15 birnenförmigen, dunkelbraun gefleckten Eier. Das Weibchen brütet 18 Tage lang. Das Männchen kümmert sich weder um das Gelege noch um die Jungen. Auch die Mutterfamilie löst sich bald wieder auf.

Die Fasanen

„Auch bei den Fasanen", schreibt Brehm, „ist der Leib noch gedrungen, aber doch gestreckter gebaut als bei den Waldhühnern. Der Fuß ist langzehig und beim Männchen fast immer mehr oder weniger kräftig bespornt, der Schwanz gewöhnlich lang und breit, der Kopf teilweise nackt, oft mit Kämmen und Hautlappen, zuweilen auch mit Hörnern und Federbüschen geziert; das nach Alter und Geschlecht verschiedene Gefieder farbenprächtig und glänzend."

Dieser Schilderung Brehms wäre nur noch hinzuzufügen, daß auch die Fasanen in der Regel Bodenbrüter sind und ein großes Gelege von durchschnittlich 8–12 Eiern versammeln. Die kleineren und recht schlicht gefärbten Weibchen brüten allein und führen und betreuen die nestflüchtigen Jungen.

Von den rund 250 Arten bewohnen über zwei Drittel die Alte Welt. Das Hauptverbreitungsgebiet liegt im tropischen Zentralasien und in Südostasien.

Viele Fasanen wurden im Laufe der vergangenen Jahrhunderte in unseren Wäldern eingeführt und haben sich überall gut eingebürgert. Zahlreiche Arten finden wir auch als ständige Gäste in den Volieren unserer Tiergärten.

Jagd- oder Edelfasan (Phasianus colchicus): Jahresvogel; bewohnt heute als ein seit vielen Jahrhunderten eingeführter Jagdvogel fast ganz Europa und Asien, fehlt eigentlich nur in West- und Südspanien, Portugal, Sardinien, Süditalien, Sizilien, Griechenland, Norwegen, Mittel- und Nordschweden und den baltischen Staaten, stammt vom östlichen Ufer des Schwarzen Meeres; Länge des Hahnes 76–89 cm, der Henne 53–64 cm; Gefieder durch die Einkreuzung der verschiedensten mittel- und ostasiatischen Rassen sehr variabel, immer aber sehr bunt: mit glänzend dunkelgrünem Kopf, scharlachroten Hautlappen über den Augen und kurzen Ohrbüscheln, sehr oft auch mit weißem Halsring; das Weibchen ist wie bei den meisten Fasanen schlicht gelblichbraun, schwärzlich gefleckt und kurzschwänziger.

Verwandte chinesische, japanische und indische Fasanen sind:

der *Königsfasan (Syrmaticus reevesi)* aus den gebirgigen Ländern Nord- und Zentralchinas; Gefieder am Kopf und Kinn weiß, oberseits braungoldgelb, schwarz gerandet, mit schwarzem Stirn- und Brustband;

der *Elliotfasan (S. ellioti)* aus den Mittelgebirgswäldern Südostchinas; Gefieder am Kopf und Nacken hell- bis blaugrau, oberseits kupferfarben, mit nacktem rotem Gesichtsfeld;

der *Mikadofasan (S. mikado)* aus den Gebirgen Formosas; Gefieder am Kopf blauschwarz, mit rotem Gesichtsfeld, oberseits purpurfarben gesäumt, am Schwanz weiß quergebändert;

der *Amherst- oder Diamantfasan (Chrysolophus amherstiae)* aus Tibet, Südwestchina, Nordburma; Gefieder auf Rücken und Flügeln hell goldgrün, am Unterrücken und Bürzel goldgelb, an den Oberschwanzdecken lanzettförmig

Die eigentliche Heimat des Fasans liegt in Asien. Jedoch wurden viele Fasanen im Laufe der vergangenen Jahrhunderte in unseren Wäldern eingeführt und haben sich überall gut eingebürgert, so daß sie heute fast ganz Europa bewohnen. Der Jagdfasan bevorzugt lichte Wälder, Gebüsch an den Ufern von Gewässern und größere Parkanlagen. Er bleibt das ganze Jahr in seiner Heimat. Im Frühjahr, wenn die Zeit der Balz gekommen ist, kann man die charakteristisch rauhe, krähende Stimme des Männchens hören.

verlängert und korallenrot; hat roten Haubenbusch u. silberfarbenen Halskragen;

der *Goldfasan (Ch. pictus)* aus den Buschwäldern Mittelchinas;

der *Blutfasan (Ithaginis cruentus)* von den Himalajahöhen; Gefieder oberseits bleigrau, unterseits grün und rot, hat eine buschige Haube und verlängerte Schwanzfederstrahlen;

der *Gemeine Schopffasan (Pucrasia macrolopha)* westlicher Himalaja; Gefieder am Kopf und Nacken grün, auf dem Rücken und an den Seiten grau, mit bräunlichen Flügeln; hat große bräunlichgelbe und blaugrüne Haube und zwei große Halsflekke; sowie

der *Rheinartfasan (Rheinardia ocellata)* Annam; Gefieder vorwiegend braun, hat einen 150 cm langen Schwanz und eine Hinterkopfhaube aus haarähnlichen braunen und weißen Federn.

Hornfasan oder Satyrtragopan (Tragopan satyra): Bewohnt die Bergwälder von Nepal und Sikkim in Höhen zwischen 2000–4000 m; Länge 55 cm; Gefieder am Hinterkopf, Nacken, Oberhals und Flügelbug einfarbig karminrot, auf dem Oberrükken sowie an Brust und Bauch rot, mit schwarzgesäumten weißen Flecken reich betropft, am Schwanz schwarz, im Wurzelteil gelb quergestreift; kennzeichnet sich durch aufrichtbare fleischige Hörner am hinteren Ende des nackten Augenfeldes, kleine Hinterhauptsholle und ein sehr stark ausdehnbares nacktes Kehlfeld mit zwei seitlichen Hautlappen; die Hörner, das Augenfeld und die Lappen sind tief königsblau, das Auge tiefbraun und die Beine gelbbraun.

Diese Hornfasanen sind Hochgebirgstiere, leben vorwiegend von Blättern und Knospen, nehmen aber auch Wurzeln, Blüten, Beeren, Sämereien und Insekten auf.

Argusfasan (Argusianus argus): Bewohnt Siam, Malakka und Sumatra; Länge des Hahnes 190 cm, wovon gut 125 cm auf die beiden langen Mittelschwanzfedern kommen; Gefieder in seiner differenzierten Farbtönung und Zeichnung kaum zu beschreiben; auf dem Scheitel samtschwarz, im Nacken und auf dem Oberrücken braun, lichtgelb geperlt und gestreift, auf dem Mittelrükken gelbgrau, dunkelbraun getupft, unterseits vorwiegend rotbraun, schwarz und lichtgelb gebändert und gewellt; kennzeichnet sich besonders durch die außerordentlich verlängerten, dunkel rotbraunen, bis zu 75 cm messenden Armschwingen, die große schillernde Augenflecke tragen, und die ungemein langen mittleren Schwanzfedern; hat ein nacktes, hell aschblaues Gesicht, rotbraunen Augenring, elfenbeinweißen Schnabel und hell karminrote Beine; wird auf Borneo von der etwa 170 cm messenden kleineren Art *A. a. grayi* vertreten.

Blauer Pfau (Pavo cristatus): Bewohnt die Dschungel und Gebirgswälder Indiens und Sri Lankas; Länge des Hahnes mit Prachtschleppe, die allein 120–130 cm mißt, bis über 200 cm; zeichnet sich durch die ungewöhnlich verlängerten grünen Oberschwanzfedern aus, die mit herrlichen farbigen Augenflekken verziert sind, und trägt eine kronenartige Haube aus blauen Federn; hat dunkelbraune Augen mit nacktem weißem Ring und hornbraunen Schnabel und Fuß; wird in den malaiischen Ländern, in Siam und Burma sowie auf Java von dem bis zu 230 cm messenden *Ährenträgerpfau (P. muticus)* vertreten, dessen Federkrone aus ährenähnlichen Federn besteht.

Die reinweißen und gescheckten Pfauen sind Züchtungsformen; ebenso häufig sind Kreuzungen zwischen dem Blauen und dem Ährenträgerpfau.

Kongopfau (Afropavo congensis): Bewohnt Belgisch-Kongo, vor allem die Urwälder im Nordosten; Länge des Hahnes 63 cm, der Henne 59 cm; Gefieder glänzend tiefschwarz, metallisch bronzebraun, tiefgrün und dunkelviolett schimmernd, auf dem Rücken leuchtend kupferfarben, am nackten Hals scharlachrot; trägt eine strahlige weiße Federhaube; lebt sehr scheu, gibt sich äußerst heimlich und konnte bisher nur in einigen wenigen Exemplaren nach Europa gebracht werden.

Die Perlhühner

Die Perlhühner waren ursprünglich auf Afrika und Madagaskar beschränkt, kamen als halbzahme Haushühner aber schon in alten Zeiten nach Europa und in neuer Zeit vor allem auch nach Amerika. In der Neuen Welt gewöhnten sie sich so gut ein, daß sie heute vielfach verwildert anzutreffen sind.

Helm- oder Schopfperlhuhn (Numida meleagris): Bewohnt in vielen Rassen Marokko und ganz Afrika südlich der Sahara; Länge 55 cm; Gefieder oberseits grau, unterseits grauschwarz, durchweg weiß getüpfelt bzw. beperlt, an den Schwungfedern etwas bräunlich und mit weiß gebänderter Außenfahne; kennzeichnet sich durch großen festen hornfarbenen Helm, rote wachshautartige Wulst am Schnabelwinkel, roten Kammlappen und bläulichweiße Wangengegend; die Oberbrust und der Nacken sind ungefleckt lilafarben; hat dunkelbraune

Das Helm- oder Schopfperhuhn bewohnt in vielen Rassen Marokko und ganz Afrika südlich der Sahara. Kennzeichnend ist der große, feste, hornfarbene Helm, die roten Kammlappen und die bläulichweiße Wangengegend. Das Helmperlhuhn bewohnt trockene Steppen und lockeren Busch.

Augen, rotgelblichhornfarbenen Schnabel und schmutzig schiefergraue Beine; bevorzugt Steppen und Buschland.

Die westafrikanische Rasse *N. m. galeata* wird als die Stammform aller Hausperlhühner angesehen.

Haubenperlhuhn (Guttera plumifera): Bewohnt Gabun sowie das mittlere Kongo- und das Ubangi-Gebiet; Länge etwa 50 cm; Gefieder vorwiegend blauschwarz, viel dunkler als bei den anderen Perlhühnern, fein weiß getupft bzw. beperlt, mit weißer Flügelbinde; kennzeichnet sich durch eine aus geraden Federn gebildete, bürstenähnliche, matt samtschwarze Kopfhaube und eine ähnliche Halskrause; hat nackten kobaltblauen Oberkopf und Hals, rote Kehle, dunkelbraune Augen, horngelben Schnabel mit bläulicher Wurzel und schwärzliche Füße; wird in den Steppen Ostafrikas vom 70 cm großen, nacktköpfigen und sehr bunten *Geierperlhuhn (Acryllium vulturinum)* vertreten.

Die Truthühner

Den aus achtzehn großen Federn gebildeten Schwanz hoch aufgerichtet und ausgebreitet, den nackten und bunt bewarzten Kopf auf die Schultern zurückgeworfen, die von der Oberschnabellade herabhängenden zapfenförmigen Fleischklunker aufgeblasen und die gefächerten Flügel schleifend, so tritt der Truthahn laut kollernd und bis in die letzte Federspitze erzitternd seinen Hennen wie auch jeder Erscheinung entgegen, der er imponieren will. Ruckweise „reitet" er voran, bietet ein imposantes Bild und wirkt zugleich doch irgendwie komisch. Denn zumeist erschöpft sich in dieser Pose die ganze Kampflust.

Untereinander allerdings können die stattlichen Hähne heftig aneinander geraten. Doch sind Truthühner im allgemeinen verträglicher als die Pfauen und die Perlhühner. Sie eignen sich deshalb auch besser zur Zucht.

Truthahn (Meleagris gallopavo): Bewohnt das südliche Nordamerika und Mittelamerika bis Guatemala und Britisch-Honduras; Länge des Hahnes 100–110 cm, der Henne 85 cm; Gefieder oberseits bräunlichgelb, prachtvoll metallisch schimmernd, jede Feder breit samtschwarz gesäumt, auf dem Unterrücken und den Schwanzdecken tief nußbraun, grün und schwarz gebändert, auf der Brust gelblichbraun, am Bauch bräunlichgrau; kennzeichnet sich durch nackten hell himmelblauen Kopf und Hals, lackrote Warzen und ultramarinblauen Wangen; hat gelbblaue Augen, weißlich-hornfarbenen Schnabel und blaßviolette oder lackrote Beine; bevorzugt die unterholzreichen Wälder, legt durchschnittlich 10–15 Eier, brütet vier Wochen lang; wird in Mittelamerika vom etwas kleineren, vorwiegend grün befiederten *Pfauentruthahn (Agriocharis ocellata)* vertreten.

Die Schopfhühner

Die Schopfhühner sind eine stark außenseiterische Hühnerfamilie, die in nur einer Gattung mit einer Art auf das nördliche Südamerika beschränkt ist. Diese seltsamen Schopfhühner, die auch Zigeunerhühner und Hoatzine genannt werden, kennzeichnen sich durch unverkennbare Echsenmerkmale als uraltes Vogelvolk. Gleich verschiedenen Rallen weisen nämlich auch sie in der Jugend noch „Flügelhändchen" auf, an denen der innerste wie der zweite Finger frei beweglich sind, also gebeugt, gestreckt und sogar gegenübergestellt werden können. Beide Finger tragen zudem wohlentwickelte gekrümmte Krallen. Sie sind heute sehr selten.

Zigeunerhuhn oder Hoatzin (Opisthocomus hoazin): Bewohnt die Überschwemmungsgebiete der tropischen Sumpfwälder von Südamerika; Länge 62 cm; Gefieder im Nacken, auf dem Rücken, an den Flügeln, an der hinteren Hälfte der Armschwingen sowie am Schwanz einheitlich braun, an den großen Hinterarmschwingen erzgrün schillernd, am Hals und Oberrücken weißgelb gestreift, an den Schultern weißgelb gesäumt, an Kehle, Vorderhals und Brust weißlich, am Bauch, an den Unterschenkeln, am Steiß wie an den Handschwingen und vorderen Armschwingen hell rostrot; trägt eine weißgelbe Haube, die im Nacken schwarz gesäumt ist; hat hellbraune Augen, nacktes fleischrotes Wangenfeld, hornbraungrauen Schnabel und fleischbraune Beine; nistet in Bäumen, baut flache Reisernester, versammelt ein Gelege von 2–3 Eiern.

Die Kammhühner

Die Kammhühner gehören eigentlich in die Gruppe der Fasanartigen. Wir behandeln sie deswegen gesondert, weil sich unter ihnen die Stammform der zahlreichen Haushuhnrassen befindet.

Die Heimat der Kammhühner sind Indien mit Sri Lanka und die malaiischen Länder einschließlich der indomalaiischen Inselwelt. Von Natur aus durchweg Waldbewohner und Dickichtschlüpfer, führen sie ein so heimliches Leben, daß wir bis heute noch recht wenig über sie wissen. Übereinstimmend aber dürfen die uns bekannten vier Arten als echte Bodenvögel angesprochen werden, die nur zum Schlafen aufbaumen, vorwiegend in Einehe leben, auf der Erde nisten, ein Gelege von höchstens 10 Eiern versammeln und dieses rund 19–21 Tage lang bebrüten.

Bankivahuhn (Gallus gallus): Bewohnt ganz Indien, Burma, Siam, Annam, Malakka, Sumatra und Java; Länge des Hahnes 70 cm, der Henne 45 cm; Gefieder goldgelb an Kopf, Hals und Nacken, purpurbraun, in der Mitte glänzend organgerot und gelbbraun gesäumt auf dem Rükken, lebhaft kastanienbraun, schwarzgrün und rostfarben an den Flügeln, dunkelschwarz, goldgrün schillernd am Schwanz und an der Brust; hat bräunlichen Schnabel, orangerote Augen, gezackten roten Fleischkamm und ebenso gefärbte Schnabellappen; trägt je nach der Unterart weiße oder rote Ohrscheiben, weist durchweg ein rotes Wangenfeld und schieferschwarze Beine auf; die Henne ist oberseits braun, schwarz und gelb gefleckt, unterseits rötlichbraun, am Bauch dunkel schwarzbraun, hat nur kleinen Kamm, kaum sichtbare Schnabellappen und schwarze Halsfedern mit gelben Rändern; gilt als die alleinige Stammform aller Haushuhnrassen.

Die Greife oder Tagraubvögel
(Accipitres = Falconiformes)

Durchweg alle großen Greife, also die Adler, Habichte, Weihen und Milane, zählen zu den wichtigsten Aufräumern, Straßenkehrern und Gesundheitspolizisten im großen Haushalt der Natur. Sie verschlingen mit Begierde jegliches Aas und schlagen vorwiegend gesundheitlich minderwertige Tiere. Wo die Steinadler kreisen, da gibt es keine verseuchten Murmeltiere und keine blinden oder räudigen Gemsen, wo die Fischadler stoßtauchen, da ist der Fischbestand gesund, wo die Habichte jagen, lebt ein kräftiges Hasenvolk. Es ist sehr kurzsichtig und zeugt von einer erbarmungswürdigen Unkenntnis der großen Zusammenhänge sowie von Unbelehrbarkeit, wenn immer wieder der Abschuß von Greifen gefordert wird. Bussard und Turmfalke sind sehr wohl imstande, eine Mäuseplage im Keime zu ersticken. Habicht, Wanderfalke und Baumfalke halten die gefährlichsten Nestplünderer kurz. Die Milane säubern Flüsse und Ströme von allen Kadavern. Im erhöhten Maße gilt das alles auch für die Geier der Alten und der Neuen Welt, die ja praktisch überhaupt nur als Straßenkehrer, Müllräumer und Abdecker und nicht als Raubvögel angesprochen werden können.

Der Habicht bewohnt die Waldzonen Europas, Asiens und Nordamerikas. Er ist ein echter Greifvogel, der mit den Fängen schlägt und tötet. Er ist ein typischer Kurzstreckenjäger, der sich durch eine außerordentliche Wendigkeit auszeichnet. Seine Beute sind Tiere bis zur Größe von Wildenten, Krähen oder Hasen. Er jagt vorwiegend im und am Wald, baut seinen großen Horst oft selbst, legt Ende April, Anfang Mai 2–4 grünlichweiße Eier und bebrütet sie 35–37 Tage lang. Im Winter ziehen die selbständig gewordenen Jungen südwärts.

Die Paarung beginnt zeitig im Lenz und wird zumeist mit Flugspielen eingeleitet. Häufiger als sonst lassen die Greife in dieser Zeit auch ihre Stimmen hören. Je nach der Größe der Art legt das Weibchen 1–2 bzw. 4–6 Eier in meist größeren und auffallend unregelmäßigen Abständen, beginnt aber sofort zu brüten. Das Männchen unterstützt es nur wenig beim Brutgeschäft, hält aber Wache in Horstnähe und trägt Nahrung herbei. Die nach 4–6 Wochen schlüpfenden Jungen tragen ein Daunenkleid, sehen sofort und werden lange geatzt. Die Alten halten ihnen das ausgewürgte oder gerupfte und zerstückelte Futter vor, legen es ihnen später ins Nest oder füttern – wie die Geierartigen – aus dem Kropf.

Fast die Regel ist es, daß sich in den Greifenhorsten kannibalische Szenen abspielen. Die in der Größe oft recht unterschiedlichen Jungen fallen sich gegenseitig an und fressen den Schwächsten auf. In Zeiten der Not und vor allem auch dann, wenn ein Ernährer ausfällt, wird diese unerbittliche Auslese selbst vom bedrängten Elternvogel vorgenommen und das eine Junge an das andere verfüttert. Sehr sympathisch mutet uns dagegen wieder an, daß die Greife eine Art von Burgfrieden einhalten und in der Nähe des Horstes gar nicht oder ebenfalls nur in der Not schlagen.

Die Habichtarten

In der Familie der Habichtarten lernen wir nun zuerst die Habichte, Sperber, Bussarde, Milane, Weihen und Adler kennen. Sie alle sind echte Greife, die mit den Fängen schlagen und töten. Ihr Krummschnabel ist keine Waffe, sondern ein Werkzeug, mit dessen Hilfe das Beutetier gerupft und zerstückt, angeschnitten und aus der Haut gefressen wird.

Habicht (Accipiter gentilis): Vorwiegend Jahresvogel; bewohnt Marokko, ganz Eurasien und Nordamerika; Länge 48–61 cm, spannt 100–120 cm; bevorzugt Nadelwälder, jagt vorwiegend im und am Wald, baut seinen großen Horst oft selbst, legt Ende April/Anfang Mai 2–4 grünlich-weiße Eier, die er dann 35 bis 37 Tage lang ausbrütet. Jäh bricht der Habicht aus dem Hinterhalt und schießt wie ein Wetterstrahl durch die Wipfel und Büsche. Er ist der typische Kurzstreckenjäger, der geduldig zu lauern versteht und sich durch außerordentliche Wendigkeit auszeichnet. Die erlittene hartnäckige Verfolgung von seiten des Menschen schärfte seine Sinne ungemein, ließ ihn vorsichtig und heimlich, listig und verschlagen sowie ausgesprochen menschenscheu werden. Der Habicht ist heute bestimmt der letzte Greif, der Hühner und Küken raubt, der sich überhaupt in der Nähe der Gehöfte blicken läßt. Sowie ein Mensch naht, birgt und drückt er sich im Gezweig.

Anfangs trägt fast ausschließlich das wesentlich kleinere Männchen die Atzung für die wachehaltende Mutter und die Kinder zu. Mit kräftigem „Gip-gip-gip“ meldet der unermüdliche Jäger seinen Anflug, mit lautem „Giak-giak-giak-giak“ fliegt ihm das Weibchen entgegen und nimmt ihm die Beute ab. Die selbständig gewordenen Jungen ziehen im Winter gern südwärts.

Sperber (Accipiter nisus): Teilzieher; bewohnt Nordwestafrika und ganz Eurasien; Länge 28-38 cm; das Weibchen ist oberseits mehr schwärzlichbraun, un-

Bild letzte Seite: Der Mäusebussard ist neben dem Turmfalken der häufigste Greifvogel in Europa.

Als sogenannter Segelflieger versteht der Mäusebussard die Aufwinde an den bewaldeten Hügeln ausgezeichnet zu nutzen. Mit seinem unverkennbaren, an das Miauen einer Katze erinnernden Ruf stürzt er sich auf seine Beute. Er macht Jagd auf Mäuse, Ratten, Hamster, Maulwürfe und Schlangen. Bis zu 15 Mäuse am Tag kann er mühelos verzehren.

terseits dunkelbraun quergebändert und kennzeichnet sich durch weißlichen Überaugenstreif; bevorzugt Wälder, liebt einsame Nadelforste, baut oft selbst seinen Horst, richtet ihn dann aber recht liederlich her, brütet im Mai/Juni, legt 4–6 Eier, Brutdauer währt 31–33 Tage.

Mäusebussard (Buteo buteo): Teilzieher; bewohnt Nordwestafrika und fast ganz Eurasien in etlichen Unterarten; Länge 51–56 cm; liebt Waldränder, Gebirgs- und Flußhänge, Moore und Ebenen, nistet bei uns vorwiegend auf Bäumen, in Stammnähe, baut seinen Horst oft selbst, legt im Mai 3–4 Eier, brütet sie in 3–4 Wochen aus.

Als ein geborener Segelflieger weiß der Bussard die Aufwinde an den bewaldeten Hängen bestens zu nützen. Wie triumphierend ertönt sein unverkennbarer, laut klagender Ruf, der wie „Hi-äh-hi-äh“ oder „Wjie-ä-wjie-ä“ klingt und an das Miauen einer Katze erinnert. Katzenaar wurde der Bussard früher auch genannt. Kreist der Mäusebussard nicht schreiend zwischen Himmel und Erde, dann hockt er lauernd auf den Weidezäunen und Grenzsteinen. Meist sitzt er dabei nur auf einem seiner gelben Füße. Die schönen großen Augen spähen scharf umher. Nach Mäusen, Ratten, Hamstern, Maulwürfen, Fröschen und Schlangen steht ihm der Sinn. Bis zu 15 Mäuse kann er täglich mühelos verzehren. Äußerst selten einmal greift er sich einen Jungvogel aus dem Bodennest oder ein frischgeworfenes Häschen aus dem Lager.

Rauhfußbussard (Buteo lagopus): Zugvogel; bewohnt das nördliche Eurasien und Nordamerika, ist in Mittel- und Osteuropa Wintergast vom September bis zum April, zieht bis ans Mittelmeer; Länge 51–61 cm; Gefieder ähnlich wie Mäusebussard; kennzeichnet sich im Flug durch auffallend helle Unterseite, mit dunklem Bauch, scharf abgesetztem schwarzem Flügelbug und weißem Schwanz mit breiter schwarzer Endbinde; hat bis zu den Zehen weißlich befiederte Läufe; ist ein ausgesprochener Bodenjäger, der auf Maulwurfshügeln und Erdschollen sitzt, als Vogel der nordischen Tundren das offene freie Land liebt und sich vorwiegend von Nagern ernährt.

Wespenbussard (Pernis apivorus): Sommervogel; bewohnt fast ganz Europa und Mittelasien, überwintert im tropischen Afrika; Länge 51–58 cm; Gefieder oberseits dunkelbraun, oft weißgefleckt, am Kopf graulich, unterseits weiß, kräftig dunkelbraun betropft; kennzeichnet sich durch schmalere Flügel, längeren Schwanz und kleineren Kopf als die anderen Bussarde sowie durch breite schwarze Binden am Grunde und Ende des Schwanzes; unterscheidet sich von allen anderen Greifen durch kurze schuppenartige Federn, die bei ihm die Borsten zwischen Auge und Schnabel ersetzen; bevorzugt Au- und Eichenwälder sowie Feldgehölze im Wiesengelände, baut seinen Horst gern auf alte Krähennester, legt im Juni zwei Eier, brütet 4–5 Wochen lang.

Der Wespenbussard ist ein außenseiterischer Nahrungsspezialist unter den Greifen, läuft suchend über die Wiesen und Äkker, um hier die Erdnester der Hummeln und Wespen freizuscharren. Vor allem die Insektenlarven verfüttert er gern an seine Jungen. Den Wespen und Hummeln werden geschickt der Hinterleib samt Stachel abgeschnitten, ehe er sie verzehrt oder verfüttert.

Roter Milan, Gabel- oder Königsweihe (Milvus milvus): Teilzieher; bewohnt Nordwestafrika, Süd- und Mitteleuropa, verbreitet sich bis nach Vorderasien, überwintert am Mittelmeer und teils in Afrika; Länge 61-65 cm; bevorzugt bewaldete Hügellandschaften, Talhänge im Tiefland und offenes Gelände in Wassernähe, nistet an Waldrändern, auf Bäumen, baut selbst, polstert seinen Horst mit trockenem Dung und Mist, Papierfetzen und Fellresten, legt im April 2–3 Eier.

Der Rote Milan ist ein Buschklepper, Niederwildjäger und Aasfresser. Gern begnügt er sich mit Käfern, Heuschrecken, Regenwürmern, Erdraupen, Lurchen, Echsen, Schlangen, Mäusen und Maulwürfen. Außerdem betätigt er sich als ein lästiger Schnorrer und Bettler, bedrängt die mit Beute zum Horst fliegenden Falken oder jagt die Krähen vom Aas. Von einem König hat er also herzlich wenig an sich, hält auch gar nichts auf sein Ansehen, sondern spielt wie sein schwarzer Vetter den Straßenkehrer und Müllräumer.

Schwarzbrauner Milan (Milvus migrans): Vorwiegend Sommervogel; bewohnt in etlichen Unterarten Afrika, fast ganz Europa – mit Ausnahme des Nordens – und verbreitet sich über Asien bis nach Australien; Länge 55–56 cm; ist dem Wasser zugetan, nistet oft auf Strominseln und in Auwäldern, in den Tropen oft innerhalb der Ortschaften, baut seinen Horst in halber Wipfelhöhe zwischen Stamm und Ast, brütet im April/Mai, ruft trillernd und schnatternd, gleicht im Wesen dem Roten Milan. Diese Greifvögel sind sehr selten geworden.

Die Weihen

Wie die Milane zählen auch die Weihen zu den schwachen Buschkleppern unter den Habichtartigen. Mit ihren Gesichtsschleiern, ihren stark befiederten, dünnen Krummschnäbeln und ihrem matten niedrigen Gaukelflug erinnern sie an die Eulen, und sie jagen ebenfalls gern in der Dämmerung und schlagen hauptsächlich Bodengetier. Nur während der Balzspiele tummeln sie sich hoch in der Luft, ziehen weite Kreise, schrauben sich in Spiralen empor, üben sich in Purzelbäumen und vergnügen sich überhaupt in allen nur denkbaren Flugkapriolen.

Rohrweihe (Circus aeruginosus): Teilzieher; bewohnt in 8 Unterarten ganz Europa – mit Ausnahme des Nordens – sowie Afrika, Asien und Australien; Länge 48–56 cm; bevorzugt Moore, Sümpfe und Moräste, nistet vor allem im Röhricht, baut ei-

Aus einer Höhe bis 35 Metern stürzt sich der Fischadler ins Wasser und greift seine Beute. Die Krallen können sich sogar so tief in den Fischleib bohren, daß es diesem Greifvogel nicht mehr möglich ist, seine Fänge wieder rechtzeitig zu lösen. Es kommt deshalb immer wieder einmal vor, daß besonders große und starke Fische ihren Jäger unter Wasser ziehen.

nen vom Wasser umgebenen Horst, legt im Mai 4–5 glanzlose grünweiße Eier.

Die Rohrweihe verläßt den Schilfwald tagsüber nicht ohne Not. Möglichst weit vom Ufer entfernt und auf der dem Wasser zugekehrten Seite treibt sie ihr heimliches Wesen, lauert im Röhricht und streicht nur knapp über Boden und Wasserspiegel dahin. Auf diese Weise erspäht sie jeden Schlupfwinkel ihrer Beutetiere, obwohl sich diese überaus heimlich geben. Bei Gefahr sucht sie sich lieber zu drükken als fliegend zu bergen. Vor allem das brütende Weibchen sitzt sehr fest. Es schwingt sich erst unmittelbar vor dem Störenfried auf, umkreist ihn klagend und vergißt ganz ihr sonst so vorsichtiges Wesen.

Kornweihe (Circus cyaneus): Teilzieher; bewohnt Mittel- und Nordeuropa, Mittel- und Nordasien sowie Nordamerika, überwintert in den Mittelmeerländern, in Nordafrika, Indien und China; Länge 43–51 cm; das Weibchen ist oberseits fahl- bis dunkelbraun, unterseits rostgelblich, braun gestreift; hat hornschwarzen Schnabel mit zitronengelber Wachshaut sowie gelbe Augen und Füße; bevorzugt neben Mooren, Brüchen und Wiesen auch Sandküsten und Äcker, nistet oft in Getreidefeldern.

Wiesenweihe (Circus pygargus): Vorwiegend Sommervogel; bewohnt Nordwestafrika, West- und Mitteleuropa sowie Mittelasien, überwintert im tropischen Afrika und Asien; Länge 41–46 cm; Gefieder des Männchens oberseits dunkel asch- bis blaugrau, mit schmaler schwarzer Flügelbinde, unterseits weiß, an Bauch und Schenkeln rostbraun gestreift; hat blauschwarzen Schnabel mit gelber Wachshaut sowie gelbe Augen und Füße; das Weibchen ähnelt sehr dem Weibchen der Korn- und der Steppenweihe; bevorzugt weite Wiesen, die sich zwischen Bächen, Flüssen und Wasserarmen dehnen, nistet in Brüchen und Mooren wie in Heiden und Getreidefeldern, ist geselliger als die anderen Weihen, ruft schrill und klagend „Kek-kek-kek“; wird in Mittel- und Südrußland von der etwas größeren, lichtblaugrauen *Steppenweihe (C. macrourus)* vertreten, die ebenfalls lokal in Trockengebieten vorkommt.

Die Fischadler

Der Systematiker stellt die fast ausschließlich auf Fischnahrung spezialisierten Fischadler zwischen die Weihen und die sogenannten echten Adler und erhebt sie zu einer besonderen Vogelfamilie. Diese Familie ist fast über die ganze Erde verbreitet und wird einzig und allein durch den auch in Deutschland noch brütenden Fischadler, der sechs Unterarten ausbildete, vertreten.

Von allen anderen Greifen unterscheidet sich der Fischadler durch seine Wendezehe. Das heißt, er vermag die äußere Zehe vor- und rückwärts zu drehen. Außerdem befinden sich auf der Unterseite sämtlicher Zehen kleine, scharf zugespitzte, stachelartig abstehende Hornschuppen, die es ihm wesentlich erleichtern, die schlüpfrige und sich sehr heftig wehrende Fischbeute festzuhalten. Dennoch ist der Fischadler fast regelmäßig gezwungen, die besonders langen Krallen gleichzeitig von vier Seiten so tief in den Fischleib zu bohren, daß es ihm oft gar nicht möglich ist, die Fänge wieder zu öffnen. Er muß sie – und damit auch sich – buchstäblich freifressen. Es kommt deswegen immer wieder einmal vor, daß besonders starke und große Fische den Adler unters Wasser ziehen und ertränken.

Zweckmäßigerweise sind die Läufe des Fischadlers auch nicht etwa lang und dick befiedert oder behost, sondern rauh und schuppenartig beschildert.

Fischadler (Pandion haliaetus): In Europa vorwiegend Sommervogel; bewohnt die Mittelmeerküste und die Mittelmeerinseln von Portugal bis nach Sizilien, verbreitet sich etwa von der Elbe und Skandinavien an über ganz Eurasien, streift westwärts bis nach Schottland, Irland und Island; Länge 51–58 cm, spannt bis zu 150 cm!

Aus einer Höhe von 30–50 m stürzt der Fischadler mit angelegten Schwingen gleich einem Geschoß in die Flut. Er fischt also nicht nur obenhin und gleichsam mit den Fängen das Wasser pflügend, sondern taucht tief ein und unter. Wenn er sich kurz darauf, meist mit der glitzernden Beute in den Fängen, wieder emporarbeitet, versprüht er, sich schüttelnd, einen funkelnden Tropfenregen und strebt unverzüglich seinem Kröpfplatz zu. Oft ist ein kahler Ast der Speisetisch. Hier schneidet er säuberlich die Kiemendeckel und die Flossen ab, zieht Darm und Schwimmblase aus dem Fischleib, und führt sich Stück für Stück das Fleisch zu Gemüte. Nach der Mahlzeit putzt er sich ebenso gelassen und umständlich, aber sorgfältig Schnabel und Fang.

Die echten Adler

Die echten Adler sind durchweg größer als der Fischadler. Der sehr kräftige Hakenschnabel und die wahrhaft mächtigen, bis zu den Zehen dicht befiederten Fänge kennzeichnen sie als besonders gut ausgerüstete Jäger, die ihre Beute im schwungvollen Anflug schlagen. Mit der Kraft ihrer Schwingen vermögen sie sehr wohl ein Gamskitz oder ein Wildschaflamm vom Felsensims zu fegen oder wenigstens zu betäuben. Die Hauptbeutetiere aber sind Schneehasen und Murmeltiere sowie Birk- und Schneehühner. Außerdem gehen sie alle gern an Aas und begnügen sich oft mit recht bescheidener Beute.

Stein- oder Goldadler (Aquila chrysaetos): Vorwiegend Jahresvogel; bewohnt in Europa vor allem die Pyrenäen-, Apennin- und Balkanhalbinsel, die Alpen, Schottland, Norwegen und Nordschweden sowie die baltischen Staaten, verbreitet sich über Sibirien und Westasien, Nordamerika und Nordafrika; Länge 76–89 cm, spannt über 200 cm; bevorzugt Gebirgswälder, Felsenwände, Meeresklippen und auch einsame Ebenen, nistet gern auf Felsenvorsprüngen, seltener auf Bäumen.

Vorwiegend von Reptilien ernährt sich der afrikanische Sekretär, auch Kranichgeier oder Schicksalsvogel genannt. Er lebt in den südlichen Savannen und Grassteppen Afrikas. Er bewegt sich auf ungewöhnlich hohen Beinen. Auf der Jagd und auf der Flucht hält er den Oberkörper weit nach vorne gestreckt und startet nur sehr schwerfällig. Im Flug streckt er den Hals weit nach vorne und die Beine zurück. So erinnert er mehr an einen Storch als einen Greifvogel. Seinen Horst baut er häufig in niedrige dornige Bäume. Der Sekretär ist 115 bis 130 cm lang.

Seitdem sich die geschützten Murmeltiere in den Alpen wieder erholt und gut vermehrt haben, wird auch dem deutschen Bergwanderer das seltene Schauspiel zuteil, den Steinadler kreisen zu sehen. Es ist ein unvergeßlicher Anblick, denn dieser Vogel ist das vollkommenste Segelflugzeug der Welt. Mit weitgefächertem und keilförmigem Stoß, mit fingerförmig gespreizten Schwingenenden und unbeweglich ausgebreiteten Flügeln schwebt, gleitet und segelt er hoch über der Gipfelwelt, huscht und rutscht gleichsam an den schwindelnden Graten entlang, kreist lange über den Hochkaren.

Zumeist legt die Adlerin nur zwei Eier. Sie brütet 44 Tage lang, wobei sie der Adler hin und wieder ablöst. Die ausgeschlüpften Jungadler sind zuerst grauweiß, dann weißwollig und etwa 14 Tage lang blind. Erst nach 12 Wochen werden sie flugfähig und tragen dann ein tiefdunkelbraunes Federkleid, das sich von Jahr zu Jahr stärker aufhellt.

Schelladler (Aquila clanga): Vorwiegend Sommervogel; bewohnt Osteuropa und Nordasien, überwintert in Indien, Südwestasien und Ägypten, manchmal auch in Südwesteuropa, vor allem in Südfrankreich, streift westwärts bis nach Schweden und Großbritannien; Länge 66–74 cm; Gefieder einfarbig dunkelpurpurbraun, unterseits etwas heller, mit weißlichem Bürzelfleck; bevorzugt lichte Wälder und Feldgehölze sowie einzelne Bäume in der Nähe von Sümpfen, Seen und Flüssen, nistet hier auf Bäumen, während er in der Steppe auf Büschen horstet; jagt mit Vorliebe Lurche und Reptilien, außerdem Ziesel, Hamster, Maulwürfe, Kaninchen und Hasen.

Schreiadler (Aquila pomarina): Sommervogel; bewohnt das östliche Norddeutschland sowie ganz Osteuropa, den Kaukasus und Kleinasien, überwintert in Afrika; Länge 61–66 cm; Gefieder wie Schelladler, aber etwas heller braun an Scheitel, Flügeldecken und Unterseite sowie oft ohne weißen Bürzelfleck; bevorzugt einsame urige Wälder in Wassernähe, nistet auf Bäumen, legt im Mai/Juni zwei Eier, von denen nach 40 Bruttagen meist nur eins auskommt, jagt vorwiegend Lurche und Reptilien.

Seeadler (Haliaeetus albicilla): Teilzieher; bewohnt in Deutschland vor allem noch die pommersche Ostseeküste, etliche Seen Ostholsteins und der Lübecker Bucht, brütet auch an den Küsten Norwegens, Schwedens und Finnlands, verbreitet sich über Ostpreußen und die baltischen Staaten bis nach Mittel- und Nordasien, Grönland, Island und Nordamerika, ist auch auf Korsika und Sardinien, in Südfrankreich sowie ganz Südosteuropa und Kleinasien zu Hause, wandert im Winter westwärts bis nach Westeuropa; Länge 69–91 cm, spannt bis zu 225 cm; bevorzugt felsige Klippenküsten und einsame Binnenseen, nistet auf Felsklippen und hohen Bäumen, selten einmal auf der Erde, legt im März zwei weiße Eier in sein mächtiges Nest.

In Deutschland horsten die Seeadler vorwiegend dort, wo auf freier Marsch oder Heide in Meeresnähe gewaltige Kiefern und Eichen stehen. Hier haben sie Sicht und Weite und können nicht überrumpelt werden. Denn so kühn und gewalttätig die Seeadler sind, dem Menschen, der sie unerbittlich verfolgte, weichen sie aus, wenn es nur irgendwie möglich ist. Sie versuchen nicht einmal, ihren Horst, ihre Eier oder Jungen zu verteidigen.

Weißkopfseeadler (Haliaeetus leucocephalus): Bewohnt Nordamerika; Länge 68–76 cm, spannt bis zu 210 cm; Gefieder dunkelbraun, am Kopf, Hals und dem abgerundeten Schwanz weiß; legt von Dezember bis April 2–3 weiße Eier.

Der Weißkopfseeadler oder „Bald Eagle" ist der Wappenvogel der Vereinigten Staaten.

Harpie oder Harpyie (Harpia = Thrasaeutus harpyia): Bewohnt Südamerika von Mexiko bis nach Brasilien und Bolivien; Länge etwa 100 cm; Gefieder oberseits schwarz, mit grauem Kopf und Hals, unterseits weiß, an der Oberbrust schieferschwarz, am Bauch schwarzgetüpfelt, und an den Schenkeln schwarz quergewellt; hat rotgelbe Augen, schwarzen Schnabel und gelbe Beine mit riesigen schwarzen Krallen; bevorzugt die tropischen Regenwälder, liebt die Flußufer und nistet auf den höchsten Bäumen.

Wie der Habicht ist die Harpie ein schneller Überrumplungsjäger, der kurze Strecken pfeilschnell dahinschießt, die Beutetiere mit großer Wucht anfällt und gleich einem Geschoß trifft. In dem ungemein hohen und scharfrandigen Schnabel wie in den außerordentlich langen, starken und sichelförmig gebogenen Krallen hat dieser Greif ungewöhnlich wirksame Waffen mitbekommen.

Affenadler (Pitecophaga jefferyi): Bewohnt vor allem die Philippinen-Inseln Samar, Luzon, Mindanao und Leyte; Länge 90–100 cm; Gefieder oberseits braun, licht gerandet, an Kopf, Nacken und Unterseite gelbbräunlich aufgehellt; hat klare bläulichgelbe Augen und ganz ungewöhnlich hohen, schmalen und langen Krummschnabel sowie ebenso gewaltige Fänge.

Dieser große starke Adler, der die unzugänglichsten Bergwälder der vier erwähnten Philippinen-

Der Weißkopfseeadler lebt in Nordamerika und erreicht eine Länge von 68 bis 76 cm. Die Spannweite kann bis zu 210 cm betragen. Das Gefieder am Kopf ist dunkelbraun, am Hals und an dem abgerundeten Schwanz ist es weiß. Vom Dezember bis April legt das Seeadler-Weibchen drei weiße Eier.

Inseln bevorzugt, wurde erst im Jahre 1894 entdeckt. Er ist fast so groß wie eine Harpie, aber wesentlich schlanker, hat stark gerundete Schwingen und darf gleich unserem Habicht als ein besonders schneller Überrumplungsjäger angesehen werden. Seine Hauptbeute scheinen die auf den Inseln häufigen Makaken zu sein. Der erste lebende Affenadler kam im Jahre 1909 nach London.

Schlangenadler (Circaetus gallicus): Teilzieher; bewohnt Süd- und Mitteleuropa, fehlt weitgehend in ganz Deutschland, verbreitet sich über Nordafrika und Asien, streift nordwärts bis nach Finnland und Schweden; Länge 63–69 cm; Gefieder oberseits graubraun, mit schwärzlichen Handschwingen, an Kropf und Oberbrust lebhaft hellbraun, sonst unterseits reinweiß, nur spärlich hellbraun gefleckt; hat weiße Stirn, Kehle und Wange, wolligen weißen Gesichtsschleier, gelbe Augen, bläulichschwarzen Schnabel und lichtblaue Füße; kennzeichnet sich durch großen Kopf, langen, undeutlich dunkelgebänderten Schwanz und weiße Unterflügel; bevorzugt einsame urige Wälder mit unberührten Blößen und Wiesen, auch Gebirgshänge und Schluchten sowie sumpfige Ebenen.

Der tatsächlich auf Lurche und Reptilien spezialisierte Schlangenadler zählt wie der Seeadler, die Harpie und der Affenadler schon nicht mehr zu den „echten" Adlern. Im Aussehen erinnert er an eine große Eule. Sein Flug ist fast majestätisch.

Die Sekretäre

Ebenfalls ein Freund der Reptilienkost ist der afrikanische Sekretär, Kranichgeier oder Schicksalsvogel, der seine Familie ganz allein vertritt. Ebenso gewichtig wie gravitätisch schreitet er auf ungewöhnlich hohen Läufen durch die Grassteppen und Savannen, trägt den Kopf ziemlich hoch und bewegt ihn nicht weniger gemessen vor und zurück. Auf der Jagd wie auf der Flucht schießt er mit weit vorgebeugtem Oberkörper pfeilschnell dahin und entschließt sich tatsächlich nur widerwillig zum Auffliegen. Im Flug streckt er den Hals vor und die Läufe stracks zurück, so daß er eher an einen Storch als an einen Greif erinnert. Seinen Horst baut er gern in niedrige dornige Bäume.

Sekretär (Sagittarius serpentarius): Bewohnt die Steppen Afrikas südlich der Sahara; Länge 115–130 cm, wovon gut die Hälfte auf die langen mittleren Schwanzfedern kommt; Gefieder oberseits licht aschgrau, bräunlich überflogen, der Nakkenschopf, die Schwingen und die Unterschenkel schwarz; hat graubraunes Auge, dunkelhornfarbenen, an der Spitze schwarzen Schnabel mit dunkelgelber Wachshaut und orangegelbe Läufe; das etwas größere Weibchen kennzeichnet sich durch kürzeren Schopf und Schwanz, lichteres Gefieder, braunweiß gebänderte Schenkel und weißen Bauch.

Die Geier

Wir können uns nicht deutlich genug vor Augen rücken, daß weite tropische Gebiete unserer Erde allein durch die Geier vor einer beispiellosen Verpestung bewahrt bleiben. Ohne Übertreibung kann gesagt werden, daß sich kein Mensch in ganz Kleinasien, Syrien, Palästina, Arabien, Persien, Turkmenien, Afghanistan sowie in anderen weiten Teilen Afrikas und Asiens aufzuhalten vermöchte, wenn es diese starken Gierschnäbel, diese nackten Schlinghälse, diese eklen Eingeweidewühler und starken Knochenbrecher nicht gäbe. Und es spricht für die hohe Einsicht der alten Kulturvölker wie der primitiven Jägervölker, daß sie die Geier ungeachtet ihrer Häßlichkeit und ihres eklen Gewerbes mit heiliger Scheu betrachteten und ihnen jeglichen Schutz angedeihen ließen. Denn die Geier allein ersparten den Menschen jener Zonen die Schaffung von Bedürfnisanstalten, von Kanalisationsanlagen und Klärbecken. Die Geier standen ihnen praktisch zur Verfügung, noch ehe die Abfallstoffe überhaupt anfielen, und sie betätigen sich zu allem Überfluß auch noch als eifrige Kammerjäger und vertilgen Mäuse wie Ratten, Heuschrecken wie Vielfüßler, Schlangen wie Echsen.

Schmutzgeier (Neophron percnopterus): Teilzieher; bewohnt ganz Südeuropa, Afrika, West- und Südasien, streift nordwärts über Deutschland, Österreich und die Schweiz bis nach Ostpreußen, Dänemark und Großbritannien; Länge 58–66 cm; Gefieder schmutzigweiß, mit struppiger weißer Halskrause und schwarzen Handschwingen; hat nackte orangegelbe Kopf- und Kehlhaut, rotbraune oder licht erzgelbe Augen, an der Spitze hornblauen, sonst gelben Schnabel und lichtgraue Füße.

Der rabenähnliche Schmutz-, Kot- oder Aasgeier, der Racham oder Alimosch der Moslems, den das Volk die „Henne der Pharaonen" taufte, ist wohl der kleinste, zugleich aber der geachtetste unter allen Geiern. Er ist überall, wo Menschen hausen, nistet vertraut auf den Pyramiden und Moscheen, den Pagoden und Grabdenkmälern, den Dachgärten und Gartenbäumen. Stilecht verwendet er zum Bau des starken Horstes so manchen Abfallstoff und polstert die Mulde mit Lumpen. Weniger wählerisch noch als seine großen Vettern, frißt er praktisch alles, dessen sich der Mensch entledigt, angefangen von den Abfällen der Schlachthäuser und Abdeckereien bis zu den Exkrementen von Mensch und Haustier. Er reinigt die Wasserläufe von Kadavern, räumt die Lagerplätze auf, folgt den Karawanen, belagert die Zelte wie die Hütten und nimmt selbst noch mit der blutgetränkten Erde vorlieb. In ganz Afrika und noch in Südspanien ist Menschenkot sein Alltagsfraß. Außerdem jagt er Mäuse und Insekten. In Mittel- und Westafrika vertritt ihn in den Ortschaften der etwas größere, dunkel erdbraune, blaurotköpfige *Kappengeier (Necrosyrtes monachus)*, der fast als ein Haustier angesprochen werden kann.

Gänsegeier (Gyps fulvus): Vorwiegend Jahresvogel; bewohnt in Europa die Gebirge in-

Der Kondor lebt in den Anden von Ekuador, Peru, Bolivien und Chile in Höhen zwischen 3000 und 7000 m. Er ist Aasfresser und schlägt nur gelegentlich junge und schwache Wirbeltiere.

Spanien und Nordportugal, Südfrankreich, Sardinien, Sizilien, Norditalien, Griechenland und in den Balkanländern, verbreitet sich über Nordafrika und Westasien, streift nordwärts über Österreich und Deutschland bis nach Finnland, Dänemark und Großbritannien; Länge 97 bis 104 cm, spannt 260 cm; Gefieder sandfarben bzw. fahlbraun, mit schwarzem Flügel und Schwanz, am Kopf und Hals weißbedunt, trägt pelzartige weiße Halskrause; kennzeichnet sich im Flug durch sehr lange breite Flügel mit weitgespreizten Handschwingen und auffällig kurzen, dunklen, rechteckig endenden Schwanz; hat lichtbraune Augen, rostfarbenen Schnabel mit bleigrauer Wachshaut und bräunlichgraue Füße; findet sich, obwohl er ursprünglich ein Gebirgsvogel war, heute auch in der Ebene, wenn dort nur Felsenklippen vorhanden sind, nistet gesellig in Höhlen und Nischen.

Mönchs- oder Kuttengeier (Aegypius monachus): Vorwiegend Jahresvogel; bewohnt Südwest- und Südosteuropa einschließlich der meisten Mittelmeerinseln, Nordafrika, Klein- und Zentralasien, streift durch ganz Mitteleuropa bis nach Dänemark und ins Baltikum; Länge 99–107 cm, spannt bis zu 270 cm; Gefieder düster rußbraun, mit starker, wirrer brauner Halskrause und nacktem bläulichfleischfarbenem Hals; hat braune Augen mit nacktem violettem Ring, rötlichvioletten Schnabel mit blauer Spitze und Wachshaut sowie fleischfarben-violette Füße; bevorzugt einsame Berge und Hochebenen, nistet vorwiegend auf hohen Bäumen, selten in Felsnischen.

Bart- oder Lämmergeier (Gypaetus barbatus): Vorwiegend Jahresvogel; bewohnt die Hochgebirge in Spanien, Korsika, Sardinien, Sizilien sowie auf der Balkanhalbinsel, war bis vor 100 Jahren auch in den Alpen heimisch, wo erst neuerdings wieder einige wenige Exemplare übersommern, verbreitet sich über Afrika, Vorder- und Mittelasien bis nach Westchina, streift bis nach Frankreich und Italien; Länge 102–114 cm, spannt 250 cm; Gefieder oberseits schwarz, grau überflogen, unterseits hell rostgelblich, mit rostfarbener Brust; kennzeichnet sich im Flug durch betont lange schmale und gewinkelte Flügel sowie langen keilförmigen Schwanz; hat vorn weißen, hinten rostgelben Kopf mit auffälligem schwarzem Bocksbart und schwarzem Zügelstreif; die Augen sind silberweiß und haben mennigrote Ringe, der Schnabel ist horngrau, an der Spitze schwarz, der Fuß bleigrau; bevorzugt hohe einsame Bergketten, nistet in unzugänglichen Höhlen steiler Felswände und Abgründe, legt zwei Eier, brütet gemeinsam etwa acht Wochen lang.

Die Neuweltgeier

Obwohl die Geier der Neuen Welt ebenfalls waschechte Aasfresser sind, behandelt sie der Ornithologe doch als eine von den Geiern der Alten Welt getrennte Familie. Denn alle fünf Gattungen und sechs Arten dieser riesigen amerikanischen Geier kennzeichnen sich durch das Fehlen der Nasenscheidewand, haben zweifellos einen gut entwickelten Geruchssinn und sind gänzlich stimmlos. Sonst aber sind auch bei ihnen Kopf und Oberhals nackt bzw. mit feinsten Dunen befiedert oder auffällig mit bunten kammartigen Hautgebilden geschmückt. Übereinstimmend ist das Männchen regelmäßig größer als das Weibchen.

Kondor (Vultur gryphus): Bewohnt die Anden von Ekuador, Peru, Bolivien, Chile und Patagonien in Höhen zwischen 3000–7000 m; Länge 100–115 cm, spannt bis zu 275 cm; Gefieder schwarz, schwach dunkelstahlblau glänzend, mit mattschwarzen Flügeln und weißen Außenfahnen der Armschwingen; trägt haarig-wollige weiße Halskrause und das Männchen außerdem einen hohen Hautkamm, der sich von der Schnabelwurzel bis über den Scheitel zieht, sowie rote häutige Kehllappen; hat fleischroten Hals, blaßroten Kropf, feurig karminrotes Auge, horngelben Schnabel und dunkelbraune Füße.

Der Kondor, dieser „König der Anden", ist doch vorwiegend ein Aasfresser und schlägt nur gelegentlich einmal junge und schwache Wirbeltiere. Dem Menschen wurde er nie gefährlich. Ungewöhnlich ist bei ihm das der Begattung vorausgehende Balzspiel, bei dem „er" mit an den Hals gepreßtem Kopf und ausgebreiteten Flügeln regelrecht zu tanzen beginnt und ein seltsames motorenähnliches Geschnarch von sich gibt. Rund um das Weibchen zieht er seine Kreise, bis auch dieses zu tanzen anfängt und schließlich seine Paarungsbereitschaft kundgibt.

Der dürftige, sehr flüchtig gebaute Horst steht in einer Nische auf unzugänglichen Felswänden und über schwindelnden Abgründen. Oft legt das Weibchen seine zwei Eier auf den nackten Stein. Gemeinsam mit dem Gatten brütet es rund 65 Tage lang.

Königsgeier (Sarcoramphus papa): Bewohnt die Wälder und die baumbestandenen Ebenen Südamerikas von Texas und Mexiko bis nach Nordargentinien; Länge etwa 80 cm; Gefieder für einen Geier ungewöhnlich bunt, oberseits lebhaft rötlichweiß, mit schwarzem Flügel und Schwanz sowie grauem Schwingensaum, unterseits reinweiß; trägt eine graue Halskrause, hat gelben Kopf und Hals, fleischrotes Gesicht und roten Scheitel, dunkelrote rundliche Warzen hinter und unter den Augen sowie einen gleichgefärbten häutigen Faltenwurf, der sich bis zum Hinterkopf hinzieht, und endlich einen hohen lappigen schwärzlichen Kamm, den auch das ausgewachsene Weibchen besitzt; das Auge ist silberweiß, der Schnabel am Grunde schwarz, in der Mitte lebhaft rot, an der Spitze gelblichweiß, die Wachshaut gelb und der Fuß schwarzgrau.

Die Falken

Die Falken töten nicht mit den Fängen, sondern mit dem bezahnten Schnabel. Dieser Schnabel ist nicht nur breiter und kräftiger als der der anderen Greife, sondern kennzeichnet sich vor allem durch den sogenannten „Falkenzahn", einen Haken im Oberschnabel, der genau in eine gegenüberliegende Scharte des Unterschnabels paßt. Ziel des zumeist sofort tödlich wirkenden Schnabelhiebes ist die Halswirbelsäule. Die Trennung dieser Wirbel an nur einer Stelle genügt, das Opfer schlagartig zu lähmen und zu betäuben.

Baumfalke (Falco subbuteo): Sommervogel; bewohnt ganz Europa – mit Ausnahme des hohen Nordens –, weite Teile Asiens und Nordwestafrikas, überwintert im tropischen Afrika sowie in Nordwestindien; Länge 30–36 cm; bevorzugt Feldgehölze, lichte Wälder, Waldränder

Die Falken töten nicht mit den Fängen, sondern mit dem Schnabel. Dieser ist nicht nur breiter und kräftiger als der von anderen Greifvögeln, sondern fällt durch den „Falkenzahn" auf, einem Haken im Oberschnabel, der genau in eine Scharte des Unterschnabels paßt. Ziel des meist tödlich wirkenden Hiebs ist die Halswirbelsäule. Der Turmfalke (Bild) ist in ganz Europa zu finden, sowie in weiten Teilen Asiens und Afrikas. Er bevorzugt Moore, Wiesen und Felder. Häufig nistet er auch in Städten.

und Ödland wie Kulturland mit Baumbestand, nistet auf Bäumen, meistens in alten Krähennestern.

Der Baumfalke ist der schnellste Flieger unter allen unseren einheimischen Vögeln. Mühelos erjagt er die Lerche, die Schwalbe, den Mauersegler sowie die ungemein schnellen großen Libellen und soll dabei eine Stundengeschwindigkeit von mehr als 100 km erreichen.

Erst im Juni ist das Gelege von 4–5 rotgewölkten Eiern vollzählig. Das Weibchen brütet 4 Wochen lang und wird vom Männchen gefüttert, auch kurzfristig abgelöst. Die Jungen sind zuerst in ein weißes Dunenkleid gehüllt. Auch sie bekommen Insekten und zarte Vögel dargereicht. Wenn sie nach rund 5 Wochen voll flugfähig sind, erhalten sie von den Alten einen regelrechten Jagdunterricht. Erst müssen sie lernen, das Futter im Fluge und in allen nur denkbaren Lagen abzunehmen. Später lassen die Alten gefangene Insekten oder einen noch zappelnden Vogel über den Jungen fallen, den diese dann im Sturz aufzufangen haben.

Wander- oder Edelfalke (Falco peregrinus): Teilzieher; bewohnt in zahlreichen Rassen fast die ganze Erde, verdient bei uns seinen Namen nicht, da er meist ein standorttreuer Jahresvogel und nur in den nördlichen Zonen Europas ein Zugvogel ist; Länge 38–48 cm, Männchen taubengroß, Weibchen krähengroß; Gefieder oberseits hellschiefergrau, dunkel dreieckig und bandartig gefleckt, mit schwärzlichem Scheitel, unterseits lehmrötlichweiß, eng schwarz gebändert bzw. herzförmig gefleckt; kennzeichnet sich durch breiten lappenförmigen schwarzen Bartstreif; hat dunkelbraune Augen mit nacktem gelbem Ring, hellblauen Schnabel mit schwarzer Spitze und gelbgefärbten Füßen.

Zweifellos ist der fast ausschließlich im Flug schlagende Wander- oder Edelfalke ein passionierter Tauben-, Krähen-, Rebhuhn- und Entenjäger. Während ihm aber die Jagdbeflissenen mit wachsender Nachsicht begegnen, möchten ihn die Brieftaubenzüchter noch immer ausrotten. Wie alle Sportler nehmen sie dagegen die hohen Ausfälle an wertvollen Tauben, die sie durch ihre Rekordsucht erleiden, klaglos in Kauf.

Der Wanderfalke nistet nicht nur auf Bäumen, sondern auch an Felswänden und auf Felsspitzen sowie in Steinbrüchen und Ruinen. Sich selbst einen Horst zu bauen, vermag er nicht. Seine drei bis vier Eier legt das Weibchen im April und brütet sie im Wechsel mit dem Männchen in reichlich vier Wochen aus. Seinem Revier hält das Paar die gleiche Treue wie sich selbst.

Stärker auf den mittelmeerischen Raum beschränkt ist der *Rötelfalke (F. naumanni)*, der sich über Mittelasien bis nach Nordchina verbreitet; Länge 30 cm; Gefieder oberseits leuchtend rotbraun, mit blauem Kopf, Flügel und Schwanz; wurde zum Kulturfolger wie der Turmfalke.

Merlin (Falco columbarius): Teilzieher; bewohnt Nordeuropa, Nordasien und Nordamerika, zieht im Winter durch ganz Europa bis ans Mittelmeer; Länge 27–33 cm; Gefieder asch- bis schieferblau, mit breiten schwarzen Schwanzbinden, unterseits rostbraun bis rostgelb, schwarz längsgestreift, an Kehle und Gurgel reinweiß; kennzeichnet sich durch rostgelbes Augen- und Nackenband; hat dunkelbraune Augen mit zitronengelben Lidern, blauen Schnabel mit gelblichgrüner Wurzel und orangegelbe Füße; bevorzugt die nordischen Moore und Tundren wie die Meeresklippen und Sanddünen, nistet auf der Sandheide, auf Felsvorsprüngen und in alten Krähennestern, legt 4–5 Eier.

Turmfalke (Falco tinnunculus): Teilzieher; bewohnt ganz Europa sowie weite Teile Asiens und Afrikas; Länge 34 cm; das Weibchen ist oberseits rostbraun, schwarz quergebändert und hat keinen grauen, sondern einen rostfarben gebänderten Schwanz; bevorzugt Moore, Wiesen und Felder, oft in Stadtnähe, nistet in Gebäuden aller Art, auf Felsen, gelegentlich in Krähen- und Elsternnestern.

Die Gänse- und Entenvögel

(Lamellirostres = Anseriformes)

Selbst dem Großstädter sind eine verhältnismäßig hohe Anzahl von Gänse- und Entenvögeln recht vertraute Erscheinungen. Angefangen von den Högker-, Sing- und Schwarzhalsschwänen über die Höcker-, Nonnen- und Spiegelgänse bis zu den verschiedensten Schwimm-, Tauch- und Glanzenten sieht er sie auf vielen Parkteichen sowie in allen Tiergärten und lernt sie besser kennen als die Hausenten und Hausgänse.

Unverkennbar ist bei den meisten der flache breite Schnabel, dieser fühlsame Seiher, den keine harte Hornscheide, sondern eine weiche und nervenreiche Haut überzieht. Deutlich ist an seiner Spitze der sogenannte Nagel, eine kleine feste Hornplatte, zu sehen, die sich oft hakenförmig krümmt. Die Ränder dieses Schnabels weisen eine Reihe feiner Hornzähnchen sowie parallel zueinander stehende Hornlamellen auf, die zusammen mit den gefransten oder bezahnten Zungenrändern ein brauchbares Sieb darstellen. Dieses Sieb läßt das vom schlabbernden Schnabel aufgenommene Wasser ablaufen und hält die pflanzlichen und tierischen Nährstoffe damit zurück.

Der Höckerschwan lebt an Seen und Meeresküsten in Europa und Teilen Asiens. Er bekam seinen Namen nach einem Höcker über der schwarzen Schnabelwurzel. Der weiß-gefiederte Höckerschwan wird 160 cm lang, seine Flügelspannweite beträgt bis zu 235 cm. In der Brutzeit ab Ende Mai zeigt sich das Männchen sehr angriffslustig, auch Menschen gegenüber.

Fast durchweg sind die Gänse- und Entenvögel dem feuchten Element verhaftet. Die Schwimmhäute zwischen den drei Vorderzehen kennzeichnen sie als gut schwimmende und tauchende Wasservögel. In Wassernähe wird auch gern und häufig genistet.

Die echten Balz- und Paarungsspiele sind bei den verschiedenen Gattungen und Arten sehr individuell ausgeprägt. Die Männchen besitzen ein Begattungsorgan, das sich handschuhfingerartig hervorstülpt und versteift. Ein ähnliches Organ finden wir in der ganzen Vogelwelt nur noch bei den afrikanischen Straußen sowie den südamerikanischen Hokko- und Steißhühnern.

Die Gänse- und Entenvögel sind in zwei Familien und vielen Gattungen mit rund 200 Arten über die ganze Erde verbreitet.

Als ein sehr begehrtes Wild werden die Gänse- und Entenvögel in allen Ländern der Erde noch heute alljährlich zu Millionen abgeschossen. Etliche Gattungen und Arten sind in ihrem Bestand bereits so ernstlich bedroht, daß es höchste Zeit wird, Schutzmaßnahmen zu treffen.

Die Entenvögel

Zur Familie der Entenvögel gehören die *Spaltfußgänse (Anseranatidae)*, die *Gänsevögel (Anserinae)* und die *Entenvögel (Anatinae)*. Eine eigene zweite Familie bilden die *Wehrvögel (Anhimidae)*, die in Europa nicht vorkommen.

Die Spaltfußgänse

Die Spaltfußgänse sind ungewöhnlich hochbeinig und langhalsig. Ihre nur knapp über die Wurzelteile der Zehen reichenden Schwimmhäute wirken tief gespalten und gaben dieser Familie den Namen. Die Hinterzehe ist auffällig lang und sehr tief angesetzt. Dieser gleichsam nur angedeutete Schwimmfuß ermöglicht ihnen das Aufbaumen und das Sitzen auf Ästen. Ganz eigentümlich ist die Lage der stark verschlungenen Luftröhre zwischen der Brustmuskulatur und der Haut. Heinroth nennt sie eine „Außenbord-Luftröhrentrompete" und weist auch noch auf die abweichende Bildung des hinteren Brustbeines hin. Eine weitere körperliche Eigenheit ist die mächtige Knochenleiste auf dem Scheitel, die fast kasuarähnliche Ausmaße annimmt. Und nochmals einmalig unter allen Gänse- und Entenvögeln ist die wechselseitige Mauser der Schwingen.

Spaltfußgans (Anseranas semipalmata): Bewohnt Neuguinea und Nordaustralien; wird bis zu 5 Pfund schwer; Gefieder schwarz, mit weißem Vorderrükken und Bauch sowie weißen Schultern; das nackte Gesicht, der Schnabel und die Füße sind trüb orangegelb; sträubt die Scheitelfedern schopfartig; bevorzugt Sümpfe und Moore, schwimmt wenig, nistet vorwiegend am Boden im Schilf, brütet 35 Tage lang, baumt zum Schlafen auf.

Die Gänsevögel

Bei den Gänsen tragen Männchen und Weibchen das gleiche Federkleid und ähneln sich überhaupt so sehr, daß es für den Beobachter oft gar nicht leicht ist, die Geschlechter auseinander zu halten. Die Bestimmung ist um so schwerer, da beide Geschlechter fast das gleiche Balzgebaren haben und sich auch in ihren Verhaltensweisen außerordentlich ähneln.

Im Gegensatz zu den Enten mausern sich die Gänse nur einmal im Jahr, haben also kein besonderes Ruhekleid. Ebenso fehlen ihnen allen die metallisch glänzenden Gefiederteile sowie die sogenannten Spiegel an den Flügeln. Die Läufe und Zehen sind mit kleinen sechseckigen Schildchen eng bekleidet.

Die Schwäne

Die Schwäne sind die größten Gänsevögel, sind hervorragende Schwimmer, aber nur leidliche Taucher und an Land im allgemeinen recht schwerfällige Watschler. Erstaunlich leicht liegt ihr gewichtiger grober Leib dagegen auf dem Wasser, und gefällig wird der überaus lange schlanke Hals getragen. Die kräftigen Ruderstöße der starken Schwimmfüße lassen das große schneeweiße Federboot ebenso elegant wie flott dahingleiten. Oft wird der eine Schwimmfuß nach hinten ausgestreckt und die Schwimmhaut gleichsam gesonnt. Das Aufschwingen zum Flug geht mit viel Getöse, heftigem Wassertreten und rauschend-polterndem Flügelschlagen vor sich.

Höckerschwan (Cygnus olor): Teilzieher; bewohnt vor allem noch die Seen in Ostpreußen, Dänemark, Großbritannien, Irland, Südskandinavien und verbreitet sich über Mittel- und Südrußland bis zur Mongolei und dem Khankasee in Ostsibirien, streift nordwärts über Finnland bis nach Norwegen und südwärts über Westeuropa bis nach Spanien, überwintert an geschützten Meeresküsten von der Nordsee bis zum Mittelmeer; Länge 152–160 cm, spannt bis zu 235 cm; Gefieder reinweiß; kennzeichnet sich durch ein hökkerartiges schwarzes Hautgebilde an der Schnabelwurzel und den anmutig gebogenen Hals; hat braune Augen, orangefarbenen Schnabel, bräunliche bis schwarze Füße; nimmt bei Gefahr die ihm eigene Drohstellung ein, wobei er den Hals stark biegt, den tiefgesenkten Kopf fest anpreßt und die Flügel segelartig wölbt und aufstellt; das Weibchen ist meist nur am etwas dünneren Hals und der geringeren Größe zu erkennen.

Ende Mai sind gewöhnlich die 5–7 hellgrünen bis grünlichgrauen Eier versammelt und werden vom Weibchen allein gut fünf Wochen lang bebrütet. Das eifrig wachehaltende Männchen, das gleich einer kampfbereiten Fregatte vor dem Nest schwimmt, zeigt sich jetzt sehr angriffslustig, auch dem Menschen gegenüber, und ist ein durchaus ernst zu nehmender Gegner. Gereizte Schwanenmännchen haben schon mehrmals spielende Kinder ins Wasser gezogen und ertränkt! Angreifende Hunde und Füchse werden regelmäßig so

Die Graugans lebt in Mooren in der Nähe von Wiesen und Äckern oder auch an trockenen Stellen in Sumpf und Schilf. Sie ist die Wildgans schlechthin und die Stammform unserer Hausgänse. Die graugefiederte Gans wird bis zu 89 cm lang. Sie ernährt sich vor allem von Gras-Keimen, zarten Kräutern, Wurzeln und Feldfrüchten.

jämmerlich verprügelt, daß sie nie wieder an solche Scherze denken. Auch sie werden schließlich gar nicht selten unter Wasser gedrückt. Ein Schlag mit dem starken Flügelbug kann selbst einem erwachsenen Menschen den Arm brechen.

Die Anfang Juli ausschlüpfenden Jungen tragen zuerst ein graues Dunenkleid. Während der ersten Ausfahrten erklettern sie gern den Rücken der Altvögel und bergen sich hier in den warmen Federtaschen. Anfangs bekommen sie von den Eltern die vom Gewässergrund heraufgeholten Pflanzenstoffe auf die Wasseroberfläche gelegt. Schon bald aber sind sie imstande, sich selbst mit Wasserpflanzen, Würmern, Insektenlarven, kleinen Lurchen und Fischen zu ernähren. Ende Oktober/Anfang November können sie auch schon fliegen. Nach der Mauser im Spätherbst bekommen sie ein graubraunes Jugendkleid, das sich von Jahr zu Jahr aufhellt und erst nach Eintritt der Geschlechtsreife, also im vierten Lebensjahr, blendendweiß wird. Erst dann erhält auch der bis dahin fleischfarbene Schnabel die kräftige Orangetönung und erhebt sich über seiner schwarzen Wurzel der kennzeichnende Höcker.

Nahe Verwandte des Höckerschwans sind:

der *Singschwan (Cygnus cygnus)*, der in den arktischen Tundren und Mooren brütet; Länge 152–154 cm; Gefieder reinweiß; trägt den verhältnismäßig kurzen dicken Hals steil aufgerichtet und steif, hat höckerlosen schwarzen Schnabel mit gelber Wurzel, ist sehr rauflustig und läßt verschiedene Trompetenrufe vernehmen, die sich aus der Ferne wie Glockengeläut anhören;

der *Trompeterschwan (C. buccinator)* aus Nordamerika, wo die letzten Vögel dieser aussterbenden Art im Yellowstone-Park, in Wyoming, am Red Lock Lake und in Montana brüten; Länge 152 cm, Gefieder reinweiß, hat schwarzen Schnabel;

der *Trauerschwan (C. atratus)* aus den australischen Binnengewässern; Länge 100 cm; Gefieder braunschwarz mit reinweißen Hand- und Armschwingen; hat eigenartig gekräuselte Oberarmschwingen, karminroten Schnabel mit weißer Querbinde und weißem Nagel, scharlachrote Augen und schwarze Füße; läßt oft seine trompetende Stimme vernehmen, wobei er den Hals flach aufs Wasser legt; ist im Bestand ernstlich bedroht.

Die Feld- und Meergänse

Die Wildgänse sind merklich kleiner als die Schwäne und unterscheiden sich außerdem klar durch höhere Beine und kürzere Hälse. In der Nähe wird deutlich, daß ihr Schnabel kein flacher Seiher, sondern mehr ein Weideschnabel ist. Denn die lauftüchtigen Gänse sind viel weniger als die Schwäne, Enten und Säger an das Wasser gebunden. In den Nächten wandern sie vielmehr weit über die Wiesen, Äcker und Felder, um hier keimende Gräser, schoßendes Getreide, frischen Klee und zarte Kräuter sowie allerlei Sämereien, Wurzeln und auch Feldfrüchte zu verzehren. Natürlich halten sie sich als gute Schwimmer, die sich weithin durch ihren geringen Tiefgang und das auffällig hohe Heck von den Enten unterscheiden, auch an Wasserpflanzen. Vor allem in der Brutzeit bevorzugen sie die Nähe der Gewässer und führen diesen auch die frischgeschlüpften Jungen schon am zweiten Lebenstage zu. Die Junggänse schlabbern begeistert Wasserlinsen, lernen das Gründeln und schließlich auch ein wenig das Tauchen. Sie werden von den Alten in der Deckung des Röhrichts gehalten. Erst später dürfen sie die Eltern auf den Weidegang begleiten.

Graugans (Anser anser): Teilzieher; bewohnt in zwei Rassen Island, Schottland, die Küstensäume von Norwegen, Schweden und Finnland, brütet in Mitteleuropa nur noch in Nord- und Ostdeutschland sowie im Burgenland, verbreitet sich über ganz Osteuropa, Mittel- und Nordasien bis nach Kamtschatka, überwintert teilweise im Brutgebiet sowie in Mittel- und Südeuropa bzw. im Schwarzmeergebiet oder in Nordwestindien; Länge 76–89 cm; Gefieder oberseits bräunlichgrau, unterseits gelblichgrau; hat in Westeuropa einen orangefarbenen, in Osteuropa einen fleischfarbenen Schnabel; bevorzugt weite Brüche und Moore in der Nähe von Wiesen und Äckern, nistet im Sumpf und Schilf, jedoch an ausgesprochen trockenen Stellen, brütet gern in lockerer Geselligkeit.

Die Graugans ist die Wildgans schlechthin und die Stammform unserer in Vielehe lebenden Hausgänse. Früher war sie an allen stehenden Gewässern unserer Heimat zu Hause. Heute ist sie fast nur noch in Pommern als Brutvogel anzutreffen. Sie gibt sich außerordentlich vorsichtig und mißtrauisch, hält eine große Fluchtdistanz ein und meidet als kluger Vogel tunlichst jegliche Berührung mit dem Menschen.

Bläß- oder Bleßgans (Anser albifrons): Wintergast; bewohnt in drei Rassen Nordrußland, Nordsibirien, Nordamerika und Grönland, zieht im Herbst durch ganz Europa bis nach Nordafrika und Südasien, überwintert aber vielfach schon im Nord- und Ostseeraum sowie an den Küsten der Adria; Länge 66–76 cm; Gefieder oberseits dunkler braungrau als bei der Graugans, unterseits auffallend groß schwarz quergefleckt; hat weißen Schnabelnagel, weißen Fleck am Schnabelgrund, weißen Steiß, rötlichen Schnabel und orangefarbene Beine; bevorzugt die Tundren, nistet in deren feuchten Niederungen und auf Flußinseln.

Saatgans (Anser fabalis): Zugvogel; bewohnt in vier Rassen Nordost-Eurasien bis ins arktische Ostsibirien, ist bei uns nur Wintergast, zieht von der Nord- und Ostsee quer durch Mitteleuropa bis nach Italien und Griechenland; Länge 71–89 cm; Gefieder oberseits sowie an Kopf und Hals dunkel graubraun bis schwärzlich, unterseits etwas heller, am Bauch bald weißlich;

kennzeichnet sich durch schwarzen Nagel und schwarze Abzeichen am gelben Schnabel sowie durch ein gelegentlich auftretendes feines weißes Band an der Schnabelwurzel, hat orangefarbene Füße; bevorzugt sumpfige Niederungen und Binnengewässer, nistet in der Arktis.

Die Halbschwäne

Eine verbindende Sonderstellung zwischen den Schwänen und den Gänsen einerseits sowie den Baumenten oder Pfeifgänsen andererseits nehmen die südamerikanischen Halbschwäne ein. Wohl ist ihr Hals wesentlich kürzer als der Schwanenhals, wird aber ähnlich wie beim Sing- und Zwergschwan gehalten. Auch die Drohgeste mit angehobenen Ellenbogen erinnert an die Schwäne. Kopf und Schnabel dagegen weisen auf die Baumenten hin.

Halb- oder Coscorobaschwan (Coscoroba coscoroba): Bewohnt Südamerika; Länge 90 cm, Gewicht bis 5 kg; Gefieder reinweiß bis auf die schwarzen Flügelspitzen; hat breiten lackroten Schnabel und rosenrote Füße; läuft so gut wie eine Feldgans; die nach 35 Tagen schlüpfenden Jungen kennzeichnen sich durch eine helle Binde quer über dem Hinterkopf und tragen ein weißlichgraues Dunenkleid mit dunkelgrauen Zeichnungen, erinnern also an die Jungen der Baumenten, die aber nicht so gut schwimmen.

Die Baumenten oder Pfeifgänse

Schon vor vielen Jahren schlug Dr. Hans von Boetticher vor, die sogenannten Baumenten, die durchaus keine echten Baumvögel sind, ihrer angenehmen pfeifenden Rufe wegen doch lieber Pfeifgänse zu nennen. Da sie sich außerdem auf ihren verhältnismäßig hohen und beschilderten Beinen nicht wie die Enten, sondern eher wie Gänse bewegen, gleich jenen in den beiden Geschlechtern das gleichgefärbte Federkleid tragen, gleichfalls in fester Dauerehe für ihr ganzes Leben verbunden sind und überdies noch ähnliche Droh- und auch Triumphgebärden wie die Gänse zeigen, ist der Name Pfeifgans überaus glücklich gewählt.

Das Nest der Pfeifgänse steht häufiger auf der Erde als in Astgabeln oder Baumhöhlen. Es wird nicht mit Dunen ausgepolstert. Die Bebrütung der ovalen weißlichen Eier währt 27–35 Tage. Das Männchen beteiligt sich im Gegensatz zu den bisher beschriebenen Gänsevögeln am Brutgeschäft und nimmt auch lebhaft an der Aufzucht der Jungen teil. Diese zeigen im Dunenkleid tarnende Zeichnungen und die gleiche Hinterkopfbinde wie die jungen Halbschwäne. Nach der Brutzeit schließen sich die Familien zu Schwärmen zusammen. Die vorwiegend pflanzliche Nahrung wird hauptsächlich auf Binnengewässern, und zwar nachtsüber, zusammengesucht. Alle Baumenten schwimmen und tauchen gut, fliegen aber nicht ganz so schnell wie die echten Enten.

Gelbe Baumente bzw. Baumpfeifgans (Dendrocygna bicolor): Bewohnt Amerika von den südlichen Staaten der USA über Mittelamerika bis nach Argentinien, das östliche Afrika sowie Indien und Burma; Länge 47 cm; Gefieder oberseits braunschwarz, braun quergebändert, seitlich hell bräunlichgelb, schwarz längsgezeichnet, unterseits braun; hat blaugrauen Schnabel, braunen Kopf, weißlichen Vorderhals und blaugraue Füße; bevorzugt die Gewässer in offenen Landschaften, versammelt ein Gelege von 12–20 Eiern, tritt während der Zugzeit in riesigen Schwärmen auf und läßt im Flug fast ununterbrochen seine pfeifenden Rufe vernehmen.

Witwenente oder Nonnenpfeifgans (Dendrocygna viduata): Bewohnt das tropische Südamerika und Afrika südlich der Sahara; Länge 45 cm; Gefieder oberseits olivbraun, sanft gelbbraun gesäumt, seitlich weißlich, schwarz quergewellt bzw. gebändert, unterseits schwarz; kennzeichnet sich besonders durch weißes Gesicht und weißen Vorderhalsfleck, rotbraunen Hals, schwarzen Hinterkopf und Nacken; hat blaugraue Füße; nistet auf dem Boden wie in Baumhöhlen, baumt selten auf und versammelt acht bis elf Eier im Nest.

Die Witwenente wird auch Nonnenpfeifgans genannt und lebt in tropischen Gebieten Südamerikas und Afrikas südlich der Sahara. Man erkennt sie gut an ihrem weißen Gesicht und dem weißen Vorderhalsfleck. Die Witwenente nistet auf dem Boden oder in Baumhöhlen. Wie alle Baumenten, die jetzt auch als Pfeifgänse bezeichnet werden, ähnelt ihr Verhalten eher dem der Gänse als dem der Enten. Sie schwimmen und tauchen gut, fliegen aber nicht ganz so schnell wie die echten Enten. Das Männchen beteiligt sich an der Bebrütung der 8–11 Eier und der Aufzucht.

Die Entenvögel

Von den Gänsen unterscheiden sich die Enten durch zahlreiche markante Eigenschaften. Vor allen Dingen mausern sie sich fast alle zweimal im Jahre, und die meisten Erpel prunken während der Paarungszeit in vielfarbigen Prachtkleidern oder sind überhaupt anders gefärbt als die Weibchen. Die Flügel zieren häufig metallisch glänzende oder sonst kontrastreich in Erscheinung tretende Spiegel. Die Vorderseite der Läufe und die Oberseite der Zehen ist mit schmalen Quertafeln bekleidet. Bei den männlichen Enten endet die Luftröhre in einer unsymmetrischen knöchernen Trommel.

Die Glanzenten

Der Reigen der Entenvögel sei mit den altertümlichen und recht ursprünglichen Glanzenten eröffnet. Wie H. v. Boetticher schreibt, haben wir „in dieser Gruppe durchaus gänseähnliche wie vollkommen entenartige Formen. Allen ist gemeinsam, daß sie mit Hilfe ihrer stark- und krummbekrallten Zehen gern

Die Mandarinente findet man als „Zier-Ente“ in fast allen Tiergärten Europas. In der Natur lebt die 45 cm lange Mandarinente meist an den Ufern bewaldeter Flüsse und Seen in Südostsibirien und Ostasien, vor allem aber in Mittelchina und Japan. Sie nistet in Baumhöhlen, da sie wie alle Glanzenten mit Hilfe ihrer krummbekrallten Zehen gern auf Baumästen ruhen.

und ausgiebig auf Baumästen ruhen und meist auch auf Bäumen oder in Baumhöhlen brüten. Ihnen gebührt darum der Name ‚Baumenten‘ viel mehr als den Pfeifgänsen. Im Gefieder herrscht vielfach ein mehr oder minder metallisch glänzendes Grün vor. Besonders die breiten Schwingen sind häufig schön gefärbt. Die Vögel dieser Gruppe sind in der Hauptsache Waldbewohner.“

Moschus-, Bisam- oder Warzenente (Cairina moschata): Bewohnt das tropische Amerika von Mexiko bis Paraguay, ist als gezähmte Türkenente weit verbreitet, auch auf vielen europäischen Parkteichen zu finden; Länge des Erpels 75 cm, Weibchen wesentlich kleiner; Gefieder der Wildform an Kopf, Kehle, Nacken und Unterseite bräunlichschwarz, am Hinterhals und auf dem Rücken dunkelgrün, purpurn schimmernd, an den Oberarmdecken weiß; hat nackte rote und schwarze Warzen auf Zügel und Augenringen, schwarzen, mattrot gefleckten Schnabel und schwarze Füße.

Der Erpel der Moschusente verbreitet vor allem in der Paarungszeit einen starken Moschus- bzw. Bisamgeruch, der sicherlich von der Bürzeldrüse ausgeht. Das Weibchen legt seine Eier am liebsten in Baumhöhlen, aus denen die nach 35 Tagen schlüpfenden Jungen geschickt herauskrabbeln.

Höckerente oder Glanzgans (Sarcidiornis melanotus): Bewohnt Afrika südlich der Sahara, Madagaskar, Vorder- und Hinterindien sowie das tropische Südamerika; Länge 68 cm; Gefieder oberseits metallisch schwarzgrün und violett schimmernd, am Kopf und Hals weiß, reich schwarz getüpfelt, unterseits weiß oder auch – nämlich bei der amerikanischen Rasse – weiß mit schwarzen, grauen oder bräunlichen Flanken; trägt als Erpel einen fleischigen lappenförmigen Aufsatz auf dem Schnabelfirst, hat einen stumpfen Höker am Flügelbug; bevorzugt Felder und Wiesen, baumt nachts auf, nistet in Baumhöhlen, legt 8–10 weiße Eier.

Mandarinente (Aix galericulata): Bewohnt Südostsibirien und Ostasien, vor allem Mittelchina und Japan, ist als Zierente in allen Tiergärten und auf vielen europäischen Parkteichen zu sehen; Länge 45 cm; der Erpel ist äußerst bunt gefärbt, vor allem orangerot und metallisch grün, besonders auffällig sind die orangefarbenen segelartigen Schulterfedern; das Weibchen ist schlicht graubraun und trägt weiße Abzeichen an Schnabel, Auge und Vorderkörper; bevorzugt die Ufer bewaldeter Flüsse und Seen, nistet in Baumhöhlen, brütet seine 6–10 Eier in 31 Tagen aus.

Brautente (Aix sponsa): Bewohnt Nordamerika von Südkanada bis nach Mexiko; Länge 45 cm; der Erpel ist am Kopf grün, rötlich lila und weiß gezeichnet, das übrige Gefieder glänzt in den verschiedensten Blau-, Grün- und Brauntönen; das Weibchen ist schlicht braun befiedert und trägt weiße Augenringe; ähnelt im Vorkommen und der Lebensweise sehr der auffällig-vornehmen Mandarinente.

Die Schwimmenten

Auf dem Wasser liegen die verhältnismäßig schlanken, langgestreckten und langflügligen Schwimmenten so leicht und hoch, daß der ganze Schwanz gut zu sehen ist. Tagsüber rasten, ruhen und schlafen sie auf großen sicheren Gewässern. Gegen Abend erheben sie sich in kleinen Verbänden und fliegen nun versteckten Teichen, Tümpeln, Altwasserarmen und Gräben zu, um sich hier die ganze Nacht über zu sättigen. Sie erheben sich mühelos und ohne Anlauf vom Wasserspiegel, steigen sofort steil empor und kommen schnell in Fahrt. Das Landen erfolgt ebenfalls nicht schwerfällig.

Stockente (Anas platyrhynchos): Teilzieher, bewohnt Nordwestafrika, Europa, Mittel- und Nordasien sowie Nordamerika, zieht im Winter teilweise bis ins tropische Afrika; Länge 58 cm; das Männchen trägt ein weißes Halsband, der Kopf glänzt metallisch grün; das Weibchen ist schlicht fahlgrau, braun und schwarzbraun; beide Geschlechter tragen blauweißen Flügelspiegel und haben orangerote Füße; der Erpel kennzeichnet sich durch einen gelblichen, das Weibchen durch einen grünlichen, seitlich orangefarbenen Schnabel.

Die Stockente ist die Stammmutter aller europäischen Hausenten und wohl die bekannteste Wildente überhaupt. Sie nimmt praktisch mit jedem Gewässer vorlieb, ist im kleinsten Parkteich mitten in den Großstädten wie auf allen Gräben, Bächen, Flüssen und Seen zu Hause. Ihr Nest steht vereinzelt meist im Röhricht und unter dem Ufergebüsch, hin und wieder aber auch in Erdhöhlen oder gar in alten Krähen- und Greifennestern. Auch in dieser Hinsicht vermag sie sich jeder Lage anzupassen und mit jeder Gegebenheit vorliebzunehmen.

Das Weibchen brütet seine 8–14 schmutzigweißen, leicht grünblau überhauchten Eier in rund 26 Tagen aus. Schon am zweiten Lebenstag werden die Jungenten dem Wasser zugeführt. Sie können sofort schwimmen und tauchen, suchen sich ihr Futter selbst und verstecken sich bei Gefahr zwischen den Uferpflanzen.

Krickente (Anas crecca): Teilzieher, bewohnt Europa – mit Ausnahme der südlichen Halbinseln –, Mittel- und Nordasien sowie Alaska und Kanada, überwintert teilweise in Mittelafrika bzw. Südasien und Mittelamerika; Länge 36 cm; das Männchen ist am Kopf rötlichbraun gezeichnet, hinter dem Auge glänzend grün mit einer weißen Umrahmung; der Spiegel ist grün; das Weibchen ist schlicht braun, gelblich gefleckt, und hat einen kleinen grünen Spiegel.

Die Krickente ist unsere kleinste Schwimmente und erreicht nur die Größe eines Rebhuhns.

Pfeifente (Anas penelope): Bewohnt flache Tümpel und Überschwemmungsgebiete Eurasiens. Der Erpel kennzeichnet sich durch einen braunen Kopf.

Spießente (Anas acuta): Teilzieher, bewohnt Nordosteuropa von Island und Irland über

Die Nilgans lebt im tropischen Afrika an Ufern von Flüssen und Seen. Meist nistet die 70 cm lange Halbgans auf Bäumen und nimmt nur ausnahmsweise mit Felsnischen oder dem Erdboden für ihr Nest vorlieb.

Schottland und Südostengland sowie von Holland und Norddeutschland über die baltischen Staaten und Skandinavien bis weit über das gemäßige Asien, ist auch in Alaska und Kanada zu Hause, brütet vereinzelt in Südspanien, Frankreich und Belgien, überwintert in West- und Südeuropa, Nord- und Ostafrika bzw. in Südasien und Mittelamerika; Länge 55–60 cm; das Prachtkleid des Männchens ist durch spießartig verlängerte Schwanzfedern gekennzeichnet. das schlicht graubraune Weibchen ist kleiner, schlanker und hat einen grauen Schnabel.

Löffelente (Anas = Spatula clypeata): Teilzieher, bewohnt Mitteleuropa, das gemäßigte und nördliche Asien sowie Nordamerika, zieht im Winter bis nach Zentralafrika bzw. Südasien und Mittelamerika; die Länge der Löffelente beträgt 51 cm.

Die Halb- und Spiegelgänse

Der ungesellige und streitlustige Zug, der das Wesen der Gebirgsenten kennzeichnet, tritt bei den sogenannten Halbgänsen noch stärker hervor und charakterisiert diese ganze Gruppe.

Das Männchen beteiligt sich nicht am Brutgeschäft, hält aber Wache am Nest und hilft die Jungen führen. Die meisten Halbgänse brüten in Erdhöhlen. Gestaltlich stehen sie zwischen den Gänsen und den Enten, haben verhältnismäßig kurze dicke Schnäbel, gedrungene kräftige Hälse, stämmige, recht lange und genau „mittschiffs" eingelenkte Beine. Fast bei allen sind die Flügeldecken weiß und die Flügel selbst durch metallisch schimmernde Spiegel geschmückt. Das Gefieder ist bei beiden Geschlechtern zumeist gleichfarbig.

Brandgans oder Brandente (Tadorna tadorna): Teilzieher, bewohnt die Küsten und Inseln der Nord- und Ostsee, vereinzelt auch des Mittelmeeres und des Schwarzen Meeres, verbreitet sich über die südrussischen Salzseen bis nach Zentralasien und in die Mandschurei, zieht im Winter bis nach Nordafrika bzw. Indien; Länge 61 cm; hat roten Schnabel – beim Erpel mit Höcker – und fleischfarbene Füße; grün, rotbraun und weiß gezeichnetes Federkleid; bevorzugt Schlamm- und Sandküsten, Salzseen im Binnenland, nistet in Erdhöhlen, legt 6–16 Eier.

Rostgans oder Rote Kasarka (Tadorna = Casarca ferruginea): Teilzieher, bewohnt Nordwestafrika, Südspanien, Südosteuropa, die Länder am Schwarzen Meer und verbreitet sich über das mittlere Asien bis nach Ostsibirien und Nordchina, wandert im Herbst bis zum Nil und nach Südindien, verfliegt sich oft nach Mitteleuropa, Finnland und Island; Länge 64 cm; Gefieder einfarbig rostrot, mit weißen Flügeldecken, schwarzen Schwingen sowie schwarzem Schwanz und grünem Spiegel; das Männchen kennzeichnet sich durch schmales schwarzes Halsband, das Weibchen durch fast weißen Kopf; der Schnabel und die Füße sind schwarz; bevorzugt flache Süßwasserseen, nistet in Sand- und Felsenhöhlen, alten Bäumen und Bauwerken.

Nilgans (Alopochen aegyptiacus): Bewohnt das ganze tropische Afrika einschließlich Syrien, Tunis und Algier; Länge 70 cm; Gefieder vorwiegend hell gelbbraun, mit feiner dunkler Wellung, weißen Flügeldecken und grünem, kupferrot schimmerndem Spiegel; hat gelbe Augen, blaurötlichen Schnabel, großen dunkelbraunen Augenfleck, dunkel rostbraunen Brustfleck, glänzendschwarze Schwingenspitzen und Steuerfedern sowie rötliche bis lichtgelbe Füße; bevorzugt die Ufer der Flüsse und Seen, nistet dort vorwiegend auf Bäumen, baut ein offenes Nest und nimmt nur ausnahmsweise mit Felsennischen oder dem Erdboden vorlieb, wenn sie muß.

Wird in Amerika von der *Orinokogans (Neochen jubatus)* und der *Andengans (Chloephaga melanoptera)* vertreten, die ihr ähnlich sehen.

Die Dampfschiffenten

Nicht nur flugunlustig, sondern zum Teil tatsächlich flugunfähig sind die sehr massiven und schweren, gut gänsegroßen Riesen- oder Dampfschiffenten aus dem südlichen Südamerika. Die beiden gänzlich fluguntüchtigen Arten bevorzugen ausschließlich die Buchten und Fjorde an den Küsten Südchiles, Feuerlands, Südargentiniens und der Falklandinseln. Die dritte Art ist auch an den Binnengewässern dieser Inseln und Länder anzutreffen.

Dampfschiffente (Tachyeres pteneres): Bewohnt die Küsten Südamerikas von Südchile bis zum Feuerland sowie die Buchten der Magellanstraße; Länge gut 70 cm, Gewicht 5–6 kg; Gefieder des Männchens vorwiegend grau, mit rötlichen Säumen, hellem Flügelspiegel und weißem Bauch; hat dicken, an der Wurzel orangegelben Schnabel, rötlich getönte Kehle, gelbe Läufe und Füße; das Weibchen ist mehr dunkelgrau und weist eine deutlich rotbraune Kehle auf; beide Geschlechter sind ungewöhnlich plump, dickköpfig, großfüßig und flugunfähig.

Alle Dampfschiffenten sollen sich hauptsächlich von Kleinkrebsen ernähren.

Die Tauchenten

Im Verhältnis zu den verwandten Schwimmenten sind die Tauchenten deutlich kürzer, dikker und schwerer, auch besonders niedrig gestellt sowie sehr breitbeinig und damit ungewöhnlich schwerfällig. Auf dem Wasser liegen sie so tief, daß der verhältnismäßig breite Schwanz der Oberfläche unmittelbar aufliegt oder nur ganz geringfügig darüber erhoben ist.

Kolbenente (Netta rufina): Teilzieher, bewohnt die Küstentelmeer bzw. im südlichen und großen Binnenseen Südeuropas – hat auch schon an etlichen norddeutschen Seen und in Belgien gebrütet –, verbreitet sich über Westasien und Persien bis nach Südwestsibirien und Turkestan, überwintert in Südeuropa, z.B. massenweise am Bodensee, sowie in Nordafrika bzw. Südasien; Länge 56 cm; das Männchen trägt einen leuchtend rotbraunen Kopf, die Brust ist schwarzbraun, der Schnabel rötlich; das graubraune Weibchen kennzeichnet sich durch dunkle Kopfplatte, helle Wangen und kleinen weißen Flügelfleck, sein graubrauner Schnabel ist nur an der Spitze rötlich; nistet im Röhricht und auf dicht bewachsenen Inselchen in flachen Gewässern, baut ein großes kegelförmiges Nest, legt im Mai/Juni 6–10 Eier.

Peposakaente (Netta = Metopiana peposaca): Bewohnt vor allem Südchile und Argentinien; Länge 50 cm; Gefieder des Erpels oberseits schwarz, auf dem Rücken fein grau quergewellt, grün bis violett glänzend, an den Flanken, der Brust und dem Bauch bräunlichgrau, dicht weiß gewellt; hat leuchtendroten Schnabel mit dickem Stirnhökker, der aus einer Fettmasse gebildet wird; das braune Weibchen kennzeichnet sich durch einen blaugrauen Schnabel mit weißlicher Wurzel; bekommt oft die Eier der brutschmarotzerischen *Schwarzkopfente (Heteronetta)* ins Nest geschmuggelt.

Bergente (Aythya marila): Vorwiegend Zugvogel, bewohnt das nördliche Eurasien von Skandinavien und den Baltischen Staaten bis nach Kamtschatka, ist auch in Alaska und Kanada zu Hause, überwintert häufig schon im Nord- und Ostseeraum sowie in den Ländern und an den Küsten des Mittelmeeres bzw. in Südasien; Länge 48 cm; Gefieder des Erpels schwarz an Kopf, Hals, Vorderbrust und Schwanz, hellgrau auf dem Rücken – eigentlich reinweiß, sehr fein und dicht schwarz gewellt – weiß an den Flanken sowie am Bauch; das mehr graubraune Weibchen kennzeichnet sich durch einen breiten weißen Ring am Schnabelgrund; ist außerhalb der Brutzeit eine echte Meerente und bevorzugt fast ausschließlich die Meeresbuchten und Flußmündungen, nistet aber auch auf den Inseln der Binnenseen.

Reiherente (Aythya fuligula): Teilzieher, bewohnt das nördliche Eurasien von Großbritannien bis ins Ussuriland, hat aber auch schon in Bayern, in der Schweiz und in allen Balkanländern gebrütet, überwintert in Mittel- und Westeuropa, am Mittelmeer bzw. im südlichen und östlichen Asien; Länge 43 cm; das Männchen ist ganz schwarz, nur am Bauch weiß gezeichnet, trägt einen hängenden Federbusch am Hinterkopf, der beim braunen Weibchen nur angedeutet ist; bevorzugt Teiche und Seen, nistet gern gesellig, oft zwischen Möwen und Flußschwalben furchtlos anzutreffen.

Die Reiherente gehört zu den Tauchenten und bewohnt vor allem das nördliche Eurasien. Sie überwintert in Mittel- und Westeuropa, am Mittelmeer oder im südöstlichen Asien.

Tafelente (Aythya ferina): Teilzieher, bewohnt Nordafrika, fast ganz Europa – fehlt aber weitgehend auf den drei südlichen Halbinseln und in Frankreich –, verbreitet sich über Rußland und Sibirien bis zum Baikalsee, überwintert an den südeuropäischen Seen bzw. in Süd- und Ostasien; Länge 46 cm; das Männchen ist rotbraun am Kopf, dunkelschwarzbraun an der Brust und der Schwanzspitze, übriges Gefieder weiß, leicht schwarz gewellt; das Weibchen ist braun an Kopf, Hals und Vorderkörper und hat feine gelbe Zeichnungen am Auge, am Schnabelgrund und Kinn; beide Geschlechter kennzeichnen sich durch schwärzlichen Schnabel mit blauem Band; bevorzugt Teiche und Seen, nistet im Rohr. Die Tafelente meidet geradezu das feste Land, schläft selbst auf dem Wasser und ernährt sich außer von Wasserpflanzen vorwiegend von Wasserinsekten, deren Larven, Frosch- und Fischlaich sowie kleinen Fischen und Muscheln.

Moorente (Aythya nyroca): Teilzieher, bewohnt Nordwestafrika, die Küsten der südeuropäischen Länder, brütet auch in Bayern und in der Mark Brandenburg, verbreitet sich über Rußland bis nach Mittelasien, überwintert in Nordafrika und am Mittelmeer bzw. in Südasien; Länge 41 cm; ist vorwiegend dunkelrotbraun gefärbt, nur am Bauch und der Schwanzunterseite weiß, so daß sie sich gut ihrer Umgebung anpassen kann.

Die etwa 43 cm lange Reiherente erkennt man an einem hängenden Federbusch am Hinterkopf, der bei dem Weibchen aber nur angedeutet ist. Sie lebt gerne an Teichen, nistet in Gesellschaft.

Die Meertauchenten

Die Gruppe dieser Tauchenten vereinigt die Sippen der Eiderenten, der Trauerenten, der Eis- und Kragenenten, der Schellenten und der Säger. Alle 21 Arten holen sich ihre Nahrung tauchend vom Grund der Gewässer und leben hauptsächlich von tierischer Kost. Sie rudern unter Wasser gewöhnlich mit den Beinen, nehmen nur bei Gefahr auch die Flügel zu Hilfe. Die meisten bevorzugen die Küsten der Meere. Die Geschlechter sind verschieden gefärbt und mit wenigen Ausnahmen auffällig schweigsam.

Eiderente (Somateria mollissima): Vorwiegend Jahresvogel, bewohnt die Küsten Nordeurasiens und des arktischen Nordamerikas, südlichste Brutplätze Nordwestfrankreich, Schottland, Norddeutschland, Dänemark und Skandinavien, streift im Winter bis nach Südfrankreich, Spanien, Italien und in die Schweiz; Länge 58 cm; das Männchen ist überwiegend weiß, am Kopf, Schwanz und Bauch schwarz und hellgrün gefärbt; der Kopf ist bei beiden Geschlechtern auffallend länglich; das Weibchen ist durchweg braun, kräftig und eng schwarz gebändert; ist eine echte Meerente, fest an die Küsten gebunden, nistet gern kolonieweise, polstert das versteckt angelegte Erdnest sehr üppig mit feinsten Dunen.

Die Eiderente läuft ungemein schwerfällig, watschelt stolpernd dahin, fliegt auch schlecht, zumeist nur in geringer Höhe, mit tiefgehaltenem Kopf und oft gleitend. Das Gelege von 4–9 blau- oder graugrünen Eiern wird erst im Juni/Juli versammelt. Das brütende Weibchen sitzt ungewöhnlich fest, läßt sich streicheln und sogar aufnehmen.

Trauerente (Melanitta nigra): Vorwiegend Zugvogel, bewohnt Nordeurasien von Island, Schottland, Norwegen und Finnland an, verbreitet sich über West- und Nordostsibirien bis nach Nordamerika, überwintert an den europäischen Küsten bis nach Spanien hinunter, streift bis ins östliche Mittelmeer und in die Schweiz; Länge 48 cm; Gefieder des Erpels einfarbig glänzendschwarz; er hat blauschwarzen

Die geselligen Säger sind spezialisierte Fischjäger. Die glatte Beute wird mit rückwärts gerichteten Hornzähnen festgehalten. Sie tauchen und jagen oft gemeinsam und treiben sich die Fische zu. Der Gänsesäger bewohnt Nord- und Nordosteuropa, Mittel- und Nordasien bis nach Nordamerika sowie ein engumgrenztes Brutgebiet an bayerischen Seen.

Schnabel mit breitem leuchtend orangefarbenem Sattelfleck und großem Wurzelhöcker; das Weibchen ist dunkelbraun, mit schwarzem Scheitel, weißlicher Wange und Kehle, bräunlichweiß gesprenkelter Unterseite; bevorzugt stille Meeresbuchten, nistet an Seen in den Tundren und Hochmooren.

Der Erpel der Trauerente erzeugt im Flug mit Hilfe einer sogenannten Schallschwinge ein pfeifend-klingelndes Geräusch. Sein Paarungsruf ist klangvoll gurrend, oft glockenähnlich lokkend, auch lebhaft kichernd. Das Weibchen antwortet rauh knarrend und krächzend. Beide sind in der Paarungszeit sehr scheu und vorsichtig.

Schellente (Bucephala clangula): Vorwiegend Zugvogel, bewohnt Nordosteuropa, Nordasien und Nordamerika, überwintert in ganz Europa, im östlichen Mittelmeer bzw. in Süd- und Ostasien und in den USA; Länge 46 cm; das Männchen ist auffällig schwarz-weiß, der fast dreieckige Kopf trägt einen runden, weißen Fleck zwischen Auge und Schnabel; das Weibchen kennzeichnet sich durch grau marmorierte Oberseite, braunen Kopf, weißes Halsband, weißes Flügelfeld und gelbe Schnabelspitze; bevorzugt Küstengewässer wie Binnenseen, nistet in Baum- und Erdhöhlen an Fluß- und Seeufern, auch Spechthöhlen und Nistkästen.

Die Säger

Die schnittigen, tief im Wasser liegenden und sehr geselligen Säger sind spezialisierte Fischjäger. Ihr Fanginstrument, der sehr schlanke und lange Schnabel, weist an seinen Rändern rückwärts gerichtete Hornzähne auf. Im Tauchen wetteifern sie mit dem Otter. Außerdem jagen sie meist gemeinsam. Unter Wasser rudern sie lediglich mit den gleichzeitig rückstoßenden Beinen. In Europa gibt es 3 Arten.

Gänsesäger (Mergus merganser): Teilzieher, bewohnt Nord- und Nordosteuropa sowie ein engumgrenztes Brutgebiet an den bayerischen Seen, verbreitet sich weit über Mittel- und Nordasien bis zum Himalaja und über Kamtschatka bis nach Nordamerika, streift im Winter durch ganz Europa bis ins östliche Mittelmeer bzw. nach Südasien; Länge 66 cm; Gefieder des Erpels glänzend grünschwarz am Kopf, schwarz auf dem Rücken, weiß auf Brust und Unterseite, schön lachsrot überhaucht; hat schmalen roten Schnabel mit hakenförmigem Nagel und rote Füße; das Weibchen kennzeichnet sich durch tiefbraunen Kopf mit gleichfarbiger und zerschlissener Nackenhaube, blaugraue Oberseite, graue Flanken, weiße Kehle und weiße Brust; bevorzugt Seen, große Staubecken und Stromschleifen, im Winter Küsten und Haffs, nistet in Baumhöhlen und Erdwänden, gern auch unter Bäumen am Wasser; Jungen nach 60 Tagen flügge.

Die Ruder- und Wehrenten

„Die Ruder- und Wehrenten", schreibt H. v. Boetticher, „sind zwei kleinere, recht vereinzelt stehende Gruppen, denen der Besitz von steifen, starrschäftigen Steuerfedern gemeinsam ist. Die Ruderenten haben breite flache Schnäbel, die an der Wurzel mehr oder weniger höckerartig angeschwollen sind und einen stark gekrümmten, scharfen Nagel an der Spitze aufweisen. Die Füße sind ungemein weit hinten angesetzt, so daß diese Vögel nur mühsam auf dem Festland umherwatscheln können. Der Hals ist kurz und dick, und die Schwanzdecken sind ungewöhnlich kurz."

Während der Balz stelzen die Erpel die steifen Schwanzfedern in recht drolliger Weise, fächern sie hin und wieder auch zu einem kleinen Rad. Die Brust drücken sie so stark heraus, daß sie regelrecht aufgeblasen wirkt und ein buntes Kissen für den angepreßten Schnabel abgibt. Noch komischer wirken die dabei ausgestoßenen Quiek- und Gluckstöne, die von den Weibchen gleichsam mit offenem Schnabel entgegengenommen werden.

So ungewöhnlich groß wie die im Schilf und Röhricht aufgebauten Nester sind auch die Eier der Ruderenten. Die Erpel beteiligen sich zwar nicht am Brutgeschäft, doch recht eifrig an der Aufzucht der Jungen.

Europäische oder Weißkopf-Ruderente (Oxyura leucocephala): Teilzieher, bewohnt Nordafrika, Südspanien, Korsika, Sardinien, Süditalien, Ungarn, Bulgarien, Rumänien, Südostrußland und verbreitet sich über Südwestsibirien bis zum Altai, verfliegt sich immer häufiger auch nach Deutschland, Frankreich und in die Tschechoslowakei; Länge 46 cm; Gefieder des Erpels weiß am Kopf und Oberhals, schwarz an Scheitel, Hinterkopf und Unterhals, rotbraun am Kropf, rostbräunlich, fein schwarz quergewellt auf der ganzen Oberseite sowie an den Flanken, bräunlich-weiß unterseits; hat während der Balz einen leuchtend hellblauen Schnabel; das wesentlich kleinere Weibchen ist matter gefärbt und kennzeichnet sich durch weißliche Kopfzeichnungen; bevorzugt verschilfte Seen und Teiche, nistet im Röhricht.

Die Ruderente wirkt auffällig plump und dickköpfig. Ihre Flügel sind ungewöhnlich kurz, und sie kann auch nur schlecht fliegen. Beim Schwimmen liegt der Vorderleib tief eingetaucht im Wasser, während der Schwanz hochgestellt und die weiße Unterschwanzdecke gezeigt wird. Als Taucher kommt sie den Sägern nahe, ernährt sich aber hauptsächlich von Pflanzenkost.

Die interessanteste Verwandte unserer europäischen Ruderente ist die *Kuckucks- oder Schwarzkopfente (Heteronetta atricapilla)* aus dem südlichen Südamerika, die sich als einzige Ente der Welt als Brutparasit betätigt und ihre Eier in die Nester anderer Enten und Wasservögel, hin und wieder sogar in die Horste von Reihern und Greifen legt. Es heißt jedoch, daß nur die ebenfalls schwarzköpfige *Peposakaente* diese Eier ausbrütet und sich der Jungen annimmt.

Der Erpel der Kuckucksente ist schwarz an Kopf und Vorderhals, schwarzbraun an Hinterhals und Oberseite, sehr fein blaßbraun quergewellt, unterseits

Den Grau- oder Fischreiher findet man in fast ganz Europa, in Asien und in weiten Teilen Afrikas. Er lebt gerne in feuchten Wiesentälern an Bächen, Flüssen und Strömen, sowie auch an Seen und am Meeresufer. Der grau-gefiederte, etwa 91 cm lange Graureiher nistet koloniewelse in hohen Bäumen.

bräunlichweiß, und hat einen graulichen Schnabel mit einem rosenroten Wurzelfleck. Das Weibchen erinnert sehr an die weiblichen Ruderenten.

Die Wehrvögel

Die Wehrvögel bevorzugen die offenen wie die waldigen Sumpflandschaften in der Nähe langsam fließender wie stehender Gewässer. Auch ihre sehr großen und recht umfangreichen Nester bauen sie am liebsten in das Röhricht im Flach- und Seichtwasser. Die Paare sondern sich während der Brutzeit vom Schwarm ab. Beide Geschlechter beteiligen sich am Ausbrüten der Eier wie an der Führung der Jungen. Die Brutdauer währt rund 24 Tage und die gelbbraun bedunten Küken sind echte Nestflüchter. In Europa keine Vertreter.

Anhima oder Hornwehrvogel (Anhima cornuta): Bewohnt die Wälder von Venezuela und Kolumbien bis nach Mittelbrasilien; Länge 80–85 cm; Gefieder vor allem schwarzbraun, an den Achseln und Flügeln grünlich schimmernd, auf dem Oberkopf weißgrau, an der Oberbrust hell silbergrau, am Bauch und Steiß reinweiß, trägt ein bis zu 15 cm langes, sanft vorwärtsgebogenes, dünnes, weißlichgraues Horngebilde auf der Stirn, das sich gleich einer federnden Antenne erhebt, hat orangefarbene Augen, schwarzbraunen Schnabel mit weißlicher Spitze und schiefergraue Füße; bevorzugt die Sandbänke der Gewässer, schreitet stolz und anmutig, baumt auf, sobald er Gefahr wittert, und läßt von hohen Bäumen auch seinen eigenartigen Ruf ertönen, nistet in den Waldsümpfen, legt nur zwei große gelblichweiße Eier.

Die Schreitvögel

(Gressores = Ciconiiformes)

Die Bezeichnung Schreitvögel ist nicht schlecht gewählt, weil diese Vögel ungeachtet ihrer langen Stelzbeine keine guten Läufer sind, sondern vielmehr ausgesprochen gemessen dahinschreiten, gleichsam steifbeinig steigen, stelzen und storchen. Bei Gefahr laufen sie nicht davon, sondern schwingen sich lieber auf. Übereinstimmend haben sie auffällig lange, große und oft sogar extrem entwickelte, bizarre und groteske Schnäbel, die ihnen als aufspießendes Bajonett, jäh vorzuckende Stoßwaffe, als Wurmsonde und Insektenpinzette, als Seiher und Fischkescher dienen. Durchaus die meisten sind dem Leben am Rande der Gewässer angepaßt und ernähren sich von Würmern, Weichtierchen, Krebsen, Lurchen, Fischen, Schlangen, Insekten und kleinen Wirbeltieren. Genistet wird vorwiegend auf Bäumen und Büschen oder im Röhricht. Die Jungen sind – bis auf die Flamingos – weißbedunte Nesthokker. In Europa 3 Familien.

Die Reiher

Die in zahlreichen Gattungen und Arten über die ganze Erde verbreiteten Reiher zeichnen sich durch schlanken Körper, lange breite Flügel, langen Hals und lange Beine aus. Am Schnabelgrund fallen bei etlichen Arten nackte buntgefärbte Stellen auf. Der Rücken, der Hinterkopf oder der Halsansatz sind oft von besonders stark zerschlissenen, feinsten Federgebilden – den von der Mode so sehr begehrten Reiherfedern – geschmückt. Um dieser Federn willen wurden vor allem der Edel- und Seidenreiher heftig verfolgt und beängstigend dezimiert.

Grau- oder Fischreiher (Ardea cinerea): Teilzieher, bewohnt fast ganz Europa, Asien bis nach Indien und Java sowie weite Teile Afrikas, überwintert in West- und Südeuropa, am Mittelmeer, zieht vereinzelt bis nach Südafrika; Länge 91 cm; Gefieder oberseits hell aschgrau, weißgebändert, mit weißem Kopf, weißgrauem Hals, schwarzen Tragtaschen, Flanken und Schwingen, unterseits weiß; kennzeichnet sich durch schwarzen Augenstreif, drei lange schwarze Schopffedern und dünne schwarze Längsstriche am Vorderhals; hat strohgelben Schnabel, gelbe Augen und bräunliche Füße; bevorzugt feuchte Wiesentäler an Bächen, Flüssen und Strömen sowie an Tümpeln, Teichen, Seen und dem Meeresufer, nistet kolonieweise in hohen Bäumen, legt 3–6 grüne Eier, brütet 25–26 Tage lang; wird in der Neuen Welt vom *Amerikanischen Graureiher (A. herodias)* vertreten.

Das Gelege ist oft schon im März versammelt. Beide Geschlechter brüten abwechselnd, und zwar sofort nach der Ablage des ersten Eies. Alle zwei Tage kommt ein neues Ei hinzu. Dennoch bringen die Alten zumeist nur drei der sehr gefräßigen Jungen groß, die etwa sieben Wochen lang im Nest hocken und erst nach acht bis neun Wochen zu fliegen vermögen. Das Futter besteht aus kleinen Weißfischen, die für den Menschen wertlos sind. Außerdem werden viele Frösche, Wasserratten, Spitzmäuse und Feldmäuse verzehrt.

Purpurreiher (Ardea purpurea): Sommervogel, bewohnt ganz Afrika, Südeuropa sowie das westliche und tropische Asien samt seiner Inselwelt, brütet auch noch in Holland, sehr vereinzelt in Deutschland, regelmäßig in der Schweiz und in Österreich, überwintert in Afrika; Länge 79 cm; Gefieder vorwiegend graubraun, mit schwarzen Schwingen, oberseits dunkelgrau, grünlich schimmernd, mit verlängerten, von den Schultern herabhängenden, kastanienbraunen Zierfedern, schwarzem Scheitel, schwarzer Haube, weißer Kehle, kastanienbraunem, kräftig schwarz gestreiftem Hals, unterseits purpurbraunrot an den Brust-, Bauch- und Schenkelseiten; hat grünlich-wachsgelben Schnabel, orangegelbe Augen, rostfahlweiße flatternde Vorderhalsfedern, schwärzlichbraune Läufe und rötlichgelbe Füße; bevorzugt sehr das dichte Röhricht, in das er meist auch sein Nest stellt, nimmt bei Gefahr oft auch die Pfahlstellung der Rohrdommeln ein, ehe er flüchtet.

Schopf- oder Rallenreiher (Ardeola ralloides): Som-

Die über die ganze Erde verbreiteten Reiher zeichnen sich durch schlanken Körper, lange breite Flügel, langen Hals und lange Beine aus. Der Grau- und Fischreiher überwintert in West- und Südeuropa, am Mittelmeer und vereinzelt auch in Südafrika. Bevorzugt feuchte Wiesentäler an Flüssen, Teichen und dem Meeresufer.

Der etwa 51 cm lange Kuhreiher lebt das ganze Jahr über in den Mittelmeerländern, aber auch in Afrika und Südasien. Er lebt auf Weidewiesen und im Sumpf.

Der Schopf- oder Rallenreiher ist besonders häufig im Gebiet des Donaudeltas. Zudem bewohnt er das ganze östliche Südeuropa, ganz Afrika Vorderasien und das südlichste Gebiet Spaniens. Nur zur Paarungszeit verfärbt sich der hornfarbene Schnabel kräftig hellblau und die sonst grünlichgelben Beine des Schopfreihers werden rot.

mervogel, bewohnt Afrika, Südeuropa und Westasien; Länge 46 cm; Gefieder oberseits fahl semmelbraun bis rostgelblichweiß, mit weißen Wangen, Flügeln und Steuerfedern, unterseits ebenfalls weiß; trägt sehr lang herabhängende Haube, hat im Frühjahr hellblauen, sonst hornfarbenen Schnabel mit schwärzlicher Spitze, hellgelbe Augen, hellgrüne bis grünlichgelbe Beine und Füße, wirkt sehr untersetzt und dickhalsig; bevorzugt das dicke Röhricht und Ufergebüsch, ist ein ebenso heimlicher wie gewandter Schlüpfer, liebt die Dämmerung, nistet einzeln oder in kleinen Gruppen auf hohen Büschen und Bäumen, selten im Schilf.

Kuhreiher (Ardeola ibis): Jahresvogel vor allem in Südspanien und Südportugal sowie in allen anderen Mittelmeerländern, in Afrika und Südasien bis zu den Molukken und Japan; Länge 51 cm; Gefieder weiß, in der Paarungszeit mit langen braungelblichen bzw. rostbräunlichen Federn auf Oberkopf und Rücken sowie an der Vorderbrust geziert; hat orangefarbenen bis rötlichen Schnabel, grüngelben Zügel, ebenso gefärbtes Augenlid, rötliche Augen und Beine; bevorzugt Weidewiesen und Sumpfgebiete, ist aber auch in der Steppe und selbst in der Wüste anzutreffen, nistet kolonieweise im Röhricht sowie auf Büschen und Bäumen.

Nachtreiher (Nycticorax nycticorax): Sommervogel, bewohnt ganz Afrika, Südeuropa, Asien bis Celebes sowie große Teile von Nord-, Mittel- und Südamerika, brütete vereinzelt auch in Deutschland und Holland; Länge 61 cm; Gefieder oberseits schwarz auf Kopf und Rücken, grau auf Flügel und Schwanz, weiß bis blaß strohgelb an Stirn, Wange, Kehle und Brust; trägt drei lange weiße, fadenförmige Nackenfedern; hat starken schwarzen Schnabel mit gelblicher Wurzel, purpurrote Augen und grünlichgelbe Beine; wirkt sehr gedrungen und auch etwas kurzbeinig, gleicht in der gefleckten Jugendform der Rohrdommel; bevorzugt die dichte Vegetation an Fluß- und Seeufern sowie unzugänglichen Sümpfen, hält sich tagsüber versteckt und gern aufgebaumt, nimmt bei Gefahr die tarnende Pfahlstellung ein, fliegt erst in der Dämmerung auf Nahrungssuche, nistet kolonieweise im Röhricht und Dickicht oder auf Bäumen.

Große Rohrdommel (Botaurus stellaris): Bewohnt fast ganz Europa und Asien sowie Südafrika; Länge 76 cm; Gefieder vorwiegend rostfarben und bräunlichgelb, lebhaft gebändert und gefleckt, mit schwarzem Oberkopf und weißlicher Kehle; hat königsgelbe Augen, horngelben Schnabel und grüne Beine mit gelblichen Gelenken; bevorzugt das dichte Röhricht und Ried in Mooren, Sümpfen, an Tümpeln, Teichen und Seen.

Das Nest, ein liederlich aufgetürmter Haufen aus Rohr- und Schilfhalmen, Binsen und Seggen, wird vom Weibchen gebaut, das auch seine 3–5 starkschaligen, matt grünlich-blauen Eier allein 25–26 Tagen ausbrütet. Im Alter von vierzehn Tagen klettern die Jungen schon im Röhricht auf und nieder. Sie bleiben nun noch gut drei Wochen bei der Mutter und sind mit rund acht Wochen flugfähig. Im Gegensatz zu den anderen Reihern sind die Rohrdommeln ungesellige Einzelgänger, die einsam, bedächtig, behutsam und vorsichtig durch ihre heimliche Welt steigen. Im Zorn blähen sie das Gefieder, sträuben die Hinterkopffedern und sperren den Schnabel auf. Angegriffen, setzen sie sich heftig zur Wehr, stoßen jäh zu und zielen regelmäßig nach den Augen des Gegners. Fühlen sie sich nicht entdeckt, so nehmen sie bei Gefahr die charakteristische Pfahlstellung ein. Das heißt, sie hocken sich auf die Fußwurzeln, recken Rumpf, Hals, Kopf und Schnabel steil empor und erstarren. Die zu feinen Längslinien vereinten Flecke am Vorderhals lösen diesen bildlich in mehrere Rohrhalme auf. Noch aus nächster Nähe ist der Vogel in dieser Stellung nur an den glitzernden Augen zu erkennen.

Zwergrohrdommel (Ixobrychus minutus): Sommervogel, bewohnt Afrika, Süd- und Mitteleuropa, Westasien bis nach Nordwestindien sowie die indoaustralische Inselwelt bis nach Neuguinea und Australien; Länge 36 cm; Gefieder auf Oberkopf, Nacken, Rücken und Schultern grünlichschwarz schillernd, auf den Oberflügeln sowie unterseits rahmfarben bis rostgelb, an den Brustseiten schwarz längsgefleckt, am Schwanz wiederum schwarz; hat gelbe Augen, gelblichen Schnabel – zur Brutzeit mit roter Wurzel – und grünliche Beine; das Weibchen ist oberseits streifig dunkelbraun, unterseits bräunlichgelb gefleckt; bevorzugt stark durchwachsene Teiche und Seen, dicht bebuschte Flußufer, Brüche und Sümpfe, nistet im dichten Röhricht nahe am Wasser.

Die Kahnschnäbel

Keinen gefährlichen, jäh vorschnellenden und aufspießenden Bajonettschnabel wie die echten Reiher, sondern ein fast löffel- oder froschmaulähnliches, ungemein breites, nur flach gewölbtes, an der Spitze hakig herabgebogenes Freßwerkzeug hat der wunderliche Kahnschnabel. Er vertritt seine in den Tropen von Südbrasilien bis nach Mittelamerika verbreitete Familie ganz allein, ist wie die Große Rohrdommel ein heimlicher nächtlicher Einzelgänger, turnt aber viel mehr als jene im dichten Gebüsch der bewaldeten Flußufer herum. In der Paarungszeit läßt er öfter seine rauhe laute Stimme vernehmen, stellt dabei den langen Schopf zu zwei lustigen Federohren auf und gibt hinterher ab und zu auch noch ein storchenähnliches Klapperkonzert. Das Weibchen legt nur zwei Eier in das gemeinsam mit dem Männchen gebaute, recht liederliche Nest und brütet sie in rund drei Wochen aus. Die Jungen werden von den Alten in der Art der Reiher gefüttert, bekommen also zuerst den Nahrungskloß auf den Nestrand gewürgt und packen

Erst seit etwas über hundert Jahren ist der Schuhschnabel den Ornithologen bekannt. Er lebt sehr verborgen in den undurchdringlichen Papyrussümpfen im tropischen Afrika.

Die meisten Weißstörche nisten in hochgelegenen Horsten, die durch den wiederholten, alljährlichen Ausbau zu gewaltigen Nestern werden und oft viele Zentner schwer sind. An Nestbau,

Brut und Fütterung beteiligen sich beide Geschlechter. Gebrütet wird 30–38 Tage. Die schlüpfenden Jungen sind Nesthokker. Das Bild zeigt ein Storchenpaar.

später den Schnabel des fütternden Altvogels im fordernden Zugriff. Die Nahrung soll aus allerlei Wassergetier bestehen.

Kahnschnabel (Cochlearius cochlearius): Bewohnt das tropische Amerika von Südbrasilien bis nach Mittelamerika; Länge 50 cm; Gefieder schwarz an Oberkopf, Schopf und Nacken, grau auf Rücken, Flügeln und Schwanz, braun auf der Unterseite; kennzeichnet sich besonders durch den seltsamen breiten Schnabel, den langen Schopf, den kräftigen weißen Hals, die starken langen Flügel, den kurzen geraden Schwanz sowie die nur mäßig hohen, fast bis zu den Fersen befiederten Beine; der Schnabel ist braun, am Rande des Unterkiefers gelb, das sehr große und schöne Auge ebenfalls braun, die Wange weiß und der Fuß gelblich; das Weibchen ist etwas kleiner und der Jungvogel dagegen zuerst vorwiegend rotbraun.

Die Schuhschnäbel

Erst seit 100 Jahren lebt der Abu Markub auch für den Ornithologen. Vorher hielt man die Berichte über diesen absonderlichen Vogel für Sagengut der Eingeborenen. Und wirklich ist dieser an einen großen plumpen Holzschuh erinnernde, kräftig gekielte und hakig bespitzte Schnabel ein derartig monströses Gebilde, daß er den Blick des Beobachters immer wieder anzieht. Dennoch ist auch er eine blitzschnell vorstoßende Harpune, ein geworfener Enterhaken und hat sehr scharfe Hornschneiden. Nach der Art des Fischreihers steigt der große Schuhschnabel bedächtig durch das Flachwasser der Sümpfe, hält den Kopf gesenkt, verharrt oft auch lange in lauernder Haltung und sticht dann ganz wie ein Reiher oder Storch zu. Seine stattliche Erscheinung atmet nur viel mehr Gelassenheit, und phlegmatische Würde und ruhige Aufmerksamkeit. Seinen Vorzugsverzehr stellen Welse und Lungenfische, kleine Schildkröten, frischgeschlüpfte Krokodile und zahlreiche Lurche dar. Oft sollen die Schuhschnäbel auch gemeinsam fischen und die Beute recht geschickt in die Uferhöhlen treiben. Der hochbeinige, blaugrau gefärbte Stelzvogel gibt noch zahlreiche Rätsel auf.

Schuhschnabel (Balaeniceps rex): Bewohnt die undurchdringlichen Papyrussümpfe am Gazellenfluß und am Weißen Nil, verbreitet sich in ähnlichen Morästen bis nach Uganda und Katanga im Kongostaat; Länge bis zu 140 cm; das Weibchen ist wesentlich kleiner, und die Jungen tragen ein bräunlich überhauchtes Gefieder.

Am großen Nest, das mitten im Sumpfwasser steht und oft über einen Meter hoch ist, begrüßen sich das Männchen und das Weibchen mit storchähnlichem Schnabelgeklapper. Sie senken aber dabei den Kopf, zischen leise und führen schließlich Würgebewegungen aus, als wollten sie Futterklöße auswerfen. Die zwei Eier sind 8,5 cm lang, weißkalkig und grünlich durchscheinend.

Die Schattenvögel

Gestaltlich erinnern die afrikanischen Schattenvögel fast an die Ibisse, haben aber einen seitlich recht stark zusammengedrückten, fast messerartig gefirsteten Schnabel mit einer ungewöhnlich hohen Basis. Besonders kennzeichnet sie die starke, breite, volle und ständig bewegte Schopfhaube. Und vor allen anderen Storchartigen zeichnen sie sich durch ihre hoch entwickelte Baukunst aus.

Schattenvogel (Scopus umbretta): Bewohnt das ganze tropische Afrika südlich der Sahara sowie Madagaskar; Länge 50 cm; Gefieder einfarbig dunkelbraun, am Schwanz purpurbraun gebändert, trägt einen vollen Nackenbusch, hat dunkelbraune Augen, schwarzen Schnabel und schwarzbraune Beine; besitzt keine Puderdunen wie die echten Reiher, krümmt im Flug den Hals auch nicht so ausgesprochen s-förmig, sondern nimmt ihn nur leicht zurück.

Die Störche

Die schleichende, geduckte und lauernde, gleichsam etwas hinterhältig anmutende Art der Reiher mildert sich bei den besonders langbeinigen Störchen zu einem gravitätischen und gemessenen Gehabe, das von einer aufrechteren körperlichen Haltung unterstrichen wird. Darum sind uns die Störche symphatischer, und ganz zweifellos hat diese Sympathie dazu beigetragen, daß von den insgesamt 17 Arten der Störche viele als heilige Vögel verehrt werden oder die besondere Liebe des Menschen gewannen.

Weißer Storch (Ciconia ciconia): Sommervogel, bewohnt fast ganz Europa, Nordwestafrika, Kleinasien bis Turkestan und Westpersien, breitet sich im Osten bis zum Donez aus, fehlt weitgehend in England, Irland, Frankreich, der Schweiz, Italien, Skandinavien, ist auch in Westdeutschland viel seltener als in Ostdeutschland, überwintert vor allem in Südafrika, wo er vereinzelt auch brütet; Länge 100–102 cm; Gefieder reinweiß bis auf die schwarzen Schwungfedern und großen Flügeldecken, hat braune Augen, glänzendroten Schnabel und rote Beine; bevorzugt feuchte und sumpfige Wiesentäler und

Alle Marabus bewegen sich gemessen und irgendwie geduckt. Ihre Art erinnert, an einen durch lange Dienste krummgewordenen Schreiber. Wenig im Einklang mit diesem Auftreten steht ihre unheimliche Gefräßigkeit. Gierig schlingen sie hinunter, was in ihrem riesigen Schnabel kommt. An den Kadavern balgen sie sich mit Geiern und Schakalen und sichern sich ihren Anteil. Den Geiern ähnlich ist ihr Kopf nur ganz spärlich mit Daunen bedeckt. Sie können dadurch mit ihrem Kopf leichter in große Tierkadaver eindringen.

Flußauen, nistet auf Gebäuden und Bäumen.

Seinem Horst bleibt gerade der weiße Hausstorch oft viele Jahre lang treu. Er bessert ihn bald nach seiner Ankunft sorgfältig aus, bedeckt die alten Äste und Reiser mit neuen Zweigen, schichtet Rohrhalme darüber und polstert die Mulde mit dürrem Gras, Stroh, Lumpen, alten Säcken, Papierfetzen, Maulwurfsfellen und Federn. In zwei bis drei Tagen ist alles aufs beste gerichtet. In acht Tagen baut ein Storchenpaar einen neuen Horst. Die Nestmulde ist ziemlich flach und enthält außer der wunderlichen Polsterung oft noch ein kurioses Sammelsurium von allerlei Fundgegenständen. Spätestens Ende April – also etwa vier Wochen nach der Rückkehr aus dem Winterquartier – liegen im Horst die 3–6 weißen Eier, die ungefähr die Größe eines Gänseeies haben. Nach 30–33 Tagen schlüpfen die schwarzschnäbligen Jungen. Sie bekommen in den ersten Tagen vor allem leicht verdauliche Würmer, Schnecken, Käfer und Heuschrecken. Immer bleibt jetzt ein Elternvogel am Horst zurück. Nicht eine Stunde lang sind die Jungstörche ohne Aufsicht; sie werden noch lange gehudert und auch später vor Sonne wie Regen und Kälte durch den Altvogel geschützt. Nach rund 14 Tagen stehen sie schon im Nest, miauen laut, winseln um Nahrung und starren dabei wie hypnotisiert auf den Horstrand, auf den die herbeifliegenden Alten dann den Futterkloß würgen. Später packen sie den Schnabel des Ernährers fordernd. Um diese Zeit versuchen sie sich auch schon in der Klapperkunst. Nach zwei Monaten sind sie flügge, stellen sich auf den Nestrand, turnen flügelschlagend über den Dachfirst und fliegen bald mit den Alten auf die Auen.

Schwarzstorch (Ciconia nigra): Sommervogel, bewohnt Osteuropa von Ostdeutschland und Ostösterreich an, ferner Kleinasien, Mittel- und Nordasien bis nach Nordchina, brütete früher einmal vor allem in Schleswig-Holstein, Dänemark, Mecklenburg, Pommern, Ostpreußen sowie in der östlichen Mark und in Schlesien, ist heute in allen diesen Ländern überhaupt nicht mehr oder äußerst selten als Brutvogel anzutreffen, hält sich aber in einem kleinen spanischen Brutgebiet, überwintert im tropischen und südlichen Afrika bzw. in Indien; Länge 97 cm; bevorzugt unberührte, weite, urwüchsige, wasserreiche Sumpf- und Bruchwälder, nistet in hohen starken Bäumen, seltener in Felswänden.

Jedes Schwarzstorchpaar hält sich streng gesondert. Lockere Brutkolonien wie beim Weißen Storch kommen nur selten vor. Wie die Geselligkeit werden auch der Mensch sowie seine Ansiedlungen strikt gemieden. Bis heute zeigt der scheue Schwarzstorch nicht die geringste Neigung, sich den veränderten Verhältnissen anzupassen, sondern verschwindet überall dort, wo der Mensch kultivierend vordringt.

Abdimstorch oder Simbil (Sphenorhynchus = Abdimia abdimi): Bewohnt vor allem Zentralafrika; Länge 75 cm; Gefieder oberseits schwarz, prachtvoll metallisch schimmernd, weiß am Unterrücken und Bürzel sowie auf der Unterseite; hat grünlichen Schnabel, braune Augen mit nacktem blauem Ring, rotes nacktes Gesicht, rote Kehle und braungraue Beine mit blaßroten Gelenken; bevorzugt bewaldete Flußufer, nistet kolonieweise in der Nähe oder innerhalb der Ortschaften auf Bäumen, seltener auf Hütten, folgt den Heuschreckenschwärmen oft weit in die Steppen hinaus.

Weitere tropische Störche sind:

der *Afrikanische Sattelstorch (Ephippiorhynchus senegalensis)* aus dem tropischen Afrika; weiß mit schwarzer Zeichnung;

der *Javanische Marabu (L. javanicus)* aus dem gleichen Lebensraum einschließlich Java; Länge 110 cm; Gefieder wie der große indische Vetter, hat aber keinen Kehlsack;

und der *Afrikanische Marabu (L. crumeniferus)* aus dem tropischen Afrika; Länge 130 cm; bevorzugt die Nähe der Dörfer, wo er sich als Aufräumer, Straßenkehrer und Kammerjäger betätigt.

Afrikanischer Klaffschnabel (Anastomus lamelligerus): Dieser bewohnt das tropische Afrika und Madagaskar; Länge 80–85 cm; kennzeichnet sich durch grün und purpurn schimmernde Hornplättchen auf den Spitzen der Hals-, Bauch- und Schenkelfedern sowie durch den seltsamen großen Schnabel, dessen gezähnelte Schneiden sich nur an der Wurzelhälfte und an der äußersten Spitze berühren; bevorzugt Brüche, Sümpfe und Teiche, ernährt sich vorwiegend auch von Würmern, Muscheln, Schnecken, Krebsen, Fröschen und Fischen, nistet auf Büschen und Bäumen, seltener im Röhricht; sein Nistplatz soll einen trockenen Stand haben.

Der Rote Ibis oder Rote Sichler wurde früher wegen seines wohlschmeckenden Fleisches sehr stark bejagt. Seit 1953 steht er unter Naturschutz. Im Norden seines Verbreitungsgebietes – in Mittelamerika – trägt der Rote Ibis vorwiegend ein weißes Gefieder, im Süden – in Brasilien und Venezuela – ist das Gefieder kräftig scharlachrot.

Afrikanischer Nimmersatt (Ibis ibis): Bewohnt das tropische Afrika und Madagaskar; Länge 100 cm; Gefieder weiß, rosig überflogen, besonders auf den Flügeln, mit glänzend grünschwarzen Schwung- und Steuerfedern; hat langen wachsgelben Schnabel, gelblichweiße Augen, nacktes zinnoberrotes Gesicht und blaßrote bis gelbliche Beine; bevorzugt seichte Gewässer und sumpfige Wiesen, Flußufer und Regenteiche, nistet kolonieweise auf Bäumen und Felsen, oft in Gesellschaft von Marabus und Pelikanen, ernährt sich von allerlei kleinem Wassergetier, ist bestimmt nicht gefräßiger als alle seine anderen Storchverwandten; wird in Südostasien von Indien bis nach China und Indochina vom *Indischen Nimmersatt (Ibis leucocephalus)* vertreten, der sich durch schwarz gezeichnete Flügel von ihm unterscheidet, aber ansonsten alle Eigenschaften gleichermaßen hat.

Die Sichler und Löffler

Die kleineren Sichler und Löffler – die früher Ibisse genannt wurden – sind enger als die Störche und ähnlich wie die Reiher an die Sümpfe und die Gewässerufer gebunden. Ihr stark entwickelter Geselligkeitstrieb läßt sie sich nicht nur während der Nahrungssuche und der Nachtruhe zusammenfinden, sondern auch in der Brutzeit zu volkreichen Kolonien vereinigen. Obwohl sie im Grunde stimmbegabt sind, geht es in diesen Brutkolonien ruhiger als bei den Reihern zu. Genistet wird bei den Sichlern vorwiegend auf Büschen und Bäumen, auch Felsen, bei den Löfflern jedoch im Röhricht. Die ersteren sitzen genau drei Wochen, die letzteren aber rund 24 Tage auf den durchschnittlich drei bis fünf Eiern. Die das gleichfarbige Gefieder tragenden Elternvögel würgen das Futter aus dem Magen hoch und lassen es sich von den Jungen dann aus dem Schnabel nehmen.

Wie es schon die Namen verraten, haben die Sichler sanft sichelförmig gebogene, dabei recht lange, runde und elastische Sondenschnäbel, während die Löffler ebenso lange, aber gerade und an der Spitze löffelartig verbreiterte Schnatterschnäbel besitzen.

Heiliger Ibis (Threskiornis aethiopica): Bewohnt Afrika südlich der Sahara und Südarabien bis Mesopotamien; Länge 75 cm; bevorzugt Sümpfe und Flußniederungen, nistet kolonieweise auf Büschen und Bäumen sowie an Felsen und im Röhricht; wird in Südostasien von Indien bis nach Japan vom *Schwarzkopfibis (Th. melanocephala)* vertreten, der sich durch reinweiße Schwingen, silbergraue Schmuckfedern und lanzettförmige Kropffedern kennzeichnet.

Roter Ibis bzw. Roter Sichler (Eudocimus ruber): Bewohnt Amerika von Südkarolina und Unterkalifornien bis nach Venezuela und Brasilien; Länge 62 cm; Gefieder im Norden seines Verbreitungsgebietes einfarbig weiß, im Süden einfarbig scharlachrot, immer aber mit schwarzen Handschwingenspitzen sowie nacktem rotem Gesicht; hat horngelben Schnabel mit schwarzen Rändern, dunkelbraune Augen und rote Beine; bevorzugt Flußniederungen und Sümpfe, nistet in oft riesigen Kolonien auf Bäumen; legt in den Tropen nur zwei, sonst vier bis fünf Eier, kann in der Gefangenschaft nach der Mauser seine prachtvolle dunkelrote Farbe verlieren und blaßgelbrot werden.

Brauner Sichler (Plegadis falcinellus): In Europa Sommervogel, bewohnt in Südeuropa vor allem die Balkanhalbinsel, Oberitalien und Ungarn, ist ferner in Afrika, Asien und seiner Inselwelt bis nach Australien sowie im südlichen Nordamerika und in Mittelamerika zu Hause; Länge 50–60 cm; bevorzugt Sümpfe und schlammige Gewässerufer, nistet kolonieweise, oft mit Reihern vergesellschaftet im Röhricht über dem Flachwasser, seltener auf Bäumen und Büden, was noch nicht erklärt ist.

Waldrapp oder Mähnenibis (Comatibis = Geronticus eremita): Bewohnt Nordwestafrika, Vorderasien und Mesopotamien, die Küsten des Roten Meeres, die Gebirge Abessiniens und die Gebiete um den Blauen Nil, war bis zum 17. Jahrhundert auch in Mitteleuropa heimisch; Länge 75 cm; Gefieder schwarz, veilchenpurpurn und erzgrün schimmernd, an den Flügeldecken leuchtend kupferrot glänzend, kennzeichnet sich durch nackten fleischfarbenen Kopf, hammerartig verdickten oberen Hinterkopf, rote Kehle und dicken dunklen Nackenschopf aus lanzettförmigen Federn; hat langen roten Schnabel und leuchtendrote Beine; bevorzugt als Schlaf- und Brutplätze steile Felswände am Meer und im Binnenland, nistet auch in Ruinen, sucht sich seine Nahrung dagegen in der Steppe, auf Wiesen und Weiden, im seichten Flußbett und am Strand, ernährt sich von allerlei Kleingetier.

Gewöhnlicher oder Weißer Löffler (Platalea leucorodia): In Europa Sommervogel, bewohnt Südwest- und Südosteuropa, brütet regelmäßig auch in Holland und gelegentlich in Dänemark sowie am Neusiedlersee im Burgenland, verbreitet sich über weite Teile Asiens bis zur Mongolei und Japan, Ostbengalen und Sri Lanka; Länge 86 cm; Gefieder schneeweiß, während der Brutzeit mit ockergelbem Feld an der Halswurzel; hat spatelförmig verbreiterten schwarzen Schnabel mit gelber Spitze, karminrote Augen mit gelblichgrünen Ringen, buschige Hinterkopfhaube, grünlichgelbe Kehle und schwarze Beine; die Jungvögel kennzeichnen sich durch fehlende Haube, rötlichen Schnabel und gelblichgraue Beine; bevorzugt seichte offene Gewässer, verschilfte Sümpfe und Flußmündungen, nistet im Röhricht, grunzt tief und klappert mit dem Schnabel; wird in Amerika von Florida und Mexiko bis nach Chile und Argentinien vom *Rosen- oder Rosalöffler (Ajaja ajaja)* in ähnlichen Gebieten vertreten.

Die Flamingos oder Verkehrtschnäbler

Leider verblassen die prächtigen Farben dieser ungewöhnlich schönen, überaus schlanken und ungemein geselligen Vögel schon nach der ersten Mauser, wenn man die gefangenen Flamingos nicht sehr reichlich mit Wasserflöhen füttern kann. Während der Mauser werfen sie ihre Schwingen übrigens gleichzeitig ab, sind dann vorübergehend flugunfähig und müssen sich bei Gefahr laufend oder schwimmend bergen. Sonst aber flüchten sie regelmäßig fliegend. Die durch Schwimmhäute verbundenen Vorderzehen erleichtern den Laufstart über den Wasserspiegel. Im Flug halten sie gern Keil- oder Linienformationen ein und strecken Hals wie Beine lang aus. Aufgebaumt wird niemals, da die verkümmerte – bei manchen Arten gänzlich fehlende – Hinterzehe weder Zweig noch Ast zu umspannen vermag. In der Ruhestellung ziehen sie gern ein Bein an den Körper, lehnen den sehr langen dünnen Hals seitlich an den Rumpf und schieben den Kopf unter den Flügel. Fast grotesk ist der Schnabel gebildet. Gleich einer Hakennase weist er in der Mitte eine starke Knickung auf und kennzeichnet sich durch einen besonders geräumigen großen Unterschnabel.

Gewöhnlicher Flamingo (Phoenicopterus ruber roseus): Bewohnt die südfranzösische Camargue und Südspanien, tritt vereinzelt auch im ganzen Mittelmeergebiet auf, ist ferner vor allem in Afrika zu Hause und von Indien bis nach Mittelasien verbreitet, verfliegt sich nordwärts ausnahmsweise bis in die Höhe von Großbritannien und Finnland; Länge 125–130 cm, Weibchen ist meist kleiner; Gefieder weiß, rosenfarben überhaucht, mit scharlachroten Flügeldecken und schwarzen Schwingen; hat sehr kleine gelbe Augen mit einem karminrotem Ring, rosenroten Schnabel mit tiefschwarzer Knickspitze und karminrote Beine.

Roter Flamingo (Phoenicopterus ruber ruber): Bewohnt Mittelamerika u. das nördl. Südamerika; ist ebenfalls 120–130 cm groß, aber einfarbig scharlachrot befiedert.

Hauptsächlich an den Küsten der tropischen Meere leben die drei Arten der Tropikvögel. Sie fliegen ankommenden Schiffen oft sehr weit entgegen und begleiten sie tagelang wieder auf die offene See hinaus. Faszinierend an diesen Ruderfüßlern ist ihr eleganter und kunstreicher Flug. Mit einem jähen, fast senkrechten Sturz stoßen die Fischjäger in die Flut, aus der sich steil und kräftig wieder erheben. Es gelingt ihnen, selbst fliegende Fische zu erbeuten. Auf dem Land dagegen bewegen sie sich nur mühselig watschelnd und flatternd vorwärt.

Die Ruderfüßler *(Steganopodes = Pelecaniformes)*

Guano-Ablagerungen auf kleinen flachen Meeresinseln wie an den Küsten gibt es überall dort, wo die Tropensonne regiert und die Ruderfüßler brüten, also an der südamerikanischen Pazifikküste, vor Niederkalifornien, an der westafrikanischen Küste, im westlichen Teil des Indischen Ozeans bis hinüber zum Südchinesischen Meer, in der Südsee, in den australasiatischen Meeren und im Atlantischen Ozean. Sie sind zuerst pulverig wie gute Gartenerde, nehmen später eine körnige und schließlich eine so steinharte Beschaffenheit an, daß sie mit Spitzhacken gebrochen oder gesprengt werden müssen. Das Material wird verschifft.

Zu den Ruderfüßlern oder Pelikanartigen zählen die sechs Familien der *Tropikvögel (Phaethontidae)*, der *Pelikane (Pelecanidae)*, der *Tölpel (Sulidae)*, der *Kormorane (Phalacrocoracidae)*, der *Schlangenhalsvögel (Anhingidae)* und der *Fregattvögel (Fregatidae)*. Durchweg unterscheiden sie sich von den bisher besprochenen Schwimmvögeln durch ihre Füße, bei denen alle vier Zehen in einer Ebene liegen, nach vorn ausgerichtet und durch kräftige Häute zu einem besonders hochentwickelten Schwimmfuß verbunden sind. Eigentümlich ist ihnen ferner, daß sich zwischen ihren Unterkieferästen mehr oder weniger sackartig erweiterte Hautfalten befinden, die den Schnabel in eine Vorratstasche oder gar einen Fischkescher verwandeln. Denn noch stärker als ihre Bindung an die flachen Küstengewässer ist ihre Spezialisierung auf Fischnahrung, die sie entweder stoßtauchend im Sturzflug aus beachtlicher Höhe oder schwimmtauchend von der Wasserfläche aus erbeuten oder regelrecht aus der Flut schöpfen.

Die Tropikvögel

Fast ausschließlich an den Küsten der tropischen Meere leben die drei Arten der Tropikvögel. Regelmäßig begrüßen sie die ankommenden Schiffe, fliegen ihnen oft sehr weit entgegen und begleiten sie wieder tagelang auf die hohe See hinaus.

Übereinstimmend schwärmen alle Beobachter vom gewandten, eleganten, leichten und kunstreichen Flug der Tropikvögel, von ihren schönen Flugspielen, ihrer Segelkunst und dem jähen, fast senkrechten Sturz aus dem Rüttelflug. Tief tauchen die stoßtauchenden Fischjäger in die Flut, aus der sie sich steil und kräftig wieder erheben. Selbst fliegende Fische wissen sie zu erbeuten. Auf dem Land dagegen vermögen sie sich nur watschelnd, flatternd und mühselig balancierend fortzubewegen.

Rotschnabel-Tropikvogel (Phaeton aethereus): Bewohnt die Tropen und Subtropen aller drei Weltmeere; Länge 28 cm von der Schnabelspitze bis zum Körperende, also ohne die beiden 50–75 cm langen, schma-

Die Familie der Pelikane ist im europäischen Raum durch zwei Arten vertreten. Es sind dies der Rosapelikan (Bild) und der Krauskopfpelikan. Beide Arten sind heute allerdings nur noch im Bereich des Donaudeltas verbreitet. Der Rosapelikan soll mit drei- bis fünftausend Paaren dort brüten, der silbergrau gefärbte Krauskopfpelikan mit insgesamt tausend Paaren.

len, bandförmigen, mittleren Schwanzfedern; Gefieder weiß, rötlich überflogen, mit schwarzen Außenfahnen der Handschwingen und schwarzen hinteren Armschwingen; hat korallenroten Schnabel, braune Augen, kräftigen schwarzen Augenstreif und gelbe Beine mit schwarzen Schwimmhäuten und Zehen; jüngere Vögel sind auf dem Rükken fein schwarz gewellt; die gleichen Lebensräume bewohnt auch der *Weißschwanz-Tropikvogel (Ph. lepturus)*, während der *Rotschwanz-Tropikvogel (Ph. rubricauda)* lediglich an den Küsten des Indischen und Pazifischen Ozeans beheimatet ist, und in anderen Gegenden nicht zu finden ist.

Die Pelikane

Wer die plumpen, schweren und großen Pelikane in den Tiergärten dahinwackeln sieht, kann sich schlecht vorstellen, daß diese Vögel großartige Flieger sind und meisterhaft zu segeln verstehen. Während des Fluges biegen sie den Hals so weit zurück, daß sie sehr an moderne Düsenjäger mit riesigen Tragflächen, eingezogener Kanzel und stark verkürztem Heck erinnern. In der Gemeinschaft fliegen sie in Keil- oder Reihenformation.

Noch erstaunlicher ist es, wie korkenleicht die stattlichen Pelikane auf dem Wasser liegen, auf den Wellen geradezu schweben und tänzeln. Ihre Knochen, ihre Gefieder und selbst das Unterhautbindegewebe sind sehr lufthaltig und verringern das spezifische Gewicht so sehr, daß diese großen Wellenreiter nicht einmal tauchen können. Zur Nahrungsaufnahme vereinigen sie sich gern zu kleinen Verbänden, die im Halbkreis auf das Ufer zuschwimmen und die Fische ins Seichtwasser treiben, aus dem sie dann mit dem gewaltigen Unterschnabelsack wie mit einem Fangnetz gefischt werden. Auf schmalen Flüssen sollen diese Jagdverbände in geschlossenen Reihen aufeinander zuschwimmen. Nur der braune Meerespelikan ist ein einzeln jagender Stoßtaucher.

Die Nester sind einfache Bodenmulden oder niedere Sand-, Erd- oder Pflanzenhaufen, können sich aber auch in Büschen und Bäumen befinden und dann aus Halmen und Zweigen bestehen. Denn die Pelikane baumen recht gern, verblüffend leicht und sehr sicher auf. Das Gelege besteht aus 2–4 verhältnismäßig kleinen Eiern. Die Brutdauer währt rund sechs Wochen. Die Jungen sind fast nackt, später schwarzgrau oder schwarz bedunt, und werden lange gehudert und gefüttert.

Die Pelikane bewohnen in 1 Gattung und 8 Arten die tropischen und gemäßigten Zonen der Alten wie der Neuen Welt, und zwar die Binnengewässer wie die Meeresküsten.

Rosapelikan (Pelecanus onocratulus): Brütet in Bulgarien und Rumänien, vor allem im Donaudelta, verbreitet sich vom Balkan bis nach Malaya und Zentralasien, ist auch im tropischen Afrika zu Hause; Länge 140–178 cm, das Weibchen ist immer kleiner; Gefieder weiß, mit schwarzen Handschwingen und gelbem Fleck am Grund des Halses, in der Brutzeit rosig überflogen und mit struppigem Hinterkopfschopf; hat riesigen gelblichen Schnabel mit mächtigem gelbbläulich geädertem Kehlsack, kleine hochrote Augen mit nackter gelber Umgebung und licht fleischfarbene Beine; bevorzugt große Binnengewässer, ausgedehnte Sümpfe und seichte Lagunen an der Küste, brütet in Europa kolonieweise im Röhricht und baut umfangreiche Nester, nistet sonst gern auf Fluß- und Seeinseln. Sie bieten ihm gleichzeitig Schutz vor Störungen während der Brutzeit und ein Jagdrevier vor ihrer Haustür; doch diese Biotope werden geringer.

Die Tölpel

Die Tölpel sind meisterhafte Flieger, vor allem auch gute Segler, meiden aber die hohe See und halten sich ziemlich streng an die Küstengebiete. Auf dem Lande latschen und wackeln sie höchst unbeholfen dahin. Doch wurden sie nicht deswegen Tölpel genannt, sondern erhielten diesen Namen ob ihrer ungemein ungeschickten Art während ihrer ersten Begegnungen mit Menschen. Schiffsmannschaften und Fischer nützten diese Unerfahrenheit der Tölpel, schlugen sie massenweise tot und versorgten sich auf diese Weise mit Frischfleisch. Heute stehen viele Tölpel als wertvolle Guano-Lieferanten unter Naturschutz und vermehren sich wieder sehr gut. Von den bis jetzt bekannt gewordenen Brutgebieten befinden sich – nach E. Stresemann – eines vor der Bretagne, zwei auf den Kanalinseln, eines vor Wales, weitere vor Irland, Schottland und Island, je eines auf den Färöern und vor Norwegen sowie fünf in den Gewässern von Kanada. Im Herbst und Winter sind diese Inselchen verödet, aber schon im Februar/März stellen sich die Brutpaare wieder ein. Gewöhnlich paaren sich die Tölpel erst im vierten Lebensjahr.

Baßtölpel (Sula bassana): Bewohnt die oben aufgezählten Brutgebiete von der Bretagne über Island und Norwegen bis nach Kanada; Länge 90–92 cm; hat bläulichen Schnabel, schwarze Kehlhaut, gelbe Augen und blaugrüne Beine; wird auf der Malagainsel vor der südafrikanischen Küste von der schwarzschwänzigen Unterart *Sula bassana capensis* vertreten; legt nur ein 100 g schweres Ei, brütet 43 Tage, nistet auf Felsinseln, wird bis zu 3 kg schwer.

Die Kormorane

Wie alle Ruderfüßler sind auch die Kormorane überaus gesellig, treten selten vereinzelt oder paarweise auf, und vereinigen sich vor allem während der Brutzeit zu oft gewaltigen Scharen. Sie nisten je nach Art und Gelegenheit am Boden, auf Felsen, auf Büschen und Bäumen. Nicht weniger anpassungsfähig bauen sie ihre Nester aus allerlei Schwemmgut, Tangen, Schilfen, Zweigen und notfalls aus Guano. Die Geschlechter brüten gemeinsam. Während der Balz wirft sich das Männchen vor der Auserwählten auf den Bauch, winkt und wedelt mit dem Schwanz und wirft den Kopf auf den Rücken. Das Weibchen nimmt diese Huldigungen hoch aufgereckt entgegen, sträubt dabei die Nackenfedern, und zeigt schließlich die gleichen Unterwerfungsgesten, wenn es die Werbung annimmt.

Das Gelege umfaßt 2–3 bzw. 3–5 bläuliche Eier und wird über drei Wochen lang bebrütet. Die fast nackten und blinden Jungen bekommen bald ein dunkles Dunenkleid, werden zuerst aus dem Schnabel gefüttert und holen sich später die Nahrung tief aus dem Elternschnabel.

Gewöhnlicher Kormoran (Phalacrocorax carbo): Bewohnt Europa, Asien, Afrika, Nordostkanada, Australien und Neuseeland, wurde in Mitteleuropa fast ganz ausgerottet und nistet heute fast ausschließlich an den nordeuropäischen Küsten sowie auf Sardinien, Sizilien und der Balkanhalbinsel; Länge 91 cm; Gefieder schwarz, an den Flügeln braunschwarz, um das Auge und am Schnabel gelb, Wangen weiß; bevorzugt Küsten und Flußmündungen wie Binnengewässer, brütet am Meer auf Felssimsen, im Binnenland auf Bäumen.

Der Gewöhnliche Kormoran wird von den Chinesen von alters her zum Fischfang eingespannt. Jung eingefangene und gezähmte Tiere bekommen einen Ring um den Hals, der sie am Verschlukken der Beute so sehr hindert, daß sie schon beim Versuch in Erstickungsnot geraten. Freiwillig kehren sie darum schleunigst zum Boot ihres Herrn zurück, der sie lobt, mit kleinen Happen entschädigt, bis sie zuletzt wie gut dressierte Beizvögel oder Jagdhunde apportieren.

Schwarzer Kormoran (Phalacrocorax harrisi): Bewohnt die Galapogosinseln Albermarle und Narborough, trägt ein braunschwarzes Gefieder und ist flugunfähig.

Krähenscharbe (Phalacrocorax aristotelis): Bewohnt die felsigen Küsten Nordafrikas und Europas sowie der Mittelmeerinseln, streift oft durchs Binnenland, ist aber sonst streng ans Meer gebunden und nistet kolonieweise auf Felsen; Länge 76 cm; hat blaugrüne Augen, schwarzen Schnabel mit zitronengelber Wurzel am Unterkiefer und schwarze Füße.

Zwergscharbe (Phalacrocorax pygmaeus): Bewohnt Südosteuropa von Ungarn und Slawonien über Rumänien und Bulgarien bis nach Südwestasien, Syrien und Ostpersien, brütet nur im Binnenland; Länge 48 cm; Gefieder glänzend grünschwarz, mit dunkelrotbraunem Kopf und Hals, zur Paarungszeit mit kleinem dunklem Stirnschopf und feinen weißen Flecken im Kleingefieder; hat rötlichbraune bis karminrote Augen, schwarzen Schnabel und Fuß; nistet in Sümpfen, an Seen und Flußniederungen, baut ihr liederliches Nest in Büsche und Bäume. Sie ist sehr gesellig.

Die Schlangenhalsvögel

Wie einen Schlangenleib drehen und winden die etwa scharbengroßen Schlangenhalsvögel ihren überaus langen und dünnen Hals, wenn sie sich bedroht fühlen. Da sich ihr sehr kleiner und flachstirniger Kopf mit dem scharfen geraden Schnabel kaum von diesem Halse abhebt und die Halsseiten vom Auge an hell und dunkel längsgestreift sind, wird der reptilienhafte Eindruck noch verstärkt. Ganz scharf, fast z-förmig, kann der Hals an den Leib herangezogen und dann sausend vorgeworfen werden. Wie eine Lanze zuckt der Schnabel gegen die Augen des Gegners oder in die Luft. In der Erregung spreizen und erheben diese Vögel dazu noch die ungewöhnlich verlängerten, durch breite silberweiße Mittelstreifen geschmückten Rücken- und Flügeldeckfedern zu einem imponierenden Strahlenfächer. Nicht weniger ge-

Tatsächlich wie einen Schlangenleib drehen und winden die knapp 90 cm langen Schlangenhalsvögel ihren langen und dünnen Hals. Sie tauchen noch weit besser als die Kormorane.

schickt verhalten sie sich auf dem Wasser. Normalerweise liegen sie schon sehr tief in der Flut. Bei Gefahr aber werden sie fast zum Unterseeboot, lassen sie nur noch Kopf und Hals über den Wasserspiegel schauen, um dann vollends und lautlos unterzutauchen. Im Tauchen selbst üben sie den Brauch der Kormorane, rudern mit den Beinen, steuern mit dem Schwanz und halten die Flügel dabei leicht abgespreizt. Nur sind sie zweifellos viel schneller und wendiger als ihre Verwandten. Die verfolgte Fischbeute wird, wenn sie nicht leicht verschluckt werden kann, mit dem Schnabel gespießt, nach dem Auftauchen vom Schnabel geschlenkert und nun erst verzehrt. Wie die Pelikane und Kormorane fischen auch die Schlangenhalsvögel oft im Verband, wobei sie sich zu gewaltigen Scharen vereinigen sollen. Nach der Jagd baumen sie gern auf, um das naßgewordene Gefieder zu sonnen bzw. trockenzufächeln. In den Bäumen wird auch bevorzugt genistet, und zwar an Teichen, Seeen und Flüssen wie an Flußmündungen, Lagunen und Brackwasserzonen. Die Paare vereinigen sich zu kleinen Kolonien, bauen ihre wirren, aber festen und umfangreichen Nester aus Zweigen und Knüppeln und versammeln 3–5 bläuliche Eier. Sehr geschickt wird von den hohen Bäumen aus gestartet und ebenso sicher wieder gelandet. Überhaupt sind die Schlangenhalsvögel gute Flieger und Segler. Im Flug strecken sie Kopf und Hals lang aus.

Amerikanischer Schlangenhalsvogel (Anhinga anhinga): Bewohnt Amerika von Karolina bis Nordargentinien; Länge 85 cm; Gefieder schwarz, bläulich schimmernd, auf Rükken und Flügel weiß gefleckt und breit silberweiß gestreift; das kleinere Weibchen hat bräunlichen Kopf und Hals.

Die Fregattvögel

Viele gute Flieger haben wir unter den Ruderfüßlern schon kennengelernt. Sie alle aber, die Tropikvögel, die Pelikane, die Tölpel, die Kormorane und die Schlangenhalsvögel übertrifft bei weitem der „Adler der See“, der Meister aller Segler, der große Flugspezialist, der mit riesigen Schwingen ausgerüstete Fregattvogel. Der ganze Vogel wiegt nur 1500 g und hat doch ein Paar Flügel, die bis zu 220 cm klaftern.

Weitere besondere körperliche Merkmale sind der hakige Schnabel, ein regelrechter Enterhaken, der sehr tief gegabelte Schwanz sowie der mächtige rote Kehlsack der Männchen, der während der Balz zu einem großen roten Ball aufgeblasen wird. Die Männchen sind übrigens auffallend kleiner als die Weibchen. Sie bauen allein die umfangreichen flachen Nester, hängen dann die Signalflagge ihres roten Kehlsackes aus und locken die Weibchen mit weichem „Kjukju-kju-kju“ zu sich. Auch das Ausbrüten des einen weißen Eies übernehmen sie allein. Die Brutzeit währt 41 Tage. Das Junge ist ein zunächst nackter, bald aber weißbedunter Nesthocker.

Prachtfregattvogel (Frega-

Von der Wasserfläche aus tauchen die Kormorane nach den Fischen. Schwimmend liegen sie schon recht tief im Wasser, so daß sie leicht ganz einzutauchen vermögen. Unter Wasser rudern sie kräftig mit den Beinen. Nach dem Tauchbad werden die nassen Schwingen weit ausgebreitet und wieder getrocknet.

ta magnificens): Bewohnt vor allem den Südatlantik, verfliegt sich manchmal bis nach Schottland und Frankreich, hat seine nächstgelegenen Brutplätze auf den Kapverdischen Inseln und den Bahamas; Länge über 100 cm, spannt 210 cm; Gefieder bräunlichschwarz, auf Kopf, Nacken, Rücken, Brust und Flanke metallisch grünblau und purpurn schimmernd, auf den Flügeln graulich überflogen, auf den Oberarmschwingen und dem sehr tief gegabelten Schwanz

bräunlich; hat hornfarbenen Schnabel mit lichtblauer Wurzel, braune Augen mit purpurblauem nacktem Ring und orangeroten Kehlsack; das größere Weibchen kennzeichnet sich durch eine weiße Brust und besitzt keinen Kehlsack.

Kleiner Fregattvogel (Fregata minor): Bewohnt die tropischen Küsten aller drei Weltmeere, wird knapp 100 cm groß, trägt ein schwarzgrünes Gefieder mit brauner Flügelbinde; wird auf der Insel Ascension im Südatlantik vom ebenfalls schwarzgrün befiederten *Adlerfregattvogel (F. aquila)* vertreten, dessen Weibchen einfarbig schwarz mit dunkelbrauner Brust ist.

Die Sturmvögel oder Röhrennasen *(Procellariiformes)*

Ruhelos, mühelos und pausenlos, dabei aber durchaus leicht, elegant und traumhaft schnell schweifen die Sturmvögel über die grenzenlose Weite der Ozeane von der Arktis bis zur Antarktis. Monatelang ist die hohe See ihre Heimat. Tagelang sind sie ohne Unterlaß in der Luft. Stundenlang fliegen sie mit unbewegten Schwingen gegen den Wind. Als unerreichte Meister der Segelkunst nützen sie die Aufwinde der einzelnen Wellentäler, erfassen sie den Rhythmus der Wogen und erspüren sie die Luftströmungen über den Wassern. Zehntausende von Kilometern durcheilen sie in wenigen Wochen. Gut achtzig Kilometer beträgt ihre durchschnittliche Stundengeschwindigkeit, die sich bei besonders günstigen Winden aber noch verdoppeln kann.

Auf den Brutinseln wird in lockeren, oft riesigen Kolonien von beiden Geschlechtern gebrütet. Zumeist legt das Weibchen nur ein einziges Ei. Nach langer Brutzeit schlüpft das Junge als ein blinder, hilfloser, sich nur langsam entwickelnder Nesthokker, der in der ersten Zeit mit öligen Sekreten aus der Speiseröhre der Alten gespeist wird. Bei Gefahr speit es, ganz wie die Alten, einen übelriechenden Tran aus. Die Eltern füttern so lange, bis das Junge schwerer und fetter als der Altvogel ist und selbständig wird.

Die Albatrosse

Souveräne Beherrscher der Lüfte im erhöhten Maße und echte Kinder der hohen See sind vor allem die mächtigen Albatrosse. Fünf bis sechs Jahre lang schweifen sie einsam als heimatlose Vaganten über die Weltmeere, ehe sie reif genug sind, sich zu paaren. Und erst dann suchen sie die wenigen Inselchen auf, die ihrer Art als Brutplätze dienen.

Die Brutdauer währt etwa 70–80 Tage. Das Junge schlüpft blind, ist grau bedunt und wird mindestens noch sechs Wochen lang gehudert. Hierbei wechseln sich die Alten alle 2, 3, 4 oder 5 Tage ab. Der hudernde Elternvogel füttert zugleich das Junge in diesem Zeitraum mit einer aus dem Magen heraufgewürgten öligen Substanz. Erst im vierten oder fünften Lebensmonat wachsen dem Jungalbatros die Schwingen, und frühestens nach sechs Monaten ist er flugfähig. Oft aber währt die Brutpflege fast ein ganzes Jahr, nämlich 310–330 Tage, und noch länger. Das Elternpaar gönnt sich darum nach erfolgter Aufzucht eine einjährige Pause und trifft sich praktisch nur alle zwei Jahre.

Der langsamen Entwicklung entsprechend wird das durchschnittliche Alter der Albatrosse auf 50 Jahre geschätzt.

Wanderalbatros (Diomedea exulans): Bewohnt vor allem das Südmeer, brütet auf Südgeorgien, der Prinz-Edward-Insel, der Crozetinsel sowie auf den Kerguelen, eine kleinere Unterart auch auf der Tristan-da-Cunha-Gruppe inmitten des südlichen Atlantiks; Länge 100–116 cm, spannt 330–350 cm, wiegt 7 kg, gilt als der größte Meeresvogel; Gefieder weiß, mit schwarzen Schwungfedern; hat bis zu 17 cm langen, an der Spitze geierartig gekrümmten, zart nelkenrotweißen bis gelblichen Schnabel, dunkelbraune Augen mit nacktem blaßgrünem Lid und rötlichgelbweiße Füße.

Der Wanderalbatros ernährt sich, wie die meisten seiner Gattung, vorwiegend von Tintenfischen, Fischen, Weichtieren, Krebsen, allerlei Aas sowie den Abfällen der Walfänger, Passagierdampfer und anderer Schiffe. Er fischt alles von der Wasseroberfläche weg, indem er sich neben der erspähten Beute auf dem Wasser niederläßt. Zu tauchen vermag er kaum.

Von den anderen Albatrossen in aller Welt sei erwähnt der *Schwarzbraune Albatros (D. melanophris)*, der vor allem auf den Kerguelen und den neuseeländischen Inseln nistet, aber nur etwa 200 cm spannt und ein reinweißes Gefieder mit schieferbraunem Rücken, schwärzlichen Flügeln und braunem Schwanz trägt; speit als Jungvogel dem Angreifer hochgewürgten Tran ins Gesicht.

Die Wasserscherer und Sturmvögel

Die vorwiegend nächtlich lebenden Sturmvögel, Sturmtaucher und Wasserscherer sind wesentlich kleiner als die meisten Albatrosse. Noch seltener als jene erheben sie sich in große Höhen, scheren vielmehr knapp über die Wogenkämme hin, durchqueren sie sogar oft und fliegen kilometerweit mit steifen Flügeln. Diese Flügel sind bei vielen Arten gleichfalls sehr lang,

Der Eissturmvogel ist im nördlichen Pazifik beheimatet, verfliegt sich aber manchmal südwärts bis Mitteleuropa. Aufgrund seiner grauen und weißen Färbung sieht er sehr möwenartig aus. In den nördlichen Meeren ist er der häufigste Seevogel. Seine bevorzugte Nahrung sind die Fischabfälle der Hochseefischer.

schmal und zugespitzt. Das Landen und Starten geht nur auf den Wogen mühelos vor sich. Auf dem Land sind sie außerdem sehr schlechte Läufer und überhaupt weitgehend hilflos und unbeholfen. Während der Brutzeit versammeln sie sich zu riesigen Scharen, die nicht selten Millionen Paare vereinigen. Genistet wird auf Felssimsen wie in Felsspalten, in selbstgewühlten unterirdischen Gängen, zumeist auf dem nackten Boden, aber bei etlichen Arten auch in Nestern und gepolsterten Erdmulden. Beide Geschlechter bebrüten umschichtig das eine weiße Ei, lösen sich meist nachts und in Abständen von mehreren Tagen ab. Das nach 40–60 Tagen ausschlüpfende Junge wird lange gehudert, gefüttert und umsorgt, es verteidigt sich wie die Alten mit aus dem Magen heraufgewürgtem Tran, den es dem Feind ins Gesicht spuckt.

Riesensturmvogel (Macronectes giganteus): Bewohnt vor allem die antarktischen Meere, nistet auf deren Inseln von den Kerguelen bis nach Neuseeland; Länge 85 cm, spannt 200 cm; Gefieder meist dunkelbraun, mit trübweißen Federrändern, mitunter aber auch einfarbig weiß; hat mächtigen, gelben, spitzhakigen Schnabel, gelbweiße Augen und blaßgelbe Füße; spuckt als Jungvogel über 2 m weit gegen den Angreifer, nährt sich wie ein Geier vorwiegend von Aas und krankem Getier, das auf den Wellen dahintreibt.

Kapsturmvogel oder Kaptaube (Daption capensis): Bewohnt die antarktischen Meere, nistet auf deren Inseln von den Kerguelen bis nach Südorkney, streift weit bis nach Angola und Mozambique sowie nach Brasilien, Peru und Kalifornien; Länge 38 cm; Gefieder oberseits grauschwarz, schachbrettartig weiß gefleckt auf dem Rücken und den Flügeln, mit dunklem Kopf und schwarzer Schwanzbinde, unterseits weiß; hat dunkelkastanienbraune Augen, schwarzen Schnabel und braunschwarze Füße.

Eissturmvogel (Fulmarus glacialis): Bewohnt den Nordpazifik und Nordatlantik, nistet in oft riesigen Kolonien an und auf den felsigen Küsten Großbritanniens, Irlands und Südnorwegens sowie auf zahlreichen nordatlantischen Inseln, verfliegt sich bis nach Mitteleuropa; Länge 47 cm; Gefieder bei der hellen Phase oberseits auf Rücken, Flügel und Schwanz grau, mit weißem Kopf und weißer Unterseite oder bei der dunklen Phase rauchgrau mit dunkleren Flügelspitzen; kennzeichnet sich durch dicken Nakken, fliegt segelnd und kurvend mit steifen Flügeln; hat gelben Schnabel, braune Augen und bläuliche Beine; brütet umschichtig mit 2–4tägiger Ablösung, je nach Witterung 40–60 Tage, hundert 14 Tage, füttert das Junge am Brutplatz 46 Tage, paart sich im sechsten Lebensjahr. Der Eissturmvogel lebt in strenger und jahrelang andauernder Einehe.

Die Sturmschwalben

Ebenfalls echte Hochseevögel sind die nur spatzen- bis amselgroßen Sturmschwalben. Sie fliegen so knapp über die Wogen dahin, daß sie die Wellenberge buchstäblich hinauf- und hinunterrutschen. Wellenläufer und Wassertreter oder Ozeanläufer und Wasserschreiter wurden sie deshalb von den ersten Beobachtern getauft.

Gewöhnliche Sturmschwalbe (Hydrobates pelagicus): Brütet im Raum zwischen Island und der Biskaya sowie im westlichen Mittelmeer, streift im Winter bis zum Kap der Guten Hoffnung; Länge 15 cm; Gefieder einfarbig schwärzlich, mit weißer Bürzelbinde; hat sehr lange Flügel und gerade abgeschnittenen Schwanz, schwarzen Schnabel, braune Augen und rötlichbraune Füße; fliegt fledermaushaft, oft mit hängenden Beinen, den Wellen sich anschmiegend, nistet auf Inseln in Felsspalten und Höhlen, gleicht im Flug einer Fledermaus.

Die Tauchersturmvögel

Diese kleine Familie der Sturmvögel bewohnt die Küsten von Südamerika, Südostaustralien, Tasmanien und Neuseeland sowie die Inseln des südlichen Atlantiks und Pazifiks. Im Gegensatz zu den anderen Sturmvögeln bevorzugen ihre Angehörigen den Schutz der Meerbusen und Fjorde. Als besonders gewandte Schwimmer und Taucher erheben sie sich nicht gern hoch in die Lüfte, sondern schießen bei Gefahr gleich Pfeilen durch die Wellenberge oder tauchen schnell weg. Unter Wasser rudern sie hauptsächlich mit den Flügeln. Auf den Brutplätzen nisten sie in selbstgegrabenen Erdhöhlen. Die Weibchen legen ein weißes Ei, bebrüten es abwechselnd mit dem Männchen und füttern das Küken vorwiegend nachts. Ihre Nahrung besteht wohl aus kleinen Fischen und anderem kleineren Meeresgetier.

Peru-Sturmtauchervogel (Pelecanoides garnoti): Brütet auf den Inseln vor Peru und Nordchile, ist an den Humboldtstrom gebunden; Länge 21 cm; Gefieder oberseits schwärzlich, unterseits weiß; hat gelbe Schimmhäute; ist ebenso wenig wie die anderen drei Arten jemals in Gefangenschaft gewesen, wenig bekannt.

Die Lappentaucher
(Podicipediformes)

In einer schwimmenden Kinderwiege erblickt der Lappentaucher das Licht der Welt und ist selbst von der ersten Lebensstunde an ein kleiner schwimmender Federball. Wenn er müde wird, ruht er sich in den Tragtaschen seiner Eltern aus, die dann für ihn den schwimmenden – und den fliegenden – Kinderwagen spielen. Wenig später lernt er es, wie die Alten schwimmend zu ruhen und zu schlafen, sich schwimmend zu sonnen und auch einzufetten. Auf dem Wasser erlebt er die Erfüllung seines Lebens, balzt er, paart er sich. Und nur vom Wasserspiegel allein kann er sich nach schnellem Laufstart in die Luft erheben. Das Festland ist ihm so fremd, wie kaum einem anderen Schwimmvogel. Und es ist schon eine Leistung, wenn er einmal gezwungen ist, sich auf seine ungemein weit hinten ein-

Als Lebensräume bevorzugen die Haubentaucher größere, reich bewachsene Teiche, Seen und Staubekken, zur Not auch Altwasser und Flußschleifen. Zum Nisten verlangen sie starke Schilfgürtel. Das schwimmende Nest besteht aus nassen, zumeist vom Grunde heraufgeholten Pflanzenteilen und gleicht einem großen, wirren Haufen von Schwemmstoffen.

gelenkten Beine zu stellen und einige Schritte vorwärts zu torkeln. Fast senkrecht muß er dabei den Leib aufrichten, den Hals stark biegen und die Füße mächtig spreizen. Dennoch plumpst er gleich darauf schwer auf Brust und Bauch und zieht es vor, sich nunmehr rutschend und schlitternd voranzuschieben.

Wegen dieser am Körperende angesetzten Beine nannte man die Lappentaucher wie die Schwimmhauttaucher früher *Steißfüße*. Ihren heutigen Namen aber verdanken die ersteren den lappigen Hornplatten längs der verbreiterten Zehen, die den Fuß an Stelle einer Schwimmhaut zu einem brauchbaren Ruder umgestalten. Unter Wasser werden die Füße etwas gegrätscht und seitlich mit kräftigem Stoß am Körper vorbeigeführt.

Haubentaucher (Podiceps cristatus): Bewohnt Eurasien, Afrika, Australien und Neuseeland; Länge 48 cm; Gefieder oberseits glänzend schwarzbraun – im Winter graubraun –, seitlich rostfarben und schwarzgrau gefleckt, unterseits und am Vorderhals leuchtend atlasweiß; kennzeichnet sich zur Brutzeit durch schwärzliche Ohrbüschel und prächtig rostroten, schwarzbraun gerandeten Kragen; hat bajonettstarken blaßroten Schnabel, karminrote Augen, weiße Wangen und hornfarbene Füße; lebt in strenger langer Einehe, erscheint gepaart am Brutplatz, beansprucht ein großes Brutrevier, brütet 25 Tage lang, zieht im Winter an geschützte Meeresküsten.

Rothalstaucher (Podiceps griseigena): Bewohnt Osteuropa, Nord-, Nordost- und Mittelasien sowie Nordwestamerika, weicht im Winter südwärts aus, bei uns bis zum Mittelmeer; Länge 43 cm; Gefieder grauschwarz, mit weißgrauer Wange und Kehle sowie schwarzem Oberkopf, Nakken und Hinterhals, unterseits seidenweiß, am Vorderhals lebhaft rostrot; hat kleine schwarze Federohren, schwarzen Schnabel mit gelber Wurzel, karminrote Augen und schwarzgrüne Füße; kennzeichnet sich besonders durch seine schauerlichen, wiehernden, quiekenden, stöhnenden, gackernden, bellenden, trompetenden und schrillenden Rufe.

Schwarzhalstaucher (Podiceps nigricollis): Bewohnt Europa, das gemäßigte Asien, Afrika und Nordamerika; Länge 30 cm; Gefieder zur Brutzeit schwarz – im Winter bräunlichschwarz –, mit braunen Flanken, unterseits weiß an Brust und Bauch; hat goldgelbe bis rostrote fächerförmige Federbüschel an den Kopfseiten, sanft aufwärtsgebogenen schwärzlichgrünen Schnabel, rote Augen und graugrüne Füße; ruft während der Balz weich „Huit“, trillert auch viersilbig, ist recht verträglich und nistet in kleinen zerstreuten Kolonien.

Ohrentaucher (Podiceps auritus): Bewohnt Nordeuropa, Nordasien bis zum Amur, Alaska und Kanada, überwintert bei uns in Mittel-, West- und Südeuropa; Länge 33 cm; Gefieder zur Brutzeit oberseits schwarz, mit dunkelrostrotem Kropf und Vorderhals sowie braunroten Flanken, unterseits atlasweiß; hat buschigen, glänzendschwarzen Kopf, goldgelbe Ohrbüschel, rote Augen, schwarzen Schnabel mit roter Wurzel und Spitze, dunkelgrüne Beine mit bläulich-weißgelben Füßen; ruft lang und tief trillernd.

Zwergtaucher (Podiceps ruficollis): Bewohnt fast ganz Eurasien, Afrika und Madagaskar, Asien und seine Inselwelt bis nach Australien; Länge 27 cm; Gefieder zur Brutzeit oberseits dunkelbraun bis schwärzlich – im Winter graubraun –, mit braunroten Kopf- und Halsseiten und schwärzlicher Kehle, unterseits grauweiß, dunkel gewölkt; hat schwarzen Schnabel mit gelbgrüner Wurzel, rötlichbraune Augen und schwärzliche Füße; ist scheu, meidet das freie Wasser, fliegt eher auf als seine großen Vettern, trillert hell und laut, liebt stille kleine Teiche mit reichem Röhricht und Schlammgrund.

Die Seetaucher *(Gaviiformes)*

Auf den ersten Blick scheinen sich die Lappen- und die Seetaucher sehr zu ähneln. In Wirklichkeit aber unterscheiden sie sich doch durch viele Eigenschaften, Gewohnheiten und Verhaltensweisen. Die Seetaucher sind wesentlich länger, schwerer und kräftiger, auch dickhalsiger, und liegen deshalb tiefer im Wasser. Ihre Zehen sind durch echte Schwimmhäute verbunden.

Die Seetaucher sind in 1 Gattung mit 4 Arten weit über die arktischen Gebiete Europas, Asiens und Nordamerikas verbreitet, ziehen im Herbst südwärts und verbringen den Winter an den Küsten der gemäßigten Zonen.

Prachttaucher (Gavia arctica): Bewohnt Nordosteuropa, Nordasien und Nordamerika, brütet noch auf einigen Seen der brandenburgischen Neumark, Pommerns, Westpreußens und Nordpolens sowie in Nordirland, Nordschottland und ganz Skandinavien, überwintert oft auf unseren Strömen, vorwiegend aber am Mittelmeer und Schwarzen Meer; Länge 58–69 cm; Gefieder zur Brutzeit oberseits schwarz mit grauem Oberkopf und Oberhals, weißer Fensterung in rundlichen Feldern auf dem Rücken und feinen weißen Längsstreifen an den Hals- und Brustseiten, unterseits weiß mit schwarzer Kehle, im Winter oberseits ungezeichnet grau und braun; hat geraden schwarzen Schnabel, hellbraune Augen und graue Füße; bevorzugt als Brutraum große und tiefe Seen, nistet auf Inselchen sowie am Ufer.

Eistaucher (Gavia immer): Bewohnt die arktischen Küsten von der Bäreninsel und Island über Grönland bis zum nordöstlichen Nordamerika, kommt südlich bis nach Nordkalifornien und Britisch-Kolumbien, streift bei uns im Winter bis zur Nord- und Ostsee, besucht dann auch die mitteleuropäischen Seen und Ströme; Länge 69–81 cm; Gefieder zur Brutzeit oberseits schwarz, schachbrettartig weiß gemustert, mit glänzendschwarzem Kopf und Hals, weißgestricheltem Halsband, unterseits weiß, im Winter oberseits dunkelgrau, ohne Musterung, unterseits sowie an Wange und Kehle weiß; hat sehr starken, in der Firstlinie sanft gebogenen, schwarzen Schnabel, hellbraune Augen und graue Füße; bevor-

Der Prachttaucher gehört zur Ordnung der Seetaucher. Bei allen Seetauchern sind die Zehen durch Schwimmhäute verbunden. Beim Tauchen erreichen sie Tiefen von 6 Metern.

Der Sterntaucher gehört zur Ordnung der Seetaucher. Er kann bis zu 1 ½ Minuten unter Wasser bleiben und in diesem Zeitraum eine Strecke von 30 Metern unter Wasser zurücklegen.

In Europa vertritt die Familie der Eisvögel, die sich in etwa 18 Gattungen, 87 Arten und 340 Unterarten über die ganze Erde verbreitet, unser kleiner Eisvogel.

Unser Eisvogel lebt ausschließlich von kleinen Fischen und Wasserinsekten. Er nistet in Erdhöhlen, die er tief in die Steilwände der Fluß- und Bachufer treibt. Männchen und Weibchen hacken in gemeinsamer Arbeit einen etwas ansteigenden Gang von fast einem Meter Länge und erweitern ihn am Ende zu einer geräumigen Höhle. Dann legt das Weibchen seine 6–7 dünnschaligen porzellanfarbigen Eier. Meist wird nur einmal im Jahr gebrütet, selten dreimal. Nach 19–21 Tagen schlüpfen die blinden, nackten und unbeholfenen Jungen aus.

Die Eisvögel besitzen einen kräftigen und gedrungenen Leib, kurzen Hals, großen Kopf, langen, starken, geraden und spitzigen Schnabel und auffallend kleine Füße. Ihre Stärke liegt im geschickten Stoßtauchen, im geduldigen Lauern auf dem Anstand. Sie sind schlechte Flieger, Läufer und Kletterer. Der Eisvogel ernährt sich fast durchweg von kleinen Fischen, die meistens zwischen sieben und

neun Zentimetern messen. Die Stichlinge machen den Hauptanteil seiner Nahrung aus. Aus größeren Fischschwärmen fängt er sich immer die kleinsten und schwächsten Exemplare heraus.
Einige Fischzüchter haben erkannt, daß der Eisvogel für sie sehr nützlich ist, da er den Bestand an Weißfischen und Stichlingen klein hält und sich die größeren Nutzfische so besser entwickeln können.

Heute haben die Strauße Flugvermögen eingebüßt; würdig und stolz laufen sie in den hohen Grassteppen und Halbwüsten Afrikas. Wenn Gefahr droht, fliehen die großen Vögel mit Riesenschritten bis zu vier Metern Länge und einer Geschwindigkeit von 40 bis 50 Stundenkilometern.

zugt als Brutraum die nordischen Seen, nistet auf Inselchen und grasigen Landrücken, läßt hier oft sein lautes klagendes Geschrei und unheimliches trillerndes Gelächter hören; wird im arktischen Sibirien und in Nordostkanada vom etwa gleich großen, sehr ähnlichen *Gelbschnäbligen Eistaucher (G. adamsii)* vertreten.

Die Steißhühner *(Tinamiformes)*

Wunderliche und durcheinandergeratene Brutsitten herrschen bei den zweifellos recht altertümlichen südamerikanischen Steißhühnern, die äußerlich an unsere Rebhühner und Wachteln erinnern. Da gibt es Arten, die während der Balz regelrecht Ringelreihen spielen, wobei dem treibenden Hahn und seiner Auserkorenen die anderen Hennen so dichtauf folgen, daß das ganze aufgeregte Hühnervolk einer sich windenden Riesenschlange gleicht. Hier legen dann die Hennen oft auch in ein gemeinsames Nest und überlassen die Bebrütung einem wohlerfahrenen alten Männchen. Bei anderen Arten richten die Hähne die Bodenmulden her, und die Weibchen gehen reihum von einem Nestbesitzer zum anderen, um ihnen jeweils etliche Eier zu schenken. Vor der Paarung werden anhaltende Schreikonzerte und Balztänze auf festgetretenen Balztennen vorgeführt. Zu diesen Plätzen führen die Wechsel von allen Seiten und werden wochen- und monatelang begangen. Der Lärm der balzenden Steißhühner ist kilometerweit zu hören.

Heute wissen wir, daß diese eigenartigen Vögel nicht zu den Hühnerartigen gehören, sondern eher noch den Nandus verwandt sind. Es sind echte, gut laufende und nur mangelhaft fliegende Bodenvögel mit starkem Rumpf, kurzen Flügeln, verkümmertem Schwanz, dünnem Hals, kleinem Kopf und schlankem, leicht gebogenem Schnabel. Die Beine sind ziemlich hochläufig, die Füße stark rauhsohlig, und die Hinterzehe ist oft verkümmert.

Pampastinamu oder auch Straußhuhn (Rhynchotus rufescens): Bewohnt die Savannen von Süd- und Ostbrasilien sowie Argentinien; Länge 40–42 cm, Männchen kleiner, auf dem Rükken schwarz und gelblich gebändert, mit rotbraunen Handschwingen, unterseits rostrotgelb; hat dunklen Oberkopf, braunen Schnabel mit blaßgelbbrauner Wurzel am Unterkiefer, rostgelbbraune Augen und fleischbraune Beine.

Die Laufvögel
(Struthioniformes)

Die Kiwis oder Schnepfenstrauße

Als düsterfarbiges, flügel- und schwanzloses Unikum von einem Vogel läuft der vorsintflutliche, flugunfähig gewordene Kiwi durch die nächtlichen Wälder Neuseelands. Den Tag über ruht und schläft er in tiefen Erdhöhlen, die er sich mit seinen überaus kräftigen Krallenzehen mühelos scharrt. Im Schutze der Dunkelheit wandert er los, den bizarren, 15–20 cm langen Schnepfenschnabel bis zur Erde gesenkt und immerzu leise schnüffelnd. Denn wohl als einziger Vogel der Welt scheint er sich vorwiegend mit Hilfe seines hochentwickelten Geruchsvermögens zu orientieren sowie auch seine Beute zu erwittern. Dafür spricht, daß seine Augen ungemein klein und schwachsichtig sind, die Nasenlöcher aber an der äußersten Spitze des riesigen Tastschnabels sitzen. Bis zur Wurzel pflegt er diesen Schnabel in den weichen Waldboden zu bohren. Äußerst behutsam zieht er dann die Würmer, Larven und Kerfe ans Tageslicht, betastet sie nochmals mit den langen Haaren am Schnabelgrund und wirft sie sich mit jähem Ruck in den Schlund.

Heute sind die zwei Arten der Kiwis im Bestand sehr gefährdet. Entschlossen hat darum die neuseeländische Regierung der geradezu maßlosen Eier- und Bälgesucht der privaten wie wissenschaftlichen Sammler einen Riegel vorgeschoben und die Ausfuhr eines einzigen dieser urtümlichen Sonderlinge von einem Parlamentsbeschluß abhängig gemacht. So ist zu hoffen, daß der zum Wappenvogel Neuseelands erhobene Kiwi noch etliche weitere Jahrhunderte zu den Jahrmillionen seiner Vergangenheit fügen kann. Voraussetzung für einen wirksamen Schutz ist freilich auch, daß es den Neuseeländern gelingt, die einstmals zur Kaninchenbekämpfung eingeführten Hunde, Katzen, Iltisse und Wiesel zu dezimieren.

Gewöhnlicher Kiwi (Apteryx australis): Bewohnt den Norden Neuseelands und die Stewart-Insel, erreicht etwa Haushuhngröße, wiegt als Weibchen 2,5 kg, als Männchen nur 1,5 kg, trägt ein einfarbig braunes oder graubraunes Federkleid mit kräftigen schwarzen Stricheln, wirkt sehr gedrungen und dickhalsig, hat einen 20 cm langen Schnabel, aber nur 5 cm lange, im Gefieder verborgene Flügelchen und ist so gut wie ganz schwanzlos; wird in verschiedenen Waldgebieten der Südinsel vom *Großen gefleckten Kiwi (A. owenii haasti)* und *Kleinen gefleckten Kiwi (A. owenii owenii)* vertreten, deren graubraunes Federkleid keine schwarzen Strichel, sondern helle Querbinden aufweist.

Die Strauße

Die Strauße sind zurückentwickelte Vögel, die irgendwann einmal ihr Flugvermögen eingebüßt haben und zu Laufvögeln geworden sind. Gemessen laufen sie dahin, gerade so, als wären sie maßlos stolz auf ihre prachtvollen weißen und schwarzen Federn, die unzähligen von ihnen das Leben gekostet haben. Den langen nackten Hals halten sie steif erhoben und spähen aus ihren großen braunen, langbewimperten Kugelaugen scharf in die Runde. In den hohen Grassteppen und bebuschten Halbwüsten überschauen sie weite Räume und sind derartig wachsam, daß

Bei den australischen Verwandten der Strauße, den Emus, sind die Flügel noch weiter zurückgebildet. Weil die Schwanzfedern ganz fehlen, wirken die Emus gedrungen und rundlich. Das dichte Gefieder gibt den Laufvögeln ein Aussehen, als seien sie von einem Schilfdach bedeckt.

die Zebras und Antilopen gern in ihrer Nähe weiden und ebenfalls davongaloppieren, wenn die Strauße mit Riesenschritten von 3–4 m davonstürmen. Selbst das beste Pferd hat dann Mühe, die mit 40–50 km Stundengeschwindigkeit flüchtenden Vögel einzuholen.

Die Nestmulde dreht immer der Hahn, wobei er viel mit der Wucht seines schweren Körpers schafft. Den Weibchen des Trupps zeigt er dann seine Paarungslust durch ein großartiges Zurschaustellen seiner Federpracht an. Er läßt sich dazu auf die Läufe nieder, spreizt die weißen Flügel weit ab, fächert die Federn zu einem großen flachen Kuppelgebilde oder Schirm und läßt sie effektvoll auf und nieder wogen. Kopf und Hals biegt er dabei weit auf den schwarzen Rücken zurück, wo sie ganz wie ein bunter Schlangenleib tanzen, zucken und sich winden. Die gleiche Haltung nimmt er auch beim Tretakt über dem hingekauerten Weibchen ein, wobei Kopf und Hals dann nur noch wilder schwingen, während das Weibchen mit hoch aufgerichtetem Kopf die Umgebung im Auge behält.

Die Straußeneier sind 1100–1600 g schwer, glatt- und dickschalig, zuerst golden schimmernd, später elfenbeinfarben. In Abständen von jeweils mindestens zwei Tagen legt die Henne bis zu 20 Eier. Das Ausbrüten besorgt in der Nacht und auch während vieler Stunden des Tages das Männchen. Die Weibchen lösen es ausschließlich tagsüber für etliche Stunden ab. Die Brutdauer währt rund sechs Wochen. Auch um die Jungen, die vom ersten Tage an schon fest auf ihren Beinen stehen, kümmert sich hauptsächlich der Hahn. Nach 7–8 Monaten sind sie bereits so groß wie die Henne. Der Familienverband hält lange zusammen, Hahn und Weibchen, ältere und jüngere Geschwister bilden jahrelang eine echte Familienhorde. Erst mit drei Jahren sind die jungen Weibchen und mit vier bis fünf Jahren die Junghähne geschlechtsreif.

Gewöhnlicher oder Sudanstrauß (Struthio camelus camelus): Bewohnt in sechs geographischen Rassen die Steppen, Savannen und Halbwüsten Afrikas südlich der Sahara, war bis in die jüngste Zeit auch in Arabien und Syrien sowie in Südpalästina heimisch, verbreitete sich früher über ganz Nordafrika und Kleinasien bis zum Kaspisee; Scheitelhöhe 260–270 cm, Rückenhöhe etwa 140 cm, Gewicht des Hahnes rund 100 kg; Gefieder des Hahnes schwarz, mit prachtvollen blendendweißen Flügeln und weißem Schwanz, des Weibchens matt graubraun mit schmutzigweißen Flügel- und Schwanzfedern; Kopf und Hals sind fast nackt und rot bzw. graublau, die Unterschenkel gänzlich nackt und fleischfarben; hat weißbefiederten Halsansatz, fleischfarbenen oder mennigroten Schnabel mit horngelber Spitze, braune Augen und kennzeichnet sich vor allem noch durch seine nur zweizehigen Füße.

Die Nandus

Bei den Nandus, diesen neuweltlichen Laufvögeln – bzw. Flachbrustvögeln oder Kurzflüglern –, übernehmen die Männchen die gesamte Brutpflege.

Fünf bis sieben Hennen weiß sich fast jeder starke Hahn zu erobern und in seinem energisch verteidigten, weiten Brutrevier zu halten. Die rund 600 g schweren, elfenbeinfarbenen Eier werden von den einzelnen Weibchen in 2–3tägigen Abständen unmittelbar in die Nestmulde oder in ihrer Umgebung abgelegt.

Die Brutdauer währt 35–45 Tage. Der Hahn brütet ganz allein. Auch er macht sich dabei sehr flach und zischt jeden Störenfried erst einmal mit weit aufgesperrtem Schnabel und windendem Hals an. Die Hennen lassen sich am Nest nur sehen, wenn sie ein Ei ablegen wollen, bleiben aber geschart im Revier des Hahnes. Den geschlüpften, grau bedunten und längsgestreiften Jungen dürfen sie sich nicht nähern. Der Hahn allein betreut sie alle.

Gewöhnlicher Nandu (Rhea americana): Bewohnt die Steppen und Savannen in der Ebene wie im Hügelland von Nordostbrasilien und Ostbolivien bis zum Rio Negro in Argentinien; Scheitelhöhe 140–150 cm, Gewicht etwa 20 kg; Gefieder an Oberkopf, Hinterhals, Oberrükken und Halsansatz schwarz, an der Halsmitte gelb bis gelbbraun, an Kehle, Backen und Oberhalsseiten bleigrau, an den Brustseiten und Flügeln bräunlichaschgrau, sonst unterseits sowie an den Oberschenkeln schmutzigweiß; hat perlgraue Augen, fleischfarbene nackte Gesichtsteile um Zügel, Augen und Ohren, horngraubraunen Schnabel und dreizehige graue Füße; ist am Hals und an den Unterschenkeln kurz befiedert und hat weniger zurückgebildete Flügel als der Strauß.

Darwins Nandu (Pterocnemia pennata): Bewohnt die Pampas Patagoniens südlich des Rio Negro und die Hochsteppen der Anden von Nordwestargentinien, Nordchile, Bolivien und Südperu, ist kleiner als der Gewöhnliche Nandu und vorwiegend grauweiß befiedert, hat bräunliche Schmuckfedern mit weißen Spitzenflecken, legt keine elfenbeinfarbenen, sondern dunkelgrüne Eier.

Die Emus

Bei den australischen Laufvögeln, den Emus, sind die Flügel noch weiter zurückgebildet als beim Strauß und treten kaum noch in Erscheinung, Schwanzfedern fehlen gänzlich. Gestaltlich wirken die Emus darum rundlicher und gedrungener, sind aber auch etwas kurzhalsiger und kurzbeiniger. Das eigenartige, sehr dichte Gefieder, das den Leib wie ein Schilfdach bedeckt, bekleidet auch Kopf und Hals. Nur am Hinterkopf und an der Gurgel schimmert die bläuliche Haut hindurch.

Das Nest, meist eine einfache Mulde, baut der Hahn. Das Weibchen legt 10–12 dunkelgrü-

Der Helmkasuar erreicht eine Scheitelhöhe von 120 cm. Charakteristisch sein blauer und roter Hals und seine zwei gelben Halsklunker. Er lebt in den Küstenwäldern Australiens.

ne, warzig gekörnelte Eier, von denen jedes einzelne etwa 600 g wiegt. Der Hahn brütet sie in 52–66 Tagen aus und wird dabei nur sehr wenig vom Weibchen unterstützt. Er hudert und führt auch die Jungen. Die Küken tragen ein grauweißes, dunkel längsgestreiftes, auf dem Kopf unregelmäßig geflecktes Dunenkleid.

Emu (Dromaius novaehollandiae): Bewohnt vor allem Südaustralien; Scheitelhöhe 150 cm, Gewicht rund 50 kg; Gefieder einfarbig bräunlich, auf dem Kopf schwarz; hat bläuliche nackte Gesichtsteile, dunkel hornfarbenen Schnabel, lebhafte hellbraune Augen und lichtbräunliche Füße mit drei Zehen.

Die Kasuare

Die in sechs Arten auf die australische und papuanische Welt beschränkten Kasuare sind im Gegensatz zu den anderen großen Laufvögeln echte Waldbewohner. Von den Straußen, Nandus und Emus unterscheiden sie sich ferner vor allem durch die hohen Hornhelme, die bunten lappen- oder karbunkelartigen Halsklunkern, die fünf zu langen Hornstäben umgebildeten Flügelfedern, die deutlich aus dem haarartigen doppelschaftigen Gefieder ragen, den hohen, seitlich etwas zusammengedrückten Schnabel und die gefährliche, lange und scharfe Kralle an der Innenzehe, mit der sie ihren Gegnern zu Leibe gehen.

Auch bei den Kasuaren übernehmen die kleineren und schlichter gefärbten Männchen das Geschäft der Brutpflege. Sie bauen das einfache Laubnest, brüten die 3–6 dunkelgrünen und körnigen, 600 g schweren Eier in rund 56 Tagen aus, hudern und führen die hell und dunkel längsgestreiften Küken.

Australischer Kasuar (Casuarius casuarius): Bewohnt die Aru-Inseln, Ceram, Wokam und Neuguinea; Scheitelhöhe 150 cm; Gefieder rauh und strähnig, einfarbig schwärzlich, mit großem, hohem, seitlich zusammengedrücktem Helm, zwei großen und langen, roten Hautlappen, blauem Hals und rotem Hinterhals; wird in den sumpfigen Küstenwäldern vom ihm sehr ähnlichen *Helmkasuar (C. bicarunculatus)* vertreten, der eine Scheitelhöhe von nur 120 cm erreicht, ebenfalls einen blauen und roten Hals, aber zwei gelbe Halsklunkern hat. Er lebt auf der Insel Ceram, der größten der Molukkeninseln Indonesiens.

Die Pinguine *(Sphenisciformes)*

Allgemein wird angenommen, daß lediglich das Festland der Antarktis und die ihm unmittelbar vorgelagerten Inseln die Heimat der Pinguine sei. Zweifellos haben wir dort auch das Entstehungszentrum dieser ebenso drollig wie gravitätisch wirkenden Vögel zu suchen. Doch leben bzw. brüten heute nur noch zwei der insgesamt sechs Gattungen auf dem antarktischen Festland und an seinen Küsten. Die anderen Gattungen wanderten mit den kalten Meeresströmen weit hinauf bis zu den Gestaden und Inseln von Südamerika, Südafrika, Südaustralien und dem östlichen Neuseeland. Sie zogen mit dem Perustrom bis nach Peru und zu den Galapagos-Inseln, mit dem Falklandstrom bis Rio Grande do Sul in Südbrasilien, mit dem Benguellastrom bis zur großen Fischbai an der Küste von Angola und mit der Westdrift bis in die australische Region.

Die flugunfähigen Pinguine watscheln und hüpfen also durchaus nicht nur durch Eis und Schnee, leben vielmehr zum großen Teil unter der Tropensonne, bleiben jedoch immer an die Bereiche der kalten Meeresströmungen gebunden. An Land gehen sie eigentlich nur in der Brutzeit, abgesehen von den flüchtigen Besuchen, wenn sie sich bei sehr schweren Stürmen unter die Küsten flüchten. Als geborene Schwimmer und Taucher beherrschen sie aber auch die wildbewegte See. Ihr spindelförmiger Leib liegt so tief in der Flut, daß sich nur Kopf und Hals sowie ein Teil des Rückens über das Wasser erheben. Die Knochen enthalten kaum noch luftgefüllte Hohlräume, außerdem fehlen die Luftspeicher im Daunengefieder. Die kurzen, starren und festen Federn sind bei den Pinguinen nämlich nicht in Rainen und Feldern angeordnet, sondern bedecken gleichmäßig den ganzen Körper wie ein sehr knapp anliegendes Schuppenkleid. Die Flügel verwandelten sich in kräftige und biegsame Ruderblätter und besitzen eine ungewöhnlich starke Muskulatur.

Kaiserpinguin (Aptenodytes forsteri): Bewohnt die Küsten der Antarktis; Länge 120 cm; Gefieder oberseits blaugrau, unterseits weiß, mit schwarzer Kehle sowie leuchtend schwefelgelben Federpartien an den Kopfseiten und am Hals; hat schwarzen Kopf und Nacken, tiefbraune Augen, langen, spitzen, schwarzen Schnabel mit fleischrotem Unterkiefer.

Mitten im antarktischen Winter schleudern sich die in Scharen zusammengeströmten Kaiserpinguine aufs Schelfeis des Kontinents und trippeln landeinwärts.

Alles in allem bilden die zahllosen Grüppchen, Gruppen und Haufen ein Heer von 20000–30000 Vögeln. Unaufhaltsam marschieren sie mit hocherhobenen Köpfen dahin, überwinden in tagelangen Märschen die riesigen Eisströme, die klaffenden Spalten der Gletscher und die steil ansteigenden Höhenzüge. Wo es die Füße allein nicht schaffen, helfen die Flossenflügel und der Schnabel nach, kleben sie mit dem Bauche an den Eiswänden. Es gibt kein Hindernis, das sie nicht zu überwinden vermöchten, und es gibt kein Wetter, das sie zurückschlagen könnte. Sie watscheln mit der gleichen, nachtwandlerischen Sicherheit durch die mörderischen Schneestürme, wie ihre fliegenden Vogelbrüder auf dem Rückweg in die angestammte Brutheimat Länder und Meere überfliegen.

Die Brutplätze befinden sich in kleinen windgeschützten Tälern und engen Schluchten inmitten der Eisgebirge. In dieser Landschaft, die trostloser als ein vereistes Mondkraterfeld ist, findet ihr Leben seine Erfüllung. Zu Tausenden eng beieinanderstehend, werben hier die Männchen um die Weibchen, und es währt fast acht Wochen, ehe sich die Paare gefunden haben.

Sein einziges Ei birgt das Weibchen in einer Hautfalte am Unterleib, über die eine dichte Federschürze fällt. Schon wenige Stunden später aber treten die Ehepartner dicht zusammen, drängen Leib an Leib, schmiegen Brust an Brust und lassen das Ei über die Schwimmfüße hinweg von der weiblichen in die männliche Brutfalte rollen. Gleich darauf wandert das erleichterte

Der Königspinguin bewohnt die antarktische Inselwelt von den Falklandinseln bis nach Südgeorgien. Er wird etwa einen Meter groß. Sein einziges Ei brütet er im Frühling in einer Bruttasche aus, was 53 Tage dauert, wobei sich Männchen und Weibchen regelmäßig abwechseln. Er ist ein geborener Schwimmer und Taucher.

Weibchen zum Meer zurück und erholt sich hier von den Strapazen der Gewaltmärsche, des langen Balzens und des Eierlegens. Viele Wochen lang bleibt es fort, während die Pinguinväter unbeweglich als lebendige Schildwachen des Lebens das ihnen anvertraute Ei ausbrüten. Dicht aneinandergedrückt während der ewigen Stürme stehen sie volle 63 Tage lang. In der ganzen Zeit nehmen sie keinen Bissen zu sich, und haben doch schon während der wochenlangen Balz und Paarung gefastet.

Erst kurz nach dem Schlüpfen des Jungen kehrt das Weibchen zum Nistplatz zurück. Sieben Pfund Futter bringt es im Kropfe mit: Fische, Tintenfische und Krebse. Es übernimmt das Junge, birgt es in seiner Hauttasche – und der wackere Vater ist entlassen. Entkräftet und erschreckend abgemagert wandert er zum Meer zurück. Viele der männlichen Pinguine gehen auf dieser Rückwanderung zugrunde. Drei bis vier Wochen brauchen sie gut, um sich wieder herauszufuttern. Dann aber kommen auch sie wieder zum Brutplatz, bringen ebenfalls reichlich Futter mit und entlasten die Mütter, die ihre Kinder inzwischen mit einem Kropfsekret gefüttert haben. Im Alter von sechs Wochen klettert das Junge aus der elterlichen Bruttasche, findet sich mit den anderen Küken zu einem sogenannten Kindergarten zusammen, der von den Altvögeln wie von einem Leiberwall warm umgeben wird. Futter bekommt es von jedem Altpinguin, den es anbettelt. Nach 5–6 Monaten ist es selbständig, wandert zum Meer und schwimmt auf den treibenden Schollen in die weite Wasserwelt hinaus.

Königspinguin (Aptenodytes patagonica): Bewohnt die antarktische Inselwelt von den Falklandinseln bis nach Südgeorgien, den Kerguelen und den Macquarie-Inseln; Länge etwa 100 cm; Gefieder oberseits streifig eisengrau, an Kopf, Nacken und Kehle schwarz, unterseits weiß, an der Oberbrust gelblich überflogen; kennzeichnet sich ebenfalls durch goldgelben Fleck in der Ohrgegend, der bis zu den Halsseiten hinabläuft und sich über den Vorderhals verbreitet; hat langen und schmalen, spitzen und hornfarbenen bis schwarzen Schnabel mit lackrotem Unterkiefer sowie bräunliche Füße; brütet sein einziges Ei wie der Kaiserpinguin in einer Bruttasche am Bauche aus, jedoch im arktischen Frühling, trägt es nur 53 Tage und löst sich regelmäßig mit seinem Weibchen dabei ab.

Eselspinguin (Pygoscelis papua): Bewohnt den antarktischen Raum zwischen den Falkland-Inseln, Südgeorgien und dem West-Graham-Land; Länge etwa 80 cm; Gefieder oberseits eisen- bis blaugrau, unterseits weiß; kennzeichnet sich durch ein breites, geschwungenes, weißes Band, das sich von Auge zu Auge über den Kopf zieht; hat kleinen dünnen feinen Schnabel mit gelblichen Schneiden und rotbraunen Augen; brütet in großen, aber zerstreuten Kolonien, trägt sich Steinnester zusammen, legt zwei Eier, löst sich beim 35tägigen Brutgeschäft mit seinem Weibchen täglich ab und ist in der Brutkolonie ungewöhnlich reviergebunden und hacklustig.

Adeliepinguin (Pygoscelis adeliae): Bewohnt die Inseln rings um den antarktischen Kontinent; Länge 70–80 cm; Gefieder oberseits schwarz, unterseits weiß, mit schwarzer Kehle; kennzeichnet sich durch eigenartig keilförmig zugespitzten Kopf mit auffallend kurzem, dickem und schwarzrotem Schnabel sowie durch weiße Augenringe; nistet in riesigen Kolonien, wühlt mit Schnabel und Fuß eine flache Mulde, füllt und garniert sie reichlich mit Steinen, legt zwei Eier, brütet 35 Tage lang abwechselnd mit seinem Weibchen, das sich jedoch erst wieder am Nest einstellt, nachdem es sich tagelang im Meer vom Fasten, Balzen und Eierlegen erholt hat.

Zügel- oder Südpolpinguin (Pygoscelis antarctica): Bewohnt gleichfalls die antarktischen Inseln; Länge gut 70 cm; Gefieder oberseits schwarzgrau, unterseits weiß, mit schmalem schwarzem Streif, der gleich einem Kinnriemen über die weiße Kehle und die weißen Wangen läuft; hat dunkelbraune Augen und schwarzen Schnabel.

Felsenpinguin (Eudyptes cristatus): Bewohnt den antarktischen Raum von den Falklandinseln und der Tristan-da-Cunha-Gruppe über die Kerguelen bis Südaustralien und Neuseeland; Länge 65 cm; Gefieder oberseits schwarzgrau, unterseits weiß; kennzeichnet sich durch lange gelbe Federn, die sich an den Kopfseiten von den Augenbrauen weit über die Schläfen hinziehen und am Hinterkopf als kleine Schöpfe abstehen; hat dunkelrote Augen und starken rötlichen Schnabel.

Goldschopfpinguin (Eudyptes chrysolophus): Bewohnt die antarktischen Inseln von Südshetland und Südorkney bis zu den Kerguelen und der Heard-Gruppe; Länge 65 cm; Gefieder wie Felsenpinguin, aber mit orangefarbenen, auf der Stirn zusammengewachsenen Augenbrauen- und Schopffedern sowie einem etwas kräftigeren, größeren rötlichen Schnabel.

Brillenpinguin (Spheniscus demersus): Bewohnt die Küsten von Süd- und Südwestafrika bis nach Angola; Länge 58–60 cm; Gefieder oberseits schwarzgrau, unterseits weißlich mit schwarzer Kehle und breitem schwarzem Brustband; kennzeichnet sich durch brillenförmige weiße Augenringe und breite weiße Überaugenstreifen, die sich bis zum weißen Hals hinziehen; hat starken alkenförmigen Schnabel mit hellem Querband und gelbe Augen; nistet in Felshöhlen, gräbt auch selbst bis zu 50 cm tiefe Brutlöcher, versieht sie mit einem Teppich von kleinen Zweigstückchen, legt zwei Eier, brütet 43 Tage lang im Wechsel mit seinem Weibchen.

Wenigstens erwähnt sei der *Zwergpinguin (Eudyptula minor)* von den Küsten Neuseelands, Südaustralien und Tasmanien; Länge 40 cm; Gefieder oberseits graublau, unterseits weiß; nistet in Höhlen und ist der kleinste Pinguin der Welt.

Als Heimat der Pinguine gilt allgemein das antarktische Festland und die ihm vorgelagerten Inseln. Doch leben und brüten dort heute nur noch zwei der insgesamt sechs Gattungen. Die anderen wanderten mit den kalten Meeresströmen bis nach Südamerika, Südafrika, Südaustralien und Neuseeland. Der Kaiserpinguin bewohnt die Küsten der Antarktis. Der Königspinguin (Bild oben links), der Eselspinguin, der Adeliepinguin, der Südpolpinguin und der Goldschopfpinguin leben auf den antarktischen Inseln. Der Felsenpinguin und der Zwergpinguin sind auch in Südaustralien und Neuseeland anzutreffen. Die Küsten Süd- und Südwestafrikas bewohnt der Brillenpinguin. Die Pinguine gehen jedoch eigentlich nur in der Brutzeit an Land.

Die Pinguine haben sich dem Leben im Wasser vollkommen angepaßt. Ihr Körperbau macht sie zu vorzüglichen Schwimmern. Sie können bis zu 20 Meter tief tauchen und vermutlich bis zu 100 Minuten unter Wasser bleiben. An ihre Umwelt angepaßt haben sich die Pinguine aber auch in ihren Brutgewohnheiten. Während die Kaiserpinguine in großen Kolonien an den Küsten des antarktischen Festlands brüten, nisten die Magellanpinguine (Bild mitte) von Patagonien und den Falkland-Inseln in Höhlen, die sie sich in feste Sanddünen und Lehm graben. Ein weiteres Beispiel für die Anpassungsfähigkeit der Pinguine sind die Felsenpinguine (Abb. oben rechts), die mit ihren scharfen Krallen sogar an Felsen hochklettern können.

DIE KRIECHTIERE
(Reptilia)

Kriechtiere zeichnen sich durch eine veränderliche Körpertemperatur und eine trockene, beschuppte Haut aus. Da sie wenig oder keine innere Wärme erzeugen müssen, kommen sie auch mit weniger Nahrung als die Säugetiere zurecht. Je kühler es wird, desto geringer wird ihre Aktivität.

Alle Reptilien sind wechselwarm und pflanzen sich durch Eier fort. Weitaus die meisten Arten legen diese sehr dotterreichen Eier an feuchten und warmen Örtlichkeiten, vor allem aber immer an Land ab. Verhältnismäßig wenige Formen tragen ihre Eier bis zur Reife aus und bringen lebende Junge zur Welt. Eine echte Brutpflege kennen nur etliche Krokodile und Schlangen. Die als kleine Ebenbilder ihrer Eltern schlüpfenden Jungtiere sind vom ersten Lebenstage an selbständige Geschöpfe.

Viele von ihnen fallen ihren natürlichen Feinden zum Opfer.

Die Schildkröten *(Testudines)*

Der Ursprung der Schildkröten verliert sich im Dunkel der Urzeiten. Als lebende Fossilien treten sie uns heute in der gleichen Gestalt entgegen, in der sie vor 200 Millionen Jahren zwischen den Säulenbeinen der Riesensaurier umherkrochen. Zweifellos sind sie noch viel älter als die Saurier, älter selbst als zahlreiche inzwischen ausgestorbene Reptiliengruppen.

Innerhalb der heutigen 12 Familien mit ihren rund 200 Arten tritt der ursprüngliche Bauplan nur wenig gewandelt auf. Noch immer umschließt den ganzen Rumpf ein Panzer aus Knochenplatten und Hornschilden mit mehr oder weniger hochgewölbtem Rückenteil und flachem bis eingedelltem Bauchteil. Beide Panzerhälften sind durch eine weiche oder verknöcherte Brücke verbunden. Für den Kopf, den Hals, die Vorderbeine und den Schwanz sowie die Hinterbeine sind zwei entsprechende Öffnungen ausgespart. Doch können selbst diese Lücken des Panzers durch die eingezogenen Gliedmaßen oder besondere Klappscharniere fast nahtlos geschlossen werden.

Schildkröten bewohnen die tropischen wie die gemäßigten Zonen der Erde und haben sich viele Lebensräume erobert. Sie bewohnen die Salz- wie die Süßwasser, die Sümpfe wie die Wälder und die Steppen wie die Wüsten. Im Wasser leben sie vorwiegend von tierischen, auf dem Lande von pflanzlichen Stoffen. Ihre Eier betten die Weibchen in selbstgegrabene Höhlen oberhalb der Flutmarken und Gezeitenzonen und verwischen danach sehr sorgfältig die Spuren ihrer Arbeit. Brutpflegerische Instinkte sind ihnen fremd. Die Jungen sind von Anfang an ganz auf sich allein gestellt.

Die Schnappschildkröten

Die stattlichen, auf Nord- und Mittelamerika beschränkten Schnapp-, Alligator- oder Geierschildkröten erinnern an die Krokodile. Vor allem haben sie einen ungewöhnlich langen und starken Schwanz, dessen Oberseite ein spitziger dreireihiger Zackenkamm ziert und den sie ebensowenig wie den langen Hals unter den Rückenpanzer zu ziehen vermögen. Der große dicke Kopf ist platt und dreieckig. Die Augen können tief eingezogen, durch die hornige Nickhaut geschützt, und weit vorgestülpt werden. Die sehr kräftigen und hakigen Kiefer der kurzen und spitzen Schnauze sind scharf-

schneidig, schnappen wie eine stählerne Bügelfalle zu und können einen Spazierstock glatt durchbeißen. Jäh schnellt der Kopf aus der dicken vielgefalteten Halskrause nach vorn, und weit vermag sich der Hals zu dehnen. Am Kinn hängen vier kurze Bartfäden. Der Rückenpanzer ist nur flach gewölbt und kennzeichnet sich durch drei Reihen mäßighoher Kielhöcker. Seine hinteren Randplatten sind so scharf zugespitzt, daß sie sechs bis acht kräftige Sägezähne bilden. Der Bauchpanzer ist bis auf einen kleinen kreuzförmigen Rest zurückgebildet. Die Beine sind sehr kräftig, haben starke Vorderpranken mit großen scharfen Klauen und wohlentwickelte Schwimmhäute.

Im Gegensatz zu allen anderen Schildkröten sind die Schnappschildkröten außerordentlich beiß- und angriffslustig.

Gewöhnliche Schnappschildkröte (Chelydra serpentina): Bewohnt in etlichen Arten Nord- und Mittelamerika sowie das nördliche Südamerika; Länge 90–100 cm, Gewicht 20–30 kg; Rückenpanzer dunkel- bis schwarzbraun, Bauchpanzer gelbbraun, Haut schlaff, rauh, bekörnt, vorwiegend öl- bis olivgrün; der Schwanz erreicht zwei Drittel der Panzerlänge; die Vorderfüße sind fünf-, die Hinterfüße nur vierzehig; ist oft auch auf dem Lande anzutreffen, verscharrt vor allem ihre 20–40 Eier mitunter weitab von den Gewässern an ihr günstig erscheinenden Plätzen.

Geierschildkröte (Macroclemys temminckii): Bewohnt den Südosten der Vereinigten Staaten, ist vor allem am Mississippi und seinen Nebenflüssen häufig; Länge bis zu 140 cm, Gewicht bis zu 100 kg; Rückenpanzer und Haut ähnlich wie bei der Schnappschildkröte; hat einen hundskopfgroßen, nicht zurückziehbaren Kopf und einen unterseits mit nur kleinen Schüppchen

Unsere Europäische Teich- oder Sumpfschildkröte ist ein überaus scheues und vorsichtiges Geschöpf, das bei der geringsten Störung in die Tiefe flüchtet. So richtig munter wird sie erst nach Sonnenuntergang. Ihre aus kleinen Fischen, Kaulquappen, Würmern, Schnecken bestehende Nahrung würzt sie ab und zu auch mit grünen Pflanzen.

bedeckten Schwanz; lockt die Fische mit einem rosafarbenen Zungenfaden zu sich, liegt dabei im Bodenschlamm verborgen, legt 17–44 bis zu 4 cm große Eier in Gewässernähe und treibt keine Brutpflege.

Die Klapp-, Schlamm- und Moschusschildkröten

Auch diese wesentlich kleineren und kurzschwänzigen Sumpfschildkröten kennzeichnen sich zum Teil noch durch rückgebildete kleine und kreuzförmige Bauchpanzer und bewohnen ebenfalls nur Amerika. Bei den Klappschildkröten sind der vordere und oft auch der hintere Teil des Bauchpanzers durch Scharniere gelenkig mit dem starren Mittelteil verbunden und können so stark eingeschlagen werden, daß die Tiere bei eingezogenen Extremitäten rundum fest und lückenlos gepanzert sind. Die Moschusschildkröten weisen diese Scharniere an ihrem weitgehend zurückgebildeten Bauchpanzer nicht auf, wissen sich aber mit einem starken Geruch zu verteidigen. Die Männchen kennzeichnen sich durch deutliche Flecke aus vergrößerten Hornschuppen an den Innenseiten der Oberschenkel.

Pennsylvanische Klappschildkröte (Kinosternon subrubrum): Bewohnt den Osten und Südosten der Vereinigten Staaten; Länge des flachen, breiten, olivbraunen Rückenpanzers 10 cm, Bauchpanzer vorn und hinten klappenartig beweglich, ist am Brustschild gelblich oder orangefarben getönt, am braunen Kopf und Hals hell und dunkel gezeichnet; hielt in der Gefangenschaft schon bis zu 38 Jahre aus, bleibt aber immer sehr bissig und deswegen unbeliebt.

Gewöhnliche Moschusschildkröte (Sternotherus odoratus): Bewohnt das östliche Nordamerika bis nach Nordmexiko; Panzerlänge 10–12 cm, Rückenpanzer gut gewölbt und lang gestreckt, Bauchpanzer in der Mitte durch einen Hautstreifen getrennt, ist vorwiegend olivbräunlich gefärbt; bevorzugt stehende, dicht durchwachsene Gewässer, wandert lichtscheu über den Schlammgrund und nährt sich hauptsächlich von totem Getier; kommt zur Eiablage an Land, birgt sie in selbstgegrabenen Erdgruben, in Nestern der Moschusratte, in modernden Baumstümpfen oder einfach unter faulendem Laub und überläßt sie sich selbst.

Die Tabasco-Schildkröten

Nur noch eine letzte überlebende Art ist von dieser Schildkrötengruppe bekannt, die dereinst weit über Nordamerika, Asien und Europa verbreitet war, die auszusterben droht.

Tabasco-Schildkröte (Dermatemys mawii): Bewohnt die größeren Flüsse von Mexiko bis nach Guatemala, erreicht eine Panzerlänge von etwa 30 cm, hat großen Bauchpanzer und kurzen Schwanz, kennzeichnet sich durch eine Reihe von kleinen Schilden auf der Brücke zwischen dem Bauch- und dem Rückenpanzer, lebte im Londoner Zoo acht Jahre lang.

Die Großkopfschildkröten

Auch die merkwürdigen, absonderlich gestalteten Großkopfschildkröten treten nur noch in einer Art auf. Mit ihrem ungewöhnlich großen, von einem Schild gänzlich bekleideten Kopf und dem fast körperlangen Schwanz erinnern sie lebhaft an die krokodilartigen Schnappschildkröten. Nur ist ihr ebenfalls am Hinterrand gesägter Rückenpanzer noch wesentlich flacher und leicht gekielt. Von der gelassenen und friedlichen Art der anderen Schildkröten haben sie gleichfalls nur wenig an sich, sind vielmehr schnell gereizt, stoßen wütend mit weitgeöffnetem Maul nach dem Gegner und blinken dazu unaufhörlich mit der weißen Nickhaut ihrer Augen ihren Gegner an.

Großkopfschildkröte (Platysternon megacephalum): Bewohnt Südchina und Hinterindien bis nach Hainan; Panzerlänge etwa 20 cm, Schwanzlänge 16–18 cm; ist oberseits lichtbraun, schwarz gepunktet und gestrichelt, unterseits gelb, dunkel gewölkt; hat massigen graubraunen Kopf mit schwarzen Längsstrichen und seitlichen gelbroten Flecken; vermag den Kopf nicht unter den Panzer zu ziehen, bevorzugt Gebirgsflüsse, sonnt sich gern auf Steinen, ernährt sich vorwiegend von Fischen, wurde in der Gefangenschaft schon 20 Jahre alt.

Die Süßwasser- oder Sumpfschildkröten

Die sehr artenreiche Gruppe der Süßwasser- oder Sumpfschildkröten bewohnt in der Masse die wärmeren Gebiete der nördlichen Erdhalbkugel. Gestaltlich kennzeichnet sie sich durch den festen ovalen, flachen Panzer, bei dem sich die Rücken- und die Bauchschilde unmittelbar berühren, und die abgeflachten Ruderfüße mit Schwimmhäuten zwischen den Zehen und Fingern. Rückbildungen des Bauchpanzers kommen bei ihnen nicht vor, sind zumindest unbekannt.

Meistens lebt sie ganz verborgen am Grunde fließender Gewässer. Ihre Nahrung besteht nur aus Wasserpflanzen, die sie vor allem nachts abweidet.

Europäische Teich- oder Sumpfschildkröte (Emys orbicularis): Bewohnt bei uns nur noch Norddeutschland östlich der Elbe, vor allem die Mark Brandenburg sowie das Oder- und Weichselgebiet, auch Schlesien, und verbreitet sich über Südeuropa bis nach Nordwestafrika sowie über Litauen, Polen und Weißrußland bis nach Südwestasien; Panzerlänge 26–30 cm, Schwanzlänge 8 cm; der glatte Rückenpanzer ist schwarzgrün bis schwarz, mit feinen gelben Sprenkeln übersät, die beim Weibchen strahlenförmig geordnet auftreten, der Bauchpanzer schmutziggelb, unregelmäßig und verwaschen braun gefleckt, auch strahlig geflammt; trägt auf den ungepanzerten schwärzlichen Körperteilen sowie auf dem Kopf ebenfalls gelbe Flecke; wird im Nordosten der Vereinigten Staaten von der *Amerikanischen Sumpfschildkröte*

Besonders groß ist die Anzahl der Arten bei den nordamerikanischen Schmuckschildkröten der Gattung Pseudemys. Das Foto zeigt eine Rotwangen-Schmuckschildkröte. Die von den Schmuckschildkröten bevorzugten kleinen, dicht durchwachsenen Gewässer verlassen sie auch nicht, wenn diese im Sommer weitgehend austrocknen.

(Emydoidea blandingii) vertreten, die auf dem Rückenpanzer lebhafter und leuchtender gelb gefleckt ist.

Die unwahrscheinlich lebenszähe kleine Sumpfschildkröte kann 100–120 Jahre alt werden. Zwei entfernte europäische Verwandte sind die *Kaspische Wasserschildkröte (Clemmys caspica)* und die *Maurische Wasserschildkröte (C. leprosa)*, die sehr genügsam ist.

Noch artenreicher als die Wasserschildkröten sind die auf Nord- und Mittelamerika beschränkten *Zier- und Schmuckschildkröten* der Gattungen *Chrysemys, Pseudemys und Deirochelys.* In der Jugend meist nicht größer als ein Fünfmarkstück, später höchstens vom Umfang eines Handtellers, überraschen diese kleinen Schildkröten durch die farbigen Muster und Zeichnungen ihrer Panzer sowie durch die vorwiegend buntgestreiften Köpfe, Hälse und Beine. Auch sie sind stark ans Wasser gebunden, schwimmen ausgezeichnet, tauchen bei Gefahr schnell weg, ernähren sich vorwiegend von tierischen Stoffen, nehmen aber auch Pflanzenteile zu sich.

Zierschildkröte oder Gemalte Schmuckschildkröte (Chrysemys picta): Bewohnt in vier Rassen Nordamerika von Südkanada bis nach Nordmexiko, hat glatten, olivgrünbraunen Rückenpanzer mit rotbraunen Nähten, zinnoberrote Zeichnungen auf den Randplatten und einfarbig gelben Bauchpanzer; den Kopf zieren gelbe, den Hals rote Längsstreifen; auch die größeren Schuppen der Vorderbeine sowie die Oberseite der Zehen sind rot; kann bei guter Pflege mindestens 25 Jahre alt werden und eine Panzerlänge von 12–16 cm erreichen.

Ebenfalls auf Nordamerika beschränkt sind die sehr hübsch gezeichneten und gefärbten *Dosenschildkröten* der Gattung *Terrapene.* Im Gegensatz zu den bisher besprochenen Süßwasserschildkröten kehrten sie – entwicklungsgeschichtlich gesehen – wieder zum Landleben zurück und gleichen mit ihren hochgewölbten Rückenpanzern auch rein äußerlich den echten Landschildkröten. Der Bauchpanzer aber besteht aus zwei beweglichen Stücken, die diese Schildkröten vorn wie hinten an den Rückenpanzer anzulegen und damit alle verwundbaren Extremitäten ihres Körpers wie in eine Dose einzuschließen vermögen.

Die Beine sind ziemlich lang, der Schwanz dagegen ist recht kurz. Als Aufenthaltsorte bevorzugen sie durchweg die verhältnismäßig trockenen Wälder ihrer Heimat und ernähren sich von allerlei Schnecken, Pilzen und Beeren. Zur Paarung müssen die Weibchen durch Bisse in Kopf, Hals und Panzerrand angeregt werden. Die Eiablage erfolgt in den Stunden von Sonnenuntergang bis Mitternacht.

Karolina-Dosenschildkröte (Terrapene carolina carolina): Bewohnt die Oststaaten der USA, mißt 13–17 cm, trägt braunen bis braunschwarzen Panzer mit stumpfem Rückenkiel und seltsamen gelben oder orangefarbenen Flecken sowie dunklen, hellgerandeten Bauchpanzer, ist auch am Hals und an den Vorderbeinen lebhaft gelb gefleckt.

Schmuck-Dosenschildkröte (Terrapene ornata): Bewohnt die Mittelstaaten der USA von Indiana bis zu den Rocky Mountains und Nordmexiko, trägt ein schönes gelbes Netzmuster auf dem gelb gerandeten Rückenpanzer, hat graugrünen Kopf und Hals, ist auch an den Füßen reich gelb gefleckt und darf – ebenso wie die drei mexikanischen Arten *T. mexicana, T. nelsoni und T. coahuila* – als nahe Verwandte der obengenannten angesehen werden. Die Fülle der Arten ist verblüffend.

Die Landschildkröten

Landschildkröten gibt es ebenfalls in allen warmen Ländern der Erde. Sie fehlen lediglich auf Australien und Neuguinea. Bis auf eine Ausnahme kennzeichnen sie sich durch wesentlich festere, stärker verknöcherte und höher gewölbte Panzer, die zwar ihre Bewegungsfreiheit hemmen, ihnen aber erhöhten Schutz gewähren. Bei Gefahr verteidigen sie sich viel seltener als die recht beißlustigen Schnapp-, Schlamm- und Sumpfschildkröten, sondern ziehen sich lieber in ihren Panzer zurück, um in dieser Deckung stoisch abzuwarten, bis sich der Gegner ausgetobt und ermüdet hat. Der Kopf verschwindet ganz unter dem Rückenschild, und die Vorderbeine werden so geschickt eingewinkelt, daß die Ellenbogengelenke vor der Schnauzenspitze zusammenstoßen. Oft sind die an den Panzeröffnungen noch sichtbaren Teile der Gliedmaßen ganz besonders stark verhornt und beschuppt.

Griechische Landschildkröte (Testudo hermanni): Bewohnt in zwei Rassen Griechenland, die Balkanländer, Mittel- und Süditalien, Sizilien, Sardinien, Korsika und die Balearen; trägt etwa 20–28 cm langen gelblichen Rückenpanzer, auf dem die Platten in der Mitte schwarz gefleckt und an den Rändern schwarzgelb gezeichnet sind; hat schwarzen Bauchpanzer mit breitem gelblichem Längsstreif und gelben Seiten; kennzeichnet sich durch gelbe Flecke auf dem grünlichen Kopf, Hals und Fuß, kann 90–100 Jahre alt werden.

Maurische Landschildkröte (Testudo graeca): Bewohnt in zwei Rassen Südeuropa, vor allem Südspanien und die östlichen Balkanländer sowie Nordafrika und Südwestasien bis nach Ostpersien; Panzerlänge etwa 30 cm; ähnelt in Farbe und Zeichnung sehr der etwas kleineren Griechischen Landschildkröte, unterscheidet sich von ihr vor allem durch das Fehlen der hornigen nagelartigen Schwanzspitze sowie durch das Vorhandensein von zwei kegelartigen Hornhöckern an den Hinterseiten der Oberschenkel; ist in der Gefangenschaft viel empfindlicher als ihre griechische Verwandte.

Breitrandschildkröte (Testudo marginata): Diese dritte europäische Landschildkröte bewohnt Süd- und Mittelgriechenland bis zur Höhe des Olymps sowie Sardinien; kennzeichnet sich im Alter durch sehr gestreck-

Die Galapagos-Riesenschildkröten gehören zur Familie der Landschildkröten, verkörpern jedoch eine gänzlich isolierte Art. Sie werden bis zu anderthalb Meter lang und erreichen ein Gewicht von reichlich vier Zentnern. Der Panzer ist ebenholzschwarz gefärbt. Die Schildkröten wurden in den letzten Jahrhunderten von Seeräubern und Walfängern, die sich mit Frischfleisch versorgen wollten, stark dezimiert. Heute werden die Gelege und die Jungen vor allem durch verwilderte Hunde, Katzen und Schweinen der Siedler gefährdet.

ten schwarzen Rückenpanzer mit gelben Mittelfeldern, der doppelt so lang als breit und am Hinterrand glockig aufgebogen ist; ähnelt sonst, vor allem in der Jugend, ihren beiden europäischen Verwandten.

Pantherschildkröte (Testudo pardalis): Bewohnt Afrika südlich der Sahara; Länge 44 bis 48 cm; trägt stark gewölbten, okkergelben bzw. sandfarbenen oder grünlichgelben Rückenpanzer mit schwarzen Sprenkeln und Stricheln, hat am Hinterrand des Oberschenkels einen hornigen Kegelhöcker.

Strahlenschildkröte (Testudo radiata): Bewohnt Madagaskar, erreicht ebenfalls beträchtliche Größe und Schwere, trägt halbkugelig gewölbten schwarzen Panzer mit gelben Schildzentren, von denen gelbe Linien ausstrahlen; ernährt sich vorwiegend von den Sprossen und Früchten des Feigenkaktus.

Sternschildkröte (Testudo elegans): Bewohnt Ostindien und Sri Lanka, hat 26 cm langen, schwarzen, in den Mittelfeldern hochgewölbten und außerdem noch höckerartig erhöhten Panzer mit der ähnlichen sternartigen Musterung wie die Strahlenschildkröte; kennzeichnet sich ferner durch gelben, dunkel marmorierten Kopf und ebenso gefärbte Glieder.

Gezähnelte Gelenkschildkröte (Kinixys erosa): Bewohnt Westafrika von Gambia bis zum Kongo, trägt einen bis zu 23 cm langen, hellkastanienbraunen Panzer, ist hellgelb am Kopf, an den Kinnladen und Gliedmaßen, kennzeichnet sich durch stachelartige Fortsätze der vorderen und hinteren Randplatten des Rückenpanzers, durch den weit hervorragenden vorderen Teil des Bauchpanzers und vor allem durch das bewegliche hintere Drittel des Rückenpanzers, das heruntergeklappt und gegen den Bauchpanzer gedrückt werden kann; liebt die Wassernähe, schwimmt und taucht gut, stelzt eigenartig auf den Nägeln der Vorderfüße dahin.

Waldschildkröte (Testudo denticulata): Bewohnt das tropische Südamerika östlich der Anden, wird über 50 cm lang, trägt hochgewölbten, dunkelbraunen bis schwarzen Rückenpanzer mit gelben Schildzentren, ist auch am Kopf und an den schwärzlichen Gliedmaßen gelb, orangefarben oder fleischrot gefleckt; bevorzugt die lichten reichbebuschten Wälder, ernährt sich hauptsächlich von heruntergefallenen Baumfrüchten und von Kräutern; hat sehr nahe Verwandte in der *Argentinischen Landschildkröte (T. argentina)* und der *Chilenischen Landschildkröte (T. chilensis),* die sich durch flachere Rückenpanzer kennzeichnen.

Gopherschildkröte (Gopherus polyphemus): Bewohnt in 3 Arten bzw. Unterarten die Wüsten der südlichen Staaten der USA bis nach Nordmexiko, wird 25 cm lang, trägt langgestreckten, flachen, glatten, dunkelbraunen Rückenpanzer, einen an der Brust fast schaufelartig verlängerten, gelbbraunen, unregelmäßig dunkel gefleckten Bauchpanzer; gräbt sich 4-6 m lange, in einem Winkel von 35 Grad in die Erde führende Höhlen, die oft von Klapperschlangen, Prärieeulen, Kaninchen, Opossums und Gopherfröschen bewohnt werden, verläßt ihren Unterschlupf nur in den Dämmerstunden, ist den meisten Lesern sicherlich aus dem Disneyfilm „Die Wüste lebt“ bekannt, in dem die Männchen zeigten, daß der Fortsatz des Bauchpanzers nicht nur eine brauchbare Schaufel, sondern auch ein vorzüglicher Rammsporn ist, mit dem man den Nebenbuhler auf den Rücken hebeln kann.

Die Riesenschildkröten

Zu den letzten ungetümen Urwelttieren zählen auch die riesigen, gut meterhohen, mehrere Zentner schweren Elefantenschildkröten von den Seychellen und den benachbarten kleinen Inseln im Indischen Ozean sowie von den Galapagos-Inseln im Pazifik. In der gleichen Gestalt, in der uns diese gewaltigen Landschildkröten heute entgegentreten, lebten sie bereits vor gut 60 Millionen Jahren.

Zahlreiche Formen und Rassen sind in den letzten beiden Jahrhunderten gänzlich ausgestorben. Viele mußten sterben, um die Matrosen der alten Segelschiffe mit Frischfleisch zu versorgen. Denn diese zählebigen Riesen vermögen monatelang zu hungern und brauchten also nur an Bord genommen zu werden wie eine Ladung gedörrter Fische. Heute werden die Gelege und die Jungen der letzten Riesenschildkröten vor allem von den verwilderten Hunden, Katzen und Schweinen der Siedler sowie von den eingeschleppten Ratten gefährdet. In den europäischen Tiergärten ist es noch nie zur Ablage befruchteter Eier gekommen. Auch die versuchten Ansiedlungen in anderen Gebieten und auf anderen Inseln sind bisher mißlungen. Die Weibchen legen nur 3–6 Eier von der Größe einer Billardkugel in selbstgegrabene Gruben.

Seychellen-Riesenschildkröte (Testudo gigantea): Bewohnt in mehreren Rassen etliche Seychellen-Inseln, vor allem

Die Unechte Karettschildkröte bewohnt in zwei Rassen alle wärmeren Meere und auch das Mittelmeer einschließlich der Adria. Die Rückenschilder sind bei ihr im Gegensatz zur Echten Karettschildkröte stets glatt. Sie besitzt außerdem einen auffällig großen und dikken Kopf und sehr starke, in der Mitte hakenförmige Kiefer.

noch die Aldabra-Inseln und die Mauritius-Rodriguez-Gruppe, erreicht eine Länge von gut anderthalb Metern, eine Höhe von fast einem Meter und ein Gewicht von reichlich vier Zentnern, trägt einen gut gewölbten, steingrauen Panzer mit sandgelben Nähten, hat elefantenstarke Säulenbeine mit mächtigen Klumpfüßen und riesigen Nägeln; der faltige Hals ist ungewöhnlich lang und der Kopf verhältnismäßig sehr klein.

Galapagos-Riesenschildkröte (Testudo elephantopus): Bewohnt in mehreren Rassen die Galapagos-Inseln, erreicht durchschnittlich die Größe und Schwere der Seychellen-Riesenschildkröte, ist aber ebenholzschwarz gefärbt und kennzeichnet sich in den einzelnen Rassen vor allem durch den recht unterschiedlich entwickelten und verknöcherten Rückenpanzer. Sie sind heute fast ausgerottet.

Die Lederschildkröten

Die Lederschildkröte ist die gewaltigste Schildkröte der Welt. Es wurden schon Exemplare gefangen, die 230 cm maßen und 600 kg wogen. Sehr wahrscheinlich gab es früher aber noch größere und schwerere Tiere unter ihnen. Diese in allen tropischen und subtropischen Meeren heimische Schildkröte ist sehr flach gebaut, fast stromlinienförmig gestreckt. Die Beine verwandelten sich in lange, flache und krallenlose Flügelflossen, die bei erwachsenen Tieren fast drei Meter klaftern. Die Hinterbeine sind wesentlich kleiner bzw. kürzer.

Das Land sucht die Lederschildkröte wahrscheinlich nur zur Eiablage auf. Sie ist hier längst nicht so hilflos wie die Riesenschildkröte, sondern wehrt sich verzweifelt ihrer Haut.

Lederschildkröte (Dermochelys coriacea): Bewohnt die tropischen und subtropischen Meere der nördlichen wie der südlichen Halbkugel, taucht gelegentlich auch in den gemäßigten Zonen auf, wird über 2 m lang und über 500 kg schwer, hat einen dunkelbraunen, gelblich gefleckten Rückenpanzer, ist in der Jugend an den Längskielen sowie den Säumen der Ruderfüße gelb getönt, kennzeichnet sich am Oberkiefer durch zwei tiefe Ausbuchtungen und einen hakenartigen Vorsprung, ernährt sich wohl hauptsächlich von Fischen, Krebsen, Weichtieren und Algen. Sie ist mit den Meeresschildkröten verwandt.

Die Meeresschildkröten

Wie die Lederschildkröten bewohnen die vier Gattungen der Meeresschildkröten ebenfalls alle tropischen und subtropischen Meere und erscheinen mitunter auch in den kälteren Zonen. Ihre flachen herzförmigen Rückenpanzer sind vorn rundlich gerandet, hinten zugespitzt und wie bei den meisten anderen Schildkröten aus Knochenplatten und Hornschilden aufgebaut. Der Kopf und der Hals können nur wenig, die Flossenbeine überhaupt nicht unter diesen Panzer zurückgezogen werden. Die Augen sind auffällig groß und stark gewölbt, die Nasenlöcher sehr klein.

Suppenschildkröte (Chelonia mydas): Bewohnt in zwei Rassen alle tropischen Meere, berührt zuweilen die holländische und belgische Küste sowie die Nordostküste von Amerika, wird 110–140 cm lang, wiegt bis zu 200 kg, trägt düster bräunlichgrünen, gelblich gefleckten oder marmorierten Rückenpanzer und schmutzigweißen, reich bläulich und rötlich geäderten Bauchpanzer, hat meist nur eine Kralle an den Vorderfüßen; bevorzugt die Landnähe und Mündungen der Ströme, schwimmt gesellig an der Oberfläche, taucht bei Gefahr sofort weg, ernährt sich hauptsächlich von Tang, nimmt aber auch tierische Stoffe zu sich, vergräbt ihre 50–200 Eier in Gruben oberhalb der Gezeitenzone.

Unechte Karettschildkröte (Caretta caretta): Bewohnt in zwei Rassen alle wärmeren Meere bis hinauf zum Mittelmeer einschließlich der Adria sowie bis nach Virginia in Nordostamerika, verirrt sich hin und wieder an die britische, französische und holländische Küste, wird 90–120 cm lang und bis zu 150 kg schwer, trägt in der Jugend einen dreikieligen, später nur schwach gewölbten, am hinteren Rand gesägten, bräunlichen, verknöcherten Panzer mit gelbbrauner Unterseite, hat auffällig großen dikken Kopf und starke, in der Mitte hakenförmig gebogene Kiefer; bevorzugt die kühleren Meeresschichten, ernährt sich von tierischen Stoffen, vergräbt ihre 60–150 Eier oberhalb der Gezeitenzonen in etwa 60 cm tiefen Sandgruben, aus denen bereits nach 30–65 Tagen die Jungen schlüpfen und alsbald dem Meer zustreben.

Echte Karettschildkröte (Eretmochelys imbricata): Bewohnt in zwei Rassen den Indik, Pazifik, Atlantik und das Karibische Meer, wird 74–84 cm lang, hat eine durchschnittliche Panzerlänge von nur 50 cm, trägt einen am Hinterrand kräftig gesägten, kastanienbraunen, oft mit gelben Flecken geflammten Rükkenpanzer, bei dem in der Jugend die durchsichtigen Hornschilde dachziegelartig übereinandergreifen, hat einfarbig gelben Bauchpanzer und dunkelbraune, gelb gerandete Schilde am Kopf sowie auf den Gliedmaßen.

Die Echte Karettschildkröte ernährt sich fast ausschließlich von tierischer Kost. In ihrem Rückenpanzer liefert sie von alters her das echte Schildpatt, eine wunderschöne, durchsichtige, sehr gut zu bearbeitende Hornmasse, aus der vor allem Zierkämme und Dosen gefertigt wurden. Heute haben Kunststoffe das Schildpatt verdrängt. Unsere bis ins 20. Jahrhundert rücksichtslos verfolgte Schildkröte darf also erleichert aufatmen und auf eine Bestandsvermehrung hoffen, wenn es dafür nicht schon zu spät ist.

Die Weichschildkröten

Wiederum ausschließlich an die süßen Binnengewässer gebunden sind die in den Flüssen und Sümpfen Asiens, Afrikas und Nordamerikas lebenden stattlichen Weichschildkröten.

Die Fransenschildkröte oder Matamata bewohnt die stehenden Gewässer des Amazonasgebietes sowie die Sümpfe der Savannen in Guayana und Nordbrasilien. Tagsüber hält sie sich im Schlamm am Grunde der Gewässer versteckt und lauert geduldig auf die vorüberschwimmenden Fische, Molche und Frösche. Mit Einbruch der Dunkelheit geht sie auf die Jagd.

Gewöhnlich bergen sich die Weichschildkröten tagsüber im Schlamm der Gewässer und werden erst mit Einbruch der Dunkelheit munter. Die Würmer, Schnecken, Muscheln, Krebse, Wasserinsekten und wohl auch Fische beschleichen sie schwimmend, schnellen dann jäh den langen Hals vor und schnappen eisern zu. Geangelte und gesperrte Weichschildkröten wehren sich wütend und beißen ebenso heftig wie blindlings um sich. Zehen wie Finger werden dabei mühelos amputiert. Schon von Jugend an sind sie ungewöhnlich wehrhaft, raubgierig und erstaunlich beweglich.

Dornrand-Weichschildkröte (Trionyx spiniferus): Bewohnt Nordamerika von den Rocky Mountains über das Mississippi- und St.-Lawrence- bis zum Hudsongebiet, wird höchstens 40 cm groß, mißt meist nur etwas über 30 cm, trägt olivgrauen, gelb gerandeten, reich dunkel gefleckten, am Vorderrand mit etlichen Stacheln besetzten Rückenpanzer, hat weißen Bauchpanzer, ist als Jungtier besonders hübsch gezeichnet. An Land ist sie erstaunlich flink zu Fuß und sonnt sich gern auf Treibholz und Sandbänken.

Wilde Dreiklaue oder Beißschildkröte (Trionyx ferox): Bewohnt den Südosten der Vereinigten Staaten von Georgia bis Louisiana, vor allem Florida, wird bis zu 42 cm lang und 35 kg schwer, trägt olivfarbenen, sehr reich schwarz und rund gefleckten Rückenpanzer, hat schmutzigweißen Bauchpanzer, kennzeichnet sich ferner durch olivfarbenen Kopf mit hellem Seitenstreif und schwarz-weiß gemarmelte Gliedmaßen; jagt neben Schnecken und Muscheln auch Lurche, junge Alligatoren und Wasservögel; wird in Afrika, etwa vom Nil bis zum Senegal und Kongo, von der 50–60 cm großen, oft fast zwei Zentner schweren *Afrikanischen Dreiklaue (T. triunguis)* und in China sowie Japan unter anderen von der *Chinesischen Dreiklaue (T. sinensis)* vertreten.

Die Pelomedusa-Schildkröten

Die Pelomedusa-Schildkröten zählen – wie die im folgenden Kapitel aufgeführten Schlangenhals-Schildkröten – zu den sogenannten *Halswendern (Pleurodira)*. Das heißt, sie vermögen nicht, ihren meist recht langen Hals einfach unter den Panzer zu ziehen, sondern müssen ihn seitwärts einbiegen und auf diese Weise zwischen Rücken- und Bauchpanzer bergen, um sich vollständig zu schützen.

Arrauschildkröte (Podocnemis expansa): Bewohnt die Stromgebiete des Amazonas, Orinoko und Magdalena; wird 70–80 cm lang, das Weibchen ist immer wesentlich größer als das Männchen; trägt braunen, dunkel gefleckten Rückenpanzer und gelblichen, braun gefleckten Bauchpanzer, hat an den Hinterfüßen nur 4 Krallen, kennzeichnet sich durch tiefeingedrückten Vorderkopf und zwei kurze Kinnbarteln; birgt ihre Eier in Gelegen von 7–12 Dutzend Stück in selbstgescharrten Gruben auf den Sandbänken der Ströme.

Aus den Eiern der Arrauschildkröte – wie auch der unten beschriebenen Terekayschildkröte – gewinnen die südamerikanischen Indianer von jeher ihr Brenn- und Speiseöl. Alljährlich wurden die Eier früher zu vielen Millionen gesammelt und viele tausend Krüge mit dem gewonnenen Öl gefüllt. Die Ernte schätzte Bates auf rund 33–48 Millionen Eier. Nicht weniger begehrt ist bei den Eingeborenen und den Farmern das Fleisch dieser Schildkröten, das ganz ausgezeichnet schmecken soll. Jeder Ansiedler hat darum seinen wohlgefüllten Schildkrötenteich am Haus.

Terekayschildkröte (Podocnemis unifilis): Bewohnt die Nebenflüsse des Amazonas sowie seinen Oberlauf, wird nur bis zu 50 cm lang, legt höchstens 4 Dutzend Eier, die viel hartschaliger und auch länglicher als die Eier der Arrauschildkröte sind.

Die Schlangenhals-Schildkröten

In dieser Familie treten uns die abenteuerlichsten Schildkrötengestalten entgegen. Sie kennzeichnen sich nämlich nicht nur durch ungewöhnlich lange und sehr bewegliche Hälse, sondern auch noch durch absonderlich gebildete Panzer, bizarre Köpfe und Nasen sowie allerlei seltsame Hautwucherungen und Kinnbarteln. In Südamerika, Australien und Neuguinea bilden sie einen beträchtlichen Teil der Schildkrötenfauna; in Afrika, Asien, Europa und Nordamerika dagegen fehlen sie gänzlich.

Fransenschildkröte oder Matamata (Chelus fimbriatus): Bewohnt die stehenden Gewässer des Amazonasgebietes sowie die Sümpfe der Savannen in Guayana und Nordbrasilien, trägt einen bis zu 40 cm langen, meist mit Algen bewachsenen, oberseits kastanienbraunen, sehr flachen, mit drei Längsreihen hoher Kielhöcker gezierten, unterseits schmutzig grünlichgelben Panzer; kennzeichnet sich ferner durch flachen, gedrückten, dreieckigen Kopf, sehr kleine Augen, weitgespaltenes Maul, lange Rüsselnase, dreieckige Hautlappen über den Gehörgängen, zwei Kinnbarteln und zahlreiche Hautwucherungen an den Halsseiten, die das Tier tarnen.

Tief im Schlamm verborgen lauert die Matamata geduldig auf die vorüberschwimmenden Fische, Molche und Frösche, reißt dann jäh das bis hinter die Ohren gespaltene Maul auf, dehnt die Kehle gewaltig aus und erzeugt auf diese Weise einen so starken Wassersog, daß die Beutetiere bis tief in den Rachen gerissen werden. Vielleicht dienen ihre vielen seltsamen Hautwucherungen der Tarnung, vielleicht aber auch sollen sie Larven und Würmer vortäuschen und die Opfer heranlocken. Mit Einbruch der Dunkelheit geht die sehr schnell schwimmende Fransenschildkröte auch auf die Verfolgungsjagd und schnappt dabei die Fische auf die gleiche eigenartige einsaugende Art.

Argentinische Schlangenhals-Schildkröte (Hydro-

Mit dem Nilkrokodil ist bestimmt nicht zu spaßen. Recht häufig lauert es an den Ufern auf die Tiere, die zur Tränke gehen und schnappt dabei auch nach den Eingeborenen, die dort Wasser schöpfen oder die Flüsse durchwaten. Gibt es sehr viele Beutetiere, stellt das Nilkrokodil jedoch noch lieber den Fischen und Wasservögeln nach.

medusa tectifera): Bewohnt Argentinien und Paraguay, wird 20–30 cm lang, trägt sehr flachen, breit eiförmigen, an den seitlichen Rändern rinnenartig aufgebogenen, in der Jugend dunkel olivgrünen, später braunen, schwarz gefleckten Rückenpanzer mit kegelförmigen oder höckrigen Schildzentren, hat bleigrauen Kopf, Hals, Fuß und Schwanz, kennzeichnet sich vor allem noch durch die helle Kopf-Hals-Binde, die unterhalb von Nase und Auge verläuft; liegt ebenfalls lauernd im Schlamm, schnellt den langen Hals beim Fang vor und schnappt so schnell wie eine Schlange zu; wird in ganz Brasilien von der *Brasilianischen Schlangenhals-Schildkröte (H. maximiliani)* vertreten, der das helle Kopf-Hals-Band fehlt.

Die Brückenechsen
(Rhynchocephalia)

Die Brückenechsen sind eidechsenartige Kriechtiere, die gleichsam auf der Stufe der Lurche stehengeblieben sind, sich aber, ähnlich wie die Schildkröten und die Schlangen, verschiedene Anpassungsmerkmale erworben haben. Im Gegensatz zu den echten Echsen liegen bei ihnen die Hornschuppen fest der Haut an und decken sich gegenseitig nicht dachziegelartig. Nicht zuletzt zeichnen sie sich durch das Vorhandensein eines Stirnauges aus, das in einer Vertiefung des vorderen Schädeldaches liegt. Der eigentliche Augenkörper mit Linse, Glaskörper, Netzhaut, Sinneszellen und Hornhaut ist von außen allerdings nicht zu erkennen. Er liegt verborgen unter der Kopfhaut, die an dieser Stelle farblos und durchscheinend ist. Sicherlich vermag dieses Auge keine scharfen Bilder, aber wahrscheinlich doch Lichteindrücke wahrzunehmen.

Ihren seltenen Namen tragen die Brückenechsen nicht deshalb, weil sie eine entwicklungsgeschichtliche Brückenstellung zwischen den Schildkröten, Krokodilen, Eidechsen und Schlangen einnehmen, sondern weil sich über ihre Schläfengrube – ganz wie bei den Krokodilen – deutlich zwei Knochenbrücken spannen.

Ihre Eier legen die Weibchen in selbstgescharrte, gut versteckte Erdhöhlen, die zumeist weit von den Wohnhöhlen entfernt liegen. Die 9–12 weißen Eier reifen sehr langsam. Erst nach 12–14 Monaten schlüpfen die Jungen, arbeiten sich ans Licht und beziehen bald darauf die Höhlen der Sturmvögel. Ausgiebige Sonnenbäder sind ihnen ein Bedürfnis. In der Zeit des südlichen Winters, also vom April bis zum August, scheinen sie eine Art Winterschlaf zu halten.

Da Brückenechsen in der Gefangenschaft schon über 50 Jahre lang gehalten werden konnten, schätzt man ihr Höchstalter auf etwa 100 Jahre.

Brückenechse oder Tuatera (Sphenodon punctatus): Bewohnt etliche kleine Inseln an der Küste Neuseelands, ist im Bestand bedroht und streng geschützt; Länge 60–75 cm; trägt ein vorwiegend olivgrünes, weiß und gelb geflecktes, in der Jugend rötlichbraunes, im Alter olivbraunes Schuppenkleid mit gelbem Nacken- und Rückenkamm sowie braunem Schwanzkamm; kennzeichnet sich durch großen vierseitigen Kopf, gedrungenen, fast plumpen Leib, etwa rumpflangen Schwanz und fünfzehige kräftige Beine; das Auge ist groß, dunkelbraun und hat einen senkrechten Stern.

Die Krokodile oder Panzerechsen *(Crocodylia)*

Ebenfalls bis weit in die Saurierzeit zurück, sicherlich etwa bis in das spätere Trias, reicht die Stammesgeschichte der Panzerechsen. Als die zweifellos am höchsten entwickelten Reptilien, die ein vierkammeriges Herz und in Kieferknochenhöhlen sitzende Zähne haben, waren sie viele Jahrmillionen hindurch die Herren der Welt. Die wenigen heutigen Krokodilarten sind die letzten verkümmerten Nachkommen dieser einst sehr artenreichen Urweltriesen. Immerhin befinden sich unter ihnen noch Tiere mit der imponierenden Länge von sechs, sieben und auch acht Metern. Und noch immer sind sie fast durchweg so stark gepanzert und mit einem so fürchterlichen Gebiß ausgerüstet, daß sich kein anderes Tier an sie wagt. Darum sind sie vielleicht auch so ungemein träg, fühlen sie sich so sicher und haben sie so schwer begriffen, welch gefährlicher Feind der Mensch ist, wie sehr er ihre Existenz bedroht.

Die echten Krokodile

Die echten Krokodile kennzeichnen sich vor allem durch ihren charakteristischen Zahnsatz, bei dem der stark vergrößerte vierte Unterkieferzahn genau in eine Furche an der Außenseite des Oberkiefers paßt. Dieser Zahn ist also auch bei geschlossenem Maule deutlich sichtbar. Auch die anderen Zähne des Ober- wie des Unterkiefers greifen durchweg zwischeneinander, finden also jeweils eine ausgesparte Lücke im gegenüberliegenden Kiefer bzw. in der gegenüberliegenden Zahnreihe.

Nilkrokodil (Crocodylus niloticus): Bewohnt ganz Afrika von den Oasenseen der südlichen Sahara durch alle tropischen Gebiete bis zum Ngamisee nördlich der Kalahari, ferner Madagaskar und andere kleine afrikanische Inseln; Länge im Mittel 380–550 cm, doch sollen madagassische Unterarten eine Länge von 8–10 m erreichen; vorherrschende Grundfarbe dunkel bronzegrün, auf dem Rücken fein schwarz gefleckt, an den Seiten unregelmäßig dunkel gefleckt, am Bauch schmutziggelb; hat keine Leisten auf dem Vorderkopf und auch nicht auf der dreieckigen, verhältnismäßig kurzen Schnauze; die Augen sind grünlich; bevorzugt kleine wie große, flache wie tiefe, fließende wie stehende Gewässer, unternimmt oft weite Wanderungen über Land, ist auch im Brackwas-

Im Gegensatz zum Nilkrokodil ziehen die Sumpfkrokodile nur flache Gewässer vor. In den indischen Ländern werden sie als heilige Tiere verehrt und in Tempelteichen gehalten.

ser anzutreffen; birgt seine 30–50 Eier in selbstgescharrten Sandgruben, die vom Weibchen bewacht und rechtzeitig wieder geöffnet werden, sobald die Jungen in den Eiern quäken; die Alten brüllen gurgelnd, oft im Chor, und sollen 50–80 Jahre alt werden.

Panzerkrokodil (Crocodylus cataphractus): Bewohnt die Flüsse West- und Südostafrikas bis weit in die Lagunen der Mündungen hinein; Länge 190–380 cm; Grundfarbe ocker- oder lehmgelb bis dunkel olivfarben, am Kopf dunkelbraun getüpfelt, am Rumpf und Schwanz schwarz quergezeichnet, am gelblichweißen Bauch klein schwarz gefleckt; kennzeichnet sich durch starke Verknöcherungen der vorderen Bauchschilder, sowie durch die in sechs Längsreihen gegliederten Rückenschilder; hat eine sehr gestreckte, schmale zugespitzte, oben ausgewölbte, an die Gaviale erinnernde Schnauze sowie eine hochgewölbte Stirn; greift größere Säuger und den Menschen äußerst selten an.

Leistenkrokodil (Crocodylus porosus): Bewohnt den weiten Raum von Ostindien über Südostasien und die indoaustralische Inselwelt bis nach Nordaustralien, Neuguinea und das Bismarck-Archipel; Länge 4–6 m und noch mehr; Grundfarbe oberseits dunkel olivgrün oder olivbraun, oft fast schwarz, unterseits meist zitronengelb; hat auch gelbe Augen; kennzeichnet sich durch zwei knochige, vom Auge bis zur Nasenspitze verlaufende, perlschnurartig gegliederte Schnauzenleisten sowie durch die zumeist fehlenden Nackenschilder und die nur wenig verknöcherten, in 4–8 Längsreihen angeordneten Rückenschilder; bevorzugt das Brackwasser der Küstenregionen und wagt sich von den Flußmündungen aus weit in die offene See hinaus; greift oft größere Säuger sowie Menschen an.

Sumpfkrokodil (Crocodylus palustris): Bewohnt Vorderindien und Sri Lanka; Länge 3–4 m; Grundfarbe der Jungtiere wie beim Nilkrokodil, der Alten ähnlich wie beim Leistenkrokodil, unterscheidet sich von letzterem durch das Fehlen der Schnauzenleisten, die zumeist in nur vier Längsreihen gegliederten Rükkenschilder und die etwas kürzere Schnauze; bevorzugt flache Gewässer, dringt nur auf Sri Lanka bis ins Brackwasser vor, wird noch heute in indischen Ländern als heiliges Tier verehrt und in Tempelteichen gehalten.

Der *Sunda-Gavial (Tomistoma schlegelii)* von der Malayischen Halbinsel, Borneo und Sumatra ist kein Gavial, sondern ein echtes Krokodil, das sich auf den Fischfang spezialisiert hat.

In Amerika werden die echten Krokodile vertreten durch:

Das *Spitzkrokodil (Crocodylus acutus)*, das den Raum von der Südspitze Floridas über ganz Mittelamerika einschließlich der Antillen bis nach Kolumbien und Ekuador bewohnt, eine Länge von 4–6 m erreicht, einen oberseits dunkel olivbraunen, unterseits lichtgelben Panzer trägt und eine lange, spitze, dreieckige Schnauze hat;

das *Orinokokrokodil (C. intermedius)* aus dem Stromgebiet des Orinokos, das im Mittel 3–4 m, ausnahmsweise aber auch 6–7 m lang wird und damit zu den größten Krokodilen zählt;

das *Kuba- oder Rautenkrokodil (C. rhombifer)*, das vor allem den Zapata-See auf Kuba sowie die Isle of Pines bewohnt, im Mittel 2–3 m mißt und eine dreieckige Schnauzenleiste hat;

das *Beulenkrokodil (C. moreletii)*, das den Raum von Südmexiko über Guatemala bis nach Britisch-Honduras bewohnt, im Mittel reichlich 2 m mißt und unmittelbar vor den Augen eine beulenartig aufgewölbte Schnauze aufweist.

Die Alligatoren und Kaimans

Bei den verhältnismäßig breitschnauzigen Alligatoren haben die Zähne des Unterkiefers einen Unterbiß und sind deshalb bei geschlossenem Maul nicht zu sehen. Dasselbe gilt für die auf Südamerika beschränkten Kaimans, die sich außerdem noch durch bewegliche, schindelartig gelagerte Knochenplatten auf der Bauchseite von den anderen Krokodilen unterscheiden. Ihre Bestände sind stark dezimiert.

Mississippi- oder Hechtalligator (Alligator mississippiensis): Bewohnt den Südosten der Vereinigten Staaten von der Mündung des Rio Grande bis nach Florida; Länge im Mittel 2,5–3 m, in Ausnahmefällen 4–6 m; Grundfarbe schmutzig ölgrün, unregelmäßig und spärlich dunkel gefleckt, unterseits lichtgelb; kennzeichnet sich durch seine breite, flache, oberseits fast glatte, hechtähnliche Schnauze und die breiten Schwimmhäute.

Breitschnauzenkaiman oder Schakare (Caiman latirostris): Bewohnt Südamerika vom Amazonas bis zum La Plata; Länge 2–3,5 m; Grundfarbe oberseits dunkel olivbraun, unterseits grüngelblichweiß, bei Jungtieren olivfarben oder gelbbraun und schwarz gefleckt und gebändert; kennzeichnet sich durch teilweise verknöcherte obere Augenlider, die auf ihrer Oberfläche Runzeln und kleine aufrichtbare Hörnchen tragen, sowie durch eine brillenartige Querleiste zwischen den Augendeckeln; ernährt sich überwiegend von Fischen und Wasservögeln, lauert aber auch den Haustieren an den Flußtränken auf.

Brillenkaiman oder Krokodilkaiman (Caiman crododilus = sclerops): Bewohnt Mittel- und Südamerika von der Landenge von Tehuantepec bis zum La Plata, vor allem die Stromgebiete des Amazonas und Orinoko; Länge im Mittel 160–240 cm; Grundfarbe oberseits dunkel olivbraun, unterseits grüngelblichweiß, bei Jungtieren oberseits hell olivfarben, braun oder schwärzlich gefleckt und quergebändert; unterscheidet sich vom Schakare durch seine schmale langgestreckte Schnauze, hat die gleichen knöchernen Augenlider und ebenfalls eine Querleiste zwischen den Augendeckeln; wird in Paraguay vom etwas größeren *Gefleckten Brillenkaiman (C. yacare)* vertreten, dessen Hauptverzehr große Wasserschnecken sind.

Mohrenkaiman (Melanosuchus = Caiman niger): Bewohnt vor allem die Stromgebiete des Amazonas und Orinoko; Länge 3,5–4,5 m; Grundfarbe oberseits schwarz, unterseits gelb, in der Jugend auf schwarzem Grund gelb quergebändert und gefleckt; kennzeichnet sich ebenfalls durch die Querleiste zwischen den Augendeckeln, ferner besonders durch zahlreiche, in vier Querreihen gegliederte Nackenschilder; ernährt sich vorwiegend von Fischen, wird aber auch großen Säugern gefährlich und greift selbst auf dem Lande an, verscharrt seine 30–40 Eier schichtweise in Bodenmulden, die er mit feuchten Pflanzenstoffen anfüllt, gelegentlich bespritzt und treu

Bösartig sehen sie aus, sind aber für den Menschen völlig ungefährlich: die vier bis sechs Meter langen Gangesgaviale sind harmlose Fischjäger, die in den Stromgebieten von Ganges, Brahmaputra und Indus zuhause sind. Weil auch sie den Indern als heilig gelten, können sie sich, von Menschen ungefährdet, weiterverbreiten.

bewacht, kümmert sich auch noch um die geschlüpften Jungen und verteidigt sie wütend gegen alle Feinde.

Die Gaviale

Der einzige Vertreter dieser Familie, der Ganges-Gavial, ist ungeachtet seiner Größe ein recht harmloses Geschöpf, das weder größeren Säugern noch dem Menschen gefährlich wird. Der besondere Bau seiner grotesk langen, schmalen, flachgedrückten, nur an der Spitze knopfartig gewulsteten Schnauze kennzeichnet ihn als spezialisierten Fischjäger. Diese an den Schnabel eines Sägers erinnernde Schnauze trägt im Oberkiefer 27–29, im Unterkiefer 25–26 Zähne. Weitere Kennzeichen des echten Gavials sind die abschüssige Stirn, die verhältnismäßig kleinen Augenhöhlen und die fast schwächlich wirkenden Beine des Fischjägers.

Gavial oder Schnabelkrokodil (Gavialis gangeticus): Bewohnt die Stromgebiete des Ganges, Brahmaputra und Indus; Länge 4–6 m und noch mehr; Grundfarbe oberseits dunkel braungrün, unterseits grüngelb bis weißlich, bei Jungtieren reich dunkelbraun gefleckt und quergebändert; kennzeichnet sich durch die ungewöhnlich lange Schnabelschnauze und den hohen Schuppenkamm auf dem Schwanze; wird noch heute in weiten Teilen Indiens als heiliges Tier verehrt, legt seine Eier schichtweise in Sandgruben.

Die Schuppenkriechtiere
(Squamata)

Die über die ganze Erde verbreitete Ordnung der *Schuppenkriechtiere (Sguamata)*, die sich in die Unterordnungen der *Echsen (Sauria)* und der *Schlangen (Serpentes oder Ophidia)* gliedert, setzt sich aus den beweglichsten und anpassungsfähigsten Reptilien zusammen. Im Existenzkampf hat sich diese Ordnung alle nur denkbaren Lebensräume zu erobern und sich selbst großartig zu erhalten vermocht. Mit ihren rund 5700 Arten umfaßt sie 95 Prozent aller heute noch lebenden Reptilien.

Die Schuppenkriechtiere kennzeichnen sich übereinstimmend durch: den langgestreckten Körper, der bei etlichen Echsen und allen Schlangen ohne Gliedmaßen ist, das hornige Schuppenkleid, das gekörnelt, getäfelt, geschindelt, gewirtelt oder beschildert auftritt, das am Schädel bewegliche Quadratbein, die mit den Kiefern unmittelbar verwachsenen Zähne, die querliegende Afterspalte und das doppelte Begattungsorgan der Männchen.

Die Echsen

Von den Sinnesorganen ist bei den meisten Echsen das Auge am besten entwickelt. Das Gehör scheint keine große Rolle zu spielen. Weitgehend erfolgt die Orientierung durch das Gesicht und die tastende, riechende und schmeckende Zunge.

Der Paarung gehen temperamentvolle Balzspiele und heftige Kämpfe zwischen den Männchen voraus, wobei diese oft in brennenden Farben aufleuchten. Jede Echse hängt fest an ihrem Revier, ihrem recht eng umzirkelten Busch-, Baum- oder Felsbezirk, und verteidigt ihn energisch. Nur kurze Zeit halten Männchen und Weibchen zusammen. Die meist lederschaligen Eier mit dem auffällig großen Dotter und dem dünnflüssigen Eiweiß birgt das Weibchen in der Erde, unter Moos, Mulm, in den Nestern von Termiten und Ameisen. Die Jungen schlüpfen ohne elterliche Hilfe und sind vom ersten Tage an selbständige Geschöpfe. Nicht wenige Echsen bringen lebende Junge zur Welt.

Wir können nur die wichtigsten und interessantesten Vertreter der einzelnen Familien besprechen.

Die Geckos oder Haftzeher

Über zwei Millionen feinster Borsten an den verbreiterten Haftlappen der Zehen ermöglichen es den Geckos, senkrechte Zimmerwände hinauf- und hinunterzuhuschen, an den Decken zu kleben, an Fensterscheiben und Spiegeln zu haften und selbst feinpolierte Möbelstücke zu erklettern. Die beborsteten Zehenblätter sind weder Saugnäpfe, noch sondern sie eine klebrige Flüssigkeit ab. Die Geckos „krallen“ sich vielmehr in die winzigen Unebenheiten der uns spiegelglatt erscheinenden Flächen. Rund 200000 Borsten weist jede Zehe auf, und sie alle zusammen sind gut in der Lage, die meist nur 10–20 cm messenden Echsen zu halten und zu tragen. Unterstützt werden sie wirksam von den sehr scharfen, oft beweglichen und zurückziehbaren Krallen der Finger und Zehen, die vorzügliche Kletterhaken darstellen. Auch der Schwanz zeigt bei vielen Arten die Anlage, sich zu einem Stütz- und Haftorgan zu entwickeln und blattförmig abzuflachen, um so mehr Haftfläche bieten zu können.

Mauergecko (Tarentola mauritanica): Bewohnt die Länder rings um das Mittelmeer von Nordafrika bis nach Südeuropa, wo er in Südspanien, auf den Balearen, in Südfrankreich, auf den Mittelmeerinseln bis nach Kreta und in Dalmatien auftritt; Länge 12–18 cm; Schuppenkleid auf dem Rücken von 7–9 Längsreihen höckriger Warzen bedeckt, oberseits gelblichgrau, einfarbig grau, braun, schwarzbraun, mattschwarz, oft auch gebändert und überpudert, unterseits schuppigglatt und schmutziggelb; kennzeichnet sich als sogenannter *Breitzeher* durch stark entwickelte Blattkissen an den Zehen, hat nur an der dritten und vierten Zehe Krallen; ist nicht lichtscheu, sonnt sich viel, ist äußerst scheu, legt klebrige Eier, die sich in den Schlupfwinkeln festpappen und aus denen die Jungen nach rund 120 Tagen schlüpfen.

Scheibenfinger (Hemidactylus turcicus): Bewohnt die Küstenländer des Mittelmeeres und Roten Meeres, wurde durch den Schiffsverkehr über die Westindischen Inseln nach Mittelamerika verschleppt und drang bis nach Südflorida vor; Länge 9–10 cm; Schuppenkleid mit 14–16

Für die Bewohner von Java, Celebes und den Philippinen sind die hellgrauen oder blaßblauen Gekkos Glücksbringer. Die nur 25 bis 35 Zentimeter langen Reptilien geben einen bellenden Laut von sich, der an einen kleinen Hund erinnert. Mit diesem Ruf des Gekkos sind zahlreiche Aberglauben verbunden.

Längsreihen weißer und schwärzlicher Wärzchen bedeckt, erscheint in der Nacht durchscheinend milchigweiß, im Licht fleischrot, braun gefleckt oder einfarbig braun; gehört zu den sogenannten *Halbzehern*, bei denen nur die Zehenwurzeln ein in der Mitte längsgefurchtes Blattkissen tragen, lebt auch in Häusern und Kellern, ruft laut.

Faltengecko (Ptychozoon homalocephalumkuhli): Bewohnt Java, Sumatra, Borneo und Malakka; Länge 18–20 cm; Haut oberseits gelbgrünlich, dunkel quergebändert, unterseits graugelb, an den Wangensäumen fleischfarben, dunkelbraun getüpfelt; kennzeichnet sich durch breite Kopf-, Rumpf-, Gliedmaßen- und Schwanzsäume bzw. Hautfalten, die ihm weit ausgebreitet den Dienst eines Fallschirmes erweisen, wenn er aus beachtlichen Baumhöhen abspringt; klebt seine Eier an Baumstämme.

Tokeh oder Tokee (Gekko gecko): Bewohnt Vorder- und Hinterindien, Java, Celebes, die Philippinen und andere kleine Sunda-Inseln; Länge 25–35 cm; Schuppenkleid oberseits hellgrau, blaßbläulich oder lebhaft violett, reich bläulichweiß oder ziegelrot betropft; bellt so laut wie ein kleiner Hund, beißt gern zu, ist ein Kulturfolger, in den Dörfern wie Städten zu Hause, jagt nicht nur Insekten, sondern auch Mäuse, gilt bei den Eingeborenen als Glücksbringer; wird in China vom *Chinesischen Hausgecko (G. chinensis)* vertreten.

Die Flossenfüße oder Schuppenfüßer

„Eine eigene Familie“ schreibt Brehm, „bilden die Schuppenfüßer, australische Schuppenechsen von wunderlicher Gestalt, ausgezeichnet durch ihren schlangenhaft gestreckten dünnen Leib, an welchem die Vorderglieder äußerlich gänzlich fehlen, die Hinterglieder aber zu flossenartigen Anhängseln verkümmert sind. Die Zunge ist mit pelzigen Papillen bedeckt – breit, vorstreckbar und gespalten –, und den kleinen Augen fehlen bewegliche Lider. Im Schädelbau stehen sie den Geckos nahe, und auch die senkrechte Pupille nähert sie dieser Familie.“

Alle 8 Gattungen mit insgesamt 15 Arten sind auf Australien, Tasmanien und Neuguinea beschränkt. Der sehr lange und starke Schwanz, der ebenfalls leicht abbricht, scheint bei der Fortbewegung die wichtigste Rolle zu spielen. Die Häutung erfolgt – ganz wie bei den Schlangen – in einem Stück, wobei das abgestreifte Hemd umgestülpt wird. Vier Arten leben als echte Wühler in der Erde, haben einen pfriemenförmig zugespitzten Kopf und keine äußere Ohröffnung. Die Zahl der abgelegten Eier ist uns bei den einzelnen Arten nicht bekannt.

Gewöhnlicher Flossenfuß (Pygopus lepidopodus): Bewohnt Australien und Tasmanien; Länge 50–60 cm; Haut mit feinen gekielten Schindelschuppen bedeckt, oberseits graulichkupferbraun, oft mit schwärzlichen Fleckenreihen verziert, unterseits grau bestäubt; hat etwa 1 cm lange funktionslose „Flossen“, die er fest an den Leib preßt; lebt vorwiegend von Insekten; seine nahen Verwandten sind der nur 15 cm lange, in der Erde grabende *Schmuckflossenfuß (Aprasia pulchella)* und der echsenfressende, 80 cm messende *Riesenflossenfuß (Lialis jicari)* aus Neuguinea.

Die Agamen

Die Mehrzahl der durchschnittlich 30–45 cm großen Agamen ist ungewöhnlich hochbeinig und langschwänzig. Viele vermögen auf ihren besonders entwikkelten Gliedmaßen sogar aufrecht zu gehen und springen dabei in weiten Sätzen dahin. Bei den meisten Arten erreicht der Schwanz die doppelte Kopf-Rumpf-Länge. Die Außenseiter der Familie aber glänzen durch Zwergen- oder Riesenwuchs, durch ungemein verdickte und verkürzte Schwänze, durch abenteuerliche Stachel- und Zackenschilder auf Kopf und Hals wie Rumpf und Schwanz, durch häutige Kehlkragen und Hautbärte sowie durch allerlei überraschende Farbeffekte. Erregte Tiere, vor allem die Männchen, wechseln die Farbe ebenso lebhaft wie etliche Geckos und Chamäleons.

Siedleragame (Agama agama): Bewohnt das ganze tropische Afrika; Länge 30–40 cm; Haut des erregten Männchens am kurzen dreieckigen Kopf leuchtendrot, an der Kehle gelb gesprenkelt, am kräftig abgeplatteten Körper und an den langen schlanken Beinen stahlblau, oft mit einem weißen Rückenstrich, an der Schwanzwurzel oberseits hell stahlblau, dann feuerrot, an der Spitze wieder stahlblau, unterseits vom After bis zur Mitte strohgelb; Haut des Weibchens meist graubraun bis braun, gelb und schwarz gefleckt; ist Tagtier, Kulturfolger und Insektenvertilger, vielerorts fast ein Haustier, dennoch aber scheu und flüchtig.

Ägyptischer Dornschwanz (Uromastyx aegypticus): Bewohnt Ägypten, die Sinai-Halbinsel, Arabien und Südpalästina; Länge 50–60 cm; Schuppenkleid oberseits gelb bis graubraun oder olivfarben, an den Kieferrändern und auf der Stirn bläulichgrün; kennzeichnet sich durch dreiseitigen schildkrötenartigen Kopf, plumpen niedrigen Leib, kurze Beine mit stark gebogenen Krallen und kompakten abgeplatteten Stachelschwanz, mit dem er heftige Schläge austeilt; bevorzugt die Trockengebiete und Wüsten, gräbt bis 2,5 m lange und 1,5 m tiefe Höhlengänge in den Sand, ernährt sich vorwiegend von Gras, Kräutern, Blüten und Früchten, kann sehr heftig zubeißen; wird in Nordindien und Belutschistan vom nur 28 cm langen *Indischen Dornschwanz (U. hardwickii)* vertreten.

Moloch oder Dornteufel (Moloch horridus): Bewohnt die sandigen Gebiete Süd- und Westaustraliens; Länge 18–20 cm; Schuppenkleid oberseits kastanienbraun, licht ockergelb bis orangefarben längsgestreift, unterseits dunkel längsy und quergebändert; kennzeichnet sich durch kleinen schmalen Kopf, kräfti-

In vielfältigen Erscheinungsformen treten die Mitglieder der Familie der Agamen auf. Ähnlich wie Gekkos oder Chamäleons können sie die Farbe wechseln. Außenseiter der durchschnittlich 30 bis 45 Zentimeter großen Gruppe können besonders groß oder klein sein. Einige tragen gefährlich aussehende Stachel- oder Zackenschilder an Kopf und Hals.

gen Krötenleib, starke Beine, sehr kurze dicke Zehen mit langen Krallen und rundlichen abgestumpften Schwanz, ist am ganzen Leib mit großen spitzen, rosendornähnlichen Stacheln bespickt, von denen sich die längsten am Kopf gleich Hörnern krümmen; ist ein langsamer bedächtiger Wühler und Gräber, steigt hochbeinig daher und bewegt sich ruckhaft, zischt dumpf bei Gefahr, ist aber durchaus harmlos und ernährt sich von kleinen schwarzen Ameisen.

Segelechse (Hydrosaurus amboinensis): Bewohnt Indonesien und Neuguinea; Länge bis zu 100 cm; Schuppenkleid oberseits olivbraun, schwarz gefleckt und marmoriert, am Kopf und Hals grünlich getönt, an der Schulter mit schwarzer Hautfalte; hat kurzen dicken Kopf, gedrungenen hohen Leib mit lappigem Rükkenkamm, kräftige Beine und Füße, deren Zehen mit lappig vorspringenden Schuppen bedeckt sind, sowie einen langen starken Schwanz, der auf seinem Wurzelteil einen über 6 cm hohen, segelartigen Hautkamm trägt; bevorzugt die Ufer der Waldflüsse, klettert, schwimmt und taucht vorzüglich, stürzt sich bei Gefahr ins Wasser und verbirgt sich unter Steinen, ernährt sich hauptsächlich von Blättern, Blüten, Früchten und Samenkörnern aller Art.

Kragenechse (Chlamydosaurus kingii): Bewohnt Australien und Neuguinea; Länge 80–100 cm; Schuppenkleid gelbbraun und schwarz gemischt; kennzeichnet sich durch ihre stattliche Halskrause, sehr lange schlanke Beine, große Füße mit gekrümmten Zehen und sehr langen dünnen Schwanz; klettert gut, bewegt sich aber auch auf der Erde sehr behende und vermag aufrecht auf den Hinterbeinen zu laufen, wobei ihr der frei getragene Schwanz als Balancestange dient; frißt gern Käfer.

Flugdrache (Draco volans): Bewohnt Hinterindien und die Sunda-Inseln; Länge etwa 20 cm; Schuppenkleid meist rindenfarben, am Vorderkopf beim Männchen meergrün, beim Weibchen metallisch braun oder grau; die Kehlwamme ist beim Männchen orangegelb, beim Weibchen hellblau, die Flughaut-Unterseite beim Männchen kobaltblau, beim Weibchen gelbgrün; ist ein Baumtier, das mit Hilfe der auf 5–6 falschen Rippen gestützten Hautsäume an den Körperseiten weite Schwebeflüge unternehmen kann.

Die kleinen Flugdrachen bewohnen in rund 15 Arten die tropischen Wälder ihrer indoaustralischen Heimatländer und sind nur sehr schwer zu beobachten oder überhaupt zu entdecken. Denn auch die Farbenpracht ihrer Flughäute ist nur aus nächster Nähe wahrzunehmen. Diese Flughäute tragen sie in der Ruhe eng zusammengefaltet am Leib und spreizen sie nicht nur, wenn sie ihre weiten Gleitflugsprünge nach Insekten ausführen, sondern auch, wenn sie ihre Gegner erschrecken, etwaigen Rivalen imponieren oder den Weibchen gefallen wollen.

Die Leguane

Die Leguane unterscheiden sich in Gestalt und Lebensweise kaum von den Agamen. Der Kriechtierspezialist aber schaut in das Maul der Leguane und hebt hervor, daß bei ihnen die Zähne der Innenseite der Kiefer gleichsam angewachsen sind. Die Leguane können also ihr Gebiß, ihre Zähne, ersetzen, d.h., es können ihnen neue Zähne nachwachsen, während die Agamen ihr in die Kiefer eingewachsenes Gebiß bis auf die Kieferknochen abkauen.

Weiterhin ist sehr seltsam, daß die Leguane mit einigen wenigen Ausnahmen auf die Neue Welt beschränkt sind und in der Alten Welt nur die wenigen Plätze – nämlich Madagaskar und die Fidschi-Inseln – innehaben, wo es keine Agamen gibt. Beide Echsenfamilien treten also nirgendwo auf der Welt nebeneinander oder miteinander auf.

Grüner Leguan (Iguana iguana): Bewohnt das tropische Südamerika bis zum Golf von Mexiko sowie die Antillen und die Jungferninseln; Länge 190–220 cm; Grundfarbe lebhaft blattgrün, am Rumpf und Schwanz dunkel quergebändert, unterseits weiß bis gelblich; kennzeichnet sich durch großen vierseitigen Kopf mit freiliegendem Trommelfell, kurzen Hals mit hängender Kehlwamme, seitlich zusammengedrückten Leib mit hohem Rückenkamm, der vom Nacken bis zur Schwanzspitze verläuft, kräftige Beine mit sehr langzehigen Füßen und sehr langem Kielschwanz.

Der Grüne Leguan bevorzugt die Wälder längs der Flüsse und ernährt sich vorwiegend von Pflanzenstoffen. Er ist ein lebhaftes Baumtier, das bei Gefahr aus den Wipfeln ins Wasser springt und ganz vorzüglich zu schwimmen und zu tauchen vermag. Sein Leben verteidigt er entschlossen mit peitschenden Schwanzschlägen und wütenden Bissen, bläst sich dabei auf, spreizt den Kehlsack, zischt und faucht, springt auch den Gegner an und beißt sich fest. Ob seines wohlschmeckenden Fleisches und seiner Schuppenhaut wird er leider so stark verfolgt, daß um seinen Bestand gebangt werden muß.

Nashornleguan (Cyclura cornuta): Bewohnt die Westindischen Inseln; Länge etwa 150 cm; Grundfarbe schwarz oder sehr dicht schwarz gebändert auf hellerem Grund; kennzeichnet sich durch drei große, beim Männchen besonders entwickelte, kegelförmige hornige Schuppen auf der Vorderschnauze und einen kräftigen stachligen Wirtelschwanz; bevorzugt sandige Landschaften, lebt in selbstgegrabenen Löchern, verteidigt sich mit Schwanzschlägen, beißt auch zu, ernährt sich von Pflanzen sowie kleinen Vögeln und Säugern, ist schon sehr selten und steht unter Naturschutz.

Krötenechse (Phrynosoma coronatum): Bewohnt Nordmexiko und die südwestlichen Staaten der USA; Länge 12–13 cm; Schuppenkleid oberseits dunkel

Die Leguane sind mit einigen wenigen Ausnahmen auf die Neue Welt beschränkt. Sie leben meist auf Bäumen, einige Arten aber im Süß- oder Meerwasser. Der Leopardenleguan lebt in Nordamerika und flüchtet auf den Hinterbeinen.

Auf ins Wasser hängenden Ästen halten sich die Basilisken am liebsten auf. Die Reptilien fühlen sich aber nicht nur am Land wohl, sondern sind auch hervorragende Schwimmer und Taucher.

sand- oder ledergelb, auf dem Rücken braun gefleckt, am Kopf rötlichbraun bis braungelb, unterseits licht sandgelb; kennzeichnet sich durch den mit 10 dicken Stacheln bewehrten Kopf, breiten scheibenförmigen, ebenfalls üppig bestachelten Leib und den kurzen Stachelschwanz; bevorzugt sandige Gebiete, wühlt sich mit seitlichen Bewegungen in den Sand, spritzt bei Gefahr aus dem unteren Teil des angeschwollenen Oberlides etliche Blutstropfen, ernährt sich von Käfern und Ameisen, soll lebend gebären.

Helmbasilisk (Basiliscus basiliscus): Bewohnt Panama und Kostarika; Länge etwa 80 cm; Grundfarbe grün, unregelmäßig schwarz quergestreift, mit weißer Binde hinter den Augen und der Kinnlade; Männchen mit hohem, hahnenkammartigem, häutigem Zipfel auf dem Hinterkopf, beide Geschlechter mit hohen Hautkämmen auf Rücken und Schwanzwurzel, die durch die Dornfortsätze der Wirbel gestützt werden; bevorzugt die bewaldeten Flußufer, läuft oft aufgerichtet auf den Hinterbeinen, klettert, schwimmt und taucht gut, flüchtet meist ins Wasser, über das er mit seinen Schuppensäumen an den Zehen sogar kurze Strecken zu laufen vermag, ernährt sich von Insekten und Früchten; wird in Guatemala vom olivbraunen *Streifenbasilisk (B. vittatus)* vertreten, der auf jeder Seite hellgelb gestreift ist, und lebt in Kostarika in Nachbarschaft mit dem *Stirnlappenbasilisk (B. plumifrons)*, dessen Helm zweizipflig ist.

Meerechse (Amblyrhynchus cristatus): Bewohnt die Küsten der Galapagos-Inseln; Länge 100 bis 175 cm; Grundfarbe schwarz, an den Flanken brandrot gefleckt, Männchen mit hellgrünem Rückenkamm und stark beschildertem Kopf; hat kleinen kurzen plumpen Kopf, massigen Leib, sehr langen Ruderschwanz, kurze gedrungene Beine, lange Füße mit scharfgebogenen Krallen; bevorzugt die Gezeitenzone der felsigen Inselküsten, schwimmt und taucht gut, lebt in Erdhöhlen und Lavaspalten, weidet während der Ebbe die Algenfelder ab, sonnenbadet auf den Felsen, ist gänzlich harmlos und furchtlos, gebraucht weder Gebiß noch Krallen, bläst sich bei Gefahr lediglich am ganzen Leibe auf, nickt erregt mit dem Kopf, schnaubt und spritzt einen dünnen Wasserstrahl durch die Nasenlöcher.

Drusenkopf (Conolophus subcristatus): Bewohnt ebenfalls nur die Galapagos-Inseln, bevorzugt aber die Savannen im Inneren; Länge 90–125 cm; Schuppenkleid am Kopf hellgolden, mit grünen Lippenschildern und chromgelbem Kinn, weißgrau und faltig im Nacken, ziegel- oder rostrot auf dem Rücken, rotbraun an den Flanken, unterseits dunkelgelb, fein rötlichbraun getönt; wirkt noch plumper als die Meerechse, ist auch kurz- und rundschwänziger, lebt in Sandhöhlen unter Lavablöken, die bis zu 180 cm tief sein können, ernährt sich von Kaktusfrüchten, Blättern und Blüten, ist gleichfalls harmlos, beißt aber bei Gefahr doch um sich. Auf Süd-Seymour und James sind sie bereits ausgerottet.

Weitere Leguangattungen sind:

Die *Anolis (Anolis)*, die ein Viertel aller Leguanarten stellen, in den wärmeren Ländern Amerikas leben, Wälder wie Haine, Parkanlagen wie Gärten und auch die Baulichkeiten des Menschen bewohnen, besonders gut klettern, als Männchen bunte Kehlen haben und ebenso lebhaft wie die Chamäleons die Farbe wechseln;

Die *Schwarzen Leguane (Ctenosaura)* aus Mexiko, oft 120 cm groß;

die *Wüstenleguane (Dipsosaurus)* aus Nordamerika, 32–38 cm lang;

die *Leoparden- und die Halsbandleguane (Crotaphytus)* aus Nordamerika, die auf den Hinterbeinen flüchten;

die *Baumleguane (Urosaurus)* aus dem südwestlichen Nordamerika, denen die Schwanzschuppen als viele kleine Klettereisen dienen;

die *Stachelleguane (Sceloporus)* aus dem Südwesten der USA und Mittelamerika, die mit Stachelschuppen gespickt sind;

die *Stachelschwanzleguane (Hoplocercus)* aus Südbrasilien;

die *Schwertschwanzleguane (Xiphocercus)* aus Jamaika, bei denen die Schwänze zu einrollbare Greiforgane wurden;

die *Erdleguane (Liolaemus)*, die in rund 30 Arten die Hochländer Südamerikas bewohnen und prächtige Metallfarben zeigen; und

die *Langbeinleguane (Polychrus)* aus den südamerikanischen Urwäldern, die nach Eichhornart von Ast zu Ast hüpfen und so rasch vorankommen.

Die Skinke oder Wühlechsen

Fast alle Skinke sind bodenbewohnende Erdwühler, erreichen im Mittel eine Größe von 25–30 cm und kennzeichnen sich recht übereinstimmend durch den spitzschnauzigen Wühlkopf mit

Obwohl er für die Menschen keine Gefahr darstellt, sind die Menschen doch eine Gefahr für ihn: Der Sandskink, der in den Wüsten Nordafrikas lebt, wird von den Orientalen deshalb gejagt, weil er in pulverisierter Form als Stärkungsmittel der Liebeskraft angesehen wird.

einem besonders gefestigten Schädelbau, kleine Augen, tief versenkte oder schuppenbedeckte Ohröffnungen, langen runden und glatten Leib, der mit glänzenden Schindelschuppen bekleidet ist und zur Walzenform neigt, kurzen kräftigen Stemmschwanz sowie verkürzte oder rückgebildete Gliedmaßen.

Erzschleiche (Chalcides chalcides): Bewohnt in zwei Rassen Marokko, Algier, Spanien und Südfrankreich sowie Italien, Sizilien, Sardinien und Elba; Länge 40–42 cm; Schuppenkleid fein, dicht anliegend, erzglänzend, mit großen Schildern auf dem Kopf, oberseits glänzend bronzebraun oder silbergrau oder olivgrünlich, oft schwarz oder braun längsgestreift, unterseits heller, perlmutterartig schimmernd; hat zugespitzten Kopf, sehr gestreckten walzenförmigen Leib, drehrunden Schwanz und vier stummelhafte Beinchen mit drei verkümmerten Zehen, erinnert an unsere Blindschleiche, ist aber viel flinker, wird in den Sandwüsten Nordafrikas und Syriens von der blaßgelben, etwa 18 cm langen *Keilschleiche (Ch. sepoides)* und in allen Mittelmeerländern vom schwarzweiß gefleckten, bis zu 25 cm langen *Gefleckten Walzenskink (Ch. ocellatus)* gleichermaßen vertreten.

Johannisechse (Ablepharus kitaibelii): Bewohnt Nordarabien, Syrien, Kleinasien, Griechenland, Rumänien und Ungarn; Länge 9–12 cm; Schuppenkleid fein und glatt, oberseits bronzeschimmernd olivbraun, mit schwarzen Längslinien auf dem Rücken, dunklen Flanken und grünlich-silberfarbener Unterseite; hat zu einem „Brillenglas" verwachsene, durchsichtige, unbewegliche Augenlider; erinnert an eine Eidechse mit verkürzten Beinen, bevorzugt grasige Hügel und sandige Gebiete, schlängelt schnell dahin, erklimmt auch Felswände, ernährt sich von Insekten und Würmern, legt Eier; wird in der tropischen pazifischen Inselwelt sowie an den Küsten Ostafrikas, Madagaskars, Australiens und Südwestamerikas von der in 36 Rassen verbreiteten *A. boutonii* vertreten.

Sand- oder Apothekerskink (Scincus scincus): Bewohnt die Wüsten von Algerien über Arabien bis nach Sind; Länge 19–21 cm; Schuppenkleid glatt

und glänzend, oberseits hellgelb, gelbbraun oder rötlichbraun, oft braun oder braunviolett quergestreift, unterseits perlmuttglänzend weiß; hat keilartig zugespitzten Kopf, perlartig kleine Augen, dicken kurzen Hals, gedrungenen Leib, wohlentwickelte Gliedmaßen mit Schuppensäumen an den Zehen und kurzen Schwanz; ist der Maulwurf unter den Echsen, schwimmt geradezu durch den Sand, in den er sich flüchtend wühlt, ist ein harmloses Geschöpf, das weder kratzt noch beißt, aber viel verfolgt wird, da die Orientalen seinen pulverisierten Leib als ein wertvolles Mittel zur Stärkung der Liebeskraft ansehen.

Berberskink (Eumeces algeriensis): Bewohnt die felsigen Gebiete Marokkos und Westalgiers; Länge 40–44 cm; Schuppenkleid oberseits braun bis ziegelrot, gelb bis orangerot quergefleckt; hat wohlentwickelte Gliedmaßen und eidechsenartige Gestalt, wechselt viel die Farbe, ernährt sich von Heuschrecken.

Die Gattung *Eumeces* ist weit über Nordafrika, Südwestasien, Ostasien, Nord- und Mittelamerika verbreitet und zeigt hier und dort Ansätze zu einer einfachen Brutpflege. Das Weibchen kehrt 4–6 Wochen lang immer wieder zu den verscharrten Eiern zurück, wendet sie eifrig, ringelt sich um das Gelege, scheint es fast zu wärmen. Hübsche bunte Arten sind der *Fleckenskink (E. schneideri)* aus Nordostafrika und der *Streifenskink (E. fasciatus)* aus Nordamerika, bei dem die rotköpfigen Männchen oft blutige Rivalenkämpfe austragen.

Die Gürtelechsen

Fühlt sich eine Gürtelechse bedroht, so rollt sie sich gleich einem Gürteltier zusammen, beißt sich in den Schwanz und ist damit eine rundum festgepanzerte und stachelgespickte Kugel. Allerdings eine etwas flachgedrückte Kugel, denn diese Echsen haben einen ungewöhnlich flachen und platten Leib. Der Riesengürtelschweif rollt sich deshalb auch nicht zusammen wie seine kleineren Verwandten, sondern preßt sich nur fest an den Boden. Außerdem aber schlägt er mit dem Stachelschwanz so heftig um sich, daß sich jeder Gegner eine blutige Nase holt.

Gewöhnlicher Gürtelschweif (Cordylus cordylus): Bewohnt Afrika von Äthiopien über Kenia bis zum Kapland; Länge etwa 18 cm; Schuppenkleid durchweg bestachelt und bedornt, oberseits orangegelb, unterseits weißlich; bevorzugt die steinigen und felsigen Steppen und Savannen; wird in Südafrika vom 35–40 cm langen, sandbraunen, am Hinterkopf besonders lang bestachelten *Riesengürtelschweif (C. giganteus)* vertreten; alle ernähren sich hauptsächlich von Insekten und kleinen Echsen, bergen sich bei Gefahr in Felsspalten und verteidigen sich mit kräftigen Schlägen ihres Schwanzes, den sie nicht abzuwerfen vermögen, im Gegensatz zu den Eidechsen.

Die Teju- oder Schienenechsen

Die sehr eidechsenartigen Teju-Echsen gibt es nur in der Neuen Welt, und dort vor allem im tropischen Südamerika. Nur wenige Gattungen dringen bis nach Westindien und Mittelamerika vor, und eine einzige Gattung bewohnt auch die Vereinigten Staaten.

Gleich unseren Eidechsen haben die Teju-Echsen lange und zumeist gegabelte Zungen sowie zu größeren Schilden verwachsene Schuppen auf dem Kopfe, sind ebenfalls Tagtiere, Fleischfresser und Eierleger.

Teju oder Salompenter (Tupinambis teguixin): Bewohnt Südamerika von Guayana bis nach Nord- und Mittelargentinien; Länge etwa 100 cm; Schuppenkleid am Hals faltig, oberseits braunschwarz, bläulich getönt, im Nacken sowie an den Kopf- und Halsseiten weißlich gefleckt, auf dem Rücken gelb quergebän-

pa und im Westen Asiens verbreitete Zauneidechse. Sie gilt als nicht besonders gewandt. Ihr Körperbau wirkt gedrungen.

Meist im Juni legen die Weibchen der Zauneidechse je nach ihrer Körpergröße vier bis zwölf Eier mit pergamentartiger Hülle. Als Brutstätte dient eine selbstgegrabene Erdhöhle. Nach rund zehn Wochen befreien sich die jungen Eidechsen aus ihrem Gefängnis. Sie gleichen zu diesem Zeitpunkt vollkommen der erwachsenen Zauneidechse und leben sofort völlig selbständig. Zunächst ernähren sie sich von winzigen Kerbtieren und deren Larven, von Schnecken und Spinnen. Die jungen Zauneidechsen suchen erst einige Wochen nach den erwachsenen Artgenossen ihr Winterquartier auf und können so noch etwas mehr Reserven anlegen.

In ganz Nord- und Mitteleuropa kommt die Wald- oder Bergeidechse vor. Sie ist an das Leben im Gebirge bis zu 3000 Metern Höhe angepaßt. Sie bevorzugt feuchte Wiesen und Moore, sucht stets die Nähe des Wassers. Das dunkelbraun gestreifte Tier steht unter Naturschutz.

dert, auf dem Schwanz gelb gefleckt und quergebändert, unterseits rötlichgelb, schwarz quergebändert; lebt in Erdhöhlen unter Baumwurzeln, ernährt sich von Mäusen, Fröschen, kleinen Echsen, Würmern und Insekten, stellt den Küken des Hausgeflügels nach und stiehlt Eier, ist ungeachtet seiner Größe sehr flüchtig, verteidigt aber sein Leben mit heftigen Bissen und Schwanzschlägen, birgt seine Eier in den Burgen der Termiten.

Sechsstreifige Rennechse (Cnemidophorus sexlineatus): Bewohnt den Südosten der Vereinigten Staaten; Länge etwa 30 cm; Schuppenkleid braun, mit sechs gelblichen Rückenstreifen, die sich bei erwachsenen Tieren in Tupfen auflösen; Männchen am Bauche blaßgrau, Weibchen weiß; hat schmalen Spitzkopf, höckrige Rückenschuppen, große Bauchschienen, kräftige wohlentwickelte Gliedmaßen und langen Peitschenschwanz; bevorzugt offenes sandiges Gelände, die Nähe der Wege und Straßen, saust sehr flink dahin, stoppt dann plötzlich ab und verharrt in einer Haltung wie ein Läufer am Startplatz, legt die Eier in Erdmulden und unter Steine, die ihnen Schutz bieten.

Die Rennechsen bewohnen in etwa 25 Arten und Rassen vor allem Süd- und Mittelamerika von Nordargentinien bis nach Mexiko. In den Vereinigten Staaten kommen noch die kleine, etwa 20 cm messende *C. inornatus* und die 45 cm lange *C. sticto-grammus vor.*

Ameive (Ameiva ameiva): Bewohnt ganz Südamerika bis nach Nikaragua hinauf; Länge 48–52 cm; Schuppenkleid gekörnelt, bei Jungtieren braun, später gras- oder gelbgrün, an den Flanken schwarz quergestreift und blau gefleckt; gleicht sehr unserer Eidechse, ist ungemein flink, steuert im Dahinhuschen mit dem hocherhobenen, besonders langen Peitschenschwanz, verteidigt sich mit scharfen Bissen.

Von den Ameiven kennen wir rund 40 Arten und Rassen, die im weiten Raum von Bolivien und Uruguay bis nach Mexiko leben, auch die Westindischen Inseln besiedeln und überall recht häufig sind. Sie bevorzugen sandige Gebiete, sind echte Bodentiere, die weder in die Büsche noch in die Bäume klettern und kaum einmal freiwillig ins Wasser gehen. Ihre Zuflucht nehmen sie zu unterirdischen Höhlen, die sie sich selbst scharren.

Die Eidechsen

Die Familie der zierlichen und flinken Eidechsen, zu der mit Ausnahme der Blindschleiche alle unsere heimischen Schuppenechsen zählen, verkörpert für unsere Vorstellungen die Normalform der Echsen und gab darum auch der ganzen Ordnung den Namen. Fast alle ihre Vertreter sind licht- und wärmehungrige Tagtiere und damit die Freunde sonniger Halden und Hänge, Heiden und Forste, Weinberge und Bahndämme.

Die Eidechsen bewohnen Europa vom Mittelmeer bis nach Nordskandinavien, dringen bis nach Sibirien und Mittelasien vor, haben ihr Verbreitungszentrum aber in Afrika südlich der Sahara. Nur eine einzige Art lebt im indo-australischen Raum. Auf Madagaskar fehlen sie gänzlich. Innerhalb der 22 Gattungen und rund 150 Arten überwiegen die Bodentiere, die überaus flinken Läufer, die Liebhaber sandiger und felsiger Gebiete.

Zauneidechse (Lacerta agilis): Bewohnt West-, Mittel-, Nord- und Osteuropa; Länge 18–25 cm; Schuppenkleid oberseits braun oder grau, mit breitem dunklem Längsband, das von schwarzbraunen, weißgekernten Flecken flankiert wird; die Seiten sind beim Männchen im Frühling und Sommer lebhaft grün, beim Weibchen graubraun; Unterseite beim Männchen grünlich, beim Weibchen gelblich, schwarz gepunktet; bevorzugt Feldränder, Bahndämme, Hekken in trockenen Gebieten, geht in den Gebirgen bis in Höhen von 1500 m, klettert verhältnismäßig schlecht und ist selten auf Büschen und Bäumen zu sehen, paart sich ab Mitte April bis Mitte Juni, legt seine Eier in selbstgescharrte flache Erdlöcher im lockeren Boden, zwischen wärmende Steine oder in die Burgen der kleinen, schwarzen Wegameisen; die Jungen schlüpfen nach 7–12 Wochen, meist noch im Juli/August; steht unter Naturschutz; wird durch etliche geographische Rassen auf dem Balkan, im Kaukasus und in Nordsibirien vertreten.

Wald- oder Bergeidechse (Lacerta vivipara): Bewohnt Mittel- und Nordeuropa von Nordspanien bis nach Skandinavien, im Osten bis zum Amur und der Insel Sachalin, dringt also bis über den Polarkreis vor und steigt im Gebirge bis in Höhen von 3000 m; Länge 14–16 cm; Schuppenkleid oberseits braun in vielerlei Abstufungen, auf der Rückenmitte und an den Flanken dunkel längsgestreift, unterseits beim Männchen safrangelb bis rötlichorange, schwarz getupft, beim Weibchen gelblichweiß oder grau, ungefleckt; unterscheidet sich von der Zauneidechse durch den kürzeren dikkeren Schwanz; bevorzugt die Nähe der Gewässer, sucht sich verhältnismäßig schattige Winkel, liebt feuchte Wiesen und Moore, im Norden aber auch Heiden und Dünen; steht unter Naturschutz, bringt 8–10 lebende Junge zur Welt, meist im Juli und regelmäßig in der Nacht; wird in Rumänien, Bulgarien und im Kaukasus von *L. praticola* vertreten, der Wieseneidechse.

Smaragdeidechse (Lacerta viridis): Bewohnt bei uns die Landschaften am Kaiserstuhl und Mittelrhein, die Täler der Nahe, Mosel und Lahn, tritt auch bei Passau und in der Mark Brandenburg sowie in Pommern und Westpreußen auf, besiedelt aber vor allem die Länder im Osten und Norden des Mittelmeeres bis nach Kleinasien; Länge 40–50 cm; Schuppenkleid des Männchens oberseits goldgrün, unterseits hellgelb bis weißlich, des Weibchens oberseits grasgrün; Kehle und Kopfseite des Männchens in der Paarungszeit himmelblau; bevorzugt Halden und Felshänge; Weinbergmauern, schießt gleich einem bunten Pfeil

Zur Balzzeit prangt das Zauneidechsen-Männchen mit grünfarbenen Flanken. Das Weibchen erscheint wesentlich schlichter mit seiner braunen Zeichnung, ist aber im Gegensatz zu anderen Halsbandeidechsen etwas größer als das Männchen. Die Zauneidechse klettert schlecht und bevorzugt als Lebensraum trockene Feldränder, Bahndämme und Hecken.

vom erhöhten Sonnenplatz meterweit durch die Luft, flüchtet sich auch auf Bäume, beißt kräftig zu, paart sich im Mai, legt im Juli seine 5–13 bohnengroßen, fast kugelrunden, schmutzigweißen Eier; ernährt sich von Würmern, Schnecken, Kleinfröschen, größeren Insekten sowie jungen Zaun- und Mauereidechsen.

Mauereidechse (Lacerta muralis): Bewohnt bei uns ebenfalls die warmen Flußtäler vom Rhein, der Mosel, Nahe und Lahn, des Neckars, den Kaiserstuhl, die Passauer Ecke und Oberbayern, dringt nördlich bis nach Belgien und Holland vor, verbreitet sich über Österreich, Ungarn und Rumänien, hat ihre eigentliche Heimat auf den drei südeuropäischen Halbinseln einschließlich Korsika und Sardinien; Länge 18–20 cm; Schuppenkleid oberseits grau- bis rötlichbraun, im Licht bronzegrün schimmernd; beim Männchen schwarz gefleckt oder genetzt, beim Weibchen gestreift, unterseits milchweiß oder gelb oder ziegelrot, oft auch gewölkt oder gefleckt, am Übergang von der Flanke zum Bauch mit einer Längsreihe blauer oder schwarzer Flecken geziert; hat schlanken Leib und sehr langen Schwanz; ist das Charaktertier der Weinberge, Ufermauern und Ruinen, darf als ein echter Kulturfolger angesehen werden, läuft ungemein flink, huscht an senkrechten Wänden empor, verteidigt ihr eng und streng umgrenztes Revier, paart sich im Frühjahr und Frühsommer, legt vom Mai bis zum Juli ihre Eier ab, oft zwei- bis dreimal hintereinander je 2–8 Stück; verbreitet sich über den südeuropäischen Raum in nicht weniger als 15 Rassen.

Perleidechse (Lacerta lepida): Bewohnt Ligurien, Südfrankreich, Spanien und Nordafrika; Länge 60–80 cm; Schuppenkleid oberseits braun, am Kopf, an den Flanken und am Bauch leuchtend hellgrün, auf dem Rücken mit grünlichen oder gelblichen Sprenkeln und Kringeln geziert, an den Seiten mit drei oder vier Längsreihen großer blauer, schwarzgerandeter Flecken geschmückt; ist in ihren Heimatländern überall zu sehen, hält sich aber gern in der Nähe hohler Bäume auf, flüchtet im ersten Schreck auch ins Gezweig, sucht dann aber ihre unterirdischen Schlupfwinkel zu erreichen, springt in der Bedrängnis selbst Hunden und Katzen an die Kehle, beißt heftig zu, stellt als kräftiges Tier auch Jungvögeln, Mäusen, Echsen und Schlangen nach, nascht gern von saftigen Beeren und Früchten und liebt die abwechslungsreiche Kost.

Die Doppel- oder Wurmschleichen

In der Alten wie in der Neuen Welt gibt es 30–70 cm lange, zumeist gänzlich gliederlose, regenwurmähnliche, lederhäutige, deutlich quergeringelte, erdwühlende Geschöpfe, die man aus alter Gewohnheit zu den Echsen zählt, obwohl sie in ihrer ganzen Eigenart noch durchaus rätselhaft sind.

Die uns bekannten 23 Gattungen der Doppelschleichen bewohnen die Mittelmeerländer, Afrika, Süd- und Mittelamerika einschließlich Florida.

Maurische Netzwühle (Blanus cinereus): Bewohnt Spanien und Portugal sowie Algier und Marokko; Länge etwa 22 cm; Lederhaut graubräunlich oder braunrötlich; kennzeichnet sich durch großes Stirnschild; haust unter Steinen oder in Ameisenhaufen, verzehrt gern Tausendfüßer; hat nahe Verwandte auch in Griechenland, der Türkei, Kleinasien, Syrien und Nordmesopotamien.

In Amerika werden die Doppelschleichen vertreten durch:

die *Handwühle (Bipes canaliculatus)* vom pazifischen Küstenraum zwischen Mexiko und Niederkalifornien, 20–24 cm lang, oberseits bräunlich-fleischfarben, unterseits weißlich, mit winzigen Vorderbeinen, die knapp hinter dem Kopfe stehen;

die *Floridanische Doppelschleiche (Rhineura floridana),* die 30 cm mißt, eine rosafarbene Lederhaut und keine Gliedmaßen hat;

die *Rote Doppelschleiche (Amphisbaena alba)* vom tropischen Südamerika, 45 – 50 cm lang, oberseits glänzend gelblichbraun, seitlich hellgelb, unterseits gelblichweiß; und

die *gefleckte Doppelschleiche (A. fuliginosa),* Westindien, die höchstens 40 cm mißt und eine unregelmäßig schwarzweiß gefleckte Lederhaut hat.

Die Schleichen

Auch die Schleichen, ganz gleich, ob sie noch eidechsenartig oder schon sehr schlangenähnlich sind, bleiben dem Boden verhaftet und führen ein heimliches Leben. Unsere liebe alte Bekannte aus der Jugendzeit, die ein wenig steife Blindschleiche gab der ganzen Familie den Namen. Die einzelnen Vertreter der uns bekannten, über Europa, Nordafrika, West- und Nordasien sowie Amerika verbreiteten 11 Gattungen und 60 Arten ähneln ihr aber durchaus nicht alle, sondern kennzeichnen sich als Schleichen lediglich durch die mit Hautknochenplättchen unterlegten Schuppen, die betont stumpfe Schnauze, die wohlausgebildete Knochenbrücke über der knöchern überdachten Schläfengrube und die zweispitzige Zunge, deren Vorderteil in eine scheidenartige Bildung an der Zungenwurzel zurückgezogen werden kann.

Fast alle Schleichen ernähren sich vorwiegend von Regenwürmern und Schnecken, erst in zweiter Linie von Insekten, und nur die großen Arten zusätzlich von Mäusen, Vögeln, Echsen und Schlangen.

Blindschleiche (Anguis fragilis): Bewohnt Europa vom Mittelmeer bis nach England, Skandinavien und Finnland, verbreitet sich über den Kaukasus und Kleinasien bis zum Iran; Länge 40–48 cm; Schuppenkleid glänzend bleigrau bis graubraun, oft kupfer- oder bronzefarben und mit feiner schwarzer Mittellinie, am Bauch bläulichschwarz; bei älteren Männchen ist der Rücken meist mit leuchtendblauen Flekken übersät; hat gliederlosen Körper mit sehr langem Schwanz, der bei Gefahr leicht abgeworfen wird, aber nur stummelhaft wieder nachwächst; liebt sonnige, mäßig feuchte, bewachsene Böden, vor allem warme Hänge und Böschungen, haust gern unter flachen Steinen und altem Holz, wärmt sich oft in Ameisenburgen, kommt vorwiegend in den Dämmerungsstunden aus ihren Schlupfwinkeln.

Die Blindschleiche verläßt ihr im Oktober bezogenes, unterirdisches, gemeinschaftlich bewohntes Winterquartier oft schon im März. Im Mai verfolgt das Männchen das Weibchen, packt es am Kopf oder im Nakken mit den Zähnen und hält es so lange fest, bis die Begattung vollzogen ist. Die Eier reifen in den nächsten drei Monaten im Mutterleib so weit heran, daß die 6–12 Jungen unmittelbar nach der Eiablage ausschlüpfen. Meist kommen sie im August/September zur Welt und sind etwa 7 cm lang, oberseits gelblichweiß mit schwarzer Rückenmitte, seitlich und unterseits tiefschwarz. Nach drei Jahren messen sie etwa 25 cm und sind geschlechtsreif. Blindschleichen erreichten in der Gefangenschaft schon das erstaunliche Alter von durchschnittlich 25 Jahren. Doch können sie, wie es das im Zoologischen Museum von Kopenhagen gehaltene Tier bewiesen hat, sogar 54 Jahre alt werden, also ein echter Methusalem.

Die Krustenechsen

Die mittelamerikanische Gila-Krustenechse und die Skorpions-Krustenechse sind die beiden einzigen Vertreter der ganzen Unterordnung, die über Giftdrüsen verfügen und gegebenenfalls auch einmal dem Menschen gefährlich werden können. Allerdings müssen sie dann schon die Gelegenheit haben, uns sehr stark in den Finger zu beißen. Denn ihre Giftdrüsen, die im Gegensatz zu denen der Giftschlangen im Unterkiefer liegen, stehen nicht in unmittelbarer Verbindung mit den Zähnen, entleeren sich vielmehr in eine Furche zwischen Lippe und Unterkiefer. Von dort muß das Gift nun zu den mit Giftrinnen versehenen Zähnen fließen und kann erst dann durch den starken Druck der Kiefer in die Wunde gelangen. Der Zubiß erfolgt jedoch zumeist so heftig, daß sich das die Zähne bedeckende Zahnfleisch weit zurückschiebt. Das Gift ist stark genug, einen jungen Nager, ein Nestküken oder einen Frosch schnell zu töten. Bei Hunden und Katzen ruft es böse und schmerzhafte Schwellungen hervor. Ähnlich reagiert auch der Mensch, empfindet also heftige Schmerzen im stark anschwellenden Glied und ist im Allgemeinbefinden für Tage gestört. Gelangt das Gift ins Zentralnervensystem, besteht sogar die Gefahr, daß das Atemzentrum gelähmt wird. Deshalb gebietet die Vorsicht, den Biß von Krustenechsen ganz wie den von Giftschlangen zu behandeln und sofort den Arzt aufzusuchen.

Gila-Krustenechse (Heloderma suspectum): Bewohnt ausschließlich die Westseite der Kordilleren, vor allem jedoch Arizona und Neu-Mexiko; Länge etwa 50 cm; Schuppenkleid besteht aus halbkugeligen Warzenschuppen, wirkt wie mit Perlen bestickt, ist oberseits erdbraun, unregelmäßig orangegelb bis rotbraun oder dunkel- bis weißgelb gefleckt, am Schwanz gelb geringelt, unterseits mehr hornbraun, gelblich gefleckt; hat großen breiten, stumpfgerundeten Kopf, kleine schwarze Perlenaugen, gedrungenen Rumpf, kurze stämmige Beine mit kräftigen, stark bekrallten Fingern und Zehen und ungewöhnlich dicken Schwanz, der als Fettspeicher dient; bevorzugt trockenes Gelände, Steppen und Wüsten.

Die Warane sind Fleischfresser. Sie überwältigen auch größere Beutetiere. Sie sind in Afrika, Südasien und besonders in Australien beheimatet.

Escorpion oder Skorpions-Krustenechse (Heloderma horridum): Bewohnt das westliche Mexiko; Länge bis zu 80 cm; Schuppenkleid ebenfalls warzig, oberseits schwarz, fein gelb gefleckt, am Kopf einfarbig schwarz, am Schwanz gelb quergebändert; hat einen besonders dicken, ausgesprochen walzenförmigen, aber langen Schwanz.

Beide Krustenechsen bergen sich am Tag in selbstgegrabenen Löchern, kriechen in der Nacht, vor allem während der Regenzeit, langsam umher und folgen gemächlich den Duftspuren ihrer Beutetiere. Sie sind echte Fleischfresser, die nur bewegungsarmen Tieren, wie z. B. frischgeborenen Nagern, nesthockerischen Vogeljungen, Fröschen und Jungechsen, nachstellen. Auch Eier schlecken sie gern aus. Auf der Suche leitet sie die witternde Zunge. Die Fettspeicherung im dicken Schwanz befähigt sie zu langem Fasten. Im Notfall können sie monatelang hungern. Die Paarung erfolgt zumeist im Juli, und spätestens im August werden die 3–15 graugelben Eier im feuchten Sand verscharrt. Die Jungen schlüpfen nach etwa 30 Tagen. Im gereizten Zustand zischen, fauchen und geifern die Alttiere drohend, werden aber in der Gefangenschaft so zahm, daß man sie kaum noch zum Beißen herausfordern kann.

Die Warane

Erst seit fünfzig Jahren wissen wir, daß es heute noch ein Tier gibt, das in Gestalt und Größe wie in seinem räuberischen Wesen einem Märchendrachen aufs Haar gleicht. Entdeckt wurde dieser Lindwurm, der aus der Familie der Warane stammt, im Jahre 1912 auf der kleinen Sundainsel Komodo. Dort haust dieser Drache in selbstgescharrten Erdhöhlen unter Bäumen und Felsen und mißt nicht weniger als zwei bis drei Meter. Sein tiefgeschlitztes Maul starrt von großen scharfen Zähnen. Gewaltige Sichelkrallen bewehren die Füße. Der mächtige Schuppenschwanz aber vermag gefährliche Schläge auszuteilen. In der Wut faucht der Komodo-Waran drohend, bläht sich auf, stemmt sich hoch und wehrt sich mit schnellen Hieben, Bissen und Rissen. Zuerst freilich versucht auch er zu flüchten und rennt so schnell davon, daß ihm ein Mensch kaum zu folgen vermag. Ebenso behend erjagt er seine Beutetiere, zu denen selbst kleine Hirsche und Wildschweine dieser Insel gehören. Wahrscheinlich ist diese Riesenechse ein Nachfahre der ausgestorbenen Riesenwarane Australiens aus der Eiszeit.

Warane lebten damals, als die Echsen ihre Blütezeit erlebten, also vor etwa 60 Millionen Jahren, in der Alten Welt und Nordamerika. Heute sind die letzten 24 Arten auf Afrika, Südasien, die indoaustralische Inselwelt und besonders auf Australien beschränkt. In der Größe messen sie durchschnittlich 1–2 m, doch stellen sich neben diese Riesen

Die Gila-Krustenechse wird etwa 50 cm lang. Sie bewohnt ausschließlich die Westseite der Kordilleren, vor allem jedoch Arizona und Neu-Mexiko. Das Schuppenkleid ist aus halbkugeligen Warzenschuppen geformt. Der giftige Biß kann auch für den Menschen tödlich sein. Der ungewöhnlich dicke Schwanz dient als Fettspeicher.

auch Zwerge von nur 20 cm Länge. Als wärmeliebende Tagtiere lassen sie sich gründlich von der Sonne aufheizen, ehe sie zur Nahrungssuche ausgehen. Sie bewegen sich stark schlängelnd, können fast alle gut klettern, sich auch emporschnellen und zum großen Teil schwimmen. Neben erdbewohnenden Wüsten- und Steppentieren stehen echte Baumtiere, Freunde der Sümpfe und Gewässer, die auch stets ins Wasser flüchten, und Küstenbewohner. Der kielförmige Schwanz dient ihnen dementsprechend als Ruder wie als Greiforgan, als Fettspeicher wie als Waffe. Alle pflanzen sich durch pergamentschalige Eier fort, die sie in Erdgruben, Termitenburgen und hohlen Stämmen bergen, um sie zu schützen.

Nilwaran (Varanus niloticus): Bewohnt ganz Afrika südlich der Sahara; Länge 170 bis 200 cm; Schuppenkleid oberseits dunkelgrün bis olivfarben aufgehellt, mit gelben, in Querreihen angeordneten Tupfen, gelblichen Querlinien auf dem Kopf sowie gelbgrünen und gelblichen Ringen am Schwanz, unterseits gelb, mehr oder weniger deutlich schwarz quergebändert; hat einen langen Ruderschwanz, bevorzugt die Flußufer, haust in Uferhöhlen, stellt kleinen Säugern und Vögeln, Fröschen und jungen Schildkröten nach, bricht auch in Hühnerställe ein; legt seine Eier gern in Termitenburgen, die er gewaltsam aufbricht.

Steppenwaran (Varanus exanthematicus): Bewohnt ganz Afrika südlich der Sahara mit Ausnahme der westlichen Waldgebiete; Länge über 2 m; Schuppenkleid oberseits gelbbraun, mit gelblichen Rundflecken geziert; wird im Kapland vom *Kapwaran (V. e. albigularis)* vertreten, der ausgezeichnet zu klettern vermag.

Wüstenwaran (Varanus griseus): Bewohnt die Wüsten von der westlichen Sahara bis nach Nordpakistan; Länge 130-150 cm; Schuppenkleid oberseits graugelb oder hell bräunlichgelb, braun quergestreift auf Rücken und Schwanz, unterseits weißlich; hat runden ungekielten Schwanz, haust in Erdlöchern, bewegt sich stark schlängelnd, setzt sich sehr energisch zur Wehr, springt den Gegner an, beißt sich fest, schlägt mit dem Schwanz um sich; frißt Eidechsen, Schlangen, Vögel und Nager; legt zehn bis zwanzig Eier.

Bindenwaran (Varanus salvator): Bewohnt vor allem Sumatra und Borneo sowie die Malaiische Halbinsel, ferner Sri Lanka und Burma, Indien und Südchina sowie die Nordküste Australiens; Länge 2–3 m; Schuppenkleid schwarz, mit Querreihen gelber Rund- oder Augenflecke, mit gelber Längsbinde am Hals und gelber Unterseite; bevorzugt die Ufer schlammiger Flüsse, flüchtet fast regelmäßig ins Wasser, schwimmt mit Hilfe des Ruderschwanzes so gut wie ein Krokodil, klettert auch in die Bäume, um hier Vögeln aufzulauern oder Nester zu plündern, frißt außerdem Fische, Krabben, Frösche, Ratten und Aas, wühlt und gräbt in der Erde, bricht in die Hühnerställe ein; wird in Nordindien vom Pandschab bis nach Bengalen vom etwa 1 m langen, ockergelben *Gelbwaran (V. flavescens)* vertreten.

Komodo-Waran (Varanus komodoensis): Bewohnt die Sunda-Inselchen Komodo, Flores und Rintja; Länge der Männchen über 3 m, der Weibchen knapp 2 m, Gewicht bis zu 135 kg; Schuppenkleid verknöchert, teilweise steinhart, vorwiegend dunkel lehmgelb bis grauschwarz, in der ersten Jugend oberseits dunkelbraun, im Nacken leuchtend gelb oder gelbgrün, auf dem Rücken schwarz quergebändert, mit düsterroten Augenflecken; hat große dunkelbraune Augen und eine hellgelbe Zunge; ist ein echtes Landtier, schluckt und würgt die kleineren Beutetiere im Ganzen hinunter, legt 8–12 cm große Eier, aus denen nach etwa zwei Monaten 48–50 cm lange Jungtiere schlüpfen.

Um dem Leser die Vielfalt der Echsengestalten möglichst vollständig vor Augen zu führen, seien zuletzt noch folgende kleine Familien erwähnt:

die *Ringelechsen (Anniellidae)* aus Kalifornien, die 20–25 cm groß werden und als echte Erdwühler vorwiegend unterirdisch leben;

die *Nachtechsen (Xantusiidae)* aus Mittel- und Nordamerika, meist nur 15 cm lang, lebend gebärend, die alle Trockengebiete, Felsregionen und Gebirgszüge bevorzugen, unbewegliche Augenlider haben und sich tagsüber unter Steinen bergen;

die *Höckerechsen (Xenosauridae)* aus China, Mexiko und Guatemala, zwischen 25–40 cm lang und durch unregelmäßig angeordnete und eingestreute Hökkerschuppen gekennzeichnet, nach denen sie benannt sind.

Die Chamäleons

Wie kaum eine andere Tierfamilie sind die Chamäleons, die als Abkömmlinge der Agamen angesehen werden, dem Leben im Gezweig der Büsche und Bäume angepaßt. Ihre bündelartig verwachsenen, einander gegenübergestellten Zehen greifen fest wie Zangen zu. Der einrollbare Wickelschwanz verleiht höchstmögliche Sicherung und ist stark genug, das ganze Tier zu tragen. Dennoch sind alle Bewegungen nicht etwa flink, sondern so langsam, als ob jeder Schritt gründlich bedacht sein wollte. Im Zeitlupentempo löst sich Glied um Glied und wird ebenso bedächtig wieder verankert. Zoll um Zoll schiebt sich der Körper über das Geäst und pendelt dabei wie ein vom Winde bewegtes Blatt sanft hin und her. Selbst aus nächster Nähe sind kletternde Chamäleons nur schwer wahrzunehmen. Denn der sehr kurzhalsige, seitlich stark zusammengedrückte Leib gleicht in seiner grünlichen Grundfarbe selbst einem Blatt und wird in seinen Umrissen durch vielgestaltige Flecken und Striche weitgehend aufgelöst. Tarnzwecken dienen zweifellos auch die farbigen Hinterhauptslappen, die horn- oder helmartigen Stirn- und Nasenfortsätze sowie die grotesken Rücken- und Schwanzkämme. Vor allem aber

Chamäleons sind bekannt wegen ihrer Fähigkeit, die Farbe zu wechseln; sie können sich dadurch ihrer jeweiligen Umgebung anpassen. Alle Chamäleons leben auf Bäumen und Büschen. Es sind ausgesprochene Langsamkletterer. Sie schleudern die vorne keulenförmig verdickte, klebrige Zunge gleich einem Lasso weit aus dem Maul auf die Beute.

wirken die verschiedensten Licht-, Wärme-, Feuchtigkeits- und Farbreize der Umgebung so lebhaft auf die sehr verschiebbaren Pigmente der Farbstoffzellen in der Haut, daß wir die ganze Körperoberfläche mit einer farbfotografischen Platte vergleichen können. Diese Reize alle bewirken, daß die Chamäleons nicht nur ihre Hautfarbe zu wechseln, sondern auch noch ein verblüffendes Spiel von farbigen Flekken, Mustern, Binden und Strichen auf ihr hervorzuzaubern vermögen.

In wunderbarer Weise kommen all diese Eigenheiten den Chamäleons nun auch in ihrer Eigenschaft als spezialisierte Insektenjäger zugute. Und zwar erlaubt ihnen die vollendete Tarnung die Jagd als Ansitz- wie als Schleichräuber. Die mangelhaften Insektenaugen vermögen die Chamäleonskörper weder von Blättern und Zweigauswüchsen zu unterscheiden noch ihre faultierhaft langsamen Bewegungen wahrzunehmen. Die Zangenfüße und der Wickelschwanz gestatten jegliche noch so unbequeme Lauerstellung und das stundenlange Verharren in derselben. Hinzu kommt, daß die Chamäleons ganz besonders konstruierte, unwahrscheinlich drehbare und unabhängig voneinander bewegliche Kugelaugen besitzen. Diese Augen erweitern das Gesichtsfeld fast unbegrenzt. Das Chamäleon kann praktisch über, unter, vor und hinter sich schauen, ohne den Kopf im geringsten bewegen zu müssen. Es kann mit dem einen Auge die Beute anpeilen und mit dem anderen Auge den Weg bis zu ihr überblicken. Die schützende lederartige Kapsel, die diese Augen bis auf eine kleine Pupillenöffnung bedeckt, ermöglicht das Schauen auch beim Durchschleichen des Blätterwaldes und sichert die schärfste Einstellung. In den meisten Fällen erübrigt sich sogar das Anschleichen. Denn die Chamäleons haben nun noch eine Zunge, die sich gleich einem Lasso weit aus dem Maul auf die anvisierte Beute schleudern läßt. Diese Zunge, die zumeist so lang wie Kopf und Rumpf des Tieres zusammen ist, schießt unglaublich schnell aus dem Maul, erfaßt das Insekt mit ihrem klebrigen und zugleich saugenden Keulenende und wird ebenso blitzschnell zurückgerissen.

Gemeines Chamäleon (Chamaeleo chamaeleon): Bewohnt die Küstengebiete von Syrien, Israel, Jordanien, Ägypten und Libyen über Algier und Marokko bis nach Südspanien, ist auch auf Zypern, Kreta, Chios und Samos heimisch; Länge 20–30 cm, wovon die Hälfte auf den Schwanz kommt; Hautkleid sehr unterschiedlich gefärbt, vorwiegend grünlich, immer mit gelber Seitenlinie und gelben Innenseiten der Hände und Füße; kennzeichnet sich durch dreiseitigen pyramidenförmigen Helm auf dem Hinterkopf und den nur zur Hälfte gezahnten feinen Rükkenkamm; bevorzugt die Steppen- und Wüstengebiete, lebt auch zwischen den Dünen, ist mit wenigen Büschen zufrieden und wird hier und dort sogar zum bodenbewohnenden, in Sandlöchern hausenden Tier.

Von den vielen anderen Arten seien kurz erwähnt:

das *Lappenchamäleon (Ch. dilepis)* aus Südafrika, das bis zu 54 cm mißt, vorwiegend gelblich getönt und dunkel punktiert ist, mit flachem Hinterkopf und beweglichen Hautlappen an den Kopfseiten, die beim erregten Tier gleich großen Ohren abstehen;

das *Bergchamäleon (Ch. montium)* aus Kamerun, das etwa 24 cm mißt, vorwiegend laub- bis blaugrün gefärbt ist und als Männchen zwei lange geringelte Hörner auf der Schnauzenspitze sowie einen hohen Hautkamm auf Nacken, Rücken und Schwanzansatz hat;

das *Dreihorn-Chamäleon (Ch. oweni)* aus den Regenwäldern Kameruns, das ein aufwärts gebogenes Horn auf der Schnauzenspitze und zwei weitere Hörner über den Augen trägt;

das *Riesenchamäleon (Ch. oustaleti)* von Madagaskar, das 56–62 cm mißt, oft auch noch größer wird und nicht nur Würmer und Insekten, sondern auch Mäuse mit dem Zungenlasso erjagt.

Die Schlangen

Fabeln sind die Behauptungen vom hypnotischen Blick und von den giftigen Dünsten der Schlangen. Ihr Blick wirkt nur darum so starr und gläsern, weil sich das untere Augenlid uhrglasähnlich über das Auge zieht und fest mit dem verkümmerten oberen Lid verwachsen ist. Viele Schlangen können ein anderes Tier nur dann gut sehen, wenn es sich bewegt. Ein Tier, das sich ruhig verhält, wird mit dem Auge nicht wahrgenommen. Deshalb sind die Schlangen gleich vielen anderen Schuppenechsen meist gezwungen, sich mit dem Auge und mit der unaufhörlich züngelnden, riechenden und tastenden Zunge zu orientieren. Mit Hilfe der Zunge werden die Duftstoffe zu einem sehr fein empfindenden Geruchsorgan befördert. Dieses sogenannte Jacobsonsche Organ befindet sich in einer kleinen Vertiefung des Gaumendaches. Das auf viele Menschen so unheimlich wirkende Züngeln ist also kein Ausdruck der Bosheit und kein giftiges Geifern, sondern eine Orientierungshilfe, da das Auge nur für ein – allerdings sehr genaues – Bewegungssehen eingerichtet ist. Das Ohr ist bei allen Schlangen so stark verkümmert, daß man sie durchweg als völlig taub bezeichnen kann. Ihr Tastempfinden ist gut.

Die Beute wird von allen Schlangen unzerstückelt verschlungen, ganz gleich, ob sie nun durch Umschlingungen erstickt, durch Gift getötet oder nur von den Fangzähnen festgehalten und noch am Leben ist. Das Maul ist unwahrscheinlich dehnbar, da die Kiefer und das Gaumendach in einen lockeren Spangenapparat umgebaut sind. Die Luftröhre kann so weit vorgestülpt werden, daß auch während des mühsamen Schlingens und Würgens kein Luftmangel eintritt. Die gewaltige Spannung bewirkt reichlichen Speichelfluß,

Die Pythonschlangen bewohnen – mit Ausnahme einer mittelamerikanischen Art – die tropischen Gebiete der Alten Welt und sind durchwegs Eierleger. Die Weibchen ringeln sich um das stattliche Gelege, das oft mehr als 100 Eier umfaßt, legen den Kopf darauf und scheinen es regelrecht auszubrüten. In der ganzen Brutzeit, die reichlich 10 bis 12 Wochen dauert, sind die Pythons sehr reizbar und angriffslustig. Eine der Arten ist zum Beispiel die abgebildete Baumpython.

und die wechselseitig einhakenden Zähne ziehen das schlüpfrig gewordene Opfer langsam in die lange Speiseröhre. Die scharfen Magensäfte verdauen sogar die Knochen. Lediglich die Haare, Federn und Nägel werden als „Gewölle" wieder ausgeschieden. Mit der Verdauung einer Maus ist unsere Kreuzotter tagelang beschäftigt und in dieser Zeit mehr als träge.

Über alle Erdteile verbreitet, sind sie doch wie die anderen Reptilien in den Tropen ungleich häufiger. Weitaus die meisten pflanzen sich durch große pergamentschalige längliche Eier fort, die sie an feuchtwarmen Plätzen ablegen. Doch gibt es auch zahlreiche lebendgebärende Arten. Etliche Schlangen betreiben sogar eine einfache Art von Brutpflege, indem sie sich schützend und wärmend um das Gelege ringeln oder gar ein Brutnest bauen.

Die Riesenschlangen

Der Herpetologe erblickt in den Riesenschlangen die urtümlichsten aller heute noch lebenden Schlangen. Ihr Leib birgt noch deutliche Reste des Beckengürtels sowie der ehemaligen Hinterbeine. Außerdem sind bei ihnen beide Lungen noch gut entwickelt. Auf Grund verschiedener Merkmale und Eigenheiten unterteilt er sie gern in die beiden Unterfamilien der Pythons und der Boas, die sich leicht unterscheiden lassen.

Die Pythonschlangen

Die sieben Gattungen der Pythonschlangen bewohnen – mit Ausnahme einer mittelamerikanischen Art – die tropischen Gebiete der Alten Welt und sind durchweg Eierleger. Die Weibchen ringeln sich um das stattliche Gelege, das oft mehr als 100 Eier umfaßt, legen den Kopf darauf und scheinen es regelrecht auszubrüten. Jedenfalls ist ihre Körpertemperatur etwa um 2 % höher als die der Luft. In der ganzen Brutzeit, die reichlich 10–12 Wochen währt, sind die Pythons sehr reizbar, verteidigungsbereit, wenn nicht angriffslustig und schnappen mit ihrem beachtlichen Gebiß wild um sich. Gewöhnlich aber ergreifen sie vor dem Menschen die Flucht.

Von den lebendgebärenden Boaschlangen unterscheiden sich die Pythons durch die starken Augenbrauenknochen sowie durch tiefe Gruben im Schnauzenschild und auf den Lippenschildern, endlich aber auch durch die mit Zähnen bewehrten Zwischenkiefer und die zumeist zweireihig angeordneten Schwanzschilder.

Königspython (Python regius): Bewohnt das westliche Afrika; Länge 125–150 cm; Schuppenkleid oberseits hell bräunlichgelb, an den Seiten oft grünlichgelb, unterseits elfenbeinfarben, mit großem dreieckigem dunklem Kopffleck, dunkler Schläfenbinde und zwei dunklen Längsbinden, die durch unregelmäßige Querbinden leiterartig miteinander verbunden sind; hat sehr kräftigen Rumpf und kurzen Schwanz; ernährt sich von kleineren Nagern, denen er, von niedrigen Ästen tief herabhängend, auflauert; rollt sich in der Gefahr zu einem kugelrunden Knäuel zusammen, in dessen Mitte er seinen Kopf birgt.

Assala oder Felsenpython (Python sebae): Bewohnt fast ganz Afrika südlich der Sahara; Länge 4–6 m; Schuppenkleid oberseits rötlich- oder graubraun, mit schwarzbrauner Netz- und Fleckenzeichnung, unterseits weißlich, dunkel gefleckt; ist durchaus nicht auf felsiges Gelände beschränkt, bevorzugt dichten Bodenwuchs, ruht tagsüber in Erdhöhlen, ernährt sich von großen Vögeln, Nagern, kleinen Schweinen und Antilopen, ist im Angriff wie auf der Flucht erstaunlich schnell; wird in Angola vom *Angola-Python (P. anchieta)* vertreten.

Tigerpython (Python molurus): Bewohnt Vorderindien und Sri Lanka; Länge 4–6 m; Schuppenkleid oberseits hellbraun, graugelb überflogen, mit großen rötlichbraunen Flecken, unterseits weißlich; hat auffallend kleine Augen und einen Greifschwanz; bevorzugt die Nähe der Gewässer, ernährt sich von Hühner- und Gänsevögeln, kleinen Säugern, großen Fröschen und Reptilien.

Netzpython oder Gitterschlange (Python reticulatus): Bewohnt Südostasien sowie Indoaustralien bis zu den Philippinen; Länge 8–10 m; Schuppenkleid oberseits licht gelblich- bis nuß- oder olivbraun, schwarz längsgestreift und gefleckt; lebt im dichten Urwald, dringt aber gern in die Ansiedlungen ein, bewohnt Gebäude, schwimmt ganz vorzüglich und ist auf fast allen kleinen malaiischen Inseln zu finden, würgt Hühnervögel, Katzen, Hunde und Schweine.

Rautenschlange (Morelia argus = Python spilotes): Bewohnt Neuguinea und Australien; Länge 3–4 m; Schuppenkleid oberseits blauschwarz, mit gelben Rautenflecken; tritt in einer hellbraunen Variante mit

Weite Räume Südamerikas bewohnt die Abgottschlange, auch unter ihrem zoologischen Namen Boa Constrictor bekannt. Sie wird bis zu viereinhalb Meter lang. Obwohl abenteuerliche Geschichten verbreitet werden, ist die Boa als Feind der gefährlichen Klapperschlangen und als Vertilger von Ratten und Mäusen gern gesehen. Sie liebt die Nähe des Wassers.

dunkelbraunen Flecken als sogenannte „Teppichschlange“ auf; liebt die Nähe der Gewässer, wird als Vertilger der Nager als Haustier gehalten, ist bei uns in der Gefangenschaft aber sehr empfindlich und hält sich durchschnittlich nur vier Jahre lang, während andere Riesenschlangen 15–20 Jahre ausdauern.

Die Boaschlangen

Die Boaschlangen bewohnen in der Masse die Neue Welt und gebären lebende Junge. Sie kennzeichnen sich durch den sehr deutlich abgesetzten Kopf, das Fehlen der Augenbrauenknochen und durch den mehr oder weniger einrollbaren Schwanz, auf dessen Unterseite die breiten Schilder meist in nur einer Reihe angeordnet sind. Die Zwischenkiefer tragen keine Zähne. Die bevorzugten Lebensräume sind die Baumwipfel und das Wasser.

Anakonda (Eunectes murinus): Bewohnt das nördliche Südamerika; Schuppenkleid oberseits olivbraun bis hell olivgrau, mit großen runden schwarzen Flecken; hat kleinen Kopf, sehr starken Rumpf und stumpfen kurzen Schwanz; bevorzugt den Aufenthalt im Wasser und auf Uferbäumen, ernährt sich von Vögeln, Nagern, Nabelschweinen, großen Echsen und kleinen Kaimanen, flüchtet gewöhnlich vor dem Menschen, ist aber im gereizten Zustand ein gefährlicher Gegner, der dann auch von sich aus angreift.

Verbürgt sind bis zu diesem Tage Längen von 8–9 m, also von Tieren, deren Rumpf immerhin so lang wie ein Einfamilienhaus und so stark wie ein erwachsener Mann ist. Große Weibchen bringen 30–40 lebende Junge zur Welt, die bei der Geburt rund 60–70 cm messen.

Königs- oder Abgottschlange (Boa constrictor): Bewohnt den weiten Raum von den Küsten Mexikos bis nach Paraguay und Nordargentinien; Länge 3–4,5 m; Schuppenkleid sehr unterschiedlich gefärbt; bevorzugt ebenfalls die Wassernähe, liebt das dichte Unterholz, klettert aber auch in Bäume, haust in Erdlöchern und hohlen Bäumen, schlüpft in die Ansiedlungen und Gebäude, wo sie vielfach als wertvoller Vertilger der Nager und Klapperschlangen geduldet wird.

Nahe Verwandte der Abgottschlange sind die seltsamerweise auf Madagaskar heimischen Boaschlagen, als da sind:

die *Madagaskar-Boa (Acrantophis = Boa = Constrictor madagascariensis)* aus den feuchtwarmen Urwäldern der Insel, die bis zu 3 m mißt, wundervoll blau- und goldgrün schimmert; und

die *Madagassische Baumschlange (Sanzinia = Boa = Corallus madagascariensis),* die ein vorwiegend bräunliches Schuppenkleid mit zwei Reihen dunkler Flecke trägt.

Von den anderen Boaschlangen seien noch erwähnt:

die *Hundskopfboa (Corallus caninus)* aus Brasilien und Guayana, die 3–4 m mißt und ein leuchtendgrünes, weiß gezeichnetes Schuppenkleid trägt, als Vogelfängerin einen Greifschwanz und sehr lange Fangzähne hat, die sie als sehr reizbares und rasches Geschöpf auch sofort zu ihrer Verteidigung einsetzt.

Eine besondere Stellung nehmen die unterirdisch lebenden, die grabenden Sandboas der Alten und Neuen Welt ein, von denen die *Sandschlange (Eryx jaculus)* in Westasien und Nordafrika vorkommt und bis in das südöstliche Rußland und den Balkan vordringt; sie mißt 60–80 cm, hat stumpfen Kopf und Schwanz, trägt ein gelblich- bis rostgraues oder strohfarbenes Schuppenkleid mit einem teppichartigen Muster von dunklen Flecken; birgt sich flüchtend im Sand, lebt von Eidechsen, kleinen Nagern und Schnecken; hat eine nahe Verwandte in der *Indischen Sandboa (E. johnii)* und wird in der Neuen Welt von der *Nordamerikanischen Sandboa (Charina bottae)* vertreten, die aber nicht die sandigen Steppen- und Wüstengebiete, sondern die Gebirgswälder bewohnt.

Die Blind- und Wühlschlangen

Ebenfalls eine grabende und vorwiegend unterirdische Lebensweise führen die Mitglieder der fünf urtümlichen Familien der Blindschlangen, der Schlankblindschlangen, der Rollschlangen, der Schildschwänze und der Sonnenglanzschlangen. Wie schon die Sandboas kennzeichnen sie sich durch kaum abgesetzten abgestumpften Kopf und den sehr kurzen Schwanz. Der Körper ist glatt und walzenförmig. Die ungewöhnlich kleinen Augen liegen bei den Blindschlangen unter den großen durchsichtigen Kopfschildern und treten bei den Wühlschlangen frei zutage. Der Kopf, der die ganze Wühlarbeit zu leisten hat, weist stark verfestigte und miteinander verwachsene Schädelknochen auf.

Die rund 200 Arten der 20–75 cm messenden *Blindschlangen (Typhlopidae)* verbreiten sich über Afrika, Madagaskar, Südostasien, Indoaustralien und das tropische Amerika.

Von Südwestasien dringt bis nach Griechenland vor:

das *Blödauge (Typhlops vermicularis)*, das 33 cm mißt, ein vorwiegend glänzend gelbbraunes, oberseits dunkelbraun punktiertes Schuppenkleid trägt, einen spitzen Schwanzdorn hat, ihn aber nicht als Waffe benützt, sondern bei Gefahr regelmäßig flüchtet.

Von den kleineren, meist nur 10–20 cm langen *Schlankblindschlangen (Leptotyphlopidae)* sind uns nur rund 40 Arten bekannt, die vorwiegend in Afrika vertreten sind. Auch sie ernähren sich von Insektenlarven, von Ameisen und Termiten.

Nicht minder harmlos sind die bis zu 80 cm langen südamerikanischen und südostasiatischen *Rollschlangen (Aniliidae)*, bei denen noch Reste des Beckengürtels und der Gliedmaßen auftreten.

Von ihnen sei wenigstens namentlich erwähnt:

die *Korallen-Rollschlange (Anilus scytale)* aus dem nörd-

Die elegante Leopardnatter gilt als die schönste der europäischen Schlangen. Sie ist von Süditalien über die Balkanländer bis nach Kleinasien verbreitet. Dem Menschen wird sie wegen ihrer geringen Beißlust kaum gefährlich. Ihr bevorzugtes Beutetier ist die Maus.

lichen Südamerika, die bis zu 75 cm lang wird, ein leuchtendrotes, schwarz quergeringeltes Schuppenkleid trägt und eine Afterklaue hat. Sie bringt lebende Junge zur Welt.

Die *Schildschwänze (Uropeltidae)* leben als echte Wühler in den tropischen Bergwäldern von Südindien und Sri Lanka und verschlingen vor allem Regenwürmer und Insektenlarven. Von den rund 45 Arten sind die meisten sehr bunt, weisen gelbe, orangefarbene, rote und schwarze Farben auf, wobei die einheitlich schwarzen Arten metallisch schimmern und in allen Regenbogenfarben irisieren.

Die letzte Familie der Wühlschlangen umfaßt die sogenannten *Sonnenglanzschlangen oder Regenbogen-Erdschlangen (Xenopeltidae)* aus Südostasien. Die einzige Art, *Xenopeltis unicolor*, wird bis zu 1 m lang und trägt ein einfarbig braunes, wunderbar schillerndes und leuchtendes Schuppenkleid. Ihre Nahrung besteht aus Fröschen, Schlangen, kleinen Nagern und Vögeln.

Die Nattern

Die an Gattungen und Arten ungemein reiche, über alle Erdteile und Inseln der Welt verbreitete Familie der Nattern umfaßt weit über die Hälfte aller heute lebenden Schlangen. In der Mehrzahl sind es harmlose Geschöpfe, sogenannte Glattzähner, von denen ein Teil wohl Giftdrüsen besitzt, die aber entweder keine Verbindung zur Mundhöhle aufweisen oder sich erst dann entleeren, wenn das Beutetier überwunden ist und der Schlingakt beginnt. Nur bei der kleinen Gruppe der Trugnattern weisen die verlängerten Oberkieferzähne eine vordere Längsfurche auf, durch die das Gift beim Zubiß in die Wunde rinnt, und in das Blut gelangt.

Die Nattern sind gekennzeichnet durch einen ungemein schlanken und langschwänzigen, wendigen biegsamen Leib, der sich schlängelnd bewegt. Der Kopf ist klein, länglich, meist recht flach, nicht besonders deutlich vom Hals abgesetzt und auf seiner Oberseite mit großen ebenmäßigen Schildern bedeckt. Fast durchweg ist die Pupille groß und kreisrund, denn die meisten Nattern sind Tagtiere. Das schindelförmig zusammengesetzte Schuppenhemd wirkt glatt und glänzend, ist dicht, oft

ungekielt und zeigt auf seiner Unterseite besonders große Schilder bzw. Bauchplatten, deren scharfe Längskanten sich meist zu regelrechten Schienen ordnen.

Da es im Rahmen des Buches nicht im entferntesten möglich ist, die Vielzahl der Nattern vollzählig vorzustellen, sollen vor allem unsere einheimischen Arten und ihre europäischen Verwandten ausführlicher behandelt und dargestellt werden.

Glatt- oder Schlingnatter (Coronella austriaca): Bewohnt fast ganz Europa, im Norden bis nach Skandinavien, im Osten bis zum Kaukasus, dem Nordiran und nördlichen Kleinasien; Länge 65–75 cm; Schuppenkleid ungekielt und glatt, beim Männchen oberseits braun, beim Weibchen grau, auf dem Hinterkopf schwarzbraun gefleckt, auf dem Rücken mit zwei oder vier Reihen dunkelbrauner Flecken verziert, die oft quer oder längs miteinander verschmelzen, unterseits bräunlich beim Männchen, rauchgrau beim Weibchen, mit weißlicher Kehle und Halsunterseite; kennzeichnet sich durch schwarzbraunen Längsstreif, der sich vom Nasenloch durch das Auge bis zum Mundwinkel und der Halsseite hinzieht.

Oft wird die Glattnatter ob ihrer dunklen Rückenzeichnung mit der Kreuzotter verwechselt, die jedoch wesentlich plumper, stärker und kurzschwänziger ist und sich außerdem durch ihre rötlichbraune bis feuerrote Iris, die senkrechte Schlitzpupille und das rauh und grob wirkende Schuppenkleid kennzeichnet. Wegen der Ähnlichkeit wurde manche Glattnatter getötet.

Nahe Verwandte:

die *Königsnattern* und *Kettennattern (Lampropeltis)* aus Nordamerika, die mindestens doppelt so lang werden, gleichfalls vor allem Echsen und Schlangen verzehren und diese durch Umschlingungen wehrlos machen und ersticken.

Ringelnatter (Natrix natrix): Bewohnt in 7 geographischen Rassen ganz Europa, Nordwestafrika und Vorderasien, verbreitet sich bis zur Burjäten Mongolei; Länge 100–130 cm, im Süden Europas auch 150–200 cm, Weibchen meist größer als Männchen; Schuppenkleid oberseits grau in vielerlei Tönungen, oft mit 4–6 Längsreihen feiner schwarzer Fleckchen geschmückt, unterseits weiß, verschwommen schwarz gewürfelt; kennzeichnet sich durch zwei zitronen- bis dottergelbe Flecken am Hinterkopf, die oft von schwarzen Flecken flankiert werden.

Die Ringelnatter kann fast als ein Kulturfolger bezeichnet werden, meidet jedenfalls weder das bebaute Land noch die Nähe der Dörfer und Städte, kommt in die Gärten und Parkanlagen, wenn sie dort nur halbwegs den ihr genehmen Lebensraum findet. Sie liebt die Nähe dicht bewachsener Gewässer, entfernt sich aber – besonders im Alter – oft auch weit von ihnen. Aus der Winterstarre erwacht sie etwa im April und paart sich bald darauf. Die erregten, lebhaft zuckenden Partner liegen neben- oder aufeinander, wobei sich das Männchen nicht festbeißt, und vereinigen die Schwanzwurzeln. Oft findet eine zweite Paarung im Herbst statt, bei der die Befruchtung erst im nächsten Frühjahr erfolgt. Das Weibchen legt seine durchschnittlich 11–25 ovalen und weichhäutigen Eier von Mitte Juli bis Mitte August in lockere Erde, feuchtwarmen Mulm und auch in Misthaufen. Die Jungen schlüpfen nach rund zehn Wochen und sind bei der Geburt 16–19 cm lang. Die Ringelnatter ist ein echtes Tagtier, sonnt sich gern, klettert oft auf Büsche und Bäume, um hier der Ruhe zu

Dem Aufenthalt in Baumkronen ist der Körper der Baumschlangen angepaßt. Das Schnauzenende des Baumschnüfflers sieht aus wie ein Rüssel.

Die artenreichste Familie der Schlangen ist die der Nattern. Sowohl unsere harmlose Ringelnatter als auch die giftige Königskobra zählen dazu. Im Bild: eine Perlnatter.

Die Regenbogen-Boa, die lebende Junge gebärt.

Die Kornnatter kommt an der Ostküste Nordamerikas vor. Am weitesten ist die rotbraungefleckte Schlange in den wärmeren Südstaaten verbreitet.

Die temperamentvolle und schnelle Eidechsennatter ist die bekannteste der europäischen Trugnattern. Dabei kann ihr wildes Zischen selbst erfahrene Schlangenkenner erschrecken.

pflegen oder den Laubfröschen nachzustellen. Sie schwimmt mit emporgehobenem Köpfchen, plattet dabei den Bauch stark ab oder zieht ihn zu einer flachen Längsmulde ein. Außer Fröschen und Kröten verzehrt sie noch Unken, Molche und Fische. Die Opfer werden erjagt, mit den Fangzähnen gepackt und meist lebend verschlungen. Bei Gefahr rollt sie sich zusammen, bläht sich auf, plattet Kopf und Hals ab, zischt laut und stößt jäh vor, beißt aber nur selten zu, obwohl ihre Zähne scharf und lang sind. In der höchsten Not entleert sie ihre Stinkdrüsen und läßt ihren Kot fahren. Ende September/Anfang Oktober zieht sie sich zur Winterruhe zurück.

Würfelnatter (Natrix tessellata): Bewohnt in Deutschland das Rhein-, Mosel-, Lahn- und Nahegebiet, einen beschränkten Bezirk um Meißen an der Elbe, verbreitet sich von den Alpen über Südeuropa und Südasien bis nach Westchina und Nordwestindien; Länge 75–100 cm, im Südosten noch größer; Schuppenkleid oberseits olivgrau bis graubraun, in fünf Reihen undeutlich dunkel gewürfelt, mit einem schwarzen v-förmigen Nackenfleck, unterseits weißlich, gelblich oder rötlich und ebenfalls schwarz gewürfelt; wirkt schlank, schmalköpfig und hat etwas aufgeworfene Nasenlöcher.

Die Würfelnatter ist fest an das Wasser gebunden und verläßt es eigentlich nur in der Paarungszeit, zur Eiablage und Winterruhe. Sie schwimmt und taucht vorzüglich, liegt oft auf dem Grund der Gewässer und kommt nur zum Luftholen an die Oberfläche. Doch ist sie auch auf dem Lande sehr behende und wohl die schnellste einheimische Schlange. Ihre Beutetiere sind kleinere Fische sowie Frösche, Kaulquappen und Molche, denen sie regelmäßig auflauert. Nur selten kann sie sich zu einer Verfolgung und richtigen Jagd entschließen. Verschlungen werden größere Opfer meist erst am Ufer, wo sie sich auch gern sonnt. Das Weibchen legt im Juli seine 5–25 Eier ebenfalls in lockere Erde, Laub- und Holzmulm sowie in Dunghaufen.

Gelbgrüne Pfeil- oder Zornnatter (Coluber viridiflavus): Bewohnt Nordostspanien, Sardinien, Korsika, Elba, Frankreich, Nordwest- und Mittelitalien sowie die Südschweiz; Länge 150–190 cm; Schuppenkleid hellgelb, gelbgrün bis schwarz, gelblich gefleckt und undeutlich quergebändert; hat große Augen, schlanken Leib, langen Schwanz, ist sehr lebhaft und wie alle Zornnattern schnell gereizt, zischt laut auf und beißt heftig zu; ernährt sich von kleinen Schlangen und Echsen, Fröschen, Vögeln und Nagern, die sie aufspürt und verfolgt, mit den Zähnen packt, gegen den Boden preßt und halb erstickt verschlingt; wird in Süditalien und Sizilien sowie an der Balkanküste von der oberseits glänzendschwarzen, fast 2 m langen *Karbonarschlange (C. v. carbonarius)* vertreten.

Äskulapnatter (Elaphe longissima): Bewohnt in Deutschland Bad Schlangenbach im Taunus, den südlichen Odenwald, das Wiesental bei Lörrach und das Donaugebiet bei Passau, verbreitet sich von Nordostspanien über ganz Südeuropa einschließlich Österreich, die Tschechoslowakei und Südpolen bis zum Balkan, das nördliche Kleinasien, den Kaukasus und Nordiran; Länge 140–180 cm, im Süden bis zu 200 cm; Schuppenkleid oberseits hellbraun, dem Schwanz zu immer mehr eindunkelnd, mit zwei gelblichen Hinterkopfflecken und weißlichen getupften oder gestrichelten Rändern der Rückenschuppen, unterseits gelbweiß; ist schlank, hat einen schmalen Kopf und viele kantige Bauchschilder.

Die Äskulapnatter, das Symbol der Heilkundigen, bevorzugt lichte, sonnige und begraste Laubwälder, liebt auch steinigen Untergrund und bewohnt gern alte Gemäuer sowie hohle Bäume, die ihnen Schutz bieten.

Bei der Paarung beißt sich das Männchen am Hals des Weibchens fest. Dieses birgt seine 5–8 auffallend langen und schmalen Eier Ende Juni im feuchtwarmen Mulm- und Modergrund. Die Jungen schlüpfen im Spätsommer oder Frühherbst, sind 19–20 cm lang, auf dem Rücken lebhaft gefleckt und am Nacken gelbschwarz gezeichnet. Die Alten suchen bereits ab Mitte September ihre Winterquartiere auf, um vor überraschenden Kälteeinbrüchen.

Die Grab- und Erdnattern

Viele Nattern sind zu einer grabenden, vorwiegend unterirdischen Lebensweise übergegangen. Sie sind von Gestalt kürzer, plumper und kurzschwänziger als die Baumbewohner und kennzeichnen sich fast durchweg durch eine mehr oder weniger aufgeworfene Wühlschnauze, die oft noch haken-, meißel- oder schnabelförmig verlängert ist. Als Lebensräume bevorzugen sie den Mulmboden oder Wälder wie den Sandboden der Steppen und Wüsten.

Von den nord- und mittelamerikanischen Formen seien vorgestellt:

die *Hakennattern (Heterodon)*, die sich bei Gefahr so stark aufblähen, daß die grüne Haut zwischen den gespreizten Schuppen sichtbar wird, dann aber auf den Rücken werfen und mit Ausdauer tot spielen;

die *Bullennattern (Pituophis)*, die in die Gänge der Nager kriechen, die Nester der Bodenbrüter plündern und laut zischen;

die *Rauhnattern (Haldea)*, die nur 25 cm messen und den Mulm nach Insekten, Vielfüßlern, Asseln und Würmern durchwühlen;

die *Kurzschwanznattern (Stilosoma)*, die besonders drehrund sind und nur nach starken Regengüssen an die Oberfläche kommen;

die *Pflasternasennattern (Salvadora)*, die sich durch besonders vergrößerte Schnauzenschilder kennzeichnen;

die *Blattnasennattern (Phyllorhynchus)*, die höchstens 48 cm messen und auffällig große braune Flecke haben;

die *Nasennattern (Rhinocheilus)*, die auf gelbem Grund lebhaft schwarz und rot quergesprenkelt sind;

die *Bändersandnattern (Chilomeniscus)* mit scharfkantiger Schnauze und schwarzblauen Querflecken auf gelbbraunem Grund;

die *Schaufelnasennattern (Chionactis)*, etwa 45 cm lang und ebenfalls echte Sandschwimmer sind;

die *Erznattern (Arizona)*, vorwiegend graubräunlich beschuppt und leuchtend orangefarben quergefleckt;

die *Strumpfbandnattern (Thamnophis)*, die sehr häufig in die Ortschaften eindringen und unter den Häusern hausen; sowie

die *Halsbandnattern (Diadophis)*, bis zu 65 cm lang, die bei

Auffällig ist das große Auge der Peitschennatter, dessen Pupille waagrecht steht. Ihre Haut schillert grün und bietet so eine perfekte Tarnung für das Leben in tropischen Baumwipfeln. Dort macht sie Jagd auf Insekten, Baumfrösche, Eidechsen und Vögel. Die nur bleistiftdünne Trugnatter wird bis zu eineinhalb Metern lang und kommt in Indien, Sri Lanka und Hinterindien vor.

Gefahr den Kopf in den Körperwindungen bergen und die leuchtend rote oder gelbe Unterseite des aufgerichteten Schwanzes zeigen.

In Afrika und Indoaustralien werden die Grab- und Erdnattern vertreten durch:

die *Schnauzennattern (Lytorhynchus)* aus Nordafrika, bei denen die Seiten der Schnauzenschilder kantig vorspringen;

die *Schaufelnattern (Scaphiophis)* aus Ostafrika, die eine schnabel- oder meißelförmig nach unten gekrümmte Schnauze haben;

die *Wolfsnattern (Lycophidion)* aus Zentral- und Südafrika, die 1 m messen und ganz ungewöhnlich lange Zähne haben;

die *Feilennattern (Mehelya)* aus dem gleichen Lebensraum, die einen dreikantigen Körper haben und Schlangen verschlingen;

die *Afrikanischen Hausnattern (Boaedon)* aus Ostafrika, 1 m lang, echte Kulturfolger und tüchtige Mäusejäger mit langen Zähnen;

die *Rattennattern (Ptyas, Zaocys)* aus China, Formosa, Malaya und Burma, die mit 3–4 m Länge wohl die größten ungiftigen Nattern sind und vor allem Ratten, Mäuse und Kröten jagen, also „Nützlinge" sind.

Die Trugnattern

Das verhältnismäßig schwache Gift, das die umgewandelten Speicheldrüsen der Trugnattern absondern, wird nur beim sehr kräftigen Kaubiß in den Leib des Beutetieres gedrückt. Das bedeutet, daß sie sich gar nicht mit Giftbissen zu verteidigen vermögen, weil eben die mit Giftrinnen versehenen hinteren Oberkieferzähne erst durch die Kaubewegungen in die richtige Lage und Stellung kommen. Eine Ausnahme von dieser Regel macht wohl lediglich die afrikanische *Boomslang*, deren Gift zweifellos stärker ist und auch dem Menschen gefährlich werden kann. Aber auch diese Trugnatter beißt nur selten zu.

Europäische Trugnattern sind:

die *Eidechsennatter (Malpolon monspessulanus)*, die in mehreren Rassen sämtliche Küstenländer des Mittelmeeres sowie Arabien und Persien bewohnt, fast 2 m lang wird, oberseits graublau, graugrün, olivbraun oder schwarzbraun, unterseits hellgelb gefärbt ist, sehr große Augen und eine vertiefte Stirn hat, offene sonnige Landschaften bevorzugt und Eidechsen und Schlangen jagt;

die *Kapuzennatter (Macroprotodon cucullatus)* von der Pyrenäenhalbinsel, den Balearen und Lampedusa sowie aus Nordafrika; und

die *Katzennatter (Telescopus fallax)* aus den Balkanländern, von Malta, Kreta und den Cycladen, den nördlichen Sporaden sowie aus Kleinasien und Nordsyrien, die bis zu 180 cm mißt, sich durch schlitzförmige Augensterne kennzeichnet, in der Dämmerung vor allem Eidechsen jagt und als recht bissig gilt.

In Afrika und Asien werden die Trugnattern vertreten durch:

die *Boomslang (Dispholidus typus)* aus Zentral- und Südafrika, die über 150 cm mißt, meist einfarbig grün oder fein schwarz quergebändert ist, sehr lange scharfe Fangzähne hat, sich gern in den Büschen und Bäumen der offenen Landschaften bewegt und hier besonders Nester plündert sowie Frösche und Chamäleons jagt;

die *Madagassische Blattnasennatter (Langaha nasuta)*, etwa 1 m lang, braun und durch zapfenartige (Männchen) oder blattartig gelappte (Weibchen) Schnauzenfortsätze gekennzeichnet;

die *Grüne Peitschenschlange (Ahaetulla = Dryophis mycterizans)* aus Indien, Sri Lanka und Indochina, bis zu 150 cm lang, dabei bleistiftdünn, prachtvoll blau- oder gelbgrün gefärbt, mit langem rüsselähnlich zugespitztem Kopf, ungemein großen Augen und porzellanweißer Kopfunterseite, die in den Wipfeln Jagd auf Insekten, Baumfrösche, Eidechsen und Vögel betreibt;

die *Schmuckbaumnatter (Chrysopelea ornata)* aus Südostasien, von Sri Lanka, den Sunda-Inseln und Philippinen, bis zu 150 cm lang, gelb und schwarz quergebändert mit kleeblattartigen roten Flecken, unterseits einfarbig grün- oder hellgelb, die in den Wipfeln der Bäume lebt.

Bekannte amerikanische Trugnattern sind:

die *Mussurana (Clelia clelia)*, die bis zu 220 cm mißt, ein glänzend blauschwarzes Schuppenkleid mit weißlichem Längsband auf dem Bauche trägt, als Bodenbewohnerin vorwiegend Schlangen – auch die giftigen Grubenottern – vertilgt;

die *Glanzspitznatter (Oxybelis fulgidus)* aus den tropischen Wäldern Südamerikas, leuchtend grün, weiß längsgestreift;

die *Erzspitznatter (O. acuminatus)* aus dem gleichen Lebensraum, ebenfalls Baumbewohner, aber rindenfarbig braun; und

die *Mondnatter (Oxyrhopus trigeminus)*, die mit ihrer rotschwarzen Ringelung den giftigen Korallenschlangen gleicht.

Die Wassertrugnattern

Von den Küstenländern Südasiens und Ostindiens über die Molukken bis zu den Küsten Neuguineas und Nordaustraliens verbreiten sich die dem Leben im Süß-, Brack- und Meerwasser wundervoll angepaßten Wassertrugnattern. Sie haben ein trugnatterähnliches Gebiß, auf die Oberfläche der Schnauze gerückte verschließbare Nasenlöcher und sehr kleine Augen. Während des Schwimmens bewegen sie sich schlängelnd, rudern aber auch kräftig mit dem rundlichen Schwanz. Ihre aus Fröschen, Krabben und Fischen bestehende Beute vermögen sie untergetaucht zu verschlingen. Die Jungen kommen durchweg lebend und im Wasser zur Welt und sofort auf sich allein gestellt.

Boatrugnatter (Homalopsis buccata): Bewohnt die Küsten Südostasiens und der indoaustralischen Inselwelt; Länge gut 1 m; Schuppenkleid oberseits auf hellbraunem Grund dunkelbraun und schwarz quergebändert, unterseits weißlich, mit je einer Längsreihe brauner Flecke; bevorzugt die Süß- und Brackwas-

Bis zu viereinhalb Meter lang wird die berühmteste Giftschlange, die Königskobra. Sie ist von Südindien über die indonesische Inselwelt bis zu den Philippinen verbreitet. Sie ernährt sich hauptsächlich von anderen Schlangen. Jedem Angreifer gegenüber ist sie außerordentlich aggressiv.

serzone, ist auch oft an den Ufern zu erblicken, hält sich viel an Land auf.

Die Schneckennattern und Eierschlangen

Nahrungsspezialisten gibt es nicht wenige unter den Nattern. Die nordamerikanische *Rotbauchnatter (Storiia occipitomaculata)* und ihre Verwandten fressen vorwiegend Nacktschnecken. Die *Wassertrugnatter (Fordonia leucobalia)* hält sich hauptsächlich an Krebse und Krabben. Und fast ausschließlich von Gehäuseschnekken leben die sogenannten *Schneckennattern (Dipsadinae)*. Ihr Gebiß ist so umgebaut, daß sie den Unterkiefer ins Gehäuse schieben und die Schnecke selbst mit den entsprechend verlängerten Vorderzähnen packen können. Solche Schneckenfresser stellen die *Dickkopfnattern (Dipsas)* aus dem tropischen Amerika sowie die Gattungen *Pareas* und *Aplopeltura* aus Südostasien und Indoaustralien dar, die Schneckenhäuser zerlegen.

Noch stärker ist bei zahlreichen Schlangen die Vorliebe für Vogeleier ausgeprägt. Einzig und allein von Eiern aber leben die afrikanischen und indischen Eierschlangen. Bei ihnen sind Maul und Hals noch weitaus dehnungsfähiger als bei allen anderen Schlangen, so daß sie selbst ein Hühnerei bis zum Rumpfansatz hinunterwürgen können. Dort aber ragen die verlängerten Fortsätze der Halswirbel gleich einer sechs- bis achtzackigen Säge in das Dach der Speiseröhre hinunter, ritzen das Ei an und ermöglichen auf diese Weise das Zerbrechen der harten Schale durch den Kehlhautdruck. Nachdem diese Schlundsäge ihre Arbeit getan und der Inhalt des Eies in den Magen geflossen ist, würgt die Schlange die Schalen und Häute wieder aus. Die anderen eierfressenden Schlangen dagegen verdauen die Eierschalen, die sie im Leib durch zweckgerichtete Windungen zerbrechen.

Afrikanische Eierschlange (Dasypeltis scaber): Bewohnt das tropische und südliche Afrika; Länge 60–75 cm; Schuppenkleid sandgelb oder hellbraun, oberseits oft mit drei dunklen Fleckenreihen, hat kräftig gekielte Rumpfschuppen und wird deswegen auch „Rauhnatter" genannt, gehört zu den harmlosen Glattzähnern und hat stark zurückgebildete Zähne.

Indische Eierschlange (Elachistodon westermanni): Bewohnt vor allem Bengalen, wird ungefähr so groß wie die afrikanische Verwandte, verfügt über die gleiche Schlundsäge, hat aber nicht so stark zurückgebildete Zähne und weist noch Giftrinnen an den hinteren Oberkieferzähnen auf. Sie zählt also zu den Trugnattern, die dieses Merkmal aufweisen und kann sich nicht „mit Gift" verteidigen.

Die Warzenschlangen

Im gleichen Maße wie die Trugwassernattern und die Seeschlangen sind die Warzenschlangen dem Leben im Wasser angepaßt. Sie kennzeichnen sich durch auf die Oberseite der Schnauze gerückte Nasenlöcher, kleine Augen, kurzen Greifschwanz und das Fehlen der Bauchschienen. Die Jungen, oft bis zu dreißig mit einem Wurf, kommen ebenfalls lebend und im Wasser zur Welt. Ihren Namen verdanken diese Schlangen den eigenartigen, körner- oder warzenartigen Pflasterschuppen ihrer Haut, die dicht beieinanderliegen und sich nicht schindelartig wie bei den anderen Schlangen decken. Die Lederindustrie schätzt diese Haut besonders und fertigt aus ihr vor allem Handtaschen und Damenschuhe.

Javanische Warzenschlange (Acrochordus javanicus): Bewohnt die Flußmündungen, Brackwasserzonen und Küstenränder in Südostasien und im Malaiischen Archipel bis nach Neuguinea; Länge 200–250 cm, die Männchen immer etwas kleiner; Schuppenkleid einfarbig braun, seitlich gelb aufgehellt; hat kurzen breiten Kopf mit stumpfer Schnauze und stämmigen Leib; jagt vor allem Fische, kann stundenlang unter Wasser bleiben, entfernt sich oft weit von der Küste, ist sehr bissig, besonders bei einer Bedrohung.

Die Giftnattern

Zu den Giftnattern zählen die Kobras, die Mambas und die Seeschlangen. In der Mehrzahl bewohnen sie die Tropen der Alten Welt, verbreiten sich über Afrika, Indien, Malaya und sind besonders häufig in Neuguinea und Australien. In der Neuen Welt werden sie nur durch die sogenannten Prunk- oder Korallenottern vertreten. In Europa fehlen sie gänzlich.

Alle Giftnattern unterscheiden sich von den bisher geschilderten Giftschlangen dadurch, daß bei ihnen nicht die hinteren, sondern die vorderen Oberkieferzähne mit Giftrinnen versehen sind. Das bedeutet, daß ihr Gift schon beim angreiferischen Zubiß in die geschlagene Wunde rinnt und nicht erst bei den Kaubewegungen abgesondert wird. Giftnattern pflegen sich darum auch mit Giftbissen zu verteidigen, wenn sie sich bedroht fühlen. Darüber hinaus entleeren sich bei etlichen Arten die Giftdrüsen schon dann, wenn das Tier erregt ist. Das Gift vermischt sich in der Mundhöhle mit dem Speichel und kann durch die Zungenlücke im Unterkiefer bei geschlossenem Maul treffsicher und weit ausgespuckt werden. Bei anderen Speischlangen, wie z.B. bei der südafrikanischen *Ringhalskobra (Hemachatus haemachates)*, wird das Ausschleudern des Giftes dadurch begünstigt, daß sich die Öffnung des Giftkanals düsenartig verengt und an die Vorderseite des Zahnes verlegt.

Die Mitglieder der ersten Gruppe der Giftnattern, die *Kobras*, werden auch Hut- und Brillenschlangen genannt. Im erregten Zustand erheben sie nämlich das vordere Drittel ihres Leibes senkrecht über die am Boden liegenden Körperringe und spreizen ihren Nacken so stark, daß er

Entgegen ihrem üblen Ruf unternehmen Mambas keine wilden Angriffe auf harmlose Wanderer. Die Grüne Mamba ist eher scheu und flieht rechtzeitig ins Blättergewirr. Dort verfolgt sie ihre Beutetiere, also Vögel, Baumeidechsen, Baumfrösche. Sie lebt in Afrika von Senegal bis zum Niger und wird rund zwei Meter lang.

einer breiten, leicht gekrümmten Scheibe gleicht. Den Kopf halten sie dabei waagerecht, so daß tatsächlich – vor allem von hinten her – der Eindruck entsteht, als ob sie einen Hut tragen. Zwischen den auseinandergepreßten Schuppen des abgeplatteten Nackens tritt die Haut in der Gestalt einer dunklen Zeichnung hervor, die oft an eine Brille erinnert und charakteristisch ist.

Königskobra oder Riesenhutschlange (Ophiophagus hannah): Bewohnt Südindien, Java, Sumatra, Borneo sowie die Philippinen und Andamanen; Länge 380–450 cm; Schuppenkleid durch zahlreiche schwarze und weiße, schiefstehende, nach vorn zusammenlaufende Binden gekennzeichnet; hat am Hals, Hinterleib und Schwanz schwarz gesäumte Schuppen; vermag sich über 1 m hoch aufzurichten, zeigt sich in der Bedrängnis angriffslustig, verzehrt hauptsächlich andere Schlangen, bewohnt gern die lichten Wälder und Grasdschungeln, birgt sich in hohlen Bäumen, erklettert auch Wipfel, trägt als Weibchen Laub und morsches Geäst zu einem Nisthaufen zusammen, birgt im unteren Teil seine Eier und legt sich Wache haltend auf den Bau.

Kobra oder Brillenschlange (Naja naja): Bewohnt in ca. 10 Rassen ganz Indien, Südchina, Burma, Siam, Malakka, die großen Sunda-Inseln – außer Celebes –, die Andamanen und Sri Lanka, verbreitet sich auf dem Festland westlich bis nach Afghanistan, das nordöstliche Persien und das südliche Turkmenien bis zum Kaspischen Meer, wird im Himalaja noch in Höhen von 2500 m gefunden; Länge 150–175 cm; Schuppenkleid lohgelb bzw. gelbbraun, aschblau schimmernd; geht in jeder Landschaft ihrer Jagd nach, dringt auch in die Ortschaften ein, frißt vor allem Eidechsen, Frösche, Kröten, Mäuse und Ratten, plündert Vogelnester und verschmäht selbst Fische nicht, sofern sie welche erwischt.

Uräusschlange oder Aspis (Naja haje): Bewohnt in 4 Rassen das nördliche, östliche und südwestliche Afrika; Länge bis zu 220 cm; Schuppenkleid oberseits meist strohgelb, unterseits lichtgelb, mit breiten dunklen Querbändern am ersten Körperdrittel; richtet sich in der gleichen Weise wie die indischen Kobras auf, vermag aber den Hals nicht so stark zu spreizen, bewohnt alle Landschaften, ist ebenfalls sehr giftig und wird viel von den ägyptischen Schlangenbeschwörern vorgeführt.

Krait (Bungarus fasciatus): Bewohnt ganz Indien bis nach Südchina; Länge 140–160 cm; Schuppenkleid auf schwarzem oder blauschwarzem Grund gelb geringelt; ist ein Nachttier, das sich am Tage, wenn es überrascht wird, fest einrollt und wie ein Ball fortstoßen läßt; dringt häufig in menschliche Behausungen ein, um hier nach Nagern zu jagen, ist ungemein giftig, hat aber nur sehr kurze Giftzähne. Ihre Pupillen verengen sich kaum.

Die zweite Gruppe der Giftnattern, die so sehr gefürchteten, schlanken und schnellen, afrikanischen *Mambas*, kennzeichnet sich im Gegensatz zum Krait nun gerade durch besonders lange Gift- und Vorderzähne sowie durch ungewöhnliche Angriffslust. Ihr Gift ist vielleicht noch stärker als das der Kobras, wird vor allem tiefer in die geschlagene Wunde gedrückt und wirkt wohl deshalb auch so oft tödlich. Als Baumschlangen benötigen sie die langen Zähne für die Jagd auf Vögel und Echsen.

Schwarze Mamba (Dendroaspis polylepis): Bewohnt Zentral- und Südafrika; Länge gut 3 m; Schuppenkleid oberseits grau, olivbraun oder schwärzlich, unterseits gelblich oder blaßgrau; ist allen Berichten nach ein sehr reizbares, beißlustiges, unberechenbares Geschöpf, dessen Gift unheimlich schnell und sehr oft tödlich wirkt, vor allem, wenn der Gebissene die volle Menge der Drüsen abbekommen hat.

Grüne Mamba (Dendroaspis viridis): Bewohnt Afrika vom Senegal bis zum Niger; Länge gut 2 m; Schuppenkleid oberseits olivgrün, unterseits und am Schwanz gelblich; bewegt sich fast ausschließlich in Bäumen und ist im Laub wunderbar getarnt. Am Boden bewegt sie sich schneller als ein Mensch.

In Australien stellen die Giftnattern den Großteil der Schlangen, sind dort überhaupt die einzigen Giftschlangen und in so zahlreichen kleinen und großen Formen vertreten, daß man sie zu den Ureinwohnern des fünften Erdteils zählt. Während der Giftbiß der kleinen australischen Giftnattern, die oft nicht mehr als 40–60 cm messen und vorwiegend Insekten verzehren, in der Wirkung kaum dem Stich einer Hornisse gleichkommt, befinden sich unter den großen Arten die gefürchtetsten Giftschlangen der Welt. Ihr Gift führte in 50% aller bekanntgewordenen Fälle in wenigen Minuten zum Tode.

Von ihnen sei kurz vorgestellt:

die *Tiger- oder Bandotter (Notechis scutatus)*, die etwa 1 m mißt und wie die meisten australischen Giftnattern bis zu 72 lebende Junge mit einem Wurf zur Welt bringt;

die *Todesotter (Acantophis antarcticus)*, die etwa 75 cm mißt, ein düsteres, schmal schwarz gebändertes, unterseits licht rotgelbes Schuppenkleid trägt, sehr plump wirkt, stark an eine Viper erinnert und wegen ihres Schwanzdorns auch „Dornotter" genannt wird;

die *Schwarzotter (Pseudechis porphyriacus)*, die bis zu 2,5 m mißt, ein oberseits glänzendschwarzes oder olivbraunes, seitlich lebhaft karminrotes, unterseits blaßrotes Schuppenkleid trägt, sehr schlank und langschwänzig ist und überall auftritt.

In Amerika werden die Giftnattern durch die farbenprächtigen und auffällig geringelten *Korallenottern* vertreten. Es sind schlanke, mittelgroße bis kleine, an die echten Nattern erinnernde, zwar wenig beißlustige, aber ebenfalls sehr giftige Geschöpfe, die sich in 3 Gattungen und rund 50 Arten vorwiegend über das tropische Amerika verbreiten.

Von allen Schlangen verträgt die bei uns heimische Kreuzotter das Leben in kalten Zonen am besten. In Europa kommt sie bis hinauf zum Polarkreis vor. Menschen weicht sie lieber aus. In Gefahr rollt sie sich zusammen, zischt laut und stößt zu. Höher als 15 Zentimeter kann sie aber den Kopf nicht erheben.

Nur 2 Arten dringen bis nach Nordamerika vor.

Die bekanntesten Korallenottern sind:

die bekannte *Gewöhnliche Korallenotter (Micrurus corallinus)* aus dem tropischen Südamerika und Westindien, etwa 75 cm lang, auf zinnoberrotem, fein schwarz punktiertem Grund breit schwarz geringelt, wobei jeder schwarze Ring durch schmale grünlich-weiße Säume begrenzt wird; ernährt sich wie die meisten Korallenschlangen von kleinen Schlangen, Ringel- und Wühlechsen sowie Eidechsen;

die *Harlekin-Korallenotter (M. fulvius)*, bis zu 100 cm lang, der obigen sehr ähnlich, am Kopf und Schwanz aber schwarzgelb geringelt; dringt bis in die Südoststaaten Nordamerikas vor;

die *Riesen-Korallenotter (M. spixii)*, die bis zu 155 cm messen kann und sehr reizvoll schwarz-rot-gelb geringelt ist, wobei die schwarzen Querstreifen in Dreiergruppen auftreten und ihr Aussehen prägen.

Die Seeschlangen

Im Durchschnitt werden die Seeschlangen höchstens 120–130 cm lang, sind also bestimmt nicht identisch mit den sagenhaften Ungeheuern, von denen die Fabel immer wieder berichtet. Die größten Arten messen 250–275 cm. Sie schwimmen mit hochgehaltenen Köpfen und geschlossenen Mäulern, bei denen die Lükke für die Zunge fehlt. Oft sonnen sie sich in Scharen auf der ruhigen See. Das lange Tauchen wird durch das besonders stark durchblutete Zahnfleisch ermöglicht, das praktisch die Aufgaben der Kiemen erfüllt, also Sauerstoff aus dem Wasser aufnimmt und Kohlendioxid abgibt. Der Kopf und die Augen sind auffallend klein. Der Körper ist dem Schwanz zu stark abgeplattet und dieser zu einem Ruder umgestaltet. Das Gebiß besteht aus kurzen gefurchten Giftzähnen und derben Fangzähnen im Unterkiefer. Das Gift wirkt auf Fische und die bevorzugten Aale blitzschnell. Sonst aber sind die Seeschlangen nicht sehr beißlustig und werden den Fischern selten gefährlich.

Plättchenschlange oder Zweifarbige Seeschlange (Pelamis platurus): Bewohnt die Küsten Asiens, Australiens, Westamerikas, Madagaskars und Südostafrikas, schwimmt oft zu Tausenden weit auf die hohe See hinaus, meidet zumeist die Brackwasserzone, in der sich die anderen Seeschlangen tummeln; Länge etwa 85 cm; Schuppenkleid oberseits braunschwarz, unterseits leuchtendgelb, am kurzen breiten Ruderschwanz schwarz und gelb gefleckt oder gebändert; die vier- oder sechseckigen Schuppen berühren sich plattenförmig; hat kleinen flachen Kopf mit langer spatelförmiger Schnauze, sehr dicken Hals und kräftigen, seitlich stark zusammengedrückten, oberseits einen stumpf-, unterseits eher einen scharfkantigen Leib, der sehr muskulös ist.

Die Vipern oder Ottern

Die meisten Vipern sind am flachen, dreieckigen, im Nacken verdickten Kopf, der senkrecht elliptischen Schlitzpupille, dem dicken starken Leib und dem betont kurzen, deutlich abgesetzten Schwanz zu erkennen. Ihr hochentwickelter Giftapparat besteht nur noch aus zwei der Länge nach durchbohrten Oberkieferzähne. Diese Zähne sind so lang, daß sie gewöhnlich zurückgeklappt im Maule liegen. Erst beim Zubiß werden sie durch ein Hebelwerk aufgerichtet, schlagen sich tief ein und lassen das Gift aus einem feinen Schlitz kurz vor der Zahnspitze in die Wunde rinnen. Ersatzzähne stehen gleich dahinter, so daß dieser Apparat jederzeit einsatzbereit ist. Das Gift wirkt bei kleineren Wirbeltieren schon in geringsten Dosen und sehr schnell. Für den Menschen ist es längst nicht so gefährlich wie das Gift der meisten Giftnattern.

Mit einer derartig spezialisierten Jagdwaffe ausgerüstet, haben es die Vipern nicht nötig, ihre Beutetiere pirschend aufzustöbern und zu verfolgen. Sie können es sich vielmehr leisten, ihren Opfern im bequemen Ansitz aufzulauern, brauchen sie auch nicht mit den Zähnen festzuhalten oder mit dem Körper zu umwinden. Der vorschnellende Kopf zuckt nach dem Biß sofort zurück, und die Viper wartet, bis das Gift gewirkt hat. Dann bezüngelt sie das verendende Tier und schiebt es sich so zurecht, daß es mit dem Kopf voran verschlungen werden kann.

Kreuzotter (Vipera berus): Bewohnt Mittel- und Nordeuropa sowie das gemäßigte Asien bis zum Amur, verbreitet sich südwärts in etlichen geographischen Rassen bis nach Nordspanien, die Apenninen, Mazedonien, Jugoslawien und Bulgarien, ostwärts bis zur Insel Sachalin, bevorzugt im Süden die Gebirge; Länge 60–89 cm, die Männchen immer etwas kleiner; Schuppenkleid oberseits sehr veränderlich gefärbt, die Farbskala reicht vom Silber-, Asch- und Braungrau bei den Männchen bis zum Gelb-, Rot- und Schwarzbraun bei den Weibchen, unterseits meist dunkelgrau bis schwarz, hell gefleckt, unter der Schwanzspitze aber gelblichweiß bis orangegelb; kennzeichnet sich meist durch das deutliche dunkle Zickzackband auf dem Rücken, das an den Seiten von einer Reihe dunkler Flecke flankiert wird; hin und wieder treten auch gänzlich schwarze Exemplare auf; hat rötlichbraune bis feuerrote Augen, am Tage mit Schlitzpupille, dunklen Winkelfleck auf dem Hinterkopf und dunklen Längsstreifen an den Kopfseiten.

Im August oder Anfang September bringt das Weibchen seine 6–20, bei der Geburt etwa 15–20 cm messenden Jungen zur Welt. Im hohen Norden jedoch überwintert es mit der herangereiften Brut und wirft erst im nächsten Sommer.

Die Kreuzotter liebt mäßig feuchte, sonnige Landschaften, wie die Heiden, Moore, Waldränder, Waldlichtungen, Krummholz- und Karzonen, meidet aber das bebaute und kultivierte Land. In den Flachlän-

Die wohl bekanntesten, eindrucksvollsten und im Süden des Schwarzen Erdteils auch häufigsten und gefährlichsten Vipern sind die schwerfällig wirkenden Puffottern. Wenn eine Puffotter sich einmal zu einem Biß aufrafft, dann sitzt er unfehlbar. Gewöhnlich sind sie aber eher beißfaul. Die Nashornviper, die bis zu 130 Zentimetern lang wird, ist eine der drei Unterarten. Ihr prachtvolles Schuppenkleid wechselt in den Farben braun, purpur, schwarz, blau und grün.

dern finden wir sie deshalb auf den Ödstreifen und Brachäckern sowie in den sauren Wiesen. Der Begegnung mit dem Menschen weicht sie immer aus, geht im Sommer auch vorwiegend in der Dämmerung und in der Nacht auf Beutefang. Beliebte Schlupfwinkel sind dichte Zwergsträucher, Hecken, Brombeerwildnisse, verlassene reich bewachsene Steinbrüche, Steinhaufen und allerlei Erdlöcher. Die Beute besteht hauptsächlich aus Mäusen, seltener aus Eidechsen und Fröschen. Vom Zustoß verfehlte Tiere werden nicht verfolgt. Ebensowenig verfolgt die Kreuzotter den menschlichen Störenfried. In der Gefahr rollt sie sich zusammen, zieht den Hals zurück, zischt laut auf und stößt blitzschnell zu. Sie vermag aber weder zu springen noch den Kopf höher als durchschnittlich 15 cm zu erheben. Es besteht also durchaus kein Grund, bei Begegnungen mit ihr den Kopf zu verlieren. Wer gebissen wurde, schneide rasch entschlossen die Bißstelle auf, lasse die Wunde kräftig ausbluten, binde darauf das Glied oberhalb des Einschlags halbwegs fest ab und begebe sich zum nächsten Arzt. In zivilisierten Gegenden jedoch kann heute mit einem Schlangenserum geholfen werden.

Nahe Verwandte unserer Kreuzotter sind:

die *Aspisviper (Vipera aspis)*, die bei uns nur im südlichen Schwarzwald angetroffen wird, sich über den Schweizer Jura, die Pyrenäen, Frankreich und Italien verbreitet, vereinzelt auch in den Balkanländern auftritt; Länge 50–60 cm; Schuppenkleid so verschiedenartig wie bei der Kreuzotter gefärbt, auf dem Rücken dunkel quergebändert; kennzeichnet sich durch aufgeworfene Schnauze mit scharfer Kante über den Nasenlöchern;

die *Horn- oder Sandotter (V. ammodytes)*, die ganz Südeuropa von Südtirol und Nordostitalien über die Balkanländer und die griechischen Inseln bis nach Kleinasien und Syrien bewohnt; Länge etwa 65 cm; Schuppenkleid ebenso veränderlich wie bei der Kreuzotter, von der sie sich vor allem durch den hornartigen Nasenaufsatz und den unterseits ziegelroten Schwanz unterscheidet; bevorzugt keine sandigen, sondern felsige Landschaften;

die *Kettenviper (V. russellii)* aus Indien. Burma, Siam sowie von Sri Lanka und Java; Länge 160–175 cm; Schuppenkleid bräunlichgelb, braungrau, rötlich- oder gelblichgrau, oberseits mit drei Reihen lebhaft rötlichbrauner, schwarz und weiß gerandeter Flecke, die sich zu einem Kettenmuster vereinigen; gilt als ungewöhnlich gefährlich und giftig, ist ein echtes Nachttier.

Durch große, symmetrische, natternähnliche Kopfschilder, zugespitzte leicht aufgeworfene Schnauze und ungewöhnlich verlängerte, weit in den Vorderkörper hineinragende Giftdrüsen kennzeichnen sich die 4 Arten der auf das tropische und südliche Afrika beschränkten, bodenbewohnenden und durchweg Eier legenden *Krötenvipern (Causus)*. Die Herpetologen halten sie für die ursprünglichsten Vipern. Ihre Beutetiere sind Frösche und Kröten, die sich oft zu spät in Sicherheit bringen.

Genannt seien hier:

Die *Pfeilotter (Causus rhombeatus)*, die knapp 50 cm mißt, ein graubraunes oder graugrünes Schuppenkleid mit dunkelbraunen Rautenflecken auf dem Rücken und schmalen schiefen Querbinden an den Seiten trägt; zählt zu den häufigsten Schlangen Afrikas; wird im Ostsudan von der *Grünotter (C. resimus)* vertreten.

Gabunviper (Bitis gabonica): Bewohnt das tropische West- und Ostafrika; Länge 160–175 cm; Schuppenkleid sehr bunt und reich an geometrischen Ornamenten in weißen, gelben, rötlichen und samtschwarzen Tönen, auf der Rückenmitte mit rosafarbenen und grünlichen Dreiekken, an der Seite mit rotbraunen und purpurnen Dreiecken; hat sehr breiten, scharf vom Hals abgesetzten Kopf mit silberfarbenen Augen und hornartig aufgerichteten Schuppen über den Nasenlöchern; verfügt über fast 5 cm lange Giftzähne und ein schweres Gift, das nicht nur das Blut zersetzt, sondern auch das Atemzentrum lähmt und oft tödlich wirkt, ist aber zum Glück ein träger Ansitzjäger, der sich nur im äußerst gereizten Zustand mit Giftbissen verteidigt oder sein Gift ausspeit; faucht und zischt vorher wie eine Dampfmaschine, liegt an den Wechseln in den Regenwäldern und lauert auf Nager, kleine Affen, Vögel, Kröten und Frösche.

Nashornviper (Bitis nasicornis): Bewohnt das tropische Westafrika; Länge bis zu 125 cm; ist ein faszinierend schönes Geschöpf, dessen prachtvolles Schuppenkleid vorwiegend purpurfarben und blau gefärbt ist, an den Seiten grüne Dreieckflecke mit schwarzen und blauen Rändern zeigt und sich durch sechs lange, zugespitzte, hornartig aufgerichtete Schuppen auf der Schnauze kennzeichnet; lauert

verborgen auf dem Waldboden.

Puffotter (Bitis arietans): Bewohnt Afrika von Marokko und dem Südrand der Sahara bis zum Kapland; Länge 125–155 cm; Schuppenkleid braun bis grau, mit halbmondförmigen gelben Flecken; hat dreieckigen Kopf mit aufgeworfenen Nasenlöchern, wirkt sehr plump, ist träge, ruht den Tag über in Schlupfwinkeln, dringt nachts in die Ortschaften ein, jagt vor allem Nager, zischt bei Gefahr sehr laut, bläht sich mächtig auf und hebt den Kopf hoch empor, verfügt über ein hochwirksames Gift, das sofort wirksam ist.

Hornviper (Cerastes = Aspis cerastes = cornutus): Bewohnt den Nordrand der Sahara von Algerien bis nach Ägypten, Nubien, Arabien und Südpalästina; Länge 55 – 60 cm; Schuppenkleid lebhaft sandgelb, bräunlich überflogen und dunkel gefleckt, unterseits reinweiß; hat über ihren kleinen Augen je einen spitzen Schuppendorn; bevorzugt die Sandgebiete, wühlt sich tagsüber in den Sand und ruht zu einer Scheibe eingerollt, zieht nachts auf die Pirsch nach kleinen Nagern, rollt sich seitlich ab, ist sehr leicht gereizt und beißt heftig zu; wird auf den nordafrikanischen Sanddünen von der etwas kleineren *Gewöhnlichen Sandviper (C. = A. vipera)* vertreten.

Sandrasselotter (Echis carinatus): Bewohnt die nordafrikanischen und westindischen Wüstenregionen sowie die nordwestindischen Trockengebiete; Länge 60–65 cm; Schuppenkleid oberseits meist lichtgelbbraun, unregelmäßig dunkel gebändert, gestrichelt oder gepunktet, unterseits oft lichtgelb; biegt sich bei Gefahr zu einer „8" zusammen und erzeugt durch das Aneinanderreiben der Körperschlingen mit den rauhen Seitenschuppen ein zischend-rasselndes Geräusch, ist schnell gereizt, sehr angriffslustig und schnell, beißt heftig zu, verfügt über ein besonders schweres, verheerend wirkendes Gift.

Die Grubenottern

Wir kommen nun zur letzten Reptilienfamilie, zu den in Amerika wie in Asien überaus gefürchteten giftigen Grubenottern. Zu ihnen zählen die *Dreieckskopfottern (Agkistrodon)*, die *Asiatischen Lanzenottern (Trimeresurus)*, die *Amerikanischen Lanzenottern (Bothrops)*, der außen-

Von Malaysia bis nach Java ist die Malaiische Mokassinschlange verbreitet. Von allen Grubenottern lebt sie dem Äquator am nächsten. Das Weibchen der rotbraungefleckten, rund einen Meter langen Dreieckskopfschlange legt auf Java im September bis zu 30 Eier. Für Schlangen ungewöhnlich ist, daß Weibchen manchmal die Brut zu schützen versuchen.

seiterische *Buschmeister (Lachesis)* sowie die *Klapperschlangen (Sistrurus, Crotalus)*. Ihr Giftapparat ist ebenso hoch entwickelt wie der der Vipern, denen sie in Gestalt, Lebens- und Fortpflanzungsweise überhaupt sehr gleichen. Doch sind sie jenen im Lebenskampf zweifellos dadurch überlegen, daß sie tatsächlich über einen sechsten Sinn verfügen, mit dessen Hilfe sie in den dunklen kühlen Nächten die Körperwärme ihrer warmblütlerischen Beutetiere wahrzunehmen vermögen. Dieser Sinn liegt verborgen in einer tiefen, jeweils zwischen Nasenloch und Auge eingebetteten, zweikammerigen Grube. Die obere Kammer ist weit offen, die untere wird von einer quergespannten Membran überdeckt, in der sich eine einzige schmale Porenöffnung befindet. Diese Membran ist mit freien Nervenendigungen ungewöhnlich reich versorgt und vermag noch die feinste Wärmeausstrahlung zu registrieren.

Die nächtlichen *Dreieckskopfottern* verbreiten sich in zwei Arten über Nordamerika, in einer Art über Mittelamerika und in neun Arten über Asien. Von ihnen dringt die *Halysschlange (Agkistrodon halys)* mit einer Rasse vom mittleren Asien bis in die Steppen des südöstlichen europäischen Rußlands vor; sie mißt bis zu 75 cm, trägt ein oberseits dunkel bräunlichgelbgraues, unterseits gelblichweißes Schuppenkleid, ist am Kopf schwarz gezeichnet, auf dem Rücken gelb oder gelblichweiß gefleckt.

Weitere asiatische Arten sind:

Die *Himalaja-Mokassinschlange (A. himalayanus)*, die lebende Junge zur Welt bringt, und

die *Malaiische Mokassinschlange (A. rhodostroma)*, die Eier legt, ein Nest baut und ihr Gelege bewacht.

In der Neuen Welt werden die Dreieckskopfottern vertreten durch: die *Wassermokassinschlange (A. piscivorus)* aus dem Südosten der USA, die 120–150 cm mißt, ein oberseits glänzend grünlichgraues, graubraunes oder rot- bis schwarzbraunes, dunkel quergebändertes Schuppenkleid trägt, sehr gut schwimmt und rasch angreift;

die *Mexikanische Wassermokassinschlange (A. bilineatus)*, die etwas kleiner als die vorgehende, aber lebhafter gefärbt und viel angriffslustiger ist; sowie zuletzt

den *Kupferkopf (A. contortrix)* aus Nordamerika, wo er in vier geographischen Rassen auftritt, etwa 1 m mißt, ein schimmernd rötlichgraues, kupferbraun quergebändertes Schuppenkleid trägt und sich durch seinen kupferroten Kopf kennzeichnet.

Nicht minder verbreitet und vielleicht noch mehr gefürchtet sind in Mittel- und Südamerika die ebenfalls sehr angriffslustigen spitzschnauzigen *Lanzenottern*, die besonders lange Giftzähne haben, das Maul beim Zubiß unheimlich weit aufreißen, mit voller Wucht zuhauen und sich dabei erstaunlich weit vorzuschnellen vermögen. Ihr Gift wirkt auch beim Menschen verheerend, ruft innere Blutungen hervor, färbt Haut und Fleisch schwarz und führt oft zum Tode. Selbst die frischgeborenen, lebend zur Welt kommenden Lanzenottern, von denen die Weibchen oft 50–70 Stück werfen, verfügen bereits nach wenigen Minuten über den vollentwickelten Giftapparat.

Von den rund 35 Arten der amerikanischen Lanzenottern seien hier wenigstens namentlich aufgeführt:

die *Gewöhnliche Lanzenotter (Bothrops atrox)*, die sich von Mexiko über ganz Mittelamerika und seine Inseln bis nach Brasilien und Südperu verbreitet, 200–250 cm mißt und als bodenbewohnende Schlange in al-

Nur ein Drittel der etwa 2500 Schlangenarten ist so giftig, daß ein Mensch bei einem Biß mit unangenehmen oder gefährlichen Folgen rechnen muß. Die in Nordamerika am meisten gefürchtete Giftschlange ist die Texas-Klapperschlange. Sie stößt mit einer Geschwindigkeit von drei Metern pro Sekunde zu.

len Landschaften zu finden ist;

die *Schararakussu (B. jararacussu)* aus Brasilien, 160 cm lang;

die *Schararaka (B. jararaca)* aus Brasilien, die etwas kleiner ist;

die *Halbmond-Lanzenotter (B. alternatus)*, bis zu 150 cm lang;

die *Springotter (B. nummifera)*, die sich beim Zubiß gänzlich vom Boden emporzuschnellen vermag und sehr angriffslustig ist; und

die *Greifschwanzotter (B. schlegeli)* aus Kostarika und Ekuador, die als Baumbewohner einen Greifschwanz hat, sich tellerartig an ihm aufhängt und dann weit vorstößt.

In Asien werden die Lanzenottern durch die Gattung *Trimeresurus* vertreten. Bekannt sind vor allem:

die *Habuschlange (T. flavoviridis)* von den Riu-Kiu-Inseln, die bis zu 160 cm mißt und ob ihrer Angriffslust gefürchtet wird;

die *Nikobaren-Lanzenotter (T. cantori)*, die bis zu 120 cm mißt.

Wohl die größte und gefährlichste Grubenotter der Welt ist der *Buschmeister (Lachesis mutus)* aus dem südlichen Kostarika, Panama und dem nördlichen Südamerika, der bis zu 375 cm messen kann, ein oberseits rötlichgelbes, schwarzbraun geflecktes, unterseits fast porzellangelbgefärbtes Schuppenkleid trägt, beim Angriff überraschend weit vorstößt, besonders lange Giftzähne hat und über ein ungewöhnlich schweres Gift verfügt.

Ganz auf die Neue Welt sind auch die beiden Gattungen der nicht weniger gefährlichen *Klapperschlangen* beschränkt. Wie die anderen Grubenottern töten sie und verteidigen sich mit blitzschnell ausgeführten Giftbissen. Die meisten der größeren Arten können dabei dem Menschen qualvollen Tod oder langes Siechtum bringen. Vor dem Angriff pflegen sie alle einen eigenartigen rasselnden Ton von sich zu geben, der den Gegner warnen und schrecken soll. Dieses Geräusch bringen sie mit Hilfe ihrer hornigen, seitlich vibrierenden Schwanzspitze hervor, die aus etlichen harten und hohlen Horngliedern besteht. Bei oder nach jeder Häutung baut sich ein neuer, ungefähr glockenförmiger Hohlkegel in der Weise auf, daß er mit seinem hinteren Teil den vorderen Teil des vorhergehenden Gliedes umfaßt. Im Durchschnitt besteht eine solche, regelrecht zusammengesteckte Hornklapper aus 5–12 Gliedern. Eine höhere Gliederanzahl – phantasiebegabte Erzähler fühlen sich meist verpflichtet, von mindestens 30, 40 und 50 Klapperringen zu berichten! – erweist sich als unpraktisch und wird ganz selten einmal festgestellt. Vielmehr ist es die Regel, daß sich die Klapper immer wieder auf die brauchbare und beim Kriechen nicht hemmende Durchschnittslänge reduziert oder ganz abbricht und neu aufgebaut wird. Denn gewöhnlich wird die Hornrassel leicht angehoben, also gleichsam einsatzbereit getragen. Alle Klapperschlangen sind lebendgebärend und bringen etwa 10 – 20 Junge mit einem Wurf zur Welt. Auf dem Boden bewegen sie sich schlängelnd, auch ganz geradlinig und – in etlichen Arten – seitenwindend. Sie rollen sich dann also schräg zur Längsachse ihrer s-förmigen Körperwindungen über den lokkeren Sand. Dies gab schon zu vielen Geschichten Anlaß.

Die bekanntesten der insgesamt 29 Klapperschlangenarten sind:

die *Prärieklapperschlange (Crotalus viridis)*, die Nordamerika von den kanadischen Provinzen bis nach Kalifornien in vielen geographischen Rassen bewohnt, gut 1 m mißt und auf hellbraunem Grund dunkel getupft ist;

die *Waldklapperschlange (C. horridus)*, die sich vom Golf von Mexiko bis nach Neuengland verbreitet, gut 150 cm mißt, als Männchen samtschwarz, als Weibchen schwefelgelb gefärbt ist;

die *Texasklapperschlange (C. atrox)* aus dem Raum von Texas bis Kalifornien, wird bis zu 220 cm lang und ist sehr gefürchtet, da leicht reizbar;

die *Diamantklapperschlange (C. adamantëus)* aus dem Süden der USA und Mittelamerika, bis zu 258 cm lang und damit die größte aller Klapperschlangen, oberseits grünlich- bis goldbraun, mit dreifacher, goldgelb geränderter Rautenkette und diagonalen Kopfbändern; bevorzugt feuchte Gebiete;

die *Rote Diamantklapperschlange (C. ruber)* von der Kalifornischen Halbinsel, die besonders schön gezeichnet und gefärbt ist;

die *Basiliskenklapperschlange (C. basiliscus)* von der mexikanischen Westküste, bis zu 210 cm lang und sehr giftig;

die *Schauerklapperschlange (C. durissus terrificus)*, die fast ganz Südamerika in mehreren Rassen bewohnt, bis zu 188 cm mißt, oberseits braun mit großen dunkelbraunen, hell gesäumten Rautenflecken, unterseits gelblichweiß ist und steinige Gebiete bevorzugt;

die *Felsenklapperschlange (C. lepidus)* aus dem südlichen Arizona und westlichen Texas, die nur im Gebirge lebt;

die *Gehörnte Klapperschlange oder der Seitenwinder (C. cerastes)* aus den Sandwüsten des westlichen Nordamerika, bis zu 75 cm lang, sandfarben mit weißer Fleckenreihe und dunklen Tupfen, die sich bei der Verfolgung der Beutetiere seitlich über den Sand abrollt und vielen Lesern aus dem Disneyfilm „Die Wüste lebt" von ihrem Kampf mit der behenden Känguruhmaus her bekannt sein wird;

die *Zwergklapperschlange (Sistrurus miliarius)* aus dem Raum von Florida bis zum südlichen Missouri, 45–60 cm lang, auf der Rückenmitte hell- und dunkelbraun gefleckt; ist sehr reizbar; und

die *Kettenklapperschlange oder Massasauga (S. catenatus)* aus Indiana, Illinois, Michigan und Wisconsin.

DIE LURCHE

(Amphibia)

Durch den Wechsel ihres Lebensraumes bedingt, atmen die Larven der Lurche in aller Regel durch Kiemen, und die erwachsenen Tiere über Haut und Lungen. Diese wechselwarmen Amphibien mit der stets feuchtgehaltenen Haut laichen nach ihrem Landaufenthalt wieder in Feuchtgebieten. Durch Zivilisationsveränderungen der Umwelt bedingt sind heute viele Lurcharten vom Aussterben bedroht.

Der Übergang vom kiemenatmenden Wassertier zum lungenatmenden Landtier vollzieht sich noch heute im Leben der Lurche, und zwar gleichsam unter unseren Augen. Denn aus den – vorwiegend dem Süßwasser anvertrauten – Eiern schlüpfen mit wenigen Ausnahmen fischähnliche kiemenatmende Larven, die ihre ganze Jugend im Wasser verbringen und erst durch eine später erfolgende, stufenweise vor sich gehende Verwandlung (Metamorphose) zu einem lungenatmenden Landtier werden. Im Larvenzustand stimmen die Lurche noch weitgehend mit den Fischen überein, kennzeichnen sie sich durch den ebenso einfachen Bau von Herz und Gehirn, den fischähnlichen Blutkreislauf und Darm sowie durch das Vorhandensein von wasserdruckempfindlichen Hautsinnesorganen. Die Verwandlung, die sich z. B. beim Froschlurch rein äußerlich nur durch die Entwicklung der Beine, das Abstoßen des Ruderschwanzes sowie des Hornschnabels und die Bildung des breiten Maules anzeigt, bringt einen umwälzenden inneren Umbau mit sich. Das Herz und die Blutgefäße werden durchaus neu gestaltet. Von den vier Paaren der Kiemengefäßbögen verwandelt sich das erste zu Kopfarterien, das zweite zu Wurzeln der Hauptschlagader und das vierte zu Lungenarterien. Aufgebaut werden weiterhin die Mund- und die Darmdrüsen, die Harnblase, die Fortpflanzungsorgane und die Ohren. Das Auge befreit sich von der Deckhaut, bekommt ein Unterlid und eine Nickhaut. Das Gehirn ist plötzlich imstande, die neuen Eindrücke des Landlebens zu verarbeiten und den hohen Anforderungen, die das Räuberleben an den bisherigen Vegetarier und Schlammschaufler stellt, vollkommen zu genügen. Und quaken kann der neugeborene Landbewohner dann auch bald.

Die uns bekannten Lurche umfassen 3000 Arten und gliedern sich in die drei Ordnungen der *Froschlurche (Anuren)*, der *Schwanzlurche (Urodelen)* und der *Blindwühlen (Gymnophionen)*, auch Schleichenlurche genannt.

Diese drei Ordnungen zeigen so große körperbauliche Unterschiede, daß ihre Abstammung von gemeinsamen Uramphibien unwahrscheinlich ist. Man nimmt an, daß sie sich aus mehreren verschiedenen Urformen entwickelt haben und von den gleichen Ahnen abstammen wie Kriechtiere, Vögel und Säuger.

Die Froschlurche *(Anura)*

Die große Ordnung der Froschlurche vereinigt nicht weniger als 2600 Arten. Und sie alle, ob klein oder groß, schlichtfarben oder bunt, glatthäutig oder bewarzt, wasser- oder landbewohnend, erdverbunden oder baumverhaftet, kennzeichnen sich durch die gleiche typische Gestalt. Der schwanzlose Rumpf ist mehr oder weniger kurz, flach, breit und gedrungen, der Kopf meist rund-, stumpf- oder leicht spitzschnäuzig und der Hals kaum angedeutet. Von den vier wohlentwickelten Gliedmaßen sind die hinteren länger, vor

allem auch kräftiger, und haben meist fünf durch Schwimmhäute verbundene Zehen. Die kürzeren und schwächeren Vorderbeine dagegen weisen nur vier Zehen und keine Schwimmhäute auf. Das Maul ist ungewöhnlich weit, eine oft zahnbewehrte Futterluke mit einer ebenso muskulösen wie drüsenreichen, weit und blitzschnell vorschießenden Zunge, die zumeist nur mit ihrem Vorderrand im Winkel des Unterkiefers bzw. des Mundhöhlenbodens festgewachsen ist. Die großen Augen wölben sich stark über den Schädel, sind sehr beweglich und sehen wohl auch verhältnismäßig gut. Die weit vorn an der Schnauzenspitze sehr dicht beieinanderliegenden Nasenlöcher können mit Hilfe besonderer Klappen fest verschlossen werden. Die nackte Haut ist entweder glatt oder warzenbedeckt, immer aber sehr drüsenreich und darum schlüpfrig. Oft treten die Drüsen zusammengedrängt in Gestalt von Längsleisten oder Fleckenballungen auf. So fällt vor allem bei den Kröten oberhalb der gut sichtbaren Ohröffnungen meist eine besonders große Drüse auf.

In ihrem Wesen sind die Froschlurche bewegungslustiger und scharfsinniger als die anderen Lurche. Sie hören, sehen und riechen gut, reagieren sehr schnell bei auftretenden Gefahren, nehmen sofort bestimmte Schreckstellungen ein, wissen ihre Beutetiere zu überlisten, bekunden einen ausgeprägten Ortssinn und sind imstande, gewisse Erfahrungen zu sammeln. Die langen Hinterbeine kennzeichnen die meisten als flotte Hüpfer und Springer wie Schwimmer und Taucher.

Während der Paarung umfaßt das Männchen das Weibchen an den Achseln oder Lenden, erleichtert ihm als eine Art Geburtshelfer das Auspressen der in gallertartigen Schnüren oder Klumpen austretenden Eier und

Bild letzte Seite:

Die Froschlurche sind bewegungslustig und intelligenter als andere Lurche.

Die Gelbbauchunken lassen ihre klangvollen Rufe fast den ganzen Sommer hindurch vernehmen, vor allem nach warmen Regenfällen und gegen Abend. Die Männchen geben drei bis vier gleichhohe, dunkel gedämpfte Töne in der Minute von sich. Die Weibchen dagegen rufen oder „meckern" eigentlich nur in der 2–3 Monate währenden Paarungszeit von Mai bis Juli.

besamt sie sogleich. Die Schnüre werden gern um die Stengel von Wasserpflanzen gewickelt. Vielen tropischen Arten genügen zur Eiablage kleinste Regenwasserpfützen oder winzige Wasseransammlungen in Astlöchern und zwischen Blattgabeln. Unter ihnen befinden sich nicht wenige Arten, die eine regelrechte Brutpflege betreiben.

Als die urtümlichsten Formen werden die sogenannten *Urfrösche (Amphicoela)* angesehen. Zu ihnen zählen die einzigen drei Froscharten Neuseelands, Gattung *Liopelma*, sowie der im Nordwesten der Vereinigten Staaten lebende *Ascaphus truei*, der ausschließlich in den schnellfließenden kalten Gebirgsbächen lebt, keine Stimme hat, aber ein Fortpflanzungsorgan besitzt und die Eier im Leibe des Weibchens besamt.

Die Unken

Die Unken werden auch *Scheibenzüngler* genannt, weil sie eine runde scheibenförmige, meist mit der ganzen Unterfläche angewachsene und also nicht ausstülpbare Zunge haben. Der Oberkiefer ist gut bezahnt, die Pupille herzförmig, das Ohr ohne sichtbares Trommelfell, die Haut warzenbedeckt. Als echte Wassertiere bleiben sie ihren Moorpfützen, Tümpeln, Teichen, Gräben und Altwasserarmen zeit ihres Lebens treu. Sie schwimmen vorzüglich, sind aber auch auf dem Lande recht flott und hüpfen in kurzen Sätzen dahin. Fast immer sind sie nur dann unterwegs, wenn sie im Herbst ihr Winterquartier aufsuchen. Werden sie während dieser Ausflüge überrascht und bedroht, so werfen sie sich auf den Rücken, zeigen die grelle Farbe des Bauches sowie der Hand- und Fußflächen und stellen sich tot. Dem Zugriff versuchen sie sich durch das Absondern eines stark riechenden und leicht ätzenden Schleimschaumes aus ihren Rückenhautdrüsen zu entziehen.

Rotbauch- oder Tieflandunke (Bombina bombina): Bewohnt Nord- und Ostdeutschland etwa von der Weser an, kommt auch in Oldenburg, Dänemark und Südschweden vor, verbreitet sich ostwärts bis zum Ural und zum nordwestlichen Kleinasien, Länge 4–4,5 cm; Haut oberseits schwarzgrau bis graubraun, dunkel gefleckt und kegelförmig bewarzt, unterseits schwarz bis blauschwarz, mennig-, zinnober- oder orangerot gefleckt und weiß gepunktet sowie erhaben bewarzt; kennzeichnet sich durch zwei dunkelgrüne Flecke zwischen den Schultern, schwarzbraune Füße und Zehenspitzen und ist ein verhältnismäßig schlankes und spitzköpfiges Tier.

Gelbbauch- oder Berglandunke (Bombina variegata): Bewohnt Europa in 4 Rassen von Frankreich (nördlich der Pyrenäen) über West- und Süddeutschland sowie die Alpenländer bis zu den Karpaten und nördlichen Balkanländern.

Unsere zwei einheimischen Unken lassen ihre klangvollen Rufe fast den ganzen Sommer hindurch vernehmen. Vor allem können wir sie nach warmen Regenfällen und gegen Abend hören. Die Männchen besitzen innere Schallblasen und geben jeweils in gemessener Aufeinanderfolge drei bis vier gleichhohe, dunkel gedämpfte Töne in der Minute von sich. Die Weibchen dagegen rufen oder „meckern" eigentlich nur in der 2–3 Monate währenden Paarungszeit, also etwa vom Mai bis zum Juli. Die verhältnismäßig wenigen Eier stoßen sie einzeln oder gruppenweise ab, setzen sie gern an Wasserpflanzen oder lassen sie einfach auf den Grund sinken. Die Larven tragen das Kiemenloch auf der Brustmitte, erreichen eine Länge von 5 cm und bringen ihre Verwandlung zum Frosch im August und September hinter sich. Als kaum anderthalb Zentimeter große Jungunken gehen sie bald darauf an Land, wo sie wie die Alten in passenden Erdlöchern überwintern. Als Beute bevorzugen sie Insekten, Würmer und Schnecken.

Geburtshelferkröte (Alytes obstetricans): Bewohnt Südwesteuropa in 3 Rassen, verbreitet sich von Spanien, Frankreich und Belgien über die Schweiz, West- und Südwestdeutschland – mit Ausnahme von Württemberg – bis zum Harz und nach Westthüringen, bevorzugt überall die Hügellandschaft; Länge 4–5 cm; Haut oberseits aschgrau bis bräunlichgrau, schwärzlich und hellgrau gefleckt, mit rundlichen weißlichen Wärzchen bedeckt, unterseits weißlich und stark gekörnelt; bei den Weibchen sind die seitlichen Warzenreihen oft rötlich gefärbt.

Die Paarung findet jeweils auf dem Lande statt, und zwar vom Mai bis zum Juli. Dabei umfaßt das Männchen das Weibchen zuerst in der Weichengegend, rückt dann aber immer weiter hinauf und umarmt zuletzt den Hals der Auserkorenen. Die ausgetretenen Laichschnüre enthalten höchstens 86 große Eier. Das Männchen wickelt sie sich nach dem Begattungsakt um die Hinterbeine und trägt sie 2–3 Wochen lang mit sich herum. Dann sucht es ein geeignetes Gewässer auf, streift sie ab, und die alsbald ausschlüpfenden Larven tummeln sich wie andere Kaulquappen im feuchten Element. Allerdings entwickeln sie sich so langsam, daß die Verwandlung zum Frosch oft erst nach der Überwinterung vor sich geht.

Die Pipakröten

Ans Wunderbare grenzen gerade bei der Pipa die brutpflegerischen Instinkte. Und zwar wissen die sich paarenden Partner geschickt die als Legeröhre dienende, sehr dehnungsfähige Kloake des Weibchens zwischen ihre Körper zu bringen. Dann drückt das Männchen die rund 40–100 austretenden Eier in einer gleichmäßigen Schicht fest auf den Rücken des Weibchens.

Der Grasfrosch bewohnt Mittel- und Nordeuropa sowie ganz Asien bis Japan, dringt im Norden bis zum Nordkap vor und erreicht im Süden die Pyrenäen sowie Albanien und Bulgarien. Die Tiere stoßen ihren Laich in zwei Klumpen aus, die etwa 1000–4000 Eier enthalten. Er sinkt zu Boden bis sich das Gewässer genügend erwärmt hat, um dann an die Oberfläche zu steigen. Es kann also lange währen, ehe die Kaulquappen schlüpfen.

Durch diesen Druck wird die Rückenhaut wahrscheinlich gereizt und schwillt mächtig auf. Diese Schwellung hebt aber die Eier nicht empor, sondern verteilt sich rund um jedes Ei, so daß diese wie in tiefen Gruben liegen und zuletzt 10–15 mm tief in das üppige Rückenkissen eingebettet sind. Nach und nach nehmen diese Gruben die Gestalt von sechseckigen Zellen an und bekommen einen hornigen Deckel. Der Rücken der Krötenmutter gleicht nun einer Bienenwabe und ist zur Brutkammer geworden, in der die Eier heranreifen.

Pipa oder Wabenkröte (Pipa pipa): Bewohnt Guayana und das tropische Brasilien; Länge bis zu 20 cm; Haut gelblich oder schwärzlich braun, runzlig; Leib sehr platt und unförmig; Kopf breit und dreieckig; von den Oberkiefern und Mundwinkeln hängen Lappen herunter; hat noch zwei kleinere Verwandte, die sich durch kleinere Köpfe und reduzierte oder ganz fehlende Anhängsel an den Mundwinkeln kennzeichnen und somit zu unterscheiden sind.

Die Krallen- oder Spornfrösche

In der Froschgestalt kennzeichnen sich die Krallenfrösche durch auffällig kleinen Kopf, der sich überhaupt nicht vom plumpen flachen Leib absetzt, zarte Vorderbeine mit langen dünnen Fingern, massige dicke Hinterbeine mit großen Zehen und breiten Schwimmhäuten. An den drei inneren Zehen befinden sich lange schwarze hornige Krallen, die zur Verteidigung bewußt eingesetzt werden. Als echte Wassertiere verfügen die Krallenfrösche über Hautsinnesorgane, die in den Schleimkanälen der Haut liegen. Die Zunge und das Trommelfell fehlen.

Glatter Spornfrosch (Xenopus laevis): Bewohnt Mittel- und Südafrika bis zum Kapland; Länge bis zu 7 cm; Haut oberseits dunkelbraun oder olivgrün, oft mit großen dunklen Inselflecken geschmückt, unterseits weißlich, mitunter braun gefleckt; hat kleine kurze runde Schnauze, kleine Fühlfäden unter den Augen, kleine rundsternige Augen, keinen Sporn am Mittelfuß; trägt als Männchen in der Paarungszeit bandartige schwarze Haftbürsten an den Fingern, besitzt als Weibchen drei häutige Verschlußklappen am After; legt außerordentlich viele Eier.

Die Krötenfrösche

Diese Lurche ähneln mehr den Fröschen als den Kröten, sind also recht schlank und langgliedrig. Die meisten Arten leben nächtlich und haben senkrechte Pupillen. Viele verstehen es ausgezeichnet, sich mit Hilfe einer hornigen Hinterfußschaufel in den Sand zu graben. Von den südasiatischen Vertretern der artenreichen Gattung *Megophrys* wird erzählt, daß sie sich bei Gefahr hoch auf die ausgestreckten Beine erheben, das Maul weit aufreißen, schrille Schreie ausstoßen und heftig nach der Hand des Bedrängers schnappen. Sie haben kräftige Kiefer und können auch kleinere Säuger überwältigen.

Innerhalb der Gattung *Megophrys* begegnet uns übrigens im *Zipfelfrosch (Megophrys monticola)* einer der auffälligsten Froschlurche. Er kennzeichnet sich durch lang ausgezogene, weiche Hautzipfel an der Nase und über den Augen.

Knoblauchkröte (Pelobates fuscus): Bewohnt Mittel- und Osteuropa von Nordostfrankreich bis zum Ural, den Kirgisensteppen und dem Aralsee einschließlich der Krim und des Kaukasus, tritt in 3 Unterarten auch in Südfrankreich, Norditalien, Nordwestafrika sowie auf der Pyrenäen- und Balkanhalbinsel bis nach Kleinasien und Syrien auf, bevorzugt die lockeren sandigen Böden der Tiefebenen; Länge 6,5–8 cm; Haut oberseits hellbraun beim Männchen, hellgrau beim Weibchen, unregelmäßig oliv- bis dunkelbraun gefleckt, unterseits schmutzigweiß, mitunter graubraun gesprenkelt oder gefleckt; hat keine Schallblasen; kennzeichnet sich durch eine große hornige scharfschneidige Grabschaufel auf der Unterseite des Hinterfußes sowie durch bis zu den Zehenspitzen reichende Schwimmhäute.

Weitgehend dem Leben auf dem Lande angepaßt, sucht die Knoblauchkröte ihre kleinen Tümpel und Teiche nur während der Paarungszeit auf. Das geschieht etwa von Anfang April bis Ende Mai. Das Männchen ruft glucksend, das Weibchen antwortet grunzend. Der Paarungsgriff umfaßt die Lenden, und der Laich tritt als eine dicke kurze Gallertschnur zutage. Die Larven wachsen sehr rasch heran und können bis zu 17,5 cm lang werden, nehmen also im Verhältnis zu anderen Kaulquappen wahrhaft riesige Ausmaße an.

Die echten Kröten

Auch die echten Kröten sind vorwiegend nächtliche Landtiere, jedoch viel plumper als die Unken, die Krallenfrösche und die Krötenfrösche. Dicke Warzen bedecken die runzlig erscheinende Haut und die fast gleichlangen, dicken und unförmigen Beine. Nur wenige vermögen flott zu hüpfen und zu springen, die meisten bewegen sich vielmehr schreitend und recht gemessen. Durchweg lieben sie feuchte Schlupfwinkel und ernähren sich von Würmern, Erd-

Die aus Südamerika stammenden Hornfrösche werden zu den echten Kröten gerechnet. Sie zeichnen sich durch ungewöhnlich große breite Köpfe, eine gedrungene Gestalt, fleischige Glieder, vor allem durch groteske, zipfelartige Auswüchse über den Augen sowie Warzenkämme und -nähte auf Kopf und Rücken aus. Alle tragen ein sehr farbenfrohes Kleid. Als geschickte Schaufler graben sie sich bis zum Kopf in den Waldboden ein und schnappen mit ihrem riesigen Maul nach vorbeilaufenden oder -fliegenden Beutetieren.

raupen, Schnecken, Tausendfüßern, Asseln, Spinnen und Insekten. Die lange Zunge wird lassoartig und so blitzschnell vorgeschleudert, daß unsere Augen dem Vorgang nicht zu folgen vermögen. In Angst und Schrecken versetzt, scheiden sie Säfte und Schleime aus, die schwache Gift- und Ätzstoffe enthalten. Nie aber können sie ihre Absonderungen ausspritzen. Ebensowenig vermögen sie jahrelang zu hungern, halten aber oft erstaunlich lange bei kärglichster Nahrung aus. Im Durchschnitt erreichen sie das hohe Alter von 30–40 und noch mehr Jahren.

Erdkröte (Bufo bufo): Bewohnt fast ganz Europa, Nordwestafrika und das gemäßigte Asien bis nach Sachalin und Japan, und zwar in den Ebenen wie auf den Gebirgen, im Kulturland wie in den Wäldern, in den Feldern und Gärten wie auf den Wiesen und in den Ortschaften; Länge 8 cm (Männchen) bis 13 cm (Weibchen), im Süden Europas bis zu 20 cm; Haut oberseits düster rotbraun, graurot oder schwarzbraun, auch ölgrün, dick und dicht mit großen Warzen bedeckt und schwach dunkel gefleckt, unterseits schmutzigweiß, oft graubraun gefleckt; hat gold- bis kupferrote Iris und in der Ohrgegend eine sehr große halbmondförmige Drüse.

Schon im März packt sie der Fortpflanzungstrieb. Oft ist sie dann geradezu massenhaft in kleinen Teichen vertreten, und man kann das „Bellen“ der Männchen weithin vernehmen. Der schwärzliche Laich wird von den heftig umworbenen Weibchen, die oft über eine ganze Schar von Freiern verfügen, in zwei 3–5 m langen Gallertschnüren ausgestoßen und um Wasserpflanzen gewickelt. Er kann weit über 6000 Eier enthalten. Die kleinen schwarzen Kaulquappen verwandeln sich innerhalb der nächsten 3–5 Monate und sind erst im fünften Lebensjahr fortpflanzungsfähig. Überwintert wird auf dem Lande in ziemlich tiefen, reich mit Laub gepolsterten Erdhöhlen.

Wechselkröte (Bufo viridis): Bewohnt Mittel- und Osteuropa etwa von der Rheinlinie an, geht im Norden bis nach Südschweden und verbreitet sich in mehreren Rassen über das mittlere Asien bis in die Mongolei und nach Tibet, ist auch in Afghanistan, im Iran und Irak, in Syrien, Nubien und ganz Nordafrika zu Hause, meidet überall die Wälder und bevorzugt als östliches Steppentier das offene Land; Länge 7–9 cm, Weibchen größer; Haut oberseits hellgrau bis hell olivfarben, mit oliv- bis schwarzgrünen Inselflecken und roten Warzenspitzen, unterseits grauweiß, oft grünlich oder schwärzlich gefleckt; hat schöne grünliche, schwarz gesprenkelte Augen, eine große Drüse in der Ohrgegend und als Männchen eine große innere Schallblase sowie schwärzliche Handschwielen.

Kreuzkröte (Bufo calamita): Bewohnt vorwiegend West- und Südwesteuropa, verbreitet sich aber auch über Mitteleuropa bis nach Südschweden, im Osten bis nach Polen und Westrußland, im Süden bis zur französischen und spanischen Mittelmeerküste, liebt trockene sandige Böden; Länge 6–7 cm, im Süden auch 8 cm; Haut flach und rötlich bewarzt, oberseits olivbräunlich oder -grünlich, undeutlich und spärlich grau- bis rötlichbraun gefleckt, mit schmaler schwefelgelber Längslinie auf der warzenlosen mittelsten Rückenzone, unterseits schmutzigweiß, dunkelgrau gefleckt; hat grünlichgelbe, schwarz gesprenkelte Augen, als Männchen eine große kehlständige Schallblase.

Wie es schon die wenig entwickelten Schwimmhäute anzeigen, ist die Kreuzkröte noch mehr als die Erd- und die Wechselkröte dem Leben auf dem Lande angepaßt. Wir können ihr selbst in den Dünen vieler Nordsee-Inseln sowie in den Hügel- und Bergländern begegnen. Sie läuft am schnellsten von allen einheimischen Kröten, und zwar auf allen vieren, klettert vorzüglich, gräbt gut, wühlt sich oft metertief in den Löß, wo sie gern überwintert.

Zu den echten Kröten zählen auch die großen südamerikanischen *Hornfrösche (Ceratophrys)*, die sich durch ungewöhnlich große breite Köpfe, gedrungene krötenartige Gestalt, fleischige Glieder, vor allem aber durch groteske zipfelartige Auswüchse über den Augen sowie erhöhte Warzenkämme und Nähte auf Kopf und Rücken kennzeichnen. Die Augenzipfel sind nichts anderes als die in eine hohe Spitze ausgezogenen oberen Augenlider. Alle tragen ein sehr farbenprächtiges Hautkleid. Als sehr geschickte Schaufler graben sie sich bis zum Kopf in den Waldboden ein und schnappen mit dem riesigen Maul die vorüberkommenden Beutetiere.

Von ihnen seien kurz vorgestellt:

der *Hornfrosch (Ceratophrys cornuta)* aus Brasilien, der 15–20 cm mißt, ein ungemein buntes, lebhaft orangegelb, rot- und schwarzbraun, grünschwarz, grasgrün, graurötlich und gelblichweiß gezeichnetes, gestreiftes, geflecktes und bewarztes Hautkleid trägt;

der *Schildfrosch (C. dorsata)* aus Brasilien, etwa von gleicher Größe oberseits vorwie-

Mit den Hautsekreten des Baumsteigerfrosches vergiften die Indianer seit alters her ihre Pfeile. Daher nennt man diese Lurche auch „Pfeilgiftfrösche". Sie sind laubfroschgroß und überaus bunt gefärbt. Diese Warnfarben dienen den Fröschen als Signal auf ihre Giftigkeit, damit Freßfeinde gewarnt werden und die Tiere in Ruhe lassen.

gend grün und braun gestreift, mit rötlichen Lidzipfeln und knöchernem Rückenschild;

der *Buchstabenfrosch (C. boiei)* aus Mittelbrasilien, ebenso bunt wie die vorhergehenden, allgemein etwas lichter gefärbt und durch erhabene Warzenreihen auf dem Rücken gekennzeichnet; und

der *Schmuckhornfrosch (C. ornata)* aus Argentinien, etwas kleiner als die obigen, oberseits gelblich oder grünlich mit großen, weißlich gesäumten, dunkelolivgrünen Flecken und weinroten Linien.

Gleichfalls auf das tropische Südamerika beschränkt sind die *Pfeiffrösche (Leptodactylus)*, die sich vor allem durch das Fehlen der Schwimmhäute zwischen den Zehen kennzeichnen, obwohl sie unseren Wasserfröschen sehr ähnlich sind. Ihre Lebensräume befinden sich regelmäßig in der unmittelbaren Nähe kleinerer Gewässer, Tümpel, Sümpfe und Lachen. Ins Wasser flüchten sie bei Gefahr und gehen sie tagsüber, um sich dort zu bergen. Gegen Abend aber schweifen sie munter umher, machen erstaunlich weite Sprünge und lassen ihre schrillen Pfeifrufe vernehmen. Die Eier stoßen sie nicht unmittelbar ins Wasser ab, sondern legen sie in schaumgefüllte Erdhöhlungen innerhalb der Überschwemmungsmarken oder unter Steine und modernde Stämme.

Von den etwa 35 Arten seien hier genannt:

der *Augenpfeifer (L. ocellatus)* aus dem östlichen Südamerika, der 9–11 cm mißt, oberseits ölgrün gefärbt und schwarz gefleckt ist und sich durch 8–10 erhöhte, ölbraune und gelbweiße, über den Rücken und die Seiten verlaufende Hautleisten kennzeichnet;

der *Fünffingrige Pfeiffrosch (L. pentadactylus)*, der einen fingerartigen Höcker an der Innenseite des ersten Fingers hat und die Größe eines Ochsenfrosches erreicht.

Baumbewohner des tropischen Amerikas und vor allem der Antillen sind auch die kleinen laubfroschähnlichen und besonders schreilustigen *Antillenfrösche (Eleutherodactylus)*, die als flinke Kletterer Haftscheiben an den Fingern und Zehen haben. Sie bewohnen Lebensräume, in denen es an stehenden Gewässern sehr mangelt, und kleben darum ihren Laich an Blätter. Jedes Ei stellt praktisch ein kleines Aquarium dar, in dem die Larve ihre Entwicklung bis zum Frosch durchmacht, ohne Kiemen zu bilden.

Wenigstens erwähnen wollen wir zuletzt noch:

die *Sumpffrösche (Paludicola)* aus Südamerika, die an unsere Knoblauchkröte erinnern und wie junge Kätzchen schreien;

die *Nasenkröten (Rhinophrynus)* aus Mexiko, mit unförmigem, eirundem Körper, dikken plumpen Gliedern, schnabelartig zugespitztem Kopf und an der Spitze beweglicher Zunge, mit der sie Ameisen und Termiten auflecken; und

die *Handfrösche (Chiroleptes)* aus Australien, die sich durch einen stark verlängerten Finger kennzeichnen, der den anderen daumenartig gegenübergestellt werden kann.

Vergessen seien endlich auch nicht die einzigen lebendgebärenden echten Kröten der Gattung *Nectophrynoides* aus Ostafrika, bei denen die Jungen ihre volle Entwicklung innerhalb der Eier noch im Mutterleib durchmachen.

Die Engmäuler und verwandte Froschfamilien

Die in der Familie der *Microhylidae* zusammengefaßten Engmäuler gehören zur Fauna der Neuen Welt. Es sind vorwiegend kleine Frösche, die mit den echten Kröten sehr nahe verwandt sind. Unter ihnen zeichnen sich viele durch besonders hochentwickelte Brutpflege-Instinkte aus und beschreiten die eigenartigsten Entwicklungswege.

Nasenfrosch (Rhinoderma darwinii): Bewohnt Chile; Länge reichlich 3 cm; gehört zur Familie der *Leptodactylidae*; Hautkleid sehr verschieden gefärbt, überaus bunt, am häufigsten oberseits gelb-, rot- oder graubraun, auch graugelb oder graurot, ferner lehm- oder sandfarben auf dem Rücken und kastanienbraun am Kopf und Rumpf, oder aber auch blatt- bis gelbgrün, unterseits gelb oder rot gefleckt sowie weiß-, bläulich- oder ziegelrot bewarzt; hat einen spitzen weichen Maulfortsatz und unvollständige Schwimmhäute; bevorzugt die Ränder flotter Bäche in den Bergwäldern.

Das Männchen des Nasenfrosches bewahrt die vom Weibchen einzeln oder paarweise abgelegten, recht großen und sehr dotterreichen Eier in seinen mit der Mundhöhle verbundenen Kehlsäcken (Schallblasen) auf. Fünf bis fünfzehn Eier kann er gut aufnehmen, wenn dann auch die Kehlsäcke so groß werden, daß sie den Raum der ganzen Bauchfläche ausfüllen. In den ersten Tagen leben die in diesem seltsamen Brutraum ausschlüpfenden Kaulquappen vom Eidotter. Dann aber kleben sie sich mit dem Ruderschwanz, den hinteren Gliedmaßen und endlich mit der ganzen Rückenhälfte fest an die Wand des Kehlsackes. Sie liegen dort in ordentlichen Reihen und zehren nun von den Lebenssäften des täglich mehr abmagernden Vaters, der am Ende der Brutzeit einem Gerippe gleicht. Schließlich aber lösen sich die endlich zum Frosch verwandelten Jungen, schlüpfen aus den Kehlsäcken in die Mundhöhle und springen aus dem väterlichen Maul munter in die Welt hinaus.

Färberfrosch (Dendrobates tinctorius): Bewohnt das tropische Mittel- und Südamerika; Länge 3–3,5 cm; gehört zur Familie der *Ranidae*; Haut meist schwarz oder grau, mit vielen bunten ornamentalen Linien und Flecken geschmückt; kennzeichnet sich durch pyramidenförmigen Kopf, abgestutzte Schnauze, nur wenig vertiefte Stirn zwischen den kaum hervortretenden Augen, sehr schlanken Rumpf, schmächtige Glieder mit ungewöhnlich großen Haftscheiben an den Zehen und kehlständige Schallblase.

Laubfrösche sind hervorragend an das Baumleben angepaßt; gut entwickelte Haftscheiben an den klauenförmig gebogenen Fingern und Zehen befähigen die Tiere, sicher im Gezweig zu klettern. Die meisten der rund 250 Formen leben im tropischen Amerika und in Australien, in Mitteleuropa ist diese große Familie einzig durch den Laubfrosch vertreten.

Mit den Hautsekreten des Färberfrosches vergiften die Indianer schon von alters her ihre Pfeile. Sie wissen auch, daß das Blut dieses Frosches die nachwachsenden grünen Federn der Papageien rot und gelb färbt, wenn sie es in die durch das Ausreißen der Federn entstandenen Wunden reiben.

Besonders bekannt wurden diese sogenannten „Baumsteigerfrösche" auch durch ihre Brutpflege. So konnte beobachtet werden, daß der *Dreistreifige Baumsteiger (D. trivittatus)* seine Eier wohl in kleinen Pfützen absetzt, die ausgeschlüpften Larven dann aber mit sich herumträgt und zu anderen Gewässern schafft, wenn die kleinen Lachen austrocknen. Ein ähnliches Verhalten wurde beim verwandten *Halsbandfrosch (Phyllobates trinitatis)* aus dem Nebelwald von Rancho Grande in Venezuela festgestellt, der sich durch einen schwarzen Querstrich auf der zitronengelben Kehle kennzeichnet, seine Eier auf dem Lande ablegt, wo das Männchen den Laich bewacht und dann die Larven ebenfalls auf dem Rücken mit sich herumträgt.

Von den zahlreichen, in der Familie der *Brevicipitiden* zusammengefaßten Engmäulern, die weit über Nord- und Südamerika, Afrika und Madagaskar, Süd- und Ostasien sowie Indoaustralien verbreitet sind, wollen wir hier nur einige afrikanische Formen betrachten.

Ostafrikanischer Kurzkopf (Breviceps mossambicus): Bewohnt das südöstliche Afrika; Länge 5 cm; Haut glatt, oberseits schmutzig rotbraun, oft schwarz gefleckt und mit breiter Augenbinde, seitlich gelbbraun, unterseits schmutzigweiß mit großem schwarzem Kehlfleck; kennzeichnet sich durch sehr kurzen Kopf, plattes Gesicht, kleines Maul, ungewöhnlich plumpen ballonartigen Körper, kaum hervorragende Glieder und scharfe Grabschaufeln an den Fußwurzeln; hat keine Zähne und eine festgewachsene Zunge, ernährt sich von Termiten und Ameisen, bewegt sich gemessen kriechend, wird in Südwestafrika vom *Südafrikanischen Kurzkopf (B. verrucosus)* vertreten.

Die Laubfrösche

Die kleinen munteren, ansprechend gefärbten und glatthäutigen Laubfrösche sind wohl die einzigen Froschlurche, die allgemein Gnade vor den Augen der Menschen gefunden haben. Als behende Baumfrösche kennzeichnen sie sich durch gut entwickelte Haftscheiben an den klauenförmig gebogenen Fingern und Zehen. In Europa vertritt sie einzig und allein das Urbild der ganzen Familie, unser unrechterweise zum Wetterpropheten erhobener und darum oft eingesperrter Laubfrosch. Auch Afrika und Asien beherbergen nur wenige Arten. Die meisten der rund 250 Formen leben vielmehr im tropischen Amerika und in Australien. Viele von ihnen betreiben eine hochentwickelte Brutpflege, die bei der Unterfamilie der *Taschen- oder Beutelfrösche (Hemiphractinae)* zur Herausbildung körpereigener Bruttaschen geführt hat.

Laubfrosch (Hyla arborea): Bewohnt in mehreren Rassen ganz Europa, das gemäßigte Asien bis nach Japan sowie Nordwestafrika und die Kanaren; Länge 4–5 cm; Haut oberseits glatt, leuchtend blattgrün, beidseitig mit einem schwarzen, oben oft weißlich gesäumten Längsstreif, der am Nasenloch beginnt, über das Auge läuft, sich längs der Flanken bis zum Oberschenkel hinzieht und in der Weichengegend einen Ausläufer hat, unterseits gekörnelt und grau- bis gelbweiß; wechselt die Farbe auf verschiedene physiologische Reize hin, wird in der Sonne hellgelb, in der Kälte grau oder braun; bevorzugt das Buschwerk in Laubwäldern, an Waldrändern, in Sümpfen, Mooren, Rieden, nassen Wiesen und Gärten, liebt vor allem die Brombeerwildnisse.

Unser Laubfrosch überwintert auf dem Lande in frostgeschützten Schlupfwinkeln, vor allem in gewässernahen Erdlöchern. In milden Jahren erscheint er schon Ende März/Anfang April wieder und tummelt sich dann bis Ende Mai/Anfang Juni im Wasser. Die brünstigen Männchen, die eine große kehlständige Schallblase haben und an dem stark faltigen, gelb- bis graubraunen Kehlsack zu erkennen sind, rufen laut und kräftig „Krak-krak-krak" und umfassen die paarungswilligen Weibchen in der Achselgegend. Der Laich wird nach und nach in etwa walnußgroßen Klumpen abgesetzt und umfaßt rund 880–1000 Eier. Die Paare bleiben oft zwei bis drei Tage lang vereinigt. Schon nach knapp 14 Tagen schlüpfen die olivfarbenen, goldschimmernden, sehr beweglichen Larven. Aber erst Ende Juli oder Anfang August geht die Verwandlung zum Frosch vor sich.

Von den vielen süd- und nordamerikanischen Laubfröschen seien erwähnt:

der *Kubanische Baumfrosch (Hyla septentrionalis)* von Kuba und Haiti, der bis zu 10 cm mißt, olivbräunlich gefärbt ist und sehr große Augen, zwei kleine Schallblasen hinter den Mundwinkeln und sehr große Haftscheiben hat;

der *Bananenlaubfrosch (H. nebulosa)* aus Brasilien, der tagsüber gelb gefärbt ist, nachts bräunlich wird und bläuliche Querbinden hat, zwischen den Bananenblättern lebt, in diesen auch laicht und seine Eier in eine schaumige Masse bettet;

der *Kolbenfuß (H. faber)* aus Brasilien, der 8–9 cm mißt, ein lehmgelbes oder lichtbraunes, auf der Rückenmitte schwarz längsgestreiftes, unterseits grobwarziges und gelblichweißes Hautkleid trägt, mit seinen Händen kleine Ringwälle aus Schlamm an den seichten Flußufern baut und in dieses angefertigte, mit Sickerwasser angefüllte Aquarium seine Eier legt;

der *Milchfrosch (H. venulosa)* aus Brasilien, der schon fast als Flugfrosch angesprochen werden kann, jedenfalls erstaunlich

Unser Laubfrosch überwintert in frostgeschützten Schlupfwinkeln, vor allem in Erdlöchern, die in Gewässernähe liegen. In milden Jahren erscheint er schon Ende März oder Anfang April wieder und tummelt sich dann bis in den Juni hinein im Wasser. Die brünstigen Männchen, die eine kehlständige Schallblase haben und an dem stark faltigen, gelb- bis graubraunen Kehlsack zu erkennen sind, rufen laut und kräftig „krak-krak-krak" und umfassen paarungswillige Weibchen in der Achselgegend.

weite Gleitflüge ausführt, ohne über spreizbare Hautfalten oder besonders große Schwimmhäute zu verfügen;

der *Farbwechselnde Laubfrosch (H. versicolor)* aus den östlichen und nördlichen Staaten der USA, laubfroschgroß, oberseits je nach Aufenthaltsort hellgrau oder tiefbraun, weißlich oder grün, mit gefleckter Oberlippe und gelben Hinterbacken;

der *Riesenlaubfrosch (H. vasta)* von Haiti, bis zu 13 cm lang, der ein olivgrünes und warzenbedecktes Hautkleid trägt, häutige Fransen am Unterkiefer hat, sich durch riesige Augen als echtes Nachttier kennzeichnet und ein sehr heftig brennendes Drüsensekret ausscheidet;

der *Heuschreckenfrosch (Acris gryllus)* aus dem östlichen und mittleren Nordamerika, laubfroschgroß, oberseits braun oder grau, mit schwärzlichen, hellgrün gesäumten Inselflecken, unterseits gelblich oder bräunlich, der am und im Wasser lebt, kaum klettert, sehr sangesfreudig ist und stundenlang seinen schrillenden und schwirrenden Ruf vernehmen läßt.

Wieder im tropischen Mittel- und Südamerika sind die eigenartigen grünen *Greif- oder Makifrösche (Phyllomedusen)* zu Hause. Sie kennzeichnen sich als echte Nachttiere durch senkrecht stehende Pupillen und können die Finger und Zehen wie Hände gebrauchen. Der innere Finger und die innere Zehe können den anderen Fingern und Zehen gegenübergestellt werden. Mit diesen Greifhänden und Greiffüßen halten die Männchen und Weibchen die Ränder benachbarter Blätter bei der Laichablage so lange zusammen, bis sie durch die klebrigen Eihüllen zusammengepappt werden. Dabei beachten sie, daß am unteren Ende der Blattzigarre eine Öffnung bleibt, durch die dann die ausgeschlüpften Kaulquappen ins Wasser purzeln können. Aus diesem Grund werden ausschließlich Uferbäume zur Eiablage ausgewählt, deren Äste weit über die Gewässer reichen.

Von den uns bekannten 18 Arten seien hier nur die beiden bekanntesten genannt, nämlich:

Iherings Makifrosch (Phyllomedusa iheringi) aus Südbrasilien, auf den die oben beschriebene Art der Eiablage zutrifft; und der

Paraguay-Makifrosch (Ph. hypochondrialis), der knapp 4 cm mißt, ein oberseits leuchtendgrünes, unterseits schneeweißes Hautkleid hat, an den Oberarmen, Oberschenkeln und Weichen aber lebhaft orangerot gefärbt und schwarz getigert ist; er rollt in Zusammenarbeit mit seinem Weibchen ein einziges Blatt zu einer Zigarre zusammen, klebt mit dem Laichgallert die Ränder zusammen und füllt sie etappenweise mit bis zu 100 Eiern.

Die Taschen- oder Beutelfrösche

Die süd- und mittelamerikanischen Taschen- oder Beutelfrösche unterscheiden sich von den bisher beschriebenen Laubfröschen lediglich durch das Vorhandensein körpereigener Brutbeutel. Diese befinden sich ausschließlich auf dem Rücken der Weibchen und treten in der Gestalt von zwei Hautfalten auf, die sich so weit übereinanderschlagen, daß nur ein schmaler, vom Steißbein bis zum Nacken reichender Schlitz offenbleibt. Sehr wahrscheinlich sind es die Männchen, die nun die wenigen großen Eier in diese Rückentasche schieben. Sind die Eier glücklich untergebracht, so verwachsen zumeist die Ränder der Hautfalten bis auf eine kleine Öffnung in der Steißgegend. Die auf dem Mutterrücken ausschlüpfenden Larven haben eigenartige blattförmige Kiemen und machen im Brutbeutel entweder ihre ganze Entwicklung zum Frosch durch oder werden im heranreifenden Kaulquappenzustand zum nächsten Gewässer gebracht.

Von den uns bekannten 15 Arten wollen wir kennenlernen:

den *Taschenfrosch (Gastrotheca marsupiata)* aus Ekuador und Peru, der 5–6 cm mißt, ein grünblaues, mit dunkelgrünen, hellgesäumten Inselflecken und Längsstreifen geschmücktes Hautkleid trägt, an den Beinen dunkel gebändert, gestreift, gefleckt und gepunktet ist; er behält die Eier im Brutbeutel bis zum Schlüpfen der Kaulquappen, die er dann später zu einem Gewässer bringt;

und den *Panzerkopf (Hemiphractus bubalus)* aus dem Raum von Brasilien bis nach Panama, der etwa 4,5 cm mißt, sich durch drei kurze Kopfhörner kennzeichnet, seine wenigen großen Eier zwischen die Rückenleisten klemmt, bis aus ihnen die jungen Frösche krabbeln.

Die echten Frösche

Die echten Frösche sind in Europa und Asien, vor allem aber in Afrika sehr häufig, in Südamerika und Australien dagegen nur mit je einer Art vertreten. Ihre hochspezialisierte Beinmuskulatur kennzeichnet sie als flotte Springer und ausgezeichnete Schwimmer. Doch sind sie bei weitem nicht durchweg echte Wassertiere. Nicht wenige treiben sich vielmehr nach der in den Gewässern verbrachten Paarungs- und Jugendzeit den ganzen Sommer über auf dem Lande herum. Erst im Herbst kehren sie

Der dreistreifige Baumsteiger aus der Familie der Färber- oder Baumsteigerfrösche (Bild rechts) lebt in den Regenwäldern von Peru bis zum Amazonas. Seine Hautdrüsen enthalten ein Gift, das die Indianer als Pfeilgift verwendeten.
Der punktierte Schlammtaucher aus der Familie der Schlammtaucher (Bild unten) lebt im westlichen Europa von Belgien bis Spanien und Nordwestitalien. Wegen seiner langen Hinterbeine ist er ein guter Springer. Schlammtaucher laichen manchmal zweimal im Jahr.
Zur Familie der Laubfrösche gehört der in Mexiko und Südamerika verbreitete Greiffrosch oder Makifrosch mit seinen großen Augen. (Bild rechts)
Die Besonderheit der Greiffrösche ist, daß die Daumen und die Zehen den anderen

Fingern bzw. Zehen gegenübergestellt sind. Greiffrösche sind langsame und bedächtige Tiere.

Der Grasfrosch bewohnt Mittel- und Nordeuropa sowie ganz Asien, dringt im Norden bis zum Nordkap und im Süden bis zu den Pyrenäen vor. Er erreicht eine Länge von 7–10 cm, seine Haut ist gelb-, rot- oder schwarzbraun und meist dunkel gefleckt. Der Laich wird in einem oder zwei Klumpen ausgestoßen, die etwa 1000–4000 Eier umfassen.

dann wieder zum Teich, Tümpel oder Bach zurück, um sich hier tief in den Schlamm zu wühlen und unter der Eisdecke zu überwintern. In den Tropen überdauern sie die Trockenzeit gleichfalls tief im Schlamm der Ufer und Gewässerböden.

Wasserfrosch (Rana esculenta): Bewohnt fast ganz Europa von Italien mit Sizilien und Korsika bis nach Südengland und Südschweden sowie von Frankreich bis zum Kaspischen Meer; Länge 7,5 cm (Männchen) bis 9 cm (Weibchen), die ausnahmsweise auch 10–12 cm messen können; Haut oberseits glatt oder kleinwarzig, grasgrün oder hellbraun, manchmal auch blaugrün, oft mit einem grünen, bläulichen oder gelblichgrünen Rückenstreif und schwarzgrünen Flekken sowie mit goldenen Drüsenleisten auf dem Rücken, unterseits weißlich oder gelblich, oft grau gefleckt, an der Hinterseite der Oberschenkel gelb und schwarzbraun marmoriert; das Männchen hat zwei große äußere, weißliche bis hellgraue Schallblasen, die aus einem Spalt hinter den Mundwinkeln ausgestülpt werden können; die Schwimmhäute sind sehr groß und reichen bis zu den Zehenspitzen; kennzeichnet sich ferner durch waagerechte Pupille, deutlich sichtbares Trommelfell und zugespitzte Schnauze.

Als echtes Wassertier bleibt der Wasserfrosch seinem Tümpel, Teich oder See, Wassergraben, Bach oder Flußarm, Sumpf, Bruch oder Morast zeit seines Lebens treu. Die Laichklumpen sind verhältnismäßig klein und enthalten im Durchschnitt bis zu 10000 hellgelbe Eier. Die bis zu 8 cm messenden Larven entwikkeln sich nur langsam und brauchen zu ihrer Verwandlung zum Frosch fast vier Monate.

Seefrosch (Rana ridibunda): Verbreitet sich vom Rhein über Mittel- und Norddeutschland bis ins asiatische Rußland (Kasakstan), wird in Südfrankreich, auf der Pyrenäenhalbinsel, in Kleinasien, im Kaukasus, in Syrien und Westasien von anderen Rassen seiner Art vertreten; Länge in Mitteleuropa 15 cm, im Süden bis zu 17 cm; Haut oberseits meist mit kleinen flachen Warzen bedeckt, olivgrün bis olivbraun, oft mit hellgrünlichem Längsstreif auf der Rückenmitte und dunkelolivbraun gefleckt, unterseits weißlich, grau gefleckt, an der Hinterseite der Oberschenkel hellgrau und olivbraun marmoriert; das Männchen hat zwei große äußere, rauchgraue Schallblasen, die hinter den Mundwinkeln ausgestülpt werden, und in der Paarungszeit ein graues horniges Polster auf dem ersten Finger.

Moorfrosch (Rana arvalis): Bewohnt in drei Rassen Mittel- und Nordeuropa sowie Westasien etwa vom Rhein bis zum Baikalsee, im Norden bis zum Polarkreis, im Süden bis zum Alpenrand und der unteren Donau; Länge 5–7,5 cm; Haut oberseits glatt oder klein bewarzt, vorwiegend einfarbig braun, oft aber auch dunkelbraun bis schwarz gefleckt, vor allem mit großem Fleck in der Ohrgegend, durchweg mit hellbraunen Drüsenwülsten und hellem, schwarz gesäumtem Rückenstreif, unterseits weiß bis gelblich; das Männchen hat zwei innere Schallblasen, verfärbt sich während der Paarungszeit himmelblau; die Schwimmhäute sind nur mäßig entwickelt.

Der Moorfrosch ist eher ein Land- als ein Wassertier, liebt aber den besonders feuchten Grund der Flußtäler, Sumpf- und Moorwiesen, Riede, Brüche.

Grasfrosch (Rana temporaria): Bewohnt Mittel- und Nordeuropa sowie ganz Asien bis nach Japan, dringt im Norden bis zum Nordkap vor und erreicht im Süden die Pyrenäen, die nördlichen Apenninen sowie Albanien und Südbulgarien; Länge 7–10 cm; Haut gelb-, rot- oder schwarzbraun, meist dunkel gefleckt oder getüpfelt, vor allem in der Ohrgegend, manchmal mit hellem Rückenstreif und zwei leicht vorspringenden, sanft gebogenen Drüsenreihen, unterseits milchweiß bis gelblich, beim Männchen grau, beim Weibchen bräunlich oder rötlich gefleckt oder auch marmoriert; das Männchen hat zwei innere Schallblasen, bläulichgraue Kehle, kräftigere Vorderbeine und in der Paarungszeit schwarze Greifschwielen auf dem ersten Finger.

Der Laich wird in ein oder zwei Klumpen ausgestoßen, die etwa 1000–4000 Eier umfassen. Er sinkt zum Boden, bis sich das Gewässer genügend erwärmt hat, um dann an die Oberfläche zu steigen. Es kann also lange währen, ehe die Kaulquappen schlüpfen. Dann aber geht die Verwandlung schnell vor sich, und bereits im Juli hüpfen die knapp einen Zentimeter großen Jungfrösche an Land. Oft treten sie so massenhaft auf, daß die Landleute von einem „Froschregen" sprechen. Tagsüber bergen sie sich bald wie die Alten unter Blättern, Steinen, Wurzeln, Büschen sowie in Erdlöchern, um erst in der Dämmerung auf Raub auszuziehen. Bis zur Paarungszeit hört man keinen Laut von ihnen, so daß man sie fast als stumme Tiere bezeichnen könnte. In der zweiten Oktoberhälfte streben sie wieder dem Wasser zu, wo sie laichen.

Springfrosch (Rana dalmatina): Bewohnt in Deutschland vor allem Bayern, Baden, das westliche Württemberg, Großhessen, das Rheinland, den südlichen Harz und die Hamburger Gegend, ist sonst über die Mittelmeerländer von Nordostspanien, Frankreich und Italien über den Balkan bis nach Kleinasien und dem nordwestlichen Iran verbreitet; Länge 6 cm (Männchen) bis 8 cm (Weibchen); Haut oberseits zart ziegelfarben, rötlichbraun, lichtbräunlich oder fast weißlich, mit großem schwarzbraunem Ohrfleck, meist nur spärlich und klein gefleckt, mit schmalen, wenig hervortretenden Drüsenleisten an den Rükkenseiten, unterseits milchweiß bis gelblichweiß, häufig ungefleckt; kennzeichnet sich durch ungewöhnlich lange Hinterbeine, die 10–13 cm messen können; das Männchen hat keine Schallblase.

Der Springfrosch macht seinem Namen durchaus Ehre. Sätze von zwei Meter Länge und einem Meter Höhe sind bei seinen langen Beinen eine Durchschnittsleistung. Es ist ihm auf dem Lande darum nicht leicht beizukommen, obwohl er auch tagsüber viel unterwegs ist und sich weit von den Gewässern entfernt. Da er die Wärme liebt, bevorzugt er die lichten durchsonnten Laub- und Mischwälder, die windgeschützten Waldwiesen und inneren Waldränder, ist aber auch in Feldgehölzen mitten in der flachen offenen Landschaft anzutreffen. Seine Schlupfwinkel sind kleine Mulden unter dichten Büschen und morschem Holz, Grasbüscheln, üppigem Gekräut oder angewehtem Laub. Ende März verläßt er sein Winterquartier im Schlamm der kleinen Gewässer und Gräben. Er paart sich etwa bis Mitte Mai. Sein Ruf erinnert an ein klares gedämpftes „Kor-kor-kor". Die Laichklumpen sind kleiner als beim Grasfrosch und enthalten auch weniger Eier. Im Juli gehen die jungen Springfrösche an Land.

Von den nordamerikanischen *Rana*-Arten seien noch vorgestellt:

der *Ochsenfrosch (R. catesbeiana)* aus dem Osten der Vereinigten Staaten, der bis zu 20 cm mißt, 500–600 g wiegt, ein oberseits olivbraunes oder olivgrünes, dunkelbraun oder schwarz gewölktes Hautkleid trägt, keine Drüsenleisten hat, die Fluß- und Stromufer bevorzugt, unwahrscheinlich laut brüllt und stark genug ist, selbst junge Wasservögel zu ertränken und zu fressen;

der *Leopardfrosch (R. pipiens = virescens)*, der 7–9 cm mißt, ein oberseits gelb- bis graugrünes Hautkleid mit dunkelbraunen, gelblich gesäumten Inselflecken trägt, sehr zeitig im Frühjahr erwacht und ebenfalls recht schreilustig ist.

Echte Frösche leben in großer Anzahl vor allem auch in Afrika. Die bekanntesten Arten unter ihnen sind wohl:

Die Grabfrösche sind bei der Eiablage zwar unabhängig vom Wasser, sie rechnen aber damit, daß ihr Gelege überschwemmt wird. Deshalb gräbt etwa das Männchen des Südlichen Grabfrosches bei Niederwasser in einem Flußbett schon lange vor dem Winterregen Höhlen im Trockenen, in die das Weibchen die in Schaum gepackten Eier versenkt.

der *Goliathfrosch (Gigantorana goliath)* aus Kamerun, der bis zu 40 cm mißt, also noch größer als der Ochsenfrosch wird; und

der *Nilfrosch (R. mascareniensis)* aus Ägypten, dem südlichen Afrika und von Madagaskar, der nur 4–5 cm mißt, ein echter Wasserfrosch ist und ein oberseits oliv-, braun- oder graugrünes, dunkel geflecktes, unterseits weißes Hautkleid trägt.

Außerdem wollen hier gleich noch erwähnt sein:

der *Langfingerfrosch (Arthroleptis whythei)*, der sich durch seinen verlängerten dritten Finger von den Rana-Arten unterscheidet; und

der *Haarfrosch (Astylosternus robustus)* aus Kamerun, der 9 cm mißt, sich durch einen ungewöhnlich breiten Rückenstreif kennzeichnet und als Männchen während der Paarungszeit haarähnliche papillöse Hautwucherungen in der Lendengegend und am Hinterrand der Oberschenkel ausbildet, die ihm zur Sauerstoffaufnahme in den Gewässern dienen.

Von den asiatischen echten Fröschen endlich seien wenigstens namentlich vorgestellt:

der *Rotohrfrosch (R. erythraea)* von der Malaiischen Halbinsel und der Indischen Inselwelt, oberseits metallisch grün schimmernd, mit silberweißen Drüsenreihen auf dem Rücken, der sich vor allem durch seine leuchtendroten Trommelfelle und feuerroten Augen kennzeichnet;

sowie auch der *Südamerikanische Zipfelfrosch (Ceratophrys appendiculata)*, der 2,5–3,5 cm mißt, mit dreieckigem, sehr flachem Kopf, zu einem spitzen Hautzipfel ausgezogener Schnauze sowie zipflig vergrößerten Oberlidern, der ganz ähnlich wie der Antillenfrosch seine ganze Entwicklung in einem beachtlich großen, unter Steinen oder Grasbüscheln abgelegten Ei vollendet.

Die Flugfrösche

Südostasien und Afrika einschließlich Madagaskar sind die Heimat der zumeist baumbewohnenden Flugfrösche, deren Finger und Zehen nicht nur mit großen Haftscheiben, sondern auch noch mit ungewöhnlich entwickelten Schwimmhäuten versehen sind. Weit gespreizt, dienen diese Schwimmhäute als kleine Fallschirme, die beim Sprung von Zweig zu Zweig oder auch zur Erde hinab einen recht beachtlichen Gleitflug ermöglichen. Wie bei den baumbewohnenden Laubfröschen, die sie in ihrer Heimat vertreten, entwickeln sich auch bei ihnen hochinteressante Brutgewohnheiten.

Von den weit über 200 Arten wollen wir kennenlernen:

den *Java-Flugfrosch (Polypedates reinwardtii)* aus den Bergwäldern Javas und Sumatras, der 7,5 cm mißt, ein vorherrschend tiefgrünes, unterseits lebhaft gelbes Hautkleid mit tiefblauen Flecken auf den Schwimmhäuten sowie in den Achselhöhlen trägt; er bringt seine Laichklumpen, in eine Schaummasse gehüllt, zwischen grünen Blättern unter, aus denen die Larven – vielleicht durch Regengüsse – dann in nahe Gewässer gespült werden; auf Borneo vertritt ihn der *Borneo-Flugfrosch (P. pardalis)*, ebenfalls ein Baumbewohner.

Die Schwanzlurche *(Urodela)*

Die Schwanzlurche sind vor allem über die nördlichen Regionen der Alten und der Neuen Welt verbreitet. Wer jemals einen Feuersalamander oder einen Teichmolch gesehen hat, kennt sie praktisch alle. Denn immer ist ihr Leib mehr oder weniger langgestreckt, walzenförmig, nur wenig gegliedert, oft etwas plump, der Kopf verhältnismäßig groß und flach, an der Schnauze leicht gerundet und vom Hals deutlich abgesetzt, der Schwanz lang, rundlich bei den landbewohnenden, seitlich zusammengedrückt bei den wasserbewohnenden Arten. Die Gliedmaßen sind zumeist gleich lang, eher gedrungen als schlank, oft ebenfalls recht plump. An den Vorderfüßen sitzen in der Regel drei bis vier, an den Hinterfüßen – die bei den Armmolchen fehlen – zwei bis fünf Zehen.

Feuersalamander leben bevorzugt in feuchten schattigen Wäldern des hügeligen und bergigen Landes und halten sich gerne in der Nähe von Quellen oder Bächen auf.

Tagsüber verbergen sich die Tiere in Fels- und Erdhöhlen, unter Baumstümpfen und Wurzeln oder großen Steinen.

Die Haut ist nackt, sehr drüsenreich, glatt, körnig oder warzig, und wird in periodischen Abständen in Fetzen oder im Ganzen abgestoßen. Oft dient sie neben den Kiemen und Lungen der Atmung. Bei den lungenlosen Salamandern ist sie neben der gefäßreichen Mundschleimhaut überhaupt das einzige Atmungsorgan.

In der Lebensweise sind die ausschließlich wasserbewohnenden von den amphibischen und den zeitlebens landbewohnenden Arten zu unterscheiden. Doch kehren fast alle Schwanzlurche in der Paarungszeit zum Wasser zurück, um hier zu laichen. Die Befruchtung ist in der Regel eine innerliche, und zwar wird der Same entweder unmittelbar übertragen oder in der Gestalt von Samenträgern abgesetzt und dann vom Weibchen aufgenommen und in körpereigenen Samenbehältern bis zur Eiablage aufbewahrt. Die Eier werden meist einzeln an Steine oder Wasserpflanzen geheftet.

Die Larven der Schwanzlurche atmen wie die Larven der Froschlurche zuerst durch Kiemen, später durch Lungen, doch brechen bei ihnen die Vorderbeine eher als die Hinterbeine durch. In der ersten Jugend kennzeichnen sich viele Arten durch fühlerartige Anhänge unterhalb der Augen, sogenannte Balancer, die die noch fehlenden Beine ersetzen und den Vorderkörper über den Boden erheben; sie bilden sich später zurück.

Die Winkelzahnmolche

Bei den asiatischen Winkelzahnmolchen findet die Befruchtung noch äußerlich statt. Außerdem weisen etliche anatomische Merkmale darauf hin, daß wir es in ihnen mit einer ziemlich primitiven und urtümlichen Molchfamilie zu tun haben. Ihren Namen verdanken sie der winkelbzw. v-förmigen Anordnung der Gaumenzähne.

Sibirischer Winkelzahnmolch (Hynobius keyserlingii): Bewohnt Asien vom Ural bis nach Kamtschatka sowie die Mongolei und Mandschurei, dringt im Norden bis über den 66. Grad nördlicher Breite vor; Haut oberseits olivbräunlich, mit schwarzem Rückenstreif, gold- oder bronzeschimmernd, an den Seiten vom Kopf bis zum Schwanz schwärzlich marmoriert; legt seine 50–60 Eier in gallertartigen, etwa 15 cm langen Säckchen an Uferpflanzen 2–3 cm über dem Wasserspiegel ab, so daß das Ende des Beutels im Wasser liegt; die Larven schlüpfen nach 14–23 Tagen; die erwachsenen Tiere leben auf seichten sumpfigen Wiesen und verbergen sich unter dem Moos oder modernden Stämmen; wird im fernen Osten vom *Japanischen Winkelzahnmolch (H. nebulosus)* vertreten.

Die Riesensalamander

Eng verwandt mit den Winkelzahnmolchen sind die nur unvollständig verwandelten Riesensalamander. Sie leben ausschließlich in kalten schnellfließenden Gewässern und erweisen sich als lichtscheue und phlegmatische Geschöpfe, die in den dunkelsten Winkeln unter Felsblöcken auf ihre Beute lauern. Der Kopf ist stark verflacht, der Leib abgeplattet und der lange Schwanz seitlich zusammengedrückt. Die Außenfinger, Außenzehen, Unterschenkel und Körperseiten sind mit breiten Hautsäumen besetzt. Ihre Haut ist überaus glatt und schleimig.

Riesensalamander (Andrias japonicus = maximus): Bewohnt die kleinen kalten Riesel- und Forellenbäche in den Gebirgen von Japan und China; Länge bis zu 150 (!) cm; Haut oberseits mit elf Warzenreihen bedeckt, hellgraubraun, gewölkt und gefleckt, unter dem dicken Längswulst lichtgrau, schwarz gefleckt; ist der größte lebende Lurch der Welt, hat sehr kleine Augen und Nasenlöcher sowie einen langen Ruderschwanz; ernährt sich von kleinen Fischen, Kröten, Fröschen, Molchen und Krabben, schnappt wehrhaft nach Störenfrieden; legt seine knapp 7 mm langen Eier in rosenkranzähnlichen Schnüren ab, die vom Männchen befächelt, bewacht und verteidigt werden; erreichte in der Gefangenschaft ein Alter von 50 Jahren.

Schlammteufel oder Hellbender (Cryptobranchus alleganiensis): Bewohnt die nordamerikanischen Flußgebiete des Susquehanna und Mississippi, und zwar vor allem in der Nähe seichter felsiger Stromschnellen; Länge bis zu 56 cm; Haut sehr locker und faltig, düsterbraun oder schiefergrau, mit schwarzen und kleinen gelben Flecken; kennzeichnet sich ebenfalls durch sehr flachen Kopf, fleischigen platten Leib mit einer dicken längsverlaufenden Falte und seitlich stark zusammengedrückten Ruderschwanz; das Männchen bewacht gleichfalls die in Schnüren abgelegten, rund 450–600 Eier, von denen es aber auch etliche verzehrt; wird im Missouri von *C. bishopi* vertreten. Beide Tiere sind wehrhaft.

Die Querzahnmolche

Die Querzahnmolche – bei denen die Gaumenzähne in quergestellten Reihen angeordnet sind – verbringen nur die Paarungszeit im Wasser. Die Befruchtung erfolgt im Körper des Weibchens, das die vom Männchen abgelegten Samenträger (Spermatophoren) in seine Kloake aufnimmt, nachdem es von jenem zu diesen Ablageplätzen hindirigiert wurde. Seine Eier legt es dann meist im Frühjahr einzeln an Wasserpflanzen oder in Klümpchen auf den Gewässergrund. Bei einigen von den insgesamt elf *Ambystoma-Arten* jedoch findet seltsamerweise keine Verwandlung statt, erreichen vielmehr die Tiere in der Larvenform die Geschlechtsreife und pflanzen sich als ungewöhnlich große Larven

Das befruchtete Feuersalamander-Weibchen trägt seine Eier monatelang, setzt sie erst im nächsten Sommer ab. Die Larven entwickeln sich im Körper der Mutter so weit, daß sie mit äußeren Kiemen und mit vollentwickelten Gliedmaßen zur Welt kommen. Die im Spätsommer geborenen Jungen überwintern meistens als Larven.

fort. Man kann aber auch diese Tiere zu einer vollkommenen Metamorphose bringen bzw. zwingen, wenn man sie in einem sehr seichten Wasserbecken hält.

Mexikanischer Querzahnmolch oder Axolotl (Ambystoma mexicanum): Bewohnt Mexiko; Länge 16–22 cm; Haut der Larve dunkelolivbraun oder – in gezüchteten Formen – auch ganz weiß; hat einen über Rücken und Schwanz verlaufenden Hautkamm und auf beiden Seiten des Kopfes je drei große, büschelig verzweigte Feder- oder Quastenkiemen; pflanzt sich gewöhnlich als Larve *(Axolotl)* fort, macht aber im seichten oder austrocknenden Gewässer seine Verwandlung zum lungenatmenden Landmolch durch, bekommt dann eine schwärzliche Haut mit vielen lebhaft gelben Flecken und einen drehrunden Schwanz.

Getigerter Querzahnmolch (Ambystoma tigrinum): Bewohnt die Vereinigten Staaten bis zum Hochland von Mexiko; Länge 14–21 cm; Haut braun oder schwarz, unregelmäßig gelb, gelbgrün oder gelbbraun gefleckt, quergestreift oder gepunktet; pflanzt sich ebenfalls gewöhnlich als Larve fort, kann sich aber auch zum Landmolch entwickeln, wenn die Umstände ihn dazu zwingen.

Die Salamander

Die große Familie der Salamander umfaßt die uns wohlbekannten Gestalten der *Echten Molche* mit dem Feuer- und Alpensalamander sowie den zahlreichen Wassermolchen.

Die körperlichen Merkmale sind: langgestreckter, mehr oder weniger walzenförmiger, oft etwas plumper Leib mit vier gut entwickelten Gliedmaßen und einem drehrunden Schwanz, eine meist glatte, sehr drüsenreiche Haut, die in regelmäßigen Abständen abgestoßen wird, in Längsreihen stehende Gaumenzähne und sehtüchtige, mit Lidern versehene Augen.

Feuersalamander (Salamandra salamandra): Bewohnt in etlichen Rassen Nordwestafrika, ganz Süd- und Mitteleuropa bis nach Kleinasien, Kurdistan und Syrien; Länge bei uns bis zu 20 cm, im Süden bis zu 28,5 cm; Haut glatt und samtschwarz, entweder in zwei Längsreihen (westeuropäische Rasse) oder unregelmäßig gold-, schwefel- oder orangegelb (osteuropäische Rasse) gefleckt, unterseits einfarbig schwarzgrau oder schmutzig grünlichgelb gefleckt; trägt auch auf den Oberlidern wie auf den Wurzeln der Oberarme und Oberschenkel gelbe Flecken; hat einen plumpen Körper, breiten Kopf, verhältnismäßig kurzen Schwanz, eine sehr große Drüse in der Ohrgegend, je eine Längsreihe großer Warzen an den Flanken und zwei Drüsenreihen auf dem Rücken.

Der Feuersalamander bevorzugt die feuchten schattigen Wälder der Hügel- und Bergländer und hält sich hier gern in der Nähe der Bäche und Quellen auf. Tagsüber verbirgt er sich in Fels- und Erdlöchern, unter Baumstümpfen und Wurzeln, Moospolstern und Steinen. Doch können wir ihn während warmer Sommerregen sowie im Frühjahr, wenn er die Gewässer aufsucht, oder im Herbst, wenn er in die Winterquartiere abwandert, auch am Tage beobachten. Gerade bei solchen Gelegenheiten taucht er dann oft in großer Stückzahl auf, und es wird offenbar, wie zahlreich er in einer Landschaft vertreten ist. Die Paarung findet im Frühjahr oder im Sommer entweder im feuchten Grund oder im flachen Wasser statt. Das Männchen schiebt sich von hinten unter das Weibchen und beide umfassen sich regelrecht mit den Vorderbeinen. Das Samenpaket, das nach den Blüten des Odermennigs duftet, wird unmittelbar übergeben und vom Weibchen meist noch lange im Samenbehälter aufbewahrt, ehe die innere Befruchtung stattfindet. Es ist die Regel, daß das Weibchen seine Eier monatelang austrägt und erst im nächsten Frühjahr, frühestens im Sommer absetzt. Die Larven entwickeln sich im Leib der Mutter schon so weit, daß sie fast unmittelbar nach dem Absetzen der rund 20–40 Eier mit entwickelten äußeren Kiemen und Gliedmaßen ins Wasser schlüpfen. Die im Spätsommer zur Welt gebrachten Jungen überwintern meist als Larven. Der Feuersalamander ist also ein lebendgebärender Molch. Bei Gefahr wehrt er sich durch das Absondern seines

scharfätzenden Drüsensekrets, das die meisten seiner Feinde abschreckt. Den Winter verbringt er in Gemeinschaft mit vielen anderen seiner Art auf dem Land in geeigneten Höhlen und Löchern. Nicht selten verläßt er an warmen feuchten Tagen das Winterquartier und ist dann bereits im Februar zu sehen.

Alpensalamander (Salamandra atra): Bewohnt die Alpen in Höhen von 600–3000 m, tritt auch in den benachbarten Gebirgszügen Bayerns und Württembergs sowie im Balkan auf; Länge 12–16 cm; Haut glänzendschwarz, ungefleckt; watschelt im Zeitlupentempo dahin, wobei er sich eigentlich um seine Achse windet, liebt die feuchten Schluchten, haust gesellig unter Steinen und Moosen, Zwergsträuchern und Büschen.

Nahe Verwandte des Feuer- und des Alpensalamanders sind:

der *Kaukasus-Salamander (Mertensiella caucasica)* aus den Hochgebirgen Transkaukasiens und den Küstengebirgen Kleinasiens, der bis zu 18 cm mißt, ein tiefschwarzes Hautkleid mit zwei Längsreihen runder orangeroter Flecke auf dem Rücken trägt, auf dem Lande so behend wie eine Eidechse ist, auch ausgezeichnet schwimmt und bei Gefahr schnell seinen langen Schwanz opfert;

der *Brillensalamander (Salamandrina terdigitata)* aus dem Hügelland der nord- und mittelitalienischen Mittelmeerküste, der 8–10 cm mißt, ein oberseits schwarzes, unterseits lichtes, unregelmäßig schwarz geflecktes und getüpfeltes Hautkleid trägt und sich durch die gelbrötliche Brillenzeichnung über den Augen, den weißen Kehlfleck sowie die karminrote Innenseite der Beine und der unteren Hälfte des Schwanzes kennzeichnet; er paart sich auf dem Lande, stößt die Eier aber

Die Männchen der Bergmolche tragen zur Paarungszeit einen niedrigen, ungezackten, durchgehenden, hellgelb und schwarz quergebänderten Rücken- und Schwanzkamm. Sie schmücken sich an den Flanken mit einem himmelblauen Längsband, am Schwanz mit schwarzen und bläulichweißen Flecken und mit einem feuerroten Bauch.

ins Wasser ab, liebt feuchte schattige Plätze, kommt auch in die Gärten und Ortschaften sowie Vorstädte.

Die Wassermolche *(Triturus)*

Auch die meisten Wassermolche leben nicht ausschließlich im Wasser, sondern verbringen in ihm lediglich ihre Larven- und Paarungszeit. Viele überwintern sogar auf dem Lande und kehren erst im nächsten Frühjahr zum Teich zurück. Aber sie unterscheiden sich von den echten Landmolchen durch einen wesentlich schlankeren, gestreckteren Leib, den stark zusammengedrückten, beidseitig gekielten Ruderschwanz und einen besonders bei den Männchen stark ausgeprägten Rückenkamm. Vor allem kennzeichnen sie sich durch ihr erstaunlich hohes Regenerationsvermögen. Sie können nämlich verlorengegangene Glieder und Organe vollständig neu ausbilden. Selbst weitgehend zerstörte Augen werden mit der Hornhaut, der Regenbogenhaut und der Linse wieder aufgebaut, abgetrennte Kinnladen ersetzt und abgeschnittene Glieder mit allen Knochen und Gelenken nachgebildet.

Kammolch (Triturus cristatus): Bewohnt Mittel- und Nordeuropa von Mittel- und Ostfrankreich bis zum Ural, tritt in etlichen Rassen auch in den östlichen Alpenländern, auf der Apenninhalbinsel, im mittleren und unteren Donaugebiet, auf dem Balkan, im Kaukasus, in Kleinasien und im Iran auf; Länge 13–15 cm; Haut grobkörnig, oberseits dunkel- bis fast schwarzbraun, meist schwarz gefleckt, an den Flanken kreideweiß punktiert, unterseits dotter- bis orangegelb, groß schwarz gefleckt; hat goldfarbene Augen; das Männchen trägt während der Paarungszeit einen hohen gezackten Hautkamm auf Rücken und Schwanz mit tiefem Einschnitt über der Schwanzwurzel und schmückt sich an den Schwanzseiten mit einem breiten perlmutterfarbenen Streifen.

Die Larven sind zuerst gelbgrün getönt, bekommen dann schwarze Rückenbinden, goldglänzende Seiten und einen weißlichen Schwanzsaum, sind im Juli schon 5 cm lang und haben vier zierliche Beine mit langen zarten Zehen. Später entwickelt sich am Ende des Schwanzes ein fadenförmiges Gebilde. Nach 2–3 Monaten ist die Entwicklung abgeschlossen.

Bergmolch (Triturus alpestris): Bewohnt in mehreren Rassen die Alpenländer und Mitteleuropa von der Pyrenäenhalbinsel bis zu den Karpaten und von Nordfrankreich, Belgien und Holland über die norddeutsche Tiefebene bis nach Norditalien, Bosnien und Nordgriechenland; Länge 8 cm (Männchen) bis 11 cm (Weibchen); Haut oberseits schiefergrau bis nahezu schwarz, zuweilen bläulich getönt, undeutlich dunkel marmoriert oder gefleckt, seitlich schwarz getüpfelt, unterseits orangegelb bis orangerot, manchmal an der Kehle gefleckt; hat goldgelbe Augen; das Männchen trägt in der Paarungszeit einen niedrigen, ungezackten, durchgehenden, hellgelb und schwarz quergebänderten Rükken- und Schwanzkamm, schmückt sich an den Flanken mit einem himmelblauen Längsband, am Schwanz mit schwarzen und bläulichweißen Flecken, wird auf dem Rücken bläulich und am Bauch feuerrot.

Fadenmolch (Triturus helveticus): Bewohnt Westeuropa von der Pyrenäenhalbinsel über Frankreich und die Schweiz bis zur Unterelbe und dem Harz, ist auch in Belgien, Holland und Großbritannien zu Hause; Länge 7 cm (Männchen) bis 9 cm (Weibchen); Haut oberseits olivbraun bis olivgrünlich, matt goldglänzend, meist dunkel gefleckt und getüpfelt, unterseits weißlich, oft dunkel gefleckt, mit einer stroh- bis orangegelben Mittelzone; das Männchen trägt in der Paarungszeit Hautsäume auf dem Schwanz, dessen abgestutztes Ende einen etwa 5 mm langen fadenförmigen Fortsatz hat, einen sehr niedrigen ungezackten Rückenkamm, deutlich vorspringende Hautleisten an den Flanken und Schwimmhäute an den Hinterfüßen.

Teichmolch (Triturus vulgaris): Bewohnt das mittlere und nördliche Europa und Asien von Mittelfrankreich bis nach Sibirien, kommt südlich der Alpen in mehreren Rassen auf der Apenninhalbinsel, im Balkan und Kaukasus vor; Länge 9,5 cm (Weibchen) bis 11 cm (Männchen); Haut oberseits braun bis olivbraun oder lehmfarben, oft dunkel gefleckt, seitlich weißgelblich, zart silberglänzend, unterseits weißlich, mit einer strohgelben bis orangeroten Mittelzone, die schwärzlich gefleckt oder getüpfelt ist; kennzeichnet sich durch eine Doppelreihe eingedrückter Drüsen und fünf dunkle Längsstriche auf dem Kopf, schlanken Leib und langen Schwanz; das Männchen trägt in der Paarungszeit einen hohen Flatterkamm auf dem Rücken und einen gewellten gelben Schwanzsaum, der durch einen perlmutterblauen Streifen, eine orangefarbene Kante und schwarze Flecke verziert ist.

Nahe Verwandte unserer heimischen Wassermolche sind:

der *Rippenmolch (Pleurodeles waltl)*, Südwestspanien, Portugal und Marokko, bei dem die scharf zugespitzten Rippenspitzen aus den großen orangerötlichen Hornwarzen an den Flanken heraustreten;

der *Hechtkopfmolch (Euproctus platycephalus)* aus den Bergen Sardiniens, der durch seinen flachen Kopf gekennzeichnet ist, dem er auch seinen Namen verdankt.

Die lungenlosen Salamander

Die lungenlosen Salamander sind vorwiegend Mittel- und Nordamerikaner. Nur eine Gattung dringt bis nach Bolivien vor, und lediglich eine Art ist auch in Südeuropa heimisch. Die Atmung erfolgt bei diesen Schwanzlurchen, die vorwiegend ein Landleben führen, vor allem durch die Haut und die besonders gefäßreiche Mundhöhle. Vielleicht spielen bei den einzelnen Formen auch noch die mit einem reichen Blutgefäßnetz versehenen Zehen die Rolle äußerer Kiemen.

Schleuderzungenmolch (Hydromantes genëi): Bewohnt in je einer Unterart Südostfrank-

Unsere Molche besitzen ein erstaunliches Regenerationsvermögen, wenn ein Glied abgerissen wird. Im Bild ein Kamm-Molch mit ausgeprägtem Rückenkamm.

reich, Italien und Sardinien, wird auch *Brauner Höhlensalamander* (früher *Spelerpes fuscus*) genannt; Länge 9–11 cm; Haut glatt und goldschimmernd, oberseits braun, unregelmäßig gelbrot und gelblich gefleckt, nicht selten mit gelbrotem Schwanz, unterseits hell graubraun, manchmal dunkel gefleckt; hat großen Kopf, breit abgestutzte Schnauze, große vorspringende schwarze Augen, kurzen gedrungenen Rumpf, Spannhäute zwischen den Zehen und verhältnismäßig kurzen drehrunden Schwanz; bevorzugt den Aufenthalt in den Grotten und Höhlen der Gebirgslandschaften, fängt die Insekten mit seiner langen Schleuderzunge, verzehrt in der Gefangenschaft auch Tausendfüßer, Asseln, Spinnentiere, Regen- und Mehlwürmer; wird in den Bergen Kaliforniens von *H. platycephalus* vertreten. Diese Tiere sind heute regional gefährdet.

Die Fischmolche

Die Fischmolche, von denen wir nur drei nordamerikanische Arten kennen, erinnern gestaltlich an einen Aal. Die vier Gliedmaßen sind stark zurückgebildet und sehr weit auseinandergerückt, haben zwar noch verkümmerte Zehen, taugen aber wohl

kaum noch zum Laufen. Die winzigen Augen werden von der Haut überzogen, die an diesen Stellen jedoch so verdünnt ist, daß man sie gerade noch entdekken kann. Wahrscheinlich vermögen sie hell und dunkel zu unterscheiden. Am Kopf befindet sich jederseits ein Kiemenloch, doch wird zugleich auch durch Lungen geatmet.

Aalmolch (Amphiuma means): Bewohnt die Sümpfe und schlammigen Gewässer des südöstlichen Nordamerikas; Länge 76–89 cm, zuweilen auch bis zu 100 cm; Haut oberseits schwärzlichbraun, grünlich schimmernd, unterseits heller; schwimmt wie ein Aal, wühlt sich durch den Schlamm und die Sümpfe, frißt Würmer, Krebstiere, Schnecken und Fische, verteidigt sich mit empfindlichen Bissen, gibt einen scharfen Pfiff von sich; das Weibchen betreibt Brutpflege, indem es sich schraubenförmig um die Eischnüre windet.

Die Olme

Die wasserbewohnenden Olme gleichen den Fischmolchen sehr. Sie haben denselben langgestreckten Körper und ebenfalls sehr verkümmerte kleine Beine, tragen aber zeitlebens äußere Kiemenbüschel, obwohl Lungen vorhanden sind.

Grottenolm (Proteus anguineus): Bewohnt in zwei Rassen die unterirdischen Gewässer in den Küstengebieten und Karstgebirgen Jugoslawiens; Länge etwa 25 cm; Haut gänzlich unpigmentiert, vorwiegend gelblichweiß, vom durchschimmernden Blut auch rötlichweiß bis veilchenfarben getönt, manchmal gelblich, graulich oder rötlich gepunktet oder gefleckt, unter der Einwirkung des Sonnenlichtes einheitlich grau, auch dunkel gefleckt oder gebändert; kennzeichnet sich durch völlig unter der Haut verborgene Augen, je zwei Paar rote Kiemenbüschel, die lange, hechtartig zugespitzte Schnauze, je drei Finger und zwei Zehen sowie Hautsäume am beidseitig gekielten Ruderschwanz; lebt von Wasserflöhen, Würmern und Schnecken, legt seine Eier einzeln ab, soll aber auch lebend gebären. Der Grottenolm soll dann jeweils zwei Junge zur Welt bringen.

Furchenmolch (Necturus maculosus): Bewohnt den Osten der Vereinigten Staaten und Kanada, ist in klaren sandigen Gewässern wie im Schlamm der Kanäle und Gräben anzutreffen; Länge bis zu 40 cm; Haut oberseits grau oder braun, unregelmäßig schwarz gefleckt, unterseits hellgrau oder fleischfarben; kennzeichnet sich durch eiförmigen Kopf, zugespitzte Schnauze, kleine Augen, die deutlich hervorteten, aber lidlos sind, drei Paar lebhaft rote Kiemenbüschel, deutlich abgesetzten Hals, vier Finger, vier Zehen und seitlich stark zusammengedrückten Ruderschwanz; legt seine Eier unter Steine und Strünke ins Wasser.

Die Armmolche

Bei den ebenfalls sehr fischähnlichen nordamerikanischen Armmolchen sind die Hinterbeine gänzlich verschwunden und nicht einmal mehr im Skelett zu entdecken. Die vierfingrigen Vorderbeinchen aber zeigen sich kräftiger und funktionstüchtiger als bei den Fischmolchen und Olmen, stützen nicht nur den Körper, sondern durchwühlen auch lebhaft den Sand und Schlamm. Die Oberkieferknochen, Augenlider und Kloakaldrüsen fehlen gänzlich, der Mund ist zahnlos bis auf die Pflugscharbeine. Größere äußere Kiemenbüschel bleiben zeitlebens erhalten, doch wird auch regelmäßig mit Lungen geatmet und auftauchend atmosphärische Luft aufgenommen. Im Wesen zeigen sich die Armmolche viel lebhafter als die Olme, sind flink und gewandt wie Fische und geben piepende und quakende Laute von sich.

Armmolch (Siren lacertina): Bewohnt die Ostküste von Nordamerika, etwa vom Columbia-Distrikt bis nach Florida, liebt dicht durchwachsene Seen und langsam fließende Gewässer; Länge 67–73 cm; Haut oberseits schwärzlich, unterseits heller und oft fein weiß gefleckt; hat walzenförmigen Körper, der sich seitlich abplattet und hinten zuspitzt; ist überaus lichtscheu, ernährt sich von Würmern, Kaulquappen und kleinen, meist kranken Fischen.

Die Blindwühlen
(Gymnophiona)

Wie die in der Erde wühlenden Echsen leben auch die Blindwühlen als wurmförmige, gliedmaßenlose, ringelhäutige und sehr kurzschwänzige Geschöpfe grabend im Erdreich und nähren sich von Würmern und Insektenlarven. In die Haut sind oft noch kleine Kalkschuppen eingelagert und weisen auf die Abstammung von den *Panzerlurchen (Stegocephalen)* hin. Die Augen sind weitgehend verkümmert und werden von der Kopfhaut bedeckt oder fehlen ganz. Zwischen den Augen und den äußeren Nasenlöchern liegt in einer Grube ein vorstreckbarer Fühler bzw. Taster. Auch die Ohren liegen unter der Haut verborgen. Der Schädel, der die ganze Wühlarbeit zu leisten hat, ist hart.

Blindwühlen leben im tropischen Afrika, Asien und Amerika.

Ringelwühle (Siphonops annulatus): Bewohnt Guayana, Nordbrasilien, Ekuador und Peru; Länge 39 cm; Haut schwärzlich, mit 85–95 weißlichen Ringelfurchen; hat keine Kalkschüppchen in der Haut und noch deutlich erkennbare, wenn auch winzige Augen; wird häufig in den unterirdischen Nestern der Ameisen gefunden, die sie sicherlich zusätzlich verzehrt.

DIE FISCHE

(Pisces)

Fische sind im Wasser lebende, wechselwarme und mit Hilfe von Kiemen atmende Tiere. Ihre Haut ist üblicherweise mit zahlreichen Schuppen bedeckt. Ihre Flossen entsprechen den Beinen der Vierfüßer. Mit über 20000 Arten stellen sie die größte Teilgruppe der Wirbeltiere. Sie siedeln in der Tiefsee bis hin zu saisonal austrocknenden Tümpeln.

Wie der Vogel ist auch der Fisch vorwiegend spindelförmig gebaut. Sein Leib ist auf die Form zugeschnitten, die den Widerstand des Wassers am leichtesten zu überwinden vermag. Und wenn auch diese Idealgestalt je nach der Lebensweise der einzelnen Fischarten eine fast unbegrenzte Abwandlung erfährt, gleichen die schnellsten Fische doch immer einem Torpedo. Der Kopf ist ein Kegel, dessen Spitze die Schnauze darstellt, und geht unmittelbar und fließend, ohne die geringste Andeutung eines Halses in den Rumpf über. Der Leib erreicht seinen größten Umfang im ersten Drittel, um sich dann harmonisch bis zum Ansatz der Schwanzflosse wieder zu verjüngen. Der ganze Fischkörper ist also lediglich in Kopf, Rumpf, Schwanz und Flossen gegliedert. Und zwar reicht der Kopf von der Schnauzenspitze bis zum hinteren Rand der Kiemendeckel, der Rumpf von dort bis zum After, und der Schwanz vom After bis zur Basis der Schwanzflosse.

Außer der Schwanzflosse dienen der Fortbewegung wie der Steuerung die paarigen Brust- und Bauchflossen sowie die unpaaren Rücken- und Afterflossen. Die Brustflossen stehen regelmäßig dicht hinter der Kiemenspalte. Die Bauchflossen dagegen können kehlständig, bruständig und bauchständig sein. Bei manchen Arten, wie z. B. bei den lachsartigen Fischen, gesellt sich zu diesen Flossen noch eine sogenannte Fettflosse, die dann immer zwischen Rücken- und Schwanzflosse steht.

Fische bewohnen die klaren, reißenden Gebirgsbäche wie die trüben großen Ströme, die Ober- wie die Unterläufe der Flüsse, die Brackwasserzonen vor den Küsten wie die Küstensäume, die Weite der Weltmeere wie die kleinsten Tümpel und Wassergräben, die Teiche und Weiher wie die gewaltigen Binnenseen, sie steigen aus den lichtlosen Tiefen der Ozeane bis in Höhen von über 5000 m. Es gibt praktisch kaum eine Wasseransammlung, in der sie nicht zu Hause wären.

Etliche vermögen im Notfall atmosphärische Luft zu atmen, andere über Land zu laufen und über Hindernisse zu klettern. In gewaltigen Schwüngen schnellen sie hoch aus dem Wasser und segeln mit ausgebreiteten Flossen im Gleitflug dahin. Die Spindelform wandelt sich ab zu den abenteuerlichsten Gestalten. Bizarre Dornen, Flossenstacheln und Hautanhängsel dienen als Zierat, Waffe und Angel. Etliche töten mit elektrischen Stromstößen und verfügen über Echolote. Leuchtorgane weisen ihnen den Weg durch die Nacht der Tiefsee und locken Beutetiere an. Manche tragen noch Panzerplatten und andere wieder sind gänzlich nackt. Neben Zwergen von der Länge eines Fingernagels stehen Riesen, die mehrere Meter messen. Tausendfältig ist die Pracht der schimmernden Schuppen, der farbigen Muster, Zeichnungen und Ornamente. Und während sich das Leben der einen in den wenigen Kubikmetern eines Tümpels beschließt, schweifen die anderen in weiten Wanderungen von Meer zu Meer.

Weitaus die meisten Fische sind Nachttiere und bergen sich tagsüber in ihren Schlupfwin-

keln. Sie ruhen und schlafen wie andere Tiere, wenn auch mit offenen Augen, und nehmen dabei besondere Stellungen ein. Der Ruhe geben sie sich auch hin, wenn sie gesättigt sind und der Verdauung pflegen. Der Hunger treibt sie nicht weniger um als der Fortpflanzungstrieb, und immerzu ist das Leben von vielen Gefahren bedroht.

Die Fruchtbarkeit ist durchschnittlich sehr hoch. So stößt der Lachs 20000, der Heilbutt über 3 Millionen, der Stör bis zu 6 Millionen und der Kabeljau bis zu 9 Millionen Eier ab. Jeder nur denkbare Verlust wird von diesen Unsummen von Lebenskeimen aufgefangen. Nur der Mensch hat es durch seine rücksichtslosen Fangmethoden zuwege gebracht, sogar den Bestand zahlreicher Meeresfische zu dezimieren.

Der frischgeborene, aus dem Ei geschlüpfte Fisch hat für die ersten Tage seines Lebens zumeist noch einen reichen Vorrat an Nährstoffen zu verzehren. Ihm hängt der Rest des Dottersackes gleich einem Futtersack am Hals. So kann er still auf dem Grund des Gewässers oder in guter Deckung ruhen und braucht nichts anderes zu tun, als sich einen kleinen Wasserstrom zuzufächeln. Dann erst muß er sich um Nahrung bekümmern und beginnt, oft im großen schützenden Schwarm der Geschwister, frei umherzuschwimmen. Instinktiv sucht die junge Fischbrut sich immer in Deckung oder in so seichten Randgebieten zu halten, wo sie für die größeren Raubfische nicht erreichbar sind.

In den Binnengewässern der nördlichen Zonen überwintern viele Fische im Schlamm oder in geschützten Buchten und Höhlungen auf dem Grund. Während dieser Ruhezeit sinken die Körperfunktionen wesentlich ab und zehren die Tiere ausschließlich vom angespeicherten Fett. Sie überstehen diese Zeit selbst

Bild letzte Seite:

Anemonenfische bilden mit Seeanemonen eine Lebensgemeinschaft, die beiden nützt.

Die Bachforelle lebt nur in Gewässern mit kaltem, sauerstoffreichen Wasser bei einer Temperatur von 10–18° C. Die Larven der Köcherfliege bilden häufig für junge Tiere die Hauptnahrung, es werden aber auch gerne niedrig über das Wasser fliegende Insekten gefangen.

dann, wenn die Gewässer dick vereisen. In den kleinen Tümpeln könnte ihnen dann höchstens der Sauerstoffmangel zum Verhängnis werden.

Die Zahl der heute lebenden Fischarten wird – je nachdem wie die einzelnen Forscher den Artbegriff auffassen – auf rund 18000–25000 und noch mehr geschätzt. Aufgeteilt wird die ganze Gruppe in die beiden Klassen der *Knochenfische (Osteïchthyes)* und der *Knorpelfische (Chondrichthyes)*.

Die Knochenfische
(Osteïchthyes)

Die sehr große Klasse der Knochenfische vereint fast alle der heute lebenden Fischarten und gliedert sich in 2 Unterklassen mit 41 Ordnungen. 39 dieser Ordnungen umfassen die Unterklasse der *Strahlenflosser (Actinopterygii)*, zu der 4 Überordnungen gehören. Eine Überordnung bilden die *Echten Knochenfische (Teleostei)* mit all den bekannten Gestalten der Heringe, Lachse, Karpfen, Schmerlen, Aale, Stichlinge, Barsche, Makrelen, Schollen und Grundeln, die sich durch eine weitgehende Verknöcherung des Skeletts kennzeichnen. Die überwiegende Mehrheit dieser Fische trägt ein dachziegelartig in Längsreihen und schiefen Querreihen angeordnetes, aus Rund- oder Kammschuppen bestehendes Schuppenkleid.

Weitere Überordnungen der Strahlenflosser sind die *Flößler (Polypteri)*, die *Knorpelganoiden (Chondrostei)* und die *Knochenganoiden (Holostei)*.

Den Weg zum Landleben weist die 2. Unterklasse, die der *Fleischflosser (Sarcopterygii)*, in der wir den Ordnungen der *Quastenflosser (Crossopterygii)* und der *Lungenfische (Dipnoi)* begegnen.

Die Strahlenflosser
(Actinopterygii)

Die Heringsfische

Die ganze Familie ist durch mäßig langgestreckten, seitlich zusammengedrückten Leib, tief eingeschnittene Schwanzflosse und dünne, mittelgroße, leicht abfallende Rundschuppen ausgezeichnet. Die rund 200 Arten sind zum großen Teil Bewohner der Küstenzonen der Meere der ganzen Erde und bevorzugen den Bereich von der Brackwasserzone bis in Meerestiefen von etwa 200 m. Etliche Arten steigen auch in die süßen Gewässer auf, wandern aber auch zurück. In Europa gibt es zwei Familien.

Hering (Clupea harengus): Bewohnt die nördlichen gemäßigten und kalten Meere, an den europäischen Küsten den Raum von südlich Irland durch den Kanal bis nach Island, Spitzbergen, die Murmanküste und die östliche Ostsee, an den amerikanischen Küsten bis nach Kap Cod im Süden; Länge 12,5–42 cm, durchschnittlich 20–30 cm; Schuppenkleid oberseits dunkelblaugrün, purpurn schimmernd, unterseits perlmutter-silberglänzend, golden und violett überhaucht; hat auffallend kleine lichte Brust- und Bauchflossen, nur eine mittelständige Rückenflosse, eine weit nach hinten gerückte Afterflosse und tiefgegabelte dunklere Schwanzflosse; kennzeichnet sich durch vorspringenden Unterkiefer, an der Bauchkante gekielte Schuppen und fehlende Seitenlinie; bildet eine Anzahl von Rassen und Stämmen, die sich durch Vorkommen und Laichzeit unterscheiden. In Europa gibt es drei Gattungen.

Die Hauptlaichzeiten fallen in die Monate vom Januar bis zum April und vom August bis zum Dezember. Zum Ablaichen sucht er den sandigen oder rauhen Grund flacherer Bänke auf und klebt seine rund 30000 Eier in dünnen Schichten oder fußdikken Kissen auf den Boden. Die Jungfische schlüpfen – je nach der Jahreszeit und Temperatur – nach 7–50 Tagen. Sie sind bis zu einer Länge von 3 cm durchsichtig, bilden erst danach ihre Schuppen aus und bekommen Farbe.

Tagsüber birgt sich der Hering zumeist in Tiefen bis zu 200 m und steigt erst nach Einbruch der Dunkelheit zur Oberfläche empor. Seine Nahrung besteht vorwiegend aus Schwebetierchen (Plankton), vor allem aus Krebstieren und Flügelschnecken sowie aus kleinen Fischen.

Sprotte oder Breitling (Clupea sprattus): Bewohnt lediglich den europäischen Atlantik, ist vom Schwarzen und Mittelländischen Meer über die Biskaya bis zur Nord- und Ostsee verbreitet; Länge 6–17 cm; Schuppenkleid auf dem Rücken dunkelblau, grün schimmernd, seitlich und unterseits silberweiß glänzend und wunderbar irisierend; hat deutlich gekielte und gezähnelte Bauchkante, dunkle Rücken- und Schwanzflosse, weißlich aufgehellte Brust-, Bauch- und Afterflossen, keine Seitenlinie; wirkt gedrungener und etwas breiter als der Hering; laicht vom Frühjahr bis zum Sommer in Küstennähe, stößt seine 2000–15000 Eier frei ins Wasser ab, unternimmt keine größeren Wanderungen, bildet aber ebenfalls große, nach Altersstufen getrennte Schwärme, lebt von den Schwebetierchen der oberen Meeresschichten.

Sardine oder Pilchard (Sardina pilchardus): Bewohnt den europäischen Atlantik vom Schwarzen und Mittelländischen Meer über die Biskaya bis zur nördlichen Nordsee, dringt westlich bis zu den Azoren, südlich bis zu den Kanaren vor; Länge 13–30 cm; Schuppenkleid oberseits bläulichgrün, purpurschimmernd, seitlich und unterseits silberweiß, am Bauch purpurfarben getönt, an den Kiemendekkeln golden schimmernd, dahinter schwach schwarz gefleckt; hat sehr helle Brustflossen.

Sardelle (Engraulis encrasicholus): Bewohnt das Schwarze und Mittelländische Meer und die europäischen Atlantikküsten bis zur Deutschen Bucht; Länge 15–18 cm; Schuppenkleid ober-

Die Laichwanderungen der Lachse, die sie vom Meer in die Oberläufe der Flüsse und Ströme bis zu den Quellbächen hinauf unternehmen, erfolgen zu verschiedenen, örtlich gebundenen Zeiten. Gewöhnlich werden sie nach Vollendung des dritten bis vierten Lebensjahres zum ersten Mal unternommen.

seits blau, bräunlich-purpurfarben überhaucht, seitlich weißsilbern längsgestreift, unterseits lebhaft irisierend, an den Kiemendeckeln und Lippen sowie an der Kehle goldgelb; hat ein stark unterständiges Maul mit sehr langem Oberkiefer und großer Maulspalte; tritt nur zur Laichzeit in Schwärmen auf, die sich im Herbst und Winter auflösen, lebt dann in Bodennähe von planktontischen Krebschen, ist schon im zweiten Lebensjahr laichreif und beginnt dann sich fortzupflanzen.

Die lachsartigen Fische

In der Unterordnung der *Lachsartigen (Salmonoidei)* begegnen wir nicht nur den Lachsen im engeren Sinne, also den Salmen, Forellen, Huchen, Saiblingen und Blaufelchen, sondern auch den nahe verwandten Äschen und Stinten. Sie alle kennzeichnen sich durch die kleine strahlenlose Fettflosse, die genau über der Afterflosse steht, den im Querschnitt oval-rundlichen, schnittig gestreckten Körper und den mehr oder weniger spitzschnäuzigen, meist unbeschuppten Kopf.

Lachs oder Salm (Salmo salar): Bewohnt die Küstengebiete des Nordatlantiks von Spanien über die Nord- und Ostsee, Island und Grönland bis zum nördlichen Eismeer, an der amerikanischen Küste von Cape Cod bis zur Hudsonbai; Länge 50–120 cm, selten bis 150 cm; Schuppenkleid oberseits blaugrau, seitlich silberglänzend, auf dem Rücken wie an den Flanken fein schwarz gefleckt, unterseits silbrigweiß; hat dunkelgraue, in der Jugend schwarzgefleckte Rückenflosse, blasse Brust- und Bauchflossen und eine nur sanft gebuchtete Schwanzflosse; verfärbt sich während der Laichzeit, wird oberseits dunkler, schiefergraubläulich, seitlich bläulich, rot gefleckt, am Bauch oft purpurrot, bekommt auch rote Flossenränder und eine dicke Rückenschwarte.

Die Laichwanderungen der Lachse, die sie vom Meer in die Oberläufe der Flüsse und Ströme bis zu den Quellbächen hinauf unternehmen, erfolgen zu sehr verschiedenen, örtlich gebundenen Zeiten. Gewöhnlich werden sie nach Vollendung des dritten bis vierten Lebensjahres zum ersten Mal unternommen. Im Rhein steigen meist zuerst – nämlich am 25. Juli – die dreijährigen Männchen auf, denen später die vierjährigen Weibchen und vom November bis in den März die großen, bis zu 1 m langen Tiere folgen. Die alten Männchen zeichnen sich durch einen starken Unterkieferhaken aus. Und zwar streben die meisten Lachse dem Laichgebiet zu, in dem sie ihre Jugend verbrachten. Sie finden vom Meer aus nicht nur den gleichen Strom, sondern auch den oft weitverzweigten Weg bis zum vertrauten Rieselbach. Hier bekämpfen sich die Männchen heftig, während die Weibchen eine Rinne in den Kies wühlen und durch Schwanzschläge zu einer mannsgroßen, von Steinen befreiten Grube vertiefen. Das siegreiche Männchen reibt sich an den Flanken des Weibchens, stupft es aufgeregt und läßt seine Milch über die schätzungsweise 10000–40000 Eier fließen. Nach dem Laichgeschäft bedeckt das Weibchen die Eier mit Kies, wobei ihm das Männchen manchmal hilft. Die Hochzeit dauert insgesamt vierzehn Tage. Danach lassen sich die erschöpften Lachse, die vom Einzug in die Ströme bis zum Ablaichen keinen Bissen zu sich genommen haben, von der Strömung ins Meer zurücktreiben. Auf ihrer Wanderung flußaufwärts vermochte sie kein Hindernis aufzuhalten. Sie übersprangen die höchsten Wehre, erkletterten die für sie angelegten Fischtreppen und warfen sich dabei in zwei bis drei Meter hohen Sprüngen von Stufe zu Stufe.

Lachs- oder Meerforelle (Salmo trutta trutta): Bewohnt die Küstengebiete des Nordatlantiks von Westfrankreich bis zur Murmanküste, die Nord- und Ostsee, nördlich bis Island; Länge 50–70 cm; Schuppenkleid wechselnd gefärbt, oberseits meist blaugrün bis bräunlich, seitlich heller, fein schwarz gefleckt, unterseits silberweiß oder gelblich, in der Jugend schwarz quergebändert, gelb oder rot gefleckt, die Männchen zur Laichzeit lebhaft gelb und rot getönt und leuchtendrot gefleckt; hat helle Brust-, Bauch- und Afterflossen, schwarzgefleckte Rükkenflosse und im Alter gerade abgestutzte Schwanzflosse; ist gedrungener und stumpfschnauziger als der Lachs, stimmt in der Lebensweise weitgehend mit ihm überein, steigt zum Laichen in den Flüssen auf, dringt aber nicht bis in die Quellbäche vor, laicht bei uns im November/Dezember, lebt als Jungfisch 9–11 Monate im Süßwasser und wandert dann zum Meer zurück, kann aber auch in den Binnengewässern verbleiben und die Lebensweise der Bach- und der Seeforellen annehmen.

Seeforelle (Salmo trutta lacustris): Bewohnt vor allem die sauerstoffreichen Gebirgsseen der Alpen- und Voralpenländer, ist auch in Schweden und Schottland zu Hause; Länge 60–80 cm, selten bis zu 100 cm; Schuppenkleid oberseits graubraun bis grünlich, seitlich aufgehellt, unterseits grauweiß, oft gelblich oder rötlich getönt, bis über die Flanken mit sternförmigen schwarzen Flecken übersät; hat schwarzgetupfte Rücken-, Fett- und Schwanzflosse, abgerundeten Kopf, endständiges Maul, nur sanftgebuchtete Schwanzflosse; bevorzugt als Jungfisch die Oberfläche, als Alttier den Grund der Gewässer, laicht vom Oktober bis zum Dezember in den Zu- und Abflüssen der Seen, bettet seine 8000–20000 Eier in gewühlte Kiesgruben, verfolgt als ausgewachsener Raubfisch vor allem die Renken und Blaufelchen.

Bachforelle (Salmo trutta fario): Bewohnt die raschfließenden kalten und sauerstoffreichen Gewässer Europas, steigt in den Gebirgsbächen bis in Höhen von über 2500 m, wird je nach ihrem Aufenthaltsort auch Wald-, Teich-, Alp- und Steinforelle sowie je nach der vorherrschenden

Zu den farbenprächtigsten Süßwasserfischen zählt der lebhaft gezeichnete Bachsaibling (Bild unten). Zum Laichen schwimmen diese Fische meist bachaufwärts in jene Temperaturzonen, die den Forellen bereits zu kalt sind. Dennoch entstehen nicht selten als Kreuzungen aus Bachsaiblingen und Forellen die unfruchtbaren Tigerforellen. Die Bachsaiblinge bevorzugen freie Gewässer. Da sie nicht auf Verstecke angewiesen sind, finden sie selbst in kanalisierten Bachbetten ihren Lebensraum.

Färbung Gold-, Weiß- oder Schwarzforelle genannt; Länge 30–60 cm; Schuppenkleid wechselnd gefärbt, da sich der Fisch der Farbe der Umgebung anzupassen vermag, oft oberseits grünlichgrau, reich schwarz gepunktet, seitlich heller, meist rot gepunktet, unterseits weißlich, vielfach gelb und rot getönt; hat graue Brust-, Bauch- und Afterflossen, schwarz und rot getupfte Rücken- und Fettflosse, als Jungfisch tief eingeschnittene, als Altfisch senkrecht abgestutzte Schwanzflosse; wirkt verhältnismäßig gedrungen, kurzköpfig und großmäulig.

Regenbogenforelle (Salmo gairdneri): Stammt aus den Gebirgsflüssen des nördlichen Kaliforniens, ist seit 1880 bei uns eingeführt und bewohnt alle Lebensräume unserer einheimischen Forellen, verträgt aber auch wärmere Gewässer und hält sich gut in Teichen; Länge 30–60 cm; Schuppenkleid oberseits blaugrau, seitlich heller und schimmernder, mit breitem karmesinrotem, in allen Regenbogenfarben schillerndem Seitenband, unterseits weißlichgrau, am ganzen Körper sowie an der Rücken-, Fett- und Schwanzflosse reich schwarz gepunktet; hat leicht ausgeschnittene Schwanzflosse und mit weißen Fleckenstreifen verzierte Bauch- und Afterflosse; laicht vom Februar bis zum Mai in flachen Kiesmulden, die von den Geschlechtern nach der Eiablage mit lockerem Kies bedeckt werden, wächst fast doppelt so rasch wie die Bachforelle heran, behauptet sich im ganzen Flußgebiet, ernährt sich wie unsere Forellen.

Huchen (Hucho hucho): Bewohnt vorwiegend die Donau und ihre südlichen Nebenflüsse, von den nördlichen Zuflüssen lediglich Laber, Regen und Ilz; Länge 1–2 m; Schuppenkleid oberseits grau- bis olivgrün, in der Jugend mehr grünlichbraun, am Kopf oft blaugrau, an den Seiten silbern, kupferrot überflogen, am Bauch weißlich, ist am ganzen Körper dicht gepunktet; hat weißliche bis rötlichgraue Brust-, Bauch- und Afterflossen, kleine Rückenflosse und gebuchtete Schwanzflosse; kennzeichnet sich durch langgestreckten walzenförmigen Leib und keilförmigen Kopf mit breitem langgeschlitztem Maul.

Seesaibling (Salvelinus alpinus): Bewohnt die tiefen kalten Seen des Alpenlandes und Alpenvorlandes bis in Höhen von über 2000 m; Länge 40–80 cm; Schuppenkleid sehr wechselnd gefärbt, da sich der Fisch seiner Umgebung anzupassen vermag, oberseits meist dunkelgrau bis olivgrün, seitlich silberhell, orangerot schimmernd, unterseits weißlich, gelbrötlich getönt; ist auf dem Rücken vorwiegend gelblich, an den unteren Seiten rötlich gepunktet; hat grellweiß gerandete Brust-, Bauch- und Afterflossen, rot gepunktete Rückenflosse und eingebuchtete Schwanzflosse, trägt als Jungfisch dunkelrötliche Querbinden; kennzeichnet sich durch besonders langen spitzen Kopf, tiefgeschlitztes Maul und große scharfsichtige Augen; bevorzugt die tiefsten Stellen der Seen und steht mitten zwischen Felsblökken und Steinen, laicht vom Oktober bis zum Dezember, legt in flachen Kiesmulden an den Bacheinmündungen bis zu 5000 Eier ab und bedeckt sie mit Kies, stellt den Renken und Grundfischen sowie den Krebsen nach.

Bachsaibling (Salvelinus fontinalis): Stammt aus Nordamerika, wurde 1884 in Deutschland eingeführt, bewohnt seitdem die Forellenregion unserer Gewässer und dauert auch in begradigten Bächen aus; Länge 30–45 cm; Schuppenkleid oberseits olivbraun, seitlich aufgehellt, mit deutlicher gelber Mittellinie, am Bauch schmutziggelb – beim Männchen aber tiefrot –, am ganzen Körper lebhaft gezeichnet, oberseits olivgrün marmoriert, seitlich gelb und rot gepunktet, auch blau beringt; hat rötliche, weiß und schwarz gekantete Brust-, Bauch- und Afterflossen, gelb gefleckte Rükkenflosse und schwarz gefleckte, leicht eingebuchtete Schwanzflosse.

Große Bodenrenke oder Große Maräne (Coregonus lavaretus): Bewohnt die Seen des Ostseegebietes und Skandinaviens, ist die Stammform der „*Sandfelchen*" des Bodensees und anderer Seen des Alpenvorlandes; Länge 50–90 cm; Schuppenkleid oberseits graugrün bis bläulichgrau, seitlich und unterseits grausilbrig glänzend; ist dickbauchig und stumpfschnauzig, laicht im November/Dezember an den seichten Ufern der Seen, legt 6000–8000 Eier auf kiesigen Grund, frißt neben Schwebetierchen auch Würmer und Fischbrut, geht an die Angel.

Zwischen den räuberischen Lachsen und den friedlichen Renken stehen die *Äschen (Thymallus)*. Sie bewohnen die rasch fließenden Gewässer knapp unterhalb der Forellenregion und kennzeichnen sich gleichfalls durch den sehr kleinen spitzen Kopf, die enge Maulspalte, kleine Zähne, große scharfsichtige Augen. Von den Lachsen wie von den Renken unterscheiden sie sich durch die große, lange und hohe Rückenflosse.

Äsche (Thymallus thymallus): Bewohnt die mäßigkalten schnellfließenden Gewässer Mittel-, Nord- und Osteuropas von den Alpen bis zu den norddeutschen und russischen Ebenen; Länge 35–60 cm; Schuppenkleid

Auch in großer Wassertiefe ist die Färbung des Silbernen Beilfisches (Bild unten) noch deutlich erkennbar. Dafür sorgen große Leuchtorgane, die entlang der unteren Körperkanten verteilt sind und die silbrige Farbe verstärken. Die nach oben gerichteten Teleskopaugen des Tiefsee-Beilfisches gehören zu den auffälligsten Merkmalen des zwei bis sechs Zentimeter kleinen Raubfisches.

oberseits graugrün und aschgrau, seitlich silberweiß, rötlich und grünblau überlaufen, mit unregelmäßigen schwarzen Flecken hinter dem Kopf, unterseits trübweiß, goldgrün glänzend; hat rötlichgraue, purpurn und violett schimmernde Brust-, Bauch-, After- und Schwanzflossen und trägt während der Laichzeit eine violett und gelbgrün gebänderte Rückenflosse.

Die farbenprächtige, forellenschnelle, wendige und geschmeidige Äsche steht oft frei in der Strömung, nimmt aber auch gern die Deckung zwischen Wasserpflanzen an und hält sich knapp über dem kiesigen und sandigen Grund. Sie springt hoch aus dem Wasser nach fliegenden Insekten, schnappt die abgestürzten Eintagsfliegen von der Oberfläche weg, fängt Mückenlarven, Würmer, kleine Muscheln, Schnecken, Fischlaich und kleine Fische. Das vierjährige Weibchen legt seine 5000–6000 Eier im März/April in kleine Kiesgruben und bedeckt sie nur flüchtig. Es wählt seichte flache Stellen und drängt sich dort mit so vielen Artgenossen zusammen, daß die Leiber und Rückenflossen über die Oberfläche ragen. Die Jungen schlüpfen nach zwei bis drei Wochen. Da die Äsche keine Brutpflege betreibt, sind die Jungen von Anfang an auf sich allein gestellt.

Die Knochenzüngler

Die ungemein großen *Knochenzüngler (Osteoglossidae)* sind Süßwasserfische der äquatorialen Gebiete der Erde. Der verhältnismäßig kleine Kopf hat eine keilförmig zugespitzte Schnauze und ist mit Knochenschildern bedeckt. Die ungewöhnlich langen und niederen Rücken- und Afterflossen rükken dicht an den Schwanz heran. Die anderen Flossen sind auffällig klein, die Schuppen sehr groß und hart.

Arapaima (Arapaima gigas): Bewohnt die Flüsse von Britisch-Guayana sowie den Rio Negro und den Amazonas; ist der größte aller Süßwasserfische; Länge bis zu 4 m, Gewicht bis zu 200 kg; Schuppenkleid besteht aus großen harten, scharlachrot geranderten, mosaikartig angeordneten Schuppen, die dunkelgrau, rot und bläulichrot schillern und glänzen; wird in den Flüssen Australiens vom bis zu 1 m langen *Barramuda (Scleropages leichardti)* vertreten.

Die Schmetterlingsfische

Die *Schmetterlingsfische (Pantodontidae)* bewohnen ausschließlich die Binnengewässer des äquatorialen Westafrikas. Es sind kleine, äußerst scheue und flüchtige, nächtlich lebende, tagsüber unbeweglich unter schwimmenden Blättern hängende Geschöpfe, die sich durch seitlich zusammengedrückten Körper, große ganzrandige Schuppen, kielförmige Bauchkante, flügelartig vergrößerte Brustflossen und stachelartige Bauchflossen kennzeichnen, an denen sie gut zu erkennen sind.

Mit Hilfe dieser fünf weitgespreizten, harten und spitzen Stacheln der Bauchflossen, die zugleich einen wirksamen Schutz gegen von unten her angreifende Raubfische darstellen, können sie sich auf den Wasserspiegel wie auf die Blätter der Wasserpflanzen stützen und sich hüpfend und springend fortbewegen. Während des Sprunges breiten sie die Brustflossen weit aus und gleiten segelnd über das Wasser. Kleintiere der Wasseroberfläche sowie fliegende Insekten sind ihre Beute.

Schmetterlingsfisch (Pantodon buchholzi): Bewohnt die westafrikanischen Flüsse; Länge bis zu 10 cm; Schuppenkleid wechselnd gefärbt, oberseits oft dunkelbraun bis braunoliv oder blaugrün, seitlich grünsilbern aufgehellt, unregelmäßig dunkel gefleckt und quergebändert, oft mit breitem schwarzem Augenband; hat schmetterlingsbunte Brustflossen, sehr strahlige Rükken- und Afterflosse, verlängerte Mittelstrahlen der rundlichen Schwanzflosse; stößt seine 250 Eier nach lebhafter Balz, bei der das Männchen „reitet", ins Wasser ab, in dem sie sofort an die Oberfläche steigen, leichte Beute für andere Fische.

Die Großmäuler

Die *Großmäuler (Stomiatidae)* sind räuberisch lebende Fische der Tiefsee, die sich durch ihr besonders großes zähnestarrendes Maul kennzeichnen. Sie selbst sind klein, messen nur 2–25 cm und haben meist einen dunklen Körper. Ihre mächtigen Augen aber zeigen eine ungewöhnliche Entwicklung und sitzen dem Kopf bei manchen Arten wie Teleskope auf. Hinter den Augen stehen größere Leuchtorgane, die ständig ein gleichmäßiges Licht ausstrahlen. Dagegen blitzen die in Reihen über die Flanken verteilten Leuchtorgane nur bei bestimmten Reizungen auf. Über das Leben dieser Fische, die nur selten einmal und dann zumeist in den Nächten an die Oberfläche kommen, wissen wir noch sehr wenig.

Silberbeil oder Silberner Beilfisch (Argyropelecus hemigymnus): Mißt nur 2–6 cm, hat einen kurzen, seitlich stark abgeplatteten, silberglänzenden Leib, der sich nach dem hohen Rücken schnell verjüngt; kennzeichnet sich durch hohe Teleskopaugen, wurde schon in Tiefen von 200 m gesichtet, schwimmt in Schulen.

Bärtiges Igelmaul (Echiostoma barbatum): Wird bis zu 25 cm lang, hat einen langgestreckten walzenförmigen Leib mit weit zurückgesetzter Rükken- und Afterflosse, fadenartig ausgezogener Brustflosse und schmalen kleinen Bauchflossen; kennzeichnet sich durch langen Bartfaden am Unterkiefer; trägt die kleinen seitlichen, in Reihen angeordneten Leuchtorgane unterhalb der Seitenlinie.

Silberleuchte (Photichthys argentëus): Erreicht eine Größe von etwa 24–25 cm, hat langgestreckten Leib, weit zurückgesetzte Rücken- und Afterflosse und eine kleine gegabelte Schwanzflosse, ist großschuppig und trägt die seitlichen Leuchtorgane knapp über der Bauchlinie; wird oft auch in geringeren Tiefen erbeutet.

Es sei hier ebenso noch auf die *Maulstachler* der Gattungen

Dieses Eilandbarbenpaar zählt zu den Zierbarben, die aus Südasien stammen; sie leben in unteren Wasserschichten bei etwas tieferen Temperaturen als die meisten Tropenfische.

Die Echten Barben (Bild unten: Schöne Barbe) bewohnen nur fließende Gewässer mit Stein oder Sandgrund. In der Dämmerung suchen sie ihre Nahrung, die überwiegend aus Insektenlarven besteht.

Barben sind lange Fische von mittlerer Größe, ihre Bauchseite ist abgeplattet. Die Färbung ist weiß oder bräunlich. Die zwischen fünfzig und neunzig Zentimeter großen Barben haben vier Bartfäden und hakenartige Zähne im Schlund.

Bis zu siebzig Jahre alt kann der Hecht werden. Dieser in Sibirien, Nordamerika und fast ganz Europa verbreitete Raubfisch jagt nicht nur andere Fische. Besondes große Exemplare seiner Art können auch kleine Wirbeltiere wie Frösche, Mäuse oder Ratten erbeuten.

Malacostëus, *Ultimostomias* und *Eustomias*, auf den *Säbelzahnigen Viperfisch (Chauliodus sloanei)* und die *Blassen Rundmäuler (Cyclothone signata)* hingewiesen.

Die Hechte

Die *Hechte (Esocidae)* bewohnen fast alle Binnengewässer der nördlichen Halbkugel. Die wenigen Arten kennzeichnen sich durch die ausgesprochen torpedoförmige Gestalt und den breitgedrückten Kopf mit der entenschnabelartig vorgezogenen Schnauze. Das bis unter die Augen gespaltene, oberständige Maul ist mit rund 700 Zähnen bewehrt. Die Rücken- wie die Afterflosse sind so weit nach hinten gerückt, daß der Leib so recht einem Armbrustbolzen gleicht.

Hecht (Esox lucius): Bewohnt die Teiche, Seen und Flüsse Europas, Asiens und Nordamerikas, steigt in den Alpen bis in 1500 m Höhe; Länge 60–150 cm, ausnahmsweise auch bis zu 200 cm, Gewicht bis zu 25 kg; Schuppenkleid dem Untergrund des Gewässers weitgehend angepaßt, oberseits oft graugrün bis schwärzlich und goldschimmernd, seitlich heller getönt und grau gemarmelt und gefleckt, wobei die dunkleren Flecke oft weiße oder gelbe Ränder haben, unterseits weiß bis gelblich, oft schwarz getüpfelt; hat rötliche Brust- und Bauchflossen, bräunliche, dunkle gefleckte Rücken- und Afterflossen sowie eine geschlitzte Schwanzflosse.

Als Raubfisch bevorzugt der Hecht die Überrumplungstaktik. Aus der Deckung der Buhnen und Molen, Wehre und Uferränder schießt er jäh vor und schnappt so kräftig zu, daß sich das Opfer höchst selten wieder befreien kann.

Im März/April suchen die Weibchen kleine Seitenarme, Wassergräben und auch überschwemmte Wiesen auf. Die meist in der Mehrzahl vorhandenen und kleineren Männchen erwarten sie bereits an diesen Plätzen, wo sie schon Tage vorher heftige Rivalenkämpfe ausfochten. Oft muß der Sieger dann auch noch sein Leben lassen, wenn er nicht stärker oder schneller als das Weibchen ist und sich nicht unmittelbar nach dem Bemilchen der Eier davonmacht. Denn das Laichgeschäft läßt den Hunger wachsen. Die Eier bleiben in Klumpen an den Wasserpflanzen kleben. Nach zwei bis drei Wochen schlüpfen die Jungen, aber erst nach weiteren zehn Tagen strecken sich die Kiefer zur charakteristischen Hechtschnauze.

In Nordamerika lebt der größte aller Hechte, der über 2 m lange *Muskellunge (Esox masquinongy)*, der in den großen nordamerikanischen Seen und im Mississippigebiet bis zu 50 kg wiegen kann.

Die Nilhechte

Echte lichtscheue Schlammwühler sind die in den tropischen Binnengewässern Afrikas und vor allem im Nil lebenden *Nilhechte (Mormyridae)*, von denen etwa 100 Arten bekannt sind. Viele von ihnen, wie z. B. *Gnathonemus curvirostris*, kennzeichnen sich durch eine rüssel- bis röhrenförmig verlängerte Schnauze, die dem Kopf fast ein elefanten- oder tapirhaftes Aussehen verleiht und auch noch einen Hautlappen an der Spitze aufweist. Seine Gattung kennzeichnet sich durch sehr kleine, von der Haut bedeckte Augen und ungewöhnlich entwickelte schwanzständige Rücken- und Afterflossen. Die Haut ist düsterfarben, meist olivgrau bis graubraun. Die Schuppen sind klein und ganzrandig.

Die Karpfenfische

Die große Familie der *Karpfenfische (Cyprinidae)* besteht aus 10 Unterfamilien und umfaßt den größten Teil der europäischen, asiatischen, afrikanischen und nordamerikanischen Süßwasserfische. Übereinstimmend kennzeichnen sie sich durch die länglicheirunde, oft sehr hochrückige Gestalt und betont kleine Mäuler. Der Leib ist mit runden Schuppen bedeckt. Als sogenannte Friedfische, die sich vorwiegend von Würmern, Insektenlarven, Kleinsttierchen und Pflanzen ernähren, haben sie eine rüsselartig vorstreckbare Schnauze, die zum Wühlen im Schlamm geeignet ist und deren Kiefer lediglich durch ein bewegliches Band mit dem Hirnschädel verbunden sind. Der Darm ist meist sehr lang. Bevorzugt werden stehende und langsam fließende, gut erwärmte Gewässer.

Flußkarpfen (Cyprinus carpio): Bewohnt Europa und Asien, kommt als Wildform noch in vielen Flüssen des südöstlichen Europas, vor allem in der unteren Donau und auch in den norddeutschen Seen vor, wurde als Zuchtform auch nach Nordamerika eingeführt und ist dort seit 1877 fest eingebürgert, fehlt heute lediglich in Afrika und Australien; Länge 50–100 cm; Schuppenkleid oberseits dunkelgrau, seitlich bronzegelb glänzend, unterseits weißlichgelb; hat einen verhältnismäßig niedrigen, aber doch breiten Rücken, trägt große Schuppen, deren dunkle Ränder ein netzartiges Muster ergeben; kennzeichnet sich durch vier Barteln am zahnlosen Maul, eine langgestreckte Rückenflosse und eine breite, gebuchtete Schwanzflosse.

Der Flußkarpfen liebt das ruhige tiefe Wasser, steht vor allem hinter Wehren und zwischen Wasserpflanzen. Schlammiger Grund zieht ihn an und oft betätigt er sich hier als echter Schlammschaufler, drückt das zu einem kreisförmigen Rüssel vorgestülpte und geöffnete Maul auf den Grund und saugt den mit Kleintieren und Pflanzenteilen angereicherten Stoff auf. Auch sonst sind Insektenlarven, Würmer und Schnecken sowie Pflanzen seine Hauptnahrung. Nur selten – vor allem wohl in Zuchtteichen – vergreift er sich an Fischlaich und Fischbrut. Gern vereinigt er sich zu Schwärmen, die sich zur Laichzeit aber wieder auflösen. Mehrere Männchen,

Sein kreisrundes Maul kann der Karpfen wie einen Rüssel vorschieben, um den Grund nach Nahrung abzusaugen. Er kommt in außerordentlicher Formenvielfalt vor. Je nach Lebensgebiet – man findet ihn in Europa, Nordamerika, Australien, Ostasien, Südafrika und Neuseeland – unterscheidet sich die Zahl von Wirbeln, Flossenstrahlen, Schuppen und Kiemen. In Uferregionen und seichtem Wasser legt das Weibchen mehrmals während des Sommers seinen Laich ab.

die dann auf Scheitel, Wangen, Kiemendeckeln und Brustflossen viele kleine weißliche Warzen tragen, folgen jeweils einem Weibchen zu den seichten, dicht durchwachsenen Laichplätzen. Das Ablaichen erfolgt vom Mai bis zum Juli, und das Weibchen kann je nach Größe 200000–750000 blaßgelbe, etwa senfkorngroße Eier abstoßen. Diese haften an den Stengeln und Blättern der Wasserpflanzen, und schon nach 4–7 Tagen schlüpfen die Jungen.

Der Flußkarpfen ist die Stammform aller Zuchtkarpfen, von denen hier lediglich der sehr hochrückige, kurzleibige *Spiegelkarpfen*, der nur noch einige Reihen besonders großer Schuppen trägt, der von allen Schuppen entblößte *Lederkarpfen* und der edle *Lausitzer Karpfen* genannt sein sollen. Der letztere ist wie die Stammform gänzlich beschuppt, kommt auch in freien Gewässern vor, hat aber einen hohen Fettbuckel und wirkt wesentlich gedrungener. Oft setzt das Weibchen bis zu 1 Million Eier ab.

Karausche (Carassius carassius): Bewohnt Mittel-, Nord- und Osteuropa sowie Nordasien, bevorzugt kleine Teiche, Tümpel, Altwässer und versumpfte Seen; Länge 20–40 cm; Schuppenkleid vorwiegend messinggelb, auf dem hochgebuckelten Rücken stahlblau schimmernd, an den Flossen rötlich überlaufen; hat eine stumpfe enge Schnauze, breite Stirn, kurzen Leib, hohe lange Rückenflosse und sanftgebuchtete Schwanzflosse; unterscheidet sich vom Karpfen durch das Fehlen der Barteln, laicht im Mai/Juni unter lebhaftem Geplätscher und Geschnatter, legt bis zu 200000 Eier an Wasserpflanzen.

Giebel (Carassius gibelio): Bewohnt Osteuropa und Nordasien, wurde bisher als eine Abart der Karausche angesehen, gilt heute aber als die Stammform aller gezüchteten *Goldfische*, da er viel mehr als die Karausche zu Gold- und Silbervarietäten neigt; er wäre demnach auch der Stammvater der ebenfalls in Japan gezüchteten *Schleierschwänze* und *Teleskopfische oder Himmelsgucker* sowie der in China gezüchteten *Eierfische* und der in Amerika aus den Schleierschwänzen hervorgegangenen *Kometenschweife*.

Schleie (Tinca tinca): Bewohnt alle langsam fließenden und stehenden Gewässer Europas; Länge 25–60 cm; Schuppenkleid oberseits meist dunkel olivgrün, seitlich hell und goldschimmernd, oft blau oder rötlich getönt und violett glänzend; hat feine kleine Schuppen, die tief in der dicken schleimigen Haut stecken; ist gedrungen und breitrückig, breit- und kurzköpfig; kennzeichnet sich durch zwei Barteln an der Oberlippe, hohe kurze Rückenflosse und breite, sanft gebuchtete Schwanzflosse.

Die Schleie liebt wie der Karpfen den schlammigen, lehmigen Grund und dichten Bewuchs. Sie begnügt sich oft mit dem kleinsten Teich und ist ebenfalls ein bescheidener Schlammschaufler, der außerdem noch Fischegel, Würmer, Schnecken, Wasserasseln und Froschlaich frißt. Als lichtscheues Geschöpf birgt sie sich tagsüber am Grund. Die Laichzeit währt vom Mai bis zum Juli, und das Weibchen legt rund 300000 Eier an zahlreichen Wasserpflanzen ab.

Die Schleie wird gern den Karpfenteichen beigesetzt. Im Osten ihres Verbreitungsgebietes tritt sie oft als goldgelbrot gefärbte *Goldschleie* auf und wird als solche vor allem in Böhmen gezüchtet.

Barbe oder Flußbarbe (Barbus barbus): Bewohnt die meisten Flüsse und Ströme Europas; Länge 50–80 cm; Schuppenkleid oberseits olivgrün, seitlich grünlichweiß bis bronzegelb, unterseits grünweißlich; hat weiße Kehle, bläuliche segelartige Rückenflosse, rötliche Brust-, Bauch- und Schwanzflossen; kennzeichnet sich durch rüsselartig vorgezogene Oberlippe, vier Bartfäden, kleine Augen und langgestreckten, walzenförmigen Leib mit netzartigem Schuppenmuster.

Auch die gesellige Barbe meidet das grelle Licht. Tagsüber birgt sie sich als ausgesprochener Grundfisch in Löchern, unter Steinen, hinter Buhnen- und Mohlenköpfen. Sie liebt die scharfe rasche Strömung, die Nähe der Wasserfälle und Wasserräder. Vom Mai bis Juni wandert sie flußaufwärts, sucht den kiesigen Grund an den Mündungen der Bäche und legt hier im flachen Wasser ihre 3000–8000 hirsekorngroßen goldgelben Eier an die Steine. Der Laich ist giftig. Als Verzehrer faulender Abfallstoffe ist sie von höchster Bedeu-

Der gesellige Ukelei lebt in großen Schwärmen in fast allen fließenden und stehenden Gewässern Europas. Da neben Plankton Luftinsekten seine Hauptnahrung darstellen, hält er sich vor allem dicht unter der Wasseroberfläche auf. Zum bevorzugten Lebensraum des auch Schuppenfisch oder Alwe genannten Fisches sind Stauseen geworden, denn auch dort kann er auf dem harten Grund seinen Laich ablegen.

tung für die Sauberkeit der Flußläufe. Außerdem frißt sie Würmer, Schnecken, Insektenlarven, Muscheln und Algen.

Viele kleine südasiatische Barbusarten, die man heute unter der Gattung *Puntius* zusammenfaßt, wurden in den letzten Jahrzehnten zu beliebten Aquarienfischen.

Aland oder Nerfling (Idus idus): Bewohnt die Seen und Flüsse Europas und Nordwestasiens; Länge 40–80 cm; Schuppenkleid oberseits graugrün, seitlich silbergrau, unterseits weißlich; hat graublaue Rückenflosse und rötliche Brust-, Bauch-, After- und Schwanzflossen, tritt auch in einer orangefarbenen bis mennigroten Abart als „Goldorfe" auf und trägt dann eine violette Längsbinde; laicht mit großem Geplätscher im März/April im steinigen bewachsenen Uferwasser, heftet seine 80000–100000 Eier an Steine und Pflanzen.

Döbel oder Aitel (Squalius cephalus): Bewohnt die Bäche, Flüsse und Seen ganz Mitteleuropas von der Forellen- bis zur Brachsenregion; Länge 40–70 cm; Schuppenkleid oberseits graugrün bis dunkelgrau, seitlich silberweiß, kräftig schwarz genetzt, unterseits weiß.

Brachsen oder Blei (Abramis brama): Bewohnt die Unterläufe und Mündungen der mittel-, nord- und osteuropäischen Flüsse sowie die mit ihnen verbundenen Seen und Haffe; Länge 40–70 cm; Schuppenkleid oberseits blaugrün bis graublau, seitlich silberweiß, oft stahlblau überflogen, unterseits silbern; ist sehr hoch- und schmalrückig, hat eine lange Afterflosse; nimmt in tiefen Seen eine tiefschwarz-silberne Färbung an, laicht im Mai/Juni an seichten Stellen, klebt seine rund 200000 Eier an Wasserpflanzen, trägt starken Laichausschlag in Warzenform; mancherorts wird er auch als Angelfisch geschätzt.

Rapfen oder Schied (Aspius aspius): Bewohnt die Ströme und Seen Mittel- und Osteuropas sowie das Donaugebiet; Länge 50–90 cm; Schuppenkleid blaugrün bis dunkelgrau; ist ein schlanker robuster Raubfisch, hat einen hechtartigen Kopf und ein weitgeschlitztes Maul, laicht im April/Mai.

Güster (Blicca björkna): Bewohnt die ruhig fließenden Flüsse sowie die Teiche und Seen Mitteleuropas; Länge 20–35 cm; Schuppenkleid oberseits blaugrau bis blaugrün, seitlich silbern, blauschimmernd; ist ein hochgebuckelter Friedfisch, der von Pflanzen und Kleintieren lebt; laicht im Mai/Juni.

Plötze (Rutilus rutilus): Bewohnt die Flüsse und Seen von Mittel- und Osteuropa sowie Nordwestasien; Länge 20–40 cm; Schuppenkleid kräftig genetzt, oberseits grün- bis blaugrau, seitlich blauschimmernd; erinnert an den Karpfen, hat roten Augenring, lebt als geselliger Friedfisch von Plankton, Insekten und Kleintieren, laicht im Mai/Juni mit großem Geplätscher an grasigen Plätzen.

Hasel (Leuciscus leuciscus): Bewohnt die Seen, Flüsse und Bäche Mittel- und Nordeuropas; Länge 20–35 cm; Schuppenkleid oberseits blaugrau, seitlich perlmuttschimmernd; hat helle rötlichgraue Flossen, lebt als Friedfisch von Pflanzen und Kleintieren, laicht vom März bis zum Mai, legt 60000–80000 Eier ab, dringt oft in die Forellenregion vor.

Rotfeder (Scardinius erythrophthalmus): Bewohnt die fließenden und stehenden Gewässer Europas und Mittelasiens; Länge 20–35 cm; Schuppenkleid oberseits braungrün, seitlich oft messinggelb schimmernd, unterseits grünlichweiß; hat rote Augen, Fettnacken, hoch- bis purpurrote Flossen; lebt als Friedfisch von Plankton und Kleintieren, wühlt im Schlamm, laicht vom Mai bis zum Juli zwischen Wasserpflanzen.

Nase (Chondrostoma nasus): Bewohnt die Flüsse und Seen Mitteleuropas vom Rhein über die Donau bis zur Weichsel; Länge 35–50 cm; Schuppenkleid oberseits grün- bis blaugrau, an der Seitenlinie schwarz glänzend, unterseits gelblichweiß schimmernd; hat keilförmigen Kopf, blaue Wangen, langgestreckten Leib mit rötlichen Brust-, Bauch- und Afterflossen; lebt als Friedfisch von Algen und Kleintieren, laicht vom März bis zum Mai in Scharen an stark überströmten kiesigen Stellen, legt mit großem, lautem Geplätscher rund 100000 Eier ab.

Ziege (Pelecus cultratus): Bewohnt die untere Donau und die Mündungsgebiete der Ostseeflüsse; Länge 30–50 cm; Schuppenkleid oberseits graublau, seitlich weißsilbern, unterseits weißlich; hat kleinen spitzen Kopf, geraden Rücken, messerartig geschweiften Bauch und scharf ausgeschnittene Schwanzflosse; laicht im Mai/Juni.

Schneider, Alandbleke oder Flußlaube (Alburnus bipunctatus): Bewohnt die schnellfließenden klaren Gewässer Europas; Länge 8–15 cm; Schuppenkleid oberseits dunkel- bis blaugrün oder grau, seitlich silbergrau und blau getönt, unterseits gelblich; hat eine nahtförmige, weitgeschwungene, schwarz gesäumte Seitenlinie und eine weitgegabelte Schwanzflosse; lebt als geselliger Friedfisch von Kleintieren und Wasserpflanzen, laicht im Mai/Juni auf sandigem oder kiesigem Grund.

Laube oder Ukelei (Alburnus alburnus): Bewohnt die langsam fließenden Flüsse und die Seen Europas; Länge 10–18 cm, selten bis zu 25 cm; Schuppenkleid oberseits blaugrün bis stahlblau, seitlich silberglänzend, unterseits mattgelb; hat sehr schmalen, seitlich zusammengedrückten Leib, rötliche Seitenlinie und stark gegabelte Schwanzflosse; lebt als flotter und spiellustiger Friedfisch von kleinen Wassertieren und Insekten, laicht im Mai/Juni, liefert in seinen lockersitzenden Schuppen die Perlenessenz.

Moderlieschen (Leucaspius delineatus): Bewohnt die Tüm-

Als guter Köderfisch gilt der Hasel. Dieser Friedfisch ist in Mittel- und Nordeuropa verbreitet, fehlt jedoch in Südeuropa fast völlig. Er lebt am liebsten in fließenden Gewässern. Laichzeit für den blaugrauen, an den Seiten perlmuttfarbenen Fisch ist von März bis April.

pel, Teiche und Seen von Europa, ist besonders im Osten häufig; Länge 5–8 cm, höchstens 12 cm; Schuppenkleid oberseits grünlichbraun, seitlich silberweiß, stahlblau längsgestreift; hat eine länglich-schmale, schnittige Gestalt, ist ungemein lebendig und gesellig, laicht im Mai/Juni, legt die Eier in Ringen um Pflanzenstengel, wo sie vom Männchen befächelt werden.

Gründling (Gobio gobio): Bewohnt die schnellfließenden reinen Gewässer Europas und Westasiens; Länge 8–15 cm; Schuppenkleid vorwiegend dunkelblau und graugrün, an den Seiten kräftig karmesinrot und schwarzblau gefleckt; hat plumpen großen Kopf, große Augen, zwei Barteln am vorstreckbaren Maul, langgestreckten drehrunden Leib, hohe Rückenflosse und dunkel getupfte Schwanzflosse; klebt im Mai/Juni seine 1000–2000 Eier an Steine.

Elritze oder Pfrille (Phoxinus phoxinus): Bewohnt die Gewässer Europas vom Alpensee und kleinsten Gebirgsbach bis hinab zur Äschenregion, ist auch an der Ostseeküste heimisch; Länge 8–15 cm; Schuppenkleid oberseits ölgrün bis dunkelgrau, groß blauschwarz quergefleckt, seitlich aufgehellt, oft grüngelb metallisch glänzend, mit unterbrochener Seitenlinie und goldschimmerndem Längsstreif, an der Kehle schwarz, an den Maulwinkeln karminrot, an der Brust scharlachrot und am Bauch silbern; bekommt in der Laichzeit einen spitzhöckrigen, körnchenartigen, weißen Ausschlag; hat runden Kopf, stumpfe Schnauze, kleines Maul, große scharfe Augen, spindelförmigen Leib und gut entwickelte, gelbgetönte, oft purpurrot überhauchte Flossen.

Bitterling (Rhodeus amarus): Bewohnt die Tümpel, Teiche und Altwasser Mittel- und Osteuropas sowie Westasiens; Länge 5–9 cm; Schuppenkleid oberseits grüngrau, seitlich silbrig, blau schimmernd, mit grünem Längsstreif, unterseits gelblichweiß; das Männchen trägt ein farbenprächtiges Hochzeitskleid, erglüht in allen Regenbogenfarben, ist stahlblau und violett am Rücken, smaragdgrün an den Seiten, orangegelb an der Brust, rot an den Flossen und trägt weiße Warzen auf der Oberlippe und am oberen Rand der Augenhöhlen; die Gestalt ist karpfenartig, der Kopf kurz, das Maul klein, das Auge groß, der

Rücken hoch, die Rücken- und die Afterflosse gut entwickelt, die große Schwanzflosse gut geschweift.

Der kleine Bitterling kann sich nur dort fortpflanzen, wo die Teich- und Flußmuscheln leben. Dem Weibchen wächst im April/Mai eine bis zu 4,5 cm lange, rötliche Legeröhre, die sich während der Eiablage versteift und in die Ausfuhröffnung der Muschel eingeführt werden kann. Von dort fallen die einzeln oder paarweise ausgestoßenen Eier in den Kiemengang der Muschel und verfangen sich schließlich in den Kiemenfächern. Inzwischen hat das Bitterlingsmännchen seine Samenmilch über der Atemöffnung der Muschel ausgegossen. Die Befruchtung erfolgt in den Kiemenfächern. Bis zu fünfzig Eier verteilt das Bitterlingsweibchen auf mehrere Muscheln, und man hat fast die gleiche Anzahl schon in deren Kiemen gefunden. Ein und dieselbe Muschel wird also sicherlich von verschiedenen Weibchen mit Eiern bedacht. Nach gut drei Wochen schlüpfen aus diesen wohlbehüteten Eiern die jungen Bitterlinge und leben etliche Tage von ihrem Dottersack. Die Muschel versucht es natürlich, sie baldigst loszuwerden und aus den Kiemen zu pressen. Die kleinen Kerle aber haben hinter dem Kopf ein Sperrhöckerchen und vermögen sich leicht festzuklemmen. Erst nach dem Verzehr des Dotters schmilzt dieser Höcker ein, und der Jungfisch schlüpft aus dem Kloakenschlitz.

Von den Unterfamilien *Rasborinae, Danioninae und Abraminae* der Karpfenfische, die vor allem in Südostasien beheimatet sind, kennen die Aquarienfreunde zahlreiche Vertreter.

Die Schmerlen

Die *Schmerlen (Cobitidae)* sind in 17 Gattungen über Eurasien, Abessinien und den westlichen Teil des indoaustralischen Archipels verbreitet. Als kleine und langgestreckte, nächtliche und heimliche Grundfische leben sie in den klaren Berggewässern wie in den kleinsten sauerstoffarmen Tümpeln. Tagsüber bergen sie sich im Sand und Schlamm oder unter Steinen. Die Augen sind klein und tragen am vorderen unteren Rand einen oder zwei spitze Dornen. Das Maul wird von Barteln umstanden und ist sehr wulstlippig. Die Schwanzflosse tritt niemals gegabelt, sondern immer abgestutzt oder gerundet auf. Kleine oder verkümmerte Schuppen bedekken den Leib.

Schlammpeitzker (Misgurnus fossilis): Bewohnt die schlammigen, stehenden oder fließenden Gewässer in Mittel-, Nord- und Osteuropa, fehlt in Frankreich, England und Dänemark, ist aber im Brackwasser der Ostsee sowie im Amurgebiet, in Korea, Ostchina und Japan zu Hause; Länge 30–50 cm; Schuppenkleid oberseits braun bis rötlichgelb, mit schwärzlichem Rükkenstreif und schwarzen Punkten, seitlich dunkelbraun und gelbbraun längsgestreift, unterseits rötlich bis gelblich, oft schwarz getüpfelt; hat stumpfen Kopf, unterständiges Maul, sechs Barteln an der Oberlippe und vier an der Unterlippe; kennzeichnet sich durch aalartigen walzenförmigen Körper, weit zurückgesetzte Rückenflosse, kurze Afterflosse und runde stumpfe Schwanzflosse.

Tagsüber birgt sich der Schlammpeitzker am schlammigen Grund, von dessen Kleintieren er sich nährt. Nur in der Dunkelheit sowie vor Gewittern kommt er an die Oberfläche.

Die Laichzeit währt vom April bis zum Juni. Das Weibchen legt

Nur teilweise ist der Ruf der Piranhas als blutgierige Raubfische gerechtfertigt. Zwar verfügt dieser Sägesalmer über einen sehr starken Kiefer mit Zähnen, die eine gezackte Schneide bilden, doch ernährt er sich vorwiegend von verwundeten oder kranken Fischen.

bis zu 150000 Eier an Wasserpflanzen.

Bartgrundel oder auch Schmerle (Noemacheilus barbatulus): Bewohnt die sauerstoffreichen Flüsse und Seen Europas – mit Ausnahme des äußersten Nordens und Südens – sowie das Brackwasser der Ostsee, verbreitet sich im Osten über die Krim, den Kuban, den Ural, Emba und Amur bis nach Sibirien und Korea; Länge 8–15 cm; Schuppenkleid oberseits dunkeloliv bis trübgelb, seitlich graugrün, dunkel quergebändert, mit deutlicher, unterbrochener Seitenlinie, unterseits weiß- bis hellgrau; hat schmalen walzenförmigen Leib und schwarz getupfte Flossen, trägt vier kurze und zwei lange Barteln an der Oberlippe; lebt nächtlich, nährt sich von Kleintieren und Fischlaich, legt 5000–8000 Eier im April/Mai an Steine und Wasserpflanzen.

Steinbeißer oder Dorngrundel (Cobitis taenia): Bewohnt die stehenden und fließenden Gewässer Europas, Asiens und Nordafrikas; Länge 8–12 cm; Schuppenkleid oberseits graugrün, seitlich graugelb bis lichtgelb, reihenweise braun gefleckt und unregelmäßig gepunktet, unterseits blaßgelb; hat langgestreckten, niederen, seitlich stark zusammengedrückten Leib, spitze Augenstacheln und sechs kurze Barteln; wühlt sich in den Sand, den er regelrecht durchsiebt, laicht im Mai/Juni, legt 20000–40000 kleine Eier, ist bei uns recht selten.

Von den farbenprächtigen südostasiatischen Schmerlen wurden als Aquarienfische eingeführt:

die *Hecht- oder Tigerschmerle (Botia hymenophysa)* von der Malaiischen Halbinsel und den Großen Sunda-Inseln, etwa 10 cm lang, oberseits bräunlich bis rötlich, unterseits weißgelblich, hat spitze Hechtschnauze mit sechs Barteln, kennzeichnet sich durch 13–15 lange graublaue, tiefschwarz eingefaßte Querstreifen, denen sie ihren Namen verdankt;

die *Rüssel- oder Prachtschmerle (B. macracantha)* von Borneo und Sumatra sowie anderen Sunda-Inseln, etwa 12 cm lang, schimmernd apfelsinenfarben, mit vielen breiten schwarzen Gürtelstreifen, die quer über Kopf und Augen, Vorder- und Hinterleib sowie über die roten Flossen verlaufen; hat acht Barteln und eine rüsselartig verlängerte Schnauze. Sie ist sehr gesellig und friedlich. Die Zucht ist schwierig.

Die Salmler

Mit rund 800 Arten sind die *Salmler (Characinidae)* über Süd- und Mittelamerika und mit rund 100 Arten über Afrika verbreitet. Die große Schar gliedert sich in 14 Familien, von denen wir im Rahmen dieses Buches freilich nur einige wenige beschreiben können.

Die meisten Salmler sind sehr kleine Fische, die nur wenige Zentimeter messen, während etliche Riesen knapp einen Meter lang werden. Fast alle müssen als ausgesprochene Fleischfresser angesprochen werden und bewohnen vorwiegend die süßen Binnengewässer. Sehr häufig kennzeichnen sie sich durch hochrückigen beschuppten Körper, schuppenlosen Kopf, kleine Fettflosse, silbrige Färbung mit bläulichen, grünlichen oder bräunlichen Tönen sowie dunklen Schulter-, Schwanz- und Flossenflecken.

Wir greifen zuerst einmal die interessantesten Arten heraus und versuchen dann, wenigstens eine Übersicht über die Vielzahl der anderen zu geben.

Piranha, Piranya, Piraña oder Sägesalmler (Serrasalmus nattereri): Bewohnt die Flüsse im nördlichen und mittleren Südamerika östlich der Anden; Länge 20–30 cm; Schuppenkleid oberseits bläulich, dunkel gefleckt und wie mit Goldkörnern überstreut, unterseits gelblich; hat stumpfes Maul, vorgebauten Unterkiefer, gedrungenen, hochrückigen, dickbäuchigen, seitlich stark zusammengedrückten Leib mit sägeartig gezähnelter Bauchlinie, hohe Rückenflosse, winzige Fettflosse, weitgeschweifte Schwanzflosse, verlängerte Afterflosse, sehr kleine Bauchflossen und normale Brustflossen. Gewöhnlich bergen sich die gesellig lebenden Piranhas am Grund der Gewässer. Sie erscheinen erst an der Oberfläche, wenn sie einen im Fluß treibenden Kadaver entdecken, den sie dann dank ihrer starken und messerscharfen Zähne in kurzer Zeit skelettiert haben. Doch verschmähen sie auch das frische Fleisch nicht und werden vor allem durch das ins Wasser gelangte Blut schnell angelockt. Verletzte und blutende Tiere, die durch die Flüsse schwimmen, fallen ihnen häufig zum Opfer. Dagegen greifen sie nur selten einmal gesunde, unverletzte Tiere oder sogar Menschen an.

Spritzsalmler (Copeina arnoldi): Bewohnt den unteren Amazonas und seine Nebenflüsse; Länge des Männchens bis zu 8 cm, des Weibchens bis zu 6 cm; Schuppenkleid auf dem Rücken sepiabraun, an der nächsten seitlichen obersten Schuppenreihe hellbraun, darunter silberglänzend, mit feiner dunkler Punktreihe und roten Tüpfeln; hat schnittigen Leib, große Augen, schwarze Lippen am nach oben stehenden Maul, eine fahnenartige rot-weiß-braune Rückenflosse und eine weit ausgezogene Schwanzflosse.

In der Laichzeit bestürmen die kleineren Weibchen die stärksten Männchen, überschwimmen sie und versuchen sie immer wieder gegen den Grund zu drücken. Dieses Spiel veranlaßt die Männchen, sich ausweichend zur Oberfläche des Gewässers zu begeben und dort um die günstigsten Ausgangsstellungen zu kämpfen. Sie haben dabei über das Wasser hängende Blätter der Uferbüsche ins Auge gefaßt. Nach diesen Blättern werden

Der Spitzkopf-Ziersammler gehört zur Familie der Bleistiftfische. Diese kleinen, stäbchenförmigen Fische haben kleine Zähne in beweglichen Kiefern, mit denen sie von Meerespflanzen ihre Beute herunterlesen.

Der Blutsalmler gehört zur größten Unterfamilie der Salmler, den Tetras. Sie leben vor allem von Insekten und Larven, die ins Wasser geraten sind. Reichen diese als Nahrungsgrundlage nicht aus, können sie auch auf pflanzliche Kost ausweichen. Der Blutsalmler ist ein besonders beliebter Aquarienfisch.

schließlich vom Sieger unzählige Sprungversuche unternommen. Nach Stunden erst scheint sich das Männchen seiner Sache sicher zu sein. Es duldet jetzt ein Weibchen an seiner Seite und springt mit ihm gemeinsam nach dem auserkorenen Blatt. Bei jedem Sprung heftet das Weibchen 5–10 gelbliche, hirsekorngroße Eier an das Blatt und fällt regelmäßig eher als das Männchen zurück, das diese Eier sofort bemilcht. Nach und nach wird auf diese Weise das ganze Gelege von 50–100 Eiern an das Blatt geheftet. Das Weibchen ist danach sehr erschöpft und sinkt zum Grund. Das Männchen aber übernimmt nun die Brutpflege. Es legt sich knapp unter der Oberfläche auf die Seite und schleudert mit kräftigen Schlägen der Schwanzflosse einen Sprühregen von Wassertropfen gegen den Laich, der auf diese Weise immer feucht bleibt. Schon nach knapp zwei Tagen schlüpfen die Jungen und werden vom Vater vom Blatt ins Wasser gespült. Sie hängen sich zunächst an Wasserpflanzen und schwimmen nach drei bis vier Tagen frei umher.

Der Spritzsalmler kann gut im Aquarium gehalten werden und klebt seine Eier dann an eine schräg ins Becken gestellte Glasscheibe.

Überhaupt wurden uns die meisten der kleinen Salmler erst durch die Aquarienfreunde so richtig bekannt. Von der Vielzahl der vielgeliebten Arten seien hier kurz vorgestellt:

der *Zweitupfensalmler (Exodon paradoxus)* vom Rio Branco und Rupununi, 10–15 cm lang, oberseits olivfarben, seitlich goldgelb, mit weißem Streif, zwei runden dunklen Flecken und roten Augen;

der *Neonfisch (Hyphessobrycon innesi)* aus dem Rio Ucayali, 3,5 cm lang, mit olivfarbenem, violett schimmerndem Rücken, smaragdgrünen Seiten und rotem Hinterleib; leuchtet und blitzt bei Lichteinfall;

der *Quakende Tetra (Glandulocauda inaequalis)* vom Rio Grande do Sul in Südostbrasilien, 4–6,5 cm lang, olivbraun, silbern und stahlblau, mit rotblau gestreifter Rücken-, goldgelber Schwanz- und goldgestreifter großer Afterflosse sowie blauem Schulterfleck; vermag atmosphärische Luft zu atmen und läßt beim Ausstoßen derselben ein zirpendes Geräusch vernehmen;

der *Sattel- oder Diskussalmler (Ephippicharax orbicularis)* aus dem Amazonas, etwa 12 cm lang, scheibenförmig, olivgrün und silbrig, mit schwarzgrün punktierter Seitenlinie;

der *Kleine Glassalmler (Prionobrama filigera)* aus dem Amazonasgebiet, bis zu 6,5 cm lang, glasartig durchsichtig.

Die Messerfische

Wie es schon der Name andeutet, kennzeichnen sich die meisten *Messerfische (Gymnotidae)* durch einen langgestreckten, seitlich sehr abgeflachten Körper. Der kleine Kopf ist unbeschuppt. Die Bauchflossen und die Rückenflosse fehlen regelmäßig. Dafür ist die Afterflosse über die ganze Bauchlinie verlängert und das Körperende fadenförmig ausgezogen. Die Schwanzflosse fehlt ebenfalls meist oder tritt sehr verkümmert auf. Die Brustflossen sind immer auffallend klein.

Die über 100 Arten der Messerfische verbreiten sich über Süd- und Mittelamerika vom Rio Motagua in Guatemala bis zum Rio de la Plata sowie über das tropische Afrika, Vorder- und Hinterindien, Sumatra, Java, Borneo und den Malaiischen Archipel.

Eine außenseiterische, aalartige, mit elektrischen Organen ausgerüstete Art ist der:

Zitteraal (Electrophorus electricus): Bewohnt das nördliche Südamerika östlich der Anden; Länge bis zu 2 m; Haut schuppenlos, derb und schleimig, unterschiedlich braun getönt, in der Jugend dunkel gefleckt und marmoriert, mit orangefarbener Kehle und Brust; hat eine über den ganzen Bauch verlängerte Afterflosse, die noch den Schwanz umfaßt und über 350 Strahlen aufweist. Der sehr kleinäugige Zitteraal liebt dunkle schlammige Stellen in schattigen Bächen und Tümpeln und wird erst nach Einbruch der Dunkelheit rege. Während des Umherschwimmens entsendet das wahrscheinlich ganz blinde Geschöpf ununterbrochen elektrische Stromstöße von etwa 50 Volt Spannung. Diese Entladungen sind natürlich zu schwach, um Beutetiere zu lähmen oder Feinde abzuschrecken, stehen vielmehr sicherlich im Dienst der Orientierung. Man nimmt an, daß sich der Zitteraal mit Hilfe einer Art von Radargerät zurechtfindet und die von den getroffenen Gegenständen zurückgestrahlten Stromstöße mit seinen hochempfindlichen Kopfporen, die dort in kleinen Erhebungen liegen, wahrzunehmen vermag. Jedenfalls weiß er ein Stück Holz genau von einem Beutetier zu unterscheiden. Und nur dann, wenn er festgestellt hat, daß sich der Angriff verlohnt, entsendet er die volle Stromstärke, die sein riesiges elektrisches Organ, das vier Fünftel des ganzen Körpers einnimmt, liefern kann. Diese lähmenden oder tötenden Stromstöße, die sich in rasender Aufeinanderfolge innerhalb einer Sekunde vierhundertmal entladen, kann er bis auf eine Spannungsstärke von etwa 550 Volt steigern. Selbst der Mensch empfindet diese betäubenden Schläge so stark, daß ihm die Gelenke noch einen Tag über schmerzen.

Eigenmanns Messerfisch (Eigenmannia virescens): Bewohnt das nördliche Südamerika östlich der Anden; Länge durchschnittlich 20–30 cm, höchstens 50 cm; Schuppenkleid oberseits olivgrünbraun, mit vielen bräunlichen Querstreifen, die bis über die Flanken reichen und dort vier grünblaue Seitenstreifen kreuzen, unterseits gelblich; hat eine große schmale, über die ganze Bauchlinie verlaufende Afterflosse und ein fadenartig ausgezogenes Körperende; kann gut im Aquarium gehalten werden, ist harmlos, wird nachts rege, scheut das Licht, nimmt jegliches Lebendfutter, auch Schnecken und Muscheln samt Schale, sowie kleinere Fische.

Die Welse oder Katzenfische

In über 1200 Arten bevölkern die *Welse (Siluroidea)* die Binnengewässer aller Erdteile. Nur einige Arten dringen von den Flüssen und Strömen bis in die Küstengewässer der Meere vor. Durchweg sind sie bei aller Vielgestaltigkeit schuppenlos oder aber mit großen Knochenschildern am Kopf und Körper bedeckt. Die meisten kennzeichnen sich durch ein dicklippiges, von mehr oder weniger Barteln umstandenes Maul. Oft verknöchern die ersten Strahlen der Rückenflosse und verwandeln sich in kräftige Stacheln, die bewußt als Waffe eingesetzt werden. Durch Kontraktionen der Schwimmblase oder durch Reiben der Flossenstrahlen in den Gelenken erzeugen viele Arten mannigfache Laute und Geräusche. Fast ohne Ausnahme sind sie Raubfische. Nicht selten wird eine hochentwickelte Brutpflege betrieben.

Wels oder Waller (Silurus glanis): Bewohnt fast alle größeren stehenden und fließenden Gewässer Mittel- und Osteuropas bis zum 60. Grad nördl. Breite, vor allem auch das Donaugebiet und die Ostseehaffe, dringt bis nach Westasien vor und ist im Kaspischen Meer zu Hause; Länge 80–300 cm, Gewicht bis zu 250 kg; Haut blauschwarz bis bräunlich, oft auch olivgrün bis grauschwarz, dunkel marmoriert, seitlich heller, am Bauch trübweiß, oft ölgrün gefleckt; hat gewaltigen, breiten, abgeplatteten Kopf, breitgeschlitztes Maul, zwei sehr lange weißblaue Bartfäden und vier kurze Barteln, auffallend kleine Augen, eine winzige, weit nach vorn gerückte Rückenflosse sowie eine sehr lange Afterflosse und eine kleine rundliche Schwanzflosse.

Als nächtlich lebender Grund- und Raubfisch birgt sich der Wels tagsüber an den tiefsten Stellen der Seen und Flüsse unter Baumstämmen, großen Steinen oder im Schlamm. Auf Raub zieht er erst in der Nacht aus. Er verschlingt die größten Fische, jagt Wasservögel, Wasserratten, Ringel- und Würfelnattern, Krebse und Frösche, nimmt aber auch jegliches Aas an. Tagsüber kommt er nur dann zur Oberfläche, wenn ein Gewitter im Anzug ist, und gilt deshalb als guter Wetterprophet. Die Laichzeit währt von Ende April bis Ende Juni. Das Weibchen setzt seine rund 100000 Eier gern an seichten Uferstellen im Ried und Röhricht oder auf überschwemmten Wiesen an Pflanzen ab. Das Männchen bewacht den Laich, fächelt ihm frische Luft zu, bis die Jungen nach etwa 8–14 Tagen schlüpfen.

Nicht selten sollen Welse ein Alter von über 50 Jahren erreichen.

Zwerg- oder Katzenwels (Ameiurus nebulosus): Bewohnt die Teiche, Lagunen, flachen Seeen und langsam fließenden Gewässer Nordamerikas östlich der Rocky Mountains, ist seit 1885 in Europa eingeführt und hat sich gut eingelebt; Länge 20–45 cm; Haut oberseits bräunlichviolett bis dunkelgrün, seitlich hellgrün, goldglänzend, unterseits trübweiß; hat großen flachen Kopf, quergeschlitztes Maul mit vier langen und vier kurzen Barteln, kleine Augen mit silberweißer Iris, kurze Rükkenflosse mit einem gefährlichen Stachelstrahl, große kräftige Fettflosse und Afterflosse sowie kaum eingebuchtete Schwanzflosse; kennzeichnet sich durch die gleiche Lebensweise und Brutpflege wie der europäische Wels, legt seine Eier vom März bis zum Mai aber in Schlammgruben oder Uferlöcher; soll außerordentlich gut hören.

Schilderwelse sind die größten Harnischwelse, die vorkommen. Sie sind bräunlich gefärbt und leben in den Gewässern Südamerikas. Mit ihrem Saugmund können sie sich in starken Strömungen an Steinen festhalten und durch kurze, kräftige Körperbewegungen weiterschieben. Auf diese Weise arbeiten sie sich bis in viertausend Meter Höhe vor.

Zitterwels (Malapterurus electricus): Bewohnt das tropische Afrika; Länge bis zu 85 cm, im Kongogebiet über 100 cm; Haut glatt, sehr schleimig, unbestimmbar grau, unregelmäßig schwarz gefleckt; hat langgestreckten rundlichen Leib, zugespitzten Kopf, abgerundete Schnauze mit sechs Barteln, kleine Augen, an Stelle der fehlenden Rückenflosse eine dicke Fettflosse und eine rundliche Schwanzflosse.

Auch die Zitterwelse sind nächtlich lebende, sehr unverträgliche Einzelgänger, die sich im Aquarium gegenseitig umbringen. Ihr elektrisches Organ ist sehr wahrscheinlich aus Drüsenzellen hervorgegangen und besteht aus einer gallertartigen Masse, die in sechs Hautschichten gestaffelt liegt. Die Schläge können eine Spannung von etwa 400 Volt erreichen und rufen auch beim Menschen kurzfristige Lähmungen hervor. Sie sind am stärksten, wenn die Tiere gereizt wurden oder sich ernstlich bedroht fühlen. Dann können sich innerhalb einer halben Stunde bis zu 150 Schläge folgen.

Viele Welse haben in den letzten Jahrzehnten Einzug in die größeren Aquarien der Tiergärten und Fischfreunde genommen und sich als recht dankbare Pfleglinge erwiesen. Von ihnen seien noch genannt:

der *Afrikanische Glaswels (Physailia pellucida)* vom oberen Nilgebiet, der 9–10 cm mißt, gänzlich durchsichtig ist und sich durch acht dünne lange Barteln kennzeichnet; er besitzt keine Rückenflosse, dafür aber eine Fettflosse;

der *Knurrende Dornwels (Amblydoras hancocki)* vom Amazonasgebiet von Peru bis Guayana, etwa 15 cm lang, olivbraun, schwarz quergefleckt, mit großen roten Augen und sehr langen Barteln;

der *Rückenschwimmende Kongowels (Synodontis nigriventris)* aus dem Kongobecken,

Die Panzerwelse sind ungeschickte Schwimmer. Sie sammeln sich in Gruppen am Grund. Dort suchen sie auch ihre Nahrung mit Hilfe ihrer vier bis sechs Barteln, die mit Geschmacksknospen ausgestattet sind. Die „Panzerung“ dieser Fische ist rund drei Millimeter stark. Sie kommen vor allem in Südamerika vor.

bis zu 15 cm lang, der tatsächlich bauchoben schwimmt und die Bauchflossen als Rückenflossen benutzt. Er gehört zur in Afrika verbreiteten Familie der Fiederbartwelse.

Die Panzerwelse

Das Kennzeichen der *Panzerwelse (Callichthyidae)* sind die zwei Reihen von Knochenplatten, die ihre Körperseiten dachziegelartig bedecken und genau in der Höhe der Seitenlinie zusammenstoßen. Von Gestalt sind diese auf die süßen Gewässer Südamerikas beschränkten kleinen Panzerritter kurz und gedrungen und verhältnismäßig großflossig. Oft ist die Oberlippe weit über das enge endständige Maul gezogen, und ihre vier Barteln hängen wie ein Seehundsbart herab. Allgemein ist die Rückenflosse weit nach vorn gerückt und weist die Fettflosse einen verknöcherten Strahl auf. Als Bewohner schlammiger Gewässer vermögen sie zusätzlich atmosphärische Luft durch den Darm aufzunehmen.

Punktierter Panzerwels (Corydoras paleatus): Bewohnt das südöstliche Brasilien und das Stromgebiet des Rio de La Plata; Länge bis zu 8 cm; oberseits olivbraun, schwarz getüpfelt, seitlich lebhaft grün, groß schwarz gefleckt, unterseits fleischfarben, schwarz punktiert; das Weibchen saugt sich während der Begattung mit dem Maul am Männchen fest und legt seine Bauchflossen zu einer Tasche zusammen, in der die Eier dann befruchtet und schließlich an Steine geheftet werden, wo sie sich selbst überlassen bleiben.

Die Harnischwelse

Gleichfalls auf Südamerika beschränkt, bewohnen die rundum knochig und auch gepanzerten *Harnischwelse (Loricariidae)* vor allem die schnellfließenden, klaren und sauerstoffreichen Gewässer bis in Höhen von über 3000 m. Die stark verbreiterten Lippen des unterständigen Maules bilden eine Saugscheibe, mit der sich diese Fische in der stärksten Strömung an Steinen festsaugen. Sehr wahrscheinlich weiden sie diese algenbesetzten Steine auch ab, denn sie machen sich im Aquarium gerade dadurch nützlich, daß sie die Algen von den Scheiben vertilgen. Als echte Strömungsfische kennzeichnen sie sich durch keilförmigen Kopf, schlanken, unterseits flachen Leib, sehr entwickelte Flossen und kleine Barteln.

Von den 17 Gattungen mit etwa 200 Arten seien hier nur erwähnt:

der *Punktierte Schilderwels (Plecostomus punctatus)* aus dem Amazonas und La Plata, 25 cm lang, vorwiegend braun, dunkel punktiert und groß quergefleckt, mit mächtiger Rücken- und Schwanzflosse und großen Brustflossen; auch er lebt als ausgeprägter Grundfisch.

der *Blaue Antennenwels (Xenocara dolichoptera)* aus dem Amazonasgebiet, bis zu 10 cm lang, blauschwarz, gelblichweiß punktiert und mit fleischigen Hautfortsätzen am Kopf.

Die Aale

Die schlangenähnlichen *Aale (Anguillidae)* bewohnen die Meere der warmen und gemäßigten Zonen sowie die Binnengewässer Europas, Nordafrikas und Nordamerikas. An ihrem außerordentlich gestreckten, rundlichen, aber seitlich doch zusammengedrückten Körper treten die paarigen Flossen weit zurück oder fehlen ganz, während die Rücken- und die Afterflosse als lange Säume bis zum spitzen Körperende reichen und dort gleichsam ineinander übergehen. Die Schwanzflosse fehlt ebenfalls. Die Schuppen sind sehr klein und die Kiemenspalten sind sehr eng.

Durchweg sind die Aale nächtlich lebende Raubfische.

Flußaal (Anguilla anguilla): Bewohnt die europäischen und nordafrikanischen Süßgewässer, in die er, vom Sargassomeer kommend, aufsteigt und sie regelmäßig 5–7 Jahre lang bevölkert, ehe er wieder abwandert und für immer verschwindet; Länge der Männchen bis zu 40 cm, der Weibchen bis zu 100 und 150 cm; hat kleine elliptische, tief in die dicke und schleimige Haut gebettete Schuppen, ist oberseits oliv- oder gelbbraun bis grauschwarz, unterseits gelblich (Gelbaal) oder metallisch weiß (Blankaal) gefärbt. Man unterscheidet 16 Arten.

Als erwiesen darf angesehen werden, daß die Jugendformen des Flußaales aus dem Sargassomeer östlich der Westindischen Inseln in rund dreijähriger Wanderung zu den europäischen, nordafrikanischen und vorderasiatischen Küsten kommen. Im ersten Lebensjahr gleichen die aus den in etwa 100–200 m Tiefe schwebenden Eiern geschlüpften Larven glashellen, weidenblattförmigen Fischchen von 6–7 mm Länge. Sie steigen allmählich in höhere Schichten und begeben sich im nächsten Jahr auf die große Fahrt gen Osten. Im zweiten Lebensjahr kommen sie bis in den mittleren Atlantik und messen etwa 40–70 mm. Das dritte Lebensjahr sieht sie in der Nähe der Azoren, und als vierjährige, jetzt schon schlangenähnliche Glasaale erreichen sie gleichzeitig mit dem Frühling die europäischen Küstengewässer und Flußmündungen. Diese zuerst noch durchscheinenden Glasaale werden bald zu grünlich pigmentierten, etwa 75–90 mm langen Steigaalen, dringen als solche in die Flußmündungen ein und beginnen die Flüsse emporzusteigen. Sie wandern nur langsam und stopfen sich heißhungrig mit Würmern, Larven und Laich voll. Die Steigaale werden zu Freßaalen, aber immer wieder treibt es sie weiter, den Fluß noch höher hinauf, über Wehre, Staustufen und alle Hinternisse. Wo sie gute Jagdgründe finden, mästen sie sich schnell heran und bekommen dann als räuberische Grundfische auch einen gelben Bauch. Nach weiteren fünf Jahren aber werden die nunmehr laichreifen Aale dunkel auf dem Rücken, weißsilbern auf dem

In allen tropischen und subtropischen Meeren fürchten Taucher die Muränen. Die kräftigen, schlangenartigen Fische halten sich in Felsspalten und Korallenriffen auf. Wenn es dunkelt, gehen sie auf Beutefang. Mit ihren Hakenzähnen können sie gewaltige Wunden reißen.

Bauch und wandern als Blankaale wieder dem Meere zu. Unterwegs verschmälert sich ihr Maul und vergrößern sich ihre Augen. Sie fressen nicht mehr. Zielstrebig drängen sie zum Sargassomeer zurück.

See- oder Meeraal (Conger conger): Bewohnt die meisten Meere der gemäßigten und tropischen Zonen, bevorzugt sandige und felsige Küsten, die ihm Höhlen und Deckung bieten; Länge 2–3 m, Gewicht bis zu 60 kg; Haut schuppenlos, oberseits blaßbraun bis olivgrün, seitlich heller, vor allem mit heller Seitenlinie, unterseits grauweiß; unterscheidet sich vom Flußaal durch die weit vorn angesetzte Rückenflosse, den langen Oberkiefer, die weiten Kiemenspalten und die sehr kräftigen kegelförmigen Zähne im Ober- und Unterkiefer sowie den dunkelbraunen Außenrand der hellbraunen Rücken- und Afterflosse.

Es ist nicht ungefährlich, einen Seeaal zu packen. Das Tier schlägt so kräftig um sich, daß die Knochen brechen, und beißt sehr heftig zu. Sein Gebiß ist so stark, daß er die Schalen der Muscheln wie die Panzer der Krebse leicht zu knacken vermag. Auch Fische aller Art gehören zu seinen Beutetieren. Seine Laichplätze sind uns noch unbekannt, sollen sich aber im Mittelmeer und im Atlantik befinden. Die Weibchen stoßen im Dezember und Januar in Küstennähe 3–8 Millionen Eier ab und sterben wahrscheinlich kurz nach dem Ablaichen. Die Jugendformen tauchen zuweilen an den Flußmündungen auf, dringen aber nie in die Binnengewässer ein.

Die Muränen

Wie die Seeaale sind auch die *Muränen (Muraenidae)* schuppenlos, aber doch wesentlich plumper, kräftiger, gedrungener und in der Nackenregion stark verdickt. Die paarigen Flossen und die Schwanzflosse fehlen. Dafür sind die Rücken- und die Afterflosse stark verlängert. Die Schnauze ist meist sehr zugespitzt, und die Nasenöffnungen bilden kurze Röhrchen. Das aus kräftigen Hakenzähnen bestehende Gebiß wird von den Fischern wie von den Tauchern gefürchtet. Die Gaumenschleimhaut ist mit Giftdrüsen besetzt, so daß die gerissenen Wunden regelmäßig auch noch vergiftet werden. Einige Arten sollen sogar ein auch für den Menschen tödliches Gift besitzen.

Die Muränen bewohnen in weit über 100 Arten die tropischen und subtropischen Meere und bevorzugen überall die Korallenriffe, wie sie sich überhaupt gern in Spalten und Löchern bergen. Manche Formen erreichen eine Länge von gut drei Metern und sind sehr angriffslustig.

Gefleckte Muräne (Muraena helena): Bewohnt das Mittelmeer, den südlichen Atlantik, den Indischen Ozean und die Küsten Australiens; Länge bis zu 150 cm, Gewicht bis zu 6 kg; Haut am Vorderleib goldgelb, auf dem Rücken goldbraun, dunkelbraun und gelblich marmoriert und gefleckt, unterseits einfarbig braun; ist sehr wehrhaft und bissig, wurde von den alten Römern als Speisefisch sehr geschätzt und in großem Stil gezüchtet, gilt auch heute noch in Italien als eine besondere Delikatesse und wird in Reusen sowie mit Angeln und Harpunen gefangen. Heute ist sie bei Sporttauchern gefürchtet.

Die Trughechte

Die überaus schlanken, fast aalartig gestreckten, über alle tropischen und gemäßigten Meere in fast 200 Arten weit verbreiteten *Trughechte (Scomberesocidae)* gleichen mit ihren schnabelartig verlängerten Kiefern und weit zurückgesetzten Rücken- und Afterflossen wahrhaftig gefiederten Pfeilen. Und wie Pfeile schnellen sie hoch aus dem Wasser, wenn ihnen Gefahr droht. Sie fahren senkrecht empor und fallen in der gleichen Haltung, also mit dem Schwanz voran, wieder zurück. Manche haben auch besonders hoch angesetzte flügelartige Brustflossen, die ihnen weite Sprünge über die Oberfläche erlauben. Die Kiefer sind mit spitzen Zähnen bewehrt.

Hornhecht oder Grünknochen (Belone belone): Bewohnt die europäischen Meere von Nordwestafrika bis zum Trondheimfjord und Island, das Schwarze und Mittelländische Meer, die Nord- und Ostsee; Länge 70–100 cm; Schuppenkleid oberseits blaugrün, seitlich und unterseits silberglänzend, mit fast an der Bauchkante liegender Seitenlinie; hat bis zum Schwanz zurückgesetzte Rükken- und Afterflosse, tiefgegabelte Schwanzflosse, winzige Bauchflossen und rötliche Brustflossen; die rotbraunen Augen sind groß und die Schnauze weist pinzettförmig verlängerte Kiefer auf; trägt auch seinen zweiten Namen zu Recht, da er tatsächlich grüne Knochen hat; laicht im Mai/Juni, heftet seine Eier mit Klebfäden an zahlreiche, unterschiedliche Wasserpflanzen.

Die Hochflugfische

Wie zischende Raketen schießen die *Flugfische (Exocoetidae)* der warmen Meere oft zu Hunderten vor den Schiffen aus der Flut, steigen bis zu sechs Meter empor und segeln auf ihren weitausgebreiteten und besonders großen Brustflossen bis über 200 Meter weit über die Wogen dahin. Mit seitlichen Schlägen gibt die kräftige Schwanzflosse den Antrieb zum wuchtigen Sprung, während die Brustflossen noch dicht am Körper liegen. Der torpedoschlanke Leib durchschneidet leicht die Luft.

Der Wittling ist ein Fisch von nur geringer Lebensdauer. Er gehört zu den Dorschfischen. Sein Lebensraum reicht vom Nordkap bis zur spanischen Atlantikküste, auch an der Südküste Islands ist er vertreten. In der Nordsee wird er etwa 30 bis 40 cm groß, um Island wächst er bis zu 55 cm Länge. Der Wittling, auch Merlan genannt, ist an der Oberseite grün- bis rotbraun und schillert an den Seiten violett.

Den Gleitflug ermöglichen auch die gleichfalls ausgebreiteten, aber wesentlich kleineren Bauchflossen. Die Länge der Brustflossen macht zwei Drittel der gesamten Körperlänge aus. Sie werden nicht wie Vogelflügel bewegt, sondern dienen nur als starre Tragflächen für den Gleitflug.

Allgemein bewegen sich die Flugfische dicht unter der Oberfläche der Meere und ernähren sich von planktontischen Kleinsttierchen, verzehren wohl auch kleine Fische und werden heftig von Thunfischen, Goldmakrelen und Delphinen verfolgt.

Fliegender Hering oder Schwalbenfisch (Exocoetus volitans): Bewohnt vor allem das Mittelmeer; Länge bis zu 50 cm; Schuppenkleid oberseits lasurblau, unterseits silberweiß, mit durchscheinenden blauen Flossen; hat kleine Rücken- und Afterflosse, tiefgegabelte Schwanzflosse und mächtige spitze Brustflossen was ihm seinen Namen gegeben hat.

Die Schellfische oder Dorsche

Welche große wirtschaftliche Bedeutung die *Schellfische (Gadidae)* haben, geht allein schon daraus hervor, daß auf der ganzen Welt jährlich Millionen Tonnen (1967 3,1 Mill. t) Kabeljaue gefangen werden und Tausenden Menschen den Lebensunterhalt sichern. Aber immer noch versammeln sich zu den Laichwanderzügen gewaltige Heere von jeweils Millionen Tieren und bilden im Meer riesige „Berge" und „Bänke". Die enorme Fruchtbarkeit – das geschlechtsreife Weibchen erzeugt in jedem Jahr durchschnittlich über 5 Millionen Eier! – scheint alle Verluste auszugleichen. Ungezählte Milliarden dieser Fische kreuzen weiterhin durch den nördlichen Atlantik, unternehmen weite Freßwanderungen und kehren mit großer Regelmäßigkeit zum Ort ihrer Geburt zurück.

Die Merkmale der Schellfische sind: kräftiger, seitlich abgeflachter, spindelförmiger Körper, großer, langer, spitz zulaufender Kopf, unterständiges Maul, große Augen, Kinnbarteln, meist drei Rückenflossen und zwei Afterflossen, kehlständige Bauchflossen und gut ausgebildete Schwanzflosse. Alle Flossen werden von weichen Gliederstrahlen (Weichflosser) getragen.

Bis auf die Aalrutte oder Quappe sind die Schellfische Bewohner des nördlichen Atlantik und seiner Nebenmeere, von der marokkanischen Küste bis in die Arktis und bevorzugen das Schelf oder den Schelfabfall.

Kabeljau oder Dorsch (Gadus morrhua): Bewohnt beide Seiten des Atlantik von der Barentsee und Grönland im Norden bis zur Biskaya und Kap Hatteras im Süden; Länge etwa 80–120 cm, ausnahmsweise bis zu 165 cm, wird bis zu einer Länge von etwa 50 cm als „Dorsch" bezeichnet; Schuppenkleid oberseits oliv- bis braungrün, seitlich graugrün, fein gelblich bis dunkelbräunlich getüpfelt, längs der geschwungenen Seitenlinie weiß gestreift, unterseits weißlich und ohne Flecken. Der Kabeljau entwickelt zahlreiche örtliche Rassen. In der Ostsee allein gibt es eine westliche und östliche Rasse, die ihre getrennten Laichplätze haben und keine weiten Wanderungen unternehmen. Sie laichen im Frühjahr (westl. R.) und im Sommer (östl. R.). Die Laichplätze der Nordseerassen liegen auf der Großen Fischerbank, Ling-Bank und Aberdeen-Bank. Die vom Dorsch abgestoßenen Eier schwimmen im Meer und werden, wie später auch die geschlüpften Larven, von den Meeresströmungen fortgetragen. Die Jugendformen ernähren sich vor allem von Ruderfußkrebsen, Leuchtfußkrebsen und Kieselalgen, später von Würmern, Krabben, kleinen Muscheln, Tintenfischen, Krebsen und Fischbrut. Als erwachsene Tiere verfolgen sie die Schwärme der Heringe und Sandaale. Erst im 6. Lebensjahr, im hohen Norden noch später, werden sie laichreif, und die Männchen streifen bauchoben unter den Weibchen hinweg. Kabeljau wird in großen Mengen zu Stock- und Klippfisch getrocknet bzw. gesalzen. Die Leber liefert den wertvollen echten Lebertran.

Schellfisch (Melanogrammus aeglefinus): Bewohnt beide Seiten des Atlantik, fehlt aber im Mittelmeer und ist in der Ostsee selten; Länge 50–80 cm, ausnahmsweise bis zu 100 cm; Schuppenkleid oberseits dunkel graubraun, seitlich silbergrau, lebhaft violett irisierend, mit schwarzem Fleck über der Brustflosse und schwarzer, sanft geschwungener Seitenlinie, unterseits weiß; wird besonders in der Nordsee sehr viel gefangen und ist dort im Bestand bereits zurückgegangen, lebt vorwiegend von Würmern, Muscheln und Stachelhäutern, laicht vom März bis zum Mai in Tiefen von 50 bis 200 m und stößt nach Schätzungen etwa 450000 Eier ab.

Köhler oder Seelachs (Pollachius virens): Bewohnt den Nordatlantik von Grönland, Spitzbergen und der Küste vor Murmansk bis zur Biskaya und zur Westküste von Nordamerika; Länge in der Nordsee 50–70 cm, bei Island 80–115 cm, Schuppenkleid oberseits oliv- bis schwarzgrün, seitlich graugrün, mit gerader heller Seitenlinie, unterseits weißlich; gleicht gestaltlich dem Kabeljau wie dem Schellfisch, hat aber ein weitgespaltenes Maul und eine geschweifte Schwanzflosse; ernährt sich als Raubfisch von Heringen, Spierlingen und Lodden, laicht im Februar/März in Tiefen von etwa 100–200 m.

Merlan oder Wittling (Merlangius merlangus): Bewohnt den Nordatlantik von Island über die Ost- und Nordsee bis zum Mittelländischen und Schwarzen Meer; Länge in der Nordsee 30–40 cm, bei Island 40–55 cm; Schuppenkleid oberseits grünlich bis rötlichbraun, seitlich violett irisierend, mit durchgebogener gelblicher Seitenlinie und kleinem schwarzem Fleck an der Basis der Brustflosse, unterseits weiß; hat spitz vorspringende Schnauze, keinen Kinnbartel und gerade Schwanzflosse; lebt von Garnelen, kleinen Fischen, jungen Heringen, birgt sich in der Jugend zwischen den Schwärmen der Haar- und Nesselquallen.

Leng (Molva molva): Bewohnt den östlichen Atlantik von Island bis zur Biskaya, dringt auch in die Nord- und Ostsee ein; Länge 80–110 cm, selten bis zu 180 cm; Schuppenkleid oberseits violettbraun, seitlich braun und schwärzlich marmoriert, mit fast gerader Seitenlinie, unterseits weißlich; hat sehr langgestreckten walzenförmigen Leib, zugespitzten Kopf, vorstehenden Oberkiefer, langen Bartfaden; lebt als einzelgängerischer Raubfisch in Tiefen von 150–300 m, jagt Fische, Krebse und Stachelhäuter, laicht vom März bis zum Juli in Tiefen von 60–200 m, legt bis zu 5 Millionen Eier.

Lumb oder Seequappe (Brosme brosme): Bewohnt beide Seiten des Nordatlantik von Grönland und Island über Nordnorwegen und die nördliche Nordsee bis nach Irland sowie von Ostgrönland bis zum Cape Cod; Länge 50–80 cm, höchstens 100 cm; Schuppenkleid vorwiegend hellgrau bis düstergelb, braun getönt, unterseits lichtgelb; hat spindelförmigen Leib, großen breiten Kopf, langen Bartfaden, weiß und schwarz gesäumte Rücken-, Schwanz- und Afterflosse, die zusammen einen fast geschlossenen Flossensaum bilden; ist ein einzeln lebender Friedfisch, der sich von Würmern, Mollusken und Krebsen ernährt und sich in Tiefen zwischen 100–500 m bewegt; laicht in der nördlichen Nordsee vom April bis zum Juni, stößt etwa 2 Millionen Eier ab; ist mit acht Jahren erwachsen.

Aalrutte oder Quappe (Lota lota): Bewohnt die stehenden und fließenden Binnengewässer von Mittel- und Nordeuropa, Mittel- und Nordasien sowie Nordamerika, ist auch in den Ostseehaffen, im Bottnischen und Finnischen Meerbusen sowie im Bodensee häufig; Länge 35–60 cm; Schuppenkleid olivbis gelbgrün oder gelblichbraun, oberseits und seitlich dunkel gemarmelt oder messingfarben gefleckt, an der Kehle und den Bauchflossen weißlich; hat rundlichen, vorn verdickten, hinten seitlich zusammengedrückten Leib, oben abgeflachten Kopf, breitgeschlitztes Maul, zwei kurze Barteln an den Nasenlöchern, einen Bartfaden am Kinn; die eigenartige Beflossung besteht aus einer kleinen kurzen und einer zweiten langen Rückenflosse, einer rundlichen Schwanzflosse, kräftigen Brustflossen, kehlständigen verkümmerten Bauchflossen und einer langen Afterflosse.

Die Langschwänze

In allen Ozeanen, und zwar in Tiefen von 70 m bis zu 3600 m, leben in über 100 Arten die *Langschwänze (Macrouridae)*, die den Schellfischen nahestehen. Es sind groß- und dickköpfige Fische mit großen Augen, unterständigem Maul und einem Bartfaden am Kinn. Der Körper verjüngt sich rasch und hat einen langen, seitlich zusammengedrückten, spitz auslaufenden Schwanz. Die erste Rückenflosse besteht aus nur wenigen Strahlen, die zweite aber ist sehr verlängert und fließt mit der Schwanzflosse und der langen Afterflosse zu einem geschlossenen Flossensaum zusammen. Oft stehen die Brustflossen wie gestielte Ohren ab, während die kehlständigen Bauchflossen teilweise verkümmert sind.

Die bekanntesten Arten sind:

Macrourus rupestris, der oft in europäischen Meeren erbeutet wird;

Während der Laichzeit legt der sonst unscheinbare, männliche Stichling ein Hochzeitskleid in leuchtenden Farben an. Auch den Bau des Nestes und die Brutpflege übernimmt er.

Trotz ihrer geringen Größe sind Stichlinge kühne Raubfische. Die schuppenlosen Winzlinge, die 6 bis 18 cm groß werden, kommen sowohl in Binnengewässern, als auch in Meeren vor.

M. macrochir, der in großen Tiefen an der japanischen Küste lebt;

M. globiceps, der sehr an eine große dunkelschwarzgrüne, braunrot schimmernde Kaulquappe erinnert, deshalb auch „Dickkopf" genannt wird und in Tiefen von 1500–3000 m lebt.

Die Stichlinge

Die nur 6–18 cm langen, mehr oder weniger gestreckt gebauten, seitlich zusammengedrückten, schuppenlosen *Stichlinge (Gasterosteidae)* bewohnen die Meere und Binnengewässer der nördlichen Halbkugel vom Mittelmeer bis zur Arktis. Ihre besonderen Kennzeichen sind die vor der Rückenflosse stehenden Stachelstrahlen und die in Stacheln verwandelten Bauchflossen. Als kleine draufgängerische Raubfische nähren sie sich von allen Kleintieren der Gewässer. Die während der Laichzeit in leuchtenden Farben erglühenden Männchen übernehmen den Nestbau und die Brutpflege.

Dreistachliger Stichling (Gasterosteus aculeatus): Bewohnt die Altwasser, Weiher und Teiche von ganz Europa und Nordamerika, ist auch an den Ufern der Seen und Flüsse sowie im Brackwasser heimisch; Länge bis zu 8 und 9 cm; Haut oberseits grünlichbraun, bis zu den Flanken dunkelbraun gefleckt, seitlich silbrig, bläulich schimmernd, unterseits gelblich; trägt auf dem Rücken drei Stacheln, die bei Gefahr willkürlich durch Sperrgelenke festgestellt werden können, und je einen Stachel vor den weichen Strahlen der verkümmerten Bauchflossen.

In der Laichzeit, die vom April bis zum Juni währt, verwandelt sich das Stichlingsmännchen fast über Nacht in einen farbigen Prachtfisch. Die weißliche Iris seiner Augen schimmert plötzlich wie ein prachtvoller Smaragd. Sein Rücken zeigt eine Farbensymphonie, die vom leuchtenden Grün bis zum tiefsten Blau und sattem Schiefergrau hinüberspielt. Der Unterkiefer, die Kehle und der Bauch erstrahlen im feurigsten Rot.

Neunstachliger Stichling (Gasterosteus pungitius): Bewohnt vor allem die norddeutsche Tiefebene und deren Meeresküsten; Länge bis zu 6 cm; Haut oberseits grüngrau, bis weit in die Flanken verwaschen bräunlich quergebändert, seitlich

Der neunstachlige Zwergstichling lebt an den Küsten der Nord- und Ostsee. Der etwa sechs Zentimeter lange Fisch baut kunstvolle Nester zwischen den Wasserpflanzen, in die er im Frühsommer den Laich ablegt. Gerne hält sich der Zwergstichling in verkrauteten Salzwassertümpeln der Küste auf.

hell silberblau bis mattsilbern, unterseits silberglänzend; Männchen in der Laichzeit mit lackschwarzer Kehle und Brust; gleicht in der Gestalt dem Dreistachligen Stichling, ist etwas schlanker, trägt gewöhnlich neun bis zwölf gleichlange Stacheln vor der Rückenflosse und zwei Dornen an den Bauchflossen; liebt die verkrauteten Tümpel, Gräben, Moore, Altwasser und brackigen Küstengewässer, baut sein Nest mitten zwischen die schwimmenden Stengel und Blätter der Wasserpflanzen, laicht auch vom April bis zum Juni, legt aber viel mehr Eier als sein größerer Vetter.

Seestichling (Spinachia spinachia): Bewohnt die Seegras- und Tangregion der Ost- und Nordsee sowie des Golfs von Biskaya; Länge bis zu 18 cm; Haut oberseits grünlichbraun, seitlich gelblich, unterseits silberweiß; ist ungemein schlank, verjüngt sich hinter der Rücken- und Afterflosse fast zu einem Stiel, hat auch eine sehr gestreckte Schnauze, trägt auf dem Rükken 14–17 Stachelstrahlen; das Männchen baut ebenfalls ein zwischen den Wasserpflanzen schwebendes Nest und scheint das Weibchen während der Brutpflege neben sich zu dulden.

Die Pfeifenfische

In den flachen Küstengewässern der tropischen Meere leben die ungewöhnlich gestreckten, zylindrisch geformten *Pfeifenfische (Fistulariidae)*, die sich ebenfalls durch eine röhrenförmige, stark verlängerte Schnauze und ein kleines, aber recht dehnungsfähiges, feinbezahntes Maul kennzeichnen. Ihre kleinen feinen Schuppen sind mit dem bloßen Auge kaum zu entdekken. Alle Flossen sind klein und rundlich, die Rücken- wie die Afterflosse weit nach hinten gerückt. An der tiefgegabelten Schwanzflosse ziehen sich die mittleren Strahlen zu einem fast körperlangen peitschenartigen Faden aus.

Von den wenigen Arten ist die bekannteste

die *Tabakspfeife (Fistularia tabacaria)* von den atlantischen Küsten des tropischen Amerikas, die 150–220 cm messen kann, wovon freilich fast die Hälfte auf den Schwanzfaden kommt, ein oberseits rotbraunes, seitlich in Reihen mattblau geflecktes, unterseits silberweißes Hautkleid trägt, nur selten auf die offene See verschlagen wird und sich von kleinen Wassertieren nährt.

Die Seenadeln

Die *Seenadeln (Syngnathidae)* bewohnen in rund 50 Gattungen alle Weltmeere und lieben die Deckung der Tangwälder an den Küsten sowie die Korallenbänke. Ähnlich wie bei den Pfeifenfischen ist der Leib außerordentlich langgestreckt, bei den meisten tatsächlich nadelförmig. Auch sie haben eine röhrenartige Schnauze. Die Haut bedecken knöcherne Schilde. Die Bauchflossen fehlen. An der Bauchseite oder auf der Unterseite des Schwanzes befinden sich bei den Männchen Hauttaschen oder regelrechte Brutbeutel, die sich nach der Aufnahme der Eier entweder verkleben oder gänzlich verschließen. Bei den Seenadeln verlängert sich die Geschlechtsöffnung des Weibchens zu einer 6–8 mm langen Legeröhre, die in die Bruttasche des Männchens eingeführt wird.

Die Nahrung besteht aus planktontischen Kleintieren.

Große Seenadel (Syngnathus acus): Bewohnt die europäischen Küsten von der Biskaya bis nach Nordnorwegen; Länge bis zu 45 cm; Färbung blaugrau, dunkel gebändert; hat eine kräftig entwickelte Rückenflosse, verkümmerte Brust- und Afterflossen und eine zu einer kleinen Quaste zurückgebildete Schwanzflosse.

Seepferdchen (Hippocampus guttulatus): Bewohnt die westeuropäischen Küstengewässer vom Schwarzen und Mittelländischen Meer bis zur westlichen Nordsee; Länge 12 cm; Färbung braun, mit weißen Tupfen und Punkten; hat große Augen, röhrenartige Schnauze, kleine Brustflossen, eine fächerartige Rückenflosse und einen flossenlosen Greifschwanz.

Das Seepferdchen treibt aufrecht stehend durch das Wasser. Die Antriebskraft wird von der lebhaft vibrierenden Rückenflosse erzeugt. Der auffallende Pferdekopf ist immer leicht geneigt. An ihm stehen die Brustflossen wie zwei runde Ohren. Auch sie flimmern eifrig mit, wenn dieses seltsame Fischchen gemächlich dahinschwebt. Über Kopf und Nacken erheben sich bis zur Rükkenflosse hin knorpelartige Stacheln. Der feste Körperpanzer gliedert sich in bestachelte Rippen und reizvolle Fachmuster.

In der Laichzeit umtanzen sich die Geschlechter zärtlich, umschlingen sich schließlich mit den Schwänzen, stehen sich Kopf an Kopf gegenüber und wiegen sich sanft hin und her. Dabei preßt das Weibchen nach und nach alle seine etwas birnenförmigen Eier aus der Legeröhre in den Brut-

Aufrecht, mit leicht zum Bauch hin eingerollten Schwanz, bewegt sich das Seepferdchen. Es zählt zu den Büschlkiemern und kommt in fünfundzwanzig Arten vor.

beutel des Männchens. Der ersten Paarung folgt bald eine zweite und dritte mit einem zweiten und dritten Weibchen, denn das Männchen vermag bis zu 500 Eier aufzunehmen. Sein Brutbeutel schwillt mächtig an und beherbergt auch die ausgeschlüpften Larven, die vom Blut des Vaters leben. Erst nach 6–8 Wochen sind sie groß genug, um ins Leben treten zu können. Das Männchen preßt sie in regelrechten Wehen aus dem Beutel. Im Anfang sind sie noch durchsichtig und strecken die abgestumpften Köpfe wie andere Fische geradeaus.

Großer Fetzenfisch (Phyllopteryx eques): Bewohnt die Seegraswälder der australischen Küste; Länge 20–22 cm; Färbung grünlich–lederbraun; ist in seiner abenteuerlichen Gestalt weitgehend seinen Schlupfwinkeln angepaßt, indem der ganze Leib unwahrscheinlich reich mit Stachelfortsätzen und bandförmigen, fetzenartigen Anhängseln versehen ist.

Der Fetzenfisch hält sich ungefähr wie das Seepferdchen, streckt aber den Kopf gerade vor. Er hat eine lange, auf dem Schwanzteil sitzende Rückenflosse, kleine Brustflossen und eine röhrenförmige Schnauze. Seine vielen kurzen Dornen sind stark und spitzig, die übrigen Anhängsel dagegen dünn und nachgiebig. Wahrscheinlich dient der Schwanz ebenfalls als Greiforgan. Das Männchen trägt die Eier bis zur Reife an der Unterseite des Schwanzes.

Zu den Zahnkarpfen und Kärpflingen zählt auch der in Mexiko und Guatemala beheimatete Platy. Der Nachwuchs dieses etwa sechs Zentimeter großen Fisches wird lebend geboren. Während die Körperform immer einheitlich ist, treten in der Färbung sehr große Unterschiede auf.

Die Glanzfische

Die *Glanzfische (Lampridae)* erinnern gestaltlich an die Mondfische, haben also eine hochrückige, seitlich stark zusammengedrückte, fast scheibenförmige Gestalt. Die Flossen gleichen Mondsicheln und Segeln. Die wunderschön glänzenden Schuppen sind klein, besonders dünn und fallen leicht ab.

Gotteslachs oder Königsfisch (Lampris luna): Bewohnt den Atlantik und Pazifik; Länge bis zu 2 m; Schuppenkleid besonders farbenprächtig, oberseits stahlblau, seitlich veilchenblau, mit hochgeschwungener Seitenlinie über den Brustflossen, unterseits rosenrot, am ganzen Leib mit milchweißen Rundflecken geschmückt; hat kleinen in das Körperrund einbezogenen Kopf, rotgoldene Augen, meergrüne Kiemendeckel, frißt Kopffüßer und Krebstiere.

Die Band- und die Sensenfische

In der Tiefsee leben die *Sensen- und Bandfische (Trachipteridae und Regalecidae).* Der Leib ist lang und schmal, bandartig zusammengedrückt, nackt oder mit kleinen Knochenschildern bedeckt, der Kopf sehr klein, das Auge groß, das Maul eng und schwach bezahnt. Der erste Teil der körperlangen Rükkenflosse besteht aus stark verlängerten Strahlen, die sich wie ein Federbusch über den Kopf erheben.

Band- oder Riemenfisch (Regalecus glesne): Bewohner der Tiefsee, wurde bisher bei Stavanger, Neuseeland und Kalifornien angetroffen, ist also wohl in allen Weltmeeren heimisch; Länge bis zu 6 m; Gestalt wie oben beschrieben, hat sehr lange Fühlfäden und keine Schwanzflosse; Färbung silbergrau, dunkel quergestreift, mit roter Rückenflosse; dürfte wohl so manchem Seemann als die sagenhafte „Seeschlange" erschienen sein.

Die Zahnkarpfen oder Kärpflinge

Sehr viele übereinstimmende Merkmale lassen sich von der Unterordnung der *Zahnkarpfen* nicht aufführen. Nur einige gleichen den echten Karpfen, von denen sich alle durch die bezahnten Kiefer unterscheiden. Oft ist die Rückenflosse wie bei den Hechten weit zurückgesetzt. Die Fettflosse fehlt allen, und keine Flosse weist Stachelstrahlen auf. In der Lebensweise kennzeichnen sich die einen als Eierleger, die anderen als Lebendgebärende.

Von den weit über 200 Arten aus den tropischen und gemäßigten Zonen aller Erdteile – außer Australien – sind sehr viele zu erklärten Lieblingen der Aquarienfreunde und uns erst dadurch gut bekannt geworden.

Bunt durcheinander seien hier zuerst einmal die Eierleger vorgestellt:

der *Edelsteinkärpfling (Cyprinodon variegatus)* aus dem Osten und Südosten der USA, 6–8 cm lang, olivfarben bis hellbraun, dunkel quergebändert, das Männchen metallischglänzend gefleckt;

der *Blaue Fächerfisch (Cynolebias belotti)* aus den Wasserlöchern Argentiniens, bis 6 cm lang, bei dem die lange Rücken- und Afterflosse und die Schwanzflosse einem Fächergebilde gleichen; das Männchen blau, mit weißen Makeln, das Weibchen lehmgelb, mit braunen Flecken; bettet seine 150 Eier vor dem Austrocknen der Löcher tief in den Grund, aus denen die Jungen dann in der nächsten Regenzeit ausschlüpfen;

der *Prachtkärpfling (Aphyosemion arnoldi)* aus den verkrauteten Sümpfen und Gräben des Nildeltas, 6 cm lang, hechtschlank; das Männchen mit spitz ausgezogener, prachtvoll farbenschimmernder Schwanzflosse; hat die gleichen Brutgewohnheiten wie die südamerikanischen Fächerfische.

Von den lebendgebärenden Zahnkarpfen seien erwähnt:

das *Vierauge (Anableps anableps)* aus den Brackwasser- und Küstenzonen des tropischen Amerikas, bis zu 30 cm lang, trüb grüngelb, mit fünf schwarzen Längsstreifen; die kugelig hervorquellenden Augen haben eine zweigeteilte Bindehaut, Iris und Pupille, ragen zur Hälfte über den Wasserspiegel und können zugleich über und unter das Wasser schauen; die Männchen besitzen ein konisches, beschupptes, aus der Afterflosse gebildetes Begattungsorgan;

der *Platy (Xiphophorus maculatus)* aus Mexiko und Guatemala, bei dem das Männchen 4 cm, das Weibchen 6 cm mißt, gelblichbraun oder himmelblau oder smaragdgrün gefärbt, schwarz gefleckt;

der *Schwertträger (Xiphophorus helleri)* aus Mexiko; Männchen bis 8 cm, Weibchen bis zu 12 cm lang; mit langem, schwertförmigem, schillerndem Fortsatz des unteren Schwanzflossenzipfels;

der *Guppy (Lebistes reticulatus)* aus dem nördlichen Südamerika sowie von Barbados und Trinidad, etwa 3,5 cm lang, in allen Regenbogenfarben schillernd und in vielen Farbvariationen gezüchtet, ungemein fruchtbar und lebenstüchtig.

Die Blindfische

Zur Familie der *Amblyopsidae* gehört der seltsame nordamerikanische *Höhlenblindfisch (Amblyopsis spelaeus)*, der zum

Die ursprüngliche Heimat des Guppys ist Mittelamerika. Heute findet man ihn in vielen anderen, warmen Regionen. Er ist vermutlich der am häufigsten gehaltene Aquarienfisch. Der männliche Fisch wird etwa drei cm lang, der weibliche rund doppelt so groß. Das Weibchen dieser lebendgebärenden Art hat eine schlichte gelblich-gräuliche Farbe.

ersten Mal in der Mammuthöhle in Kentucky, später auch in der Rodeshöhle bei Corydon und in einem Brunnen bei Mitchell in Indiana gefunden wurde. Er ist hechtschlank, durchscheinend und farblos, etwa 12 cm lang und blind. Die lebend zur Welt gebrachten Jungen haben als Embryonen noch verhältnismäßig gut entwickelte Augen.

Die Laternenfische

Die kleinen hochrückigen *Laternenfische (Anomalopidae)* der Südsee sind die einzigen Leuchtfische der Welt, die sich in ausgesprochen flachen Gewässern aufhalten und deshalb gut beobachtet werden können. Ihre großen Leuchtorgane liegen unter den Augen in tiefen Gruben und werfen einen Strahlenkegel nach vorn, während das Auge selbst im Schatten bleibt. Sie können also gut erkennen, was in den Lichtkreis ihrer Scheinwerfer kommt, ohne selbst geblendet oder gesehen zu werden. Ungeschwächt vermögen diese Organe stundenlang ihr Licht auszusenden, können es aber auch jederzeit mit Hilfe einer lidartigen schwarzen Hautfalte abblenden oder wie einen Suchscheinwerfer durch Drehung ausschalten.

Bekannt sind besonders zwei Arten, nämlich:

Photoblepharon palpebratus, der an einen hochrückigen kleinen Karpfen erinnert, bis 8 cm mißt, wohlausgebildete normale Flossen hat und mit Hilfe einer lidartigen Hautfalte abblendet; und

Anomalops catoptron, der wesentlich schlanker ist, bis 30 cm lang wird, vor der Rückenflosse eine kleine Stachelflosse aufweist und seine Laterne durch Drehung in regelmäßigen Abständen abblendet.

Die Petersfische

Hochseebewohner, die nur selten die Küstengebiete berühren, sind auch die gleichfalls stark abgeplatteten und sehr reich bestachelten *Petersfische (Zëidae)*. Ihren Namen verdanken sie dem auffälligen großen, runden, tiefschwarzen Fleck über dem Ende der Brustflossen. Der frommen Sage nach sollen diese Flecke die Fingermale des Apostels Petrus sein, der diesen Fisch ergriff, um aus seinem Maul den Zinsgroschen zu nehmen, den er zu entrichten hatte.

Petersfisch oder Heringskönig (Zëus faber): Bewohnt das Mittelmeer und den Atlantischen Ozean, dringt nordwärts bis an die englischen Küsten vor, ist in der Nordsee selten; Länge gut 1 m; Schuppenkleid im Mittelmeer oft rein goldfarben, im Norden mehr graugelb; hat weitgespaltenes Maul, hohen Rükken, zwei Rückenflossen, von denen die erste in lange Fäden auslaufende Strahlen hat, zwei Afterflossen, von denen die erste 4–5 Stacheln aufweist; zeichnet sich durch die beiden oben erwähnten schwarzen Flecken sowie zahlreiche gabelförmige Stacheln auf dem Rückenfirst und an der Bauchkante aus; lebt von kleinen Fischen, Tintenfischen und Krebsen, folgt den Schwärmen der jungen Heringe.

Die Meeräschen

Die wohlgeformten und langgestreckten *Meeräschen (Mugilidae)* erkennen wir leicht daran, daß die erste ihrer beiden Rückenflossen stets nur vier Strahlen enthält. Das Maul ist ziemlich breit und stumpf, wie es sich für typische Schlammschaufler am besten eignet. Im verengten Schlund befindet sich ein aus kleinen Hornpapillen gebildeter Filter, der zur Nahrung ungeeignete Stoffe aussiebt. Die Kiemen werden durch ein feines Dornennetz vor Verunreinigungen geschützt. So können sie unbehindert im Schlick, Schlamm und Sand wühlen und alle genießbaren pflanzlichen und tierischen Stoffe herausfiltern. Von den über 100 Arten, die vor allem die Mündungsgebiete der Flüsse, die Lagunen, Häfen, Seebuchten und seichten Küsten der gemäßigten und tropischen Zonen bewohnen, seien hier nur vorgestellt:

Dünnlippige Meeräsche (Mugil capito): Bewohnt die Nordsee und dringt in die Ostsee vor; Länge 40–50 cm; Schuppenkleid oberseits dunkel blaugrau, seitlich und unterseits silberweiß, am ganzen Leib schwarz längsgestreift; hat schnittigen spindelförmigen Körper und helle Häute zwischen den vier Stacheln der vorderen Rückenflosse; wird an der englischen Küste von der ihr recht ähnlichen *Dicklippigen Meeräsche (M. chelo)* und im Mittelmeer vom *Großkopf (M. cephalus)* vertreten, der auch an den Küsten Amerikas vorkommt.

Die Ährenfische

Nahe Verwandte der Meeräschen sind die wesentlich kleineren und noch schlankeren *Ährenfische (Atherinidae)*, die in über 60 Arten vor allem die Küstenzonen der wärmeren Meere bevorzugen und zum Teil auch in die Flüsse aufsteigen. Sie lieben flache ruhige Buchten mit sandigem Grund und sind außerordentlich gesellig.

Ährenfisch (Atherina hepsetus): Bewohnt das Mittelmeer; Länge bis zu 15 cm; Schuppenkleid stark durchscheinend, oberseits hell gelblichbraun, schwarz getüpfelt, seitlich mit einem breiten, schimmernden, oberseits blau gesäumten Silberstreif, unterseits weißrötlich, schwach silberglänzend; hat große Augen und tiefgegabelte Schwanzflosse; wird an den spanischen, französischen, englischen und holländischen Küsten

Buntbarsche sind während der Nachwuchspflege sehr angriffslustig und wagen sich selbst an wesentlich größere Fische. Gelingt es nicht, sie abzuwehren, zieht die Familie um.

Die Maulbrüter pflegen ihre Brut sorgsam sechs bis acht Wochen lang. Die als Paar lebenden Elternfische brüten nicht immer im Maul. Oft kleben sie den Laich an Steine oder Wasserpflanzen und tragen dann die geschlüpften Jungfische vorsichtig in eine Kuhle, wo sie bleiben, bis sie völlig eigenständig sind. Bei Gefahr werden die kleinen Fische zur sicheren Aufbewahrung ins Maul genommen.

Der gelbe Schlankbarsch, eine Buntbarschart, lebt ausschließlich in den felsenreichen Uferregionen des afrikanischen Tanganjikasees. Er wird etwa acht cm groß. Buntbarsche leben von tierischem Plankton und Pflanzenteilchen. Von diesen Knochenfischen werden einige Arten bis zu dreißig Zentimeter lang.

Der Flußbarsch ist gewöhnlich zwischen 20 und 45 Zentimeter lang. Er lebt in den Flüssen und Seen Europas, Nordasiens und Nordamerikas. (Bild unten)

Die über 30 Arten der Sonnenbarsche kommen vorwiegend in den Binnengewässern Nordamerikas vor. Sie sind angriffslustige Räuber. Die Männchen, die in der Laichzeit merklich verblassen, übernehmen die Brutpflege. Sie bewachen den Laich; sie stürzen sich grimmig auf jeden Störenfried und springen selbst aus dem Aquarium heraus, dem Beobachter ins Gesicht. Die Jungen schlüpfen nach zwei bis acht Tagen und werden, solange sie noch auf dem Nestgrund ruhen, vom Vater beschützt.

vom *Priesterfisch (A. presbyter)*, der etwa 20 cm mißt, vertreten.

Grunion (Leurestes tenius): Bewohnt die pazifische Westküste Amerikas zwischen Los Angeles und Niederkalifornien; Länge 8–15 cm; Schuppenkleid oberseits blaugrün, sonst silberweiß; hat spindelförmigen Leib, zugespitzten Kopf, weit zurückgesetzte, sehr kleine Rückenflossen und tiefgegabelte Schwanzflosse.

Der Grunion kommt unmittelbar nach dem Abklingen der höchsten Flut in Massen an den Strand, verläßt das Wasser und laicht im feuchten Sand. Tausende und aber Tausende von im Mondlicht blitzenden Fischleibern schnellen sich in temperamentvollen Liebesspielen umeinander. Die zumeist von vielen Männchen bedrängten Weibchen graben sich, den Kopf hoch erhoben, bis zu den Bauchflossen in den Sand und legen ihre Eier etwa 5–7 cm tief unter die Oberfläche. In den nächsten zehn Tagen spült die Ebbe so viel feuchten Sand darüber, daß der Laich schließlich 20–40 cm tief vergraben liegt. Dann aber schwemmt die wiederum stärker einsetzende Flut eine Sandschicht nach der anderen ins Meer zurück und legt die Eier genau in der Zeit frei, in der die Jungfische schlüpfen. Diese werden dann von der nächsten Flutwelle zur Brandung gerissen und ins Meer hinausgetragen.

Während des Laichens können die Fische leicht mit der Hand gegriffen werden. Tausende von Menschen strömen alljährlich aus Los Angeles zum Strand, um dieses einzigartige Schauspiel erleben zu können.

Die Pfeilhechte

Tatsächlich gleich großen schlanken Pfeilen schießen die überaus schlanken *Pfeilhechte (Sphyraenidae)*, von denen uns über 20 Arten bekannt sind, in reißender Fahrt durch die Küstenzonen der warmen und gemäßigten Meere. Den Hechten gleichen sie nicht nur gestaltlich, sondern auch in der starken Bezahnung. Ihre kräftigen Zähne sind spitz kegelförmig, leicht gebogen und verlängern sich an der Spitze der Kinnladen zu echten Fangzähnen. Die Seitenlinie ist wie bei den Meeräschen immer gut ausgebildet. Die erste der weit auseinandergerückten Rückenflossen besteht aber nicht aus vier, sondern aus fünf Stachelstrahlen.

Pfeilhecht (Sphyraena sphyraena): Bewohnt das Mittelmeer; Länge bis zu 1 m; Schuppenkleid oberseits dunkel bleifarben, am Bauch silberweiß, an den Flossen braun; soll hin und wieder schon badende Menschen angegriffen und verwundet haben.

Barracuda oder Pikuda (Sphyraena picuda): Bewohnt die Gewässer um die Antillen von Nordbrasilien bis zu den Bermudas; Länge bis zu 2 m; Schuppenkleid oberseits grünlich bleigrau, seitlich oft braunschwarz gefleckt, unterseits silbrig; soll noch angriffslustiger als der Pfeilhecht sein und von den Eingeborenen mehr als die Haie gefürchtet werden; hat an den Küsten Westafrikas einen nahen Verwandten im noch größeren *S. jello*. Bei einigen Arten soll das Fleisch sehr schmackhaft sein.

Die Barsche

Die Merkmale der *Barsche (Percidae)* sind: länglicher, seitlich stark zusammengedrückter Leib, der mit harten Kammschuppen bedeckt ist, gezähnelte oder gedornte Kiemendeckel, weite Kiemenspalte, spitze kegelförmige Zähne auf den Kiefern sowie den Pflugschar- und Gaumenbeinen. Die Bauchflossen stehen unter den Brustflossen. Regelmäßig ist eine zweite stachelstrahlige Rückenflosse ausgebildet. Diese an Arten und Rassen reiche Fischfamilie ist über alle Meere verbreitet, bewohnt auch die Flüsse und Seen der Alten und Neuen Welt und besteht vorwiegend aus kräftigen Raubfischen.

Flußbarsch (Perca fluviatilis): Bewohnt die Flüsse, Seen und Brackwasser von Europa, Nordasien und Nordamerika; Länge 20–45 cm; Schuppenkleid oberseits dunkelgrün, breit schwarz quergebändert, seitlich heller, messinggelb schimmernd, mit stahlblauen Kiemendeckeln, unterseits grauweiß; hat kegelförmigen Kopf, hohen Rückenansatz, zwei dicht hintereinander stehende Rückenflossen, von denen die erste stachelstrahlig und fast glashäutig, die zweite grau getönt ist, gelbliche und grünliche, durchscheinende Brustflossen, orangerote Bauch- und Afterflossen und eine graurötliche, sanftgebuchtete Schwanzflosse.

Der groß- und scharfäugige Flußbarsch durchstreift stöbernd die seichten bewachsenen Ufer-

Im Gegensatz zu den eher schmucklosen Sonnenbarschen sind die Zackenbarsche besonders schön gekennzeichnet. Sie kommen vorwiegend im Salzwasser vor. Oft verweben sich die bunten Flecken ihres Schuppenkleides zu den schönsten Ornamenten, über deren vermeintlich mystische Bedeutung sich die Vorfahren vielerlei Gedanken machten.

ränder und verfolgt die entdeckten Beutetiere hitzig. Oft begnügt er sich aber auch mit Laich, Würmern, Schnecken und Krebstierchen. Die Laichzeit fällt in den April und Mai. Größere Weibchen können bis zu 25000 Eier ablegen, und zwar tritt der Laich in breiten netzartigen Bändern aus, die an Steine und Wasserpflanzen geheftet werden. Die Jungen schlüpfen nach 10–14 Tagen und halten in Schwärmen zusammen.

See- oder Wolfsbarsch (Labrax lupus): Bewohnt die Westküsten Europas und Afrikas vom Mittelmeer und Senegambien bis Finnmarken einschließlich der Nordsee und der westlichen Ostsee, bevorzugt das Brackwasser der Flußmündungen; Länge 50–100 cm.

Kaulbarsch (Acerina cernua): Bewohnt die Flüsse und Seen Mittel-, West- und Nordeuropas bis nach Sibirien; Länge 12–18 cm, auch bis 24 cm; Schuppenkleid einheitlich gelblicholivgrün, unregelmäßig kräftig dunkel gefleckt, am Vorderbauch weißlich; hat rundlichen dicken Kopf, große, hoch am Schädel nahe beieinander stehende Augen, etwas gedrungenen Körper und zwei verwachsene Rückenflossen, die wie die breite, nur ganz sanft gebuchtete Schwanzflosse ebenfalls dunkel gefleckt sind; verfolgt vor allem die Fischbrut und lebt von den Kleintieren des Wassers, laicht im April/Mai, klebt seine 50000–100000 Eier in dichten Reihen an Steine und Wasserpflanzen, zieht sich im Winter in die Tiefen der Seen zurück.

Zander (Lucioperca sandra): Bewohnt heute die klaren Flüsse und Seen von ganz Europa sowie die Haffe der Ostsee, wurde in Westeuropa durch den Menschen verbreitet; Länge 60–100 cm; Schuppenkleid oberseits grünlichgrau, bis zu den Flanken dunkel gewölkt oder quergebändert, seitlich dunkelgrün, rötlichgrün verlaufend, unterseits grauweißlich; hat einen keilförmigen Hechtkopf und spindelförmigen Leib, dunkelbraun gefleckte Rücken- und Schwanzflosse, gelbliche Brust-, Bauch- und Afterflossen; liebt warme flache Gewässer, steht lauernd auf dem Grund, laicht im April/Mai an zumeist kiesigen Ufern, legt ungefähr 200000–300000 stark klebrige Eier an Wasserpflanzen; hat keine Fangzähne im Maul.

Die Sonnenbarsche

In über 30 Arten sind die sehr hochrückigen, seitlich zusammengedrückten *Sonnenbarsche (Centrarchidae)* vorwiegend auf die Binnengewässer Nordamerikas beschränkt. Sie stehen unseren Barschen sehr nahe, haben aber keine Fangzähne im endständigen Maul. Einige Formen wurden in Europa eingeführt.

Kurz erwähnt seien von ihnen: der *Forellenbarsch (Micropterus salmoides)* vom Mississippi-Gebiet, der 30–60 cm mißt, oberseits grau- bis dunkelgrün, seitlich messinggelb überflogen und mit breitem dunklem Längsband geziert, unterseits silbrig bis gelblich gefärbt ist, großen Kopf, kleine Augen, breites Großmaul, gedrungene Gestalt und eine kleine Stachelflosse vor der Rükkenflosse hat, im Mai/Juni laicht, seine 2000–4000 Eier in eine kiesige Mulde legt und mit Erfolg bei uns eingeführt wurde;

der *Diamantbarsch (Enneacanthus obesus)* aus dem westlichen Nordamerika, 10 cm lang, dunkel braungrün, schwarz quergebändert, mit goldenen und metallisch blauen Fecken auf den Seiten und den unpaarigen Flossen, der zur Laichzeit nicht nur an den Flossen, sondern auch am Leib tiefrot schimmert;

der *Gemeine Sonnenbarsch (Lepomis gibbosus)*, gut 20 cm lang, grünlichblau, orangerot gefleckt, mit gelbroten, blau gewellten Wangen und ohrenartiger Verlängerung des Kiemendeckels, der schwarz gefärbt und scharlachrot gefleckt ist; und

der *Scheibenbarsch (Mesogonistes chaetodon)* aus den kleinen Seen und Flüssen von New Jersey, New York, Maryland; etwa fingerlang, mit messinggelben Seiten und vier durchgehenden sowie drei unterbrochenen Querbinden.

Die Sonnenbarsche sind draufgängerische, angriffslustige Räuber. Die Männchen, die in der Laichzeit sehr verblassen, übernehmen die Brutpflege. Sie wühlen und säubern ein Sandbett im Grund und verlocken in tänzerischen Spielen die in farbenfreudigen Hochzeitsgewändern prangenden Weibchen zur Ablage der sehr klebrigen Eier. Den Laich befächeln und bewachen sie eifrig, stürzen sich ingrimmig auf jeden Störenfried und springen aus dem Aquarium sogar dem menschlichen Beobachter ins Gesicht. Die Jungen schlüpfen nach 2–8 Tagen und werden, solange sie noch auf dem Nestgrund ruhen, vom Vater behütet und verteidigt.

Die Zackenbarsche

Im Gegensatz zu den Sonnenbarschen sind die besonders schön gezeichneten *Zackenbarsche (Serranidae)*, von denen wir mehr als 500 Arten kennen, überwiegend Meeresbewohner. Oft vereinigen sich die bunten Flecken ihres Schuppenkleides zu den schönsten Ornamenten und wunderlichsten Hieroglyphen, über deren mystische Bedeutung sich die alten Völker vielerlei Gedanken machten. Als Küstenfische werden sie gern geangelt und gefischt.

Schriftbarsch (Serranus scriba): Bewohnt das Mittelmeer und die Adria, liebt felsige, reich zerklüftete Küsten; Länge 20–30 cm; Schuppenkleid vorwiegend rötlichgelb, mit sieben breiten schwarzblauen Querbinden, die sich weit über die Flanken ziehen, unterseits und am Unterkiefer gelb, fein schwarz gepunktet; hat zusammengewachsene Rükkenflossen, die wie die anderen Flossen mit rotblau eingefaßten Punkten geschmückt sind, und eine strahlige Afterflosse.

Wrackbarsch (Polyprion cernium): Bewohnt vor allem die

Der Segelflosser oder Blattfisch bewohnt den Amazonas und seine Nebenflüsse. Das Blattfischpaar reinigt gemeinsam die zur Eiablage vorgesehenen Stengel der Wasserpflanzen und bewacht den Laich. Wenn dann nach rund drei Tagen die Jungen schlüpfen, werden sie mit dem Maul abgepflückt und mit Hilfe von Schleimfäden an Blättern angeklebt.

südwesteuropäischen Küsten vom Mittelmeer bis nach England; Länge über 150 cm; Schuppenkleid einfarbig braungrau, in der Jugend dunkel gefleckt, gewölkt und gemarmelt; hat kurzen Kopf, große Augen, tiefgespaltenes Maul, sehr gedrungenen Leib und gerade abgeschnittene Schwanzflosse; begleitet tatsächlich mit Vorliebe das Treibholz, wobei ungewiß ist, ob ihn die sich darunter versammelnden Kleinfische oder die anhaftenden Entenmuscheln anziehen.

Die Buntbarsche oder Maulbrüter

Bei den südamerikanischen und zentralafrikanischen *Buntbarschen (Cichlidae)* nehmen sich beide Elternfische, die in fester Ehe leben, gemeinsam ihrer Eier und Jungen an. Allerdings ist es durchaus nicht die Regel, daß sie die Eier im Maul ausbrüten. Sehr viele Arten kleben die Eier vielmehr an Pflanzen und Steine, warten dann geduldig, bis die Jungen schlüpfen, pflücken diese gleichsam mit dem Maul ab und tragen sie zu einer schon vorher angelegten Grube, wo sie dann eine ganze Weile gepflegt, bewacht und zum Teil sogar gefüttert werden. Doch ist auch bei diesen Formen das Maul die Zufluchtsstätte für die Jungen.

Chanchito (Cichlasoma facetum): Bewohnt den Rio Grande do Sul bis in sein Mündungsgebiet; Länge 8–30 cm; Schuppenkleid grünlichgelb, vielfach schwarz quergebändert; hat goldgelbe Augen und dunkle Flossen, die sich in der Laichzeit rot verfärben; erinnert an die Sonnenbarsche und kennzeichnet sich durch sichelförmig verlängerte Bauchflossen, in Spitzen ausgezogene Rücken- und Afterflosse sowie eine abgerundete Schwanzflosse.

Großer Blattfisch (Pterophyllum scalare): Bewohnt das Amazonas-Stromgebiet; Länge 15 cm, Höhe 25 cm; Schuppenkleid olivgrün, silbrig schimmernd, mit 4–6 kräftigen dunklen Querbinden; gleicht tatsächlich einem hohen schmalen Blatt, in das der spitzschnäuzige Kopf einbezogen ist; hat zu langen Segeln ausgezogene Rücken- und Afterflossen, über die sich die dunklen Querbinden des Leibes erstrecken, sichelartige und ungewöhnlich verlängerte Bauchflossen und eine breite, ebenfalls in Spitzen ausgezogene sowie eine dunkel quergebänderte Schwanzflosse.

Die Meerbrassen

Zu den Barschartigen zählen auch die in allen Weltmeeren verbreiteten *Meerbrassen (Sparidae)*, die sich vorwiegend von Muschel- und Krustentieren oder Pflanzen ernähren. Ihre Merkmale sind: länglicher, seitlich stark zusammengedrückter Leib, den große Kamm- oder Rundschuppen bekleiden, großer hoher Kopf, große hochstehende Augen, unterständiges Maul, das kräftig bezahnt ist und neben starken Schneidezähnen auch breite stumpfe Pflasterzähne aufweist. Die große, lange und stachelstrahlige Rückenflosse entspringt in einer Furche. Die Brustflossen sind spitzig, und die Bauchflossen bestehen aus einem harten Strahl und fünf weichen Strahlen.

Unter den rund 200, oft sehr farbenprächtigen Arten befinden sich – für Fische sehr ungewöhnlich – etliche zwittrige Formen.

Goldstrich oder Goldbrasse (Chrysophrys aurata): Bewohnt das Mittelmeer und die Westküste Afrikas; Länge 30–50 cm; Schuppenkleid grünlich–silbergrau, lebhaft schimmernd, auf dem Rücken dunkler, am Bauch silbrig, mit 18–20 schmalen goldgelben Längsbändern, einem Goldfleck auf dem Kiemendeckel und einer goldgelben Binde zwischen den Augen; hat bläuliche Rücken- und Afterflosse, veilchenfarbene Brust- und Bauchflossen und eine schwarze Schwanzflosse; lebt vorwiegend von Muscheln.

Zahnbrasse (Dentex vulgaris): Bewohnt das Mittelmeer und den Atlantischen Ozean; Länge bis zu 100 cm, Gewicht bis zu 10 kg; Schuppenkleid prächtig silberglänzend, oberseits bläulich, seitlich dunkelblau gefleckt, am Kopf golden und kupfern schimmernd; hat metallisch gelbe Iris, gelbliche Rückenflosse und rötliche Brust-, Bauch-, After- und Schwanzflossen; verfügt über mächtige Fangzähne.

Die Seebarben

Die eigenartig walzig-keulenförmigen *Seebarben (Mullidae)* sind im Schlamm gründelnde Küstenfische der tropischen und gemäßigten Meere. Ihr Kopf ist groß, die Stirn steil, das Auge hochsitzend, die Schnauze klein, und die Unterlippe trägt zwei lange fleischige Barteln. Die beiden, nur mäßig entwickelten Rückenflossen stehen weit auseinander, die Bauchflossen sitzen unmittelbar unter den Brustflossen, und die Schwanzflosse ist leicht gegabelt. Das auffallendste Merkmal aber ist die schöne rote Färbung der großen und glatten, sehr dünnen und fein gezähnelten Schuppen.

Steilstirnige Seebarbe (Mullus barbatus): Bewohnt vor allem das Mittelmeer; Länge 30–40 cm; Schuppenkleid einfarbig karminrot, unterseits silbern schimmernd; hat gelbliche Flossen; ernährt sich von Krebsen, Schnecken und Würmern, die sie im Schlamm aufstöbert, soll auch allerlei Faulstoffe und Aas verschlucken, laicht im Mai/Juni.

Die Umberfische

Die im tropischen und subtropischen Atlantik und Indik verbreiteten *Umberfische (Sciaenidae)* könnte man als eine recht musikalische Familie bezeichnen. Fast alle haben sie nämlich die Fähigkeit, eigenartige Lautäußerungen von sich zu geben. Als Instrument dient ihnen vor allem wohl ihre ungewöhnlich gebaute Schwimmblase. Diese ist häufig mit seitlichen Anhängen besetzt, die sich wieder verzweigen können. Auf diese Weise entsteht ein umfangreiches Netzwerk von luftgefüllten Kammern, die sich mantelartig um die Hauptblase legen. Willkürlich bewegte Muskeln, die sich in schnellem Wechsel zusammen-

Korallenfische sind an den Korallenbänken der tropischen und gemäßigten Meereszonen zu finden. Viele von ihnen leben in einer wunderbaren Symbiose mit verschiedenen Seerosen, bewegen sich ungehindert zwischen ihren Tentakeln, schlafen auf ihrer Mundscheibe oder dringen sogar in den Darmraum ein. In schöner Eintracht speist der eine am Tisch des anderen. Niemals gebrauchen die Aktinien ihre gefürchteten Nesselwaffen gegen ihre kleinen Fischfreunde.

ziehen und wieder ausdehnen, versetzen den Gasinhalt und auch die Wandungen der Schwimmblase in lebhafte Schwingungen und erzeugen die oft weithin vernehmbaren Töne und Geräusche. Bei den meisten Umberfischen stehen diese Lautäußerungen offenbar im Dienste des Geschlechtslebens und erleichtern das Zusammenfinden der Männchen und Weibchen.

Die meisten der rund 150 Arten sind Küstenfische, die aber auch in den Flüssen aufsteigen. Gestaltlich erinnern sie an die Zackenbarsche. Der Körper ist gestreckt, nur mäßig seitlich zusammengedrückt, der Kopf steilstirnig und reich an Schleimkanälen, die Rückenflosse geteilt und die Schwanzflosse abgerundet.

Zur Nahrung dienen den Umberfischen Weichtiere, Krebse und kleine Fische, daneben vermutlich auch Aas.

Trommelfisch (Pogonias chromis): Bewohnt die atlantischen Küsten Nordamerikas; Länge bis über 3 m; Schuppenkleid oberseits schwärzlich, sonst silberweiß, in der Jugend mit 4–5 breiten schwarzbraunen Querbinden, die später gänzlich verblassen; trägt als Grundfisch zahlreiche kurze Barteln am Kinn, gibt knurrende und murksende Laute von sich, die an das laute Schroten fressender Pferde erinnern sollen, lebt vorwiegend von Muscheln und Austern.

Umber (Sciaena cirrhosa): Bewohnt vor allem das Mittelmeer; Länge bis zu 60 cm; Schuppenkleid vorwiegend hellgelb, am Rücken bläulich, an den Seiten silberweiß gestreift, am Bauch weiß; hat schwarze Brust-, Bauch- und Schwanzflossen, rote Afterflosse und braune Rückenflosse mit weißem Saum; liebt schlammigen Grund, lebt von Würmern, Weichtieren und Pflanzen, laicht im Juni/Juli.

Ritterfisch (Equetus lanceolatus): Bewohnt die Korallenmeere Westindiens; Länge 50–60 cm; Schuppenkleid oberseits und seitlich graugelb, mit drei breiten schwarzbraunen, grauweißlich gesäumten Längsbinden geziert, unterseits silbrig, mit lebhaften Zeichnungen am Kopf und großem dunklem Fleck zwischen Brust- und Bauchflosse; kennzeichnet sich durch hohe säbelförmige Rückenflosse und rautenförmige Schwanzflosse.

Die Nanderbarsche

Eine merkwürdige Verbreitung haben die nächtlich lebenden *Nanderbarsche (Nandidae)*, die nicht nur auf dem Rükken, sondern auch an der Afterflosse scharf bestachelt sind. Wir finden sie in nur wenigen Gattungen und Arten in Südostasien, im tropischen Westafrika und im nördlichen Südamerika. Als interessante Höhlenbrüter haben sie viele Freunde unter den Aquarianern gefunden.

Die bekanntesten Nanderbarsche sind:

der *Nander (Nandus nandus)* aus Vorder- und Hinterindien, der die Süß- und Brackwasser bevorzugt, in seiner Heimat bis zu 15 cm lang wird, im Aquarium aber meist nur 8 cm mißt;

der *Schomburgk-Vielstachler (Polycentrus schomburgkii)* aus dem nördlichen Südamerika, 7–8 cm lang, leder- bis rotbraun, auch graublau bis schwärzlich gefärbt, dunkel gefleckt oder quergebändert, mit hellem Scheitelstreif und hellblau gesäumten Tupfen am Grund der vielstachligen Rükken- und Afterflosse;

der *Blattfisch (Monocirrhus polyacanthus)* meidet schnellfließende Gewässer. Sein bevorzugter Lebensraum sind die langsamen beschatteten Waldbäche und Altwasser des tropischen Südamerika. Er wird bis zu zehn Zentimeter lang, ist bräunlich gefärbt und trägt fleischige Lappen am Unterkiefer; er ist seitlich so stark abgeflacht, daß er tatsächlich einem ins Wasser gefallenen Blatt gleicht.

Die Korallenfische

Vorwiegend die Korallenbänke der tropischen und gemäßigten Meere bewohnen in rund 180 Arten die kleinen farbenprächtigen, seitlich stark zusammengedrückten und hochrückigen *Korallenfische (Pomacentridae)*, von denen erst in den letzten Jahren zahlreiche Formen als Aquarienfische eingeführt wurden. Viele von ihnen leben in einer wunderbaren Symbiose mit verschiedenen Seerosen, bewegen sich ungehindert zwischen ihren Tentakeln, schlafen auf ihrer Mundscheibe oder dringen sogar in den Darmraum ein. In schöner Eintracht ist der eine Gast am

Der Kieferfisch erreicht eine Länge von 10 cm und findet sich vor allem in den flachen Gewässern vor den Bahamas, vor Florida und den Westindischen Inseln. Sein kräftiger Kiefer besitzt lange, gebogene Fangzähne im Unterkiefer. Er lebt in ausgehobenen Sandröhren, die mit Muschelstücken und kleinen Steinen ausgekleidet sind. Zum Fressen verläßt er den Bau und schnappt nach Plankton gerde über dem Eingang seiner Höhle.

Papageienfische sind noch farbenprächtiger als die Korallenfische, aber genau wie diese an die Korallenbänke gebunden. Sie leben in allen tropischen Meeren.

Der Ringelkaiserfisch gehört wie alle Kaiserfische zu den Borstenzähnern. Diese sind klein bis mittelgroß mit einem hohen, stark zusammengedrückten Körper. Der Mund ist klein.

Die Borstenzähner gelten aufgrund ihrer Färbung als die schönsten unter den Meeresfischen. Ihre Gestalt und Beweglichkeit sind außergewöhnlich.

Der Blaukopf-Kaiserfisch gehört zu den Borstenzähnern, die – wie auch die Korallenfische – vor allem in den an Schlupfwinkeln reichen Korallenriffen der warmen Meere leben. Ihr Leib ist zusammengedrückt, dennoch von oben nach unten ausgedehnt. Ihre Gestalt ist länglich oder scheibenrund. Rükken- und Afterflosse sind wie der Leib und der Kopf mit schimmernden Schuppen überzogen. Viele Borstenzähner unter den etwa 200 Arten leben in Aquarien von Tiergärten, u.a. auch der Blaukopf-Kaiserfisch.

Tisch des anderen, und niemals gebrauchen die Aktinien ihre gefürchteten Nesselwaffen gegen ihre kleinen Fischfreunde.

Weißbinden-Korallenfisch (Amphiprion percula): Bewohnt die warmen Meere vom Indischen Ozean bis zum Malaiischen Archipel; Länge bis zu 10 cm; Schuppenkleid orangerot mit drei kalkigweißen, effektvoll tiefschwarz gesäumten Querbinden.

Die Papageifische

Fast noch farbenprächtiger als die Korallenfische sind die gleichfalls an die Korallenbänke gebundenen *Papageifische (Scaridae)*. In über 100 Arten bewohnen sie die warmen tropischen Meere. Als vorwiegende Pflanzen- und Tangfresser haben sie ein Spezialgebiß, bei dem die einzelnen Zähne zu einer festen Kauplatte verwachsen und zum großen Teil auch noch von den fleischigen Lippen bedeckt sind. Gewöhnlich bergen sie sich in den Steilhängen der Korallenriffe, um während der Flut emporzukommen und die Pflanzen von den überspülten Felsen zu weiden. Sie stehen dabei regelrecht Kopf im Wasser. Der einzige ihrer Art, der aus den Tropen bis ins Mittelmeer vordringt, ist der:

Papageifisch (Scarus cretensis), etwa 40 cm lang, mit stumpfer Schnauze und karpfenähnlichem Leib, purpurrotem Rücken, rosenroten, violett schimmernden Seiten, orangegelben Brust- und Bauchflossen, violetter, hellrot gefleckter Rükken- und Afterflosse und weißgesäumter Schwanzflosse.

Die Lippfische

Ihren deutschen Namen verdanken die farbenprächtigen *Lippfische (Labridae)* ihren besonders fleischigen und weit vorstreckbaren Lippen, die ihnen als Muschelpflückern und Pflanzenfressern gute Dienste leisten. Die kräftigen Kegelzähne verschmelzen an den Seiten zu Kauplatten, und stumpfe Pflasterzähne sitzen auf den Schlundknochen. Von den etwa 400 Arten bewohnen die meisten die Meere der heißen und gemäßigten Zonen und bevorzugen überall die reich mit Seepflanzen bewachsenen felsigen Gründe. Einige Arten dringen bis ins Mittelmeer und in die Nordsee vor.

Streifenlippfisch (Labrus mixtus): Bewohnt vor allem das Mittelmeer und kommt auch in den nordischen Meeren vor; Länge 30 cm; Schuppenkleid des Männchens vorwiegend braunrötlich, blau längsgestreift, am orangegelben Bauch blau gefleckt, des Weibchens lichtrot, mit drei dunklen Flecken auf dem hinteren Rücken und blauen Tupfenlinien am Kopf; hat eine sehr lange Rückenflosse und eine rundliche Schwanzflosse.

Männchen wie Weibchen des Streifenlippfisches tragen Seetang, Muscheln und Korallenstücke zu einem Nest zusammen und betten die Eier dazwischen. Sie bewachen den Laich wie die Brut.

Pfauenfisch (Julis pavo): Bewohnt das Mittelmeer, ist besonders farbenprächtig, hat eine in feine Spitzen ausgezogene Schwanzflosse eine eigenartig geschwungene Seitenlinie und besonders fleischige Lippen.

Die Stachelmakrelen

Als gefürchtete, große und sehr schnelle Raubfische mit langen Rücken- und Afterflossen sowie tiefgebuchteter Schwanzflosse bewohnen die *Stachelmakrelen (Carangidae)* alle gemäßigten und tropischen Meere. Sie haben einen langgestreckten spindelförmigen Körper und ein vorstreckbares Schnappmaul. Wie die Wölfe heften sie sich an die Schwärme der Heringe, Sprotten und Sardinen.

Stöcker (Trachurus trachurus): Bewohnt den Atlantik und das Mittelmeer; Länge etwa 40 cm; Schuppenkleid oberseits blaugrau, unterseits silbern, an den Flossen grau getönt, an der Seitenlinie mit gekielten Schuppen gepanzert; ist in der Jugend sehr gesellig und sucht die Nähe von Medusenschwärmen, um sich bei Gefahr zwischen deren Nesselfäden verstecken zu können.

Lotsenfisch (Naucrates ductor): Bewohnt das Mittelmeer und den ganzen Atlantik; Länge 30–70 cm; Schuppenkleid oberseits indigoblau, mit fünf oder sechs dunkelblauen Querbinden, die über die silbrigen Seiten bis zum hellen Bauch verlaufen; hat schwarzblaue Rücken- und Brustflossen, weiße Bauchflossen und blaugraue Afterflosse.

Die Lippfische verdanken ihren Namen ihren besonders fleischigen und weit vorgestreckten Lippen, die ihnen als Muschelpflückern und Pflanzenfressern gute Dienste leisten. Sie sind äußerst farbenprächtig und ihr kräftigen Kegelzähne verschmelzen an den Rändern zu Kauplatten. Ihre Körpermaße sind gering.

Bild nächste Seite: Der Zwergfeuerfisch warnt mit seinen kräftigen, bunten Farben vor seinen Giftstacheln.

Der Lotsenfisch befindet sich truppweise sehr häufig im Gefolge der Haie, um ihnen, wenn diese Beute gemacht haben, die kleineren Brocken flink wegzuschnappen. Wahrscheinlich fühlt er sich in der unmittelbaren Nähe dieser gefürchteten Raubfische selbst vor seinen Feinden geschützt. Er ist den Haien an Schnelligkeit und Wendigkeit so sehr überlegen, daß er ihre Rachen nicht zu fürchten braucht. Früher nahm man an, er führe die Haie zu der von ihm entdeckten Beute. Doch folgt er ebenso oft auch den Segelschiffen und ist vielfach in der Nähe jeglichen Treibgutes zu beobachten. Der Lotsenfisch wird auch Pilotfisch genannt.

Die Borstenzähner und Flaggenfische

Wie die Korallenfische bewohnen auch die farbenprächtigen und eigenartig gestalteten *Borstenzähner (Chaetodontidae)* und die ihnen verwandten *Flaggenfische (Drepanichthyidae)* vor allem die schlupfwinkelreichen Korallenriffe der warmen Meere. Der Leib ist seitlich überaus zusammengedrückt. Der Kopf spitzt sich gewöhnlich in eine kleinmündige, rüsselartige Schnauze zu, die sich bei einzelnen Arten schnabelartig verlängert. Feine Borstenzähne bedekken die Kiefer der meisten Arten, doch treten auch Hechel- oder Samtzähne auf.

Viele Borstenzähner, von denen über 200 Arten bekannt sind, zieren die Aquarien der Tiergärten wie der Freunde exotischer Fische. Besonders dankbare Pfleglinge unter ihnen sind:

der *Fahnenfisch (Chaetodon setifer)* vom Roten Meer, dem Indischen und Stillen Ozean, bis zu 20 cm lang, der auf mattweißem Grund viele diagonal verlaufende schwarze Binden trägt, die fast im rechten Winkel aufeinandertreffen, und sich durch zitronengelbe, feurig rote und orangefarbene Flossen kennzeichnet;

der *Kaiserfisch (Holacanthus imperator)* vom Indischen und Stillen Ozean, etwa 16 cm lang, veilchenfarben blau, reich gelb längsgestreift, mit trübgelbem, schwarz und blau gezeichnetem Kopf und schwarzem, gelb gerandetem Fleck über der Brustflosse;

der *Pinzettfisch (Chelmon rostratus)* von den Sunda-Inseln, mit schnabelförmig verlängerter Schnauze, der auf silberweißem Grund vier breite, leuchtend orangerote Querbinden trägt und früher einmal als „Schützenfisch" angesehen wurde; sowie

die *Seefledermaus (Platax orbicularis)*, die sich durch große segelartig verlängerte Rücken- und Afterflosse kennzeichnet und gleicht einem leder- oder dunkelbraunem Blatt.

Alle diese kleinen bizarren Geschöpfe sind Fleischfresser und ernähren sich vorwiegend von dem kleinen Getier, das sich in den Spalten und Höhlen der Riffe birgt. Die spitze Schnauze ermöglicht ihnen das Eindringen in die kleinsten Risse und Röhren. Sie schwimmen nur mangelhaft, rudern vor allem mit den verlängerten Rücken- und Afterflossen, die den Körper wie ein Saum umgeben. Die kleine fächerartige, an einem dünnen Stiel sitzende Schwanzflosse spielt kaum eine Rolle bei der Fortbewegung, wedelt vielmehr so drollig herum wie das Schwänzchen eines jungen Hundes. Die Brust- und die Bauchflossen haben sichtlich vollauf damit zu tun, den scheibenförmigen Körper auszubalancieren.

Die Schützenfische

Lange Zeit wurde geglaubt, daß der oben beschriebene *Pinzettfisch (Chelmon rostratus)* mit seinem Röhrenmaul der Schützenfisch sei, der es so trefflich versteht, ein über dem Wasserspiegel fliegendes oder sitzendes Insekt mit einem wohlgezielten Spuckstrahl abzuschießen. Und noch bis in die letzten Jahre wurde angenommen, ausführlich beschrieben und auch bildlich dargestellt, daß dieser ohne Beispiel dastehende Zielspucker dabei den Kopf hoch aus dem Wasser hebt. In Wirklichkeit hebt er nicht einmal sein Maul über den Wasserspiegel, sondern schießt genau von der Oberflächenhaut aus, indem er sich fast senkrecht aufstellt. Eine feine rinnenförmige Bildung im Gaumen, gegen welche die im hinteren Teil sehr dicke und fleischige Zunge gepreßt wird, ermöglicht ihm das Ausschleudern des konzentrierten Spuckstrahles bis auf Entfernungen von durchschnittlich 30–50 cm, im Höchstfall aber auch bis über 100 cm. Dieser Strahl trifft so hart, daß das Insekt abstürzt und vom schnell herbeieilenden Fisch weggeschnappt werden kann.

Schützenfisch (Toxotes jaculator): Bewohnt das Rote Meer, die indischen Meere und den Malaiischen Archipel; Länge bis zu 20 cm; Schuppenkleid oliv- bis gelbbraun, seitlich heller, blausilbrig schimmernd, mit 4–6 hingetupften, kurzen schwarzen Binden geschmückt; hat oberseits flachen Kopf, große Augen, weite Maulspalte, vorstreckbare Kiefer, weit zurückgesetzte Rükken- und Afterflosse sowie eingebuchtete Schwanzflosse. Er ist ein Einzelgänger.

Die Goldmakrelen

Auch die in den warmen Zonen der Weltmeere beheimateten, oft sehr farbenprächtigen *Goldmakrelen (Coryphaenidae)* sind ohne Schwimmblase, leben aber vorwiegend in den höheren Wasserschichten. Als schnelle Raubfische stellen sie vor allem den fliegenden Fischen und den Kopffüßern nach. Ihr langgestreckter Leib ist seitlich zusammengedrückt und die Stirnlinie so steil, daß der Kopf abgestutzt wirkt. Die Rücken-

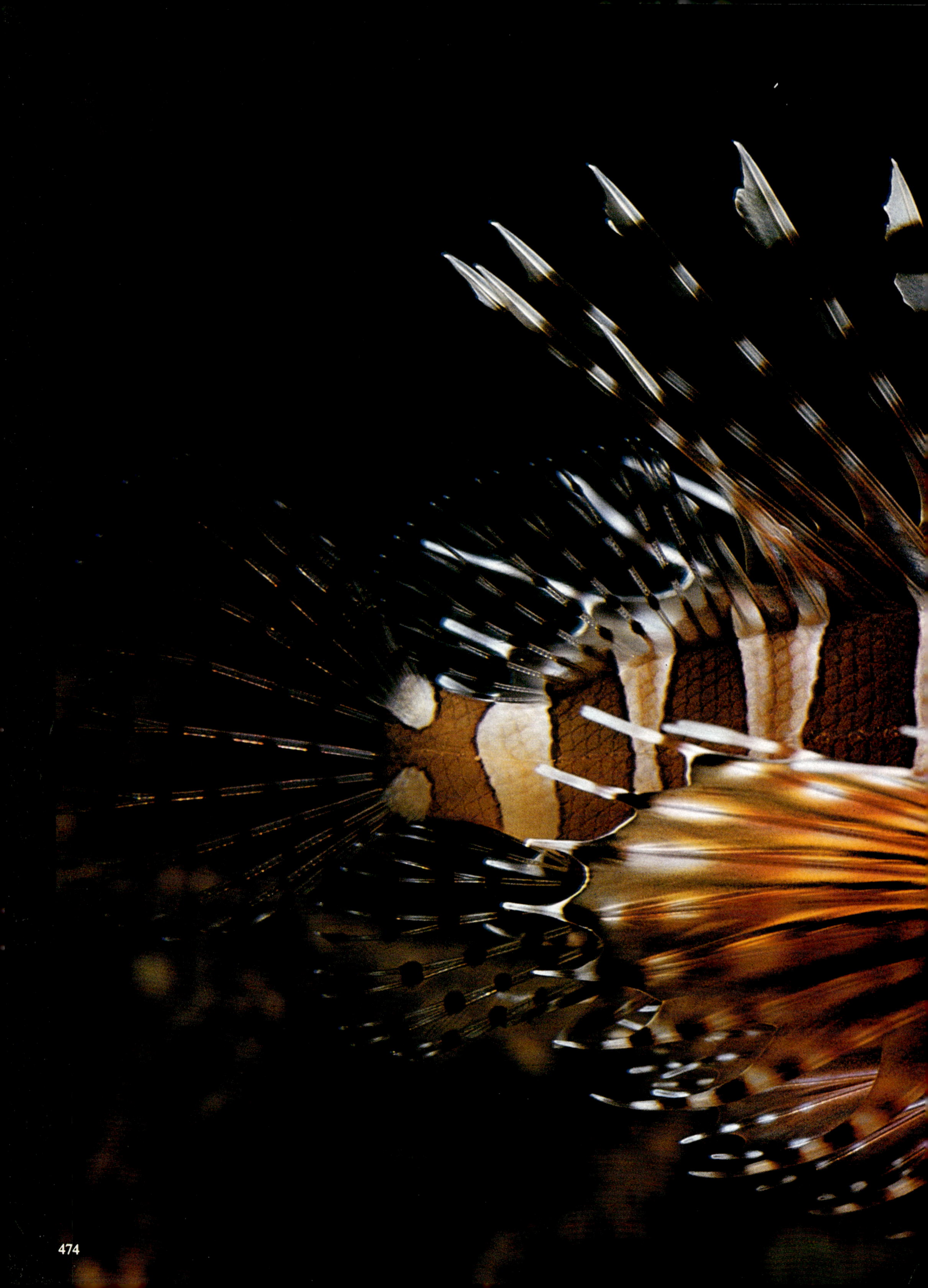

Der Knurrhahn bewohnt den Ostatlantik von Südafrika bis nach Nordnorwegen. Er kommt im Sommer manchmal in die südliche Nordsee oder die westliche Ostsee. Seine Länge beträgt etwa zwischen 40 und 60 cm, er hat einen stark gepanzerten Kopf und liebt den sandigen Grund, auf dem es sich leicht dahinstelzen läßt. In der südlichen Nordsee laicht er von Juni bis August, dabei stößt das Weibchen 200 000, frei im Wasser schwebende Eier ab. Beim Schwimmen breitet er seine farbigen Brustflossen jäh aus und gebraucht sie dann als eine Art fächernde Flügel.

kenflosse, weit zurückgesetzte zweite Rückenflosse und Afterflosse sowie rundliche Schwanzflosse.

Die Seehähne

Eine neue Note in das Leben all der bisher besprochenen Bodenfische bringen die *Seehähne (Triglidae)*. Den großen Kopf, der bei ihnen nicht bedornt und bestachelt, sondern rundum fest gepanzert ist, die vierschrötige, sich rasch verjüngende Gestalt mit dem dünnen Schwanzstiel und die kräftig entwickelten Brustflossen haben sie mit den Drachenköpfen, den Groppen und Panzergroppen gemein. Neu aber sind die zwei bis drei freien, gegliederten Strahlen vor den Brustflossen, die sie wie Beine gebrauchen und mit denen sie zugleich tasten und schmecken. So können sie also regelrecht über den Meeresgrund dahinlaufen und die Würmer, Weichtiere und Krebse erfühlen.

Die Seehähne sind in über 50 Arten über alle warmen und gemäßigten Meere verbreitet. Wenn sie aus dem Wasser genommen werden, erzeugen sie mit Hilfe der zusammengepreßten und schwingenden Schwimmblase grunzende, knurrende oder trommelnde Laute.

Knurrhahn (Trigla hirundo): Bewohnt den Ostatlantik von Südafrika bis nach Nordnorwegen, kommt im Sommer auch in die südliche Nordsee und vereinzelt in die westliche Ostsee; Länge 40–60 cm, selten bis zu 75 cm; Schuppenkleid oberseits graurötlich oder bräunlich, seitlich orangefarben, mit gelblicher Seitenlinie, unterseits weißlich, rosenrot überhaucht; hat großen gepanzerten Kopf, zwei getrennte orangefarbene Rückenflossen, von denen die erste kurz und segelartig ist, trägt drei freie, gegliederte Strahlen vor den großen, schwarz und blau gesäumten Brustflossen.

Der Knurrhahn liebt sandigen Grund, auf dem es sich leicht dahinstelzen läßt. In der südlichen Nordsee laicht er vom Juni bis zum August. Das Weibchen stößt bis zu 200 000 frei im Wasser schwebende Eier ab. Wenn er sich zum Schwimmen entschließt, so breitet er die großen farbigen Brustflossen so jäh aus, als wollte er ringsum etwaige Feinde erschrecken, und gebraucht sie dann wie sich fächernde Flügel. Das ist ein so prächtiges Bild, daß er den Namen „Seeschmetterling" verdienen würde. Man nahm es früher auch an, daß er sich segelnd über das Wasser zu erheben vermöchte, doch sind seine Angstsprünge aus der Flut wirklich nicht mit den Segelflügen der fliegenden Fische zu vergleichen.

Panzerfisch oder Panzerhahn (Peristedion cataphractum): Bewohnt alle europäischen Meere; Länge bis zu 30 cm, Leib ringsrum fest gepanzert, Schilder in acht Reihen geordnet, so daß der Querschnitt des Rumpfes achteckig ist; Färbung oberseits rot, seitlich goldgelb, unterseits silberweiß; hat zugespitzten Kopf, weit vorstehende Oberkiefer, zahlreiche verästelte Bartfäden am Kinn, borstenartig verlängerte Stachelstrahlen der ersten Rückenflosse, zwei große freie Strahlen vor der Brustflosse; bevorzugt größere Tiefen und kommt nur zum Laichen an die Küsten.

Flughahn (Dactylopterus volitans): Bewohnt das Mittelmeer; Länge 50 cm; Schädel gepanzert, Leib mit derben, teilweise gekielten Schuppen bedeckt; Färbung oberseits hellbraun, dunkel gemarmelt und gefleckt, seitlich vom Kopf bis über die Flanken hellrot, silbern überlaufen, unterseits rosenrot; hat kurze, steil abfallende Schnauze, platten Oberkopf, kleines Maul, kleine rundliche Kiemendeckel, ganz ungewöhnlich verlängerte, blau gefleckte Brustflossen, zwei graue, braunwolkig gefleckte Rückenflossen und eine gegabelte rotbraune Schwanzflosse.

Auch der Flughahn ist ein Grundfisch. Seine Brustflossen sind so lang, daß sie, an den Leib gelegt, bis zur Schwanzwurzel reichen. Dennoch beruhen die älteren Angaben über seine Flugleistungen, die 4–5 m Höhe und 100–120 m Weite erreichen sollen, sicherlich auf Verwechslungen mit den fliegenden Fischen des Mittelmeeres. In den japanischen Gewässern wird er von *Dactyloptena orientalis* vertreten, dessen Brustflossen rechteckigen Dschunkensegeln, wie sie dort allgemein verbreitet sind, gleichen.

Die Thunfische

Die Thunfische unterscheiden sich von allen anderen Fischen durch ein einzigartiges Blutgefäßsystem, welches der Wärmeregulierung dient. Obwohl sie wie alle Fische wechselwarme

Die Scholle oder Goldbutt bewohnt die atlantischen Küsten Europas von Portugal bis nach Island. Sie wird bis zu 65 bzw. 75 cm lang und liegt meist, bis über die Schnauze vergraben, auf dem Grund flacher Küstengewässer. Ihr Hauptnahrungsmittel sind Würmer, Muscheln und Krebse. Mit zunehmendem Alter verlegt sie ihren Standort in größere Tiefen.

Tiere sind, liegt ihre Bluttemperatur 6–12 Grad Celsius (!) über der Temperatur des sie umgebenden Wassers.

Gemeiner oder Roter Thunfisch (Thunnus thynnus): Bewohnt die warmen und gemäßigten Zonen des Atlantiks und Pazifiks, laicht im Mittelmeer; Länge bis zu 3 m, Gewicht bis zu 400 kg; Schuppenkleid oberseits schwarzblau, seitlich silbergrau, an der Brust weißblau, unterseits auf graulichem Grund silberweiß gefleckt und gebändert; gleicht gestaltlich sehr der Makrele, doch sind die zweite Rückenflosse und die Afterflosse sichelartig ausgezogen; hat je acht schwefelgelbe Flössel hinter der Rücken- und Afterflosse; lebt von Heringen, Makrelen und Sardinen.

Weißer Thunfisch oder Germon (Thunnus alalunga): Bewohnt etwa die gleichen Lebensräume, wird vor allem an den Küsten des Mittelmeeres und Frankreichs gefangen; Länge etwa 1 m, Gewicht bis zu 50 kg; unterscheidet sich vom großen Roten Thunfisch vor allem durch die langen sichelförmigen Brustflossen; lebt außerhalb der Laichzeit in beträchtlichen Tiefen, ernährt sich von fliegenden Fischen, Seebarben und Sardellen.

Gestreifter Thunfisch oder Bonito (Katsuwonus pelamis): Bewohnt vor allem die japanischen Gewässer; Länge bis zu 80 cm; Schuppenkleid wunderbar glänzend, oberseits und seitlich stahlblau, grün und rot schillernd, unterseits silbern, braun längsgestreift; jagt vorwiegend fliegende Fische.

Es wurde inzwischen nachgewiesen, daß die Thunfische auf ihren Wanderzügen teilweise den ganzen Atlantik durchqueren und in nördlicher Richtung bis nach Norwegen vorstoßen. Während der Laichzeit im Juni ziehen sie an die Mittelmeerküsten. Meist erscheinen sie in lockeren Schulen, die bis etliche Tausend umfassen können. Die kleinen frei schwimmenden Eier entlassen Lärvchen von 3 mm Länge, die jedoch sehr schnell heranwachsen, nach vier Wochen bereits 40 g, nach acht Wochen 100 g und im Herbst über 800 g wiegen. Die Jugendformen wandern noch im gleichen Spätherbst wieder ins offene Meer zurück. Die berühmtesten Fangplätze des Altertums waren die Meerenge von Gibraltar und die Dardanellen. Wegen des Reichtums, den der Fang erbrachte, wurde der Bosporus-Arm, in dem sie laichten, „Goldenes Horn" genannt.

An der atlantischen, afrikanischen wie an der nordamerikanischen Küste werden die Thunfische oft vom *Blaufisch (Pomatomus saltator)* vertreten, der auch gern gesellig lebt.

Die Plattfische

Ein wahres Wunder der Anpassung an das Bodenleben in den Küstengewässern offenbaren die zu einer flachen Scheibe abgeplatteten *Plattfische (Pleuronectiformes)*, die in allen Meeren der Welt heimisch sind. Wie die anderen Fische entschlüpfen sie den Eiern als durchaus symmetrisch gebaute Geschöpfe, bei denen die eine Leibesseite der anderen gleicht. Doch schon nach knapp vierzehn Tagen beginnt das eine Auge allmählich aus der Höhle zu treten und sich langsam nach vorn und oben zu verschieben, wandert über das Stirnbein hinweg und begibt sich auf die andere Körperseite. Damit es auf seinem Weg keine allzu großen Hindernisse zu überwinden hat, entwickelt sich die Rückenflosse bei den meisten Arten erst dann, wenn das Auge die Mittellinie des Kopfes überschritten hat. Gleichzeitig finden wesentliche Veränderungen des Kopfes, des Skeletts, der Flossen, der Muskeln und etlicher Eingeweide statt. Das Ergebnis ist ein unter allen Wirbeltieren einzig dastehendes asymmetrisches Tier, das eine obere Augenseite und eine untere Blindseite aufweist. Mit der Blindseite, die meistens farblos ist, liegen die Butte, Schollen, Flundern und Seezungen dem Boden auf. Die obere Augenseite ist in ihrer Färbung den Tönen des Grundes angepaßt und kann die Farbe wechseln, wenn ein neuer Aufenthaltsort gewählt wird.

Steinbutt oder Tarbutt (Scophthalmus maximus): Bewohnt das Schwarze und Mittelländische Meer, die atlantischen Küsten West- und Nordwesteuropas bis zum Trondhjemfjord und die Ostsee bis in den südlichen Bottnischen Meerbusen; Länge 40 cm in der Ostsee, bis über 100 cm an den anderen Küsten; Haut der linken Augenseite mit schildbuckelförmigen Knochenhöckern zerstreut bedeckt, meist sandfarben, lebhaft grünlichgrau bis dunkelbraun marmoriert; hat fast kreisrunden scheibenförmigen Leib, großes Maul, vorstehenden Unterkiefer, über den kleinen Brustflossen hoch geschwungene Seitenlinie, eine gleich hinter dem Oberkiefer beginnende und bis zum Schwanz reichende Rückenflosse, gerundete Schwanzflosse und eine vom Schwanz bis knapp zur Bauchflosse reichende Afterflosse.

Heilbutt (Hippoglossus hippoglossus): Bewohnt den nördlichen Atlantik von der Biskaya bis Spitzbergen und Island, kommt vereinzelt in die Ostsee, verbreitet sich an der nordamerikanischen Ostküste von Grönland bis Long Island; Länge bis zu 2 m, Gewicht bis zu 200 kg; Schuppenkleid auf der rechten Augenseite dunkel olivbraun bis schwärzlich, auf der Blindseite weiß; hat verhältnismäßig langgestreckten Körper, spitz zulaufenden Kopf, großes Maul, vorgebauten Unterkiefer und scharfe Zähne; gleicht in der Beflossung dem Steinbutt bis auf die gut geschweifte Schwanzflosse

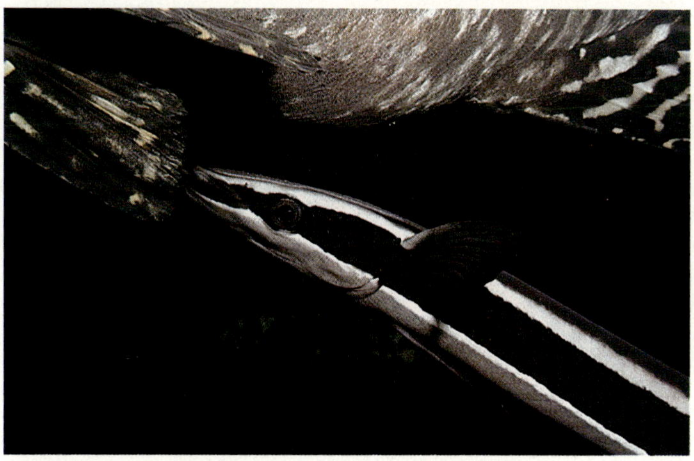

Die Schiffshalter besitzen eine kopfständige Saugscheibe, die es ihnen ermöglicht, trotz ihrer geringen Schwimmkünste große Meeresgebiete zu durchstreifen, da sie sich an Schiffe oder größere Meerestiere heften. Sie werden 20–25 cm lang, bewohnen eigentlich das Mittelmeer, werden jedoch manchmal weit durch den Atlantik getragen.

und die außerordentlich kleinen Bauchflossen.

Scholle oder Goldbutt (Pleuronectes platessa): Bewohnt die atlantischen Küsten Europas von Portugal über die Nord- und Ostsee bis nach Island und der Barentsee; Länge bis zu 65 cm in der Nordsee, bis zu 75 cm bei Island; Haut auf der zumeist rechten Augenseite wechselnd bräunlich bis grünlich, grau gemarmelt, bis in die lange Rücken- und Afterflosse goldgelb oder orangefarben gefleckt, auf der Blindseite gelblich- oder bläulichweiß; hat spitzen Kopf, eine gut sichtbare höckrige Knochenleiste zwischen den Augen und gelbgrüne Flossen.

Die Scholle liegt meist bis über die Schnauze vergraben auf dem Grund der flachen Küstengewässer. Ihr Hauptverzehr sind Würmer, Muscheln und Krebse. Je älter und größer sie wird, um so mehr rückt sie von der Gezeitenzone in etwas größere Tiefen, geht aber selten tiefer als etwa 100 m.

Kliesche (Limanda limanda): Bewohnt den nördlichen Atlantik von der Biskaya bis zur Barentsee, ist in der Nordsee sehr häufig, dringt auch in die Ostsee ein; Länge bis zu 40 cm; Schuppenkleid auf der rechten Augenseite einschließlich der Flossen blaßgelb bis grünlich, unregelmäßig gelblich gefleckt, auf der linken Blindseite weißlich; lebt meist in Tiefen von 20–40 m, ernährt sich von Würmern, Weichtieren, Krebsen, Stachelhäutern und kleinen Fischen, laicht vor allem vom März bis zum Mai, stößt 80000 bis 130000 Eier ab; die Jungen gehen schon zum Bodenleben über, noch ehe die Umwandlung vollzogen ist.

Flunder (Platichthys flesus): Bewohnt die Küsten- und Brackwasserzonen rund um Europa vom Schwarzen bis zum Weißen Meer, dringt in der Jugend in die Unterläufe der Ströme ein, wandert nach Vollendung des dritten Lebensjahres zu den Laichplätzen im Meer zurück und wird zu einem Seefisch; Länge im Süßwasser bis etwa 40 cm, im Meer bis zu 50 cm; Schuppenkleid auf der rechten oder linken Augenseite durchweg rauh, längs der Rücken- und Afterflosse sowie der Seitenlinie zu dornigen Warzen umgebildet; Färbung zumeist dunkelolivgrün bis graubraun, vereinzelt orangegelb gefleckt, auf der Blindseite grauweiß, bräunlich gefleckt; hat blaue große Augen, etwas rüsselartige Schnauze, zugespitzten Kopf und ovalen Leib.

Seezunge (Solea solea): Bewohnt das Mittelmeer, die atlantischen Küsten Westeuropas bis zur Nordsee, dem Kattegat und Trondhjem, in der Jugend auch die Ostsee; Länge 20–50 cm; Schuppenkleid dornig und sehr rauh, auf der rechten Augenseite vorwiegend graugrün bis schwarzbraun, mit schnurgerader heller Seitenlinie; hat ellipsenförmigen Leib, kleinen, in den Körperumriß einbezogenen, abgestumpften Kopf mit zahlreichen irisierenden kurzen Zotten auf der bräunlichen Blindseite, einen fast geschlossenen Flossensaum, sehr kleine, schwarzbespitzte Brustflossen und winzige Bauchflossen. Bei Feinschmekkern ist sie sehr gefragt.

Rot- oder Hundszunge (Cynoglossus cynoglossus): Bewohnt die nordatlantischen Küsten Europas und Amerikas von Westfrankreich bis nach Nordnorwegen und Island sowie von Kanada bis nach Kap Cod; Länge 20–46 cm in der Nord- und Ostsee, bis zu 55 cm bei Island; Farbe rötlich graubraun auf der linken Augenseite, mit rotbrauner, fast gerader Seitenlinie; hat schmale graubläuliche Flossensäume, schwarz bespitzte Brustflossen, stellt im Körperumriß eine reine Ellipse dar, aus der lediglich der Unterkiefer etwas vorragt; bevorzugt niedrige Wassertemperaturen und hohen Salzgehalt, lebt in 50–100 m tiefen Küstengewässern, ernährt sich von Würmern, Weichtieren und Krebsen, laicht im Juni/Juli.

Die Schiffshalter

Die Möglichkeit, weite Meeresgebiete mühelos zu durchstreifen, obwohl man selbst ein schlechter Schwimmer ist, und dabei zugleich immer dort zu sein, wo es reichlich zu futtern gibt, haben die kleinen *Schiffshalter (Echeneidae)* dank ihrer kopfständigen Saugscheibe. Dieser Anhefteapparat erstreckt sich als ein flaches, ovales Gebilde von den Nasenlöchern bis weit in den Nacken, ist aus der Rückenflosse entstanden und besteht aus einer biegsamen Randleiste und zahlreichen beweglichen, in zwei Reihen angeordneten Lamellen bzw. Querleisten. Beim Ansetzen der Saugscheibe werden diese quergelagerten Lamellen niedergedrückt. Beim Aufrichten entstehen in den Hauttaschen luftverdünnte Räume, die durch die schmiegsame Randleiste luftdicht abgeschlossen werden. Der Fisch ist nunmehr so fest angesaugt, daß er mit Gewalt kaum loszulösen ist.

Die Schiffshalter heften sich nicht nur an Schiffe, sondern auch an alle größeren Meerestiere, wie z. B. Wale, Haie, Thunfische, Sägefische und Schwertfische. Als blinde Passagiere leben sie vor allem von den Abfällen der Schiffsküchen sowie von den Brocken, die vom Tisch ihrer Transporteure fallen. Ihr kräftiges Gebiß deutet darauf hin, daß sie selbst kleine Räuber sind, die sonst vorwiegend von Krustern und Muscheln leben.

Schiffshalter (Echeneis remora): Bewohnt das Mittelmeer, wird durch die Schiffe und Haie aber oft weit durch den Atlantik getragen; Länge 20–25 cm; Schuppenkleid glänzend braungelb bis dunkelbraun, am Bauch dunkler als am Rücken getönt; hat torpedoförmigen Leib, breitgeschlitztes Maul mit vorgebautem Unterkiefer, weit zurückgesetzte Rücken- und Afterflosse und sanft gebuchtete kräftige Schwanzflosse.

Die Haftkiefer

In der Unterordnung der *Haftkiefer (Plectognathi)* sind weitere Bewohner der Korallenriffe zusammengefaßt, die nicht weniger absonderlich und bizarr gestaltet sind als die Borstenzähner. Als wichtigstes Kennzeichen aller Familien gilt das zumeist auffallend kleine Maul, in dessen Oberkinnlade die Knochen fest und unbeweglich miteinander verwachsen sind. Die Kiefer tragen entweder starke Zähne oder

Die Familie der Kugelfische gehört zu den Haftkiefern. Sie bewohnen warme Meere. Kugelfische haben in der Regel einen nackten, schuppenlosen Körper, der manchmal mit kleinen Knochenplatten bedeckt ist. Die Fische können ihren Körperumfang dadurch erheblich vergrößern, indem sie die Blindsäcke, die aus dem Darmkanal hervorragen, mit Wasser füllen.

sind durch einen Schmelzüberzug selbst zu einem großen Zahn geworden. Die Haut kann nackt und glatt oder auch mit Rautenschilden, Knochenplatten und Stacheln bedeckt sein. Zu den Haftkiefern zählen die Familien der *Dreistachler (Triacanthidae)*, der *Drückerfische (Balistidae)*, der *Seebader (Acanthuridae)*, der *Kofferfische (Ostraciontidae)*, der *Kugelfische (Tetraodontidae)* und der *Mondfische (Molidae)*. Sie alle bewohnen die warmen Meere, und wir wollen ihre wichtigsten Vertreter nun in bunter Reihenfolge kennenlernen.

Drücker- oder Schweinsfisch (Balistes capriscus): Bewohnt das Mittelmeer und die atlantischen europäischen Küsten bis nach England; Länge 30–40 cm; Haut mit dicht aneinanderliegenden, beweglichen Knochenplatten bedeckt, gleichmäßig braun gefärbt, bläulich und grünlich irisierend; hat in der ersten kurzen Rückenflosse drei kräftige, durch ein Sperrgelenk feststellbare Stacheln, mit denen er sich unter Zuhilfenahme des Knochenstachels der verkümmerten Bauchflosse in den Spalten der Korallenriffe festklemmt, wenn ihm Gefahr droht.

Nashornfisch (Naso unicornis): Bewohnt den indischen Ozean; Länge bis zu 60 cm; Färbung aschgrau; hat sehr lange, bläulich gesäumte Rücken- und Afterflosse, eine spitz ausgezogene Schwanzflosse; trägt über der Nase ein 5 cm langes, horizontal vorragendes Horn und an den Schwanzseiten an Stelle der beweglichen Stacheln drei eiförmige Knochenhöcker mit dreiseitiger schneidender Platte.

Vierhorn oder Kofferfisch (Ostracion quadricornis): Bewohnt ausschließlich die Korallenbänke der warmen Meere; Länge 30–35 cm; Haut von sechseckigen beperlten Knochenplatten bedeckt und nur an den Durchtrittsstellen der Flossen beweglich; Färbung rötlichbraun, dunkel gefleckt; hat hohe steile Stirn, kleines Maul, bewegliche Lippen, vorstehende starke Schneidezähne, große Augen, vor denen paarige Stacheln stehen, kleine, dicht an den Schwanz gerückte Rücken- und Afterflosse, an einem drehrunden Stiel sitzende, kräftige Schwanzflosse und an Stelle der fehlenden Bauchflossen zwei spitze Stacheln am hinteren Bauch.

Kugelfisch (Tetraodon cutcutia): Bewohnt die Flüsse und Brackwasser in Vorderindien, Sri Lanka, auf der Malaiischen Halbinsel und auf den Sunda-Inseln; Länge bis zu 8 cm; Haut nackt, oberseits und seitlich olivfarben, unterseits weißlichgrau, auf dem Rücken unregelmäßig dunkel genetzt, am Kopf mit breiten dunklen Zeichnungen; gleicht in der Beflossung den Kofferfischen, vermag sich bei Gefahr zu einer Kugel aufzublasen, indem er Luft oder Wasser in seinen Bauch aufnimmt und willkürlich zurückhält, spritzt dieses Wasser auch dem Gegner ins Gesicht.

Igelfisch (Diodon hystrix): Bewohnt die tropischen Meere; Länge 35–70 cm; Haut von langen, bis zu 5 cm messenden, igelartigen Stacheln besetzt; Färbung rotbraun, bräunlich gefleckt; bläst sich bei Gefahr zu einem Ballon auf, wobei die Stacheln nach allen Seiten starren, überpurzelt sich regelrecht während des Schwimmens und spritzt im Zorn das verschluckte Wasser wieder aus.

Mond- oder Sonnenfisch (Mola mola): Bewohnt die Meere der warmen und gemäßigten Zonen, wurde häufig im Mittelmeer, im Ärmelkanal und vereinzelt in der Ostsee beobachtet; Länge bis zu 2 m, selten bis 3 m; ist als erwachsenes Tier schuppenlos, trägt in der ersten Jugend noch kegelförmige Stacheln; Färbung graubräunlich; hat ausgesprochen eiförmigen, scheibenartigen Körper ohne Schwanzstiel, weit zurückgesetzte, segelartige Rücken- und Afterflosse, zwischen denen sich an Stelle der fehlenden Schwanzflosse ein welliger Flossensaum ausbreitet.

Im Gegensatz zu allen seinen Verwandten ist der meist vereinzelt auftretende Mondfisch kein Küstenbewohner, sondern liebt die hohe See. Wahrscheinlich bewegt er sich in großen Tiefen, denn er lebt vorwiegend von Krebsen, Tintenfischen und Tiefseefischen. An die Oberfläche kommt er wahrscheinlich nur, um sich zu sonnen. Treibt er gelassen dahin, so schaut die Rükkenflosse aus dem Wasser. Oft auch legt er sich auf die Seite und läßt sich von den Wellen schaukeln. Dann fällt es leicht, ihn zu erbeuten. Wie viele alte Beobachter übereinstimmend aussagen, soll er in der Dunkelheit aufleuchten, doch schweigen sich gerade darüber die Berichte aus den letzten Jahrzehnten aus. Seine Fruchtbarkeit ist sehr groß, wurden doch in einem erbeuteten etwa anderthalb Meter langen Weibchen rund 300 Millionen Eier gezählt. Die Larven tragen lange Stabilisationsstacheln.

Die Armflosser

Die vor den Brustflossen stehenden, strahligen Stakelbeine der Seehähne werden bei den *Armflossern (Lophiiformes)* durch mehr oder weniger lange, armstummelartige Bildungen ersetzt, an denen die Brustflossen wie Füße sitzen. Mit Hilfe dieser umgestalteten Brustflossen können diese Fische wie mißgestaltete Kröten über den Meeresgrund laufen.

Armflosser gibt es in allen Meeren der Welt und auch in allen Tiefen. Die Unterordnung gliedert sich in die Familien der *Anglerfische (Lophiidae)*, der *Tiefseeangler (Ceratiidae)*, der *Fühlerfische (Antennariidae)* und der *Fledermausfische (Ogcocephalidae)*.

Angler oder Seeteufel (Lophius piscatorius): Bewohnt das Mittelmeer und beide Seiten des Atlantik vom Kap der Guten Hoffnung bis nach Island, einschließlich der Nordsee und der westlichen Ostsee, sowie von den Antillen bis nach Neufundland; Länge 50–130 cm, selten bis 200 cm; Haut schuppenlos, mit unregelmäßigen knöchernen Einlagerungen und über den ganzen Leib verteilten Hauttentakeln bedeckt; Färbung oberseits

Die Familie der Drükkerfische leitet ihren Namen aus der besonderen Gestaltung der ersten Rückenflosse ab. Diese besteht aus drei, durch eine Flossenspannhaut verbundenen, Stachelstrahlen. Sie sind Küstenfische tropischer Meere, werden allerdings häufig für Liebhaber tropischer Seeaquarien gefangen.

und seitlich schlammbräunlich bis schwärzlich, unregelmäßig dunkel gefleckt, unterseits weiß; hat riesigen breiten Kopf, kleine, hochsitzende, nahe beieinanderstehende Augen, gewaltiges Maul mit zahlreichen, spitzen, nach innen gerichteten, in mehreren Reihen angeordneten Fangzähnen, rundlich-scheibenförmigen Körper und langen, sich rasch verjüngenden, seitlich zusammengedrückten Schwanzabschnitt; trägt auf dem Kopf drei sehr bewegliche Stacheln, von denen der erste an der Spitze mit einem grünlichen eingekerbten Hautlappen versehen ist.

Der Angler vergräbt sich gern im schlammigen Grund, lauert zwischen Steinen und Algen, läßt seine lockende Angel spielen und verschluckt Knurrhähne, Heringe, Makrelen, Rochen, kleine Haie und alle anderen Grundfische. An der Oberfläche des Meeres, die er ab und zu aufsucht, schnappt er nach Tauchenten. Seine Laichplätze liegen außerhalb der Nordsee an der Westküste Englands und bei den Färöern in Tiefen zwischen 400–2000 m. Er sucht sie im März/April auf. Die Eier werden in meterlangen, 4 mm dicken Schleimbändern abgestoßen.

Bei den meisten Gattungen der Tiefseeangler sind die Männchen zu Zwergen geworden, die sich am viel größeren Weibchen festbeißen oder mit ihm verwachsen. Bei *Linophryne argyresca* aus dem Indischen Ozean vereinigen sich sogar die Blutkreisläufe von Weibchen und Männchen. Parasitisch lebende Zwergmännchen gibt es auch bei dem 7 cm langen *Edriolychnus schmidtii* aus dem Karibischen Meer und dem Pazifik, bei *Ceratias holboelli,* der bei Island gefangen wurde, und bei *Melanocetus cirrifer,* der nur 4 cm mißt und in Tiefen von 3000 m lebt. Weitere Formen sind vor allem die *Lasiognathus*-Arten aus dem Karibischen Meer und dem Golf von Panama, die über ein verhältnismäßig riesiges, weit vorgebautes Walmaul und über eine mehr als körperlange Angelrute mit drei Angelhaken an der Spitze verfügen. Eine neue, in der Gestalt sehr abweichende Art entdeckte William Beebe in 752 m Tiefe. Es ist der *Dreisternige Angler (Bathyceratias trilynchus)*, der eirund ist, etwa 15 cm mißt, drei lange Fühler mit starken blaßgelben Leuchtorganen besitzt und auffallend kleine Augen hat.

Gefleckter Fühler- oder Sargassofisch (Histrio histrio): Er bewohnt vor allem das Sargassomeer; Länge etwa 12 cm; kennzeichnet sich durch zwei fleischige, fühlerartige Fortsätze am Kopf, von denen man noch nicht weiß, ob sie lockende Angeln oder riechende und tastende Sinnesorgane sind; hat ähnlich wie der Fetzenfisch eine durch vielerlei Körperanhänge gleichsam zerfaserte, blattähnliche Gestalt und birgt sich zwischen den Tangwäldern und Korallenbänken; die Brustflossen sind nach Art eines Ellenbogengelenks vom Körper abgesetzt und erlauben dem Fisch ein gewandtes Klettern.

Erwähnt sei auch noch die höckerbedeckte und stark rüsselnasige *Seefledermaus (Malthopsis erinacea)* aus dem westlichen Atlantik und östlichen Pazifik, wo sie in Tiefen von 800–1200 m lebt; sowie endlich auch der ihr ähnliche *Fledermausfisch (Coelophrys brevicaudata)* aus den Küstengewässern der Indischen Meere.

Knorpelganoiden und Flößler

Die Überordnungen der *Chondrostei (Knorpelschmelzschupper)* und *Polypteri (Flößler)* vereinigen einige Überlebende früherer Erdperioden: die Störe und die Flösselhechte. Die Störe sind mit Ganoidschuppen bedeckt.

Die Flösselhechte

Gänzlich vereinzelt steht die Ordnung der auf die afrikanischen Binnengewässer beschränkten *Flösselhechte (Polypteriformes)* in der heutigen Fischwelt. Ihre Vorfahren lebten bereits im Erdaltertum und waren vor allem im Erdmittelalter weit verbreitet. Eigentümlich ist ihnen die sehr schlanke, oft schlangen- oder aalförmig gestreckte Gestalt, die in zahlreiche, einzelnstehende Flössel aufgelöste Rückenflosse und die aus rhombischen Platten bestehende, zu einem festen Panzer gewordene Beschuppung. Wie bei den Quastenflossern und Lungenfischen hat die Schwimmblase die Aufgabe eines Atmungsorganes übernommen. Und wie bei den letzteren tragen die Larven noch große Außenkiemen.

Nilflösselhecht (Polypterus bichir): Bewohnt den Nil, den Rudolfsee und das Tschadsee-Becken; Länge etwa 100 cm; Grundfarbe ein mehr oder minder lebhaftes Grün, das nach unten in ein trübes Weiß übergeht und einige schwarze Flecken aufweist; hat einen mit großen Knochenplatten gepanzerten Kopf mit röhrenförmig verlängerten Nasenöffnungen, einen sehr langgestreckten Leib mit auffallend kurzem Schwanzstiel, trägt 16–18 getrennte kleine Flössel auf dem Rücken, die an Stachelstrahlen befestigt sind, und kennzeichnet sich noch besonders durch die am Grunde schmalen Brustflossen, die fast armartig wirken.

Werden sie daran gehindert, zusätzlich atmosphärische Luft zu atmen, so gehen sie nach wenigen Stunden zugrunde. Dagegen halten sie außerhalb des Wassers bis zu 24 Stunden aus.

Der Nilflösselhecht wird in den westafrikanischen Flüssen vom nur 40 cm großen *Senegalflösselhecht (P. senegalus)* sowie vom 90 cm langen *P. lapradei* vertreten. Eine ausgesprochen schlangenförmige Art ist der *Flösselaal (Calamoichthys calabaricus)* aus den Überschwemmungsgebieten zahlreicher afrikanischer Flüsse, bei dem sich die 9–10 Rückenflössel gleich Stacheln aufrichten können. Sie leben von wirbellosen Kleintieren.

Die Störe

Fünf Reihen großer Knochenschilder, von denen die erste längs des Rückens, die zweite und dritte entlang der Seitenlinie

Die Kaimanfische erinnern mit ihrer krokodilartigen Schnauze an Hechte. Sie leben in nord- und mittelamerikanischen Binnengewässern und können bis zu 150 Zentimetern lang werden. Ihre Schuppen sind mit Gelenken zusammengefügt und überlappen sich nicht. Eine Schmelzschicht macht die Schuppen fast porzellanartig hart und läßt sie wie poliert schimmern.

und die vierte und fünfte am Bauchrand verlaufen, sind das wichtigste äußerliche Merkmal der altertümlichen *Störe (Acipenseriformes)*, die dem gemäßigten Gürtel der Erde angehören. Zwischen diesen Schildern ist die Haut nackt oder mit kleinen Knochenkörnchen besetzt. Der Körper kennzeichnet sich durch die gestreckte, schnittigstromlinienförmige Gestalt. Der Kopf ist stark zugespitzt, die Schnauze schnabelförmig verlängert, das unterständige kleine Maul vorstreckbar, zahnlos und mit vier tastenden Barteln versehen. Weit zurückgesetzt sind die Rücken- wie die Bauch- und die Afterflosse. Die tiefgegabelte Schwanzflosse hat einen großen oberen Zipfel.

Die meisten Störe – von denen wir an die 20 Arten kennen – leben im Meer oder in großen Landseen, steigen zur Laichzeit aber in die Flüsse auf und verbringen auch ihre Jugendzeit in den Binnengewässern. Als Jungtiere ernähren sie sich vorwiegend von Insektenlarven, Flohkrebsen, Würmern, Weichtieren und Laich. Erst die voll ausgewachsenen Tiere können als Raubfische angesprochen werden. An der Atlantikküste und in den westeuropäischen Flüssen wurden die Störe durch die rücksichtslos betriebene Verfolgung, wobei der Fang meist vor dem Ablaichen erfolgte, weitgehend dezimiert und sind heute vom Aussterben bedroht. In Osteuropa und Sibirien sowie im Schwarzen und Kaspischen Meer vermochten sich ihre Bestände jedoch gut zu erhalten. Ein ausgewachsenes Weibchen kann bis zu 6 Millionen Eier abstoßen. Aus diesen Eiern wird der begehrte echte Kaviar gewonnen.

Stör (Acipenser sturio): Bewohnt die atlantischen Küsten von Europa und Nordamerika einschließlich der Nord- und Ostsee sowie das Mittelländische und das Schwarze Meer, dringt in die größeren Flüsse dieser Gebiete ein; Länge durchschnittlich 2–4 m, ausnahmsweise bis zu 5,5 m; Färbung oberseits dunkelbraun, hell punktiert, seitlich unterhalb der Mittelschildreihe mehr braungelb oder graubraun, unterseits schmutzigweiß.

Erwähnt seien auch noch der *Russische Stör (A. güldenstaedti)* aus dem Kaspischen Meer, der bis zur mittleren Wolga aufsteigt, etwa 2 m mißt und besonders guten Kaviar liefert; sowie der *Sternstör (A. stellatus)* aus dem gleichen Lebensraum, der bis in den Ural vordringt, sehr zierliche kleine Schilder an der Seitenlinie aufweist und von den Feinschmeckern als der Lieferant des köstlichsten Kaviars angesehen wird.

Sterlett (Acipenser ruthenus): Bewohnt das Schwarze, das Asowsche und Kaspische Meer nebst ihren Zuflüssen sowie die Ströme Nordrußlands und Sibiriens, dringt in der Donau bis nach Linz und vereinzelt bis nach Ulm vor, kommt auch in viele ihrer Nebenflüsse, kehrt nicht in das Meer zurück, sondern wird zum Flußfisch; Länge bis zu 1 m; Färbung oberseits dunkelgrau, am Bauch heller; trägt 60–70 Schilder an den Flanken, hat eine besonders lange und spitze Schnauze mit fransigen Bartfäden sowie graue Brust-, Rücken- und Schwanzflosse und trübweiße Bauch- und Afterflossen.

Hausen (Huso huso): Bewohnt das Adriatische, Schwarze und Kaspische Meer sowie deren Zuflüsse; Länge durchschnittlich 2–4 m, ausnahmsweise bis zu 6 m, früher sogar bis zu 9 m; Färbung oberseits meist dunkelgrau, an der Schnauze gelblichweiß, unterseits und an den Schildern trübweiß; unterscheidet sich von seinen kleineren Verwandten durch die kurze, dreieckige Schnauze, die platten Bartfäden, die rund 40–60 auffallend kleinen Seitenschilder und die in der Mitte des Rückens erhöhten Schilderzacken.

Kurz vorgestellt seien schließlich auch noch:

der *Rote Stör (A. rubicundus)* aus den großen nordamerikanischen Seen, der heute gleichfalls im Bestand bedroht ist; der *Löffelstör (Polyodon spatula)* aus dem Mississippi, den Flüssen der südlichen USA und dem Erie-See, der bis zu 185 cm mißt und eine sehr flache, lange, blattartige Schnauze hat; sowie der *Schwertstör (Psephurus gladius)* aus dem Jangtsekiang und Hoangho in China, der bis zu 125 cm lang wird.

Knochenganoiden oder Knochenschmelzschupper

Die Überordnung *Holostei* umfaßt 2 kleine Ordnungen von Süßwasserbewohnern.

Die Kaimanfische

In den auf Nord- und Mittelamerika beschränkten, rundum dicht gepanzerten, hechtartigen *Kaimanfischen (Lepisosteiformes)*, die schon in der Oberen Kreidezeit auftraten, lernen wir einige Übergangsformen zwischen den urtümlichen Knorpelstören und den echten Knochenfischen kennen. Ihr Körper ist langgestreckt, der Kopf zugespitzt, das unterständige Maul in eine lange Krokodilschnauze ausgezogen und mit zahlreichen starken Kegelzähnen bewehrt. Wie bei den Stören sind die Bauch-, After- und Rückenflossen weit zurückgesetzt. Die den Panzer bildenden Schuppen sind steinhart und werden im polierten Zustand zu Schmuckgegenständen verarbeitet.

Kaimanfisch (Lepisosteus osseus): Bewohnt die Flüsse und Seen von Nord- und Mittelamerika; Länge bis zu 150 cm; Schuppenkleid oberseits olivgrün, am Hinterleib wie an den unpaaren Flossen schwärzlich gefleckt, unterseits silbrig; ist ein gieriger Raubfisch, der fast ausschließlich von anderen Fischen lebt, laicht im Frühjahr an seichten Stellen mit reichem Pflanzenwuchs, klebt seine Eier an den Grund, hat als frischgeschlüpfte Larve eine Haftscheibe vor dem Mund und verankert sich an Steinen und Pflanzenstengeln, bis der Dottersack verzehrt ist.

Die Kahlhechte

Heute besteht die ganze Ordnung, die einst die Fischwelt beherrschte, nur noch aus einer Gattung mit einer einzigen Art, die ebenfalls auf die großen Seen und die langsam fließenden Gewässer Nordamerikas beschränkt

Die langgestreckten Störe zählen zu den Knorpelfischen. Sie haben keine Zähne und nur sehr wenige Schuppen an der Schwanzflosse, einige Arten tragen Knochenschilder. Der Gemeine Stör (Bild unten) ist der größte unter den Echten Stören. Die männlichen Tiere werden rund zwei Meter lang, die weiblichen bis zu sechs Metern. In der Familie der Rüsselstöre sind Exemplare bis zu acht Metern aufgetreten. Dieses Fische gehören zu den größten Süßwasserfischen überhaupt. Echte Störe kommen in Nordamerika, Asien und Europa vor.

ist. Ihr Körper ist langgestreckt, vorn rundlich, hinten seitlich zusammengedrückt und dünn beschuppt. Der Kopf wirkt verhältnismäßig klein und die Schnauze kurz. Das endständige Maul ist mit einer Reihe kleiner Hechelzähne bewehrt.

Schlammfisch (Amia calva): Bewohnt die Binnengewässer der USA; Länge reichlich 70 cm; Schuppenkleid dunkel olivgrün, seitlich scheckig aufgehellt, unterseits hellgelblich; das Männchen trägt einen runden, schwarzen, orange oder gelblich gesäumten Fleck auf der Schwanzflossenbasis; hat lange niedrige grüne Rückenflosse mit zwei dunklen Längsstreifen, dunkel gefleckte, hellgrüne, schön gerundete Schwanzflosse und leuchtendgrüne Brust-, Bauch- und Afterflossen.

Die Fleischflosser
(Sarcopterygii)

Die Quastenflosser

Quastenflosser (Latimeria chalumnae): Lebt im indischen Ozean ausschließlich im Gebiet rund um die Komoren, in Tiefen von 200–400 m; Länge 109 bis 170 cm; blaues Schuppenkleid; die Flossen sitzen auf fußstummelartigen Bildungen. Die 2 Rückenflossen sind weit voneinander getrennt; die gut entwikkelte Schwanzflosse fächert sich breit und hat verlängerte Mittelstrahlen; die Afterflosse sitzt ziemlich genau unter der zweiten Rückenflosse, und die bauchständigen Bauchflossen sitzen unter der ersten Rückenflosse; Brustflossen normal eingelenkt.

Die Lungenfische

Von den vielen ehemaligen Formen leben heute nur noch 3 Gattungen mit 6 Arten. Sie kennzeichnen sich durch aal- oder molchartigen, gestreckten, beschuppten Körper, verhältnismäßig kleinen, knochig gepanzerten, dreieckigen Kopf, weites Maul, drei Paar größerer Zahnplatten, die aus der Verschmelzung der einzelnen Kieferzähne hervorgegangen sind. Die paarigen Flossen sind eigenartig gestielt, oft blatt- oder lanzettförmig, mitunter aber auch zu dünnen Fäden zurückgebildet. Die Rücken-, Schwanz- und Afterflossen fließen zu einem geschlossenen Saum zusammen. In der ersten Jugend ragen wie bei den Kaulquappen der Amphibien die Kiemen als verästelte Hautlappen nach außen. Später wachsen die Kiemenspalten zu engen senkrechten Öffnungen zusammen.

Australischer Lungenfisch (Neoceratodus forsteri): Bewohnt heute nur noch wenige kleine Flüsse Nordost-Australiens, war früher über ganz Australien verbreitet; Länge bis zu 175 cm; Haut mit großen runden gezähnten Schuppen bekleidet.

Afrikanischer Lungenfisch (Protopterus; 4 Arten): Bewohnt die großen Flüsse des tropischen Afrikas, bevorzugt die sumpfigen Überschwemmungsgebiete; Länge bis zu 1,40 m; Haut erscheint nackt.

Schuppenmolch (Lepidosiren paradoxa): Bewohnt das Stromgebiet des Amazonas und des Rio Parana; Länge bis zu 125 cm; Haut erscheint nackt.

Die Knorpelfische
(Chondrichthyes)

Wie es uns der deutsche Name schon verrät, kennzeichnen sich die Knorpelfische durch die knorplige Beschaffenheit des Skeletts. Der Schädel besteht aus einer ungeteilten Knorpelkapsel, die das Gehirn und das Gehörorgan umschließt. Die Nasensäcke und die Augen sitzen in becherartigen Vertiefungen dieser Kapsel. Die Wirbelsäule besteht meist aus verkalkten Knorpelstücken bzw. Wirbeln. Die Haut bedecken zahnartige Schuppen oder vereinzelte größere Dornen. Die Flossen werden vorwiegend von Hornstrahlen gestützt. Die Zähne stehen gewöhnlich in zahlreichen Reihen hintereinander, und zwar die alten außen, die neuen innen, so daß sie sich laufend ersetzen bzw. daß die alten und verbrauchten Zähne von den neuen Zähnen verdrängt werden.

Durchweg besitzen die Männchen ein klammerartiges Begattungsorgan. Die Befruchtung erfolgt regelmäßig innerlich. Die Weibchen stoßen die großen und dotterreichen Eier entweder in hornigen Kapseln aus oder tragen sie bis zur Reife im Eileiter. Viele Knorpelfische sind also lebendgebärend. Bei allen aber gleichen die Jungen sofort den Alten.

Die Haie

Es ist nur wenig bekannt, daß die in allen Meeren der Welt heimischen Haie eine beachtlich große, rund 200 Arten umfassende Fischgruppe sind, in der es Riesen und Zwerge, einige gefürchtete Raubfische, daneben aber sehr viele harmlose Heringsschlucker und Kleintierverzehrer gibt. Auch die sogenannten „Menschenhaie" sind nicht etwa auf Menschenfleisch spezialisiert, wie man fast glauben möchte, wenn man die zahllosen Gruselgeschichten liest, in denen diese „blutgierigen Bestien" nur darauf lauern, daß ein Matrose über Bord kippt. Vielmehr sind auch diese großen Haie Alles- und Aasfresser, die nach jedem Gegenstand schnappen, der in der See treibt.

Blau- oder Menschenhai (Prionace glaucus): Bewohnt die tropischen und subtropischen Meere, ist im Atlantik von der Westküste Afrikas bis zur spanischen und französischen Küste sowie im Mittelmeer überall anzutreffen, kommt in kleineren Exemplaren im Sommer bis zur Westküste Englands und Schottlands sowie in die Nordsee und die westliche Ostsee; Länge gut 3–6 m; Färbung oberseits schiefer- bis tiefblau, seitlich heller, unterseits schneeweiß; hat sehr spitzige Schnauze, schlanken Leib, schwarzbespitzte Brustflossen und schwärzliche Afterflosse sowie schieferblaue Rücken- und Schwanzflosse.

Tagsüber hält sich der Blauhai in Tiefen von etwa hundert Metern, nachts aber kommt er zur Oberfläche und zieht so dicht unter ihr dahin, daß die Spitzen der Rücken- und der Schwanzflosse aus dem Wasser ragen. Daß er in den gemäßigten Zonen jemals einen Menschen angegriffen hätte, ist bis heute noch nicht einwandfrei belegt worden. Seine Nahrung besteht aus Fischen, Tintenfischen und Seevögeln. Als schlechter Kostauswerter und gieriger Schlinger ist er jederzeit freßgierig. Oft folgt er um der Küchenabfälle willen den Schiffen.

Gefährlicher als der Blauhai ist sicherlich der 7–12 m lange *Carcharodon rondeleti,* der im Sommer oft an der Adria auftaucht, ebenfalls schieferblau gefärbt ist und eine besonders lang ausgezogene Schwanzflosse hat. Von ihm sind Überfälle auf Badende bekanntgeworden. Ein nicht minder gewaltiges Geschöpf ist auch der *Große Weiße Hai (C. carcharias)* von der kalifornischen Küste, der neben Fischen auch Seelöwen jagt. Und über das gleiche messerscharfe Gebiß wie die drei vorhergehenden verfügt vor allem der *Tigerhai (Galeocerdo cuvieri)* aus den tropischen Meeren, der selbst Schildkrötenpanzer zu knacken vermag.

Hammerhai (Sphyrna zygaena): Bewohnt fast alle wärmeren Meere, dringt als Irrgast auch an die nördlichen Küsten Europas bis zur Nordsee vor; Länge 3–4 m; Haut schwach gekörnelt, Färbung oberseits meist graubraun, seitlich heller, unterseits trübweiß; kennzeichnet sich durch seine abenteuerliche, hammerähnliche Kopfform; hat goldgelbe Augen und ist mit besonders langen, scharfen, fast dreieckigen, an den Rändern gesägten Zähnen ausgerüstet.

Eis- oder Grönlandhai (Somniosus microcephalus): Bewohnt die arktischen Meere bis zur Nordsee; Länge bis über 5 m; Färbung gleichmäßig aschgrau; kennzeichnet sich durch das Fehlen der Afterflosse und durch die stachellosen Rückenflossen; lebt als Raubfisch von Plattfischen, Rochen und Heringen, greift auch die Nordwale an, wird selbst wegen seiner großen Leber gejagt, die vorzüglichen Lebertran liefert;

Rauh- oder Walhai (Rhincodon typus): Bewohnt die warmen Meere; Länge 15–20 m; ist der größte lebende Fisch der Welt; kennzeichnet sich durch seine breite, kurze und flache Schnauze sowie seine besonders kleinen Augen; ist durchaus harmlos, hat an die 6000 winzig kleine Zähne und reusenähnliche Kiemenbögen, die wie bei den Walen die planktontischen Wassertierchen aus dem aufgesaugten Wasserschwapp sieben; bringt wahrscheinlich lebende Junge zur Welt.

Riesenhai (Cetorhinus maximus): Bewohnt das Mittelmeer, den Nordatlantik und den Pazifik; Länge bis zu 14 m; Färbung vorwiegend bräunlichschwarz, blau schimmernd, seitlich aufgehellt, unterseits weiß; kennzeichnet sich durch die sehr zugespitzte Schnauze, kleine Augen, fünf ungewöhnlich lange, fast bis zum Rücken verlaufende Kiemenspalten und stark verlängerten oberen Zipfel der Schwanzflosse; hat wie der Walhai reusenähnliche Kiemenbögen, ernährt sich ebenfalls von planktontischen Kleintieren; bringt lebende Junge zur Welt.

Spitzschnauziger Heringshai (Lamna nasus): Bewohnt das Mittelmeer, den Atlantik sowie die Nord- und Ostsee; Länge 250–280 cm, ausnahmsweise bis zu 350 cm; Färbung oberseits dunkelblaugrau, seitlich scharf abgesetzt weißlich; wirkt verhältnismäßig gedrungen, hat sehr spitze Schnauze und langen gekielten Schwanzstiel; bevorzugt die Nähe der Küsten, dringt als Jungtier in die Flußmündungen ein.

Beim geselligen und durchaus harmlosen Heringshai sind die Embryonen ohne Verbindung mit dem mütterlichen Organismus. Sie ernähren sich ausschließlich von den unbefruchteten Eiern. Die wenigen zur Welt gebrachten Jungen – meist sind es nur zwei bis vier Stück – messen bei der Geburt schon 70 cm.

Kleinfleckiger Katzenhai (Scyliorhinus caniculus): Bewohnt alle europäischen Küsten, ist besonders häufig im Ärmelkanal, an der Nordküste Großbritanniens, bei den Hebriden und den Orkney-Inseln; Länge etwa 1 m; Färbung oberseits und seitlich graurötlich, reich schwarzbraun gefleckt, unterseits weiß; liegt tagsüber versteckt am Grunde, geht nachts auf Raub aus, stellt vor allem den Heringsfischen nach.

Der *Großfleckige Katzenhai (S. stellaris)* mißt meist nur 50–70 cm und ist im gleichen Lebensraum anzutreffen.

Gemeiner Dornhai (Squalus acanthias): Bewohnt als echter Kosmopolit sämtliche Meere der Welt; Länge etwa 1 m; Färbung oberseits schiefergrau bis bräunlich, unterseits gelblichweiß, in der Jugend unregelmäßig weiß gefleckt; hat zugespitzten Kopf, sehr schlanken Leib und große Brustflossen, trägt an beiden Rückenflossen vorn einen freistehenden kräftigen Dorn, den er als Waffe gebraucht; bevorzugt als Grundfisch die Nähe der Küsten, jagt Fische aller Art, die er in der Mitte durchbeißt, wenn sie zu groß sind; ist lebendgebärend, bringt nach 21monatiger Tragzeit vier bis sechs 22–26 cm lange Junge zur Welt.

Zum Schluß sei noch hingewiesen, auf

den *Japanischen Sägeträger (Pristiophorus japanicus),* der mit seinem sehr langgezogenen, an beiden Rändern mit Zähnen bewaffneten Oberkiefer stark an die Sägerochen erinnert, 1–2 m mißt und mit seiner Schnauzensäge im Schlamm gründelt; sowie

den *Engelhai oder Meerengel (Squatina squatina)* aus den Meeren des gemäßigten Gürtels der nördlichen und südlichen Halbkugel, der bis zu 2 m lang wird, oberseits schokoladenbraun, schwärzlich gefleckt, unterseits gelblichweiß gefärbt ist, einen sehr abgeplatteten Kopf und Rumpf, lappig verbreiterte Brust- und Bauchflossen hat, stark an die Rochen erinnert, auch wie diese lebt und lebende Junge zur Welt bringt.

Die Rochen

Wie große Vögel schweben die schwimmenden *Rochen (Batoidei)* – von denen wir rund 150 Arten kennen – durch die Küstengewässer der Meere. Die ungemein verbreiterten, schon am Hinterkopf beginnenden Brustflossen schlagen die Flut wahrhaftig wie Flügel, bewegen sich sanft wogend und lassen den ganzen, scheibenförmig abgeplatteten Leib im gleichen Rhythmus schwingen. Den Leib bedecken meist Stacheln und Dornen. Die Männchen besitzen große keulenartige Klammerorgane, die aus den immer kräftigen Bauchflossen gebildet wurden und es ihnen erlauben, sich während der Begattung fest an die Weibchen zu heften. Die Afterflossen fehlen allen. Bei den eierlegenden Gattungen sind die Eier meist in taschenförmige Hornkapseln eingeschlossen. Zahlreiche Rochen bringen lebende Junge zur Welt.

Marmorierter Zitterrochen (Torpedo torpedo): Bewohnt die europäischen Meere; Länge durchschnittlich 40 bis 50 cm, höchstens 75–100 cm; Haut nackt, Färbung oberseits braun oder gelbrot, dunkelbraun oder weiß gemarmelt, unterseits rötlichweiß, am Rande grau; hat runden scheibenförmigen Körper, kurze breite Schnauze, kräftigen Schwanz mit großer Schwanzflosse; birgt sich im Sand, vermag seine Beutetiere mit elektrischen Schlägen zu betäuben.

Das elektrische Organ des Zitterrochens liegt gleich großen Lungenflügeln zu beiden Seiten des Kopfes. Die 70–80 Volt starken Schläge genügen, um Fische und Kruster zu betäuben, sind für den Menschen aber ungefährlich. Das Weibchen bringt 10–14 lebende Junge zur Welt.

Sägefisch (Pristis pectinatus): Bewohnt die warmen und gemäßigten Meere; Länge 4–5 m; Färbung einheitlich braungrau, unterseits lichter; hat langgestreckte Gestalt, die stark an die Haie erinnert, zwei hohe Rückenflossen, vertikale kräftige Schwanzflosse und segelartig verbreiterte Brustflossen; kennzeichnet sich vor allem durch seine Schnauze, die in einen langen flachen, an den Seitenkanten mit scharfen Zähnen versehenen Sägestab ausgezogen ist.

Der Sägefisch benötigt diesen enormen, ein Drittel der Körperlänge ausmachenden Schnauzenfortsatz, um mit ihm seine vorwiegend aus Weichtieren bestehende Beute im Schlamm aufzustöbern. Darüber hinaus ist seine Säge zweifellos eine gefährliche Waffe, die er bei Gefahr auch einzusetzen weiß.

Adlerrochen (Myliobates aquila): Bewohnt alle warmen und gemäßigten Meere, wird im Mittelmeer häufig, in der Nordsee nur selten erbeutet; Länge etwa 100–150 cm, doch sollen auch wesentlich größere und manchmal riesige Exemplare vorkommen; Färbung oberseits dunkelbraun, seitlich heller, unterseits schmutzigweiß; hat große graugrüne, weit vorspringende Augen, nur bis zu den Kopfseiten reichende Brustflossen, eine kleine Rückenflosse auf dem Schwanz, hinter der sich der gesägte Stachel erhebt.

Noch größer als der Adlerrochen werden von den verwandten Arten:

der *Teufelsrochen (Ceratoptera vampyrus* und *C. ehrenbergii),*

der *Flügelrochen (Dicerobatis kuhli)* und auch

der *Teufelsfisch (Manta birostris),* der 7 m breit wird und bis zu 5000 kg wiegen kann.

Dorn- oder Nagelrochen (Raja clavata): Bewohnt den östlichen und nördlichen Atlantik einschließlich des Schwarzen und Mittelländischen Meeres sowie der Nord- und Ostsee; Länge des Männchens 60–70 cm, des Weibchens 80–120 cm, doch sollen auch wesentlich größere, 3–4 m lange und 2–3 m breite Exemplare auftreten; Haut mit kleinen Stacheln und größeren Dornen besetzt, Färbung oberseits braun bis braungrau, licht gefleckt, unterseits reinweiß; hat sehr breiten, scheibenförmigen Leib, kielartig verlängerte Schnauze, zweiteilige Bauchflosse mit fußstummelartigem vorderem Abschnitt, zwei kleine Rückenflossen vor der Schwanzspitze und eine winzige Endflosse; kennzeichnet sich als Männchen durch große keulenartige Klammerorgane.

Glattrochen (Raja batis): Bewohnt vor allem den östlichen Atlantik einschließlich des Mittelmeeres sowie der Nord- und Ostsee bis nach Island; Länge bis zu 250 cm, Breite bis zu 155 cm; der größte europäische Rochen.

Die Seekatzen

Spöke, Seekatze oder Königsfisch (Chimaera monstrosa): Bewohnt den östlichen Atlantik von Island und Norwegen über die Nordsee und das Mittelmeer bis zum Kap der Guten Hoffnung; Länge bis zu 1 m; Haut nackt, Färbung oberseits rotbraun, seitlich silberbläulich, netzartig gezeichnet und dunkel marmoriert, mit deutlicher, geschwungener Seitenlinie; hat stumpfe, runde und weiche Schnauze, goldene oder silberne Iris und grüne Pupillen.

Der Königsfisch lebt in Tiefen bis zu 1000 m und ernährt sich vorwiegend von Krebsen und Weichtieren.

DIE URSPRÜNGLICHEN CHORDATIERE

(Chordata)

Echte Knochen und Wirbel fehlen den Chordatieren noch völlig. Ihre wirbelsäulenartige Stütze heißt „chorda dorsalis" und stellt nur eine Vorstufe der Wirbelsäule dar. Zu den Chordatieren rechnen wir die Wirbeltiere, die Schädellosen und die Manteltiere. Die Rundmäuler sind die primitivsten Wirbeltiere. Als Urahnen der Wirbeltiere können wir die durchaus fischförmigen Lanzettfischchen (Acrania) vorstellen; noch fehlen ihnen Knochen und Knorpel, Schädel wie Wirbelsäule. Das Skelett bildet ein einfacher Stützstab, die sogenannte Rückensaite, die sich während der Entwicklung als ein Zellstrang aus dem Dach des Urdarmes löst.

Diese Moostierchenkolonie wird wegen ihrer netzartigen, welligen Blütentrichter auch Neptunschleier oder Netzkoralle genannt. Ihre Färbung ist zart lachsfarben. Die einzelnen Tierchen bilden Trichter, die regelmäßig durchbrochen und durch Kalk festgehärtet sind. Sie werden etwa zehn cm hoch. Zur Innenseite hin liegt der stülpbare, weiche Fühlerteil, der Polypid genannt wird und durch Sog die Nahrung heranspült. Die einzelnen Tiere stehen übereinander. Sie leben häufig in Gemeinschaft mit der roten Hornkoralle, und den geweihartig verzweigten, gelben Lippenmündern Hippodiplasia.

Neunaugen kommen in über zwanzig Arten in allen gemäßigten Gewässern vor. Die Bachneunaugen (Bild unten) sind die kleinsten ihrer Gattung; sie werden zwischen 12 und 20 cm groß. Sie schlüpfen als Larven. In diesem Stadium leben sie einige Jahre. Nach der Umbildung fressen sie nichts mehr. Zehn Monate lang zehren sie nur noch von körpereigenen Reserven.

Innerhalb des gesamten Tierreiches unterscheiden wir 23 Tierstämme. Alle bis zu dieser Seite aufgeführten Tierarten zählen zum großen Stamm der Chordatiere. Ihr gemeinsamer Name leitet sich ab von der *Chorda dorsalis*, einem auf der Rückenseite liegenden, elastischen Stab, aus dem bei höher entwickelten Chordatieren die Wirbelsäule entstanden ist.

Zu den Chordatieren rechnen wir die *Wirbeltiere (Vertebrata)*, die *Schädellosen (Acrania)* und die *Manteltiere (Tunicata)*.

Die jetzt folgenden Rundmäuler *(Cyclostomata)* zählen noch zu den Wirbeltieren; sie sind aber so einfach und ursprünglich gebaut, daß wir sie als die primitivsten Wirbeltiervertreter bezeichnen dürfen.

Die Rundmäuler *(Cyclostomata)*

Die wurm- oder schlangenförmigen, sehr schleimigen, schuppenlosen *Rundmäuler (Cyclostomata)* bilden eine eigene Wirbeltierklasse. Das Skelett wie die Schädelkapsel sind knorpelig. Die Brust- und die Bauchflossen fehlen. Ein schmaler Flossensaum verläuft vom Rücken um das Schwanzende bis zum After und kann sich – bei den Neunaugen – zu zwei hohen Rückenflossen verbreitern. Dieser Saum wird von feinen fischgrätenähnlichen Knorpelstäbchen gestützt. Den runden Saugmund stützen keine Kiefer, sondern nur einige Knorpel, weswegen die ganze Klasse auch als *Kieferlose (Agnatha)* gekennzeichnet wird. Die Zunge erinnert an einen Stempel. Der Innenraum des Mundes ist mit feinen spitzen Hornzähnen bewehrt.

Unterteilt wird die Klasse in die Ordnungen der *Blindfische oder Inger (Myxinoidea)* und der *Neunaugen (Petromyzontidea)*.

Die Neunaugen

Es sei gleich vorausgeschickt, daß die Neunaugen in Wirklichkeit nur zwei Augen haben, die bei ihnen zwar auch von einer Haut überzogen, aber gut sichtbar und funktionstüchtig sind. Der irreleitende deutsche Name dieser zweiten Ordnung der Rundmäuler ist darauf zurückzuführen, daß die ersten Beobachter dieser seltsamen aalartigen Geschöpfe die sieben rundlichen Kiemenlöcher und die unpaare Nasenöffnung ebenfalls als Augen ansahen.

Im Gegensatz zu den Blindfischen kennzeichnen sich die Neunaugen durch eine deutliche, meist zweiteilige Rückenflosse, die in die kleine Schwanzflosse übergeht. Der runde Saugmund hat wulstige Ränder. Der Mundtrichter ist mit vielen spitzen Hornzähnen besetzt und der Nasengang hinten geschlossen. Das Ein- und Ausatmen der erwachsenen und angesaugten Tiere erfolgt durch die Kiemenöffnungen des Neunauges.

Die 8 Gattungen und über 20 Arten der Neunaugen sind über alle gemäßigten Gewässer der nördlichen und südlichen Halbkugel verbreitet. Nur stellenweise dringen sie in die benachbarten warmen und kalten Gewässer vor. Die meisten Formen leben in den Bächen und Flüssen in Mittel- und Osteuropa sowie in Westasien. Einige Arten bewohnen aber auch die Küsten des westlichen Mittelmeeres und die japanischen Gewässer. Wie die Blindfische saugen auch sie sich an die Bauchhöhlenwand der Fische, zerraspeln die Haut, saugen das Blut auf und verzehren zusätzlich das Muskelfleisch und die Eingeweide ihrer Opfer. Sie dringen jedoch nicht in den Körper des angefallenen Fisches ein, sondern fressen ihm große Löcher in den Leib.

Meerneunauge (Petromyzon marinus): Bewohnt beide Seiten des Nordatlantik, im Osten vom westlichen Mittelmeer und der portugiesischen Küste bis nach Nordnorwegen, im Westen von Florida bis nach Neufundland und Grönland; Länge 60–90 cm; Haut oberseits

oliv- oder gelbbraun, seitlich auf silbrigem Grund schwarzbraun oder olivgrün marmoriert, unterseits weißlich bis bräunlich, als Jungtier schwarzblau bis bleigrau, schwach silberglänzend; lebt 3–4 Jahre als Larve, laicht im Süßwasser, ernährt sich vom Blut großer Fische, dessen Gerinnen durch ein Sekret der Munddrüsen verhindert wird.

Flußneunauge (Lampreta fluviatilis): Bewohnt alle europäischen Meere sowie die Küsten Nordamerikas und Japans; Länge 25–50 cm; Haut oberseits glänzend dunkelgrün bis grünlichblau, seitlich gelblichweiß, unterseits silberweiß, an den Flossen zur Laichzeit violett bis veilchenfarben; lebt 4–5 Jahre als Larve im Süßwasser der Bäche und Flüsse, bevorzugt als verwandeltes Tier die Küstengewässer und Flußmündungen.

Bachneunauge (Lampreta planeri): Bewohnt zeitlebens die Bäche, ist durch die Verseuchung unserer Gewässer zum Aussterben verurteilt, kommt noch in etlichen Nebenflüssen der Havel, im Thüringer Wald, im Schwarzwald und in der Eifel vor, ist an anderen Stellen sehr selten; Länge 16–20 cm, höchstens 30 cm; Haut oberseits graugrün, seitlich und unterseits lebhaft silberglänzend; lebt 3–4 Jahre als Larve, nimmt nach der Verwandlung keine Nahrung mehr zu sich, hat dann eine zurückgebildete, nicht mehr durchgängige Speiseröhre und einen verkümmerten Darm, zehrt die restlichen zehn Monate seines Lebens vom aufgespeicherten Fett und stirbt unmittelbar nach dem Ablaichen an völliger Entkräftung.

Die Schädellosen *(Acrania)*

Die kleinen, sehr ebenmäßig gebauten, glashellen, durchaus fischförmigen *Lanzettfischchen (Branchiostomidae)*, die in fast allen Küstengebieten der Weltmeere leben, dürfen vielleicht als die Urahnen der Wirbeltiere angesprochen werden. Das heißt, wir können uns gut vorstellen, daß die ältesten Vorfahren der Wirbeltiere in den Grundzügen ihrer körperlichen Organisation diesen Geschöpfen ähnlich waren. Noch fehlen ihnen Knochen wie Knorpel, Schädel wie Wirbelsäule, Kiefer wie Gliedmaßen, Herz wie Gehirn. Das Skelett bildet ein einfacher, den ganzen Körper der Länge nach durchziehender Stützstab.

In den flachen Küstenstreifen aller Meere bevölkern die sack- oder schlauchförmigen Seescheiden verschiedenste Dinge: Wie rosafarbene oder weiße Blüten sind sie auf Steinen, Muscheln, auf Meerespflanzen und auf Uferbauten festgewachsen. Sie werden von einem kräftigen Mantel geschützt, zum Teil noch mit Stacheln und Platten verstärkt.

Dieser Stützstab, die sogenannte Rückensaite *(Chorda dorsalis)*, löst sich während der Entwicklung als ein Zellenstrang aus dem Dach des Urdarmes und wird durch den Einschluß derber bindegewebiger Scheiden wesentlich verstärkt. Aus der Rückensaite ist dann später die Wirbelsäule der höheren Wirbeltiere hervorgegangen.

Sehr wahrscheinlich verfügen die Lanzettfischchen nicht nur über Lichtsinnesorgane, sondern auch über ein Riech- und ein Gleichgewichtsorgan. Gewöhnlich liegen sie tagsüber im Sand vergraben, aus dem dann nur der spitze Kopf hervorragt. Nach Einbruch der Dunkelheit schwimmen sie mit schlängelnden Bewegungen des ganzen Körpers recht lebhaft und geschmeidig umher. Die Nahrung besteht aus einzelligen, durch Wimperschlag herbeigestrudelten Pflanzen und Tieren. Die Fortpflanzung erfolgt durch sehr kleine dotterarme Eier, die ins Wasser abgestoßen und dort befruchtet werden. Bereits nach zwölf Stunden schlüpfen die kleinen Larven, die noch ein Geißelkleid tragen.

Lanzettfischchen (Branchiostoma lanceolatum): Bewohnt die atlantischen europäischen Küsten bis nach Südnorwegen sowie die mittelländischen Küsten Afrikas und Asiens, fehlt in der Ostsee; Länge 5–7 cm; Gestalt langgestreckt, seitlich weidenblattähnlich zusammengedrückt, mit zugespitztem Kopf- und Schwanzende; hat einen schmalen Flossensaum, der den ganzen Rumpf umfließt und sich nur am Schwanz etwas verbreitert; trägt am Kopf 12–20 elastische Tastborsten, die sogenannten Mundcirren, und weist längs der Seiten winklig geknickte Querlinien auf; wird von über 20 verwandten Arten in den Küstengebieten von Südafrika, Westindien, Japan, Ceylon, dem Malaiischen Archipel, in der Südsee und auch in der Tiefsee vertreten. Man verwechselt sie oft mit Fischen.

Die Manteltiere *(Tunicata)*

Die in den Meeren lebenden *Manteltiere (Tunicata)* sind ganz in einen von der Haut ausgeschiedenen, gallertartigen bis knorpelharten, oft zellulosehaltigen „Mantel" eingehüllt. Bei den festsitzenden Formen, wie z.B. den Seescheiden, ist diese Körperhülle meist sehr dick, lederartig zäh und mit Kalkkörperchen durchsetzt. Bei den freischwimmenden Geschwänzten Manteltieren dagegen umgibt sie den Leib wie ein lockerer Schutzschirm, in dem diese Geschöpfe wie in einem Häuschen leben. Und bei den ebenfalls schwimmenden Seewalzen oder Salpen ist der Mantel glashell und durchscheinend.

Alle Manteltiere leben von planktontischen Kleinstlebewesen, die mit dem Atemwasser aufgenommen, im Kiemensack von einer Drüsenrinne gesammelt und von dort durch Flimmerbänder dem Darm zugeleitet werden. Das meist vorhandene Herz schickt Blutgefäße nach vorn zum Kiemendarm und nach hinten zu den Eingeweiden. Das Blut strömt vom Herzen in kurzem Wechsel bald nach vorn, bald nach hinten.

Die Fortpflanzung der durchweg zwittrigen Geschöpfe, die getrennte Hoden und Eierstöcke aufweisen, erfolgt auf geschlechtlichem wie ungeschlechtlichem Weg.

Die Salpen

Diese Tiere schmarotzen.

Die Salpen sind winzig kleine, glashelle, durchscheinende Tierchen, die hauptsächlich die Oberflächenschichten der warmen Meere bewohnen. Oft treten sie in solchen Massen auf, daß sie einen dicken Tierbrei bilden. Die Gestalt ist entweder tonnen- oder walzenförmig und der zarte Mantel mit allerlei Kämmen und Fortsätzen bedeckt. Das Schwimmen erfolgt durch Rückstoß.

Der Dichter und Naturforscher Adelbert von Chamisso entdeckte im Jahre 1819 den Generationswechsel der Salpen. Er stellte fest, daß die Einzelsalpe, die sogenannte Ammenform, keine Geschlechtsorgane besitzt, sondern an einem besonderen bauchständigen Keimstock durch Knospung und darauffolgende Einschnürung auf ungeschlechtlichem Weg zahlreiche Jungtiere erzeugt. Diese hängen in Ketten oder Sätzen zusammen und bleiben auch beieinander. Sie sind zwittrig und vermehren sich auf geschlechtlichem Weg. Jedes Individuum der Kettensalpe produziert ein Ei, das in seiner Bruttasche zum geschlechtslosen Einzeltier heranwächst und dann frei umherschwimmt.

Die Salpen gliedern sich in Ring- und in Bandmuskler. Bei den ersteren ist der Körper tonnenförmig, der Mantel sehr fein und sind die Muskelbänder ringförmig geschlossen.

Zu ihnen gehört: *Doliolum denticulatum,* die als echter Kosmopolit in allen Weltmeeren lebt und bei der die einzelnen Individuen der Geschlechtsgeneration 2,5–3 mm messen.

Den deutschen Küsten nähern sich bisweilen große Schwärme von *Doliolum nationalis,* die die Oberflächenschichten der offenen See – und zwar aller Meere – bewohnt.

Zu den Bandmusklern, die einen walzenförmigen Körper, einen dicken Mantel, und bandförmige Muskeln haben, zählen:

Salpa democratica, bei der die Tiere der Geschlechtsgeneration 2,5 cm, die einzeln lebenden Ammen 8 cm lang werden, sowie *Salpa maxima,* die bis zu 15 cm lange Ammen hat; beide sind ebenfalls Kosmopoliten und sie

Fantastische Farben finden sich bei vielen Arten der rund 1900 uns bekannten Seescheiden. Spezielle Farbstoffzellen produzieren sie.

Die grüne Seescheide bevölkert die Küstengewässer des Indischen Ozeans.

leben vor allem im Mittelmeer, dessen Temperatur sie mögen.

Die Seescheiden

Im Gegensatz zu den Salpen kennzeichnen sich die schlauch- oder sackförmigen Seescheiden durch eine sitzende Lebensweise. Gleich weißen oder rosafarbenen, oft auch noch hochgestielten Blüten ruhen sie festgewachsen auf den verschiedensten untermeerischen Gegenständen: auf Steinen und Muscheln, an den Holzbauten der Uferwerke sowie auf Tangen und anderen Meerespflanzen. Die meisten Arten bevorzugen die flachen Küstenstreifen der Meere bis zu einer Tiefe von 25 m, doch leben einzelne Formen auch noch in 100 m Tiefe oder dringen sogar bis in die Tiefsee vor. Bei allen ist der Mantel kräftig entwickelt, oft knorpelig oder lederartig, zum Teil auch noch mit eingelagerten Platten oder Stacheln versehen.

Die uns bekannten rund 1900 Arten bewohnen fast alle Meere und gliedern sich in zwei Ordnungen. Von den wichtigsten Arten seien kurz vorgestellt:

Clavelina lepadiformis aus den flachen Küstengewässern der europäischen Meere, eine stockbildende Seescheide, bei der die einzelnen Tiere durch Ausläufer verbunden sind, etwa 1,5 cm messen und einen gläsernen durchsichtigen Mantel haben;

Phallusia mammillata aus dem Mittelmeer und dem Atlantik, eine einzeln lebende Seescheide, deren Mundöffnung einem schön geschwungenen Blumenkelch gleicht, mit weißlich durchscheinendem Mantel und bis zu 8 cm groß;

Hypobythius calycodes aus dem Stillen Ozean, wo sie aus einer Tiefe von 5303 m geborgen wurde, eine einzeln lebende, langgestielte Seescheide, die einem riesigen gebuckelten Kelch ähnelt;

Microcosmus sulcatus aus dem Mittelmeer, teils einzeln lebend, teils stockbildend, bis zu 10 cm lang, von unförmiger Gestalt, zart rötlich getönt und eßbar;

Botryllus schlosseri aus den europäischen Meeren, die wunderschöne, korbblütenartige, hellblaue Stöcke bildet.

Die Feuerwalzen

Dem Seereisenden begegnen bisweilen die des Nachts herrlich leuchtenden Kolonien der Feuerwalzen, die in 10 Arten die großen Meere bevölkern.

Pyrosoma atlanticum aus allen warmen Meeren, eine frei schwimmende, stöckebildende Seescheide, bei der viele Einzeltiere in einer gemeinsamen, dikken, gallertartigen Mantelmasse senkrecht zur Oberfläche liegen und zusammen einen zylindrischen Körper bilden, der sehr lebhaft grünlichblau leuchtet und deshalb „Feuerwalze" genannt wird; und schließlich

Pyrosoma spinosum aus dem Atlantischen und Indischen Ozean, die bis zu 4 m lange, hell leuchtende „Feuerwalzen" bildet und wie die vorhergehende in der Masse das herrlichste Meeresleuchten verursacht, das vorstellbar ist.

Die Geschwänzten Manteltiere

Weitaus die meisten der kleinen Geschwänzten Manteltiere leben in einem feinen gallertartigen Gehäuse, das nicht mehr mit der Haut des Tierchens verbunden ist und es an Größe wesentlich übertrifft. Unmittelbar nach der Bildung dieses „Mantels" tritt Wasser in ihn ein und treibt ihn blasig zu einem eiförmigen Gebilde auf. Das winzige Geschöpf schwebt also mitten im großen Meer in einem winzigen Privatmeer wie in einem Aquarium, an dem es lediglich mit dem Mund an einem Aufhängeapparat befestigt ist. Droht ihm Gefahr, so reißt es sich los, entflieht durch eine kleine Fluchtpforte und produziert sich einen neuen Gehäusemantel. In das oft mehrkammerige Gehäuse dringt durch eine Öffnung, die man mit einem dichten Fadengitter vergleichen kann, das Meerwasser ein und wird vom Manteltierchen durch lebhafte Schläge mit dem langen Ruderschwanz durch einen Filterapparat getrieben, der nur die allerkleinsten Lebewesen, das sogenannte Zwergplankton, zurückbehält und in einer Rinne ansammelt. Aus dieser Rinne wird der Nahrungsbrei dann aufgenommen. Das eingedrungene Wasser treibt der Ruderschwanz durch eine Ausfuhröffnung wieder hinaus, wodurch ein Rückstoß erfolgt, der das Gehäuse vorantreibt.

Im Haushalt des Meeres spielen diese meist nur einen oder wenige Millimeter großen Manteltiere eine bedeutsame Rolle. Sie bewegen sich in großer Anzahl in allen Meeresschichten bis zur Tiefsee und stellen die wichtigste Nahrung der größeren Meerestiere bis zu den Walen dar. Der Mensch lernte allein durch sie, indem er den ausgefilterten Nahrungsbrei in ihren Gehäusen untersuchte, das Zwergplankton und seine Bedeutung kennen.

Von den zahlreichen Formen seien vorgestellt:

Bathochordaeus charon, die in der Tiefsee lebt und mit einer Körper- und Schwanzlänge von 8,5 cm als das größte Geschwänzte Manteltier angesehen wird; hat oft leuchtendrot gefärbten Eingeweideknäuel, ist sonst farblos und glasklar durchsichtig;

Oikopleura eophocera aus den warmen Meeren, wo sie besonders in der Schwebefauna auftritt und bis zu 5 mm groß wird.

DIE URLEIBESHÖHLEN-TIERE

(Archicoelomata)

Bereits vor rund 500 Millionen Jahren zählten die zu den Kranzwirblern gehörenden Moostierchen zu den bedeutendsten Riffbildnern. Festgewachsene Einzeltierchen bildeten große Stöcke. Die Kranzfühler sind die Nachkommen von Tiergruppen, die erstmals als Urleibeshöhlentiere bezeichnet werden konnten, da sie eine Zufuhr- und Ausfuhröffnung haben sowie dazwischen einen erkennbaren Leib.
Helle, filigranzarte Tentakelkränze sind das wesentlichste Merkmal der Kranzfühler, die in die Klassen der Hufeisenwürmer, der Moostierchen und Armfüßer eingeteilt werden. Sie bewohnen Süß- und Salzwasserbereiche der ganzen Erde. Ihre Geschichte ist über 400 Millionen Jahre alt.

Man kann das gesamte Tierreich in zwei große Gruppen aufteilen: in die Einzeller *(Protozoa)* und die Vielzeller *(Metazoa)*. Innerhalb der Vielzeller wiederum unterscheidet man zwischen den Schwämmen *(Parazoa)*, die nur aus einem lockeren Zellverband bestehen, und den Gewebetieren *(Eumetazoa)*, die sich aus festen Zellverbänden mit stark spezialisierten Zellen zusammensetzen.

Der Zoologe gliedert die Gewebetiere nun nochmals weiter auf. In einer Gruppe faßt er die Hohltiere *(Coelenterata)* zusammen, deren Körper einem Sack gleicht, dessen Hohlraum nur durch eine einzige Öffnung mit der Außenwelt in Verbindung steht. Diese Öffnung ist demnach gleichzeitig Mund und After. In einer zweiten Gruppe faßt der Zoologe die sogenannten *„Bilateria“* zusammen. Hierzu zählen alle Tiere, bei denen man ein Vorne und Hinten erkennen kann, die also eine Einfuhr- und eine Ausfuhröffnung haben und dazwischen einen mehr oder weniger langgestreckten Leib.

Einige Forscher, z. B. Ulrich und Heider, sehen nun in den Urleibeshöhlentieren *(Archicoelomata)* Nachkommen von Tiergruppen, die ganz an der Wurzel der *Bilateria* stehen. Zu diesen Urleibeshöhlentieren zählt man nach dieser Auffassung u. a. die nun folgenden Kranzfühler *(Tentaculata)* und Stachelhäuter *(Echinodermata)*.

Die Kranzfühler *(Tentaculata)*

Wer schon einmal versuchte, sich so ganz verstohlen einige Seerosen aus einem Teich zu holen, der hat sehr wahrscheinlich auch schon mitten hinein in die Welt dieser winzigen Tierchen gegriffen, die wir heute als den Stamm der *Kranzfühler (Tentaculata)* bezeichnen. Denn sehr oft befinden sich gerade an der Unterseite der schwimmenden Blätter wie auch an den Stengeln der Seerosen dicke, schleimige, schmutzigbraune Überzüge, die meist wesentlich dicker als die Blätter und Stengel selbst sind. Unser Auge ist freilich nicht fein genug, diese bräunlichen Gebilde als eine mehr oder weniger kopfstarke Kolonie von Moostierchen zu erkennen. Aber schon eine gute Lupe würde uns verraten, daß dieser braune Überzug lebt, daß sich in seinem Schleimfeld viele wunderschöne helle Tentakelkränze gleich blumigen Schirmen im rhythmischen Wechsel eröffnen und wieder schließen: Eine wunderschöne Lebensform.

Diese hellen filigranzarten Tentakelkränze sind das wesentlichste Merkmal all der kleinen Kranzfühler, die in die Klassen der *Hufeisenwürmer (Phoronidea)*, der *Moostierchen (Bryozoa)* und der *Armfüßer (Brachiopoda)* zerfallen und die Südwasser wie die Meere der ganzen Welt bewohnen. In ihnen lernen wir einen weiteren uralten

Tierstamm kennen, der sich in fast unveränderter Gestalt in Tausenden von Arten über 400 Millionen Jahre erhielt, uns in zahlreichen Funden aus dem Devon, dem Jura und der Kreidezeit überliefert wurde und dem Geologen als sogenannte Leitfossilien bei der Erforschung der geschichtlichen Erdrinde die wertvollsten Dienste erwies.

Wir wollen hier nur die artenreichste Klasse, die Moostierchen, kurz vorstellen.

Die Moostierchen

Die Moostierchen leben im Süßwasser wie in den Meeren und führen eine vorwiegend festsitzende Lebensweise. Das Einzeltierchen ist nur wenige Millimeter groß. Seine Mundöffnung umgibt ein Kranz bewimperter Tentakel. Der Rumpf gliedert sich in einen polypartigen weichhäutigen Vorderkörper und einen röhren- oder sackartigen bzw. kapselförmigen Hinterkörper, der von einem gallertartigen, chitinösen oder kalkigen und bestachelten Panzer umschlossen wird. Die Tentakelkrone und der weiche Vorderkörper können bei Gefahr in den Hinterkörper zurückgezogen werden.

Hunderte und Tausende dieser Moostierchen vereinigen sich zu einer Kolonie, die auf irgendeinem verfaulenden Aststück, auf allerlei Treibgut, auf Pfählen der Uferbauten sowie auf Stengeln und Blättern der Wasserpflanzen Fuß fassen. Diese Kolonien treten in der Gestalt unansehnlicher Rasen- oder Moospolster, zierlicher Netze und Krausen oder vielverzweigter Bäumchen und einfacher Flechtenkrusten auf. Die Einzeltiere sind meist durch Wandporen miteinander verbunden. Bei etlichen marinen Arten kommt es zu einer Arbeitsteilung unter den Stockmitgliedern. Sie vermehren sich durch Knospung.

Von den rund 3950 Arten der Moostierchen seien vorgestellt:

Seesterne bilden eine Klasse der Stachelhäuter. Sie haben auf der Unterseite der Mittelscheibe einen sackartigen Magen, der häufig durch den Mund gestülpt werden kann.

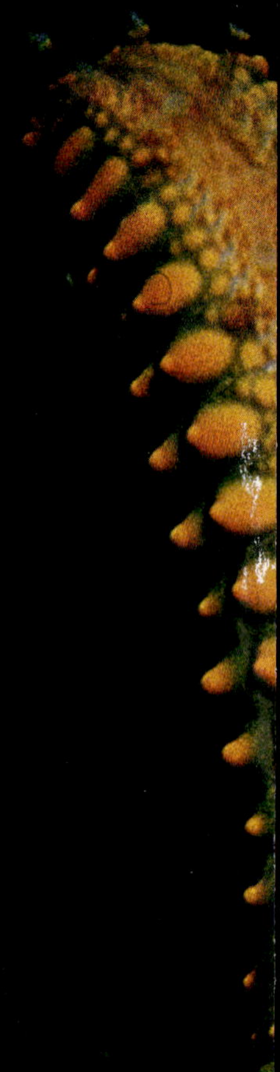

Die Ernährungsweise der Seesternformen ist sehr unterschiedlich und reicht vom Kannibalismus bis zum friedlichen Abweiden von Pflanzen. Einige strudeln mit dem Wimpernapparat Kleintierchen in die Armfurchen und leiten sie zum Magen weiter. Weidegänger stülpen ihre Mägen aus und verdauen mit der Magenschleimhaut. Die meisten leben räuberisch, schlucken Tiere und fressen Seesterne an.

Haarsterne (Bild mitte) sind Stachelhäuter, die während ihrer Jugend durch einen Stiel fest mit dem Untergrund verbunden sind. Erwachsene Tiere können mit Schlagbewegungen der Arme frei im Wasser schwimmen; daran sitzen Seitenzweige, die Plankton einfangen und in die Armfurchen leiten. Haarsterne sind getrenntgeschlechtliche Tiere. Bis zum Schlüpfen der Larven trägt der weibliche Haarstern die Eier auf den gefiederten Seitenzweigen seiner Arme.

Die Sonnensternfamilie unterscheidet sich von den meisten anderen Seesternen durch die Zahl von acht bis zehn Armen. Auch ist die Mittelscheibe etwas größer als üblich. Sie leben bis zwölfhundert Meter tief in Nord- und Ostsee, sowie im nördlichen Polargebiet. Sie ernähren sich von gewöhnlichen Seesternen, Moostierchen und Seewalzen (Bild rechts)

Seesterne ernähren sich hauptsächlich von Muscheln, Schnecken, Krebsen und Fischen. Sie umschlingen dabei ihre Opfer mit ihren Armen. Kleinere Beutetiere werden ganz verschluckt und die Schalen, Schuppen und Panzer wieder ausgeschieden. Bei Muscheln versucht der Seestern, die festgeschlossenen Schalen auseinander zu ziehen.

Federbuschpolyp (Plumatella repens): Bewohnt unsere Teiche, Flüsse und Seen, bildet stark verästelte, oft hirschgeweihartige Kolonien auf Pflanzenteilen aller Art, hat hufeisenförmig angeordneten Tentakelkranz und eine gedeckelte Mundöffnung, erzeugt bewimperte Larven sowie festsitzende und schwimmende Dauerkeime, aus denen im Frühjahr neue Kolonien erblühen, die im Herbst wieder verfallen.

Netzkoralle (Retepora cellulosa): Bewohnt das Mittelmeer und den Atlantik, bildet becherförmige, netzartig durchbrochene, mannigfach gekrauste und gefaltete Kolonien, die rötlich schimmern.

Die Stachelhäuter
(Echinodermata)

Die ausschließlich die Meere bewohnenden, ebenso seltsamen wie fremdartigen, in rund 6000 Arten auftretenden *Stachelhäuter (Echinodermata)* sind ein uralter Tierstamm, dessen Wurzeln bis weit in das Erdaltertum zurückreichen. Seine Äste umfassen die Klassen der *Haarsterne* oder *Seelilien (Crinoidea),* der *Seesterne (Asteroidea),* der *Schlangensterne (Ophiuroidea),* der *See-Igel (Echinoidea)* und der *Seewalzen (Holothuroidea),* die sich alle, so sehr ihre gestaltliche Verschiedenartigkeit auch ins Auge springt, durch drei markante körperliche Eigenheiten kennzeichnen. Das wesentlichste Merkmal ist der fünfstrahlige, äußerlich radiär symmetrische Bauplan, der uns am reinsten in der Gestalt der fünfstrahligen Seesterne entgegentritt. Mund und After liegen in der Regel an den entgegengesetzten Polen einer Körperachse, die den Mittelpunkt der Rückenseite mit dem der Bauchseite verbindet. Lediglich bei den Seeigeln und den Seewalzen tritt an die Stelle der strahligen Symmetrie eine zweiseitige, indem bei ihnen die Radien des Körpers nicht armartig ausstrahlen, sondern sich in ihrer ganzen Länge mit den Zwischenradien verbinden. Auf diese Weise entsteht ein walziger oder kugeliger Körper.

Das nächste Merkmal ist das aus regelmäßig angeordneten, untereinander beweglich verbundenen Kalkplatten bestehende Hautskelett, das von der dicken Lederhaut gebildet wird. Diese Platten können sich zu einem festen Panzer zusammenfügen oder zu Höckern und Stacheln erheben. Sie können aber auch, wie es bei den nackt erscheinenden Seewalzen der Fall ist, nur als zierliche Kalkkörperchen verstreut in der Lederhaut liegen. Bei den Seeigeln sind die Kalkstacheln durch am Grunde angreifende Muskeln sogar allseitig beweglich. Bei ihnen und den Seesternen treten auf der Haut ferner noch eigentümliche, zwei- bis vierteilige, zangenartige und gestielte Gebilde auf, die ihnen zum Fang der Beutetierchen, zum Reinigen der Stachelhaut und schließlich – indem sie mit Giftdrüsen in Verbindung stehen – zur Verteidigung dienen. Das dritte Merkmal ist das nur den Stachelhäutern eigene, im Dienst der Fortbewegung stehende Wassergefäßsystem, das sich als ein körpereigenes röhrenartiges Kanalsystem darstellt. Und zwar wird das Meerwasser durch eine siebartig durchbrochene Kalkplatte auf der Oberfläche der Haut aufgenommen, durch einen verkalkten Schlauch, den sogenannten Steinkanal, in den rund um den Schlund sich ziehenden Ringkanal geleitet und von hier aus in meist fünf radiär ausstrahlende Seitenkanälchen verteilt. Von diesen Radiärkanälchen zweigen wieder viele kleine Seitenäste ab, die zurück zur Haut führen und in je einem Saugfüßchen enden. Diese Saugfüßchen sind sehr dehnungsfähige Schläuche, haben am Grund eine Blase (Ampulle) und an der Spitze eine Saugscheibe. Durch Muskelzug kann die Blase willkürlich Wasser in die Saugfüßchen drücken, diese prall füllen und kräftig ausdehnen bzw. gleich Beinchen ausstrecken. Haben diese Beine dann ausgegriffen und sich wieder festgesaugt, so drücken sie das Wasser durch ihre eigene Muskulatur wieder in die Blase zurück, verkürzen sich dadurch und ziehen mit vereinten Kräften den Körper des Stachelhäuters nach, ähnlich wie es die Wurzelfüßer machen.

Die Haarsterne oder Seelilien

Die Haarsterne bewohnen alle Ozeane und dringen in Tiefen bis über 5000 m vor. Sie sitzen entweder als kelchförmige und oft langgestielte Geschöpfe während ihres ganzen Lebens fest auf dem Grund oder sind nur in der Jugend festgewachsen und schwimmen als erwachsene Tiere frei umher. Der Stiel der festsitzenden Arten ist aus vielen runden oder fünfeckigen Kalkstücken zusammengesetzt, wird von einem Kanal durchzogen und trägt zumeist wirtelförmig entspringende, in fünf Reihen angeordnete gegliederte Ranken (Cirren), die der Verankerung dienen. Auch die Kelchwandungen sind mit Kalkplatten gepanzert. Die Kelchdecke dagegen ist weichhäutig und nur zuweilen mit Kalkplättchen durchsetzt. In ihr liegt der Mund. Am Kelchrand entspringen die fünf gegliederten Arme. Die planktontische Nahrung wird durch Bewegungen der Arme dem Mund zugestrudelt.

Mittelmeer-Haarstern (Antedon mediterranea): Bewohnt vor allem die Mittelmeerküste Spaniens, Südfrankreichs und Italiens, dringt in Tiefen bis zu 5300 m vor; Färbung lebhaft hellgelb, orangefarben, blutrot oder schokoladenbraun; hat zehn feingliedrige, etwa 6–8 cm lange Arme, die einen zierlichen Kranz bilden, löst sich im Laufe seiner Entwicklung von seinem Stiel, führt schwimmend die Ar-

Die Haarsterne oder Seelilien bewohnen alle Ozeane und dringen bis in Tiefen über 5000 Metern vor. Die kelchförmigen, oft langgestielten Geschöpfe fressen nur Plankton, das durch Bewegungen der Arme dem Mund zugestrudelt wird. Die Haarsterne sitzen während ihres ganzen Lebens entweder fest auf dem Grund oder sind nur in der Jugend festgewachsen und schwimmen als erwachsene Tiere frei umher. Sie sind die einzigen Stieltiere, die sich bis heute zu erhalten vermochten.

Bild nächste Seite: Schwämme besiedeln vorwiegend Höhlen und Felswände, selten Schlammböden.

me in schönen Schwüngen auf und nieder, heftet sich aber dann meist recht bald mit Hilfe seiner Ranken an Algenstengel, Korallenbäumchen und Gesteinskanten, an denen er auch geschickt entlangklettert; wird im Nordatlantik bis zu den Azoren von dem ihm sehr ähnlichen *Antedon bifida* vertreten.

Wurzelhaarstern (Rhizocrinus lofotensis): Bewohnt den Atlantik bis in Tiefen von 5000 m, sitzt mit reich verzweigten Wurzeln fest verhaftet auf dem Grund, hat einen langen feinen Stiel, mißt insgesamt etwa 14 cm und besitzt fünf reich gegliederte, am Kelchrand entspringende Arme; wird in den japanischen Gewässern von der *Seelilie (Metacrinus rotundis)* vertreten, die einen mehrere Meter langen Stiel aufweist.

Die Seesterne

Bei den Seesternen strahlen von der zentralen flachen Körperscheibe breite und flache Arme aus. Die inneren Organe dehnen sich bis weit in diese Arme aus. Ein zerstückeltes Tier vermag deshalb von jedem abgetrennten Arm aus den ganzen übrigen Körper einschließlich der anderen Arme wiederaufzubauen und sich auf diese Weise ungeschlechtlich zu vermehren. Kein Wunder, daß dank dieser hohen Regenerationsfähigkeit vor allem bei den Seesternen die Selbstverstümmelung als eine vielgeübte Art der Abwehr und Flucht auftritt. Wenn auch die Fünfzahl der Arme die Regel ist, treten doch – entweder als Folge unvollkommener oder vermehrter Ergänzung oder als Artmerkmal – höhere Zahlen auf.

Im Zentrum der Unterseite – zumeist dem oberseitigen After genau gegenüber – sitzt der Mund, der keinen Kauapparat besitzt.

Die meisten Seesterne leben räuberisch und ernähren sich hauptsächlich von Muscheln, Schnecken, Krebsen und Fischen. Wollen sie zum Beispiel eine Muschel überwältigen, so stülpen sie ihren Körper mit der hochgewölbten Mundscheibe über das Opfer, erfassen mit den Armen dessen Ober- wie Unterseite, heften ihre unzähligen Saugfüßchen fest und versuchen die festgeschlossenen Schalen auseinanderzuziehen. Sehr lange währt dieser Ringkampf der

Muskeln. Schließlich aber muß die von der Luftzufuhr abgeschnittene Muschel doch nachgeben, wenn sie nicht ersticken will, und die Schalen ein wenig öffnen. In diesem Augenblick reißt der Seestern die Schalen weiter auseinander, stülpt seinen Magen über das freiliegende Muscheltier und übergießt es mit ätzenden Verdauungssäften. Er verdaut dann seine Beute buchstäblich außerhalb des Körpers und schlürft die zersetzte Nahrung auf. Kleinere Beutetiere werden im Ganzen verschluckt und die Schalen, Panzer und Schuppen wieder ausgeschieden.

Gemeiner Kammseestern (Astropecten mülleri): Bewohnt die Nordsee, wird bis zu 10 cm breit, ist fleischrot gefärbt und oberseits mit zierlichen Sternen geziert, hat fünf an den Rändern bestachelte Arme, besitzt weder einen After noch Haftscheiben an den spitzkegelförmigen Füßchen.

Fünfeckiger Seestern (Asterina gibbosa): Er bewohnt das Mittelmeer und den Atlantik, wirkt sehr kurzarmig, weil seine Arme durch elastische Verbreiterungen mit der Körperscheibe verbunden sind, ist ein zwittriges Geschöpf, das nacheinander erst Männchen und dann Weibchen ist; wird in der Tiefsee des Atlantik von dem 8 cm breiten *Porzellanstern (Porcellanastercoeruieus)* vertreten, der sich durch eine geschwollene Körperscheibe und fünf schmale Arme kennzeichnet.

Sonnenstern (Crossaster papposus): Er bewohnt die Nordsee und den Atlantik, wird bis zu 20 cm breit, ist braunrot gefärbt und gelb gefleckt, hat 11–14 kurze, zungenförmige, gelbgebänderte Arme, bevorzugt sandigen und steinigen Boden in großen Tiefen, ernährt sich von anderen Stachelhäutern.

Purpurstern (Echinaster sepositus): Bewohnt das westliche Mittelmeer und den mittleren Nordatlantik, ist brennend scharlachrot gefärbt, hat eine kleine Körperscheibe, fünf dicke, runde, lange, weichhäutige Arme und durchsichtige rötliche Füßchen.

Gemeiner Seestern (Asterias rubens): Bewohnt die deutschen Küsten, wird 15–30 cm breit, hat eine kleine Körperscheibe und 5–12 lange Arme, ist gelblich, rötlich, violett oder bläulich gefärbt, wird bei Ebbe in den Strandpfützen, an den Buhnen und in den Prielen allenthalben gefunden und vermag seinen ausgestülpten Magen bis in die letzten Windungen der Schneckengehäuse vorzuschieben.

Das Opfer wird von der Mundöffnung verdaut.

Die Seegurken gehören zur Ordnung der Seewalzen. Die Körperwand dieser Stachelhäuter ist elastisch und lederartig. In sie sind kalkige Skelettelemente eingelagert, die im Gegensatz zu denen anderer Stachelhäuter fast mikroskopisch klein sind. Die meisten Seewalzen können sich nur langsam, über den Untergrund kriechend, fortbewegen. Die Vorwärtsbewegung kommt, ähnlich wie bei den Regenwürmern, durch wiederholtes, abwechselndes Strecken und Zusammenziehen des gesamten Körpers zustande.

Die Schlangensterne

Die auch an den deutschen Küsten noch recht häufigen und besonders feingliedrigen Schlangensterne sind die flottesten Stachelhäuter. Sie bewegen sich nämlich viel weniger mit den Füßen als unmittelbar mit Hilfe der langen, zylindrischen, scharf von der Körperscheibe abgesetzten, einrollbaren und schlangenartig biegsamen, rundum gepanzerten Arme. Erstaunlich gewandt kriechen, klettern und schlüpfen sie über Felsen und Steine, durch die unterirdischen Wälder und zwischen den Korallenästen umher. Ihre aus planktontischen Pflanzen und Tieren bestehende Nahrung ergreifen sie mit den Mundfüßchen, größere Brocken mit den gelenkigen Armen. Etliche Seesterne haben Leuchtvermögen, andere besitzen Giftstacheln und einige betreiben Brutpflege. Sie halten sich oft auf Seeigeln auf.

Heller Schlangenstern (Ophiura albida): Bewohnt die Nord- und Ostsee, wird bis zu 5 cm groß, ist weißrötlich gefärbt, hat fünf sehr schlanke, blaßziegelrote, sehr scharf abgesetzte, sich an der Körperscheibe nicht berührende Arme mit kurzen dornigen Zähnen, gräbt sich gern in den Sand ein, aus dem dann nur die Armspitzen hervorschauen.

Zerbrechlicher Schlangenstern (Ophiothrix fragilis): Bewohnt die nordeuropäischen Meere, hat einen Scheibendurchmesser von 2,5 cm und fünf dünne, scharf abgesetzte, 15 cm lange, kammartig bestachelte Arme, mit denen er vorzüglich klettert, ist vorwiegend grünlichgrau gefärbt und rot betupft, versteckt sich zwischen dem Bodengestein, ernährt sich von Borstenwürmern, Weichtieren und Seeigeln, leuchtet als Jungtier.

Erwähnt seien auch noch die *Medusensterne (Phrynophiurida)*, bei denen sich die Arme oft schon am Ansatz gabeln, am Ende dann noch vielfach verzweigen und dem Mund zu einrollbar sind. Sie bewohnen vor allem das Mittelmeer und den Pazifischen Ozean.

Die Seeigel

In 20 meridianartig verlaufenden Reihen angeordnet umschließen feste Kalkplättchen den zumeist eiförmigen Körper der Seeigel rundum gleich einem allseitig geschlossenen Panzer. Zehn dieser Reihen weisen viele kleine Poren auf, durch die die langen Saugfüßchen treten können. Die mehr oder weniger langen Stacheln sitzen auf kleinen halbkugeligen Höckern, die sämtliche Reihen bedecken, sind kugelig eingelenkt und nach allen Seiten beweglich. Sie dienen nicht nur der Verteidigung, sondern sind – auf der unteren Mundseite – zugleich auch Gehwerkzeuge, auf denen viele dieser Tiere wie auf Stelzen dahinlaufen. Jedenfalls kommen sie dann schneller vom Fleck, als wenn sie sich ihrer Saugfüßchen bedienen. Diese treten vor allem als Kletterwerkzeuge in Aktion. Überall zwischen dem Stachelwald sitzen die bereits eingangs erwähnten dreiklappigen und bestielten Zängelchen, die als Klapp- und Putzzangen für die Reinigung der Haut, als Beißzangen für die Ergreifung kleiner Beutetierchen und als Giftzangen für denselben Zweck sowie für die Verteidigung eingesetzt werden. Der Mund ist mit fünf elfenbeinweißen meißelförmigen Zähnen bewehrt, die mit Hilfe eines komplizierten Muskel- und Spangenapparates, der sogenannten Laterne des Aristoteles, bewegt werden.

Viele Seeigel sind Räuber, die sich von Würmern, Weichtieren, Krebsen und Hohltieren ernähren. Andere weiden als Vegetarier die Algen ab.

Wie alle anderen Stachelhäuter sind auch die rund 860 Arten der Seeigel reine Meeresbewohner, die vor allem die Küsten- und Gezeitenzone bevorzugen und niemals in die süßen Gewässer eindringen.

Steinseeigel (Paracentrotus lividus): Bewohnt das Mittelmeer und den Atlantik, ist von kugeliger Gestalt, schwarzviolett bis grünlichbraun gefärbt, hat einen Durchmesser von gut 6 cm, eine glatte Skelettschale und glatte Höcker sowie 2 cm lange Stacheln, haust in den Löchern der felsigen Küsten, lebt von Aas und Algen, wird im Süden viel gegessen. Im gleichen Lebensraum leben neben ihm der ebenfalls kugelige *Kletterseeigel (Psammechinus microtuberculatus)* sowie der *Dunkelviolette Seeigel (Sphaerechinus granularis)*, der sich gern mit Muschelschalen und Tangstücken tarnt und kurze Nadeln mit weißen Spitzen hat.

Eßbarer Seeigel (Echinus esculentus): Bewohnt die nordeuropäischen Meere einschließlich der Nordsee, ist von kugeliger Gestalt, weißlich gefärbt, hübsch rot, blau oder violett überflogen, hat einen Durchmesser von 12–15 cm, kurze weißliche oder rötliche Stacheln mit violetten Spitzen, die sich nicht zur Fortbewegung eignen; läuft vielmehr mit Hilfe der über den Stachelwald hinausragenden Saugfüßchen, lebt von allerlei kleinem Getier, wird auch viel gegessen.

Strandseeigel (Psammechinus miliaris): Bewohnt fast alle europäischen Meere, ist kleiner und flacher als der Eßbare Seeigel, vorwiegend olivgrün gefärbt, bläulich oder violett getönt; hat lange Stacheln, bohrt sich wie der Seeigel in die Felsen ein, wird aber dennoch oft von der Ebbe überrascht und in den Wattenmeeren gefunden.

Schildigel (Clypeaster rosaceus): Bewohnt den Indischen Ozean, ist zweiseitig symmetrisch gebaut, erinnert an einen hochgebuckelten Schild, hat kurze, biegsame, borstenähnliche Stacheln, bewegt sich mit Hilfe

Die Seewalzen ernähren sich ausnahmelos von mikroskopisch kleinen Lebewesen, die sie entweder aus dem freien Wasser herausfangen oder zusammen mit dem Bodenmaterial in sich aufnehmen. Die Seewalzen sind in fast allen Meeren zu finden. Die größte Artendichte findet man aber im Indischen- und westlichen Stillen Ozean.

zahlreicher schwacher und kurzer Saugfüßchen.

Sanddollar (Echinarachnius parma): Bewohnt den Pazifik und die Ostküste von Nordamerika, hat eine flache scheibenförmige Gestalt von 8 cm Durchmesser und 1 cm Höhe, ist mit einem filzigen Überzug von dichtgedrängten kleinen Stacheln bedeckt, birgt sich meist im Sand, stellt eine wichtige Fischnahrung dar.

Herzigel (Echinocardium cordatum): Bewohnt die europäischen Küsten, vor allem auch die Nordsee, hat eine unterseits flache, oberseits herzförmig gewölbte Gestalt, die 4 cm breit, 5 cm lang und 2 cm hoch ist, trägt ein graugelbliches, borstenartiges, biegsames, dem Körper wie gekämmt anliegendes Stachelkleid, mit dem er sich durch rhythmische Bewegungen in den Sand wühlt und sich waagerechte Kanäle etwa 15–20 cm unter der Oberfläche gräbt; schaufelt Sand und Schlamm in sein Darmrohr und lebt von den darin enthaltenen organischen Stoffen, steht mit dem Meerwasser lediglich durch einen aus zusammengeklebten Sandkörnern bestehenden Kamin in Verbindung, den er immer wieder ausbessern und säubern muß. Er lebt bis in 230 m Tiefe.

Die Seewalzen oder Seegurken

Die wurst-, gurken- oder wurmförmigen Seewalzen haben eine waagerecht in die Länge gestreckte Körperachse. Die fünfstrahlige Organisation ist bei ihnen nur noch im inneren Bau zu erkennen, vor allem in der Anlage des Nervensystems. Das Hautskelett ist nicht vorhanden. Die Tiere erscheinen nackt und weisen in ihrer dicken Lederhaut lediglich zahlreiche verstreute zierliche Kalkkörperchen auf, die oft an gegitterte Rädchen und Anker erinnern.

Die Kloake ist oft mit Schläuchen ausgestattet, die ein klebriges Sekret absondern und von den geängstigten Seewalzen ausgestoßen werden. Diese Schläuche verkleben vor allem räuberischen Seevögeln die Schnäbel so

Die Echte Seegurke oder Kletterholothurie bewohnt das Mittelmeer. Sie wird 8–10 cm lang. Ihre Haut ist glatt und hellbräunlich oder purpurn getönt. Sie ernährt sich von Plankton.

sehr, daß sie von der überfallenen Seegurke ablassen. Hilft diese Abwehr nicht, so stößt das bedrohte Tier noch sämtliche Eingeweide aus. Bei der hohen Fähigkeit, verlorengegangene Körperteile und Organe wieder rasch zu ersetzen, bedeutet diese krasse Art von Selbstverstümmelung keine Gefahr für die Seewalzen.

Sie selbst sind Schlamm- und Sandschaufler oder Planktonfresser und bevorzugen die flachen Küstengewässer. Einzelne Arten dringen aber auch bis in die Tiefsee vor. Die Fortpflanzung vollzieht sich meist auf getrenntgeschlechtlichem Wege, doch gibt es auch etliche zwittrige Arten, gibt lebendgebärende und sich ungeschlechtlich querteilende Formen.

Von den in sieben Unterordnungen gegliederten rund 1100 Arten seien hier genannt:

Röhrenholothurie (Holothuria tubulosa): Bewohnt die schlammigen Hafenbuchten im Mittelmeer; Länge 35 cm; Haut bewarzt und dunkelbraun; ist ein Schlammschaufler, hat 20 kurze, reich verästelte Fühler, wird oft von der Ebbe überrascht, wehrt sich zuerst durch Abgabe eines Wasserstrahles und danach auf die oben beschriebene Weise.

Königsholothurie (Stichopus regalis): Bewohnt die felsigen Küsten des Mittelmeeres, erreicht nicht ganz die Größe der Röhrenholothurie, hat eine abgeflachte Bauchseite, beherbergt in ihrer Wasserlunge den kleinen Nadelfisch.

Echte Seegurke oder auch *Kletterholothurie (Cucumaria planci):* Bewohnt das Mittelmeer; Länge 8–10 cm; Haut glatt, hellbräunlich, purpurn getönt; hat zehn reich verästelte, bäumchenartige Mundfühler, erklettert gern hervorragende Punkte des Meeresgrundes, verankert sich dort mit Hilfe der Saugfüßchen, streckt den Oberkörper frei aus und läßt ihre Tentakel spielen, lebt von planktontischen Kleintieren.

Wird in Nord- und Ostsee von der *Gestreckten Seegurke (C. elongata)* vertreten, die in den Schlammboden eingegraben lebt und bis zu 15 cm lang wird.

Wurmholothurie (Leptosynapta inhaerens): Bewohnt die Nordsee sowie die westeuropäischen und nordamerikanischen Küsten des Atlantik; Länge 10–30 cm; ist von wurmartiger Gestalt, 0,5–0,9 cm dick, weiß oder gelblich gefärbt, oft rötlich getönt und bis auf die fünf Längsmuskelbänder der ungemein zarten Haut durchscheinend; hat keine Saugfüßchen, gräbt sich gern in den Sand ein und läßt ihre zwölf einfach gefiederten Fühler spielen, trägt in der Haut feine Kalkkörperchen mit spitzen ankerförmigen Widerhäkchen, vermag sich bei Gefahr in der Mitte des Körpers durchzuschnüren und die verlorengegangene Körperhälfte wieder zu ersetzen.

DIE INSEKTEN

(Insecta)

Insekten zeigen eine gleichmäßige, dreiteilige Gliederung des Körpers; Kopf, Brust und der Hinterleib. Man spricht auch von Segmenten. Netzaugen, Punktaugen und die zu Fühlern und Greifern umgebildeten Beine sitzen am Kopf. Von jedem der drei Brustabschnitte führt ein Beinpaar. Auch die Flügel wachsen an der Brust. Der Hinterleib dagegen zeigt nie Gliedmaßen.
Der Gestaltenreichtum und die Anpassungsfähigkeit der Insekten ist geradezu phantastisch. Es gibt schätzungsweise anderthalb Millionen Arten, die alle Festlandsbereiche erobert haben.

Das Heer der Insekten ist fast unübersehbar. Halbwegs bekannt sind uns von diesen kleinen, hartgepanzerten, tiefgekerbten und sechsbeinigen Geschöpfen bis heute rund 750000 Arten. Die tatsächliche Zahl aber wird auf mindestens anderthalb Millionen Arten geschätzt. Geradezu phantastisch ist schon allein der Gestaltenreichtum. Er spannt sich vom huschenden Silberfisch in den feuchten Winkeln unserer Behausungen bis zum flatternden Schmetterling in Feld und Wald, von der Maulwurfsgrille in der Erde bis zum Wasserkäfer in Bach und Teich, vom nagenden Borkenkäfer in Rinde, Bast und Stamm bis zur räuberisch umherschweifenden Libelle, von der festsitzenden Schildlaus bis zur rastlos tätigen Ameise, vom springenden Floh bis zur trägen Blattwanze, von der winzigen Tierlaus in den Haarpelzen bis zum stattlichen Hirschkäfer im Eichenhain, von der kurzlebigen Eintagsfliege bis zur bejahrten Bienenkönigin, von der plumpen und blinden Termite bis zur elfenzarten Florfliege, von der langbeinigen Kohlschnake im Gräserwald bis zum seltsamen Ohrwurm in Krautkopf und Blütenkelch, von der urtümlichen Küchenschabe in Haus und Hof bis zur blutsaugenden Mücke und Fliege. Und schon diese Aufzählung läßt erkennen, daß sich die Insekten jegliche Lebensnische der Festländer zu erobern vermochten und unendlich vielseitig in den großen Ring des Lebens verwoben sind.

Insekten wirken als Bestäuber der Blütenpflanzen, als Verbreiter vieler Pflanzensamen, als Schutztruppe für zahlreiche besonders bedrohte Pflanzen, als Aufräumer, Mistfahrer, Straßenkehrer und Totengräber der Natur, als Beschleuniger des Zerfalls und Abbauspezialisten. Sie dienen unzähligen Geschöpfen als Nahrung und erheben ihren Zoll wiederum von sämtlichen Tieren und Pflanzen, sind ein Teilglied im Naturkreislauf.

Die Hautflügler *(Hymenoptera)*

An feine, dünne, wasserhelle und durchsichtige Häute erinnern die nur wenig geaderten Flügel der *Hautflügler (Hymenoptera),* zu denen die Ameisen, Bienen und Wespen zählen. Übereinstimmend ist bei ihnen das hintere Flügelpaar viel kleiner als das vordere, mit dem es während des Fluges durch zahlreiche Randhäkchen zu einer geschlossenen Tragfläche verbunden wird. In der Ruhe liegen die Flügel waagerecht auf dem Hinterleib, der darum leicht verschleiert erscheint, oder hängen ein wenig an den Seiten herab. Der Hinterleib ist zumeist gestielt von der Brust abgesetzt, so daß die bekannte „Wespentaille" entsteht. Er ist dadurch ungemein beweglich. Auch der Kopf, der dem Brustabschnitt wie mit einem Zapfen angefügt ist, kann sehr frei bewegt werden. Die Fühler sind vorwiegend fadenförmig, die Mundwerkzeuge hauptsächlich beißend und leckend.

Die Ameisen

Erst in den letzten Jahrzehnten wurde so richtig erkannt, welche hohe Bedeutung die meisten der

weltweit verbreiteten und durchweg staatenbildenden *Ameisen (Formicidae)* vor allem als Durchlüfter und Zerkrümler der Erde sowie als Vernichter zahlloser Wald- und Feldschädlinge haben. Denn in der überwiegenden Mehrzahl sind gerade diese Hautflügler weitgehend an den Boden gebunden, sind flinke Läufer und gewandte Kletterer, bauen ihre weitläufigen und umfangreichen Burgen in die Erde und durchstöbern diese in großem Umkreis. Zu diesem von ihnen beherrschten Umkreis gehören sämtliche Pflanzen von der kleinen Wiesenblume bis zum großen Waldbaum. Und ganz besonders mit der Pflanzenwelt verbinden sie zahlreiche innige Beziehungen.

So versehen die meisten unserer zeitig blühenden Waldblumen ihre Samenkörner mit einem fleischigen Anhängsel, damit sie von den Ameisen gesammelt und auf diese Weise weit durch den Wald getragen werden. Andere Pflanzen, wie z.B. die Wiesenflockenblumen, die Wicken, die Steinfruchtbäume, der Holunder und die Espe, spendieren den Ameisen süßen Nektar, der aus ihren Knospenhüllblättern oder ersten Triebblättern quillt. In ganzen Heerzügen werden diese Pflanzen erklettert und gegen jeden Liebhaber von frischem Blattsalat erbittert verteidigt. Die Ameisen spielen hier die Rolle einer bezahlten Schutztruppe. In den riesigen amerikanischen Baumwollplantagen und auch chinesischen Orangerien setzt man zum gleichen Zweck angekaufte Ameisenvölker aus, die sich in kurzer Zeit ausschließlich auf die Nektarspenden dieser Pflanzen einstellen und alle ihre Schädlinge vertilgen. „Ameisenbrote bakken" auch zahlreiche tropische Pflanzen, wie vor allem die Ameisenakazien sowie die Imbauba-Bäume, und bieten ihnen darüber hinaus noch Wohnungen

Die Große Rote Waldameise verteidigt sich wie alle Formica-Arten durch das Verspritzen von Säure. Die Arbeiterinnen dieser Ameisenart können bis zu zehn Jahre alt werden.

in besonders fleischigen Dornen, Knollen und gekammerten Ästen. Die Ameisen wurden durch diese verlockenden Angebote tatsächlich dazu veranlaßt, ihre Nester in den Bäumen anzulegen.

In den Tropen der Alten Welt gehören zu den Baumbewohnern hauptsächlich die *Weber-* und die *Smaragdameisen (Oecophylla),* die ihre Larven als Seidenfäden liefernde Webschiffchen benutzen, wenn sie ihre Blattnester bauen. Die Arbeiterinnen ergreifen die Larven, die kurz vor der Verpuppung stehen, drücken sie fest gegen die Ränder der zusammengehaltenen Blätter und verkleben diese mit dem austretenden Seidensekret. In ähnlicher Weise gebrauchen auch javanische und südamerikanische Baumameisen ihre Larven als Werkzeuge und Seidelieferanten.

Den Schutz vieler Pflanzen übernehmen die Ameisen auch deshalb, weil sich auf ihnen ihr Nutzvieh, nämlich die Blatt-, Rinden-, Wurzel- und Schildläuse befinden. Fast alle Ameisen sind nämlich leidenschaftliche Zuckerfresser. Und sie begnügen sich nicht mit dem Honigtau, den die Pflanzenläuse verspritzen, sondern haben es gelernt, diese Saftsauger regelrecht zu melken. Das heißt, sie liebkosen sie mit ihren Fühlern, bis sie angeregt ein Tröpfchen des begehrten Honigtaus absondern. Auf diese Weise werden die Pflanzenläuse zu lebhafterem Saugen und gesteigertem Stoffwechsel gereizt. Die Ameisen aber sind sehr daran interessiert, daß den Zuckerspendern kein Leid geschieht, und vertreiben alle anderen Insekten von den Pflanzen, auf denen sie sitzen. Sie bauen ihnen sogar Ställe und kümmern sich um ihre Brut.

Der Schaden, den die Pflanzen durch die Läuse erleiden, ist meist verschwindend gering im Verhältnis zum Vorteil, den sie durch den Schutz der um ihre Milchkühe besorgten Ameisen genießen. Welche große Rolle die Zuckerschleckerei bei der Ernährung der meisten Ameisen spielt, erhellt auch aus der einzigartigen Vorratswirtschaft der *Honigameisen* aus dem nördlichen Mexiko und den südlichen USA sowie aus Afrika, Australien und Neuguinea. Bei ihnen dienen Dutzende und Hunderte von Arbeiterinnen als lebendige Honigtöpfe. Das heißt, sie saugen ihren Kropf so voll des süßen Saftes, daß er fast den ganzen Hinterleib anfüllt und die einzelnen Körperringe weit auseinanderklaffen. In diesem Zustande hängen sie sich an die Decke der unterirdischen Kammern und werden erst in der nahrungsarmen Dürrezeit angezapft. Über hundert Nestgenossen können sich dann vierzehn Tage lang vom Inhalt eines solchen Honigtopfes ernähren.

Die bekanntesten Honigameisen sind: *Myrmecocystus mexicanus* und *Camponotus inflatus.*

Wichtige Schädlingsvertilger sind auch die afrikanischen und die indischen *Treiberameisen (Dorylini)* sowie die südamerikanischen *Heeres- oder Wanderameisen (Ecitonini),* die als räuberisch lebende Jagdameisen volkweise umherschweifen. Ihrem ruhelosen Dasein angepaßt, legen die riesigen Königinnen ihre Eier nur in den regelmäßig eingehaltenen Ruhepausen, in denen sich die Heere gleich Schwarmbienen an einem geschützten Ort traubenartig zusammenballen. Sind die Larven geschlüpft, wird die Wanderschaft fortgesetzt. Unterwegs überfallen diese Ameisen jedes Lebewesen, das sie antreffen. Vor allem verzehren sie natürlich die Eier, Puppen und Larven der Insekten, die Spinnentiere und Tausendfüßler, das Gewürm und alle Weichtiere. Sie dringen in die Erde und erklettern die Bäume. Wo sie durchziehen, werden die Siedlungen und Plantagen wie von Kammerjägern von jeglichem Kleingetier einschließlich Skorpionen, Schlangen, Mäusen und Ratten gesäubert. In ihrem Angriffsgeist schrecken sie allerdings auch nicht vor großen Haustieren und dem Menschen zurück. Oft besteht solch ein wanderndes Heer aus mehr als hunderttausend Arbeiterinnen.

Nicht weniger verheerend hausen die zentral- und südamerikanischen *Blattschneiderameisen (Attini)* in der Pflanzenwelt. Ebenfalls in riesigen Heerzügen rücken diese Ameisen aus, um aus den frischen Blättern junger Pflanzen etwa 2 cm große Stückchen herauszusäbeln und in ihre unterirdischen Burgen zu schleppen. Sie benützen diese eingetragenen und dann zerkleinerten Blattstückchen zur Anlage von Nährböden für einige Pilzarten, die sie systematisch züchten. Indem sie die Pilzfäden ständig beschneiden, verhindern sie die Bildung von Fruchtkörperchen. An den Schnittstellen entwickeln sich statt dieser kleine kugelige Eiweißkörperchen, die sogenannten „Kohlrabis“, von denen diese Ameisen fast ausschließlich leben.

Erwähnt sei hier auch noch die mittelmeerische *Ernteameise (Messor barbatus),* die von Samen- und Getreidekörnern lebt und diese in beträchtlichen Mengen einträgt. Aus dem großen Vorrat werden zuerst die Körner verzehrt, die zu keimen beginnen. Nimmt der Keimvorgang einen so großen Umfang an, daß er den Nahrungsbedarf übertrifft, so werden die überflüssigen Samenkörner aus der Burg getragen und in der Nähe abgelegt. Auf diese Weise entstehen rund um die Nester kleine Getreidegärten. Ältere Beobachter nahmen deshalb an, daß diese Ameise regelrecht Ackerbau betreibe. In Wirklichkeit entstehen diese Anpflanzungen aber ganz zufällig, was jedoch nicht ausschließt, daß sie dieser Ameise genauso dienlich wie angelegte Felder werden.

Unsere einheimischen Waldameisen

In ebenso großen Staatsgemeinschaften wie die Treiber-, Wander- und Blattschneiderameisen leben auch unsere Roten Waldameisen. Bis zu zwei Meter tief dringen die umfangreichen Burgen ins Erdreich, das vom emsigen Volk um und um gewendet, durch Gänge, Luftschächte und Kammern zerklüftet wird. Der obere Teil, der aufgetürmte Nadelhaufen, ist praktisch nichts anderes als ein Sommerdach, ein gedeckter Dachgarten. Er wird geschaffen, um der Sonne eine möglichst große Fläche darzubieten, viel Wärme aufzufangen und in die Tiefe zu leiten. Er ist zugleich der riesige Ventilator, der eine ausreichende Lüftung der unzähligen unterirdischen Räume ermöglicht. Und er ist ein großes Dach, das die ganze Anlage vor den Wettergewalten bewahrt. In den Kammern des Nadelhaufens werden die Eier, Larven und Puppen sonnenbestrahlt. Und ununterbrochen ist ein Strom von Tieren unterwegs, um die Brut dort hin-

Die Große Rote Waldameise lebt in großen Staatsgemeinschaften, die bis zu 500 000 Tiere umfassen können. Im Mittelpunkt des Ameisenstaates steht die eierlegende Königin, die gleich nach dem Hochzeitsflug die Flügel abstößt und von nun an ein unterirdisches Leben führt. Sie kann bis zu zwanzig Jahre alt werden.

auf- und hinunterzuschleppen. bis zu anderthalb Meter hohe

Große Rote Waldameise (Formica rufa rufa): Bewohnt die mitteleuropäischen Laub- und Mischwälder, bevorzugt in Nadelwäldern feuchte und schattige Standorte; Länge 8–9 mm; Färbung auf dem Rücken weinrot, mitunter mit einem schwarzbraunen Fleck auf dem Vorderrükken, der stärker bei den kleineren, nur 6–7 mm messenden Arbeiterinnen auftritt; steht unter Naturschutz.

Der Staat der Großen Roten Waldameise umfaßt 50000 bis 500000 Einzeltiere. Nest wird meist um einen Baumstumpf als Mittelpunkt errichtet. Die schlüpfenden Larven füttert und die Puppen pflegt. Sie selbst ernährt sich in dieser schweren Zeit von ihren eigenen Eiern. Die ersten Arbeiterinnen sind besonders klein, gleichsam unterernährt, aber durchaus arbeitstüchtig. Sie übernehmen sofort die Aufgaben der Brutpflege sowie die Ernährung der Königin. Normal entwickelte Arbeiterinnen können das für Insekten ungewöhnlich hohe Alter von 6–10 Jahren erreichen. Die geflügelten Männchen dagegen sterben unmittelbar nach der Schwarmzeit und der Begattung der jungfräulichen Königinnen, mit denen sie sich hoch in die Lüfte erheben. Die Anlage von Zweigne-

und steile Kuppel des Nadelhaufens besteht im Innern aus dürren Ästchen. In der untersten Erdkammer sitzt die unermüdlich eierlegende, einzige Königin, die gleich nach dem Hochzeitsflug die Flügel abstößt und ein unterirdisches Leben führt, das oft bis zu 20 Jahren währt. Sie beginnt die Staatsgründung, ganz auf sich allein gestellt, damit, daß sie eine günstige kleine Erdhöhle, meist zwischen den Wurzeln eines Baumstumpfes, etwas erweitert und in der ersten Brutkammer einige Dutzend Eier legt, die aus- stern und Straßen wird kaum gepflegt. Wie alle Formica-Arten verteidigen sich auch die Roten Waldameisen durch die Abgabe von Säuresalven.

Blutrote Raubameise (Formica sanguinea): Sie bewohnt unsere sonnigen und trockenen Waldungen; Länge 6–9 mm; Färbung rot am Rücken und Stiel, schwarz am Hinterleib, braunschwarz am Kopf, kennzeichnet sich durch dreieckigen Ausschnitt am Vorderrand des Kopfschildes; errichtet selten aufgewölbte Kuppeln, trägt selten Vegetabilien zusammen, baut gern unter besonnten Steinen oder um Baumstümpfe herum, lebt räuberisch, hält sich viele Sklaven, vor allem aus den Völkern der *Schwarzgrauen Sklavenameise (Formica fusca fusca),* überfällt deren Nester und raubt die Puppen, feuert keine Säuresalven aus der eingebogenen Hinterleibsspitze, sondern verbeißt sich und träufelt ihr Gift in die Wunde.

Glänzendschwarze Holzameise (Lasius fuliginosus): Bewohnt alle unsere Waldungen; Länge 4–5 mm; Färbung durchweg glänzendschwarz; baut in hohle Bäume und alte Stümpfe, fertigt Kartonnester aus zerkauten Holzfasern, läßt sich von einem Pilzmyzel die Nestwände versteifen, legt schmale Straßen zu den Büschen und Bäumen mit den Kolonien der Blatt- und Rindenläuse an, gebärdet sich sehr kriegerisch, riecht nach Holzessig, wenn sie zerdrückt wird, gründet auch Zweignester.

Schwarzgraue Wegameise (Lasius niger): Bewohnt unsere Wälder, Wiesen, Felder und Gärten, bevorzugt feuchte Wald- und Wiesenränder; Länge 3 bis 4 mm; Färbung an Kopf und Hinterleib ist schwarzgrau bis schwarz, an der Brust bräunlich; baut in morschen Baumstümpfen, unter abgestorbener Rinde, an lichten trocknen Plätzen gern unter Steinen, überdeckt ihre Nester mit bis zu 30 cm hohen Erdkuppeln, legt gedeckte unterirdische Gänge bis zu den Blattlauspflanzen an, von deren Säften sie vorwiegend lebt, in Heidegebieten und Nadelwäldern von der etwas kleineren und helleren *L. n. alienus* vertreten.

Rotrückige Hausameise (Lasius brunneus): Bewohnt in unseren Waldungen ganz oder teilweise abgestorbene Bäume sowie Erdbauten, dringt auch in Gebäude ein und nistet in Hausbalken und Dielen. Sie ist 2,5–4 mm lang.

Unsere Wiesenameisen

Besonders wertvolle Dienste als Durchlüfter, Zerkrümler und Humusbildner des Erdreichs, das sie gleich den Regenwürmern tatsächlich tonnenweise bewegen und mit Feuchtigkeit anreichern, leisten die vielen Arten der Wiesen-, Rasen-, Moor- und Sandameisen. Auch sie bilden langlebige und volkreiche Staaten, betreiben eine hochentwickelte Brutpflege, betätigen sich als Blatt- und Wurzellauszüchter, als Insektenvertilger und Aasfresser. Ihre Nester legen sie vorwiegend unterirdisch an. Einzelne Arten türmen hohe Erdkuppeln darüber.

Gelbe Wiesenameise (Lasius flavus): Sie bewohnt unsere feuchten Wiesen; Länge 2–4 mm; Färbung dunkelgelb bis hellbraun; überwölbt die unterirdischen Nester mit Erdkuppeln, die oft höher und größer sind als ein starker Maulwurfshügel, lebt vorwiegend unterirdisch und fast ausschließlich von den Säften der Wurzelläuse, denen sie Ställe und gedeckte Gänge bis zu den Pflanzenwurzeln gräbt und auch die Brutpflege abnimmt.

Rasenameise (Tetramorium caespitum): Bewohnt unsere Wälder, Felder, Wiesen, Ödländer und Gärten; Länge der Arbeiterinnen 2,3–3,5 mm, der Männchen 7 mm, der Weibchen 6–8 mm; Färbung schwarz oder bräunlichschwarz und grauschwarz; baut die unterirdischen Nester gern an Waldrändern und auf Ödländern unter Steinen, an feuchten Plätzen in den begrasten Boden, wo sie dann mit Erdkuppeln versehen werden.

Rote Knotenameise (Myrmica rubra): Sie bewohnt meistens die gleichen Lebensräume wie die Rasenameise; Länge 4,5–5,5 mm; Färbung rötlich, bald hell, bald dunkel getönt; baut ihre unterirdischen Nester gern unter besonnte Steine, ist

Hummeln bewohnen vor allem die gemäßigten und nördlichen Gegenden. Im Süden bevorzugen sie die Berglagen. Ihr Nest befindet sich meist in Erdhöhlen, die sie mit Moos und anderen Stoffen auspolstern. Oft dichten sie das Dach mit Wachs ab. Einige Hummelarten wie z.B. die Mooshummel und die Ackerhummel nisten aber auch oberirdisch. Die Hummeln bilden kleine, primitive Staaten, die im Gegensatz zu jenen der Bienen und Ameisen nur ein Jahr lang bestehen.

sehr angriffslustig, verfügt über einen Giftstachel, dessen Wirkung an den Stich einer Biene herankommt; wird in sandigen Heidegebieten von der *Großen Knotenameise (M. rubida)* vertreten, die 5–9 mm mißt und noch empfindlicher sticht. Sie ist angriffslustig.

Die Rote Knotenameise steht in einem eigenartigen Verhältnis zu den Raupen des *Bläulings (Lycaena arion)*. Wenn sie ihnen begegnet, betrillert sie deren Hinterleib so lange, bis aus einer spaltförmigen Öffnung des letzten Hinterleibsringes ein Tropfen süßen Drüsensaftes austritt. Und geradeso, als ob sie nun auf den Geschmack gekommen wäre, packt sie die Raupe und schleppt sie in die Burg. Dort lebt die Raupe als wandelnde Likör- und Parfümflasche und darf sich ungestraft an der Ameisenbrut mästen.

Die Bienen

Staaten bilden unter ihnen nur die Hummeln und die Honigbienen. Die Mitglieder der anderen Familien sind einzeln lebende Tiere, bei denen die Last der Brutfürsorge auf den Schultern der weiblichen Tiere liegt. Ihre Brutnester legen sie in der Erde, in hohlen Pflanzenstengeln oder kunstvollen Mörtelbauten an. Sie sind geschickte Erdarbeiter und Maurer, Tapezierer und Filzer. Alle aber tragen gleich den Honigbienen Nektar und Blütenstaub ein, füllen damit die vorher angefertigten Brutzellen, bestiften sie mit ihren Eiern und überlassen die Larven ihrem Schicksal. Für das Eintragen von Nektar und Blütenstaub verfügen sie über Sammeleinrichtungen in der Gestalt saugender, röhrenartiger Mundteile und besonderer Haarbürsten. Ihre Beziehungen zu den Blütenpflanzen gestalten sich wesentlich inniger als bei allen anderen Insektengruppen. Denn im gleichen Maße, wie die Bienen in ihrem Lebensrhythmus, ihrer Ernährung und ihrem Körperbau auf die Blütenpflanzen eingestellt sind, haben sich auch diese weitgehend auf ihre stetigen und treuesten Bestäuber ausgerichtet und zweifellos erst durch sie ihren großen Aufschwung genommen.

Es gibt rund 1000 Arten.

Die Bauchsammlerbienen

In dieser vielgestaltigen Bienenfamilie ist es Brauch, daß die Weibchen den Pollen nicht mit den Beinbürsten, sondern mit einer langen Haarbürste an der Unterseite des Hinterleibes von den Staubgefäßen kehren. Die kurze kräftige Haarbürste an den Hinterfersen wird nur dazu benutzt, den eingetragenen Blütenstaub im Nest von den Bauchhaaren wieder abzustreifen. Außerdem kennzeichnen sich die Bauchsammler durch hochentwickelte Mundteile, die sie befähigen, den Nektar aus den kompliziertesten Blüten zu saugen.

Mörtelbiene (Chalicodoma muraria): Bewohnt Süd- und Mitteleuropa; Länge 16–20 mm; Färbung des Weibchens samtschwarz, mit rostroter Bauchsammelbürste und schwarzen, violett schimmernden Flügeln, des Männchens fuchsrot, mit durchsichtigen, bräunlichen Flügeln; klebt ihre Brutnester in Gestalt kleiner, aus Sand und Mörtel gefertigter Fingerhüte an steinige Wände, füllt sie mit Honig und tarnt sie nach der Eiablage mit einem Mörtelanwurf, so daß das ganze Gebilde einem angespritzten Dreckklümpchen gleicht; fliegt vom Mai bis Ende Juli.

Mohnbiene (Osmia papaveris): Bewohnt Mitteleuropa; Länge 10–11 mm; Färbung schwarz, gelbgrau behaart, mit eiförmigem Hinterleib; gräbt ihre flaschenförmigen, 3–4 mm tiefen Brutzellen im sandigen Erdreich, tapeziert sie ausschließlich mit den herausgesäbelten Stückchen von den roten Blütenblättern des Klatschmohns, füllt sie mit dem Nektar und Pollen der Kornblume, legt ihr Ei darauf, bedeckt alles mit Mohnblättern und scharrt sorgsam Sand über die unterirdische Kinderstube.

Rote Mauerbiene (Osmia rufa): Bewohnt Mitteleuropa; Länge 12 mm; Färbung an Kopf und Brust blauschwarz, am Hinterleib bronzefarben; baut ihre zahlreichen Brutzellen in hohle Stengel, unterteilt sie durch fein ausgezogene Lehmwände, denen Pflanzenteile beigemischt sind, nimmt auch mit jedem anderen Hohlraum vorlieb, fliegt im zeitigen Frühjahr.

Zweifarbige Mauerbiene (Osmia bicolor): Unterscheidet sich von der Roten Mauerbiene dadurch, daß sie am Kopf und Mittelleib schwarz, am Hinterleib rot behaart ist; baut ihre Brutzellen gern in leere Schneckenhäuser, über die sie dann zur Tarnung etwa 20–30 lange Kiefernnadeln zeltförmig aufstellt, die sich oben kreuzenden Spitzen mit ihrem Speichel zusammenklebt und das ganze Gebilde mit Moos und Halmen verkleidet, meistens fliegt sie schon im März aus.

Gemeine Blattschneiderbiene (Megachile centuncularis): Bewohnt Europa; Länge 10 bis 12 mm; Färbung schwarz, sparsam gelbbraun behaart, mit weißen Hinterleibsbinden und rotbrauner Sammelbürste am Bauch; baut ihre Brutzellen gern in hohle Pflanzenstengel oder Käferbohrlöcher, tapeziert und

Hummeln sind wie die Pelzbienen dicht behaart. Sie verfügen über lange Rüssel, große Pollenkörbchen an den Hinterbeinen und Wachsdrüsen an der Bauch- und Rückenseite des Hinterleibs. Mit ihren Rüsseln dringen sie in die tiefsten Blüten. Manche Pflanzen, zum Beispiel der Rotklee, sind für ihre Vermehrung fast ausschließlich auf Hummeln angewiesen.

deckelt sie mit Rosenblattstückchen, die sie meistens an warmen Sommertagen herausschneidet und zusammenträgt.

In jede dieser Brutzellen legt sie ein Ei.

Die Holzbienen

In den hummelähnlichen, großköpfigen und starkkiefrigen *Holzbienen (Xylocopinae)* lernen wir die stattlichsten Bienen kennen. Die meisten Arten leben in den Tropen. Am liebsten legen sie ihre Brutzellen in morschen Stämmen und Pfählen an, nagen hier eine kurze waagerechte, danach eine bis zu 30 cm tief eindringende, senkrechte Röhre, die an ihrem Ende wiederum rechtwinklig abbiegt und bis zur Oberfläche zurückkehrt. Das untere Knie wird mit Sägespänchen zugestopft und der senkrechte Schacht mit Brutzellen angefüllt. Die Zwischenwände bzw. Dekkel und Böden der übereinander liegenden Zellen bestehen aus eingespeicheltem Sägemehl. Die nach der Verwandlung auf dem Kopf stehenden jungen Holzbienen verlassen den Stamm durch das untere Knie des Brutschachtes.

Blaue Holzbiene (Xylocopa violacea): Bewohnt Süd- und Mitteleuropa; Länge 20–28 mm; Färbung glänzend blauschwarz, mit violetten Flügeln; fliegt im April, paart sich im Mai, läßt einen weithin vernehmbaren tiefen Flugton hören, überwintert in beiden Geschlechtern.

Die Pelzbienen

Die besonders langrüßligen *Pelzbienen (Anthophora)* erinnern an dicke, pelzartig behaarte Hummeln. Ihre Brutzellen bauen sie in die Erde sowie in Lehmmauern, Mauerspalten und Baumlöcher. Bei vielen Arten spaltet sich die Hauptröhre in mehrerer Äste, die in schleimgeglätteten Zellen enden.

Wandpelzbiene (Anthophora parietina): Bewohnt Süd- und Mitteleuropa; Ihre Länge beträgt 15 mm; Färbung an Brust und vorderem Hinterleib gelbbraun, durchweg schwarz behaart; nistet in alten Lehmwänden, schützt den Eingang zur röhrenartig verzweigten Bruthöhle zuletzt durch ein wasserhahnähnliches Röhrchen aus Lehm; überwintert als Larve; hat eine nahe Verwandte in der *Hornbiene (Eucera longicornis),* die von Ende Mai an fliegt, als Männchen riesig verlängerte Fühler besitzt und an Kopf und Leib fuchsrot behaart ist, während das Weibchen schneeweiße Binden auf dem samtig behaarten Hinterleib trägt.

Die Hummeln

Die vor allem über die gemäßigten Zonen verbreiteten *Hummeln (Bombinae)* sind wie die Pelzbienen dicht behaart, verfügen über lange Rüssel, große Pollenkörbchen an den Hinterbeinen und Wachsdrüsen an der Bauch- und Rückenseite des Hinterleibes. Durchweg bilden sie kleine primitive Staaten, die im Gegensatz zu denen der Bienen und Ameisen nur ein Jahr bestehen. Das Hummelnest wird oft unterirdisch angelegt und umfaßt etwa 400–500, höchstens aber 1000 Einzeltiere. Im Spätherbst rafft der Tod die alte Königin, die abgearbeiteten Weibchen und alle Drohnen hinweg. Nur die besonders starken und jüngsten, bereits im Herbst befruchteten Weibchen überwintern in irgendeinem unterirdischen Schlupfwinkel und gründen dann im nächsten Frühjahr einen neuen Staat. Zuerst sucht sich die junge Hummelkönigin eine geeignete Erdhöhle oder einen hohlen Stamm. Dann sammelt sie Nektar und Pollen, schichtet das vermengte Gut auf ein gesäubertes, wachsüberzogenes Fleckchen, legt etliche Eier darauf, umbaut alles mit einem wächsernen Ringwall und verschließt endlich die also nachträglich angefertigte Brutzelle. Nach einigen Tagen schon schlüpfen die Larven. Bald darauf öffnet die Königin die Zelle wieder, füttert die Brut weiter und baut nebenbei an neuen Zellen. Die nur halbwegs ernährten Larven verpuppen sich vorzeitig und werden zu recht zwergenhaften Tierchen. Wohl sind es echte Weibchen, also keine geschlechtslosen Arbeitstierchen wie bei den Honigbienen, sind aber doch so sehr verkümmert, daß sie praktisch zu Arbeiterinnen herabsinken. Sie übernehmen nun das Sammeln, das Zellenbauen, das Füttern der Larven und der Königin.

Die im Sommer ausschlüpfenden Hummeln sind dann normale, große und kräftige Weibchen. Erst gegen den Herbst hin werden auch Männchen erzeugt, die bald ausfliegen, sich mit den sammelnden Weibchen paaren und nicht mehr zum Nest zurückkehren.

Von den einheimischen Hummeln seien hier vorgestellt:

die *Erdhummel (Bombus terrestris),* bei der das Weibchen bis zu 28 mm mißt und ab März fliegt, das Männchen bis zu 20 mm mißt und ab Juli fliegt; trägt samtschwarzen Pelz mit zwei gelben Querbinden und weißbespitztem Hinterleib; baut unterirdische Nester;

die *Gartenhummel (B. hortorum),* bei der das Weibchen bis zu 30 mm mißt und ab Mai fliegt, das Männchen bis zu 22 mm mißt und ab August bis Oktober fliegt; trägt schwarzen Pelz mit drei gelben Querbinden und weißer Hinterleibsspitze; hat fast körperlangen Rüssel, baut tiefangelegte unterirdische Nester;

die *Wiesenhummel (B. pratorum),* bei der das Weibchen bis zu 20 mm mißt und ab Ende März fliegt, das Männchen bis zu 16 mm mißt und ab Ende Mai fliegt; trägt struppigen schwarzen Pelz mit zwei gelben Querbinden und roter Hinterleibsspitze; hat mittellangen Rüssel, baut gern oberirdisch unter Moos und Gestrüpp;

die *Steinhummel (B. lapidarius),* bei der das Weibchen bis zu 27 mm mißt und ab Mitte April fliegt, das Männchen bis zu 18 mm mißt und vom Juli bis zum Oktober fliegt; trägt samtschwarzen Pelz mit roter Hinterleibsspitze, ist als Männchen durch eine gelbe Binde, als Weibchen aber durch einen rundlichen kahlen Eindruck auf dem vierten Hinterleibsring gekennzeichnet;

Die Honigbiene stammt ursprünglich aus den Tropen Südostasiens, wurde aber durch den Menschen über die ganze Erde verbreitet. Sie bildet ausdauernde Staaten, die aus einer Königin, rund 30000–70000 Arbeitsbienen und bis zu 1000 Drohnen bestehen. Je nach der Rasse haben die Honigbienen einen schwarz oder farbig bepelzten Leib.

baut unterirdisch, oft unter Steinhaufen, hat einen kurzen Rüssel;

die *Mooshummel (B. muscorum),* bei der das Weibchen bis zu 22 mm mißt und ab Mai fliegt, das Männchen bis zu 16 mm mißt und ab August fliegt; trägt einfarbig gelben, am Hinterleib oft rötlich überhauchten, kurzen Pelz, baut oberirdisch, scharrt Moos zusammen, tapeziert das geschaffene Gewölbe mit einer harzigen Masse, stellt Wächter vor das Schlupfloch;

die *Ackerhummel (B. agrorum),* bei der das Weibchen bis zu 22 mm mißt und ab Ende April fliegt, das Männchen bis zu 18 mm mißt und ab August fliegt; trägt struppigen gelben Pelz, ist an Kopf und Brustrükken braunrot; nistet oberirdisch in flachen Erdmulden unter Gras, Moos und Laubwerk, am liebsten in Wiesen und Kleefeldern, aber auch in Mauern, Gebäuden und Nistkästen; ist langrüßlig und bildet nur kleine Staaten von 40–50 Tieren; und

die *Schmarotzerhummel (Psithyrus vestalis),* bei der das Weibchen bis zu 20 mm mißt und im Frühjahr fliegt, während die Männchen erst im Sommer auftauchen.

Die Honigbienen

Die *Honigbiene (Apis mellifica)* wurde durch den Menschen über die ganze Erde verbreitet und wahrscheinlich in Vorderasien zuerst zum Nutztier. Sie bildet ausdauernde Staaten, die aus einer Königin, rund 30000 bis 70000 Arbeitsbienen und bis zu 1000 Männchen oder Drohnen bestehen. Die zu doppelseitigen Waben vereinigten Brut- und Honigzellen werden aus Wachs hergestellt, das die Arbeiterinnen zu bestimmten Zeiten an den Bauchschienen der vier letzten Hinterleibsringe in Gestalt feiner Schüppchen absondern und sich beim Bau gegenseitig zureichen.

Die wilden Honigbienen, wie z.B. die *Indische Biene (Apis indica),* die *Riesenhonigbiene (A. dorsata)* und die *Zwerghonigbiene (A. florea),* bauen ihre Waben in hohle Bäume und andere natürliche Höhlen. Unsere Honigbiene bekommt vom Imker einen geflochtenen Korb oder einen Holzkasten angeboten, in dem im genau bemessenen Abstand etliche Holzrähmchen senkrecht zum Flugloch hängen. In diese Rahmen kann sie nun bequem ihre Waben bauen. Jede Zelle ist genau sechseckig, am Grunde napfartig vertieft, am oberen Ende gerade abgeschnitten, zumeist 5 mm breit und 7 mm lang. Die Öffnungen schauen nach der Seite. Außerdem ist jede Zelle ein wenig nach rückwärts geneigt. Das sogenannte Vor- oder Kittwachs, das zum Abdichten des Stockes verwendet wird, ist von Baumknospen abgeschabtes Harz.

Je nach der Rasse haben die Honigbienen einen schwarz oder bunt bepelzten Leib, vier durchsichtige, geäderte Flügel, knieförmig gebrochene, kurze Fühler, zwei große seitliche Netzaugen, drei kleine Stirnaugen, einen mäßig langen Saugrüssel mit einem zierlichen Löffelchen an der Spitze, Haftballen und Krallen an den Füßen, für die Sammeltätigkeit besonders ausgerüstete Hinterbeine und einen Giftstachel am Ende des letzten Hinterleibringes. Die Königin mißt bei der Deutschen Biene bis zu 19 mm, hat einen langen schlanken Hinterleib, den die Flügel nur zu zwei Drittel bedekken, und einen verkümmerten Rüssel. Sie braucht zu ihrer Entwicklung in der besonderen und größeren Weiselzelle nur 16 Tage, da sie als Larve ein besonders ausgewähltes Futter, die sogenannte Königinnenspeise, bekommt. Gut fünf Jahre lang legt sie täglich 1500–3000 Eier und wird von den Arbeiterinnen gepflegt und gefüttert. Während der Schwarmzeit, und zwar kurz vor der Geburt neuer junger Königinnen, verläßt sie den Stock und reißt einen großen Teil des Volkes mit sich. Erst nach ihrem Abzug wird die auserwählte junge neue Königin aus ihrer Zelle befreit.

Die Schwarmzeit setzt gewöhnlich Mitte Mai ein und kann bis Mitte August andauern. Sie zeigt sich dadurch an, daß die Arbeitsbienen in Klumpen untätig vor dem Flugloch sitzen. Meist fliegen die Schwarmbienen kaum hundert Meter weit, setzen sich vielmehr sehr bald in dichter Traube an Äste oder dünne Stämme und werden von ihnen in daruntergehaltene Kästen abgeschlagen oder abgestreift.

Die Arbeitsbiene mißt nur 15 mm, ist bei der Deutschen Biene schwärzlich bepelzt und mit Körbchen, Pollenschieber und Bürste an den Hinterbeinen ausgerüstet. Sie braucht 21 Tage zu ihrer Entwicklung in der Zelle und lebt weitere 21 Tage im Stock. Erst danach wird sie zur Sammelbiene. Ihre Lebensdauer beträgt vier bis sechs Wochen.

Die stachellose Drohne mißt 17 mm und wirkt wesentlich plumper und dicker als die Arbeitsbiene. Ihre Netzaugen stoßen auf der Stirn zusammen, und die Flügel sind länger als der breite Hinterleib. Der Rüssel dagegen ist verkümmert, denn die Drohne besucht keine Blüten, sondern schlemmt von den angespeicherten Vorräten oder bettelt die Sammelbienen an.

Die Sammelbienen zeigen den Stockgenossen eine nahe gelegene Futterquelle durch den Rundtanz an. Mit dem Schwänzeltanz, der ab Entfernungen von über 50–100 m getanzt wird, werden die Richtung und Entfernung der Weide vermittelt. Je langsamer geschwänzelt wird, desto weiter entfernt liegt die Futterquelle.

Die Wespen

Weitere große Gruppen der Hautflügler innerhalb der Unterordnung der Stechimmen bilden die zahlreichen, in vielen Tausenden von Arten über die ganze Erde verbreiteten Falten-, Grab-, Weg-, Dolch- und Goldwespen.

Abgesehen von einigen wenigen Schmarotzern kennzeichnen sich auch diese Hautflügler durch eine hochentwickelte Brutpflege und erstaunliche baukünstleri-

Kurz vor der Eiablage scharrt das Weibchen der Grabwespe eine kleine Bruthöhle in der Erde oder im Holz. Dann geht sie auf die Jagd nach anderen Insekten, die sie mit ihrem Giftstachel lähmt. Sie schleppt ihr Opfer zur Höhle und legt ein Ei aufs gelähmte Tier. Die Wespenlarve frißt sich in das bewegungsunfähige Insekt hinein, verpuppt sich dort auch und schlüpft kurz darauf.

sche Fähigkeiten. Die getigerten Faltenwespen zählen zu den staatenbildenden Insekten. Viele sind starke räuberische Geschöpfe, die sich selbst zwar von Nektar und Pollen, ihre Larven jedoch fast ausschließlich mit Insekten, deren Larven und Spinnen ernähren. Im Insektenhaushalt der Natur stellen sie darum eine bedeutsame regulierende Kraft dar, genauso wie sie eine nicht unwesentliche Rolle als Bestäuber spielen. Die Weibchen verfügen durchweg über einen Giftstachel.

Der Stich ist gefährlich.

Die Faltenwespen

Ihren deutschen Namen tragen die Faltenwespen *(Vespoidea)*, weil sie ihre feinen, langen Vorderflügel in der Ruhelage der Länge nach zusammenfalten. Weiterhin kennzeichnen sie sich durch ihren schlanken, fast ganz unbehaarten, lebhaft schwarz und gelb oder orangefarben getigerten Leib mit der typischen enggeschnürten Wespentaille.

Mit ihren starken Kiefern schaben und nagen die staatenbildenden Papierwespen feine Splitterchen von altem Holz, zerkauen sie zu einem mit Speichel vermengten Brei und ziehen diesen dann mit Hilfe der Vorderbeine zu einem papierähnlichen Stoff aus. Aus diesem Stoff bauen sie ihre Nester, die Zellen wie die Waben, die Schutzhüllen wie die Stütz- und Tragebalken. Damit die Larven nicht herausfallen, verankern sie sich mit dem Hinterleib an der Bodendecke der Zellen, von der sie kopfüber herunterhängen. In dieser Haltung werden sie vor allem mit durchgekautem Insektenbrei gefüttert, während sie selbst einen Tropfen Speichel absondern.

Diesen Larvenspeichel schlekken die Wespenammen so begierig, daß sie ihre Pfleglinge oft auch außerhalb der Futterzeiten zur Abgabe desselben anregen und sie damit in ihrer Entwicklung hemmen. Ihre ganze Sorge um die Brut scheint nur auf dieser Gegengabe der Larven zu beruhen. Andererseits mag diese Schwächung der Larven auch wieder notwendig sein, um sie zu Arbeitswespen herabzudrücken. Denn im gleichen Maße, wie die erwachsenen Wespen in der Natur genügend Süßigkeiten finden, läßt der „Mißbrauch" der Larven nach und entwickeln sich diese im Verlauf des Hochsommers zu kräftigen Weibchen und Männchen.

Die reifen Larven deckeln ihre Zellen selbst und umspinnen sich mit einem glasartigen Gewebe. Nach 12–14 Tagen schlüpft dann die entwickelte Wespe, die wie die junge Biene zuerst allerlei Innendienste verrichtet, ehe sie das Nest verläßt.

Die Wespenstaaten sind alle einjährig. Im Spätherbst sterben die Arbeiterinnen und Männchen sowie die alte Königin. Nur die jungen und starken, vollentwickelten und befruchteten Weibchen überwintern in einem meist oberirdischen Schlupfwinkel, um dann im nächsten Frühjahr einen neuen Staat zu gründen.

Von den rund 3000 Arten der Faltenwespen leben in Mitteleuropa etwa 90 Arten. Von unseren einheimischen, durchweg schwarz und gelb gezeichneten, vom Mai bis Ende Oktober fliegenden Arten seien vorgestellt:

die *Deutsche Wespe (Paravespula germanica)*, mißt 20 mm, kennzeichnet sich durch 1–3 schwarze Punkte auf dem Kopfschild und gelbe Augenumrandung, baut unterirdisch, stellt ein großes, rundliches, von einem blättrigen Mantel bis auf ein Schlupfloch gänzlich umschlossenes, kartonartiges Nest her, das aus 5–7 waagerecht untereinander hängenden Waben bestehen kann und dann 3000–5000 Tiere birgt;

die *Gemeine Wespe (P. vulgaris)*, mißt 19 mm, kennzeichnet sich durch zackigen, schwarzen Längsstreif auf dem Kopfschild und die nur unterseits gelbe, hinten aber schwarze Augenumrandung, baut ebenfalls unterirdisch, lebt in weniger volkreichen Staaten.

die *Hornisse (Vespa crabro):* Bewohnt Mitteleuropa; Länge der Weibchen bis zu 35 mm, der Männchen und Arbeiterinnen 24–28 mm; Färbung an der Brust schwarz, am Hinterleib gelb, schwarz oder braun gezeichnet; hat einen hinter den Augen stark verbreiterten Kopf; baut oberirdisch.

Die Hornisse hängt ihr Nest regelmäßig in geschützte Höhlungen, vor allem in hohle Bäume, aber auch unters Dachgebälk und in Nistkästen.

die *Gallische Wespe* oder *Feldwespe (Polistes gallica)*, mißt bis zu 16 mm, kennzeichnet sich durch eiförmigen, langgestielten Hinterleib, läßt beim Flug die rostgelben Beine hängen, heftet ihr rosettenförmiges, unbemanteltes, kräftig gestieltes Wabennest an Büsche, Kräuter, Steine und Mauern, auch unter Dächer sowie in Schuppen und Lauben; ist ein durchaus harmloses Geschöpf.

Die Grabwespen

Eine besondere Art der Brutfürsorge betreiben alle Mitglieder der sehr artenreichen und weltweit verbreiteten Überfamilie der sehr schlanken, häufig schwarz gefärbten, oft gelb und rot gezeichneten *Grabwespen (Sphecoidea)*. Das heißt, die einsam lebenden Weibchen scharren, wühlen, graben oder nagen vor der Eiablage eine kleine Bruthöhle in der Erde oder im Holz, gehen darauf auf die Jagd nach Insekten und deren Larven sowie nach Spinnen, lähmen ihre Opfer durch wohlgezielte Stiche in die großen Nervenknoten und schleppen sie zur Höhle. Dort legen sie ein Ei auf die bewegungsunfähigen Tiere und verschließen die Kinderstube äußerst sorgfältig. Die Wespenlarve frißt sich in die frische Fleischkonserve, höhlt sie aus, verpuppt sich und schlüpft kurze Zeit darauf als fertig entwickeltes Insekt.

Einige wenige primitive Arten verzichten auf eine besonders hergestellte Bruthöhle und schleppen das gelähmte Opfertier lediglich in einen nahen natürlichen Schlupfwinkel. Andere wieder tragen ihren Larven noch

schen, Obst und Kuchenstücke. Weil sich der Stachel aus der Eilegevorrichtung entwickelt hat, können nur die Weibchen stechen. Alle Stechwespen bilden richtige Staaten und bauen aufwendige Nestanlagen. Das Material beschaffen sie sich, indem sie Holzsplitter abnagen und mit ihrem Speichel zu einer papierartigen Hülle verkleben.

ausschlüpfen, die dann weiterbauen.

Die Kreisel- oder Wirbelwespe legt ihre Eier in eine tiefe, vielfach gewundene Erdröhre und schleppt erst Fliegen herbei, wenn die Larven ausgeschlüpft sind. Oft versorgt sie fünf bis sechs Larven gleichzeitig, von denen jede 50–80 Fliegen frißt. Die entwickelten Tiere ernähren sich nur von Nektar und Blütenstaub, ernähren jedoch ihre Larven fast ausschließlich mit Insekten. Im Haushalt der Natur stellen sie darum eine bedeutsame, regulierende Kraft dar.

nachträglich weitere gelähmte Tiere zu und füttern sie also regelrecht.

Jede Art aber ist auf ganz bestimmte Beutetiere eingestellt, überfällt also entweder Käfer oder Bienen, Raupen oder Fliegen, Heuschrecken oder Grillen, Blattläuse oder Spinnen. Ihr Wirken ist von hoher Bedeutung für das biologische Gleichgewicht im gesamten Insektenhaushalt. Die entwickelten Tiere ernähren sich nur von Nektar und Blütenstaub.

Von unseren einheimischen Arten seien genannt:

die *Gemeine Sandwespe (Ammophila sabulosa),* mißt bis zu 20 mm, ist schwarz, hat rot und blau gezeichneten, kolbenförmigen, sehr lang gestielten Hinterleib und haarige Silberflecken, an der Brustseite, fliegt vom Juni bis zum September, legt ihre Brutröhre in sandigem Boden an, schleppt meist zwei große unbehaarte Raupen als Larvenfutter ein;

die *Kreisel- oder Wirbelwespe (Bembex rostrata),* mißt bis zu 25 mm, ist schwarz am Vorderkörper, gelb und schwarz gebändert am kräftigen, faltenwespenartigen Hinterleib, fliegt im JuliAugust, legt ihre Eier in eine tiefe, vielfach gewundene Erdröhre und schleppt erst Fliegen herbei, wenn die Larven ausgeschlüpft sind, versorgt oft 5–6 Larven gleichzeitig, von denen jede 50–80 Fliegen frißt;

der *Bienenwolf (Philanthus triangulum),* mißt 14–16 mm, ist einfarbig schwarz, gelb gebändert, hat einen auffallend großen Kopf und glashelle Flügel, gräbt seine Brutröhre in sandigen Boden, überfällt vor allem Honigbienen, trägt aber auch Einsambienen ein, nimmt ihnen nach der Lähmung den Honig zur eigenen Stärkung ab, transportiert seinen Raub zur Höhle und wartet auf das nächste Opfer.

Die Weg- und die Dolchwespen

Den Grabwespen ähnlich in Gestalt, Lebensweise und Brutfürsorge sind die sehr schlanken *Wegwespen (Pompilidae),* von denen in den Tropen und Subtropen über 3000 Arten leben und in ihren stattlichsten Vertretern bis zu acht Zentimeter messen. Durchweg tragen sie alle nur Spinnen als Larvenfutter ein.

Gemeine Wegwespe (Pompilus viaticus): Bewohnt Mitteleuropa; Länge ist 10–16 mm; Färbung schwarz, an den ersten drei Hinterleibsringen braunrot; fliegt ab März, ist sehr lang- und dünnbeinig, läuft viel mit zitternden Flügeln, läßt sich in die gefährlichsten Kämpfe mit großen Spinnen ein, deren Giftkiefer sie meist durch einen Stich außer Gefecht setzt, der die Spinne schnell lähmt und wehrlos macht.

Schon viele Arten der Wegwespen verzichten darauf, eine Brutröhre anzufertigen, schieben vielmehr das gelähmte Beutetier in eine natürliche Ritze oder Höhlung und bestiften es dort mit ihrem Ei. Bei den *Dolchwespen (Scol-idae)* und auch ihren Verwandten (z. B. *Tiphiidae)* ist diese vereinfachte Brutfürsorge durchgängig Sitte, bekommt aber eine neue Note dadurch, daß sie vor allem unterirdisch lebende Käferlarven freiwühlen, durch Stiche lähmen, mit ihrem Ei bestiften und dann wieder verscharren.

Die Goldwespen und andere Brutschmarotzer

Eierschmuggelei und Brutschmarotzerei betreiben bei den Wespen die Gold- und Ameisenwespen, indem sie genau den Zeitpunkt erfassen, da die Grabwespen ihre mit Beutetieren gefüllten Brutröhren verschließen.

Die Familie der *Goldwespen (Chrysididae)* ist in rund 5000 Arten über die ganze Welt verbreitet und durch sehr harte Chitinpanzer gekennzeichnet. Die Wespen selbst leben von Nektar und süßen Pflanzensäften, ihre Larven dagegen, die eher als die Larven der Wirtswespen ausschlüpfen, verzehren die von jenen eingebrachten Beutetiere und oft auch noch die fremden Eier und Larven.

Von den einheimischen Arten vorgestellt sei hier nur:

die *Feuergoldwespe (Chrysis ignita),* die bis zu 11 mm mißt, wunderschön metallisch grün und blau am Kopf und Mittelleib, tiefrot am Hinterleib gefärbt ist, vom Juni bis zum August fliegt und sich bei Gefahr asselartig zusammenrollt, so daß sie dann in ihrem harten Panzer unangreifbar ist; schmarotzt bei der Pillenwespe.

Die Schlupfwespen

Die Brutfürsorge der in über 90000 Arten über die ganze Erde verbreiteten *Schlupfwespen* beschränkt sich darauf, daß die Weibchen ihre Eier mit Hilfe eines Legebohrers in die Larven anderer Insekten versenken oder an ihrer Haut dauerhaft befestigen. Wahrscheinlich gibt es kaum ein Insekt, das nicht seinen ganz speziellen Schlupfwespenfeind hätte und vorwiegend durch ihn im Zaume gehalten wird. Mag die Insektenlarve nun frei umherkriechen oder verborgen im Holz, in Gallen, in Blattzigarren, im Wasser leben, die findigen Schlupfwespen wissen sie aufzuspüren. Von der größten Raupe

Die Feuergoldwespe fliegt vom Juni bis zum August. Sie gehört zur Familie der Goldwespen, die in rund 5000 Arten über die ganze Welt verbreitet ist und sich durch einen sehr harten Chitinpanzer auszeichnet. Die Goldwespen legen ihre Eier in die Brutröhren der Grabwespen. Die Larven ernähren sich von Beutetieren, Larven und Eiern.

und Käferlarve bis zur winzigen Blattlaus ist nichts vor ihnen sicher. Ihre eigenen Larven aber leben tatsächlich herrlich wie die sprichwörtliche „Made im Speck".

Zuerst zehren die Schlupfwespenlarven nur vom Fett und Blut ihrer Wirtstiere, so daß dieses kaum behelligt wird, ungestört weiterwächst und nur etwas mehr fressen muß. Gegen Ende ihrer Entwicklung aber verwandeln sich die saugenden Mundwerkzeuge der Parasiten in fressende, werden auch die Organe und Muskeln angegriffen und die Wirtslarven bei lebendigem Leibe ausgehöhlt. Zum Schluß brechen die Schlupfwespenlarven durch die Haut ihrer Opfer und verpuppen sich auf der leeren Hülle oder schlüpfen erst als fertige Insekten hervor.

Manche Schlupfwespen aber versenken ihre Eier in die schon im Wirtstier schmarotzenden Schlupfwespenlarven, so daß nun der eine Schmarotzer den anderen auffrißt. Wieder andere Arten haben sich auf Insektenpuppen spezialisiert oder bohren gar Insekten- und Spinneneier an.

Man ordnet die Schlupf- oder Gallwespen in 6 Überfamilien mit mehr als 50 Familien. Von den einheimischen Arten seien hier vorgestellt:

die *Holzschlupfwespe (Rhyssa persuasoria)*, die bis zu 32 mm mißt, schwarz gefärbt und weißlich gefleckt ist, lange rotgelbe Beine und einen borstenartigen Legebohrer von anderthalbfacher Körperlänge hat, die im Holz fressenden Larven der Holzwespen erspürt, ihren Stachel bis zu 5 cm tief versenkt und die Larven mit ihrem Ei bedenkt;

die *Puppenzehrwespe (Pteromalus puparum)*, die bis 3 mm mißt, metallerzgrün schimmert, ihre 50 winzigen Eier in die noch weichen Körperringe frischverpuppter Eckfalter und Weißlinge versenkt, deren Larven sich im Puppengehäuse verpuppen und als fertige Insekten durch die leere Hülle nagen.

Die Gallwespen

Von den *Gallwespen (Cynipidae)* kennen wie viele Arten, wissen aber nicht immer genau, auf welche Weise diese winzigen Geschöpfe die Pflanzen zur Bildung der verschiedenartigsten Gallen anregen. Man nimmt an, daß bei ihnen der Anreiz zur Gallenbildung hauptsächlich von der aus dem Ei geschlüpften Larve und deren Körperausscheidungen ausgeht.

Alle diese Gallen sind nichts anderes als die Kinderwiegen der Insekten, in denen ihre Larven wohlgeborgen heranwachsen und von der Pflanze auch noch ernährt werden.

Gemeine Eichengallwespe (Diplolepis quercus-folii): Bewohnt Mitteleuropa; Länge 4 mm; Färbung schwarz; ist ein sehr zartes Wespchen mit glashellen Flügeln, ruft mit seinem im Mai/Juni erfolgenden Einstich die zuerst gelben, im Herbst rot angehauchten, bekannten Galläpfel auf der Unterseite der Eichenblätter hervor, aus denen im November/Dezember geschlechtslose Weibchen schlüpfen, die nun ihrerseits die festen Winterknospen anbohren, ihre Eier hineinlegen und sterben; aus diesen Knospengallen schlüpfen im nächsten Frühjahr dann sich paarende Männchen und Weibchen.

Rosengallwespe (Rhodites rosae): Bewohnt Mitteleuropa; Länge ist 3 bis 4 mm; Färbung schwarz, an der vorderen Hälfte des Hinterleibes rot, an den Beinen gelbrot; ruft durch ihre in den Blattknospen der wilden Rosen fressende Larve sonderbare, moosartige, fasrigzottige Gebilde hervor, die grün, rot und gelb schimmern, im Volksmund „Rosenkönige" heißen und früher als „Schlafäpfel" verwendet wurden.

Die Pflanzenwespen

Die große Unterordnung der Pflanzenwespen gliedert sich in vier Überfamilien mit 14 Familien. Sie alle sind Pflanzenfresser und versenken ihre Eier mit Hilfe besonderer, röhrenartiger und gezähnter Legeapparate, die durch Scheiden geschützt werden, in Halme, Stengel, Stämme, Triebe, Blätter oder Nadeln. Viele von ihnen haben sich in den Wäldern mit Reinbeständen, in denen das biologische Gleichgewicht schwer gestört ist, zu gewaltigen Forstschädlingen ausgewachsen. Von den anderen Wespen unterscheiden sich die Blattwespen dadurch, daß bei ihnen der Hinterleib in seiner ganzen Breite mit dem Brustabschnitt verbunden ist, die typische Wespentaille also gänzlich fehlt. Die Larven erinnern oft an die Raupen der Schmetterlinge, haben aber nur zwei winzige Augen und meist viel mehr Beine als jene.

Gemeine Kiefernbuschhornblattwespe (Diprion pini): Bewohnt Europa; Männchen mißt 6,5 mm, ist schlank, schwarz, hat rote Hinterleibsspitze, gelbe Beine und federbuschähnliche Fühler; Weibchen mißt 8,5 mm, ist plump, schmutziggelb, schwarzbraun gefleckt, schlitzt mit der Legesäge die Nadelkanten auf, legt 10–20 Eier hinein und verkittet den Spalt; die gelbgrünen Afterraupen sitzen in Klumpen an den Zweigen, fressen die Nadeln, schnellen bei Gefahr empor und bespucken den Bedränger; die 1. Generation verpuppt sich in den Zweigen, die 2. überwintert im Boden und verpuppt sich 14 Tage vor dem Schlüpfen; die Wespen erscheinen im April/Mai und Juli/August.

Die *Fichten- oder auch Riesenholzwespe (Sirex gigas)*: Sie bewohnt Europa; Männchen mißt bis zu 32 mm, trägt rotbraune Binde auf schwarzbraunem Hinterleib; Weibchen mißt bis zu 45 mm, trägt schwarzblaue Binde auf hellgelbem Hinterleib; beide Geschlechter haben schwarzen Kopf, schwarze Brust, gelbe Fühler und Beine; die Eiablage erfolgt vor allem in gefällten und kränkelnden Fichtenstämmen; wird in den Kieferwäldern von der 15–30 mm langen, blauschwarz schillernden, rotbeinigen *Kiefernholzwespe (Paururus juvencus)* vertreten.

Hauptsächlich in der Nacht gehen die Laufkäfer auf die Jagd. Sie schlagen ihre Kieferzangen in ihre Opfer und erbrechen ihren scharfen Magensaft in die gerissenen Wunden.

Getreidehalmwespe (Cephus pygmaeus): Bewohnt Europa, Nordafrika und Vorderasien, wurde auch nach Nordamerika verschleppt; Länge 8 mm; Färbung gelb und schwarz; fliegt im Mai/Juni, legt ihre Eier in die obersten Knoten der Roggen- und Weizenhalme, in denen sich die Larven abwärts fressen, in den Stoppeln überwintern und im nächsten Frühjahr verpuppen. In Mitteleuropa gibt es 25 Arten.

Die Käfer *(Coleoptera)*

Die Ordnung der Käfer *(Coleoptera)* ist mit Abstand die größte der ganzen Tierwelt und umfaßt über 350000 Arten, die sich in mehr als 200 Familien gliedern. Dabei kennen wir die meisten tropischen Arten kaum dem Namen nach und müssen deshalb noch mit einem riesigen Zuwachs rechnen. Eigentümlich ist dem ganzen Heer die länglich-ovale Gestalt. Die Vorderflügel verwandelten sich ebenso übereinstimmend in harte und starre, den Leib großartig schützende Decken, unter denen die häutigen Hinterflügel fein zusammengefaltet und wohlgeborgen liegen. Als Flugzeug gleichen die Käfer also einem alten Eindecker mit starren Tragflächen und einem Hubschrauber mit wirbelndem Propeller. Sie sind auch nicht gerade die besten Flieger unter den Insekten, sondern purren ziemlich geradlinig, verhältnismäßig langsam, wenig ausdauernd und wendig dahin. Und nicht wenige verzichten gänzlich auf das Fliegen und verlassen sich auf ihre sechs behenden Beine. Zu diesen schnellen Läufern zählen bei uns vor allem die räuberisch lebenden Laufkäfer, mit denen wir uns nun zuerst beschäftigen wollen.

Die Sandlaufkäfer

Trockene, sandige, sonnige Gebiete im Kiefernwald wie auf der Heide, auf den Feldern wie am Strand sind die Jagdgebiete der ungewöhnlich schnellfüßigen, nur kurz auffliegenden, knapp über dem Boden dahinstreichenden *Sandlaufkäfer (Cicindelidae),* die sich in rund 1500 Arten fast über die ganze Erde verbreiten. Ausgerüstet mit sehr langen, sichelförmig gekrümmten und haarscharfen Oberkiefern sowie sehr großen Augen schweifen sie als die geborenen Strauchritter umher und machen Jagd auf alle Insekten und ihre Larven, vor allem aber auf Raupen. Ihre oft abenteuerlich gestalteten Larven sind ebenfalls Räuber, betreiben dieses Handwerk aber aus dem Hinterhalt. Sie stecken in selbstgegrabenen, 4–6 mm weiten und 30–40 cm tiefen Erdröhren, deren Eingang sie mit ihrem hornigen Kopf verschließen. Kommt ein Insekt vorüber, so schnellen sie jäh empor, schlagen die langen Kiefer in seinen Leib und reißen es in ihre Röhre, wo sie es dann vollends überwältigen und aussaugen. In dieser Röhre verpuppen sie sich auch im Spätsommer und schlüpfen im nächsten Frühjahr.

Die bekanntesten einheimischen Arten sind:

der *Feldsandläufer (Cicindela campestris),* der 12 bis 15 mm mißt, auf seiner grünen Oberseite zehn weiße Randflekken trägt, unterseits metallisch blau oder violett schimmert und an den Seiten sowie an den Beinen kupferrot leuchtet; er wird in den Kiefernwäldern vom größeren, dunkel bronzefarbigen, ebenfalls hell gefleckten *Waldsandläufer (C. silvicola)* und auf den sandigen Feldwegen vom kleineren grünen *Ackersandläufer (C. germanica)* vertreten.

Die Laufkäfer

Das gleiche räuberische Handwerk betreiben die rund 24000 Arten der *Laufkäfer (Carabidae),* bevorzugen dafür aber den Schutz der Dunkelheit und lieben etwas feuchte Gebiete. Tagsüber bergen sie sich zumeist unter Steinen, Strünken, Fallaub und Moder sowie in Erdhöhlen und Baumstümpfen. Im Verhältnis zu den Sandlaufkäfern sind sie plumper gebaut, weniger schnellfüßig, längst nicht so großäugig, dafür aber vitaler. Wo sie ihre Kieferzangen eingeschlagen haben, lassen sie nicht mehr lokker und wenn man sie auch zerstückelte. In die gerissenen Wunden erbrechen sie ihren scharfen Magensaft, der das Fleisch des Opfers so weit auflöst, daß es aufgesaugt werden kann.

Bei weitaus den meisten Laufkäfern sind die Flügeldecken längs der Rückenmittellinie mehr oder weniger verwachsen und die Hinterflügel verkümmert. Sie sind also vor allem echte Bodentiere, von denen nur einige wenige wirklich gut klettern. Die beborsteten, frei beweglichen Larven kennzeichnen sich durch eine wesentlich schlankere Gestalt, leben ebenfalls räuberisch, wirken aber vor allem unter der Laub- und Streudecke oder im Erdreich und vertilgen hier besonders die Larven und Puppen vieler Feld- und Forstschädlinge. Oft brauchen sie mehrere Jahre zu ihrer Entwicklung, genauso wie die größeren Arten dann zwei bis drei Jahre alt werden.

Unsere bekanntesten einheimischen Laufkäfer sind:

der *Goldgrüne Laufkäfer (Carabus auratus),* der auch Goldhenne und Goldschmied genannt wird, 22–24 mm mißt, oberseits prachtvoll erzgrün schimmert, drei erhobene Rippen auf den rotgolden gerandeten Flügeldecken hat, unterseits glänzend schwarz ist, rote Beine hat, sehr flink dahinrennt, bei Gefahr braunen Magensaft ausspuckt und kräftig zukneift;

der *Gartenlaufkäfer (C. hortensis),* der 26– 28 mm mißt, durchweg mattschwarz gefärbt ist, fein gestreifte Flügeldecken mit drei kupfrig oder golden glänzenden Grübchenreihen hat und viel mehr die Wälder als die Gärten durchstreift;

der *Lederlaufkäfer (C. coriaceus),* der 24–30 mm mißt, ebenfalls mattschwarz gefärbt ist, lederartig gerunzelte und stark punktierte Flügeldecken hat und unser größter Laufkäfer ist;

der *Puppenräuber (Calosoma sycophanta),* der 24–30 mm mißt, stahlblau gefärbt ist, prachtvoll purpurgoldene, mit sechs Punktreihen geschmückte Flügeldecken hat und nicht nur die Bodenstreu der Wälder durchwühlt, sondern auf der Jagd nach Raupen auf die Bäume klettert; er ist am Tage wie in der Nacht unterwegs, lebt 2–3 Jahre, überwintert im Waldboden;

der *Bombardierkäfer (Brachynus crepitans),* der 6–9 mm mißt, dunkelblau gefärbt ist, sich durch einen ziegelroten Kopf und Halsschild, rote Beine und flachgeriefte Flügeldecken kennzeichnet; stößt bei Gefahr aus besonderen Drüsen am Hinterleib eine scharfe Flüssigkeit aus, die sich bei Berührung mit der Luft explosionsartig in ein bläulichweißes Gas verflüchtigt; vermag eine ganze Salve solcher Angstschüsse abzugeben;

Der Maikäfer fliegt ab Ende April. Er wird besonders Abends munter und beginnt dann mit seinem Reifungsfraß, der oft große Schäden verursacht. Außerdem beginnen sie am Abend auch den Schwärmflug, der sie oft über weite Strecken führt. Zur Eiablage gräbt sich das befruchtete Weibchen bis zu 25 cm tief in die Erde und legt rund 60–70 Eier ab.

10–12 cm mit Dung zu. Sind alle Stollen beschickt, so wird auch der Hauptschacht verstopft und schließlich mit Erde ausgefüllt. In der Brutkammer frißt die engerlingsähnlich gekrümmte Larve sich allmählich eine geräumige Wohnkammer aus, überwintert in ihr, frißt im nächsten Frühjahr weiter, verpuppt sich und verwandelt sich innerhalb von fünf Wochen in den Käfer.

Brutpillen in der Gestalt kleiner Birnen stellt auch der 17–23 mm große, glänzendschwarze *Mondhornkäfer (Copris lunaris)* her, bei dem das Männchen mit einem langen, spitzen, aufrechtstehenden Kopfhorn ausgerüstet ist.

Der nur 15–16 mm große, glänzendschwarze *Dreihorn- oder Stierkäfer (Ceratophyus typhoeus)*, der sandige Wälder bevorzugt und als Männchen mit drei Halsschildhörnern ausgerüstet ist, gräbt einen bis anderthalb Meter tiefen Hauptschacht, versieht ihn mit mehreren seitlichen Zugängen und verfrachtet den Dung in Seitenstollen. Die Eikammer aber gräbt er ins Erdreich, etwas von der Dungwurst entfernt, und verschließt sie mit einer Sandlage, durch die sich die Larven erst wühlen müssen, um zum Mist zu kommen.

Der berühmteste aller Mistkäfer aber, der 24–30 mm große *Heilige Pillendreher (Scarabaeus sacer)* aus den warmen Mittelmeerländern, formt den Dung an Ort und Stelle zu mächtigen kugelrunden Bällen und rollt sie kopfstehend mit den sichelförmigen Hinterbeinen zum vorgesehenen Aufbewahrungsort. Dort versenkt er sie in die Erde, gräbt rings um sie ein geräumiges Gewölbe aus und überläßt es dem Weibchen, die Dungmasse zu einer großen Brutbirne zu verarbeiten.

Die Laubkäfer

Die Nahrung der in rund 7000 Arten weltweit verbreiteten *Laubkäfer (Melolonthinae)* besteht aus frischem grünem Laub. Ihre in der Erde wühlenden Larven dagegen leben vorwiegend von Wurzeln. Was die einen wie die anderen dabei zu leisten vermögen und welchen Schaden sie anrichten können, zeigt uns vor allem der Maikäfer immer wieder einmal, vor allem als Engerling.

Gemeiner Maikäfer (Melolontha melolontha): Bewohnt Europa; Länge 20–25 mm; Färbung schwarz, mit gelbbraunen Flügeldecken, bräunlichrotem Bauch und schwarzweißer seitlicher Zackenbinde; fliegt ab Ende April, wird besonders abends munter, ernährt sich vom frischen Laub, gräbt sich als befruchtetes Weibchen bis zu 25 cm tief in die Erde, legt rund 60–70 Eier ab, aus denen die bekannten Engerlinge schlüpfen, sich bis zum Sommer des 3. Jahres von Wurzeln ernähren, dann in einer geglätteten Erdhöhle verpuppen, im Spätherbst die Verwandlung hinter sich bringen, aber nochmals einen Winter über im Erdboden liegen und erst im 4. Frühjahr als Käfer auftauchen.

Vorwiegend sandige Gebiete bevorzugt der *Roßkastanienmaikäfer (M. hippocastani)*. Ihm sehr ähnlich ist der kleine hellbraune, nur 15–17 mm messende *Brach- oder Junikäfer (Amphimallus solstitialis)*, der von Mitte Juni bis Mitte Juli über die Getreidefelder schwärmt. Der größte europäische Maikäfer aber stellt sich uns im bis zu 35 mm langen *Walker (Polyphylla fullo)* vor, der auf rötlichbraunen Flügeldecken weiß gefleckt und bestäubt ist. Er erscheint gleichzeitig mit dem Junikäfer, liebt sandige Gebiete, fliegt gleichfalls nachts und wird sehr vom Licht angezogen. Wer ihn einmal in die Hand bekommt, wird überrascht feststellen, daß er laut zirpen kann.

Die Rosenkäfer

Die zumeist wunderschönen, metallisch schimmernden und leuchtenden *Rosenkäfer (Cetoniinae)* sind Feinschmecker, verzehren fast nur die zarten duftenden Blütenblätter und Staubgefäße. Gestaltlich erinnern sie sehr an die Laubkäfer, sind aber flacher gebaut. Während des Fluges spreizen sie die Flügeldecken nicht auseinander und fliegen so gut und ausdauernd, daß wir sie zu den besten Fliegern unter den Käfern zählen können.

Gemeiner Rosenkäfer (Cetonia aurata): Bewohnt Europa; Länge 14–20 mm; Färbung oberseits metallisch goldgrün, unterseits kupferrot, mit weißbeschuppten und vertieften Querflecken auf den Flügeldecken; fliegt im Mai/Juni, trinkt gern Eichensaft, wehrt sich durch das Entleeren eines schmierigen, weißen, widerlich riechenden Saftes, lebt als Larve im Mulm alter Laubbäume, während die Larven anderer Rosenkäferarten in Ameisennestern aufwachsen.

Nahe Verwandte unserer Rosenkäfer sind die 8–10 cm großen, samtig behaarten, afrikanischen *Goliathkäfer (Goliathus)*.

Die Nashornkäfer

Wesentlich schlichter gefärbt, dafür aber – wenigstens im männlichen Geschlecht – mit imposanten, oft fast körperlangen Kopf- und Halsschildhörnern geziert sind die besonders in den tropischen Zonen beheimateten *Nashornkäfer (Dynastinae)*. Diese Horngebilde stellen mehr eine Zierde als brauchbare Waffen dar und werden nur bei den Rivalenkämpfen eingesetzt. Wahre Riesen sind vor allem der amerikanische *Herkuleskäfer (Dynastes hercules)* und der in Guayana lebende *Aktäonkäfer (Megasoma actaeon)*, die beide bis zu 14 und 16 cm messen.

Gewöhnlicher Nashornkäfer (Oryctes nasicornis): Er bewohnt Mitteleuropa; Länge 26–37 mm; Färbung glänzend rotbraun; hat hochgewölbte polierte Flügeldecken, ist unterseits fuchsrot behaart, trägt als Männchen ein etwa 10 mm langes dunkles Horn und drei Höcker auf dem gewulsteten Halsschild; erscheint im Juni/Juli, legt seine Eier gern in Gerberlohe, faulende Eichenstümpfe, Kompost- und Misthaufen.

Die Hirschkäfer

Auch die Männchen der in 1150 Arten über die Alte und Neue Welt verbreiteten *Hirschkäfer (Lucanidae)* tragen eine oft riesige Kopfzier. Sie besteht aus den gewaltig verlängerten und verstärkten Oberkiefern, die sich oft noch geweihartig gabeln und auszacken. Irgendwie nützlich wird ihnen diese mächtige Waffe aber kaum, es sei denn, daß sie imponierend auf die Gegner wie die umworbenen Weibchen wirkt.

Hirschkäfer oder Feuerschröter (Lucanus cervus): Bewohnt Europa und Asien; Länge bis zu 75 mm einschließlich des „Geweihs", das dem Weibchen fehlt; Färbung mattschwarz, mit kastanienbraunem Rücken und sehr breitem Kopf; lebt als gut 10 cm lange Larve volle fünf Jahre lang im morschen Holz alter Eichenstümpfe und Stämme, an die er ausschließlich gebunden ist, liegt das sechste Jahr in der Puppe; steht in Deutschland, Österreich und in der Schweiz unter Naturschutz, da er im selben Maße, in dem die alten Eichenbestände zurückgehen, im Bestand bedroht ist.

Verwandte einheimische Arten sind:

der *Balkenschröter oder Zwerghirschkäfer (Dorcus parallelopipedus)*, der nur bis zu 32 mm mißt, mattschwarz gefärbt ist und wenig verlängerte Oberkiefer hat; sowie unser kleinster Hirschkäfer,

der *Rehschröter (Systenocerus caraboides)*, der 10–14 mm mißt und dessen glänzendschwarzes Chitinkleid oberseits metallisch blau und grün oder violett und bronzefarben schimmert.

Zugleich seien hier noch die großen tropischen, bis zu 8 cm langen, braunen oder schwarzen *Zuckerkäfer (Passalidae)* erwähnt, die mit ihren Larven im Familienverband alte morsche Stämme bewohnen, die Larven mit dem zu einem feinen Speisebrei durchgekauten Holz füttern. Käfer wie Larven geben zirpende Töne von sich.

Die Speckkäfer

Viele kleine Käfer, die sich ursprünglich als nicht unbedeutende Aufräumer der Natur von alten Fellen, Federn, Häuten, Knochen und Aas sowie altem Holz ernährten, sind in die Behausungen, Speicher und Vorratsräume des Menschen eingedrungen und haben sich hier zu beachtlichen Schädlingen ausgewachsen. Dank ihrer winzigen, oft zylindrischen oder flachen Gestalt und der zumeist unauffälligen Färbung dringen sie leicht in jede Räumlichkeit ein und führen lange ein unbeachtetes Dasein, ehe das verderbliche Wirken ihrer Larven offenbar wird. Denn vorwiegend sind es ihre reich behaarten und lang beborsteten Larven, die uns Kummer machen. Die Käfer selbst drängen bald wieder ins Freie und leben vorwiegend von Blütenpollen.

Von den rund 880 Arten seien hier kurz vorgestellt:

Der *Speckkäfer (Dermestes lardarius)*, 7–9 mm, schwärzlich, mit gelbgrauer, schwarz gepunkteter, zackiger Flügeldeckenbinde, dessen Larve im Haus gern von tierischen Nahrungsmitteln nascht;

der *Pelzkäfer (Attagenus pellio)*, 4–5 mm, schwarzbraun, mit zwei silberweißen Haarpünktchen auf den Flügeldekken, dessen Larve vor allem Teppiche, Polstermöbel und Pelze befrißt;

der *Museumkäfer (A. museorum)*, 2–3 mm, schwarz, mit orangegelben Ornamentbinden auf den Flügeldecken und grüngesäumtem Halsschild; von diesem Käfer fressen die Larven vor allem zoologische Sammlungen in den Museen, ganz gleich ob es sich um Säugerpelze, Vogelbälge oder Insekten handelt.

Die Klopfkäfer

Im Gegensatz zu diesem allzu heimlichen Käfervölkchen machen sich die winzigen *Klopfkäfer (Anobiidae)* hin und wieder durch ihre Klopfsignale bemerkbar. Vor allem zur Paarungszeit morsen sie sich durch Aufschlagen mit dem harten Kopf gegenseitig zu, an welchem Möbelstück oder Türrahmen sie sich gerade befinden. Ihre Einladung zur Hochzeit wird von abergläubischen Menschen noch heute als „Totenuhr" gedeutet, die einen nahen Todesfall anzeigt. Von diesen „Dengelmännern" sei hier vorgestellt:

die *Totenuhr (Anobium punctatum)*, 2–5 mm, braun, fein punktiert; lebt als Larve in trokkenem Holz, Möbeln, Schnitzereien, Tür- und Fensterrahmen, Dielen und Balken, verrät sich durch das ausgestoßene Bohrmehl, spielt als Käfer bei Gefahr mit stoischer Ausdauer den toten Mann; der häufigste Klopfkäfer in Wohnungen.

Zuletzt kommen wir hier schließlich noch auf die *Dunkel- oder Schwarzkäfer (Tenebrionidae)* zu sprechen, die in rund 20000 Arten über die ganze Welt verbreitet sind und in Mitteleuropa durch etwa 70 Arten vertreten werden. Denn unter ihnen befinden sich zahlreiche Getreideschädlinge, wie vor allem der Mehlkäfer, sowie etliche Vertreter, die sich gern in unseren Kellern, Ställen und Schuppen einstellen, um hier von aller-

Höchstens als Waffe im Kampf mit den Nebenbuhlern kann das Hirschkäfermännchen seinen zu einem Geweih ausgewachsenen Oberkiefer verwenden. Die Oberkiefer der Weibchen sind ebenfalls sehr kräftig, aber wesentlich kürzer. Die Hirschkäfer sind in 1150 Arten über die Welt verbreitet. Der in Europa vorkommende Hirschkäfer lebt als Larve fünf Jahre lang im Holz morscher Eichen. In Deutschland, Österreich und der Schweiz steht er vor dem Aussterben, da alte Eichenbestände stark zurückgehen.

Die meisten ausgewachsenen Weichkäfer ernähren sich friedlich von Nektar und Pollen. Als Larven dagegen jagen sie Pflanzenschädlinge. Der sehr häufig vorkommende Gemeine Weichkäfer lebt im Erwachsenenstadium von Milben und Läusen. Seine Larven verlassen bei sonnigem Wetter ihr Winterlager und kriechen über den Schnee.

lei Abfällen zu zehren. Sehr häufig sind vor allem:

der *Mehlkäfer (Tenebrio molitor)*, 15 mm lang, dunkelbraun, flach und schlank gebaut, als Larve – der bekannte Mehlwurm! – gelbbraun, walzenförmig und sehr hart chitinisiert, bis zu 25 mm lang; verzehrt nicht nur Mehl, sondern auch Fleisch und Aas sowie Abfälle aller Art bis zum Taubenmist; und

der *Totenkäfer (Blaps mortisaga)*, 20–31 mm lang, tiefschwarz, mit verwachsenen Flügeldecken, die am Hinterleib in eine scharfe Spitze auslaufen; kommt in Keller, Ställe und Lagerhäuser, liebt dunkle feuchte Winkel, zehrt von faulenden Stoffen.

Die Leuchtkäfer

Gleich magischen, grüngoldenen Feuerfunken irrlichtern die kleine schlanken Leuchtkäfer zwischen den Stämmen und über den Büschen der abendlichen Flußlandschaften, leuchten auch aus dem Grase, blitzen jäh auf und zaubern einen kleinen Sternenhimmel auf die Erde. Zwei geheimnisvolle, in Fett gehüllte, reichlich mit Nerven und Luftröhren versorgte Leuchtorgane an der Bauchseite des Hinterleibes senden dieses Glühen aus, das fast nur aus Leuchtstrahlen besteht, also keine Wärmewellen ausschickt wie jede andere Lichtquelle. Die fliegenden Laternchen gehören den schlanken Männchen. Die im Grase blitzenden Lämpchen sind den plumpen, larvenähnlichen, flügellosen oder flugunfähigen Weibchen zu eigen. In Mitteleuropa leben von den rund 2000 Arten unter anderen:

der *Große Leuchtkäfer (Lampyris noctiluca)*, bei dem das Männchen 11–12 mm, das Weibchen 16–18 mm mißt, beide vorwiegend gelblichgrau gefärbt sind und hauptsächlich in Süddeutschland fliegen; das Weibchen ist flügellos und hat auch keine Flügeldecken; bei dieser Art leuchtet das Männchen nicht; und

der *Kleine Leuchtkäfer (Phausis splendidula)*, der 8–10 mm mißt, als Männchen graubraun, als Weibchen gelblichgrün gefärbt ist und noch zwei ganz kurze, klaffende lappenähnliche Flügeldeckchen hat; kennzeichnet sich durch zwei große, glasartig durchscheinende Fensterflecken am Halsschild, ist überall häufig.

Die Weichkäfer

Da sie mit den Leuchtkäfern verwandt und ebenfalls weichhäutig sind, als Käfer auch von Nektar und Pollen, als Larven aber räuberisch leben, sollen hier gleich noch die *Weich- oder Soldatenkäfer (Cantharidae)* vorgestellt werden. Als Käfer sind sie den Menschen von jeher durch ihre bunten Röcke, als Larven durch die Eigenheit aufgefallen, bei sonnigem Wetter das Überwinterungslager in der Erde zu verlassen und über den Schnee zu kriechen. Das Volk nannte sie „Schneewürmer" und glaubte, daß die in Scharen auftretenden, samtartig behaarten, tiefschwarzen Tiere vom Himmel gefallen seien.

Sehr häufig ist der *Gemeine Weichkäfer (Cantharis fusca)*, der 11–15 mm mißt, schwarz gefärbt ist, einen roten Halsschild hat und im Volksmund auch Schneider, Schuster und Franzose genannt wird; als Käfer soll er auch Pflanzenläuse und Milben verzehren, als Larve in der Erde von allerlei Pflanzenschädlingen und ihren Larven leben.

Die Buntkäfer

Sehr bunt gefärbt und ausgesprochen rauhhaarig, fast borstig sind die in etwa 3650 Arten vor allem in den tropischen Ländern verbreiteten *Buntkäfer (Cleridae)*. Die Käfer wie die Larven leben räuberisch und stellen vorwiegend den Rinden- und Borkenkäfern nach. Im mitteleuropäischen Raum kommen recht häufig vor:

der *Gemeine Immenkäfer oder Bienenwolf (Trichodes apiarius)*, der bis zu 12 mm mißt, glänzend schwarzblau gefärbt ist, hochrote, grob punktierte, schwarz gebänderte Flügeldekken hat, vom Mai bis zum Juli fliegt, viel auf Doldenblüten sitzt, wo er nach Kleininsekten fahndet, während seine Larve in die Nester einsam lebender Bienen eindringt und dort Puppen und Larven verzehrt; und

der *Ameisenartige Buntkäfer (Thanasimus formicarius)*, der 7–10 mm mißt, schwarz gefärbt ist, roten Halsschild, rote Flügeldeckenwurzel und roten Bauch hat, zwei weiße Querbinden auf den Flügeldecken trägt; er ist besonders an von Borkenkäfern befallenen Stämmen zu beobachten, wo er emsig wie eine Ameise auf und ab läuft und diesen Holzzerstörern sowie kleinen Rüsselkäfern nachstellt, während seine rosenrote Larve in die Bohrgänge eindringt und die Borkenkäferbrut frißt.

Die Schnellkäfer

Vielen Käfern fällt es gar nicht leicht, sich aus der Rückenlage wieder auf die Beine zu stellen. Besonders auf glatten Böden zappeln sie oft stundenlang, ehe ihr Bemühen von Erfolg gekrönt ist. Dieser Unzulänglichkeit sind die in etwa 8500 Arten über die ganze Erde verbreiteten, betont schlanken und spindelförmigen, etwas abgeflachten *Schnellkäfer (Elateridae)* von Natur aus weniger als die hochgebuckelten Käfer ausgesetzt. Außerdem aber verfügen sie über einen großartigen Schnellmechanismus, der es ihnen erlaubt, sich aus der Rückenlage 8–10 cm hoch emporzuschnellen und beim Fall wieder auf die Beine zu kommen. Ihr vorderer Brustabschnitt ist sehr beweglich mit der Mittelbrust verbunden und läuft auf der Unterseite in einen langen starken Stachel aus, der in eine Grube der Mittelbrust einrasten kann. Wird dieser Stachel vom Käfer bei hohlem Kreuz wuchtig in die Grube gedrückt, so erfolgt ein starker Selbstrückstoß, der den leichten Körper hoch in die Luft schleudert.

Der bekannteste mitteleuropäische Schnellkäfer ist:

der *Saatschnellkäfer (Agriotes lineatus),* bis zu 8–10 mm lang, oberseits gelbrot, samtartig behaart, mit je acht schwarzen Punktreihen auf den Flügeldekken; die Larve benagt die Wurzeln junger Gras- und Getreidepflanzen.

Die Prachtkäfer

Die *Prachtkäfer (Buprestidae)*, die ihre ganze märchenhafte Schönheit in den tropischen Ländern entfalten, wetteifern dort mit dem Glanz und Schimmer der Kolibris. In vielen tausend Arten entfachen sie besonders im Flug ein wahres Feuerwerk von grünen, blauen, roten und violetten Metallfarben. Als echte Sonnenkinder sind sie in den wärmsten Stunden des Tages unterwegs, sitzen wie funkelnde Edelsteine in den Blüten und naschen vom Pollen. Ihre auffällig weichhäutigen, fleischigen, beinlosen, madenartigen, weißlichen oder gelblichen Larven aber leben vorwiegend im Holz alter, kranker und morscher Bäume.

Von den 13000 über die ganze Erde verbreiteten Arten seien genannt:

der *Große Kiefernprachtkäfer (Chalcophora mariana)*, 24–30 mm lang, oberseits erzbraun, an den vertieften Stellen der längsgerippten Flügeldecken messingglänzend, unterseits kupferschimmernd; läßt sich bei Gefahr mit angezogenen Beinen fallen und fliegt schnell weg, entwickelt sich unter der Rinde alter Kiefernstöcke; und der *Lindenprachtkäfer (Lampra rutilans)*, 11–13 mm lang, smaragdgrün, mit kupferroten Rändern an den schwarz quergestrichelten Flügeldecken und stahlblauem Hinterleibsrücken, der während des Fluges aufblitzt; fliegt von Ende Mai an, entwickelt sich in alten Linden, Ulmen und Erlen.

Als Vertilger von Schild- und Blattläusen ist der Siebenpunkt aus der Familie der Marienkäfer sehr beliebt. Sogar die behaarten Larven bringen es auf 50 Läuse pro Tagesmahlzeit.

Schon im März kommen die schwarzgepunkteten Käfer aus ihrem Winterquartier. Ende Mai legt das Weibchen 400 Eier an Blattunterseiten ab. Die Larven schlüpfen im Lauf einer Woche.

Die Marienkäfer

Die 4000 Arten Marienkäfer unterscheiden sich durch die Färbung ihrer Flügeldecken und die Anzahl der Flecken und Punkte, sowie auch durch Zähnelungen der Schenkel und Schienen und andere körperliche Merkmale. Die Färbung ist mehr ein Kennzeichen geographischer Rassen, wobei allgemein die Binnenländer mehr helle Farben zeigen und bei den Küstenbewohnern der dunkle Anteil überwiegt. Weitaus die meisten ernähren sich von Blattläusen, Mottenschildläusen und Milben, werden uns also sehr nützlich und wurden schon oft mit großartigem Erfolg zur Schädlingsbekämpfung eingesetzt. Denn auch ihre gesellig lebenden, buntgefleckten, sechsbeinigen, oft abenteuerlich bewarzten und behaarten Larven vertilgen diese Pflanzensauger und bringen es täglich auf rund fünfzig Läuse. Da ein Marienkäferweibchen 400–700 Eier legen kann, läßt sich leicht ausrechnen, welch bedeutsame Dienste uns dieses beliebte Völkchen leistet. Nicht selten vermehren sie sich so stark, daß sie weite Reisen unternehmen und zu Millionen auf hoher See umkommen. In solchen Jahren können wir sie an besonders günstigen Überwinterungsplätzen zu Hunderten und Tausenden finden.

Von den häufigsten mitteleuropäischen Arten seien hier genannt:

der *Siebenpunkt (Coccinella septempunctata)*, 7–8 mm lang, mit mennigroten Flügeldecken und je zwei weißgelben Stirnflecken und Halsschildecken sowie je drei runden und einem gemeinsamen schwarzen Punkt an der Flügelnaht; taucht im März aus seinem Winterquartier auf, paart sich bald, legt ab Ende Mai seine 400 gelbbraunen Eier an Blattunterseiten, aus denen nach 5–8 Tagen die zuerst schwarzen, später bläulich-schiefergrauen, rotgepunkteten, schwarzbewarzten Larven ausschlüpfen;

der *Augenmarienkäfer (Anatis ocellata)*, 8–9 mm lang, dem Siebenpunkt recht ähnlich, mit zwei gelben Kopfflecken, gelbgerandetem Halsschild, gelbroten Flügeldecken mit je zehn schwarzen Punkten, die meist hell scheinen.

Die Ölkäfer

Die höchst eigenartigen, flugunfähigen *Ölkäfer (Meloidae)* durchbrechen das Schema des üblichen Entwicklungsweges. Aus den üblichen drei Entwicklungsstufen sind deren sechs geworden: Ei, Dreiklauerlarve, Honigmade, Scheinpuppe, Käferlarve und echte Puppe.

Ölkäfer oder Maiwurm (Meloe violaceus): Bewohnt Mitteleuropa; Länge 28–32 mm; Färbung dunkelblau, hat auffallend halsartig eingeschnürten Kopf, schmalen Halsschild, große Perlenfühler, kleine kurze Flügeldecken, keine Hinterflügel, schwitzt bei Gefahr einen giftigen gelben Blutwehrsaft aus den Kniegelenken; wird in Südeuropa vom 10 mm langen, schwarzen *Rotschultrigen Bienenkäfer (Sitaris muralis)* vertreten, bei dem das Weibchen seine Eier in die unmittelbare Nähe der Brutnester der Einsambienen legt, so daß die Dreiklauerlarven größere Chancen haben, diese Nester zu erreichen.

Spanische Fliege (Lytta vesicatoria): Bewohnt Süd- und Mitteleuropa; Länge 12–14 mm; Färbung metallisch goldgrün, unterseits grauweiß behaart, hat wohlausgebildete, aber weiche Flügeldecken und flugtüchtige Hinterflügel, taucht meist im Juni auf, befrißt Laubbäume wie der Maikäfer, riecht scharf, sondert bei Gefahr ebenfalls einen gelben öligen Blutwehrsaft ab, der auf der Haut sofort große Blasen zieht und früher viel zu Wundermedizinen und gefährlichen Liebestränken verwendet wurde. Dieses Gift heißt Cantharidin.

Die Bockkäfer

Die in über 25000 Arten weltweit verbreiteten *Bockkäfer (Cerambycidae)* sind ebenso schlank wie stattlich, schnellfüßig wie fluglustig, farbenprächtig wie sonnenselig und kennzeich-

Mehr Mühe als der Marienkäfer gibt sich der Haselnußbohrer mit seiner Brut. Mit seinem Rüssel bohrt er eine Höhle in die noch weiche junge Haselnuß. Dann schiebt er seine Eier in die nährende Frucht hinein. Nahezu jede einheimische Pflanze hat ihren jeweiligen Rüsselkäfer. Somit gehört er zu den gefürchtetsten Pflanzenschädlingen in unseren Breiten.

nen sich durch ihre ungewöhnlich langen Fühler, die oft die Körpergröße bedeutend übertreffen. Als Larven sind sie weiche und weißliche, unter der Rinde und im Holz lebende Geschöpfe, die entweder verstümmelte Beine oder kümmerliche Gangwülste haben, sich wurmartig fortbewegen und oft jahrelang durchs Holz fressen. Die meisten richten jedoch keinen größeren Schaden an, da sie kranke und abgestorbene Stämme bevorzugen. Als Käfer leben sie vom Nektar der Blumen, dem Saft der Bäume und frischem Blattgrün.

In unseren Au- und Laubwäldern leben unter anderen:

der *Eichen- oder Heldbock (Cerambyx cerdo)*, bis zu 50 mm lang, schwarz, mit pechbraunen, hinten rötlich getönten Flügeldecken, grob gerunzeltem, seitlich bedorntem Halsschild und überkörperlangen Fühlern; erscheint ab Ende Mai, fliegt in den warmen Sommernächten, braucht vier Jahre zu seiner Entwicklung;

der *Große Pappelbock (Saperda carcharias)*, 24–30 mm lang, schwarz, dicht gelblich behaart, mit breiten Flügeldeckenschultern und körperlangen Fühlern; sitzt im Juni/Juli an Pappeln, Weiden und Espen, bringt als Larve oft die jungen Bäume zum Absterben;

der *Moschusbock (Aromia moschata)*, bis zu 40 mm lang, wunderbar metallisch grün oder bronzefarben schimmernd, mit stahlblauen Fühlern und Beinen sowie gerunzelten Flügeldecken, riecht stark nach Moschus, entwickelt sich in alten Weiden;

der *Alpenbock (Rosalia alpina)*, 22–36 mm lang, mattschwarz, fein blaßblau behaart, mit drei samtschwarzen Querbinden bzw. Flecken auf den Flügeldecken, hat überkörperlange Fühler, entwickelt sich in alten Buchenstöcken, steht unter Naturschutz.

Die bekanntesten Bockkäfer unserer Nadelwälder sind:

der *Mulmbock (Ergates faber)*, 27–55 mm lang, Männchen bronzefarben, mit zwei Höckern auf dem glatten Halsschild, Weibchen pechschwarz, mit runzlig punktiertem Halsschild, hat körperlange Fühler, ist der größte europäische Bockkäfer, fliegt vom Juli bis zum September, scheut das Tageslicht, kneift herzhaft zu, entwickelt sich in alten Kiefernstöcken;

der *Zimmermannsbock (Acanthocinus aedilis)*, 13–19 mm lang, hell- oder graubraun, grau getönt, mit undeutlichen wolkigen Binden auf den Flügeldecken und ganz ungewöhnlich langen, dünnen, geringelten Fühlern, die beim Männchen von 4–5facher, beim Weibchen von 2facher Körperlänge sind; fliegt im zeitigen Frühjahr, entwickelt sich in alten Kieferstöcken oder gefällten Kiefernstämmen.

Die Blattkäfer

Äußerlich erinnern manche *Blattkäfer (Chrysomelidae)*, die unter ihren gut 34 500 Arten manchen beachtlichen Pflanzenschädling bergen, etwas an die Marienkäfer. Sie sind ebenfalls gedrungen, oval und rundlich gebaut, haben einen stark gewölbten Rücken, einen in den Nackenschild zurückgezogenen Kopf sowie kurze Fühler und Beine. Oft funkeln sie noch schöner als die Prachtkäfer und sind wie jene echte Sonnenkinder. Als Verzehrer von Pflanzenstoffen bieten sich ihnen wie ihren Larven unsere Kulturpflanzen als ein derartig „gefundenes Fressen" an, daß sie zu beängstigenden Massenvermehrungen neigen und gewaltige Schäden verursachen.

Kartoffel- oder Koloradokäfer (Leptinotarsa decemlineata): Stammt aus Nordamerika, ist heute in allen Kartoffel-Anbaugebieten der Welt verbreitet; Länge 9–11 mm; Färbung der Flügeldecken gelblich bis orangerötlich, mit zehn schwarzen Längslinien; befrißt als Käfer wie als Larve das Kartoffelkraut, hat eine ungeheure Vermehrung und sehr kurze Generationsdauer, so daß es ein einziges Paar in einem Sommer theoretisch auf 32 Millionen Nachkommen bringen kann.

Weitverbreitete andere einheimische Blattkäfer sind:

das *Lilienhähnchen (Crioceris lilii)*, 6–8 mm lang, schwarz, mit rotem Halsschild und feinpunktierten, glänzend zinnoberroten Flügeldecken, das die weißen Blüten der Gartenlilien befrißt;

das *Spargelhähnchen (Crioceris asparagi)*, bis zu 5–6 mm lang, glänzend blaugrün, mit rotem Halsschild und sechs weißgelben Flecken auf den rotgesäumten Flügeldecken, das nebst seiner olivgrünen Larve von den Spargelblättern lebt;

der *Stachelkäfer (Hispella atra)*, 3–4 mm, blauschwarz, der auf dem Halsschild und den Flügeldecken einen spitzigen Stachelwald trägt.

Die Rüsselkäfer

Lediglich aus Pflanzenfressern setzt sich auch die riesige Familie der *Rüsselkäfer (Curculionidae)* zusammen, die in etwa 45 000–45 700 Arten umfaßt, wobei die tropischen Rüßler sehr wahrscheinlich erst zur Hälfte erforscht und beschrieben wurden. Allein in Mitteleuropa leben über 1 100 Arten, die alle auf be-

Nur rund fünf Millimeter mißt der schwarzbraune Buchdrucker, einer der in Mitteleuropa weit verbreiteten Borkenkäferarten. Als Wirtsbaum bevorzugt er die Fichte, deren Bastschicht er weitgehend zerstört. Da die Borkenkäfer alte und angekränkelte Bäume bevorzugen, können sie nur in „sauber" aufgeräumten Wald-Monokulturen größeren Schaden anrichten.

stimmte Pflanzen so sehr spezialisiert sind, daß man fast sagen könnte, daß jede einzelne einheimische Pflanze ihren eigenen Rüsselkäfer hat. Genauso wie es keinen Pflanzenteil von der Wurzel über Stiel und Stengel, Blatt und Trieb bis zur Blüte und Frucht gibt, der nicht von den Rüsselkäfern und ihren Larven gefressen würde. Kein Wunder also, daß sich in diesem Käferheer auch viele der schlimmsten Pflanzenschädlinge befinden, mit denen der Mensch überhaupt zu kämpfen hat. Die Merkmale der meist sehr kleinen Rüsselkäfer sind: eine fast eiförmige, hochgewölbte Gestalt, ein unverkennbar rüsselförmig verlängerter Kopf, an dem die immer geknieten Fühler weit vorn und seitlich abstehen, sowie ein ungewöhnlich harter, oft rauher und dicht beschuppter oder fein bepuderter Chitinpanzer. Die madenförmigen, fast ausnahmslos grabenden und bohrenden Larven sind ebenfalls ausgesprochene Pflanzenfresser.

Von den vielen einheimischen Arten seien hier kurz vorgestellt:

der *Birkenstecher oder Trichterwickler (Deporaus betulae)*, bis zu 2,5–4 mm lang, schwarz, sparsam behaart; das Weibchen schneidet ein Blatt von beiden Seiten bis zur Mittelrippe in bogiger S-Form ein und berechnet diese Schnittkurven so wunderbar, daß sich das Blatt mit geringster Mühe zu einem trichterförmigen Wickel zusammenrollen läßt, der dann mit Eiern bestiftet wird;

der *Haselnußbohrer (Curculio nucum)*, 6–9 mm lang, rotbraun, fein gelbgrau behaart, mit hochstehendem Haarkamm längs der Flügeldeckennaht und behaarten Fühlern; das Weibchen bohrt ein Loch in die noch weichschaligen Nüsse, dreht sich dabei um seinen Rüssel und versenkt je ein Ei in die Früchte;

der *Apfelblütenstecher oder Brenner (Anthonomus pomorum)*, 4–4,5 mm lang, hat pechbraune Flügeldecken mit verwaschenen grauen Schrägbinden und rotbraune Beine; nagt ein Loch in die Blütenknospen der Apfel- und Birnenbäume, schiebt ein Ei hinein, aus dem nach etwa 8 Tagen die fußlose Larve schlüpft, die inneren Blütenteile frißt und sich in der rot verfärbten Knospe verpuppt.

Die Borkenkäfer

Die kleinen *Borkenkäfer (Scolytidae)* messen meist nur wenige Millimeter, sind braun oder schwarz, ohne Zeichnungen, haben gekniete kurze Fühler, walzenförmige Gestalt und brüten in den Rinden, im Holz und in den Wurzeln zahlreicher Bäume. Zeitig im Frühjahr schwärmen die Geschlechter durch die Wälder. Die Männchen nagen kleine Hochzeitskammern aus, in denen die Paarung stattfindet. Die Weibchen erweitern die Kammern zu sogenannten Muttergängen und legen hier ihre Eier ab. Jede der ausschlüpfenden Käferlarven frißt sich, von diesem Gang ausstrahlend, ihren eigenen Weg durch das Holz, an dessen Ende sie sich schließlich verpuppt. Viele richten auch noch als Käfer beträchtlichen Schaden an. Doch wird vor allem durch den Larvenfraß gerade die lebende und aufbauende Holzschicht mit den für das Wachstum wichtigen Saftleitbahnen zerstört und damit der Baum schwer geschädigt.

Da aber alle unsere Borkenkäfer von Natur aus hauptsächlich die alten und angekränkelten Bäume bevorzugen, da sie sonst im ausquellenden Saft und Harz ersticken müßten, kann man sie gut abfangen, indem man genügend alte Bäume im Forst stehenläßt. Im Grunde sind also auch die Borkenkäfer eingesetzt, um den Zerfall kranker Bäume zu beschleunigen, und konnten sich nur in den allzu sauber aufgeräumten Reinbeständen zu gewaltigen Schädlingen auswachsen. Der Zerfall wird auch dadurch beschleunigt, daß die Weibchen der Borkenkäfer, die tief ins Kernholz eindringen, regelrechte Pilzgärten für ihre Larven anlegen. Das alte trockene Holz allein wäre wohl eine zu eiweißarme Kost. Die Pilzsporen werden von den Weibchen entweder durch die Exkremente ausgeschieden oder ausgebrochen. Den Nährboden für die Pilze bilden die mit den Ausscheidungen gedüngten Holzspänchen, die beim Ausfressen der Muttergänge anfallen.

Die wichtigsten mitteleuropäischen Borkenkäfer sind:

der *Buchdrucker (Ips typographus)*, mißt 4,2–5,5 mm, schwarzbraun; fliegt im April/Mai, bevorzugt Fichten, nagt einen meist zweiarmigen Lotgang, von dem die zahlreichen, 5–6 cm langen Larvengänge leicht geschlängelt abgehen, um in einer schüsselförmigen Puppenkammer zu enden, neigt zu Massenvermehrungen, zerstört die Bastschicht der befallenen Bäume weitgehend;

der *Große Ulmensplintkäfer (Scolytus scolytus)*, bis zu 3,5–4,5 mm lang, schwarz, mit roten Flügeldecken und Beinen; befällt vor allem Ulmen, nagt dicke kurze Lotgänge und wenige Larvengänge, überträgt die Sporen des kleinen Ulmenpilzes, der das Ulmensterben verursacht. Die Sporen sind im Holz sichtbar.

Die Netzflügler
(Neuropteroidea)

Alle die ungemein schlanken, fast ätherisch anmutenden, eigenartig schaukelnden und gaukelnden Insekten, die ihre vier großen, häutigen und sehr durchsichtigen Flügel in der Ruhe steil dachförmig tragen, werden zur Überordnung der *Netzflügler (Neuropteroidea)* zusammengefaßt. Diese Überordnung gliedert sich wiederum in die Ordnungen der *Schlammfliegen (Megaloptera)*, der *Kamelhalsfliegen (Raphidioptera)* sowie der *Hafte oder Landhafte (Planipennia)* mit den Familien der Ameisenjungfern, Schmetterlingshafte, Florfliegen, Goldaugen, Schlammfliegen, Staubhafte, Fanghafte und Bachhafte.

Wir stellen die mitteleuropäischen Arten hier in bunter Reihenfolge vor, ohne uns dabei mit der Systematik zu belasten.

Schlamm- oder Wasserflorfliege (Sialis flavilatera): Sie bewohnt unsere Teiche und Flüsse, mißt bis zu 10 mm, spannt 25–30 mm, ist ein unscheinbares schwärzliches Geschöpf mit mehr als körperlangen, großen, blattförmigen, bräunlichen, dunkel geäderten Flügeln und langen fadenförmigen Fühlern, fliegt im Mai/Juni, schwankt unsicher über die Ufergräser, legt ihre braunen Eier an Wasserpflanzen, aus denen nach 10–24 Tagen die winzigen Larven schlüpfen und ins Wasser gleiten.

Diese großköpfigen Larven erinnern auf den ersten Blick an Tausendfüßer. Doch sind die vielen Körperglieder, die man für Beine hält, in Wirklichkeit borstenbesetzte Kiemenanhänge, also Atmungsorgane, die das Leben im Grundschlamm ermöglichen. Hier führen sie ein räuberisches Dasein, verpuppen sich jedoch auf dem Lande in der feuchten Erde der Uferränder und Auwälder.

Kamelhalsfliege (Raphidia notata): Bewohnt unsere Laubwälder und Obstgärten, liebt Eichen, mißt 10–12 mm, spannt 25–30 mm, ist ein schlankes zierliches Geschöpf mit vier großen, glashellen, reich geäderten Flügeln, hat kurze Fadenfühler, halbkugelige Facettenaugen und kennzeichnet sich durch die halsartig verlängerte Vorderbrust, die sie erhoben trägt; fliegt im Mai/Juni.

Die Kamelhalsfliegen betreiben Jagd auf kleinere Insekten, die sie mit den Kieferzangen durchbohren und dann aussaugen. Sie fliegen und laufen gut, bewegen sich viel an Baumstämmen und legen ihre Eier in Häufchen von 40–50 Stück mit Hilfe einer sehr biegsamen Legeröhre in die Risse borkiger Rinden. Die ungemein beweglichen, ebenso schnell vor- wie rückwärts laufenden Larven leben ebenfalls räuberisch und stellen den Larven der Borkenkäfer nach. Den Winter verbringen sie in einem genagten Kämmerchen unter der Rinde, um sich im nächsten Frühjahr zu verpuppen. Seltsamerweise läuft diese Puppe nach kurzer Ruhezeit sehr lebendig davon, strebt zur Sonne, häutet sich nochmals und schlüpft als fertig entwickeltes Insekt.

Ameisenjungfer (Myrmeleon formicarius): Bewohnt sandige Nadelwälder, mißt 30–40 mm, spannt 64–75 mm, ist ein libellenähnliches, schlankes, grauschwarzes, an Kopf und Brust gelbfleckiges Insekt mit vier fast gleichgroßen, glashellen, dunkel genetzten Flügeln, hat kurze

In der Nähe beschatteter Bäche lebt die zarte, der Florfliege sehr ähnliche Bachhaft. Die Spannweite ihrer braungefleckten, transparenten Flügel beträgt fast fünf Zentimeter. Wenn das Männchen paarungsbereit ist, lockt es das Weibchen mit zwei am Leibesende ausstülpbaren Duftsäcken an.

Knopffühler und gelbbraune Beine, fliegt vom Juli bis zum September langsam und taumelnd durch die Nächte, legt die Eier in den warmen Sand.

Die aus den Eiern der Ameisenjungfern schlüpfenden Larven sind die räuberischen „Ameisenlöwen". Sie kennzeichnen sich durch einen platten, gelblichgrauen Borstenkopf, stark entwickelte Saugzangen und gedrungenen borstigen Leib. Indem sie sich rücklings und mit zuckenden Bewegungen in den Sand wühlen und die sie bedekkenden Körnchen immer wieder emporschleudern, stellen sie mit großer Ausdauer bis zu 5 cm tiefe und 8 cm weite Sandtrichter her, auf deren Grund sie sich verbergen und auf die abstürzenden Insekten warten. Können sie ihr Opfer nicht gleich gut packen und versucht dieses aus dem Trichter zu entkommen, so schleudern die Ameisenlöwen den auf sie herabrieselnden Sand heftig gegen die Trichterwände, damit das Opfer wieder in den Trichter rutscht. Im Juni spinnen sie sich einen kugeligen Kokon aus verwobenen Sandkörnchen, in dem sie sich verpuppen und aus dem sie schon bald darauf als Ameisenjungfer schlüpfen.

Schmetterlingshaft (Ascalaphus macaronius): Bewohnt die Bergwiesen Süddeutschlands, mißt 18–20 mm, spannt bis zu 57 mm, erinnert an einen schwarzgelb gezeichneten Schmetterling, hat sehr lange Knopffühler, lang behaarten Scheitel, vier große Flügel mit gelben und schwarzen Malen, fliegt gewandt und tummelt sich gern im Sonnenschein.

Gemeine Florfliege (Chrysopa vulgaris): Bewohnt unsere Wälder, Parkanlagen und Gärten, überwintert gern in den Häusern, mißt 8–12 mm, spannt 27–30 mm, ist ein überaus zartes grasgrünes Geschöpf mit großen glashellen, grüngeäderten Flügeln, langen Fadenfühlern und riesigen leuchtendgoldenen Augen, hat längs des Rückens einen gelben Mittelstreif, riecht streng, fliegt langsam und ungeschickt, legt seine langgestielten Eier in dichten Gruppen auf Blätter ab; hat eine schlichte unansehnliche Verwandte in der bräunlichen *Rauhen Florfliege (Hemerobius hirtus).*

Aus den Eiern der Flor- und Goldfliegen schlüpfen die sogenannten „Blattlauslöwen", schlanke, bunte und flache Larven, die sich hauptsächlich von Blatt- und Schildläusen nähren. Manche von ihnen pflegen sich die ausgesogenen Blattläuse auf den Rücken zu schleudern und derartig skalpgeschmückt und zugleich getarnt umherzulaufen. Ihre Verwandlung machen sie in einem selbstgesponnenen, bräunlichen, etwa erbsengroßen, kugeligen Kokon durch, den sie an Blätter oder Ästchen heften.

Bachhaft (Osmylus chrysops): Bewohnt unsere Wälder, sucht die Nähe beschatteter Bäche, mißt 14–16 mm, spannt 45–47 mm, ist ein zartes, florfliegenähnliches Geschöpf mit breiten braungefleckten Vorderflügeln und schmalen glashellen Hinterflügeln sowie hell rotbraunem Kopf, fliegt langsam flatternd durch den abendlichen Wald, lebt als Larve räuberisch am Bachufer und im überspülten Moos.

Schmetterlingsverwandte
(Amphiesmenoptera)

In der Überordnung *Amphiesmenoptera* werden zwei Ordnungen einander ähnlicher Insekten mit vollständiger Verwandlung zusammengefaßt. Die Köcherfliegen *(Trichoptera)* haben dicht mit Haaren bedeckte Flügel, während die Bedeckung der Flügel bei den Schmetterlingen *(Lepidoptera)* aus Schuppen besteht.

Zu den Bläulingen gehört der Feuerfalter, dessen Raupen wie die der Echten Bläulinge eine Art Zuckersaft ausscheiden. Die Männchen sind leuchtend rot, die Weibchen eher bräunlich gefärbt.

Der Aurorafalter gehört zu den Weißlingen. Seine Spannweite beträgt etwa 40 mm.

Man erkennt ihn an der moosgrün und lebhaft gefleckten Unterseite der Hinterflügel sowie an den feurig orangeroten Vorderflügelhälften des Männchens. Die Puppe des Aurorafalters tarnt sich dadurch, daß sie wie ein Dorn aussieht.

Der Hochmoorgelbling ist nach seinem Lebensraum benannt. Man findet ihn im Juni und Juli in den deutschen Mittelgebirgen. Der zur Familie der Gelblinge gehörende Falter hat eine Flügelbreite von 44 bis 46 Millimetern.

Der Schwalbenschwanz gehört zur Familie der Ritterfalter. Seinen Namen hat der Schwalbenschwanz von der schwanzartigen Verlängerung der Hinterflügel.

Die Köcherfliegen

Die düsterfarbigen, an kleine urtümliche Schmetterlinge erinnernden, das Licht des Tages fast ausnahmslos scheuenden *Köcherfliegen (Trichoptera)* sind bis auf wenige Arten weitgehend dem Leben im Wasser angepaßt. Sie verbringen ihre ganze Larvenzeit sowie die Puppenruhe in stehenden oder fließenden Gewässern und kommen nur an Land, um sich zu paaren. Dabei ist diese Fortpflanzungsfrist so knapp bemessen, daß sehr viele gar keine Nahrung mehr zu sich nehmen, sondern nur von den aufgespeicherten Reservestoffen zehren. Die Larven schwimmen entweder frei im Gewässer umher oder bauen sich kunstvolle Köchergehäuse aus Blätter-, Rinden- und Stengelstückchen, aus Sandkörnchen, Muschelschalen oder Schneckenhäuschen. Jede einzelne Art kennzeichnet sich durch einen nur ihr eigentümlichen Köcher.

Sind die Larven herangewachsen, so verpuppen sie sich innerhalb ihrer Wohnröhren und Köcher, die sie vorher an einem Gegenstand befestigen und mit einer Gespinstmembran verschließen. Die reife Puppe klettert schließlich ans Ufer und die Köcherfliege erhebt sich in die Luft.

Für die zahlreichen einheimischen Arten als Beispiele:

die *Große Wassermotte (Phryaena grandis)* aus unseren Tümpeln und Teichen, die 24 mm mißt, 40–60 mm spannt, sehr an einen Schmetterling erinnert, aber wie alle Köcherfliegen keine beschuppten, sondern dicht behaarte Flügel hat; sie legt ihre grünen Eier in Gestalt eines Kranzes an die Unterseite der Seerosenblätter und anderer Wasserpflanzen, baut sich als Larve einen Tütenköcher;

die *Rautenförmige Köcherfliege (Limnophilus rhombicus)* aus dem gleichen Lebensraum, die 12–14 mm mißt, 30–44 mm spannt und sehr schmale, glänzend gelbe oder braune Vorderflügel mit zwei deutlichen, großen hellen Fensterflecken hat; sie baut sich als Larve ein wirres Gehäuse aus kreuz und quer zusammengefügten kurzen Stengelstückchen, während *L. extricatus* Sand- und Kieskörnchen säuberlich zusammenkittet und *L. flavicornis* winzige Muschel- und Schneckenschalen zum Köcherbau verwendet.

Die Schmetterlinge

In über hunderttausend Arten flattern die *Schmetterlinge (Lepidoptera)* durch alle Länder der Erde. Rund eine Million feinster Farbschuppen bedecken ihre vier großen rundlichen Flügel, die während des Fluges durch besondere Haftorgane zu zwei Tragflächen verbunden werden. Aus viertausend bis dreißigtausend Facettenlinsen setzen sich die großen Netzaugen zusammen. Nicht weniger Riechgruben befinden sich in den langen und vielgliedrigen, faden-, borsten- oder keulenförmigen Fühlern. Aus zahlreichen über den Leib und die Flügel verstreuten Drüsen verströmen zarte Puderquasten berauschende Düfte, um die Geschlechter zusammenzuführen. Der aus zwei Halbröhren gebildete, geschmeidige und oft bis körperlange Rüssel erreicht den Nektar im tiefsten Blütengrund und kann sich gleich einer Uhrfeder zusammenrollen. Hochempfindliche Geschmacksorgane, die über 2400mal feiner als die beste menschliche Feinschmeckerzunge schmecken, sitzen an den Tarsen der langen schlanken Beine. Sie verraten dem Schmetterling schon bei der Landung das besondere Aroma der Blumen und ihrer Nektarien. Denn fast ausschließlich aus den duftenden Säften der Blütenpflanzen besteht die Nahrung, und nur einige wenige nippen auch vom Schweiß und Blut sowie allerlei Faulstoffen. Oft ist das beflügelte Fortpflanzungsstadium aber auch derartig kurzfristig, daß die Falter überhaupt nichts mehr zu sich nehmen und verkümmerte Rüssel haben.

Die Ritter

Die *Ritter oder Edelfalter (Papilionidae)*, die in etwa 600 Arten über die ganze Erde verbreitet sind, fliegen als echte Tagfalter gern im Sonnenschein, flattern schaukelnd und schwebend dahin, und dürfen fast als behäbige Gesellen bezeichnet werden. Gestaltlich kennzeichnen sie sich durch schmalen schlanken Körper, große breite Flügel und feine Knopffühler.

Ihre 16füßigen Raupen, oft sehr bunt und reich bewarzt, verfügen über eine ausstülpbare Nackengabel, die an der Grenze zwischen Kopf und Brust sitzt, bei Beunruhigung gleich einer Natternzunge vorschnellt und ein scharfes, stark riechendes, ätherisches Öl absondert. Sie verpuppen sich frei an Stengeln und Halmen, verankern sich mit der Hinterleibsspitze und sichern sich mit einem um die Körpermitte gelegten Faden. Diese „Gürtelpuppe“ ist so eckig, kantig und höckrig gestaltet, daß sie täuschend allerlei Pflanzenteilen gleicht und nicht leicht entdeckt wird. In ihr überwintert die 2. Generation der Falter, friert gänzlich durch und schlüpft doch unversehrt im nächsten Frühjahr.

Die bekanntesten mitteleuropäischen Ritter seien im folgenden vorgestellt.

Schwalbenschwanz (Papilio machaon): Ist heute schon recht selten, bevorzugt trockene, hügelige Gegenden, fliegt vom Mai bis zum August, spannt rund 80 mm; Flügel gelb mit schwarzen Zeichnungen, Hinterflügel mit kleinem Schwänzchen, blauer Binde und rotbraunem Augenfleck.

Segelfalter (Papilio = Iphiclides podalirius): Steht unter Naturschutz, da er nur noch sehr selten vorkommt, liebt sonnige Hänge, fliegt im Mai/Juni und August/September, spannt 70–75 mm; Flügel hellgelb mit schwarzen Zeichnungen, Hinterflügel lang geschwänzt mit blauen Flekken und einem orangegelben Augenfleck.

Apollo (Parnassius apollo): Ist heute so selten, daß er gleichfalls unter Naturschutz gestellt werden mußte, er bewohnt die felsigen Hänge und Täler von den Alpen bis zum Moseltal, fliegt von April bis September, spannt 70–75 mm; hat weichgerundete Flügel mit vier roten Augen, schwarzen Flecken und lichtem blauem Saum. Ihn vertritt auf den feuchten Gebirgswiesen in Höhen von 1000–1700 m im Alpen- und Voralpengebiet sowie im Harz, der im Mai/Juni fliegende, nur 63 mm spannende *Schwarze Apollo (P. mnemosyne)*, dem die roten Augen fehlen, und in den Hochalpen oberhalb des Knieholzgürtels der gleichgroße *Alpenapollo (P. phoebus)*, der im Juni/Juli fliegt, schwarzweiß geringelte Fühler und ebenfalls rote Augen hat.

Die Weißlinge

Die in rund 1500 Arten auftretenden *Weißlinge (Pieridae)*

Den Distelfalter findet man fast über die ganze Erde. Man erkennt ihn an seinen ziegelroten Flügeln, die braun bis schwarz gefleckt sind, und an den weißen gefleckten Spitzen der Flügel.

Der zur Familie der Fleckenfalter zählende Distelfalter kann große Strecken zurücklegen; große Schwärme fliegen jedes Jahr aus Nordafrika über das Mittelmeer nach Norden.

sind eng an unsere Wiesen-, Futter- und Gemüsepflanzen gebunden und wohl jedermann in ihren beiden bekanntesten Vertretern, nämlich dem Kohlweißling und dem Zitronenfalter, vertraute Erscheinungen. Da sie keinen Mangel an Futterpflanzen leiden, gehören sie zu den häufigsten einheimischen Schmetterlingen. Äußerlich gleichen sie den Rittern sehr, erweisen sich aber als wesentlich temperamentvoller, gleichsam vitaler und stürmischer, fliegen schnell, oft geradezu reißend, und sind eifrige Blütenbesucher. Ihre Raupen tragen weder lange Haare noch spitze Dornen, weder auffällige Warzen noch Buckel. Die Verwandlung erfolgt in freihängenden, vielgezackten Gürtelpuppen, die sich dicht an die Unterlage der Stengel und Äste schmiegen.

Großer Kohlweißling (Pieris brassicae): Er ist überall häufig, tritt oft als Schädling auf den Kohlfeldern in Erscheinung, fliegt vom Mai bis zum September, spannt 50–58 mm, hat weiße Flügel mit schwarzen Spitzen und Flecken, neigt zu Massenvermehrungen und dadurch bedingten Wanderungen.

Nahe verwandte Weißlinge sind:

der *Rübenweißling oder Kleine Kohlweißling (P. rapae)*, der 40–42 mm spannt und nur wenige und nicht so intensiv schwarze Male auf seinen weißen bis gelbweißen Flügeln hat;

der *Aurorafalter (Anthocaris cardamines)*, der 38–42 mm spannt, sich als Männchen durch feurig orangerote Vorderflügelhälften kennzeichnet und in beiden Geschlechtern lebhaft moosgrün gefleckte Unterseiten der Hinterflügel hat.

Zitronenfalter (Gonepteryx rhamni): Überall häufig, bevorzugt Heideland, lichte Wälder und Auwälder, fliegt vom März bis zum September, spannt 50–52 mm; das Männchen hat leuchtendgelbe, das Weibchen grünlichweiße Flügel, trägt in beiden Geschlechtern je einen kleinen roten Punkt in der Mitte der vier Flügel, überwintert als Falter zwischen trockenem Laub am Boden, unter Moosen, immergrünen Blättern oder Reisig, sucht diese Schlupfwinkel schon im September auf, durchfriert gänzlich, wird glasspröde, paart sich im nächsten Frühjahr.

Postillion oder Posthörnchen (Colias croceus): Häufig über Klee- und Luzernefeldern, fliegt im Mai/Juni als aus dem Süden zugezogene und im Juli/August als bei uns geschlüpfte Generation, spannt 40–50 mm, hat sanftgerundete orangegelbe Flügel mit breitem schwärzlichem Saum, zeigt im Vorderflügel ein schwarzes, im Hinterflügel ein rötliches Auge, kann den Winter nicht überdauern.

Die Fleckenfalter

Zur artenreichen Familie der *Fleckenfalter (Nymphalidae)* zählen unsere größten und buntfarbigsten Schmetterlinge. Übereinstimmend kennzeichnen sie sich durch auffällig kleine, zu „Putzpfoten" verwandelte Vorderbeine, die weder zum Sitzen noch zum Laufen zu gebrauchen sind, aber sehr geschickt die Fühler wie den Rüssel zu säubern vermögen. Als ausgesprochene Sonnenkinder fliegen die Fleckenfalter am hellen lichten Tag und besuchen eifrig die verschiedensten Blütenpflanzen. Ihre Raupen sind durchgängig mit so zahlreichen und auffälligen Dornen geschmückt, daß man die ganze Familie auch „Dornraupenfalter" nennt. Die Verwandlung erfolgt in freihängenden Stürzpuppen, bei denen der Kopf erdwärts gerichtet ist.

Großer Schillerfalter (Apatura iris): Er fliegt in lichten Laubwäldern und Gebirgstälern vom Juni bis zum August, spannt 62–66 mm; die Oberseite der Flügel schillert metallisch, ist schwarzbraun bis bläulich gefärbt und mit weißen Binden und Flecken verziert. Der Falter fliegt in den Morgenstunden und saugt mit Vorliebe an Aas und Exkrementen.

Großer Eisvogel (Limenitis populi): Liebt die lichten Laubwälder unserer Mittelgebirge, fliegt im Juni/Juli, spannt 60–80 mm; er trägt braunschwarze, weißgefleckte Flügel, die am Außenrand mit orangefarbenen Mondflecken verziert sind, sitzt gern an feuchten Stellen und übelriechenden Stoffen.

Admiral (Vanessa atalanta): Kommt noch relativ häufig vor, fliegt von Mai bis August, spannt 55–60 mm; die schwarzen Vorderflügel tragen eine rote Schrägbinde und weiße Flecken, die ebenfalls schwarzen Hinterflügel sind mit einer roten Binde begrenzt.

Distelfalter (Vanessa cardui): Ist fast über die ganze Erde verbreitet, fliegt vom Mai bis in den Herbst hinein, spannt 55 mm; die Flügel sind hell ziegelrot und braun bis schwarz gefleckt, die Vorderflügel an der äußeren Spitze mit weißen Flecken versehen.

Tagpfauenauge (Inachis io): Kommt in ganz Europa vor, fliegt vom März bis in den Herbst hinein, spannt 55 mm; jeder Flügel trägt an der Außenkante eine vorstehende Ecke und auf braunem bis rotbraunem Grund einen großen bläulichen Augenfleck.

Großer Fuchs (Nymphalis polychloros): Fliegt von Juli bis September in Obstgärten und Laubwäldern, spannt 50 mm; die rotbraunen Vorderflügel sind mit einem schwarzen Saum und an der Vorderkante mit drei schwarzen Flecken geschmückt, die ebenfalls rotbraunen Hinterflügel tragen einen schwarzen Saum mit blauen Mondflecken.

Kleiner Fuchs (Aglais urticae): Ist in ganz Europa stark verbreitet und noch häufig anzutreffen, fliegt von Mai bis Oktober, spannt knapp 50 mm; er trägt wie der Große Fuchs drei dunkle Flecken im Vorderflügel und ist auch sonst in der Färbung sehr ähnlich, nur sind bei ihm alle vier Flügel mit einem dunklen Band mit blauen Mondflecken eingesäumt.

Kaisermantel oder Silberstrich (Argynnis paphia): In Mitteleuropa noch häufig anzutreffen, fliegt von Juni bis September, spannt bis 70 mm; die Flügel sind ockergelb und haben

Die kleinen Bläulinge gehören zu den bekanntesten Tagfaltern. Besonders in den Tropen fallen die zahlreichen Arten durch ihre schönen Farben und Zeichnungen auf. Bei uns ist am bekanntesten wohl der Gemeine Bläuling, der von Mai bis Oktober fliegt. Das Männchen hat himmelblaue, das Weibchen dunkelbraune Flügel.

am Saum entlang drei Reihen schwarzer Flecken und weiter innen strichförmige schwarze Zeichnungen.

Ferner seien noch erwähnt:

der *Trauermantel (Nymphalis antiopa)*, der als Falter in Baumlöchern überwintert, vom März bis Mai und Juli bis Oktober fliegt, 66–76 mm spannt und dunkel samtbraune Flügel mit schwefel- bis blaßgelbem und schwarzem Saum sowie blauen Punkten hat;

der *C-Falter (Polygonia c-album)* von den Waldrändern, der auch als Falter überwintert, vom März bis zum September fliegt, 40 mm spannt und sehr schwungvoll gezackte, braungelbe, schwarz gefleckte Flügel mit einem weißen „C" auf der dunklen Unterseite hat;

der *Kleine und der Große Perlmutterfalter (Issoria lathonia* und *Mesoacidalia charlotta)*, die 40 mm und 54 mm spannen, leuchtend gelbrote, schwarzgefleckte Flügel haben, die auf der Unterseite zahlreiche große perlmutterglänzende Silberflecken tragen.

Zu den Fleckenfaltern zählen auch die indo-australischen *Blattschmetterlinge (Kallima)*, die tatsächlich täuschend Blättern gleichen, wenn sie sich mit hoch zusammengeschlagenen Flügeln dicht an die Zweige setzen.

Die Augenfalter

Die auch nicht mehr so häufigen, unsicher dahinflatternden *Augenfalter (Satyridae)* tragen als Schmuck auf ihren unscheinbaren, braunen, schwärzlichen oder gelblichen Flügeln lediglich einige kleine einfache Augenflecken. Die meisten von ihnen bewohnen unsere Wälder und fliegen dicht über den Boden hin, andere wieder sind jedoch vorwiegend über den benachbarten Wiesen zu entdecken. Fast ausschließlich verbergen sich ihre spindelförmigen und nackten, braun und gelblich gefärbten Raupen tagsüber und fressen nachts an Gräsern. Ihre Zierde sind farbige Längsstreifen und kleine spitze Gabeln am Hinterleibsende. Die Verwandlung erfolgt nach der Überwinterung der Raupen in freien Puppen an oder auf der Erde sowie in Stürzpuppen an Gräsern.

Unsere häufigsten einheimischen Augenfalter sind:

der *Schachbrettfalter (Agapetes galathea)* aus unseren Mittel- und Hochgebirgen, der vom Juni bis zum August fliegt, 50 mm spannt und auf kreideweißen bis gelblichweißen oder rötlichgelben Flügeln schachbrettartig angeordnete schwarze Flekken trägt;

der *Große Waldportier (Hipparchia fagi)* aus den lichten Laubwäldern, der vom Juli bis Mitte September fliegt, 62 mm spannt und schwarzbraune, rauchglänzende, hell gebänderte Flügel hat;

die *Schattenkönigin (Brintesia circe)* aus den lichten Laubwäldern, die vom Juni bis zum August fliegt, 60 mm spannt und schwarzbraune samtige Flügel mit weißen Binden und Fleckenreihen hat.

Die Bläulinge

Das Blau des sommerlichen Himmels leuchtet auf den hellgesäumten rundlichen Flügeln der kleinen zarten *Bläulinge (Lycaenidae)*, die als rechte „Himmelsfalter" über die Wald- und Moorwiesen, die Blößen und Schonungen sowie das Zwerggesträuch der Kiefernforste und Heiden flattern, Blüten besuchen sind zwar meist schlicht viel Wasser trinken. Die Weibchen zwar sind meist schlicht bräunlich gefärbt, und auch die Flügelunterseiten beider Geschlechter zeigen eine braune Tönung, tragen aber einen überaus reizvollen Schmuck in Gestalt weißer und orangefarbener Binden sowie vieler hellgesäumter Augenflecken. Eigenartig starr und spröde sind die schwarzweiß geringelten Fühler.

Unsere bekanntesten Bläulinge sind:

der *Gemeine Bläuling (Polyommatus icarus)*, der vom Mai bis zum Oktober fliegt, 26–28 mm spannt, als Männchen blaue, als Weibchen dunkelbraune Flügel hat, als Raupe von kleinen Insekten lebt;

der *Argus-Bläuling (Plebejus argus)*, der vom Juni bis zum August fliegt und als Raupe in den Nestern der Aschgrauen Sandameise lebt;

der *Schöne Argus (Lysandra bellargus)*, der vom Mai bis zum September fliegt, 25 mm spannt, als Männchen strahlend hell himmelblaue, als Weibchen dunkelbraune und rotgesäumte Flügel hat.

Die Nachtfalter

Im Rahmen dieses Buches ist es leider nicht möglich, die fast zahllosen Vertreter der vielen Nachtfalter nur halbwegs vorzustellen. Es soll darum hier lediglich eine Übersicht über einige Familien und ihre wichtigsten Arten gebracht werden.

Die *Schwärmer (Sphingidae)* schießen reißenden Fluges dahin, stehen rüttelnd mit propellerartig wirbelnden Flügeln vor den Blüten, zucken unstet von Kelch zu Kelch und versenken nur flüchtig den langen Rüssel. Die meisten Nachtblumen, wie der Phlox, der Jasmin, die Fuchsie, die Lichtnelke, die Kapuzinerkresse, der Ziertabak, die Zaunwinde, das Geißblatt und zahlreiche einheimische Orchideen, sind gänzlich auf ihren Besuch und ihre Bestäubung angewiesen, da andere Insekten die tiefverborgenen Nektarien, Stempel und Staubgefäße gar nicht zu erreichen vermögen.

Als Nachtfalter haben die Schwärmer einen wohl kräftigen und gut behaarten, aber auch betont stromlinienförmig gebauten Leib, der mit den langen, schmalen, schnittigen Vorderflügeln und den auffällig kleinen Hinterflügeln einen sehr schnellen Flug erlaubt. In der Ruhe legen sie die allgemein schlichtgefärbten Vorderflügel über die bunten Hinterflügel und sind in dieser rindenfarbenen Verbergtracht nur schwer zu entdecken. Ihrer Größe entsprechend, sind auch ihre vorwiegend grünen Raupen rechte kleine Ungeheuer, die bis zu 15 cm messen, häufig diagonale Tarnanstriche sowie einen langen Dorn am elften Hinterleibsring tragen und allerlei Drohstellungen einnehmen. Ausnahmslos überwintern sie in der hornbraunen Puppe, die in der Erde ruht.

Der Wolfsmilchschwärmer fliegt von Mai bis September. Er spannt 66 mm und hat graugelbe bis olivgrüne Vorderflügel und rosenrote, schwarzgestreifte Hinterflügel. Der große Schwärmer gehört zu den Nachtfaltern und hat wie diese einen kräftigen, behaarten, betont stromlinienförmig gebauten Körper, der ihm einen schnellen Flug ermöglicht.

Von den 22 mitteleuropäischen Arten sind besonders häufig oder besonders bemerkenswert:

der *Totenkopf (Acherontia atropos)*, der alljährlich aus dem südeuropäisch-nordafrikanischen Raum über die Alpen einfliegt und in der 2. Generation während des Winters zugrunde geht, 110–120 mm spannt, der tatsächlich auf der Körperoberseite eine totenkopfähnliche Zeichnung trägt, ansonsten schwarzbraun und gelblich gezeichnet ist, quietschende Töne von sich gibt und gern in die Bienenstöcke eindringt, um dort Honig zu stehlen;

der *Ligusterschwärmer (Sphinx ligustri)*, der vom Mai bis zum Juli fliegt, 90 mm spannt, der rehbraun und zart rosenrot gefärbt ist, an den Hinterflügeln drei schwarze Binden trägt und gern zum Licht kommt;

der *Oleanderschwärmer (Deilephila = Daphnis nerii)*, der aus dem Süden über die Alpen einfliegt, unseren Winter nicht zu bestehen vermag, 100 mm spannt, der hauptsächlich dunkelgrün bis hellgrün gemustert ist und dazu noch hellbraune und violette Ornamente trägt und recht selten ist;

der *Mittlere Weinschwärmer (Deilephila = Choerocampa elpenor)*, der ziemlich häufig ist, abends und morgens fliegt, bis 60 mm spannt, kräftig violett- bis weinrot und olivgrün gemustert ist;

und der *Kleine Weinschwärmer (Deilephila = Pergesa porcellus)*, der ebenfalls recht häufig ist, bis 50 mm spannt und heller gefärbt ist als der Mittlere Weinschwärmer.

Ferner seien noch erwähnt:

das *Abendpfauenauge (Smerinthus ocellatus)*, das vom Mai bis zum Juli erst nach Mitternacht fliegt, 65–70 mm spannt und auf den sehr kleinen karmesinroten Hinterflügeln je ein großes blaues schwarzgesäumtes Auge trägt;

der *Wolfsmilchschwärmer (Celerio euphorbiae)*, der vom Mai bis zum September fliegt, 66 mm spannt, graugelbliche, olivgrün getönte Vorderflügel und rosenrote, schwarzgestreifte Hinterflügel hat;

das *Taubenschwänzchen (Macroglossum stellatarum)*, das vom Mai bis Mitte Juli über die Alpen einfliegt und teilweise wieder zurückwandert, 40 mm spannt, schwarzbraune Vorderflügel und goldbraune Hinterflügel hat und vorwiegend tagsüber fliegt; sowie

der *Hummelschwärmer (Haemorrhagia = Hemaris fuciformis)*, der tatsächlich an eine Hummel erinnert, auf den Flügeln große durchsichtige, schuppenlose Fensterflecken hat, sehr gedrungen gebaut sowie stark behaart ist und nur 42 mm spannt.

Die *Spanner (Geometridae)* sind kleine bis mittelgroße, 5–40 mm spannende, vorwiegend schlanke, fein beschuppte, recht großflüglige, zumeist unscheinbar grau und braun gefärbte Schmetterlinge, die ziemlich unsicher dahinflattern und in der Ruhe die Flügel flach dachförmig zusammenlegen. Ihre schlanken grünen oder braunen Raupen kennzeichnen sich durch das Fehlen etlicher oder aller Bauchfüße und die dadurch bedingte eigentümliche Art der Fortbewegung. Sie strecken den Vorderkörper weit vor, verankern sich mit den Brustfüßen, ziehen den Leib im hohen Bogen nach und setzen das letzte Beinpaar dicht hinter die Brustfüße. Also katzenbuckelnd, wirken sie zweifellos überraschend auf ihre Feinde. Den Tag verbringen viele von ihnen in einer höchst eigenartigen Tarnstellung, indem sie sich mit dem letzten Beinpaar fest anklammern und den ganzen Leib steif und starr in die Luft strekken. Ihre Schutzfarbe sowie allerlei bucklige Auswüchse lassen sie dann verblüffend täuschend als kleine Ästchen erscheinen.

Es seien wenigstens namentlich genannt der *Kiefernspanner (Bupalus piniarius)*, der *Stachelbeerspanner (Abraxas grossulariata)* und der *Kleine Frostspanner (Operophthera brumata)*, der ein gefürchteter Obstbaumschädling ist.

Die *Widderchen (Zygaenidae)* fliegen am hellen lichten Tag. Als kleine und dickleibige, metallisch grün oder blau glänzende, rot und gelb gefleckte Falterchen schwirren sie auf den sonnigen und steinigen Hängen von Blüte zu Blüte und haben so gering entwickelte Fluchtinstinkte, daß man sie tatsächlich mit der Hand greifen kann. Dank ihrer öligen Körpersäfte sind sie gänzlich ungenießbar und werden höchst selten von Vögeln verschluckt. Ihre kurzen, dicken, hochrückigen, feinbehaarten, meist lichtgelben Raupen ziehen sich schon im Hochsommer zur Überwinterung in die Erde zurück, fressen im nächsten Frühjahr weiter, spinnen sich dann seidige gelbe oder weiße Kokons und verpuppen sich in ihnen.

Von den 24 mitteleuropäischen Arten seien genannt:

das *Gemeine Blutströpfchen oder Steinbrechwidderchen (Zygaena filipendulae)*, das 30 mm spannt und auf blaugrünem Grund sechs karminrote Flecken hat;

das *Gemeine Grünwidderchen (Ino statices)* mit glänzendgrünen Vorderflügeln.

Die *Zahnspinner (Notodontidae)* verdienen unsere Beachtung besonders ihrer sehr bizarr gestalteten und wehrhaften Raupen wegen. Viele von ihnen scheiden nicht nur brennende Wehrsäfte aus, sondern spritzen diese auch dem Gegner ins Gesicht. Andere wieder bäumen sich wild auf, beißen herzhaft um sich und lassen aus ihren Schwanzgabeln lange hochrote Fäden züngeln, die ebenfalls scharfe Sekrete absondern. Manche aber werden durch tolle Hökker, Zitzen und dürre Spinnenbeine tatsächlich zu kleinen Ungeheuern, die sich an Häßlichkeit überbieten.

Die plumpen, dicht behaarten Falter aber exerzieren vor, wie unendlich vielfältig weiße, graue und schwarzbraune Farbtöne abgewandelt und zu trefflichen Verbergtrachten verschmolzen wer-

Die Bärenspinner gehören zu unseren bekanntesten Schmetterlingen. Sie sind mit vielen Arten weltweit verbreitet. Von den lang- und dichtbehaarten Raupen, die manchmal wie „mit Bärenfell bekleidet“ aussehen, haben sie ihren Namen. Die Bärenspinner sind alle auffallend bunt gezeichnet. Sie tragen diese Warnfarben, um Ungenießbarkeit zu signalisieren.

den können. Ihren Namen verdanken sie einem zahnartigen Vorsprung am Innenrand ihrer schmalen Vorderflügel.

Von den 40 einheimischen Arten seien wenigstens namentlich vorgestellt: der *Große Gabelschwanz (Dicranura vinula)*, der *Buchenspinner (Stauropus fagi)*, der *Zickzackspinner (Notodonta ziczac)*, der *Kamelspinner (Lophopteryx camelina)*, der *Mondvogel (Phalera bucephala)* und der *Erpelschwanz (Pygaera curtula)*.

Die *Prozessionsspinner (Thaumetopoeidae)* fallen wiederum viel mehr durch ihre Raupen als durch die kleinen, unansehnlichen, grauen Falter selbst auf. Denn diese schlanken, bunt bewarzten und reich behaarten Raupen sind ausgesprochen gesellige Tiere, die tagsüber in großen Gespinstnestern sitzen und abends gemeinsam auf Fraß ausziehen. Dabei bilden sie eine lange Reihe, in der jede einzelne Raupe mit dem Kopf das Hinterende der vorherkriechenden berührt, während irgendeine die Führung übernimmt. Das Leittier spinnt einen endlosen Faden ab, den alle anderen verstärken, so daß ein breites Seidenband entsteht, auf dem die Tiere dann leicht zum Nest zurückfinden. Abgesehen vom Schaden, den diese in Prozessionen von mehreren hundert Tieren anrückenden Raupen durch ihren Blatt- oder Nadelfraß anrichten, werden sie noch durch ihre sehr leicht abbrechenden und widerhakigen, unangenehme Hautentzündungen hervorrufenden Brennhaare recht lästig. Die Verpuppung erfolgt ebenfalls oft nesterweise in der Erde.

Häufig sind in Mitteleuropa: der *Eichen- und der Kiefernprozessionsspinner (Thaumetopoea processionea* und *Th. pinifora)*.

Die *Träg- oder Schadspinner (Lymantriidae)*, die in Mitteleuropa durch 17 Arten vertreten sind, haben in ihren Reihen eine Anzahl beachtlicher Forstschädlinge. Es sind mittelgroße bis große, verhältnismäßig plumpe und dicht behaarte, weiße, braune oder graue Falter mit verkümmerten Rüsseln, bei denen die Weibchen oft viel größer als die Männchen werden. Die Vorderflügel kennzeichnen sich vielfach durch dunkle Zackenstreifen, während die Hinterflügel ohne Zeichnung bleiben. Ihre schlanken, lebhaft gefärbten Raupen tragen bunte Warzen mit langen Haarbüscheln oder Bürsten und Pinseln.

Großen Schaden richten immer wieder an:

die *Nonne (Lymantria monacha)* in den Fichtenwäldern, der *Schwan (Porthesia similis)* und der *Goldafter (Euproctis chrysorrhoea)* in den Obstgärten, der *Rotschwanz (Dasychira pudibunda)* in den Buchenwäldern, der *Schwammspinner (Lymantria dispar)* in den Laubwäldern, der *Pappelspinner oder Atlas (Stilpnotia salicis)* in den Pappelalleen, während der *Schlehenspinner (Orgyia antiqua)* kaum lästig wird.

Die Augenspinner oder Pfauenaugen sind sehr schöne Falter mit doppeltgekämmten Fühlern und großen bunten Augenflecken auf den vier Flügeln. Ihre dicken grünen Raupen tragen bunte Warzen und Borstenbüschel. Sie verpuppen sich in festen braunen oder gelben, oft sehr kunstvollen Gespinsten und überwintern in der Puppe.

Süd- und mitteleuropäische Augenspinner sind:

das *Große, Mittlere und Kleine Nachtpfauenauge (Saturnia pyri, S. spini und Eudia pavonia)* sowie der rotbraune *Nagelfleck (Aglia tau)*, der in seinen Flügelaugen ein weißes T-Zeichen trägt.

Die *Glucken (Lasiocampidae)* tragen ihren deutschen Namen, weil sie in der Ruhe ihre oft gezackten Hinterflügel in der Art einer hudernden Henne etwas über den vorderen Rand der zusammengelegten Vorderflügel schieben. Sie täuschen damit trefflich welke Blätter vor und sind nur schwer zu entdecken. Übereinstimmend haben sie einen plumpen wolligen Leib, buschig behaarte Stirn, bräunlich gefärbte Flügel mit weißem Mondfleckchen. Die Männchen fliegen lebhaft durch die Nächte, die Weibchen sitzen träge an den Stämmen. Die durchweg behaarten, sehr lebhaft gefärbten Raupen verwandeln sich in dichten Gespinsten oder festen tönnchenförmigen Kokons. Die meisten Glucken überwintern im Ei, etliche aber auch als sehr kältefeste Raupe, die sich ungeschützt an die Äste der Futterpflanze schmiegt.

Zu den vielen einheimischen Arten zählen:

der *Ringelspinner (Malacosoma neustria)*, der *Kiefernspinner (Dendrolimus pini)*, der *Wollafter (Eriogaster lanestris)* und die *Kupferglucke (Gastropacha quercifolia)*. Der *Birkenspinner (Endromis versicolora)* mißt 64 mm, besitzt braune Flügel; die nackte, glatte, grüne Raupe sitzt auch an Erlen.

Wie viele Insekten, die über wirksame Wehrsäfte verfügen, sind auch die kräftig gebauten, in über 6000 Arten verbreiteten, stattlichen *Bären (Arctiidae)* auffallend bunt gezeichnet. Sie tragen also Warnfarben, die ihre Ungenießbarkeit anzeigen. Ihre vielerlei Kräuter fressenden Raupen dagegen sind so dicht und zottig mit langen Haaren bedeckt, daß sie ebenfalls von den meisten insektenfressenden Vögeln gemieden werden. Viele Bären überwintern als Raupe und verwandeln sich in lockeren, vorwiegend aus den langen Haaren hergestellten Puppen in der Erde.

Unsere schönsten Bären sind: der *Braune Bär (Arctia caja)*, der *Augsburger Bär (Pericallia matronula)*, der *Purpurbär (Rhyparia purpurata)*, der *Schönbär (Callimorpha dominula)* und die *Spanische Flagge (C. quadripunctaria)*.

Die *Eulenfalter (Noctuidae)* stellen mit über 25000 Arten die größte Schmetterlingsfamilie dar. Dennoch zählen sie zu den

Die Gemeine Skorpionsfliege bewohnt feuchte und schattige Wälder, ist zart und schlank gebaut und trägt auf den glashellen Flügeln schwarzbraune Flecken und Querbinden. Sie hat einen schnabelartig verlängerten Kopf und dünne Fadenfühler. Das Männchen trägt am Hinterleibsende eine Greifzange.

unbekanntesten mittelgroßen Faltern. Zweifellos wirken sie in der Mehrzahl in ihren grauen, braunen oder gelblichen Schutztrachten unansehnlich. Wer sie aber einmal im abendlichen oder nächtlichen Zimmer unter der Lampe, die sie sehr erregt umschwirren, näher betrachtet hat, wird um ihre heimliche Schönheit wissen.

Wie schon erwähnt, sind die *Ordensbänder (Catocalinae)* unsere größten und schönsten Eulen. Von ihnen seien hier genannt:

das *Blaue Ordensband (Catocala fraxini)*, das bis zu 90 mm spannt;

das *Rote Ordensband (C. nupta)*, das nur wenig kleiner ist, und

das *Gelbe Ordensband (C. fulminea)*, das gut 50 mm spannt.

Außerdem sei an dieser Stelle hingewiesen auf die von den Förstern gefürchtete *Forl- oder Kieferneule (Panolis flammea)*, die 30–35 mm spannt und als eine der schlimmsten Waldverwüsterinnen gilt.

Die *Glasflügler (Aegeriidae = Sesiidae)* erinnern uns, was ihre langen, schmalen, bis auf die Säume unbeschuppten, glashellen Flügel anbelangt, lebhaft an den Hummelschwärmer.

Unser größter Glasflügler ist der *Bienen- oder Hornissenschwärmer (Aegeria apiformis)*, der 42 mm spannt und tatsächlich genauso drohend summend wie eine Hornisse angeflogen kommt. Seine nackte Raupe frißt platzweise unter der Pappelrinde sowie im Holz. Andere Glasflüglerraupen bohren in Weiden, Espen, Erlen, Birken, Buchen, Eichen, Fichten und Lärchen sowie in zahlreichen Kern- und Steinobstbäumen oder Himbeer- und Johannisbeersträuchern.

Die *Zünsler (Pyralidae)* und *Motten (Tineidae)* sind in 12 000 Arten über die ganze Erde und alle nur denkbaren Lebensräume verbreitet. Viele von ihnen wurden zu echten Kulturfolgern, denn ihre Raupen leben von allerlei toten tierischen und pflanzlichen Stoffen. Wir erkennen ihr Wirken leicht an ihrer Gewohnheit, sich röhren- oder gewebeartige Gespinstgänge zu schaffen, in denen sie verborgen fressen können. Die bekanntesten Schädlinge dieser beiden Familien sind:

die *Kleidermotte (Tineola bisselliella)*, die *Pelzmotte (Tinea pellionella)*, die *Gemeine Tapetenmotte (Trichophaga tapetiella)*, die *Mehlmotte (Ephestia kuehniella)*, der *Mehlzünsler (Pyralis farinalis)*, die *Große Wachsmotte (Galleria mellonella)*.

Von den zahlreichen anderen Familien der Kleinschmetterlinge und Motten seien schließlich noch erwähnt:

Die *Geistlichen (Pterophoridae)*, bei denen alle vier Flügel in fingerartige Lappen zerfallen. Zur abendlichen Lampe kommt oft das *Geißblattgeistchen (Orneodes hexadactyla)*, eine gelbgraue, dunkel quergebänderte Motte.

Fliegenartige *(Antliophora)*

Die Überordnung *Antliophora* enthält die „Fliegengestalten". Bei den *Schnabelhaften (Mecoptera)* sind Vorder- und Hinterflügel wohlausgebildet, während die Zweiflügler *(Diptera)* mit den Vorderflügeln fliegen, und die Hinterflügel zu „Schwingkölbchen", die den Flug stabilisieren, umgebaut sind.

Schnabelhafte

Die Schnabelhaften *(Mecoptera)* tragen ihren Namen nach dem vogelschnabelartig vorgezogenen Kopf. Die 350 Arten verteilen sich auf 15 Familien.

Gemeine Skorpionsfliege (Panorpa communis): Bewohnt feuchte und schattige Wälder, mißt 13–15 mm, spannt 25–27 mm, erinnert an einen Glasflügler, ist zart und schlank, trägt auf den glashellen Flügeln schwarzbraune Flecken und Querbinden, hat einen schnabelartig verlängerten Kopf und dünne Fadenfühler; trägt als Männchen am Hinterleibsende eine Greifzange, die an einen Skorpionstachel erinnert, aber ein Begattungsorgan ist; legt ihre Eier in die Bodenstreu, in der die Larven von verwesenden Stoffen leben.

Winterhaft, Gletschergast oder Schneefloh (Boreus hyemalis): Lebt ungewöhnlich verborgen im Moos, erscheint im Winter an sonnigen Tagen auf dem tauenden Schnee und Gletschereis, mißt 4 bis 5 mm, ist ein heuschreckenähnliches metallischgrünes Geschöpf, hat einen schnabelartig ausgezogenen Kopf, lange bräunlichgelbe Beine und kleine Flügelstummel, stelzt hochbeinig umher, kann bis zu 15 cm weit springen, stellt sich bei Berührung sofort tot.

Die Zweiflügler

Ebenso vielseitig wie die Käfer, sind auch die etwa 85 000 Arten der Zweiflügler in den Reigen des Lebens verwoben. Alle in dieser riesigen Insektenordnung zusammengefaßten Mükken, Schnaken, Fliegen und Bremsen, die vielen Menschen als ein widerliches und unnützes Geschmeiß erscheinen, erfüllen bedeutende Aufgaben. Als eifrige Blumenbesucher leisten sie wichtige Bestäubungsdienste. Als Aasfresser und Vertilger anfallender Abfallstoffe beschleunigen sie den Verwesungsprozeß. Als Parasiten regulieren sie den Insektenhaushalt. Als Überträger zahlloser Krankheiten und Seuchen fördern sie die unerbittliche Auslese des Lebens. Und nicht zuletzt stellen sie und ihre Larven die Nahrung vieler anderer Tiere dar.

Wie es ihr deutscher Name schon verrät, sind sie dadurch gekennzeichnet, daß sie nur über ein Paar funktionstüchtiger Flügel verfügen. Die Hinterflügel verwandelten sich bei ihnen in eigenartige, schwingende, kolbenförmige Gebilde, in eine Art von Stabilisierungskreisel, der den leichten Körper während des rasanten Wirbelfluges im Gleichge-

Die Gemeine Stechmücke stößt ihre Eier in Gestalt eines kleinen, schwimmenden Floßes in stehendem Wasser ab. Die ausschlüpfenden Larven hängen kopfunter am Wasserspiegel und sinken sofort in die Tiefe, wenn sie sich bedroht fühlen. Die Larven verpuppen sich nach etwa 8 Tagen und sind dann sehr großköpfige, seltsam gehörnte Geschöpfe. Nach weiteren 2 Tagen schlüpft die Mücke.

wicht hält. Denn der Verzicht auf das zweite Flügelpaar hat die Flugfähigkeit nicht etwa herabgesetzt, sondern wesentlich gefördert. Viele Zweiflügler gehören zu den schnellsten und wendigsten Fliegern unter den Insekten. Und gerade diese Flugtüchtigkeit läßt sie – mit den Augen des Menschen gesehen – oft ungewöhnlich dreist auftreten, läßt sie ihre Ziele sehr ausdauernd verfolgen und jeder Gefahr leicht ausweichen.

Die Ordnung der Zweiflügler gliedert sich in die Unterordnungen der *Mücken (Nematocera)* und der *Fliegen (Brachycera)*.

Die Mücken

Feingliedrig wie ihre charakteristischen langen Fadenfühler sind auch die Beine der Mücken, ist überhaupt der ganze Leib einschließlich der zarten, dünnhäutigen und reich geäderten Flügel. Ihre Larven kennzeichnen sich durch eine gutentwickelte, feste Kopfkapsel und beißende Mundwerkzeuge. Sie verwandeln sich innerhalb einer freien Mumienpuppe, deren Haut beim Schlüpfen des Vollinsekts in Form eines T-Spaltes auf dem Rücken aufplatzt. Mit sehr vielen Fliegenfamilien gehören sie damit zu den sogenannten Spaltschlüpfern *(Orthorhapha)*.

In bunter Reihenfolge werden wir nun aus den Familien der Winterschnaken, Schnaken, Wiesenschnaken, Gnitzen, Schmetterlings-, Falten-, Pfriemen-, Pilz-, Trauer-, Gall-, Haar-, Dung-, Stech-, Zuck-, Kriebel- und Netzflügelmücken jeweils die wichtigsten, vor allem mitteleuropäischen Vertreter kurz vorstellen und uns auf diese vereinfachte Weise einen leidlichen Überblick verschaffen.

Kohlschnake (Tipula oleracea): Fliegt ab Juli/August, tänzelt leise schnarrend über die Wiesen und Felder, fliegt dicht über dem Bodenbewuchs dahin, mißt bis zu 26 mm, hat dunkelgestriemten Rückenschild, ziegelroten Vorderrand der Flügel, grauen oder ockergelben Hinterleib, fällt durch ihre sehr langen Hinterbeine auf, die dreimal länger als der Hinterleib sind, sticht nicht, legt ihre Eier einzeln in lockere Erde, ernährt sich als walzenförmige graue Made von verwesenden Pflanzenstoffen und zarten Wurzeln, überwintert, verpuppt sich erst im nächsten Sommer.

Kolumbatscher Mücke oder Kriebelmücke (Simulium columbaschensis): Bewohnt die unteren Donauländer in der Nähe raschfließender Gewässer, mißt 2–3 mm, hat gedrungenen Körper, milchweiße Flügel und gescheckte dickschenklige Beine, ist als Weibchen sehr stechlustig, fällt in Scharen über Mensch und Tier her, dringt in Nase, Ohren und Mund ein, schlüpft unter die Kleidung und durch jeden Mückenschleier, ruft an den Stich- und Saugstellen heftig jukkende Quaddeln hervor, entwikkelt sich als räuberisch lebende, festsitzende Larve auf dem Grund der Gewässer.

Gemeine Stech- oder Hausmücke (Culex pipiens): Entwickelt sich in kleinen stehenden Gewässern und Wasseransammlungen, mißt 6 mm, ist auf dem braunen Hinterleib weiß geringelt, hat braungeäderte fleckenlose Flügel und blaßgelbe Füße, trägt als Männchen starkbuschige Fühler und ist ein harmloser Nektarnäscher und Pflanzensauger, hat als Weibchen dünne fadenförmige Fühler und ist ein lästiger Blutsauger, stößt ihre Eier in Gestalt eines kleinen schwimmenden Floßes ab; hat eine nahe Verwandte in der *Geringelten Steckmücke (C. annulatus)*, die 7–9 mm mißt, fünf dunkle Flecken auf den Flügeln trägt und am Hinterleib wie an den Füßen auf braunem Grund weiß geringelt ist.

Die ausgeschlüpften Larven der Stechmücken hängen kopfunter am Wasserspiegel, sinken sofort in die Tiefe, wenn sie sich beunruhigt fühlen, verpuppen sich nach etwa 8 Tagen, sind dann großköpfige, seltsam gehörnte Geschöpfe, die mit dem frei beweglichen Hinterleib kräftige Ruderschläge ausführen und nach zwei Tagen ihre Verwandlung hinter sich gebracht haben.

In den tropischen und südeuropäischen Ländern spielen die Stechmücken der Gattung *Anopheles* eine große Rolle als Überträger der Malaria, des Dengue-Fiebers, des Gelbfiebers, der Elephantiasis und gefährlicher Gehirnentzündungen.

Feder- oder Zuckmücke (Chironomus plumosus): Tanzt in den sommerlichen Nachmittags- und Abendstunden an Wehren, Brücken und Uferbäumen in säulenartigen Schwärmen, mißt 10–12 mm, ist sehr schlank, trägt auf dem hellgelblichen oder grünlichen Mittelleib drei graue Streifen sowie einen schwarzen Punkt auf den milchweißen Flügeln, zuckt im Sitzen unaufhörlich mit den Vorderbeinen, sticht nicht, lebt als blutrote wurmartige Larve in Schlammröhren auf dem Grund der Gewässer.

Rechte Quälgeister, die Menschen wie Tieren das Blut abzapfen und sogar Kaltblüter, Insekten und Würmer nicht verschonen, sind die knapp 1–2 mm gro-

Die Raubfliegen sind 15 bis 24 mm lang, graugelb, mit sandschwarzem Hinterleib, sowie gelben Striemen und Flecken an Kopf, Rücken, den letzten Hinterleibsringen und Schenkeln. Es sind große, schlanke und räuberisch lebende Fliegen, die oft über Stoppelfeldern zu beobachten sind. Sprungartig fliegend stürzt sie sich auf andere Insekten.

ßen *Gnitzen (Ceratopogonidae)*. Diese winzigen Mücken schlüpfen unter die Kleidung wie durch die Maschen der Moskitonetze und rufen mit ihren Stichen juckende Quaddeln hervor.

Die Fliegen

Wegen ihrer kurzen, nur dreigliedrigen Fühler, die für die ganze Unterordnung der Fliegen charakteristisch sind, werden sie auch „Kurzhörner" genannt. Die meisten von ihnen unterscheiden sich ferner von den Mücken durch den gedrungenen Bau und die kürzeren Beine. Die Mundwerkzeuge sind leckend oder stechend-saugend. Die durchweg fußlosen Maden verwandeln sich entweder wie die Mücken in den Mumienpuppen oder in ovalen „Tönnchen", die sich aus der letzten Larvenhaut bilden. Das herangereifte Insekt sprengt vom vorderen Ende dieses Tönnchens einen kleinen Deckel mit Hilfe einer stark anschwellenden Stirnblase ab, die nachher wieder verschwindet.

Zu den Fliegen zählen die Bremsen, die Waffen-, Schnepfen-, Spinnen-, Holz-, Raub-, Hummel-, Stilett-, Fenster-, Tanz- und Langbeinfliegen, Schweb-, Kugelkopf-, Buckel-, Dickkopf-, Schwing-, Nest-, Stelzen-, Frucht-, Käse-, Stielaugen-, Scheu-, Halm-, Minier-, Mist-, Dünger-, Nackt-, Tau-, Voll-, Schmarotzer-, Blumen- und Netzfliegen. Eine kleine Gruppe bilden die sogenannten Puppengebärer, bei denen sich die Larven unmittelbar nach dem Ausschlüpfen verpuppen. In diese Gruppe gehören die Laus- und die Fledermausfliegen.

Schon diese Aufzählung sagt aus, wie viele Lebensnischen von den Fliegen besetzt werden, wie groß ihre Anpassungsfähigkeit ist und wie vielseitig verzahnt sie im Ring des Lebens sind. Wir lassen sie hier – wie die Mücken – in bunter Reihenfolge aufmarschieren und werden dabei genug interessante Einblicke gewinnen.

Chamäleonfliege (Stratiomys chamaeleon): Eine besonders kräftige bunte Waffenfliege, die ihren wehrhaften Namen wegen der kleinen spießförmigen Dornen am Schild und an den Brustseiten trägt, die aber keine Waffen darstellen, mißt 14–16 mm, hat einen fast viereckigen Hinterleib mit drei unterbrochenen gelben Zeichnungen sowie dicke, leistenartig hervortretende, lebhaft gelbe Backen, große Augen und fleischigen Rüssel, fliegt lautlos von Blume zu Blume, wobei sie Doldenblüten bevorzugt, brummt aber stark, wenn sie sich bedroht fühlt, sticht nicht, entwickelt sich als Larve in kleinen stehenden Gewässern, wo sie wie die Stechmückenlarven kopfunter am Wasserspiegel hängt.

Gemeine Rinderbremse (Tabanus bovinus): Eine große plumpe Viehfliege, die sich als Weibchen vom Blut der Warmblüter nährt und Mensch wie Tier belästigt, als Männchen ein harmloser Pollenfresser und Schweißschlecker ist, mißt 20 bis 25 mm, hat gelblich behaarten dunklen Rückenschild, düster wachsgelben Hinterleib mit dreieckigen gelben Flecken und braungraue Flügel mit gelbbraunem Geäder, steht oft rüttelnd im Sonnenschein, fliegt schnell und laut summend, ruft mit ihrem Stich starke und lange juckende Schwellungen hervor, leckt das ausfließende Blut auf, legt ihre Eier an Pflanzenstengel, lebt als Larve räuberisch von Würmern, Insektenlarven und kleinen Insekten.

Eine nahe Verwandte ist die an schwülen Tagen und bei feinem Rieselregen gänzlich lautlos fliegende, nur halb so große, sehr schlanke, dunkelbraune *Regenbremse (Haematopota = Chrysozona pluvialis),* die purpurn schimmernde Augen und schwarzgraue, hellmarmorierte Flügel hat.

Häufig ist ferner die ebenso lästige, nur 7–9 mm lange *Goldaugenbremse (Chrysops caecutiens),* die gleichfalls an schwülen, heißen Tagen fliegt.

Großer Woll- oder Hummelschweber (Bombylius major): Diese schöne, große, hummelähnliche, dickbepelzte und sehr fluggewandte Fliege steht oft rüttelnd wie ein Schwärmer vor den Blüten, um im Schwirrflug den ungemein langen Rüssel in die Kelche zu versenken, mißt 12–16 mm, ist an der Brust gelbbräunlich, am Bauch schneeweiß behaart; hat einen nahen Verwandten im 10–14 mm großen, samtschwarz bepelzten *Trauerschweber (Hemipenthes = Anthrax morio),* der sich durch einen fuchsroten Hinterleibsgrund, glashelle Flügel und viel kürzeren Rüssel auszeichnet.

Die Larven der Hummelfliegen schmarotzen in den Nestern der Sandbienen, Mörtelbienen und solitären Wespen oder leben als Parasiten in vielen Hautflüglern, Heuschrecken, Raupen, Käfer- und Schlupfwespenlarven.

Gewürfelte Tanzfliege (Empis tessellata): Liebt die Nähe der Gewässer oder feuchten Grund, fliegt ab Mai, fällt uns durch die unermüdlichen Tanzflüge der zu Schwärmen vereinigten Weibchen auf, mißt 12 bis 14 mm, ist bräunlichgrau, trägt auf dem Rückenschild drei schwarze Striemen, hat hellbraune Flügel mit gelben Wurzeln und würfelartig schillernden Hinterleib.

Die zum Hochzeitstanz kommenden, insektenjagenden Männchen bringen den sich gewöhnlich von Pflanzensäften ernährenden Weibchen als Brautgeschenk eine gefangene Blattlaus mit und begatten sie, während diese die Gabe verzehren.

Die Larven der in 2800 Arten verbreiteten Tanzfliegen leben räuberisch unter der Bodenstreu und alten Rinden.

Gemeine Stubenfliege (Musca domestica): Die bekannteste Vertreterin der Vollfliegen

Die Schmeiß- oder Brummfliege mißt 9–13 mm. Sie besitzt einen schwarzen bis stahlblau glänzenden Leib. Das Weibchen legt etwa 600 Eier an Faulstellen ab.

oder Echten Fliegen, 6–8 mm lang, schwarzgräulich, am Hinterleibsgrund braun- oder rötlichgelb, kräftig behaart und beborstet, mit glashellen Flügeln und einem Saugkissen-Rüssel, der jeglicher Nahrung wie ein Stempel aufgedrückt wird, Speicheltröpfchen absondert, die Stoffe auflöst und dann aufsaugt. Legt ihre 60–200 permuttglänzenden, länglichen Eier in Klümpchen an faulende Stoffe. Die Maden schlüpfen nach 24 Stunden, halten möglichst zusammen, verpuppen sich in braunen Tönnchen und schwärmen bereits 10–14 Tage nach der Eiablage als fortpflanzungsfähige Vollinsekten aus. Die Vermehrung ist so ungeheuer, daß ein einziges Fliegenpaar im Jahr viele Billionen Nachkommen haben könnte, gäbe es keine Feinde. Sie wurde als Überträger zahlreicher Infektionskrankheiten und Eingeweidewürmer erkannt.

Schmeiß- oder Brummfliege (Calliphora erythrocephala): Eine Fliege, die ebenfalls viel ins Haus kommt, um hier ihre Eier an zerfallende oder faulende pflanzliche und tierische Stoffe zu legen, brummt kräftig, schießt wild umher, bumst gegen die Fensterscheiben und Wände, mißt 9–13 mm, hat stahlblauen Leib und rotgelbe, schwarzbehaarte Backen.

Vorwiegend an Tier- und Menschenkot interessiert ist dagegen die *Goldfliege (Lucilia caesar),* 10–12 mm lang, prachtvoll metallisch goldgrün schillernd, während *L. sericata* ihre Eier gern an lebende Tiere und schwärende Wunden setzt.

Zu ihnen gehört auch die in den lichten Laub- und Mischwäldern lebende *Waldgoldfliege (L. silvarum),* die ihre Eier in die Nasen der Kröten und Frösche ablegt. Ihre Maden höhlen diese Lurche gänzlich aus und zerstören zumeist erst einmal die Augen, dann die Innereien.

Gemeine Fleischfliege (Sarcophaga carnaria): Eine für Aas und alle faulenden tierischen Stoffe interessierte Fliege, die überall in der Natur anzutreffen ist, als Männchen nur 10 mm, als Weibchen 15 mm mißt, sich durch rote Augen, lichtgrauen bis weißgrünen, schwarzgestriemten Rückenschild und braun-schwarz-gelbgewürfelten Hinterleib kennzeichnet, lebende Maden absetzt oder einfach im Vorbeiflug abwirft.

Wadenstecher oder Stallfliege (Stomoxys calcitrans): Eine stechende und blutsaugende Fliege, die Mensch wie Tier belästigt und als Überträger vieler Krankheiten erkannt wurde, mißt 6–9 mm, sieht der Stubenfliege recht ähnlich, ist aber vorwiegend graugefärbt und trägt auf dem Rückenschild drei breite weißliche Streifen, entwickelt sich als Larve im Stalldung, vor allem im Pferdemist.

Im tropischen Afrika vertreten den Wadenstecher die verschiedenen Arten der *Tsetsefliege (z. B. Glossina morsitans* und *G. palpalis)* als noch mehr gefürchtete Überträger der Viehseuche Nagana und der Schlafkrankheit.

Rinderdasselfliege (Hypoderma bovis): Eine schmarotzerische Hautbremse, die ihre Eier an die Schultern und den Rücken der Rinder heftet, mißt 14 bis 16 mm, ist schwarz, dicht gelb behaart, hat gelbe Hinterleibsspitze und rotgelbe Beine.

Die Made bohrt sich entweder durch die Haut oder wandert erst durch das Maul, den Schlund und den ganzen Tierkörper bis unter die Haut, wo sie die sogenannten „Dasselbeulen" hervorruft. Nachdem sie hier in den eitrigen Absonderungen herangewachsen ist, bricht sie mit dem sich öffnenden Geschwür nach außen durch, läßt sich fallen und verpuppt sich in der Erde.

Verwandte Arten befallen in dieser Weise auch Hirsche und Rehe sowie anderes Schalenwild.

Die Flöhe
(Aphaniptera = Siphonaptera)

Die blutsaugenden Flöhe sitzen im Fell oder Gefieder zahlreicher Warmblüter. Praktisch hat fast jeder Säuger von der Ratte bis zum Menschen seinen eigenen Floh. Im Notfall allerdings nehmen die Katzen- und Hundeflöhe auch mit unserem Blut vorlieb und steigt umgekehrt der Menschenfloh auf alle unsere Haustiere sowie auf frei lebende Säuger um. Diese hohe Anpassungsfähigkeit hat wohl auch gerade den Menschenfloh, der in unseren modernen, lichten, hellen Glas- und Zementhäusern mit den fugenlosen oder vielgebohnerten Bodenbelägen nur noch geringe Entwicklungsmöglichkeiten hat, vor dem Aussterben bewahrt. Denn die Larven der Flöhe leben durchweg von allerlei organischen Abfallstoffen, die sich ausgerechnet in den Dielenritzen und schmutzigen dunklen Winkeln ansammeln.

Für das heimliche Leben im Pelz und Gefieder wie unter der Kleidung sind die Flöhe gut ausgerüstet. Der kleine rundliche Kopf, der seitlich zusammengedrückte Körper mit den sehr beweglichen Brustringen, die in Grübchen zurückziehbaren Fühler und die in Reihen angeordneten Haftborsten ermöglichen das Schlüpfen, Zwängen und Stemmen durch die kleinsten Zwischenräume. Auf Flügel und große Facettenaugen wurde Verzicht geleistet. Wichtiger sind tüchtige Sprungwerkzeuge, die vor dem Zugriff der geplagten Blutspender sichern. Deshalb sind die Hinterbeine gewaltig verlängert und erlauben Sprünge, wie sie im Verhältnis zur Größe kein anderes Insekt auszuführen vermag. Ein kleines Wunderwerk ist auch der sägende Stechrüssel mit seinen säbelförmigen Klingen.

Von den bekanntesten Flöhen seien genannt:

der *Menschenfloh (Pulex irritans),* der als Krankheits-, Seuchen- und Bandwurm-Überträger eine nur untergeordnete Rolle spielt und in diesem Sinne einer der harmlosesten Flöhe ist;

der *Hundefloh (Ctenocephalides canis),* der vor allem als Überträger etlicher Bandwürmer und des Fleckenfiebers auftreten kann;

der *Katzenfloh (C. felis),* der wie der Hundefloh auf Menschen überwechselt und gleichfalls der Zwischenwirt etlicher Bandwürmer ist;

der *Europäische Rattenfloh (Nosopsyllus = Ceratophyllus fasciatus),* der unter Umständen im gleichen Maße wie der *Indische Rattenfloh (Xenopsylla cheopis)* als Überträger und Verbreiter der Pest und des Fleckfiebers besonders gefährlich ist. Insgesamt gibt es 1500 Floh-Arten, 80 davon in Europa.

Die Schnabelkerfe
(Hemipteroidea)

Die Überordnung der Schnabelkerfe umfaßt alle die Insekten, die sich durch die Entwicklung eines ganz besonderen, schnabel- oder rüsselartigen Stech- und Saugapparates aus-

Die Ruderwanze gehört zu den Schnabelkerfen, deren Mundwerkzeuge stets zu Saug- oder Stechapparaten umgebildet sind. Die Jungtiere schlüpfen als winzige Ebenbilder ihrer Eltern aus den Eiern. Sie wachsen mit mehrfachen Häutungen langsam heran. Die Ruderwanze schwimmt gewöhnlich in der Tiefe des Gewässers.

zeichnen, mit dessen Hilfe sie pflanzliche Gewebe wie tierische Häute anstechen, um entweder Pflanzensäfte oder Blut zu saugen. Ob Zikade oder Blattfloh, Blatt- oder Schildlaus, Wasser- oder Landwanze, sie alle besitzen eine zu einem langen Schnabel ausgezogene, rinnenförmige Unterlippe, in der feine Stech- und Saugborsten wie in einer Scheide liegen. Haben die beiden Stechborsten die Haut des Pflanzen- oder Tierkörpers durchbohrt, so werden die zu zwei Kanälen vereinigten Saugborsten in

die Wunde eingeführt. Der obere Kanal spritzt dabei meist sofort etwas Speichelflüssigkeit aus, die das Gewebe so weit auflöst, daß es alsbald vom unteren Kanal aufgesogen werden kann.

Die Wanzen

Die Wanzen haben nur sehr wenige Freunde unter den Menschen. Entweder sind sie verfemt und übel berüchtigt wie die braunen Bettwanzen oder kaum bekannt wie beispielsweise die mit Staubflocken getarnte Kotwanze oder aber sie werden ob ihrer Stinkdrüsen und grellen Farben mit einer Art von geheimem Grausen betrachtet. Dabei befinden sich unter den Baum-, Blatt-, Blumen- und Raubwanzen wirklich schöne Tiere.

Die meisten Wanzen sind stark abgeflacht. Die immer etwas kleineren Hinterflügel liegen gut verborgen unter den flach zusammengelegten, normal entwickelten Vorderflügeln, die in ihrem Wurzelteil kräftig, meist lederartig chitinisiert sind. Diese sogenannten „Halbdeckflügel" grenzen an das charakteristische dreieckige Brustschildchen, das die Brust – ähnlich wie bei vielen Käfern – gleich einer gebuckelten, gehämmerten, bestachelten oder gezackten Panzerplatte bedeckt. Oft wird dieses Brustschildchen zu einem großen und buntgezeichneten Schild, der dann auch noch die Flügel und den Hinterleib schützt. Die Wanzen sind in etwa 30000 Arten über alle Länder der Erde verbreitet und werden nach altem Brauch in die zwei Unterordnungen der *Wasserwanzen (Cryptocerata = Hydrocorisae)* und der *Landwanzen (Gymnocerata = Geocorisae)* gegliedert, die ihrem Element angepaßt sind.

Die Wasserwanzen

Die Unterordnung der Wasserwanzen umfaßt die Familien der fast durchweg räuberisch lebenden Wasserzikaden, Zwergrückenschwimmer, Rückenschwimmer, Schwimmwanzen, Riesenwasserwanzen und Wasserskorpione, die alle ihren Stechrüssel als Waffe gebrauchen. Im Gegensatz zu den Landwanzen haben sie stark verkürzte Fühler. Sie bevorzugen ruhige stehende Gewässer, also Tümpel und Teiche sowie Ränder der Seen.

Ruderwanze (Corixa punctata): Eine Wasserzikade, die gut hörbare Zirptöne hervorbringt, indem sie mit den Vorderbeinen über den Rüssel streicht, mißt 12 mm, ist oberseits schwarzgrün, gelb quergezeichnet und gesprenkelt, unterseits gelb, schwarz gefleckt, hat kurze dornenbesetzte, zu Schaufeln verbreiterte Vorderbeine und ruderähnlich abgeflachte, borstenbesetzte Hinterbeine sowie schlanke Mittelbeine. Gewöhnlich bewegt sie sich in der Tiefe des Teiches, um dort mit den Vorderbeinschaufeln den Schlamm aufzuwühlen und pflanzliche wie tierische Abfallstoffe aufzunehmen. Sie vermag nicht zu stechen. Zur Oberfläche kommt sie eigentlich nur, um sich einen Luftvorrat unter den Deckflügeln zu speichern. In den Sommernächten fliegt sie von Teich zu Teich, paart sich vom März bis zum Mai, klebt ihre Eier an Wasserpflanzen und entwickelt sich in rund 90 Tagen zum Vollinsekt.

Rückenschwimmer (Notonecta glauca): Eine räuberische Wasserwanze mit starkem Stechrüssel, die das kleine Wassergetier anfällt und auch die Fischbrut nicht verschont, mißt 15 mm, hat breiten Kopf und große Augen, kahnförmigen dunklen Leib, liegt beim Schwimmen auf dem stumpfgekielten Rücken, kehrt die flache gelbe Bauchseite dem Wasserspiegel zu und rudert mit den behaarten verlängerten Hinterbeinen.

Der kleine Rückenschwimmer kommt oft zur Oberfläche, um Luft zu tanken. Er sticht so empfindlich wie eine Biene und fliegt sehr gut. Die Eier versenkt das Weibchen mit Hilfe einer kurzen Legeröhre einzeln in Wasserpflanzen.

Gemeine Schwimmwanze (Naucoris cimicoides): Eine sehr käferähnliche Wasserwanze, die ihre Vorderbeine wie ein Taschenmesser gegen die dicken, unterseits behaarten Schenkel einschlagen kann, sehr empfindlich sticht und noch raublustiger als der Rückenschwimmer ist, mißt 13–16 mm, hat eiförmigen Körper mit schwach gewölbter, glänzend grünlichgrauer bis olivbrauner Rückenfläche, überfällt auch größere Kaulquappen, Wasserschnecken und Fischbrut, gibt in der Paarungszeit feine Zirptöne von sich, versenkt die Eier in Wasserpflanzen.

Wasserskorpion (Nepa rubra): Verbirgt sich im Schlamm der Gewässer und lauert auf vorüberkommende Beutetiere, mißt bis zu 20 mm, hat sehr platten, eiförmigen, eintönig graubraunen Körper, der meist so schlammverkrustet ist, daß auch der mennigrote Hinterleibsrükken verborgen wird, kann seine scherenartigen Vorderbeine wie ein Taschenmesser einschlagen, fällt besonders durch seine zwei langen und rinnenförmigen Schwanzfortsätze auf, die er zusammenlegen und als Atemrohr benützen kann, sticht ebenfalls empfindlich, legt die Eier außerhalb des Wassers auf Schilfstengel oder ins Wassermoos.

Stabwanze oder Wassernadel (Ranatra linearis): Stelzt langsam auf dem Grund der Gewässer dahin, lebt genauso räuberisch wie der Wasserskorpion, mißt 30–40 mm, hat langen, nadel- oder walzenförmigen Leib, roten Hinterleibsrücken, gelbe Seiten, sehr lange Stakelbeine und eine bis zu 3 cm messende Atemröhre, ist sehr fluglustig und legt ihre Eier ebenfalls außerhalb des Wassers auf abgestorbene Schilfstengel. Ihr Stich ist recht schmerzhaft.

Die Landwanzen

Zahlreiche Landwanzen, wie vor allem die Wasserreiter, Wasserläufer und Uferwanzen, leben ebenfalls auf oder unmittelbar an den Gewässern.

Gemeiner Wasserläufer (Gerris lacustris): Bewegt sich wie ein Schlittschuhläufer auf der Wasserhaut stehender und langsam fließender Gewässer, ohne sich die Füße zu netzen, mißt bis zu 28 mm, hat stark verkürzte vordere Fangbeine, lange Mittel- und Hinterbeine, oben abgeplatteten, unten stark gewölbten, dicht silbrig behaarten, schmalen Hinterleib und lederartige Flügeldecken, tritt immer gesellig auf, lebt von den ins Wasser gestürzten Insekten sowie von Insektenlarven, die zum Atmen an die Wasseroberfläche kommen, kann weder schwimmen noch tauchen, klebt seine Eier an Wasserpflanzen dicht unter dem Wasserspiegel. Noch häufiger ist der nur bis zu 13 mm messende, schwarzbraune *Teichläufer (Hydrometra stagnorum),* der stecknadeldünn ist und einen rostroten Kopf sowie große Facettenaugen hat; ferner gehören hierher der oberseits schwarze, unterseits orangegelbe *Gemeine Bachläufer (Velia currens),* sowie auch der nur 3 mm lange, mattschwarze, oberseits gelblich behaarte und gelbbeinige *Zierliche Uferläufer (Salda elegantula).*

Von den besonders schönen Landwanzen seien genannt:

die *Rotbeinige Baumwanze (Pentatoma rufipes),* 12–14 mm lang, die an Birken saugt, auch kleine Raupen ansticht und gut fliegt;

die *Grüne Stinkwanze (Palomena prasina),* 10–15 mm lang, die unterseits rötlich gefärbt ist, abscheulich stinkt, gern an reifen Himbeeren saugt und als Vollinsekt überwintert;

die *Kohlwanze (Eurydema oleraceum),* 6–7 mm lang, die an wilden und kultivierten Kohlpflanzen saugt, auch Blattläuse aufspießt und während des Fluges lebhaft brummt;

die *Flügellose Feuerwanze (Pyrrhocoris apterus),* 8–9 mm lang, die oft massenhaft am Fuß alter Linden und Rüstern sowie an Mauern sitzt und ein harmloser Pflanzensauger und Aasfresser ist;

die *Kotwanze (Reduvius personatus),* 15–18 mm lang, die oft in die Häuser eindringt, um hier Jagd auf allerlei Insekten zu betreiben und ihre Eier abzulegen, bei Gefahr schrill zirpt.

Die ebenfalls räuberisch lebende Larve der Kotwanze tarnt sich mit Staubfusseln und Unrat, stellt den Silberfischen, Asseln, ruhenden Fliegen, Flohlarven und Bettwanzen nach, ist also ein guter Kammerjäger.

Gemeine Bettwanze (Cimex lectularius): Eine blutsaugende Wanze, die sich als echter Kulturfolger in den Wohn- und Schlafräumen des Menschen auf der ganzen gemäßigten Erdzone eingenistet hat, mißt 4–6 mm, ist dunkel oder heller braunrot, ungeflügelt, hat einen stark abgeplatteten Körper, einen ziemlich breiten Brustschild und eirunden Hinterleib, verströmt einen widerlichen Geruch, ruht tagsüber hinter Tapeten, Bildern, Türrahmen, birgt sich auch in Polstermöbel, Matratzen und Bettstellen, befällt außer den Menschen auch alle unsere Haustiere einschließlich des Geflügels sowie Mäuse und Ratten, ist ein gefährlicher Krankheitsüberträger, legt ihre Eier in alle die dunklen Schlupfwinkel, in die sie sich gleich nach der Blutentnahme wieder zurückzieht.

Obwohl die Wiesenschaumzikade nur 5–6 mm groß wird, wird ihr jeder nur halbwegs aufmerksame Spaziergänger schon einmal auf der Spur gewesen sein. Ihre Larven erzeugen den sogenannten Kuckucksspeichel, jene schaumigen, weißen Gebilde, die an Gräsern und Büschen hängen. Er besteht aus Exkrementen, ausgeschiedenem Wachs und Atemluft.

Die Pflanzensauger

Die Ordnung der Pflanzensauger gliedert sich in die 5 Unterordnungen der *Zikaden (Cicadina),* der *Blattflöhe (Psyllina),* der *Mottenläuse (Aleurodina),* der *Blattläuse (Aphidina)* und der *Schildläuse (Coccina).*

Übereinstimmend sind sie alle Landbewohner, haben stechend-saugende Mundwerkzeuge und zwei Paar häutige Flügel, die bei vielen Arten allerdings weitgehend oder gänzlich zurückgebildet sind. Oft wechseln sich geflügelte mit ungeflügelten Generationen sowie zweigeschlechtliche mit jungfräulichen Fortpflanzungsweisen ab.

Die Zikaden

Wohl die meisten Menschen haben weder vom Aussehen noch von der Lebensweise der Zikaden eine Ahnung. Aber einer einheimischen Zikade ist bestimmt jeder nur halbwegs aufmerksame Spaziergänger schon einmal auf der Spur gewesen, nämlich dann, wenn er sich über die seltsamen schaumigen Gebilde gewundert hat, die im Sommer so oft an den Gräsern und Büschen hängen. „Kuckucksspeichel" nennt sie der Volksmund, denn weiß der Kuckuck wo sie hergekommen sein mögen. Wer soll vermuten, daß unter diesem Schaumgebilde die Larve der Wiesenschaumzikade sitzt, daß es von ihr selbst erzeugt wurde, um ungestört am Pflanzenstengel saugen zu können. Viele Schaumzikadenlarven bergen sich auf diese ungewöhnliche Weise. Sie setzen sich kopfunter an ihrer pflanzlichen Zapfstelle fest, lassen sich die eigenen Exkremente über den Rücken laufen, wo sie das am siebten oder achten Körperring ausgeschiedene Wachs zu einer seifigen Flüssigkeit auflösen. In diese Wachsseife pumpen sie ihre verbrauchte Atemluft und lockern sie damit zu einem feinen Schaum auf. Unaufhörlich und ganz automatisch wird diese Schaumhülle immer wieder erneuert, bis die Larve ihre vier Häutungen hinter sich gebracht hat und diese Tarnkappe nicht mehr benötigt.

Wiesenschaumzikade (Philaenus spumarius): Erinnert etwas an eine Blattwanze, mißt 5–6 mm, ist gelbgrau, trägt auf den Flügeln zwei helle Streifen, hat zwei große Facettenaugen und ein besonders entwickeltes hinteres Beinpaar, sitzt im Sommer viel in Gebüschen, rettet sich lieber hüpfend als fliegend, versenkt ihre Eier mit Hilfe eines Legebohrers in Pflanzengewebe.

Weitere einheimische Zikaden sind:

Die Blattläuse treten meist in großen Kolonien auf, führen eine sitzende Lebensweise und saugen an fast allen Pflanzen. Viele Weibchen können ohne Begattung Dutzende von Nachkommen erzeugen. Die Vermehrungsrate ist dadurch ungeheuer groß. Feinde der oft sehr schädlichen Blattläuse sind Florund Schwebfliegen, Wanzen und vor allem die Marienkäfer.

der *Europäische Laternenträger (Fulgora europaea)*, 8–9 mm lang, grasgrün, mit kegelförmigem Kopf und durchsichtigen, grüngeäderten Flügeln, der warme Grashänge liebt und vor allem in Süd- und Südwestdeutschland vorkommt; und

die *Gehörnte Dornzirpe (Centrotus cornutus)*, 9–11 mm lang, graubraun bis mattschwarz die im Herbst vor allem auf Haselsträuchern sitzt.

Entfernte Verwandte der Dornzirpe sind die bizarren tropischen *Buckelzirpen (Membracidae)*, bei denen die Halsschild-Fortsätze die fantastischsten Formen annehmen und diese Tiere großartig tarnen.

Alle diese bisher beschriebenen Zikaden sind im Gegensatz zu ihren tropischen Verwandten keine von der Sommersonne angeregten Musikanten, sondern stumme und heimliche Tiere. Aus der Familie der berühmten *Singzikaden (Cicadidae)* kommen in Mitteleuropa nur 3 Arten vor. In Deutschland ist es vor allem die *Bergzikade (Cicadetta montana)*, die 23–28 mm lang wird, gern auf Eichen sitzt, aber oft auch Kirsch- und Pflaumenbäume besucht.

Die Blattläuse

Die höchstens zwei Millimeter großen, weichhäutigen, langbeinigen und zartflügligen Blattläuse haben wir schon als die Haustiere der Ameisen und das Wild der verschiedensten Insektenlarven kennengelernt. Zumeist treten sie in großen Kolonien auf, führen eine sitzende Lebensweise und saugen an fast allen Pflanzen. Die Mehrzahl der Weibchen ist ungeflügelt und pflanzt sich durch jungfräuliche Stammütter fort. Sie sind in der Lage, bereits am zehnten Lebenstag und ohne vorhergegangene Begattung viele Dutzende von Nachkommen in die Welt zu setzen, die jeweils wiederum nach zehn Tagen eine neue Brut erzeugen. So kann die jungfräuliche Zeugungsreihe bis zur neunten Brut sich fortsetzen und erst dann wieder geflügelte Männchen und Weibchen ins Leben rufen. Aus den Eiern der zweigeschlechtlichen zehnten Blattlausgeneration schlüpfen dann im nächsten Frühjahr wieder die jungfräulichen Mütter. Die Vermehrung ist also ungeheuer stark und der von diesen kleinen Saugern angerichtete Schaden oft sehr groß.

Winzer und Gärtner fürchten vor allem:

die *Reblaus (Viteus = Dactylosphaera vitifolii)*, eine 0,35 bis 1,34 mm große Zwerglaus von eiförmiger Gestalt und gelber bis bräunlicher Farbe, die als ungeflügeltes weibliches Tier an den feinen Faserwurzeln wie an den älteren Wurzeln des Weinstockes saugt, bohnenförmige Anschwellungen, dicke Knoten und Fäulnis hervorruft, bis zu 8000 Eier legt, aus denen wiederum jungfräuliche und fortpflanzungsfähige Weibchen schlüpfen, die auch an den Blättern saugen und deren Einrollen und Gilben verursachen;

die *Blutlaus (Eriosoma lanigerum)*, eine bis zu 2 mm große Blasenlaus, gelbrot, honiggelb oder schokoladenbraun, auf dem Rücken und Hinterleib von einer wollähnlichen weißflaumigen Wachsausscheidung bedeckt, die als Larve hinter den Rindenschuppen am Wurzelhals der Apfelbäume überwintert, im Frühjahr in die oberen Baumteile rückt, grindige Stellen, knollige Wucherungen und wulstige Höker an den Zweigen verursacht, niemals an Blättern saugt und leicht daran zu erkennen ist, daß aus ihrem Körper, wenn wir ihn zerdrücken, eine blutrote Flüssigkeit quillt.

Die Schildläuse

Oft können wir an den Ästen unserer Obstbäume zahlreiche kleine, meist nur millimetergroße graue, braune oder schwärzliche Buckel und Schildchen entdecken, die gleich verhärteten Pusteln auf der glatten Rindenhaut sitzen. Diese Gebilde sind die Körperschildchen der Schildläuse, die zweifellos zu den phlegmatischsten Insekten überhaupt gehören. Vor allem stellen die weiblichen Schildläuse einen Rekord an Bewegungsarmut auf. Aus dem Ei schlüpfen sie zwar gleich den jungen männlichen Schildläusen als noch recht flotte, sechsbeinige Tierchen, die verhältnismäßig munter durchs Gezweig klettern. Haben sie jedoch den Saugrüssel ins Pflanzengewebe versenkt und eine ergiebige Zapfstelle gefunden, so geben sie ihr kurzes Wanderleben oft für immer auf und bleiben zeitlebens an derselben Stelle hocken. Sie bekommen keine Flügel, ihre Beine verkümmern, und der durch Wachsausscheidungen schildförmig verbreiteter Körper verklebt mit der Pflanze.

In dieser Stellung häuten sich die Weibchen, werden sie begattet, schwellen und quellen sie auf, legen unter sich ihre Eier, bedecken sie mit ihrem Leib und dienen noch als tote Hülle den jungen Schildläusen als Schutz und Schirm.

Die männlichen Schildläuse dagegen entwickeln sich unter einer schützenden Wachshülle meist zu geflügelten Insekten, die dann die festsitzenden Weibchen aufsuchen, begatten und bald darauf sterben.

Bei starkem Schildlausbefall kränkeln die Pflanzen und bleiben im Wachstum zurück.

Die bekanntesten einheimischen Schildläuse sind:

die *Kommaschildlaus (Lepidosaphes ulmi)*, 4–5 mm, die wie in einem geschlossenen Säckchen steckt, da sie nicht nur den muschelförmigen schwarzbraunen Rückenschild, sondern auch noch einen dünnen wächsernen Bauchschild ausschwitzt, hat keine Beine, sehr verkümmerte Fühler, befällt hauptsächlich Apfelbäume, kommt aber auch auf allen anderen Obstbäumen und Beerensträuchern vor; und

die *San-José-Schildlaus (Quadraspidiotus = Aspidiotus perniciosus)*, die wahrscheinlich aus Nordchina stammt, 1–2 mm mißt, gelblichgrün gefärbt ist, unter einem kreisrunden, zuerst weißen, dann dunkelgrauen bis schwärzlichen Schild sitzt, im Sommer als gelbe Junglaus umherkriecht, rote Rindenverfär-

Die Gottesanbeterin sitzt meist auf den Zweigspitzen eines Busches, richtet den Vorderkörper steil auf und erstarrt wie zum Gebet. Bei größeren Beutetieren wirft sie sich in eine schreckenerregende Positur, spreizt die Flügeldekken, erhebt die durchsichtigen Hinterflügel und erzeugt mit dem über die Flügeladern streichenden Hinterleib ein Geräusch.

bung und rote Flecken auf den Früchten hervorruft, 400 lebende Junge gebärt, die nach 4–5 Wochen zeugungsfähig sind, so daß es eine einzige weibliche Laus auf 30 Millionen Nachkommen im Jahr bringen kann.

Die Staubläuse

Es wird bestimmt nicht lange währen, dann lebt auch zwischen den Seiten oder im Rücken dieses neuen Buches die kleine flinke, von Leim, Kleister und allerlei toten pflanzlichen wie tierischen Stoffen zehrende Bücherlaus. Jedem Bücherfreund ist sie schon begegnet und hat ihn vielleicht für einige Sekunden über diese lebendige Winzigkeit nachdenken lassen.

Bücherlaus (Trogium pulsatorium): Lebt zwischen Büchern und alten Papieren, mißt knapp 2 mm, ist weißgelblich, weichhäutig und flügellos, soll durch das Aufschlagen mit dem Hinterleib feine tickende Töne hervorbringen können; wird in den Museen und Sammlungen wie auch im Haus oft von der *Staublaus (Liposcelis divinatorius)* vertreten, die nur 1 mm mißt, noch flotter läuft und dazwischen kleine Sprünge macht.

Die Tierläuse

Die Tierläuse sind ihrem parasitischen Leben so sehr angepaßt, daß sich ihr ganzes Dasein in allen Entwicklungsstufen auf dem Körper ihres Wirtstieres abspielt. Die meisten messen nur wenige Millimeter, sind stark abgeplattet, dabei recht gedrungen, durchweg flügellos, haben einen frei beweglichen Kopf, fadenförmige Fühler und klauenbewehrte Füße. Ihre Wirtstiere sind Vögel und Säuger einschließlich des Menschen.

Die Systematik gliedert die rund 3700 Arten in die 3 Ordnungen der *Pelzfresser (Mallophaga)* und der *Elefantenläuse (Rhynchophthirina)* und *Echten Läuse (Anoplura)*.

Die Pelzfresser

Die in dieser Gruppe zusammengefaßten Federlinge und Haarlinge sind auf bestimmte Wirte eingestellt. Praktisch hat jeder Vogel seinen Federling und jeder Säuger seinen Haarling. Im Gegensatz zu den Echten Läusen haben die durchschnittlich etwa 1,5 mm messenden Pelzfresser keine stechend-saugenden, sondern fressende Mundwerkzeuge. Fast ausschließlich ernähren sie sich von den Abscheidungen der Haut und Haare. Sie sind also keine echten Parasiten und keine Blutsauger, auch wenn sie das befallene Tier sehr belästigen und auch an gesunden Federn oder Haaren herumbeißen. Dann schlecken sie auch das austretende Blut auf. Ihre Eier kleben sie an die Federn und Haare, wo sich auch die Larven aufhalten und davon leben. Auf den Menschen wechselt keine der 2500 Arten.

Die Echten Läuse

Die Menschenläuse haben sich so sehr spezialisiert, daß sie sich friedlich in die einzelnen Körperteile ihres Wirtes teilen. Das heißt, die Filzlaus nistet in allen stark behaarten Stellen des bedeckten Körpers, die Kleiderlaus bevorzugt die nackten Teile, und die Kopflaus lebt nur zwischen den Kopfhaaren. Wie alle Echten Läuse kennzeichnen auch sie sich durch stechende Mundwerkzeuge und sind fest an ihren Wirt gebundene, unerträglich quälende Blutsauger. Ihre Beine wurden zu tüchtigen Klammerapparaten umgebildet. Der Körper ist außerdem derartig abgeflacht, daß sie weder Fingernagel oder Kralle noch Kamm und Bürste zu erfassen vermögen.

Filzlaus (Phthirus pubis): Bewohnt Scham-, Achsel- und Brusthaare des Menschen, gelegentlich auch Barthaare und Brauen, aber nie das Haupthaar, mißt gut 1 mm, ist weißlich gefärbt und fast ebenso breit wie lang, schmiegt sich mit gespreizten Beinen flach an und bohrt sich mit dem Kopf tief in die Haut, befestigt ihre Eier (Nissen) einzeln an die Haare, täglich etwa 8–12 Stück, im Laufe ihres zweimonatigen Lebens an die 200–300 Stück, aus denen nach 6–10 Tagen die Larven schlüpfen, sofort ans Blutsaugen gehen und nach 4 Wochen schon geschlechtsreif sind.

Kleiderlaus (Pediculus humanus corporis): Bewohnt alle nackten Teile des bedeckten Körpers, mißt als hellbräunliches Männchen 3–3,5 mm, als gelblichweißes Weibchen bis zu 4 mm, birgt sich nach der Blutentnahme in den Nähten der Kleidung und legt dort auch ihre Eier ab, die sie fest an die Stoffasern kittet, nistet auch in Betten und Polstermöbeln, überträgt den Flecktyphus, das Rückfallfieber und das Wolhynische Fieber von Mensch zu Mensch und hat auf diese Weise schon mehr Kriege als das Schwert entschieden.

Kopflaus (Pediculus humanus capitis): Bewohnt nur das Kopfhaar, mißt 2 mm, ist graugelb, klebt ihre Eier einzeln und fest an die Haare, wird sehr leicht durch Kopfbedeckungen und verschmutzte Betten übertragen.

Auch jeder Säuger hat natürlich seine eigene Laus, angefangen von den Mäusen, Ratten und Eichhörnchen über sämtliche Haustiere bis zu den Seehunden, Robben und Walrossen. Selbst der Elefant hat seine ganz spezielle Laus, nämlich *Haematomyzus elephantis*, die imstande ist, seine dicke Haut zu durchbeißen und das Blut mit Hilfe einer muskulösen Mundpumpe einzusaugen. Diese spezielle Elefantenlaus wird bis zu 6 mm groß.

Die Schabenartigen *(Blattoidea)*

Die drei Insektenordnungen der *Termiten (Isoptera)*, der *Schaben (Blattaria)* und der *Fangschrecken (Mantodea)* werden heute zur Überordnung der Schabenartigen zusammengefaßt, weil ihre Ahnenreihen eindeutig zu den Urschaben führen.

Die Termiten

Die Termiten leben in ebenso großen und oft noch wesentlich umfangreicheren Staaten wie die Ameisen. Doch wird bei ihnen

Das Grüne Heupferd ist unsere bekannteste Springschrecke. Wie alle Springschrecken legt es seine Eier in der Erde ab und übergießt sie mit einem schnell erhärtenden Saft. Das Weibchen verfügt über einen fast körperlangen säbelförmigen Legebohrer. Die im nächsten Frühjahr schlüpfenden Larven gleichen den Elterntieren.

der neue Staat immer von einem Weibchen und einem Männchen gegründet. Dieses Paar lernt sich während des Schwärmens kennen, kehrt zur Erde zurück, wirft die Flügel ab und begibt sich auf die Suche nach einer geeigneten Höhlung oder nagt sich ein Kämmerchen im Holz aus. Und nunmehr erst erfolgt die Paarung der beiden „Verlobten". Wenige Wochen darauf legt das Weibchen in der inzwischen weiter ausgebauten Höhle eine geringe Anzahl Eier, die gemeinsam gepflegt und besonders eifrig beleckt werden. Die ausschlüpfenden Larven bekommen flüssige Sekrete gefüttert und wachsen unter mehreren Häutungen nur langsam heran. Ehe sie an die Arbeit gehen können, sind sie mindestens zwei Monate alt.

Ist der Nachwuchs an Arbeitern groß genug, ziehen sich Königin und König in die am tiefsten gelegene Kammer zurück, wo sie sich nur noch dem Geschäft des Eierlegens hingibt, während er sie in gewissen Abständen immer wieder begattet. Die Eiproduktion steigert sich jetzt auf täglich 8000–10 000 Stück. Der Leib der Königin schwillt durch das Wachstum der Eierstöcke bis zur fünfzehnfachen Länge und Stärke eines Arbeiters an. In den ersten Jahren kommen nur Arbeiter und Soldaten zur Welt. Geflügelte Männchen und Weibchen tauchen erst auf, wenn der Staat fest in sich gegründet ist. Die jetzt viel besser ernährten Larven stellen nunmehr einen Großteil der Arbeitskräfte. Mit den vollentwickelten Termiten zusammen bauen sie die unterirdischen Gänge und Kammern, graben Luftschächte, bohren Tunnel und Brunnen bis zum Grundwasser hinab, pflegen die Eier, füttern die jungen Larven und das königliche Paar. Um die Königin ist ein großer Hofstaat bemüht, dem sie die eifrig erwiesenen Dienste mit den begehrten Ausscheidungen ihrer Hautdrüsen lohnt. Sie ist nun so unförmig und bewegungsunfähig geworden, daß sie ihre Kammer gar nicht mehr verlassen kann. In den 8–12 Jahren ihres Lebens erzeugt sie Millionen Nachkommen.

Die Arbeiter und Arbeiterlarven kennzeichnen sich durch eine blasse weiche Kopfkapsel und kurze breite Oberkiefer. Wesentlich dickköpfiger, auch stärker chitinisiert, sind die meist auch größeren Soldaten. Ihre Waffen bestehen entweder aus besonders kräftigen und langen Kiefern oder nasenartigen Stirnfortsätzen, an deren Spitze die Ausführöffnung der Stirndrüse sitzt. Diese sogenannten „Nasutis" sondern bei der Abwehr feindlicher Angriffe klebrige und betäubende Wehrstoffe ab, die den Gegnern die Kiefer verschmieren und sie zugleich betäuben. Die Sekrete der Stirndrüse werden übrigens auch als eine Art von Zement beim Bau der Nester benutzt.

Als durchweg lichtscheue – aber durchaus nicht blinde – Geschöpfe bauen die Termiten ihre Nester in die Erde oder das Innere alter Stämme und verarbeiteter Hölzer. Viele Arten führen außerdem mächtige oberirdische Bauten aus Erde, Holzteilchen, Kot und Speichel auf, die bis zu 4 m hoch sein können. Andere wieder hängen ihre aus einem kartonähnlichen Holzstoff gefertigten Nester hoch in die Bäume.

Die Nahrung besteht vorwiegend aus Holz. Im Darm der Termiten leben einzellige Geißeltierchen, die in der Lage sind, die alte Zellulose zu verdauen und in Nährstoffe zu verwandeln. Außerdem werden auch alle anderen pflanzlichen Abfallstoffe sowie Papier und Getreide verzehrt. Manche Arten züchten Pilze wie die Ameisen, und fast alle bevorzugen das Holz, das von Pilzen bereits befallen wurde.

Zum begehrten Holz, ganz gleich, ob es nun ein gestürzter Stamm, ein morscher Ast oder Baum, ein gesunder Urwaldriese oder das verbaute Holz eines Hauses ist, gelangen die Termiten fast immer auf unterirdischen oder überdeckten Straßen. Völlig unbemerkt können sie also ihr meist in den Nächten ausgeführtes Zerstörungswerk verrichten, das in der Natur den Kreislauf der Stoffe ganz wesentlich beschleunigt, in den Baulichkeiten dagegen verheerende Folgen hat. Groß ist auch die Aufgabe, die den Termiten als Durchlüftern und Zerkrümlern der Erde sowie als Feuchtigkeitsspeicherern vor allem in den Tropen zufällt. Ihre rund 2000 Arten sind denn auch vorwiegend über die heißen und warmen Gebiete der Erde verbreitet.

Nach Mitteleuropa eingeschleppt wurden bisher nur die *Gelbhalstermite (Calotermes flavicollis)* sowie die nordamerikanische *Reticulitermes flavipes*, die sich vor allem in Hamburg einnistete und zweifellos eine große Gefahr darstellt. Im mittelmeerischen Südeuropa richtet *Reticulitermes lucifugus* immer beträchtlichere Schäden an.

Die Schaben

Fast in der gleichen Gestalt, in der die heutigen Schaben die warmen, feuchten und dunklen Winkel alter Häuser bewohnen, krochen und flogen sie schon vor 350 Millionen Jahren umher. Doch sind durchaus nicht alle der rund 3500 Arten, die vor allem in den tropischen und subtropischen Gebieten leben, zu Kulturfolgern geworden.

In Mitteleuropa leben von diesen abgeflachten und ovalförmigen Insekten überhaupt nur 7 Arten. Wir erkennen sie leicht an dem unter dem Halsschild verborgenen Kopf, den großen nierenförmigen Facettenaugen, den langen borstenförmigen Fühlern, den gutentwickelten, meist großen und reichgeäderten – oft aber auch zurückgebildeten – Flügeln und den bedornten Laufbeinen. Viele verfügen über Wehrdrüsen, die einen öligen und übelriechenden Stoff absondern. Die Männchen besitzen außerdem noch Duftdrüsen, die in kleinen Taschen auf der Rückenfläche des sechsten und siebten Hinterleibringes liegen und während der Liebesspiele einen schwachen Ätherduft verbreiten. Die Weibchen tragen ihre Eier wohlverpackt in einer Kapsel bis zum Schlüpfen der Larven.

Von den Termiten sind etwa 2000 Arten bekannt, die alle überwiegend Holz fressen. Sie sind durchweg lichtscheu, aber durchaus nicht blind. Ihre Nester bauen sie in die Erde oder das Innere alter Stämme und verarbeiteter Hölzer. Viele Arten errichten Termitenhügel aus Erde, Holzteilchen, Kot und Speichel, die hügel-, turm-, kugel- oder pilzförmig gebaut sein können.

Von den in Gebäuden lebenden Arten seien genannt:

die *Deutsche Schabe (Blatella germanica)*, die im Volksmund auch Schwabe, Russe oder Franzose genannt wird, 10–14 mm mißt, hellbraun gefärbt ist, zwei schwarze Längsbinden auf dem Halsschild aufweist, in beiden Geschlechtern wohlentwikkelte Flügel, lange, kräftige, stachlig behaarte Beine hat, sich tagsüber verbirgt, sehr gesellig lebt, in der Dunkelheit durch alle Räume huscht und als Allesfresser von sämtlichen Lebensmitteln nascht, wobei sie gern angefeuchtete und verdorbene Stoffe bevorzugt; und

die *Küchenschabe (Blatta orientalis)*, 20–26 mm lang, schwarzbraun, mit rostbraunen Deckflügeln, die dem Weibchen bis auf schuppenartige Flügelläppchen verlorengegangen sind; hat körperlange Borstenfühler, führt ein noch heimlicheres nächtliches Leben und ist ebenfalls ein Allesfresser wie auch die anderen Schaben.

Die Fangschrecken

Am Kaiserstuhl bei Freiburg sowie in der Umgebung von Bad Kissingen und Frankfurt (Main) kann der aufmerksame Naturfreund während der Sommermonate ein eigenartiges zartgrünes Insekt beobachten. Auf vier dünnen Beinen klettert es langsam durchs Gebüsch und Krautwerk sonniger Hänge. Dem schlanken, etwa 5–7 cm langen Leib liegen die Flügeldecken flach an. Das kleine, dreieckige, fast herzförmige und sehr bewegliche Köpfchen mit den beiden riesigen Facettenaugen und drei Nebenaugen auf der bräunlichen Stirn folgt aufmerksam den vorüberfliegenden Insekten. Die schöngeschweiften Borstenfühler schwingen und zittern. An der äußersten Zweigspitze des Busches angekommen, richtet es die zu einem schlanken Hals ausgezogene Brust steil auf, erhebt die Vorderbeine wie zum Gebet und erstarrt.

Gottesanbeterin, Seher oder Prophet wird dieses Insekt auch in allen Ländern seines Vorkommens genannt. Als *Mantis religiosa* ist es dem Zoologen bekannt, der auch weiß, daß es eine mit großer Geduld und schrecklichen Waffen ausgerüstete, räuberisch lebende Fangschrecke ist. (Trotzdem ist sie heute selten geworden).

Die wie betend erhobenen Vorderbeine schlagen blitzschnell zu, wenn sich ein Beutetier nähert. Die Dornen und Zähne an den Unterseiten der Schenkel und Schienen dringen tief von oben und unten in den Leib des geschnappten Tieres, das im nächsten Augenblick schon durch einen Genickbiß gelähmt und kampfunfähig gemacht wird.

In den Tropen nehmen die Fangschrecken, von denen etwa 1800 Arten bekannt sind, oft die Gestalt von bunten Blütenblättern an, werden bis zu 10 und 15 cm lang und sind imstande, selbst junge Mäuse, Vögel und Eidechsen zu überwinden.

Die Geradflügler
(Orthopteroidea)

Zur Überordnung der Geradflügler gehören heute nur noch die Ordnungen der *Notoptera*, der *Springschrecken (Saltatoria)*, der *Gespenstheuschrekken (Phasmida)* und der *Ohrwürmer (Dermaptera)* und *Diploglossata*. In der überwiegenden Mehrheit sind sie Pflanzenfresser mit besonders gut entwikkelten kauenden Mundwerkzeugen.

Die Springschrecken

Die meisten Springschrecken sind harmlose Grashüpfer und Wiesenmusikanten, die dem Menschen weder leid noch lästig werden. Ihre ganze Erscheinung: der senkrecht abfallende, pferdeähnliche Kopf mit den kurzen oder langen Fühlern, den großen Facettenaugen und den schnappenden Kieferzangen, der seitlich zusammengedrückte Leib mit den riesigen bedornten Sprungbeinen und den angelegten häutigen Flügeln, ist uns wohlvertraut. Erheiternd wirken ihre gewaltigen Sprünge ins Blaue hinein, die oft das Zweihundertfache ihrer Körperlänge ausmachen, und nicht unharmonisch klingt uns ihre mannigfache Streichmusik in den Ohren.

Ihre eigenen Ohren liegen übrigens am Grunde ihrer Vorderbeinschienen (Laubschrecken und Grillen) oder am ersten Hinterleibsring (Feldschrecken). Die weiblichen Springschrecken hören also sehr wohl die unermüdlich vorgetragenen Liebeslieder der Männchen und suchen, den Tönen nachgehend, die eifrigen Musikanten recht paarungswillig auf. Sie selbst verfügen selten über körpereigene Musikinstrumente. Diese sind bei den verschiedenen Familien ganz verschieden beschaffen. Als regelrechte Geiger stellen sich die kleinen Feldheuschrecken vor, die mit den gezähnten Hinterbeinschenkeln wie mit einem Fiedelbogen über die geschlossenen Flügeldecken streichen. Die Laubheuschrecken dagegen wetzen mit dem linken über den rechten Flügel, während die Grillen immer nur mit dem rechten Flügel über die Schrillader des linken Flügels streifen. Jeder der kleinen Musikanten vermag seine Lieder zu modulieren, sich von einem leisen Zirpen zu einem lauten Schrillen zu steigern und wiederum sehr sanft dahinzusäuseln.

Unsere bekanntesten Springschrecken sind:

das *Grüne Heupferd (Tettigonia viridissima)*, eine bis zu 35 mm lange, saftig grüne, manchmal rosarot überhauchte Laubheuschrecke mit leicht gebräunten Flügeln, die den Hinterleib um das Doppelte überragen; das Weibchen hat einen fast körperlangen säbelförmigen Legebohrer; lebt in der Jugend als Pflanzenfresser auf den Wiesen, später als Insektenjäger auf schattigen Büschen;

der *Warzenbeißer (Decticus verrucivorus)*, eine 30–32 mm lange, grün- oder braungefärbte Laubheuschrecke mit gerundetem Bauch, sehr langen Flügeln, starken beweglichen Dornen an

Fast in der gleichen Gestalt in der die heutigen Schaben die warmen, feuchten und dunklen Winkel alter Häuser bewohnen, krochen und flogen sie schon vor 350 Millionen Jahren umher.

Von den insgesamt rund 2500 Arten leben jedoch in Mitteleuropa nur etwa 7. Eine davon ist die Waldschabe, die etwa 6–13 mm lang ist. Sie ist ein flinker Strauchbewohner.

Bild nächste Seite: Heidelibellen beim Paarungsspiel.

der Innenseite der Vorderschienen und kräftigen Kinnladen; beißt kräftig zu und läßt dabei einen braunen Wehrsaft ausfließen, der nach der Meinung der Landleute Warzen beseitigen soll;

die *Klapper- oder auch Schnarrheuschrecke (Psophus stridulus)*, eine 20–30 mm lange, dunkel gefärbte Feldheuschrecke, die sandige und sonnige Südhänge belebt, bei Störungen kurz auffliegt, wobei das Männchen ein eigentümliches Schnarren vernehmen läßt und die roten Hinterflügel überraschend aufleuchten;

die *Blauflügelige Feldheuschrecke (Oedipoda caerulescens)*, 20 mm lang, dunkelbräunlich, mit zwei hellen Querbinden auf den Flügeldecken und blauen, schwarz gesäumten Hinterflügeln; und

die *Eichenschrecke (Meconema thalissimum)*, bis zu 15 mm lang, hellgrün, mit gelber Längslinie auf dem Vorderrücken, die in den Wipfeln der Eichen und Linden lebt, verkümmerte Zirporgane hat, dafür mit dem Hinterbein trommelt und ihre Eier zwischen die Rindenschuppen oder in Eichengallen legt.

Furchtbare Verheerungen können die *Wanderheuschrekken* anrichten, deren Ansturm zu den gewaltigsten Naturereignissen gehört. In riesigen Heeren, die wahrhaftig die Sonne verdunkeln, knattern und klirren sie über die Länder, stürzen prasselnd nieder, bedecken die Erde und hinterlassen eine Wüste. In die trockenen Sandböden tropischer und subtropischer Hochsteppen legen – auf engstem Raum zusammengedrängt – Hunderttausende von Heuschreckenweibchen ihre Eier, jedes wohl an die 150 Stück. Nach neun Monaten bedeckt ein unvorstellbares Gewimmel von frischgeschlüpften Heuschrekken diese öden Gebiete, in denen die jungen Tiere kaum die erste Nahrung finden. Obwohl noch ungeflügelt, müssen sie sich sofort auf die Wanderschaft begeben. Hüpfend rücken sie in den ersten vierzehn Tagen jeweils um einen Kilometer vor. Nach drei Wochen sind sie schon stattliche Springer, die mehr als einen halben Meter weit springen und nun täglich an die zehn Kilometer schaffen. Das Trampeln der Billionen Füße ist weithin zu vernehmen. Nach der fünften Häutung sind die Flügel funktionsfähig, und das Heer erhebt sich in die Luft. Nunmehr gibt es kein Mittel mehr, sie aufzuhalten oder zu vernichten. Nur am Ort ihrer Geburt ist eine Bekämpfung wirksam. Denn die erwachsenen Wanderheuschrecken sind so unwahrscheinlich zäh, daß sie lange hungern und noch länger mit kärglichster Nahrung auskommen können, daß der abgetrennte Kopf noch zwanzig Stunden lang mit den Kiefern schnappt, der kopflose Rumpf stundenlang weiterhüpft und sogar noch zur Paarung schreitet.

Die bekanntesten Wanderheuschrecken sind:

die *Europäische Wanderheuschrecke (Locusta migratoria)* aus dem südöstlichen Europa und den angrenzenden asiatischen Ländern, die bis zu 50 mm mißt, und

die *Marokkanische Wanderheuschrecke (Dociostaurus maroccanus)*, die bis zu 30 mm mißt; auf sie besonders trifft die obige Schilderung zu.

Viel heimlicher und scheuer als die Laub- und Feldheuschrekken geben sich die grabenden *Grillen (Gryllidae)*.

Am ehesten entdecken wir sie kurz nach der ersten Mahd in der Nähe sonniger Wiesenraine und Weghänge, wenn wir uns dort lagern und geduldig warten. Denn die leiseste Erschütterung des Bodens läßt diese dunklen und walzenförmigen Tierchen sofort verstummen und in ihre selbstgegrabenen Löcher verschwinden. Häufig sind bei uns:

die *Feldgrille (Gryllus campestris)*, 22–26 mm lang, mit glänzendschwarzem, dickem rundem Kopf, langen, feingeschweiften Fühlern, kurzen braunen, gelblich bewurzelten Flügeldecken, unter denen die fächerartig gefalteten Hinterflügel hervorschauen, und zwei dünnen Spießen an der Hinterleibsspitze;

das *Heimchen oder die Hausgrille (Acheta domestica)*, 15–17 mm lang, lederbraun, mit gelbem Kopf, die sich dicht an die Baulichkeiten des Menschen hält, wie die Schaben die Wärme liebt und sich durch ihre nächtlichen Konzerte verrät; und

die *Maulwurfsgrille oder Werre (Gryllotalpa gryllotalpa)*, 60–65 mm lang, ein kleines urtümliches, seidigbraunes Ungetüm mit hartgepanzerter Vorderbrust, sehr kurzen Flügeldecken, breiten Grabeschaufeln und langen Hinterleibsspießen, das unterirdisch lebt, von Wurzeln und Keimlingen zehrt, aber auch Engerlingen, Drahtwürmern und Erdraupen nachstellt.

Erwähnt seien hier auch noch die sehr urtümlichen, vor allem in den tropischen Ländern beheimateten *Gespenstheuschrekken (Phasmida)*, die sich durch einen extrem langgestreckten oder abgeflachten, oft noch mit vielen bizarren Dornen, Warzen und Höckern verzierten Körper kennzeichnen. Zu ihrer ungewöhnlichen Erscheinung paßt ihre unwahrscheinlich große Trägheit. Stundenlang können diese harmlosen Pflanzenfresser unbeweglich an einer Stelle verharren. Bequemen sie sich endlich zum Weiterklettern, so bewegen sie ihre Glieder so zögernd, als müßten sie jedes einzelne der riesigen Beine aus einem Lehmbrei ziehen.

Vorgestellt seien hier:

die *Gemeine Stabheuschrecke (Carausius morosus)* aus Südeuropa, die etwa 10 cm mißt, stabförmig dünn, grün oder gelblich gefärbt, in beiden Geschlechtern flügellos ist und sich oft bis zu 20 Generationen hintereinander jungfräulich fortpflanzt;

die *Riesenstabschrecke (Cyphocrania gigas)* aus Java, die bis zu 25 cm lang wird;

das *Wandelnde Blatt (Phyllium siccifolium)* aus Ostindien, bis zu 10 cm lang, grün oder braun gefärbt, mit blattähnlich verbreitertem und abgeflachtem Leib und ebenso gestalteten Flügeln und Beinen.

Die Gebänderte Prachtlibelle ist 5 cm lang und spannt 7 cm. Sie fliegt von Mitte Mai bis Mitte September, und zwar vorwiegend an sonnigen Flußufern. Wie alle Libellen ist sie ein großer Räuber, erjagt ihre Beute im Flug und kann sie auch während des Fluges verzehren. Die Libellen zählen zu den vollkommensten Fliegern.

Die Ohrwürmer

Die schlanken braunen Ohrwürmer sind ein schönes Beispiel dafür, wie zäh und geradezu unsterblich alte Vorurteile sind. Denn noch immer glauben die meisten Menschen, daß diese heimlichen, vorwiegend nächtlich lebenden Gesellen, die im Garten das Obst, das Gemüse und die Blumen beknabbern, aber auch den Blattläusen nachstellen, nur dazu geschaffen wurden, den Menschen in die Ohren zu kriechen und in das Trommelfell zu zwicken. Verdächtig erscheinen vor allem ihre kräftigen und scharfen Hinterleibszangen, die sie bei jeder Beunruhigung drohend erheben und spreizen.

Aber sie können mit diesen Waffen nur sehr weichhäutige Gegner verletzen. Die Zangen werden vor allem beim Fang von Raupen und Fliegen, zum Entfalten der Flügel und beim Geschlechtsverkehr eingesetzt.

Jedermann bekannt ist:

der *Feldohrwurm (Forficula auricularia)*, der 12–15 mm mißt, dunkelbraun gefärbt ist, gelbliche Halsschildränder und Beine, roströtlichen Kopf und fadenförmige Fühler hat; er sondert bei Gefahr einen starkriechenden Wehrsaft ab, strebt stark zum Licht und dringt auf dem Lande viel in die Häuser ein. Das Weibchen bleibt bei seinen Eiern in einem Erdkämmerchen bis die Jungen ausgeschlüpft sind, stirbt gleich darauf und dient ihnen als erste Nahrung.

Die Libellen *(Odonata)*

Mit großen Facettenaugen, mächtigen bezahnten Kieferzangen, sehr wendigem Kopf, ungemein beweglicher Vorderbrust, schlankem Leib, zu greifenden Fangwerkzeugen umgestalteten vorderen und mittleren Beinpaaren und langen schmalen, häutigen Flügeln sind die Libellen großartig für ihr räuberisches Leben ausgerüstet. Als die Falken unter den Insekten erjagen sie ihre Beute im Flug und stellen in vielen Arten die vollkommensten Flieger dar. Für kurze Strekken erreichen sie Geschwindigkeiten bis zu 50 Kilometer je Stunde. Jeder einzelne der vier glashellen Flügel kann einzeln oder paarweise sowie in entgegengesetzter Richtung bewegt werden. Während also das vordere Flügelpaar sich hebt, schlägt das hintere gleichzeitig kräftig auf die Luft, und umgekehrt. Auf diese Weise wird das immerwährende Durchsacken zwischen den einzelnen Flügelschlägen fast gänzlich aufgehoben, ist der rasante Flug geradlinig. Außerdem erklärt dieses gegenläufige Arbeiten der Flügel, daß die Libellen gleich Hubschraubern in der Luft zu stehen vermögen und sogar rückwärts fliegen können.

Auch die Paarung der Libellen findet vorwiegend in der Luft statt. Mit der deutlich sichtbaren Hinterleibszange packt das Männchen das Weibchen fest zwischen Kopf und Brust und übergibt die schon vorbereiteten und zurechtgelegten Spermapäckchen. Bei vielen Arten bleibt das Paar bis zur Eiablage verbunden. Die Eier werden entweder einzeln in Pflanzenstengel versenkt, wobei das Weibchen oft tief und lange ins Wasser eintaucht, oder einfach ins Wasser abgestoßen, manchmal auch an die Unterseite schwimmender Blätter geheftet oder in den Sand und Schlamm gebettet.

Die Larven leben genauso räuberisch wie die Vollinsekten. Ihre Unterlippe entwickelt sich zu einer Fangmaske mit haarscharfen Enterhaken. Diese Larvenangel kann weit vorgeschleudert werden und ist stark genug, selbst Kaulquappen, Wasserasseln und Kleinfische zu überwältigen. Noch in der herangewachsenen Larve geht die Verwandlung zum geflügelten Insekt vor sich. Zuletzt verläßt die Nymphe das Wasser, schiebt sich an einem Stengel empor, sprengt die Larvenhaut in der Mitte des Rückens und hängt kopfunter an der leeren Hülle. Erst nach einer kurzen Pause löst sich auch die Hinterleibsspitze, schwingt sich die Libelle in eine lotrechte Lage und wartet, bis Licht und Luft ihren Körper und die Flügel gehärtet haben.

Es seien hier vorgestellt:

die *Große Königslibelle oder Libellenkönigin (Anax imperator)*, mißt 7–8 cm, spannt 9–11 cm, Hinterleib blau, schwarz gezeichnet, Kopf und Brust grün; fliegt von Mitte Juni bis Ende August, oft an Teichen und Tümpeln, aber auch weit vom Wasser entfernt, legt die Eier auf im Wasser schwimmende Pflanzenteile;

die *Vierfleckige Libelle (Libellula quadrimaculata)*, mißt 4–5 cm, spannt 7–8,5 cm, trägt am Vorderrand der beiden Flügelpaare je vier schwarze Flekken, fliegt von Anfang Mai bis Mitte August, ist sehr häufig an stehenden, vor allem an Torfgewässern, stößt die Eier ohne Begleitung des Männchens stippend ins Wasser ab;

der *Plattbauch (Libellula depressa)*, mißt 4–4,5 cm, spannt 7–8 cm, fliegt von Anfang Mai bis Anfang August, oft an kleinen Lehmtümpeln, hat als Männchen blaugrau bereiften Hinterleib und leuchtend gelbe Seitenflecken;

die *Schlankjungfer (Lestes sponsa)*, die heute auch „Binsenjungfer“ genannt wird, weil sie ihre Eier in untergetauchte Binsenstengel versenkt, mißt 3,5 cm, spannt 4,5 cm, das Männchen ist blau, das Weibchen grünlichbraun gefärbt;

die *Seejungfer oder Blaue Prachtlibelle (Calopteryx virgo)*, mißt 5 cm, spannt 7 cm, fliegt langsam taumelnd von Mitte Mai bis Mitte September, bevorzugt schattige Bachufer, paart sich sitzend; das Männchen trägt leuchtend blaue Flügel mit grünem Rand, der Körper ist grün; das smaragdgrüne, bräunlich geflügelte Weibchen legt die Eier allein in frische Wasserpflanzen, beginnt oberhalb des Wasserspiegels;

die *Gebänderte Prachtlibelle (C. splendens)*, die der vorhergehenden in Größe und Farbe ähnelt – das Männchen trägt im durchsichtigen Flügel blaue und hellgrüne bandförmige Zeichnungen – die sonnige Flußufer mit dichtem Pflanzenbestand liebt;

Das 8–10 mm lange Silberfischchen gehört zu den noch sehr einfach gebauten Urinsekten. Wie bei allen anderen ist der Hinterleib mit Schwanzfäden versehen, beim Silberfisch zählen wir drei beborstete. Das Urtierchen gehört zu den ständigen Gästen in unseren Wohnungen und bewohnt die dunklen, feuchten Winkel. Seine Nahrung sind Hautschuppen, Stärke, Kleister, Mehl, und vor allem liebt es Zucker.

die *Federlibelle (Platycnemis pennipes)*, mißt 3,5 cm, spannt 4,5 cm, fliegt von Mitte Mai bis Mitte September, paart sich sitzend, legt die Eier oberhalb des Wasserspiegels in allerlei Pflanzenteile, kennzeichnet sich in beiden Geschlechtern durch die stark verbreiterten, abgeplatteten, langbedornten Beinschienen.

Häufig sind auch noch von den großen Edellibellen:

die *Teufelsnadel (Aeschna cyanea)*, mißt 6,5–8 cm, spannt 9–11 cm; Männchen mit blaugrünen Augen sowie blauen und grünen Mittel- und Seitenflecken auf dem schwarzen Hinterleib, Weibchen mit olivgrünen Augen und dunkelrotbraunem Hinterleib; und

die *Große Heidelibelle (Sympetrum striolatum)*, mißt 3,5–4 cm, spannt 5,5–6,5 cm; Männchen mit dunkelroter Brust und gelbrotem Hinterleib, Weibchen mit grünlicher Brust und graubraunem Hinterleib, fliegt von Ende Juli bis Ende Oktober, verhängt sich im Flug und vollzieht die Paarung sitzend, ist viel fernab vom Wasser auf Feldern und Wegen sowie Ortschaften zu beobachten. Auch sie steht jetzt unter Naturschutz.

Die Eintagsfliegen
(Ephemeroptera)

Die sehr zarten Eintagsfliegen, die tatsächlich oft nur wenige Stunden, höchstens aber einige Tage leben, kennzeichnen sich vor allem durch ihre zwei oder drei sehr langen und haardünnen Schwanzfäden. In wirbelnden weißen Wolken steigen die Männchen unmittelbar über oder nahe den Gewässern hoch empor und lassen sich mit weit ausgebreiteten Vorderflügeln und gespreizten Schwanzfäden schwebend absinken. Die hinzukommenden Weibchen werden meist in der Luft mit den verlängerten Vorderbeinen ergriffen und im Verlauf weniger Sekunden begattet. Das vereinigte Paar schwebt und segelt im wahrsten Sinne des Wortes so leicht wie ein Luftballon dahin. Denn das ganze Darmsystem der Eintagsfliegen dient nicht mehr der Verdauung, ist vielmehr mit Luft gefüllt und gibt dem leichten Körperchen einen guten Auftrieb, der das Fliegen erleichtert.

Ihre Eier stoßen die Weibchen meistens erst nach Einbruch der Nacht ins Wasser ab. Die Larven leben je nach der Art 1–4 Jahre lang am Grund der Gewässer, bergen sich im Schlamm, unter Steinen oder zwischen Pflanzen, ernähren sich von allerlei Pflanzenstoffen sowie planktontischen Kleintierchen und müssen sich rund 20mal häuten, ehe sie ihr Entwicklungsziel erreicht haben. Wie die Libellenlarven verlassen sie endlich und fast gleichzeitig ihr Element an warmen Sommerabenden und schlüpfen als sofort flugfähige Vollinsekten. Dennoch sind sie noch immer keine reifen Geschlechtstiere, sondern häuten sich kurz darauf nochmals – oft unmittelbar nach dem Schlüpfen, oft auch während des Hochzeitsfluges – und sind erst danach fortpflanzungsfähig.

Gemeine Eintagsfliege (Ephemera vulgata): Tanzt an Mai- und Juni-Abenden, mißt ohne die Schwanzfäden, die beim Männchen die doppelte Körperlänge haben, 17–19 mm, hat gelben bis braunen Hinterleib und bräunlich überflogene, dunkel gefleckte Vorderflügel, bevorzugt Bäche und kleine Flüsse; wird an den Ufern größerer Flüsse vom *Gemeinen Uferaas (Polymitarcys virgo)* vertreten, das an warmen Augustabenden tanzt, ohne Schwanzfäden 16 mm mißt, einen weißlichen Körper und reinweiße Flügel und Schwanzfäden hat, meist in ungeheuren Massen schwärmt und richtige „Wolken“ bildet.

Die Urinsekten *(Apterygota)*

Die sehr einfach organisierten Urinsekten sind durchweg flügellos und haben auch nie Flügel entwickelt. Wie bei den Eintagsfliegen ist der Hinterleib mit drei langen Schwanzfäden geziert. Ihr heimliches Leben spielt sich in der Bodenstreu unter Laub und Moos, Steinen- und Felsgeröll, in Baumstümpfen oder hinter Rinden sowie an allerlei anderen dumpfen und feuchten Örtlichkeiten ab. Am bekanntesten von ihnen allen ist wohl das schimmernde Silberfischchen aus der Ordnung der *Borstenschwänze (Thysanura)*, weil es zu den ständigen Gästen in unseren Wohnungen gehört.

Silberfischchen (Lepisma saccharina): Bewohnt die dunklen feuchten Winkel unserer Wohnungen, birgt sich tagsüber hinter Scheuerleisten, unter dem Bodenbelag und hinter Tapeten, mißt 8–10 mm, hat einen glatten, stromlinienförmigen, mit leicht lösbaren silbrigen Schuppen bedeckten Leib, lange Fühler und drei Schwanzfäden, huscht auf seinen sechs schlanken Beinen schnell dahin, orientiert sich mit Hilfe von 24 einfachen Einzelaugen, nascht vor allem gern Zukker und wird deshalb auch „Zukkergast“ genannt, frißt aber auch Stärke und Kleister sowie Mehl, dringt deswegen in Wäscheschränke und Bücherregale ein, richtet einen so geringen Schaden an, daß er vernachlässigbar ist.

ÜBRIGE GLIEDERFÜSSER UND GLIEDERTIERE
(Arthropoda) (Articulata)

Gliederfüßer gehören zur Stammgruppe der Gliedertiere. Mit über 800 000 Arten vertreten sie ungefähr drei Viertel aller bekannten Tierarten. Sie bewohnen alle Lebensräume, als geflügelte Insekten sogar den Luftraum. In der stammesgeschichtlichen Entwicklung sind sie aus den Ringelwürmern hervorgegangen. Ihren Namen haben sie nach ihren Beinen, die aus mehreren Gliedern oder Abschnitten bestehen.

Die Tausendfüßer
(Myriapoda)

In der Gruppe der *Gliedertiere (Articulata)* und deren fünftem Stamm, den *Gliederfüßern (Arthropoda)*, lernen wir nun unter dem zweifellos veralteten, aber doch sehr populären Sammelnamen der Tausendfüßer die ersten vier Klassen der *Röhrenatmer (Tracheata)* kennen. Die neue Systematik unterteilt diese vielfüßigen, noch recht einfach gebauten, durchweg lichtscheuen Geschöpfe in die *Zwergfüßer (Symphyla)*, die *Wenigfüßer (Pauropoda)*, die *Tausendfüßer (Diplopoda)* und die *Hundertfüßer (Chilopoda)*. Übereinstimmend läßt sich bei ihnen allen im Gegensatz zu den Insekten – als der fünften Klasse der Röhrenatmer – die klare Gliederung in Kopf, Brust und Hinterleib noch nicht erkennen. Vielmehr folgt dem gutentwickelten Kopf unmittelbar der langgestreckte und gleichförmig gegliederte Rumpf, der entsprechend seiner vielen Ringe mit ebenso vielen gleichartigen Beinpaaren ausgestattet ist.

Tausendfüßer

Die *Tausendfüßer (Diplopoda)* gliedern sich in die Familien der Stäbchenkugler, Saftkugler, Bandfüßer, Schnurfüßer und Saugfüßer. Bei ihnen sind jeweils zwei Körperringe zu einem verwachsen, wodurch der Eindruck entsteht, als trügen sie an jedem Ring zwei Beinpaare. Auch sie bevorzugen feuchte und dunkle Schlupfwinkel. Bei Gefahr ziehen sie ihre vielen zarten Beine ein, rollen sich zusammen, bieten dem Gegner den gepanzerten Rücken und scheiden einen stark nach Bittermandelöl riechenden, blausäurehaltigen Wehrsaft aus. Ihre Nahrung besteht zumeist aus modernden pflanzlichen Stoffen sowie aus Früchten, Knollen und Wurzeln. Die frischgeschlüpften Jungtiere sind überraschend kurz, klein, weißlich und haben zuerst höchstens drei Beinpaare. Mit jeder der zahlreichen Häutungen wachsen ihnen neue Körperringe und Beinpaare zu. Tausend Füße hat natürlich keine einzige Art, und Schnelläufer sind sie alle zusammen nicht, sondern verhältnismäßig langsame und bedächtige Schlängler.

Recht häufig sind die folgenden einheimischen Arten:

der *Getupfte Saftkugler (Glomeris pustulata)*, bis 13 mm lang, glänzend schwarz, mit weißlichen Ringkanten und zwei Reihen gelbroter Flecken auf dem hochgewölbten, glatten, festgepanzerten Rücken, der sich fest zusammenrollt und Wehrsäfte absondert; hat als Männchen 19, als Weibchen 17 Beinpaare, lebt verborgen im Fallaub feuchter Bergwälder, umgibt seine Eier einzeln mit einer schnell erhärtenden Kotmasse;

der *Abgeplattete Bandfüßer (Polydesmus complanatus)*, mißt 24 mm, bräunlich- bis rötlichgrau, hat 20 eckige, plattenartig hervortretende Rumpfringe, als Männchen 30, als Weibchen 31 Beinpaare, bevorzugt den Mulm und Moder der Buchenwälder, umbaut seine Eier mit einem hübschen glockenförmig aussehenden Gebilde;

der *Sandschnurfüßer (Schizophyllum sabulosum),* 40 bis 46 mm lang, zylindrisch und fast drehrund gebaut, stark glänzend dunkelbraun bis schwarz; hat bis zu 100 Beinpaare, gleitet schlängelnd dahin, rollt sich bei Gefahr wie eine Uhrfeder zusammen und sondert Wehrsaft ab, lebt in der Bodenstreu der Laubwälder;

der *Getupfte Schnurfüßer (Julus terrestris = Blanjulus guttulatus),* 10–18 mm lang, fadendünn, blaßbraun bis weißlich, beiderseits mit einer Reihe roter Flecken geziert, ist augenlos, tritt in kultivierten Böden oft massenhaft auf und richtet allerlei Schaden an Sämereien, Gemüsewurzeln und Erdbeeren an.

Hundertfüßer

Die *Hundertfüßer (Chilopoda)* sind die Räuber unter den Tausendfüßern. Durchweg verfügen sie außer ihren gutentwikkelten Freßwerkzeugen über ein Paar klauenbewehrter Kieferfüße, deren scharfe Spitzen durchbohrt sind und mit Giftdrüsen in Verbindung stehen. Mit dem Einschlag dieser Klauen fließt das Gift in die Wunde und lähmt das Beutetier. Unter den Vertretern der tropischen Familien gibt es Räuber, die bis zu 25 cm messen, wie z.B. die südamerikanischen *Riesenskolopender (Scolopendra gigantea),* die sogar Eidechsen zu überwältigen vermögen und deren Biß auch für den Menschen gefährlich ist.

Unsere mitteleuropäischen Hundertfüßer sind dagegen harmlose Geschöpfe. Ihre Körper sind lang, plattgedrückt, bandartig und an jedem Glied mit zwei seitlich weit heraustretenden Beinen besetzt. Wie die Tausendfüßer bergen auch sie sich tagsüber in feuchten Schlupfwinkeln und ermuntern sich gewöhnlich erst nach Einbruch der Dunkelheit, um nun Insekten, Spinnen, Würmer und Schnecken zu jagen.

Bild letzte Seite:
Keine Tierordnung ist nur annähernd so weit verbreitet und so volkreich wie die der Webspinnen, von denen wir heute rund 21000 Arten kennen.

Die Wolfsspinne baut keine Netze, sondern jagt ihre Beute. Die Weibchen tragen ihren Eikokon, an den Spinnwarzen festgesponnen, mit sich herum. Nimmt man ihnen den Eikokon weg, dann suchen sie ihn lange Zeit und nehmen auch ganz unähnliche Ersatzobjekte auf. Die Jungen klettern nach dem Schlüpfen auf den Rücken der Mutter.

Die bekanntesten einheimischen Arten sind:

der *Braune Steinläufer (Lithobius forficatus)*, 30 mm lang, glänzend kastanienbraun, mit rötlich schimmerndem Rükken, hat lange vielgliedrige Fadenfühler, einfache Punktaugen an den Kopfseiten und 15 Beinpaare, läuft in schlangenförmigen Windungen, kriecht auch rückwärts, räubert und verteidigt sich mit Giftbissen, die unsere Haut nicht zu durchdringen vermögen, nährt sich von Asseln und Insektenlarven;

der *Langfühlerige Erdläufer (Geophilus longicornis)*, 20–40 mm lang, oberseits ocker- bis rostgelb, unterseits heller, hat feinbehaarte lange Fühler, doppelfurchige Rückenschilder und 41–82 Beinpaare, lebt unterirdisch, nagt an fleischigen Pflanzenwurzeln, überfällt Regenwürmer; hat einen nahen Verwandten im bis zu 65 mm langen, glänzend hellgelben *G. flavidus*, der oft in feuchte Keller kommt und sich unter Kartoffelkisten und Holz birgt;

der *Gartenskolopender (Cryptops hortensis)*, 15–25 mm lang, ist der einzige deutsche Vertreter der Riesenläufer oder Skolopender, lebt vor allem in Laubwäldern;

der *Gürtelskolopender (Scolopendra cingulata)* aus dem Mittelmeergebiet und Südeuropa, der in Italien und Dalmatien 70–80 mm, in Syrien bis zu 170 mm mißt, sich beißend gegen den Zugriff wehrt und mit seinem Gift auch beim Menschen die Wirkung eines Bienenstiches hervorruft; und

die *Spinnenassel (Scutigera coleoptrata)*, bis zu 24 mm lang, bei der die 30 Beine fadenförmige Fußglieder haben und dem Hinterleib zu immer länger werden; die Fühler und das letzte Beinpaar sind länger als der Körper; lebt räuberisch in Weinbergen und in Kellern, umschlingt die Beutetiere mit den Beinen.

Die Spinnentiere
(Chelicerata)

Das Charakteristikum dieser Gliederfüßer ist, daß sich bei ihnen das erste Gliedmaßenpaar nicht in antennenartige Fühler – wie bei den Insekten und Tausendfüßern –, sondern in greifende, zerkleinernde und auspressende, scheren- oder zangenartige Kieferfühler verwandelte. Bei den auf dem Lande lebenden Formen unterliegt auch das zweite Beinpaar dieser Umgestaltung und tritt uns in der Gestalt sogenannter Kiefertaster entgegen, die ebenfalls als der Nahrungsaufnahme dienende Greif- und Kauwerkzeuge anzusehen sind. Insgesamt gehören zum Vorderkörper, der aus sechs Segmenten besteht, sechs Beinpaare. Die restlichen vier Beinpaare sind gewöhnliche Gangbeine geblieben. Der in der Regel aus zwölf echten Segmenten bestehende, ungegliederte Hinterkörper trägt nur bei den niedersten Formen noch Beine. Der Kopfabschnitt ist nicht klar ausgebildet oder abgesetzt, sondern verschmilzt mit der Brust, so daß der ganze Leib also nur zweigeteilt ist.

Die eigentlichen Spinnentiere

In der Klasse der Spinnentiere wird die Gliederung der beiden Körperteile, also des Vorderkörpers wie des Hinterkörpers, durch das vorherrschende Verwachsen der Segmente weitgehend verwischt. Außerdem besteht die Neigung, den Hinterkörper durch den Abbau der Segmente zu verkürzen. Fast durchwegs besitzen sie zwei Paar Mundgliedmaßen, nämlich die erwähnten Kieferfühler und Kiefertaster sowie vier Beinpaare.

Die Skorpione

Die Fabeln über die große Gefährlichkeit der Skorpione sind ohne Zahl. Wir dürfen aber versichert sein, daß in den Heimatländern dieser Spinnentiere nicht mehr Menschen an ihren Stichen sterben als bei uns an den Stichen der Bienen und Wespen. Das Gift der südeuropäischen und mittelmeerischen Skorpione wirkt auch nicht viel stärker als das der erwähnten Stechimmen. Aber zweifellos wirken die Skorpione selbst mit ihren zu mächtigen Krebsscheren entwickelten Kiefertastern, dem hoch erhobenen Schwanz, an dessen Spitze der mit Giftdrüsen verbundene Stachel droht, ungewöhnlich gefährlich. Hinzu kommt, daß sie sehr rasch laufen, vor- und zurückschnellen, unerwartet seitwärts ausweichen oder vorstoßen, sich also ziemlich unberechenbar bewegen. Und wer einmal beobachtet hat, wie sie eine Assel oder einen Tausendfüßer packen, emporreißen, mit dem über den Körper vorschnellenden Stachel treffen und wie rasch ihr Gift wirkt, dem kann schon ein gelinder Schauer ankommen. Unangenehm ist auch die Vorstellung, daß diese wärmeliebenden Tiere in die Zelte und Häuser eindringen, unter die Schlafsäcke und in die Betten kriechen oder sich zwischen den abgelegten Kleidern und in abgestellten Schuhen bergen.

Mittelmeerische und südeuropäische Skorpione sind:

in Tirol: *Euscorpius italicus*, in den Ostalpen: *E. germanus* und in den Karpaten: *E. carpathicus*, die alle eine Länge von 4–8 cm haben. In Nordafrika und Vorderindien vertritt sie der recht gefährliche *Dickschwanzskorpion (Androctonus australis)*, der bis zu 12,5 cm mißt.

Die Afterskorpione

Ebenso mächtige Kiefertasterscheren wie die echten Skorpione haben auch die kleinen, etwa 2,5–6 mm messenden Afterskorpione. Es fehlen ihnen aber die

zu einem schwanzartigen Gebilde verengten Hinterleibssegmente sowie der Giftstachel. Als geschworene Feinde aller Staubläuse, Milben und Springschwänze führen sie ein heimliches räuberisches Leben hinter Baumrinden, unter Steinen und in der Bodenstreu, dringen aber auch viel in Häuser und Stallungen, Vogel- und Ameisennester sowie in Bienenstöcke ein. Ihre weite Verbreitung verdanken sie sicherlich der Gewohnheit, sich an die Beine der Insekten zu klammern und sich als blinde Luftpassagiere umhertragen zu lassen.

Gestaltlich sind alle echten Spinnen unverkennbar. Die hartgepanzerte Kopfbrust und der weichhäutige Hinterleib sind gänzlich ungegliedert und miteinander durch einen Stiel verbunden.

Von allen Spinnen besitzen die Springspinnen das beste Sehvermögen. Ihre acht Augen sind in drei Reihen gestaffelt. Sie sind mit etwa 2900 Arten die umfangreichste Spinnenfamilie.

Ihr Hauptverbreitungsgebiet haben sie in den wärmeren und tropischen Gebieten. Die in Deutschland häufigste Form ist die Zebraspinne.

Bücherskorpion (Chelifer cancroides): Bewohnt vor allem Bibliotheken, Herbarien und Insektensammlungen, mißt 2,6–4,5 mm, hat zwei Augen und eingliedrige Füße, bewegt sich flott zwischen den Buchseiten, tastet lebhaft umher, läuft ebenso gut vor- wie rückwärts und seitwärts.

Die Webespinnen

Wenn die Menschen wüßten, in welchem Ausmaß wir ringsum von unzähligen Spinnen umgeben sind, in welcher Millionenzahl sie jedes morgengroße Stück Erde in Wald und Feld, Wiese und Garten, Stadt und Land, Steppe und Moor bevölkern, dann würde ihre Furcht vor diesen ebenso harmlosen wie nützlichen Geschöpfen wahrscheinlich noch viel größer sein. Es ist aber wirklich so: keine Tierordnung ist nur annähernd so weit verbreitet und so volkreich wie die der Webespinnen, von denen wir bis heute rund 30 000 Arten kennen. Und wenn wir wissen, daß sie auf den Insektenfang ausgerichtet sind, so läßt sich leicht ausrechnen, welchen unschätzbaren Verbündeten wir in ihnen haben. Es mag für den ersten Augenblick wie Übertreibung klingen, wenn Forscher die Ansicht vertreten, daß die Insekten schon längst die Erde beherrschen würden, wenn die Spinnen nicht wären. Sie haben für England errechnet, daß die alljährlich von den Spinnen vernichtete Insektenmenge mehr als die ganze menschliche Bevölkerung der Britischen Inseln wiegt. Und dabei ist England nicht etwa das spinnenreichste Land.

Gestaltlich sind alle echten Spinnen unverkennbar. Die hartgepanzerte Kopfbrust und der weichhäutige Hinterleib sind gänzlich ungegliedert und miteinander durch einen dünnen Stiel verbunden. Die einfachen Augen, meist zwei Hauptaugen und sechs Nebenaugen, sitzen vorn oben auf der Kopfbrust. Die klauenartigen Kieferfühler sind an ihrem einschlagbaren Endglied durchbohrt und stehen mit Giftdrüsen in Verbindung. Dieses Gift kann nur bei einigen wenigen tropischen Arten auch dem Menschen gefährlich werden. Meist sind die Klauen gar nicht imstande, unsere Haut nur zu ritzen oder spürbar zu zwicken.

Von den 57 Familien der Webespinnen wollen wir die bekanntesten Vertreter vorstellen.

Die Vogelspinnen (Theraphosidae) bewohnen vor allem die tropischen Länder. Es sind bis zu 10 cm lange, rot- bis schwarzbraune, an den kurzen starken Beinen filzig behaarte Geschöpfe mit abwärts gerichteten Kieferklauen. Tagsüber bergen sie sich in Erdlöchern, selbstgewühlten röhrenartigen Gängen, unter Steinen, in Mauerlükken sowie hinter Möbeln und Bildern. Nach Einbruch der Dunkelheit schweifen sie auf der Jagd nach Schaben, Asseln, Skorpionen, Tausendfüßern und Schrek-

ken umher, überwältigen auch kleine Wirbeltiere, aber höchst selten einmal auch junge Vögel. Ihr Biß wirkt auf den Menschen wie ein Bienenstich, doch ist es tatsächlich eine Kunst, sie zum Zubeißen zu reizen.

Mit Bananenbündeln wird aus Südamerika oft die *Gemeine Vogelspinne (Theraphosa avicularia)* eingeschleppt, die 5 cm lang wird und dunkelbraun bis schwarz gefärbt ist.

Eine nahe Verwandte ist die mitteleuropäische, bis zu 20 mm lange *Pechbraune Tapezierspinne (Atypus piceus)*, bei der sich das Weibchen bis zu 30 cm tiefe Röhren im lockeren Boden gräbt und mit einem dichten Gespinst tapeziert, das in einem langen oberirdischen Fangschlauch endet. Hier lauert die Spinne auf

vorüberkommende Insekten und schlägt ihnen die Klauen aus dem Hinterhalt und durch das Gespinst hindurch in den Leib. Andere Arten, wie z.B. die *Falltürspinnen*, versehen die Röhre mit einem festen Gespinstdekkel, den sie von innen zuhalten. Die seßhaften Weibchen können ein Alter von 7–8 Jahren erreichen. Die Männchen schweifen frei umher.

Die Sechsaugenspinnen (Dysderidae) haben nur sechs Augen. Sie fertigen sich in Felsspalten, Mauerlöchern und Strohdächern wie hinter lockeren Rinden, unter Steinen und im Moos lange weiße, beiderseits offene Röhren an und versehen die Mündungen mit etlichen Fangfäden. Das sich verhängende Insekt wird angegriffen, auch wenn es eine Wespe ist, in die Röhre gerissen und überwältigt. Unsere bekannteste Röhrenspinne ist die etwa 10 mm messende *Kellerspinne (Segestria senoculata)*, die sehr gestreckt gebaut ist, pechbraun am Vorderleib, bräunlichgelb am behaarten und dunkelbraun gefleckten Hinterleib ist.

Die Radnetzspinnen (Araneidae) sind in 2500 Arten über die ganze Erde verbreitet. Sie bauen frei ausgespannte, senkrechte Fangnetze, verfügen über einen besonderen Webestachel an jedem Fuß des vierten Beinpaares und sechs große Spinnwarzen. Ihr Radnetz stellen sie in etwa 40 Minuten her. Es besteht gewöhnlich aus einem trapezförmigen Rahmen, hat einen durchschnittlichen Durchmesser von 18 cm und ist dann meist aus 20 Speichen und 24 Spiralfäden aufgebaut. Die Spiralfäden sind Klebfäden von ganz wunderbarer Beschaffenheit. Junge Radnetzspinnen bauen zuerst wesentlich kleinere Fangnetze.

Unsere bekanntesten Arten der Radnetzspinnen sind:

die *Gemeine Kreuzspinne (Araneus diadematus)*, bei der das Weibchen bis zu 20 mm, das Männchen bis zu 11 mm mißt; sie hat einen hell- oder dunkelbraunen, gräulich getönten Körper und starkbehaarte Beine, trägt lichte weißliche oder gelbliche Flecken auf dem feisten, glänzenden Hinterleib, die ein dreieckiges Ornament oder ein Kreuz bilden, sitzt kopfabwärts und mit ausgestreckten Vorderbeinen in ihrem Netz, umspinnt die überwältigte Beute, wenn sie satt ist, und hebt sie sich auf diese Weise für die kargen Fangtage auf;

die *Wespen- oder Zebraspinne (Argiope bruennichi)*, die 20 mm mißt, schwarz-gelbweiß gestreiften Hinterleib und ebenso gezeichnete Beine hat, ebenfalls kopfunter in ihrem Netz sitzt, das sie niedrig zwischen Gräsern und Kräutern aufspannt, da sie besonders auf Grashüpfer und Heuschrecken lauert. Von der Mitte ihres Netzes verläuft eine eigenartige, watteähnliche, zickzackförmige „Wendeltreppe" bis zum unteren Rand. In der Nähe des Nestes hängt das Weibchen seinen mohnkapselähnlichen Eikokon auf.

Zu den giftigsten Spinnen überhaupt zählen die *Latrodectus*-Arten der Familie der *Dekkennetzspinnen (Linyphiidae)*, wie z.B. die amerikanische *Schwarze Witwe (L. mactans)* und die südeuropäische *Malmignatte (L. tredecimguttatus)*. Natürlich sind auch über diese beiden Spinnen schon ganze Bücher zusammengefabelt worden. Fest steht jedoch, daß der Biß der etwa walnußgroßen Schwarzen Witwe tödlich wirken kann. Ebenso ist das Gift der nur 13 mm langen, pechschwarzen, rotgefleckten Malmignatte stark genug, Pferde, Rinder und Kamele in wenigen Stunden zu töten.

Die Trichterspinnen (Agelenidae) und ihre einfachen Segelnetze können wir in unseren Wohnungen leicht studieren. Denn ihre bekannteste Vertreterin ist die *Hausspinne (Tegenaria domestica)*, bei der das Männchen 11, das Weibchen 19 mm mißt. Der Kopf setzt sich bei ihr deutlich von der Brust ab, der Leib zeigt eine ockergelbe Färbung mit braunen Zeichnungen, und die Beine sind ebenfalls okkergelb. In allen möglichen Winkeln hängt ihr von Ecke zu Ecke gespanntes, dicht gewebtes, meist stark verstaubtes Netz, das sich in der Mitte trichterförmig senkt und in eine gesponnene Wohnröhre mündet.

Die Wolfsspinnen (Lycosidae) sind frei umherschweifende Räuber, echte Vagabunden, meist düster gefärbt. Wir erkennen sie leicht an der schmalen hochgewölbten Brust, den schlanken Beinen und blitzschnellen, fast ungestümen, halb springenden Bewegungen. Vom Februar bis Anfang Dezember huschen sie über die Wiesen und Felder wie durch die Gärten und Wälder. Etliche Arten bergen sich in ausgesponnenen Erdlöchern, in denen sie auch überwintern. Fangnetze weben sie nicht. Das Eiersäckchen befestigt sich das Weibchen am Hinterleib und trägt es mit sich herum, bis die Jungen schlüpfen. Die Jungspinnen klettern dann auf den Rükken der Mutter und bleiben bei ihr, bis sie halbwegs herangewachsen sind.

Vorgestellt seien hier nur:

die *Wolfs- oder Luchsspinne (Lycosa agrestis)*, 6–7 mm lang, braun- bis schwarzgrau, düster behaart, mit einem gelben Rückenfleck auf der Kopfbrust und bräunlichgelben, schwarzgeringelten Beinen, ist als selbständig gewordene Jungspinne eine der häufigsten Luftschifferinnen, die mit ihren Flugfäden als sogenannter „Altweibersommer" weit über das Land segelt;

Auch die „berüchtigten" *Taranteln* gehören zu den Wolfsspinnen. Von ihnen wurden schon so viele Schauermärchen erzählt, daß sie für die meisten Menschen den Inbegriff der gefährlichen Spinne darstellen. Doch sind auch sie nichts anderes als räuberische Insektenjäger und bedeuten niemals eine Gefahr für den Menschen. Gewöhnlich bergen sie sich in selbstgegrabenen Erdlöchern, aus denen sie tagsüber gleich Wegelagerern hervorbrechen und ihre Beutetiere mit ungestümen Bewegungen überfallen. Nach Einbruch der Dunkelheit schweifen sie jagend umher.

Vertreter der *Raubspinnen (Pisauridae)* sind bei uns die *Heideraubspinne (Pisaura mirabilis)*; und die *Gerandete Raubspinne (Dolomedes fimbriatus)*, die auch Floß- oder Piratenspinne genannt wird, als Männchen 10–11 mm, als Weibchen 22–26 mm mißt, oberseits samtartig olivbraun gefärbt, seitlich gelb und weiß gesäumt ist, flott über die Wasserhaut läuft und ins Wasser gestürzte Insekten sowie Wasserinsekten und Fischbrut überfällt. Diese Spinnen bauen nicht – wie früher behauptet – Flöße aus Pflanzenteilen.

Die Krabbenspinnen (Thomisidae) sind kleine bunte Geschöpfe, die ihren deutschen Namen der abgeplatteten Gestalt, den weit abgespreizten Beinen und den krebsartigen Bewegungen verdanken. Am liebsten lauern sie in den Blüten, wo reichlich Nektar und Pollen geboten werden. Ihre Farbe paßt sich der Blütenfarbe wunderbar an. Es gibt weiße, grünliche, dottergelbe und rote Arten. Läßt sich ein Insekt auf der Blüte nieder, so schnellen sie vor, beißen ihm ins Genick und halten die Beute fest, da das Gift sehr schnell wirkt. Ihre Jungen sind es hauptsächlich, die im Herbst mit silbernen Seidenfäden durch die Luft fliegen.

Krabbenspinnen bauen keine Netze, sie überfallen blütenbesuchende Insekten. Sie lauern auf einer Blüte regungslos in Angriffsstellung.

Häufig sind vor allem:

die *Umherschweifende Krabbenspinne (Xysticus viaticus)*, 4,5–7 mm lang, bräunlich, weiß gezeichnet, mit gelben Beinen, die sich oft zwischen lose umsponnenen Blättern verbirgt; ferner die besonders auf roten Rosen anzutreffende, 6 mm messende *Thomisius globosus*, die selbst rosenrot gefärbt und pur-

Die kräftige Kreuzspinne hat einen rundlichen, hell- oder dunkelbraunen Hinterleib, der mit einem weißlichen Kreuzmuster gezeichnet ist. Die Männchen sind wesentlich kleiner und schlanker. Schon die frisch geschlüpften Kreuzspinnen sind in der Lage, das kunstvolle, radförmige Fangnetz zu spinnen.

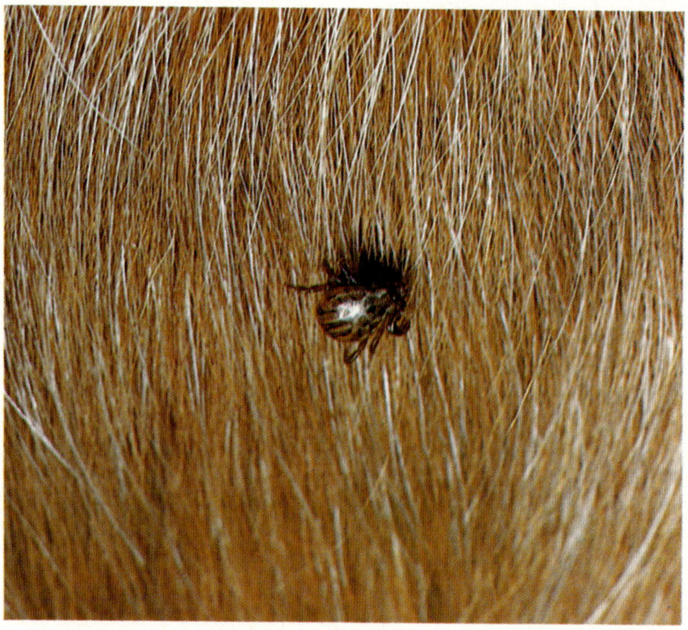

Zecken sind 1–2 mm große, blutsaugende Schmarotzer mit stark abgeflachtem Körper. Sie lassen sich im Wald von Zweigen herab auf Säugetiere und Menschen fallen und beißen sich in der Haut fest. Im Laufe von wenigen Tagen saugen sie sich voll Blut, bis ihr Hinterleib etwa Erbsengröße erreicht hat; dann fallen sie ab.

purrot gezackt ist; sowie die ihre Farben wechselnde, bald elfenbeinweiße, bald gelbe *Misumena calycina*.

Die Spring- oder Hüpfspinnen (Salticidae) sind sehr lebhaft gezeichnet, tragen vor allem weiße Haarbinden und helle Haarflecken, die sich effektvoll von ihren gelb, braun, rot oder schwarz gefärbten Körpern abheben. Wie die Wolfsspinnen schweifen sie vagabundierend umher, beschleichen ihre Beutetiere regelrecht und packen sie im kühnen Zusprung. Von den 40 mitteleuropäischen Arten erwähnen wir hier nur: die *Harlekinhüpfspinne (Salticus scenicus)*, 5–7 mm lang, mit weißen Zeichnungen auf der schwarzen Kopfbrust und vier weißen Bogenlinien auf dem samtbraun- oder schwarzglänzenden Hinterleib; sie ist besonders viel an Mauern, Hauswänden und Bretterzäunen zu sehen, dringt auch nicht selten in die Häuser ein.

Die Weberknechte

Die nächtlich lebenden Weberknechte, die früher auch Afterspinnen genannt wurden, verfügen weder über durchbohrte Kieferklauen und Giftdrüsen noch über Spinndrüsen. Die meisten haben auch nur zwei Punktaugen. Dafür sind die Kiefertaster beinartig verlängert und sitzen Tastsinne in den vorderen Beinpaaren. Der Körper ist eirund und hängt schwingend zwischen den ganz ungewöhnlich langen und ungemein dünnen Beinen. Diese Beine lösen sich sehr leicht und werden schnell geopfert, um den Gegner abzulenken. Wahrscheinlich ernähren sich die Weberknechte hauptsächlich von toten Insekten und anderen kleinen Gliederfüßern. Wir können sie also wohl eher als kleine harmlose Aufräumer und weniger als Räuber ansehen.

Aus den 4 Familien der *Brettkanker (Trogulidae)*, der *Fadenkanker (Nemastomatidae)*, der *Schneckenkanker (Ischyropsalididae)* und der *Echten Weberknechte (Phalangidae)* sei hier nur der sehr häufige *Gemeine Weberknecht (Phalangium cornutum)* vorgestellt, der 5 mm mißt, grau oder graugelb gefärbt ist, in der Ruhestellung bäuchlings auf der Erde liegt und seine Beine wie einen Verhau um sich stellt; das Weibchen versenkt seine 80–100 kugelrunden Eier mit Hilfe einer langen Legeröhre in feuchtes Erdreich.

Die Milben

Die Milben sind oft so winzig, daß wir sie mit dem bloßen Auge kaum noch zu erkennen vermögen. Ähnlich wie bei den Weberknechten ist ihr Leib weitgehend ungegliedert, verwachsen Kopf, Brust und Hinterleib miteinander. Ausgerüstet sind diese kleinen kugel-, scheiben- oder walzenförmigen Spinnentiere mit beißenden, stechenden und saugenden Mundwerkzeugen, mit Klauen, Scheren und Stechborsten sowie meist acht Beinen. Viele leben als Parasiten und Schmarotzer auf und in Tieren wie Menschen, rufen quälende, schmerzhafte und ekelerregende Hautkrankheiten hervor und werden besonders in den Tropen zu wahren Geißeln. Andere Formen wieder wachsen sich zu beachtlichen Pflanzen- oder Vorratsschädlingen aus.

Kein Wunder, daß sich die moderne Forschung dieser Spinnentiere ganz besonders annahm und dabei in den letzten Jahrzehnten viele Tausende von neuen Arten entdeckte. Doch wird angenommen, daß wir höchstens 5% aller Milben kennen und insgesamt mit Hunderttausenden von Arten zu rechnen haben.

Wir können hier natürlich nur einige wenige Vertreter aus den wichtigsten Milbenfamilien vorstellen.

Die Zecken (Ixodides) müssen dreimal in ihrem Leben, nämlich als sechsbeinige Larve, als achtbeinige Nymphe und als ausgewachsenes Weibchen einen Blutswirt finden. Um diese Schwierigkeit meistern zu können, vermögen sie sehr lange zu hungern und kommen als Larve und Nymphe bis zu anderthalb Jahre, als Weibchen über zwei Jahre ohne Nahrung aus. Das letztere ist dann so eifrig am Blutsaugen, daß es zu einer bohnengroßen Blase anschwillt. Da es sich tief in die Haut bohrt, ist es am besten, die Befallstelle dick mit Öl oder Salbe zu betupfen, damit der Schmarotzer in Atemnot gerät und die fest eingeschlagenen Mundwerkzeuge selbst löst.

Weit verbreitet sind vor allem:

der *Holzbock oder die Waldzecke (Ixodes ricinus)* aus der Familie der Schildzecken, 1–2 mm lang, schwarzbraun, mit abgeflachtem Körper; lauert auf Zweigen, läßt sich auf alle Waldsäuger und auch den Menschen fallen, ruft heftig juckende, rote Pusteln hervor, überträgt auf Rinder die gefürchtete Krankheit des Blutharnens;

die *Rinderzecke (Boophilus annulatus)*, die besonders in Nordamerika als Überträgerin des Texasfiebers, das ganze Rinderherden dahinrafft, gefürchtet wird.

Die Laufmilben (Trombidiidae) leben als Larven parasitisch auf Gliedertieren und Warmblütlern, als ausgewachsene Tiere aber vorwiegend von Blattläusen und Pflanzenstoffen. Zu ihnen gehört:

die *Gemeine Samtmilbe (Trombidium holosericeum)*, 4 mm lang, leuchtend scharlachrot gefärbt, die als Pflanzensauger vom zeitigen Frühjahr bis zum August flott umherkrabbelt.

Die Lausmilben (Sarcoptidae) sind wohl die widerwärtigsten Milben, ganz gleich, ob sie nun allerlei Lebensmittel befallen oder Räude- und Krätzekrankheiten verbreiten. Auch sie sind winzig klein und erscheinen dem bloßen Auge als kaum erkennbare weißliche oder hellgelbe Pünktchen. Sehr berüchtigt ist:

die *Krätzmilbe (Acarus siro = Sarcoptes scabiei)*, bis zu 0,45 mm groß und rötlichgrau, die sich unter die Haut bohrt, dort gewundene Gänge ausfrißt, in denen sie ihre Eier ablegt und bald darauf stirbt, während die ausgeschlüpften Larven wieder zur Hautoberfläche zurückkehren, ihre Häutungen hinter sich bringen, um sich nach sechs Wochen als fortpflanzungsfähige Tiere ihrerseits zur Paarung und Eiablage unter die Haut zu begeben.

Zu einer richtigen Schorfkrätze bzw. Räude kommt es dabei beim Menschen nur selten, aber regelmäßig bei Tieren, vor allem bei Hunden, Pferden und Schweinen, die alle ihre eigene Krätzmilbe haben.

Garnelen sind Krebstiere der Nord- und Ostsee. Sie werden in ungeheuren Mengen gefangen und unter dem Namen „Krabben" auf dem Feinschmecker-Markt verkauft. Zum Glück mehren sich die Garnelen sehr schnell: Ein Weibchen legt 3 mal im Jahr 3000–4000 Eier. Nachts gehen die Garnelen auf Nahrungssuche und verzehren Würmer, kleine Krebschen und Algen. Am Tage halten sie sich so im Sand verborgen, daß nur noch die Augen und die Fühler herausschauen.

Die Schwertschwänze

Sehr urtümlich sind die mindestens 500 Millionen Jahre alten, seltsam gestalteten, bestachelten und langgeschwänzten Schwertschwänze. Als Wurm- und Weichtierfresser wühlen sie im Schlamm der flachen Küstengewässer. Ein großer halbmondförmiger Schild mit zwei seitlichen Netzaugen und zwei kleinen Punktaugen bedeckt die Kopfbrust. Ein kleinerer, sechseckiger Schild mit starken Randstacheln schützt den schmäleren Hinterleib, der in einen körperlangen spitzen Schwanzstachel ausläuft. An der Kopfbrust sitzen sechs Beinpaare, von denen das erste in Gestalt scherenförmiger Kieferfühler auftritt, während die anderen fünf Paare, die ebenfalls mit Scheren und Kaufortsätzen ausgerüstet sind, zugleich als Gangbeine dienen. Am Hinterleib sitzen ebenfalls sechs Beinpaare. Und zwar bildet hier das erste Paar einen klappenartigen Deckel, unter dem die mit Kiemen versehenen anderen fünf Paare gut verborgen und auch geschützt liegen.

Beim Schwimmen, das immer bauchoben vor sich geht, treten diese Kiemenbeine als eifrig paddelnde Ruder in Aktion. Auch über das feste Land vermögen die Schwertschwänze zu laufen. Sie suchen es während der Paarungszeit auf und schieben sich gleich Schildkröten voran. Fallen sie beim Klettern über die Steine auf den Rücken, so stemmen sie den Stachel wie einen Hebel in den Boden und kommen so wieder auf die Beine.

Die Weibchen legen die Eier in selbstgescharrte flache Sandgruben. Die frischgeschlüpften Jungen haben weder einen Schwanzstachel noch Schwimmfüße und erinnern sehr an die vor 185 Millionen Jahren ausgestorbenen Trilobiten.

Die Verbreitung der Schwertschwänze erstreckt sich über die Küsten des Stillen und Atlantischen Ozeans. An der südlichen Ostküste Nordamerikas lebt die *Königskrabbe (Limulus polyphemus)*, die bis zu 50 cm mißt, in den Küstengewässern von Neuguinea, Hinterindien, China und Japan leben die *Molukkenkrebse (Tachypleus gigas, T. tridentatus und T. hoeveni)* und vom Bengalischen Golf bis zu den Philippinen verbreitet sich *Carcinoscorpius rotundicauda.*

Die Krebstiere *(Crustacea)*

Die Krebse sind die Kiemenatmer unter den Gliedertieren, sind also weitgehend dem Leben im Wasser angepaßt und behalten kiemenähnliche Atmungsorgane auch dann, wenn sie eine amphibische Lebensweise führen oder ganz an Land gegangen sind. Ihr zweites Merkmal ist, daß sie mehr als vier Beinpaare haben. Es ist in Zweifelfällen – wie z.B. bei den Wasserasseln – also leicht, schon an Hand der Beinpaare festzustellen, ob wir einen Krebs, ein immer sechsbeiniges Insekt oder eine regelmäßig achtbeinige Spinne vor uns haben.

Das dritte Merkmal ist die besondere Gestalt dieser Beine, deren Glieder nicht in einer Zeile stehen, sondern sich in zwei Äste gabeln. Die Krebse werden deshalb auch „Spaltfüßer" genannt. Diese Gabelung erstreckt sich noch auf die zu Sinnes- und Kauwerkzeugen umgestalteten Beine. Der ungewöhnliche Reichtum an solchen Werkzeugen ist das vierte Merkmal der Krebse. Sie besitzen in der Regel zwei Fühler- oder Antennenpaare und mindestens drei Kieferpaare. Nicht weniger als fünf Paare der Gliedmaßen stehen also nicht im Dienst der Bewegung, sondern der Orientierung und Ernährung. Häufig treten sogar noch die nächsten fünf Beinpaare als Hilfskiefer oder Kieferfüße auf. Die Gangbeine sind dann je nach ihrer Funktion zu Schreit-, Schwimm- oder Sprungbeinen umgestaltet. Eine Anzahl der Schreitbeine endet oft in einer Schere, die dadurch zustande kommt, daß sich ihr letztes Glied gegen einen Fortsatz des vorletzten Gliedes bewegen kann.

Als fünftes, allerdings nicht durchgängiges Merkmal könnte man noch die bei vielen Formen bestehende Neigung zur Verstärkung der Chitinhaut durch eingelagerten kohlensauren Kalk erwähnen. Die Hautbedeckung wird dadurch zu einer panzerähnlichen, widerstandsfähigen, festen und starken, großen Schutz gewährenden Kruste, die den Krebsen die Bezeichnung „Krustentiere" einbrachte. Allerdings ist der Panzer nun so starr, daß er im Laufe des Wachstums viele Male abgeworfen und erneuert werden muß. Die meisten Krebse häuten sich also und erneuern dabei auch die Bedekkung der Fühler, der Augen, des Vorderdarmes und der Magenhaut. Das ist für sie ein ziemlich schwieriger Vorgang, der durchaus nicht immer glückt und manche Verstümmelung zur Folge hat. Doch sind alle Krebse in der

Der Flußkrebs kommt nur im klaren, frischen Wasser von Bächen, Flüssen und Seen vor. Wegen der Gewässerverschmutzung ist er schon sehr selten geworden. Tagsüber versteckt er sich unter Steinen oder Uferböschungen. Erst in der Nacht macht er Jagd auf Würmer und Muscheln; gerne verzehrt er auch Aas. Flußkrebse können bis zu 20 Jahre alt werden.

Lage, verstümmelte oder verlorengegangene Glieder wieder zu ersetzen. Schon vor der Häutung wird der Kalk für den neuen Panzer in Gestalt linsenförmiger Gebilde, den sogenannten „Krebssteinen", von den Magenwänden aufgespeichert.

Der Körper der Krebse ist meist klar in Kopf, Brust und Hinterleib gegliedert. Er besteht aus 10–60 Segmenten, von denen viele miteinander verschmelzen. Mindestens fünf verwachsene Segmente bilden die Kopfkapsel. Oft bildet sich auch ein einheitlicher Kopfbrustschild *(Cephalothorax)*, der aus Kopf-, Brust- und etlichen Hinterleibsringen bestehen kann.

Auf die Sinnesorgane kommen wir bei den einzelnen Formen zu sprechen. Fast ausnahmslos sind die Krebse getrenntgeschlechtliche Tiere und pflanzen sich durch Eier fort, die sich fast immer in den Bruttaschen der Weibchen entwickeln. Die Larven müssen oft eine Verwandlung durchmachen.

Man kennt heute etwa 40 000 unterschiedliche Krebsarten.

Die höheren Krebse

Die höheren Krebse gliedern sich in die Ordnungen der Zehnfußkrebse und der Leuchtkrebse *(Euphausiacea)*. Unter ihnen gibt es Süßwasser- wie Meeresbewohner sowie einige dem Landleben angepaßte Arten. Übereinstimmend besteht ihr Körper aus 19 Segmenten. Der Kopf und die Brust sind miteinander verwachsen und von einem festen Panzer bedeckt. Das erste, zweite und dritte Brustbeinpaar treten oft als zusätzliche Mundwerkzeuge auf, während die vorderen Hinterleibsfüße fast immer als Ruder und die hinteren zumeist als Sprungbeine dienen. Bei den Weibchen wird die Bruttasche aus den blattartigen Anhängen der Brustfußhüften gebildet.

Die Zehnfußkrebse

Auf diese hochentwickelte Krebsordnung trifft die obige Beschreibung besonders zu. Hinzu kommt, daß sie durchweg funktionstüchtige, auf beweglichen Stielen sitzende Augen und fünf Paar Gangbeine am Brustabschnitt haben, die am Ende mit Scheren versehen sind. Diese Beine dienen dann außerdem als Greifwerkzeuge. Die blättrigen oder büscheligen Kiemen sitzen in den beiderseitigen Hohlräumen unter dem Kopfbrustschild. Das Gleichgewichtsorgan befindet sich im Basalglied der ersten Fühlerantenne. Wir unterscheiden die 4 Unterordnungen der Garnelen, der Langschwänze, der Mittelkrebse und der Krabben.

Die Garnelen (Natantia) besitzen wie alle schwimmenden Krebse einen beweglichen Schwanzfächer, der von kräftigen Muskeln baucheinwärts geschlagen werden kann und vor allem das Rückwärtsschwimmen ermöglicht. Sie sind schlanke und dünnbeinige, oft durchsichtige, kleine bis mittelgroße Krebse mit seitlich zusammengedrücktem Körper und einer hornartigen biegsamen Haut. Als flotte Schwimmer und sehr gesellige Tiere tummeln sie sich in großen Scharen in allen Meeren von den flachen Küsten bis auf die hohe See hinaus. Ihre feinen Farben sind dem jeweiligen Untergrund angepaßt.

Wir nennen hier:

die *Gemeine Garnele (Crangon crangon)* aus der Nordsee, die bis zu 8 cm mißt, grau- oder braungrünlich erscheint, drei Stacheln auf dem Kopfbrustschild trägt und als Weibchen die Eier zwischen den Afterfüßen des Hinterleibes birgt.

Sie wird von den Fischern auch Granat oder Nordseekrabbe genannt und zu Nahrungszwecken jährlich in riesigen Mengen gefangen.

Die Langschwänze (Macrura) haben einen großen und gestreckten Hinterleib mit einem kräftig entwickelten Schwanzfächer, mächtige Scheren am Ende des ersten Fußpaares, und ein seitlich etwas zusammengedrücktes Kopfbruststück.

Die bekanntesten Arten sind:

der *Edel- oder Flußkrebs (Astacus astacus)* aus den Teichen, Seen und Flüssen Mitteleuropas, der 12–14 cm mißt, einen schwarz- oder braungrünlichen, manchmal auch blauen oder rötlichen Panzer trägt, kurze kräftige Scheren und rötliche Füße hat, sich tagsüber in Uferlöchern und unter Steinen birgt, nachts auf Raub auszieht, jegliches Wassergetier anfällt und gern auch Aas annimmt;

der *Hummer (Homarus gammarus)* aus der Nordsee, der bis zu 50 cm mißt, dem Flußkrebs ähnelt, einen dunkelblauen bis braunen Panzer trägt, rote Fühler und meist himmelblaue Beine hat, 30–50 Jahre alt werden kann und als ein gewaltiger Räuber besonders Fische, Muscheln und Seeigel verzehrt;

der *Stachelhummer oder die Gemeine Languste (Palinurus vulgaris)* aus dem Mittelmeer und dem Atlantik, der bis zu 40 cm mißt, einen lebhaft rötlichvioletten Panzer trägt, am Kopfbruststück kräftig bestachelt ist, keine Scheren hat, knarrende Töne von sich geben kann und rauhen felsigen Seegrund liebt.

Einige der *Mittelkrebse (Anomura)* pflegen ihren weichhäutigen, oft sackartigen Hinterleib in leeren Schneckenhäusern zu bergen und diese als Küraß mit sich herumzutragen. Ihre beiden letzten Brustbeinpaare sowie die Beine des Hinterleibes sind zu Klauen verkümmert, mit denen sie sich gut im Schneckenhaus verankern können. Während des Wachstums müssen sie sich freilich immer wieder einmal nach einem größeren Gehäuse umsehen. Verstärkten Schutz sichern sie sich außerdem dadurch, daß sie oft noch Seerosen, vor allem die Mantelaktinie und die Schmarotzerseerose, auf das Schneckenhaus verpflanzen und auf diese Weise eine stets feuerbereite Nesselbatterie mit sich

Der Taschenkrebs wird bis zu 6 kg schwer und ist damit die schwerste europäische Krabbe. Er lebt auf steinigem Boden und ernährt sich von Seeigeln, Seesternen, Muscheln, anderen Krebsen und Fischen. Mit seinen kräftigen Scheren knackt er mühelos harte Muschelschalen und Krebspanzer. Das Weibchen legt im tiefen Wasser bis zu drei Millionen Eier.

führen. Denn die Aktinien lassen sich die Verpflanzung gern gefallen, benutzen die Krebse als Meereskutschen, leben gut von den Brosamen, die von deren Mahlzeiten abfallen, und verteidigen ihre Freunde deshalb gegen alle räuberischen Angriffe so heftig wie sich selbst.

In der Nordsee, im Atlantik und im Mittelmeer ist recht häufig der *Einsiedlerkrebs oder Eremit (Eupagurus bernhardus)*, 10–12 cm lang, reh- bis rotbraun gefärbt, mit gestrecktem Kopfbruststück, kräftigen drei Brustbeinpaaren und starken Scheren, der die Gehäuse der Wellhornschnecken bevorzugt.

Besonders ausgeprägt ist die Symbiose zwischen Krebs und Aktinie bei dem mittelmeerischen *Eupagurus prideauxi*.

Ein naher Verwandter der Einsiedlerkrebse ist der auf dem Lande lebende, 30–40 cm lange *Palmendieb oder Kokosnußräuber (Birgus latro)* aus dem Malaiischen Archipel, der nur zur Eiablage ins Meer zurückkehrt. Als Tagtier steigt er munter umher und versteht es ausgezeichnet, die heruntergefallenen Kokosnüsse mit seinen sehr starken Scheren aufzuklopfen. Das heißt, er befreit die Frucht dort, wo später der Keimling heraustritt, von den Haaren, zertrümmert den dünnen Deckel und löffelt das Fruchtfleisch mit den schmalen Scheren der hinteren Beinpaare aus. Er steigt auch auf die Palmen und wirft die Nüsse herunter. Die Nacht verbringt er in selbstgegrabenen Erdlöchern, die er reich mit den Fasern der Kokosnüsse polstert.

Die Krabben (Brachyura) sind ebenfalls flinke Laufkrebse. Sie krabbeln so ungemein schnell und dabei immer seitwärts dahin, daß es schon ein Kunststück ist, sie zu ergreifen. Um sich in jeden Schlupfwinkel der Küsten hineindrücken sowie rasch im Sand bergen zu können, ist die Kopfbrust abgeflacht und verbreitert, der Hinterleib aber sehr verkürzt. Außerdem wird er meist unter das Kopfbruststück zurückgeschlagen. Die starken Scheren werden beim Angriff wie in der Verteidigung drohend erhoben, rasselnd zusammengeschlagen, auch wie ein Schild vorgehalten oder gleich einem Winker gebraucht.

Von den Krabben der europäischen Küsten seien vorgestellt:

die *Strandkrabbe (Carcinus maenas)*, 8 cm breit, 4 cm lang, platt und gedrungen, vorwiegend schwärzlichgrün gefärbt;

der *Taschenkrebs (Cancer pagurus)*, 25–35 cm breit, 9-12 cm lang, oft über 1 kg schwer, oberseits bräunlich, unterseits lichter, mit schwarzen Scherenfingern, der ein tüchtiger Räuber ist und mit seinen Scheren gefährliche Wunden schlägt;

die *Wollhandkrabbe (Eriocheir sinensis)*, handgroß, etwa 8 cm breit, graugrün, als Männchen mit wollähnlich gepolsterten Scheren, die aus den Gewässern um China und Japan zu uns verschleppt wurde und sich als sehr fruchtbares Geschöpf, das fast eine Million Eier entwickelt, in der Ost- und Nordsee sowie in deren Zuflüssen ungemein stark vermehrt hat;

die *Wollkrabbe (Dromia vulgaris)*, 3–4 cm breit, dicht behaart und darum immer mit allerlei Pflanzen und Tieren bedeckt, außerdem aber noch regelmäßig mit einem großen ausgeschnittenen Schwammstück getarnt, das sie mit dem kleinen, hoch eingelenkten, vierten und fünften Fußpaar über sich hält;

die *Meerspinne oder Teufelskrabbe (Maja squinado)* aus dem Mittelmeer, 10–12 cm lang, mit rotem Rücken, gezackt, zottig behaart, ein Stelzengänger.

Die größte Krabbe ist die *Japanische Riesenkrabbe (Macrocheira kaempferi)* aus der japanischen See mit über 30 cm breitem Panzer und bis zu 3 m Spannweite.

Die *Seespinne (Hyas aranea)*, bis zu 15 cm lang, gelblichrot, mit flachen, fast eirundem Kopfbrustschild, bedeckt mit Meerestieren, die sie selbst auf ihren Rücken verpflanzt.

In den tropischen Zonen sind viele Krabben zu Landkrebsen geworden, die feuchte schattige Wälder bewohnen, sich unter Baumwurzeln bergen oder sich tiefe Löcher graben. Zu ihnen gehören vor allem die an den Küsten des Indischen und Stillen Ozeans häufigen *Winkerkrabben (Uca)*, bei denen die Männchen über eine riesig vergrößerte, buntgefärbte Schere verfügen, mit der sie ungemein lebhaft winken, wenn sie einem Weibchen begegnen, was ihnen ihren Namen eintrug.

Die Asselartigen *(Peracarida)*

Die Überordnung der Asselartigen umfaßt 6 Ordnungen, von denen die 2 bekanntesten Ordnungen hier vorgestellt seien.

Die Flohkrebse

Diekleinen,lebhafthüpfenden, durchweg schlanken Flohkrebse sind über die ganze Erde verbreitet, beleben in etlichen Arten die Süßwasser, in der Masse aber die Meere von der Gezeitenzone bis auf die hohe See hinaus. Überall, wo sie auftreten, spielen diese sehr geselligen Krebschen die Rolle wichtiger Aufräumer und Aasfresser, die alle faulenden pflanzlichen und tierischen Stoffe verzehren. Der Kopf ist immer deutlich abgesetzt und der Leib seitlich zusammengedrückt. Die Weibchen bergen die Eier und die Brut in den Bruttaschen an ihren kiementragenden Brustfüßen.

Die bekanntesten Arten sind:

der *Bachflohkrebs (Rivulogammarus pulex)*, der bis zu 2,4 cm mißt, alle fließenden seichten Gewässer bewohnt, sich unter Steinen und Holzstücken birgt, aufgestöbert in kräftigen Stößen flüchtet, im Sand und Schlamm überwintert;

der *Küstenhüpfer (Orchestia gammarellus)* von den sandigen steinigen Meeresküsten, wo er sich in der Gezeitenzone zwischen den ausgeworfenen Meeresalgen tummelt und fußhoch umherhüpft.

Die Asseln

Die deutlich abgeflachten Asseln sind Bewohner der Meere, des Süßwassers und des Festlan-

Der Wasserfloh ist ein winziges Krebstier, das in nährstoffreichen Gewässern lebt. Frei schwimmend, filtert er aus dem Wasser Algen und Kleinstlebewesen heraus. Mit kräftigen Schlägen der Fühler bewegt er sich hüpfend fort. Das Weibchen trägt die Jungtiere eine Zeitlang in einer Brutkammer unter dem durchsichtigen Panzer mit sich herum.

des. Wir erkennen sie leicht an den deutlich gegliederten Körperringen, die nicht miteinander verschmelzen, und den seitlich hervorspringenden Platten des Rückenpanzers. Auf ihren sieben Paar kurzen einästigen Schreitbeinen laufen sie überraschend flott dahin.

Von den im modernden Stämmen und Stümpfen, an Mauern und in feuchten Kellern lebenden Landasseln seien vorgestellt:

die *Kellerassel (Porcellio scaber)*, 12–14 mm lang, grau, mit feingezacktem und gekörntem Rückenpanzer, kurzen zweigliedrigen Fühlern, 14 Schreitbeinen und 12 Spaltfüßen, die ihre Jungen in einem Brutbeutel am Bauch wie in einem winzigen Privataquarium großzieht und ernährt;

die *Rollassel (Armadillidium vulgare)*, etwa 15 mm lang, glänzend grau oder braun, die sich fest zusammenrollen kann, aber immer noch mit den Augen hervorlugt und so genauestens verfolgt, was in ihrer Umgebung vorgeht.

Die Kleinkrebse

Die niederen Krebse sind durchweg nur schwach chitinisiert, umgeben dafür aber ihren Körper oft mit einer zweiklappigen Schale. Bei den meisten endet der Hinterleib in einer Schwanzgabel. Die aus dem Ei schlüpfenden Larven sind mikroskopisch klein, eirund und sechsbeinig. Eine solche frei schwimmende, sogenannte Nauplius-Larve muß eine echte Verwandlung durchmachen, ehe sie die Krebsgestalt annimmt.

Die Kleinkrebse werden in 8 Unterklassen geteilt, die 6 bekannteren hiervon sind: *Rankenfüßer (Cirripedia), Fischläuse oder auch Kiemenschwänze (Branchiura), Mystacocarida* – die in winzigen Lückenräumen des Küstensandes leben –, *Ruderfüßer (Copepoda), Muschelkrebse (Ostracoda)* und *Blattfüßer (Branchiopoda)*.

Die Rankenfüßer

Wie schon erwähnt, schlüpfen die ausschließlich in den Meeren lebenden Rankenfüßer als winzige sechsbeinige und einäugige Nauplius-Larven aus dem Ei und rudern flott umher. Nach etlichen Häutungen bekommen sie, ganz ähnlich wie die Muscheln, eine zweiklappige Schale und erinnern nun an kleine Muschelkrebse. Sie messen jetzt etwa 5 mm und treiben sich noch weiter umher, ohne Nahrung aufzunehmen. Dann aber heften sie sich mit den Kittdrüsen ihrer Fühler für den Rest ihres Lebens fest an irgendeinen unterseeischen Gegenstand, ganz gleich, ob es ein Stein, ein Stück Holz, ein Schiffskiel, eine Muschelschale, ein Schneckenhaus, ein Korallenstock oder ein Seetier ist. Ihre Beine verwandeln sich in rankenförmige, fein behaarte Gliedmaßen, die nun die Aufgabe haben, sauerstoffreiches Wasser und Nahrung herbeizustrudeln. Aus der zweiklappigen Schale aber bildet sich ein festes Gehäuse, das den Leib gleich einem Panzer schützt, aber willkürlich geöffnet und sehr fest geschlossen werden kann.

Die meisten Rankenfüßer sind Zwitter. Ihre Verbreitung erstreckt sich über alle Weltmeere, die sie in ungeheuren Massen bewohnen.

Die bekanntesten Rankenfüßer sind wohl:

die *Entenmuschel (Lepas anatifera)*, die mit ihrem starken, biegsamen, muskulösen Stiel fest an Steinen, Hölzern und Schiffskielen sitzt und zuletzt einen aus fünf Kalkplatten bestehenden Panzer hat;

die *Seepocke oder Meereichel (Balanus balanoides)*, die in einem mit zwei Klappen verschließbaren, steinharten, rötlichweißen Kalkgehäuse lebt, das lebhaft an einen winzingen Napfkuchen oder einen Miniaturvulkan erinnert und unmittelbar mit der Endfläche aufsitzt.

Die Blattfüßer

Diese kleinen, oft glasartig durchsichtigen Krebschen sind die ursprünglichsten aller Krebstiere. Fossile Reste weisen bis ins Kambrium, also gut 450 Millionen Jahre zurück. Übereinstimmend haben ihre zahlreichen, kiementragenden und beborsteten Schwimmbeine blattartig gelappte Ränder. Die Hauptgruppe der Blattfüßer bilden die recht bekannten *Wasserflöhe (Cladocera)*, die vor allem mit Hilfe ihrer zweiästigen Fühler dahinrudern und sich tatsächlich hüpfend im Wasser bewegen. Die meisten Formen sind so glasartig durchsichtig, daß man alle ihre Organe durch die Haut schimmern sieht und sogar das schlagende Herz beobachten kann.

Bei den Wasserflöhen werden vielfach das ganze Jahr über nur Weibchen von jungfräulichen Müttern erzeugt und die Eier bis zum Ausschlüpfen der Jungen in einem körpereigenen Brutraum unter der Rückenschale zur Entwicklung gebracht. Erst im Herbst treten Männchen auf, die sich durch ihre längeren Fühler kennzeichnen. Diese paaren sich nun mit den Weibchen und erzeugen befruchtete Eier, die regelmäßig überwintern und im nächsten Frühjahr den neuen Kreislauf einleiten.

Von den vielen einheimischen Arten sei hier genannt:

der *Gemeine Wasserfloh (Daphnia pulex)*, der überall in kleinen und mittleren Gewässern lebt, bis 4 mm mißt, eine zarte sattelförmige, glasartig durchsichtige Rückenschale, einen schnabelartig verlängerten Kopf, ein großes schwarzes, von lichtbrechenden Perlen umgebenes Auge, kräftige, sehr zierlich gefiederte Ruderarme und einen sehr kurzen dornenbesetzten Schwanzstachel hat.

Die Ringelwürmer *(Annelida)*

Schon vor 150 Jahren erkannte Cuvier, der große französische Naturforscher, daß die Ringelwürmer und die anderen Gliedertiere viele gemeinsame Züge in ihrer anatomischen Organisation haben. Dennoch stellte man sie später zu den anderen wurmähnlichen Tieren und vereinigte sie mit den Niederen Würmern zur großen Gruppe der „Würmer". Heute aber bilden die Ringelwürmer oder Gliederwürmer einen Stamm der Gliedertiere

Der Regenwurm legt in lehmigen Böden seine Gänge an, in die er verfaulende Pflanzenteile hineinzieht, um sie in einiger Zeit auch dort zu verzehren.

und werden mit ihren rund 8700 Arten in die drei Klassen der *Vielborster (Polychaeta)*, der *Saugmünder (Myzostomida)* und der *Gürtelwürmer (Clitellata)* unterteilt. Die Klasse der Gürtelwürmer wiederum läßt sich in die Ordnungen der *Wenigborster (Oligochaeta)* und der *Egel* oder *Blutegel (Hirudinea)* gliedern.

Wie es ihr Name schon sagt, zeichnen sich die Ringelwürmer durch die meist auch äußerlich gut sichtbare Gliederung des Körpers in zahlreiche, hintereinanderliegende Ringe oder Segmente aus. Jedes einzelne Segment ist durch Ringfurchen abgegrenzt, von denen sich häutige Scheidewände mehr oder weniger tief in die Leibeshöhle erstrecken und diese in Kammern zerlegen. Alle diese Glieder stimmen in ihrem Bau weitgehend überein und weisen je eine Garnitur der wichtigsten Organe auf. – Deswegen ist die Regenerationsfähigkeit der Ringelwürmer sehr groß. – Das erste Segment, der sogenannte Kopflappen, enthält die Gehirnganglien und die wichtigsten Sinnesorgane. Am zweiten Segment liegt der bauchwärts gerichtete Mund, der bei zahlreichen Arten in Gestalt eines Rüssels vorgestülpt werden kann. Im letzten Segment befindet sich der After.

Die weiche, biegsame und dünne Haut ist sehr drüsenreich, mehr oder weniger mit Chitinborsten besetzt und fest mit der Ring- und Längsmuskulatur zu einem sogenannten Hautmuskelschlauch verbunden. Die schleimartige Absonderung dieser Hautdrüsen wird als Rutschbahn, zur Tapezierung der Wohnröhren, der Überwinterungskammern und zur Herstellung der Eikokons verwendet.

Bei den *Wenigborstern (Oligochaeta)* sitzen die Borsten meist paarweise in seitlichen Längsreihen und kleinen Vertiefungen an der walzigen Körperwand, bei den *Vielborstern (Polychaeta)* in kleinen Bündeln auf den seitlichen, zumeist zweihöckrigen Stummelfüßen.

Das Nervensystem ähnelt sehr dem Strickleitersystem der anderen Gliedertiere. Das Blutgefäßsystem ist meist gut ausgebildet und fast immer in sich geschlossen. Der Darmkanal ist im Prinzip ein einfaches gerades Rohr. Von den Sinnesorganen sind vor allem die Tast- und die Lichtsinnesorgane gut ausgebildet. Wir finden bei den verschiedenen Formen alle Entwicklungsstufen von der einfachsten Lichtzelle bis zu den Linsen- und Komplexaugen vertreten. Abgesehen von den zwittrigen Wenigborstern und Blutegeln sind die Ringelwürmer getrenntgeschlechtlich und pflanzen sich durch Eier fort. Bei den marinen Formen schlüpft aus dem Ei eine kugelige und bewimperte Larve, die eine echte Verwandlung hinter sich bringen muß.

Die kleinen marinen *Urringelwürmer (Archiannelida)*, die in Wirklichkeit keine ursprünglichen Formen, sondern zurückgebildete oder vereinfachte Vielborster sind, werden wir hier übergehen.

Ebenso bleibt für die marinen *Myzostomida oder Saugmünder*, die nur bis zu 3 cm messen und als Parasiten auf Stachelhäutern leben, kein Raum.

Die bereits erwähnten Chitinborsten, die sich in der Haut vieler Ringelwürmer bilden und von Muskeln vor- wie rückwärts gezogen werden können, spielen die Rolle von Füßen, dienen also vorwiegend der Fortbewegung. Unter dem Mikroskop offenbaren sie sich als zierliche Haken, Spieße, Sägen, Kämme und Steigeisen.

Die Vielborster

Bei den vorwiegend im Meer lebenden Vielborstern haben die einzelnen Körperringe lappige Anhängsel, die als beborstete und gegabelte, mit Kiemen und Tastorganen versehene Fußstummel in Erscheinung treten. Viele Formen sind frei umherkriechende oder schwimmende Räuber mit gutausgebildeten Augen und Fühlern, vorstülpbarem Vorderdarm und chitinigen Kiefern. Andere führen eine sitzende Lebensweise und sind entweder Schlammschaufler oder Schwebstoffverzehrer.

Die Kieferwürmer (Eunicidae) führen eine zumeist festsitzende Lebensweise, pflanzen sich durch das Abschnüren des hinteren Körperteils fort. Das Auftauchen dieser mit Eiern und Samenmilch berstend angefüllten Wurmglieder erfolgt oft in solchen Massen, daß die Küstengewässer auf weite Strecken hin von ihnen wie von einem dicken Tierbrei bedeckt sind. Berühmt ist unter diesen eigenartigen Würmern vor allem der fest an die Korallenriffe der Südsee gebundene, bohrende *Pazifische Palolo (Eunice viridis)*, der etwa 40 cm mißt, am vorderen Körperteil eine Breite von 5 mm erreicht; während der scharf abgesetzte, sehr viel längere hintere Körperteil mit den Keimdrüsen beträchtlich dünner ist. Er wird im Antillenmeer südlich Florida vom *Atlantischen Palolo (E. fucata)* und an den chinesischen Küsten vom *Japanischen Palolo (Ceratocephala ossawai)* vertreten.

Die Sandkorallen (Sabellaria) sind ebenfalls festsitzende Vielborster. Sie bauen und kitten sich Röhren aus feinen Sandkörnchen, die sie mit ihren deckelartig verbreiterten Fühlern verschließen können. Am Kopfende entfalten sie ähnlich wie die Korallentiere bäumchen- oder büschelähnliche Tentakelkronen, deren strudelnde Wimpern ihnen die feinen Schwebstoffe des Wassers zutreiben.

Recht häufig ist auf den Austerbänken der Nordsee *Sabellaria spinulosa*, die ihre Sandröhren oft gesellig wie Orgelpfeifen nebeneinander stellt, rötlich gefärbt ist und nur am vorderen Körperteil schwache Stummelfüße und Borsten trägt.

Verwandte Arten, wie zum Beispiel die mittelmeerische *Spirographis spallanzanii*, fertigen sich biegsame und lederartige Röhren aus ihren klebrigen Drüsensekreten.

Noch dichter an die Küsten heran rückt der im Schlick und Sand der Gezeitenzone und des Strandsaumes lebende *Sandpier oder Köderwurm (Arenicola marina)*, der bis zu 22 cm mißt, je nach der Bodenbeschaffenheit grünlich, gelblich oder rötlich gefärbt ist, einen kleinen dreieckigen Kopf mit einem becherähnlichen, vorstreckbaren Rüssel hat und sich durch Borstenbündel an den vorderen Körperringen sowie zierlich verzweigte rote Kiemenbüschelchen auf den 13 mittleren Segmenten kennzeichnet. Er gräbt sich mit Hilfe des Rüssels tief in den Sand, stellt sich U-förmige Röhren her und klebt deren Wände mit klebrigen Drüsensäften zusammen. Wie der Regenwurm schaufelt er den Sand in seinen Darm und entzieht ihm die organischen Stoffe. Seine Entleerungen setzt er an der Oberfläche als kleine darmähnlich verschlungene Sandhäufchen ab.

Der medizinische Blutegel lebt in Mooren, Sümpfen und verlandenden Seen. Mit einem Saugnapf heftet er sich an Lurche, Fische oder Säugetiere fest, um deren Blut zu saugen. Ein erwachsener Blutegel kann bis zu 15 ccm Blut aufnehmen. Blutegel sind wie alle Egel Zwitter. Sie legen ihre Eier in Kokons gehüllt in die Erde ab.

Die Gürtelwürmer

Die Klasse der Gürtelwürmer hat ihren Namen nach einer Einrichtung, die im Dienst der Fortpflanzung steht. Im vorderen Drittel des Körpers fällt eine Verdickung auf. Es ist das sehr drüsenreiche sogenannte *Clitellum*, das bei der wechselseitigen Begattung der zwittrigen Würmer noch mehr anschwillt, starke Sekrete absondert und die Tiere oft für Stunden miteinander verbindet.

Die Paarung findet in warmen Nächten auf der Oberfläche der Erde oder im Wasser statt. Die Eiablage erfolgt kurz darauf. Und zwar werden die Eier in einem erbsengroßen Schleimbeutelchen abgelegt, das vom Clitellum abgesondert wird und bald lederartig erhärtet. Die jungen Gürtelwürmer schlüpfen nach zwei bis drei Wochen.

Die Wenigborster

Indem wir hier die Wenigborster an die Spitze stellen, können wir den Reigen der Gürtelwürmer mit den populären Regenwürmern beginnen.

Die Regenwürmer (Lumbricidae) kennzeichnen sich sehr deutlich durch den kegelförmigen Kopflappen, der eine Art Oberlippe darstellt, weit vorgestülpt und als Erdschaufel wie als Saugstempel verwendet werden kann. Der zylindrische Körper ist unterseits etwas abgeflacht und oberseits immer etwas dunkler getönt. Auf jedem der kurzen gleichmäßigen Glieder stehen vier kurze Paare von feinen Chitinborsten, die mit dem bloßen Auge kaum zu entdecken sind.

Im Winter ziehen sich die Regenwürmer in die frostfreie Tiefe der Erde zurück, graben sich anderthalb bis zwei Meter tiefe Röhren, an deren Ende sie zu dicken Klumpen zusammengeballt in eine Art Winterstarre fallen. Im Frühjahr dringen sie dann allmählich in immer höhere Bodenschichten vor. Ans Tageslicht kommen sie nur, wenn sie sich durch schwere Bodenerschütterungen unmittelbar bedroht fühlen oder nach starken Regengüssen Atemnot in der Erde erleiden. Die Öffnungen ihrer Steigröhren pflegen sie mit irgendwelchen Stoffen der Erdoberfläche zu bedecken.

Von großer Bedeutung ist, daß die Regenwürmer in den Nächten eifrig damit beschäftigt sind, modernde Pflanzenteile massenhaft unter die Erde zu ziehen und deren Verwesungsprozeß gewaltig zu beschleunigen. Und wenn wir wissen, daß in einem Hektar gesunden Ackerlandes etwa 100000–120000 Regenwürmer leben und in einem Jahr rund 500 Zentner Erde bewegen, so wird uns klar, was sie für die Fruchtbarkeit der Erde und damit für die Existenzmöglichkeit der Pflanzen, Tiere und Menschen bedeuten. Ihre Tätigkeit ist die Voraussetzung dafür, daß die Kleinstlebewelt im Humus keinen Mangel an Sauerstoff und Feuchtigkeit leidet. Ohne sie würde der Betrieb im großen unterirdischen Laboratorium erliegen, würde der Stickstoffumbau stocken, bliebe die Humusschicht sauer und unfruchtbar.

Unsere häufigsten einheimischen Regenwürmer sind:

der *Tauwurm (Lumbricus terrestris)*, der bis zu 36 cm lang wird, bis zu 180 Körperringe hat und sich durch einen dunklen Rückenstreifen sowie das abgeplattete Körperende kennzeichnet; und

der *Düngerregenwurm (Eisenia foetida)*, der bis zu 9 cm mißt, gelbbraun fleischfarben, oberseits purpurgebräunt ist und vor allem in Komposthaufen und guter Gartenerde lebt.

In Australien leben bis zu 3 m lange und armdicke Regenwürmer der Gattung *Megascolides*.

Die Röhrenwürmchen (Tubificidae) leben dicht an dicht im schlammigen fauligen Grund trüber Tümpel, Bäche und Gräben. Mit dem Vorderteil stecken sie tief im Schlamm, von dessen organischen Substanzen sie leben, während das atmende Körperende im Wasser hin und her schwingt. Die bekannteste Art, nämlich

Tubifex rivulorum, mißt 3–4 cm, ist hellrot und sitzt oft in solchen Massen beieinander, daß der Gewässergrund rot heraufschimmert.

Die Blutegel

Die Blutegel haben weder Borsten noch Fußstummel. Ihr glatter, schmalgeringelter, oft recht hübsch gefärbter Körper ist betont abgeplattet. Am Kopf wie am Hinterende befindet sich eine Saugscheibe. Der umstülpbare Mund mit seinen halbkreisförmigen, zähnchenbesetzten Kiefern arbeitet wie eine kleine Schrotsäge, zersticht und zersägt die Haut der unfreiwilligen Blutspender und hinterläßt eine dreistrahlige, noch ziemlich lange nachblutende Wunde. Die Saugscheibe setzt sich wie ein Schröpfkopf auf, und der mit zehn Blindsackpaaren ausgestattete, sehr dehnbare Mitteldarm wird so vollgepumpt, daß der Leib um das drei- bis vierfache seines Umfanges und Gewichtes anschwillt. Von den rund 15 g Blut, die der Egel dabei aufnimmt, kann er monatelang zehren.

Von den bekanntesten Blutegeln seien hier genannt:

Der *Medizinische Blutegel (Hirudo medicinalis)*, der früher in unseren Teichen und Tümpeln sehr häufig war, heute aber eine seltene Erscheinung ist, bis zu 20 cm mißt, oberseits schmutzig braungrün, unterseits schwarz gefleckt oder ganz schwarz ist, auf dem Rücken sechs rötliche oder gelbliche Längsstreifen aufweist, bei schönem Wetter munter umherschwimmt, sonst eingerollt auf dem Grund liegt, wobei er den Kopf in die hintere Haftscheibe steckt oder sich an Steine und Strünke festsaugt;

der *Ungarische Blutegel (H. officinalis)*, mit vier roten Längsstreifen auf den Rücken und olivfarbenem Bauch, der noch heute eine bedeutsame Rolle in der Heilkunde spielt und alljährlich zu Millionen aus ungarischen Zuchtteichen eingeführt wird;

der *Fischegel (Piscicola geometra)*, der 2–5 cm mißt, einen fast drehrunden, hübsch gezeichneten Körper hat, den er in der Ruhe schräg ins Wasser streckt; saugt an Süßwasserfischen, und zwar entweder auf der Haut, auf der er spannerartig herumkriecht, oder in den Kiemen und der Mundhöhle, schwimmt auch frei mit flossenartig ausgebreiteten Haftscheiben umher.

TIERE MIT SPIRALFURCHUNG
(Spiralia)

Die Spiralfurchentiere verdanken ihren Namen der ungewöhnlichen Form ihrer Keimesentwicklung. Die einzelnen Zellschichten bilden sich aus dem Ei durch Furchung. Sie sind nicht symmetrisch, sondern leicht verdreht, einer Spirale ähnlich, angeordnet. Die Spiralfurchentiere gehören zu den Bauchmarktierchen, deren zweite Reihe die Gliedertierchen bilden.

Bei allen Tieren mit Spiralfurchung findet eine besondere Art der Keimesentwicklung statt. Die aus der Eizelle durch Furchung entstehenden Zellschichten sind gegenüber der jeweils darunterliegenden Zellschicht um einen geringen Betrag gedreht. Diese Furchungsart heißt Spiralfurchung.

Zu den Spiralia gehören die Weichtiere *(Mollusca)*, die Plattwürmer *(Plathelminthes)*, die Schnurwürmer *(Nemertini)* und die Ringelwürmer *(Annelida)*. Auch die Rundwürmer *(Nemathelminthes)* werden zur näheren Verwandtschaft der Spiralfurcher gerechnet.

Die Weichtiere *(Mollusca)*

Über 128000 Arten umfassen die Klassen, die den uralten, noch immer reichblühenden Stamm der Weichtiere bilden. Übereinstimmend sind sie durch den gänzlichen Mangel eines inneren Skeletts und einer erhärteten Hautbedeckung gekennzeichnet. Die Gestalt entbehrt darum der festen klaren Gliederung. Wenn wir uns einmal diese Tiere ohne Schale und Gehäuse denken, so stellt sich uns ihr Körper als ein massig-fleischiger, weichhäutiger Eingeweidesack dar, der den Darm, die Leber, die Niere und die Geschlechtsorgane birgt. Diesen Eingeweidesack umhüllt lose ein dicker Mantel, eine vom Rücken ausgehende paarige oder unpaare Hautfalte. Der Mantel vermag ein Außenskelett auszuscheiden, und zwar entweder eine dicke stachelbesetzte Haut wie bei den Urmollusken oder eine einheitliche Schale wie bei den höher entwickelten Weichtieren. Doch verleiht das Außenskelett dem Körper weder Halt noch Festigkeit, sondern bleibt ein nur lose mit ihm verbundenes Gehäuse, eine gleichsam tote Hülle.

Außer dem Eingeweidesack und dem Mantel können wir bei den Kopffüßern und den Schnekken noch einen Kopfabschnitt mit der Mundöffnung und den Sinnesorganen entdecken. Zugleich besitzen alle Weichtiere einen großen Fuß, der sich bei den Schnecken in einen Vorder-, Mittel- und Hinterfuß gliedert und bei den Kopffüßern in Trichter und Arme verwandelt. Zwischen der Mantelfalte und dem Fuß liegen in einer Mantelhöhle die Kiemen, die sich bei den Landschnecken in Lungen umbilden.

Die Kopffüßer oder Tintenfische

Die rund 730 Arten der Kopffüßer bewohnen ausschließlich die Meere und waren in ihnen schon vor 500 Millionen Jahren heimisch. Ihre Lebensräume erstrecken sich von dem Küsten bis zur Hoch- und Tiefsee. Zumeist bewegen sie sich auf dem Meeresgrund und stellen als räuberische Fleischfresser den Fischen, Krebsen, Schnecken und Muscheln nach. Ihre zu einem kräftigen hornigen Papageienschnabel umgewandelten Kiefer sind stark genug, auch großen Fischen glatt den Kopf zu durchbeißen und Muschelschalen zu knacken. Als Fangwerkzeuge dienen ihnen die aus dem Fuß entstandenen, dicht an die Mundöffnung gerückten, mit Saugnäpfen besetzten acht oder zehn Arme, die bei den großen Arten meterlang sein können. Unterhalb der Arme liegen

die sehr großen, hochentwickelten, glänzenden und funkelnden Augen, die zweifellos sehr funktionstüchtig sind. Den kegelförmigen Rumpf bedeckt ein Mantel, der von der Bauchseite her auf den Rücken übergreift, seitlich oft flossenartige Verbreiterungen aufweist und hinter dem Kopf mit freiem Rand endet. In der auf diese Weise gebildeten Mantelhöhle liegen zwei (Zweikiemer) oder vier (Vierkiemer) Kammkiemen. Die Mantelhöhle mündet am Kopf mit einem verschließbaren Querspalt, durch den das Atemwasser aufgenommen wird. Der Ausstoß erfolgt durch eine konische, ebenfalls aus dem Fuß hervorgegangene, muskulöse Röhre, den sogenannten Trichter. Durch den starken Muskelzug der Mantelwand wirkt diese Trichterröhre wie eine Düse, aus der das Wasser mit großer Kraft schießt und ein oft pfeilschnelles Rückstoßschwimmen ermöglicht.

Die Vierkiemer

Man teilt die Kopffüßer in zwei Unterklassen. Sehr altertümlich sind die *Vierkiemer (Tetrabranchiata)*, zu denen die wenigen Arten der *Schiffsboote (Nautilidae)* gehören. Sie erinnern an die im Erdmittelalter ausgestorbenen Ammoniten.

Perlboot (Nautilus pompilius): Bewohnt den Indischen und Pazifischen Ozean, ist einer der wenigen heute noch lebenden Vierkiemer, von denen über 9000 Arten ausgestorben sind, hat keinen Sepiabeutel, besitzt anstatt der Fangarme bis zu 90 zurückziehbare Mundtentakel ohne Saugnäpfe, birgt sich im vorderen Teil eines schneckenartigen, porzellanweißen, rötlich quergestreiften Gehäuses von 15–25 cm Durchmesser, dessen zahlreiche hintere Kammern mit Luft gefüllt und lediglich von einem häutigen blutreichen Strang, dem sogenannten Sipho, durchzogen sind.

Bild letzte Seite: Der Gemeine Krake, ein achtarmiger Tintenfisch, der maximal drei Meter lang wird.

Der Gemeine Tintenfisch bewohnt die europäischen Meere mit Ausnahme der Ostsee. Bei Gefahr entleert er seinen Tintenbeutel und stößt das Wasser der Atemhöhle ruckartig aus, so daß er durch den Rückstoß sehr schnell davonschießt. So kann er seinen Verfolgern meist entkommen.

Das Perlboot lebt in Tiefen von mindestens 100 m. Die vielen Scheidewände seines inwendig perlmutterglänzenden und auch perlenbildenden Gehäuses verstärken zweifellos dessen Widerstandsfähigkeit und geben dem Tier durch ihren Gasinhalt einen guten Auftrieb. Mit Hilfe seiner Tentakel bewegt es sich kriechend auf dem Meeresboden, vermag aber auch zu schwimmen. Die obersten Stirntentakel haben sich in eine muskulöse Kopfkappe umgebildet, die den Schaleneingang fest verschließt, wenn sich das Tier in sein Gehäuse zurückzieht.

Die Zweikiemer

Bei der „modernen" Unterklasse der Tintenfische ist, wie der Name sagt, die Zahl der Kiemen verringert. Die äußere Schale ist fortgefallen und durch den in das Innere des Mantels verlegten Schulp ersetzt.

Nach der Zahl der Arme werden zwei Ordnungen unterschieden: die Zehnarmigen und die Achtarmigen Tintenfische.

Zehnarmige Tintenfische

Die *Decabrachia* tragen acht kürzere Arme und zwei längere, einziehbare Tentakelarme. Unter ihnen finden sich die besseren Schwimmer und Hochseebewohner.

Gemeiner Tintenfisch (Sepia officinalis): Bewohnt die europäischen Meere, fehlt nur in der Ostsee; Länge 30–35 cm; hat eiförmigen platten Körper mit kalkigem Rückenschulp und zehn Arme, von denen zwei tentakelartig verlängert sind; ist auf dem Rücken irisierend rosagelb, am Flossensaum violett, an den Armen grünlich gefärbt und weiß gefleckt; lebt in größeren Tiefen auf dem Schlammgrund, erscheint im Frühjahr an den Küsten. Mantel und Arme werden – vor allem im Mittelmeergebiet – gegessen; der Schulp dient Vögeln zum Wetzen der Schnäbel.

Gemeiner Kalmar (Loligo vulgaris): Bewohnt den Atlantik einschließlich der Nordsee und der westlichen Ostsee sowie das Mittelmeer; Länge 20 cm; hat torpedoförmigen Leib mit zwei breiten Flossensäumen, die dem Hinterleib ein pfeilförmiges Aussehen verleihen, ebenfalls zehn Arme, von denen zwei verlängerte und im Endteil verbreiterte Fangarme sind, ist durchweg leuchtend karminrot gefärbt.

Verwandte Formen aus den gleichen Lebensräumen sind:

der *Segelkalmar (Histioteuthis bonelliana)*, der sich in großen Tiefen aufhält.

der *Fliegende Kalmar (Stenotenthis bartrami)*, der oft wie ein Fliegender Fisch hoch über den Meeresspiegel schnellt.

Ferner gehören hierher die oft riesigen *Architeuthis*-Arten, die tatsächlich 12–18 m messen. Diese harmlosen Riesen haben einen stark wasserhaltigen Körper, leben als träge Bodentiere in einigen hundert Meter Tiefe und ernähren sich von langsamen oder seßhaften Tieren.

Meist hat man von ihnen nur Teile erbeutet, z.B. mehr als 14 m lange Arme, mehr als 7 m lange Körper und Augen von 40 cm Durchmesser.

Achtarmige Tintenfische oder Kraken

Die Mehrzahl der hierher gehörenden Arten sind Bewohner des Meeresboden, der unterseeischen Felshöhlen und Korallen.

Gemeiner Krake (Octopus vulgaris): Bewohnt alle Meere, fehlt an der Nordseeküste; Körperlänge bis zu 15 cm, Armlänge bis zu 90 cm, kommt aber auch in bis zu 3 m langen und 25 kg schweren Individuen vor; hat kurzen, rundlichen, geschmeidigen, vorwiegend grauen Körper, acht durch Schwimmhäute verbundene Arme mit ungestielten Saugnäpfen, verfärbt sich in der Erregung braun, rot und gelb, birgt sich auf felsigem Grund in Spalten und hinter Steinwällen; wird im Mittelmeer auf schlammigem Grund von dem *Moschuskraken (Eledone moschata)* vertreten.

Papierboot (Argonauta argo): Bewohnt den Atlantik und das Mittelmeer; Länge 20–30 cm; hat rundlichen Körper, kleinen Kopf und acht Arme, von denen das eine Paar am Rücken lappenartig verbreitert ist und als Ruder dient, ist prachtvoll gefärbt, leuchtet silberrosig und pistaziengrün.

Das Weibchen ist von einer zarten, papierdünnen Schale umgeben, die nicht vom Mantel, sondern vom lappenartigen Beinpaar gebildet wird und ihm als Brutraum dient. Die Männchen sind schalenlos und messen nur wenige Zentimeter. Sie tragen an Stelle des achten Armes bzw. des dritten Armes an der linken Körperseite ein bestieltes birnenförmiges Säckchen, in dem sich ein mit Sperma gefüllter Geschlechtsarm befindet. Dieser Geschlechtsarm sprengt das Säckchen, löst sich vom Tier und schlängelt sich als ein selbständiger Wurm – für den er auch lange gehalten wurde – durch das Wasser, bis er ein Weibchen trifft und in dessen Mantelhöhle eindringen kann, wo er die Samenpakete überträgt.

Die Muscheln

Auch von den etwa 20 000 Arten der Muscheltiere leben weitaus die meisten im Meer. Die süßen Gewässer eroberte sich nur eine kleine Anzahl. Kein Wunder also, daß uns diese eigenartigen, kopf- und gestaltlosen, verborgen auf dem Grund der Gewässer lebenden Geschöpfe bis auf ihre zweiklappigen Gehäuse fremd blieben. Hinzu kommt, daß der zoologisch ungeschulte Blick an ihnen weder ein Vorn und Hinten noch ein Oben und Unten zu unterscheiden vermag. Denn die Muscheln ernähren sich, indem sie die im Atemwasser befindlichen organischen Bestandteile zurückbehalten. Sie brauchen also nicht groß umherzuwandern, können vielmehr dort, wo das Wasser bewegt ist und ihnen die feinen Schwebstoffe zuträgt, so bodenständig wie eine Pflanze sein, können sich dabei tief im Grund bergen und müssen lediglich die Atemöffnung freihalten.

Zu dieser Lebensweise werden weder besondere Kauwerkzeuge noch entwickelte Sinnesorgane benötigt. Die Muscheln konnten

Die Herzmuschel hat einen sehr langen, fingerförmigen Fuß, mit dem sie sich vom Boden abschnellen und richtig springen kann. Meist ist sie halb im Sand vergraben.

Die Riesenmuschel aus dem indischen Ozean ist die größte Muschel der Welt. Sie kann über 150 cm lang werden. Würde ein Taucher seine Hand zwischen die grob gewellten, schuppigen Schalen bringen, könnte sie abgequetscht werden. Riesenmuscheln leben hauptsächlich in Korallenriffen und stekken mit nach oben geöffneten Schalen halb im Korallenkalk.

also gut auf den Kopf verzichten und sich weitgehend in ihre mehr oder weniger gewölbte Schale zurückziehen. Diese Schale wird von den beiden mächtigen Mantellappen gebildet, die sich vom Rücken bauchwärts über das ganze Muscheltier legen und es umhüllen. Am Rücken sind die oft spiegelbildlich gleichen Schalenhälften zumeist durch wechselseitig ineinandergreifende Zähne beweglich miteinander verbunden. Das Schließen der mit ihren Rändern genau aufeinanderpassenden Klappen erfolgt aktiv durch quergelagerte Muskeln, das Öffnen dagegen passiv durch ein elastisches Band, sowie der Muskelzug nachläßt. Die Schale schließt wochenlang.

Die Blattkiemer

Die Muscheln dieser großen Ordnung kennzeichnen sich durch den blattartigen Aufbau ihrer flimmerbesetzten Kiemen, von denen sie jederseits eine äußere und eine innere besitzen. In den Zwischenräumen dieser Kiemen reift bei vielen Arten die Brut heran. Nochmals gegliedert wird die Ordnung nach dem Bau des Schalenschlosses.

Man zählt in dieser Ordnung heute etwa 57 Familien, von denen hier nur wenige genannt werden können.

Teichmuschel (Anodonta cygnea): Bewohnt die stehenden und fließenden Gewässer Europas in vielen Unterarten, mißt 16–20 cm, hat eine verhältnismäßig dünne, ungleichseitige, zahnlose, blaßgelbe Schale mit blaugrünlich schimmernder Perlmutterschicht, steckt oft tief im Schlamm.

Das Weibchen entläßt seine 300000–400000 Eier in die Kiemen, in denen auch die Larven noch geraume Zeit verbleiben, ehe sie ausgestoßen werden und sich an die Flossen der Fische heften.

Die *Süßwasserperlmuscheln (Margaritanidae)* werden vertreten durch die

Flußperlmuschel (Margaritana margaritifera): Bewohnt heute nur noch einige aus dem Fichtelgebirge, dem Bayrischen Wald, dem Odenwald, dem Hunsrück und der Eifel abfließende, schnellströmende und kalkarme Bäche, mißt bis zu 16 cm, hat eine dicke und schwere, gestreckt nierenförmige, matt tiefschwarze Schale mit irisierender bläulichweißer bis rötlicher, oft mattgrün gefleckter Perlmutterschicht, an der die Verschlußleisten nur in der Jugendform deutlich zu sehen sind.

Das Weibchen entwickelt bis zu 1 Million Eier in seinen Kiemen. Die Larven schmarotzen 1–2 Monate lang in den Kiemen der Forellen und Elritzen, ehe sie auf den Bachgrund sinken und hier dann bald ihre endgültige Gestalt annehmen. Zum Aufbau der Schale benötigen sie rund 50–60 Jahre und können 80–100 Jahre alt werden. Die Perlen entstehen sehr wahrscheinlich durch das Eindringen von Fremdkörpern, die das Einwuchern von Hautzellen in das Bindegewebe des Mantels verursachen.

Die Herzmuscheln (Cardiidae) haben einen sehr langen und geknieten Fuß, mit dem sie sich gut 1 m weit fortschnellen können. Ihre gleichklappigen Schalen sind mehr oder weniger herzförmig gebaut, stark gewölbt und tragen knotige oder stachlige Radialrippen. Im Mittelmeer, an den atlantischen Küsten Europas sowie in der Nord- und Ostsee leben:

die *Eßbare Herzmuschel (Cardium edule)*, 4–5 cm lang, auf der Oberfläche der weißlichen bis braungelben Schale mit 24–28 querrunzligen Radialrippen geziert, hat ein stark gewölbtes hornbraunes Schloßband, einen durchscheinend gelblichen bis orangefarbenen Fuß, ist ungemein häufig und wird viel gegessen; und

die *Stachlige Herzmuschel (C. aculeatum)*, 8–9 cm lang, mit 20–22 gewölbten Radialrippen, Stacheln auf der Vorderseite und abgeplatteten Warzen auf der Hinterseite der rötlichen, bräunlichen oder gelblichen Schale.

Die Riesenmuscheln (Tridacnidae) aus dem Indischen Ozean können über 150 cm lang und bis zu 250 kg schwer werden. Es sind die größten Muscheln der Welt, und man kann sich gut vorstellen, daß diese 3–5 Zentner schweren Schalen, wenn sie zusammenklappen, Hände wie Arme zerquetschen. Der Riese unter diesen Riesen ist *Tridacna gigas*, die stark wulstig aufgetriebene, wellig gerippte, scharfrandige, 8–10 cm dicke Schalen hat und tief im Sand steckt.

Die Bohrmuscheln (Pholadidae und *Teredinidae)* kommen in der Nordsee in 3 Arten vor. Es sind sehr gestreckte Geschöpfe mit länglichen, beiderseits klaffenden, schloßlosen Schalen, deren raspelähnlich bezahnte Klappen so beweglich wie die Kiefer eines Insekts sind. Sie bohren im Gestein wie im Holz, tropische Arten auch in den Korallenstöcken. Erwähnt seien:

die *Gemeine Bohr- oder Dattelmuschel (Pholas dactylus)*, die auch Gemeine Seedattel genannt wird, das Mittelmeer, die atlantischen Küsten Europas und die Nordsee bewohnt, 8–12 cm mißt, eine keilförmig verlängerte, vorn schnabelartig zugespitzte, hinten schräg abgestutzte, konzentrisch gestreifte, stachlig gerippte, gelblichweiße Schale hat, im Gestein bohrt und bei Beunruhigung einen stark leuchtenden Schleim absondert; und

der *Pfahl- oder Schiffsbohrwurm (Teredo navalis)*, der kaum noch an eine Muschel erinnert, da seine kleine, mit 14 000 Zähnchen besetzte Raspelschale nur den vorderen Teil des wurmförmigen und sonst

schlechtsreif. Sie sind Zwitter und begatten sich wechselseitig. Sie ruhen Sohle an Sohle, wiegen sich hin und her.

Von Juni bis August legt die Weinbergschnecke in ein kleines Erdloch 40–60 Eier. Nach etwa 30 Tagen schlüpfen aus den fast erbsengroßen Eiern die jungen Weinbergschnecken. Im Herbst wühlt sich die Schnecke in lockere Erde und verschließt ihr Haus.

nackten Körpers bedeckt, der aber Kalkstücke ausscheidet, die dann die Bohrgänge auskleiden; richtet oft großen Schaden an hölzernen Hafen- und Dammbauten, Docks und Schiffsrümpfen an.

Die Klaffmuscheln (Myidae) bergen sich gewöhnlich tief im Sand und Schlamm. Sie sind leicht an ihren sehr langen, nicht zurückziehbaren, stark verwachsenen, lederrauhen und rüsselartigen Siphonen sowie an den immer beiderseits, vor allem aber hinten klaffenden, auffällig ungleichklappigen Schalen zu erkennen. Genannt sei:

die *Gemeine Klaff- oder Sandmuschel (Mya arenaria)* aus der Nord- und Ostsee sowie allen nördlichen Meeren, die bis zu 10 cm lang wird und eine länglich-eiförmige, schmutzigweiße Schale hat.

Die Sandklaffmuschel kommt nur in den nördlichen Meeren vor und ist in der Nord- und Ostsee besonders häufig. Sie lebt bis zu 20 cm tief im Schlick vergraben, hat aber über ihr sehr langes Ein- und Ausströmrohr, dem Sipho, Verbindung zum Wasser. Dieses Rohr, das vier mal so lang sein kann wie die Schale, dient der Zufuhr von Nahrung und Atemwasser.

Die Ungleichmuskler

In dieser zweiten Ordnung der Muscheltiere besteht die Neigung, den vorderen Schließmuskel der Schale zurückzubilden, zu verkleinern oder gänzlich aufzugeben. Sie umfaßt die bekannten Familien der Miesmuscheln, Kammuscheln, Vogelmuscheln und Austern, die im höheren Maße als die Blattkiemer eine bedeutsame wirtschaftliche Rolle spielen, sowie 5 weitere Familien.

Die Miesmuscheln (Mytilidae) sind festsitzende Muscheln, die sich entweder mit Hilfe ihres fingerförmigen Fußes und der von ihm abgesonderten starken Byssusfäden an Felsen, Steinen und Pfählen verankern, wo sie dann große Bänke bilden, oder in das Gestein einbohren. Sie bewohnen hauptsächlich die Gezeitenzonen der nordischen Meere einschließlich der Nord- und Ostsee und treten überall noch sehr häufig auf. Ihre gleichklappigen und keilförmigen, auf der Innenseite perlmutterglänzenden Schalen haben meist kein Schloß. Erwähnt seien hier:

die *Eßbare Mies- oder Pfahlmuschel (Mytilus edulis)*, die bis zu 11 cm mißt und eine keilförmig gestreckte, fast dreieckige, gleichklappige, dunkelbläuliche oder bräunlich-lilafarbene Schale mit spitzigen Wirbeln am vorderen Winkel und vier sehr kleinen Zähnen am Schloß hat;

die *Stein- oder Meerdattel (Lithophaga lithophaga)* aus dem Mittelmeer, die sich in das härteste Gestein einbohrt, bis zu 8 cm mißt, eine lange, elliptische, walzenförmige, braungelbe, fein längs- und quergestreifte Schale hat und als Bohrmittel keine Schalenraspel, sondern die von ihrer Haut ausgeschiedene Kohlensäure verwendet.

Die Kammuscheln (Pectinidae) hat wohl jedermann schon gesehen, ohne es vielleicht zu wissen. Denn es ist ein alter Brauch, in ihren hübschen, fächerförmig gerippten Schalenklappen allerlei kleine Vor- und Nachspeisen zu servieren. Die Mantelränder dieser zwittrigen Muscheln sind mit zahlreichen

Miesmuscheln findet man in Massen an Holzpfählen von Hafenanlagen oder an Felsen, wo sie sich mit feinen Fäden festgeheftet haben. Sie gelten als Delikatesse.

fleischigen Tentakeln besetzt, zwischen denen hellglänzende Augen sitzen. Die linke Schalenklappe ist flach, die rechte hochgewölbt.

Die beiden bekanntesten Arten sind:

die *Jakobsmuschel (Pecten jacobaeus)* aus dem Mittelmeer, die bis zu 12 cm mißt und bei der die flache linke Schalenklappe dunkelbraun, die tiefe rechte Schalenklappe weiß bis blaßrötlich gefärbt ist, beide tragen 14–16 Radialrippen; kann sehr flott schwimmen und unter jähem Zusammenklappen der Schalen davonhüpfen; und

die *Pilger- oder Kammuschel (Pecten maximus)* aus dem Mittelmeer und von den atlantischen Küsten Europas, die bis zu 15 cm mißt und bei der die flache linke Schalenklappe schön braunrot, gelblich oder rötlich, die tiefe rechte Schalenklappe gelblichweiß oder rosenrot gefärbt ist.

Die Vogelmuscheln (Aviculidae = Pteriidae) verdanken ihren Namen den flügelartigen Fortsätzen ihres gerade verlaufenden, zahnlosen oder schwach gezähnten Schloßrandes. Ihre Schale ist meist ungleichklappig, oft ausgesprochen schief gestaltet, außen blättrig, innen bläulich perlmutterglänzend. Die meisten Arten bewohnen die Meere der warmen und heißen Zonen bis zum Mittelmeer. Wir nennen hier:

die *Echte Perlmuschel (Pteria margaritifera)* aus dem Stillen und Indischen Ozean, den japanischen und australischen Gewässern, dem Persischen Golf, dem Roten Meer, dem Meerbusen von Panama und Mexiko sowie von der Kalifornischen Küste, die bei Sri Lanka eine nur 5–6,5 cm lange und 2,5–8 cm hohe, dünne, blättrige, oberseits oft turmartig zugespitzte Schale hat, aber auch viel größer werden kann und in manchen Unterarten 30 cm lang und 1 kg schwer ist.

Die Austern (Ostreidae) gehören zu den geselligen Muscheln, sie setzen sich in Massen am Grund fest, bilden riesige Bänke und verwachsen mit der gutgewölbten linken Schalenklappe auf ihrer Unterlage. Die rechte Schalenklappe gleicht einem flachen Deckel. Die Umrisse der meist länglich-eirunden Schale sind sehr unregelmäßig. Als zwittrige Tiere wechseln sie das Geschlecht oft mehrere Male im Jahr, produzieren bereits im 5. Lebensmonat Samenfäden, verwandeln unmittelbar darauf ihre Keimdrüsen und entwickeln Eier. Die Eierzahl ist ungeheuer hoch, beträgt oft weit über eine Million in einer einzigen Fortpflanzungsperiode. Die Befruchtung erfolgt in der Mantelhöhle, in der auch die Larven ausschlüpfen und aus der sie erst nach

Die Weinbergschnecke, unsere größte Landschnecke, lebt in Gärten, lichten Wäldern und Weinbergen, wo sie sich von verschiedenen Kräutern ernährt. Schnecken vertragen keine Trokkenheit. Bei längerem Sonnenwetter zieht sich die Weinbergschnecke in ihr Haus zurück und verschließt die Öffnung mit einer Membran, die sie vor dem Austrocknen bewahrt. Zu Winterbeginn vergräbt sie sich in den Boden oder unter Laub und verschließt das Schneckenhaus.

10–15 Tagen ausschwärmen. Etwas über eine reichliche Woche schwimmen sie frei umher, lassen sich dann auf dem Meeresboden nieder und gleichen bald darauf ihren Eltern, wenn sie auch nur die Größe eines Stecknadelkopfes haben. Im ersten Lebensjahr erreichen sie die Größe von 6,5 cm, im zweiten von 7,5 cm und im dritten von 8 cm. Länger als 10 cm werden sie nur selten, obwohl sie gut ein Alter von 30 Jahren erreichen können.

Gemeine Auster (Ostrea edulis): Bewohnt die europäischen Küsten vom Mittelmeer bis zur Nordsee, mißt bis zu 10 cm, hat eine rundlich-eiförmige, blättrig und wellig beschuppte, hellweiße, gelbliche oder grünliche, bisweilen violett getönte untere Schale und eine braune Oberschale; wird als hochgeschätzte Speisemuschel roh gegessen und schon seit dem Altertum gezüchtet.

Die Schnecken

Reichlich vier Fünftel aller Weichtiere sind Schnecken. Gut 105 000 Arten sind uns bis jetzt bekannt. Die meisten von ihnen leben im Meer, und zwar vorwiegend in den Küstengewässern. Im Verhältnis zu ihnen ist die Zahl der Süßwasserschnecken gering, und noch weniger wurden zu echten Landtieren. Aber auch diese sind im ersten vorsichtigen Betasten der fremden Umwelt steckengeblieben und haben das Wasser mit an Land genommen. Sie vermögen sich nur zu bewegen, indem sie ständig ein kleines Meer vor sich ausgießen, indem sie also eine schleimige Flüssigkeit aus ihren Fußdrüsen absondern und auf ihr mit wellenförmigen Bewegungen dahinrutschen. In viel Drüsenschleim ist auch die ganze Oberfläche des Körpers gehüllt, die dem Licht und der Luft ausgesetzt ist.

Im Gegensatz zu den Muscheln haben die Schnecken einen gutausgebildeten Kopf mit einem deutlichen Mund und zwei oder vier zurückziehbaren Fühlern. Die oberen, durchweg längeren Fühler tragen an der Basis oder an der Spitze je ein Napf- oder Blasenauge. Zugleich befinden sich vorwiegend in den Fühlern sowie in den Lippen die Tastsinne. In der Mundhöhle liegt die wulstartige, von Knorpeln gestützte Zunge, die eine mit vielen tausend zurückgebogenen Zähnchen besetzte Platte aufweist und gleich einer Raspel arbeitet. Der breite kriechsohlenartige Fuß, der die Bauchfläche bedeckt, ist oft durch eine Querfurche in einen Vorder- und Hinterfuß gegliedert und weist bei den Meeresschnecken vielfach flügelförmig verbreiterte Seitenränder auf. Durch das wellenförmige Zusammenziehen der Sohlenlängsmuskeln gleitet er langsam auf der ausgegossenen Schleimbahn dahin.

Die Lungenschnecken
(Pulmonata)

Von den Lungenschnecken beschäftigen uns zuerst die *Landlungenschnecken (Stylommatophora)*, dann kommen noch die *Wasserlungenschnecken (Basommatophora)* hinzu.

Landlungenschnecken

Die Landlungenschnecken besitzen meist zwei ausstülpbare Fühler. Ihre Augen sitzen auf der Spitze des längeren zweiten Fühlerpaares. Die Lungenhöhle befindet sich auf der rechten Nakkenseite und mündet dort in einer deutlich sichtbaren kreisrunden Öffnung. Die spiraligen, rechtsgewundenen Gehäuse sind verhältnismäßig stabil, oft bunt gezeichnet und stark kalkhaltig. Fast alle bevorzugen darum kalkreiche Böden und sind vor allem in den Weinbergen und Laubwäldern recht häufig. Hier finden sie auch den schützenden Schatten und die feuchten Schlupfwinkel, die sie brauchen. Durchweg sind sie Zwitter, die sich gegenseitig befruchten.

Bei den Weinbergschnecken richten sich die geschlechtsreifen Tiere nach langem Befühlen und Betasten aneinander auf, ruhen Sohle an Sohle, wiegen sich hin und her und schießen sich vor der eigentlichen Begattung als eine Art Reizmittel gegenseitig einen kalkigen Liebespfeil in die Fußsohle. Einige Arten leben räuberisch, andere nehmen gern Aas und Kot an.

Die Schnirkelschnecken (Helicidae) sind mit über 5000 Arten die größte Familie der gehäusetragenden Landlungenschnecken und in Mitteleuropa unter anderem durch folgende Arten vertreten:

die *Weinbergschnecke (Helix pomatia)*, Gehäuse 40 mm breit, 35 mm hoch, schmutzig strohgelb, oft braun gebändert, auf dem Rücken graubräunlich mit feinen runzligen Längsmaschen; paart sich im Mai/Juni, wühlt zur Eiablage mit dem Fuß ein bis zu 10 cm tiefes Loch in die Erde, birgt in ihm ihre 60–70 erbsengroßen Eier, aus denen die Jungen schon nach wenigen Wochen kriechen; wühlt sich im Herbst in lockere Erde, verschließt ihr Gehäuse mit einem dicken weißen Kalkdeckel und fällt in eine Art Winterstarre;

die *Hainschnecke (Cepaea nemoralis)*, Gehäuse 23 mm breit, 17 mm hoch, mit umgebogenem braunem Mundsaum und von vorwiegend rötlichgelber Färbung und fleischroter bis brauner Bänderung;

die *Gartenschnecke (Cepaea hortensis)*, Gehäuse 19 mm breit, 14 mm hoch, mit hellem bis weißlichem Mundsaum, in der Farbe sehr wechselnd, aber meist schwefel- oder zitronengelb getönt und bräunlich gebändert; hat hellgrauen bis silberfarbenen

Allen Gartenbesitzern und Spaziergängern dürfte die Rote Wegschnecke bekannt sein. An feuchten Stellen sind die bis zu 16 Zentimeter langen Tiere häufig zu finden. Besonders nach Regenfällen wagen sie sich aus ihren Verstecken. Bei ihnen findet man äußerlich kein Anzeichen eines Gehäuses mehr. Sie tragen nur noch einen innengelagerten Schalenrest.

Fuß, klettert auf Büsche und Bäume, ist in den Laubwäldern sehr häufig.

Die Bernsteinschnecken (Succineidae) kennzeichnen sich durch ihr sehr dünnwandiges, oft durchscheinendes, grünlich hornfarbenes bis bernsteingelbes, stark zugespitztes und besonders weitmundiges Gehäuse und sind sehr stark an die Nähe der Gewässer sowie der Moore und Sümpfe gebunden. Weit verbreitet ist:

die *Bernsteinschnecke (Succinea putris)*, Gehäuse 17–20 mm breit, 8–10 mm hoch, glasartig bernsteinfarben oder blaß grünlichgelb, mit breiter eiförmiger Mündung und einem stark gebauchten letzten Umgang; lebt zwischen den Uferpflanzen und geht auch ins Wasser.

Die Wegschnecken (Arionidae) besitzen kein Gehäuse mehr, sondern tragen nur noch eine innere, aus einzelnen Kalkstückchen bestehende Schale. Ihr Atemloch befindet sich immer vor der Mitte des schildförmigen Mantels. Unsere bekanntesten Arten sind:

die *Schwarze Wegschnekke (Arion ater)*, die stark auf Nordeuropa beschränkt zu sein scheint, aber durchaus nicht nur schwarz, sondern auch dunkelbraun, dunkelrot und gelb sein kann, 12–15 cm mißt, einen stark gewölbten Rücken mit groben runzligen Längsmaschen hat; legt sich während der Paarung Seite an Seite und reizt den Partner mit der Zungenraspel, birgt ihre Eier in Häufchen von etwa 150 Stück im Moos und Fallaub, insgesamt 400–500 Stück, überwintert in schleimtapezierten Erdhöhlen, wird 12–14 Monate;

die *Rote Wegschnecke (Arion rufus)*, die in Süd-, West-, Mittel- und Osteuropa weit verbreitet ist, ebenfalls in allen Farbtönen von Gelb über Braun und Rot bis Schwarz vorkommt, 12–16 cm mißt, sonst der obigen durchaus gleicht.

die *Waldwegschnecke (Arion subfuscus)* aus unseren Laub- und Nadelwäldern, vorwiegend lebhaft braun gefärbt, seitlich oft schwarz gebändert, nur 6–7 cm lang; frißt gern Pilze, auch die giftigen, sowie Kräuter und Früchte; und

die *Gartenwegschnecke (Arion hortensis)*, die vor allem in Westeuropa als großer Gartenschädling auftritt, 4–5 cm mißt, vorwiegend grau gefärbt ist und dunkle Seitenbänder trägt, verbreitet Pflanzenkrankheiten.

Die Egelschnecken (Limacidae) haben ihr Gehäuse bis auf eine kleine Kalkplatte reduziert, die unter dem Mantelschild liegt. Bei ihnen befindet sich das Atemloch ebenfalls auf der rechten Seite, aber hinter der Mitte des Schildes. Während der wechselseitigen Befruchtung umschlingen sich die Tiere schraubenförmig unter sehr starker und schäumender Schleimabsonderung, stülpen die männlichen Ruten bis zu Körperlänge aus und übergeben sich gegenseitig die Samenpakete.

Über ganz Europa verbreitet sind:

die *Große Egelschnecke (Limax maximus = cinereus)*, die in manchen Gegenden auch *Große Schnegel* oder *Kellerschnecke* genannt wird; wird bei uns 12–15 cm lang, in Oberitalien erreicht sie sogar eine Länge von fast 40 cm; ist schlank, schwarz, grau oder weißgrau, mit deutlich gekieltem Rücken, feinen Längsmaschen und einer weißen Fußsohle; ist an feuchten Stellen weit verbreitet und frißt besonders gern Pilze; dringt auch oft in die Keller ein und spezialisiert sich dort ganz auf chlorophyllose Pflanzen, frißt vor allem lagernde Kartoffeln, Rüben und Obst; und

die *Ackerschnecke (Agriolimax agrestis)* aus den Gärten, von den Feldern und Äckern, 3–6 cm lang, weißlich bis dunkelbraun, lebhaft schwarz gefleckt, gestrichelt oder genetzt, die sich bei Gefahr an einem Schleimseil fallen läßt, ihre 200–250 Eier in Häufchen von 20–30 Stück obenhin unter die Erde legt.

Weitere, aber harmlose Schneckenzwerge, unter denen sich auch die allerkleinste Landlungenschnecke befindet, sind:

die *Moosschraube (Pupilla muscorum)*, die kurze Trockenrasen bewohnt und ein eiförmigwalziges, schwach gestreiftes, 2 mm breites, 3,5 mm hohes Gehäuse hat; sowie

die *Schließmundschnecke (Clausilia ventricosa)*, die wir oft an flechtenbesetzten Baumstämmen sowie an Mauern und Felsen finden; sie hat ein 4 mm breites, 17–18 mm hohes, bauchig-spindelförmiges, stumpf geripptes, rotbraunes Gehäuse mit linksgewundenen Umgängen, das sich automatisch mit einem Plättchen verschließt, wenn sie sich zurückzieht, so daß sie geschützt ist.

Die Wasserlungenschnecken

Einige leben im Salzwasser, viele Lungenschnecken leben auch in unseren Tümpeln, Teichen und langsamfließenden Gewässern. Übereinstimmend haben sie nur ein Paar etwas zurückziehbarer Fühler, an denen die Augen nicht an der Spitze, sondern am Grund sitzen. Ihre rechts- oder linksgewundenen Gehäuse sind durchscheinend dünn. Am häufigsten treffen wir sie an reich von Pflanzen durchwucherten Gewässern, wo sie an den Stengeln umherklettern, über den Schlammgrund laufen oder kopfunter an der Wasserhaut entlangrutschen. Jedes dieser zwittrigen Tiere hat eine männliche Geschlechtsöffnung nahe den Fühlern und eine weibliche nahe dem Atemloch und kann bei der oft kettenweisen Paarung zu gleicher Zeit männlich aktiver und weiblich passiver

Die Posthornschnecke lebt bevorzugt in schlammigen Gewässern. Sie unterscheidet sich von anderen Wasserlungenschnecken durch das scheiben- oder tellerförmig aufgerollte Gehäuse, durch den schlanken Körper. Ihr rotbraunglänzendes Gehäuse wird rund einen Zentimeter hoch und dreimal so breit.

Teil sein. Die Eier werden gern an die Unterseite schwimmender Blätter geheftet.

Die *Sumpfschnecken (Lymnaeidae)* sind Pflanzenfresser und verlassen oft ihre kleinen Gewässer, um am Uferrand zu weiden. Als Lungenatmer sind sie sowieso gezwungen, immer wieder zur Oberfläche des Wassers zu kommen und einen Luftvorrat zu tanken.

In unseren Tümpeln und Teichen leben von ihnen:

die *Große Schlammschnecke (Lymnaea stagnalis)*, Gehäuse 4–6 cm lang, 2–3 cm breit, rechtsgewunden, horngelb, mit bauchig aufgetriebenem letztem Umgang, spitz und schlank ausgezogenen Windungen und scharfrandiger Mündung; ist ein schmutzig gelbgraues bis dunkel olivgrünes, gelb gepunktetes Tier;

die *Kleine Schlammschnecke (Galba truncatula)*, Gehäuse höchstens 10 mm lang, 5 mm breit, rechtsgewunden, mit stufig abgesetzten Windungen und ohne bauchig aufgetriebenen letzten Umgang; verläßt oft ihre kleinen Tümpel und ist der wichtigste Zwischenwirt des Großen Leberegels.

Die Tellerschnecken (Planorbidae) unterscheiden sich von den anderen Wasserlungenschnecken durch das scheiben- oder tellerförmig aufgerollte Gehäuse und den schlanken Leib. Indem sie ihr gekrümmtes Fußende jäh anschwellen lassen, vermögen sie sich bei Gefahr überraschend rückwärts zu schnellen. Wir stellen vor:

die *Posthornschnecke (Planorbis corneus)*, Gehäuse 28 bis 30 mm breit, 12 mm hoch, linksgewunden, glänzend rotbraun; ist ein dunkel rotbraunes bis hellrötliches Tier und bevorzugt schlammige Gewässer;

die *Gerandete Tellerschnecke (Planorbis planorbis)*, Gehäuse 12–15 mm breit, 2,8–3,2 mm hoch, rotbraun, mit deutlichem Kiel nahe der Unterseite, ist überall häufig.

Die Napfschnecken (Ancylidae) haben napf- oder mützenförmige Gehäuse, schmiegen sich fest an Steine und Wasserpflanzen und kriechen oder schwimmen nur wenig umher. Die Lunge ist rückgebildet, die Kieme blattförmig entwickelt. Genannt seien hier:

die *Flußnapfschnecke (Ancylus fluviatilis)*, Gehäuse 4 bis 5 mm breit, 5–7 mm lang, 2–3 mm hoch, mit nur noch angedeuteten Windungen und eiförmiger Mündung; ist auch in der Uferzone der Seen zu Hause; sie kommt in ganz Europa vor;

die *Teichnapfschnecke (Ancylus lacustris)*, Gehäuse 3 mm breit, 7,5 mm lang, schmal, hornfarben, napfförmig hochgewölbt, mit nur noch angedeuteten Windungen, auf Teiche beschränkt.

Die Vorderkiemer

Da sich unter den Vorderkiemern, die zumeist Meeresbewohner sind, noch etliche Süßwasser formen befinden und wir diese im Anschluß an die Lungenschnecken vorstellen wollen, wenden wir uns jetzt dieser Unterklasse zu. Fast durchweg haben die Vorderkiemer eine mehr oder weniger windungsreiche Spiralschale. Zu ihren Namen kamen sie, weil sie durch vor der Herzkammer gelegene, blätterförmige Kiemen atmen.

und der mehr oder minder stark ausgeprägten Symmetrie der übrigen inneren Organe unterscheidet man zwei Ordnungen, die jeweils in mehrere Unterordnungen mit zusammen 101 Familien und etwa 57 000 Arten unterteilt werden. Sie kommen im Süßwasser und im Meer vor.

Die Urschnecken

Bei diesen altertümlich gebauten Schnecken sind zwei Herzvorhöfe vorhanden. Die spiralige Windung des Gehäuses und des Eingeweidesackes ist oft nur schwach angedeutet. Es gibt insgesamt 6000 Arten.

Aus den verschiedenen Familien stellen wir in bunter Reihenfolge vor:

Seeohr (Haliotis tuberculata): Bewohnt das Mittelmeer, hat ein elliptisches, ohrförmiges, bis zu 8 cm langes, fein marmoriertes, unregelmäßig gestreiftes Gehäuse mit lebhaftem Perlmutterglanz im Inneren und einer Reihe runder Löcher am linken Rand; ist ein sehr träges Geschöpf mit kurzer Schnauze und kurzbestielten Augen.

Kreiselschnecke oder Bunter Eckmund (Trochus zizyphinus): Bewohnt die Nordsee, hat ein kegelförmiges, weißliches bis gelblichbraunes, rot und gelb marmoriertes, purpurfarben gestreiftes, bis zu 25 mm hohes Gehäuse mit 9–10 Windungen und eckiger Mündung; ist ein langschnäuziger Pflanzenfresser mit langen zugespitzten Fühlern; wird im Indischen Ozean von der wunderschönen *Pagode (Turbo marmoratus)* vertreten.

Sie ist zum Verzehr geeignet.

Die Mittelschnecken

Die Mittelschnecken tragen ihren Namen nach der spezialisierten inneren Organisation. Durch Rückbildung infolge der spiraligen Aufrollung haben sie nur noch eine Herzvorkammer, eine Niere und eine Kieme.

Die Gliederung dieser Vorderkiemer wird nach der Anordnung der Raspelzähnchen auf der Zunge vorgenommen. Danach unterscheiden wir Bandzüngler und Eng- oder Schmalzüngler.

Die Bandzüngler

Aus ihren Reihen werden wir nun in bunter Folge die wichtigsten Vertreter kurz anführen, ohne uns dabei mit der Systematik zu belasten.

Lebendgebärende Sumpfdeckelschnecke (Viviparus viviparus): Bewohnt alle Erdteile mit Ausnahme Südamerikas, bevorzugt reich durchwachsene große Teiche und Seen, ist eine schwarze, orangerot punktierte Schnecke mit langen, dünnen, spitzen Fühlern, hat ein rundlich kegelförmiges, breitgebändertes, 24–30 mm breites, 30–40 mm hohes Gehäuse mit stark gewölbten Umgängen, tiefstufig abgesetzten Nähten und scharf ausgezogener Spitze, verfügt über einen hornigen Fußdeckel, ist getrenntgeschlechtig, bringt lebende und schon beschalte Junge zur Welt;

Die Wellhornschnecke gehört zu den Raubschnecken. Ihre Schnauze ist zu einem ausziehbaren Rüssel verlängert, der an seinem Ende eine Art Bohrer trägt. Sie bohrt die Schalen von Muscheln an und ist deshalb bei den Austernzüchtern gefürchtet. Ihr Lebensraum erstreckt sich vom atlantischen Eismeer bis zum westlichen Mittelmeer. Die Wellhornschnecke legt zahlreiche verklumpte Eikapseln ab, von denen jede bis zu tausend Eiern enthält.

der rechte, kolbig verdickte und durchbohrte Fühler des Männchens dient als Begattungsorgan.

Nabelschnecke (Natica millepunctata): Bewohnt das Mittelmeer, hat ein kugeliges, 40–45 mm großes, weißlichgelbes, reich rostrot gepunktetes, feinskulptiertes, weitnabeliges Gehäuse mit halbmondförmiger Mündung, das vom gelappten Fuß nahezu eingehüllt wird, lebt räuberisch, sondert aus ihrer Bohrdrüse Schwefelsäure ab und vermag dadurch kreisrunde Löcher in die Schalen der Muscheln zu raspeln, die sie dann mit der rüsselartig verlängerten Schnauze ausfrißt.

Kauri- oder Caorischnecke (Pustularia moneta): Bewohnt den Indischen Ozean, diente in Asien wie in Afrika als Kaufmünze, mißt 1,5–2 cm, hat eine breit eiförmige, sehr dickwandige, stark eingerollte, weißliche oder gelbliche Schale mit langer schmaler Mündung und glänzendem Schmelzüberzug (Porzellanschnecke), die beim lebenden Tier fast gänzlich vom umgeschlagenen Mantel bedeckt ist und darum so wunderbar poliert ist.

Pelikanfuß (Aporrhais pespelecani): Bewohnt die europäischen Meere vom Mittelmeer bis zur Nordsee, hat ein graubraunes, hochgewundenes, mit kantigen Knoten besetztes, bis zu 45 mm hohes Gehäuse, bei dem die Mündung in einen breiten gefurchten Zipfel ausläuft und noch drei lange, gespreizte, fingerförmige Fortsätze aufweist; bewegt sich springend.

Tritonshorn (Triton nodiferum = Charonia nodifera): Bewohnt das Mittelmeer von Neapel an süd- und ostwärts, verbreitet sich in verwandten Arten bis in die indopazifischen Meere, zählt zu den größten Meeresschnecken, kann 30–35 cm lang werden, hat ein trompetenförmiges, weißliches, mit rostbraunen Flecken geziertes, an den Spiralgürteln braunrot geflammtes und gewürfeltes Gehäuse mit 8–10 knotigen Wülsten und eingedrückten Spirallinien; diente den alten Römern als Signaltrompete.

Veilchenschnecke oder Gemeine Floßschnecke (Janthina fragilis): Bewohnt das Mittelmeer und den Atlantik, hat ein kugeliges, dünnes, längsgerunzeltes, fein quergestreiftes, blaß veilchen- oder meerblaues 20 bis 25 mm breites Gehäuse mit tiefen Nähten; sie sondert aus ihren Fußdrüsen ein schnell erhärtendes Sekret ab, in das Luftblasen eingeschlossen werden und der fleischfressenden Schnecke als Floß dient; schwimmt bzw. treibt immer bauchoben an der Wasseroberfläche, scheidet Purpursaft aus.

Gemeine Wendeltreppe (Epitonium = Scala clathrus): Bewohnt das Mittelmeer und die atlantischen Küsten Europas bis zur Nordsee, hat ein hochgetürmtes, grauweißes, bis zu 35 mm hohes Gehäuse mit vielen glatten, senkrecht und etwas schieflaufenden, weißen oder blaß rotgelben, manchmal auch purpurfarbenen Rippen, die prächtig anzuschauen sind.

Die Eng- oder Schmalzüngler

Die Engzüngler sind marine Raubschnecken. Ihre Schnauze ist zu einem fernrohrartig ausziehbaren Rüssel verlängert, der an seinem Ende oft Bohrdrüsen trägt. Ihre Beutetiere sind vor allem die festsitzenden Muscheln. Zu ihnen zählen die Familien der Wellhörner, der Wulst- oder Stachelschnecken sowie der Mitra-, Falten- und Olivenschnecken, die herrlich gefärbt sind.

Wellhorn (Buccinum undatum): Bewohnt den Atlantik vom Eismeer bis zum westlichen Mittelmeer einschließlich der Nordsee, hat ein spitzeiförmiges bis kegelförmiges, eigentümlich gewelltes und gerunzeltes, fest- und dickschaliges, hellgraugelbes, 8 bis 12 cm langes Gehäuse mit 8 gewölbten Umgängen und weißem oder gelbem Mundsaum sowie großer Mündung, ist eine schmutziggelbe, schwarzgefleckte Schnecke, die mit ihrem Rüssel die Schalen der Muscheln anbohrt und oft großen Schaden an den Austerbänken anrichtet.

Netzreusenschnecke (Nassa reticulata): Wird auch Gitterschnecke genannt, bewohnt das Mittelmeer und die atlantischen Küsten Europas bis zur Nordsee, hat ein eiförmiges, konisch gewundenes, ziemlich dickschaliges, bis zu 30 mm langes, rost- bis graugelbes, oft rot gebändertes, zierlich gegittertes Gehäuse mit verdickter und gezähnelter Außenlippe, lauert verborgen im Sand und Schlick, schlägt bei Gefahr Purzelbäume.

Purpurschnecke (Purpura lapillus): Bewohnt die Nord- und Ostsee sowie den Atlantik bis nach Nordafrika, hat ein sehr dickwandiges, eiförmiges, zugespitztes, quergestreiftes, 35–40 mm langes, grünlichgelbes, oft weißgebändertes Gehäuse; ist langsam und träge, räubert auf Muschelbänken, sondert bei Gefahr einen gelben Tropfen ab, der im Sonnenlicht erst grün, dann blau, dann purpurrot wird und früher die kostbare Purpurfarbe lieferte.

Stachel- oder Leistenschnecke (Murex trunculus): Bewohnt das Mittelmeer, hat ein festschaliges, bauchigspindelförmiges, getürmtes, spiralig stark geripptes, kräftig gehöckertes, bis zu 10 cm langes, helles, oft braungebändertes Gehäuse mit

Der Seehase ist im Mittelmeer zu Hause. Seine innere Schale ist nur so groß wie ein Daumennagel, durchscheinend und biegsam. Das ganze Tier ist etwa 25 Zentimeter lang, dunkelrot oder leberbraun gefärbt und grau gefleckt. An den Augen trägt er große Fühler, die Ohrmuscheln ähneln; zwei Stirnfühler sind zu Lappen ausgewachsen.

stark gezähneltem Außenrand; räubert auf Austerbänken.

Zum Schluß seien noch kurz erwähnt:

die *Mitraschnecken (Mitridae)* aus den tropischen Meeren, die besonders große und schöne, bunte wie wohlgeformte Gehäuse haben, wie z.B. die *Bischofsmütze (Mitra episcopalis)* und die *Papstkrone (M. papalis)*, deren Gehäuse stark an die Mitra des Papstes erinnert.

Die Gift- oder Pfeilzüngler

Entwicklungsgeschichtlich gesehen sind diese Schnecken, die ebenfalls räuberisch leben, aber mit Gift töten, umgewandelte Engzüngler. Bei ihnen haben sich die seitlichen Zähnchen der Raspelzunge auf Kosten der mittleren besonders entwickelt, treten nun als Pfeile oder Stilette auf, die vorgestreckt werden können, und stehen mit einer Giftdrüse in Verbindung. Selbst beim Menschen rufen die „Bisse" dieser Schnecken heftige Entzündungen hervor. Zu den Giftzünglern gehören die schönen, von den Sammlern besonders begehrten *Kegelschnecken (Conidae)*, die vor allem in der indopazifischen Region weit verbreitet sind, und die *Schraubenschnecken (Terebridae)* aus dem südlichen Pazifik, die sich durch hohe, schmale und spitze Turmgehäuse kennzeichnen.

Vorgestellt sei hier lediglich die im Mittelmeer lebende:

Kegelschnecke (Conus mediterraneus), die ein festes, aufgerolltes, umgekehrt kegelförmiges, bis zu 30 mm langes, graugrünliches oder rötliches, rotbraun- oder braungelbgewölktes Gehäuse mit einer schlitzförmigen Mündung hat. Sie sind oft im Sand eingegraben.

Die Hinterkiemer

Zu den Hinterkiemern gehören die Nacktschnecken der Meere. Meist treten sie uns als zierlich gebaute und prächtig gefärbte Tiere entgegen, die sich durch vielgestaltige Kiemenanhänge kennzeichnen. Die bekanntesten Familien sind die der Seehasen, der Sternschnecken und der Fadenschnecken.

Fünf Ordnungen mit etwa 13 000 Arten bilden diese Unterklasse.

Seehase (Aplysia depilans): Bewohnt das Mittelmeer, hat nur noch eine daumennagelgroße, durchscheinende und biegsame innere Schale, mißt 25 cm, ist dunkelrot oder lederbraun gefärbt, grau gefleckt, kennzeichnet sich durch große ohrenförmige Augenfühler und zwei lappige Stirnfühler, vermag die großen Seitenteile des Fußes über den Eingeweidesack zu schlagen sowie als Ruder zu verwenden, scheidet in Gefahr einen gelben Wehrsaft aus, der sich purpurrot verfärbt, frißt Tange.

Warzige Sternschnecke (Doris tuberculata): Bewohnt die Nordsee und die atlantischen Küsten Europas bis zum Mittelmeer, mißt 4–8 cm, ist von unförmiger Gestalt, oberseits schwefelgelb und violett marmoriert, trägt am After ein rosettenartiges Büschel violetter Kiemen, hat walzenförmige Rückenfühler, lebt in der Gezeitenzone auf den Felsenriffen.

Die Käferschnecken

In den über alle Meere verbreiteten Käferschnecken, deren Lebensraum sich von der Brandungszone bis in die Tiefsee erstreckt, lernen wir sehr altertümliche und außenseiterische Weichtiere kennen. Im System werden sie mit den wurmförmigen, drehrunden und kopflosen *Wurmmollusken (Solenogastres)* zu den Urmollusken gezählt. Gestaltlich erinnern sie eher an eine Assel als an eine Schnecke. Der abgeflachte Rükken ihres zweiseitig symmetrisch gebauten Körpers wird von einer Schale bedeckt, die sich aus acht dachziegelartig angeordneten Kalkstücken zusammensetzt und dem Tier erlaubt, sich asselartig zusammenzurollen. Der Kopf ist ein halbkreisförmiger Wulst ohne Fühler und Augen. Der breite Fuß ist kriechsohlenartig ausgebildet und vermag sich der Unterlage so fest anzuschmiegen, daß die Tiere auch der stärksten Brandung zu widerstehen vermögen. Nach oben ist er durch zwei rinnenförmige Längsfurchen von den Seitenteilen abgesetzt. Hier liegen die zahlreichen zweifiedrigen Kiemenpaare. In der Deckhaut befinden sich unzählige winzige Sinnesorgane.

Gemeine Käferschnecke (Chiton marginatus = Lepidochiton cinereus): Bewohnt die Nordsee und die westliche Ostsee, mißt bis zu 2 cm, hat dunkel aschgraue, leicht braun gefleckte, zierlich gemusterte und feinpunktierte Rückenschale, grünlichbraunen, weißgefleckten Mantelsaum und rote Kiemen; wird im nördlichen Pazifik von *Cryptochiton stelleri* vertreten, die insgesamt bis zu 33 cm mißt, aber gänzlich vom Mantel überwachsen ist.

Die Rund-, Hohl- oder Schlauchwürmer
(Nemathelminthes)

Die Gruppe der vielgestaltigen *Schlauchwürmer (Nemathelminthes = Coelhelminthes = Aschelminthes)* zeichnet sich übereinstimmend durch einen mehr oder weniger kreisförmigen Querschnitt aus. Es ist eine echte Körperhöhle vorhanden, in der die Organe liegen. In ihr zusammengefaßt sind die sechs Klassen der *Rädertiere (Rotatoria)*, der *Bauchhaarlinge (Gastrotricha)*, der *Hakenrüßler (Kinorhyncha)*, der *Kratzer (Acanthocephala)*, der *Fadenwürmer (Nematoda)* und der *Saitenwürmer (Nematomorpha)*.

Die Fadenwürmer

Mehr als alle anderen Würmer dokumentieren diese fadenartigen Schlängler die gewaltige Bedeutung des großen Wurmvolkes. Vor allem ist ihre Individuenzahl phantastisch hoch. Zu

Die Trichine ist über die ganze Erde verbreitet. Mit roh genossenem Fleisch gelangt sie in den Dünndarm des Menschen sowie aller fleischfressender Säuger. Dort schlüpft sie aus, wächst heran und paart sich. Die Weibchen bohren sich durch die Darmwand und setzen in den Lymphräumen bis zu 1000 Junge ab. Sie messen etwa 0,1 Millimeter und gelangen schnell mit dem Blutstrom durch Herz und Lunge. In den quergestreiften Muskeln setzen sie sich schließlich fest.

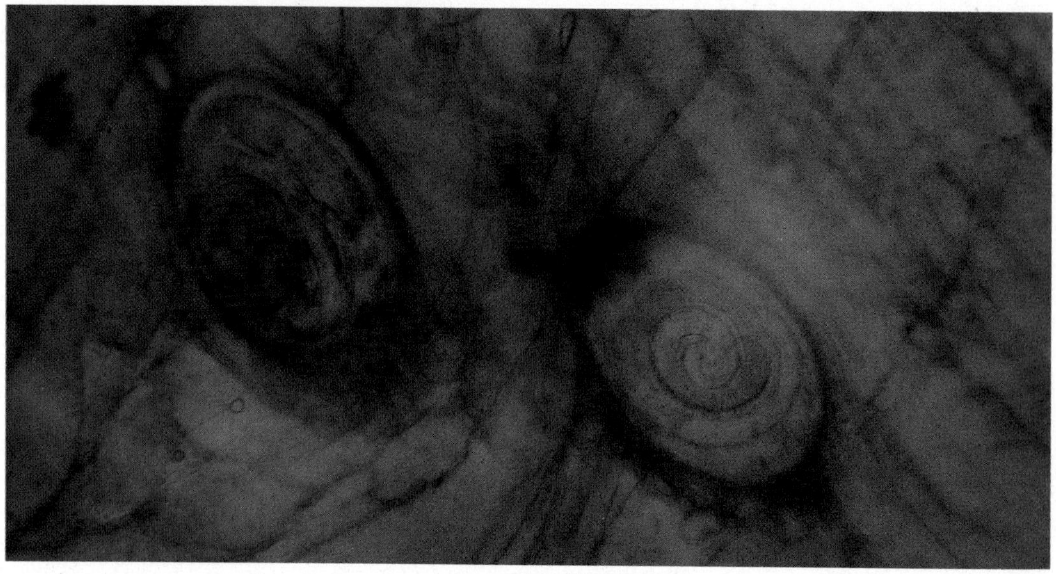

Tausenden und aber Tausenden bewohnen sie jeden Kubikmeter Erde als Beschleuniger des Zerfalls und unersetzliche Mitarbeiter am Stickstoffumbau. In Massen bevölkern sie jegliche Wasseransammlung von der kleinsten Jauchepfütze bis zu den Weltmeeren. Es wimmelt von ihnen in allen faulenden und gärenden Stoffen. Und sie schmarotzen in sämtlichen Geschöpfen der Erde, angefangen von den winzigen Ruderkrebschen über die riesige Insektenwelt bis zum Menschen. Von den insgesamt 10 000 heute bekannten Fadenwürmern sind bisher 5 200 als Parasiten erkannt worden. Der Spul-, der Haken-, der Peitschen- und der Madenwurm sind auch heute noch häufige Parasiten des Menschen.

Die Fadenwürmer haben eine langgestreckte, im Querschnitt drehrunde Gestalt von 1 mm bis zu 1 m Länge. Ihre feste glatte Haut ist mit einem Längsmuskelschlauch verbunden, der ihnen lediglich eine schlängelnde Bewegung ermöglicht. Der von Lippen gesäumte und Sinnesorganen umgebene Mund befindet sich bei ihnen genau am Vorderende des Körpers, und der After hat sich vom Hinterende ein wenig zur Bauchseite verschoben. Die Mundhöhle ist oft mit Zähnchen, Giftdrüsen und Bohrstacheln ausgerüstet. Die Männchen besitzen Begattungsorgane in der Gestalt gekrümmter Stacheln, die aus der Kloake vorgestoßen werden können und das Weibchen festhalten. Die Fortpflanzung erfolgt zumeist durch Eier. Nur einige Formen sind lebendgebärend.

Die mehr als 10 000 Arten werden in 13 Ordnungen gruppiert. Von den kleinen frei lebenden, höchstens 5 mm langen Fadenwürmern, die sich im Erdreich und im Wasser befinden, seien vorgestellt:

das *Essig- oder Kleisterälchen (Turbatrix aceti)*, von dem das Männchen 1 mm, das Weibchen 2 mm mißt und das sich überall dort wohl fühlt wo gärendes und saures Wasser etwa 2–3% Essigsäure enthält, das also auch im Speiseessig lebt und lebende Junge zur Welt bringt;

das *Rübenälchen (Heterodera schachti)*, von dem das Männchen 1,2 mm mißt und die schlanke Wurmgestalt hat, während das fast unbewegliche Weibchen einer spitz ausgezogenen Miniaturzitrone gleicht, lebende Junge zur Welt bringt, die sich in die Wurzeln der Zuckerrübe einbohren und im Zellgewebe derselben leben.

Im Gegensatz zu den frei lebenden Fadenwürmern können die in Tieren und Menschen schmarotzenden Formen eine beachtliche Länge erreichen. Wir stellen von ihnen in bunter Reihenfolge vor:

Medina- oder Guineawurm (Dracunculus medinensis): Bewohnt heute die Tropen der Alten und der Neuen Welt; das Männchen mißt 4 cm, das Weibchen 50–100 cm; lebt als fadendünner Wurm im Unterhautbindegewebe des Menschen und verursacht große Geschwüre, aus denen bei Berührung mit Wasser das gebärreife Weibchen ausbricht und die lebendgeborenen Lärvchen abstößt. Diese werden von Ruderfußkrebschen gefressen, dringen in deren Leibeshöhle ein und gelangen mit dem ungefilterten Trinkwasser wieder in den Menschen.

Elephantiasis-Filarie (Wuchereria bancrofti): Ist ebenfalls ein Bewohner der heißen Länder; die winzigen Larven leben in der Blutbahn des Menschen und werden durch Stechmücken übertragen. Die erwachsenen Tiere gelangen in Lymphgefäße, verstopfen diese und erzeugen dadurch gewaltige Schwellungen einzelner Körperteile, die als Elephantiasis bekannt sind.

Wanderfilarie (Loa loa): Auch diese Fadenwürmer bewohnen die Blutbahnen von Menschen. Ihre Überträger sind Stechfliegen. Gefährlich werden die Würmchen, wenn sie in die Blutgefäße der Augen gelangen.

Peitschenwurm (Trichocephalus trichiurus = Trichuris trichiura): Ist über die ganze Erde verbreitet, schmarotzt in der Schleimhaut des Blind- und Dickdarmes, mißt 3–5 cm, hat haardünnen, peitschenförmig verlängerten Vorderleib und walzenförmigen Hinterleib, ist bei geringem Befall harmlos, stärkerer Befall führt zu Blutarmut und ruhrähnlichen Erscheinungen.

Trichine (Trichinella spiralis): Ist über die ganze Erde verbreitet; das Männchen mißt 1,5 mm, das Weibchen 3–4 mm; gelangt mit roh genossenem Fleisch im eingekapselten Zustand in den Dünndarm des Menschen sowie aller fleischfressenden Säuger, schlüpft dort aus, wächst heran und paart sich. Nach der Paarung sterben die Männchen, während sich die Weibchen in die Darmwand einbohren und in den Lymphräumen bis zu 1000 Junge absetzen. Diese etwa 1/10 mm messenden Würmchen gelangen in das Blutgefäßsystem, wandern mit dem Blutstrom durch das Herz und die Lunge und setzen sich schließlich in den quergestreiften Muskeln fest. Hier wachsen sie zu spiralig aufgerollten Würmchen heran, um die der Wirtskörper eine bindegewebige, bald verkalkende, bis zu 0,4 mm lange und zitronenförmige Kapsel bildet. Dann müssen sie warten, oft jahrzehntelang, bis sie wieder im Darm eines Fleischfressers landen und hier den Lebensreigen neu eröffnen können.

Haken- oder Grubenwurm (Ancylostoma duodena-

le): Verbreitet sich über den Tropen- und Subtropengürtel der Erde und dringt noch weit in die gemäßigten Zonen vor, bewohnt bei uns nur Bergwerke oder Tunnelbauten, da die Larve 25–30° C Wärme und sehr feuchte Erde benötigt; das Männchen mißt 8–11 mm, das Weibchen 10–18 mm; ist weißlich bis rosa gefärbt, schmarotzt im Dünndarm, hat einen mit scharfen Zähnen bewehrten Mund, beißt sich in die Schleimhaut, löst sie mit Hilfe seiner Drüsensekrete auf, so daß bis zu markstückgroße Wunden entstehen, aus denen er auch das Blut aufsaugt. Das Weibchen legt bis zu 30 000 Eier, aus denen nur wenige hundertstel Millimeter messende Lärvchen schlüpfen, die sich lange im Wasser und im feuchten Erdreich zu halten vermögen, bis es ihnen gelingt, aktiv in die Haut eines Menschen einzudringen. Sie bohren sich in ein Blutgefäß, werden vom Blutstrom in die Lunge geschwemmt, dringen in die Lungenbläschen ein, gelangen in die Luftwege, steigen die Luftröhre hinauf und die Speiseröhre wieder hinunter und kommen so in den Magen und den Dünndarm.

Menschenspulwurm (Ascaris lumbricoides): Bewohnt die ganze Welt, schmarotzt im Dünndarm des Menschen, mißt als Männchen 15 cm, als Weibchen 25–40 cm, ist gelblichweiß bis gelbrot gefärbt, kann in Massen auftreten und dann durch seine giftigen Ausscheidungen schwere gesundheitliche Schädigungen verursachen, dringt auch in den Magen, den Leber-Gallen-Gang und in die Bauchhöhle vor.

Das Weibchen legt täglich 200 000 Eier, im Laufes seines Lebens rund 25 Millionen. Sie gelangen mit dem Kot ins Freie, kommen mit roh verzehrtem Gemüse und Beeren wieder in den Magen, wo die Larven ausschlüpfen und auf dem gleichen Weg wie die Larven des Hakenwurmes in den Darm gelangen. Auch die Pferde, Hunde und Katzen haben ihren eigenen Spulwurm.

Spring- oder Madenwurm (Enterobius vermicularis): Ist ebenfalls ein Kosmopolit, schmarotzt nur im Dickdarm und im Wurmfortsatz des Menschen, mißt als Männchen 3–5 mm, als Weibchen 10 mm, ist weißlich gefärbt und fein geringelt, tritt ebenfalls in Massen auf und befällt besonders Kinder.

Das reife Weibchen, das im Dünndarm befruchtet wurde, kriecht in den Dickdarm und wird entweder mit dem Stuhl ausgeschieden oder verläßt den Menschen aktiv, um seine Eier rund um den After abzulegen. Dabei verursacht es, indem es sich abwechselnd mit dem dreilappigen Mund ansaugt und mit dem Hinterleibsende abdrückt, einen starken Juckreiz. Die Eier gelangen meist durch Reinfektion wieder in den menschlichen Körper oder werden mit rohen Früchten, Beeren, Gemüsen und Salaten aufgenommen. Die leichten Eier werden auch oft beim Lüften der Betten durch den Luftzug verweht, oder durch Fliegen verschleppt. Bei der Bekämpfung der Madenwürmer muß man auf strenge Sauberkeit achten. Bei Kindern, die sich wegen des Juckreizes in der Analgegend kratzen, müssen die Fingernägel stets sauber sein.

Allerdings werden durch den Spring- oder Madenwurm nur ausnahmsweise wirklich ernste Krankheitserscheinungen hervorgerufen.

Die Plattwürmer
(Plathelminthes)

Die Plattwürmer sind im Querschnitt nicht hohl; der ganze Körper ist mit einem Füllgewebe (Parenchym) wie ausgestopft. Diese Parenchymzellen dienen als Verteilungssystem; sie stehen ganz im Dienste der Nahrungs- und Sauerstoffversorgung, wie bei anderen Tieren Adern und Atmungsorgane.

Der After ist im Laufe der Entwicklungsgeschichte verlorengegangen, so daß der Darm blind endet. Bei den meisten Formen ist der Körper abgeplattet und vor allem der regelmäßig heller pigmentierte Bauch sehr flach. Der etwa 12 700 Arten umfassende Stamm unterteilt sich in die drei Klassen der *Strudelwürmer (Turbellaria),* der *Saugwürmer (Trematodes)* und der *Bandwürmer (Cestodes).*

Die Strudelwürmer

Die Strudelwürmer sind durchweg ungegliederte, höchstens 60 cm messende, weiße, graue, schwarze, gelbe, braune oder grüne Würmer, die fast an Nacktschnecken erinnern. Die Körperoberfläche bedeckt ein mehr oder weniger dichtes Wimperkleid. Bei den im Wasser lebenden Arten schwingen diese feinen Wimperhärchen wellenförmig und strudeln den Leib recht flott voran. Auf dem Land wird die Fortbewegung vor allem noch durch das Zusammenziehen und Ausdehnen der äußeren Ring- und inneren Längsmuskelschicht im Hautmuskelschlauch sowie durch Schleimabsonderungen gefördert. Zur Verteidigung wie zum Beutefang werden aus besonderen einzelligen Hautdrüsen feste stabförmige Sekrete ausgestoßen, die im Wasser zu Schleim aufquellen. In diesen Schleim hüllen sich die Würmer auch, wenn ihre Gewässer austrocknen. Außerdem befinden sich in der Haut die durch den Körper gewanderten Nesselkapseln der verzehrten Nesseltiere und dienen ihnen nun selbst als Waffe. Das rüsselartige Schlundrohr befindet sich noch auf der Bauchseite und steht mit Giftdrüsen in Verbindung. Mit ihm wird die Beute ergriffen, dann in Schleim gehüllt, mit Gift getötet und entweder zerstückelt oder durch Magensäfte aufgelöst. Die am Vorderende liegenden Pigmentbecheraugen ermöglichen gut die Unterscheidung von Hell und Dunkel. Tastsinne sitzen in zahlreichen, über den Körper verteilten Borsten oder Haaren. Die Regenerationskraft ist fast unbegrenzt. Selbst kleine Teilstücke entwickeln sich wieder zu ganzen Tieren. Auch die Vermehrung kann durch willkürliche mehrfache Teilung erfolgen.

Die meisten Strudelwürmer sind Zwitter und leben im Meer. Nur etwa 150 Arten bewohnen das Süßwasser und rund 200 Arten die Bodenstreu der tropischen Wälder. Im ganzen sind etwa 3000 Arten bekannt. Von unseren einheimischen Süßwasserformen ist häufig:

Milchweiße Planarie (Dendrocoelum lacteum): Sie bewohnt Teiche und langsamfließende Gewässer, mißt 2,5 cm, hat einen sehr flachen, vorn abgestutzten, hinten zugespitzten, durchsichtig milchweißen Körper, an dem die zwei dunklen Augen, die tentakelartigen Fortsätze und der durchschimmernde, reichverzweigte Darm gut zu erkennen sind, birgt sich unter Steinen, zwischen Schilfstengeln und an der Unterseite schwimmender Blätter, vermag auch kopfunter an der Wasserhaut entlangzugleiten, heftet ihre beerenartigen Eierkokons an Pflanzenstengel. Die Geschlechtsorgane sind zwittrig und kompliziert gebaut.

Die Saugwürmer

Die ebenfalls meist blattförmigen Saugwürmer sind Außen- und Innenparasiten, die auf der Haut oder den Kiemen-, Mund- und Nasenhöhlen sowie Harnblasen von Fischen, Lurchen, Kriechtieren und Krebsen schmarotzen oder im Darm der Wirbeltiere leben. Für dieses Leben sind sie nicht nur mit einem Saugnapfmund, sondern auch noch mit einem Arsenal von wei-

Leberegel zählen zu den Innenschmarotzern. Ihre Eier gelangen mit dem Kot der Wirtstiere ins Freie. Nächste Station sind Schnecken, in die die Larven eindringen. In den Zwischenwirten entwickeln sie sich zu einer zweiten Larvenform, die in die Leber der endgültigen Wirtstiere eindringen und dort geschlechtsreif werden. Der Große Leberegel (Bild unten) schmarotzt im Vieh.

teren Saugnäpfen, Hafthaken und Klebdrüsen ausgerüstet. Augen, Tentakel, Wimperhaare und andere Sinnesorgane besitzen nur noch die frei schwimmenden Larven. Bei den Darmparasiten ist die Entwicklung mit einem mehrfachen Wirtswechsel verbunden. Man kennt etwa 6250 Arten.

Vorgestellt seien hier:

der *Große Leberegel (Fasciola hepatica)*, der bis zu 30 mm lang, 8–13 mm breit wird, eine blatt- oder zungenförmige Gestalt hat und nicht nur Schafe, sondern auch Rinder, Pferde, Esel, Ziegen, Schweine, Hasen, Kaninchen und in Ausnahmefällen den Menschen bewohnt und die gefährliche, oft tödliche Leberfäule verursacht;

der *Kleine Leberegel (Dicrocoelium dendriticum)*, der 5–15 mm mißt, eine mehr lanzettförmige Gestalt hat und oft vergesellschaftet mit dem Großen Leberegel die gleichen Tiere befällt.

Die Bandwürmer

Auch die Bandwürmer müssen etliche Wirtstiere durchwandern, ehe sie im Endwirt zu geschlechtsreifen Tieren heranwachsen. Ihr Weg ist in einem solch hohen Maße dem Zufall unterworfen, daß sie notwendigerweise zu den fruchtbarsten Tieren gehören.

So wird z. B. die Eiproduktion des Unbewaffneten Bandwurms auf 50–600 Millionen geschätzt. Mit dem Kot gelangen seine prall mit 8000–10000 Eiern gefüllten, bandförmigen, gelblichweißen, abgestoßenen Glieder *(Proglottiden)* auf die Rieselfelder. Schon im Ei entwickelt sich der kugelförmige und häkchenbewaffnete Keimling, der dann im Freien dank einer doppelten Umhüllung 2–3 Monate lang lebensfähig ist. Seine nächste Station ist der Darm eines Weidetieres, wo seine Keimhülle aufgelöst und er selbst frei wird. Hier hakt er sich in die Darmschleimhaut, bohrt sich in ein Blutgefäß und gelangt mit dem Blutstrom zu den verschiedensten Muskeln. In den Muskeln wird er seßhaft und verwandelt sich in eine sogenannte Finne, in ein gläsern durchscheinendes, flüssigkeitsgefülltes Säckchen. Diese Finne benötigt rund 28 Wochen zu ihrer Entwicklung. Dann muß sie mit dem Fleisch in den Darm eines Menschen gelangen. Dort wird die Finnenblase verdaut, und aus ihr schlüpft der junge Bandwurm, um sich alsbald im Dünndarm anzusiedeln.

Der sogenannte Kopf *(Scolex)* des Bandwurms hat nichts mit einem echten Kopf wie bei anderen Tieren zu tun; er ist ein reines Haftorgan und am ehesten dem Anker eines im Strom festgemachten Schiffes zu vergleichen. Die Glieder *(Proglottiden)* entsprechen den Einzelwesen eines Tierstockes. Jedes Glied hat seine eigenen Ausscheidungs- und Geschlechtsorgane. In der Regel enthält jedes Glied einen vollständigen, zwittrigen Geschlechtsapparat, besitzt also Hoden und Eierstock.

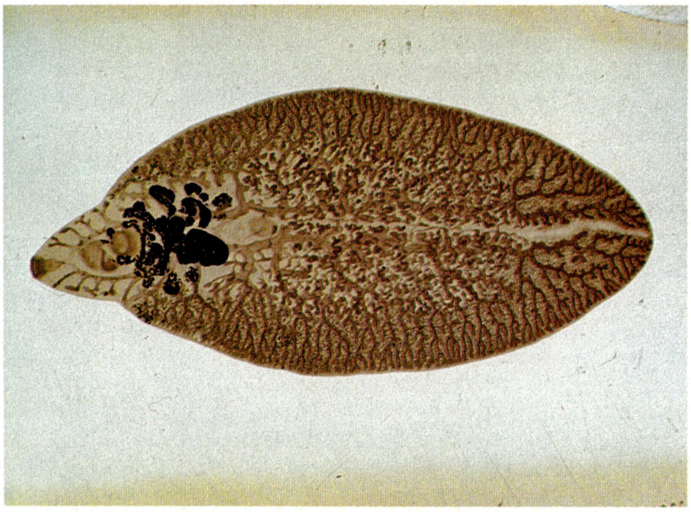

Die wichtigsten Bandwürmer sind:

der *Unbewaffnete Bandwurm oder Rinderbandwurm (Taenia saginata)*, wird 4–10 m lang, wächst täglich bis zu 7 cm, hat einen platten Körper mit rund 2000 Gliedern, die deutlich durch Furchen voneinander getrennt und etwa 15–20 mm lang und 5 mm breit sind, einen winzigen birnenförmigen Kopf von höchstens 2 mm Breite und einen noch schmaleren Hals; besitzt, wie alle Bandwürmer, weder einen Mund noch irgendwelche Sinnesorgane, nimmt den Speisebrei durch die Haut auf, verfügt über vier starke Saugnäpfe am Kopf, mit denen er sich fest an der Darmschleimhaut verankert;

der *Bewaffnete Bandwurm oder Schweinebandwurm (Taenia solium)*, wird 2–3 m lang, hat 700–900 Glieder, trägt an seinem rundlichen Kopf außer den vier Saugnäpfen noch einen doppelten Kranz von Häkchen, die ebenfalls der Verankerung dienen, kann 25 Jahre alt werden;

der *Breite Bandwurm* oder *Fischbandwurm (Dibothriocephalus latus)* wird bis zu 15 m lang, hat 3000–3500, etwa 10 mm breite und nur 3 mm lange Glieder, wächst täglich bis zu 9 cm;

der *Blasenwurm (Echinococcus granulosus)* lebt im Darm von Hunden. Er wird nur 4–5 mm lang und besteht aus 3 oder 4 Gliedern. Die Larven werden durch Belecken vom After aus über das ganze Fell verbreitet und können bei zu engem Kontakt zwischen Hund und Mensch leicht auf letzteren übergehen. Die Larve durchbohrt im Zwischenwirt die Darmwand und wird durch das Blut in die Leber oder das Gehirn getragen. Dort wächst sie langsam zu einer bis kindskopfgroßen Finne aus, die nach innen Tausende bis Millionen Wurmköpfe *(Scolices)* bildet. Diese ungeheure ungeschlechtliche Vermehrung macht häufig die Rettung befallener Menschen unmöglich. Nur sehr strenge hygienische Vorschriften (kein Mitnehmen von Hunden in Lebensmittelgeschäfte, kein gemeinsames Baden mit Hunden usw.) und regelmäßige Wurmkuren der Haushunde mindern die Gefahr.

Man kennt heute etwa 3400 Bandwurmarten.

Die Schnurwürmer *(Nemertini)*

Die Schnurwürmer, die einen eigenen Tierstamm bilden und ausschließlich Meeresbewohner sind, sind im Verhältnis zu ihrer Länge so dünn, daß sie wirklich an Bindfäden erinnern. Die Außenhaut ist bewimpert und ermöglicht ein Kriechen auf dem Schlamm, zwischen Pflanzen, Steinen und im Sand. Die prächtigen Farben und Farbmuster lassen die Schnurwürmer in der ebenso lebhaft gefärbten Algen- und Korallenwelt der Meeresküsten fast unsichtbar werden. Die Schnurwürmer leben räuberisch. Sie alle haben einen ausstülpbaren Rüssel, der oft mehr als körperlang sein kann. Bei vielen Formen trägt der Rüssel Giftstacheln oder Stilette. Erbeutet werden Schnecken, Würmer, Krebse und Fische.

Die größte der 800 Arten, *Lineus longissimus*, erreicht 30 m Länge bei nur 9 mm Durchmesser.

Ganze Gärten bilden im Mittelmeer die gelben Krustenanemonen (Bild oben), die an steilen Felswänden zu finden sind. Als Haftgrund benützen sie Schwämme oder Manteltierchen.

Hohltiere bestehen aus einer Mundöffnung, dem Hohlraum, der auch magen- und darmähnliche Funktionen hat, den Fangarmen, einer Fußscheibe, der Außen- und Innenhaut, die durch eine Mittelschicht gestützt wird. Hohltiere durchlaufen nach der Befruchtung mehrere Stadien. Nach der Teilung der Dottermasse entsteht ein kugeliges Zellgebilde, Morula genannt. Diese Kugel wird allmählich hohl. Danach entsteht die zweite Zellwand und die als Mund und After dienende Körperöffnung, an deren Rand schließlich die Fangarme wachsen.

Deutlich erkennbar sind die Rippen der Seestachelbeere, an denen synchron schlagende Wimpern sitzen. Diese (auf den acht Rippenstreifen) verwachsen bei den älteren Seestachelbeeren zu kleinen Plättchen. Die Qualle ist glasig hell und besitzt an dem einen Körperende ein Sinneszentrum, am anderen sitzt die Körperöffnung. Sie ist beim Schwimmen nach vorne gerichtet. Der Körperaufbau der Seestachelbeere entspricht dem aller Rippenquallen. Diese Klasse gehört zu den nessellosen Hohltieren.

Der Mehrzahl der heute auf der Erde lebenden Tiere, die durch zweiseitig-symmetrischen Bau gekennzeichnet sind *(Bilateria)*, stehen zwei Stämme mit strahligem Bau gegenüber. Dieser strahlige Bau trug ihnen den Namen „Radiata" ein, ihr einfacher Sackdarm-Bau den Namen Hohltiere. Im Stamm der *Rippenquallen (Ctenophora)* finden wir nur frei bewegliche Tiere, während ein Teil der *Nesseltiere (Cnidaria)* zur festsitzenden Lebensweise übergegangen ist.

Die Rippenquallen
(Ctenophora)

Eine engere Vereinigung der Rippenquallen mit den Nesseltieren läßt sich nicht rechtfertigen. Zwar besitzen auch die Rippenquallen noch keine vom Darm getrennte Leibeshöhle, weichen aber sonst in allen ihren Besonderheiten weit von den Nesseltieren ab. Vor allem sind sie nicht strahlig-symmetrisch wie jene, sondern disymmetrisch gebaut. Das heißt, ihr Körper ist ebenso rechts-links-spiegelbildlich wie oben-unten-spiegelbildlich und läßt bereits die Zweiseiten-Symmetrie erahnen.

Ihren deutschen Namen verdanken die Rippenquallen den acht dicken Hautstreifen bzw. Rippen, die von Pol zu Pol über ihren zumeist birnen- oder stachelförmigen, gänzlich durchsichtigen, ungemein zarten und sanft getönten Körper verlaufen. Statt der Nesselzellen tragen sie an den reich gefiederten und langen Spiralfäden ihrer beiden Fangarme zahlreiche Kleb- oder Greifzellen, mit denen sie die Beutetiere festhalten. Diese Fangarme oder Tentakel sind immer etwa in der Körpermitte angesetzt und fließen dem schwimmenden Tier in schönen Windungen nach. Bei Gefahr werden sie blitzschnell in Taschen zurückgezogen.

Schwimmende, gleich durchsichtigen Zeppelinen dahintreibende und mit Tentakeln ausgerüstete, ei- bis birnenförmige Arten sind:

die *Seestachelbeere (Pleurobrachia pileus)*, die etwa 3 cm mißt und alle Meere bewohnt;

und *Callianira bialata* aus dem Mittelmeer.

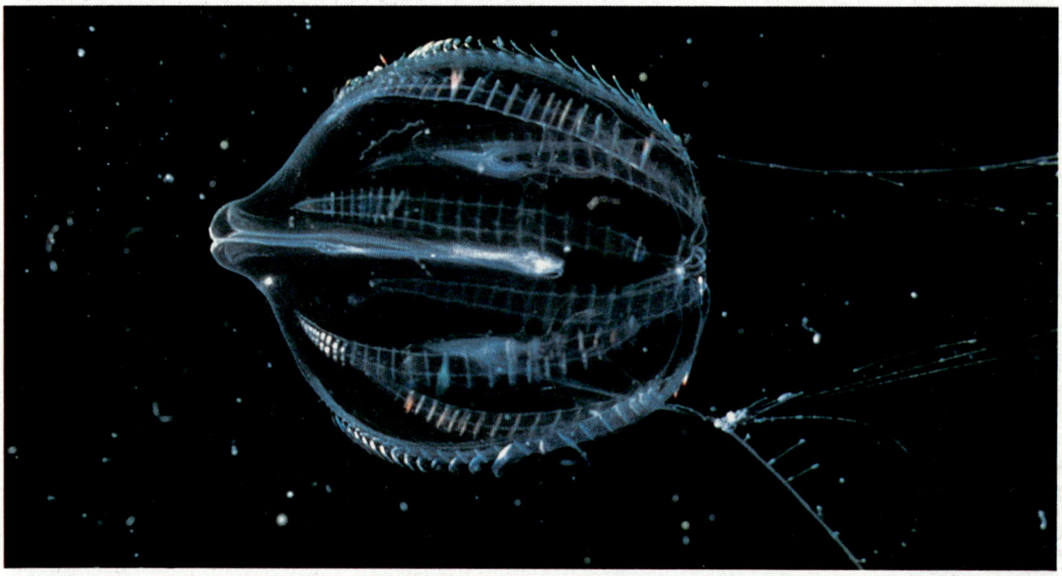

Ausgesprochen bandförmig gestaltet ist dagegen der weitverbreitete, in der Nacht prachtvoll leuchtende:

Venusgürtel (Cestus veneris), der 150 cm lang und 8 cm breit werden kann und am ganzen Leib von Wimpern gesäumt ist.

Die Nesseltiere *(Cnidaria)*

Die Grundform, der festsitzende Polyp, ist ein einfacher Schlauch, in den eine Mundöffnung hineinführt, die zugleich als After dient. Dieser Schlauch ist an seinem hinteren, blindgeschlossenen Ende mit einer Fußscheibe versehen, mit der sich das Tier fest zu verankern vermag. Den Mund umgibt ein Kranz von Tentakeln, die sich aus Ausstülpungen der Körperwand bildeten und die Beutetiere ergreifen. Vor allem an diesen Tentakeln oder Fangarmen sitzen die für den ganzen Stamm charakteristischen Nesselzellen mit den gedeckelten Nesselkapseln. Jede der meist wurst- oder flaschenförmigen, bläschenartigen Kapseln trägt eine Sinnesborste, die bei Berührung den Deckel explodieren und den spiralig aufgerollten, hohlen und umgestülpten Nesselfaden herausschnellen läßt. In seiner ganzen Ausdehnung oder wenigstens an seiner Spitze ist der Nesselfaden mit Widerhäkchen besetzt, heftet sich an die Haut des Beutetieres oder Feindes und ergießt ein stark brennendes und lähmendes Sekret in die kleinen Wunden. Oft sind die Nesselkapseln zu beachtlichen Batterien vereinigt und dann durchaus in der Lage, auch dem Menschen gefährliche Verbrennungen beizubringen. Ihre Gesamtzahl wird schon bei den noch recht harmlosen Seerosen auf rund 500 Millionen geschätzt. Dabei ist jede Kapsel ein Geschütz, das nur ein einziges Mal abgefeuert werden kann. Doch baut der Körper laufend Ersatzkapseln, die dann aktiv zu ihren Einsatzstellen wandern, und dort dann tätig sind.

Hydrozoen

Zu den Hydrozoen gehören zwei Ordnungen mit insgesamt 2700 Arten.

Die Hydroiden

Ergibt der Standort für den Wasserpolypen keine reiche Beute mehr, so wird er gewechselt. Dazu verbeugt sich der Polyp tief, heftet die Fangarme fest auf die Unterlage und wandert gleich den sich krümmenden Spannerraupen davon. Oder er schlägt regelrecht Purzelbäume oder läuft auf den Armen und kopfunter wie ein Radschläger dahin.

Die Fortpflanzung kann bei den Süßwasserpolypen auf drei verschiedenen Wegen erfolgen. Erstens durch eine einfache Querteilung, bei der sich der Polyp durchschnürt und in zwei neue Geschöpfe verwandelt. Zweitens durch Knospung, indem Auswüchse der Körperwand unter Beteiligung beider Schichten sich zu kleinen, aber vollkommenen Tochterpolypen entwickeln. Diese Töchter lösen sich entweder durch eine weitere Abschnürung ab und werden zu selbständigen Polypen oder blei-

Die zahlreichen europäischen Süßwasserpolypen sind schwer zu unterscheiden. Durch einen stark vom Körper abgesetzten Stiel ist der Braune oder Graue Süßwasserpolyp dennoch gut zu erkennen. Das 3 cm große Tier hat sechs bis 25 cm lange Fangarme, die mit Nesselzellen besetzt sind; sie können bis auf 5 mm verkürzt werden.

ben durch Röhrenkanäle mit der mütterlichen Magenleibeshöhle verbunden und leben in einer Art von Nahrungsgemeinschaft. Diese Polypen bilden dann rasen-, moos- oder strauchförmige Stöckchen und haben häufig einen gemeinsamen Stamm. Außerdem scheiden sie an der Oberfläche ein chitinartiges Außenskelett ab, das sie becherförmig umhüllt und ihnen als festsitzenden Arten erhöhten Schutz verleiht. Drittens werden von den durchweg zwittrigen Polypen auch Samen wie Eier produziert.

Stöcke bilden vor allem die im Meer lebenden Polypen. Doch haben alle marinen Formen keine Geschlechtsorgane, sondern erzeugen durch Knospung und nachfolgende Abschnürung besondere Geschlechtstiere, sogenannte Hydromedusen, Medusen oder Quallen. Diese getrenntgeschlechtlichen Geschöpfe bestehen größtenteils aus einer wasserreichen Gallertmasse, nehmen die Gestalt von gewölbten Schirmen und Glocken an und schwimmen frei umher. Der Glockenschirm weist eine konvexe Außenseite und eine konkave Innenseite auf. Den Rand umgibt ein nach innen gerichteter muskulöser Saum, der den Schirm zusammenzieht und wieder ausdehnt und die Meduse durch Rückstoß vorantreibt. Aus den befruchteten Eiern dieser Geschlechtsgeneration schlüpfen bewimperte Larven, die ebenfalls frei umherschwimmen, sich schließlich festsetzen, die Mundöffnung und die Tentakeln ausbilden und zu neuen Polypen heranwachsen.

Hoch entwickelt ist bei allen Hydroiden die Regenerationsfähigkeit. Wir können sie in so viele Stücke zerschneiden, wie wir wollen: aus jedem Stück bildet sich ein ganzes Tier. Erst dann, wenn diese Stücke weniger als ein fünftel Millimeter messen, ist eine Nachbildung nicht mehr möglich.

Von unseren einheimischen Süßwasserpolypen leben in allen Teichen, Tümpeln, Gräben, Kanälen, Wasserpfützen, Regentonnen und Aquarien:

der *Grüne Süßwasserpolyp (Chlorohydra viridissima)*, der 1–2 cm mißt, ebenso lange Tentakel hat und nahe der Oberfläche an Pflanzen, vor allem an der Unterseite schwimmender Blätter sitzt;

der *Braune Süßwasserpolyp (Pelmatohydra oligactis)*, der bis zu 3 cm mißt, seine Tentakeln bis zu einer Länge von 25 cm ausziehen kann und sich durch einen langen und dünnen, scharf vom Körper abgesetzten Stiel kennzeichnet; und

der *Gemeine Süßwasserpolyp (Hydra vulgaris)*, der ebenfalls deutlich gestielt und wie die obigen sehr unterschiedlich, nämlich je nach seiner Nahrung gefärbt ist.

Stattliche Kolonien und Stöcke bilden folgende marine Arten auf allen möglichen Unterlagen in nur geringen Tiefen:

die *Hydraktinie (Hydractinia echinata)* aus der Nordsee, die dichte Rasen an Uferpfeilern, auf Wasserpflanzen sowie auf den Schneckenschalen der Einsiedlerkrebse bildet und bei der die Mitglieder der Kolonie sich bereits als Freß-, Wehr-, Stachel- und Geschlechtspolypen spezialisieren;

das *Seemoos (Sertularia argentea)* aus den Watten der Nordsee, wo die vielverzweigten, zierlich gefiederten Stöcke richtige Wiesen bilden, von den Wattenfischern gesammelt, getrocknet und grün gefärbt werden; hat keine Medusengeneration.

Die Staatsquallen

Die durchweg frei schwebenden Staatsquallen der warmen Meere gehören zu den stockbildenden Hydrozoen, stellen aber keine Polypengesellschaft, sondern einen Staat von Hunderten und Tausenden von Tieren dar. Die einzelnen Mitglieder dieses Staates, die im Grunde alle durch Knospung entstandene und miteinander im Zusammenhang gebliebene Tochterindividuen sind, haben sich durch Arbeitsteilung und entsprechende Anpassung fast zu Organen umgebildet. Und zwar baut sich dieser Tierstaat meist an einem elastischen und muskulösen, langgestreckten und röhrenförmigen, unten geschlossenen Hauptstamm auf. An seinem oberen Ende bildet sich durch Einstülpung der Deckschicht eine Luftkammer mit der sogenannten Luftflasche, die von einer besonderen Gasdrüse mit einem Gasgemisch gefüllt wird. Der Auftrieb dieser Luftkammer hält die Staatsqualle senkrecht im Wasser und reguliert ihr Steigen und Sinken. Gleich unter der Gasflasche sitzen in doppelten Reihen eine Anzahl von Schwimmglocken, also medusengestaltige Polypen, die nur noch Schwimmorgane darstellen und das Staatsschiff bewegen. Den Rest der Körperachse besetzen in bunter Folge weitgehend spezialisierte Freß-, Tast-, Wehr- und Deckpolypen sowie die meist lebhaft gefärbten medusengestaltigen Geschlechtstiere. Alles, was die Freßpolypen erschnappen und verdauen, fließt in den Hauptstamm, aus dem sämtliche Staatsmitglieder ihren Nährsaft beziehen. Gewaltig ist vor allem die Bewaffnung mit zusammengefaßten Nesselbatterien an den vielen langen Fangfäden, von denen jede einzelne bis zu 1700 Kapseln explodieren lassen kann und leicht auch größere Tiere lähmt und tötet. Ihre Brennwirkung kann selbst dem Menschen gefährlich zusetzen. Dennoch besteht die Nahrung vorwiegend aus kleineren Planktontierchen.

Zur wunderbaren Organisation der Staatsquallen gesellt sich ihre ganz ungewöhnliche, zarte, gläsern durchsichtige und oft blumenbunte Schönheit. Bei den Staatsquallen herrscht strenge Arbeitsteilung.

Blasenträger (Physophora hydrostatica): Bewohnt das Mittelmeer und den Atlantik, stellt eine zweireihige Schwimmsäule dar, die 8–12 cm mißt und sanft gelblich, rosa und rötlich getönt ist, trägt am oberen Ende eine große Gasflasche mit leuchtend karminroter Kuppe, hat bewegliche schlauchartige Taster und lange Nesselfäden mit großen Nesselbatterien sowie traubenförmige Fortpflanzungsorgane.

Ihren Namen hat die Kompaß-Koralle von den sechzehn gelb bis rotbraun gefärbten Radialbändern in ihrer Zeichnung. Diese ergeben das Bild der Windrose eines Kompasses. Die Kompaßqualle wird zu den zwittrigen Arten gezählt. Sie sind zuerst meist männlich, dann männlich und weiblich zugleich und zuletzt rein weiblich.

Portugiesische Galeere oder Seeblase (Physalia physalis): Bewohnt die wärmeren Meere, hat einen stark zurückgebildeten Stamm, dafür aber eine bis zu 30 cm lange und 10 cm breite, auf der Oberfläche des Wassers schwimmende, silberglänzende, rot und blau getönte Luftkammer mit einem zierlichen Kamm; verfügt über bis zu 30 cm lange, von Nesselbatterien starrende, ultramarinblaue Fangfäden, die auch dem Menschen gefährlich werden können.

Segelqualle oder Segler vor dem Winde (Velella velella): Bewohnt das Mittelmeer, hat einen scheibenförmigen Stamm und eine länglich-rhombische, ebenfalls scheibenförmige, gekammerte Gasflasche, die auf der Oberfläche des Wassers schwimmt und zugleich atmosphärische Luft atmet, trägt auf der Scheibe ein großes dreieckiges, ein wenig geschweiftes Segel, ist wunderbar indigoblau gefärbt und tritt oft in großen Schwärmen auf.

Die Quallen

Wir können die Quallen gut als höherentwickelte, dem frei schwebenden Leben im Wasser angepaßte Hydroidpolypen ansehen. Allerdings ist bei ihnen die festsitzende, ebenfalls ungeschlechtliche Polypengeneration sehr klein, mißt nur wenige Millimeter, wurde in den Hintergrund gerückt, verfügt über 16 Arme und hat einen durch Scheidewände in vier Taschen aufgeteilten Magenhohlraum. Auch knospen bei den Quallenpolypen die Medusen nicht seitlich hervor; vielmehr teilt sich ihr Körper durch regelmäßige ringförmige Einschnürungen von oben nach unten in eine Anzahl Scheiben, so daß ihr Leib zuletzt wie ein Satz über- und ineinandergestellter Schüsselchen aussieht. Diese Schüsselchen lösen sich nacheinander vom Polyp und schwimmen als junge Medusen davon.

Der Bauplan dieser Medusen ist der gleiche wie bei den Hydroiden, also glocken-, aber auch scheibenförmig. Der Schirmrand jedoch wird durch Einkerbungen in meist acht Lappen aufgeteilt, zwischen denen die Tentakeln entspringen.

Die Klasse der Quallen wird in fünf Ordnungen unterteilt, die insgesamt etwa 200 Arten umfassen. Ausgewachsene Scheibenquallen sind gute Schwimmer.

Die Würfelquallen

Die Glocke der Würfelquallen hat einen quadratischen Querschnitt. Die sehr schnell schwimmenden Tiere haben außerordentlich giftige Nesselkapseln. Man nennt sie daher auch „Feuerquallen“.

Von den wenigen, meist tropischen Arten dringt *Charybdea* in die Häfen und Flußmündungen ein.

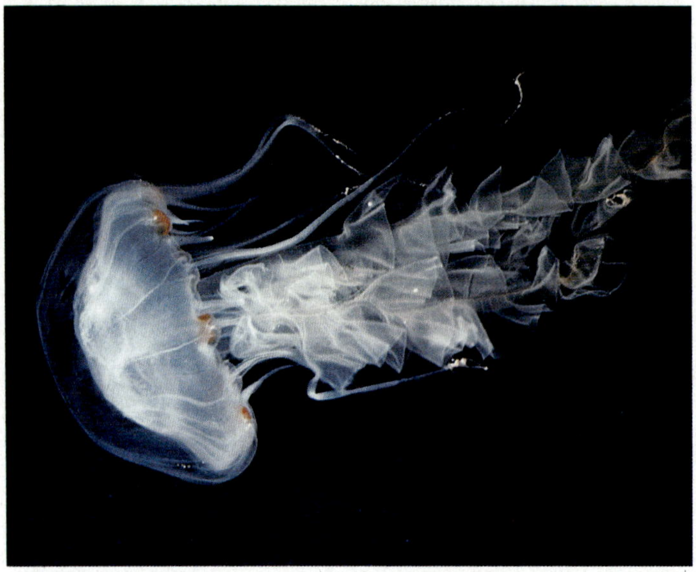

Die Fahnenquallen

Das Schlundrohr der Fahnenquallen endet in langen und breiten „fahnenartigen“ Armen, die zum Ergreifen der Beute dienen.

Ihr Schirm ist meist flach.

Gelbe Haarqualle (Cyanea capillata): Bewohnt die Nord- und Ostsee sowie den Atlantik, hat stark glockenförmigen, zierlich gezeichneten Schirm mit gelapptem Rand, aus dessen Hohlkörper die zahlreichen zarten Tentakel und Geschlechtsbänder gleich einer farbigen Wolke herabhängen. Der Schirmdurchmesser beträgt gewöhnlich nur 35 cm, in Ausnahmefällen aber auch 100–200 cm. Zwei nahe Verwandte sind die:

Blaue Nesselqualle (C. lamarcki), die prächtig kornblumenblau gefärbt ist, einen Schirmdurchmesser von 20–30 cm hat und in der Nordsee oft in riesigen Scharen auftritt; sowie die

Arktische Haarqualle (C. arctica) aus dem Nordatlantik, die einen Schirmdurchmesser bis zu 230 cm hat und bis zu 30 m lange Tentakel besitzt.

Kompaßqualle (Chrysaora hyoscella): Bewohnt die Nordsee und taucht zur Spätsommerzeit auch in der Ostsee auf, hat schwach gewölbten, rotbraun punktierten, im Durchmesser 30 cm breiten, am Rand flach gekerbten Schirm, von dessen Scheitel 16 dunkelbraune Gabelstreifen zum Rand hin ausstrahlen, der wiederum in 32 halbkreisförmige Lappen aufgeteilt und mit 24 dicken Tentakeln bestückt ist; aus der Schirmhöhle hängen vier bis zu 2 m lange, fransenartig gekräuselte Mundarme herab.

Ohrenqualle (Aurelia aurita): Bewohnt die Nord- und Ostsee, ist sehr häufig, tritt oft in riesigen Scharen auf, hat einen glasartig durchsichtigen, flachen, zart rötlich, gelblich oder bläulich getönten, im Durchmesser 5–40 cm breiten Schirm, durch den die vier hufeisenförmigen, rötlichen Keimdrüsen schimmern, und einen Wimpernkranz zarter kurzer Randtentakel sowie vier blattartig gebuchtete und gekrauste Mundarme; besteht in ihrem Gewebe zu 98% aus Wasser. Im Gegensatz zu anderen Fahnenquallen wird sie dem Menschen nicht gefährlich.

Die Wurzelmundquallen

Bei diesen Quallen trägt der Schirmrand keine Tentakeln. Das Mundrohr löst sich in eine Anzahl einzelner hohler als Saugrohre dienender Arme auf. Im Magen fand man Algen, Krebschen, Würmer und andere Planktonten.

Wurzel- oder Lungenqualle (Rhizostoma pulmo): Bewohnt das Mittelmeer, hat einen stark gewölbten, halbkugelförmigen, bläulichweißen, im Durchmesser 60–80 cm breiten Schirm mit blauen Randlappen; besitzt acht sehr große Mundarme, die feingekräuselt entspringen, dann polster- oder blumenkohlartig anschwellen, sich nochmals kräuseln und endlich stark verjüngen, nimmt die Nahrung durch die zahlreichen Mundöffnungen in diesen Armen auf; lebt oft in enger Lebensgemeinschaft mit Makrelen und dorschartigen Fischen.

Die Korallentiere

Die Korallentiere sind festsitzende Polypen von meist recht stattlicher Statur, die keine Me-

Die Edelkorallen können eine Höhe von einem Meter und ein Gewicht von 40 kg erreichen. Die Kolonien sind in alle Richtungen verzweigt und ähneln kleinen Bäumen und Sträuchern.

Wie bei der Rinde eines Baumstammes, überzieht die lebende Masse als dünne Schicht das Skelett. Die Farbskala der Skelette reicht von Weiß bis zu satten Rot.

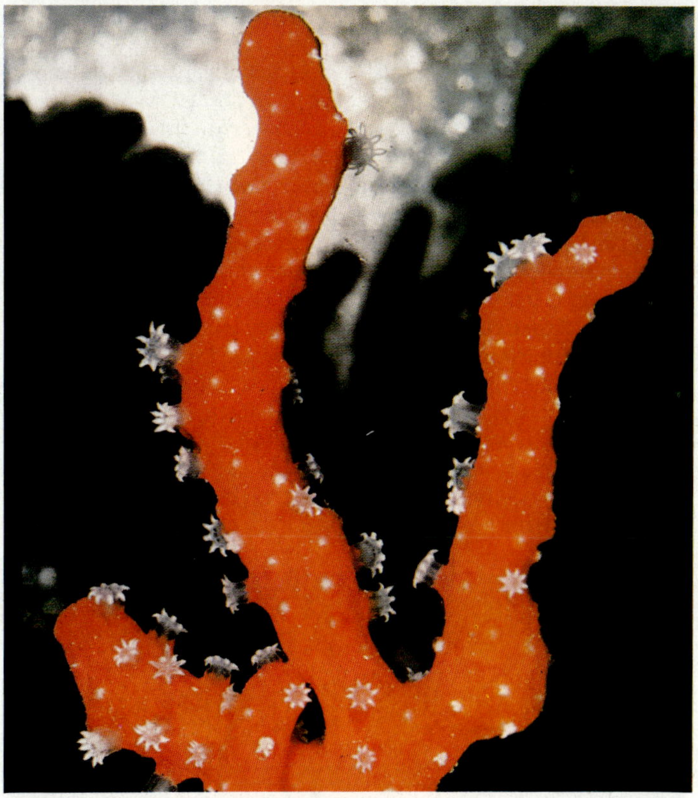

dusengeneration haben. Das fleischige Aussehen verleiht ihnen vor allem eine zellenreiche Bindegewebeschicht, die sich zwischen der Deck- und der Innenschicht aufbaut. Vom versenkten Mund führt ein Schlundrohr mit weiter Mündung in den Magen. Dieser wird ähnlich wie eine Mohnkapsel durch acht oder sechs an der Körperwand entspringende und streng gesetzmäßig angeordnete Scheidewände in Taschen gegliedert.

Sie haben 4 bis 10 Wände.

Die Achtstrahligen Korallentiere

Die Achtstrahligen Korallentiere sind stöckebildende und zumeist getrenntgeschlechtige Polypen, die sich durch Eier fortpflanzen. Die Eier entwickeln sich im Magenraum des Muttertieres, wachsen hier zu Wimperlarven heran, schwärmen dann aus und setzen sich schließlich fest. Zugleich aber erfolgt die Vermehrung auch durch Knospung, wobei die jungen Tiere meist mit den alten verbunden bleiben und auf diese Weise riesige Kolonien aus Hunderten, Tausenden und Millionen Einzeltieren bilden. Diese vielfach sehr verzweigten Stöcke werden durch Skelette aus organischen Stoffen oder aus kohlensaurem Kalk verfestigt. Das Skelettgerüst kann den Körper in der Gestalt feiner Nadeln und zierlicher Sterne durchziehen, kann zu Röhren und Achsen verschmelzen, kann Rinden bilden oder von unten her geradezu in den Leib hineinwachsen und ihn in eine Steinmasse verwandeln, die dann von den Weichteilen nur noch wie von einem Häutchen überzogen wird.

Da nun die Kinder und Enkel fast regelmäßig auf den Skeletten der Eltern und Voreltern aufbauen, werden aus den strauch- und baumartigen Stöcken, an denen die Einzeltiere wie bunte Blüten sitzen, allmählich mächtige unterseeische Wälder von märchenhafter Pracht und Schönheit, die zuletzt zu gewaltigen Bänken und Riffen verschmelzen. Doch ist die Bildung von Korallenriffen nur dort möglich, wo die Wassertemperatur auch im Winter nicht wesentlich unter 20,5 Grad Celsius absinkt und möglichst immer zwischen 18–25 Grad schwankt. Die Kette der Strand- und Barrierenriffe wie der Atolle zieht sich im wachsenden Ausmaß vom Roten Meer durch den ganzen Indischen Ozean über Australien und Neuguinea hinweg bis zu den Inselgruppen Ozeaniens und hinüber bis zum Stillen Ozean. Auch ist es nicht etwa so, daß die Korallenstöcke aus den großen Meerestiefen emporwachsen. Dort unten könnten die Korallentiere, die viel Sauerstoff, Licht und Wärme brauchen, gar nicht leben. Am wohlsten fühlen sie sich in einer Tiefe zwischen 10–40 m.

Am Aufbau der Riffe und Atolle sind übrigens vorwiegend die Sechsstrahligen Korallentiere beteiligt, auf die wir noch ausführlicher zu sprechen kommen.

Die Octocorallia bilden vier Ordnungen: die Lederkorallen, die Hornkorallen, die Seefedern und die Blauen Korallen (nur eine Art: *Helipora coerulea*).

Lederkorallen

Die Skelette der Lederkorallen bestehen aus unzusammenhängenden Kalkkörperchen, die in die gallertige Mittelschicht (Mesogloea) eingelagert sind. Nur in der Familie der Coralliidae, zu der die Schmuckkorallen gehören, verschmelzen die einzelnen Kalkkörper (Sklerite) zu einer einheitlichen Achse. In der Ordnung sind 800 Arten vereinigt.

Meer- oder Seemannshand (Alcyonium digitatum): Bewohnt die Nordsee und den nördlichen Atlantik, bildet klumpenförmige, unregelmäßig gelappte Stöcke, die tatsächlich manchmal an eine warzige dickfleischige Hand erinnern, ist orangefarben getönt und fast durchscheinend.

Hornkorallen

Die Hornkorallen haben stets eine einheitliche Achse aus Horn mit Kalkeinlagen. Die Stöcke bilden netzartig verzweigte Fächer, die rechtwinklig zur Richtung der Meeresströmungen stehen. Auf diese Weise können sie die Planktontiere aus dem hindurchströmenden Wasser fischen. 1200 Arten sind beschrieben.

Venusfächer (Rhipidogorgia flabellum): streckt seine gelben oder violetten Zweige bis zu 2 m Höhe und 1,50 m Breite aus. *Paragorgia arborea* wird vor der norwegischen Küste bis zu 2 m hoch; die blütengleichen Polypen heben sich leuchtend gelb oder weiß vom roten Grund des Fächers ab.

Schwarze Edelkoralle (Euplexaura antipathes): Diese schwarze Edelkoralle kommt im Indischen Ozean und Roten Meer vor; bildet 30 cm hohe Büschel; das Skelett wird zu Schmuckstücken verarbeitet.

Rote Edelkoralle (Corallium rubrum): Bewohnt das Mittelmeer und die unmittelbar benachbarten Küsten; bildet baumartig verzweigte, matt scharlachrote Stöcke von etwa 30 cm Höhe, von denen sich die Einzelpolypen mit ihren achtstrahligen Tentakelsternchen wie Blüten abheben, fußt auf felsigem Grund; verwandte Arten kommen in den übrigen warmen Meeren vor.

Die Seefedern oder Federkorallen

Während die übrigen achtstrahligen Korallentiere am Untergrund festgewachsen sind, stecken die Seefedern lose im Sand. Ihre Form ist die einer etwas plustrigen Vogelfeder. Die Einzelpolypen zeigen, wie die der Staatsquallen, Arbeitstei-

Aktinien gehören in die Ordnung der Seerosen und Seeanemonen. Sie gehen häufig Lebensgemeinschaften mit Krebsen und Fischen ein, die Schutz in den Tentakeln suchen.

Die Steinkorallen (Bild unten) gehören zu den Blumentieren und umfassen rund 2500 Arten. Sie bilden in den tropischen Meeren zum Teil riesige Riffe.

lung. Bis heute sind etwa 300 Arten bekannt.

Seefeder (Pennatula phosphorea): Bewohnt alle europäischen Meere, vor allem auch die Nordsee, bildet einen federförmigen, hell- bis dunkelroten Stock, der mit einem glatten polypenfreien Stiel im weichen Meeresboden steckt und zahlreiche lange, schmale „Blätter" ausstreckt, auf denen jeweils bis zu zwanzig reinweiße Polypen sitzen; vermag den Standort zu wechseln, glüht bei Reizungen auf, wobei die grünlichen Lichtfunken der Einzeltiere zu Leuchtbändern zusammenfließen.

Die sechsstrahligen Korallentiere

Die Scheidewände und die Tentakel der Hexacorallia treten meist in der Sechszahl oder einem Vielfachen davon auf. Es werden fünf Ordnungen unterschieden.

Die Seerosen

Auf die Seerosen trifft der Name „Blumentiere" im besonderen Maße zu. Denn die sanftgetönten Tentakelkränze dieser stattlichen, einzeln lebenden und seßhaften Polypen erinnern tatsächlich lebhaft an Blütenkronen, an Rosen, Nelken, Georginen und Anemonen. Hinzu kommt ihre fast pflanzenhafte Gebundenheit an den rauhen Grund, dem sie mit ihrer breiten Fußscheibe fest verhaftet sind. Zwar können manche ihren Standort verändern und eben auf dieser Fußscheibe langsam dahinkriechen, wobei sie im Laufe eines Tages etwa einen halben Meter zurücklegen, doch geschieht das eben in einem solchen Zeitlupentempo, daß die Bewegung kaum wahrzunehmen ist. Viel eher vermag der Beobachter die Lebensregungen im graziösen Spiel der Fangarme sowie im Ausstrecken und Einschrumpfen der Körper zu erkennen.

Insgesamt sind mehr als 1000 Arten bekannt.

Gemeine Seerose (Actinia equina): Wird auch Purpur- oder Erdbeerrose sowie Pferdeaktinie genannt, bewohnt die atlantischen Küsten Europas und die Nordsee, bevorzugt die Brandungs- und Gezeitenzone, liebt felsigen Grund, hat einen kurzen, dicken, starken, leuchtendroten Leib, dessen Mundscheibe meist 192 Fangarme in sechs Kreisen umstehen, ist dicht darunter mit 24 türkisblauen Nesselwarzen geschmückt bzw. bewehrt, kommt auch in einer oliv- oder grasgrünen Form vor; hielt in Aquarien oft schon über 60 Jahre lang aus, bringt lebende Junge zur Welt, die bei der Geburt schon ganz der Mutter gleichen.

Mantelaktinie (Adamsia palliata): Bewohnt das Mittelmeer und den Atlantik, lebt in engster Symbiose mit den Einsiedlerkrebsen, führt nur in ihrer frühesten Jugend ein selbständiges Dasein, läßt sich von den Krebsen mit den Scheren packen und auf die Lippe des Schneckenhauses setzen, in dem diese ihren ungeschützten Hinterleib bergen, wächst dort allmählich derartig in die Breite, daß sie einen Ring um die ganze Mündung bildet.

Gemeine Seenelke (Metridium senile): Bewohnt die Nordsee und die westliche Ostsee, setzt sich gern auf unterseeischen Gegenständen fest, hat einen schlanken säulenförmigen Körper, der bis zu 20 cm hoch werden kann, ist rosigweiß, goldbraun oder orangegelb getönt und besitzt fast tausend zierliche, meist gleichfarbige Tentakel, die in zwanzig Reihen auf dem gelappten Rand ihrer Mundscheibe sitzen; pflanzt sich durch Eier wie durch Knospung fort. Die Beute wird von Filamenten aufgelöst.

Die Steinkorallen oder Riffkorallen

Die Steinkorallen untermauern ihr massives Kalkskelett durch eine von der Fußscheibe gebildete feste Platte. Von dieser Platte erheben sich dann nach und nach sechs senkrechte, strahlig angeordnete, einzeln stehende Leisten, die sich der Körperform des daraufsitzenden Polypen anschmiegen und anpassen, so daß derselbe wie in einem Kalkkelch sitzt. Dieses Skelett wächst unaufhaltsam von unten nach oben weiter. Wird der Kelch schließlich zu tief für den Weichkörper, so scheidet die Fußscheibe einen neuen Kalkboden aus. Auf diese Weise erhöht sich der Kalksockel der Kolonie ständig und wird allmählich zu einem festen Riff.

Es sind etwa 2500 heute noch lebende Arten bekannt. Die Zahl der bisher aufgefundenen ausgestorbenen Arten beläuft sich auf 5000.

Zu den wichtigsten Riffbildnern gehören:

die *Löcherkorallen (Madrepora)* aus den tropischen Meeren, die in einigen Arten bis ins Mittelmeer vordringen;

die *Sternkorallen (Astroides)*, die sich sehr häufig auch durch einfache Längsteilung vermehren; und

die *Pilzkorallen (Fungia)*, die zumeist keine Stöcke bilden.

Zwischen verschiedenen Algen, Korallen und Krustenschwämmen sitzt der dekorative Gelbe Röhrenschwamm (Bild oben). Er gehört zur Familie der Badeschwämme.

Schwämme sind Vielzeller, die in drei Klassen unterteilt sind: Kalk-, Glas- und Gemeine Schwämme. Sie besitzen weder eigentliche Organe, noch echte Muskel- und Nervenzellen. Die Zellen sind jedoch spezialisiert. Durch die unzähligen Poren strömt Wasser ins Innere, das von pumpenähnlich arbeitenden Geißelzellen durch eine weite Öffnung wieder herausgestrudelt wird. Ein zumeist aus Kalk oder Spongiolin bestehendes Skelett sorgt dafür, daß der Schwamm nicht zusammenfällt. Nahrung fließt mit dem Wasser ein und besteht aus schwebenden Pflanzen- und Tierteilchen.

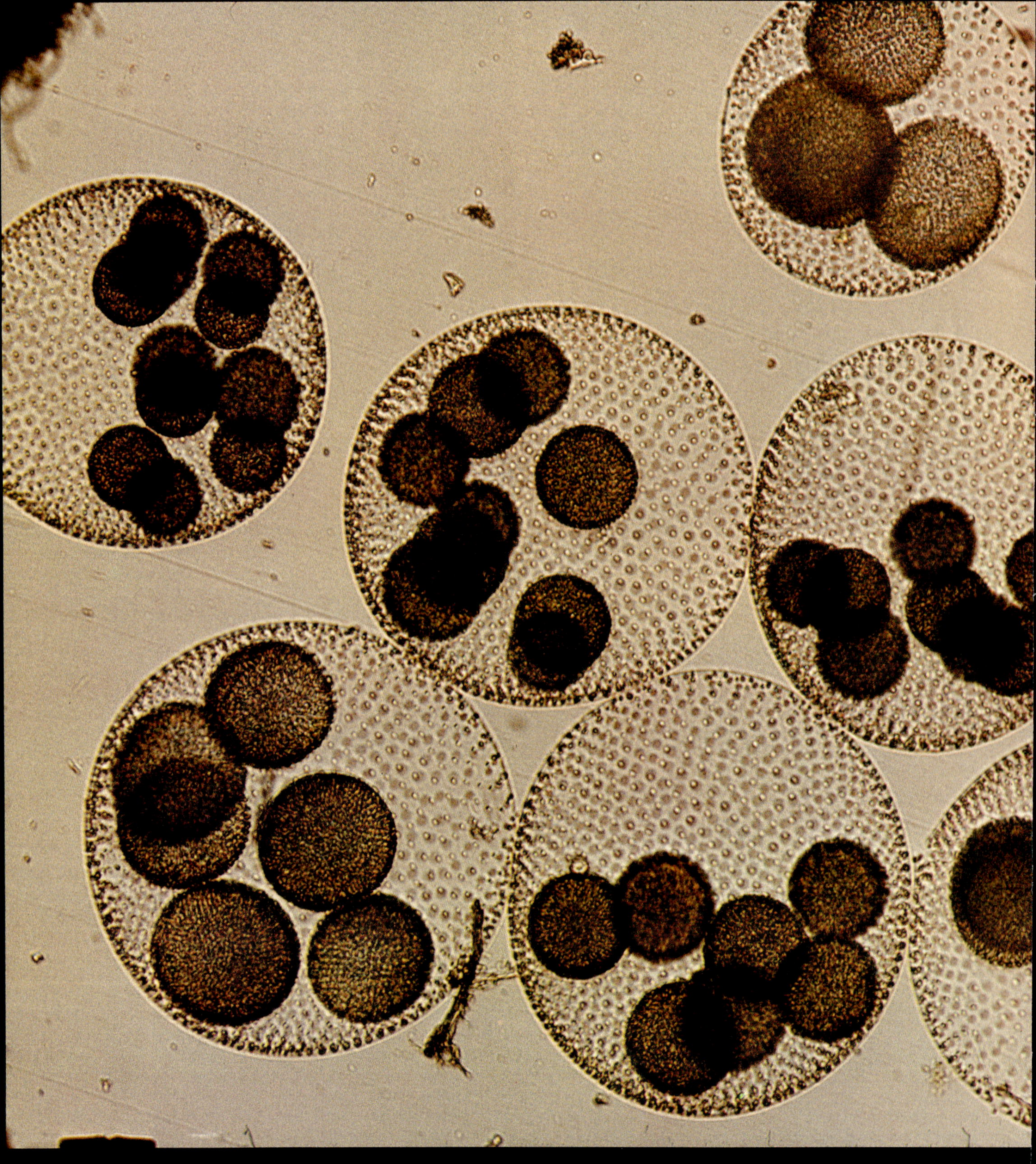

Der einzellige Kämmerling (Bild ganz unten) ist ein Meeresbewohner. Er lebt in großen Tiefen in Riffen aus Glas- und Strahlenschwämmen neben Armfüßern und Algen.

Das Kugeltierchen Volvox ist eine Pflanzenmonade und zählt zu den Geißeltierchen (Großes Bild). Sie werden für das Auge sichtbar, wenn sie sich zu rund einen Millimeter großen Kugeln zusammenballen, die dann aus bis zu 20 000 Tieren bestehen. Das Pantoffeltierchen gehört zu den am höchsten orientierten Einzellern, den Wimperntieren. Das winzige Tier vermehrt sich durch Querteilung der Zelle (Bild rechts) in zwei Tochtertiere mit gleichmäßig verteiltem Erbgut. Daneben gibt es bei Pantoffeltierchen auch die Konjugation.

Pantoffeltierchen gedeihen besonders in Heuaufgüssen. Auffallend ist die symmetrische Gestalt des Einzellers Litthoptera Mulleri (Kleines Bild).

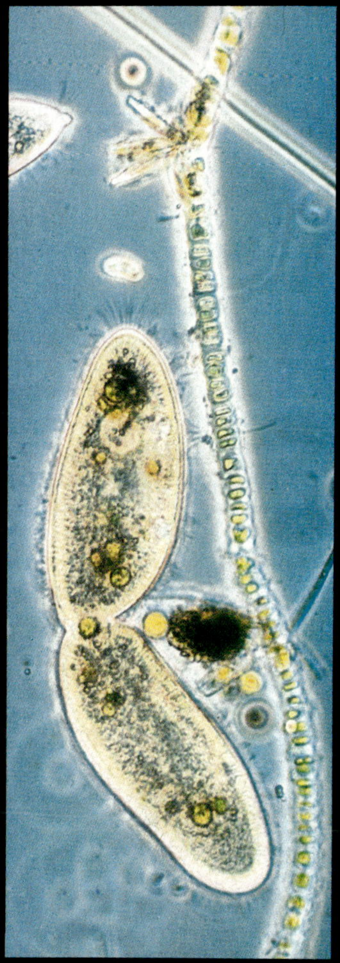

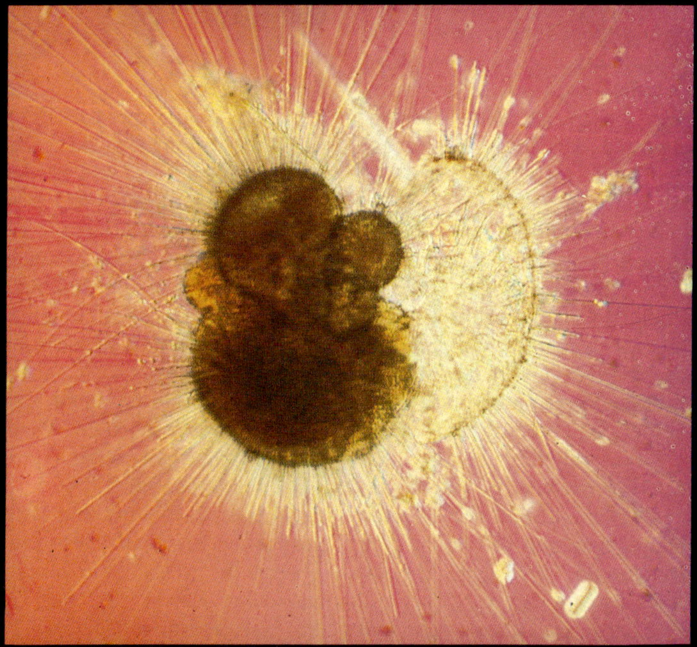

Horn- und Netzfaserschwämme besitzen ein weitverzweigtes Kanalsystem. Sie kommen in kleinen Formen auch im Süßwasser vor. Ihr Skelett besteht aus Horn und ist netzartig ausgebildet. Verstärkt wird es durch Kieselnadeln (Bild unten, Hornkieselschwamm). Das Hornskelett ist aus Spongiolin gebildet.

Der Rettichschwamm, der weiß gefärbt ist und rund 3 cm hohe Trichter ausbildet, zählt zu den Kalkschwämmen. Er ist fast auf der ganzen Welt verbreitet.

Der pflanzenhafte Charakter tritt bei den Schwämmen noch stärker als bei den Polypen in den Vordergrund. Und an den einfachen Polypenschlauch erinnert auch die Grundform der Schwämme, der sogenannte *Ascontyp*. Er stellt sich uns als ein fast röhrenförmiger Körper dar, der mit einem Ende festgewachsen ist und sich an seinem anderen Ende wie ein Sack öffnet. Diese weite Öffnung, das *Osculum*, führt in einen großen einheitlichen Innenraum, der an seinen Wänden dicht mit *Kragengeißelzellen* besetzt ist. Diese innere Geißelzellenschicht und die äußere Plattenzellenschicht sind die einzigen gewebeartigen Bildungen des einfachen Schwammes. Zwischen ihnen liegt eine dicke Mittelschicht, in der sich frei bewegliche Wander-, Fraß- und Keimzellen befinden, ohne sich zu einem echten Gewebe zu vereinigen.

Es liegt natürlich im Interesse des Schwammtieres, die so wichtige Geißelzellenschicht möglichst auszudehnen und zu vergrößern. Das geschieht beim höher entwickelten *Sycontyp* durch die Bildung von zahlreichen sackförmigen Ausbuchtungen des großen Innenraumes. Die vielfach erhöhte Anzahl der Geißelzellen sitzt nun an den Wänden dieser seitlichen Höhlen, während der große Innenraum nur noch als Abfallraum und Ausfuhrpforte dient.

Die Ausbildung der Seitenhöhlen bringt notwendigerweise eine Verdickung der äußeren Plattenzellenschicht mit sich. Das Schwammtier gewinnt dadurch wiederum Raum für eine weitere Verästelung der Seitenhöhlen. Andererseits muß es viele Kanäle schaffen, die diese kleinen Höhlen erstens untereinander, zweitens mit der äußeren Hautschicht und drittens mit dem Innenraum verbinden. Es entsteht also ein umfangreiches und vielverzweigtes Kanalsystem und damit der typische, gänzlich „zerlöcherte" Schwammkörper des komplizierten *Leucontyps*.

Bei den meisten Schwämmen sondern sich schon von ihrer frühesten Jugend an skelettbildende Zellen von den Hautzellen ab. Dieses Skelett wird entweder aus kohlensaurem Kalk oder aus Kieselsäure oder aus einer organischen Hornmasse *(Spongin)* aufgebaut. Die Kalkskelette setzen sich aus mikroskopisch kleinen, bis zu 1 mm langen, oft mehrstrahligen Kalknadeln zusammen, die uns an Anker, Sterne, Haken und Kreuze erinnern. Sie können auch die Außenschicht durchdringen und den Schwamm wie ein Stachelkleid umgeben. Auch die Kieselsäureskelette treten meist in der Gestalt von Nadeln auf und werden bei vielen Kieselschwämmen noch von einem Horngerüst gestützt. Die Hornskelette stellen sich als ein verfilzter Faserbau vor. Vor allem sind es die Hornschwämme, die eine wirtschaftliche Rolle spielen.

Mehr als 90% der rund 5000 Schwammarten leben im Meer. Sie bewohnen es von der Gezeitenzone bis in die Tiefsee. Im Süßwasser wurde nur eine einzige Familie heimisch. Der ganze Stamm der Schwämme besteht aus einer Klasse, die sich in die fünf Ordnungen der *Kalkschwämme (Calcarea)*, der *dreistrahligen Kieselschwämme (Triaxonida)*, der *vierachsigen Kieselschwämme (Tetraxonida)*, der *Hornschwämme (Cornacuspongia)* und der *Baumfaserschwämme (Dendroceratida)* gliedert. Sie unterscheiden sich im Skelett.

Die Kalkschwämme

Die Kalkschwämme sind auf die Küstenzonen der Meere beschränkt und sitzen hier gern in Felsspalten, Höhlen und Grotten sowie mitten zwischen den Algen. Weitaus die meisten haben nur kleine, zylinder-, röhren- oder tonnenförmige, recht dünnwandige und ausgesprochen kreidig helle Körper, die uns an Flaschen, Vasen und Becher oder auch an Knollen und Kugeln erinnern. In ihrer körperlichen Organisation sind alle drei erwähnten Haupttypen vertreten.

Weltweit verbreitet ist der auf der Syconstufe stehende *Rettichschwamm (Sycon raphanus)*, der einen 3 cm hohen, weißen, flaschenförmigen Körper hat, dessen Mündung von einem hübschen trichterartigen Kranz schlanker Nadeln umgeben ist.

Die dreistrahligen Kieselschwämme

Unter den Kieselschwämmen sind vor allem die sehr altertümlichen *Glasschwämme (Hyalospongia)* sehr zierliche Gebilde, deren aus Kieselnadeln bestehendes Skelett oft einem kunstvollen Flechtwerk aus feinsten Glasfäden gleicht.

Der schönste unter ihnen ist zweifellos der *Gießkannenschwamm (Euplectella aspergillum)* aus dem Stillen und Indischen Ozean, wo er in Tiefen bis zu 5000 m lebt und einen leicht gebogenen, 3–4 cm starken, 30–40 cm hohen Hohlzylinder bildet, dessen dünne Wandung durch ringförmige Rippen und Spiralzüge verstärkt wird und am oberen Ende mit einem weitmaschigen Geflecht – der Gießkannenbrause – verschlossen ist. Er benötigt keine feste Außenhaut.

Vierstrahlenschwämme

Sie haben verhältnismäßig massige Körper mit einer dicken Rindenschicht und sind oft lebhaft gefärbt. Zu ihnen gehören die Finger-, Leder-, Kork-, Bohr- und Steinschwämme, von denen wir in gleicher Reihenfolge vorstellen:

den *Fingerschwamm (Stylotella heliophila)* von der nordamerikanischen Atlantikküste, der fingerartige Fortsätze hat;

den *Nierenförmigen Lederschwamm (Chondrosia reniformis)* aus dem Mittelmeer, dessen schlüpfriger, fleischiger, dunkler Körper keine Kieselna-

Der leuchtend goldgelbe Geweih- oder Fingerschwamm schießt bis zu einem Meter hoch auf. Das stark verzweigte Hornskelett wird von Kieselnadeln gestützt. Der auffällige Geweihschwamm wächst im Mittelmeer. Er bevorzugt schlammige oder felsige Böden, kommt aber auch in Höhlen in etwa zwanzig Metern Tiefe vor.

deln enthält und sich bei der Berührung zusammenzieht;

den *Korkschwamm (Suberites domuncula)* aus dem Mittelmeer, der einen kugelförmigen, meist nur wenige Zentimeter breiten, orangeroten Körper hat.

den *Neptunsbecher (Poterion neptuni)* aus dem Pazifik, der einen becherähnlichen, 30 cm breiten und bis zu 150 cm hohen Leib hat;

den *Bohrschwamm (Cliona celata)* aus der Adria, dem Mittelmeer und dem Atlantik, der seit gut 350 Millionen Jahren die kalkigen Küsten der Erde durchlöchert und wesentlich an ihrer Gestaltung mitgearbeitet hat, auch Korallenstöcke anbohrt und selbst Muschelschalen angeht, also unaufhörlich damit beschäftigt ist, den Kreislauf der Stoffe in Schwung zu halten. Über die Art seiner „Bohr-"arbeit gibt es viele Vermutungen, aber kaum gesicherte Erkenntnisse.

Die Horn- oder Netzfaserschwämme

Zu dieser vierten Ordnung der Schwämme zählen außer den volkswirtschaftlich bedeutungsvollen Badeschwämmen vor allem auch die kleinen Süßwasserschwämme. Beide kennzeichnen sich durch ein netzartiges Hornskelett, in das einfache Kieselnadeln eingelagert sind. Das Kanalsystem des Schwammkörpers ist weit verzweigt.

Unser häufigster einheimischer Süßwasserschwamm ist der *Gemeine Süßwasserschwamm (Spongilla lacustris)*, der sich in stehenden Gewässern bäumchenartig erhebt und verzweigt, wobei er die Höhe von 30 cm erreichen kann, in fließenden Gewässern aber nur Krusten und Klumpen bildet und meist eine grünliche Färbung oder Fleckung aufweist.

Der wichtigste Badeschwamm ist:

der *Echte Badeschwamm (Spongia officinalis)* aus dem östlichen Mittelmeer und der Adria, dem Golf von Mexiko, von der Küste Floridas, dem Strand der Bahamas und aus den australischen Gewässern, dessen Horn-

gerüst keine Kieselnadeln enthält und der sich durch einen klumpigen, schwarzen oder bräunlichen, stets dunklen Körper kennzeichnet.

Zwischen dem Unterreich der *Gewebetiere*, auch *Vielzeller* genannt *(Histozoa)* und dem Unterreich der *Einzeller (Cytomorpha)* steht dieses Unterreich der *Nichtzelligen*. Diesen Wesen gelang die Ausgestaltung des Körpers mit einer Fülle von Einrichtungen und Apparaten, die man bei ihnen im Gegensatz zu denen der Vielzeller Organellen nennt, ohne eine Kammerung des Leibes in Zellen. Der einzige Tierstamm, der dieses Unterreich bildet, sind die Wimpertierchen.

Die Wimpertierchen *(Ciliata)*

Die besondere Entwicklung dieser Tierchen, die sie von den Einzellern unterscheidet, kennzeichnet sich vor allem im Vorhandensein von zwei Kernen. Und zwar dirigiert der große ei-, hufeisen-, band- oder rosenkranzförmige Großkern alle Lebensaufgaben, die mit der Ernährung, dem Stoffwechsel, der Bewegung und der Verteidigung zusammenhängen. Der oft in einer Einbuchtung des Hauptkerns oder dicht neben ihm liegende Kleinkern dagegen ist der Träger des Erbgutes und regelt die geschlechtliche Fortpflanzung.

Fast regelmäßig findet eine richtige Paarung statt, die sogenannte Konjugation, während der zwei Tiere einen Teil der sich teilenden Kleinkernmasse austauschen. Dieser geschlechtlichen Generation folgen dann meist etliche ungeschlechtliche, die sich durch eine Querteilung oder Knospung vermehren. Bei der Knospung kann es auch zu einer Koloniebildung kommen, indem sich die Tochtertiere nicht gänzlich abschnüren.

Erwähnt seien:

das *Pantoffeltierchen (Param(a)ecium caudatum)* aus allen fauligen stehenden und langsamfließenden Gewässern, das knapp ⅓ mm mißt, einen elliptisch gestreckten, in Längsreihen gleichmäßig bewimperten, gänzlich durchsichtigen Körper hat, am schmalen Hinterende ein Büschel verlängerter Wimpern trägt, einen Mund besitzt und sich in spiraliger Bahn durchs Wasser schraubt;

das *Nasentierchen (Didinium nasutum)* aus den gleichen Gewässern, dessen becherförmiger Körper nur mit zwei Wimperkränzen besetzt, sonst aber bis auf wenige Borsten nackt ist und einen polaren Mundkegel – die Nase! – aufweist; es lebt räuberisch und frißt vorwiegend Pantoffeltierchen;

das *Trompetentierchen (Stentor roeseli)* aus den stehenden, stark durchwachsenen Gewässern, das gut 1 mm mißt, einen trompetenförmigen, reichbewimperten, bläulich pigmentierten Körper mit einer freien, sehr erweiterten, rechtsgewundenen Mündung hat, an deren Rand besonders lange und feste Wimpern einen lebhaften Strudel erzeugen; sitzt fest mit dem „Mundstück" auf, kann sich aber lösen und davonschwimmen; kommt auch in roten, grünen, grauen, braunen und schwarzen Arten vor;

das *Glockentierchen (Vorticella nebulifera)* aus den reinen klaren Tümpeln und Teichen, wo es dicht an dicht auf einem langen, spiralig zusammenziehbaren Stengel an den Wasserpflanzen sitzt und seinen glockenförmigen Leib im Wasser wiegt, während die feinen Wimpern am weiten Glockenmund einen lebhaften Strudel erzeugen;

das *Nickende Glockenbäumchen (Opercularia nutans)*, das ähnlich gestaltet ist, bei dem aber die durch Teilung des Muttertiers entstandenen Töchter beisammenbleiben und mit ihren steifen Stielchen gabelartig verästelte Stöckchen bilden, an denen die einzelnen Glockentierchen nickende Bewegungen ausführen.

DIE EINZELLER
(Cytomorpha)

Die Wimpern um die Mundöffnung der Glockentierchen sind in einer linksdrehenden Spirale angeordnet. Der Name stammt von der glockenartigen Kopfform ab. Sie sind am Grund mit einem Stiel unbeweglich festgewachsen. Einige Gattungen bilden Kolonien, dabei sitzen mehrere der Glockentierchen auf einem verzweigten Stiel. Bei Einzelnen läuft in ihren Stielen ein Muskel, mit dessen Hilfe das Tier sich zusammenziehen kann. Als Ausnahme unter dem Wimpertieren teilen sie sich nicht quer, sondern längs, manchmal in ungleich große Tochtertiere.

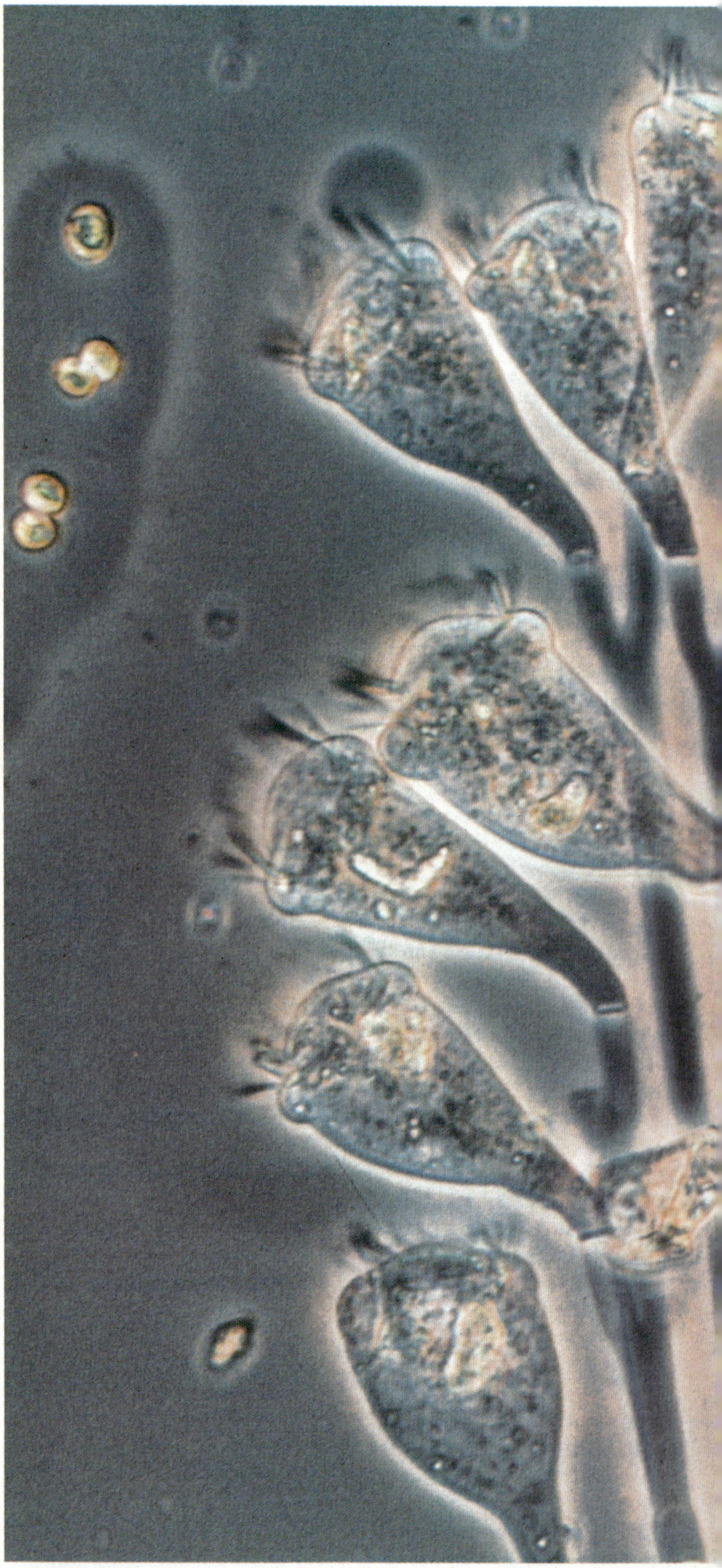

Die Einzeller bestehen nur aus einer einzigen Zelle, aus einem farblosen Schleimklümpchen, dem Protoplasma, das einen Kern umschließt. Dieser Kern ist von einer feinen Membran umhüllt, und auch den Zellkörper umspannt ein zartes Oberflächenhäutchen. Oft ist das Häutchen so fein und weich, daß es dem Körper keine bestimmte Form zu geben vermag. Nicht selten wird es aber durch Furchen, Grübchen und Erhebungen sowie durch fadenförmige Einlagerungen, durch sogenannte Fibrillen, so gut gestützt und gefestigt, daß der Leib des Urtierchens festumrissene Formen annimmt. Solche Fibrillen legen sich nicht nur von innen her an die Zellhaut, sondern können auch den ganzen Zellkörper durchdringen. Andere Einzeller wieder sind mit einer Panzerung oder mit einem Skelett aus organischen oder anorganischen Stoffen versehen. Weiterhin vermögen vor allem die frei lebenden Einzeller eine im Wasser aufquellende Schleimsubstanz (Tektin) auszuscheiden, die ihren Körper wie eine dichtanliegende Schale oder wie ein abstehendes Gehäuse umgibt. In einer solchen Zyste überstehen sie beispielsweise das Austrocknen der Gewässer oder die Gefahren des Entwicklungsweges bis zum Auffinden eines neuen Wirtstieres.

Im Unterreich der Einzeller werden fünf Stämme unterschieden: die ausschließlich parasitisch lebenden und sich durch Sporen vermehrenden *Sporentierchen (Sporozoa),* die *farbstofflosen Blut- und Fleischparasiten (Piroplasma)*, die *einzelligen Wimperträger (Protociliata)*, die *Wurzelfüßer (Rhizopoda)*, die sich durch das Ausstrecken und Einziehen von Scheinfüßchen bewegen, und die *Geißeltiere (Mastigophora = Flagellata)*, deren Antriebsorganellen die Geißeln sind, die wie Propeller oder Schiffsschrauben wirken.

Die Sporentierchen *(Sporozoa)*

Die oft wurmförmigen Sporentierchen sind wesentlich primitiver als die anderen Einzeller organisiert. Ihr rein parasitisches Leben und die osmotische Aufnahme nur flüssiger Nahrung durch die Haut erübrigte die Ausbildung von Bewegungsorganellen, der Oberflächenhülle und der Mundöffnung. Um dennoch in der Zeit vom Verlassen des alten Wirtes bis zum Auffinden des neuen Wirtes vor der Gefahr des Austrocknens bewahrt zu bleiben, wird in ihren Entwicklungskreis eine Vermehrung durch sogenannte Sporen eingeschaltet. In der festen Schale dieser Sporen, die sich erst im Inneren des neuen Wirtes auflösen, liegen immer mehrere Tiere dieser Generation.

Wir können uns hier nur einen ungefähren Überblick über die zahlreichen Familien, Gattungen und Arten dieses großen Einzellerstammes, dessen einzige Klasse *Telosporidia* in drei Ordnungen gegliedert wird, verschaffen. Gering wird das Interesse der meisten Leser z. B. für die *Gregarinen (Gregarinida)* sein, die als ei- bis wurmförmige, oft leicht

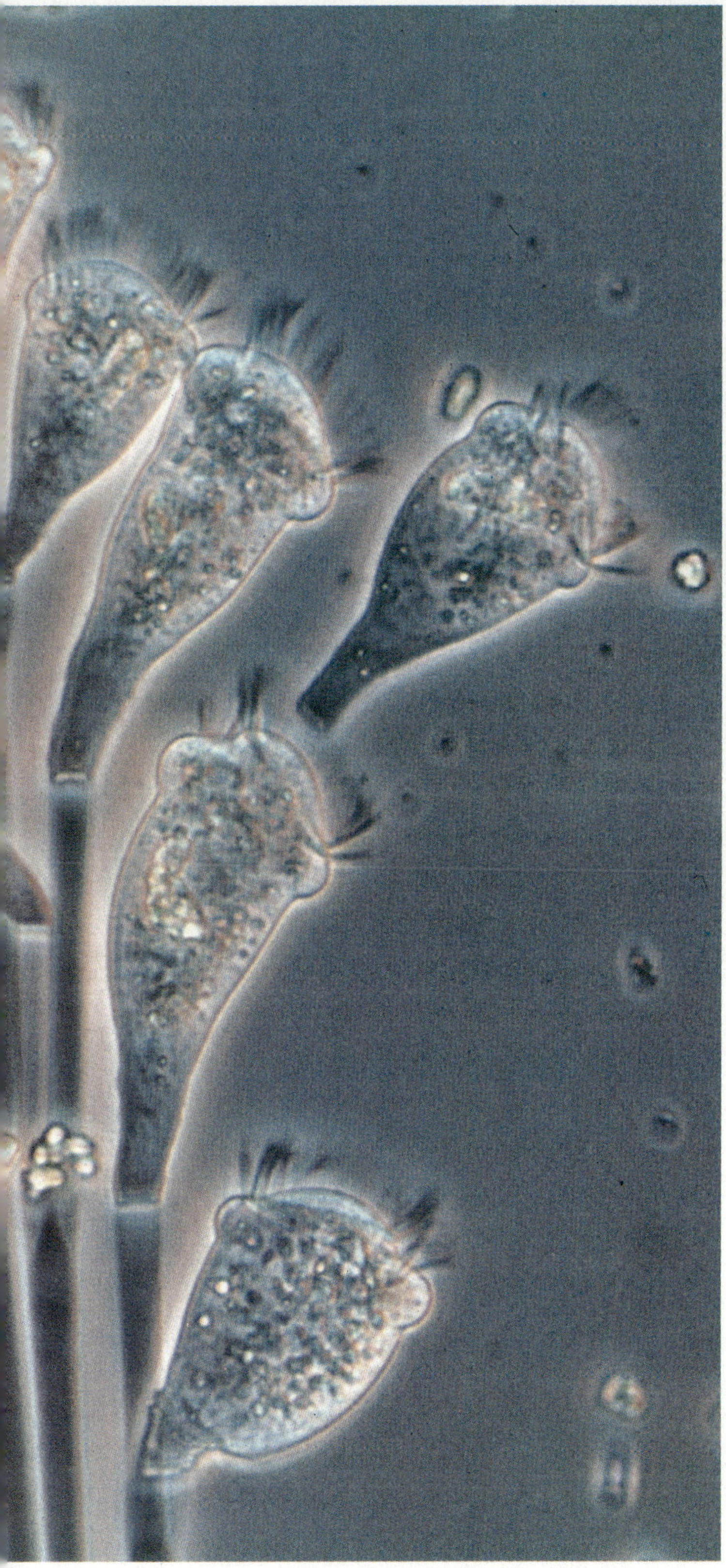

abgeplattete Geschöpfe im Darm oder in der Leibeshöhle von Mehl- und Regenwürmern, Muscheln, Krebsen oder Küchenschaben leben, ohne ihnen merklichen Schaden zuzufügen.

Bedeutungsvoller sind jedoch zweifellos schon die rundlichen *Kokzidien (Coccidia)*, die als Zellparasiten im Darm, in den Gallengängen, in der Leber und Niere von Rind, Schaf, Ziege, Schwein, Kaninchen, Katze und zahlreichen Hühnervögeln leben und die von den Tierzüchtern sehr gefürchtete „Rote Ruhr" verursachen. Auch die Käfigvögel, die Tauben, das Jagdgeflügel und die Zuchtfische haben oft unter diesen Parasiten zu leiden.

Zu furchtbaren Geißeln der Menschheit aber entwickelten sich die *Haemosporiden (Haemosporidia)*, die als Blutparasiten noch immer unzählige Opfer fordern. Unter ihnen sind:

Plasmodium vivax, P. falciparum und *P. malariae* die Erreger der Malaria. Sie werden durchweg durch Fiebermücken der Gattung *Anopheles* übertragen, in deren Darm sich die geschlechtlichen Generationen dieser Sporentierchen entwickeln und gegenseitig befruchten. Die befruchtete Zwischenform verwandelt sich in eine würmchenähnliche, lebhaft schlängelnde Zelle und dringt in die Darmhaut der Mücke ein. Dort kugelt sie sich zusammen, wird vom Wirtsgewebe mit einer feinen Membran umgeben, wächst mächtig heran und zerfällt nach einer vielfachen Kernteilung in Tausende hüllenlose *Sporozoiten*. Diese wandern nach dem Zerreißen der erwähnten Membran in die Leibeshöhle des Insekts, gelangen in den Lymphstrom und dringen endlich in seine Speicheldrüsen ein. Mit dem Stich der blutsaugenden Mücke werden sie dann dem Menschen eingeimpft. Sie vermehren sich zuerst in den Leberzellen, schwärmen dann aus und bohren sich nunmehr in die roten Blutkörperchen. Durch den Zerfall der Blutkörperchen wird der heftige Fieberanfall ausgelöst. In den ausgefressenen Blutkörperchen wächst nämlich der Parasit schnell heran, zerfällt in einzelne Teilstücke, in sogenannte *Merozoiten*, die wiederum ausschwärmen und neue Blutkörperchen anbohren. Nach geraumer Zeit entwickeln sich schließlich die Geschlechtsformen, die *Makrogameten* und *Mikrogameten*, die mit dem Saugakt in den Darm der Mücke geraten.

Die Wurzelfüßer *(Rhizopoda)*

Die Wurzelfüßer bewegen sich durch das Ausstrecken von lappigen oder langen fadenförmigen, oft auch vielfach verzweigten oder vernetzten Scheinfüßchen. Diese Scheinfüßchen sind durchaus vorübergehende Bildungen, die dadurch entstehen, daß das Plasma des Zellkörpers sich an beliebigen Stellen vorwölbt aufgrund einer kurzfristigen Verminderung der Oberflächenspannung der Zellmembran. Hat das Füßchen eine gewisse Länge erreicht, so folgt Plasma nach, oder es bewegt sich in einer rückfließenden Bewegung wieder zum Zellkörper zurück. Mit diesen Scheinfüßchen wird auch die Nahrung aufgenommen, nämlich umflossen und der Zelle einverleibt.

Die Amöben

Die Amöben lassen eine feste Gestalt vermissen. Ständig ändern sie durch Fließbewegungen ihres Plasmas die Form.

Die Wechseltierchen (Amoebina) kamen zu ihrem Namen, weil sie als nackte und unbeschalte Schleimklümpchen ihre Gestalt ständig verändern, ihre Form also unaufhörlich wechseln. Tatsächlich nach allen Seiten fließt bei ihnen das Plasma wie tastend in Gestalt von langausgestreckten Scheinfüßchen auseinander, bis irgendwo ein

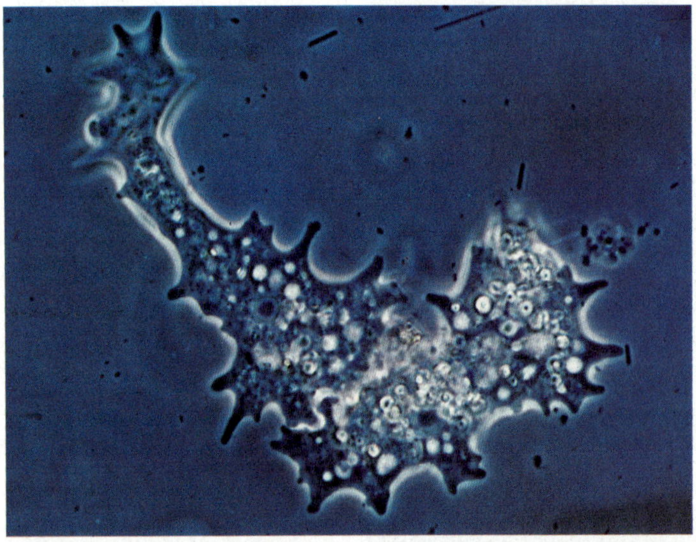

Auch Amöben sind zur Konjugation fähig und können so Erbgut austauschen. Sie besitzen vier Kerne und teilen sich in acht Tochtertiere. Sie zählen zu den Wurzelfüßern. Diese Tiere bilden Scheinfüße, die wieder eingezogen werden und die Form der Amöbe ständig ändern. Durch den Fluß des Plasmas in den Füßchen bewegt sich die Amöbe fort.

Halt gefunden oder etwas Freßbares entdeckt wird und der Plasmafluß eine bestimmte Richtung bekommt.

Wechseltierchen leben vor allem frei im Meer und im Süßwasser, in der feuchten Erde und in Moospolstern. Doch gibt es auch unter ihnen zahlreiche Parasiten, die sich im Darm höherer Tiere und des Menschen ansiedeln.

Die Lochträger, Porentierchen oder Kammerlinge

Die Lochträger, Porentierchen oder Kammerlinge (Foraminifera) kennzeichnen sich – wie es ihre Namen schon verraten – durch vielkammerige, scheiben-, flaschen- oder schneckenhausförmige Schalen, die oft mehrfach und manchmal fast siebartig durchlöchert sowie bedornt und bestachelt sind. Durch die kleinen Öffnungen strecken sie ihre veränderlichen Scheinfüßchen als lange feine Fäden. Die Schalen werden zumeist aus Kalk aufgebaut, seltener aus Sandkörnchen zusammengefügt. Die einzelnen Kammern sind miteinander durch Öffnungen verbunden. Der Weichkörper der Porentierchen ist entsprechend der Anzahl dieser Kammern in ebenso viele Stücke gegliedert und untereinander durch sogenannte Plasmabrücken verbunden. Bei der Fortpflanzung teilt sich der Zellkern mehrfach. Noch innerhalb der Mutterschale bilden die einzelnen Teilstücke ihre eigene Schale aus.

Die Porentierchen sind ausschließlich Meeresbewohner. Ihre Schalenreste bilden einen Hauptbestandteil des Bodensatzes der Meere und vor allem des Tiefseeschlammes. Schon seit dem Kambrium und durch alle Erdzeitalter hindurch bis fast in die Gegenwart waren sie wesentlich – vielleicht sogar mehr als andere Tiere und Pflanzen – am Aufbau der Erdrinde beteiligt.

Die meisten Arten sind mikroskopisch klein, doch erreichten einige ausgestorbene (die sogenannten *Nummuliten*) bis zu 6 cm Durchmesser.

Die Sonnentierchen

Die Sonnentierchen (Heliozoa) leben wieder vorwiegend in den süßen Gewässern. Sie bevorzugen kleine klare Waldtümpel, deren Boden dick mit alten Blättern bedeckt ist, sowie ertrunkene Torfgruben. Ihr kugeliger, nackter oder von einer Gallerthülle umgebener Körper streckt allseitig – wie eine von Kinderhand gemalte Sonne – viele kurze und lange, ziemlich starre, durch einen Achsenstab versteifte, strahlenförmige Scheinfüßchen aus. Diese *Axopodien* sind klebrige Nahrungsfänger, umfließen das hängengebliebene Tierchen mit hervorquellender Plasmamasse und ziehen sich zum kugeligen Leib zurück. Dieser wölbt ihnen eine buckel- oder kugelförmige Nahrungsblase entgegen, nimmt die Beute auf und befördert sie ins Körperinnere.

Die Strahlentierchen

Die Strahlentierchen (Radiolaria) unterscheiden sich in ihrem Bau von den anderen, bisher besprochenen Einzellern durch eine derbhäutige innere Zentralkapsel, die die zentrale Plasmamasse mit dem Kern fest umschließt. Durch Poren steht dieser Zentralkörper mit dem kugeligen, recht umfangreichen, durch gallertige Einlagen verstärkten Außenplasma in Verbindung. Dieser große äußere Weichkörper ist nur von einem zarten Zellhäutchen umschlossen und streckt lebhaft viele Scheinfüßchen aus.

Weitaus die meisten Strahlentierchen – die alle Meeresbewohner sind – entreißen dem Wasser die gelöste Kieselerde oder Strontiumsulfat, nehmen diese Stoffe in sich auf und scheiden sie in der Gestalt zarter äußerer Skelette aus. Diese Skelette werden aus hohlen oder kompakten Nadeln aufgebaut, die sich zu den zierlichsten und kunstvollsten Gitterschalen vereinigen. Der Reichtum an Formen ist unbegrenzt und hat nicht nur dazu beigetragen, schon Tausende von Arten unterscheiden zu helfen, sondern immer wieder ein ehrfürchtiges Staunen vor den Bildekräften der Natur zu erwecken.

Die Strahlentierchen bewohnen die Meere in allen Schichten und dringen in Tiefen bis zu 5000 m vor. Auch sie sind mit ihren Skeletten am Aufbau starker Ablagerungen sowie mächtiger Gebirge beteiligt gewesen.

Genannt seien hier nur:

das *Wechseltierchen oder die Schlammamöbe (Amoeba proteus)* aus dem Schlamm fauliger, stehender Gewässer;

die *Ruhramöbe (Entamoeba histolytica)* aus dem Dick- und Blinddarm des Menschen, die eine Ruhrerkrankung verursachen kann.

Die Geißeltierchen

(Mastigophora = Flagellata)

Mit diesem fünften und letzten Stamm der Einzeller kommen wir zur Wurzel des großen Tierreiches. Nur fünf Ordnungen der Geißeltierchen haben eine rein tierische Ernährung. Die anderen sechs Ordnungen ernähren sich noch ganz wie eine Pflanze. Fast durchweg kennzeichnen sich alle durch den Besitz von einer oder mehreren Geißeln, mit deren Hilfe sie sich fortbewegen.

Die Zoo-Flagellaten

Sie führen zum Teil ein rein parasitisches Leben und sind die Erreger vieler gefährlicher Krankheiten.

In die Ordnung der *Protomonadina* gehören die

Trypanosoma-Arten, die im Grunde für einige ihrer natürlichen Wirte so gut wie harmlos sind. Zu Krankheitserregern werden unter ihnen nur die Arten, die so anpassungsfähig sind, daß sie auch noch in anderen Tieren sowie im Menschen leben können. Gerade diese gleichsam artfremden Wirte sind dem Befall dann wehrlos ausgeliefert. Zu fürchterlichen Geißeln der Menschheit wurden auf diese Weise:

Trypanosoma gambiense und *T. rhodesiense* als Erreger der tödlichen Schlafkrankheit; sie werden durch Tsetsefliegen

Zu den Lochträgern zählen die Globigerinen. Sie haben Poren in ihren Gehäusen, durch die das Plasma nach außen tritt.

Diesen mikroskopisch kleinen Tierchen ist das Meeresleuchten zu verdanken: Die Leuchttierchen gehören in die Ordnung der Panzergeißler.

übertragen und leben in den Lymphen, im Blut und in der Gehirnflüssigkeit;

Schizotrypanum cruzi als Erreger der Chagaskrankheit; er wird in Süd- und Mittelamerika durch den Kot blutsaugender Wanzen vor allem auf Säuglinge übertragen, befällt ebenfalls das Blut und kann in ungünstig gelagerten Fällen auch zum Tode führen.

Kaum weniger gefährlich sind die in den verschiedensten Gewebszellen des Menschen schmarotzenden, auf die Tropen beschränkten

Leishmania-Arten, die nur 1-2tausendstel Millimeter messen, einen runden geißellosen Körper haben und sich durch Zweiteilung vermehren.

Von ihnen erregen, durch *Sandmücken (Phlebotominae)* übertragen:

Leishmania donovani die vom Mittelmeergebiet durch ganz Südasien bis nach Südchina verbreitete Kala-Azar-Krankheit, die sich in Schwellungen der Leber, enormer Vergrößerung der Milz, Darmgeschwüren und Ruhranfällen sowie einer charakteristischen dunklen Hautverfärbung anzeigt und zu langem Siechtum führt;

L. tropica die von Südeuropa und Nordafrika bis nach Indien und China auftretende Orient- oder Aleppobeule, die vor allem im Gesicht sowie an den Händen, Armen und Beinen sitzt, sich in ein mehrere Zentimeter großes offenes Geschwür verwandelt, das erst nach Jahren wieder abheilt und starke Narben hinterläßt; und

L. brasiliensis das südamerikanische Schleimhautgeschwür, das zu viel stärkerer Ausdehnung neigt, auf die Mund- und Nasenschleimhäute übergreift, oft Jahrzehnte nicht heilt und schwere Zerstörungen im Gesicht des Befallenen hinterläßt.

Im Darm des Menschen leben zahlreiche

Trichomonas-Arten, die sich durch einen kugelförmigen Leib, mehrere am Vorderende entspringende Geißeln und einen deutlichen Achsenstab kennzeichnen, der den Körper der Länge nach durchzieht und mit seinem zugespitzten Ende hinten hervorragt. Von ihnen sind die meisten nocht recht harmlose Bakterienfresser. Erwähnt seien:

Trichomonas tenax, der sich auf die Fäulnisbakterien in der Mundhöhle des Menschen spezialisiert hat und bei gut 50% aller Menschen nachzuweisen ist; sowie

Trichomonas vaginalis, der von den Scheidensekreten der Frauen lebt und sich bei geschwächtem Allgemeinzustand verbreitet.

Zur Ordnung der *Dinoflagellata* gehört

das *Leuchttierchen (Noctiluca miliaris)*, das etwa stecknadelkopfgroß ist, einem rötlichen Miniaturpfirsich gleicht und sich mit Hilfe eines verhältnismäßig kurzen und dicken Geißelfadens bewegt; es besitzt ein starkes Leuchtvermögen und ist in großem Ausmaß an dem wunderbaren Meeresleuchten beteiligt.

Die pflanzlichen (wahlweise tierischen) Geißler

Jedes Tier muß seinen Bedarf an Kohlenhydraten und Stickstoffen durch den Verzehr von Pflanzen oder Pflanzenfressern decken. Die pflanzlichen Flagellaten aber sind wie echte Pflanzen imstande, mit Hilfe grüner Farbstoffträger die Kraft des Sonnenlichtes zu nutzen und Stärke, Zucker sowie Eiweiße aus dem eingeatmeten Kohlendioxid und den aufgesogenen stickstoffhaltigen Verbindungen aufzubauen. Sie sind also halb noch pflanzliche, halb schon tierische Lebewesen, die zum Teil bereits einen tierischen Zellmund haben.

Vor allem aber sind diese Flagellaten in ihrer Masse die Voraussetzung dafür, daß sich die Tierwelt im Wasser überhaupt zu entwickeln vermochte. Mit den Kieselalgen stellen sie die Nahrung der unzähligen kleinen Vielzeller dar, die wiederum den größeren Meerestieren zur Nahrung dienen. Der gesamte Reigen der Tierwelt ist auf ihrer Existenz aufgebaut.

Die pflanzlichen Flagellaten leben in allen Gewässern der Erde, in den Weltmeeren wie in jeder kleinen und kleinsten Wasseransammlung auf dem Festland. Ihre Individuenzahl ist oft so groß, daß ihre winzigen Leiber das Wasser färben oder auch gänzlich bedecken. Und sie zeigen uns in ihren höchsten Formen bereits den Weg, der vielleicht zum vielzelligen Organismus führte.

Verständlicherweise wird diese Klasse der Geißler von Zoologen und Botanikern in gleicher Weise beansprucht. Wir finden die gleichen Wesen, bisweilen unter anderen Namen und in anderer Ordnung, in den Verzeichnissen des Pflanzenreiches wieder. Der Zoologe unterscheidet sechs Ordnungen.

Zur Ordnung der *Augentierchen (Euglenoidina)* gehören das *Grüne Schönauge (Euglena viridis)*, das wir überall massenhaft in faulenden Gewässerchen finden, einen fisch- oder spindelförmigen Körper von etwa $\frac{1}{20}$ mm Länge hat, in dessen Mitte ein sternförmiger Blattgrünkörper auffällt.

In der Ordnung *Phytomonadina* finden wir koloniebildende Formen:

Als Beispiel dafür sei vorgestellt:

die *Gitterkugel oder das Kugeltierchen (Volvox globator)* aus den kleinen Moorwasserbecken in den Flachmoorsümpfen, das sich als eine kleine rollende Schleimkugel von etwa 1 mm Durchmesser darstellt, an deren Oberfläche 1500–20000 zweigeißelige, mit je einem roten Augenfleck und einem Farbstoffträger ausgerüstete Einzeltierchen in sechseckigen Kammern sitzen, die durch strahlige Plasmabrücken miteinander verbunden sind.

In diesem Staatengebilde zeigen die Individuen bereits eine gewisse Differenzierung, die auf eine Arbeitsteilung schließen läßt.

Einen Blick in diese Wunderwelt der Einzeller vermittelt uns übrigens schon jedes einfache Schülermikroskop. Es ist ein Blick in die Geheimnisse der Schöpfung; ein Blick der zurückreicht bis zu jener fernen Stunde der Urzeit, in der das erste Tier geboren wurde.

Register

A

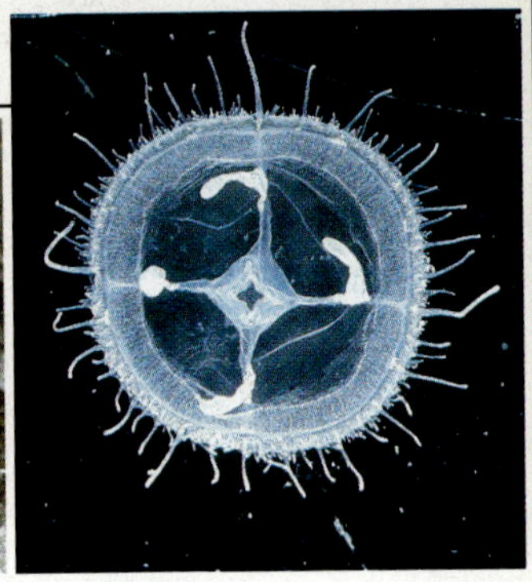

D

E

F

G

H

I

J

K

L

M

N

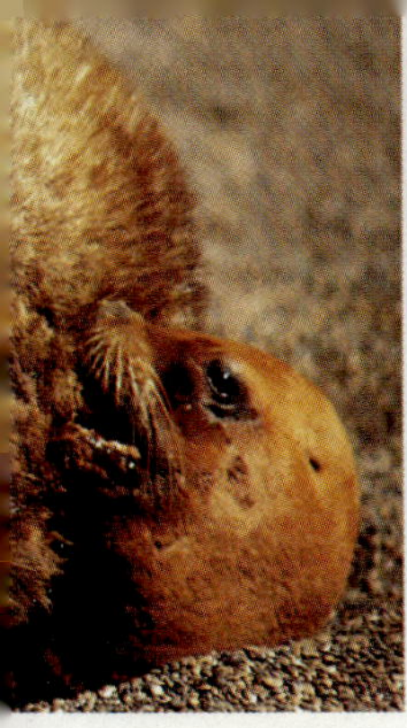

Q

R

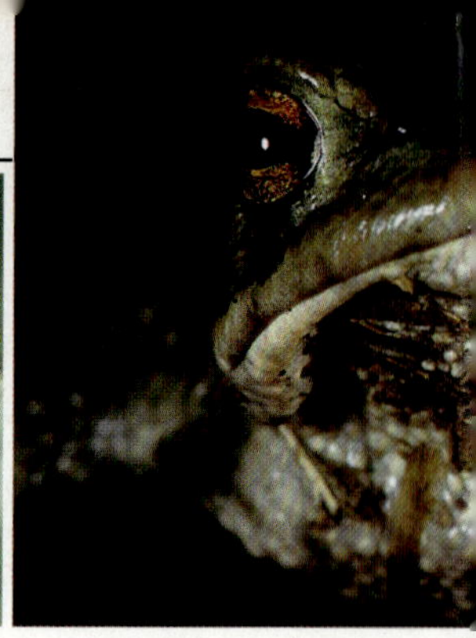

S

FOTOGRAFENVERZEICHNIS

(Die Zahlen beziehen sich auf die Anzahl der veröffentlichten Fotos.)

Artreference, Frankfurt (1)
Angermayer, Holzkirchen (13)
Angermayer/Berger, Holzkirchen (4)
Angermayer/Köster, Holzkirchen (13)
Angermayer/Reinhard, Holzkirchen (14)
Angermayer/Tierpark Hellabrunn, Holzkirchen (2)
Angermayer/Pfletschinger, Holzkirchen (28)
Angermayer/Ziesler, Holzkirchen (1)
Arnold/Schiffelmann, New York (1)
Behnke, Wetzlar (3)
Bellmann, Ulm-Wiblingen (1)
BHB-Photo/Helfrich, Friedberg (2)
Bio-Info/Danegger, Greven (1)
Blesch, Würzburg (1)
Blüchel, München (7)
Brandl, Bad Nauheim (2)
Brodman, CH-Adliswil (1)
Collignon/Black Star, München (7)
Collignon/Frank W. Lane, München (6)
Cramm, Langenhagen (2)
Cteverak, A-Horn (1)
Czimmeck, Schalksmühle (1)
Dagner, Windischeschenbach (1)
Danegger, Überlingen (19)
Danesch, A-Göfis (1)
Derksen, CH-Basel (8)
Diedrich, Ronnenberg (3)
Dossenbach, CH-Oberschlatt (18)
Erdmann, Varel (1)
Essmann, München (1)
Fenn/Schmidt, München (1)
Fiebrandt, Wörthsee (1)
Främbs, Hamburg (1)
Geiger, Troisdorf (4)
Gerlach, Betzdorf (1)
Gruber, München (2)
Haas, Albstadt-Tailfingen (2)
Hagen, Zeven (1)
Hahn, Bopfingen (1)
Harms, Hammelburg (1)
Hartwich, Köln (8)
Hirsch, Adenau (2)
Hoeck, CH-Altnau (1)
Hüttenmoser, CH-Yvorne (2)
Jacana/Annunziata, F-Paris (1)
Jacana/Arthus-Bertrand, F-Paris (3)
Jacana/Boet, F-Paris (1)
Jacana/Carre, F-Paris (5)
Jacana/Chana, F-Paris (1)
Jacana/Chaumeton, F-Paris (7)
Jacana/Danrigal, F-Paris (1)
Jacana/Devez, F-Paris (1)
Jacana/Dubois, F-Paris (2)
Jacana/Ermie, F-Paris (1)
Jacana/Hawkes, F-Paris (1)
Jacana/Hervy, F-Paris (2)
Jacana/Hladik, F-Paris (1)
Jacana/Josedupont, F-Paris (1)
Jacana/König, F-Paris (1)
Jacana/Labat, F-Paris (1)
Jacana/Lorner, F-Paris (1)
Jacana/Moiton, F-Paris (2)
Jacana/Pissavini, F-Paris (1)
Jacana/Prevost, F-Paris (1)
Jacana/Rainon, F-Paris (1)
Jacana/Ramade, F-Paris (1)
Jacana/Robert, F-Paris (2)
Jacana/Ross, F-Paris (2)
Jacana/Stiegler, F-Paris (1)
Jacana/Summ, F-Paris (1)
Jacana/Tercafs, F-Paris (1)
Jacana/Thomas, F-Paris (2)
Jacana/Varin, F-Paris (14)
Jacana/Winner, F-Paris (4)
Jacana/Ziesler, F-Paris (2)
Jäkel, Niederkassel (1)
Kahl, Oberstenfeld (23)
Kerber, Barsinghausen (4)
Klages, CH-Zürich (2)
König, Kiel (41)
Kratz, Bad Wildungen (6)
Layer, Mannheim (3)
Leis, Kuppenheim (4)
Limbrunner, Dachau (7)
Lindenburger, Kastl (1)
Lindenburger/Arndt, Kastl (1)
Lindenburger/Bender, Kastl (1)
Lindenburger/Brandl, Kastl (3)
Lindenburger/Hoffmeier, Kastl (1)
Lindenburger/Jacana, Kastl (6)
Lindenburger/Meyers, Kastl (2)
Lindenburger/Partsch, Kastl (1)
Lindenburger/Pölking, Kastl (3)
Lindenburger/Schiersmann, Kastl (1)
Lindenburger/Walz, Kastl (1)
Löhr, Koblenz (1)
Maier, Ravensburg (5)
Menz, Hilden (4)
Messerschmidt, Berlin (1)
Meyers, Konstanz (14)
Möller, Braunschweig (2)
Moosleitner, A-Hallein (1)
Moosrainer, Offenberg (4)
Müller, Frankfurt (7)
Müller, Remagen (12)
Naturalis/Lindblad, München (1)
Newmann, New York (1)
Niesters, Hellenthal (1)
Odum/Arnold (1)
Papst, CH-Hochfelden (1)
Partsch, Wemding (2)
Patzelt, Oldenburg (2)
Pforr, Moosburg (7)
Podloucky, Hannover (2)
Pollin, Laasphe (2)
Pölking, Münster (8)
Pott, Stuttgart (11)
Pregler, München (3)
Prenzel/Maier, Gröbenzell (2)
Prenzel, Gröbenzell (2)
Prenzel/Aberham, Gröbenzell (3)
Prenzel/Ewald, Gröbenzell (1)
Prenzel/Lederer, Gröbenzell (1)
Prenzel/Thiele, Gröbenzell (1)
Quedens, Norddorf (6)
Reinhard, Heiligenkreuzsteinach (18)
Reinichs, München (3)
Roebild/Ernst Müller, Frankfurt (9)
Ruckstuhl, CH-Herisau (1)
Sammer, Neuenkirchen (1)
Sauer, Karlsfeld (14)
Sauer, Marburg (1)
Scholtz, NL-Zaandam (1)
Schouten, NL-Haarlem (1)
Schubert, Sindelfingen (1)
Schumann, Reinhardshagen (1)
Siedel, Sande (2)
Siegel, Breckerfeld (1)
Spönlein, Wertheim (1)
Steinborn, Unterlüß (1)
Thielemann, Haltern (1)
Tilgner, Konstanz (4)
Weber, CH-Rheinfelden (2)
Winsmann, Hoyershausen (2)
Wisniewski, Waltrop (12)
Wothe, Gauting (86)
Zeininger, Lohhof (5)
Ziesler, München (46)
Zoller, Baltmannsweiler (1)